산업인력공단 시행
최신 출제경향 반영

독학으로 합격이
가능한 필수 교재

물류 관리사 전과목
한권으로 끝내기

송우석
김대윤
안병영
공편저

1교시 물류관리론 / 화물운송론 / 국제물류론
2교시 보관하역론 / 물류관련법규

최신 출제 기준
출제 경향 반영

· 독학으로 합격이 가능한 필수 교재
· 합격에 필요한 핵심 이론 완벽 정리
· 실전 예상 문제풀이 수록

동영상 강의 mainedu.co.kr

MAINEDU

본 교재는 지금까지 시행된 물류관리사 시험의 난이도를 분석하여 어떤 유형의 문제가 출제되더라도 수험생이 자신 있게 해결할 수 있는 능력을 배양할 수 있도록 단원별 핵심이론 내용을 요약·정리하여 어려운 부분을 좀 더 쉽고 명료하게 설명하려고 노력하였으며, 교재에 수록된 실전 문제를 연결하여 학습하는 것이 효과적이라 봅니다.

1교시 물류관리론

물류관리론은 다른 과목의 기본 바탕이 되는 과목이므로 물류용어부터 물류관리, 물류합리화, 물류정보시스템 등 전반적인 개념을 제대로 이해하고 있느냐가 중요 포인트입니다. 최근 물류환경 변화와 물류추세, 물류비 계산과 분류체계에 대한 내용도 많이 출제되기 때문에 충분히 학습하고 넘어가야 합니다.

1교시 화물운송론

화물운송론은 공로운송, 철도운송, 해상운송, 항공운송으로 크게 나누어 각각의 특징과 장단점을 파악하고, 화물을 단위화하여 운송하는 단위적재운송의 전반적인 시스템을 이해해야 합니다.
운송의 수배송시스템의 여러 모형과 산출법을 이해하여 학습해야 하고 이 과목에서는 전문적인 용어가 많이 나오기 때문에 각 용어에 대한 정확한 개념파악을 한다면 문제풀이에 큰 도움이 될 겁니다.

1교시 국제물류론

국제물류론은 화물운송론의 육상, 해상, 항공운송, 복합운송의 범위를 확대하여 국제 간의 무역을 중심으로 출제되는 영역입니다. 국제무역실무의 용어나 규칙 등의 내용을 이해하고 INCOTERMS 2020, 각종 약관, 조항, 협약 등과 관련된 내용을 학습하여야 합니다.

2교시 보관하역론

보관하역론은 보관론과 하역론으로 구분할 수 있습니다. 물류관리론에서 기본적인 이론을 학습했다면, 보관하역론에서는 좀더 구체적이고 현장에서 필요한 전문지식을 학습합니다. 보관하역론의 경우 다른 과목에 비해 산수(계산)문제가 많이 출제되고 있습니다.

특히 재고관리 부문에서의 계산문제를 확실하게 해결해야만 고득점을 획득할 수 있습니다. 일반론·원론적인 문제들이 매년 출제되고 있으니, 기출문제 분석을 통해 핵심내용 중심으로 학습하는 것이 바람직합니다. 물류장소별 하역작업과 물류포장은 화물운송론과 물류관리론에서 중복되기 때문에 복습한다는 마음으로 학습하시기 바랍니다.

2교시 물류관련법규

물류관련법규는 전체 7개 법령으로 구성되어 있습니다. 법령 과목은 시험에서 법 규정 위주로 출제되기 때문에 관련 법령의 규정을 정확하게 이해하고 암기를 하여야 합니다. 따라서 시험준비는 법령의 내용을 반복 학습하여 법령 규정을 정확하게 암기하는 것이 최선의 방법이며, 반복 횟수가 많아지게 되면 자연스럽게 법령의 규정이 머릿속에 기억이 될 것입니다.

본 교재로 충실히 학습하면서 인내와 성실로 수험의 시간을 채워간다면, 수험생 여러분들의 정상정복을 위한 길라잡이 역할을 할 것이라 기대합니다.

마지막으로 본 교재가 빛을 볼 수 있도록 수고해 주시고 조언과 충언을 아끼지 않고 도와주신 관계자 여러분들께 진심으로 감사드립니다.

저자진 드림

1. 물류관리사 자격제도

물류에 대한 사회적 인식의 제고와 함께 물류체계 개선을 위한 다각적인 대책이 강구되고 있는 시점에서 국가물류비 절감을 위해 H/W 측면의 물류시설 확충과 함께 이를 합리적으로 운영·관리할 물류 전문인력의 체계적 양성이 요구됨에 따라 물류 전문인력의 양성을 위하여 95년말 화물유통촉진법을 개정하여 물류관리사 자격제도를 도입 시행하고 있습니다.

2. 수행직무

물류관리에 대한 전문적인 지식을 가지고 원자재의 조달에서부터 물품의 생산, 보관, 포장, 가공, 유통에 이르기까지 물류가 이동되는 전체영역을 관리하고 있습니다.

3. 관련부처 및 시행기관

○ 관련부처 : 국토교통부시
○ 시행기관 : 한국산업인력공단

4. 시험개요

가. 응시자격 : 제한 없음

※ 단, 부정행위로 인해 시험 무효처분을 받은 자는 3년간 물류관리사 시험에 응시할 수 없음

나. 시험과목 및 시험시간 [물류정책기본법 시행령 제37조 별표2]

교시	시험과목	시험시간	문항수	시험방법
1교시	물류관리론	09:30 ~ 11:30 (120분)	과목당 40문항 (총120문항)	객 관 식 5지선택형
	화물운송론			
	국제물류론			
2교시	보관하역론	12:00 ~ 13:20 (80분)	과목당40문항 (총80문항)	
	물류관련법규			

물류관리론	물류관리론내의 「화물운송론」, 「보관하역론」 및 「국제물류론」은 제외
물류관련법규	「물류정책기본법」, 「물류시설의 개발 및 운영에 관한 법률」, 「화물자동차운수사업법」, 「항만운송사업법」, 「유통산업발전법」, 「철도사업법」, 「농수산물유통 및 가격안정에 관한 법률」 중 물류 관련 규정

- 시험과 관련하여 법률·회계처리기준 등을 적용하여 정답을 구하여야 하는 문제는 시험 시행일 현재 시행 중인 법령 등을 적용하여 정답을 구하여야 함
- 회계처리 등과 관련된 시험문제는 한국채택국제회계기준(K-IFRS)을 적용하여 출제
- 기활용된 문제, 기출문제 등도 변형·활용되어 출제될 수 있음

다. 원서접수

○ 큐넷 물류관리사 홈페이지(http://www.Q-Net.or.kr/site/CPL)를 통한 온라인 원서접수

○ 원서접수 마감시각까지 수수료를 결제하고 수험표를 출력하여야 접수완료 됨

○ 원서접수기간 내에는 접수 취소 후 재접수 가능

○ 원서접수기간 종료 이후에는 재접수 및 변경 불가

1) 인터넷 원서접수 시 최근 6개월 이내에 촬영한 탈모 상반신 규격 증명사진을 파일(JPG·JPEG 파일, 사이즈: 150 X 200 이상, 300DPI 권장, 200KB 이하)을 등록하여 인터넷 회원가입 후 접수

2) 수험자는 수험원서에 반드시 본인의 사진을 첨부하여야 하며, 타인의 사진 첨부 등으로 인하여 신분 확인이 불가능할 경우에는 부정행위자로 간주되어 시험에 응시할 수 없거나 자격증 발급이 불가할 수 있음.
   ※ 접수 시 등록한 사진은 합격증서 발급용으로 사용 가능하므로, 반드시 규격 증명사진으로 등록
   ※ 공단에서는 인터넷 활용에 어려움이 있는 내방 접수 수험자를 위해 원서접수 도우미 지원

라. 합격기준
  – 매 과목 100점을 만점으로 하여 매 과목 40점 이상, 전 과목 평균 60점 이상 득점한 자

마. 매년 물류관리사 시험과 관련된 자세한 내용은 매년 공고되는 '물류관리사 국가자격시험 시행계획 공고'를 꼭 참조해 주시기를 부탁드립니다.

1차 1과목 물류관리론 / 11

제1장 물류의 이해 ··· 13
제2장 물류관리와 마케팅물류 ·· 23
제3장 물류조직과 물류시스템 ·· 51
제4장 물류회계 ·· 63
제5장 물류합리화 ··· 80
제6장 물류정보시스템 ··· 97
제7장 정보화시대의 물류혁신기법 ····································· 136

1차 2과목 화물운송론 / 157

제1장 운송의 기초 이해 ·· 159
제2장 화물자동차(공로) 운송 ··· 173
제3장 철도운송 ··· 203
제4장 단위적재운송 ··· 217
제5장 해상운송과 연안운송 ··· 232
제6장 항공운송과 복합운송 ··· 245
제7장 수배송시스템 설계 및 관리 ······································· 261

1차 3과목 국제물류론 / 285

제1장 국제물류관리 ··· 287
제2장 국제무역개론 및 무역실무 ·· 306
제3장 국제해상운송 ··· 363
제4장 국제해상보험 ··· 441
제5장 국제항공운송 ··· 477
제6장 컨테이너운송 ··· 505
제7장 국제복합운송과 국제택배 ··· 524

2차 1과목 보관하역론 / 547

Chapter 01 보관 및 창고의 기초 ··· 549
Chapter 02 물류센터 설계 및 운영전략 ··· 574
Chapter 03 구매관리와 재고관리 ·· 599
Chapter 04 자재관리 ·· 615
Chapter 05 일반하역론 ··· 630
Chapter 06 보관 및 하역기기 ··· 637
Chapter 07 물류장소별 하역작업과 유니트 로드 시스템 ··························· 670
Chapter 08 포장물류 ·· 684

2차 2과목 물류관련법규 / 695

Chapter 01 물류정책기본법 ·· 697
Chapter 02 물류시설의 개발 및 운영에 관한 법률 ································· 753
Chapter 03 화물자동차 운수사업법 ·· 807
Chapter 04 유통산업발전법 ·· 878
Chapter 05 항만운송사업법 ·· 918
Chapter 06 철도사업법 ··· 939
Chapter 07 농수산물 유통 및 가격안정에 관한 법률 ······························ 967

물류관리론

제1장 물류의 이해

01 물류의 기초

(1) 물류의 기원

① Arch. W. Shaw : 1912년에 발표한 논문에서 경영활동의 한 분야로 물류를 Physical Distribution (물적 유통)으로 정의하고 경영활동을 생산활동, 유통활동, 조성활동으로 구분하였다.

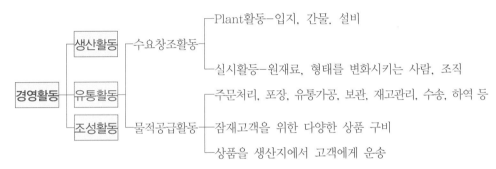

② Frend. E. Clark : 1922년 발간된 그의 저서 「Principles of Marketing」에서 마케팅의 기능을 교환기능, 물적 공급기능, 보조 혹은 조성기능 등 3가지로 구분하고 물류기능의 중요성을 강조하였다.

(2) 물류의 정의

① 미(美) 마케팅협회(AMA ; American Marketing Association)
제품의 생산단계에서 사용 또는 소비단계에 이르기까지 재화의 흐름을 취급·관리하는 것이다(1948년).

② 미(美) 물류협회(NCPDM ; National Council of Physical Distribution Management)
생산라인의 종점에서부터 소비자에 이르는 완성품까지의 광의적 개념과 원자재의 공급
으로부터 생산라인의 시작지점까지(협의적 개념)라 할 수 있다(1960년).

③ R. H. Ballou : 수요욕구를 충족시킬 대상에 따라 원재료의 조달지역에서부터 생산과정
을 거쳐 최종소비지까지의 물자의 이동, 보관, 계획, 조직, 통제의 모든 활동이다(1973
년).

④ 마케팅핸드북 : 원재료와 중간제품 또는 완제품의 흐름을 계획하고 이행을 관리하기
위한 두 가지 이상의 통합활동이다(1985년).

(3) 물류의 정의

① 로크레매틱스(Rhocrematics) : 부르어교수(S.H Brewer)는 로크레매틱스를 "조달물류를
포함한 '물의 흐름'을 정보의 흐름과 관련시킨 시스템을 관리하는 과학이다"라고 정의하
고 있다. 일명 물류공학이라고 번역되고 있는데 공장, 물류시설 배치 등 하드웨어적
측면에 중점을 두고 관리하는 과학이다.

② 로지스틱스(Logistics) : 경영, 조직적 측면의 소프트웨어적 기술로서 조달물류, 생산물
류, 판매물류(협의의 물류), 회수물류, 반품물류, 폐기물류를 포함하는 것으로서의 물류
보다는 더욱더 폭넓은 개념이다.

③ 머티리얼 핸드링(Material Handling) : 업무영역 내에서의 물자운반으로서 하역이라고
한다.

(4) 물류의 개념과 의의

① 생산 단계에서부터 소비 또는 그 이용에 이르기까지 상품의 이동 및 취급을 관리하는
것. 즉 개별 기업의 입장을 보다 명료하게 표시하면서 기업의 물류관리를 마케팅 주체의
관점에서 개념화한 것이다.

② 소비자의 욕구를 충족시키기 위하여 원초 지점으로부터 소비지점까지 원자재, 중간재,
완성재, 그리고 관련 정보를 이동시키는 것과 관련된 흐름과 저장을 효율적이면서 효과
적으로 계획, 수행, 통제하는 과정이다.

③ 넓은 의미로 재화 및 서비스를 최초 생산자부터 최종 소비자에 이르기까지의 물리적인
흐름과 관련된 활동이며. 그 재화 및 서비스를 잠재 사용자에게 필요한 시간과 장소에
전달시키기 위해서는 물류가 가장 중요한 역할을 수행한다. 물류의 범위는 판매 물류뿐
만 아니라 원재료의 조달 물류도 포함하는 동시에 국제 물류까지 확대한 개념이다.

④ 유형·무형의 물리적인 재(財)를 공급자로부터 수요자에 이르게 하는 실물적인 흐름이며, 구체적으로 수송, 포장, 보관, 하역 및 통신의 제 활동을 지칭하고 있으며, 물류활동은 상거래에서는 물리적인 재(財)의 공간적·시간적 가치 창조에 공헌하고 있다.

⑤ 우리나라의 물류 용어 정의

물류란 유형·무형의 일체 재화에 대한 폐기와 반품을 포함해서 공급과 수요를 연결하는 공간과 시간의 극복에 관한 물리적인 경제활동으로서 구체적으로는 수송, 보관, 포장, 하역의 물자유통활동과 물적 유통에 관련되는 정보활동을 포함한다.

⑥ 3S 1L의 원칙 : Speedy, Safety, Surely, Low

비용과 이윤의 절충(Trade-off) 개념으로서 기업에 있어서 물류의 목표는 '필요한 물건을, 필요한 장소로, 필요한 시기에, 적정한 가격으로 공급하는 것'이다. 이것을 물류목표의 원칙이라 하며 다른 말로 3S 1L의 원칙이라 한다.

⑦ 7R의 원칙

㉠ 미시간 대학의 E. W. Smyker 교수가 제창한 것으로 대고객 서비스의 수행을 기본으로 한 물류의 원칙이다.

㉡ 적절한 제품(Right Commodity), 적절한 품질(Right Quality), 적절한 양(Right Quantity), 적절한 시간 (Right Time), 적절한 장소(Right Place), 좋은 인상(Right Impression), 적절한 가격 (Right Price)

지식 in 물류의 정의

물류란 재화가 공급자로부터 조달·생산되어 수요자에게 전달되거나 소비자로부터 회수되어 폐기될 때까지 이루어지는 운송·보관·하역 등과 이에 부가되어 가치를 창출하는 가공·조립·분류·수리·포장·상표부착·판매·정보통신 등을 말한다.

(5) 물류의 기능

① 장소적 기능

생산과 소비의 장소적 거리를 조정하는 기능으로, 물류활동을 통해 시장에서 생산과 소비의 장소적 거리를 조정하는 기능이 발휘됨으로써 생산자와 소비자 간에 재화의 유통을 원활하게 할 수 있다.

② 시간적 기능

생산과 소비시기의 시간적 거리를 조정하는 기능으로, 물류활동은 이 시간적 거리를 조정함으로써 신속하게 재화의 흐름을 주도하여 시장 경제하에서 모든 생산활동과 소비활동을 적기(適期)에 이루어지게 할 수 있다.

③ 수량적 기능
  ㉠ 생산과 소비의 수량적 거리를 조정하는 기능으로, 생산자의 생산 단위 수량과 소비자의 소비 단위 수량의 불일치는 집하·중계·배송기능 등을 통해 조정할 수 있다.
  ㉡ 물류활동을 통한 소비의 양적 예측은 실제로 기업이 생산 규모를 선택하기 위한 의사 결정에 기본적인 요인이 된다.

④ 품질적 기능
  ㉠ 생산자가 제공하는 재화와 소비자가 소비하는 재회의 품질적 거리를 조정하는 기능으로 생산자가 제공하는 재화와 소비자가 소비하는 재화의 품질은 가공·조립·포장기능을 통하여 조정 할 수 있다.
  ㉡ 기업은 물류활동을 통해 신속·정확한 수배송으로 소비자의 욕구에 맞는 품질의 재화를 적기에 소비자에게 공급할 수 있다.

⑤ 가격적 기능
  ㉠ 생산과 소비의 가격적 거리를 조정하는 기능으로, 생산자와 소비자를 연결하는 물류 부문은 운송에서 정보활동에 이르기까지 이러한 가격조정기능에 관련되어 있다.
  ㉡ 기업은 물류활동의 원활화를 통해서 생산자와 소비자 간의 장소적·시간적 효용을 통해서 제품 원가를 절감할 수 있으며, 가격 협상을 용이하게 할 수 있다.

⑥ 인격적 기능
  ㉠ 생산자와 소비자 사이의 인격적 거리를 조정하는 기능으로, 생산자와 소비자를 인격적으로 결합하고 생산, 유통, 소비를 유기적으로 결합하여 조직화함으로써 생산자와 소비자를 더욱 가깝게 접속시키는 동시에 생산자의 대고객서비스도 향상시킬 수 있다.
  ㉡ 생산자와 소비자가 인격적으로 다르고 분업이 계속 진행되기 때문에 복잡한 유통 경제 조직이 형성되고 있다.

(6) 물류의 영역

물류는 일반적으로 로지스틱스(Logistics)와 동의어로 사용되고 있지만, 로지스틱스가 물류보다 광의의 상위 개념이라고 말할 수 있다. 물류활동에 따라 영역별로 다음과 같이 분류할 수 있다.

① 조달물류
  조달물류는 물류의 시발점으로 물자가 조달처로부터 운송되어 매입자의 물자 보관창고에 입고, 관리되어 생산공정(또는 공장)에 투입되기 직전까지의 물류활동을 의미한다.

　　　　⊙ 의의 : 기업이 필요로 하는 각종 원자재를 구두나 전화 등의 수단을 통하여 도착하기
　　　　　까지의 전 과정을 관리하는 것으로, 협력업체의 입장에서는 판매(납품) 물류가 되고,
　　　　　구입처의 입장에서는 조달물류가 되는 양면성을 가지고 있다.
　　　　⊙ 역할 : 조달물류는 전체물류의 출발점으로서 조달물류의 양부는 후속되는 모든 물류
　　　　　과정에 영향을 미치므로 신중하게 관리해야 한다. 즉, 바로 다음에 이어지는 생산부
　　　　　서에 대응하기 위해 협력회사의 조건을 충분히 검토하여 결품방지나 적기납품에
　　　　　대응하는 것이다.

　② 생산물류
　　생산물류는 자재창고의 출고작업에서부터 생산공정으로의 운반, 하역, 창고에 입고 작
　　업까지를 말한다. 생산물류에서는 이러한 과정을 어떻게 단축하느냐 하는 것이 핵심과
　　제로서 운반, 하역, 창고의 자동화가 가장 중요한 관심이 된다.
　　　　⊙ 의의 : 조달된 원자재를 고객에 대한 판매가 최종적으로 확정되기까지의 전과정을
　　　　　관리하는 것을 말한다.
　　　　⊙ 역할 : 조달된 원자재를 일시에 한꺼번에 처리할 수 없기 때문에 제품생산과정에서
　　　　　발생하는 원자재, 반제품, 재공품, 제품 등의 다양한 형태를 관리하는 것이다.

　③ 판매물류
　　판매물류는 물류의 최종단계로서 제품을 소비자에게 전달하는 일체의 수배송활동을 말
　　한다. 즉, 제품창고에서 출고하는 과정과 중간의 물류거점인 배송센터까지의 운송, 배송
　　센터 내에서의 유통가공 및 제품분류작업, 각 대리점 및 고객에게 배송하는 작업 등이
　　포함된다.

지식 in　　　**물류의 영역**

- 조달물류 : 물류의 시발점으로 물자가 조달처로부터 운송되어 매입자의 보관창고에
　입고·관리되어 생산공정에 투입되기 직전까지의 물류활동
- 생산물류 : 물자가 생산공정에 투입될 때부터 제품의 생산에 이르기까지의 물류활동
- 판매물류 : 완제품의 판매로 출고되어 고객에게 인도될 때까지 물류활동
- 회수물류 : 제품이나 상품의 판매물류에 부수적으로 발생하는 파렛트, 컨테이너 등과
　같은 빈 물류용기를 회수하는 물류활동
- 반품물류 : 소비자에게 판매된 제품이나 상품자체의 문제점의 발생으로 상품의 교환이
　나 반품을 하는 물류활동
- 폐기물류 : 파손 또는 진부화된 제품이나 상품 또는 포장용기 등 폐기하는 물류활동

ㄱ 의의 : 판매물류란 공장에서 생산한 제품을 소비자에게 전달하기까지 일체의 과정을
관리하는 것이다.

ㄴ 역할 : 생산된 제품을 고객의 요구에 따라 제품창고에서 출고하는 과정과 배송센터
내에서 유통 가공, 분류, 배송 등의 유통과정에서 발생하는 물류활동을 관리한다.

④ 반품물류

소비자에게 판매된 제품이나 상품자체의 문제점(상품자체의 파손이나 이상)의 발생으
로 상품의 교환이나 반품을 위한 물류활동을 의미한다.

⑤ 폐기물류

파손 또는 진부화 등으로 제품이나 상품, 또는 포장용기 등이 기능을 수행할 수 없는
상황이나 기능을 수행한 후 소멸되어야 할 상황일 때 제품 및 포장용기 등을 폐기하는
물류활동을 의미한다.

⑥ 회수물류

제품이나 상품의 판매물류에 부수적으로 발생하는 파렛트, 컨테이너 등과 같은 빈 물류
용기를 회수하는 물류활동을 의미한다.

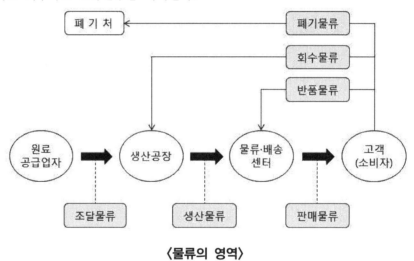

〈물류의 영역〉

(7) 순물류와 역물류

① 순물류(Forward Logistics)

ㄱ 고객 요구를 충족하기 위하여 원산지부터 소비지까지 원자재, 재공품, 완성품 및
관련 정보의 흐름을 효율적이면서 비용에 효과적으로 계획, 실행 및 관리하는 프로
세스이다.

② 역물류(Reverse Logistics)

　　⊙ 소비지에서부터 최종 폐기처리까지 상품 및 관련 정보의 효율적인 흐름을 계획, 실행 및 관리하는 과정이다.

　　ⓒ 동종계품의 포장형태가 상이하고, 가격이 상이하다.

　　ⓒ 물류계획의 수립 및 실행의 어려움이 있고, 재고 관리가 어렵고 부정확하다.

　　ⓔ 제품수명주기에 어려움이 있다.

　　ⓜ 상품처리의 중요성을 인지한다.

　　ⓗ 비용의 투명성이 낮다.

02. 국내 물류환경과 정책

지식 in　환경물류

- 환경을 중시하는 물류활동을 강조하는 개념이다.
- 최근 정부의 녹색성장정책 기조에 맞는 물류의 발전전략으로 이해할 수 있다.
- 물류활동의 모든 과정에서 환경에 대한 부정적 영향을 줄이는 방향으로 물류의사결정이 이루어진다.
- 이산화탄소의 배출을 고려한 수송수단 선택도 환경물류의 일종이다.

(1) 국내 물류활동의 문제점

① 물류의 기계화, 자동화 및 일관수송을 위한 물류시설과 장비의 표준화율이 낮음

② 물류정보화 부진

③ 물류분야 전문인력 부족

④ 복잡한 유통구조

⑤ 화물자동차를 이용한 도로수송에 치중됨

⑥ 포장규격 표준화 및 포장기술의 자동화가 낮음

⑦ 기업 상호 간 불신 및 협력 부재로 물류 비용 상승

⑧ 데이터 분석에 기초한 과학적 기업물류 취약

⑨ 시기별 물류업무 편중현상으로 업무량이 평준화되지 못하여 인력·설비의 과부족 현상이 반복됨

⑩ 물류 아웃소싱 미흡

(2) 물류정책 추진방향

① 지역거점 물류시설의 확충

② 지역간 화물운송망 구축

③ 운송구조의 합리적 개편 : 도로 중심의 화물수송구조를 철도, 연안해운 중심으로 전환추진

제1장 적중예상문제

01. 물류의 기능에 관한 설명으로 옳지 않은 것은?

① 제품을 물리적으로 보존하고 관리하는 활동이다.
② 생산된 제품을 소비자까지 전달하는 과정에 관련된 활동이다.
③ 제품을 보호하고 취급을 용이하게 하며, 제품 가치를 제고시키는 활동이다.
④ 물류활동과 관련된 정보내용을 제공하여 종합적인 물류관리의 효율화를 기할 수 있도록 하는 활동이다.
⑤ 재화와 용역을 그 효용가치가 높은 장소로부터 낮은 장소로 이동시켜 효용가치의 차이를 극복하는 활동이다.

> **해설┃** 물류는 경제재를 공급자로부터 수요자에게 전달하기까지 시간적 · 공간적 격차를 물리적으로 극복하면 서 궁극적으로 그 경제재의 효용가치를 증대시키는 것을 목표로 하고 있다. 즉, 재화와 용역을 그 효용가 치가 낮은 장소로부터 높은 장소로 이동시켜 효용가치의 차이를 극복하는 활동이라 할 수 있다.
> **정답┃** ⑤

02. 물류활동을 둘러싼 제반 환경에 관한 설명으로 옳지 않은 것은?

① 환경규제가 점차 강화됨에 따라 회수물류에 대한 관심이 증대되고 있다.
② 다품종 소량화의 진전과 함께 가공도가 높은 제품으로 물류품목이 변화하고 있다.
③ 정보통신기술의 발달로 물류정보시스템이 고도화되고 있으며, 물류정보기능의 중요성이 더욱 부각되고 있다.
④ 제품기술이 발달하고 소비자의 구매요구가 다양화함에 따라 제품 수명주기가 점차 단축되고 있다.
⑤ 세계경제는 빠른 국제화 추세를 보이고 있고, 이에 따라 국내물류와 국제물류의 구분이 더욱 명확해지고 있다.

> **해설┃** 세계경제의 개방화 및 글로벌화가 가속화되고, IT 기술의 발달로 인한 디지털 경제시대의 도래로 국내 물류와 국제물류의 통합이 빠르게 진행되고 있다.
> **정답┃** ⑤

03. 다음 중 물류영역에 대한 정의로 옳지 않은 것은?

① 조달물류란 물자가 조달처로부터 운송되어 매입자의 보관창고에 입고 · 보관되었다가 생산공정에 투입될 때까지의 물류활동을 말한다.

② 생산물류란 물자가 생산공정에 투입되어 제품으로 만들어지기까지의 물류활동을 말한다.

③ 사내물류란 물자의 조달에서부터 완성품의 공장출하에 이르기까지의 물류를 말한다.

④ 판매물류란 완제품의 판매를 위하여 출고할 때부터 고객에게 인도될 때까지의 물류를 말한다.

⑤ 반품물류란 고객에게 판매된 제품이 제품상의 하자 등의 이유로 교환되거나 공장으로 되돌아올 때까지의 물류활동을 말한다.

> 해설┃ 사내물류
> 생산업자의 생산된 완제품 출하시부터 판매보관창고에 이르기까지의 물류활동
> 정답┃ ③

04. 다음 중 물류의 정의와 목적에 대한 설명 중 옳지 않은 것은?

① 물류에서의 3S 1L 원칙으로는 각각 Speedy, Safety, Surely, Low를 뜻한다.

② 물류는 제3의 이익원이다.

③ 물류에는 8R의 원칙이 있다.

④ 물류에 대해 P. E. Drucker는 '암흑의 대륙' 또는 '이윤의 보고'라 하였다.

⑤ 물류에서의 지원활동으로는 유통가공활동. 정보활동 등이 있다.

> 해설┃ 물류의 7R 원칙
> • Right Commodity   • Right Quality   • Right Quantity
> • Right Time   • Right Place
> • Right Impression   • Right Price
> 정답┃ ③

제**2**장 물류관리와 마케팅물류

01. 물류관리

(1) 물류관리의 개념과 중요성

① 물류관리의 개념

원재료의 조달과 제품의 생산, 소비에 이르기까지 수반되는 물적 유통의 제반 업무를 종합적이고 체계적으로 관리하여 제품의 비용절감과 재화의 시간적·공간적 효용가치를 통한 시장능력의 강화를 추구하는 것이다.

② 물류관리의 중요성

물류관리의 기본적 목적은 원가의 절감과 재화의 시간적·공간적 효용가치 창조를 통한 시장경쟁력 강화에 있다.

(2) 물류관리의 필요성

① 제품의 수명이 단축되고 차별화된 제품생산의 요구 증대로 인하여 물류비용 감소의 필요성이 부각되고 있다.
② 물류관리를 통해 비용절감, 서비스 수준의 향상, 판매촉진 등을 꾀할 수 있다.
③ 국제적인 경제환경이 변화하면서 물류관리의 중요성이 부각되고 있다.
④ 기업활동의 특성상 판매비나 일반관리비에 비하여 물류비의 절감이 요구되고 있다.
⑤ 고객의 요구는 다양화·전문화·고도화로 고객서비스 향상이 중시된다.
⑥ 포장, 하역, 보관, 수송의 기술이 급속도로 발전함과 동시에 정보처리의 급속한 기술혁신으로 물류 환경변화의 물결로 물류의 중요성이 점차 대두되고 있다.

(3) 물류관리의 역할

① 개별 기업의 측면

㉠ 개별 기업은 상품을 제조·판매하기 위한 원재료 구입과 제품판매에 관련된 재업무를 총괄하는 물류관리에 중점을 두고 있다.
㉡ 고객에 대한 서비스 수준의 향상, 물류비의 절감, 구매·생산·판매부문을 지원하는 정보의 피드백 등을 통해 경영의 효율화에 기여하게 되므로 서비스의 경쟁, 즉 소비

자의 욕구에 부합되는 물류서비스의 제품이 판매수단으로 중요시 되고 있다.

② **국민경제적측면**

ᄀ 산업전반에 유통효율향상 : 기업의 체질개선과 소비자물가 및 도매물가의 상승을 억제한다.

ᄂ 품질유지와 정시배송: 소비자에게 질적으로 향상된 서비스를 제공한다.

ᄃ 자원의 낭비방지 : 자원의 효율적인 이용에 기여한다.

ᄅ 균등한 지역경제의 발전 : 인구의 지역적인 편중(偏重)을 억제한다.

ᄆ 물류개선을 위한 사회간접자본의 증강과 각종 설비투자의 기회 부여 및 도시재개발로 인한 생활환경개선에 이바지한다.

ᄇ 물류의 합리화는 상품흐름의 합리화를 초래하여 상거래의 대형화를 유발한다.

(4) 물류관리의 원칙

① **경제성 원칙** : 최소한의 자원으로 최대한의 물자공급 효과를 얻기 위한 원칙을 말하며, 이것을 성취하기 위해서는 물류지원체제와 제반 물류시스템을 끊임없이 검토·개선하여 필요 이상의 행정 지원을 제공해서는 안 된다.

② **신뢰성 원칙** : 생산, 유통, 소비현장에서 필요로 하는 물자를 원하는 시기와 장소에 사용 또는 공급이 보장되어야 한다.

③ **보호의 원칙** : 생산, 유통, 소비분야의 물자 저장시설을 보호하고, 물자수송 또는 운반과정에서도 도난, 망실, 화재, 파손으로부터 보호되어야한다.

④ **간편성 원칙** : 물류조직, 물류계획, 물류수급 체제 및 절차 등은 가장 간단명료하고 단순화해야만 능률적이고 체계적이므로 불필요한 중간 유통과정을 제거하여 물자지원체제를 단순화하는 원칙 (단순성의 원칙)이다.

⑤ **균형성 원칙** : 생산, 유통, 소비분야의 필요한 물자는 수요와 공급의 균형성을 유지함은 물론 조달과 분배의 상호간에도 균형을 유지해야 한다.

⑥ **권한의 원칙** : 물자의 중앙공급지에서 지역수요지에 물자를 효과적으로 공급하도록 통제권한이 부여되고, 또한 위임되어야 한다.

⑦ **집중지원 원칙** : 생산, 유통, 소비분야에서 물자가 요구되는 상황에 따라 물량, 장소, 시기의 우선 순위별로 집중 지원해야 한다.

⑧ **추진지원 원칙** : 생산, 유통, 소비분야 현장에서는 본연의 임무에만 전념하도록 중앙에서 지방으로, 후방현장에서는 일선현장으로 지원해야 한다.

⑨ **적시성 원칙** : 생산, 유통, 소비분야에 물자를 공급함에 있어 필요한 시기와 장소에 필요한 수량을 공급한다.

(5) 물류관리지표

물류관리지표는 종래 운송이나 보관을 중심으로 한 개별 시스템에 의한 물류관리에서 물류관리를 하나의 토탈 시스템으로 확대한 전사적·종합적 관리의 중요성 증대와 물류활동에 대한 관리가 계획에서 운영, 통제 및 감사에 이르기까지 전 과정을 체계적으로 관리해야 할 필요성이 증대함에 따라 등장하였다.

① **물류생산성지표** : 물류활동에 대한 투입과 산출의 비율을 나타낸 지표이다

> **물류생산성 = 실제산출/실제투입**

    ㉠ Input : 급료지급의 인적자원, 건물, 장치 등 물적자원. 특허와 같은 기술, 소비된 에너지, 기타 재무자원
    ㉡ Output : 판매수량, 중량, 용적, 매출액 등

② **물류서비스지표** : 물류활동에 대하여 서비스 요구치에 대한 해당 서비스의 충족치의 비율이다.

> **물류서비스지표 = 서비스 충족치/서비스 요구치**

③ **물류이용지표** : 물류시설의 이용가능성에 대한 실적치의 비율을 말하며, 일반적으로 물류관련시설·기기·장치 등의 분석척도로서 사용하는 지표이다.

> **물류이용지표 = 실적치/이용가능치**

④ **물류업적지표** : 물류의 계획치에 대한 실적치의 비율을 말하며, 예산관리를 중심으로 폭넓게 이용하고 있는 지표이다.

> **물류업적지표 = 충족치/계획치**

(6) 물류관리의 변천단계

① **물적유통 단계** : 완제품의 수송, 보관, 하역, 재고관리 등을 통해 소비자에게 제품을 직접 전달하는 기능을 통합하는 단계
② **기업내부 물류통합 단계** : 조달활동, 생산활동, 물적유통활동을 통합하는 단계
③ **기업외부 물류통합 단계** : 기업외부의 공급업체, 고객, 외부의 물류업체 등과의 효율적인 업무협조 관계를 형성하여 물류의 영역을 확장해 나가는 단계

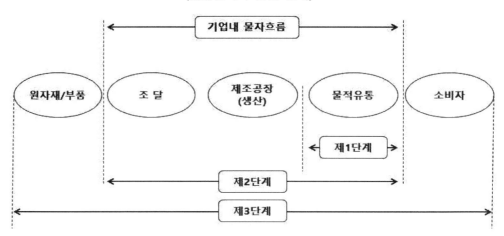

〈물류관리의 변천 단계〉

(7) 물류관리 목표로서 고객서비스

① 고객서비스의 의의

  ㉠ 고객 주문의 접수, 처리, 배송, 대금 청구 및 그에 파생되는 후처리 업무에 필요한
    모든 활동이다.

  ㉡ 판매자와 구매자 사이의 재화와 서비스의 이동에 있어 '시간과 장소의 효용'을 창출
    하는 것이다.

  ㉢ 제품이나 서비스가 고객이나 소비자의 손에 들어가기 전에는 아무런 가치가 없다.

  ㉣ 고객서비스란 일반적으로 고객의 요구를 만족시키는 것을 말한다.

지식 in **고객서비스에 영향을 미치는 주문주기시간(Order Cycle Time)**

- 주문주기시간은 주문전달방법, 재고정책, 주문처리과정 등에 관한 개선활동을 통하여
  단축할 수 있다.
- 주문 어셈블리시간(Order Assembly Time)은 주문을 받아서 주문정보를 창고나 발송
  부서에 전달한 후부터 주문받은 제품을 발송준비하는 데 걸리는 시간(생산, 인도, 회수
  는 포함되지 않음)을 말하는 것이다.
- 주문처리 활동은 주문확인, 적재서류 준비, 재고기록갱신, 주문정보의 관련부서 전달
  등을 포함한다.
- 오더피킹(Order Picking)은 재고로부터 주문품 인출, 필요한 포장작업과 혼재작업 등
  을 포함한다.
- 주문주기시간과 관련된 주요 활동들의 일부는 동시병렬적으로 발생할 수 있다.

② 고객서비스 요소

 ㉠ 거래 전 요소

  • 우수한 고객서비스를 제공할 수 있는 환경을 만든다.

 ㉡ 거래 중 요소

  • 고객에게 제품을 인도하는 데 직접 관련되는 것들로 재고수준을 설정하고, 수송수단을 선택하며, 주문처리절차를 확립하는 것 등이 그 예이다.

〈고객 서비스 요소〉

02. 물류관리 전략

(1) 물류전략의 의의

물류전략은 고객의 요구를 충족시키기 위하여 제품, 서비스, 정보를 효과적으로 흐르게 하고 이를 계획·통제하는 활동을 수행해야 한다. 가장 대표적인 물류전략은 경쟁우위전략, 비용우위전략, 가치우위전략 등이 있다.

(2) 물류전략의 3가지 목적

① 비용절감

 ㉠ 이동 및 보관과 관련된 가변비용을 최소화하는 전략이다.

 ㉡ 창고위치 선택, 수송수단 선택 등과 같이 여러 대안을 평가함으로써 수립한다.

 ㉢ 서비스수준을 고정시키고 비용을 최소화한다.

② **자본투자절감** : 물류시스템에 대한 투자수준을 최소화하는 전략이다.

　　例　• 창고에 보관하지 않고 직접소비자에 수송
　　　　• 자가창고 대신 영업창고 이용
　　　　• 재고비축보다 JIT 공급방식 선택
　　　　• 제3자물류 서비스 이용 등

③ **서비스개선** : 수익은 서비스 수준에 비례한다는 인식이 필요하다.

(3) 물류의 전략적 계획과 전술적 계획

물류계획 수립시 전략적, 전술적, 운영적인 3가지 차원을 모두 고려해야 산다.

① **전략적 계획** : CEO와 같은 가장 높은 차원에서 실시하는 것으로 통상 1년 이상의 장기계획을 수립한다.
② **전술적 계획** : 통상 1년 이내의 중기계획으로 전략을 조직의 각 부문에서 실행할 수 있도록 구체화하는 단계로 조직의 중간 수준에서 이루어지는 계획을 수립한다.
③ **운영적 계획** : 주 단위, 일 단위의 단계계획으로 일상 운영과 관련하여 실행할 수 있어야 할 만큼 구체적인 계획을 수립한다.

지식 in　　**전략적 · 전술적 계획**

- 전략적 계획은 장기적 계획이고, 전술적 계획은 단기적인 계획이다.
- 전략적 계획은 의사결정환경이 불확실하고, 전술적 계획은 확실한 계획을 말한다.
- 전략적 계획의 목적은 장기적인 생존 및 성장이고, 전술적 계획은 전략적 계획의 집행을 목적으로 한다.
- 전략적 계획의 주체는 중간관리자 및 최고경영자이고, 전술적 계획은 초급관리자 및 중간관리자이다.
- 전략적 계획은 혁신적인 의사결정이 필요하고 , 전술적 계획은 일상적인 결정이다.

(4) 물류전략 단계

① **전략적 단계** : 고객서비스 수준을 최우선적으로 결정
② **구조적 단계** : 유통경로단계, 네트워크전략
③ **기능적 단계** : 물류창고 설계 및 운영, 운송관리, 자재관리
④ **실행 단계** : 정보시스템구축, 정책 및 절차수립, 설비 및 장비도입, 조직 및 변화관리

(5) 제품의 특성과 물류전략

제품의 특성에는 용적, 중량, 가격, 위험이 있다. 기업에 있어 물류비 지출은 업종, 영업지역, 그리고 제품 및 물자의 가치 당 중량비율 등에 따라 달라진다.

① 상품의 가격 : 상품가격이 높으면 재고 비용이 높아지므로 물류거점 수를 줄인다.
② 단위화물의 양 : 단위화물의 양이 많으면 많을수록 운송비가 많이 소요되므로 물류거점 수를 늘린다.

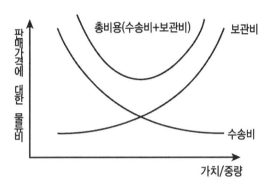

〈제품특성과 물류비의 관계〉

③ 배송빈도 : 배송빈도가 낮을수록 재고회전율이 감소하므로 물류거점 수와 생산기지 수를 적은 수준으로 유지한다.
④ 배송의 규칙성 : 배송이 불규칙적이거나 긴급할수록 물류거점 수를 줄인다.

(6) 제품수명주기와 물류전략

① 도입기

새로운 제품이 시장에 진입하는 시기이므로 인지도를 형성해야 하며 판매망을 몇몇 지점에 제한하면서 신중하게 이루어져야 한다. 즉 시장이 성장할 수 있도록 발판을 마련해야 하므로 높은 수준의 재고가용성과 물류서비스 시스템의 유연성이 확보되어야 한다.

② 성장기

이 단계에서는 제품의 판매량이 현저히 증가하게 되고, 물류센터의 수와 재고수준을 정하는데 필요한 정보가 부족하여 물류계획을 수립하는 데 어려움이 있다. 성장기에는 규모의 경제를 고려하여 비용과 서비스 간의 상충관계를 적극 고려하는 전략이 필요하다.

③ 성숙기

판매량 성장이 느려지거나 안정되는 시기로서 제품의 유통지역은 가장 넓으며, 시장에서 제품 가용성을 높이기 위해 많은 수의 재고거점을 필요로 한다. 성숙기에는 고객별로 차별화되고 집중적인 물류서비스 전략이 필요하다.

④ 쇠퇴기 : 비용 최소화보다는 위험최소화 전략이 필요하다.

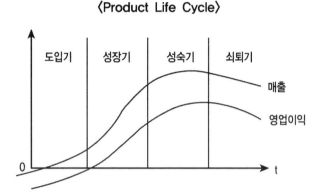

〈Product Life Cycle〉

(7) 물류 리엔지니어링과 물류 리스트럭처링

① 물류 리엔지니어링

혁신적 경영관리기법으로 정보기술을 활용하여 업무의 흐름에 주목하여 이를 근본적으로 재조정함으로써 고객만족을 추구하는 상품과 서비스의 흐름으로 재설계하는 것이다.

② 물류 리스트럭처링

1980년대 경제불황 지속시 생존전략이 대두되면서 리엔지니어링 전략에 앞서 대두된 경영기법으로 인력삭감, 불량사업의 통폐합, 신규투자억제, 간접비삭감 등 주로 기업의 조직개편에 목적을 둔 경영혁신기법이다.

〈물류 리엔지니어링과 물류 리스트럭처링의 비교〉

구 분	물류 리엔지니어링	물류 리스트럭처링
내용별	고객지향적	경쟁지향적
	기능자체를 변경하여 물류합리화 추구	기능을 그대로 두고 물류합리화 추구
	높은 목표에 의한 변혁 추구	점진적인 개선목표
	직능횡단적 팀 활용으로 경영전반 재구축	전문가에 의한 분업체계를 통해 조직개혁
	최근 기술을 적극적으로 이용하여 조직개편	기술혁신과 관계없이 조직개편
종합	전사적 최적화 요구	개별 최적화 추구

(8) 물류네트워크와 상(商)·물(物) 분리

① 물류 네트워크

분산된 거점(Node)을 네트워크로써 연결할 필요가 있다.

② 생산 거점에서 시장까지의 간선 운송은 철도나 선박 등의 대량 운송기관을 이용하고, 시장에서의 역대 운송은 영업활동에 부수한 활동으로서 존재하고 있다.

③ 상류와 물류의 분리

기업활동을 활성화시키기 위해서는 상류(商流)와 물류(物流)의 흐름을 분리시켜 지점이나 영업소 등에서 처리하고 있던 물류활동은 배송센터나 공장의 직배송 등을 통하여 수행하는 것이 효과적이다. 상류와 물류를 분리하더라도 양자 간의 횡적인 연계성은 물류정보시스템의 구축을 통하여 충분히 의사소통이 가능하다.

㉠ 상·물 분리의 원칙

상류와 물류는 상품단위당 물류비의 증가를 가져와 이익을 저하시키게 된다. 이같이 상반된 원리의 문제점을 극복하기 위해 상·물 분리를 분업적으로 시행할 때 이를 상·물 분리의 원칙이라 한다.

㉡ 상류와 물류를 분리함으로써 얻을 수 있는 경제적 효과

- 물류거점을 통한 수배송으로 수송경로가 단축되고 대형차량의 이용이 가능하므로 수송비가 절감된다.
- 지점과 영업소의 수주 통합으로 효율적 물류관리가 이루어지고, Lead Time이 단축된다.
- 배송차량의 효율적 운행이 가능하기 때문에 트럭 적재율이 향상된다.
- 정산화로 인한 사무처리 업무가 경감된다.
- 재고의 편재 및 과부족을 해소하여 효율적 재고관리가 가능하다.
- 물류거점(물류센터 등)에서 하역의 기계화, 창고 자동화 추진이 가능하므로 물류코스트가 절감된다.
- 영업부는 판매활동에만 전념하여 도소매업의 매출이 증대된다.
- 제조업자는 유통경로 전체에서 물류효율화의 실현이 가능하다.
- 전문 물류업자 육성으로 물류기능의 전문화가 가능하다.

〈상 · 물 분리 전〉

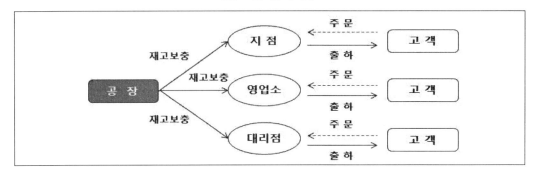

〈상 · 물 분리 후〉

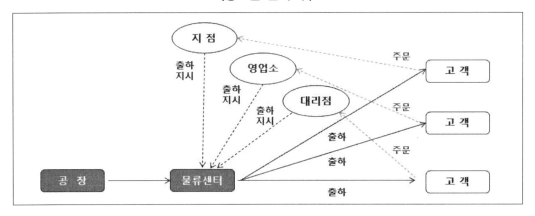

(9) 전략적 지연(Postponement)

제품을 공장에서 출하시에 완성된 형태로 출하하는 것이 아닌 유통 과정 중에 완성하는 것을 의미한다. 이렇게 함으로써 기업은 완제품에 대한 재고물량을 줄이게 되어 상당한 비용을 절약할 수 있다.

지식 in 물류네트워크

- 물류 네트워크에서 노드(node)는 창고, 공장 등을 의미한다.
- 물류 네트워크에서 링크(link)는 제품의 이동경로를 의미한다.
- 지역적으로 경제성장이 불균형하게 변하면 물류 네트워크를 다시 계획할 필요가 있다.
- 고객서비스 수준과 비용은 트레이드-오프(Trade-off) 관계에 있다. 일반적으로 높은 고객서비스 수준을 유지하기 위해서는 그만큼 비용이 지불되어야 한다. 즉 유통비용은 서비스 수준에 민감하게 반응한다.
- 조달 및 판매에 있어서 가격정책이 변경되면 물류 네트워크를 다시 계획할 필요가 있다.

〈유예 전략의 방법〉

전략	내용
Pull Postponement	제조업체 측에서 Push에서 Pull로 전환되는 접점을 가급적 지연 ⟮예⟯ National Bike사는 Push에서 Pull로의 전환점을 가급적 상류에 설정하여 고객의 다양한 제품 주 문에 쉽게 대응하여 각 제품 구성별 주문량에 맞게 적기·정량을 생산·유통
Logistics Postponement	Customizatbn 시점을 고객과 가까운 단계에서 하도록 미루는 지연전략 ⟮예⟯ HP 데스크젯 프린터의 국가별 폰트를 현지에서 설치하도록 프로세스를 분리하고 지연
Form Postponement	제품의 최종 가공단계를 생략하여 부품 또는 사양을 표준화하거나 프로세스 순서를 변경함으로써 물류 및 제품이 차별화되는 단계를 지연 ⟮예⟯ Benetton Sweaters 제작 공정에서 실을 염색한 후 직조하던 것을 직조 후 염색으로 프로세스 순서를 바꿈
Temporal Postponement	최종제품의 완성을 연기하여 소비자 요구에 부응하여 연기된 부분적 조립, 상표부착, 포장, 조립, 수송, 보관 등으로 나눌 수 있음 • 상표부착 : 한 제품을 여러 상표로 판매하는 회사 • 포장 : 한 제품을 여러 규격으로 포장해서 판매하는 회사 • 조립 : 다수의 버전을 가진 제품을 판매하는 회사 • 제조(가공): 단위 가격이 높은 제품을 취급하는 회사

(10) 품질관리 전략

① 제약이론(TOC ; Theory Of Constraint)

    ㉠ 골드렛(Eliyahu M. Goldratt) 박사가 개발한 생산 스케줄링 소프트웨어 OPT(Optimized Production Technology)에서 출발한 경영과학의 체계적 이론이다.

    ㉡ 기업의 여러 가지 활동 중 취약한 활동요인의 효율성을 제고함으로써 기업의 성과를 극대화한다는 것으로, 재무적인 성과를 나타내기 위해 스루풋(Throughput), 재고, 운영비용 등 3개의 개념을 제시하고 있다.

    ㉢ 제약이론은 점진적인 경영개선 기법의 하나이다. 모든 조직은 적어도 하나 이상의 제약요소를 가지고 있으며 이들 제약요소가 조직의 전체적인 성과를 지배하므로, 보다 많은 이익을 얻기 위해서는 이들 제약요소를 중심으로 모든 관리가 집중되어져야 한다는 이론이다. 즉 시스템의 성능을 결정하는 제약요인을 찾아 다른 요인들을 이 제약에 종속시키고 나아가 궁극적으로는 이 제약을 개선함으로써 시스템의 성능을 향상시키는 기법이다.

② 전사적 품질경영(TQM ; Total Quality Management)

    TQC(Total Quality Control, 전사적 품질 관리)에서 더 발전된 개념이다. 이는 약속된 품질을 보증한다는 소극적인 사고방식에서 벗어나 전사적 차원에서 능동적으로 품질을 향상시킴으로써 경쟁 우위를 실현하는 종합적인 혁신활동이다. 물류서비스도 품질을 향상시키기 위해서는 종업원이 충분한 서비스 교육을 받아야 할 뿐만 아니라 작업과정, 문제인식과 문제해결, 자료수집 및 의사결정, 리더십 교육을 받고 이를 계속적으로 개선 시킬 수 있도록 해야 할 필요가 있다.

(11) 제3자 물류(3PL)와 제4자 물류(4PL)

① 제3자 물류(Third Party Logistics)의 개념
  ㉠ 제3자 물류는 화주 기업이 고객 서비스의 향상, 물류 관련 비용의 절감 그리고 물류 활동에 대한 운영 효율의 향상 등을 목적으로 공급 사슬(Supply Chain)의 전체 또는 일부를 특정 물류 전문 업자에게 위탁(Outsourcing)하는 것을 말한다. 즉 포장, 운송, 보관, 하역, 물류 가공, 물류 정보 처리 등 일련의 공급 사슬에서 요구되는 활동을 외부의 전문 업체에게 위탁함으로써 자사의 물류를 효율화하는 방식이다.
    ※ 공급 사슬 : 공급자로부터 생산자와 유통 업자를 거쳐 최종 소비자로 이르는 재화의 흐름을 포함한다.
  ㉡ 제3자 물류는 물류전문업체와 화주기업이 물류비 절감과 물류서비스 향상을 공동의 목표로 설정하고 이를 달성하기 위해 양자가 계약을 맺고 정보를 공유하면서 전략적 제휴를 맺는 관계라 고도 말할 수 있다.

② 제3자 물류의 장점
  ㉠ 화주기업관점
    • 기업의 핵심역량에 집중   • 선진 물류기법 활용
    • 물류관리비용절감   • 고객서비스 향상
    • 유연성의 향상   • 물류자본에 대한 투자 감소
    • 물류아웃소싱에 따른 세제혜택   • 인력 절감
  ㉡ 물류업체관점
    • 규모의 경제 실현   • 다양한 물류고객 확보 기능
    • 물류를 핵심사업군으로 양성 가능   • 물류서비스 수요변동에 대처 기능
    • 물류전문인력 양성 가능   • 물류전문업체 양성에 따른 지원 혜택
    • 경험을 통한 글로벌 물류시장 진출

③ 제4자 물류(Fourth Party Logistics)의 개념
  ㉠ 제3자 물류에 전문성을 극대화하기 위하여 물류회사, 컨설팅회사, IT회사가 컨소시 엄을 구성하여 물류비 절감과 서비스 증대에 주력하는 전략이다.

    ⓛ 전체적인 공급연쇄 솔루션을 제공하는 서비스 제공자와 함께 기업의 경영자원, 능력, 기술을 관리하고 결합하는 공급연쇄 통합자라고도 불린다.

    ⓒ 상호 보완관계에 있는 IT 업체, 운송업체 등 타 물류업체와 연합하여 서비스를 제공한다.

    ⓔ 제4자 물류 서비스 제공자는 아웃소싱과 인소싱의 장점을 통합한 형태로 최대한의 경영성과를 얻기 위한 조직이다.

    ⓜ 제4자 물류 체제는 대기업이 물류시장에 새롭게 진출하면서 사이버 물류시스템을 기반으로 기 존 주요 운송업계와 VAN사업자가 장악하고 있는 물류정보 서비스를 주도하는 전략이다.

④ 제4자 물류의 특징
    ㉠ 다양한 기업이 파트너로 참여하는 혼합조직 형태
    ⓛ 합작투자 또는 장기제휴
    ⓒ 이익분배를 통한 공통의 목표 설정
    ⓔ 공급체인 전체의 관리와 운영

> **지식 in**   **물류아웃소싱의 단점**
>
> • 물류과정에 대한 통제력 상실 우려
> • 고객서비스 수준저하우려
> • 전략적 정보의 노출 우려
> • 교체비용의 발생
> • 환경변화에 대응력 저하 우려
> • 의존성 증가 우려
> • 정확한 절감 효과의 예측 미흡과 물류비용 산정 어려움

(03) 마케팅 물류

(1) 마케팅의 정의

① AMA의 정의 1(1948&60년) : 마케팅은 생산자로부터 소비자 또는 사용자에게로 재화나 서비스의 흐름이 원활이 이루어지도록 관리하는 기업활동의 수행이다. 마케팅의 재(財)와 서비스의 흐름을 생산자에서 소비자로 흘러가게 하는 전체적인 비즈니스 활동이다.

② AMA의 정의 2(1985년) : 마케팅은 개인과 조직의 목표를 달성하는 교환을 창조하게 하여 아이디어 · 재(財) · 서비스의 개념 설정(Conception) · 가격 · 프로모션유통을 계획 · 실행하는 과정이다.

③ Philip Kotler의 정의 : 개인과 집단이 제품의 가치를 타인들과 함께 창조하고 교환함으로써 그들의 1차적인 욕구와 2차적인 욕구를 획득하도록 하는 사회적 및 관리적 과정이다.

④ 마케팅의 통상적 정의 : 마케팅 믹스를 이용해 소비자의 욕구를 파악해서 그 욕구를 충족시킴으로써 만족할 수 있게 하는 것이다.

(2) 마케팅믹스

마케팅 믹스는 목표시장에서의 기업의 목적을 달성하기 위한 통제 가능한 마케팅 변수를 적절하게 배합하는 것으로서 특정시점에서 기업이 활용하는 마케팅 변수의 양과 종류를 나타낸다. 또한 목표시장에서 마케팅 목적을 달성하기 위해 활용하는 마케팅 수단 · 도구 · 변수의 집합이며 기업이 통제할 수 있는 마케팅 변수는 흔히 4P로 표현된다.

① 제품계획(Product Planning) : 제품, 제품의 구색, 이미지, 상표, 포장 등에 관한 의사결정
② 가격계획(Price Planning) : 상품가격의 수준 및 범위, 가격결정기법, 판매조건 등을 결정
③ 촉진계획(Promotion Planning) : 광고, 인적 판매, PR, 판매촉진 등을 고객 및 일반대중에게 전달하는 의사결정
④ 유통계획(Place or Distribution Planning) : 유통경로의 설계, 물류 및 재고관리, 도소매상 관리를 위한 계획의 수립

(3) 마케팅 기능

① 상적유통 기능 : 매매를 통해 소유권을 이전시키는 기능(소유권 이전 기능)
② 물적유통 기능 : 운송 및 저장을 통해 시간적 · 장소적 효용을 창출시키는 기능
③ 유통조성 기능 : 금융, 보험, 시장조사, 마케팅 정보 등이 상적유통과 물적유통을 원활하게 수행할 수 있도록 보조하는 기능

(4) 물류와 마케팅의 관계

① 물류는 마케팅의 4P 중 'Place'와 직접 연관성을 갖는다.
② 물류는 포괄적인 마케팅 개념에 속하는 것이다.
③ 마케팅의 4P에 포장(Packing)을 추가하여 5P's가 되더라도 물류와의 연관성은 변함없다.
④ 물류역량이 강한 기업일수록 본래 마케팅의 기능이었던 수요의 창출 및 조절에 유리하다.
⑤ 마케팅과 물류의 상호작용에 포함되는 요소로는 고객서비스, 가격, 포장, 매장입지, 정보관리 등이 있다.

⑥ 최근의 물류는 마케팅뿐만 아니라 생산관리 측면, 산업공학적인 측면 등 보다 광범위한 개념으로 인식되고 있다.

〈마케팅 활동과 물류비용 간의 관계〉

(5) 마케팅조사

① 마케팅조사의 의의
- ㉠ 기업이 당면하고 있는 구체적인 마케팅 상황에 적합한 관련 자료를 체계적으로 설계, 수집, 분석하고 보고하는 것을 말한다.
- ㉡ 정보를 통하여 소비자, 고객, 공중 등을 마케팅 담당자와 연결하는 기능이다.
- ㉢ 마케팅 조사는 마케팅 문제를 해결하기 위하여 필요한 정보를 명시하고 정보 수집을 위한 방법을 설계하고, 자료 수집과정을 관리하고. 수행하며, 결과를 분석하고 그리고 그것들의 집행과정과 발견된 내용을 보고하는 것이다.

② 마케팅 조사의 목적
마케팅 전략에 관련된 의사 결정에 유용한 정보를 제공하는 것이다. 즉 고객의 욕구나 필요를 확인하는 데 필요한 마케팅 정보를 취득하는 것이다.

③ 마케팅 조사의 절차
코틀러(P. Kotler)는 마케팅 조사의 절차를 디-음과 같이 제시하고 있다.

> 문제와 조사목적 확립 → 탐색조사 → 본격조사기획 → 실제조사 → 자료분석과 보고서 제시

(6) 소비자 행동 분석

① 소비자 행동(Consumer Behavior)의 의의

  ⊙ 시장에서 재화와 서비스의 구매 및 소비와 관련된 소비자의 행동을 말한다.

  ⓛ 소비자가 스스로 생활 체계를 형성·유지하고 발전시키기 위하여, 그가 필요로 하는 제품이나 서비스를 선택·구매하게 될 때의 행동 양식을 말한다.

  ⓒ 한국광고학회 : 소비자가 제품의 구매, 사용, 처분을 위해 행하는 일련의 행위, 또는 이 행위를 연구하는 학문이다.

  ⓔ Wilkie : 한 사람이 그의 필요와 욕구를 만족하기 위하여 제품이나 서비스를 선택할 때 (Selecting), 구매할 때(Purchasing), 또 사용할 때(Using) 관여하는 행위이며, 그러한 행위는 물리적 행동뿐만 아니라 정신적·감정적 과정도 포함한다.

  ⓜ 소비자 행동 분석 또는 소비자 행동 연구는 기업의 마케팅 활동 수행에 있어서 소비자의 행동이 결정적으로 중요한 변수가 된다는 점을 고려하여 소비자 행동을 체계적이고 포괄적으로 연구 분석할 필요가 있다는 점을 말한다.

② 소비자 행동 분석의 유용성

  ⊙ 신시장 기회를 평가하기 위한 기준이 된다.

  ⓛ 효과적인 시장 세분화를 꾀하여 목표 시장의 선정을 용이하게 한다.

  ⓒ 소비자의 욕구를 효과적인 제품 소구로 전환, 이익의 개선이 가능하다.

  ⓔ 효과적인 마케팅 믹스를 통해 소비자 보호가 가능하다.

  ⓜ 소매점의 매출액을 증대시킬 수 있다.

  ⓗ 신제품 개발과 관련된 비용 및 자원의 낭비를 줄일 수 있다.

③ 소비자의 구매 행동 과정

  ⊙ 욕구인식 : 내부자극과 외부자극을 통하여 상품이나 서비스의 필요성을 인식한다.

  ⓛ 정보탐색 : 소비자가 상품의 정보를 여러 정보원을 통해 탐색하는 단계로서 기업은 가망고객 (Prospects)이 자사 브랜드를 인지하고 지식을 갖도록 마케팅 믹스를 계획해야 한다.

  ⓒ 대안평가 : 소비자가 탐색된 정보를 이용해 대안을 비교·평가·분석하는 구매자 의사결정과정 으로서 소비자가 어떻게 구매대안을 평가하는지는 개인마다, 구체적 구매상황에 따라 다양하다.

  ⓔ 구매결정 : 대안평가 후 소비자는 상품의 구매결정을 하지만 이 구매가 100% 이루어 진다고 볼 수 없는 데에는 아래와 같은 이유가 있다.

  • 구매의도와 구매결정의 요소

   - 타인의 태도(예 가족이나 친구로부터 그 상품에 대해 부정적인 말을 들었을 때)

- 예기치 않은 상황요인(예 그 상품이 품절이 되었을 때, 다른 대안상품이 할인할 때)
⑪ 구매 후 행동 : 고객은 구매를 한 후 자신이 구매한 제품에 대해 만족·불만족의 경험을 하고 이 제품에 대한 평가와 함께 재구매 여부 및 불평행동 등을 결정하게 된다.
- 구매 후 부조화 : 소비자가 자신이 구매한 상품이 다른 대안상품들보다 더 나은 것인가에 관 해 심리적 갈등을 느끼는 것을 말한다. 소비자의 구매 후 부조화가 감소되면 만족으로 이어지고 증가되면 불만족으로 이어진다.

④ 경영에서의 물류

(1) 수요예측 관리

① 수요관리란 기업의 제품과 서비스에 대한 수요의 발생을 파악하고 수요를 예측하며, 그 기업이 그 수요를 어떻게 충족시킬 것인가를 결정하는 것이다.
② 기업의 제품과 서비스에 대한 수요의 양과 시기를 예측하고 수요예측이 이루어지면 수요를 충족시키기 위해 필요한자원에 대한 예측을 실시한다.
③ 구매부품, 원자재, 기업의 설비, 기계, 노동력에 대한 양과 시기를 예측한다.
④ 마케팅부서는 신제품 계획수립, 재무·회계부서는 예산수립과 비용통제, 생산부서에서는 공정선택, 생산능력계획, 설비배치, 생산계획, 재고관리 등의 단기적인 의사결정에 수요예측자료를 사용한다.
⑤ 오늘날 시장환경이 빠르게 변함에 따라 제품에 대한 수요예측 및 분석이 기업에게 있어 필요불가결한 일이 되었다. 수요예측기법에는 정성적 기법과 정량적 기법이 있다.

(2) 정성적 수요예측 기법

① 판매원 의견 통합법
㉠ 자사에 소속된 판매원들로 하여금 각 담당지역의 판매예측을 산출하게 한 다음 이를 모두 합하여 회사 전체의 판매예측액을 산출하는 방법으로서 다품종 소량생산을 하는 기업보다 소수의 대규모 구매자를 대상으로 하는 제품에 적당하다.
㉡ 판매원 의견 통합법을 통해 나타날 수 있는 문제점은 판매원들이 실제보다 과대 또는 과소예측 하려는 경향이 있다는 점인 반면에 현실감 있는 자료를 얻을 수 있고 신속하다는 장점이 있다.

② 전문가 의견 통합법

전문가들에게 판매에 대한 의견을 물어 통합하는 방법으로 여기서 전문가로는 중간상 유통업자, 공급업자, 마케팅 상담역, 업계협회 등이 포함된다. 방법상으로 집단토의법, 개별 측정 통합법, 델파이방법 등이 활용된다.

③ 구매의도 조사법

구매자에게 구매의도를 직접적으로 질문하여 측정하는 방법으로 산업재, 내구소비재, 신제품 등의 경우에 활용되나 실제 판매량보다 과대 예측되는 단점이 있다.

④ 시장실험법

몇 개의 지역시장을 선정하여 실제로 제품을 판매하고 그 결과를 토대로 전체시장에서 의 매출액을 추정하는 방법으로 다른 기법들의 단점을 보완하는 방법이다. 신제품 또는 새로운 유통경로에 대한 예측에 사용되며 예측기간이 길고 비용이 많이 들며 신제품 정보가 경쟁사에 노출된다는 단점이 있다.

〈수요예측기법의 분류〉

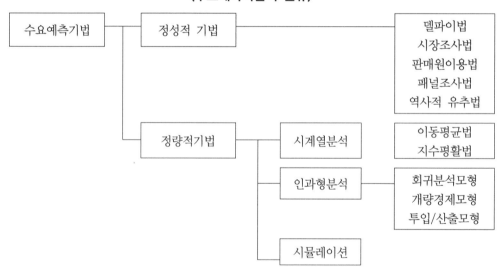

(3) 정량적 수요예측기법

① 시계열 예측법

시계열이란 일정한 시간간격으로 본 일련의 과거자료를 의미한다. 시계열(일별, 주별, 월별 등의 시간간격)을 따라 제시된 과거자료(수요량, 매출액 등)로부터 그 추세나 경향 을 알아서 장래의 수요를 예측하는 방법이다. 과거의 수요량 자료를 시계열을 따라 그 래프로 나타내면 일정한 패턴이 나온다.

ⓐ 추세 변동(T ; Trend Movement) : 장기 변동의 전반적인 추세를 나타냄
ⓑ 순환변동(C ; Cyclical Fluctuation) : 일정한 주기가 없이 사이클 현상으로 반복되는 변동
ⓒ 계절변동(S ; Seasonal Variation) : 1년 주기로 계절에 따라 되풀이되는 변동
ⓓ 불규칙변동(I ; Irregular Movement) : 돌발적인 원인이나 불명의 원인에 의해서 일어나는 우연변동으로서 자료의 행태(Pattern)를 인식할 수 없는 것

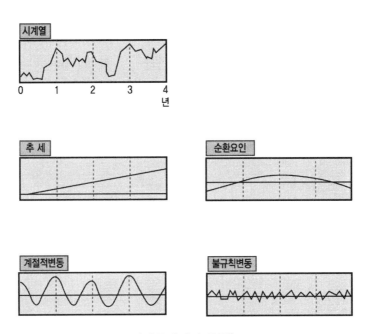

〈변동패턴의 유형〉

② 이동평균법
ⓐ 단순이동평균법
- 시계열에 계절적 변동이나 급속한 증가 또는 감소의 추세가 없고 우연변동만이 크게 작용하는 경우에 유용하다.
- 이동평균을 통하여 우연변동을 제거한다.
- 예측하고자 하는 기간의 직전 일정기간 동안의 실제수요의 단순평균치를 예측치로 한다.

$$F_t = A_{t-1} + A_{t-2} + \cdots + A_{t-n}/N$$

F_t=기간 t의 수요예측치, A_t=기간 t의 실제수요

ⓛ 가중이동평균법

직전 N기간의 자료 치에 합이 1이 되는 가중치를 부여한 다음, 가중 합계치를 예측치로 시용하는 방법이다.

$$F_t = W_{t-1}A_{t-1} + W_{t-2}A_{t-2} + \cdots + W_{t-n}A_{t-n}$$

F_t=기간 t의 수요예측치, A_t=기간 t의 실제수요, W_t=기간 t에 부여된 가중치

③ 지수평활법

ㄱ 지수적으로 감소하는 가중치를 이용하여 최근의 자료일수록 더 큰 비중을, 오래된 자료일수록 더 작은 비중을 두어 미래수요를 예측한다.

ㄴ 지수평활법에는 단순지수평활법과 추세나 계절적 변동을 보정해 나가는 고차적인 지수평활법이 있다.

ㄷ 단순지수평활법은 이동평균법과 마찬가지로 시계열에 계절적 변동, 추세 및 순환요인이 숙게 작용하지 않을 때 유용하다.

$$F_{t+1} = aA_t + (1-\alpha)F_t$$

F_{t+1} : 기간 t+1에서의 예측값, α : 평활상수($0 \le \alpha \le 1$),
A_t : 기간 t에서의 실측치, F_t : 기간 t에서의 예측치

지식 in **델파이기법**

• 예측하고자 하는 대상의 전문가그룹을 선정한 다음, 전문가들에게 여러 차례 질문지를 돌려 의견을 수렴함으로써 예측치를 구하는 방법이다.
• 시간과 비용이 많이 드는 단점이 있으나 예측에 불확실성이 크거나 과거의 자료가 없는 경우에 유용하다. 특히 설비계획, 신제품개발, 시장전략 등을 위한 장기예측이나 기술예측에 적합하다.

④ 인과형 모형

ㄱ 인과형 모형에서는 수요를 종속변수로, 수요에 영향을 미치는 요인들을 독립변수로 놓고 양자의 관계를 여러 가지 모형으로 파악하여 수요를 예측하는 기법이다.

ㄴ 회귀분석(Regressbn Analysis) : 한 변수 혹은 여러 변수가 다른 변수에 미치는 영향력의 크기를 회귀방정식이라고 불리는 수학적 관계식으로 추정하고 분석하는 통계적 분석방법이다.

독립변수의 수	종속변수와 독립변수의 관계
• 1개 → 단순회귀분석	• 선형 → 선형회귀분석
• 2개 이상 → 다중회귀분석	• 비선형 → 비선형회귀분석

우석물류의 지난 3주간 주문량은 다음과 같다. 단순이동평균법, 가중이동평균법으로 4주 차 주문량의 예측치를 구하시오(단, 가중이동평균법을 계산할 때 현재에 가까운 주부터 0.7, 0.2, 0.1의 가중치를 부여하시오).

주 차	1	2	3
수 요	300	350	380

(풀이) • 단순이동평균법 : $F_4 = (300+350+380)/3 = 343.3$
 • 가중이동평균법 : $F_4 = (0.7 \times 380) + (0.2 \times 350) + (0.1 \times 300) = 366$

(05) 유통경로와 유통기구

(1) 유통경로의 개념(Distribution Channel)

유통경로는 제품이나 서비스가 생산자로부터 소비자에 이르기까지 거치게 되는 통로 또는 단계를 말한다. 생산자와 소비자 사이에는 상품유통을 담당하는 여러 종류의 중간상들이 개입하게 되는데, 이러한 중간상에는 도매상·소매상과 같이 소유권을 넘겨받아 판매 차익을 얻는 형태도 있지만, 생산자의 직영점이나 거간과 같이 소유권의 이전 없이 단지 판매활동만을 하거나, 그것을 조성하는 활동만을 수행하는 형태도 있다.

(2) 유통경로의 사회·경제적 역할

① 교환과정의 촉진

유통경로는 교환과정 에서부터 발생되었고, 시장경제가 복잡해질수록 교환과정 역시 복잡해지고 더 많은 생산자와 잠재적인 소비자가 증가하게 됨에 따라서 시장에서의 거래수를 감소시키고 거래를 촉진시킨다.

② 제품구색 불일치의 완화

생산자는 규모의 경제를 실현하기 위하여 소품종 대량 생산을 하는 반면에, 소비자는 다양한 제품 라인을 요구함에 따라 발생되는 제품구색의 불일치를 유통경로가 완화한다.

③ 거래의 표준화

거래과정에서 제품, 가격, 구입단위, 지불조건 등을 표준화시켜 시장에서 거래를 용이하게 해준다.

④ 생산과 소비 연결

생산자와 소비자 시-이에 존재하는 지리적 · 시간적 · 정보적 장애를 극복하여 양자 간
에 원활한 거래가 이루어지도록 한다.

⑤ 고객서비스 제공

소비자에게 애프터서비스(After Service), 제품의 배달, 설치 및 사용방법 교육 등의 서
비스를 제 공한다.

⑥ 정보제공기능

유통기관, 특히 소매업은 유형재인 상품의 판매기능뿐만 아니라 소비자에게 상품정보,
유행정보 및 생활정보 등과 같은 무형적 가치도 아울러 제공한다.

⑦ 쇼핑의 즐거움 제공

소매점들도 소비자의 쇼핑동기를 충족시켜 줄 수 있도록 점포의 위치, 점포의 설비,
인테리어, 휴 식 및 문화 공간, 진열대의 구조 및 진열, 조명, 냉난방과 같은 물적 요인과
판매원의 고객에 대한 표정, 용모, 복장, 언행 등과 같은 인적 요인이 조화를 이루도록
하여야 한다.

(3) 유통경로(중간상)의 필요성

① 총 거래수 최소화의 원칙 : 중간상의 개입으로 거래의 총량이 감소하게 되어 제조업자와
소비자 양자에게 실질적인 비용 감소를 제공하게 된다. 즉, 중간상의 개입으로 제조업자
와 소비자 사이의 거래가 보다 효율적으로 이루어지므로 중간상의 개입이 정당화될 수
있다는 논리이다.

② 집중준비의 원칙 : 유통경로과정에 도매상이 개입하여 소매상의 대량 보관기능을 분담
함으로써 사회 전체적으로 상품의 보관총량을 감소시킬 수 있으며, 소매상은 최소량만
을 보관하게 된다.

③ 분업의 원칙 : 다수의 중간상이 분업의 원리로써 유통경로에 참여하게 되면 유통경로
과정에서 다양하게 수행되는 기능(수급조절기능, 보관기능, 위험부담기능, 정보수집기
능 등)이 경제적 · 능률 적으로 수행될 수 있다.

④ 변동비우위의 원리 : 무조건적으로 제조와 유통기관을 통합하여 대규모화하기보다는
각각의 유통 기관이 적절한 규모로 역할분담을 하는 것이 비용면에서 훨씬 유리하다는
논리에 의해 중간상의 필요성을 강조하는 이론이다.

(4) 유통경로결정의 요인

① 시장 요인
② 제품 요인
③ 중간상 요인

④ 기업 요인
  ㉠ 기업의 규모와 자본력이 크거나 제품계열이 넓고, 또는 신제품을 적극적으로 개발하려는 경우에는 직접유통의 경우가 좋다.
  ㉡ 경영자의 경험이 풍부한 경우에도 직접유통의 경향이 높다.
⑤ 경쟁적 요인
  ㉠ 경쟁업자와 경쟁력 차별화를 위해 직접유통을 하기도 한다.
  ㉡ 예를 들면, 점포 내에서만 판매하는 화장품을 직접 가정을 방문하여 파는 방문판매 체제는 다른 화장품회사와이 경쟁적 요인에 의해서 실현된 것이다.
⑥ 경로 커버리지 정책 요인
  ㉠ 경로구조는 특히 경로의 노출 정도와 관련이 있다. 집약적 유통(Intensive Distribution)과 같은 다수의 도매상을 활용하는 경로의 길이가 긴 경로구조는 폭넓은 분산된 시장을 획득할 수 있는데 비해, 경로구조가 짧은 직접 경로의 유통은 시장을 유지시키는데 적합하다.
⑦ 경로구조상 요인

(5) 유통경로의 조직형태

① 전통적인 유통경로
  ㉠ 제조업자가 독립적인 유통업자인 도매기관과 소매기관을 통해 상품을 유통시키는 일반적인 유통방법을 의미한다. 독립적인 경로기관들로 구성된 경로조직으로 마케팅 기능에 거의 관심을 가지지 않고 자기들에게 주어진 마케팅기능만 수행한다.
  ㉡ 전통적 유통경로의 단점
    경로구성원들 간의 결속력(Commitment)이 매우 약하고 경로구성원들은 공통의 목표를 거의 가지고 있지 않거나 미약하다. 또한 경로구성원들 간의 연결이 느슨하기 때문에 구성원들의 유통경로로의 진입과 철수가 용이하다.

② 수직적 유통(마케팅) 시스템(Vertical Marketing System)
  ㉠ 마케팅경로상에서 지도자격인 중앙(본부)에서 계획된 프로그램에 의해 경로구성원이 전문적으로 관리되고, 집중적으로 계획된 유통망을 주도적으로 형성하며, 상이한 단계에서 활동하는 경로구성원들을 전문적으로 관리·통제하는 네트워크 형태의 경로조직이다.
  ㉡ 생산에서 소비에 이르기까지의 여러 가지 유통활동을 체계적으로 통합·일치·조정시킴으로써 유통질서를 유지하고 경쟁력을 강화시켜 유통 효율성을 증가시키고자 만들어진 시스템이다.
  ㉢ 수직적 유통경로의 도입 이유

- 대량 생산에 의한 대량 판매의 요청
- 가격안정(또는 유지)의 필요성
- 유통비용의 절감
- 경쟁자에 대한 효과적인 대응
- 기업의 상품이미지 제고
- 목표이익의 확보
- 유통경로 내에서의 지배력 획득

② 수직적 유통경로의 장점
- 총 유통비용을 절감시킬 수 있다.
- 자원이나 원재료를 안정적으로 확보할 수 있다.
- 혁신적인 기술을 보유할 수 있다.
- 새로이 진입하려는 기업에게는 높은 진입장벽으로 작용한다.

③ 수직적 유통경로의 단점
- 초기에 막대한 자금이 소요된다.
- 시장이나 기술의 변화에 대해서 기민한 대응이 곤란하다.
- 각 유통단계에서 전문화가 상실된다.

③ 수평적 유통(마케팅) 시스템(Horizontal Marketing System) : 동일한 경로단계에 있는 두 개 이상의 기업이 대등한 입장에서 자원과 프로그램을 결합하여 일종의 연맹체를 구성하고 공생·공영하는 시스템을 의미하며 공생적 마케팅(Symbiotic Marketing)이라고도 한다.

⊙ 수평적 유통경로의 도입 이유
- 한 회사만으로 자본, 노하우, 생산 및 마케팅설비를 모두 감당하기 곤란할 때나 그러한 위험을 회피하고자 할 때
- 연맹관계로 상당한 시너지효과를 기대할 수 있을 때

⊙ 기업 간 얻을 수 있는 시너지효과
- 마케팅 시너지 : 여러 제품에 대해서 공동으로 유통경로, 판매, 관리, 조직, 광고 및 판매촉진, 시장판매를 하고 창고를 공동으로 이용함으로써 얻게 되는 효과
- 투자 시너지 : 공장의 공동사용, 원재료의 공동조달, 공동연구개발, 기계 및 공구의 공동사용으로 얻는 효과
- 경영관리 시너지 : 경영자 경험의 결합 및 기업결합 등에서 얻는 효과

④ 복수 유통경로(Multichannel Marketing System)
⊙ 상이한 두 개 이상의 유통경로를 채택하는 것이다. 이는 단일 시장이라도 각기 다른 유통경로를 사용하여 세분화된 개별 시장에 접근하는 것이 더 효과적이기 때문이다.

ⓛ 생산지들은 일반적으로 '단일 시장·단일 유통경로' 원칙을 채택하여 왔으나 경제구조가 복잡해지고 기업 간 경쟁이 치열해짐에 따라 복수의 유통경로를 사용하는 경향이 증가하고 있다.

ⓒ 복수유통경로의 발생 이유
- 소비자의 수량적 요구의 차이
- 판매촉진에 대한 소비자의 반응 차이
- 소비자의 가격에 대한 반응 차이
- 지역 간 법률적 특이성
- 기업의 자산이 잘 맞물리지 않는 경우, 즉 생산된 제품을 모두 판매하지 못하는 경우 등

(6) 수직적 유통경로(마케팅)시스템(Vertical Marketing System)

① 회사형 유통시스템(Corporate System)
② 계약형 유통시스템(Contractual System)
③ 관리형 유통시스템(Administrative System)
경로 리더에 의해 생산 및 유통단계가 통합되어지는 형태로, 일반적으로 경로 구성원들이 상이한 목표를 가지고 있으므로 이를 조정·통제하는 일이 어렵다. 여기에서 리더(Channel Leader)란 유통계열화에 참여하는 유통기관들 가운데 규모나 명성 또는 경제력 등이 지도적 위치에 있는 기업을 말한다.
④ 동맹형 시스템

(7) 경로구조 결정이론

① 연기-투기이론(Postponement-Speculation Perspective)
경로구성원들 중 누가 재고보유에 따른 위험을 감수하느냐에 의해 경로구조가 결정되는 것이다. 고객이 요구하는 시점까지 최종제품의 생산공급을 가능한 한 연기시킴으로써 경제효율성을 확보 할 수 있다.

㉠ 연기 : 한 경로구성원이 재고보유에 따른 위험과 불확실성을 다른 구성원에게 전가하는 방법
- 수요가 보다 확실할 때 구입하거나 재고부담을 하므로 위험과 불확실성이 감소한다.
- 제품이 큰 덩어리로 유통되고 비교적 분화되지 않은 상태로 유통되기 때문에 물류비용이 감소한다.

㉡ 투기 : 처음 생산단계에서부터 차별화를 꾀하는 전략
- 대량생산에 의한 규모의 경제가 가능하다.

- 주문횟수를 줄이고 대량주문 및 대량수송에 따른 물류비용과 재고부족으로 인한 부가비용을 감소시킬 수 있다.
- 재고의 부족으로 인한 소비자의 불만 또는 상표전환의 가능성이 줄어든다.

② 기능위양이론(Functional Spin-off Perspective)
  ㉠ 기능수행의 경제적 효율성 여부, 즉 기능을 얼마나 효율적으로 수행하는가의 여부에 의해 결정된다.
  ㉡ 기능위양이론의 핵심은 경로구성원들 가운데서, 특정 기능을 가장 저렴한 비용으로 수행하는 구성원에게 그 기능이 위양된다는 것이다.

③ 거래비용이론(Transaction Cost Analysis)
  ㉠ 시장거래에서 수반되는 비용 때문에 거래에 참여하고 있는 구성원들이 그 거래관계를 내부화한다.
  ㉡ 내부화는 일반적으로 기업의 수직적 통합과 같은 개념으로 수직적 통합의 원인을 거래비용으로 파악할 수 있다.

④ 게임이론(Game Theory)
  ㉠ 수직적으로 경쟁관계에 있는 제조업체와 중간상이 각자 자신의 이익을 극대화하기 위해 자신과 상대방의 행위를 조정하는 과정에서 유통경로구조가 결정되는 것으로 보고 있다.

제2장 적중예상문제

01. 다음 중 물류관리의 원칙에 해당하지 않은 것은?

① 간편성의 원칙　　　　　　　　② 분업화의 원칙
③ 권한의 원칙　　　　　　　　　④ 경제성의 원칙
⑤ 신뢰성의 원칙

> **해설┃** 물류관리의 원칙
> - 경제성 원칙　　• 신뢰성 원칙
> - 보호의 원칙　　• 간편성 원칙
> - 균형성 원칙　　• 권한의 원칙
> - 집중지원의 원칙　• 추진지원의 원칙
> - 적시성 원칙
>
> **정답┃** ②

02. 다음 내용이 의미하는 것으로 가장 적절한 것은?

> 이것은 물류관리의 원칙 중 물류지원체제 및 제반 물류시스템을 지속적으로 검토 개선해서 필요 이상의 행정지원을 제공해서는 안 된다는 원칙이다.

① 권한의 원칙　　　　　　　　　② 적시성 원칙
③ 경제성 원칙　　　　　　　　　④ 균형성 원칙
⑤ 간편성 원칙

> **해설┃** 경제성의 원칙
> 최소한의 자원으로 최대한의 물자공급 효과를 얻기 위한 원칙을 의미한다.
>
> **정답┃** ③

03. 다음 중 물류관리를 기능별로 구분하였을 때 이에 해당하지 않는 것은?

① 수량적 기능　　　　　　　　　② 물리적 기능
③ 품질적 기능　　　　　　　　　④ 시간적 기능
⑤ 인적 기능

> 해설┃ 물류관리의 기능별 구분
> - 공간적 기능
> - 시간적 기능
> - 품질적 기능
> - 가격적 기능
> - 수량적 기능
> - 인적 기능
>
> 정답┃ ②

04. 다음 내용을 참고하여 물류관리를 형태별로 구분한 것들을 모두 고르면?

> ㉠ 공간적 기능   ㉡ 조달물류   ㉢ 판매물류   ㉣ 생산물류   ㉤ 시간적 기능

① ㉡, ㉢, ㉣   ② ㉠, ㉡, ㉢

③ ㉢, ㉣, ㉤   ④ ㉠, ㉢, ㉤

⑤ ㉠, ㉣, ㉤

> 해설┃ 물류관리의 형태별 구분
> - 조달물류   • 판매물류   • 생산물류
>
> 정답┃ ①

제3장 물류조직과 물류시스템

01 물류조직

(1) 물류조직

① 개념

기업 내 물류활동을 전문적으로 관리하고 그 물류활동에 관한 책임과 권한을 가지는 체계화된 조직으로, 물류활동의 효율화·통합화를 통한 고객서비스 개선 및 대외기업 경영활동의 경쟁력 강화에 큰 역할을 한다.

② 물류조직의 필요성

㉠ 물품을 구매하는 경우 구매 담당부서나 다른 부서 간의 전체적인 회사의 효율성을 증진하기 위해서는 보통 갈등이 발생하게 된다. 이러한 갈등을 해결하기 위하여 서로의 기능적 타협이 필요하기 때문에 조직의 필요성이 요구되었다.

㉡ 물품 구매 과정에서 원가절감을 위하여 대량으로 구매하면 보관이나 창고 관리비가 소요되기 때문에, 이러한 것은 개별적으로 관리되고 관리자는 발생된 문제점을 조정, 통제 등 종합하여 운영과정을 조정하게 된다.

③ 물류부서와 타부서와의 연계성

㉠ 마케팅부서와 연계성 : 고객서비스 수준

㉡ 생산부서와 연계성 : 제품의 형태 및 생산공장의 입지

㉢ 회계부서와 연계성 : 물류기본계획수립 및 물류비 예산편성, 물류원가계산, 물류생산성 등의 파악을 위한 기본자료 제공

㉣ 인사부서와 연계성 : 유능한 인재의 물류부서 배치

(2) 물류조직의 의의

① 물류조직은 계획의 창조, 수행, 평가를 촉진하는 구조이다.

② 회사의 목표를 달성하기 위해 회사의 인적 자원을 할당하는 공식적 혹은 비공식적 조직이다.

③ 물류조직은 분산형, 집중형, 독립부문형, 독립채산형 등의 형태로 발전되어 왔으며, 기업 내의 물류활동과 관련된 활동을 전문적으로 수행하기 위하여 책임과 권한을 체계화시킨 조직이다.

④ 일반적으로 물류부서의 통합이 분산보다 물류개선에 효율적이며, 제품이나 시장이 동질적인 경우 집중적 조직형태가 효율적이다. 질 높은 서비스는 상대적으로 분권화된 조직에서 나온다.

⑤ 물류조직의 효과성에 영향을 미치는 주요 요인은 조직특성, 종업원특성, 환경특성. 관리방침 및 관행이 있다.

(3) 조직 설계의 구성

① 프로세스전략

　㉠ 프로세스전략은 원자재 상태에서 재공품 상태를 통하여 완제품에 이르기까지 이동하는 제품에 있어서 최대한의 효율을 달성하는 것이 목표이다.

　㉡ 프로세스전략은 구매, 생산 일정 계획, 재고, 수송, 발주 과정과 같은 활동들이 함께 수립되고 집합적으로 다루어진다.

② 시장전략

　㉠ 시장전략을 추구하는 기업들은 강력한 고객서비스제도를 가지고 있다.

　㉡ 시장전략에서는 매출액과 물류조정 모두가 추구된다.

③ 정보전략

　㉠ 정보전략을 추구하는 기업들은 상당한 재고를 보유하고 있는 거래상들과 분배 조직의 중요한 하부조직을 가지고 있는 회사들이다.

　㉡ 정보전략은 흩어진 조직의 구석구석을 통한 물류활동의 조정이 주요목적이다. 따라서 정보는 올바른 경영을 위해 중요한 구성 요소이다.

지식 in　　**물류조직의 성과를 높이는 방안**

- 물류관리자의 역할 증대 : 물류관리자는 물류 제 영역에서의 물류비용 절감과 물류서비스의 향상을 통하여 경영활동에서 이익을 창출하는 주도적인 역할을 담당
- 수평적 조직으로의 변화 : 물류가 판매, 생산, 재무 등을 통합적 시스템으로 운영하는데 조정역할을 수행할 필요가 대두되면서 수평적 조직으로 변화
- 전문인력·재무적 자원 : 조직이 목표를 달성하기 위하여 물류업무를 충실히 수행할 수 있는 전문인력과 물류시스템의 합리화를 위한 재무적 자원 필요

(1) 직능형 조직

① 개념 : 스탭부문과 라인부문이 분리되지 않은 1960년대 초까지의 조직형태로 물류부를 총무부와 경리부에, 영업과 및 창고과를 판매부에, 발송과를 제조공장에 두는 조직형태이다.

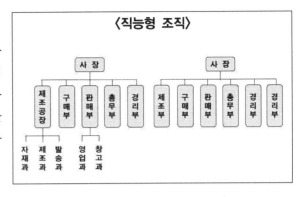

② 단점

㉠ 기업 전체적인 관점에서 물류정책, 물류전략, 물류계획의 수립이 어렵다.

㉡ 물류활동이 다른 부문 활동 속에 포함되어 버린다.

㉢ 조직이 미숙하여 물류 전문화의 추진이 어렵다.

㉣ 물류전문가 육성이 어렵다.

(2) 라인&스탭형 조직

① 개념 : 직능형 조직의 결점을 보완하여 라인과 스탭의 기능을 나누어 세분화한 물류관리 조직의 핵(核)이 되는 조직형태로, 행위기능과 계획 및 지원기능으로 구분되어 있어 스탭이 라인을 지원한다.

→ 대부분의 기업에서 채용

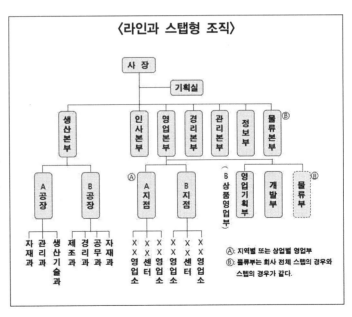

② 특징

㉠ 실시기능과 지원기능을 명확히 한다.

㉡ 스탭부문이 라인부문을 지원한다.

㉢ 유통전체의 시스템을 조절할 수 있게 보조한다.

㉣ 영업계획 등 기업 전반의 업무를 관할한다.

③ 단점

    ㉠ 책임에 권한이 없다.

    ㉡ 물류조직에 관련된 사항이 영업부문에 속해 있어 물류부문이 직접 관리하기 어렵다.

    ㉢ 스탭왕국이 되어 현장의 이해없이 계획을 입안하는 탁상계획이 되기 쉽다.

    ㉣ 현장을 지나치게 의식하면 혁신적, 창조적 아이디어나 계획이 어렵다.

(3) 사업부형 조직

① 개념 : 현재의 물류조직 중 일반적인 조직으로 상품을 중심으로 한 사업부형과 지역을 중심으로 한 지역별 사업부형을 절충한 조직형태로, 기업규모가 커지고 최고 경영자가 기업의 모든 업무를 관리하기 어려움에 따라 등장한 조직형태이다.

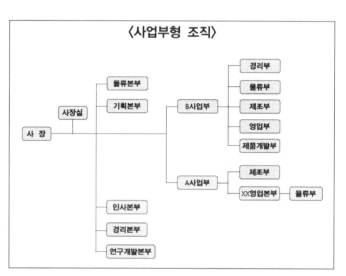

〈사업부형 조직〉

② 특징

    ㉠ 권한이 사업부장에게 많이 이양된 분권조직이다.

    ㉡ 기본적으로는 각 사업부가 이익 중심적이며, 독립채산제에 의해 운영되는 것이 일반적이다.

    ㉢ 각 사업부 단위 내에는 다시 라인이나 스탭형 조직이 존재한다.

    ㉣ 기업의 경영규모가 커져 각 사업단위의 성과를 극대화하기 위한 조직으로 사업부 내의 물류관리 효율화 및 인재육성에 유리한 조직형태이다.

③ 장점

사업부제가 원활히 유지될 경우 의사결정이 신속히 이루어지고, 사업부별 경쟁체제를 통해 기업목적을 효과적으로 달성할 수 있다는 이점이 있다.

④ 단점

사업부 간의 인력 및 정보교류가 경직되어 효율적 이용이 어렵고, 사업부 수익이 최우선시 되므로 전사적인 설비투자나 연구개발 등의 합리성이 결여되어 경영효율을 저해할 수 있다. 또한 전체적으로 종적(縱的) 조직이기 때문에 횡적(橫的)인 제휴가 희박해진다.

(4) 그리드형 조직

① 개념 : 모회사와 자회사 간에 권한위임이라는 유형으로 모회사(母會社)의 스탭부문이 자회사(子會社)의 해당 부문을 횡적으로 관리 · 지원하는 조직형태이다. 국제적으로 전개되는 물류권을 일원화 (一元化)하고 관리수준을 일정 수준으로 끌어올리는 것을 목적으로 하며, 다국적기업에 많이 이용

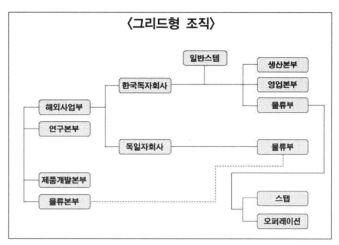

〈그리드형 조직〉

② 특징

'모회사의 사장 → 해당 사업부의 장 → 자회사의 사장 → 자회사의 담당 부서장의 명령' 체계 형태로 운영되면서 자회사의 특정 부서는 모회사의 동일 혹은 유사 부서의 업무관리 및 지시를 받는 이중 구조적인 형태를 취하는 것이 일반적인 특징이다.

(5) 물류조직의 기본 유형

① 영업부형 물류조직

㉠ 상물혼재형 : 물류에 관한 정책이나 전략이 통일성을 갖고 현장에 반영되지 못하여 물류조직 자체가 확립되어 있지 않는 유형

㉡ 스탭형 : 물류기능이 영업소장의 관할하에 행해지는 유형

• 장점
  - 영업 정책이 물류에 신속하게 반영될 수 있다.
  - 물류부문의 사고방식이나 제안이 영업부문에 받아들여지기 쉽다.
  - 영업 활동과 물류 활동의 일체화가 가능해진다.
  - 전체 유통시스템의 적합성을 유지할 수 있다.
  - 영업을 대표해서 생산이나 구매부문과의 조정이 가능하다.

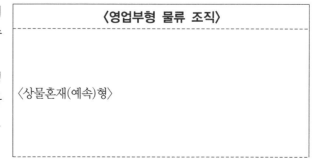

〈영업부형 물류 조직〉

〈상물혼재(예속)형〉

- 단점
  - 재고책임, 수배송책임 등 물류 운영에 관련되는 사항 모두가 영업소에 속해 있기 때문에 물류부문이 직접 이를 관리하기가 어렵다.
  - 물류에 관한 최종 책임이 없어 추진력이 부족하다.
  - 물류의 일원적 관리가 어렵다.

  개발부 / 관리부 / 영업부 — 영업부 / 영업소 — 영업소 / 창 고
  사 장 — 경리부 / 인사부 / 생산부

  〈스탭형〉

  창 고
  기획부 / 개발부 / 영업부 — 영업소 / 영업소 — 영업소 / 창 고
  사 장 — 인사부 / 경리부 / 생산부

  〈상물분리형〉

  경리부 / 영업부 — 물류부 / 영업소 — 기획동기 / 창고 중앙데포(Depot)
  사 장 — 인사부 / 생산부

ⓒ 상물분리형
- 영업과 물류기능을 나누어 책임 소재를 명확히 함을 목적으로 하는 조직
- 장점
  - 영업부의 정책을 물류조직의 말단에 이르기까지 철저히 할 수 있다.
  - 물류의 예산책임이나 관리책임이 명확해져 물류부문의 평가가 쉬워진다.
  - 라인과 스탭의 일체화·일원화가 가능해져 물류의 전문성을 제고할 수 있다.
  - 영업 부문을 본래의 영업활동에 전념시킬 수 있기 때문에 경영효율의 향상에 기여할 수 있다.
  - 장래 영업으로부터 독립시켜 독립물류조직이나 자회사를 만들 수 있으므로 조직이 독립적이다.

② 독립형 물류조직
  ㉠ 스탭형 : 물류에 있어 스탭형은 스탭집중 라인분산형으로 물류 스탭부문이 영업소 또는 지방영업소의 라인부문을 지원하는 조직형태
  - 장점
    - 물류의 스탭과 라인이 분리 되어 있다.
    - 물류부는 전사적 시야를 가지고 물류를 추진할 수가 있다.
    - 생산(구매)과 판매의 조정기능이 가능하다.

- 단점
  - 영업부문 내에 소속된 물류의 현업부문에 대해서 영향력이 작다.
  - 조언하는 기능은 있어도 의사결정기능 혹은 지시·명령의 권한을 보유하고 있지 않다. 따라서 비용서비스율 등 물류업무에 최종 책임이 없다.
  - 책임과 관련해서 권한이 없다.

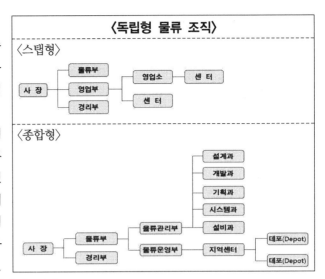

ⓛ 종합형 : 물류관련부문이 독립조직으로 되어 있는 유형이며, 물류부문에 라인과 스탭이 서로 종합되어 있는 조직형태

(03) 물류시스템

(1) 물류시스템의 개념

① 물류시스템의 개념

생산업자가 생산한 제품과 제품을 소비자에게 공급하기까지 수송, 보관, 하역, 정보활동 등을 수행하는 요소들의 체계적인 집합체를 말한다. 기업 전체의 목표와 전략을 바탕으로 물류시스템 설계가 이루어져야 하고 기업활동은 하나의 일관성을 가지고 진행되어야 하므로, 기업의 목표와 전략을 축으로 하여 물류시스템의 설계가 이루어지는 것이 효율적이다.

② 물류시스템의 구성

작업시스템과 정보시스템의 2개의 서브시스템에 의해 구성되며, 기업활동의 여러 기능, 즉 원재료의 구입, 제품의 생산, 판매활동에 필수적으로 수반되는 물적 유통을 효율화하는 것이다.

(2) 물류시스템의 구체적인 목적

① **신뢰성 높은 운송기능** : 운송 중의 교통사고, 화물의 손상, 분실, 오배달의 감소
② **신뢰성이 높은 보관기능** : 보관 중의 변질, 분실, 도난, 파손 등의 감소
③ **포장기능** : 운송과 보관기능이 보다 충분히 발휘되도록 포장
④ **하역기능** : 운송과 보관기능이 보다 충분히 발휘되도록 하역
⑤ **신속한 배송기능** : 고객의 주문에 대하여 신속하게 배송
⑥ **재고서비스기능** : 고객이 주문할 때 상품의 재고품절률 감소
⑦ **유통가공기능** : 생산비와 물류비를 보다 적게 들도록 유통가공
⑧ **정보기능** : 물류활동을 원활하게 할 수 있도록 물류정보를 제공
⑨ **피드백기능** : 수요 정보를 생산부문, 마케팅부문에 피드백

(3) 물류시스템의 기능적인 구성

① 물류시스템은 각각의 하부시스템(Sub-System)인 운송시스템, 보관·하역시스템, 포장시스템, 유통가공시스템, 정보시스템으로 구성되어 있다.
② 물류시스템은 이들 각각의 하부 시스템이 하나의 라인에 연결, 결합되어 통합된 기능을 발휘함으로써 시스템의 효과가 나타나게 된다.

(4) 물류시스템의 설계

① 기업 하부시스템에 관한 계획·설계는 기업의 총체적 차원 하에서 하위시스템으로 이루어져야 한다.
② 물류시스템의 설계는 마케팅 설계와 밀접하게 관련되어 이루어져야 한다. 물류관리가 물적인 흐름과 커뮤니케이션의 효과적인 수행 및 대고객서비스의 증대 등과 밀접히 관련되어 있기 때문에 물류와 마케팅의 관련성은 매우 밀접하다.
③ 물류시스템의 설계는 기업 전체의 목표와 전략을 바탕으로 이루어져야 한다. 기업활동 자체가 하나의 일관성을 가지고 진행되어야 한다는 의미에서 보면 기업 목표와 전략을 축으로 하여 물류시스템 설계가 이루어지는 것이 합리적이다.
④ 전략적 물류시스템 설계가 효과적으로 이루어지기 위해서는 대고객서비스의 수준, 수요 예측 및 기획, 창고의 입지, 운송수단, 주문관리·처리, 총 비용 등과 같은 요소들을 평가해야 한다.

(5) 물류시스템 설계시 고려 사항

① 대고객서비스 수준
   ㉠ 대고객서비스 수준은 물류시스템의 설계에 있어서 고려되어야 할 가장 중요한 요소이다.

ⓛ 특정 기업이 낮은 대고객서비스 수준만 고려하려 한다면 적은 수의 입지에 집중된 재고를 보유하게 되어 비용이 상대적으로 적게 드는 수송 형태를 취하게 되는 반면, 높은 대고객서비스 수준을 원한다면 그 반대의 전략을 취하게 될 것이다.

ⓒ 전략적 물류시스템 설계가 효과적으로 이루어지기 위해서는 소비자의 서비스 욕구가 무엇인가를 파악하여 적절한 대고객서비스 수준을 설정하여야 한다.

② 설비 입지

㉠ 생산 입지(공장)와 재고 입지(창고) 등과 같은 지역적 문제는 물류시스템 설계에 중요한 골격을 형성한다. 설비의 수, 지역, 크기 등을 결정하고 이에 따라 시장 수요를 할당함으로써 제품이 소비자 시장에 도달하기까지의 과정을 명시할 수 있게 된다.

ⓛ 설비 입지에 있어 가장 중요한 사항은 제품의 생산 지점으로부터 중간, 재고 단계를 거쳐서 소비자 시장에 이르기까지 소요되는 관련 비용을 최소화할 수 있도록 해야 하는 것이다.

③ 재고정책 : 재고수준은 설비의 수, 지역 및 크기에 따라 변동되기 때문에 재고정책은 설비의 입지문제와 통합적인 관점에서 계획·수정되어야 한다.

④ 운송수단과 경로

㉠ 설비 입지의 문제가 결정되고 나면 고객의 수요에 따라 재고 수준 등이 결정되고, 이들은 다시 운송수단 및 경로에 영향을 미친다.

ⓛ 재고입지의 수가 증가하게 되면 각 재고입지에 부여되는 고객의 수는 감소하게 되나 운송비는 증가하게 될 것이다.

(6) 물류시스템 설계에 영향을 미치는 요소

① 기존의 물류활동

처음으로 물류시스템을 도입하여 설계하는 시점이 아니라면 기존의 물류시스템의 활동 내역이 존재하는데, 이러한 기존의 물류활동은 시스템 설계에 영향을 미치게 되며, 이를 심층적으로 이해함으로써 발전된 시스템을 설계할 수 있다.

② 산업별·제품별 인식

기업이 어떠한 산업에 종사하고 있는지, 또한 어떠한 제품을 생산하고 있는지에 따라 물류시스템의 구조 및 운영 체제가 상이하게 된다.

③ 물류시스템과 관련된 기능 조직

물류시스템은 자체만으로 이해될 수 없는 체계로서 기업 전반에 걸쳐 관련되어 있는 기타 기능에 대한 이해가 필요하다. 이들 기능과의 상호 작용이 원활하게 이루어지지 않거나 관련 업무상의 흐름이 일관성을 갖지 못하게 된다면, 그 시스템은 역효과를 가져올 가능성이 크다.

④ 경쟁적 우위의 확보

전략적 차원에서 본다면, 경쟁 기업들에 비해 차별화할 수 있는 요소를 개발해 나가는 과정이 커다란 의미를 지닌다. 종합적인 시스템의 관점에서 마케팅과의 관련성을 이해한다면 경쟁력을 확보할 수 있는 시스템 구축이 필요하다.

(7) 물류시스템 설계의 5S 목표

① Service(서비스) : 상품 품절이나 손상 등의 사고가 없는 안전성이 요구되고, 고객서비스 향상은 물류시스템 설계의 최대 목표이다.
② Speed(신속성) : 고객이 필요로 하는 시간과 장소에 정확히 전달하는 것이다.
③ Space Saving(공간의 효과적 이용) : 지가(地價) 상승으로 토지면적을 효과적으로 활용할 수 있는 입체화 시설이나 시스템화 된 기기의 도입이 이루어져야 한다.
④ Scale Optimization(규모의 적정화) : 물류시설의 집약과 분산에 따르는 적합성의 검토, 자동화 기기의 도입에 의한 생력화, 정보처리 집중화에 의한 컴퓨터 이용 등의 적용규모를 검토해야 한다.
⑤ Stock Control(재고관리) : 재고증가로 자금투입이 발생되며 자본회전율이 저하됨에 따라 수요의 변동에 의거한 생산 계획을 세울 수 있도록 하는 것이 물류시스템의 주요 역할이며, 수급 조절. 경제적 발주, 계획화 등으로 적정 재고가 유지되도록 해야 한다.

제3장 적중예상문제

01. 물류조직의 변천의 형태가 아닌 것은?

① 분산형　　　　　　　　　② 집중형

③ 조직형　　　　　　　　　④ 자회사형

⑤ 독립채산형

> **해설 ▮** 물류조직의 변천형태
> • 분산형: 현재 우리나라의 조직과 유사하며, 공장 및 영업분야, 총무분야 등에 분산되어 있다.
> • 집중형: 대개의 기업이 판매분야와 생산분야가 지역적으로 떨어져 있었기 때문에 대분해서 관리하고 있다.
> • 독립채산형 : 물류의 코스트 비중이 막대하기 때문에 독립채산제 조직으로 변천하게 되었다.
> • 자회사형 : 전문화로 인해서 이윤을 추구하는 기업으로까지 발전하게 되었다.
> **정답 ▮** ③

02. 기업물류 조직형태의 발달순서로 옳은 것은?

① 직능형 조직 → 라인&스태프형 조직 → 사업부형 조직 → 그리드형 조직

② 그리형 조직 → 라인&스태프형 조직 → 직능형 조직 → 사업부형 조직

③ 직능형 조직 → 사업부형 조직 → 그리드형 조직 → 라인&스태프형 조직

④ 라인&스태프형 조직 → 사업부형 조직 → 그리드형 조직 → 직능형 조직

⑤ 사업부형 조직 → 라인&스태프형 조직 → 직능형 조직 → 그리드형 조직

> **해설 ▮** 기업물류는 직능형 조직 → 라인&스태프형 조직 → 사업부형 조직 → 그리드형 조직 순으로 발달되었다.
> 물류조직의 발전형태
> • 직능형 : 1950년대 주류, 전사적인 물류정책수립 및 전문집단육성이 곤란함
> • 라인&스태프형 : 탁상 계획이 되기 쉽고, 창조적 아이디어를 기대하기 곤란함
> • 사업부형 : 설비투자, 연구개발 등의 통합성이 결여됨
> • 그리드형 : 다국적 기업의 형태, 자회사물류부는 본부의 지시도 받음
> **정답 ▮** ①

03. 다음 중 직능형 조직에 대한 설명으로 옳지 않은 것은?

① 라인부분과 스태프부문이 미분상태로 1960년대까지의 조직형태이다.
② 물류부를 총무부와 경리부에 영업과와 창고과를 판매부로 두고 제조공장에는 발송과를 두는 조직형태이다.
③ 계획수립이 어렵고 업무영역이 부문적으로 흐르기 쉽다.
④ 전사적 물류정책, 전략, 계획 등의 수립이 어렵다.
⑤ 물류전략의 수립이 쉬우며 미래지향적이다.

> 해설┃ 직능형은 물류정책·전략의 계획수립이 어렵고 조직 자체가 단순하므로 미래지향적이지 못하다.
> 정답┃ ⑤

04. 사업부형 조직의 단점이라고 할 수 없는 것은?

① 사업부 간의 인력 및 정보교류가 원활히 이루어지지 못하는 경우가 있다.
② 전사적인 측면에서 투자효율성이 저해될 수 있는 소지가 있다.
③ 횡적인 업무제휴가 쉽지 않다.
④ 사업부가 이익중심으로 독립채산제에 의해 운영된다.
⑤ 기업의 실질적인 힘이 라인보다 스탭에 집중되는 경향이 있다.

> 해설┃ ⑤ 라인 및 스탭조직의 단점이다.
> 정답┃ ⑤

제4장 물류회계

01 물류원가와 물류비

(1) 물류원가의 개념

① 포장, 수송, 보관, 하역 및 정보 등의 물류활동에 소요된 직접 또는 간접비용을 말한다.
② 직접비용은 자사 내에서 물류활동에 소비되는 자가 물류비와 물류활동의 일부를 사외업자에게 위탁하여 그 대가로 지불하는 위탁 물류비로 구분한다.
③ 간접비용은 처음에는 거래선 기업이 지불 또는 소비하지만 실질적으로는 특정의 제조업자가 부담하는 것을 말한다.

(2) 물류원가의 특성

① 통일된 법률상의 규제가 없다. 즉, 자사의 사정과 기준에 따라 산출관리하는 내부목적의 관리회계 분야이다.
② 물류원가는 기업의 회계처리 결과인 재무상태나 손익상황에서 전체적으로 파악할수 없고 극히 일부만 파악할 수 있다.

(3) 물류비(Physical Distribution Cost)의 정의

① 물류비는 물류활동을 수행하는 데 소모되는 경제 가치로 정의한다.
② 물류비란 원재료의 조달에서부터 완제품이 생산되어 거래처에 납품 또는 반품, 회수, 폐기되기까지 제반물류활동에 소요되는 모든 경비를 의미한다.

(4) 물류비 산정

① 물류비 산정의 의의
  ㉠ 물류비를 산정하는 것은 물류활동에 수반되는 원가 자료를 제공하고 물류합리화에 의한 원가 절감이나 서비스 개선에 대한 관리 지표를 제공하는 데 그 의의가 있다.
  ㉡ 물류비의 산정은 물류활동의 관리와 물류 합리화의 추진을 효과적으로 수행하기 위하여 물류비의 실체를 명확히 포착하고 관리체계를 확립하는 데 필수적이다.

② 물류비의 산정 목적

　　㉠ 물류비의 수치로 사내에서 물류의 중요성을 인식

　　㉡ 물류비를 통하여 물류활동의 문제점을 파악

　　㉢ 물류비로 물류활동의 계획, 관리, 실적을 평가

　　㉣ 물류비를 통하여 생산과 판매부문의 불합리한 물류활동을 발견

③ 물류비 절감의 중요성

　　㉠ 물류 목표의 하나는 물류비의 절감이다. 물류가 포함하고 있는 활동(운송, 포장, 하역, 보관)과 그 활동을 지원하는 정보활동에서 비용을 절감할 여지가 많다고 하여 물류를 '제3의 이익원' 또는 '이윤의 암흑 대륙'이라 표현하기도 한다.

　　㉡ 물류활동에서 운송, 보관, 하역, 포장, 정보 등에 관계되는 물류비를 어떻게 절감할 수 있는가의 문제는 중요한 과제가 되고 있다.

④ 물류비절감효과의 의의

　　[예] 우석물류의 수익률이 전체매출액 대비 20%이고 물류비가 전체매출액의 10%를 차지할 때, 물류비 10% 절감한다면 이익률은 1% 증가한다(단, 다른 조건은 동일하다고 가정).

구 분	××년	물류비 10% 절감	수익률 증대효과
매출액	100%	100%	
물류비	매출액의 10%	9%	
수 익	매출액 대비 20%	21%	1%

지식 in　　**재무회계와 관리회계**

- 재무회계 : 기업 외부의 이해관계자, 즉 주주, 채권자, 정부, 지방 공공단체나 주민 등에게 회계정보를 제공하는 것을 목적으로 하는 회계이다(대차대조표, 손익계산서, 이익잉여금 처분계산서, 재무상태변동표 등).
- 관리회계 : 재무회계가 외부보고 회계인데 비해서 관리회계는 내부보고 회계로써 경영자나 관리자에 의한 의사결정과 업무평가를 위해서 회계정보를 제공하고 활용하는 것을 목적으로 하며 관리회계에 대하여는 법률상 규제가 없다.

⑩ 물류비의 분류

물류비는 과목별로 영역별, 기능별, 지급형태별, 세목별, 관리항목별 및 조업도별 등으로 구분하고 있다.

과목		영역별	기능별	지급형태별	세목별	조업도별

개정	비목	• 조달물류비
		• 사내물류비
		• 판매물류비
		• 리버스물류비(반품,
		  회수, 폐기)
			• 운송비
			• 보관비
			• 포장비
			• 하역비(유통가공비 포함)
			• 물류정보 · 가공비
				• 자가물류비
				• 위탁물류비
				  (2PL, 3PL)
					• 재료비
					• 노무비
					• 경비
					• 이자
						• 고정물류비
						• 변동물류비

(1) 물류영역별 분류

물류원가를 성격에 따라 분류한 것으로서 조달물류비, 생산물류비, 사내물류비, 판매물류비, 반품물류비, 폐기물류비로 분류된다.

① **조달물류비** : 원재료(공용기, 포장재료 포함)의 조달에서 구매자에게 납입할 때까지의 물류에 소요된 비용
② **생산물류비** : 원재료 입하 후 생산공정에서 가공을 실시하여 제품으로 완성될 때까지의 물류에 소요된 비용
③ **사내물류비** : 완성된 제품에 포장수송을 하는 시점에서부터 고객에게 판매가 최종적으로 확정될 때까지의 물류에 소요된 비용
④ **판매물류비** : 고객에게 판매를 확정하고 출하해서 인도할 때까지의 물류에 소요된 비용
⑤ **반품물류비** : 고객에게 판매된 제품을 반품하는 가운데 물류에 소요된 비용
⑥ **폐기물류비** : 제품 및 포장비 또는 운송용 용기, 자재 등을 폐기하기 위해서 물류에 소요된 비용

〈제조업 영역별 물류비의 분류〉

(2) 기능별 분류

원가가 어떠한 물류기능 때문에 발생했느냐에 따른 분류로 물자유통비, 정보유통비 및 물류관리 비로 구분된다.

① 물자유통비 : 제품, 폐기물 등을 물리적으로 유통시키기 위하여 소비된 비용, 즉 포장, 수송, 보관, 하역, 유통가공비 등이 있다.
② 물류정보비 : 물류에 대한 정보수집, 전달을 관리하기 위하여 소비되는 비용, 즉 생산·거래·물류 정보유통비 등이 있다.
③ 물류관리비 : 물자유통과 정보유통을 포함한 전반적인 물류활동을 계획, 조정, 통제하기 위하여 소비되는 비용이다(현장·본사 물류관리비)

(3) 지급형태별 분류

① 자가물류비 : 자사의 설비나 인력을 사용하여 물류활동을 수행함으로써 소비된 비용을 말하며 다시 재료비, 노무비, 경비, 이자의 항목으로 구분한다.
② 위탁물류비 : 물류활동의 일부 또는 전부를 타사에 위탁하여 수행함으로써 소비된 비용을 말하며, 물류자회사 지급분과 물류전문업체 지급분으로 구분한다.

(4) 세목별 분류

① 재료비 : 물류와 관련된 재료의 소비에 의해서 발생하는데, 주로 포장이나 운송기능에서 발생된다.

② 노무비 : 물류활동을 수행하기 위해 발생하는 노동력에 대한 비용으로서, 운송, 보관, 포장, 하역 및 관리 등의 전반적인 기능과 조달, 사내, 판매 등의 전 영역에서 발생된다.

③ 경비 : 재료비, 노무비 이외에 물류활동과 관련하여 발생하는 제비용으로서, 주로 물류관리의 기능에서 발생되며, 회계 및 관리부문 등에서 사용하는 계정과목이 전부 해당된다.

④ 이자 : 물류시설이나 재고자산에 대한 이자발생분을 의미하고 있는데, '금리' 또는 '투자보수비' 라고도 한다.

(5) 관리항목별 분류

물류비를 보다 상세한 항목으로 세분하여 파악하기 위한 목적으로 각 비목별로 개별기업의 특성에 적합하도록 조직별, 지역별, 고객별 등과 같은 관리항목을 정의하여 구분한다.

① 부문별 : 물류비가 발생되는 부문이나 관리부문등 조직계층단위
② 지역별 : 물류비가 발생되는 지역별 부문이나 조직단위
③ 운송수단별 : 철도운송, 해상운송, 육로운송, 항공운송 등의 운송수단
④ 제품별 : 물류활동의 대상이 되는 원재료, 제품, 부품 등의 제품종류
⑤ 물류거점별 : 물류활동이 발생하는 장소로서 물류센터, 창고, 집배소 등
⑥ 위탁업체별 : 물류활동을 위탁할 경우 물류활동 수행업체

(6) 조업도별 분류

① 물류고정비
물류활동의 범위 내에서 물류조업도의 증감과 관계없이 발생하거나 소비되는 비용이 일정한 물류비

② 물류변동비
물류활동의 범위 내에서 물류조업도의 증감에 따라 발생하거나 소비되는 비용이 비례하여 변화되는 물류비

03. 물류비 계산기준 및 절차

(1) 재무회계방식과 관리회계방식

① 물류비 계산기준

기업회계기준(GAAP)에서 재무회계의 작성목적은 외부정보 이용자들에게 효율적인 정보를 제공하는 것을 목적으로 작성된다. 반면에 내부 관리자들은 관리회계 내용을 보고 의사결정을 하게 된다. 관리회계는 비교적 정확하게 물류비 계산을 할 수 있어 관리자의 의사결정에 이용되지만 재무회계는 그렇지 못하는 단점을 가지고 있다.

② 일반기준

㉠ 물류비를 상세하게 원천적으로 계산하는 방식

㉡ 물류원가계산의 관점에서 보면 관리회계방식에 의한 물류비 계산기준

㉢ 일반기준은 기업에서 물류비 관리에 필요한 정보 등과 같은 상세한 물류비 정보를 입수하기 위해 사용되는 기준이므로 일정 이상의 물류비 관리수준을 가지고 있는 기업에서 활용된다.

③ 간이기준

㉠ 회계장부와 재무제표로부터 간단하게 추산하는 방식

㉡ 물류원가계산의 관점에서 보면 재무회계방식에 의한 물류비 계산기준

㉢ 상세한 물류비 정보보다는 개략적인 물류비 정보나 자료 정도로도 만족하는 중소기업 등 비교적 물류비 관리수준이 낮거나 물류비 산정의 초기단계의 기업에서 사용한다.

〈일반기준과 간이기준의 비교〉

구분	관리회계방식(일반기준)	재무회계방식(간이기준)
계산의 기본적 관점	• 물류목표를 효과적으로 달성하기 위한 활동에 관여 하는 인력, 자금, 시설 등의 계획 및 통제에 유용한 회계정보의 작성 목적 • 기능별, 관리목적별 업적평가나 계획수립 가능	• 기업활동의 손익상태(손익계산서)와 재무상태(대차 대조표)를 중심으로 하는 방식 • 회계제도의 범주에서 물류활동에 소비된 비용항목을 대상으로 1회계 기간의 물류비 총액 추정
계산 방식	• 물류활동의 관리 및 의사결정에 필요한 회계정보를 입수하기 위해 영역별, 기능별, 관리목적별로 구분 하여 비용집계	• 재무회계의 발생형태별 비용항목 중에 물류활동에 소비된 비용을 항목별 배부기준을 근거로 해당 회계 기간의 물류비 추산
계산 방식의 장점	• 영역별, 기능별, 관리목적별 물류비 계산을 필요한 시기, 장소에 따라 실시 • 물류활동의 개선안과 개선항목을 보다 명확하게 파악가능	• 개략적인 물류비총액계산에 있어서 별도의 물류비 분류, 계산절차 등이 불필요함 • 전담조직이나 전문지식이 부족해도 계산이 가능함

| 계산
방식의
단점 | • 상세한 물류비의 분류 및 계산을 위한 사
무절차와 작업량이 많기 때문에 정보 시
스템구축이 전제되어야 함 | • 상세한 물류비 파악이 곤란하기 때문에
구체적인 업무평가나 개선목표의 달성에
한계가 있음
• 물류비절감 효과 측정에 한계가 있음 |

(2) 물류비의 계산방법

① **실태 파악을 위한 물류비** : 물류비 실태파악을 위하여 영역별, 기능별, 지급형태별로 다음과 같이 계산한다. 단, 개별기업의 실정에 따라 선택할 수 있다.

㉠ 물류비 계선은 물류활동과 관련하여 발생된 것으로 하며, 비정상적인 물류비는 계산에서 제외한다.

㉡ 물류비를 계상함에 있어서 발생기준에 따라 측정한다.

㉢ 원가회계방식에 의하여 별도로 파악된 원가자료로부터 영역별, 기능별, 지급형태별로 집계한다.

㉣ 물류활동에 부수적이고 간접적으로 발생되는 물류비는 주된 물류활동과 관련하여 합리적인 배부기준에 따라 배부한다.

㉤ 물류비 배분기준은 물류관련 금액, 인원, 면적, 시간, 물량 등을 고려하여 원천별, 항목별 대상 별 등으로 구분하여 설정할 수 있다.

② **관리 목적을 위한 물류비** : 물류비 관리를 위한 의사결정을 지원하기 위해 조업도별 물류비와 관리 항목별 물류비를 다음과 같이 계산한다. 단, 개별기업의 실정에 따라 선택할 수 있다.

㉠ 물류활동 및 물류기능과 관련하여 물류조업도의 변화에 따른 물류비의 변화를 분석하기 위하여 기능별 물류비를 물류변동비와 물류고정비로 구분하여 집계한다.

㉡ 관리항목별 계산은 조직별, 지역별, 고객별, 활동별 등과 같은 관리항목별로 물류비를 집계하는 것으로서, 관리항목별로 직접귀속이 기능한 직접비는 직접 부과하고 직접귀속이 가능한 간접비는 관리항목별 적절한 물류비 배부기준을 이용하여 배부한다.

㉢ 시설부담이자와 재고부담이자는 별도의 자산명세서와 재고명세서 등의 객관화된 자료와 권위 있는 기관에서 발표되는 이자율 등을 고려한다.

(3) 물류비의 계산절차

〈단계별 물류비 계산절차〉

제1단계	제2단계	제3단계	제4단계	제5단계
물류비, 계산욕구의 명확화	물류비자료의 식별과 입수	물류비 배부기준의 선정	물류비의 배부와 집계	물류비 계산의 보고
• 물류비계산 목표 확인 • 물류비 계산 대상 결정 • 물류비 계산 범위 설정	• 물류비계산 대상별 자료식별 • 물류비간련 회계자료(세목별)수집 • 물류기회원가 관련자료 입수	• 물류비 배부기준 결정(영역별, 기능별 배부기준) • 물류비 배부 방법	• 영역별 • 기능별 • 자가 위탁별 • 관리항목별 집계	• 물류비보고서 작성 • 문제점과 대책 제시 • 물류비정보의 활용 및 피드백

① 제1단계 : 물류비 계산욕구의 명확화

ㄱ 물류비 계산의 목표를 해당기업의 물류비 관리 필요성이나 목표에 의거하여 명확하게 해야 한다.

ㄴ 물류비 계산욕구를 토대로 물류관리자는 물류비 절감목표와 관련하여 물류비 계산대상을 결정해야 한다.

ㄷ 물류비 계산범위의 설정은 기업에서 물류비 규모를 결정하는 매우 중요한 사항으로서, 어디까지 물류비를 계산하면 되는가를 결정하는 것을 말한다.

② 제2단계 : 물류비자료의 식별과 입수

ㄱ 물류비 계산을 위해 물류활동에 의해 발생한 기본적인 회계자료 및 관련 자료를 계산대상별로 식별하고 입수하여야 한다.

ㄴ 물류활동에 관련된 기초적인 회계자료는 회계부문으로부터 입수하게 되는데, 이 물류비 관련 자료는 해당 기업의 계정과목을 중심으로 제공되며 이 자료는 세목별 물류비의 기초 자료에 해당한다.

ㄷ 물류비 계산에 있어서 중요한 시설이나 재고의 부담이자를 계산하기 위한 기회원가 관련자료도 별도로 입수해야 한다.

③ 제3단계 : 물류비 배부기준의 선정

ㄱ 회계부문으로부터 물류비관련 회계자료가 입수되면, 계산대상별로 물류비를 계산하기 위해 물류비의 배부기준과 배부방법을 선정하여야 한다.

ⓛ 영역별, 기능별, 관리항목별(제품별, 지역별, 고객별 등)로 물류비 계산을 실시하기 위해서는, 우선 물류비를 직접물류비와 간접물류비로 구분해야 한다.

ⓒ 직접물류비는 계산대상별로 직접 부과하며, 간접물류비는 적절한 배부기준과 배부방법에 의하여 물류비를 계산대상별로 일정액 또는 일정율을 배부한다.

〈물류비의 배부기준과 배부방법 예시〉

배부기준과 배부방법		예 시
배부기준의 종류	물량기준	• 운송비 : 운송량, 운송품 개수, 운송시간 등 • 보관비 : 보관면적, 보관량, 보관품 개수 등 • 하역비 : 종업원수, 작업시간, 하역건수 · 품수 등 • 포장비 : 포장개수, 포장건수, 포장시간 등 • 기타 물류비: 인력수, 입 · 출고수, 전표발행수 등
	금액기준	• 물류서비스의 제공 정도에 관계없이 일정액을 배부 (금액: 원)
특수기준의 여부	단일기준	• 물류비 배부기준 중에서 1개 기준만 사용
	복수기준	• 물류비 배부기준 중에서 여러 기준을 사용
배부방법의 종류	개별배부	• 물류활동의 특성에 따라 물류비를 개별적 배부
	일괄배부	• 물류활동의 특성에 관계없이 물류비를 일괄적 배부

ⓔ 배부기준에 의한 물류비산정 예제

(예제)

제품 A와 B를 취급하는 물류센터의 총 물류비는 5,000만원이며, 비용명세는 다음과 같다.

구 분	하역비	보관비	정보 및 기타비용	합 계
금액(만원)	3,200	1,200	600	5,000
배부기준	상하차 수량	보관면적	출고빈도	

다음 자료를 이용하여 제품 A의 물류비를 계산하면 얼마인가?

제 품	상하차 수량(개)	보관면적(㎡)	출고빈도(회)
A	3,000	2,000	50
B	2,000	500	150
합 계	5,000	2,500	200

(풀이) A제품 : 하역비 = 3,000 ÷ 5,000 = 0.6 → 0.6 × 3,200만원 = 1,920만원

보관비 = 2,000 ÷ 2,500 = 0.8 → 0.8 × 1,200만원 = 960만원

정보 및 기타비용 = 50 ÷ 200 = 0.25 → 0.25 × 600만원 = 150만원

따라서, 제품 A의 총 물류비는 3,030만원

지식 in **물류정보시스템화와 물류비의 관계**

물류의 제반 활동에 수반하는 비능률적인 요인들을 배제하고 개선함으로써 효율적인 물류정보시스템의 운용을 통하여 전체적인 물류비 절감을 가능하게 한다.

(예제)
우석물류 물류센터의 물류비 계산을 위한 자료이다. 총운송비 1억원 중 A와 B의 운송비를 구하면 아래와 같다 (단, 운송비 배부기준은 거리 × 중량).

지 역	제 품	거리 × 중량	구성비(%)	비 용
대 전	A	10,000	10	1,000만원
	B	15,000	15	1,500만원
부 산	A	60,000	60	6,000만원
	B	15,000	15	1,500만원
합 계		100,000	100	10,000만원

(풀이) A운송비 : 1,000만원 + 6,000만원 = 7,000만원
　　　 B운송비 : 1,500만원 + 1,500만원 = 3,000만원

④ 제4단계 : 물류비의 배부와 집계
　　㉠ 물류비 계산의 실시에 따른 보고서를 계산대상별로 작성함과 동시에 이 내용을 종합하여 물류 활동에 관한 물류비 보고서를 제출하는 단계이다.
　　㉡ 물류비 보고서는 '물류비 계산서'를 전사 차원에서 합산하여 전사 물류서 보고서를 작성하면 된다.
　　㉢ 필요에 따라서는 영역별, 기능별, 지급형태별 보고서를 비롯하여 물류센터별. 제품별, 지역별 등의 관리항목별, 조업도별 물류비 보고서를 작성하게 되면 산출된 물류비 정보를 이용하여 물류의사결정이나 물류업적평가에도 매우 유용하게 활용할 수 있다.

지식 in **'기업물류비 산정기준'에 의한 물류비 산정 목적**

- 경영관리자와 각 부문에 대해서 필요한 물류원가 자료 제공
- 물류예산 편성과 예산통제를 위해 필요한 원가 자료 제공
- 물류의 기본계획 설정 및 필요한 원가정보 제공
- 가격계산에 필요한 물류비의 자료를 제공 및 문제점 파악 가능하게 함

04 물류예산관리

(1) 물류예산관리의 개요

① 물류예산관리의 개념 : 기업의 물류활동을 위하여 물류계획에 대한 예산을 편성·실시하고 비용지출을 조정함과 동시에 비용지출을 통제하는 것이다.

② 물류예산의 종류 : 물류시설예산, 물류요원예산, 물류손익예산 등

③ 물류예산의 통제 : 예산을 편성한 후 실제로 물류활동을 수행하는 데 있어서 예산목표를 달성하고 예산의 범위를 초과하여 집행되지 않도록 통제하여야 한다.

(2) 물류비 예산의 특징

① 예산 편성의 근거 기준

　㉠ 장기적인 물류정책이나 방침에 의해 예산을 편성한다.

　㉡ 예측이나 견적이 아닌 객관적인 활동 규범을 통해서 예산을 제시한다.

② 예산 편성의 방식

　㉠ 물류관리자가 물류요원의 의견을 수렴해서 예산을 편성한다.

　㉡ 상향식 예산제도를 통해 요원의 자발적인 동기유발 효과를 기대한다.

③ 예산 편성의 방법 : 과거 실적을 기준으로 한 정상적인 물류활동으로 장래의 변동을 고려한다.

④ 예산의 조정 기능 : 예산의 진행에 있어서 관련 비용 지출을 조정하여 예산을 편성한다.

⑤ 예산의 통제 기능

　㉠ 예산 집행에 있어서 비용지출을 통제한다.

　㉡ 예산 범위 내에서의 목표달성을 유도하며 예산·실적의 차이분석을 통해 업적평가가 가능하다.

(3) 물류비 예산편성 절차

① 제1단계 : 물류환경조건의 파악

② 제2단계 : 장기물류계획의 설정

③ 제3단계 : 물류예산 편성방침의 시달

④ 제4단계 : 물류비 예산안의 작성

⑤ 제5단계 : 물류비 예산안의 심의 조정

⑥ 제6단계 : 물류비 예산의 확정

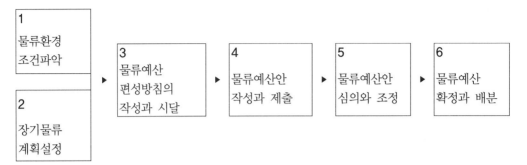

〈물류비 예산편성절차〉

(4) 물류비예산 차이분석의 방법

물류가격차이는 주로 위탁물류비 내지는 물류재료비 등을 대상으로 해서 물류활동의 구매 상황을 파악하는 데 사용하며, 물류수량차이는 시간, 거리, 개수 등을 이용하여 예산물류 차이를 통해 물류활동의 효율을 파악하는데 사용한다.

① 물류가격차이
- 예산가격과 실제가격 차이에 의해 발생
- 구매상황을 파악하는 데 유용
- 위탁물류비, 물류재료비에 의해 발생
- (예산가격-실제가격)×실제물류량

② 물류능률차이
- 실행예산에 의한 물류량과 실제물류량의 차이
- 물류활동의 능률 파악
- 예산가격×(실제물류량에 대한 예산물류량-실제물류량)

③ 물류조업도 차이
- 예산물류량과 실제물류량에 대한 예산물류량의 차이
- 물류조업도의 현황파악
- 예산가격×(예산물류량-실제물류량에 대한 예산물류량)

〈물류비예산의 차이분석도〉

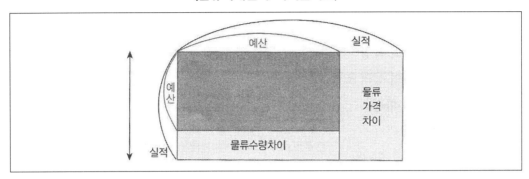

(5) 물류채산분석(物流採算分相)

① 물류채산분석(물류의사결정회계)의 개념 : 현재 실시하고 있는 물류관리회계시스템에 대한 구조적 · 수행상의 문제 등에 관하여 그 채산성 여부를 파악하기 위하여 실시하는 분석이다.

② 물류채산분석의 종류

　ㄱ 물류업무개선분석 : 물류업무를 중심으로 한 업무개선분석이다(단기적인 분석).

　ㄴ 물류경제성분석: 물류설비투자는 거액의 자금이 장기적으로 투입되는 경우가 많으므로 투자에 대한 경제성 평가를 실시하는 채산성이 있는 경우에 한하여 실제 투자가 이루어지도록 하는 것이다.

③ 물류채산분석의 절차 : 물류현황 파악 → 물류개선안 작성 → 물류비 측정 → 물류비 비교 → 물류 개선안의 최종적 결정

〈물류채산분석 절차〉

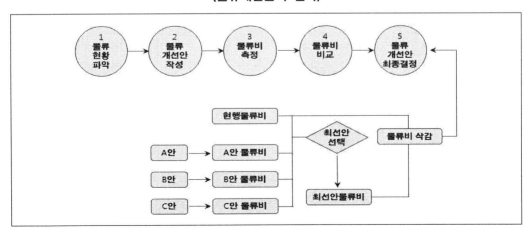

(6) 물류예산관리의 특징

① 정확하고 구체적인 물류정책이나 물류관리의 방침에 의하여 설정한다.

② 물류예산의 편성은 물류관리자들을 중심으로 한 상향식 예산제도에 의거하여 물류관리를 실시하는 데 있어서 물류담당자들의 자발적인 동기를 부여한다.

> **지식 in** 물류비예산 차이 계산
>
> • 물류비 예산 실적차이 합계 = (실제물류량 × 실제가격) - (예산물류량 × 예산가격)
> • 물류가격차이 = (예산가격=실제가격) × 실제물류량
> • 물류수량차이 = 예산가격 × (예산물류량 - 실제물류량)
> • 자가물류비예산액 = 물류비표준 × 물류량예산액
> • 지불물류비예산액 = 운임표준 × 물류량예산액

③ 물류예산의 설정은 객관적·통계적인 자료에 의거하여 과거의 실적을 기준으로 한 합리적인 물류 활동으로부터 미래의 상황변동을 고려한 과학적인 방법에 의한 편성으로 물류활동에 대한 업적평가와 차기계획수립을 위한 정보를 제공한다.

④ 물류예산제도에 의거하여 물류관리를 실시하는 경우에는 관련된 물류분야의 비용지출을 상호합리적으로 조정하여 집행한다.

⑤ 물류예산제도에 의하여 물류관리를 실시하는 경우, 물류비 지출의 적절한 통제가 가능하다.

〈물류원가계산과 물류채산분석의 비교〉

구 분	물류채산분석	물류원가계산
계산목적	물류의 의사결정	물류업적의 평가
계산대상	특정의 개선안	물류업무전반
계산기간	개선안의 전기간	예산기간(보통은 연별)
계산시간	의사결정시 실시	각 예산기별로 실시
계산방식	상황에 따라 상이	항상 일정
계산의 계속성	임시적으로 계산	반복적으로 계산
원가종류	미래원가	표준원가와 실제원가
원가범위	차액원가만 대상	전부원가를 사용
할인의 유무	할인계산	할인계산하지 않음
사용원가	특수원가계산	실제원가만 대상

라인-스탭형 물류조직

- 스탭 : 물류전략 수립, 물류예산관리 및 채산성분석 등을 수행(계획 및 지원 기능)
- 라인 활동 : 제품 또는 서비스의 생산과 판매 활동에 상당히 영향을 미치며, 2차적인 업무 활동이 아니라 생산 및 판매와 직결됨(행위 기능)
- 라인은 스탭으로부터 조언을 받는 관계임

📝 제4장 적중예상문제

01. 물류비의 범위에 대한 설명 중 틀린 것은?

① 원재료의 조달에서 제품이 고객에게 도달할 때까지의 전체 물류활동에 요하는 비용이다.

② 과거에는 판매물류만을 중심으로 한 비용을 물류비에 포함시켰다.

③ 물류비 중에는 수송비가 절대적인 비율을 차지하고 있다.

④ 물류비의 범위는 수송비, 창고비, 하역비, 포장비, 보관 및 수송 도중 상품의 과부족비, 파손비, 물적유통관리비 등을 포함하고 있다.

⑤ 수송비 중에는 항공운송비가 가장 많은 비율을 차지하고 있다.

> **해설 |** 물류비 중에는 수송비가 절대적인 비율을 차지하고 수송비 중에서도 도로수송비가 가장 많은 비율을 차지하고 있다.
>
> **정답 |** ⑤

02. 원료창고로부터 제조창고 사이에 이루어지는 물류비는?

① 생산물류비   ② 조달물류비

③ 운반물류비   ④ 반품물류비

⑤ 폐기물류비

> **해설 |** 생산물류비란 원재료창고로부터 제조창고 사이에 이루어지는 물류비를 말한다.
>
> **정답 |** ①

03. 다음 중 판매물류비에 대한 설명은?

① 제품 및 포장비, 운송용 용기, 자재 등을 폐기하기 위해서 물류비에 소요된 비용
② 제품의 판매가 확정된 후 고객에게 출고에서 인도까지의 물류에 소요된 비용
③ 원재료 입하 후 생산공정에서 가공을 실시하여 제품으로 완성될 때까지 물류에 소요된 비용
④ 원재료(공용기, 포장재료 포함)의 조달선으로부터 구입자에게 납입할 때까지 물류에 소요된 비용
⑤ 고객에게 판매된 제품을 반품하는 가운데 물류에 소요된 비용

> 해설 ▍ ① 폐기물류비   ③ 생산물류비   ④ 조달물류비   ⑤ 반품물류비
> 정답 ▍ ②

04. 다음 내용이 의미하는 것으로 가장 적절한 것은?

> 이것은 물류 작업량의 증가 또는 감소에 관계 없이 일정액의 비용이 발생하는 것을 말하는데,
> 이에 대표적인 예에는 감가상각비가 있다.

① 원가중심점별 물류비   ② 변동물류비
③ 반품물류비   ④ 폐기물류비
⑤ 고정물류비

> 해설 ▍ 고정물류비
> 고정물류비는 물류의 조업도가 증감하더라도 그것에 관계없이 일정액만 발생하는 비용으로서 고정적
> 성격을 가진 물류비를 말한다.
> 정답 ▍ ⑤

제5장 물류합리화

01. 물류합리화와 트레이드 오프

(1) 개념 및 의의

① 기업의 입장에서 이윤추구의 보고(寶庫)가 되고 있으므로 물류합리화를 추구한다.

② 소비자에게 만족을 주고 기업의 이윤증대를 가능하게 하는 활동에 기여한다.

③ 물류합리화가 순조롭지 못하면 판매저하가 유발될 수 있으므로 과학적 · 체계적인 관리가 필요하다.

④ 고객서비스를 높이기 위해 소량 · 다빈도 배송을 하게 되면 배송시간은 짧아질지 모르지만 차량경비, 인건비 등의 경비는 증가한다.

⑤ 운송리드타임을 단축하면 물류서비스는 향상되지만, 운송비용은 상승한다.

⑥ 물류합리화를 위해서는 총비용적 사고가 필요하다.

⑦ 재고량을 적게 하면 보관비는 감소하지만 서비스 수준은 일반적으로 저하된다.

⑧ 물류합리화는 비용과 서비스 사이의 트레이드 오프(Trade-off) 관계를 고려하여, 그 수준을 적정 하게 조정하여야 한다.

(2) 물류비용과 Trade-off

① 창고의 수가 증가할수록 고객서비스는 증가한다.

② 창고의 수가 증가할수록 재고비와 재고유지비용은 증가한다.

③ 창고의 수가 증가할수록 총비용은 감소하다가 증가한다.

④ 창고의 수가 증가할수록 시설투자비와 안전재고의 합은 증가한다.

⑤ 창고의 수가 증가할수록 운송비 (배송비)는 감소한다.

⑥ 창고의 수는 총비용이 가장 낮은 수준에서 결정되는 것이 바람직하다.

(3) 물류합리화 대책

① 물류조직을 바꾼다.

   물류조직을 저원가 조직으로 바꾸는 것이다.

② 유휴부문을 메꾼다.

   차량이나 창고공간의 활용을 극대화하는 것, 예를 들면 트럭 한 대에 화물이 반밖에 실려 있지 않다거나 귀로를 빈 차로 돌아오는 상황이라면 이 공간을 효과적으로 이용할 방법을 찾아봄으로써 절감해 간다는 것이다.

③ 능률을 개선한다.

   물류조직의 운영효율향상, 즉 인력으로 작업하는 부분에 기계를 도입하거나 사무처리를 간소화하여 원가를 절감하는 것이다.

④ 원가가 낮은 곳을 택한다.

   이를테면 포장자제를 같은 강도를 가지면서 값이 싼 것으로 변경하여 원가를 절감하는 것이다.

(4) 물류합리화의 필요성

① 경제규모의 확대 : 물류유통의 급속한 증대, 수출물량의 증대, GDP의 급격한 성장
② 물류원가의 증대 : 전국 물류비상승
③ 노동력 수급상의 문제점 : 3D 기피현상, 노동력의 부족

〈조달 · 생산 · 판매물류의 합리화〉

구분＼영역	조달물류	생산물류	판매물류
단위화	외주 파렛트 풀 결성	유닛로드 시스템	사내 공동 파렛트 풀 결성
포장	포장의 모듈화, 포장의 간이화	포장의 모듈화, 무포장화	포장의 모듈화, 포장의 간이화, 기계화
보관(창고)	오더피킹 시스템	자동반송 시스템	제품분류작업, 물류센터 · 공동배송단지
재고관리	MRP제도, 즉납제도(Just In Time)	공정창고 제로화	적정재고 산출
수배송	납품 공동화	–	공동 수배송제도
정보통신	외주업체–모기업–관련부서 온라인화	자재창고–생산과정–제품창고 온라인화	상품코드화(POS 시스템)와 판매망 온라인화

> **지식 in** 　상충관계 (T rade-off)
>
> 상호이율배반 또는 일치되지 않는 관계란 뜻으로 한 부문의 비용절감이 다른 부문의
> 비용증가를 나타내는 현상이다. 즉, 한 부문의 목적을 보다 많이 달성하려면 다른 쪽의
> 목적 달성에서 일부분이 희생되어지는 관계이다.

(5) 물류원가의 절감방법

① 물류경로를 확대한다.　　　　　② 물류센터의 수를 줄인다.
③ 공장으로부터 직송을 늘인다.　　④ 보관효율을 높인다.
⑤ 수송횟수를 줄인다.　　　　　　⑥ 포장자재를 저가로 한다.
⑦ 차량의 적재효율을 높인다.　　　⑧ 포장을 간소화한다.
⑨ 계획수송을 실시한다.　　　　　⑩ 포장작업을 기계화한다.
⑪ 공동수송을 추진한다.　　　　　⑬ 컨테이너·파렛트를 도입한다.
⑬ 최적수송수단을 선택한다.　　　⑭ 전산화에 의해 생력화한다.
⑮ 재고관리를 철저히 하며 적정재고를 유지한다.

(6) 물류합리화를 적극적으로 실행해야 하는 이유

① 다품종 소량생산 체제가 가속화되고 있으며, 고객요구의 다양화, 물류서비스의 차별화
　가 요구되고 있다.
② 기술혁신에 의해 기본적인 물류영역의 발전이 가속화되고 있으며, 정보측면에서도 발전
　속도가 매우 빠르다.
③ 물류비는 기업별 사업환경 여건 및 개선 노력에 따라 상당부분 감소하고 있지만 여전히
　높은 비중을 차지하고 있다.
④ 마케팅 비용 및 생산비 절감만으로는 기업 전반의 비용절감을'통한 이윤추구에 한계가
　있다.

물류부문별 문제점과 합리화 방안

(1) 물류조직의 합리화

문제점	합리화 방안
• 인력의 빈번한 이동 • 물류전문인력의 절대 부족 • 물류분야 부서의 천시 경향 • 회사적인 물류정책 및 전략과 계획의 수립 미흡 • 물류부문활동의 매몰	• 관리의 일괄계획 수립 및 수행 • 적극적인 물류조직의 구축 • 물류전담부서에 의한 통합관리 • 물류전문가의 양성

(2) 수배송부문의 합리화

문제점	합리화 방안
• 자사차 운영 고집 • 실차율의 절대 부족 • 화물차종의 단순 • 표준화된 적재물의 부재 • 사회간접자본시설의 절대 부족	• 운송회사의 물류종합회사로의 전환 • 수송수단선택의 제고 • 화물차종의 다양화 • 적재화물의 표준화 • 공동수배송으로 운임 절약 • 적소의 물류거점 확보 • 실차율의 향상 • 사회간접자본 투자 확대

(3) 창고관리부문의 합리화

문제점	합리화 방안
• 수배송부분과의 연계성 부족 • 수·발주량의 불균형 • 전문창고업자의 부족 • 창고용지의 확보 곤란 • 창고를 단순히 보관창고로 인식 • 창고공간운용의 저조 • 랙(Rack)창고에 대한 인식 부족 • 자가창고를 이용(80%) • 재래식 창고의 기계화 및 정책 부진	• 전문화의 창고산업의 육성 • 기계적 자동화로 공동이용, 건립효율성 제고 • 정보시스템의 추진 • 창고의 시스템화 • 물류거점의 집약화 및 광역화 • 기본적 기능의 충실, 코스트 관리 • 물류터미널 및 공동배송센터 건립 • 변모하는 유통시대의 대응 • 수배송관리기능과 연결

(4) 포장관리부문의 합리화

문제점	합리화 방안
• 포장 Module화가 미흡 • 외부포장(하자)의 부조화로 타물류부문의 기계화에 지장을 초래 • 기계화 미비로 인력의 과다 • 과다한 비용부담 • 회사자체규격을 선호 • 파렛트화 · 컨테이너화 부진	• 기계화 및 자동화를 적극 추진 • 생산성과 안정성을 제고 • 표준화 완성으로 규격의 단순화를 추진 • 과잉포장을 배제 • 포장재의 근대화를 적극 추진 • 포장재의 재사용을 추진

지식 in 포장의 종류

- 단위포장 : 상품가치 향상을 목적으로 한 물품 개개의 포장
- 상업포장 : 상품의 마케팅 기능을 강화하기 위한 포장
- 공업포장 : 상품을 수송 및 보관하는 부분 등을 주목적으로 하는 포장
- 내부포장 : 수분, 습기, 열, 충격 완화를 목적으로 하는 포장
- 집합포장 : 낱개의 포장상품들을 하나의 단위화된 화물로 만드는 포장

(5) 운반하역부문의 합리화

문제점	합리화 방안
• 중력이용의 부진 • 기계화 · 자동화의 부진 • 하역시설의 부족 • 인력의존비중 과대 • 하역의 불균형 • 하역기계이용의 부진	• 하역의 표준화, 유닛로드 시스템의 구축 • 도크(Dock)시설의 의무, 운반하역관리자의 운영 자질 • 운반하역의 기계화 · 자동화, 운반활성의 향상 • 범용성 있는 하역시설의 구축, 효율적인 시스템의 형성 • 될 수 있는 한 중력을 이용, 불필요한 작업을 없앰 • 흐름의 원활

(6) 물류정보시스템의 합리화

문제점	합리화 방안
• 물류정보 수집방법의 미흡 • On-Line의 부진 • 전산의 영역확산 부족	• 물류정보 전달단계의 개선 • 수 · 발주 처리의 전산화 • 고객서비스의 향상방안 연구

• 시스템화의 부족	• 물류정보활동의 과학화 및 전산화
• 주문량의 소규모화	• 물류와 연관된 정보의 지속적인 수립
• 주문인도기의 단축 부진	• 물류정보시스템의 추진
• 전문인력의 부족	• 고객서비스 수준의 주기적인 측정
• 물류정보시스템의 기능부족으로 고객서비스 부진	• 주문단위의 소규모화 대응

03 물류표준화와 물류공동화

(1) 물류표준화

① 개념

㉠ 물류상의 공통기준을 정하여 시행함으로써 모든 분야에서 낭비를 예방하고 이익을 도모하는 활동이다.

㉡ 포장, 하역, 보관, 수송, 정보 등 각각의 물류기능 및 단계의 물동량 취급단위를 표준 규격화하고 이에 사용되는 기기, 용기, 설비 등을 대상으로 규격, 강도, 재질 등을 통일시키는 것을 말한다.

지식 in 　포장합리화의 원칙

• 대량화·대형화의 원칙	• 집중화·집약화의 원칙
• 규격화·표준화의 원칙	• 재질변경의 원칙
• 사양변경의 원칙	• 시스템화·단위화의 원칙

㉢ 물류표준화의 대상은 규격(치수), 재질, 강도 등이며, 이는 규격의 표준화 · 통일화되어야 수송, 보관, 하역 등 물류의 제반기능 및 단계에서 일관된 연결 작업이 가능해진다.

② 물류표준화의 필요성

㉠ 물동량의 증대 : 물류의 일관성과 경제성을 확보하기 위한 표준화의 필요성이 대두되고 있다.

㉡ 물류비의 과대 (GDP의 약 15%)

㉢ 하역보관의 기계화, 자동화, 수배송의 합리화 등의 기술을 경제적으로 수립하기 위하여 필요하다.

ⓔ 국제화 및 시장개방으로 인한 국제표준화(ISO)에 연계되는 물류표준화가 요구되고
   있다.

ⓜ 국가표준화가 선행되어야만 보급이 용이하고 낭비를 예방할 수 있다.

ⓗ 화물유통과 관련된 각종 운송수단 및 각종 기기 및 시설의 규격, 강도, 재질 등은
   국가 전체적인 효율성의 차원에서 표준화가 요구된다.

③ 물류표준화의 효과

   ㉠ 물류표준화가 가져오는 자원에너지의 효과
   - 재료의 경량화
   - 일관수송에 의한 에너지 절약
   - 작업의 표준화
   - 적재효율의 향상
   - 단순화
   - 물류생산성 향상

   ㉡ 물류기기의 표준화 효과
   - 각 사의 사양이 통일
   - 모든 기기와 유연성 풍부
   - 부품의 공용성으로 수리 용이
   - 작업조건이 용이
   - 호환성 및 교체성 용이
   - 모든 기기를 안전하게 사용
   - 물류비 절감

   ㉢ 포장표준화의 효과
   - 포장공정의 단순화
   - 포장재 비용의 감소
   - 인건비의 절약 및 제품의 물류비 절감
   - 기계화에 따른 보관효율 증자
   - 제품 파손의 감소

④ 물류표준화를 위한 유닛로드(Unit Load System) 시스템의 도입과제

   ㉠ 수송용 적재함 규격의 표준화
   ㉡ 포장단위 치수의 표준화
   ㉢ 운반·하역 장비의 표준화
   ㉣ 보관설비의 표준화

⑤ 물류표준화 방안 중 소프트웨어 부문의 표준화

   ㉠ 낭비적인 작업과정의 제거를 위하여 거래조건의 단순화, 규격화가 필요하다.
   ㉡ 포장치수의 표준화가 필요하다.
   ㉢ 전표의 크기, 양식, 기재내용 등의 데이터를 표준화하는 것이 필요하다.
   ㉣ 용어사용의 혼돈을 방지하기 위하여 물류용어의 표준화가 필요하다.

〈소프트웨어 부문과 하드웨어 부문의 표준화〉

소프트웨어 부문의 표준화	하드웨어 부문의 표준화
• 물류용어 통일 • 거래단위 표준화 • 전표 표준화 • 표준코드 활용 • 포장치수 표준화	• 파렛트 표준화 • 내수용 컨테이너 보급 • 지게차 표준화 • 트럭적재함 표준화 • 보관시설 표준화 • 기타 물류기기 표준화

(2) 물류공동화

① 정의 : 물류공동화란 자사와 타사의 물류시스템이 공유되는 것을 말한다. 즉 자사의 물류시스템을 타사의 물류시스템과 연계시켜 하나의 시스템으로 운영하는 것이다.

② 전제조건
  ㉠ 물류공동화를 위해서는 자사의 물류시스템을 완전히 개방해야 한다.
  ㉡ 표준물류심벌(ITF) 및 업체 통일전표와 외부와의 교환이 가능한 파렛트를 사용하여야 한다.
  ㉢ 서비스 내용을 명확하게 하고 표준화시켜야 한다.
  ㉣ 통일된 회계기준에 근거하여 물류비를 명확하게 산정하고 체계화해야 한다.

③ 특징
  ㉠ 물류공동화는 물류합리화의 한 방법으로, 동종업체나 이종관련 기업들이 전국적, 지역적으로 물류시설을 공동으로 설치·운영하고 관리함으로써 물류시설을 개별적으로 관리하는 것보다 더 적은 비용으로 더 많은 이익을 창출할 수 있다.
  ㉡ 물류공동화의 도입과 활용은 물류비 절감과 고객 서비스 향상을 추구하는 물류합리화의 기본이 된다.

④ 물류공동화의 목적
  ㉠ 사람, 물자, 자금, 시간 등 물류자원을 최대로 활용함으로써 비용절감을 도모한다.
  ㉡ 고객에 대한 서비스향상을 도모한다.
  ㉢ 외부불경제, 즉 대기오염, 소음, 교통체증 등에 대한문제의 최소화를 도모한다.

⑤ 물류공동화의 효과
  ㉠ 자금 조달 능력의 향상
  ㉡ 수송단위의 대량화
  ㉢ 정보의 네트워크화

  ㄹ 차량 유동성 향상

  ㅁ 수배송 효율의 향상

  ㅂ 다빈도 소량 배송에 의한 고객 서비스 확대

⑥ 물류공동화의 유형

  ㉠ 수평적 물류공동화 : 동종의 다수 메이커와 이들과 거래하는 다수의 도매점이 공동으로 정보 네트워크와 물류시스템을 공동화하는 것

  ㉡ 물류기업 동업자 공동화 : 물류기업이 동업형식으로 물류시스템을 공동화하는 것

  ㉢ 소매기업에 의한 계열적 공동화 : 대형 소매체인점이 도매점이나 메이커에서의 납품물류를 통합하여 납품자와 수령하는 각 점포의 상호이익을 도모하기 위해 물류센터 등을 만드는 것

  ㉣ 경쟁관계에 있는 메이커 간의 공동화 : 서로 경쟁관계에 있는 기업들이 모여 물류의 효율화를 위해 공동화를 이룩하는 것

  ㉤ 제조기업에 의한 계열적 공동화(수직적 공동화) : 메이커와 판매회사 도매점과의 물류공동화

  ㉥ 화주와 물류기업의 파트너십 : 전문 사업자로서 화주의 물류합리화나 시스템화로 적극 참여하는 제안형 기업이 되어 상호신뢰를 확립하는 것

⑦ 물류공동화 방안

  ㉠ 공동수배송 체제의 도입 : 공동수배송 체제의 구축은 기업들의 물류 공동화 방법 가운데 첫 번째 물류비 절감을 위한 물류합리화 방안이라고 할 수 있다.

  ㉡ 물류자회사와 물류공동회사의 설립

   • 물류자회사 : 물류자회사는 대기업의 경우 그룹 계열사에 흩어져 있는 사업부 단위의 물류관련부서를 통합하여 별도의 물류관리 전문회사를 그룹 내의 새로운 법인으로 설립하는 것을 말한다.

   • 물류 공동회사 : 물류공동회사는 주로 동종경쟁사 및 이종유사업종의 기업 간에 물류비 절감을 위하여 공동으로 설립한다.

  ㉢ 공동집배송 단지의 건립 : 공동 집·배송 단지란 동종 및 이종업체 간 또는 유통업체 들이 대규모 유통업무단지를 조성하여 도매거래기능, 유통가공기능, 공동수배송 기능, 공동 재고관리기능을 수행하는 대규모 물류단지를 의미한다.

(3) 물류 모듈(Module)화

① 물류 표준화는 Unit Load System에서 시작하고, Unit Load System의 근간은 물류 모듈이다.

② 물류 모듈은 물류 시스템을 구성하는 각종 요소의 규격이나 치수에 관한 기준척도와 대칭계열을 의미한다.

③ 물류 설비(시설, 장비)의 규격이나 치수가 일정한 배수나 분할관계로 조합되어 있는 집합체로서 물류 표준화를 위한 기준치수이다.

(4) 물류 모듈의 분류

① 분할포장 모듈시스템 : KS A1002로 제정되어 있는 표준치수로서 1,100mm × 1,100mm (일관수송용 표준파렛트 규격)를 정수(1, 2, 3, …)로 분할, 가로와 세로의 치수들을 합산하여 1,100mm가 되는 숫자들이며 포장모듈치수들은 이들의 조합이다.

　㉠ 포장단위치수

　㉡ 플라스틱용기제 운반용기 크기

② 배수물류 모듈시스템 : 유닛로드 사이즈 1,140mm ×1,140mm를 기준으로 하고 최대 허용공차 -40mm를 인정하며, 이를 배수로 하여 물류 시설이나 장비들의 표준치수를 설정한다.

　㉠ 회물적재시 사용

　㉡ 컨테이너 내부치수, 트럭적재함치수, 랙 규격, 창고천장 높이

　㉢ 기둥 간격, 진열대 간격, 운반하역장비 규격

(5) 유닛로드시스템(Unit Load System)

① 하역작업의 혁신을 통해 수송합리화를 도모하기 위한 것으로 화물을 일정한 표준의 중량 또는 체적으로 단위화시켜 기계를 이용하여 하역·수송·보관 등을 하는 시스템이다.

② 협동일관수송의 전형적인 수송시스템으로서 하역작업의 기계화 및 작업화, 회물파손방지, 적재의 신속화, 차량회전율의 향상 등을 가능하게 하는 물류비 절감의 최적방법(파렛트, 컨테이너를 이용)이다.

③ 유닛로드시스템의 목적 : 회물취급 단위에 대한 단순화와 표준화를 통하여 기계하역을 보다 용이하게 하고, 하역 능력향상 및 비용절감을 꾀함과 동시에 수송 및 보관 업무의 효율을 높인다.

④ 유닛로드시스템 3 원칙 : 각각의 물품을 1개 유니트 로드로 하여 하역의 기계화로 출발지에서 도착지까지 안전하게 보관하고 수송할 수 있는 적재 방법이다.

    ㉠ 기계화의 원칙

    ㉡ 표준화의 원칙

    ㉢ 하역의 최소원칙

⑤ 유닛로드시스템의 전제 조건

    ㉠ 수송장비 적재함의 규격 표준화

    ㉡ 포장단위 치수 표준화

    ㉢ 파렛트 표준화

    ㉣ 운반하역장비의 표준화

    ㉤ 창고보관설비의 표준화

    ㉥ 거래단위의 표준화

(6) 일관파렛트화(Through Transit Palletization)

① 파렛트화(Palletization)

파렛트를 기본용구로 하여 유닛로드 기타 하역의 모든 원칙을 더욱더 과학적, 합리적 방법으로 활용하여 하역을 동적으로 수립한 하역시스템으로서 하역을 기계화하고 수송, 보관, 포장의 각 기능을 합리화하기 위한 수단으로 파렛트를 사용하는 것을 의미한다.

② 일관파렛트화(Through Transit Palletization)

발송지로부터 최종 도착지까지 파렛트에 적재된 화물을 운송, 보관, 하역하는 물류활동 과정 중 이를 환적하지 않고 이동시키는 것을 말한다. 이러한 일관파렛트화에 의한 화물수송은 스웨덴에서 처음으로 실시되어 스웨덴 방식으로도 불린다. 지금까지의 물류활동은 대부분 보관이나 하역을 위한 파렛트 사용이 많았지만 효과적인 파렛트운용을 위해서는 일관파렛트화가 기본적으로 전제되어야 한다. 이러한 일관파렛트화는 생산자에서부터 소비자에게 이르기까지 유니트화된 화물이 일관해서 흐를 수 있는 유닛로드시스템의 기본이 되는 것이다.

(7) 파렛트 풀 시스템(PPS ; Pallet Pool System)

파렛트의 규격과 척도 등을 표준화하고 상호 교환성이 있도록 한 후, 이를 서로 풀로 연결하여 사용함으로써 각 기업의 물류합리화를 달성하여 물류비를 절감하려는 제도를 말한다.

① 파렛트 풀 시스템의 선결조건
   ㉠ 파렛트 규격 표준화·통일화
   ㉡ 표준 파렛트에 대한 포장 모듈화
   ㉢ 화물붕괴방지책
   ㉣ 거래단위의 Unit화

② 파렛트 풀 시스템의 특징
   ㉠ 일관 수송 후 공파렛트 회수문제를 해결(회송 불필요)
   ㉡ 최소한의 파렛트로 업종·업계를 넘어서 일관수송이 가능
   ㉢ 최소한의 파렛트로 물동량 변동에 따른 파렛트의 수요조정이 가능
   ㉣ 공파렛트의 관리가 불필요
   ㉤ 통일된 표준 파렛트로 관리가 불필요
   ㉥ 전국적인 Network로 1매 단위의 회수도 가능
   ㉦ 파렛트의 보수가 불필요
   ㉧ 파렛트 필요시 언제, 어디서나 이용 가능
   ㉨ 고품질의 파렛트로 기업 이미지 향상

04 물류문제의 대응 방안

(1) 화주 측과 물류 측의 파트너십 확립

① 최근에 물류에 대한 기업의 관심도 높고 소량·다빈도 배송 등에 대한 인식도 깊어져, 화주 측과 물류 측이 공통의 관점에서 파트너십을 확립하는 것은 물류 문제의 필요한 전제이다.
② 화주·물류 측의 쌍방이 물류를 종래의 역학 관계에 의한 거래가 아니라, 하나의 비지니스로 인지하고 비용 등을 논의하는 것이 중요하다. 또한 물류기업이 화주 축의 협력을 얻어 그 기업활동을 연구하고, 그것에 따른 물류 시스템을 제공할 수 있도록 노력하는 것도 중요하다.

③ 업종에 따라서는 화주와 물류 회사의 계열화가 진행되어, 파트너십이 확립되어 있는 경우도 있는 데, 물류 사업자의 기술 개발력의 강화와 노무 대책에 대한 지원 등 화주 측으로부터의 지원도 중요하다.

(2) 적정한 비용 분담

① 종래 물류비용에 대한 화주측의 사고방식은 '물류는 당연한 서비스'이며, 물류업자와의 역학 관계에서 물류비용을 낮게 억제하고, 오로지 서비스의 고도화를 요구하는 것이었다. 그리고 물류업자도 화주측의 요구에 대해 수동적이고, 자신의 비용도 파악하기 어려웠고 비용 부담이 애매하였다. 그러나 노동력 부족에 의한 인건비 상승에 기인하여 물류비가 급등한 상황에 대해 이러한 비용의 사고방식으로는 대응할 수 없게 되었다.

② 앞으로는 물류 측이 비용을 바르게 산정·파악하고, 화주 측이 물류비를 독립 비용으로 인식하고, 물류 서비스의 수익에 따른 적절한 비용 분담을 행할 필요가 있다.

(3) 물류의 효율화

물류 수급 불균형의 해소는 직접적으로는 물류의 공동화, 정보화, 표준화 등을 통해 물류의 수급 양 면의 효율화를 도모, 물류 수요의 적정화 및 물류 공급의 증대를 실현함으로써 가능하다.

① 물류 공동화의 추진
  ㉠ 물류공동화 : 공동창고와 공동 배송센터의 설치, 물류 터미널의 공동화 등
  ㉡ 장점
    • 공동집하, 공동배송, 혼재 등을 통한 운송 로트(Lot)의 대량화에 의한 물류 수요의 적정화
    • 돌아오는 운송기관의 활용 및 운송 경로 중복의 회피 등에 의한 운송효율 자체의 향상에 의한 물류공급의 증대
  ㉢ 체증 등이 현저한 역내 물류에 관해서는 도소매·소비자 간의 공동배송이나 도시 내 공동 물류 거점의 정비·공동이용, 창고의 공동화·생력화·자동화 등을 통해 대응하는 것이 효과적이다.

② 물류 표준화의 추진
  물류 공동화는 하드(Hardware)면의 공동화인데, 물류표준화는 소프트(Software)면의 공동화이다. 물류표준화는 규격의 표준화와 서비스의 표준화 두 가지로 나누어진다.
  ㉠ 규격의 표준화
    • 일관파렛트화(Palletization)의 추진 : 물류·화주 각사의 상호이용을 전제로 한 공통의 파렛트, 컨테이너의 개발·도입

- 물류 통일 코드의 도입 : 바코드의 통일·보급 등의 대책
- 그 외에 작업환경 개선의 관점에서 화물형태의 개량(들고가기 쉽고 운반하기 쉽게), 상품의 소형화 등
- 위의 항목 모두가 메이커, 물류업자, 소비자 등의 상호 이해와 협력에 의해 촉진되어야 한다. 또한 국제적인 범용성을 높이도록 유의해야 한다.

ⓛ 서비스의 표준화
- 물류 서비스의 적정 수준의 표준화를 도모하는 것으로 과도한 물류 수요를 억제하고, 수요를 적정화하는 효과가 기대될 수 있다.
- 예컨대 배송 서비스에 관해 표준적인 매뉴얼을 작성하고, 배송 빈도를 미리 상품마다 지정하고, 그 이외의 우발적인 발주는 하지 않기로 하는 것을 들 수 있다. 또한 선도적인 사례 소개 등을 통해 메이커·소매점·소비자를 계몽하는 것도 중요하다.
- 메이커·소매점 간에 모어와 VAN을 중심으로 한 정보 시스템화와 규격 통일·유니트화를 행하면 양자 간의 물류는 더욱 효율화될 것이다.

③ 물류정보화의 적극 추진
ⓙ 국제화가 진행되고, 이동의 범위와 양이 확대되며, 스피드가 요구되는 현대에 물류 정보화의 필요성은 증대되고 있다.
ⓛ 물류정보화의효과
- 물류기업과 화주기업의 물류정보화는 각 기업이 트럭 등 운송기관을 유효하게 활용할 수 있도록 한다.
- 효율적인 제품 재고관리에 의한 물류효율화를 가져온다.
- 물류업무의 성력화(省力化)와 관리능력 향상의 효과를 기대할 수 있다.
- 화주~물류 간 혹은 메이커~물류~소매 간의 정보화추진은 물류 흐름의 전체적인 파악을 통해 가장 효율적인 운송을 실현할 수 있다.
ⓒ 위의 효과에 따라 EDI 시스템과 물류 VAN의 구축, 트럭 정보시스템, 선박 운송 등의 회물 정보 시스템 개발의 추진이 요망된다.

(4) 물류수요의 표준화

물류수요는 계절·요일 등에 의한 변동이 크고, 그것이 특정 시기에 물류에 대한 수요를 집중적으로 불러 일으켜 비효율적인 물류 공급체제와 교통체증 등의 원인이 되고 있다. 물류수요의 파동성은 상관행 등에 의한 것이 많기 때문에 물류면에서만 근본적인 개선책을 찾는 것은 효과가 적으나 다음과 같은 대책은 어느 정도의 효과를 기대할 수 있다.

① 비용 개념의 도입

물류수요의 집중기에 높은 요금을 설정하는 등 실상에 맞춘 요금 등의 체계를 확립함으로써, 물류 작업의 비용 개념을 생산자, 소비자에게 확고히 주지시킴과 동시에 물류수요의 평준화를 제고한다.

② 완충기능(재고 등 지원시설) 및 제도의 정비, 강화, 확충

생산와 소비지 양쪽에서 창고 등의 지원시설을 정비하고, 물류공급면에서 기본적인 잠재력을 강화함으로써 물류수요의 파동성을 줄인다.

(5) JIT(Just In Time)방식

① 소량 · 다빈도 배송의 대응은 그 적정화 · 효율화의 방향으로 행해야 한다.

㉠ 소량이라도 공동화에 의해 운송 로트(Lot) 전체를 대량화하면 반드시 비효율이 되는 것은 아니다.

㉡ 다빈도에 관해서도 화주측의 재고 보완적인 관점에서만이 아니라 물류측의 배송효율의 관점도 함께 고려하여 정보화의 추진 등을 통한 효율적 배송시간 · 빈도 등을 결정하면 운송 효율을 증가시킬 수 있다.

② JIT 방식

㉠ JIT방식은 시간대로 배송이 진행되는 것만이 아니라, 혼재, 공동집하, 공동배송에 의해 배송방식, 혼재율 등을 검토하면 물류량을 감소시킬 수도 있다.

㉡ 제품의 성질상 공동운송이 곤란한 것을 제외하고 동업종의 타 회사나 이업종 간에 공동 배송센터를 설치하여 화물의 혼재, 공동배송, 공동출하 등을 실현할 수 있으면 JIT방식으로 보다 효율적이고 저렴한 물류를 가능하게 한다.

㉢ JIT방식을 행할 때에는 장기적으로 보아서 공존 공영하도록 서로 배려하는 자세가 요구된다.

제5장 적중예상문제

01. 물류조직의 합리화 추진에 대한 설명으로 바르지 않은 것은?

① 합리적이란 의미는 '저(低)코스트'와 아무런 관련이 없는 것이다.
② 저원가에 의한 물류실현을 위한 구체적인 방책을 물류합리화 대책이라고 한다.
③ 코스트가 적게 드는 물류를 실현시키기 위한 노력이 물류합리화이다.
④ 물류에 있어서 합리적인 물류의 조직을 만들어 그것을 유지하고 평가, 조치하는 것이다
⑤ 합리적인 물류조직을 만드는 것은 소위 말하는 '물류합리화'에 해당하는 것이다.

> 해설 ▌ 물류조직의 합리화는 저원가를 실현시켜 그것을 유지하고 평가하는 조치이다.
> 정답 ▌ ①

02. 다음 중 수배송부문의 합리화방안에 대한 내용으로 옳지 않은 것은?

① 적재화물의 표준화   ② 화물차종의 단일화
③ 공동수배송으로 인한 운임의 절약   ④ 적소의 물류거점 확보
⑤ 운송회사의 물류종합회사로의 전환

> 해설 ▌ ② 화물차종에 대한 다양화이다.
> 정답 ▌ ②

03. 다음 공동배송과 배송계획에 대한 설명 중 적절하지 않은 것은?

① 배송계획화의 대표적인 것은 '요일할 배송'이라 불리는 시스템이다.

② 어느 회사에 있어서나 배송량을 집적하기 위한 유효한 방법은 배송을 계획적으로 하는 것이다.

③ 경쟁회사와 손잡고 나가는 데 대한 저항감이 뿌리 깊게 남아 있다.

④ 최근의 공동배송은 물류합리화 방법의 하나가 될 수 없다

⑤ 라이벌 회사와 손잡고 나가는 데 대한 저항감이 뿌리 깊게 남아 있다. 이러한 저항감이 없어지면 공동배송은 큰 진전이 있을 것이다.

> **해설 ▎** 최근의 공동배송은 물류합리화 방법의 하나로 등장하고 있다.
> **정답 ▎** ④

04. 물류합리화의 공동배송의 효과에 대한 설명으로 맞지 않는 것은?

① 공동수배송은 각 사 공히 효율이 낮고 걱정되는 부분에 적용하게 된다.

② 실현하려면 서비스를 제공받지 못하는 고객이 반드시 나오기 때문이다.

③ 매일 배송하던 것을 앞으로는 하루 건너 한다면 쉽게 납득하는 고객은 별로 많지 않을 것이다.

④ 배송방법이 실현된다면 배송에 소요되는 코스트가 대폭 감소한다.

⑤ 물류시스템은 효과가 없을 뿐만 아니라 실현될 때까지의 고충을 이루 말할 수 없다.

> **해설 ▎** ⑤ 물류합리화의 방법은 물류시스템의 효과가 큰 반면에 실현될 때까지의 고충은 매우 크다.
> **정답 ▎** ⑤

제6장 물류정보시스템

01. 물류정보의 개요

(1) 물류정보의 정의

① 수송, 운반, 포장, 하역, 보관, 유통가공 등 기업의 물류활동과 관련하여 발생하는 모든 정보를 말한다.

② 특정 상황에서 현재 또는 미래의 특정 목적을 위해 특정 사용자에게 가치를 주는 자료를 말한다.

③ 물류정보는 물류활동의 현재 상황을 인식하고 판단하며, 이것을 기준으로 앞으로의 방향을 설계하고 관련조직이나 부서 혹은 기업들 간의 협력을 이끌어내어 기업의 경영목표달성에 기여한다.

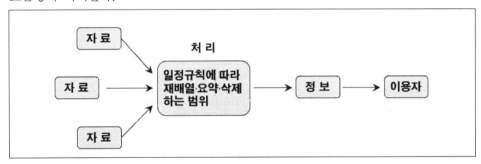

(2) 물류정보의 필요성

① 생산과 소비 사이에서 물(物)의 장소적·시간적 간격을 경제적이고 효율적으로 극복하기 위한 가장 효율적인 수단과 방법을 선택하기 위해서 다양한 정보를 전달하고 처리하는 일이 필요하게 되었다.

② 최근 소비자 물가의 상승 억제를 위한 유통비절감의 요청과 유통활동의 효율화, 물류활동의 합리화로 인해 물류의 정보화가 본격적으로 요구되고 있다.

③ 물류 시스템의 핵심인 일관 운송체제는 화물의 집하, 배송, 수송, 보관 및 하역 등 각 하위(Sub 시스템을 포함하는 복합적 개념으로, 효율적 운영을 위해서는 이를 전체적으로 관리할 수 있는 물류 정보시스템 확립의 필요성이 대두하게 되었다.

④ 정보기술의 발전에 따라 물류부문의 아웃소싱이 증대하여 제3자 물류가 증대되고 풀 (Pull) 방식의 활용이 늘어나는 등 물류산업이 변화하였다.

(3) 물류정보의 분류

물류정보는 물류정보활동의 역할에 따라 수주정보, 재고정보, 생산정보(도매업의 경우 매입지시정보), 출하정보, 물류관리정보로 분류할 수 있다.

① 기업의 물류활동은 고객으로부터 주문을 받아(수주) 처리하는 일에서부터 시작된다.
② 물류담당자는 수주정보를 기본으로 현재 파악된 상품의 재고정보를 배당한다.
③ 배당된 재고정보를 바탕으로 물류의 재고가 부족할 경우에는 생산정보로 매입대상 상품을 수배한다.
④ 물류담당자에 의해 배당된 재고는 출하준비를 위해 출하정보에 따라 반출장소로 이동되어 출하된다.
⑤ 물품의 출하시 물류관리팀은 물류활동을 관리하고 통제할 수 있도록 납품완료통지, 창고·차량 등의 물류시설, 물류비. 용기의 가동률 등을 물류관리정보로 수집하게 된다.

(4) 물류정보의 특징

① 정보의 발생원이 넓게 분포되어 있다.
② 정보의 절대량이 많고 다양하다.
③ 정보의 처리부문과 전달대상이 넓게 분산되어 있다.
④ 폭주시와 평상시 사이에 정보량의 차이가 크다.
⑤ 기업내 다른 부문(생산, 판매 등)과의 연계성이 크다.
⑥ 정보의 흐름과 화물의 흐름에 동시성이 요구된다.

(5) 물류정보의 분류와 진행과정

① 물류정보의 분류
물류활동의 역할에 의해 수주정보, 재고정보, 생산지시정보, 출하정보, 물류관리정보로 분류한다.

② 물류정보의 진행과정
ⓐ 수주정보에 따라 현재상품의 재고를 확인한 후 상품재고가 부족한 경우 제조자는 생산지시정보로 생산수배를 하고, 도매업에서는 구입지시정보로 구입수배
ⓑ 재고의 출하준비를 위해 출하정보에 따라서 반출장소로 이동하여 출하
ⓒ 물류관리부서가 물류활동을 관리·통제할 수 있도록 납품완료통지, 물류비용, 창고 차량 등 물류시설기기의 가동률을 물류정보로 수집

③ 물류정보의 기능
  ㉠ 고객의 주문을 받는다.
  ㉡ 재고상황을 파악하고 재고부족인 경우에는 생산지시를 내린다.
  ㉢ 재고의 출하준비를 완료한다.
  ㉣ 물품을 출하한다.
  ㉤ 물류관리부서가 물류의 흐름을 관리·통제할 수 있도록 물류의 이동 전 과정에 대한 정보를 파악한다.

지식 in **Pull방식과 Push방식**

- Pull(풀)방식 : 제조업체가 최종소비자에 광고 등으로 촉진활동을 함으로써 소비자가 자사제품을 찾도록 하는 것이다. 브랜드 인지도가 높은 회사에서 주로 활용하는 전략이다.
- Push(푸시)방식 : 흔히 '밀어내기식 전략'으로서 제조업자가 소비자가 아닌 유통기관을 상대로 하여 마케팅 활동을 전개하는 것을 말한다. 유통업자의 힘이 강하고 제조업자의 브랜드 인지도가 낮은 경우, 자원이 부족한 경우에 주로 활용되는 전략이다.
- 정보기술의 발전에 따라 물류산업은 Push(푸시)방식보다 Pull(풀)방식의 활용이 늘고 있다.

02. 물류정보시스템

(1) 물류정보시스템(Physical Distribution Information System)의 의의

① 각각의 물류활동들이 충분히 그 기능을 발휘하여 기업의 경영목표달성에 기여할 수 있도록 각종 물류경영자원들을 체계적으로 연계하여 조화시킬 수 있는 시스템이다.

② 물적 유통의 효율화를 기하기 위한 정보 전달 처리 시스템으로 주문 및 수발주 업무를 시스템화 하여 재고의 최소화, 수배송의 합리화, 생산의 계획화 등을 달성키 위한 정보 처리 시스템이다.

③ 원재료 구입으로부터 완제품 유통에 이르기까지 제품의 흐름과정 및 이와 관련되어 발생하는 사실, 자료를 물류관리 목적에 알맞게 처리·가공하는 컴퓨터를 기반으로 하는 정보시스템이다.

④ 주문정보를 정확하게 전달하는 기능, 물건의 움직임을 정확히 파악하고 전달하는 기능, 고객에게 정보를 제공하는 기능, 여러 계획과 실적을 잘 통제하는 기능 등의 역할이 기대된다.

⑤ VAN(Value Added Network), EDI(Electronic Data Interchange), CALS/EC(Computer Aided Logistics Support / Electronic Commerce) 등의 정보 통신망이 기업의 물류정보시스템을 지원한다.

⑥ 각 하위시스템이 각종 지원(컴퓨터설비, 데이터베이스, 정보네트워크, 분석도구 등)을 이용할 수 있도록 설계되어야 한다.

> **지식 in** **물류정보시스템의 구축 순서**
>
> 시스템의 목표설정 – 적용범위 설정 – 구축조직 구성 – 업무현상분석 – 시스템 구축 및 평가

(2) 물류정보시스템의 기반요소

① **표준화** : 수 · 발주 처리업무의 EOS화를 추진하기 위해서 업계 상호 간 거래의 데이터 포맷, 코드 체계 표준화를 말한다.

② **규격화** : 포장규격 · 집합포장에 대한 코드의 통일 및 기업 간 물품이동의 기본 수단인 유닛로드 (Unit Load)의 확대 적용이다.

③ **시스템 간 제휴** : 기업 내 혹은 기업 간의 데이터베이스 공유화와 네트워크의 제휴를 추진하여 물품과 정보를 일치시키는 것이다.

(3) 물류정보시스템의 특징

① **격지자(隔地者) 간의 시스템** : 송화주와 수화주가 격지에서 상호 정보이동이 있는 시스템

② **다수 기업 간의 시스템** : 각종 이질적인 물류 관련업체의 정보이동으로서 다른 종류의 네트워크와 의 접속과 VAN 서비스의 요구

③ **대량의 정보처리가 필요한 시스템** : 수주, 피킹, 분류 및 수 · 배송 등 개별하물의 연관정보처리에 따른 정보의 대량화와 정보의 계절적 변동화가 큼

④ **현장밀착형 시스템** : 일선현장 담당자의 현장환경에 적합한 기기조작

⑤ **서비스수준형 시스템** : 최소비용으로 서비스 극대화 조치

⑥ **지능형 시스템** : 물류정보와 연결되는 물류기기의 지능화 진전

⑦ **사전처리형 시스템** : 전 단계에서 필요정보를 사전 처리

⑧ 시간별 · 계절별 정보처리량의 변동이 크다.

(4) 물류정보시스템의 장점

① 물류량의 증대에 따른 신속한 처리가 가능하다.

② 적정재고량에 따라 창고와 배송센터 등의 물류센터와 물류시설의 효율적 이용이 가능하다.

③ 수주처리의 신속화 및 즉각적 대응에 따른 판매기능이 강화된다.

④ 판매와 재고정보가 신속하게 집약되므로 생산과 판매에 대한 조정이 가능하다.

⑤ 재고부족이나 과다한 재고보유가 배제되므로 재고비가 절감된다.

⑥ 배송관리에 컴퓨터를 적용하므로 효율적인 출하배송이 가능하게 되어 배송비가 절감된다.

⑦ 수작업의 재고보고와 장부기록이 필요 없어 사무 처리의 합리화를 이룰 수 있다.

지식 in 물류센터

물류센터는 종합물류정보시스템의 구축이 가장 절실하게 요구되는 곳으로 물류서비스의 제공 및 물류생산성의 향상을 도모하는 기업물류활동의 기반이 되며, 물류활동이 복합적으로 일어나는 물류관리의 중요한 역할을 수행하는 장소이다.

(5) 물류정보시스템의 기능별 분류

① **수주시스템** : 신속 · 정확하게 수주정보를 취합하는 것이 가장 중요하다.

② **발주시스템** : 판매에 필요한 물품을 조기에 발주하여 품절을 방지하고 발주처의 서비스 수준 저하를 방지하기 위한 시스템이다.

③ **입고시스템** : 입하시에 물품재고의 신속한 반영과 네트워크를 이용하여 사전에 입고물품의 정보를 재고에 반영해야 한다.

④ **출고시스템** : 피킹과 집품 및 검품시스템으로 구분하고 피킹시스템은 창고 내의 작업에 대한 피킹리스트 출력의 시점을 중시해야 한다.

⑤ **재고관리시스템** : 물류센터시스템의 핵심으로 단제품별(單製品別) 재고관리를 위치관리와 연계하여 피킹리스트상에 피킹대상 물품명의 위치를 번호로 지시하여 정보를 표시한다.

⑥ **배차 · 배송시스템** : 물품의 사이즈와 중량을 사전에 등록시켜서 배차(配車)의 할당품목과 수량 및 배차계획을 현실적으로 즉시 어떻게 입안하는가가 중요하다.

⑦ **물류지원시스템** : 발주, 입하, 수주, 출하, 재고관리 이외에 물류센터 시스템을 여러 각도에서 지원하는 것이다.

(6) 물류정보시스템의 확보 관점

비교기준	전통적 관점	새로운 관점
영향범위	특정 부서	조직 전체
성과기준	정보자원의 효율적 활용 정도	정보처리요구의 충족 정도
개발관점	개발자 관점	사용자 관점
확보할 권리	소유권	사용권

지식 in   **DPS(Digital Picking System)**

점포로 부터의 발주 Data를 센타의 상품 Rack에 부착된 표시기에 파킹수량을 Digital로 표시하여, 별도의 List 없이 누구나 신속하고, 정확하게 피킹할 수 있는 시스템을 말한다. 즉 각 상품의 아이템별로 셀을 지정하여 표시기를 부착하게 되며 피킹할 각 매장의 순번을 기준으로 하여 피킹 작업을 진행해 나가는 방식을 말한다. DPS의 목적은 다품종, 소량, 다빈도화 피킹 분배업무에 디지털피킹시스템을 도입함으로써 배송센터 내의 작업 합리화 및 생산성의 극대화를 추구하는 데 있다고 할 수 있다.

(03) 물류정보화 기술

(1) 전자문서교환(EDI ; Electronic Data interchange)

① 개념
- ㉠ 기업 간에 합의된 전자문서표준을 이용하여 컴퓨터를 통하여 서로 데이터나 문서를 교환하는 시스템이다.
- ㉡ 기업 간 거래에 관한 Data와 Documents를 표준화하여 컴퓨터 통신망으로 거래 당사자가 직접 전송 · 수신하는 정보전달 체계이다.
- ㉢ 주문서 · 납품서 · 청구서 등 각종 무역관련서류를 표준화된 상거래서식 또는 공공서식을 서로 합의된 Electronic Signal(전자신호)로 변경, 컴퓨터 통신망을 통해 거래처에 전송한다.
- ㉣ 국내 기업 간 거래는 물론 국제무역에서 각종 서류의 작성과 발송, 서류정리절차 등의 번거로운 사무처리가 없어져 처리시간단축, 비용절감 등으로 제품의 주문 · 생산 · 납품 · 유통의 모든 단 계에서 생산성을 획기적으로 향상시킨다.

② EDI의 발전단계

    ㉠ 컴퓨터의 보급: 업무처리의 향상을 위한 컴퓨터의 도입이 증가하고 있다.

    ㉡ SIS(Strategic Information System, 전략정보시스템)의 전개(EDI의 제1단계) : SIS는 물류업계뿐만 아니라 제조업체, 도매상 등 일부 대기업에서 고객이나 협력회사와 같은 거래선(去來線)에 자사의 단말기를 설치하여 동업종의 다른 경쟁기업들의 진입장벽을 높여 거래관계의 강화를 위해 정보기술을 이용한다.

    ㉢ 다단말현상(EDI의 제2단계) : 물류사업자 측은 하나하나의 거래선 모두에 대해서 데이터 포맷 과 코드를 정하고 자사의 호스트컴퓨터에 접속한다.

    ㉣ 물류EDI 표준(EDI의 제3단계) : EDI가 도입된 후에도 형식이 거래선별로 서로 차이가 있어 업무의 비효율성을 초래하는 것을 해결하기 위해서 EDI를 실시하고자 하는 기업들 전체가 물류 EDI 표준을 정하고, 중복투자에 대한 비효율성과 업무의 중복을 해결한다.

③ EDI의 목적

EDI의 목적은 단순히 종이서류를 추방하는 데 있는 것이 아니라, 상품의 수·발주상의 착오를 줄이고 처리시간을 단축하며, 데이터의 2중 입력이나 문서작성 등의 번거로움을 줄여 물류업무의 효율화를 기하는 데 그 목적이 있다.

④ EDI의 필요성

    ㉠ 종이서류에 의한 수작업에는 업무의 한계가 있다.

    ㉡ 사회간접자본이 부족하고 교통체증이 증가함에 따라 유통과정에서 발생하는 부대비용이 증가하고 있다.

    ㉢ 유통관련 기관이나 단체들이 대도시에 있어 지방 중소기업들의 시간과 비용이 많이 소요되므로 EDI에 의한 자동화 방식으로 업무를 처리하여 지방 중소기업들이 균형적으로 발전하는 데 필요하다.

    ㉣ 세계적인 무역자동화 및 정보화에 부응해야 한다.

⑤ EDI의 도입효과

    ㉠ 서류작업 및 보관서류의 감소

    ㉡ 수작업 감소에 의한 업무의 정확도 증대

    ㉢ 주문과 여러 데이터관리의 신속화

    ㉣ 데이터의 입력·보관·발송 등 단순관리작업을 위한 인력 및 비용의 감소

    ㉤ 구매시간 감축으로 인한 기여

    ㉥ 구매업무의 감축에 따른 비용의 절감

    ㉦ 물류정보의 신속한 유통에 따른 정보관리의 강화

　　ⓞ 관련부서 간 정보공유에 따른 업무 감소 및 정확도 증가

　　ⓩ 업무의 정확성 증대 및 주문사이클 시간의 감소에 의한 필요재고 감소

⑥ EDI의 구성요소

　㉠ EDI표준 : UN/EDIFACT

　　기존의 'VAN'방식의 폐쇄성과 'Web EDI방식'의 일방성을 개선한 차세대 문서전달방식인 'XML/EDI 문서'가 유통 · 제조업체 간 상호협업적 정보교환에 이용되고 있다.

　㉡ EDI서비스 제공업자 : 부가가치통신망(VAN)사업자

　㉢ EDI서비스 이용자 : EDI서비스의 최종소비자

　㉣ EDI사용자 시스템 : 하드웨어, 소프트웨어. 응용소프트웨어 등

〈EDI 표준〉

구 분	종 류		내 용
용도별	전자문서표준		전자적으로 전송되는 문서의 종류, 각 문서에 포함되는 정보의 종류, 정보의 전송순서, 정보의 형태, 각 정보의 의미 등에 관한 지침으로 구성
	통신표준		전자문서의 전송시 이용되는 봉투(Envelope)의 형태, 전송속도, 통신프로토콜, 가능한 통신수단 등
사용 범위별	전용표준		특정기관이 상호정보를 전송하기 위하여 임의로 제정하여 사용하는 표준
	공통 표준	산업표준	UN/EDIFACT에서 제정하지 못하였거나 제정과정에 있어, UN/EDIFACT의 규칙 (Syntax Rules)에 따라 산업 내에서 필요한 메시지를 만들어 사용하는 표준
		국가표준	특정 국가 내에서 모든 업계가 공통으로 사용할 수 있도록 국가 차원에서 제정한 표준
		국제표준	UN/EDIFACT에서 최종적으로 제정한 표준

⑦ EDI표준 개발의 동향

　㉠ 거래기본규약(제1단계) : EDI거래에 있어서 거래의 출발시점과 통신요금부담의 방법 등을 정하는 기본적 규약이다.

　㉡ 거래운용계약(제2단계) : 컴퓨터의 운전시간대와 데이터전송의 시간 등을 당사자 간에 결정하는 운용상의 규약이다.

　㉢ 정보표현규약(제3단계) : 비지니스 프로토콜(Business Protocol)이라 부르는 것. 현재 우리들이 매일 취급하고 있는 전표와 전화내용 등을 어떻게 데이터통신으로써 표현할 것인지를 결정하는 규약이다.

　㉣ 정보전달규약(제4단계) : 통신 프로토콜이라고도 부르며, 통신신호의 방법과 데이터 전송속도 등과 같은 컴퓨터 접속방법에 관한 규약으로서 이 부분도 가능한 한 광범위하게 표준화하는 것이 중요하다.

⑧ VAN과 EDI 비교

　㉠ EDI가 기업 간에 교환되는 문서로 된 거래정보를 컴퓨터 간의 전자적 전송으로 표준 화된 포맷과 코드를 이용하여 교환하는 것을 일컫는 개념적 용어임에 반해, VAN은 회선을 직접 보유하거나 통신사업자의 회선을 임차 또는 이용하여 단순한 전송기능 이상의 '부가가치를 부여한' 정보를 제공하는 광범위하고 복합적인 서비스의 집합이 라 할 수 있다.

　㉡ EDI의 관점에서 VAN은 EDI를 수행하는 효율적인 수단이다. EDI 방식으로 거래하 고자 하는 기업은 상대방과 직접 연결하거나 부가가치통신망을 통하여 상대방과 연결될 수 있으며, EDI를 위하여 VAN 사업자는 프로토콜 변환, 이기종 접속, 거래표 준의 교환, 기타 네트워크 서비스를 제공한다.

〈VAN과 EDI 비교〉

구분	VAN	EDI
정의	• 회선을 직접 보유하거나 임차 또는 이용하 여 다양 한 부가가치를 부여한 음성, 데이 터 정보를 제공하는 광범위하고 복합적인 서비스의 집행	• 서로 다른 기업 간에 상거래를 위한 데이터 를 합의 한 규격에 의해 컴퓨터로 교환
기능	• 전송, 교환, 통신, 정보처리 기능	• 합의된 규격에 의해 전자데이터를 교환
물류에의 적용	• 각 물류경로의 강화 • 정보전달의 효율화, 고속화, 화물추적 등 대고객 서비스 향상	• 물류기관의 컴퓨터에 의한 주문, 배송, 보 고 등
관계	• EDI를 수행하는 가장 효율적인 수단 • EDI를 담는 용기	• VAN이 활용될 수 있는 무한시장 • VAN을 이용하는 내용물

(2) VAN

① 개념

단순한 전송기능 이상의 정보축적 · 가공 · 변환처리 · 교환 등의 부가가치를 부여한 음 성 또는 데이터를 제공해 주는 광범위하고 복합적인 서비스의 집합으로, 시스템을 스스 로 만들 수 없는 기업도 자사의 설비 · 운용체계를 정비함으로써 POS를 쉽게 구축할 수 있다는 장점이 있다.

② VAN 서비스

　㉠ 기본통신서비스 : 데이터 전용선서비스, 회선교환서비스, 패킷교환서비스

　㉡ 통신처리서비스 : 전자우편(문자, 문서, 팩시밀리, 음성 등), 파일축적교환

　㉢ 정보처리서비스 : 정보의 전달과정에서 정보를 가공 및 연산하여 새로운 정보 기능

을 추가 내지 변경

② TV 회의서비스

⑩ 정보제공서비스 .

⑭ 국제통신서비스

③ VAN 의 유형

㉠ 직접 연결형 : 체인점의 연결 데이터 교환 시스템, 도매업이나 제조업이 각각 고정고
객선과 연결한 네트워크 시스템

㉡ 공동 이용형 네트워크 : 지역유통 네트워크 및 업계 유통 네트워크

㉢ 업계형 : 기업 간 수평공동형 VAN

④ **유통 VAN을 통한 정보의 흐름** : 국내에서 유통 VAN은 소매업체의 본·지점과 납품업체,
제조업체의 본사와 지점이나 영업소 또는 판매업체를 연결하여 각종 유통정보를 교환
하는 데 이용되고 있다. 유통 VAN업체들은 백화점, 쇼핑센터, 연쇄점 등과 유통 VAN을
구성해서 물류활동을 원활하게 해준다.

⑤ **VAN의 업종별 현황**

㉠ 유통업의 VAN 이용 : 거래정보의 정확하고 빠른 교환과 거래정보의 수집·분석
등 경영관리 합리화와 소비자의 다양한 요구화와 대응하고, 특히 POS(Point Of
Sale), SA(Store Automation), EOS(Electronic Order System) 그리고 DPS (Digital
Picking System) 정보 시스템은 실용화되고 있다(상품유통, 자금유통, 기업과 은행
과의 네트워크 연결).

㉡ 금융업 VAN 이용 : 유통업의 수발주 정보교환으로 결재의 자동화와 상품의 흐름,
돈의 흐름을 결정하는 형태의 VAN을 이용하고 있다. 복수의 금융기관과 거래하는
기업은 대금의 입·출금의 통보를 하고 Multibank Service가 가능하다.

㉢ 제조업 VAN 이용 : VAN을 이용하여 사내 및 계열 기업 내의 네트워크를 확충하고
기업 내 또는 계열기업(판매회사, 창고, 소매점)과의 정보교환을 긴밀하게 하여 시장
동향과 유행 등을 포착, 상품개발과 생산계획에 반영하고 있다. 즉, 제조과정보다
유통과정 쪽에 많이 이용한다.

• 철도부문 : 운임청구를 비롯해 운송장(運送狀), 계약관리 등 철도화물 고유의 운
송업무를 정보시스템화하는 것으로, 이에는 철도차량의 이동배치, 장비소재관리
업무와 열차편성 및 운영, 동력차 운영업무 등 철도 운영정보망 구축을 목표로
한다.

• 항공화물유통부문 : 항공화물정보망은 국내항공사와 한국공항공단을 중심으로 수
출입 항공화물 유통업무의 전산화를 목표로 한다.

- 화물유통부문: 화물복합터미널 등 화물관련 민간업체가 참여하여 화물추적관리시스템 개발 과 운영전담에 이용하고 있다.
- 해운부문 : 한국물류정보통신(KL.Net)이 서비스를 제공하고 해운사; 육상운송업체, 항만터미널 중 물류사용자가 공동 참여한 이 업체는 항만출입국관리, 검역(檢疫), 해운, 보세운송(保稅運送) 등 해상수출입화물 관련서류의 일괄처리체제를 확립할 계획을 비롯해 화물추적시스템, 재고관리, 선박스케줄, 국내외 통계자료 조회서비스 등 다양한 정보와 부가서비스를 제공하고 있다.
- 기타 : 일용품업계, 식품업계. 제약업계, 가정용품업계, 문방구업계, 스포츠용품업계 등 수백 개에서 수천 개에 이르는 기업이 존재하여 각각 중복되는 기업과 VAN화를 실용화하고 있다.

(3) CALS(Computer Aided Acquisition Logistics Support)

① 개념

CALS는 기술적인 측면에서 기업의 설계. 생산과정. 보급. 조달 등을 운영하는 운용지원과정을 연결시키고, 이들 과정에서 사용되는 문자와 그래픽정보를 표준을 통해 디지털화하여 종이 없이 컴퓨터에 의한 교류환경에서 설계, 제조 및 운용지원 자료와 정보를 통합하여 자동화시키는 개념이다. 최근에는 기업 간의 상거래까지를 포괄하는 개념, 즉 광속상거래(Commerce at Light Speed) 또는 초고속경영통합정보시스템 개념으로 확대되고 있다.

② CALS 변천

㉠ Computer-Aided Logistics Support(1980)

무기에 관한 군수지원 체계에 관한 것으로 초기에 미국 국방성이 군의 정보화를 위해 프로젝트로 수행하던 개념과 같으며, 무기체계의 설계 제작 보급 조달을 위해 디지털 정보의 통합과 정보공유를 통한 신속한 자료처리 환경을 구축하는 전략을 말한다.

㉡ Computer-Aided Acquisition&Logistics Support(1988)

무기체계의 군수지원 뿐만 아니라 획득과정을 포함하는 총체적 군수지원 개념이다. 따라서 정보기술의 통합을 통한 자료의 신속화는 물론 전자거래 (EC ; Electronic Commerce)라는 정보 통신 서비스를 부가해 무기, 군수품의 구매와 수발주 등 기업과의 거래에 응용하는 시스템이다.

㉢ Continuous Acquisition&Life-Cycle Support(1993)

제품의 발주, 수주, 구매절차로부터 생산과 유통, 폐기에 이르는 전 수명주기를 관리할 수 있는 체계를 지원해 주는 개념으로 제품에 대한 총체적 관리를 말한다.

이를 계기로 민간산업 제품의 생산을 목표로 한 제조업 분야의 산업정보화 전략으로 등장하게 된 것으로, 모든 산업 에 적용할 수 있다는 개념으로 변천한 것이다. 특히 동시공학(CE ; Concurrent Engineering) 개념의 생산과정을 강조해 품질관리와 제품 제작 기간의 단축 등을 장점으로 모든 산업에 적용되고 있다.

② Commerce at The Light Speed(1995)
- 위에서 설명한 개념은 적용하는 분야를 점차 전 산업으로 넓히면서, 동시에 구현 체계의 범위 역시 다양한 분야의 통합 전략으로 보는 반면, Commerce at The Light Speed는 통신에 의한 정보의 전달과정에 주목했다.
- 국가정보통신망의 초고속화계획과 인터넷 사용의 확산과 더불어 세계를 연결하는 초고속통신망의 기반 환경이 실용화 단계에 도달함으로써 '광속거래의 의미'로 이해하는 개념의 발전이 이루어졌고 곧 기업 간 또는 기업 내의 전자문서교환 (EDI ; Electronic Data Interchange) 방식이 서로 다른 두 지점 간의 문서 송수신 을 위한 EMI(Electronic Messaging Interchange) 등을 통해 기술도면이나 형상을 포함하는 전자상거래(EC)로 개념이 바뀌었다.

③ CALS의 기대효과
- ㉠ 비용절감효과
- ㉡ 조직 간의 정보공유 및 신속한 정보전달
- ㉢ 제품생산소요시간의 단축
- ㉣ 산업정보화에 의한 국제경쟁력 강화
- ㉤ 21세기 정보화 사회로의 조기 진입

(4) CIM(Computer Integrated Manufacturing system)

① 개념

'컴퓨터와 네트워크 기술에 의해 물자와 정보의 흐름을 일체화하고 파악하며, 경영의 효율화를 도모하려는, 자율기능이 있는 유연한 생산시스템이다'라고 정의할 수 있다. 즉, 경영전략을 핵심으로 각 분야의 컴퓨터네트워크에 의한 통합화를 말한다.

② CIM의 배경(기업환경의 변화)

경제환경	시장환경	기술환경
• OECD 가입	• 고객 니즈(Needs)의 다양화	• 네트워크화
• 글로벌 경쟁	• 고객 니즈(Needs)의 고급화	• 데이터베이스화
• 자유경제시장	• 제품수명주기의 단축	• 마이크로 일렉트로닉스화
• 경제블록권의 형성 추세		• 경영시스템의 발전

③ CIM의 발전과정

　　㉠ 제1단계 : 1960년대의 고도성장기, 소품종의 대량생산

　　㉡ 제2단계 : 1975년경, JIT방식과 TQC 활동의 붐을 이룬 시기

　　㉢ 제3단계 : 1985년 이후 다품종소량 · 단납기 시대로 네트워크시대에 합당한 OA · FA
　　　를 통합화한 CIM시대로 도입

④ CIM과 기업경영

　　㉠ 생산시스템을 바탕으로 발전해 온 관리기술은 판매와 기술 등의 각종 경영기능과
　　　컴퓨터 네트워크를 통한 통합을 지향하며 경영관리 전체로서의 통합화 · 일체화가
　　　가능하게 되고 있다.

　　㉡ 기업경영은 환경변화에 대해 하나로 통합화된 조직으로서 적응하는 것이다.

　　㉢ 컴퓨터 네트워크로 이루어진 CIM에 의한 경영은 종전과 같은 전표, 보고서, 구두에
　　　의한 조직 커뮤니케이션에 더욱 강력한 수단을 부가하게 되며 환경적응의 속도와
　　　조직효율을 향상시키게 된다.

　　㉣ CIM은 경영관리의 각 기능이 상호 간에 정보교환을 통해 기업전체로서 통합화를
　　　추진하는 방향을 제시한 것이며, 최종적으로 전략적 정보시스템(SIS)을 포함한 것이
　　　된다.

　　㉤ 각 업무가 원활히 처리되기 위해서는 전체의 공통정보를 데이터베이스에 계속 처
　　　리 · 축적하고 필요한 데이터를 필요할 때 검색 · 이용함으로써 각 업무수행에 있어
　　　서 유연성, 품질, 납기, 코스트(Cost)의 추구를 도모하려는 것이다.

(5) 첨단화물운송정보시스템(CVO ; Commercial Vehicle Operation)

① 개념

　화물 차량의 위치 및 운행 상태를 실시간으로 파악하여, 운송을 의뢰해 오면 가장 가까
　운 차량을 배차시켜 차량 관리를 효과적으로 지원하는 서비스이다. 종합 물류 정보망에
　가입한 사람들은 실시간으로 차량 추적 서비스. 교통 상황 정보. 거점별 화물 추적 서비
　스 등을 제공받을 수 있다.

② CVO 제공서비스

　　㉠ 실시간 차량 · 화물 추적 서비스

　　㉡ 차량운행관리

　　㉢ 수배송 알선

　　㉣ 교통상황 정보서비스

　　㉤ 지리정보서비스

　　㉥ 생활물류 DB서비스

③ CVO 서비스 기대효과
- ㉠ 공차율 감소
- ㉡ 최적노선 선택
- ㉢ 적기수송을 통한 수송비용 절감
- ㉣ 차량운영의 효율성 향상
- ㉤ 대고객 서비스 향상
- ㉥ 물류비 절감을통한 기업경쟁력 강화

(6) 근거리정보통신망(LAN)

① 개념
특정한 기업의 내부, 공장단지, 건물 안 등에서 컴퓨터, 팩시밀리, 멀티미디어 등을 유기적으로 연결해서 다량의 각종 정보를 신속하게 교환하는 통신망이다. 여러 대의 컴퓨터와 주변 장치가 전용의 통신회선으로 연결된다. 단, 그 규모는 한 사무실, 한 건물, 한 학교 등과 같이 비교적 가까운 지역에 한정된다.

② LAN의 특징
- ㉠ 좁은 지역 내에 분산된 장치들을 연결하여 정보를 공유하거나 교환할 수 있다.
- ㉡ 고속데이터채널을 구성함으로써 전송로의 효율성을 높일 수 있다.
- ㉢ 사무자동화, 공장자동화, 연구실자동화, 병원자동화 등에 이용할 수 있다.
- ㉣ 기존의 통신망 및 다른 시스템과의 연결을 통하여 ISDN(종합정보통신망)의 일부분으로 구성된다.

③ LAN의 도입효과
- ㉠ 하드웨어 등의 공유 : LAN을 구축하면 프린터, 모뎀과 같은 주변 장치와 하드디스크와 같은 보조기억장치를 그대로 공유할 수 있다. 이밖에도 프로그램과 파일도 공유할 수 있다.
- ㉡ 효율적인 정보관리 : LAN(Local Area Network)을 구축해서 전자우편이나 로그인·아웃(Log In·Out)관리를 활용하면 정보의 효율성이 높아진다. 전자우편을 사용하면 통신망 내의 다른 사용자에게 편지는 물론 파일도 전송할 수 있으며, 로그인·아웃관리를 통하여 근무내용도 쉽게 파악할 수 있다. LAN을 통하여 전자결제를 실행하기도 한다.
- ㉢ 단위업무의 운영체계화 : 회사의 부서는 업무의 성격에 따라 소규모의 팀을 운영하기도 한다. 팀을 하나의 그룹으로 관리하는 경우, LAN은 별도의 디렉토리(Directory)를 만들어 타인이 접근할 수 없도록 할 수 있다.

② 데이터베이스의 공유 : 네트워크를 구축할 경우 하나의 데이터베이스를 한꺼번에 여러 명이 열람하면 하드웨어의 낭비를 줄일 수 있다.

⑩ 통제관리기능 : LAN을 구축해서 중요한 자료는 파일서버(File Server)에 저장해 두면 체계적인 통제·관리가 가능하다. 아울러 디렉토리별로 보안단계를 설정하여 외부의 침입을 방지할 수 있다.

(7) 주파수 공용통신(Trunked Radio System)

① 중계국에 할당된 여러 개의 채널을 공동으로 사용하는 무전기 시스템이다.

② 이동 차량이나 선박 등 운송수단에 탑재하여 이동 간의 정보를 리얼 타임(Real Time)으로 송수신 할 수 있는 통신 서비스이다.

③ 현재 꿈의 로지스틱의 실현이라고 부를 정도로 혁신적인 회물 추적 통신방지 시스템으로서 주로 물류관리에 많이 이용된다.

④ TRS의 종류
   ㉠ 음성통화(Voice Dispatch)
   ㉡ 공중망 접속 통화(PSTN I/C)
   ㉢ TRS 데이터 통신(TRS Data Communication)
   ㉣ 차량 위치 추적(Automatic Vehicle Location)
   ㉤ 첨단 차량군 관리(Advanced Fleet Management)
   ㉥ 신용카드 조회

⑤ TRS의 효과
   ㉠ 차량의 운행정보 입수와 본부에서 차량으로 정보전달이 용이하다.
   ㉡ 차량으로 접수한 정보의 실시간 처리가 가능하다.
   ㉢ 화주의 수요에 신속히 대응할 수 있고, 화주의 화물 추적이 용이하다.

④ 새로운 물류핵심 기술

(1) 무선주파수식별법(RFID)

① 개념

ㄱ RFID는 자동인식 기술의 하나로써 데이터 입력 장치로 개발된 무선(RF ; Radio Frequency) 으로 인식하는 기술이다.

ㄴ Tag 안에 물체의 ID를 담아 놓고, Reader와 Antenna를 이용해 Tag를 부착한 동물, 사물, 사람 등을 판독, 관리, 추적할 수 있는 기술이다.

ㄷ RFID 기술은 궁극적으로 여러 개의 정보를 동시에 판독하거나 수정, 갱신할 수 있는 장점을 가지고 있기에 바코드 기술이 극복하지 못한 여러 가지 문제점들을 해결 또는 능동적으로 대처함으로써 물류, 보안 분야 등 현재 여러 분야에서 각광 받고 있다.

② 구성요소 : 태그(Tag), 안테나(Antenna), 리더 (Reader), 호스트(Host)

활용분야	원리
[태그]	상품에 부착되며 데이터가 입력되는 IC 칩과 안테나로 구성 리더와 교신하여 데이터를 무선으로 리더에 전송 배터리 내장 유무에 따라 능동형과 수동형으로 구분
[안테나]	무선주파수를 발사하며 태그로부터 전송된 데이터를 수신하여 리더로 전달 다양한 형태와 크기로 제작 가능하며 태그의 크기를 결정하는 중요한 요소
[리더]	주파수 발신을 제어하고 태그로부터 수신된 데이터를 해독 용도에 따라 고정형, 이동형, 휴대용으로 구분 안테나 및 RF회로, 변·복조기, 실시간 신호처리 모듈, 프로토콜 프로세서 등으로 구성
[호스트]	한개 또는 다수의 태그로부터 읽어 들인 데이터를 처리 분산되어 있는 다수의 리더 시스템을 관리 리더부터 발생하는 대량의 태그 데이터를 처리하기 위해 에이전트 기반의 분산 계층 구조 로 되어 있음

능동형과 수동형

태그에 신호발신기 존재 여부에 따라 분류하는 것으로, 전원이 없는 수동형 RFID는 전지가 없어서 자신의 전파가 송신 이 불가능하며, 전원이 있는 능동형 RFID는 자체적으로 전지 및 전력공급을 받아 전파를 송신하는 것에 따라 구분하는 방식이다.

• 능동형(Active Type)
  – 3m 이상의 장거리 전송이 가능하고, 센서와 결합이 가능하다.
  – 배터리에 의한 가격 상승과 동작시간의 상대적 제한이 단점으로 인식된다.
• 수동형(Passive Type)
  – 판독기의 전파신호로부터 영구적으로 사용이 가능하다.
  – 구조가 간단하고 반영구적으로 사용이 가능하다.

③ 장점
  ㉠ 직접 접촉을 하지 않아도 자료를 인식할 수 있다.
  ㉡ 인식 방향에 관계없이 ID 및 정보 인식이 가능하다.
  ㉢ Tag에 붙은 Data를 받아 드리는데 인식되는 시간이 짧다.
  ㉣ 유지보수가 간편하며, Barcode System처럼 유지비가 들지 않는다.
  ㉤ Tag는 원하는 System이나 환경에 맞게 설계 및 제작이 가능하다.
  ㉥ Tag는 먼지, 습기, 온도 등에 제한을 받지 않고 Data 전송이 가능하다.
  ㉦ Tag는 많은 양의 Data를 보내고, 받을 수 있다.
  ㉧ Tag는 Data를 저장하거나 읽어낼 수 있다.
  ㉨ Tag는 재사용이 기능하다.

④ RFID의 한계점
  ㉠ 경제적 문제 : 가격이 비싸다.
  ㉡ 보안 : 정보의 노출 위험성이 있다.
  ㉢ 전파장애 : 금속, 액체 등으로 인한 전파장애 가능성이 있다.
  ㉣ 기술적 문제 : 아직 인식의 한계가 있다.
  ㉤ 안정성 : 전파가 인체에 미치는 영향을 미칠 수 있다.
  ㉥ RFID 확산에 따른 법적 대응책이 필요하다.
  ㉦ 국가별 주파수 대역과 국제적 표준화가 필요하다.

⑤ 유통 시스템의 RFID 도입효과
  ㉠ 효과적인 재고관리 : 생산에서 보관, 유통에 이르기까지 모든 상품의 유통과정이 인터넷을 통해 실시간으로 관리되기 때문에 판매량에 따른 최소 수준의 재고를 유지

하면서 효율적인 관리를 할 수 있고, 그로 인해 과 재고로 인해 발생하는 제품의 손실이나 변질 등도 미연에 방지한다.

ⓛ 입출고 리드타임 및 검수 정확도 향상 : 바코드처럼 각 제품의 개수와 검수를 위해 일일이 바코드 리더기를 가져다 댈 필요 없이 자동으로 대량 판독이 가능하기 때문에 불필요한 리드 타임을 줄일 수 있다. 또 모든 과정이 수기 대신 네트워크를 통해 자동으로 이루어지는 덕에 원격지에서도 정확한 정보를 실시간으로 확인한다.

ⓒ 도난 등 상품 손실 절감 : 상품의 수량과 위치를 실시간으로 파악할 수 있기 때문에 도난으로 인한 상품의 손실을 막을 수 있다.

ⓔ 반품 및 불량품 추적·조회 : RFID를 이용하면 반품이나 불량품으로 처리된 제품의 수량과 처리 현황 등의 실시간 조회 서비스를 고객에게 제공할 수 있어 고객 만족도를 높일 수 있다.

⑥ 물류 시스템의 RFID 도입효과

ⓐ 운영 효율성 제고 : 화물의 이동 경로와 현재 위치를 실시간으로 확인할 수 있어 보다 합리적인 배송계획 세울 수 있으며 만약의 경우 배송 지연이 발생할 경우 빠른 대책을 수립하여 대처할 수 있는 등 효과적인 배송 운영이 가능하다.

ⓛ 화물 입출고 및 환적 시간 단축 : 포장을 일일이 해체하여 안에 있는 물건을 확인할 필요가 없고 박스와 파렛트 등에 부착된 RFID 태그를 통해 입출고 파악이 자동으로 처리되는 덕에 선적(또는 환적) 시간이 단축된다.

ⓒ 보안성 강화 : RFID 기술을 활용한 전자 봉인(Electronic Sealing)을 이용하여 화물의 도난이나 손실을 방지한다.

ⓔ 대 고객 서비스 향상 : 고객이 주문한 상품의 현재 위치를 직접 실시간으로 확인할 수 있기 때문에 보다 높은 만족도를 얻을 수 있다.

(2) 위성추적시스템(GPS)

① GPS(Global Positioning System, 위성추적시스템)의 개념

ⓐ 인공위성을 이용하여 차량의 위치를 추적함으로써 물류정보시스템을 가장 효율적으로 활용할 수 있는 장치이다.

ⓛ 위치 정보는 GPS 수신기로 3개 이상의 위성으로부터 정확한 시간과 거리를 측정하여 3개의 각각 다른 거리를 삼각 방법에 따라서 현 위치를 정확히 계산할 수 있다. 현재 3개의 위성으로부터 거리와 시간 정보를 얻고 1개 위성으로 오차를 수정하는 방법을 널리 쓰고 있다.

② GPS의 특징

ⓐ 이 시스템에서는 인공위성, 배달차량; 배달센터와의 통신망을 구성해서 중앙컴퓨터

에서 인식된 배송차량의 위치, 배송진행과정, 목적지까지의 최적 경로, 배달예정시 각, 각종 편의정보 등을 고객들에게 실시간으로 제공한다.

ⓛ 배달차량의 위치가 파악됨에 따라 배차작업을 최적화할 뿐만 아니라 배달시간을 훨씬 단축할 수 있다.

ⓒ 상품을 주문한 고객은 자신의 화물에 대한 배달상황을 인터넷을 통해 알 수 있어서 편리하다.

③ GPS의 도입효과

　ⓖ 혼잡한 도심지에서 목적지를 쉽게 찾을 수 있다.

　ⓛ 배송사고가 났을 때 그 위치를 신속히 파악하여 구조할 수 있다.

　ⓒ 차량추적시스템과 연계함으로써 운항 차량에 대한 완벽한 관리 및 통제가 가능하다.

지식 in **위치기반 서비스(LBS ; Location Based Service)**

이동 통신망과 정보 기술(IT)을 종합적으로 활용한 위치 정보 기반의 시스템 서비스로 서 사용자의 현재 위치를 파악하여 이를 각종 서비스와 연계, 제공하는 서비스로 높은 정확도와 다양한 적용분야 등으로 상업적 잠재력이 뛰어난 서비스이다. GPS(Global Positioning System) 위성을 통하여 GPS 단말기가 장착된 차량의 위치를 파악함으로써 차량위치추적 차량이동거리 확인 및 화물추적 등을 할 수 있는 서비스로 차량에 적재된 화물의 온도확인, 화물의 적재량 확인 등 부대 서비스도 가능하다. 기존 Cell Base 위치 정보(ⓔ 친구 찾기) 서비스는 기지국 단위 정확도를 제공하였으나 차세대 LBS는 GPS 위성을 이용한 단말기 위치 제공으로 50~200m 정도의 정확도를 제공하게 된다.

(05) 바코드의 개요

(1) 바코드(Bar Code)의 개념과 구분

① 바코드는 두께가 서로 다른 검은 막대(Bar)와 흰 막대(Space)의 조합을 통해 숫자 또는 특수기호를 광학적으로 쉽게 판독하기 위해 부호화한 것으로서 바코드는 정보의 표현과 정보의 수집·해독을 가능하게 한다.

② 문자나 숫자를 나타내는 검은 막대와 흰 공간의 연속을 특정하게 배열해 이진수 0과 1의 비트로 바꾸고 이들을 조합해 정보로 이용하게 되는데 이들은 심벌로지라고 하는 바코드 언어에 의해 만 들어진다.

③ 크기가 서로 다른 정방향의 Bar(검은 막대)와 Space(흰 막대)의 평행한 배열의 조합에 의해 인식 가능한 문자, 숫자, 기호 등의 Character(문자)를 형성하고, 그 위에 Check Digit를 포함한 필요로 하는 문자의 좌우에 Start, Stop Character와 선두와 말미에 각기 Quite Zone을 조합시켜 Code화한 전자광학 기술에 의해 개발된 Barcode Reader(Barcode Scanner)를 이용하여 판독하는 자동기술을 의미한다.

④ 바코드는 데이터의 배열방법에 따라 바이너리코드와 멀티레벨코드로 구분한다.

⑤ 바이너리 코드는 2진법을 표현하는 바코드 체계로 판독이 쉽고 라벨의 발행이 용이하며, ITF, Code 39 등에 쓰인다.

⑥ 멀티레벨 코드는 고밀도의 정보 표현이 가능하여 GS1, Code128 등에 쓰인다.

> **지식 in**
>
> ### 위치 자동 측정 시스템(AVLS ; Automatic Vehicle Location System)
>
> 차량의 운행상황을 파악하는 위치추적 시스템이다. 이동 중인 차량의 위치 및 상태를 추적하여 실시간으로 전자지도에 표시함으로써 차량의 운행상황을 파악하는 서비스이다. 차량에 GPS 안테나를 장착하여 인공위성으로부터 받은 차량의 위도와 경도의 좌표 데이터를 보내주면 지령센터 컴퓨터의 전자지도에 운행 중인 각 차량의 주행경로, 속도 등이 표시되어 차량업무를 관리하고 통제할 수 있다.

(2) 바코드의 구조

① Quiet Zone : 바코드 시작문자의 앞과
멈춤문자의 뒤에 있는 공백부분을 가
리키며 바코드의 시작 및 끝을 명확하
게 구현하기 위한 필수적인 요소이다.
심벌 좌측의 여백을 전방여백, 우측의
여백을 후방 여백이라 한다.

② Start/Stop Character

   ㉠ 시작문자는 심벌의 맨 앞부분에 기
록된 문자로 데이터의 입력방향과 바코드의 종류를 바코드 스캐너에 알려주는 역할
을 한다.

   ㉡ 멈춤문자는 바코드의 심벌이 끝났다는 것을 알려 주어 바코드 스캐너가 양쪽 어느
방향에서든지 데이터를 읽을 수 있도록 해준다.

③ Check Digit : 검사문자는 메시지가 정확하게 읽혔는지 검사하는 것으로 정보의 정확성
이 요구되는 분야에 이용되고 있다.

④ Interpretation Line : 사람의 육안으로 식별 가능한 정보(숫자, 문자, 기호)가 있는 바코
드의 윗부분 또는 아랫부분을 말한다.

⑤ Bar/Space : 바코드는 간단하게 넓은 바, 좁은 바와 스페이스로 구성되어 있으며, 이들
중 가장 좁은 바와 스페이스를 "X 디멘전"이라 부른다.

⑥ Inter-Character Gaps : 문자들 간의 스페이스(X 디멘전 크기)를 말한다.

(3) 바코드 인식

바코드리더(Barcode Reader)가 바코드심볼을 해석해서 변환시키는 과정은 몇 단계로 나뉜다.

① 처음 사용자가 스캐너의 광원을 주사하면 주사된 빛이 바코드 심볼 위를 지난다.

② 바코드 심볼의 검은색 바와 스페이스(흰색) 바는 빛의 반사율이 다른데 스캐너의 수광부
는 빛의 양을 감지하여 그 크기에 따라 전기신호를 발생하게 된다.

③ 수광부에서 검사되는 빛의 양이 매우 적으므로 발생되는 전류도 적은데, 이를 증폭시켜
아날로그 신호를 생성한다.

④ 생성된 아날로그 신호는 디지타이징(Digitizing)과정을 거쳐 디지털 신호로 바꾼다. 즉,
상한과 하한 값을 정하여 한계치에 도달하면 하이(High)와 로우(Low) 상태로 변하게
하여 디지털 신호를 생성한다.

⑤ 생성된 디지털 신호는 디코더 내의 디지털 신호 처리 과정을 거쳐 그 비트 패널에 해당
하는 데이터 값을 생성하여 상위 레벨의 장비로 자료를 전송하게 된다.

(4) 바코드의 장점

① 오독률이 낮아 높은 신뢰성을 확보할 수 있다.
② 바코드에 수록된 데이터는 비접촉 판독이 가능하고 한 번의 주사로 판독이 가능하다.
③ 컨베이어상에서 직접 판독이 가능하여 신속한 데이터 수집이 가능하다.
④ 도입비용이 저렴하고 응용범위가 다양하다.

(5) 바코드의 적용 분야

① **유통 관리** : 거래시 발생하는 판매, 주문, 수금 등의 업무를 즉각적으로 컴퓨터에 입력함으로써 모 든 판매 정보를 한눈에 알 수 있다.
② **자재 · 창고 관리** : 자재의 수급 계획부터 자재 청구, 입고, 창고 재고 및 재고품 재고 파악, 완제품 입고에 이르기까지 자재에 관련된 경로를 추적, 관리한다.
③ **근태 관리** : 정확한 출퇴근 시간 및 이와 관련된 이를 통한 급여 자료 산출, 출입에 관한 엄격한 통제가 가능하다.
④ **출하 선적 관리** : 제품을 출하, 창고 입출고시에 그 정보를 읽음으로써 제품의 수량 파악, 목적지 식별을 신속하게 할 수 있다.
⑤ **매장 관리** : 판매, 주문, 입고, 재고 현황 등 각 매장의 정보를 신속하게 본사 호스트 컴퓨터로 전송 하며 또한 POS 터미널 자체 매장 관리도 할 수 있다.

(6) 1차원 바코드의 종류

① Code 39
 ㉠ 알파벳 문자를 코드화할 수 있는 것의 대표적 인 '3 of 9 코드'는 'Code 39'로도 알려져 있다. 이 코드는 1974년 미국의 Interface Mechanism(현재 Intermec사)의 데이비드 알리아스와 레이스티븐에 의해 개발되었다.
 ㉡ 43개의 문자(0~9, A~Z, 7개의 특수문자)와 하나의 시작, 끝 문자로 구성되어 있으며, 각 문자는 9개의 요소로 이루어지고 그 중 세 개는 논리값 1을 의미하며, 문자와 문자 사이의 집은 코드 값을 포함하지 않는다. 현재 공업용을 비롯하여 가장 널리 사용되고 있으며 보통 바 5개가 한 문자에 해당하며 시작과 끝문자는 반드시 " * "이어야 한다.

② Code 128
 ㉠ 전체 ASCII 128 문자를 모두 표현할 수 있는 연속형 심볼로지이며, 수치 데이터는 심볼 문자당 두 자리로 표현한다.
 ㉡ 시작과 끝 문자, 변동 가능한 길이의 데이터, 바와 스페이스 두 개 모두에 대한 캐릭터 패리티 체크 문자, 함수 문자 등으로 구성되어 있으며, 인쇄가 보다 용이하며

현재 사용되고 있는 각종 컴퓨터, 프린터에 적당하다.

③ Code 93

㉠ Intermec 사에 의해 개발된 Code 39는 구조적인 단순성으로 인해 산업용 바코드로 광범위하게 사용되며, 이산적이고 자체 검사 기능이 가능한 이유로 다양하게 사용되었으나 바코드의 크기로 인해 많은 제약을 받았다. 이에 매우 작은 크기의 바코드를 사용해야 할 경우를 위해 개발 된 코드가 바로 Code 93이다.

㉡ Code 93은 작은 심볼이 요구 되는 곳에서 Code 39와 호환이 가능하도록 고안된 것이다. Code 93은 43개의 데이터 캐릭터와 4개의 제어 캐릭터, 한 개의 시작과 끝 캐릭터를 갖는 영문과 숫자 코드로 128개 ASCII 캐릭터와 제어 캐릭터, 기본적인 데이터 캐릭터의 조합으로 이루어진다.

④ Interleaved 2 of 5 코드

㉠ 1972년 미국의 Intermec 사가 '2 of 5 코드'의 효율을 증대시키기 위해 개발했으며, 산업용 바코드 중에서 많이 이용되고 있다. 이 코드는 한 개의 숫자가 5개의 바와 5개의 스페이스를 교대로 조합시켜 이루어져 있으며 문자 사이의 갭을 없앴다.

㉡ 문자의 수가 짝수여아 하므로 홀 수 개의 문자가 들어 왔을 경우에 0이 맨 앞에 붙여지나 바코드 중 가장 짧은 것이 특징이다. 이 코드는 숫자 데이터 표현시 많은 데이터를 짧게 코드화할 수 있고 자체 검사 기능도 뛰어나므로 산업용 및 소매용으로 많이 사용된다.

㉢ Interleaved 2 of 5 코드의 독특한 구성은 기록 밀도가 높고, 적은 스페이스로 많은 정보를 판별할 수 있어 정확도가 높고 인쇄가 용이하다. 1981년 미국 코드 관리 기관에서는 배송, 표장용 표준심벌로 채택하였고, 우리나라에서도 1989년 한국 공업 규격(KS)으로 공표하여 이용하고 있다.

㉣ 한 개의 숫자가 5개의 바와 5개의 스페이스를 교대로 조합시켜 이루어져 있으며, 문자 사이의 갭을 없애 Industrial 코드에 비해 약 40%, Matrix 코드에 비해 약 10% 이상으로 길이를 줄일 수 있다.

⑤ ISBN(International Standard Book Number)제도는 출판물 및 문헌정보 유통의 효율화 하기 위하여 각종 도서 하나하나에 국제적으로 표준화된 방법으로 고유번호를 부여하여 책의 일정한 위치에 표시하는 제도이다.

1차원 바코드와 2차원 바코드

- 1차원 바코드 : 흑백 막대(선)형, 주로 제품의 포장지에 인쇄되어 제품의 정보 표시
- 2차원 바코드 : 육각형이나 사각형 배열의 점 형태. 1차원 바코드의 발전형태(더 많은 정보 포함가능)

(7) 2차원 바코드의 종류

① 다층형(Stacked) 바코드

ⓐ 1차원 바코드와 같이 개별적으로 인식될 수 있는 몇 개의 문자가 모여 수평 방향으로 열(Row)을 구성하며 열 안에는 1개 이상의 데이터문자를 포함하고, 하나의 심볼 안에는 최소 2개 이상의 열을 포함한다.

ⓑ 각 열은 독특한 심볼 시작(Start) 패턴과 종료(Stop)패턴을 가지고 있으므로 바코드 판독기는 열의 순서와 관계없이 어떤 열이 읽혔는지 분간할 수 있다.

ⓒ 심볼 안에는 몇 개의 열(Row)과 줄(Column)이 있는지에 대한 정보와 심볼 종료 패턴이 있으므로 심볼 내의 모든 데이터가 정상적으로 판독되었는지를 확인할 수 있다.

ⓓ 다층형 바코드는 1차원 심볼로지의 연장선상에 있으므로 특수한 별도의 장비가 아닌 상용화된 범용 스캐너로 판독이 용이한 장점이 있다.

② 매트릭스(Matrix) 바코드

ⓐ 정방형의 동일한 폭의 흑백 요소를 모자이크식으로 배열하여 데이터를 구성하기 때문에 심볼은 체크무늬 형태를 띤다.

ⓑ 매트릭스 바코드를 판독하는 스캐너는 각 정방형의 요소가 검은지 흰지를 식별해 내고 이 흑백 요소를 데이터의 비트(Bit)로 삼아서 문자를 구성한다. 이런 단순 구조로 인해 다층형 심볼로지나 선형 심볼로지보다 더 쉽게 인쇄나 판독이 가능하다. 그 이유는 바코드에 있어서 서로 다른 폭의 엘리먼트를 배치하거나 판독하는 일이 가장 어려운 일의 하나이기 때문이다.

ⓒ 매트릭스형 코드에서는 흑백 엘리먼트의 존재 여부만 확인하면 되므로 데이터가 엘리먼트의 변에 구속되지 않아서 다층형 또는 선형(1D) 심볼로지에 비해서 데이터 의 오차 허용도(Tolerance)가 작아도 된다.

ⓓ 매트릭스형 코드는 흑백요소를 데이터 비트로 삼아 수평 및 수직 방향으로 배열하므로 2D Array, 코드라고도 불린다.

2차원 바코드의 종류

- 다층형 바코드(Stacked Bar Code)
  - Code 16K Code
  - PDF-417 Code
  - Code 49 Code

- 매트릭스형 코드(Matrix Code)
  - Data Matrix Code
  - QR Code
  - Maxi Code
  - Codeone Code

(8) GS1(GIobal Standard No.1)

① 개념
  - ㉠ 상품의 식별과 상품정보의 교류를 위한 국제표준 상품코드를 관리하고 보급을 전담하는 기관으로서 세계 100개국이 넘는 국가가 가입한 국제기구이다.
  - ㉡ GS1 Korea(대한상공회의소 유통물류진흥원)는 한국을 대표하여 1988년 GS1에 가입하였으며, 국제표준 바코드 시스템의 보급 및 유통정보화를 전담하고 있는 글로벌 기관이다.
  - ㉢ GS1 코드는 백화점, 슈퍼마켓, 편의점 등 유통업체에서 최종 소비자에게 판매되는 상품에 사용되는 코드로서 상품 제조 단계에서 제조업체가 상품 포장에 직접 인쇄하게 된다.
  - ㉣ GS1 코드는 제품에 대한 어떠한 정보도 담고 있지 않으며 GS1 코드를 구성하고 있는 개별 숫자들도 각각의 번호 자체에 어떠한 의미도 담고 있지 않다. 즉, GS1 코드는 제품 분류 (Product Classification)의 수단이 아니라 제품 식별의 수단으로 사용된다.

② GS1 바코드의 적용절차
  - ㉠ 제1단계 - 업체코드 신청
    GS1 국제표준바코드를 사용하기 위해서는 대한상공회의소 유통물류진흥원(GS1 Korea)으로부터 업체코드를 발급받아야 한다.
  - ㉡ 제2단계 - 상품 품목코드 설정
    대한상공회의소 유통물류진흥원(GS1 Korea)로부터 제조업체코드를 발급받은 후, 바코드를 사용하고자 하는 업체에서는 유통업체에 납품할 상품의 개별단위로 상품코드를 설정해야 한다.
  - ㉢ 제3단계 - 바코드 인쇄방법 선택
    바코드 인쇄 방법은 바코드의 사용목적과 인쇄량(Quantity)에 따라 달라진다.

ⓔ 제4단계 - 바코드 판독환경 고려

출력하고자 하는 바코드의 종류, 크기, 위치, 선명도(품질) 등은 해당 바코드가 어느 환경에서 판독되는지에 따라 다르다. 바코드가 일반 유통매장에서 판독될 경우에는 GS1-13 바코드를 사용해야 한다.

ⓜ 제5단계 - 바코드 종류 결정

• 바코드가 슈퍼마켓이나 대형할인마트 등 일반 유통매장에서 판독될 경우에는 GS1-13 바코드를 시용한다.

• 바코드에 추가정보(일련번호, 유통기한, 단위 등)를 나타내어야 할 경우에는 GS1-128(GS1 128) 또는 GS1 Data Bar, Data Matrix 바코드를 사용한다.

• 물류단위(박스)에 바코드를 적용하고자 한다면 ITF-14(물류바코드 : GS1-14) 사용을 고려해 보아야 한다.

ⓗ 제6단계 - 바코드 크기 결정

• GS1-13 바코드

- 표준 크기로부터 최대 200% 확대하여 출력할 수 있으며 최소 80%까지 축소가 가능하다.

- GS1-13 바코드를 축소할 때는 특히 바코드의 높이에 주의해야 한다. 전체 배율을 무시하고 인위적으로 높이만 줄여 출력할 경우, 바코드는 판독되지 않는다.

• ITF-14 (GS1-14)&GS1-128

- 물류바코드인 ITF-14와 바코드에 추가정보를 입력할 수 있는 GS1-128 바코드 역시 표준 사이즈가 고정되어 있다.

- ITF-14는 표준사이즈(159mm×41mm)를 기준으로 50%~200%까지 축소, 확대하여 사용할 수 있다.

ⓢ 제7단계 - 바코드 넘버 부여

바코드 아래 부분에 표현되어 있는 번호(바코드 넘버)는 바코드가 판독되지 않을 경우를 대비하여 적혀 있는 중요한 정보이다.

ⓞ 제8단계 - 바코드 색상 선택

• 바코드를 출력하기 위한 최적의 색상 조합은 흰색 바탕에 검은색 바를 사용하는 것이다.

• 바코드의 바 부분은 반드시 검은색이나 짙은 남색 등의 어두운 계열의 색상이어야 한다.

• 바의 색상은 반드시 하나로 통일되어야 한다.

• 대부분의 경우 바코드의 배경에는 색상을 부여하지 않는다. 만약 배경에 색상을 입힐 경우는 흰색과 같이 엷은 색상을 사용하며, 바의 색상과 확연히 구별되게 하여야 한다.

ⓩ 제9단계 - 바코드 인쇄 위치 결정
- 바코드 인쇄 위치를 결정할 때에는 해당 상품의 포장 디자인을 담당하는 직원과 협력해야 한다.
- 바코드 부분이 눈에 잘 띄지 않는 곳에 인쇄되어 있거나, 포장지의 접지면과 같이 바코드가 왜곡되어 표현될 수 있는 경우에는 다른 위치를 고려해야 한다.

③ GS1 표준바코드의 종류
㉠ GTIN(Global Trade Item Number, 국제거래단품식별코드)
GTIN의 종류에는 GTIN-8(8자리), GTIN-13(13자리), GTIN-14(14자리)가 있으며, 이를 전산으로 처리할 경우에는 모두 14자리로 입력해야 하므로 각 코드의 앞에 '0'을 채워 14자리로 만든 후 데이터베이스에 입력한다.
- 국가식별코드(3자리) : 첫 3자리 숫자는 국가를 식별하는 코드로 대한민국은 항상 880으로 시작되며, 세계 어느 나라에 수출되더라도 우리나라 상품으로 식별된다. 그러나 국가식별코드가 원산지를 나타내는 것은 아니다. 1981년까지 GS1에 가입한 국가는 국가식별코드가 2자리이며, 1982년 이후에 가입한 국가는 국가식별코드가 3자리이다.
- 제조업체코드(6자리) : 6자리 제조업체코드는 대한상공회의소 유통물류진흥원에서 제품을 제조하거나 판매하는 업체에 부여하며 업체별로 고유코드가 부여되기 때문에 같은 코드가 중복되어 부여되지 않는다.
- 상품품목코드(3자리) : 제조업체코드 다음의 3자리는 제조업체코드를 부여받은 업체가 자사 에서 취급하는 상품에 임의적으로 부여하는 코드이며, 000~999까지 총 1,000품목의 상품에 코드를 부여할 수 있다.
- 체크 디지트(1자리) : 스캐너에 의한 판독 오류를 방지하기 위해 만들어진 코드로, 바코드가 정확하게 구성되어 있는가를 보장해주는 컴퓨터 체크 디지트를 말한다.
㉡ SSCC(Serial Shipping Container Code, 수송용기 일련번호)
- 최초 배송인과 최종 수령인 사이에 거래되는 물류단위 중에서 주로 팔레트와 컨테이너 같은 대형 물류단위를 식별하기 위해 개발한 18자리 식별코드이다.
- GS1 코드의 경우에는 코드관리기관으로부터 부여받은 국가코드와 업체코드는 그대로 사용 하고 포장 용기의 일련번호를 부여한다. 그리고 확장자와 체크 디지트를 덧붙여 18자리를 만든다. 응용식별자 00은 괄호로 묶어 표시한다.
- SSCC의 기능
  - 배송단위에 대한 식별
  - 개별적인 배송단위에 대한추적, 조회
  - 운송업체의 효율적인 배송

- 재고관리 시스템을 위한 정확한 입고 정보
- 자동화에 의한 효율적 입고와 배송

ⓒ RSS(Reduced Space Symbology, 축소형 바코드)
- 정상 크기의 바코드를 인쇄할 만한 공간이 없는 전자, 통신, 의료(의약품) 등의 소형 상품에 부착할 목적으로 개발한 축소형 바코드이다.
- RSS는 GS1-14 코드의 입력을 기본으로 하며 종류에 따라 부가 정보의 추가 입력이 가능하다.
- EAN/UCC에 의해 개발된 RSS는 모두 네 가지이며 업무 성격에 따라 선택하여 사용할 수 있다. 공통점으로 네 가지 심벌 모두가 기존 EAN 코드와 마찬가지로 1차원 선형바코드 구성되어 있다. EAN/UCC에 의해 개발된 RSS는 RSS-14, RSS-14, Stacked, RSS-14 Limited, RSS-14 Expanded 4종류가 있다.

④ GLN(Global Location Number, GS1 로케이션 코드)
ㄱ GLN은 전자문서 혹은 GS1-128 체계를 이용하여 한 기업의 물리적(예 한국물산 부산창고), 기능적(예 한국물산 총무부), 법적(예 (주)한국물산) 실체를 식별할 때 사용되는 13자리 코드이다. 거래업체 간의 거래시 거래업체 식별 및 기업 내 부서 등을 식별하는 번호로 사용된다.
ㄴ GS1-128 체계에서 GLN윤 사용하고자 한다면 AI(Application Identifier, 응용식별자)와 함께 사용한다.
- AI(410) - 배송장소
- AI(411) - 송장을 보낼 곳
- AI(412) - 구매처
- GS1 Korea에서 부여받은 GL」N의 구조는 880으로 시작하며 업체코드(6자리), 업체식별코드 (3자리), 체크디지트로 이루어져 있다.
ㄷ GS1 로케이션 코드의 식별기능
- 법률적 실체 : 기업이나 자회사 또는 관련기관
- 기능적 실체 : 법률적 실체의 특정 기능부서
- 물리적 실체 : 건물 또는 특정건물의 특정위치

⑤ EPC(Electronic Product Code)
ㄱ EPC 코드는 GS1 표준바코드와 마찬가지로 상품을 식별하는 코드이다.
ㄴ 차이점은 바코드가 품목단위의 식별에 한정된 반면, EPC 코드는 동일 품목의 개별상품까지 원 거리에서 식별할 수 있다는 것입니다.
ㄷ EPC를 통해 위조품 방지, 유효기간 관리, 재고 관리 및 상품 추적 등 공급체인에서 다양한 효과를 누릴 수 있다.

② EPC 코드 체계

헤더 (Header)+업체코드(EPC Manager)+상품코드(Object Class)+일련번호(Serial Number)

- 헤더 (Header) : HI H2
  - 헤더는 EPC코드의 전체 길이, 식별코드 형식 및 필터 값을 정의. 헤더는 가변 길이 값을 가지는데, 현재 2비트와 8비트 값의 헤더가 정의되어 있다.
  - 2비트 헤더는 3개의 값을 가지며 (01,10,11), 8비트 헤더는 63개의 값을 가지며, 헤더는 판독기로 하여금 태그의 길이를 쉽게 판단할 수 있도록 돕는 기능을 한다.

- 업체코드(EPC Manager) : Ml M2 M3 M4 M5 M6 M7
  - EAN 바코드의 업체코드에 해당하며 각국 EAN 회원기관이 할당한다.
  - 28비트의 용량으로 7개의 숫자(0~9) 및 문자(A~F)를 조합하여 약 2억 6천만 개 업체 코드를 할당할 수 있다.

- 상품코드(Object Glass) : 01 02 03 04 05 06
  - 바코드의 상품 품목 코드에 해당하며 사용 업체가 할당한다.
  - 24비트의 용량으로 6개의 숫자와 문자를 조합하여 약 1천 6백만 개 상품에 코드를 부여할 수 있다.

- 일련번호(Serial Number) : S1 S2 S3 S4 S5 S6 S7 S8 S9
  - 동일상품에 부여되는 고유한 식별번호로 사용 업체가 할당한다.
  - 36비트로 8개의 숫자와 문자를 조합하여 680억 개의 상품에 코드를 부여할 수 있다.

- 특징
  - EAN, UCC 코드와 마찬가지로 상품을 식별하는 코드로, 차이점은 바코드가 품목단위의 식별에 한정된 반면, EPC 코드는 동일 품목의 개별상품까지 원거리에서 식별할 수 있다.
  - 동일한 상품이라도 모든 개체를 개별적으로 식별할 수 있는 일련번호가 추가되어 상품 추적과 상품 이동 상태를 매우 정확히 포착할 수 있고, 동시에 데이터 취합과 처리 효율을 높일 수 있다.
  - 위조품 방지, 유효기간 관리, 재고 관리 및 상품 추적 등 공급체인에서 다양한 효과를 기대 할 수 있다.

⑥ 마킹(Marking)의 유형

㉠ 소스마킹 (Source Marking)

- 제조업체 및 수출업자가 상품의 생산 및 포장단계에서 바코드를 포장지나 용기에

일괄적으로 인쇄하는 것을 말한다.

- 소스마킹은 주로 가공식품·잡화 등을 대상으로 실시하며, 인스토어마킹과는 달리 전 세계적으로 사용되기 때문에 인쇄되는 바코드의 체계 및 형태도 국제적인 규격에 근거한 13자리의 숫자(KAN)로 구성된 바코드로 인쇄해야 한다.
- 국내 제조업체가 자사상품에 소스마킹을 해야 하는 이유는 다음과 같은 두 가지 요인이 있다.
  - 대외적인 요인 : 해외바이어의 요구 및 국내 유통 업체의 요구 등
  - 대내적인 요인 : 물류시스템에의 활용, 스캔 데이터(Scan Data)의 활용, EDI(Electronic Data Interchange, 전자식 데이터 교환)시스템에의 활용, 마킹 비용의 절감 및 마킹작업의 생력화 등
ⓒ 인스토어 마킹 (Instore Marking)
- 각각의 소매점포에서 청과·생선·야채·정육 등을 포장하면서 일정한 기준에 의해 라벨러를 이용하거나 컴퓨터를 이용하여 바코드 라벨을 출력, 이 라벨을 일일이 사람이 직접 상품에 붙이는 것을 말한다.
- 소스마킹된 상품은 하나의 상품에 고유식별번호가 붙어 전 세계 어디서나 동일상품은 동일번호로 식별되지만, 소스마킹이 안 된 제품 즉, 인스토어마킹이 된 제품은 동일품목이라도 소매업체에 따라 각각 번호가 달라질 수 있다.
- 소스마킹에 따른 이점

제조업체	유통업체
- 판매정보를 기초로 정확한 생산계획을 수립 - 경쟁품의 가격동향을 파악하여 자사제품의 가격을 시기 적절하게 조정 - 광고나 판매촉진의 효과를 측정 - 소비자의 요구에 맞춰 신제품을 개발하거나 기존제품을 개량 - 팔리지 않는 상품의 생산중단 및 폐기 - 시장규모를 파악하여 각 업체별 시장점유율 파악 - 출고·배송의 합리화 - 재고관리의 정착도 향상	- 매출등록계산의 간편화 및 신속화 - 마킹비용의 절감(바코드 라벨 부착 작업의 경감) - 단품정보 수집 - 재고관리의 정확도 향상

• 소스마킹의 6하 원칙

원칙	내용
누가(Who)	상품제조업체 또는 판매원이
왜(Why)	판매신장과 재고관리 등 내부관리를 위해
언제(When)	상품포장이나 용기를 인쇄할 때
무엇을(What)	해당상품 번호를 나타내는 바코드심벌을
어디에(Where)	포장이나 용기에
어떻게(How)	포장이나 용기를 인쇄할 때 동시에 바코드를 인쇄

〈소스마킹과 인스토어마킹 비교〉

구 분	소스마킹	인스토어마킹
마킹장소	제조 · 판매원	점포 가공센터
대상상품	가공식품 · 잡화 등 공통으로 사용 가능	정육, 생선. 청과 및 소스마킹이 안 되는 가공식품, 잡화
활용지역	전 세계적으로 공통으로 사용 가능	인스토어마킹을 실시하는 해당 업체에서만 사용 가능
판독율	판독 오류 거의 없음	판독시 오독의 우려가 있음
비용	낮 음	높 음

06 POS(판매시점정보)와 EOS(자동발주시스템)

(1) POS(Point Of Sales)시스템의 정의

① 판매시점정보관리시스템을 말하는 것으로 판매장의 판매시점에서 발생하는 판매정보를 컴퓨터로 자동 처리하는 시스템이다.

② POS시스템에서는 상품별 판매정보가 컴퓨터에 보관되고, 그 정보는 발주, 매입, 재고 등의 정보 와 결합하여 필요한 부문에 활용된다.

(2) POS시스템의 목적

① 고객이 원하는 상품을 원하는 시기에 원하는 양만큼 구매할 수 있도록 하여 고객의 상품 구매 만족도를 높이는 것이다.

② 기업은 팔릴 수 있는 상품음 그 양만큼 공급할 수 있도록 하여, 매출과 이익을 극대화하는 데에 목적이 있다.

(3) POS시스템의 기능

① 단품관리 : 상품을 제조회사별, 상표별, 규격별로 구분하여 상품마다의 정보를 수집·가공·처리 하는 과정에서 단품관리가 가능하다. 이를 위해서는 바코드(Bar Code)가 상품에 인쇄되어 있어야 한다. 여기에서 단품관리란 상품의 품목별 관리를 말한다. 인기상품과 비인기상품의 파악이 쉽고 종업원의 적정 배치나 적정 재고 유지가 가능하다.

② 판매시점에서의 정보입력 : 상품에 인쇄되어 있는 바코드를 신속하고 정확하게 자동 판독함으로써 판매시점에서 정보를 곧바로 입력할 수 있다. 금전등록기에서 일일이 자료를 입력하는 것에 비하면 시간과 노력을 절약할 수 있음을 알 수 있다.

③ 정보의 집중관리 : 단품별 정보, 고객정보, 매출정보, 그 밖의 판매와 관련된 정보를 수집하여 집중적으로 관리할 수 있다. 이러한 정보는 필요에 따라 처리 또는 가공되어 필요한 부문에 활용되는 것은 물론 경영상의 의사결정을 하는 데에도 활용된다.

(4) POS시스템의 구성과 운용

① POS시스템의 구성

㉠ POS단말기 : POS단말기는 판매장에 설치되어 있는 POS터미널(Terminal)을 말하며, 금전등록기의 기능 및 통신기능이 있다. 단말기는 본체, 키보드, 고객용 표시장치, 조작원용 표시장치, 영수증 발행용 프린터, 컬러모니터- 금전관리용 서랍, 매출표시장치 등으로 구성되어 있다.

㉡ 바코드 스캐너(Bar Cord Scanner) : 상품에 인쇄된 바코드를 자동으로 판독하는 장치로 고정 스캐너(Fixed Scanner)와 핸디 스캐너(Handy Scanner)가 있다. 판매량이 많은 곳에서는 고정 스캐너를, 판매량이 적은 곳에서는 핸디 스캐너를 사용하는 것이 경제적이다.

㉢ 스토어 컨트롤러 (Store Controller, 메인서버) : 판매장의 판매 정보가 POS터미널로부터 전송 되어 보관되는 대용량의 컴퓨터 또는 미니컴퓨터로 호스트 컴퓨터(Host Computer)이다.

- 스토어 컨트롤러 안에는 마스터 파일(Master Files)이 있어서 상품명, 가격, 구입처, 구입가격, 구입일자 등에 관련된 모든 정보가 저장되어 있다.
- 판매장에서 판매가 이루어지면 자동적으로 판매파일, 재고파일, 구매파일 등을 갱신하고 기록한다.
- 점포가 체인본부나 제조업체와 연결된 경우에는 스토어 컨트롤러에 기록된 각종 정보를 온라인으로 본부에 전송한다.

② POS시스템의 운용과정

　　㉠ 소비자가 판매장에서 상품을 구입하고 정산할 때 계산대에 있는 직원은 스캐너를 이용하여 상품 또는 상품의 포장이나 포장용기에 인쇄되어 있는 바코드를 판독한다.

　　㉡ 판매관련 정보는 스캐너에서 POS터미널로 전송되고 다시 스토어 컨트롤러에 전송된다.

　　㉢ 스토어 컨트롤러에는 상품명, 가격, 재고 등의 각종 파일이 있어서 송신된 자료를 처리·가공한다.

　　㉣ POS터미널로부터 스토어 컨트롤러에 수집된 판매정보는 단품별 정보, 고객정보, 가격정보, 매출정보 등이 있는데 이를 다시 POS터미널로 보낸다.

　　㉤ POS터미널에서는 고객에게 영수증을 발급해주고 판매상황윤 감사테이프에 기록한다. 고객용 표시장치에는 상품의 구입가격이 표시된다.

　　㉥ 하루의 영업이 끝나면 스토어 컨트롤러는 그 날의 상품별 목록, 발주상품별 목록 등의 각종 표를 작성한다. 영업시간동안에도 영업개시부터 현재 시각까지의 판매상황을 확인할 수 있다. 판매장이 여러 곳에 있는 경우에는 본부의 호스트 컴퓨터와 연결해서 각종 판매 정보를 교환한다.

(5) POS데이터의 활용단계

① 제1단계(단순 상품관리단계) : 기본적인 보고서만을 활용하는 단계이다. 부문별·시간대별 보고 매출액의 속보, 품목별·단품별 판매량 조회 등이 이에 속한다.

② 제2단계(상품기획 및 판매장의 효율성 향상단계) : 날씨, 기온, 시간대, 촉진활동, 선반진열의 효율성, 손실. 재고회전율 등의 정보와 연계하여 판매량 분석을 통해서 상품을 관리 한다.

③ 제3단계(재고관리단계) : 내부의 재고관리를 하며, 수·발주시스템과 연계해서 판매정보를 분석하고, 재고관리를 하며, 발주량을 자동적으로 산출한다.

④ 제4단계(마케팅단계) : 상품정보와 고객정보를 결합해서 판매 증진을 위한 마케팅을 실시하는 단계이다.

⑤ 제5단계(전략적 경쟁단계) : POS정보를 경영정보와 결합해서 전략적 경쟁수단으로 활용하는 단계이다.

(6) POS정보 활용

① 상품정보관리

　　㉠ POS시스템을 통해 얻어진 데이터를 토대로 가공된 정보는 기존의 유통전략을 수정하는 데에 활용된다. 데이터에 담겨진 소비자의 욕구에 맞게 점포의 이미지를 설정하고, 그 이미지에 적합한 상품구색, ISM, 판촉계획 등이 만들어진다.

ⓒ 상품정보관리는 상품계획을 위한 정보를 통해서 철수상품과 신규취급 또는 취급확대상품을 결정하는 데에서 기업의 효율성을 제고한다.

② ABC 분석

ABC분석은 재고자산의 품목이 다양할 경우 이풀 효율적으로 관리하기 위하여 재고의 가치나 중요도에 따라 재고자산의 품목을 분류하고 차별적으로 관리하는 방법, 즉 각각의 상품이 현재의 유통경영성과에 기여하는 정도를 평가하는 가장 일반적인 방법으로 분류기준은 파레토분석에 의한다.

ⓐ ABC분석과 상품관리 : 각각의 상품이 매출에 기여하는 정보를 A · B · C군으로 분류하여 A상품을 집중 육성하고 Z상품군의 취급은 중단하여 매장의 생산성을 증대하고자 하는 것이다.

• A상품군 : 매출의 80%를 차지하는 상품들
• B상품군 : 매출의 15%를 차지하는 상품들
• C상품군 : 매출의 5%를 차지하는 상품들
• Z상품군 : 매출에 전혀 기여하지 못하는 상품들

ⓑ 결합 ABC분석과 진열관리 : 매출에 기여하는 인기상품인 동시에 이익에도 기여하는 상품을 통해 기업의 이익을 추구하는 동시에 품절방지에 노력하고, 매출은 높으나 이익은 낮다면 미끼상품(Loss Leader)으로 활용하는 등의 전략적 활용이 필요하다.

• A상품군 : 이익의 80%를 차지하는 상품들
• B상품군 : 이익의 15%를 차지하는 상품들
• C상품군 : 이익의 5%를 차지하는 상품들
• Z상품군 : 이익에 전혀 기여한지 못하는 상품들

③ 재고관리와 자동발주

ⓐ 재고관리 : POS시스템으로부터 얻어지는 데이터의 활용을 통해 단품관리가 가능해지고, 단품 관리를 통해 재고관리가 기능해진다. 즉, POS로부터 얻은 단품별 판매수량에 근거하여 매입을 하고, 단품별 단전재고, 진열단위 등을 고려하여 재고를 증가시키지 않으면서 품절을 방지하는 적정 발주가 가능해지는 것이다.

ⓑ 자동 발주 : POS데이터를 통신회선을 이용하여 본부나 배송센터의 컴퓨터에 전송하여 중앙집중식으로 집계 · 관리함으로써 자동발주시스템을 구축할 수 있다.

④ 인력관리

ⓐ POS데이터는 시간과 장소, 부문과 상품에 관한 종합적인 데이터를 제공한다. 따라서 POS데이터를 통해 작업량을 도출하여 업무할당 및 관리에 이용하면 효율적인 인력관리가 가능해진다.

ⓛ 현재 인력의 생산성·성과관리 등도 가능해진다.

⑤ 고객관리

POS데이터를 통해 얻는 고객속성정보(성별, 연령, 주소, 직업 등 고객 신상에 관한 정보), 상품이력정보(구입상품, 수량, 금액, 거래횟수 등에 관한 정보)는 고객별 관리 및 판촉활동을 위한 고객정보의 확보에도 활용될 수 있다.

(7) POS정보와 전략정보시스템

① 전략정보시스템을 구성하는 자료의 원천은 POS시스템이다. POS시스템은 전략정보시스템에서 생산되는 다양한 정보의 재료가 되는 데이터를 제공하는 원천이 된다.

② POS데이터를 통해 가공되는 정보가 제공하는 이익

ㄱ 단순이익 (Hard Merit)
- 생산성 향상에 기여
- 유통기업의 비용절감, 정보처리의 효율화, 서비스 향상에 기여

ㄴ 활용이익 (Soft Merit)
- 상품력 강화와 단품관리 추구
- 유통기업의 품질 향상, 가격의 적정화, 소비자의 욕구를 충족시키는 상품구색 확보, 부가가치의 제공 등에 기여

ㄷ 활용이익의 전제조건
- 정보활용 수준의 명확화
- 타 정보와의 결합활용
- 데이터의 정밀도 유지

지식 in 자동발주시스템(CAO : Computer Assisted Odering)

POS를 통해 얻어지는 상품흐름에 대한 정보와 계절적인 요인에 의해 소비자 수요에 영향을 미치는 외부요인에 대한 정보, 그리고 실제 재고수준, 상품수령, 안전재고수준에 대한 정보 등을 컴퓨터를 이용하여 통합·분석하여 주문서를 작성 하는 시스템이다.

(8) POS 도입 기대효과

구 분		생력화(하드메리트)의 효과	데이터 활용(소프트메리트)의 효과
운영면	계산 및 판매업무의 생력화	• 계산시간의 단축 • 피크타임 시 처리시간 단축 • 등록오류 감소 • 판매원 교육시간 단축 • 정산시간의 단축 매출전표 삭감 • 현금관리의 합리화	• 상품정보관리 – 매출관리 – 상품계획, 상품구색계획 – 진열관리 – 판촉계획 – 발주 · 재고관리
	데이터 수집능력 향상	• 정보발생시점에서 수집 • 정보의 신뢰성 향상 • 컴퓨터 입력작업의 생력화 • 데이터 수집의 생력화 · 신속화	• 종업원 정보관리 – 판매원 관리 – 임금계산의 자동화
점포 운영면	점포운영의 합리화	• 판매대관리의 향상 • 가격표 부착, 가격변환 작업의 신속화 현금보유고 수시파악 검수데이터 입력 작업의 생력화 전표삭감	• 고객정보관리 – 적절한 DM관리 – 카운트서비스와 애프터서비스 – 상품의 메인터넌스 관리

(9) EOS(Electronic Ordering System, 자동발주시스템)

① 개념 : 단품관리시스템으로 발주단말기를 이용하여 발주 Data를 수주처의 컴퓨터에 전화회선을 통해 직접 전송함으로써 수주처에서 납품, 매입전표를 발행하여 납품하는 발주방식이다.

② 연결구도 : 소매점과 체인본부, VAN → 도매점 연결(납품전표나 출하지시서 발행)

(10) EOS의 등장배경

① 기업환경의 변화

　㉠ 소비자의 기호와 요구의 다양화 · 개성화

　㉡ 제품 수명주기 (Life Cycle) 단축

　㉢ 소매업의 양적 팽창으로 업종 내 경쟁심화

② 수주업무개선의 필요성

　㉠ 인기상품의 조기파악과 재고부담을 주는 비인기상품의 조기발견

　㉡ 상품 수명주기단축 등으로 단품관리 필요성

　㉢ 합리적인 발주에 의한 원가절감

③ 온라인 수ㆍ발주의 필요성 : 수발주업무의 개선을 통하여 비합리적인 발주를 지양하고 품절예방 및 단품관리의 효율극대화표 도모한다.

(11) EOS의 기대효과분석

① 소매점에서의 효과
  ㉠ 진열량의 적정화로 효율적 공간활용
  ㉡ 정확한 발주로 오납과 결품방지
  ㉢ 검품에 따른 인력과 시간감소
  ㉣ 발주작업의 표준화로 누구나 신속ㆍ정확한 발주
  ㉤ 발주데이터의 축적, 분석으로 단품관리기능
  ㉥ POS 시스템 도입의 기반확립

② 도매점에서의 효과
  ㉠ 배달시간 단축, 오납감소, 상품정보 제공
  ㉡ 검품시간 단축으로 배차시간을 줄이고 물류비용 절감
  ㉢ 수주인력 및 경비절감과 수주업무의 정확도 향상
  ㉣ 외상매출관리 용이, 청구업무 합리화
  ㉤ 납품데이터를 분석하여 영업정보로 활용

지식 in **전자 주문 시스템(EOS : Electronic Ordering System)**

편의점이나 슈퍼마켓 등과 같은 연쇄점에서 상품을 판매하면 자동적으로 중앙 본부에 있는 컴퓨터에 전달된다. 중앙 본부에서는 상점별로 상품의 재고를 파악하여 상품의 재고가 부족하게 되면, 중앙 본부에 있는 컴퓨터가 거래처에 자동적으로 주문을 하여 항상 신속하고 정확하게 해당 점포에 배달해 주는 시스템을 말한다.

제6장 적중예상문제

01. 물류활동의 역할에 따른 물류정보의 분류와 관계없는 것은?

① 수주정보   ② 생산정보

③ 출하정보   ④ 판매정보

⑤ 재고정보

> 해설 ┃ 물류정보는 물류정보활동의 내용에 따라 수주 정보, 재고정보, 생산장보, 출하정보, 물유관리정보 등으로 분유할 수 있다.
>
> 정답 ┃ ④

02. 물류정보의 중요성이 높아지고 있는 이유가 아닌 것은?

① 물류활동의 합리화   ② 물류비의 절감

③ 고객서비스의 향상   ④ 물량의 다량확보

⑤ 적정수준의 재고 유지

> 해설 ┃ 물류정보는 적정수준의 재고를 유지하는 데 목적이 있다.
>
> 정답 ┃ ④

03. 유비쿼터스(Ubiquitous) 환경에 대한 설명으로 거리가 먼 것은?

① RFID Tag가 유비쿼터스를 실현하게 한다.

② 모든 전자기기에 컴퓨팅 기능이 가능하여야 한다.

③ 라틴어로 '언제 어디서나 있는'을 뜻하는 말이다.

④ 제3자를 매개로 기업 간 자료를 교환하는 통신망이다.

⑤ 휴대전화를 통해 실시간으로 영상전화 통화까 지도 가능하게 한다.

04. CIM 도입배경으로 바르지 않은 것은?

① 기술환경변화에서는 데이터베이스로 증진된다.

② 앞으로 환경변화에 대비하여 기업체질을 강화 하고 동시에 매니지먼트의 신속화와 경쟁력 강화를 도모할 필요성이 증가하여 CIM 도입이 주목되고 있다.

③ CIM의 도입배경은 기업을 둘러싼 환경이 크게 변하고 있는데, 그 변화하는 환경에 어떻게 적절히 대응하는가는 경영관리자만이 알고 책임져야만 한다는 것이다.

④ 시장환경면에서는 고객 니즈의 고급화 · 다양화와 제품수명의 단명화 등에 있다.

⑤ 경제환경면에서는 엔고, 무역마찰, 해외생산, NIES의 발전 등을 들 수 있다.

해설┃ CIM 도입배경은 경영관리자뿐만 아니라 기업에서 일하는 모든 사람에게 과제가 되고 있다.

정답┃ ③

제7장 정보화시대의 물류혁신기법

01. 전자상거래의 이해

(1) 전자상거래(EC ; Electronic Commerce)의 개념

① Electronic Commerce라는 용어는 미국의 로렌스 리버모어 국립연구소에서 국방성 프로젝트를 수행하면서 사용하였다. 전자상거래의 기본 인프라는 네트워크로서 미국 국방성에 의해 전자상거래의 기본구조가 만들어졌다.

② 1993년 웹(World Wide Web)기술의 출현으로 인터넷을 이용한 정보나 지식의 검색이 매우 편리 해지면서 기업 내에서 또는 기업 간에도 문서를 보다 효과적으로 전달할 수 있게 되었고 이러한 웹 기술의 상용화 · 확산화는 전자상거래 개념이 기업과 개인의 상거래로 그 적용범위가 확대되는 계기가 되었다.

③ 조직(국가, 공공기관, 기업)과 개인(소비자) 간 또는 조직과 조직 간에 상품의 유통관련 정보의 배포, 수집, 협상, 주문, 납품, 대금지불 및 자금이체 등 상호 간 상거래상의 절차를 전자화 된 정보로 전달하는 온라인(On-Line) 상거래를 의미한다.

④ 다각적 정의
  ㉠ 통신 측면 : 컴퓨터 네트워크나 다른 매체를 이용하여 전자적으로 이루어지는 거래활동
  ㉡ 업무처리 측면 : 업무처리과정을 자동화하여 사람의 개입을 최소화하고 정확성과 신속성 · 효율성을 높이는 기술
  ㉢ 서비스 측면 : 중간 유통마진을 최소화하고 고객에게 보다 저렴한 가격과 높은 품질의 서비스를 제공하는 도구
  ㉣ 온라인 측면 : 인터넷을 통해 제품과 정보를 구입하고 판매하는 기능
  ㉤ 전자상거래의 포털사이트를 구성하는 4가지 핵심요소는 컨텐츠(Contents), 커뮤니티(Community), 커머스(Commerce), 커넥션(Connection) 등이다.

(2) 전자상거래의 등장배경

① 개인용 컴퓨터의 보급
  1980년대 초에 보급되기 시작한 개인용 컴퓨터는 주로 게임용 도구나 학생들이 논문을 작성하는 도구 정도로만 인식되었으나 정보기술의 발전으로 처리장치와 메모리 등의 눈부신 성능 향상을 통하여 개인용 컴퓨터의 이용률이 급속히 증가하게 되었으며 기업

체에서는 사무용 도구로서 필수품이 되었다.

② 통신망의 발달

'ARPAnet'에서 발전된 인터넷은 특별히 정해진 통신규약(Protocol)을 기반으로 하여 전 세계의 통신망을 연결하고 있다. 인터넷을 통하여 지구촌에 가상의 공동체가 형성되면서 낯선 사람과의 통신, 상품과 서비스의 주문, 많은 기업과의 상거래가 가능하게 되었다.

③ 인터넷 관련 기술의 발전

다양한 종류의 하드웨어와 소프트웨어들이 보급되면서 서로 다른 환경에서 이들을 쉽게 연결하여 야 할 필요성 때문에 TCP/IP 프로토콜이 개발되었고 이어 인터넷에서 제공되는 많은 서비스를 사 용자들의 다양한 요구에 맞추기 위하여 HTTP, 브라우저, 하이퍼미디어, VRML 등의 새로운 기술 이 필요하게 되었다.

(3) 전자상거래의 특징

① 개방성

㉠ 모든 구매자는 원하는 정보에 자유로운 접속이 가능하다.

㉡ 제품을 구매하고자 하는 소비자는 인터넷사이버쇼핑몰 어느 곳이나 자유로이 방문하여 원하는 제품의 정보와 동일기종의 여러 브랜드제품을 가격, 결재조건, 배달방법, 환불서비스 등 모든 환경을 비교해가며 제품을 유리하게 구매할 수 있다.

② 상호작용성

㉠ 기업은 고객행동에 동태적으로 적응하고, 편리한 인터페이스는 쉽게 제품선택을 하도록 한다.

㉡ 기업은 방문자의 행동특성을 고려한 다양한 인터페이스를 갖추어 방문자의 개인적 취향 및 관심분야에 따른 개별적인 서비스를 제공할 수 있고, 신제품정보를 이메일을 보내는 등 구매를 유도할 수 있는 보다 적극적인 마케팅 전략을 수립할 수 있다.

지식 in   e-Business(Electronic Business)

- 전자상거래가 거래행위에 초점이 맞추어져 있는 반면, e-비즈니스는 전자매체를 통해 이루어지는 거래행위 외에 온라인 비즈니스에 참여하는 고객 및 업체와의 관계, 정보의 흐름 등도 강조되는 e-Commerce보다 넓은 개념이다.
- 인터넷, 인트라넷, 엑스트라넷을 통해 이루어지는 전자상거래, 온라인 뱅킹, 고객지원, 지식경영에서 원격진료, 행정, 교육 등 공공분야에 이르기까지 네트워크 환경에서 이루어지는 모든 업무가 e-Business이다.

③ 편재성(Ubiquity)

㉠ 지리적 제약 없이 상호연결 및 판매자와 소비자를 직접 연결함 수 있다.

㉡ 인터넷을 통하여 넓은 세계를 시장으로 Global 마케팅을 시도할 수 있으며, 기존 유통망을 활용하여 지역적 한계에서 벗어난 고효율의 운영이 가능하다. 아무리 산 간오지라도 인터넷 접속만 가능하다면 시장이 될 수 있다.

④ 저렴한 비용

㉠ 고속의 저렴한 계산이 가능하며, 저 원가의 거래 조정이 촉진되고, 구매자와 판매자 간의 거래 비용이 크게 감소한다.

㉡ 중간 유통과정의 축소로 생산자와 구매자의 직거래가 가능하므로 상호간의 불필요 한 지출을 줄여 거래비용이 크게 감소하고, 신속한 전자결재를 통하여 소비자의 대 금결재의 편이와 기업의 자금관리에 유리한 이점이 있다.

⑤ 시간 · 공간 제약의 제거

㉠ 지불에서 배달까지 거래 완결시간이 감소한다.

㉡ 구매결재는 24시간 가능하므로 전자결재 즉시 전자상거래프로그램(EDI, CAL幻 내 에서 배송 의뢰서가 배송부서나 유통회사에 전달되고, 제품이 구매자에게 전달된다. 이처럼 구매, 배송이 순간적으로 시행됨에 따른 업무처리의 시간이 감소하고 그만큼 배송도 빨라질 수 있다.

⑥ 정보교환지원

㉠ 실시간 최신정보를 항상 유지하고, 대화형 멀티미디어거래(Interactive Multimedia Transaction- Cost)에 충분하다. 실시간 최신정보의 전달은 인터넷전자상거래만의 강점이다.

㉡ 신제품의 출시에 따른 최신 제품정보를 기존의 인쇄, 전파광고제작 없이 비교적 단 시간에 제품 정보페이지를 제작함으로써 소비자는 원한다면 어떤 매체보다 빠르게 정보를 접할 수 있다.

㉢ 구입한 제품에 대한 사용정보나, 고장시 응급조치 방법 등을 제공함으로 상호간의 시간 및 금전적인 낭비를 줄일 수 있다.

지식 in 가상시장 (e-Marketplace)

• 인터넷상에서 다수의 공급자와 수요자들이 대면하고 거래를 이룰 수 있도록 해주는 가상의 시장, 마켓플레이스는 기존 1:1 혹은 1:N의 거래관계를 N:N의 복잡한 거래관 계로 바꾸어 놓은 온라인시장(On-Une Marketplace) 혹은 전자시장(Electronic Marketplace)을 말한다.

- 가상시장은 판매자의 경우 새로운 판로를 개척할 수 있고 구매자 입장에서는 효율적인 상품 조달이 가능하다는 점에서 새로운 B2B 비즈니스 모델로 각광받고 있다.
- 가상시장은 사업영역의 폭과 깊이에 따라 수직적(Vertical) 가상시장과 수평적 (Horizontal) 가상시장으로 구분할 수 있으며, 가상시장 내에서의 시장 창출 방식에 따라 카탈로그형, 경매형, 역경매형, 익스체인지형 등으로 구분할 수 있다.

(4) 기업의 측면에 있어서 긍정적인 특성

① 전자상거래(EC)는 시간적, 공간적인 제약에서 자유롭다.
② 가격경쟁력을 제고시킨다. 소비자를 직접 상대할 수 있으므로 도매점, 소매점등의 여러 단계의 중간유통단계를 줄여 비용(운송비, 매장유지비, 유통마진 등)을 절감함으로써 마진이 늘어나 보다 시장경쟁력을 높일 수 있다.
③ 효율적인 마케팅 및 Service가 가능하다.
④ 고정운영비와 간접비용이 줄어든다. 인터넷전자상거래는 무(無)점포, 무(無)종업원이 큰 특징이다. 제품판매를 위한 매장확보를 위한 구입, 임대비용과 종업원 고용비용이 줄어든다.

(5) 소비자의 측면에서 전자상거래의 긍정적 특성

① 충분한 제품정보파악으로 비교구매가 가능하다.
② 시간적 제약이 없다.
③ 추가정보 입수가 용이하다.
④ 저렴한 가격으로 제품을 구매한다.

02 SCM의 이해

(1) SCM(공급사슬관리)의 개념과 목적

① 개념 : SCM은 기업 내부 자원뿐만 아니라 자사와 연결되어 있는 공급업체, 제조업체, 유통업체, 창고업체 등을 하나의 연결된 체인으로 간주하여 이들 간의 협력과 정보교환에 기초한 확장·통합 물류와 최적 의사결정을 통한 비용절감 및 효율성 증대로 상호이익을 추구하는 관리체계를 의미 한다.

② 목적 : SCM은 제조, 물류, 유통업체 등 유통 공급망에 참여하는 전 기업들이 협력을 바탕으로 양질의 상품 및 서비스를 소비자에게 전달하고 소비자는 거기에서 극대의 만족과 효용을 얻는 것이 목적이다.

〈공급사슬관리와 전통적 접근방법 비교〉

구 분	공급사슬관리	전통적 접근방법
공동계획주기	지속적	거래에 기반을 둠
위험과 보상 방식	공동책임	개별 책임
정보 · 재고흐름	유통센터 지향적	창고 지향적
시간영역	중장기적	단기적
총비용 접근방식	광범위한 경로비용 효율성	개별 기업 비용 최소화
경로리더십	중요하게 요구	불필요

③ SCM의 명칭
  ㉠ 의류부문 : QR(Quick Response)
  ㉡ 신선식품부문 : EFR(Efficient Foodservice Response)
  ㉢ 의약품부문 : EHCR(Efficient Healthcare Consumer Response)
  ㉣ 식품부문 : ECR(Efficient Consumer Response)

(2) 공급사슬의 구성요소

공급사슬은 원자재업자로부터 공장 창고를 거쳐 소비자에게 최종제품을 전달하는 모든 활동

① 상위흐름 공급사슬(Upstream Supply Chain) : 조직의 첫째 상단에 있는 1차 공급업자와 그들에게 공급해 주는 공급업자
② 내부 공급사슬(Internal Supply Chain) : 입고분을 출고분으로 전환하는 과정에서 조직이 수행하는 과정
③ 하위흐름 공급사슬(Downstream Supply Chain) : 제품을 최종고객에게 전달하는 전 과정

(3) SCM의 도입효과

① 거래 · 투자비용의 최소화
② 보다 개별화된 고객서비스 제공
③ 순환주기의 감축
④ 기업 간 프로세스의 유기적 통합
⑤ 기업 예측도의 제고 및 자동보충을 통한 재고의 감축

⑥ 관련 인프라 및 다른 산업분야로의 수평적 확장의 용이성 증대

지식 in **Postponement(전략적 지연, 유예) 전략**

- 다양한 Spec의 Point를 가능한 한 미리 보내는 것으로 시장의 불확정성이 공급시스템에 미치는 영향을 최대한 배제 하여 시장동향에 즉시 대응 가능한 Supply Chain을 구축하려고 하는 전략이다.
- HP사가 Ink Jet Printer를 유럽에 판매할 때에 전원이 다르기 때문에 국가마다 판매동향의 변화에 부응하지 못해 결품과 재고증가가 발생하여 커다란 문제가 되었다. 여기서 전원부분을 Option으로 하여 국가마다 판매동향 격차에 의한 영향을 피했고, 결품과 재고의 억제에 성공했다. 내구성과 신뢰성이 아니고 SCM의 관점에서 설계변경을 실시한 획기적인 경우이다.

(4) 채찍효과와 제거방안

① 채찍효과(Bullwhip Effect)의 개념

공급자, 생산자, 도매상, 소매상, 고객으로 구성된 공급사슬을 공급자로 갈수록 상류(Upstream), 고객 쪽으로 갈수록 하류(Downstream)라 하면, 채찍효과는 하류의 고객주문정보가 상류로 전달 되면서 정보가 왜곡되고 확대되는 현상으로서 증폭현상이라고도 한다.

② Bullwhip(증폭)효과의 주요 발생원인

㉠ 각각의 주체가 독립 적으로 수요예측을 행하기 때문
㉡ 각각의 단계에서 Order가 Batch 처리되는 것
㉢ Promotion등의 가격정책의 영향
㉣ 공급이 부족한 제품에서 일어나는 Fantom수요가 발생

③ 채찍효과 제거방안

㉠ 공급체인 전반에 걸쳐 수요에 대한 정보를 집중화하고 공유한다.
㉡ 최종소비자의 수요변동폭을 감소시킬 수 있는 영업전략을 선택한다.
㉢ 제품의 공급 리드타임을 감축시킬 수 있는 방안을 연구한다.
㉣ 공급자재고관리 (VMI ; Vender Manged Inventory) 등 공급체인 구성원 간에 전략적 관계를 한다.

(5) SCM의 성공요인

① 기업과 조직의 기초환경

　㉠ 기업조직의 최고경영층의 지속적 관심과 지원

　㉡ 기업 내, 기업 간의 유기적 체제의 수립과 실행을 위한 정보기술의 도입과 활용

　㉢ 활동성 원가회계시스템의 도입

　㉣ 기업 내, 기업 간의 파트너십 강화

② SCM 시스템의 성공요건

　㉠ SCM의 비전과 목표를 분명히 하여 이를 기업 내부는 물론, 공급체인의 전체 구성원들과 공유 하는 것이다.

　㉡ SCM은 단순히 소프트웨어패키지를 도입하고 시스템을 설치하는 데서 그치는 것이 아니고 일 하는 방식을 바꾸는 것이다.

　㉢ SCM 시스템은 현업 중심으로 구축해야 한다.

　㉣ SCM 시스템은 열린 시스템이어야 한다. 즉, 변화하는 기업환경에 따라서 지속적인 개선이 이루어질 수 있도록 신축적이고 개방적인 시스템이어야 하는 것이다.

지식 in　　**Fantom 수요**

• 하류기업은 재고가 부족하다고 느낀 경우, 가능한 한 재고를 많이 확보하기 위해 실제로 필요한 양보다 많이 수량을 발주하는 경향이 있다. 그것 때문에 발생하는 외관상의 수요이다.

---

(6) 균형성과표(BSC ; Balanced Scorecard)

① BSC는 성과평가 시스템으로, 데이비드 노턴(David. P Norton)박사와 로버트 캐플런(Robert S. Kaplan) 교수가 공동으로 개발한 균형성과표를 의미한다.

② 균형성과표는 재무측정지표와 운영측정지표 모두를 균형있게 고려한 새로운 성과측정 시스템으로, 과거 성과에 대한 재무적인 측정지표를 통해서 미래성과를 창출하는 측정지표이다. 즉 균형성 과표에는 실행 결과를 나타내는 재무측정지표와 이를 보완하면서 미래의 재무성과에 영향을 주는 운영 활동인 고객만족, 내부 프로세스, 조직의 학습 및 성장능력과 관련된 3가지 운영측정지표가 포함되어 있다.

③ 조직의 비전과 전략에서 도출된 평가지표들의 조합
    ㉠ 각 지표들은 재무와 비 재무, 장기와 단기, 선행과 후행, 내부와 외부, 조직과 개인에 관련된 것들이 균형을 이룸으로써 조직 내에 전략과 비전이 공유되고 단기간의 성과가 아닌 미래이익에 선행하는 비재무적 성과도 관리한다.
    ㉡ 지속적인 성과 피드백을 통해 전략실행을 위한 조직적인 학습이 가능하여 조직은 전략이 중심이 되어 모든 활동을 전개하는 '전략 중심의 조직'으로 바뀌어 가고 임직원들이 기존의 사고와 틀에서 벗어날 수 있도록 변화를 이끌어 낸다.

(7) SCOR(Supply Chain Operation Reference-model)

① 공급망의 측정 · 평가를 위한 모델이다.
② 특징
    ㉠ 데이터 흐름이 아닌 업무흐름 표시
    ㉡ 프로세스 중심 지향적 · 횡적 경영 비즈니스 모델
③ 영역
    ㉠ 주문에서 발송까지 모든 고객과의 상호 작용
    ㉡ 공급자의 공급자로부터 고객의 고객까지 발생하는 모든 물리적 거래 활동
    ㉢ 고객의 수요에 대한 이해에서 수행까지의 모든 상호 작용
④ 장점
    ㉠ 공급망 구축에 있어 모델을 얻기 쉽다.
    ㉡ 용어, 프로세스의 표준화로 커뮤니케이션이 용이하다.
    ㉢ 프로세스의 과부족이나 과잉 특수처리 등을 표면화한다.

03 SCM의 응용기술

(1) 자동발주시스템(CAO. ; Computer Assisted Ordering)

① 개념
    CAO는 유통소매점포의 기반시스템으로서 상품 판매대의 재고가 소매점포에서 설정한 기준치 이 하로 떨어지면 자동으로 보충주문이 발생되는 것이다.
② 특징
    ㉠ 소매점포의 컴퓨터시스템은 판매대에 진열된 모든 품목에 대하여 입고량과 판매량을 대조하여 봄으로써 각 상품에 대한 재고를 추적 · 관리한다.

ⓛ CAO를 성공적으로 이끌기 위해서는 정확한 POS 데이터, 상품에 대한 판매 예측치 그리고 점 포수준의 정확한 재고파악이 필수적이다.

ⓒ 점포·상품별 판매 예측치는 적절한 재고목표치를 설정하는 데 사용되며, 시계열적인 판매데이터, 계획된 판촉행사, 계절조정 등을 기초로 하여 작성된다.

(2) 지속적인 상품보충(CRP ; Continuous Replenishment Programs)

① 개념

CRP는 유통공급망 내에 있는 업체들 간에 상호협력적인 관행으로써 기존의 전통적인 관행인 경제적인 주문량에 근거하여 유통업체에서 공급업체로 주문하던 방식(Push 방식)과 달리 실제 판매된 판매데이터와 예측된 수요를 근거로 하여 상품을 보충시키는 방식(Pull 방식)이다.

② 특징

㉠ CRP는 적기에 필요로 하는 유통소매점의 재고를 보충하기 때문에 운영비용과 재고수준을 줄인다.

ⓛ CRP에서는 POS 데이터와 이를 근거로 한 판매예측데이터를 기초로 하여 창고의 재고보충주문과 선적을 향상시킨다.

ⓒ 가장 보편적인 형태로 운영되는 공급자 재고관리(VMI ; Vendor Managed Inventory)는 물류 업체에서 재고데이터와 점포별 주문데이터를 매일 공급업체에 전송하면, 공급업체는 물류업체 가 소매점포의 상품수요를 충족시킬 수 있도록 주문업무를 책임져야 한다.

ⓔ CRP는 전반적인 유통공급과정에서의 상품주문기능을 향상시킨다.

ⓜ CRP는 또한 유통공급과정에서의 상품의 흐름을 향상시킬 수 있다.

ⓑ 유통업체가 원가를 절감하고 고객위주의 서비스를 제공하기 위해서는 무엇보다도 재고관리가 중요하다. 이러한 재고관리와 관련하여 효율적 유통시스템 정책으로 나타난 것이 CRP이다.

(3) CPFR(Collaborative Planning Forecasting and Replenishment)

① 개념

㉠ CPFR은 협업설계예측 및 보충이라고 하며, 유통과 제조업체가 정보교환협업을 통하여 One- Number 수요예측과 효율적 공급계획을 달성하기 위한 기업 간의 Work Flow이다.

ⓛ CPFR은 소매업자 및 도매업자와 제조업자가 고객서비스를 향상하고 업자들 간에 유통총공급망(SCM)에서의 정보의 흐름을 가속화하여 재고를 감소시키는 경영전략

이자 기술이다.

ⓒ 모든 참여자들은 그들이 원할 때 적정한 원자재 및 완제품을 가질 수 있도록 계획 수립 및 수요 예측을 하고자 하는 기법이다.

② 특징

ㄱ 인터넷상에서 실시간 공유되는 판매 관련 정보와 소비자 및 시장 관련 정보는 제조업체의 생산관리 스케줄에 신속히 반영되어 Supply Chain 상에서 변화에 대한 적응력이 상당히 높아진다.

ㄴ 협업적 계획수립을 위해서는 모든 거래 파트너들이 주문정보에 대한 실시간 접근이 가능해야 한다.

ㄷ 모든 참여자들은 공통된 하나의 스케줄에 따라서 운영활동을 수행한다.

(4) 크로스도킹(Cross Docking)

① 개념 : 크로스도킹은 창고나 물류센터로 입고되는 상품을 보관하지 않고 곧바로 소매점포에 배송하는 물류시스템이다.

② 특징

ㄱ 보관 및 피킹 (Picking, 필요한 상품을 꺼내는 것)작업 등을 생략하여 물류비용을 절감할 수

ㄴ 크로스도킹이 실현되기 위해서는 정확한 주문정보의 사전 입수, 출고될 수량과 상태로 출고시간 전 입고 여부, 입고 후 출고차량별 분류 및 재포장 가능성이 이루어져야 한다.

공동재고관리(CMI ; Co-Managed Inventory)

지식 in

전반적인 업무처리의 구조는 VMI공급자 재고관리)와 같은 Process이나, CMI의 경우에는 제조업체와 유통업체 상호 간 제품정보를 공유하고 공동으로 재고관리를 하는 것이다. 즉, VMI는 제조업체(공급자)가 발주 확정 후 바로 유통업체로 상품배송이 이루어지는 것에 비하여, CMI는 제조업체가 발주 확정을 하기 전에 발주권고를 유통업체에게 보내어 상호 합의 후 발주확정이 이루어지는 처리를 말한다.

③ 크로스도킹의 유형

㉠ 파렛트크로스도킹(Pallet Cross Docking) : 한 종류의 상품이 적재된 파렛트별로 입고되고 소 매점포로 직접 배송되는 형태로 가장 단순한 형태의 크로스 도킹이며, 양이 아주 많은 상품에 적합하다.

㉡ 케이스크로스도킹(Case Cross Docking) : 한 종류의 상품이 적재된 파렛트 단위로 소매 업체 의 물류센터로 입고되고 입고된 상품은 각각의 소매점포별로 주문수량에 따라 피킹되고, 파렛트에 남은 상품은 다음 납품을 위해 잠시 보관하게 된다.

㉢ 사전 분류된 파렛트크로스도킹 : 사전에 제조업체가 상품을 피킹 및 분류하여 납품함 각각의 점포별로 파렛트에 적재해 배송하는 형태이다. 제조업체가 각각의 점포별 주문사항에 대한 정보를 사전에 알고 있어야 하므로 제조업체에 추가적인 비용을 발생시킨다.

④ 크로스도킹의 효과

㉠ 물류센터의 물리적 공간 감소
㉡ 물류센터가 상품의 유통을 위한 경유지로 사용됨
㉢ 공급사슬 전체 내의 저장 공간 감소
㉣ 물류센터의 회전율증가
㉤ 상품공급의 용이성 증대
㉥ 재고수준의 감소

(5) 카테고리관리

① 카테고리관리의 의의

㉠ 카테고리관리는 유통업체와 공급업체 간의 협조를 통하여 소비자의 구매형태를 근거로 하여 소비자 구매패턴, 상품 및 시장동향 등을 파악하여 카테고리를 관리함으로써 업무를 개선시키고자 하는 것이다.

㉡ 카테고리관리들 수행하고자 하는 기업은 카테고리관리자에게 상품구색, 재고, 상품진열공간 할당, 판촉, 구매 등에 대한 권한을 부여하게 된다.

㉢ 카테고리관리는 개별상품이나 브랜드가 아닌 전체 상품군에 대한 이익과 판매를 강조함으로써 유통업체와 공급업체가 장기적인 관점에서 마케팅활동 및 상품기획활동을 공동으로 수행할 수 있게 한다.

② 카테고리관리의 활용영역

㉠ 정보수집 : 주로 POS 스캐닝 데이터와 활동원가회계시스템(Activity Based Costing System)으로부터 얻을 수 있는 데이터를 수집한다.

ⓛ 의사결정지원 : 가격결정, 판촉, 물류 등과 같은 카테고리관리를 위해 수집된 소비자, 시장, 프로세스정보에 대해 분석한다.

ⓒ 전자문서 처리 시스템의 통합 : 상품조달, 주문이행, 물류기능을 수행하는 전자문서 처리시스템을 통합한다.

(6) 활동원가회계분석(ABC ; Activity Based Costing)

① 개념

ⓐ 기존의 전통적인 원가계산방식의 문제점을 개선하기 위해 도입된 새로운 원가계산방법으로서 ABC는 제조간접비를 소비하는 활동(Activity)이라는 개념을 설정하고 이러한 여러 활동들에 따 라 제조간접비를 배부하고 각제품별로 활동소비량에 따라 제조간접비를 배부함으로써 기존의 전통적인 원가계산방식에 비해 좀 더 합리적인 원가배부를 목적으로 하는 원가계산방식이다.

ⓑ 제품의 다양화, 제품수명주기의 단축, 생산시설의 자동화 등으로 인해 생산활동에서 제조간접 원가가 차지하는 비중이 커짐에 따라 이에 합리적으로 대응하기 위해 등장한 기법이다.

② 특징

ⓐ ABC는 SCM 응용기술들이 실제 적용될 경우 그 실행 정도를 측정하는 중요한 수단 중의 하나이다.

ⓑ 활동원가회계분석은 SCM 응용기술을 적용하는 기업에 대하여 어느 부문에서 어떻게 이익을 발생시키고 있는지에 대한 명확한 분석을 할 수 있도록 해준다.

ⓒ 고객에게 주어지는 제품과 서비스에 대한 활동을 통해 조직의 자원 비용을 부과하는 방식으로, 보통 제품과 고객의 비용과 이익을 이해하는 도구로 쓰인다. 가격을 매기고, 하청하고, 인증하고, 처리 개선을 측정하는 등의 전략적인 결정을 지원하는 데 사용된다.

(7) 전사적 자원관리(ERP ; Enterprise Resource Planning)

① 개념

ⓐ ERP란 기업활동을 위해 사용되는 기업 내의 모든 인적, 물적 자원을 효율적으로 관리하여 궁극적으로 기업의 경쟁력을 강화시켜 주는 역할을 하는 통합정보시스템이다.

ⓑ 기업은 경영활동의 수행을 위해 여러 개의 시스템 즉 생산, 판매, 인사, 회계, 자금, 원가, 고정자산등의 운영시스템을 갖고 있는데 ERP는 이처럼 전 부문에 걸쳐있는 경영자원을 하나의 체계로 통합적 시스템을 재구축함으로써 생산성을 극대화하려는 대표적인 기업 리엔지니어링 기법이다.

② 특징

ERP는 어느 한 부문에서 데이타를 입력하면 회사의 전 부문이 동시에 필요에 따라서 정보로 활용할 수 있도록 하는 새로운 기법이다. ERP를 실현하기 위해서 공급되고 있는 S/W를 ERP Package라고 하는데 이 패키지는 데이터를 어느 한 시스템에서 입력을 하면 전체적으로 자동 연결되어 별도로 Interface를 처리하여야할 필요가 없는 통합운영이 가능하다.

(04) e-SCM

(1) e-SCM

① 개념

㉠ e-Business의 범위에 있어서 e-SCM은 원자재 조달, 생산, 수·배송, 판매 및 고객관리 프로세스에서 일어나는 물류흐름과 이와 관련된 모든 활동을 통합적으로 관리하는 기법을 말하는데 이때 이러한 관리를 인터넷에 기반하여 Real-Time으로 신속하고 효율적으로 처리하는 것을 말한다.

㉡ 디지털 환경의 공급자, 유통채널, 도소매와 관련된 물자, 자금, 정보의 흐름을 신속하고 효율적으로 관리하는 활동이 e-비즈니스 환경에서 적용될 때를 e-SCM이라 한다.

② 특징

㉠ 전자상거래의 모형 중 B2B모형에 해당한다.

㉡ e-SCM은 고객 그리고 기업 내부의 다양한 욕구를 만족시키고 업무의 효율성을 극대화하는 전략적 기법이다.

(2) e-Business 관점에서의 e-SCM

① e-Business 플랫폼에서 e-SCM을 구현하게 되면 최적의 의사 결정이 가능해 지고 SCM에서의 핵심적인 응용 기술인 공급 사슬 계획의 최적화를 성취할 수 있다.

② Web 환경과 더불어 기업간 상거래에 근거한 Collaboration이 e-SCM 분야에서 새로이 주목 받 게 될 것이다.

③ e-SCM의 추세는 전체 SCM 비즈니스 프로세스의 최적화를 지향한다.

(3) e-SCM의 목표

① 디지털 환경으로 등장한 새로운 패러다임에 부합할 수 있도록 원재료·제품·정보 흐름을 리엔지니어링하는 것이다.

② 디지털 기술을 활용하여 판매, 원재료, 구매, 제조, 물류 등을 동기화(Synchronization)하는 것이다.

③ 이를 통해 고객에 대한 대응 능력을 높이고 새로운 서비스를 제공하여 고객 만족도를 높이는 것이다.

(4) e-SCM의 적용

① e—구매의 실현 : 보다 저렴하고 질 높은 품질의 원자재와 소모품 구매

　　㉠ e-구매란 인터넷을 활용해 구매 프로세스를 재설계하고 실행하는 것을 말한다.

　　㉡ 대부분의 기업들은 생산과 직접 관계없는 물품들의 구매에 주의를 집중하고 있다. 평균적으로 기업들은 전체 구매 비용의 약 30% 정도를 생산과 직접 관련이 없는 '유지·보수·운영(MRO ; Maintenance, Repair and Operation)'에 지출하는 것으로 알려져 있는데 '공급사슬관리'를 도입하면 회사 전체적으로 발생하는 유지 보수 운영비용을 보다 저렴하고 효과적으로 처리할 수 있게 된다.

② e—SCM 도입 목적

　　㉠ 기업을 디지털 환경에 적응할 수 있도록 원재료·제품·정보흐름을 재조직한다. 이로써 수직 가치 사슬의 해체와 네트워크 형성, 중간상을 배제한 직거래, 보유자산의 최소화 등을 목적으로 한다.

　　㉡ 디지털 기술을 이용하여 판매·원재료·구매·제조·물류활동을 실시간으로 처리하기 위해서 도입한다.

　　㉢ 고객에 대한 대응능력을 높이고 새로운 서비스를 제공하여 고객만족도를 높이는 것이다.

지식 in　　**e_SCM의 효과**

• 인터넷을 통해 고객들이 원하는 맞춤서비스를 제공할 수 있다.
• 직거래 활성화를 통한 공급체인의 길이가 짧아짐에 따라 리드타임이 줄어든다.
• 실시간 재고관리가 가능함에 따라 안전재고를 적정수준에서 유지할 수 있다.
• 공급사슬에서 참여기업들의 관계가 수직적 상하관계에서 수평적 협력관계로 변하고 있다.

(5) e-SCM 실행전략

① 기업주도형

ㄱ 기업이 주도적으로 데이터를 구축 및 관리한다.

ㄴ 유연성이 높고, 공급업체의 통제가 용이하다.

ㄷ 고도기술 요구품의 전문적 서비스 제공이 가능하다.

ㄹ 제품구매의 유연성이 떨어진다(사전 등록 업체만 거래).

ㅁ 자체관리비용이 부담된다(사이트 및 카탈로그 관리비).

② 시장포털형

ㄱ 업종공통의 온라인 전자시장을 활용한다.

ㄴ 포털업체 또는 중개업체가 데이터를 구축 및 관리한다.

ㄷ 구매안내, 지급보증 등의 부가서비스 제공이 기능하다.

〈기업주도형과 시장포털형〉

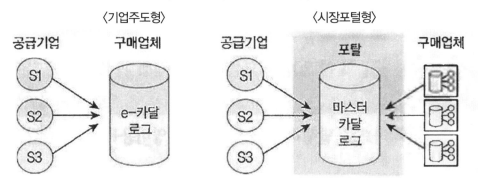

(6) e-SCM 도입효과

① 수직적 가치사슬의 해체

ㄱ 인터넷에 의한 저렴한 가격에 정보를 공유할 수 있다.

ㄴ 거래업체의 변경이 매우 용이해진다.

② 직거래의 활성화

ㄱ 새로운 비즈니스 모델의 출현이 가능하다.

ㄴ 인터넷 직거래 시장의 활성화가 이루어진다(MRO 시장, 음반판매 등).

③ 아웃소싱의 활성화

마케팅 기능만 가진 회사의 출현이 가능하다(가상회사).

④ 연관 산업으로 진출 가속화를. 통해 수평적 확장이 용이하다.

⑤ 정교한 연계 및 협업 체제 구축을 통해 재고자산의 최소화를 실현함수 있다.

05 JIT와 MRP

(1) JIT(Just In Time)시스템

① **개념** : '도요다 생산방식'의 일환으로 전개된 소로트생산을 중심으로 한 JIT시스템은 생산에 필요한 부품을 필요한 시기에 필요한 만큼 생산공정이나 현장에 인도하여 적시에 생산하는 방식이다.

② **JIT 시스템의 구성** : 핵심이 되는 간판방식(Kanban System)의 정보시스템의 주축을 이루고 있으며, 발주점방식을 응용한 것이다. 또한, 재고의 최소화를 위해 눈으로 보는 관리방식을 채용, 요구량만 확보하는 방식이므로 Pull 시스템이라 할 수 있다.

③ **JIT의 각 요소**
  ㉠ 6요소 : Q, C, D, P(수량), S(안전), M(사기)
  ㉡ 5정(正) : 청소, 청결, 정리, 정돈, 마음가짐
  ㉢ 3불(不) : 불필요, 불균형, 불합리
  ㉣ 정(定) : 정품, 정위치, 정량
  ㉤ 간판방식의 4개 기둥 : JIT, 소로트화, 자동화, 현장개선
  ㉥ 7가지 Loss의 배제 : 과잉생산의 Loss, 대기의 Loss, 운반의 Loss, 가공의 Loss, 재고의 Loss, 동작의 Loss, 불량의 Loss
  ㉦ JIT 4대 전제조건 : 강력한 판매력, 강력한 협력회사의 관리력, 평균화 생산, 생산시스템의 정비

④ **JIT의 생산방식**
  ㉠ Push 생산 : JIT 생산방식을 도입하고 있지 않은 각 현장에서 생산계획에 따른 일정계획대로 생산하는 일반적인 생산방식이다. 이 방식은 예측, 관리미스, 불량발생과 수리, 설비고장, 출근 상황에 따라 생산계획대로 생산하는 것이 어렵다.
  ㉡ Pull 생산 : 밀어 넣는 방식(종래의 생산방식)이 현상을 무시한 채 각 공정에서 생산계획에 따라 후공정에 관계없이 부품을 만들면 다른 공정 쪽에서는 결품이 되기도 하고, 또 다른 공정 쪽에서는 부품의 재고가 쌓이면 필요한 조립부품을 갖추는 것이 어려워지게 된다. 그래서 미국의 슈퍼마켓을 힌트로, 생산현장에서도 후공정이 필요한 것은 필요한 사람이 필요한 만큼 가져오게 하면 물건을 미리 많이 갖추어 둘 필요가 없다는 것에서 알 수 있다.
  ㉢ Line(흐름)생산 : Line 생산이란 Lead Time 내에 1개씩 정확히 공정순서에 따라 규칙에 맞게 만드는 것이다.

지식 in   **JIT(Just In Time, 적시생산시스템)**

> • JIT 방식은 정확한 시간에 정확한 수량으로 정확한 납품이 요구된다.
> • JIT 방식은 재고비용의 낭비요소를 줄일 수 있다.
> • JIT 방식에서 납품 차질로 인한 생산지연에 대한 비용은 공급자가 부담한다.
> • JIT 방식은 발주자의 구매업무 및 인력이 절감된다.

(2) MRP

① MRP시스템(Material Requirement Planning System, 자재소요계획) : 전산화된 프로그램을 이용하여 재고관리와 생산일정을 계획하고 통제하며, EOQ/ROP의 재고방식에서 문제시되는 과잉재고나 재고부족현상을 최소화하고, 적량의 품목을 적시에 주문하여 적정 재고수준을 통제하기 위한 시스템이다.

② MRP의 구성요소

    ㉠ MPS(Master Production Schedule) : MRP는 MPS가 입력되어야 하며 부품구성표에 있는 품목이 품목식별번호(Item Code Number, Stock Number)로 표시되어 있어야 한다.

    ㉡ Item Code No. : 개개의 재고품목은 'Item Code No.'에 의하여 일목요연하게 식별될 수 있어야 한다.(1품목은 1사양으로 되어 있어야 하며 One Item One Code로 되어 있을 것).

    ㉢ BOM(Bill Of Materials) : 계획시에 이미 부품구성표(BOM)가 완성되어 있어야 한다.

    ㉣ 재고상황 : 개개의 품목에 대한 재고상황이 기록되어 있으며 필요에 따라 이용이 가능해야 한다(재고는 In Stock 상태를 말한다).

    ㉤ In Stock(확인 가능한 재고) : In Stock이라는 말은 반드시 물리적인 Stock 상태를 말하는 것이 아니고 개개의 공정이 종료된 후의 On Hand 또는 Schedule Receipts로서 정보적인 재고상태가 확인 가능한 것을 의미한다. 개개의 품목은 반드시 In Stock 상태에 있어야 한다. 그러기 때문에 흐름작업에서 순간적으로 형을 바꿔가는 반조립품은 보통 In Stock 상태가 확인되지 않으므로 MRP의 대상으로 하지 않는다.

    ㉥ 재고 File : 각 재고파일은 물론 기타 파일의 데이터도 정확하고 완전하며 언제나 최선의 것이어야 한다.

    ㉦ Lead Time : 개개품목의 Lead Time을 알고 있어야 한다.

    ㉧ 사용가능한 재고 : 조립지시가 떨어짐과 동시에 모든 품목(부품)이 사용 가능한 상태가 되어 있어야 한다.

ⓩ 불출과 사용이 자유로울 것 : 불출과 사용을 구분할 것, 즉 여기서는 개수를 대상으로 한다.

ⓩ 품목의 독립적 취급 : 개개의 품목의 가공은 타품목과 관계없이 각기 독립적으로 취급한다. 한 가공 공정에서 타품목과 관계를 가지는 경우 보통의 MRP로서는 처리되지 않으므로 별도 취급되어야 한다.

③ MRP 시스템의 효과

　ⓐ 시스템이 관리과제에 합치된다.

　ⓑ 재료비를 절감할 수 있다.

　ⓒ 생산성향상에 이바지할 수 있다.

　ⓓ 재고에 대한 비용을 절감할 수 있다.

　ⓔ 간접인원에 대해 능률을 향상시킬 수 있다.

　ⓕ 정형적인 업무처리인원을 줄일 수 있다.

제7장 적중예상문제

01. 다음 중 SCM의 도입효과로 적절하지 않은 것은?

① 개별화된 고객서비스 제공
② 수평적 확장 용이
③ 자동적인 보충을 통한 재고 감축
④ 거래투자 비용의 최소화
⑤ 제품에 대한 사이클 타임의 증가

해설┃ SCM 도입효과
• 거래투자 비용의 최소화
• 자동보충을 통한 재고감·축
• 개별화된 고객서비스 제공
• 사이클 타임의 감축
• 수평적 확장 용이
정답┃ ⑤

02. e-SCM의 효과에 관한 설명으로 옳지 않은 것은?

① 인터넷을 통해 고객들이 원하는 맞춤서비스 제공할 수 있다.
② 인터넷 직거래 시장의 활성화가 이루어진다.
③ 실시간 재고관리가 가능함에 따라 안전재고를 적정수준에서 유지할 수 있다.
④ 공급사슬에서 참여기업들의 관계가 수평적 관계에서 수직적 상하관계로 변하고 있다.
⑤ 외부의 불가항력적인 요인 발생시 신속하게 대응할 수 있다.

해설┃ ④ 수직적 상하관계에서 수평적 협력관계로 변하고 있다.
e-SCM 도입의 효과
• 수직적 가치사슬의 해체
• 직거래의 활성화
• 아웃소싱의 활성화
• 수평적 확장
• 재고자산의 최소화
정답┃ ④

03. JIT(Just In Time)에 관한 설명으로 옳지 않은 것은?

① JIT 방식은 정확한 시간에 정확한 수량으로 정확한 납품이 요구된다.

② JIT 방식은 재고비용의 낭비요소를 줄일 수 있다.

③ JIT 방식에서 공급자와 발주자는 장기적인 종 속 거래관계를 형성한다.

④ JIT 방식에서 납품 차질로 인한 생산지연에 대 한 비용은 공급자가 부담한다.

⑤ JIT 방식은 발주자의 구매업무 및 인력이 절감 된다.

> 해설┃ ③ 공급자와 발주자는 장기적인 협력 거래관계를 형성한다.
> 정답┃ ③

04. 다음 중 JIT의 5정(正)으로 맞는 것은?

① 청소, 청결, 정리, 정돈, 마음가짐　　② 청소, 청결, 정리, 정돈, 노력

③ 청소, 청결, 정리, 정돈, 가격　　　　④ 청소, 청결, 정리, 정돈, 품질

⑤ 품질, 가격, 납기, 청소, 청결

> 해설┃ JIT의 5정(正)은 청소, 청결, 정리, 정돈 마음가짐이고, 3정(定) 정위치, 정량, 정품 이다.
> 정답┃ ①

물류관리사

화물운송론

운송의 기초 이해

01. 운송의 개요

(1) 운송의 정의와 목적

① 운송의 정의 : 장소적 효용창출을 위하여 인간과 물자를 한 장소에서 다음 장소로 이동 시키는 공간적·물리적 행위이다.

　　㉠ 엘리(O. Ely) 교수의 정의 : 제조업은 형상적 효용의 창출이고, 상업은 시간적 효용 의 창출인 데 비해 '운송은 장소적 효용의 창출'이다.

　　㉡ 운송의 현대적 의미 : '운송은 단순한 재화의 장소적·공간적 이동'이라는 개념에서 탈피하여 마케팅 관리상 물류시스템 합리화의 중요한 요소로 인식하고 있다.

② 운송의 목적

　　㉠ 운송의 기본적인 목적은 가장 많은 수량을 가장 빠른 속도로 보다 높은 안전도와 저렴한 가격으로 운송하는 것이다.

　　㉡ 현대의 운송은 단위적재시스템의 핵심이 되고 있는 일관 파렛트 적재와 일관 컨테이너 적재를 이용한 협동일관운송을 기반으로 하여 국제복합운송으로 발전하는 것이 목적이다.

> **지식 in**　운송의 동의어
>
> • 운송 : 재화의 이동을 서비스 공급 측면에서 해석한 개념
> • 배송 : 상거래 성립 후 고객이 지정하는 수하인에게 화물을 배달 또는 발송하는 개념
> • 수송 : 운송의 동의어로 일본에서 주로 사용
> • 교통 : 재화의 이동을 현상적으로 파악한 개념
> • 운수 : 행정상의 운송, 법률상의 운송과 동의어로 사용
> • 운반 : 어떤 한정된 범위 내에서의 운송

(2) 운송의 기능

① 정해진 시간 내에 상품을 고객에게 정확하게 전달한다.
② 판매와 생산의 조정역할로 생산계획을 원활하게 추진한다.
③ 물류계획을 바르게 수행하기 위함이다.
④ 운송 중 운송수단에 상품을 보관하는 기능을 수행한다.

(3) 운송의 중요성

① 운송은 생산과 소비를 연결하는 파이프로서 물류에서는 중요한 역할을 수행하고 있다. 재화의 공간적 이동에 의한 가치를 창조하는 물류의 한 분야로서 장소적 효용을 창출한다.
② 오늘날의 물류 개념하에서의 운송은 수주, 보관, 포장, 하역, 유통가공을 포함하여 총 물류비용 절감과 고객 서비스 향상에 주안점을 두고 있다.

(4) 운송의 효용

① 운송의 장소적 효용은 생산과 소비의 공간적 거리의 격차를 해소하는 것이다.
② 운송의 시간적 효용은 보관의 시간적 효용과 유사하게 생산과 소비의 시간적 격차를 조정하는 것이다.

(5) 운송의 3요소

① 운송경로(Link) : 도로(지방도, 국도, 고속도로), 철도, 해상항로, 항공로 등
② 운송수단(Mode) : 자동차, 열차, 선박, 항공기 등
③ 운송상의 결절점(Node) : 전 구간의 화물운송을 위한 운송수단들 상호 간의 중계 및 운송 화물의 환적작업 등이 이루어지는 장소(역, 트럭터미널, 물류센터, 유통센터, 항만, 공항, 도로의 교차점 등 상호간의 중계기지)

〈운송의 3요소〉

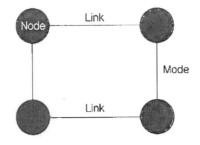

지식 in **일관파렛트화**

송화인이 다수의 화물들을 파렛트 위에 적재해서 수화인에게 화물이 도착할 때까지 전 운송과정을 파렛트로 운송하는 것을 말한다.

(6) 운송의 구분

① **국내운송** : 공장이나 자가창고에서 선적항까지의 운송
- ㉠ 공로운송 : 화물자동차를 이용한 운송
- ㉡ 철도운송 : 철도를 이용한 운송
- ㉢ 해상운송 : 연안운송(내항운송)
- ㉣ 항공운송 : 항공기를 이용한 국내운송
- ㉤ 내륙수운 : 내륙운하를 이용한 운송
- ㉥ 기타운송 : 파이프라인 운송. 컨베이어 운송(배송센터) 등

② **국제운송** : 선적항에서 수출지 도착항까지의 운송
- ㉠ 해상운송 : 외항운송
- ㉡ 항공운송 : 국제항공운송

③ **운송형태에 따른 분류**
- ㉠ 집배운송 : 거점까지와 거점에서 최종소비지까지 운송
- ㉡ 간선운송 : 거점과 거점 사이의 장거리 운송
- ㉢ 노선운송 : 정해진 노선을 일정시간에 순차적으로 운송

〈노선운송〉

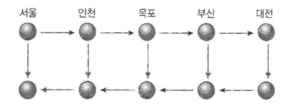

④ **운송 시스템에 따른분류**
- ㉠ 릴레이식 운송 시스템 : 운송거리가 긴 경우 일정 시간 운행 후 운전사를 교대한 뒤 차량을 계속 운행시키는 방식으로, 차량 기동시간을 최대화함으로써 신속한 운송을 가능케 한다.

ⓛ Point to Point 시스템 : 어느 하나의 지역에서 집화한 화물을 그 지역을 터미널로 집결시킨 후 배달할 지역별로 구분하여 배달담당 터미널로 발송하는 운송 시스템이다.

ⓒ 프레이트 라이너 방식 : 대형 트레일러로 컨테이너 터미널까지 운반된 화물을 고속열차를 통해 목적지로 운송하는 방식으로 터미널에서 터미널까지 직접 화물을 수송할 수 있다.

ⓔ 허브 앤 스포크 시스템 : 중심지역 또는 집배센터를 허브로 설정하고 다른 중소도시들을 연결시켜 경유케 하는 시스템으로, 모든 노선이 허브를 중심으로 구축되며 노선의 수가 적어 운송시간 단축 및 비용절감을 할 수 있다. 다만 허브로 배달물량이 집중되므로 충분한 상·하차 여건을 갖추지 못한 경우 배송지연이 발생할 수 있다.

지식 in 복합운송

서로 다른 2가지 이상의 운송수단에 의해 운송되는 것을 말하며 다른 말로 협동일관운송 또는 통운송이라고도 한다.

⑤ 기타분류

㉠ FCL(Full Container Load)운송과 LCL(Less-than Container Load)운송 : FCL운송은 대량의 화물로서 컨테이너에 혼재하지 않고 운송하는 형태이고, LCL운송은 소량의 화물로서 컨테 이너에 물품을 혼재하여 FCL로 만들어 운송하는 형태이다.

㉡ 정형운송과 비정형(Bulk)운송
- 정형운송 : 단위(Unit)화할 수 있는 물품을 단위화하여 운송하는 형태
- 비정형(Bulk)운송 : 단위(Unit)화시킬 수 없는 물품(광석, 곡류, 목재, 비료, 시멘트, 유류, 가스 등)을 특수한 시설과 구조를 갖춘 운송수단으로 운송하는 형태

㉢ 정기운송과 비정기운송
- 정기운송 : 물동량에는 상관없이 정해진 시간에 맞추어 운송하는 형태
- 비정기운송 : 일정량의 물동량이 있을 때 이용되는 운송

㉣ 단일운송과 복합운송
- 단일운송 : 출발지에서 도착지까지 하나의 운송수단을 이용하여 운송하는 형태
- 복합운송 : 두 가지 이상의 운송수단을 이용하여 최적의 운송경로로 운송하는 형태로서 주로 국제운송에 사용된다.

(02) 운송수단별 특징

(1) 운송수단 선택시 고려사항

① 최적 운송수단의 선택기준
  ㉠ 화물의 특성 : 화물의 종류, 화물의 중량 및 용적, 화물 고유의 성질, 화물의 가치(운임부담력), 운송거리, 납기, 고객의 중요도 등
  ㉡ 운송수단의 특성 : 이용가능성, 신속성, 안전성, 편리성, 정확성, 경제성, 신뢰성
② 최적 운송수단의 선택을 위한 보편적 판단 기준 : 물품의 종류, 물품의 중량 및 용적, 운송경로, 운송거리, 운송일수, 운송비용, 납기, 운임 부담력, 기후환경 등
③ 운송수단에 대한 평가사항 : 주요 평가사항으로는 편리성, 정확성, 신속성, 안정성, 경제성, 신뢰성 등
④ 운송유형별 적합 운송수단 : 공장과 물류거점 간 간선운송에서 운송상 최우선 과제는 운송비 절감인데 반해, 물류거점과 소규모 소비자 간 배송의 경우에 최우선 과제는 고객의 서비스수준의 극대화에 있다.

〈운송유형별 적합 운송수단〉

유 형	고려사항	적합한 운송수단
공장 → 물류거점간 간선운송	• 충분한 납기여유 • 차량단위 규모 • 계획운송 • 운송대상은 주로 소품종 대량화물	• 대형트럭(보통 8톤 이상) • 컨테이너 • 선박(원거리, 대량인 경우)
공장 → 대규모 소비자 직송	• 불충분한 납기여유 • 정확성 유지	• 중형트럭(보통 4.5~8톤) • 소형 컨테이너 • 카페리(원거리인 경우)
물류거점 → 소규모 소비자 배송	• 납기 임박 • 정확성 유지 필요 • 운송대상은 주로 소량 다품종화물	• 중 · 소형트럭(보통 4.5톤 미만) • 승용화물차량 • 항공기(소량화물 납기 임박의 경우)

(2) 운송수단별 종류

① 공로운송(도로 / 화물자동차운송) : 육상운송에 있어서 공로를 이용하는 화물자동차는 세계적 으로 가장 널리 이용되는 운송수단이다. 화물자동차는 근거리 운송에 있어서 다른 운송수단에 비해 비교우위를 가지고 있고 취급품목이 다양하다는 특징이 있으며, 운송의 탄력성과 완결성이 강한 장점이 있다.

② 철도운송 : 화물의 중량이 무겁거나 중거리 운송일 경우에 가장 적합한 수단이며, 비용이 저렴한 것이 특징이나 운송의 탄력성 및 완결성 등의 측면에서는 다른 운송수단에 비해 비교우위가 떨어 져 주로 대량화물의 장거리 간선운송수단으로 이용된다.

③ 해상화물운송 : 선박에 의한 해상화물운송은 다른 운송수단에 비해 이용상에 많은 제약 이 있으나 대량화물의 장거리 운송시 운임이 가장 저렴하며, 오늘날에는 컨테이너의 발달에 의한 운송의 효율화로 가장 널리 이용되고 있다.
   ㉠ 정기선운송
     • 계획된 운항이며 기항지, 항로, 발착일시, 항해일시 등이 미리 정해져 있다.
     • 선박해상운송에서 가장 많이 운항되는 방식이며 해운동맹이 정한 표준운임률 또는 운송약관 에 의하여 운송된다.
   ㉡ 부정기선운송
     • 대량화물은 한 장소에서 운송시 주로 사용되며, 화물의 집하상황에 따라 회사에서 가장 유리 한 창구에서 배선된다.
     • 운임, 하역작업 등은 운송 때마다 계약을 체결한다.

④ 항공화물운송 : 항공운송은 해상운송에 비해 상대적으로 차지하는 비중이 적기는 하지만, 부가가 치가 높은 정밀전자제품이나 귀금속, 신선도나 긴급을 요하는 화물 등의 운송에 이용된다.

⑤ 복합운송 : 두 가지 운송계약체결시 불편을 없애기 위한 운송시스템으로, 한 운송인이 화주에게 일관된 책임을 지고 하나의 운임청구서만으로 서로 다른 운송수단을 이용하여 수출업자의 창고, 공장, 사무소에서 수입업자의 창고, 공장, 사무소까지 운송을 담당하는 형태로서 일관운송시스템 이라고 한다. → 국제복합운송은 제도나 습관이 다른 나라를 통하여 운송하게 되므로 관계된 나라의 법 · 관습에 대한 정보도 습득해야 한다.

〈주요 운송수단별 비교〉

구분	자동차(도로)	철도	항공기	선박
운송시간	길다	길다	아주 짧다	매우 길다
운송거리	중·근거리	원거리	원거리	원거리
운송비용	단거리 운송유리	중거리 운송유리	가장 높다	원거리 운송유리
화물중량	소·중량화물	대량화물	소·중량화물	대·중량화물
중량제한	있다	없다	있다	없다
기후영향	조금 받음	별로 없음	대단히 많이 받음	많이 받음
안정성	조금 낮다	높다	낮다	낮다
일관수송체계	용이하다	미흡하다	어렵다	어렵다
화물수취	관리	불편	불편	불편
하역 및 포장비용	보통	보통	싸다	비싸다

(3) 운송수단의 장단점

① 화물자동차운송(도로운송)
  ㉠ 장점
    • 문전까지 일관수송이 가능하여 수취가 매우 편리하다.
    • 단거리 운송에 적합하고, 경제적이며 운임은 탄력적으로 계산이 가능하다.
    • 비교적 간단한 포장으로 운송이 가능하다.
    • 단위포장시 파렛트 이용이 가능하다.
    • 필요시 언제나 즉시 배차가 가능하다.
  ㉡ 단점
    • 장거리 운송시 운임이 높고 안정성이 떨어진다.
    • 대량운송에 적합하지 않다.
    • 교통사고, 공해문제를 유발한다.
    • 중량의 제한을 많이 받는다.

② 철도운송
  ㉠ 장점
    • 대량·중량 화물의 운송에 적합하다.
    • 중·장거리 운송시 운임이 저렴하다.
    • 비교적 사고율이 적고 전천후 운송수단이다.
  ㉡ 단점
    • 근거리 운송시 운임이 높고 경직적이다.

• 화차의 일관작업시 장시간 체류해야 하고 적기배차가 곤란하다.
• 발차역에서 화물수취가 불편하다.
• 문전수송을 위해서는 반드시 트럭의 집배송이 필요하다.

③ 선박
  ㉠ 장점
    • 대량운송시 전용선에 의한 운송 및 일괄하역작업이 가능하다.
    • 대량화물의 장거리 운송에 적합하며 운임이 저렴하고 매우 탄력적이다.
    • 최근에는 Sea&Air 운송까지 발전하고 있다.
    • 일관운송체제의 확립은 어려우나 육상운송수단과 연계해서 해·공 복합운송의 주축이 된다.
  ㉡ 단점
    • 운송속도가 늦어 운송기간이 길다.
    • 항만설비와 하역비가 비싸고 기후의 영향을 많이 받는다.
    • 항구에서의 화물인수로 상당히 불편하다.

④ 항공기
  ㉠ 장점
    • 소량 및 경량상품의 원거리 운송에 가장 적합하다.
    • 물품의 파손율이 적고 화물포장이 간단하며 보험료가 저렴하다.
    • 당일운송을 통한 재고조정이 가능하다.
    • 금융비용을 극소화할 수 있다.
    • 수송속도가 신속하여 계절성·유행성·신선도유지 상품의 수출도 가능하다.
  ㉡ 단점
    • 운임이 가장 비싸고 매우 경직적이다.
    • 중량과용적 제한이 있다.
    • 기후에 매우 민감하고 운항이 중단되는 경우도 있다.
    • 공항에서의 물품인수로 매우 불편하다.

⑤ 파이프라인
  ㉠ 장점
    • 유지비가 저렴하다.
    • 연속·대량운송이 가능하다.
    • 용지확보에 유리하다.
    • 컴퓨터 시스템을 활용한 운송의 완전자동화가 가능하다.

- 안전성이 높다(운송 중 사고발생율이 낮다).
- 운송시 환경오염이 거의 없는 환경친화적 운송방법이다.
ⓒ 단점
- 이용제품이 한정적이다(주로 에너지 자원의 수송에 이용).
- 특정장소에 한정적이다(운송경로에 대한 제약이 크다).
- 초기 시설비가 많이 든다(고정비 지출규모가 크다).

〈파이프라인〉

(4) 운송수단의 형태

① 트럭
ⓐ 전세 또는 구역취급 : 근거리 운송(100km 이내), 중거리 운송(101~300km), 장거리 운송 (301km 이상)
ⓑ 노선운송 : 정기편, 자동차편 화물취급
② 철도 : 직행운송, 컨테이너운송, 야드집결운송, 쾌속화물열차운송
③ 선박 : 정기선운항, 부정기선운항, 전용선운항, 카페리운항, 컨테이너운항
④ 항공기 : 화물전용기운송, 여객기운송

(5) 운송수단의 혼합이용

① Piggy-Back Service : 철도와 트럭의 혼합이용방법 → 트레일러나 컨테이너를 기차의 무개화차에 싣고 운송하는 방법
② Fishy-Back Service : 화물트럭과 선박의 혼합이용방법 → 배송비 절감, 운송시간 단축, 운송능률증대 등의 이익발생
③ Truck-Air Service : 화물트럭과 항공기의 혼합이용방법 1960년대부터 시작된 최신 운송방법 으로 고가상품 및 긴급화물의 증가와 항공기의 대형화에 따라서 많이 이용되고 있는 방법

④ Rall-Water Service : 기차와 선박의 혼합이용방법 → 대량·중량화물과 저가품의 장거리 대량 운송시에 가장 경제적인 운송방법

⑤ Sea-Air Service : 항공기와 선박을 혼합하여 이용하는 운송방식

⑥ Ship-Barge Service : 바지선과 원양선을 혼합 이용하는 방법

⑦ Pipeline Service : 원유나 가스의 공급을 위해 파이프라인을 설치하여 이용하는 방법

(6) 운송수단의 선택

① 선택의 기준 : 화물의 특성·중량·양, 운송거리, 운송시간, 운임, 신속성, 정확성, 안정성, 화물수취의 용이성, 하역 및 포장비, 일관운송과 국제복합운송의 여부, 기후의 영향, 물류비

② 운송수단별 운송비의 비교

ⓐ One Lot의 용적이 큰 경우 : 선박 〉 철도 〉 트럭 〉 항공

ⓑ One Lot의 용적이 작은 경우 : 철도차급 〈 컨테이너 〈 구역트럭 〈 노선트럭 〈 항공

ⓒ 경량화물의 경우 : 트럭 〉 컨테이너 〉 철도차급

③ 경제적 운송수단의 결정 : 운송거리와 운임을 고려한다.

ⓐ 자동차 : 운송구간이 약 300km 이하인 경우에 가장 경제적이다.

ⓑ 철도 : 운송구간이 300~500km인 경우에 가장 경제적이다.

ⓒ 선박 : 운송구간이 약 500km 이상인 경우에 가장 경제적이다.

(7) 운송수단 간 속도와 비용의 관계 비교

① 속도가 높은 운송수단일수록 운송의 빈도수가 더욱 높아지기 때문에 수송비가 증가

② 속도가 낮은 운송수단일수록 운송의 빈도수가 더욱 낮아지기 때문에 보관비가 증가

③ 수송비와 보관비는 상충관계(Trade-off)이기 때문에 총비용 관점에서 수송수단 선택

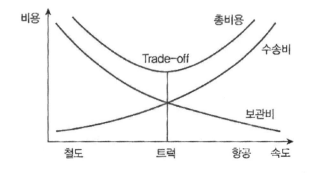

03 운송시장 환경변화와 화물운송 합리화 방안

(1) 향후 운송시장의 환경변화

소비자의 수요가 개성화·다양화되어 화물의 다품종·소량화 경향

① 정보화사회의 진전
② 화주요구의 다양화 및 엄격화
③ 물류의 다품종·소량화
④ 운송기업의 국제화
⑤ 운송회사 간의 경쟁의 심화

지식 in   최근 운송시장의 변화

- 고객 욕구(Needs)의 다양화
- 운송시장의 국제화
- 운송시장의 경쟁 격화
- 전자상거래의 증가
- 운송물의 다품종 소량화
- 정보화, 시스템화
- 환경에 관련된 규제의 강화
- 제3자물류의 증가

(2) 화물운송의 과제

운송의 경제성, 안정성, 기동성, 고속성 등의 제 조건을 근간으로 하여 운송망을 유기적으로 연결한 종합화물운송 체계를 형성하는 것이 바람직하다.

(3) 화물운송 합리화 방안

① 수송체계의 다변화
② 일관파렛트화를 위한 국가적 지원
③ 공로운송기업 간 업무제휴
④ 야간 차량운행의 활성화
⑤ 물류기기의 개선
⑥ 정보시스템의 정비
⑦ 복합운송체계의 도입
⑧ 정기 직행 열차(Block Train) 도입
⑨ 물류아웃소싱의 활성화
⑩ 공동 수배송 활성화

⑪ 최적운송수단을 선택하여 이용(예 Modal Shift)

⑫ 기타 피더선 전용부두 건설, 화물전용차로제 도입, 화물주선시스템 도입, 복합물류터미널 건설 등

(4) 경제적 운송을 위한 원칙

① 대형화의 원칙 : 화물의 운송은 대형차량에 의해 대량으로 운송하는 것이 운반비용면에서 더 경제적이다.

지식 in   **블록트레인**

자체 화차와 자체 터미널을 가지고 항구의 터미널에서 내륙목적지의 터미널 혹은 착화주의 지점장소까지 남의 선로를 빌려 철도·트럭 복합운송을 제공하는 국제철도 운송 시스템을 말한다.

제1장 적중예상문제

01. 화물운송에 대한 설명으로 옳지 않은 것은?

① 운송모드(Transportation Mode)에는 화물 자 동차, 철도, 항공기, 선박 등이 있다.
② 운송링크(Transportation link) 에는 복합물류 터미널, 철도역, 항만, 공항, 컨테이너 야드 (CY) 등이 있다.
③ 운송모드를 선택할 때는 화물특성, 운송거리, 운송시간, 운송비용 등을 고려한다.
④ 항공운송은 소량 및 경량화물의 장거리 운송 에 가장 적합하다.
⑤ 철도운송은 안정성과 정시성 등의 장점이 있다.

> **해설 ▮** 복합물류터미널, 철도역, 항만, 공항, CY 등을 Transportation Node라 한다.
> **정답 ▮** ②

02. 다음은 주요 운송수단에 대한 장단점을 설명한 것이다. 바르지 않은 것은?

① 도로운송은 근거리와 중거리 운송에 적합하며, 문전에서 문전까지의 일관수송이 가능하다.
② 도로운송은 장거리 운송시 운임이 비싸며, 공해문제와 교통체증 등을 발생시키는 문제점 이 있다.
③ 항공운송은 운송시간이 짧고 경량품의 장거리 운송에 유리하며, 일관운송체계의 구축이 용이하다.
④ 철도운송은 대량화물의 중·장거리 운송에 유리 하며, 운송의 안전성 측면에서 타 운송수 단에 비해 장점이 있지만 운행시간의 탄력적 운용이 어려운 측면이 있다.
⑤ 해상운송은 대량회물의 중·장거리 운송에 이용되며 화물의 중량제한을 적게 받는 장점 이 있지만, 기후의 영향을. 받는다는 단점이 있다.

> **해설 ▮** 항공운송은 해상운송에 비해 운송시간이 짧으나, 일관운송체계의 구축이 어렵다.
> **정답 ▮** ③

03. 다음 중 화물자동차와 수상운송수단이 결합되는 복합운송 방식은?

① 피기백방식 (Piggy-Back System)　　② 피쉬백방식 (Fishy-Back System)

③ 버디백방식(Birdy-Back System)　　④ 랜드브리지방식 (Land Bridge System)

⑤ 철도-해운방식 (Train-Shipping system)

> **해설** | 복합운송방식
> • 피기백(Piggy-Back): 철도와 트럭을 함께 사용하는 수송방식
> • 피쉬백(Fish-Back) : 해상운송과 트럭을 함께 사용하는 수송방식
> • 버디백(Birdy-Back) : 트럭과 항공운송을 결합한 수송방식
> **정답** | ②

04. 다음 내용이 설명하는 것으로 가장 적절한 것은?

> 이 운송수단은 근거리 운송에 있어서 타 운송수단에 비해 비교우위를 점하고 있고, 동시에 취급품목이 다양 하다는 특징이 있으며, 운송의 탄력성 및 완결성이 강 한 장점을 지니고 있다.

① 공로운송(자동차운송)　　② 항공화물운송

③ 파이프라인운송　　④ 해상화물운송

⑤ 철도운송

> **해설** | 육상운송에 있어서 공로를 이용하는 화물자동차는 세계적으로 가장 널리 이용되는 운송수단이다.
> **정답** | ①

제2장 화물자동차(공로) 운송

01 화물자동차운송 개요

(1) 화물자동차운송의 개념

화물자동차운송은 공로망의 확충과 운반차량의 발전 및 대형화 추세에 따라 한 나라의 종합운송 체제의 핵심적인 역할을 수행하고 있을 뿐 아니라 국제복합운송의 발전에 따라 문전에서 문전까지를 실현할 수 있는 중요한 연계 운송수단이 되고 있다.

(2) 화물자동차운송이 증가하는 원인

① **편리성** : 대규모의 고정자본을 투입하지 않고 도심지, 공업 및 상업단지의 문전까지 신속·정확하게 운송할 수 있는 편리성이 있다.

② **소규모성** : 자동차는 한 대씩 독립된 운송단위로 운영되기 때문에 운송 사업에 대한 투입이 용이하다.

③ **경제성** : 단거리 운송에서 철도보다 훨씬 경제적이며, 수송량에 대한부가가치가 상대적으로 높다.

④ **투자의 용이성** : 자동차의 경우규모의 경제에서 오는 이익과의 관계가 적기 때문에 투자가 용이하다.

⑤ **안전성** : 단거리 문전운송이기 때문에 화물의 파손과 위험이 적다.

⑥ **기동성과 다양성** : 트럭의 종류가 풍부하고 기동성이 높기 때문에 고객의 다양한 수송수요에 응할 수 있다.

⑦ **신속성** : 소량화물은 철도보다 신속하게 운송할 수 있다.

(3) 화물자동차운송의 특징

① 기동성과 신속한 배달이 가능하여 다빈도 소량배송에 가장 적합한 운송수단이다.

② 차종, 차량이 풍부하여 고객의 다양한 욕구에 대응할 수 있다.

③ 신속하고도 정확한 택배서비스(Door to Door Delivery)를 실현할 수 있다.

④ 운송단위가 소량이고 에너지 다소비형의 수송기관으로 에너지 효율이 나쁘며, 운반생산성이 낮다.

(4) 화물차운송의 장단점

① 장점

㉠ 문전에서 문전까지 신속·정확하게 일관운송이 가능하다.

㉡ 단거리 운송에 적합하고 철도보다 경제적이다.

㉢ 비교적 포장이 간단하고 쉽다.

㉣ 신속한 배차가 가능하고 단거리 운송에서 경제성이 높다.

㉤ 운송물량의 변동에 유연하게 대처할 수 있다.

㉥ 다양한 고객의 요구를 충족시킨다.

㉦ 다른 운송수단에 비해 투자가 용이하다.

② 단점

㉠ 대량운송에는 적합하지 않다.

㉡ 단거리와 달리 장거리 운송시에는 운임이 높다.

㉢ 도로혼잡, 교통사고 등의 문제가 발생된다.

㉣ 적재중량에 제한이 많다.

㉤ 소음, 진동, 배기가스 등의 공해문제로 인해 환경오염이 우려된다.

(5) 화물자동차의 구분

화물자동차의 형태에 따라 구분하는 방법 중 가장 기본적인 구분이 원동기와 적재대가 동일 프레임에 설치되어 있는지 아닌지에 따라 구분하는 일체형자동차와 분리형지동차이다.

① 일체형자동차

㉠ 개념 : 차량을 움직이게 하는 원동기(엔진)와 화물적재대가 하나의 프레임위에 설치된 차량을 말하며, 원동기가 설치된 차량을 트렉터, 적재대가 설치된 차량을 트레일러라고 칭한다.

㉡ 장점

• 차량의 제작가격(분리형에 비해)이 낮아질 수 있다.

• 차량의 제원(중량 및 길이)이 작아지기 때문에 소로의 통행, 좁은 작업장 등에서도 원활한 운행이 가능하다.

• 소량화물을 운송하는 경우에는 불필요하게 차량의 크기를 확대시킬 필요가 없어 경제적이다.

㉢ 단점 : 일체형자동차는 운전기사와 원동기부분과 적재대부분이 항상 같이 이동을 해야 하기 때문에 비효율적인 운송상황(상하차 대기, 공차운행, 물량부족 운행대기, 장척물 적재 제한 등)이 발생할 있다.

② 분리형자동차
  ㉠ 개념 : 원동기가 장치된 부분과 화물을 적재하는 부분이 서로 다른 프레임 위에 설치되고 각각의 차량으로서 제작, 등록되는 차량이다.
  ㉡ 장점
    • 각각의 차량으로 제작되기 때문에 적재대의 길이를 확대시킬 수도 있다.
    • 트렉터와 트레일러가 분리되어 운행되기 때문에 비효율적인 운송상황을 최소화할 수 있다.
    • 트럭터 1대에 다양한 전용트레일러의 운영이 가능하다.
  ㉢ 단점 : 차량의 제작가격이 상승하고 차체의 길이가 길어지기 때문에 이용하는 도로나 작업장의 여건에 따라 이용에 제한을 받는다.

<화물자동차의 안전기준>

항목		기준
제작기준	길이	단차 13m, 연결차 16.7m 이내
	너비	2.5m 이내
	높이	지상으로부터 4m 이내
	최저지상고	12cm 이상
	차량총중량	40톤 이내
	전축하중부담율	20% 이상
	축하중	10톤 이내
운행기준	길이	자동차길이의 1/10을 더한 길이 이내. 고속도로에서는 19m 이내
	너비	후사경으로 후방을 확인할 수 있는 너비. 고속도로에서는 3m
	높이	지상으로부터 3.5m 이내, 고속도로에서는 4.2m
	축하중	10톤 이내
	운송중량	최대적재량의 11할 이내
	기타	편하중 적재, 화물낙하위험이 있는 차량은 고속도로 통행제한

02. 화물자동차의 종류별 특징

(1) 일반화물자동차(General Cargo Truck)

① 개념 : 가장 일반적인 화물자동차로서 적재대의 윗부분이 개방되어 있고 측면과 후면은 적재대 바닥과 힌지(Hinge)로 연결하여 개방을 할 수 있는 구조로 되어 있다.

② 장점
  ㉠ 화물의 적재를 후면뿐만 아니라 양 측면과 윗 방향에서도 할 수 있어 상하차가 신속하다.
  ㉡ 적재대 밖으로 튀어나오는 화물이나 높이가 높은 화물도 교통법규가 허락하는 한도 내치는 자유롭게 적재·운행할 수 있다.
  ㉢ 적재대에 별다른 장치가 없기 때문에 밴형이나 다른 전용차량들에 비해 적재량이 많다.

③ 단점
  ㉠ 일반화물자동차는 화물을 적재 후 화물의 안전한 운송을 위하여 결박을 해야 하고, 우천시 등을 감안하여 덮개를 씌우고 운행해야 하기 때문에 신속한 운행을 저해하는 요인이 되며 화물이 파손되기도 한다.
  ㉡ 적재대의 측면이 낮기 때문에 정형화된 회물이 아니면 높이 쌓기에 부적절하여 적재량에 제한을 가져올 수 있다.

(2) 밴형화물자동차(Vantype Tmck)

① 개념
  ㉠ 밴형 화물자동차는 일반적으로 탑차라고 불리기도 하는 차량으로서 화물적재대들 상부가 막힌 박스형으로 제작한 차량을 말한다. 화물자동차메이커에서 직접 제작하기도 하지만 일반화물자 동차로 제작된 차량을 구입한 후 소위 특장차메이커에 의뢰하여 자신의 운송용도에 맞게 구조 결정하여 사용하는 경우가 많다.
  ㉡ 밴형화물자동차는 탑의 무게 때문에 동급의 차량에 비하여 적재중량이 감소되기 때문에 중량화물보다는 부피화물을 주로 운송하는 차량에 이용된다.

② 장점 : 화물을 결박할 필요가 없고 덮개를 씌울 필요도 없기 때문에 상하차시간이 단축될 뿐만 아니라 우침이나 화물의 낙하와 같은 사고발생이 매우 적은 장점이 있다.

③ 단점

    ⊙ 화물의 상하역이 주로 뒷방향으로만 이루어지기 때문에 상하역시간이 지연될 수 있다(이러한 문제를 완화하기 위하여 대분의 경우 측문을 만든다).

    ⓛ 적재함의 크기보다 폭이나 길이, 높이가 큰 화물은 운송이 곤란하고 차량의 제작가격도 상승한다.

〈화물자동차의 종류〉

종류	세부종류	내용
보통트럭	소형	최대적재량 1톤, 총중량 3톤 이하의 것
	중형	최대적재량 1톤 초과 5톤 미만, 총중량 3톤 초과 10톤 미만
	대형	최대적재량 5톤, 총중량 10톤 이상의 것
트레일러	세미트레일러	후축에만 타이어가 달려 있고 전축에는 커플러로 지지되는 방식, 크게 평판트레일러(빔, 강관 운반)와 샤시트레일러(컨테이너 수송 전용)로 나뉨
	폴트레일러	장척물 운반용 트레일러 세미트레일러와 달리 전후에 모두 타이어가 달려 있고 커플러나 킹핀이 아닌 특수 연결장치(핀틀후크)를 사용
	더블트레일러	세미트레일러 2량을 연결
전용특장차	덤프트럭	적재함을 후방으로 기울여 물건을 쏟아내는 차
	믹서트럭	생콘크리트 믹서차(일명 레미콘차)
	분립체운송차	벌크차, 유류나 곡물, 사료를 운반
	냉동·보냉차	냉동, 냉장식품 수송, 단열벽과 냉동기 부착
	액체운송차	탱크로리를 장착한 차량
합리화 특장차		화물적재나 하역시 합리적으로 작업할 수 있는 설비기기를 갖추고 있는 것(실내하역기기 장비차, 측면전개차, 적하·하역 합리화차, 시스템 차량)

(3) 전문용도형화물자동차(Specialized Truck)

① 개념 : 전문용도형화물차량(일명 전용특장차)이란 차량의 적재대를 특정한 화물운송에 적합하도록 특수하게 제작한 차량을 말한다.

② 장점

    ⊙ 화물의 포장비 감소 : 화물의 안전한 운송을 위하여 다양한 물류포장을 해야 하는데 전문용도형 차량은 적재대 자체가 포장용기와 같은 역할을 하기 때문에 산물상태로의 운송이 가능하다.

    ⓛ 산물상태로 하역을 하기 때문에 전문적인 상하역설비가 필요하기는 하지만 취급수량이 많아지면 기계화 및 자동화에 따라 상하역비용이 대폭 감소한다.

ⓒ 신속한 상하역으로 인하여 차량의 회전율이 대폭 향상될 수 있다.

ⓔ 악천후에도 안전한 상하차가 가능하며 운송화물의 안전도도 향상시킬 수 있다.

③ 단점

㉠ 전문용도형차량은 운송되는 화물의 특성에 맞춰 제작되기 때문에 차체의 무게가 무거워
지고 (동 일톤급의 경우 밴형 차량보다도 적재량이 더 많이 감소) 제작가격도 상승하며
해당화물이 없을 때는 다른 화물의 운송이 곤란한 이용상의 제약을 받을 수 있다.

㉡ 귀로의 복화화물을 확보하는 것이 어렵기 때문에 편도영차운행을 해야 하는 비효율
성이 있다.

④ 전문용도형차량을 활용하고자 할 때는 장단점을 경제적으로 분석하여 결정해야 하며
차량의 형태를 분리형으로 제작하거나, 차량의 운영을 위수탁방법으로 하거나, 차량 1
대에 운전기사를 2명 이상으로 운영하여 최대한 운영효율을 높이는 방법을 강구하는
것도 필요하다.

⑤ 종류

㉠ 액체운송차량(Tanklorry) : 액체운송차량은 일반적으로 탱크로리라고 칭한다. 석유
류 등을 비롯하여 액체로 된 다양한 화물을 운송할 수 있도록 주로 원통형 적재대가
설치된다. 운송되는 화물별로 안전한 운송을 위한 특수장치들이 설치되며 특히 이러
한 액체화물들은 주로 화학물질이기 때문에 지정된 화물 외에는 적재할 수 없다.

㉡ 분체물운송차량(Bulktruck) : 가루나 작은 알갱이형태의 화물을 전문적으로 운송하기
위하여 제작되는 화물자동차이다. 밀가루, 벌크시멘트, 곡물, 사료 등을 운송하는
차량에 주로 적용 되며 적재대는 원통형이나 박스형으로 제작되고 화물의 형태에
따라 상하차방식이 다르기 때문에 분체물운송차량도 운송화물의 범용성이 떨어진다.

㉢ 냉동물운송차량(Refertruck) : 냉동·냉장화물을 전문적으로 운송하기 위하여 제작
된 차량을 말한다. 적재대의 모형은 밴형과 동일하지만 적재대의 벽체가 단열처리되
어 있고 냉동기가 부착되어 있으며 적재대내부가 냉기순환이 가능한 구조로 되어
있다. 냉동기를 엔진의 힘을 이용하여 작동시키는 메인타입과 냉동기에 자체 엔진이
부착된 서브타입이 있으며 대형냉동 차량의 경우에는 서브타입을 사용해야 안전한
운송이 가능하다. 냉동차량에는 일반화물을 운송할 수도 있지만 육류나 생선 등을
전문적으로 운송하는 냉동차량은 화물의 냄새가 차체에 배어있어 일반화물을 운송
할 때 이 냄새로 오염될 수도 있음을 유의해야 한다.

㉣ 레미콘차량 : 레미콘을 전문적으로 운송하기 위한 차량으로서 건설중기로 등록되는
차량이다. 레미콘만을 운송할 수 있으며 운송 중 레미콘이 응결되지 않도록 계속
적재대를 회전시키면서 운행한다.

ⓜ 차량운송용차량(Transporter) : 차량을 전문적으로 운송할 수 있는 적재대를 갖춘 차량을 말한다. 운송되는 차량이 직접 적재대에 올라갈 수 있는 장치와 적재대가 2층으로 되어 있어 많은 차량을 적재할 수 있는 구조를 갖고 있다.

ⓗ 동물운송차량 : 말이나 병아리 등 특정 동물을 전문적으로 운송하기 위한 차량이다. 운송중 동물이 스트레스를 적게 받게 하거나 상처를 입지 않도록 특수한 보호장치를 갖추고 있다.

ⓢ 중량물운송차량 : 중량화물을 안전하게 운송하기 위하여 차체가 넓고 길며 운송 중 수평을 유지할 수 있도록 각 바퀴마다 독립현가장치를 장착하고 있다. 또한 한 대의 차량으로 운송하기 어려운 화물을 운송할 수 있도록 차량을 Back to Back방식이나 Side by Side방식으로 여러 대를 연결하여 하나의 차량처럼 운행할 수도 있어 Moudle Truck이라고도 한다.

(4) 합리화차량

운송화물의 범용성을 유지하면서도 적재함구조를 개선하고 별도의 상하역 조력장치 등을 부착함으로써 차량화물자동차에 화물을 싣고 내리는 하역작업을 보다 효율적으로 수행하고 운송화물의 안전성을 높이거나 적재함 자체를 보다 효율적으로 활용하기 위한 개선작업을 한 차량을 말한다.

① 상하역합리화차량 : 화물의 상하차를 보다 효율적으로 하기 위하여 차제 구조를 개선하거나 상하역 조력장치를 부착한 차량을 말한다.

ⓖ 덤프트럭 : 덤프트럭은 개발된 지 가장 오래된 합리화 차량이라고 할 수 있다. 주로 토사, 폐기물 등 벌크화물을 운송할 때 하차작업을 용이하게 하기 위하여 적재함자체의 한쪽을 들어올려 화물이 쏟아져 내릴 수 있도록 한 트럭이다. 주로 건설현장과 하역현장에서 활용된다.

ⓛ 리프트게이트트럭 : 적재함 후문에 화물을 싣고 내릴 수 있는 리프트를 장착한 차량을 말한다. 인력으로 상하역이 곤란한 화물을 운송할 때 지게차 등 상하역 장비 없이도 용이하게 상하역을 할 수 있는 장점이 있다. 따라서 중량물을 배송하는 중소형차량에 많이 활용된다. 암(Arm)형과 수직형이 있다.

ⓒ 크레인장착트럭 : 트럭 적재함의 앞쪽 또는 뒷부분에 크레인을 장착하여 자신이 운송할 화물을 직접 상하역하거나 상하역장비가 없는 현장에서 다른 차량에 적재함 화물을 실어 주는(또는 내려주는) 역할을 한다. 크레인에 너클장치를 부착하거나 후크를 부착하여 다양한 형태로 작업을 할 수 있다.

ⓡ 세이프로더 : 적재함의 앞부분을 들어올려 뒷부분이 지면에 닫도록 함으로서 차량 등이 직접 적재함에 올라갈 수 있게 하거나 적재함 앞부분에 윈치를 부착하여 화물

을 끌어 올릴 수 있도록 하여 중량물을 용이하게 상하역 할 수 있도록 한 차량이다. 차체리프트형과 적재대리프트형이 있다.

② **적재함구조합리화차량** : 적재함구조합리화차량이란 적재함의 형태를 개선하여 화물을 보다 안전하고 효율적으로 적재하거나 적재함에 올려진 하역을 적재대내에서 효율적으로 이동시키기 위해 정치를 한 차량을 말한다.

  ㉠ 리프트플로어차량 : 적재함의 바닥에 레일(Rail)형 전동리프트를 장착하여 싣거나 내릴 화물을 레일을 Pop-up시켜 앞 또는 뒤쪽으로 이동시 킬 수 있도록 한 차량을 말한다.

  ㉡ 로울러 컨베이어장치차량 : 적재함의 중앙에 로울러컨베이어표 장착하여 박스화 된 화물을 로울러를 이용하여 앞뒤로 이동시킬 수 있도록 한 차량이다.

  ㉢ 로울러베드장치차량 : 로울러 컨베이어장치차량이 로울러를 적재함의 중앙부만 로울러를 설치 한데 반해 로울러베드장치차량은 적재함 바닥 전면에 로울러 또는 보울 베어링을 설치하여 적재함의 모든 부분 및 방향에서도 화물을 용이하게 이동시킬 수 있도록 한 트럭이다.

  ㉣ 파렛트레일장치차량 : 적재함에 바퀴가 달린 스케이트가 이동함 수 있는 홈윤 설치하고 스케이 트위에 화물을 적재한 후 홈을 통해 앞뒤로 이동시킬 수 있도록 한 차량이다. 화물의 이동이 끝나면 스케이트는 탈거하도록 되어 있다.

  ㉤ 파렛트슬라이더장치차량 : 적재함 바닥에 파렛트를 적재하여 적재함의 앞뒤로 이동할 수 있는 슬라이더가 장착된 차량을 말한다. 파렛트레일차량의 스케이트가 이동을 완료 후 탈거하는 형식인테 반해 파렛트슬라이더차량은 슬라이더위에 화물이 적재된 상태로 운송을 한다.

  ㉥ 행거적재함차량 : 적재함에 행거를 설치하여 의류를 박스화하거나 구기지 않고도 운송할 수 있도록 제작한 차량이다. 행거적재함차량은 행거를 탈착할 수 있으며 높낮이를 조절할 수 있도록 행거거치대와 행거 봉이 특수하게 설계된 것이 특징이다.

  ㉦ 이동식칸막이차량 : 하나의 적재함 내에 서로 다른 종류의 화물을 적재할 수 있도록 적재함의 중간을 특수한 장치로 막을 수 있도록 한 차량이다. 동일한 화물을 운송할 때는 칸막이를 설치하지 않고 필요한 때만 중간을 막아서 2개의 적재함처럼 이용한다. 주로 냉동화물과 냉장 또는 일반화물을 동시에 운송할 때 많이 활용한다.

  ㉧ 화물압착차량 : 쓰레기와 같이 부피가 많은 화물을 적재하면서 압축하여 부피를 적게 만들어 운송함으로서 운송비를 줄일 수 있도록 한 차량으로서 주로 청소차량에 많이 활용한다.

  ㉨ 스테빌라이져차량 : 적재함에 특수한 장치를 부착하여 운송중인 화물이 흔들리거나 붕괴되지 않도록 유동을 방지할 수 있도록 한 차량을 말한다. 측면에서 화물을 안정화

시키는 방식과 적재함 윗면에서 눌러서 안정화시키는 방법이 있다.

ⓒ 워크쓰루벤 : 운전기사가 운전석에서 적재함으로 바로 진입할 수 있도록 운전석과 적재함 사이에 출입문이 설치된 차량을 말한다. 화물의 배달업무를 수행하는 기사들이 운전석 밖으로 나가서 다시 적재함문을 열고 화물을 찾아 배달하는 시간적인 낭비를 줄이기 위해 적재함 내부로 바로 진입하여 화물을 찾아 밖으로 나갈 수 있다. 주로 택배차량에 많이 이용된다.

③ **적재함개폐합리화차량** : 밴형차량의 단점 즉, 상하차작업을 주로 후문을 이용함으로서 작업시 간이 많이 소요되고 하역장비의 사용, 물류센타의 구조 등에 제약을 받는 문제점을 해결하기 위하여 적재함의 개폐방법 및 형식을 개선한 차량을 말한다.

㉠ 윙바디(Wing Body)차량 : 적재함의 상부를 새의 날개처럼 들어 올릴 수 있도록 한 차량으로서 측면에서의 상하차작업이 가능하도록 한 차량이다. 적재함 측면의 지지력이 약하기 때문에 부 피화물 위주로 운송하는데 적합하며 주로 중대형 차량에 많이 적용한다.

㉡ 셔터도어차량 : 밴형차량의 경우 일반적으로 여닫이식 문을 채택하기 때문에 문을 여는 방향으로 일정한 공간이 필요하며 문을 여닫는데 시간이 소요된다. 이러한 문제를 해결하기 위하여 밴형차량의 적재함문을 상하로 개폐할 수 있는 셔터형으로 제작한 차량을 셔터도어 차량이라고 한다. 개폐의 신속성, 차체무게 도어의 경량화, 작업공간확보 문제들을 해결할 수 있는 장점이 있다. 셔터의 측면지지력이 약해 부 피화물운송에 이용해야 한다.

㉢ 컨버터블(Convertable)적재함차량 : 밴형차량의 적재함 덮개 전체 또는 측면부가 적재함에 설치된 레일을 따라 앞뒤로 개폐될 수 있도록 제작된 차량을 말한다. 따라서 화물을 상하차할 때는 덮개를 앞이나 뒤로 이동시킨 후 작업을 하고 작업이 완료되면 원래대로 복귀시켜 밴형화물차량과 같은 형태로 운송할 수 있다. 윙바디트럭보다 차량제작가격이 저렴하고 차체가 가벼워 적재량이 증가한다.

㉣ 슬라이딩도어차량 : 밴형차량의 측문이 하나이거나 한쪽에만 설치되어 있어 측면에서의 상하차 작업이 불편할 뿐만 아니라 지게차에 의한 작업이 상하차작업이 곤란한 문제점을 해결하기 위하여 측면의 문을 미닫이식으로 설치하여 측면 전체가 개방이 가능하도록 제작된 차량이다. 주로 무거운 화물(음료수 등)을 배송하는 중소형차량에 적용한다.

지식 in **합리화 특장차의 특징**

- 기계 상하차에 따른 차량의 회전율을 높일 수 있다.
- 기계화에 따라 차량의 가격이 고가이다.
- 파렛트를 사용하거나 화물의 규격화가 필요하다.
- 각종 장치에 의해 차체 중량이 무거워져 적재량이 적어진다.
- 측면전개차량이나 탈착식 보디 등은 상하차 장소에 제약을 받는다. 기계화 상하차에 따른 인건비 절감 및 인력구득난을 해소할 수 있다.

(5) 시스템차량

시스템차량이란 적재한 화물을 이적하지 않은 상태에서 다른 차량을 이용하여 계속적인 연결운송이 가능하도록 하거나 차량과 적재함을 분리하여 상하차시간 및 대기시간 등을 단축할 수 있도록 제작된 차량을 말한다. 시스템 차량이 분리형차량인 트레일러와 다른 것은 트레일러는 견인차와 피견인차로 완전히 분리된 차량인데 반해 시스템차량은 적재함 자체만 분리되고 차체는 하나로 되어 있다는 점이다.

① 스왑바디(Swap Body)차량
  ㉠ 개념
    - 차량의 적재함을 서로 교체하여 이용할 수 있도록 제작되어 있다는 의미에서 붙여진 이름이다.
    - 컨테이너형 적재함이 차체와 분리 및 장착이 가능하도록 만들어 화물을 싣거나 내릴 때는 대 기시간이 발생하지 않도록 고안된 차량이다.
    - 국내에서는 일부 이삿짐업체들이 이사화물의 일시보관용으로 이용하고 있으나 유럽 등에서는 이용이 일반화되어 있다.
  ㉡ 장점
    - 다수의 적재함을 만들어 상하차장에 배치하고 차체는 상하차가 끝난 적재함을 계속적으로 운 송만 함으로써 대기시간을 삭감하여 운행효율을 높인다.
    - 작업장에서도 배치된 여러 대의 적재함에 계속적으로 상하차작업을 할 수 있게 됨으로써 중 단 없는 하역작업이 가능하다.

② 암롤트럭(Arm Roll Truck)
  ㉠ 스왑바디와의 차이점 : 사용목적과 Concept은 스왑바디와 동일하나 스왑바디가 적재함에 4개 의 랜딩랙(Landing Lag)을 부착하여 수평으로 지면에 장치한 후 차체와 탈부착하는 방식인데 반해 암롤트럭은 적재함 자체를 지면에 내려놓은 후 차체에

설치된 적재함 견인용 암(Arm)과 차체에 설치된 가이드장치에 의하여 끌어올린다는 점이 다르다.

ⓒ 사용 : 적재함을 올리고 내릴 때 경사가 생기므로 파손염려가 없는 화물을 운송할 때 주로 사용된다(예 쓰레기 수거차량, 항만에서의 고철 또는 무연탄과 같이 산물로 운송되는 화물).

(6) 견인차량

견인차량이란 피견인차량을 견인할 수 있는 장치와 피견인차량의 브레이크시스템 및 등화 시스템을 작동시킬 수 있도록 제반 조건이 갖추어진 차량을 말한다. 견인차량에는 자신은 화물을 적재할 수 없는 상태에서 전문적으로 피견인차량(Trailer)만 견인을 하기 위한 트랙 터(Tractor)와 자신도 적재를 하면서 피견인차량을 견인함 수 있는 Pull-Cargo Truck으로 구분할 수 있다.

① Tractor
  ㉠ 개념
   • 트레일러를 전문적으로 연결 · 운송할수 있도록 제작된 차량을 말한다.
   • 트랙터는 트레일러와 결합하여 운행을 하지만 2대의 차량으로 제작 및 등록되기 때문에 차량 1대로 제작할 때의 안전기준 13미터를 초과하여 16.7미터까지(2대 연결시) 제작할 수 있기 때문에 주로 장척 · 활대품운송과 중량물운송을 위해 이용된다.
  ㉡ 장점
   • 길이가 길어 장척물 운송에 적합하다.
   • 바퀴가 많아 하중의 분산이 잘되고 많은 양을 운송할 수 있다.
   • 연결운행시 차량의 중간이 굴절하므로 회전반경이 좁다.
   • 적재함과 분리되므로 상하차를 위하여 현장에서 대기할 필요 없이 또 다른 운송업무를 수행 할 수 있다.
   • 운송도중 고장이 발생하더라도 다른 견인차량으로 교체하여 운송이 가능하기 때문에 운송지 연이 감소된다.

② Pull-Cargo Truck
  ㉠ 개념 : 풀카고트럭은 일반카고 트럭형태로 제작되어 독자적으로 운송을 할 수도 있으며 피견인 차량을 견인하여 2대의 차량으로도 운송을 할 수 있도록 제작된 차량이다. 따라서 풀카고트럭은 장척물이나 중량물운송을 위해 제작 · 이용되는 것이 아니라 보다 많은 양의 화물을 저렴하게 운송하기 위하여 활용된다.

　　　ⓛ 장점
　　　　• 많은 양의 화물을 운송할 수 있어 운송비가 절감된다.
　　　　• 운송량에 따라 견인차만 운송함 수도 있고 피견인차량과 동시에 운송함 수도 있어
　　　　　차량 가동 율이 향상된다.

(7) 피견인차량

피견인차량이란 차체에 원동기가 부착되어 있지 않아 견인트럭에 의하여 끌러가는 차량을
말한다. 따라서 ISO규정이나 원래의 자동차의 의미(Automobile)에서 볼 때는 자동차라고
할 수 없으나 견인차량과 결합하여 도로를 주행하고 화물을 운송하게 되며 피 견인차량의
적재능력 및 수량에 따라 전체적인(운송업계 및 운송회사) 운송능력이 차이가 발생할 수
있기 때문에 차량으로 등록되고 관리 및 통제되고 있다. 피견인차량은 차체가 견인차량과
어떻게 결합되고 피견인차량에 적재된 화물의 무게가 견인차량에 어떻게 분산되느냐에 따
라 Full Trailer, Semi-Trailer, Pole Trailer 등으로 분류한다.

〈피견인차량의 종류〉

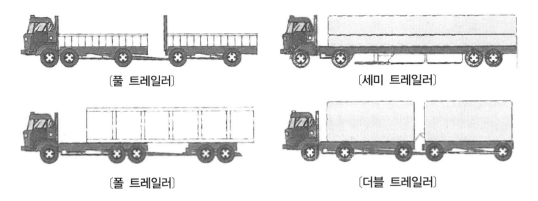

〔풀 트레일러〕	〔세미 트레일러〕
〔폴 트레일러〕	〔더블 트레일러〕

① 풀 트레일러(Full Trailer)
　　ⓐ 트레일러에 적재된 화물의 무게를 해당 트레일러가 100% 부담하여 운송하는 형태의
　　　피견인차 량을 말한다.
　　ⓑ 피견인차량의 앞부분과 뒷부분에 차량이 자체적으로 균형을 유지할 수 있도록 바퀴
　　　가 달려있는 형태의 트레일러이다.
　　ⓒ 견인트럭은 피견인차량을 견인하는 힘만 있으며 되고 화물을 적재한 견인차량의
　　　축하중과 피견인차량의 축하중은 전혀 상관없이 운행할 수 있기 때문에 연결된 차량
　　　의 총중량 40톤 내에서 최대한의 적재가 가능하다.
　　ⓓ 피견인차량의 차체무게가 견인차량보다 가볍기 때문에 경우에 따라서는 피견인차량
　　　이 견인차 량에 비해 더 많은 화물을 적재할 수도 있다.

ⓜ 견인차량에 적재함 화물이 부족할 때는 견인차량만 운송해야 하기 때문에 견인차량의 적재능 력이 더 큰 것이 일반적이다.

② 세미 트레일러(Semi-Trailer)

　㉠ 세미 트레일러는 피견인차량에 적재된 화물의 중량이 견인차량에 분산되도록 설계된 트레일러로서 차량의 뒷부분에만 바퀴가 부착되어 있고, 앞부분은 주행 중에는 트랙터의 오류(Coupler)에 결합되고 독립적으로 운휴 중일 때는 랜딩기어(일종의 아웃트리거)에 의하여 균형이 유지되는 형태이다.

　㉡ 세미 트레일러의 운송능력은 견인차량의 견인능력뿐만 아니라 견인차량의 바퀴 축의 수, 트레일러의 바퀴 축의 수, 오류의 위치, 트레일러의 경사각 등에 의하여 결정된다.

　㉢ 종류

　　• 평판트레일러 : 트레일러의 적재대부분을 평평한 마루바닥처럼 만들고 적재함 문짝이 없이 제작한 트레일러를 말한다. 컨테이너뿐만 아니라 다양한 장척화물 및 중량화물을 운송하기 위하여 이용된다.

　　• 저상트레일러 : 화물의 높이가 높은 화물을 운송하기 위하여 트레일러의 적재대를 지면 쪽으로 최대한 낮추어 제작한 트레일러를 말한다. 중장비 및 기계설비 등을 안전하게 운송하는데 이용되며 높이에 따라 저상, 중저상으로 구분하기도 한다.

　　• 덤프트레일러 : 트레일러의 적재함을 덤프식으로 제작하여 적재한 화물을 트레일러 앞부분에 설치된 유압잭을 이용하여 들어올려 하역하도록 한 트레일러를 말한다. 비교적 가벼운 산화물을 대량 운송하기 위하여 이용되며 유류, 곡물, 시멘트 운송용으로 제작된다.

　　• 탱크트레일러 : 트레일러의 적재함을 탱크형식으로 만든 차량이다. 유류, 시멘트, 곡물 등 다양한 특수화물운송용도로 제작되며 차량의 회전율 및 가동율 향상을 위해 이용된다.

　　• 스케레탈(Skeletal)식 트레일러 : 화대를 제외한 부위가 단순화된 구조의 트레일러로 가장 대표적인 형태로는 흔히 샤시라고 불리우는 컨테이너 운송용 트레일러이다.

　　• 기타전용트레일러 : 위의 트레일러 외에 다양한 형태의 특수화물전용운송트레일러가 제작 및 활용되고 있다. 윙바디, 판유리운송용, 액화가스 등 대량운송 또는 격수용도에 맞는 운송차량 이 필요함에도 그 수요가 많지 않아 일반자동차제작사에서 제작하지 않는 차량들을 특장차제 작사에서 트레일러만을 특수용도에 맞게 제작하여 이용하기 때문에 그 종류도 매우 다양하다고 할 수 있다.

〈세미트레일러의 종류〉

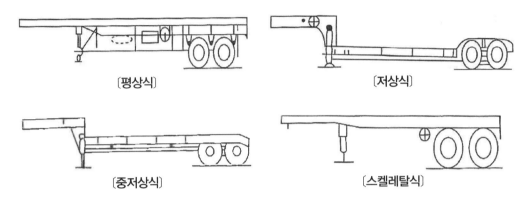

〔평상식〕 〔저상식〕

〔중저상식〕 〔스켈레탈식〕

③ 폴 트레일러(Pole Trailer) : 차량한대로 안전하게 운송하기 어려운 장대(長大)화물을 안전하게 운송하기 위하여 이용되는 차량으로서 견인차량과는 긴 Pole에 의해서 연결된다. 일반적으로 Dolly 라고 칭한다.

④ 더블 트레일러(Double Trailer) : 주로 미국에서 이용되고 있으며 세미트레일러 2량을 연결한 것으로서 우리나라에서는 아직 가동하고 있지 않다.

03 화물자동차 운송의 분류

(1) 운송거리에 따른 운송의 분류

① 근거리 운송 : 주로 100km 이내의 운송을 말하며 자동차의 편리함 및 기동성을 발휘할 수 있는 범위이며 주로 소형차량에 의해 운송된다.

② 중거리 운송 : 101~300km까지의 운송을 말하며 중·소형차량이 이용된다.

③ 장거리 운송 : 301km 이상의 운송으로 대형차량(11톤 이상)을 이용하는 것이 경제적이다.

(2) 운송형태에 따른 분류

① 집배운송 : 이원적운송이나 복합운송을 위하여 화물을 화주에서 물류터미널, 터미널에서 화주문전까지 운송해주는 형태를 말한다.

② 간선운송 : 터미널에서 착지터미널이나 고객문전까지 대형화물을 장거리로 운송해주는 형태로 중·대형차량이 이용된다.

③ 노선운송 : 정해진 노선에 따라 운송하는 형태로 운행계획에 따라 운송한다.

④ 집화 : 다수의 송화주화물을 수집하여 터미널이나 집하장으로 운송하는 형태로 주로 소형차량이 이용된다.

(3) 화물자동차운송의 분류

① 취급화물의 형태에 의한 분류
    ㉠ 일반화물 : 특수화물을 제외한 화물의 수송
    ㉡ 특수화물
       • 사료, 석탄 등 분립체와 액체수송
       • 위험물수송(석유류, 고압가스), 대ㆍ중량품수송, 냉동화물수송

② 트럭운행형태에 의한 분류
    ㉠ 트럭단독운행 : 생산지에서 소비지까지의 일관수송, 집배운송, 간선운송, 택배, 소량 화물의 중 계수송(본선수송 + 집배수송)
    ㉡ 타운송기관과의 협동운송 : 집하배달(집배)

(4) 화물자동차운송사업의 분류

① 노선 화물자동차운송사업 : 영업소를 통해 수집된 소화물을 수탁 받아 한 대의 운행차량에 다수의 화물을 싣고 정기적으로 일정노선을 운송하는 사업
② 구역 화물자동차운송사업 : 일정한 지역 내에서 전세계약에 의해 화물운송을 담당하는 사업
    (예 용달업, 개별화물업, 전국화물업 등)
③ 자동차운송알선사업 : 화물과 차량의 중개 및 구역 화물업자의 알선
    (예 이삿짐 센터 등)
④ 특정 화물자동차운송사업 : 특정 수요에 따라 유상으로 자동차를 사용하여 화물을 운반하는 사업
    (예 냉동차운송, 우편운송, 특정 공장제품의 전문운송 등)

(5) 법에 의한 분류

① 자가용(자차) 화물운송 : 자기 소유의 화물을 자기 차량에 의하여 운송하는 경우
② 영업용(용차) 화물운송 : 타인 소유의 화물을 수송함으로써 운임수수가 발생하는 경우로 도로운송법에 의하여 규정된 사업

〈자가용과 영업용의 장단점〉

구분	자가용	영업용
장점	• 화물추적 정보시스템의 가동가능 • 오지나 벽지에도 배송가능 • 높은 신뢰성과 시스템의 일관성 유지 • 인적교육이 가능하고 리스크가 낮음 • 화물파손이나 도난감소 • 귀로 시 공차의 효율성 제고 • 유통비의 절감효과	• 돌발적인 수요증가에 탄력적인 대응가능 • 수송능력과 수송능률이 높음 • 차량에 대한 설비와 인력투자에 따른 고정비 절감 • 공차 회송율이 감소
단점	• 급격한 운송량 변화에 신속한 대처 곤란 • 차종이나 차량의 보유대수의 한계 • 설비 및 인력의 과대투자로 고정비 증가	• 관리기능의 저해, 마케팅 사고의 희박 • 운임인상시 대응이 곤란하고 일관운송 시스템의 구축 곤란 • 기동성의 감소와 화물파손과 분실에 따른 클레임의 부담

지식 in 화물자동차 운송의 문제점

- 공로운송에의 지나친 의존
- 하역장비의 부족
- 동일구간의 중복운송 증가로 운송 미분화 가중
- 종별 특성을 고려한 운행 미흡
- 타 운송수단 간의 연계 미흡
- 도로 및 기간시설의 부족
- 운송업체의 영세성
- 차량 적재율 저하 및 공차운행 과다
- 자가용화물자동차 증가

(04) 화물자동차 운영관리지표

(1) 생산성지표

① 운송서비스 생산성지표 : 기본적으로 운송에 있어서 생산량이란 화물의 얼마의 화물을 몇 km 운송했는지로 나타내며 이 단위를 ton · km로 표시한다. 따라서 ton · km는 가장 기본적인 운송의 생산단위라고 할 수 있다.

② 매출생산성지표 : 매출생산성이란 운송결과에 따른 매출액으로서 운송기업에서 관리하는 지표이다. 매출생산성은 운송하는 화물의 운송단가 고저, 운송거리의 장단(長短), 전체적인 운송량 등에 의하여 결정된다.

(2) 효율성지표

① 운영효율성지표

　㉠ 가동율

　　• 개념 : 일정기간동안 화물의 운송을 하거나 운송을 위해 운행한 날짜

　　• 운송할 화물이 없거나 고장이나 운전기사의 유고로 인하여 차량의 운행이 불가능한 날이 많을수록 가동률은 떨어지게 되며 가동률이 떨어지게 되면 결국 차량운영의 효율성은 떨어지게 되기 때문에 이러한 차량이 운행을 하지 못하게 되는 사유가 발생하지 않도록 관리하는 것이 필요하다.

　㉡ 회전율

　　• 개념 : 차량이 일정한 시간 내에 화물을 운송한 횟수로서 운송서비스 생산을 한 횟수를 말하며, 운송생산성 측정의 가장 기본이 되는 지표이다.

　　• 차량들은 단거리와 장거리를 혼합하여 운송하는 경우도 있어 기간별로 회전율의 내용적 차이가 있을 수 있으나 대부분의 차량들은 차량의 특성에 따라서 운송패턴이 있기 때문에 회전율의 내용이 크게 변하지는 않는다.

　　• 내용이 변하더라도 평균운행거리와 비교하여 평가하면 충분히 의미 있는 분석이 가능해지기 때문에 운송의 효율성관리를 위해서는 회전율관리가 필수적이라고 할 수 있다.

　㉢ 영차율(실차율)

　　• 개념 : 일정기간동안의 총운행거리 중 영차로 운행한 거리의 비율을 영차율이라고 한다.

　　• 차량이 효율적으로 운영되기 위해서는 빈차로 운행되는 거리를 최소화하고 영차 운행상태를 최대화해야 한다.

　　• 영차율이 높을수록 차량의 운영은 효율적으로 되고 있다고 판단이 될 수 있으며

운송업체들은 이 비율을 높이기 위하여 다양한 활동을 한다. 특히 자가용차량을 운영하는 화주기업은 유상운송 행위를 할 수 없기 때문에 영차율이 사업용에 비하여 많이 저조하다. 이에 따라 영차율 향상을 위한 활동을 더욱 강화해야 한다.

ㄹ 복화율
- 개념 : 편도 운송을 한 후 귀로에 복화운송을 어느 정도나 수행했느냐를 나타내는 지표이다.
- 전체적으로는 영차율에 반영되기는 하지만 귀로공차운행을 최소화하기 위해서는 복화율을 별도로 관리하는 것이 효과적이다. 특히 장거리운송을 하는 차량들은 복화운송이 절대적으로 필요하다.

ㅁ 적재율 : 적재율은 차량에 화물을 몇 톤을 싣고 운행을 했느냐를 나타내는 지표이다. 예를 들면, 11톤 트럭에 15톤을 적재하고 운행했다면 적재율은 136.36%이다. 따라서 화물자동차는 안전도와 축중제한에 저촉되지 않는다면 적재율이 높을수록 생산성이 높아지는 것이다.
- 총운행적재율 : 일정기간동안 총운송한 양을 총운행횟수(영차운행과 공차운행을 각각의 운행 횟수로 계산)와 차량의 적재중량으로 나누어 산출한다. 공차운행회수가 포함되어 있기 때문에 대부분 100% 이하로 산출된다.
- 영차운행적재율 : 일정기간동안 총운송한 양을 실제 적재운행한 횟수와 차량의 적재중량으로 나누어 산출한다. 공차운행횟수가 배제되기 때문에 영업용화물차량인 경우에는 100% 이상이 산출되지만 자가용화물자동차인 경우에는 100% 이하로 나타나는 경우도 발생하게 된다.

② 비용효율성지표
ㄱ 톤당 운송비 : 톤당 운송비는 일정기간동안 차량운영과 관련하여 발생한 비용(직접원가)을 운송한 화물량으로 나누어 산출한다. 1톤(또는 다른 관리단위)운송에 얼마 정도의 비용을 사용하고 있는가를 파악하기 위한 지표이다.
ㄴ ton · km당 운송비 : ton · km당 운송비는 일정기간동안 차량운영과 관련하며 발생한 비용을 총운송 ton · km로 나누어 산출한다. 즉 운송서비스 1단위를 생산하는데 어느 정도의 비용을 사용하고 있는가를 파악하기 위한 지표이다.
ㄷ 운행거리당 운송비 : 일정기간동안의 차량운영과 관련한 비용을 총운송거리로 나누어 산출한다. 공차운행도 생산을 위한 필연적인 활동이라면 운행거리당 비용을 관리하는 것도 필요하다.
ㄹ 운행거리당 고정비(일반관리비 등) : 차량운영비용중 고정비에 해당하는 비용을 운행거리로 나누어 산출한다. 운행거리가 증가할수록 고정비는 낮아지고 효율성은 높아진다.

ⓛ 운행거리당 변동비(연료비, 수리비, 타이어비, 도로통행료 등) : 운행거리당 변동비
는 일정기간 동안의 변동비를 운행거리실적으로 나누어 산출한다. 차량의 운영이
표준적이고 계획된 대로 실행되었다면 운행거리당변동비는 운행거리에 관계없이 일
정하게 발생되어야 한다. 그러나 실제로는 변화가 심하게 나타나는데 이는 변동비중
가장 큰 비중을 차지하는 연료비, 수리비, 타이어비 등이 관리의 효율성에 따라 차이
가 많이 발생하기 때문이다. 따라서 연료비, 수리비, 타이어비 등은 별도로 운행거리
당비용을 산출하여 관리하는 것도 필요하다.

지식 in **화물자동차 운영효율성 지표**

- 가동률
  - 일정기간 동안 화물을 운송하기 위해 운행한 일수의 비율
  - 실제 가동차량수/누적 실제차량수
- 실차율
  - 트럭의 총주행거리 중에서 실제 화물을 적재하고 운행한 거리의 비율
  - 적재주행거리/총주행거리
- 적재율
  - 차량에 얼마만큼 화물을 적재하고 운행했는가를 나타내는 지표
  - 평균적재중량/적재가능 총중량

(3) 관리지표 구분관리

운송관리지표를 산출하는데 있어서 어떤 수준으로 산출하고 관리할 것인지를 결정해야 한
다. 어떤 구분 방법을 채택할 것인지는 관리목적에 따라 달라질 수 있다.

① **차종별 구분** : 차종이란 일반카고트럭, 밴형트럭, 덤프트럭, 트랙터, 냉동트럭 등과 같이
운송차량의 성격이 확연히 구분되고 운송하는 물량의 성질도 달라 구분관리가 필요하다
고 판단되는 차종끼리 관리목적에 따라 인위적으로 구분하는 것을 말한다.

② **톤급별 구분** : 동종의 차종 안에서 톤급이 달라지면 운송하는 화물의 내용도 달라진다.
따라서 톤급을 구분하여 관리할 필요가 있다.

③ **연식별 구분** : 연식이란 차량을 구입한 연도를 말하는 것으로서 구입 후 몇 년 정도
사용을 했는지를 나타낸다고 할 수 있다. 연식별 구분은 동일톤급 내에서 구입연도가
동일한 차량들을 묶어서 분석한다는 것을 말하며 이렇게 연식별로 구분하는 이유는 차
량의 연식이 오래될수록 가동율도 저하되고(수리 등으로 인하여), 장거리운행이 어려울

뿐만 아니라 적재량도 낮아지는 등 근본적으로 효율성이 낮아지기 때문에 신규차량들과 같이 비교해서는 안 되기 때문이다.

④ **차량별 구분** : 차량별로 효율성을 파악하는 것은 해당 차량별로 성능문제 등을 관리할 필요도 있겠지만 근본적인 이유는 운전기사의 근무태도 등을 평가하기 위해서다.

(4) 영차율(실차율) 향상방안

① 릴레이운송

　㉠ 1차적으로 운송을 완료한 차량이 출발지로 돌아오는 복화화물이 확보되지 않았을 때 다른 지역으로 운송될 화물이 있으면 그 화물을 적재하고 다른 지역으로 운송 후 다시 처음 출발했던 지역으로 운송될 화물을 구한다. 다행히 출발지로 운송될 화물이 연결되면 즉시 운송을 하고 없으면 또다시 타 지역물량을 운송한다.

　㉡ 공차운행을 방지하기 위하여 릴레이운송식으로 최초의 출발지로의 운송물량이 확보 될 때까지 타 지역 물량을 운송함으로써 영차율을 최대화시킬 수 있다. 그러나 운전 기사의 생활이 불완전해지는 문제가 발생한다.

② 지역별 영업소의 운영과 물량확보

　㉠ 기본적으로 복화화물을 확보하기 위해서는 지역별로 운송물량확보를 위한 영업소를 운영하는 것이 효율적이다. 물론 영업소의 운영이 인건비 및 운영경비의 지출을 수 반하기 때문에 수익성 계산을 해서 판단해야 한다.

　㉡ 만약 영업소 운영이 어려우면 차량이 주로 도착하는 지역에서 최초 출발지로 운송되 는 화물이 어떤 것이 있는지를 조사하여 적극적으로 물량확보를 추진해야 한다.

③ 기업 간 운송제휴

　㉠ 복화화물을 확보하는 방법으로서 기업 간의 운송제휴를 고려할 수 있다. 발지와 착지 간에 위치한 운송업체 간에 공차운행을 방지하기 위하여 상호 물량교환운송에 관한 협정을 체결하고 자차의 운행정보를 상대운송회사에 제공하여 복화차량으로 이용할 수 있게 한다.

　㉡ 기업 간 제휴는 운송회사뿐만 아니라 대량으로 운송화물을 보유하고 있는 화주기업 들이 자가용 차량을 이용하여 운송할 경우에도 이용할 수 있는 방법이다.

④ **화물운송정보시스템** : 화물차량에 운송물량에 대한 정보를 제공하고 화주에게는 공차정 보를 제 공하는 소위 '공차정보시스템'이 국내에서도 다수의 화물운송정보시스템으로 활동하고 있으며(예 내트럭, 짐패스, 삼성물류넷 등), 인터넷이나 핸드폰 등을 이용하여 화물운송정보나 공차정보를 제공하고 있다. 영차율을 향상시키기 위해서는 이들 정보시 스템을 이용하는 것도 중요하다.

⑤ 주선업체의 네트워크화 : 전국의 중요지역에는 많은 운송주선업체들이 영업활동을 하고 있으며 이들은 저렴한 운송단가로 운송을 하려는 화주들과 계약을 체결하여 많은 운송물량을 확보하고 있다. 따라서 지역별로 다양한 운송주선업체와 협정 또는 계약을 체결하고 복화물량을 확보하는 것이 필요하다.

⑥ **차량의 범용화** : 전용차량 또는 밴형차량 등은 운송하는 화물의 종류 또는 하역방법에 제한을 받기 때문에 일반화물을 복화운송하기에는 적합하지 않다. 따라서 복화운송을 원활히 하기 위해서는 다양한 화물을 적재할 수 있는 범용적인 차량을 이용하는 것이 필요하다. 따라서 장거리운행차량들은 전용차량 또는 밴형차량보다는 일반카고트럭이나 윙바디트럭 또는 평판트레일러 등을 이용하는 것이 영차율을 향상시킬 수 있는 방법이다.

(5) 가동률 향상방안

① 1차량 2기사 승무제도

　㉠ 차량 1대에 2명의 운전기사를 승무시켜 차량을 24시간 운행할 수 있도록 하거나 장거리를 최단 시간 내에 1회전 후 다음날은 다른 운전기사가 동일한 방법으로 운행하는 것이다.

　㉡ 1차량 2기사 승무제도는 회전율 향상의 방법이 될 수도 있고 가동률 향상이 될 수도 있다.

　㉢ 전용차량을 이용하여 장거리운송을 할 경우 정상적인 방법으로 운송을 하게 되면 회전율은 일반차량과 동일하면서 영차율은 저하되어 비효율적인 운송이 될 수밖에 없게 된다.

　㉣ 종류

　　• 2인동승제도 : 동일한 운행에 운전기사 2명을 승무시켜 일정한 거리마다 운전을 교대로 함으로써 운전기사의 피로를 회복시켜 장거리를 숙박하지 않고 계속적으로 운행하여 가동률을 극대화시키려는 방법이다. 빈번한 교대운행은 운전기사 모두를 피로하게 할 수 있기 때문에 적절한 교대시간을 운영해야 한다.

　　• 편도운행 교대승무제 : 편도교대승무는 출발지와 목적지에 운전기사휴게실 및 취침시설을 확보하고 한사람의 운전기사가 출발지에서 목적지까지 운송을 완료한 후에 운전기사휴게실에서 휴식 또는 취침을 하고 다른 운전기사가 운송을 완료한 차량을 운전하고 출발지로 돌아가는 방법이다.

　　　예 서울에서 오전에 상차를 하여 부산까지 운행한 후 오후에 하차를 완료한 운전기사는 부산에서 숙박을 하고 부산에 대기하고 있던 다른 운전기사가 오후에 운송을 완료한 차량을 공차 상태로 운전하여 철야로 서울로 운행을 시켜서 다음날 다시 화물을 운송할 수 있도록 한다.
→ 이러한 방법으로 운영을 하면 월간 서울 ↔ 부산 간 25회전이 가능하여 일반
적인 방법으로 운영했을 때 가능한 13~14회전에 비해 80%이상의 능률향상이
가능하다.
- 왕복운행 후 교대승무
  - 편도운행 교대승무 : 서울 ↔ 부산과 같이 년도운행에 상하차시간을 포함하여
8시간이상 소요되는 장거리운행에 이용할 수 있는 방법이다.
  - 왕복운행 후 교대승무 : 서울 ↔ 대구 또는 서울 ↔ 전주와 같은 지역은 편도운
행 후 교대승무를 했을 때는 운전기사에 대한 인건비 증가로 오히려 비효율적
일 수 있다. 이러한 경우에는 도착지까지 운행하여 하차를 완료한 운전기사가
초과근무시간이 발생하더라도 출발지까지 귀점한 후 귀가하여 휴무한다. 그리
고 익일에는 다른 기사가 동일한 요령으로 운송을 실시한다. 이렇게 하면 차량
은 하루에 약 600km를 운행하는 것이 되고 월간 15,000km(25일 기준)를 주행
하는 것으로 거의 두 배의 운송거리 증대를 실현할 수 있다.

② 예비운전기사 운영
  ㉠ 운전기사를 실제로 운영하다 보면 많은 운전업무 수행 불가사유가 발생하게 된다.
    - 연차 및 월차 휴가 등 근로조건에 따른 휴가, 본인 및 가족의 경조사에 따른 휴가
    - 예비군훈련, 민방위훈련과 같은 공식적인 휴무
    - 질병 등 개인적인 휴가 사유
    - 주5일 근무제 등
  ㉡ 운전기사의 휴무 증가는 차량의 가동률을 저하시키는 큰 요인으로 작용할 수 있으므
로 계획된 물량을 차질 없이 운송하기 위해서는 일정률의 예비운전원을 확보하고
운영하는 것이 효율적이다.
  ㉢ 차량 7~10대당 1명 정도의 예비운전원을 확보하는 것이 일반적이다.

③ 성능유지관리제도
  ㉠ 차량을 보유하고 있더라도 운행을 할 수 없는 상태가 되면 차량의 운휴뿐만 아니라
그에 소속된 운전원까지 운휴하게 되어 비효율성은 더 커진다. 따라서 차량은 항상
운행이 가능한 상태로 잘 정비되어야 하며 성능유지가 잘될 수 있도록 체계적으로
관리해야 한다.
  ㉡ 운전원은 매일 자신이 운전하는 차량을 일정한 폼에 의하여 점검을 하여 이상유무를
점검하고 이상이 있으면 필요한 조치를 받을 수 있도록 해야 한다.
  ㉢ 운영하는 차량의 대수가 많을 때, 심도 있는 점검 및 즉각적인 조치를 위하여 내부에
정비 조직(예방정비 또는 정규정비조직)을 운영하는 것도 바람직하다.

ⓔ 내부에 정비조직이 없을 때는 외부의 정비공장과 계약을 하여 정기적으로 점검을 받을 수 있도록 하는 것이 효율적이다.

④ 안전관리시스템

　ⓐ 운영하고 있는 차량에 의해 사고가 발생하면 다양한 손해가 발생한다. 손해에 대하여 보험에 가입되어 있더라도 보험금을 초과하는 손해에 대해서는 추가적인 배상이 발생할 수 있으며 보험료율이 상승하게 된다. 또한 대형사고가 발생하면 해당차량의 면허가 취소될 수도 있으며 운전원의 부상, 구속 등에 의하여 운전이 불가능한 상태가 될 수도 있다. 그리고 차량이 파손되었을 때는 수리기간동안 운행을 하지 못한다. 이러한 모든 사항들은 차량의 가동률을 저하시키는 요인이 된다.

　ⓑ 운전기사에 대한 안전교육을 체계적으로 실시하여(운행시작 전 5분 정도라도 안전에 대한 교육을 실시) 졸음운전이나 부주의한 운행이 발생하지 않도록 체계적인 안전관리시스템을 마련해야 한다.

⑤ 운송물량확보

　ⓐ 차량의 가동률을 높이려면 기본적으로 운송물량이 충분히 확보되어야 한다.

　ⓑ 운송업체나 화주업체는 물량이 부족하여 운휴를 하는 사태는 계속적으로 발생하므로 대비책을 마련해야 한다.

　　• 운송업체 : 물량이 부족할 것에 대비하여 타 운송업체, 화물운송주선업체 및 가맹사업자 등과 계약 또는 제휴하여 자체의 운송물량 부족시 운송물량을 확보할 수 있는 방법을 강구한다.

　　• 화주업체 : 최대물량수준을 기준으로 한 차량확보 보다는 평균 또는 최소한의 차량만을 확보 하고 운송능력을 초과하는 물량에 대해서는 영업용차량을 이용하는 것이 운영효율측면에서 유리하다.

(6) 적재율 향상방안

① **차종의 선택** : 적재율을 향상시키는 데 우선적으로 검토할 사항은 운송할 화물의 특성에 맞는 적절한 차종을 선택하여 운송하는 것이다.

② **적재방법의 개선** : 화물의 적재위치에 따라 화물의 중량이 바퀴에 분산되는 비율이 달라진다. 따라서 올바른 적재를 해야 적재율을 높일 수 있다.

　ⓐ 균등적재 : 일반적으로는 적재함의 앞에서 뒷부분까지 균등하게 적재하며 기계류 등 중량물일 때는 화물의 적재위치가 편중되지 않도록 조정한다.

　ⓑ 적재함 앞쪽 적재 : 일반적으로 균등적재시 전축보다 후축에 하중이 많이 분포한다. 화물을 앞 쪽으로 당겨서 적재하면 전축으로 하중이 이동되어 적재량이 증가한다.

③ 배차방법의 개선 : 배차관리자가 배차시부터 적재율(적재량)을 높일 수 있도록 운송지시를 하는 것이 적재율 향상을 위해 필요하다.

④ 화물자동차 적재관리시스템(Vanning Management System)
 ㉠ 다양한 차량을 이용할 수 있을 때에는 가장 적절한 규모의 차량을 이용한다.
 ㉡ 적재계획은 운송화물의 중량과 부피를 모두 고려하여 축중 제한을 초과하지 않는 범위내에서 전체적인 적재화물을 통제하여야 한다.
 ㉢ 적재시 편하중에 의한 축중 제한이 발생하지 않도록 적재위치를 고려하여야 한다.
 ㉣ 주문관리시스템 (Order Management System)과 연동할 때 효율성을 높일 수 있다.

05. 화물자동차 운임제도의 형태

(1) 화물자동차의 운송임의 특징

사업용화물자동차를 이용하여 운송을 하게 되면 운송에 대한 대가로서 운송임을 지급하게 된다. 일반적으로 운송임은 운송한 양과 운송거리에 따라 그 크기가 결정되는데 다음과 같은 공로운임의 특징과 운임결정요소를 잘 이해하고 실질적인 운임결정에 활용하는 것이 필요하다.

① 거리체감형 : 모든 운송수단이 어느 정도의 거리체감형으로 운임을 결정하지만 특히 물자동차 운송의 체감비율이 더욱 큰 이유는 화물자동차의 운송에서는 특히 전체 운송시간에서 상하차작업에 소요되는 시간의 비율이 매우 커서 근거리일수록 고정비율이 커지기 때문이다. 또한 근거리운송일수록 저속운행을 하는 시내운행비율이 높은 것도 원인이다.

② 톤급체감형
 ㉠ 동일한 거리 및 동일한 화물을 운송하더라도 운송능력이 큰 차량일수록 운송임이 싸고 실질적으로 운송원가도 적게 소요된다. 이는 차량의 가격이나 운전기사급여가 차량크기에 비례하지 않을 뿐만 아니라 연료나 타이어 등 변동비의 효율성도 적재량이 큰 차량일수록 높기 때문이다.
 ㉡ 국내의 화물운송단가가 수년간 제자리걸음하고 있는 이유도 계속적으로 적재능력이 큰 차량을 만들어 내고 이를 이용하여 비슷한 비용으로 더 많은 물량을 운송할 수 있기 때문이다.

③ 운송시간에 따른 차등운임 : 타 운송수단은 운송시간에 관계없이 동일한 운송임을 받는다. 그러나 화물자동차운송임은 야간에 운송하거나 새벽에 운송을 하는 경우에는 더 높은 수준의 운송임을 지불해야 한다. 이는 운전기사에 대한 인건비가 운송임의 높은 비율을 차지하며 야간 이나 새벽운송은 운전기사의 근무강도를 높이는 역할을 하기 때문이다.

④ 운송수요 및 공급수준에 따른 운송임 수준 결정 : 모든 운송수단의 운송임의 등락은 운송수요의 크기와 공급량에 따라 결정되지만 특히 화물자동차운송임은 등락의 주기나 반응속도가 매우 빠르 다는 것이 특징이다. 요일마다 운송임단가가 다르고 어느 특정물량에 대한 수요가 증가하면 신속하게 새로운 공급이 발생한다. 이에 대한 원인은 다음과 같다.
   ㉠ 사업용화물자동차의 수가 많을 뿐만 다니라 운송물량이 없으면 운휴를 해야 하기 때문에 일부 의 고정비라도 회수하기 위하여 낮은 운송임에도 응하는 현상이 발생하기 때문이다.
   ㉡ 화물자동차를 확보하는 데는 많은 자금이 소요되지 않고(일부 자금만 있으면 할부로 구입가 능), 등록권(T/E)만 있다면 손쉽게 구입하여 신규로 투입할 수 있기 때문에 실제로 화물자동차 운송에서는 일시적인 성수기를 제외하면 수요초과현상은 발생하지 않는다고 할 수 있다.

(2) 운송임의 결정요소

① 거리 : 기본적으로 화물운송임은 거리에 따라 증가한다. 동일한 단위의 화물이라면 당연히 많은 운송시간과 비용이 발생하는 장거리 일수록 운송비가 높아진다. 단순히 거리에 비례하는 것이 아니고 거리체감형으로 증가한다.

지식 in 　**화물자동차운임의 특징**

- **운송시간에 의한 차등적 운임** : 화물자동차 운송의 경우, 타 운송수단과는 달리 야간 및 새벽에 운송을 하게 될 경우에는 낮보다 높은 수준의 운임을 지불해야 한다.
- **톤급에 의한 체감형** : 통상적으로 같은 화물 내지 같은 거리를 운행하더라도 운송능력이 높은 차량일수록 운임이 저렴하고 실제적으로도 운송원가 또한 낮게 소요된다.
- **거리체감형** : 통상적으로 전 운송수단은 일정 정도의 거리체감형으로 인해 운임이 결정되지만, 화물자동차운송의 경우는 그러한 체감비율이 더 크게 작용한다.
- **공급수준 및 운송수요 등에 따른 운임수준의 결정** : 대부분의 운송수단의 운임에 따른 등락폭은 공급량 및 운송수요의 크기에 의해 결정되어지지만, 화물자동차 운임의 경우에는 등락폭의 주기 및 반응속도가 훨씬 빠르다는 것을 특징으로 한다.

② 운송되는 화물의 크기(Lot size)

    ㉠ 운송되는 화물의 크기란 화물 낱개의 크기를 말하는 것이 아니라 운송의뢰 되는 화물의 Lot 사이즈를 말한다. 이는 Lot의 사이즈가 클수록 운송차량의 크기도 커지고, 대형차량일수록 운송 원가가 적게 소요되기 때문에 운송임단가가 낮아지는 것이다.

    ㉡ 운송의뢰가 되는 화물의 키가 100톤이라고 하더라도 실질적으로 요구하는 차종, 수하처에 운송해야 할 화물의 양의 크기에 따라 투입되는 차량의 크기가 결정되기 때문에 결국 어떤 크기의 차량을 이용하여 운송하느냐에 따라 운송임이 결정된다.

③ 밀도(Density)

    ㉠ 밀도란 화물조직의 치밀함을 말하는 것으로서 일정한 부피에 대한 중량의 상대적 개념이다. 즉 동일한 1cbm의 화물이 있을 때 중량이 500kg인 화물은 1,000kg인 화물에 비하여 밀도가 낮은 것이다.

    ㉡ 밀도가 낮으면 동일한 공간에 적은 양(중량기준)의 화물을 적재할 수밖에 없기 때문에 밀도가 높은 동일한 중량의 화물에 비하여 높은 수준의 운송임을 받아야 한다.

    ㉢ 이러한 문제 때문에 운송업자들은 소위 Revenue ton을 적용하거나 합리적인 운송단위를 기준으로 운송임을 적용하고 있다.

④ 적재성(Stowability)

    ㉠ 적재성이란 화물이 차량에 얼마나 적재하기 용이하냐를 나타내는 특성으로서 예를 들면 박스로 포장된 균등한 화물은 적재하기가 용이하지만 포장이 되어있지 않은 다양한 규격의 화물은 적재하기도 불편할 뿐만 아니라 적재효율성도 떨어진다.

    ㉡ 적재성이 좋지 않은 화물은 그렇지 않은 화물에 비하여 높은 수준의 운송임을 지불해야 한다.

⑤ 취급(Handling)

    ㉠ 취급이란 화물을 차량에 싣고 내리거나 차량내부에서 이동하는 행위를 말한다.

    ㉡ 취급이 용이한 화물의 운송임은 그렇지 않은 화물에 비하여 낮은 수준에서 결정되어야 한다.

    ㉢ 운송화물의 취급난이도도 운송임의 수준에 영향을 미친다. 취급시에 특수기계를 사용하거나 기계작업을 하지 못하고 인력작업을 한다면 하역작업비가 많이 발생하기는 하지만 차량의 운영측면에서도 불이익이 발생한다. 상하역 및 이동이 어려운 화물은 그만큼 작업시간이 많이 소요되어 운송시간이 많이 소비되기 때문이다.

⑥ 책임(Liability)

    ㉠ 책임은 운송사업자가 운송하는 화물과 관련하여 어떤 종류, 어느 수준의 책임을 지고 그것이 경제적으로 어떤 영향을 미칠 것인가를 나타내는 성질이라고 할 수 있다.

ⓒ 가격이 높은 화물은 분실위험이 높을 수 있으며 파손되거나 분실되었을 때 높은 수준의 금액을 변상해야 한다. 또한 파손, 변질 등의 가능성이 높을 경우에도 운송사업자는 높은 수준의 위험을 안고 운송을 해야 한다.

ⓒ 화물 자체의 위험성뿐만 아니라 운송품질에 대한 책임이 높을 경우에도 운송사업자는 위험부담이 크다. 예를 든다면 "내일 10시까지 틀림없이 도착시켜야 한다. 만약 도착이 지연된다면 상당한 액수의 페널티를 부담해야 한다"고 한다면 운송사업자의 위험부담은 매우 커지는 것이다.

ⓒ 운송화물 자체의 사고 위험성과 운송서비스의 수행에 대한 책임이 높은 수준이면 운송임도 높게 결정된다.

⑦ 시장요인(Market Factor)

ⓒ 시장에서의 경쟁상황 및 수요공급수준이 결정적으로 운송임 단가를 결정하게 된다.

ⓒ 현실적으로 보면 장거리운송의 경우 화물의 특성 및 운송책임에 관계없이 거리에 따라 차량톤 급을 기준하여 대당요금이 형성되는데 이것은 바로 공급초과에 따른 시장요인에 의하여 그렇게 되는 것이다. 이러한 시장요인은 운송임을 원가 이하로 형성되게 하기도 한다.

(3) 화물자동차 운임제도 형태

① 구역화물 운임형태 : 트럭톤별, 거리별 운임제도→원거리 체감제로 3개월 이상인 경우 할인할 수 있다.

② 노선하물 운임형태 : 단순거리비례제 형태, 톤 · km당 93원씩 가산형태 → 단거리 소형화물에 적합하고 비용구조와 무관하다.

③ 용탈화물 운임형태 : 구간거리비례제 형태 → 화물중량과 부피에 무관한 형태이다.

⑥ 화물자동차의 경제적 효율성

(1) 화물자동차의 경제효용거리

① 두 가지 운송수단이 경제성을 갖는 분기점을 찾아내는 것을 채트반 공식이라고도 한다.
② 일반적으로 장거리, 대량화물의 경우에는 철도가 유리하다.

③ 근거리 · 소량화물의 경우 화물자동차가 경제적이다.

$$\text{경제효용거리의 한계(km)} = \frac{D}{T-R}$$

D : 톤당 철도발착비 + 배송비 + 하역비 + 포장비
T : 트럭의 톤 · km당 수송비
R : 철도의 톤 · km당 수송비

(2) 화물자동차의 철도에 대한 경쟁가능거리

$$y = \frac{t}{m-r}$$

y : 화물자동차의 경제효용거리의 한계(km)　　　t : 톤당 철도 운송비와 하역비
m : 화물자동차의 톤 · km당 운송비　　　r. : 철도의 톤 · km당 운송비

(3) 화물자동차의 분기점 채산도 계산

$$X_p = \frac{F_b - F_a}{V_a - V_b}$$

X_p : 분기점 채산도
F_a : A형 차의 고정비　　　　　　F_b : B형 차의 고정비
V_a : A형 차의 변동비　　　　　　V_b. : B형 차의 변동비

자동차의 톤 · km당 수송비 산출하기[채트반(Chatban) 공식을 이용]

지식 in

〔예제〕
㉠ 자동차의 경제효용거리 한계 : 200km
㉡ 철도의 톤·km당 수송비 : 500원
㉢ 톤당 철도발착비 + 배송비 + 화차하역비 + 포장비 : 100,000원
〔풀이〕

$$\frac{\text{(톤당 철도발착비 + 배송비 + 화차하역비 + 포장비)}}{\text{자동차의 경제효용거리 한계}} = \text{자동차의 톤·}km\text{당 수송비}(x) - \text{철도의 톤·}km\text{당 수송비}$$

$$\frac{100,000}{200} = x - 500$$

$$\therefore x = 1,000원$$

제2장 적중예상문제

01. 다음 중 공로운송의 특징과 거리가 먼 것은?

① 운송단위가 대량이며 에너지다소비형의 운송기관이다.

② 대규모의 고정자본을 투입하지 않고 도심지, 공업 및 상업단지의 문전까지 신속하고 정확하게 운송할 수 있는 편의성을 가지고 있다.

③ 단거리 운송에서 철도보다 훨씬 경제적이다.

④ 자동차의 경우 규모의 경제에서 오는 이익과의 관계가 적기 때문에 투자가 용이하다.

⑤ 도로망의 확충으로 운송상 경제성과 편의성이 높다.

> **해설┃** ① 자동차운송은 운송단위가 소량이다.
> **공로운송의 특징**
> • 기동성과 신속한 배송이 가능하다.
> • 단거리 수송에서는 철도보다 경제성이 높다.
> • 단거리 문전수송으로 화물파손율이 극히 낮다.
> • 다양한 고객의 요구를 수용할 수 있다.
> • 규모의 경제에서 오는 이익과의 관련이 없어 투자가 용이하다.
> • 수송단위가 소량이고 에너지 다소비형의 운송기관이다.
> • 에너지효율이 나쁘고 운반생산성이 낮다.
> **정답┃** ①

02. 화물자동차 운송의 유형 및 형태에 관한 설명으로 옳지 않은 것은?

① 물류거점 간 대형트럭에 의한 대량화물운송을 간선운송이라고 한다.

② 물류거점 간 간선운송이 아닌 물류거점과 소도시 또는 물류센터, 공장 등으로 화물을 집하·배송하는 것을 지선운송이라고 한다.

③ 중소형 트럭을 이용하여 철도역, 항만, 공항, 물류터미널 등 거점에서 화주 문전까지 운송하는 것을 배송이라고 한다.

④ 정기화물과 같이 정해진 노선과 운송계획에 따라 운송서비스를 제공하는 것을 간선운송이라고 한다.

⑤ 불특정 다수의 타인화물을 유상으로 운송하는 것을 영업용 운송이라고 한다.

> **해설┃** 정기화물과 같이 정해진 노선과 운송계획에 따라 운송서비스를 제공하는 것을 노선운송이라고 한다.
> **정답┃** ④

03. 일반화물트럭의 특징에 대한 설명이다. 거리가 먼 것은?

① 차량의 적재함을 특수한 작업이 가능하도록 구조를 갖추거나 기계장치를 부착한 차량이다.
② 우천 등에 대비하여 반드시 시트를 해야 한다.
③ 차량에 특별한 장치를 갖추지 않고 일반적인 하대만을 갖춘 트럭이다.
④ 규격화물은 물론 다양한 종류의 화물을 운송 할 수 있다.
⑤ 하대의 무게가 적기 때문에 적재량을 높일 수 있다.

> **해설 ┃ 보통 트럭의 특징**
> • 규격화물은 물론 장척물, 활대품 등 다양한 종류의 화물을 운송할 수 있다.
> • 우천 등에 대비하여 반드시 시트를 해야 하며 화물의 안전을 위하여 결박을 해야 한다.
> • 하대의 무게가 적기 때문에 적재량을 높일 수 있고 하대의 상부가 열려있기 때문에 부피화물을 최대한으로 적재할 수 있다.
>
> **정답 ┃** ①

04. 파이프나 H형강 등 장척물 운반용 트레일러는?

① 세미트레일러   ② 펄트레일러
③ 폴트레일러   ④ 더블트레일러
⑤ 밴형트레일러

> **해설 ┃** 폴트레일러 : 파이프나 H형강 등 장척물의 수송을 목적으로 한 것으로 트랙터에 턴테이블을 비치하고, 폴트레일러를 연결하여 적재함과 턴테이블의 적재문을 고정시켜서 수송하는 트레일러를 말한다.
>
> **정답 ┃** ③

제3장 철도운송

01 철도운송

(1) 철도운송의 개요

① 개념 : 철도운송은 공로운송보다 먼저 대량의 화물을 운송한 수단으로 화물을 원거리로 수송하는 경우에는 수송비용이 적게 들고 경제적인 반면, 초기에 대형자본이 투자되고 투입자본 대부분이 고정화되어 타 산업으로 전업할 수 없다는 경제적 특성을 가지고 있다.

② 철도운송의 특징
  ㉠ 단일 열차로 대량의 화물을 한 번에 수송할 수 있는 육상 최대의 수송능력을 소유하고 있다.
  ㉡ 운임은 거리에 반비례 : 원거리일수록 수송비용이 낮아진다.
  ㉢ 배기가스나 소음이 적고 안전도가 높은 운송수단이다.
  ㉣ 에너지비용이 적은 동시에 운전비용이 싸다. → 대량화물이 아닌 경우에는 단위당 비용이 높아진다.

(2) 철도운송의 장단점

① 장점
  ㉠ 대량의 화물을 동시에 효율적으로 운송
  ㉡ 안전성이 높고 사전에 계획운송이 가능
  ㉢ 전국적인 철도운송망 보유
  ㉣ 전천후 운송수단
  ㉤ 운임의 할인제도
  ㉥ 중·장거리 운송일수록 운송비 저렴

② 단점
  ㉠ 문전에서 문전수송이 불가능
  ㉡ 객차 및 화차의 소재관리 곤란

ⓒ 배차의 탄력성이 매우 적음

ⓔ 열차편성에 장시간 필요

ⓜ 적재중량당 용적량이 매우 적음

ⓑ 거액의 건설비 소요

ⓢ 필요에 따른 환적작업

ⓞ 근거리 운반시 상대적으로 운임비율이 높고, 운임설정이 경직적임

지식 in   **철도운송 운영효율 증대 및 합리화방안**

- 철도운송의 현대화
- 열차의 장대화
- 운행횟수확대
- 공단 및 항만까지의 인입철도 및 전용선 설치
- 정기직행열차(Block Train)도입으로 운송성과 고속성을 활용한 장거리 이용
- 철도경영의 합리화
- 철도운영기법의 과학화
- 배후도로망과의 체계적 연계

(3) 철도화물차량의 종류

① 철도차량 운용면에 의한 분류

ⓐ ┌ 공통화차 : 전 지역에서 공통으로 운영되는 화차
　 └ 비공통화차 : 사유·전속화차 등 전 지역에서 공통으로 운용되지 않는 화차

ⓑ ┌ 전속화차 : 각 철도지사에 전속된 화차
　 └ 전용화차 : 기간과 구간을 정하고 일정 화물수송에 전용하는 화차

ⓒ ┌ 보통화차 : 일반화물, 전국구간 등 일반이 이용할 수 있는 화차
　 └ 특수화차 : 사유화차, 대물차 등 특수구조·특수용도의 화차

② 차종에 의한 분류

ⓐ 유개화차 : 유개차, 철제유개차, 냉장차, 통풍차, 가축차, 도기운송차 등

ⓑ 무개화차 : 무개차, 컨테이너차, 장물차, 차운차, 대물차 등

ⓒ 호바화차 : 호바차, 석탄차 등

ⓓ 사업용화차 : 차장차 등

ⓔ 탱크화차 : 탱크차 등

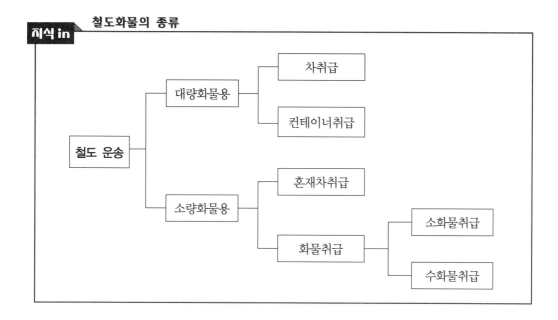

지식in 철도화물의 종류

(4) 철도화물운송의 형태

① 화차취급
  ㉠ 화차를 임대하여 운송하는 일반적인 화물운송방법으로 대량화물과 장거리 운송에 적합하다.
  ㉡ 대절시 통상 1차 단위를 원칙으로 하지만, 2차 이상의 화차에 걸쳐서 운송할 때는 사용대차를 1단위로 간주한다.

② 컨테이너취급 : 대량운송을 위한 최적운송방법으로 형태·크기·중량이 다른 여러 가지 화물을 섞어서 일정한 단위로 운송하는 것을 말한다.

③ 혼재차취급 : 통운업자가 불특정다수의 화주로부터 소량화물의 운송을 위탁받고 이를 행선지 별로 차취급이나 컨테이너 단위로 재취합하여 철도의 차취급이나 컨테이너 취급으로 탁송하는 운송제도이다.

④ 화물취급 : 다수의 화주가 철도에 탁송하는 소량의 물품을 말하며 객차편으로 운송하는 소화물 취급과 여객이 출발역에서 운송을 위탁하는 수화물취급이 있다.

(5) 철도컨테이너운송

① 오픈탑카(Open Top Car) : 곤돌라와 같은 화차로서 대차가 없으며, ISO 표준규격 컨테이너를 적재하는데 편리하게 구성된 화차이다.

② 플랫카(Flat Car) : 장척화물이나 대형화물의 운송용으로 ISO 표준규격의 대형컨테이너 적재용 화차이다.

③ 컨테이너카(Container Car) : 컨테이너 전용형으로 제작된 화차로서 고정장치가 붙어 있는 화차 → 상면 위에 여러 개의 컨테이너를 적재할 수 있다.

④ 더블 스택카(Double Stack Car) : 미국의 러드사가 1980년에 개발한 2단 적재화차로서 오늘날 제3세대형 화차라고 불려진다.

(6) 철도운송체제

① 철도운송의 단계

> 화차 상차 → 화차 하차 → 자동차 상차 → 자동차 하차 → 입출고

지식 in **컨테이너 하물의 철도전용 운송체제(Freight Liner)**

해상 컨테이너 화물이 급증하자 1965년 영국에서 내륙운송을 위해 처음으로 개발된 정기급행 화물열차제도로써 내륙운송에서 가장 성공한 컨테이너 운송방식이다.

② 철도컨테이너의 수송방식
  ㉠ COFC방식 : 컨테이너 수송에 있어서 TOFC 방식보다 보편화된 방식으로 화차에 컨테이너만을 적재하는 방식의 하나로 컨테이너를 트레일러로부터 분리하여 직접 플랫카에 적재하는 방식이다. 컨테이너 상하차를 위하여 하역기기를 사용하므로 매달아 싣는 방식이라고도 한다.
  ㉡ TOFC방식 : 화차 위에 컨테이너와 고속도로용 트레일러를 동시에 적재하는 방식이다.
    • 피기백방식 : 화주의 문전에서 기차역까지 트레일러에 실은 컨테이너를 트랙터로 견인하는 방식으로 화물의 적재단위가 클 경우에 이용하나 하역기계가 필요한 것이 단점이다.
    • 캥거루방식 : 트레일러를 운반할 때 높이 제한범위에 합당하도록 트레일러 뒷바퀴에 상면보다 낮게 대차의 사이에 떨어뜨려 집어넣는 구조로 취급화물단위가 작은 유럽에서 주로 사용한다.

③ 철도컨테이너 운송의 전망 : 일관된 수송체계의 확립, 원가절감을 위한 화물의 분류, 타수송수단과의 연계확립, 수송력 부족의 해결을 위한 라인의 도입 등

내륙운송방식의 특성 비교

구분	장점	단점
도로 운송	• 초기 투자액의 규모가 작고 근거리 수송시 빠른 속도와 단위당 비용이 매우 저렴하다. • 도착 · 출발시간, 서비스와 운송능력으로 융통성이 크다. • 높은 신뢰도, 확실성과 이용의 편리함이 있다. • 문전에서 문전까지 서비스가 가능하다.	• 원거리 운송시 비용이 매우 많이 들고 산화물과 같은 중량화물운송시 이용도가 매우 낮다. • 기후 또는 운송수단의 파손 등으로 운송 중단 발생가능성이 있으며, 에너지의 효율성이 매우 낮다.
철도 운송	• 저가품의 운송에 편리하고 톤 · 마일당 낮은 연료 의 소모가 가능하다. • 원거리 운송시 유닛당 낮은 비용이 가능하고 운송 절차 및 계획운송이 가능하다. • 연중 서비스가 가능하다. • 안전성이 높다.	• 초기에 대규모의 자본이 투자되며, 근거리 운송시 속도가 매우 낮다. • 운송능력이 비탄력적이며, 터미널 설비가 매우 고가이다. • 환적이 필요하고 고가이며, 문전에서 문전까지의 서비스 가능성이 작다.
내수로 운송	• 저렴한 비용으로 대량화물운송이 가능하다. • 유닛당 낮은 연료의 소비가 가능하다. • 안전성이 높다.	• 이미지가 매우 부정적이고 지리적인 요인(내수로)에 제한이 있다. • 정기적인 운송을 위해 최소한의 물량확보가 필요하며, 문전에서 문전까지 서비스가 불가능하다.

(7) 열차종류에 따른 서비스의 형태

① 블록트레인(Block Train)

㉠ 블록트레인은 스위칭 야드(Switching Yard)를 사용하지 않으면서, 철도화물역 또는 터미널 간을 직접 운행하는 열차의 한 형태로써 화차의 수 및 타입 등이 고정되어 있지 않은 형태이다.

㉡ 물량 등이 충분하며, 조차장이 적은 철도망일 경우 블록트레인은 매우 효율적인 서비스형태이다.

㉢ 블록트레인의 가장 큰 장점은 중간역을 거치지 않고 처음 출발역으로부터 마지막 도착역까지 직송서비스를 제공한다.

㉣ 블록트레인은 열차의 운송시간을 단축할 수 있어, 중 · 장거리 운송구간에서 도로와의 경쟁력 등을 높일 수 있게 해준다.

㉤ 블록트레인은 철도-공로복합운송에서 많이 사용되어지는 서비스형태이다.

㉥ 블록트레인의 운행이 경제적인 타당성을 갖추기 위해서 열차용량의 60% 이상의 적재 물량이 존재하여야 한다.

Ⓐ 일반적으로 블록트레인의 길이는 700m, 미터당 허용중량은 8톤까지 가능하므로 일일 편성으로 보면 최대 5,600톤의 화물운송이 가능하다.

〈블록트레인의 개념〉

② 셔틀트레인(Shuttle Train)
  ㉠ 셔틀트레인은 철도역 내지 터미널 등에서 화차의 조성비용을 줄이기 위해 화차의 수 및 타입 등이 고정되며 출발지-목적지-출발지를 연결하는 루프형 구간에서 서비스를 제공하는 열차형태를 말한다.
  ㉡ 블록트레인을 보다 더 단순화하게 한 열차로서, 화차의 수 및 구성이 고정되어 있어 터미널에 서의 화차취급비용을 절감할 수 있다.
  ㉢ 셔틀트레인은 통상적인 블록트레인에 비해 대략 15~20%의 화차취급비용을 절약할 수 있다.
  ㉣ 셔틀트레인을 운행하기 위해서 두 터미널간의 수송수요가 충분하며, 안정적이어야 한다는 제약으로 인해 비교적 짧은 구간에서 유용한 열차서비스형태라 할 수 있다.

③ Y-셔틀트레인(Y-Shuttle Train)
  ㉠ Y-셔틀트레인은 하나의 중간터미널을 경유하는 것 말고는 셔틀트레인과 동일한 형태의 서비스를 제공하는 열차형태로서 셔틀트레인과 마찬가지로 화차의 수 및 타입 등이 고정되는 열차서비스라 할 수 있다.

〈Y-셔틀트레인의 개념〉

④ Coupling&Sharing Train
  ㉠ Coupling&Sharing Train은 중·단거리 운송 및 소규모터미널 등에서 사용할 수 있는 Modular Train(소형열차)형태의 열차서비스이다.
  ㉡ 기존 Single-Wagon Train의 개선책 대안으로 제기된 열차형태이며, 중간역에서의 화차의 취급을 단순화해서 열차의 조성을 신속·정확하게 할 수 있다.

〈Coupling&Sharing Train의 개념〉

⑤ Single-Wagon Train(또는 Liner Train)

　㉠ Single-Wagon Train은 여러 개의 중간역 내지 터미널을 거치면서 운행하는 열차서
　　비스로 철 도화물의 운송서 비스부문에서 가장 높은 비중을 차지하고 있다.

　㉡ 목적지까지 열차운행을 하기 위한 충분한 물량이 확보되어 있을 경우에만 운행이
　　가능하므로 통상적으로 화물의 대기시간이 매우 높은 서비스형태라 할 수 있다.

　㉢ Single-Wagon Train은 운송경로상의 모든 종류의 화차 또는 화물 등의 수송이 가능
　　하지만, 모든 야드에서 화주가 원하는 시간에 따라 서비스를 제공하는 것이 아닌
　　열차편성이 가능한 물량이 확보되는 경우에만 서비스를 제공하게 된다는 단점이
　　있다.

　㉣ 중간역에서의 정차는 열차의 전체 수송시간의 증대를 조래하게 되며, Single-
　　Wagon Train의 1일 수송거리는 대략 200km 정도에 지나지 않아 주로 일정한 수요
　　를 가지는 지역철도망 등에서 서비스가 주로 제공된다.

　㉤ Single-Wagon Train의 일종인 Liner Train은 장거리구간에 여러 개의 소규모 터미널
　　이 존재하는 경우에 마치 여객열차와 같이 각 기착터미널에서 화차를 Pick-Up &
　　Delivery하는 서비스 형태이다.

　㉥ 현재 독일에서 운행되고 있는 Liner Train은 주로 자국 내의 지역 내 또는 지역 간
　　철도노선 날에 활용되어지고 있다.

〈Liner Train의 개념〉

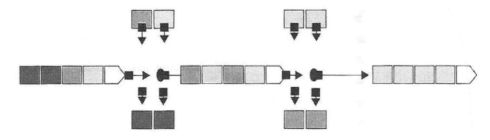

(8) 운송서비스망 전략

철도화물 운송서비스망 전략은 여러 다양한 열차서비스를 운송망에서 설계하는 전략을 의미하고, 크게 물동량의 안정성과 수준, 철도노선과 터미널 및 화물 등의 공간적인 분포형태, 관련된 운송 업자간의 경쟁규칙 및 협력관계 등의 요소들에 의해 결정되어진다.

① 셔틀트레인에 기초하는 운송축 전략
  ㉠ 운송축 전략은 물동량이 많은 화물축에 활용하기 위한 네트워크 운영전략으로 물량이 충분하 며 변동폭이 작은 구간 등에 도입이 용이한 셔틀트레인이 이용된다.
  ㉡ 단점 : 열차의 화차구성이 고정되어 있으므로 수요에 대해 융통성 있게 대처하기가 곤란하다.
  ㉢ 셔틀트레인에 기반을 두는 운송축 전략은 비교적 작은 규모의 단일교통축 등에 적용이 용이하고, 유럽의 몇몇 복합운송업체가 주요항구 및 배후지역간을 연결하는 화물교통축에서 주로 사용하고 있다.

② 게이트웨이(Gateway) 전략
  ㉠ 소형터미널 등 다수의 출발지에서 대형터미널로 집송한 후에 대형터미널에서 몇몇의 간선철도 망과 이를 연결하는 수송전략으로서 셔틀트레인으로 서비스하기에는 물량이 충분하지 않을 경우에 채택할 수 있는 전략을 말한다.
  ㉡ 대형터미널이 일종의 게이트역할을 수행하며, 블록트레인, 셔틀트레인, Y-셔틀트레인, 라이너 트레인 등의 다양한 열차서비스가 사용된다.
  ㉢ 적용사례로는 Hupac사가 있으며, Hupac사는 유럽 전 대륙을 대상으로 하는 영업망을 지원하기 위해 게이트웨이전략을 채택하고 있다.
  ㉣ 게이트웨이 터미널은 한 국가의 복합운송거점으로 정의된다.

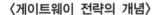

〈게이트웨이 전략의 개념〉

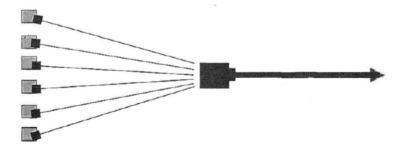

③ Hub-and-Spoke 운송전략

 ㉠ Hub-and-Spoke 운송전략은 다수의 기·종점을 가진 운송망에서 허브터미널에 물량을 집중 시킴으로써 규모의 경제를 이용해 운송망 전체의 효율성을 제고하는 네트워크전략이다.

 ㉡ 기·종점별 이용물량규모에 큰 편차가 존재하더라도 융통성 있게 운송서비스를 제공할 수 있다 는 점 때문에 교통부문에서 널리 사용되는 운송전략이다.

 ㉢ Hub-and-Spoke 운송전략의 장점은 운송물량을 허브에 집중케 함으로써 적재율 향상, 공차 거리율 감소, 낮은 수요를 가진 O-D쌍에 대한 서비스제공의 가능 등을 들 수 있는 반면, 허브 경유로 인해 직송서비스에 비해 운송거리와 운송시간이 늘어난다는 점이 단점이다.

 ㉣ Hub-and-Spoke 운송전략은 모든 서비스가 허브에 연결되나 O-D 간 물량이 충분한 경우 굳이 허브를 거쳐 수송할 필요는 없다.

 ㉤ O-D 간 직송서비스를 허용할 경우를 혼합전략(Mixed-Strategy)이라 한다. 이는 모든 서비스가 허브와 연결되어야 하는 순수전략(Pure Strategy)에 비해 보다 융통성 있는 전략이다.

 ㉥ Hub-and-Spoke 운송전략은 운송거리 측면에서 중·장거리 운송구간 뿐만 아니라 200km대의 단거리 운송구간에서도 적용되며, 이용 물량규모 측면에서 물량이 적고 불안정한 O-D구간 에서도 이용된다.

 ㉦ 유럽에서 적용되고 있는 Hub-and-Spoke 운송전략은 국제철도운송망에서 적용되는 장거리 수송형태, 국내에서 적용되는 중거리 및 단거리운송형태로 구분될 수 있다.

 ㉧ 운송네트워크에 다수의 O-D쌍(Origin-Destination Pair), 다시 말해 다수의 출발지와 다수의 도착지가 존재하는 것이 유리하다.

 ㉨ 대부분 운송물량이 허브를 거쳐 최종목적지까지 운송된다.

 ㉩ 운송범위가 넓은 대규모 운송망의 경우 여러 개의 Hub가 입지되어 운영되기도 한다.

 ㉪ 모든 노선들이 허브를 중심으로 구축된다.

 ㉫ 정기선해운 및 항공운송 부문에 도입되고 있다.

 ㉬ 다양한 노선을 보다 적은 노선으로 재구축하여 여객 및 화물의 흐름을 집중할 수 있다.

 ㉭ Spoke에서 집하된 화물은 Hub로 모아져서 목적지에 따라 운송된다.

〈Hub-and-Spoke운송전략〉

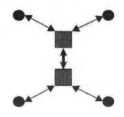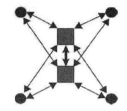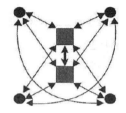

지식 in   물류터미널의 개념과 기능

- 물류터미널은 화물의 집화, 하역, 분류, 포장, 보관 등에 필요한 기능을 갖춘 시설물을 말한다.
- 복합물류터미널은 2가지 이상의 운송수단 간의 연계수송을 할 수 있는 물류터미널을 말한다.
- 화물과 운송수단이 효율적으로 연계되도록 지원하는 물류인프라 역할을 수행한다.
- 물류 터미널에 설치되는 시설에는 화물취급장, 보관시설, 대형 주차장 이외에도 운전자용 휴게시설, 화물주선정보시스템 등이 있다.
- 복합물류터미널의 기능
  - 시간조절 기능
  - 환적 기능
  - 부가가치창출 기능
  - 화물혼재 기능

(02). 철도화물 운임

(1) 철도화물의 운임체계

① 화차취급 운임

㉠ 철도운임

- 레일운임을 기본으로 거리대별 톤당 운임에 운임계산톤수를 곱하여 산정한다.
- 특대화물과 위험물 및 귀중품의 경우에는 할증제가 있고 파렛트를 발송하는 경우에도 할증제가 있으며 화차유치료, 인도증명서 등 특별요청사항에 대해서는 제반 부대요금을 병과한다.
- 운임액 = 운송거리 (km) ×운임율 (1km당) × 화물중량 (1톤당)

  (운임산출시 1km 미만의 운송거리 및 1톤 미만의 화물중량은 반올림)

ⓛ 통운요금
- 발착양단의 발송료와 도착료 및 특별의뢰사항에 대한 제반요금으로 구성된다.
- 정형대량운송이나 일관파렛트의 경우 할인제도가 있다.

철도화물 운임체계

- 운송거리(km)×운임률(운임/km)×화물중량(톤)으로 운임액을 산정한다.
- 일반화물의 최저기본운임은 화차표기하중톤수 100km에 해당하는 운임으로 한다.
- 차급화물은 화차 1량 단위(일반하물), 컨테이너 화물은 규격별 1개 단위로 계산한다. 운임계산거리는 철도노선의 운송 가능한 최단경로 거리를 적용하고, 화물중량은 실제 적재중량에 의하되 1량의 최저중량에 부족할 경우 별도로 정한 중량을 적용한다.
- 컨테이너화물의 최저기본운임은 규격별 컨테이너의 100km에 해당하는 운임으로 한다.

② 컨테이너취급 운임
   ㉠ 화차취급 운임과 같이 철도운임과 발착양단의 통운요금으로 구성된다.
   ㉡ 냉동 및 냉장컨테이너 등의 사용에는 할증제도가 있고 해상컨테이너 운송의 경우에는 할인제도가 있다.
   ㉢ 운임액 = 운송거리(km)×컨테이너 규격별 기본운임율(1km당)×각종 할인 또는 할인율

③ 혼재운임
   ㉠ 발착혼재기지 간의 철도운임에 대한 고객운임과 발착기지 양단의 집하료 및 배달료로 구성된다.
   ㉡ 품목할증과 특대할증제도가 있으며, 특별한 요청의 경우에는 중개료와 제반요금이 부과된다.

(2) 철도화물의 운임유형

① **거리비례제** : 승객 또는 화물을 수송한 거리에 비례하여 같은 율로 운임을 계산하는 방법이다. 이 제도는 형평성과 효율성의 측면에서 유리하다.
② **거리체감제** : 운행구간이 멀어짐에 따라 체감율을 적용하여 원거리수송이 단거리수송보다 유리 하게 하는 제도로서 운송거리에 관계없는 고정비용이 많은 경우 및 원거리 간의 지역차를 해소 하기 위한 관점에서 합리적인 운임제도이다.
③ **구역운임제** : 전 운행구간을 몇 개의 구역(Zone)으로 나누어 구역마다 단위운임을 정하여 통과하는 구역 수에 따라 운임을 정하는 제도로서 구역의 규모와 형태의 결정이 중요한데 지역특성에 따 라 동심원형, 격자형, 지리적구역형(또는 행정구역형), 벌집형 등이 있다.

〈운임유형별 장단점 비교〉

구 분	거리비례제	거리체감제	구역운임제
장점	수송거리에 따라 비용을 지불함으로 형평성 제고	철도의 장점과 부합되는 원거리수송화물에 대해 경쟁력 증대	노선이 많지 않은 경우 실제 노선의 거리에 의하지 않고 지역 간 거리에 의하므로 형평성 유리
단점	원거리수송비용이 저렴한 철도의 장점을 살릴 수 없음	운임산정 등 복잡하고 장거리 운임할인에 따른 운송수입 감소우려	구역 경계점 인접거리 수송간에 운임격차 발생으로 형평성 미약
적용제도	한국 및 독일철도 운임	일본, 프랑스, 철도운임 한국 고속 · 시외버스	한국지하철, 외국의 화물운임 등 다양하게 적용

제3장 적중예상문제

01. 다음은 철도운송에 대한 설명이다. 거리가 먼 것은?

① 화물자동차의 발전과 대량보급에 따라 철도운송의 경쟁력이 크게 저하되었다.
② 중·장거리 운송과 대량화물의 수송역할을 하고 있다.
③ 공로운송은 철도보다 먼저 화물을 대량으로 운송하기 시작하였다.
④ 정부가 직접 경영하는 국영기업의 경우 운송요율도 정부의 규제하에 두는 경우가 많다.
⑤ 철도운송은 운임부담이 적은 대량의 화물을 원거리로 수송하는 경우 수송비용이 적으며 경제적이다.

> **해설┃** 철도운송은 자동차보다 먼저 화물을 대량으로 운송하기 시작하였다.
> **정답┃** ③

02. 철도운송에 대한 설명 중 관련이 없는 것은?

① 적기 차량수배의 어려움이 있어 공로수송에 비해 이용도가 떨어지고 있다.
② 원자재에 비해 회수이익이 증대할 가능성이 있을 경우, 계속적인 추가투자와 영업활동을 수행해야 한다.
③ 운송거리가 400km 이상이면 화물자동차운송 보다 경제성에서 우위에 있다.
④ 소형다빈도시대에 소량운송에 의한 운송효율을 향상시켜 운송비를 절감할 수 있다.
⑤ 대형자본이 투자되기 때문에 투자규모가 크고 전문화 및 고정화됨으로써 영업이익이 적정수 준을 넘지 못할 때가 있다.

> **해설┃** 철도수송 : 대량수송에 의한 운송효율을 향상시켜 운송비를 절감할 수 있다.
> **정답┃** ④

03. 철도컨테이너운송의 특성으로 적합하지 않은 것은?

① 대량운송에 있어서 우위에 있다.

② 근거리 운송시 요금이 저렴하다.

③ 확실하다.

④ 도착시간이 명확하다.

⑤ 안전하다.

> 해설┃ ② 철도운송은 원거리 운송시 요금이 저렴하다.
> 정답┃ ②

04. 물류터미널에 대한 설명으로 적절하지 않은 것은?

① 화물과 운송수단이 효율적으로 연계되도록 지원하는 물류인프라 역할을 수행한다.

② 물류터미널은 화물의 집화, 하역, 분류, 포장, 보관 등에 필요한 기능을 갖춘 시설물을 말한다.

③ 복합물류터미널은 2가지 이상의 운송수단 간의 연계수송을 할 수 있는 물류터미널을 말한다.

④ 물류터미널은 운송중계 및 소매시장 등의 기능을 수행한다.

⑤ 물류터미널에 설치되는 시설에는 화물취급장, 보관시설, 대형 주차장 이외에도 운전자용 휴게시설, 화물주선정보시스템 등이 있다.

> 해설┃ 물류터미널이란 화물의 집하·하역 및 이와 관련된 분류·포장·보관·가공·조립 또는 통관 등에 필요한 기능을 갖춘 시설물을 말하며, 소매시장의 기능은 없다.
> 정답┃ ④

단위적재운송

01. 단위적재운송의 개요

(1) 개념

화물을 일정한 표준의 중량과 용적으로 단위화하여 일괄적으로 하역 또는 수송하는 물류시스템으로 파렛트와 컨테이너라는 운송용구의 개발에 의해 화물을 화주의 문전에서 문전까지 일관운송할 수 있는 체제이다.

(2) 특징

① 유닛로드시스템의 기본요건 : 단위규모의 적정화, 단위화작업의 원활화, 협동수송체제의 확립
② 장점
    ㉠ 화물의 파손, 오손, 분실 등을 방지한다.
    ㉡ 운송수단(트럭, 기차, 항공기, 선박 등)의 운용효율성이 매우 높다.
    ㉢ 하역의 기계화에 의한 작업능률이 향상된다.
    ㉣ 포장이 간단하고 포장비가 절감되어 물류비를 절감할 수 있다.
    ㉤ 시스템화가 용이하다.
③ 단점
    ㉠ 컨테이너와 파렛트 확보에 경비가 소요된다.
    ㉡ 하역기기 등의 고정시설비 투자가 요구된다.
    ㉢ 자재관리의 시간과 비용이 추가된다.
    ㉣ 넓은 작업 공간의 확보가 요구된다.
    ㉤ 파렛트 로드의 경우 파렛트 자체나 공간이 적재효율을 저하시킨다.

(3) 유닛로드시스템의 효과

① 파렛트화, 컨테이너화등의 단위화로 인력이 절약된다.
② 물동량을 단위화함으로써 자동화설비나 자동화장비의 이용이 가능하다.
③ 수송장비의 상·하차작업이 신속히 이루어져 하역작업의 대기시간이 단축된다.
④ 표준화된 단위로 포장, 하역, 수송, 보관되어 물류작업의 표준화가 가능하다.

(4) 단위적재용 기기

① 운송기기 : 컨테이너 전용화차, 컨테이너 탑재 전용기, 컨테이너 전용선, 컨테이너를 적재할 수 있는 트럭

② 하역기기 : 컨베이어, 파렛트 로더(Pallet Loader), 승강기 등

③ 포장기기와 보관기기 : 밴드(Band) 조립기, 대형포장기, 랙(Rack)

(5) 단위적재운송의 분류와 효과

① 파렛트화

㉠ 개념

- 파렛트 : 유닛로드의 대표적인 도구로서 낱개의 화물을 적정한 단위묶음으로 집합할 수 있게 목재, 플라스틱, 금속 등으로 제작하여 하중을 받을 수 있도록 만들어진 하역대를 의미한다.
- 파렛트화 : 다수의 소화물을 개별로 이동하지 않고 일정한 묶음으로 단위화하여 한꺼번에 일 괄적재하여 이동하는 것을 말한다.

㉡ 효과

- 하역의 기계화로 물품의 보관효율이 향상된다.
- 제품파손의 감소와 포장비가 절감된다.
- 하역 시간의 단축으로 작업 인원이 감소되어 노동복지가 향상된다.
- 운송의 편의성과 트럭회전율의 향상은 물류비 절감에 기여한다.
- 포장의 간이화와 검품 및 검량의 간이화로 물류효율을 향상시킨다.

> **지식 in** **단위적재(Unit Load) 운송시스템**
>
> - 파렛트 시스템은 일반적으로 정육면체 또는 직육면체의 화물을 적재하기는 편리하지만, 분립제나 액체화물의 경우에는 적재가 곤란하다.
> - 파렛트 시스템은 파렛트 운송 및 하역에 필요한 기기인 포크리프트, 파렛트 로더, 승강장치 등이 필요하다.
> - 파렛트 시스템은 단거리 운송에 적합하며, 컨테이너 시스템은 장거리 운송에 주로 이용되고 있다.
> - 컨테이너 시스템은 장척화물이나 초과중량 화물 등과 같이 컨테이너에 적입하기 곤란한 화물을 제외하고는 외의 모든 화물을 적입하여 운송할 수 있다.

② 컨테이너화
  ㉠ 개념 : 컨테이너를 사용해서 컨테이너 적재상태로 일관운송하는 것을 뜻한다.
  ㉡ 국제표준기구(ISO) : 컨테이너의 종류와 규격을 정해 해·육용 컨테이너를 표준화하고 있다.
  ㉢ 항공기 : 기체의 특성상 각 기종의 윤곽이 다르기 때문에 그 기종에 맞는 파렛트와 컨테이너를 제작하여 사용하는 것이 바람직하다.
  ㉣ 컨테이너화의 경제적 효과
    • 기계화에 의한 하역시간의 단축과 왕복운송으로 운송시간이 단축된다.
    • 대형화물로 운송포장비 절감과 포장의 표준화로 인한 포장비의 절감효과가 있다.
    • 운송중인 화물의 손실·훼손·멸실 등 손해발생 위험이 감소되어 보험료가 절감된다.
    • 임대창고의 보관이 생략된다.
    • 신속·정확한 화물인도와 운송 일정이 투명하다.

(02) 일관파렛트화

(1) 일관파렛트화의 개요

① 개념 : 송하인이 다수의 화물을 파렛트 위에 적재하여 수하인에게 도착할 때까지 전 운송과정을 파렛트로 운송하는 것을 의미한다.

② 일관파렛트화의 경제적 효과
  ㉠ 하역작업능률의 향상
  ㉡ 물류의 효율화 및 원활화
  ㉢ 포장 간소화에 따른 포장비 절감
  ㉣ 효율적 운송의 실현

③ 일관파렛트화의 문제점
  ㉠ 파렛트화가 가능한 화물의 범위 제한 : 가구, 기계류, 액체물, 분립체 등은 파렛트화가 곤란하다.
  ㉡ 파렛트 운송방식의 한계 : 재래운송방식과 컨테이너 운송방식의 중간단계에 속한다.
  ㉢ 파렛트 경비의 증가 : 곤포 구입 비용이나 보험료가 증가한다.
  ㉣ 파렛트 규격의 비표준화 : 운송수단의 적재함 규격이 각각 다르다.
  ㉤ 공파렛트의 회수, 보관, 정리 등의 관리가 복잡하다.

     ⓗ 제품에 적합한 파렛트의 다종화가 요구된다.

     ⓢ 하역작업의 기계화가 이루어지지 않은 기업이 존재한다.

  ④ 일관파렛트화의 지연 원인

     ㉠ 기존의 비규격 파렛트와 물류시설의 대체에 막대한 비용이 소요된다.

     ㉡ 업종과 상품의 특성에 따라 파렛트 단위로 출하하는 것이 가능하지 않다.

     ㉢ 수송단계에서 파렛트의 회수에 많은 시간과 노력이 소요된다.

     ㉣ 파렛트의 분실 위험 및 공파렛트 회송비의 부담 등이 있다.

     ㉤ 화물도착지에서의 하역기기 및 시설이 미비하다.

  ⑤ 일관파렛트화를 위한 해결책

     ㉠ 파렛트 풀 시스템의 구축이 필요하다.

     ㉡ 수송수단의 규격통일화가 요구된다.

     ㉢ 파렛트의 표준규격통일화가 필요하다.

     ㉣ 표준파렛트 상용을 위한 관계기관의 홍보가 요구된다.

     ㉤ 관련업체 간의 긴밀한 협조와 정부의 지원이 필요하다.

(2) 파렛트이용의 기본형태와 이용방식

  ① 파렛트이용의 기본형태

     ㉠ 송하인 공장에서 최종 사용자까지 파렛트 운송 → 지업계, 내화연와업계

     ㉡ 송하인 공장에서 배송센터나 도매상까지 파렛트운송 → 대부분의 공산품 및 생필품

     ㉢ 공장 내에서의 반송 및 보관에만 사용 → 의약품업계

  ② 이용방식

     ㉠ 화주소유파렛트 이용방식

     ㉡ 물류업자소유 파렛트 이용방식

     ㉢ 파렛트 풀 회사소유의 이용방식

(3) 표준규격 파렛트의 경제성

  ① 종합적인 물류비가 절감된다.

  ② 국제적으로 상호공용이 가능하다.

  ③ 공로운송 및 철도운송에 적합하다.

  ④ 하역기기에 적합하게 설계되어 있다.

  ⑤ 환적이 용이하고 비용절감의 효과가 있다.

  ⑥ 파렛트 풀 시스템을 촉진시키는 역할을 한다.

03 파렛트 풀 시스템

(1) 파렛트 풀 시스템의 개요

① 개념 : 파렛트의 규격과 척도 등을 통일하여 상호교환성이 있게 한 후, 각 업체척도 등을 풀로 연결하여 이용함으로써 물류비류 절감하려는 제도이다.

② 파렛트 풀 시스템의 도입시 조건
  ㉠ 전국적으로 폭넓은 집배망을 설치해야 한다.
  ㉡ 공파렛트의 회수 전문체제를 구축하여야 한다.
  ㉢ 파렛트의 지역적 편재 및 계절적 수요파동을 조정할 수 있어야 한다.
  ㉣ 표준파렛트를 다량 보유함으로써 화주에게 대여하기 쉬워야 한다.

③ 파렛트 풀 시스템의 촉진 요인
  ㉠ 상품규격과 파렛트 규격의 불일치
  ㉡ 표준파렛트의 규격에 자사의 상품을 보다 적합하게 할 수 있는가의 문제점
  ㉢ 유통의 다단계와 물류시설의 미비
  ㉣ 파렛트의 회수 반송의 문제점
  ㉤ 물류기술의 다양화 : 전용수송기기 개발의 활기

④ 파렛트 풀 시스템화의 저해요인
  ㉠ 각 기업소유 파렛트 규격이 일정하지 않다.
  ㉡ 인력하역의 업체가 많고 물류기술이 다양화되어 있다.
  ㉢ 일관파렛트화에 대한 사고가 결여되어 있다.
  ㉣ 파렛트의 가격이 높고 계절적 융통에 관한 데이터가 미비하다.
  ㉤ 전문적으로 파렛트 화물을 적재하는 기술이 부족하다.
  ㉥ 정부의 행정적인 지원정책이 미비하다.

(2) 파렛트 풀 시스템의 장점

① 포장의 간소화로 인한 포장비의 절감
② 공파렛트의 회수가 용이
③ 작업능률의 향상
④ 운임·하역효율의 상승 및 부대비용의 절감
⑤ 수요의 탄력성과 수급파동의 조정이 가능
⑥ 물류의 효율화 및 원활화

⑦ 운송효율이 향상되어 다른 시스템과 유기적인 시스템 형성가능

(3) 파렛트 풀 시스템의 분류

① 운영형태에 따른 분류

  ㉠ 개방적 파렛트 풀 시스템 : 제3자가 소유하는 파렛트를 공동사업소에서 공동으로 이용하여 파 렛트의 유통범위를 극대화하는 시스템으로 가장 이상적인 형태이다.

  ㉡ 기업단위 파렛트 풀 시스템 : 기업이 대여전문회사로부터 파렛트를 일괄 대여하여 자사 거래 처와의 유통시점까지 독점적으로 사용하는 제도이다.

  ㉢ 업계단위 파렛트 풀 시스템 : 각 기 업이 자사의 파렛트를 소유하되 업계의 규율하에 공동이 용하는 시스템이다.

② 운영방식에 의한 분류

  ㉠ 교환방식(유럽방식) : 유럽 각국의 국영철도에서 송화주가 국철에 화물을 파렛트로 드 형태로 수송하면 국철에서는 이와 동수의 공파렛트를 주어 상계하며, 수하인은 도착역에서 인수한 적하 파렛트와 동수의 파렛트를 국철에 인도하는 방식이다.

  ㉡ 리스·렌탈방식(호주방식) : 호주에서 처음으로 시작된 방식으로 미국, 캐나다, 일본에서 도입 한 방식인데, 개별기업에서 파렛트를 보유하지 않고 파렛트 풀 회사에서 일정규격의 파렛트를 필요에 따라 임차하여 사용하는 방식이다.

  ㉢ 교환·리스병용방식 : 1975년 영국의 GKN-CHEP사가 개발한 방식으로 교환방식과 리스·렌탈 방식의 결점을 보완한 방식이다.

  ㉣ 대차결제방식 : 1968년 스웨덴의 파렛트 풀 회사에서 교환방식의 결점을 개량한 방식으로 보통 도착 후 3일 이내 파렛트를 반환한다.

⑭ 컨테이너 운송

(1) 컨테이너 운송의 개요

① 개념 : 컨테이너라고 하는 일정한 용기에 미리 화물을 적입하여 운송하는 단위적재시스템(Unit Load System)의 일종으로 송하인으로부터 수하인까지 컨테이너로써 화물을 운송하는 것을 말한다.

② 목적 : 송하인의 문전에서 수하인의 문전까지 컨테이너에 적입된 내용물을 운송수단의 전환에도 불구하고 재적입이나 적출함이 없이 운송함으로써 물류비를 절감하는 데 있다.

(2) 컨테이너 화물의 종류

① **최적상품** : 대체로 고가이며 해상운임도 비교적 높은 건화물
② **적합상품** : 최적상품보다 가격이나 해상운임률이 저가인 상품
③ **한계상품** : 저가·저운임의 화물로서 도난이나 손상의 가능성이 없는 각종 주괴(Ingot)
   와 원목 등
④ **부적합상품** : 물리적으로 컨테이너에 적재하는 것이 불가능한 산화물(Bulk Cargo)과
   교량 등과 같은 중량화물 및 액화가스 등과 같은 운송시 전문적인 시설이 필요한 화물

(3) 컨테이너 운송의 장단점

① 장점
   ㉠ 문전에서 문전까지 일관운송으로 적하시간과 비용의 감소
   ㉡ 화물의 손상과 도난 감소
   ㉢ 높은 노동생산성의 실현과 창고 및 재고관리비의 절감 가능
   ㉣ 특수화물취급가능
   ㉤ 해상운송을 위한 내륙터미널 시설이용
   ㉥ 서류의 간소화 기능
   ㉦ 화물의 중간적입 및 적출작업 생략

② 단점
   ㉠ 컨테이너화에 대규모 자본투자 필요
   ㉡ 컨테이너에 적입할 수 있는 화물의 제한
   ㉢ 컨테이너에 대한 하역시설이 갖추어진 항구에만 입항 가능
   ㉣ 운항관리와 경영이 일반 재래선에 비해 복잡하고, 고도의 전문적인 지식과 기술 필요

(4) 컨테이너화의 장단점

① 장점
   ㉠ 포장비·보관비가 절감된다.
   ㉡ 유리한 수송로의 설정 및 국제복합일관운송이 가능하다.
   ㉢ 각 수송수단 사이의 접점에서 비용의 절감 및 화물추적시스템화가 용이하다.
   ㉣ 하역작업의 기계화로 하역작업의 생산성 또는 하역작업의 효율이 향상된다.
   ㉤ 운송책임의 일원화에 따른 운송의 간소화와 클레임 처리창구의 일원화가 가능하다.
   ㉥ 자금의 회전율이 높고 보험료와 기타 비용이 절감된다.

② 단점

    ㉠ 규격화되지 않은 화물 등 이용화물에 제한이 있다.

    ㉡ 컨테이너 전용부두설치와 컨테이너 운반용 샤시 및 터미널, 전용선 확보 등 시설확보에 따른 대규모 자본이 필요하다.

    ㉢ 컨테이너 및 제 설비 관리에는 고도의 전문지식과 기술이 필요하다.

    ㉣ 하역시설이 갖추어진 항구에만 입항이 가능하다.

(5) 컨테이너선의 분류

① 선박의 형태에 따른 분류

    ㉠ 혼재형 : 재래선에 일반잡화와 컨테이너 화물을 혼재하여 운송하는 선박으로 컨테이너 전용선은 아니다.

    ㉡ 분재형 : 재래선 선창이나 갑판에 컨테이너 전용선창을 설치한 선박이다.

    ㉢ 전용형 : 갑판 및 선창이 컨테이너만을 적재할 수 있도록 설계된 선박이다.

    ㉣ 바지운반형 : 화물을 적재한 부선을 본선에 그대로 싣는 방식이다.

② 적재방식에 따른 분류

    ㉠ LO-LO(Lift On/Lift Off)방식 : 본선이나 육상에 설치되어 있는 갠트리 크레인으로 컨테이너를 수직으로 선박에 적재 또는 양륙하는 방식이다.

    ㉡ RO-RO(Roll On/Roll Off)방식 : 선미 또는 현측에 경사관(Ramp)이 설치되어 있어 이 경사관을 통해서 트랙터 또는 포크리프트 등으로 하역하는 방식이다.

    ㉢ Lash(Float On/Float Off)방식 : 부선에 컨테이너나 일반화물을 적재하고 부선에 설치된 갠트리 크레인에 의해서 하역하는 방식이다.

(6) 컨테이너 화물

① 컨테이너 화물의 운송형태

    ㉠ CFS/CFS운송 : 선적항의 CFS로부터 목적항의 CFS까지 컨테이너에 의해서 화물을 운송하는 방법으로서, 가장 초보적인 이용방법이다.

    ㉡ CFS/CY운송 : 운송인이 여러 송하인들로부터 화물을 선적항의 CFS에 집하하여 컨테이너에 적입한 후 최종목적지인 수하인의 공장 또는 창고까지 화물을 운송하는 방법으로 운송인이 지 정한 선적항의 CFS로부터 목적지의 CY까지 컨테이너에 의해서 화물을 운송하는 형태이다.

    ㉢ CY/CFS운송 : 선적지의 운송인이 지정한 CY로부터 목적항의 지정 CFS까지 컨테이너에 의해 화물을 운송하는 형태이다.

② CY/CY운송 : 수출업자의 공장 또는 창고에서부터 수입업자의 창고까지 컨테이너에 의한 일관 운송형태로 운송하는 방식으로 복합운송의 가장 대표적인 운송형태이다.

지식 in **컨테이너 종류별 운반대상 화물**

- Hanger Container – 의류, 봉제품
- Reefer Container – 과일, 채소, 냉동호될
- Flat Rack Container – 목재, 기계류 , 승용차
- Tank Container – 화학품 , 유류
- Solid Buck Container – 소맥분, 가축사료
- Open Top Container – 파이프와 같이 길이가 긴 장척화물, 중량물, 기계류 등

② 컨테이너 화물의 수출절차
  ㉠ 컨테이너선의 선정과 선적예약
  ㉡ 컨테이너선 터미널로 화물반입
  ㉢ 컨테이너화물의 선적
  ㉣ 컨테이너 화물에 대한 해상보험 가입 → CIF 수출 조건인 경우 화주가 보험부보
  ㉤ 운임지급 및 수하인에 대한 선적통지
  ㉥ 운송서류의 발송

(7) 컨테이너 화물운임의 종류

① 지급시기에 따른 분류
  ㉠ 선불운임 : 화물을 선적할 때 선하증권과 상환으로 선박회사에 지불하는 운임
  ㉡ 후불운임 : 화물의 운송이 완료된 후에 지불하는 운임

② 부과방법에 따른 분류
  ㉠ 종가운임 : 화주가 신고한 가격을 기초로 하여 일정율을 징수하는 운임
  ㉡ 최저운임 : 화물의 용적이나 중량이 일정기준 이하일 경우 징수하는 운임
  ㉢ 차별운임 : 운임부담력이나 수요탄력성에 기초하여 동일비용의 운송에 대해 화물, 장소, 화주에 따라 운임을 차별화하거나 상이한 비용의 운송에 대해 동일하게 설정하는 운임
  ㉣ 무차별운임 : 화물의 형태, 성질, 가격 등과는 관계없이 운송거리를 기준으로 동일한 운임율을 적용하는 운임

③ 특수운임

    ㉠ 특별운임 : 해운동맹의 운임율표상의 기본운임과는 달리 특정 화물의 원활한 운송촉진, 가맹외 선에 대한 대항조치, 대량화물에 대한 우대조치를 위해 일정기간에 한해 적용하는 할인운임

    ㉡ 경쟁운임 : 화물운임을 해운동맹에서 결정한 운임율표에 의하지 않고 가맹선사가 임의로 결정 할 수 있는 운임

    ㉢ 접속운임 : 운송업자가 해상운송 및 육상, 항공운송까지 화주를 대신하여 북미내륙의 Overland Common Point 지역까지 운송하는 경우에 화주가 운송업자에게 지불하는 운임

> **지식 in**   **컨테이너 적입도(CLP ; Container Load Plan)**
>
> 컨테이너에 적입된 화물의 명세서를 말한다. 화물이 화주, 검수인 또는 CFS 오퍼레이터에 의해 컨테이너에 적입되어, 이들에 의해 CLP가 작성되면 CY 오퍼레이터에 전해진다. 이는 유일하게 매 컨테이너마다 화물의 명세를 밝힌 중요한 서류이다.

(8) 컨테이너 관련 국제협약

① CCC협약(컨테이너 통관 협약) : 컨테이너가 국경을 통과할 때 발생하는 당사국간 관세와 통관문제의 해결을 위한 협약이다.

② TIR협약(1959년, 유럽경제위원회)

    ㉠ 도로주행차량 또는 차량에 적재된 컨테이너를 도중에 환적하지 않고 국경을 통과하여 운송되는 운송화물의 관세취급에 관한 협약이다.

    ㉡ 컨테이너 통관협약이 컨테이너 자체를 그 대상으로 하고 있는데 반해 TIR협약은 컨테이너에 적재된 화물을 그 대상으로 하고 있다.

③ ITI협약(1971년, 관세관련이사회)

    ㉠ 각종 운송기기에 의한 육·해·공의 모든 운송수단을 통한 관세취급에 관한 협약이다.

    ㉡ TIR협약은 도로주행차량 또는 그 차량에 적재된 컨테이너에 의한 도로운송이 대상이나 ITI협약은 모든 운송수단이 대상이다.

④ 컨테이너안전협약(CSC) : UN이 IMO(국제해사기구)와 협동으로 1972년에 채택한 '안전한 컨테이너를 위한 국제협약(International Convention for Safe Containers)'이다. 이 협약의 목적은 컨테이너의 취급, 적취 및 수송에 있어서 컨테이너의 구조상의 안전요건을 국제적으로 공통화하는 것을 목적으로 하고 있다.

⑤ 컨테이너 안전 협정(CSI ; Container Security Initiative) : 컨테이너 안전 협정(CSI)은 세계의 각 주요 항구에 미국 세관원들을 파견하여 불법 물자 적재 여부를 당사국의 세관들과 함께 수시로 검색하는 정책이다.

⑥ 위험물 컨테이너 점검제도(CIP ; Container Inspection Program) : 위험물을 탑재한 해상운송 수 입 컨테이너에 대해 국제해상위험물규칙(IMDG Code)의 준수여부를 확인 및 점검하고 위반사항에 대해서는 시정조치토록 계도하여 선박 및 항만의 안전을 도모하기 위한 제도이다.

05 컨테이너 터미널

(1) 컨테이너 터미널의 시설

① 안벽(Berth) : 항만 내 컨테이너선이 접안할 수 있도록 하는 시설
② 에이프런(Apron) : 안벽을 따라서 포장된 부분으로 컨테이너의 적재와 양륙작업을 위하여 임시로 하차하거나 크레인이 통과주행을 할 수 있도록 레일을 설치하는 데 필요한 공간
③ 화물집하장(MY ; Marshalling Yard) : 적재될 또는 하역된 화물을 적재해놓는 장소
④ 컨테이너야적장(CY ; Container Yard) : 적재된 컨테이너를 인수, 인도, 보관하고 공컨테이너도 보관하는 장소이며, 부산컨테이너터미널운영공사(BCTOC)의 컨테이너터미널 안에 있는 제5부두, 제6부두의 CY는 On-Dock CY라고 부르며, 수영이나 감만 등지에 따로 설치된 CY는 부두 밖 CY(Off-Dock CY)라고 부른다.
⑤ 컨테이너화물집화장(CFS ; Container Freight Station) : 문전에서 문전으로 운송하는 LCL화물을 인수·인도하고 컨테이너에 적입 또는 적출작업을 하는 장소
⑥ 기타 : 통제탑, 정비소, 정문출입구, 본부 등

(2) 컨테이너 운송장비

① 견인차
  ㉠ 트랙터 : 샤시, 트레일러, 로우베드 등을 끌고 가는 견인차
  ㉡ 오픈트럭 : 대형트럭으로 컨테이너를 곧바로 싣기도 하고 Bulk Cargo, LCL 등을 싣기도 한다.

② 피견인차

ⓐ 샤시(Chassis) : 컨테이너를 이동시키는 데 없어서는 안되는 중요한 피견인차

ⓑ 트레일레(Trailer) : 벌크화물, 중량화물을 운송하는 데 쓰이는 피견인차

ⓒ 로우 베드 트레일러(Low Bed Trailer) : 적재높이가 높은 화물을 운송하는 데 쓰이는 피견인차

(3) 컨테이너 취급장비

① 갠트리 크레인(Gantry Crane) : 컨테이너하역용으로 특별히 설계된 크레인으로서 적·양하작업을 수행한다.

② 윈치 크레인(Winch Crane) : 차체를 이동 및 회전시키면서 컨테이너 트럭이나 플랫카로부터 컨테이너를 적·양하하는 중기이다.

③ 포크 리프트/탑 핸들러(Fork Lifter/Top Handler) : 작업용 특수차량으로서 차체의 끝에 화물을 떠서 올리는 포크 또는 화물을 취급하는 부착장치와 승강마스트를 설치하여 화물을 운반 또는 적재할 수 있는 장비이다.

④ 트랜스테이너(Transtainer) : 이동식 컨테이너 취급장비이다.

⑤ 야드 트랙터(Yard Tractor) : CY 내에서 트레일러를 이동하는 데 쓰이는 견인차량이다.

⑥ 스트래들 캐리어(Straddle Carrier) : 컨테이너 운반기구로 컨테이너를 마샬링 야드로부터 에이프런 또는 CY에 운반 적재하는 데 사용된다.

지식 in **화물집하장(Marshalling Yard)**

본선 입항 전에 미리 입안된 선내 적치계획에 따라 선적예정 컨테이너를 순서대로 쌓아 두기 위한 곳으로, 컨테이너 터미널 운영에 있어 중심이 되는 중요한 장소

(4) 컨테이너 하역시스템

① 샤시방식 : 육상이나 선상의 크레인으로 컨테이너선에서 직접 샤시상에 적재하므로 보조하역기기가 필요 없는 방식이다.

② 스트래들캐리어방식 : 컨테이너선에서 크레인으로 에이프론에 직접 내리고 스트래들 캐리어로 운반하는 하역방식이다.

③ 트랜스테이너방식 : 컨테이너선에서 야드 샤시에 탑재된 컨테이너를 마샬링 야드에 이동시켜 트랜스퍼 크레인에 의해 장치하는 방식이다.

④ 혼합방식 : 스트래들 캐리어방식과 트랜스테이너 방식을 혼합한 하역방식이다.

(5) 컨테이너 터미널의 적정 처리능력

① 컨테이너 터미널의 장치장 규모 산정 : 장치장의 규모는 우선 1TEU를 평면으로 적재할 수 있는 TGS(Twenty-Foot Ground Slot)를 산정한 후 전체 소요 TGS규모를 수용할 수 있는 장치장면적을 산출한다.

② 일반적인 소요 TGS 산출방식

$$\text{소요 } TGS = \frac{\text{연간처리대상물동량} \times \text{평균장치일수} \times \text{피크계수} \times \text{분리계수}}{\text{평균장치단수} \times \text{연간일수}}$$

$$\text{장치장규모}(\text{m}^2) = \text{소요 } TGS \times \text{단위 } TGS \text{면적} \div \text{토지이용률}$$

- 피크계수 : 일시적인 교통량, 량이 폭주하는 경우에 대비하여 여유공간을 확보하여 효율적인 운영을 위해 고려되는 요소
- 분리계수 : 필요 컨테이너를 추출하기 위하여 필요한 하역작업 또는 여유공간을 확보하기 위하여 고려되는 요소
- TGS "20feet" 컨테이너가 장치장에 장치될 때 요구되는 면적

제4장 적중예상문제

01. 유닛로드시스템에 대한 내용 중 옳지 않은 것은?

① 인력에 의한 하역을 생산성이 높은 기계로 전환하자는 것이 목적이다.
② 포장이 간단해지고 포장코스트의 삭감이 가능 하다.
③ 유닛로드시스템을 구축하기에 투자되는 시설 비용은 적다.
④ 파렛트 사용시 파렛트 자체의 공간이 적재효 율을 떨어뜨리게 된다.
⑤ 유닛로드에 의해 운반활성이 향상되어 운반이 용이해진다.

> 해설┃ 유닛로드용 컨테이너와 파렛트의 구입에 따른 다액의 자본투자가 필요하다.
> 정답┃ ③

02. 파렛트 풀 시스템의 활성화 방안으로 적합하지 않는 것은?

① 파렛트, 지게차, 포장용기, 수송적재함 등 물류 설비의 표준인증제도를 도입한다.
② 인증마크 부착 물류설비에 대한 금융·세제지원을 확대한다.
③ 표준형 파렛트·컨테이너 풀(Pool) 시스템 운영 확대를 위하여 국가 간 호환성을 높인다.
④ 표준형 파렛트·컨테이너 구입시 자금을 지원한다.
⑤ 파렛트 이용률을 높이기 위하여 표준규격을 개별기업 제품 특성에 맞게 다양화한다.

> 해설┃ 파렛트에 대한 표준규격의 통일화와 운송수단의 규격통일화가 필요하다.
> 정답┃ ⑤

03. CY(Container Yard)와 CFS(Container Freight Station)에 대한 설명 중 옳지 않은 것은?

① CY는 LCL화물을 쌓아두는 야외공간을 말한다.
② 수입 LCL화물은 대부분 CFS를 거쳐서 각각의 수화주에게 인도된다.
③ 수출 LCL화물은 CFS에서 FCL화물로 전환된 후 컨테이너선으로 운송된다.
④ FCL화물은 CFS를 거치지 않고 CY로 직접 운송된다.
⑤ CFS는 반드시 터미널 내에 설치할 필요는 없다

> 해설 ┃ LCL화물은 CFS에서 혼재작업을 하여 FCL화물로 만들어 CY로 보내진다.
> 정답 ┃ ①

04. 다음 중 컨테이너 운송의 장단점에 대한 내용으로 옳지 않은 것은?

① 컨테이너 운송은 화물의 손상 및 도난에 대한 감소효과가 있다.
② 컨테이너 운송은 높은 노동생산성의 실현과 창고 및 재고관리비의 절감이 가능하다.
③ 컨테이너 운송은 컨테이너에 적입할 수 있는 화물의 제한이 없어 영향을 거의 받지 않는다.
④ 컨테이너 운송은 특수화물의 취급이 가능하다.
⑤ 컨테이너 운송은 컨테이너에 대한 하역시설이 갖추어진 항구에만 입항이 가능하다.

> 해설 ┃ **컨테이너운송의 장단점**
>
> | 장점 | 단점 |
> | --- | --- |
> | • 문전에서 문전까지 일관 운송으로 적하시간과 비용의 감소
• 화물의 손상과 도난 감소
• 높은 노동생산성의 실현과 창고 및 재고관리비의 절감가능
• 특수화물 취급가능
• 해상운송을 위한 내륙 터미널 시설이용
• 서류의 간소화 기능
• 화물의 중간적입 및 적출 작업 생략 | • 컨테이너화에 대규모 자본투자 필요
• 컨테이너에 적입할 수 있는 화물의 제한
• 컨테이너에 대한 하역시설이 갖추어진 항구에만 입항 가능
• 운항관리와 경영이 일반 재래선에 비해 복잡하고, 고도의 전문적인 지식과 기술이 필요 |
>
> 정답 ┃ ③

제5장 해상운송과 연안운송

01. 해상운송의 개요

(1) 해상운송의 의의

① 해상운송은 원양, 연안항로 등을 따라서 운항서비스를 제공하는 운송시스템으로 일시에 대량으로 장거리를 운송할 수 있다는 경제성 때문에 국제운송의 주종 운송시스템 및 국제복합운송의 중심운송이 되고 있다. 현재 수출입 화물의 대부분이 해상운송에 의존하고 있는 실정이다.

② 선박운송의 유형으로는 내륙수면운송, 연안운송, 근해운송, 국제 해상운송 등이 있다.

③ 대량화물 또는 중량화물 등의 장거리 운송에 적합하다.

(2) 해상운송의 특징

① 국제적 경쟁성 : 선박만 있으면 국제협정을 체결하지 않더라도 세계 각국의 영해와 항구를 자유롭게 입·출항 할 수 있기 때문에 국제적인 경쟁이 치열한 운송수단이다.

② 경제성 : 대량화물의 장거리 운송을 저렴한 가격으로 할 수 있다.

③ 쾌적성, 자유성, 대량운송성, 운송비 저렴, 운송로의 무한정성, 중·장거리 운송시 편리성 등

> **지식 in**   **선박의 구성과 특징**
>
> • 선박은 크게 선체(Hull), 기관(Engine), 기기(Machinery)로 구성되어 있다.
> • 흘수(吃水) : 수면에서 선저의 최저부까지의 수직거리로써, 건현(乾舷)의 반대개념이다.
> • 형폭 : 선체의 제일 넓은 부분에서 추정한 프레임의 외판에서 외판까지의 수평거리를 의미한다.
> • 격벽 : 수밀과 강도 유지를 위해 선창 내부를 수직으로 분리하는 구조물을 의미한다.
> • 전장(LOA ; Length over All)은 선체에 고정이 되어있는 모든 돌출물을 포함한 배의 맨 앞부분에서 맨 끝까지의 수평거리로서 접안(Berthing) 및 입거(Docking)등 조선상 사용이 된다.

(3) 해상운송의 기능과 현황

① 기능 : 국민소득의 증대, 국제수지의 개선, 해운관련 산업의 육성, 국제자원의 효율적인
배분, 국방력의 강화, 국제경쟁력의 강화
② 현황 : 선박의 고속화, 선박의 대형화, 전용선화, 컨테이너선화, 장기계약의 증가, 자국선
우선주 의와 공평적취 현상, 슈퍼 컨퍼런스의 등장

02 해상운송의 방식

(1) 정기선운송

① 정기선운송의 의의 : 정해진 기항항 사이를 정해진 운항일정에 따라 반복 운항하면서
화물의 대소에 관계없이 공포된 운임률에 의하여 운임이 부과되는 화물선과 여객선의
운송을 정기선 운송이라 한다.

② 정기선운송의 특징
㉠ 화물의 크기와 종류에 관계없이 표준화된 계약이 사용되고 있다.
㉡ 운송수요가 불특정 다수의 개별 수요로 이루어지므로 하주가 다수이고 운송대상도
다수이다.
㉢ 불특정 다수의 운송수요자가 존재함으로 개별 선사에 의한 수요의 독점이 불가능하다.
㉣ 공포된 운임요율이 적용되며 하역비까지 포함하고 있어 부정기선에 비해 높다.
㉤ 시장과 선복의 수요량이 비교적 안정화되어 있다.

③ 정기선운송의 기능
㉠ 수출입 상품을 적기에 운송할 수 있는 교역의 편의를 제공한다.
㉡ 장기적으로 안정적인 운임을 화주에게 제공한다.
㉢ 국가 간 긴급사태발생시 물자운송의 역할을 수행한다.
㉣ 국가 간의 운송수단이므로 교역을 촉진하여 당사국 간의 경제발전에 기여한다.

④ 정기선 운송화물의 종류
㉠ 일반화물
• 정량화물(Clean Cargo) : 다른 화물과 혼적해도 다른 화물을 손상시키지 않는
화물 예 도자기, 면사, 양모, 백미, 차, 종이, 통조림류

- 조악화물(Dirty Cargo) : 먼지나 악취를 발산하여 다른 화물을 손상시키는 화물 예 어분, 피혁, 비료, 흑연, 시멘트, 생선 등의 어획물
- 액체화물(Liquid Cargo) : 입자나 분말상태, 액체상태로서 선창이나 탱크에 액체 상태로 싣는 화물 예 유류, 주류, 약액류
- 살화물(Bulk Cargo) : 입자나 분말상태, 액체상태로서 선창이나 탱크에 액체상태로 싣는 화물 예 철광석, 석탄, 보크사이트, 인광석, 양곡
- 단위화물(Container Cargo) : 포장용기 또는 컨테이너용기에 포장되어 있는 화물 예 단위화된 유류, 주류, 약액류

ⓛ 특수화물

구 분		개 념	종 류
위험화물	발화성 화물	가연성 가스를 발생시키거나 자연발화가 쉬운 화물	휘발유, 알코올, 황인
	폭발성 화물	폭발성을 가진 화물	화약, 탄약, 비크리산
	압축·액화가스	압축 또는 액화하여 통에 넣은 것으로 누출시 폭발, 독성을 가진 화물	아세틸렌가스, 탄산가스, 일산화탄소
	유독성 화물	접촉하면 피부가 상하고 호흡하면 내장을 상하게 하는 화물	초산, 황산, 암모니아
	부식성 화물	화물 자체에 부식성이 있거나 다른 화물과 혼합시 부식성을 띠는 화물	초산, 유산, 생석회
	방사성 화물	방사성이 있는 화물	우라늄광, 역청
부패성 화물		부패 또는 변질하기 쉬운 화물	과일, 야채, 생선
냉장·냉동화물		부패방지 및 신선도유지를 위하여 냉장 또는 냉동된 상태로 수송해야 하는 화물	청과, 생육, 치즈, 버터, 생선류
고기화물		고가의 화물	귀금속, 금은괴, 미술품
동·식물		사망, 질병, 고사의 우려가 있는 화물	소, 개, 조류, 어류
중량화물		1개의 중량이 특별히 큰 화물	기관차, 보일러
대용적, 장척화물		용적이 특별히 크거나 긴 화물	대형기계, 건축자재

⑤ 해상운송관련 서류의 선적절차

선적관련서류	서류제공	작성자
선적스케줄 통보 (Vessel Schedule)	선박회사 → 수입자 → 수출자 또는 선박회사 → 수출자	선박회사
선복요청서 (S/R ; Shipping Request)	수입자 → 선박회사 또는 수출자 → 선박회사	화주
선적지시서 (S/O ; Sailing Order)	선박회사 → 선장	선박회사
본선수취증 (M/R ; Mate 's Receipt)	선박회사 → 수출자	일등항해서
수출신고필증 (Export Clearance)	세관 → (관세사) → 수출자 → 선박회사	세관
선하증권 (B/L ; Bill of Lading)	선박회사 → 수출자	수출지 선박회사
화물인도지시서 (D/O ; Delivery Order)	수입지 선박회사 → 수입자	수입지 선박회사

(2) 부정기선운송

① 개념 : 일정한 항로나 화주를 한정하지 않고 화주가 요구하는 시기와 항로에 따라 화물을 운송 하는 것을 말한다.

② 특징
   ㉠ 항로선택이 용이하고 대량의 화물을 주 대상으로 한다.
   ㉡ 운송수요가 시간적·지역적으로 불규칙하고 불안정하여 수시로 항로를 바꾸어야 하기 때문에 전 세계가 활동범위가 된다.
   ㉢ 정기선운송과 같은 해운동맹의 형성이 어렵고 필연적으로 단일시장에서의 자유경쟁이 전개되어 운임과 용선료는 제반요건에 따라 다변적으로 변화하는 타율성이 강하다.
   ㉣ 선복의 공급이 물동량 변화에 대해 매우 비탄력적이기 때문에 선복수급이 균형을 이루기가 불가하다.

③ 부정기선의 운항형태
   ㉠ 전부용선계약 : 항해용선계약(선복용선계약, 일대용선계약), 기간(정기)용선계약, 나용선계약 (선박임대차계약)

〈부정기선의 운항형태〉

운항형태	내용
항해용선계약 (Voyage Charter)	한 항구에서 다른 항구까지 한 번의 항해를 위해서 체결되는 운송계약으로 운송액은 적하 톤당으로 정하는 용선계약
선복용선계약 (Lump Sum Charter)	항해용선계약의 변형으로 정기선 운항사 간에 한 선박의 선복 전부를 한 선적으로 간주하여 운임액을 결정하는 용선계약
일대용선계약 (Daily Charter)	항해용선계약의 변형으로 화주에게 화물을 인도하기까지 하루 단위로 용선하는 용선계약
정기용선계약 (Time Charter)	모든 장비를 갖추고 선원이 승선해 있는 선박을 일정기간을 정하고 고용하는 용선계약
나용선계약 (Bareboat Charter)	선주에게서 선박만을 용선하고, 용선자는 선장 등을 비롯하여 인적 및 물적 요소 전체를 부담하고 운항 전부에 걸친 관리를 하는 용선계약이며, 또한 일정한 기간을 정해서 용선하는 기간용선계약의 하나로서, 다른 말로 선박임대차계약(Demise Charter)이라고도 한다.

지식 in

하역비 부담조건

구분	의미
Berth Term	적양하시에 선주가 모두 부담하는 방식(이 방식은 주로 정기선 운송에서 활용되는 하역비 부담조건)
Free In Term (FI)	적하시에는 화주가 부담, 양하시에는 선주가 부담하는 방식
Free Out Term(FO)	적하시에는 선주가 부담, 양하시에는 화주가 부담하는 방식
Free In / Out Term(FIO)	적양하시 모두 화주가 부담하는 방식

ⓛ 항해용선계약 : 정기용선계약, 나용선계약

ⓒ 용선계약의 절차 : 조회 → 확정청약 → 반대청약 → 선복확정서의 송부 → 용선계약서의 작성

- 조회 : 화주는 용선중개인을 통하여 화물·수량·양하지·선적시기·운임 등 조건에 적합한 선박 중개를 의뢰하고, 중개인은 화주의 제조건과 일치하는 선박을 선사에 조회한다.
- 확정청약 : 조회 받은 선사는 화주가 요구하는 제조건을 검토한 후 용선계약에 필요한 제조건 과 유효기간 등을 명시하여 화주에게 용선계약체결을 신청한다.
- 반대청약 : 선사가 제시한 확정청약의 내용에 대해 화주가 청약내용의 일부를 변경하거나 추가할 필요가 있을 경우에는 원래의 청약을 거절하고 새로운 청약을 하게 된다.

- 선복확정서의 송부 : 선사가 제시한 유효기간 내에 확정청약을 화주가 승낙하면 용선계약이 성립하는 것으로, 이의 증빙용으로 선복확정서를 선주, 화주, 중개인이 각각 서명하여 1부씩 갖게 된다.
- 용선계약서의 작성 : 선복확정서에 의거하여 정식으로 용선계약서를 작성한다.

④ **부정기선의 시장** : 부정기선의 시장은 해상물동량과 운송인의 선복수급관계에 따라 끊임없이 변동되고 있는 시장으로 정기선의 해운동맹과 같은 카르텔 조직은 없고 누구나 시장참여가 자유로운 용선시장이다.

⑤ **선박중개인** : 송하주와 수하주 또는 선주와 해상운송인과의 중간에서 선박과 화물의 취급, 운송 및 통상업무의 대리, 하역의 수배, 용선의 조회 및 계약, 용선대리업을 수행하는 자를 말한다.
  - ㉠ 선주중개인(Owner's Broker) : 선주가 배를 용선해 주는 용선계약을 맺는 과정에서 선주를 위해 행동하는 용선중개업자
  - ㉡ 용선중개인(Charter's Broker) : 선주가 배를 용선해 주는 용선계약을 맺는 과정에서 화주를 위해 행동하는 용선중개업자
  - ㉢ 탱커중개인(Tanker Broker) : 용선자와 선주 사이에서 액체산화물 및 선박을 전문으로 취급하 는 중개업자
  - ㉣ 케이블중개인(Cable Broker) : 대리하고 있는 용선자 및 선주들에게 화물량 또는 선박일정에 관한 정보를 텔렉스로 통지해주는 중개업자

지식 in

해상운송의 장단점

- 장점
  - 해상운송은 타 운송에 비해 대량운송이 가능하다.
  - 수송비가 저렴하고 장거리 운송에 적합하다.
  - 대륙 간, 국제 간 운송이 가능하다.
- 단점
  - 운송시간이 매우 길다.
  - 항만시설이나 하역기계 등의 설치가 꼭 필요하다.
  - 일기 및 기후에 민감하고 위험이 따른다.

(3) 해상운송의 운임제도

① 해상운임의 종류

    ㉠ 기본운임 : 중량 또는 용적단위로 책정

    ㉡ 지급시기에 따른 운임 : 선불운임 (Freight Prepaid), 후불운임(Freight Collect)

    ㉢ 할증운임(할증료)

- 중량할증운임(Heavy Cargo Surcharge) : 화물 한 개의 중량이 일정한도 이상 될 경우에 부과되는 운임
- 용적 및 장척할증료(Bulky/Lengthy Surcharge) : 화물의 부피가 크거나 길이가 긴 화물에 부과되는 할증료
- 체선할증료(Port Congestion Surcharge) : 도착항의 항만이 혼잡시 받는 할증료
- 유류할증료(BAF ; Bunker Adjustment Factor) : 유류가격의 인상에 따른 할증료

    ㉣ 특수운임

- 특별운임(Special Rate) : 운임요율표에서 일반운임과는 별도로 특정목적을 위해 설정한 운임
- 경쟁운임(Open Rate) : 운임동맹에서 화물운임을 해운동맹에서 결정한 운임요율 표에 의하지 않고 가맹선사가 임의로 결정할 수 있는 운임
- 최저운임(Minimum Rate) : 극소량화물에 대하여 운임이 일정액 이하로 산출될 때 톤수에 관계없이 징수되는 최소운임

② 정기선 운임 : 해운동맹에 의해 협정이 되고 있어 독점가격으로서의 성격을 가지고 해운 시황의 변동에 영향을 받지 않아 비교적 안정적이다.

    ㉠ 자유운임(Open Rate) : 해운동맹에서 제정·공포하는 표정운임표에서 제외된 자유 화물에 부과 되는 운임

    ㉡ 할증운임

- 화물의 성질, 형상, 운송방법 등에 따라 기준운임만으로 불충분 할 경우
- 종류 : 중량할증, 장척(長尺)할증, 고척품(高尺品)할증

    ㉢ 종가운임 : 운송시 특별한 관리와 주의를 요하는 고가품에 대하여 송장가격에 일정 률의 운임을 부과하는 운임

    ㉣ 무차별운임 : 화물의 종류나 내용과는 관계없이 중량과 용적에 따라 동일하게 부과 하는 운임

지식 in **추가할증료의 형태**

- 유류할증료 : 유가인상분에 대한 추가비용을 보전하기 위해 부과
- 통화할증료 : 화폐가치의 변화에 의한 손실보전을 위해 부과
- 혼잡항할증료 : 항구에서 선박폭주로 대기시간이 장기화될 경우 부과
- 수에즈운하할증료 : 수에즈운하 봉쇄시 희망봉 회황에 따른 추가비용을 보전하기 위해 부과
- 특별운항할증료 : 비상사태에 대비하여 부과되는 할증료

　　ⓜ 정책운임 : 특정화물에 예외적으로 정해지는 저렴한 운임
　　ⓗ 컨테이너운임
　　ⓢ 위험물 및 할증 기타 : 폭발, 발화, 유독성 등 위험이 있는 화물운송에 부과

③ **부정기선의 운임** : 당시의 해운시황에 따라 선사와 화주 사이의 자유계약에 의해 결정되는 자- 임을 원칙으로, 운송수요와 선복의 공급과 관련하여 크게 변동하는 것이 특징이다.
　　㉠ 부정기선 운임의 종류
　　　- Spot운임 : 계약 직후 아주 짧은 기간 내에 선적이 개시될 수 있는 상태에서 선박에 지불되는 운임이다.
　　　- 선물운임 : 계약으로부터 실재 적재시까지 오랜 기간이 있는 조건의 운임이다.
　　　- 연속항해운임 : 어떤 특정 항로를 반복 연속하여 항해하는 경우에 약정된 연속항해의 전부에 대하여 적용하는 운임률이다.
　　　- 장기계약운임 : 장기간 반복되는 항해에 의하여 화물을 운송하는 계약의 운임이다.
　　㉡ 부정기선의 운임에 영향을 미치는 요인
　　　- 전쟁, 동란 등으로 인한 대량화물운송의 불가피성 및 우회항로에 대한 선복 부족
　　　- 시기적으로 대량물자의 출하 또는 종결, 대농업국의 풍작 및 흉작
　　　- 일국의 생산계획에 의한 원료, 제품의 운송 및 기후변질, 한파에 의한 난방용 석탄의 긴급운송
　　　- 시황에 따른 판단
　　㉢ 해상운임의 결정요소 : 항해거리, 항만사정, 위험물과 폭발물, 적양조건, 보험조건, 용적 등

(4) 항만요율

항만은 화물의 선적과 화물을 원활하게 양륙할 수 있는 시설을 갖추고 산업활동이 이루어
지는 장소로 해상운송과 육상운송의 중계기지이다.

① 항만시설사용료 : 항만시설, 즉 안벽, 부두, 항로 기타 하역시설 등에서 발생하는 비용
② 하역료 : 선박이 접안하여 화물을 하역하는 화물에 대하여 부과하는 비용
③ 항만 부대사업에 관한 요금 및 기타 특별서비스 요금

> **지식 in**　**부대비용의 종류**
>
> • Whartage : 부두사용료
> • 터미널화물처리비(THC ; Terminal Handling Charge) : 화물이 컨테이너터미널에서
>   이동에 따라 발생되는 비용
> • CFS charge : 소량화물을 운송하는 경우, CFS에서 화물의 혼재(적입) 또는 분류작업시
>   발생하는 비용
> • 지체료(Detention) : 화주가 허용된 시간(Free Time) 이내에 반출해 간 컨테이너를
>   지정된 선사의 CY로 반환하지 않을 경우 발생하는 비용
> • 보관료(Storage Charge) : CFS 또는 CY로부터 화물 또는 컨테이너를 무료기간(Free
>   Time) 내에 반출해 가지 않을 경우 발생하는 비용

03 연안운송

(1) 연안운송의 개요

연안운송은 운송단계가 복잡하고 전용선복이 부족하며 시설이 정비되지 못하여 아직 활성
화되지는 않았으나, 근래에는 컨테이너화물의 증가로 컨테이너선을 투입하여 운항서비스
를 하고 있고, 이와 함께 시멘트선, LPG선, 정유선 등의 대형화가 이루어져가고 있다.
부산~인천 간의 연안해송은 육상 운송에 비해 운임이 저렴하고 컨테이너에 대한 과세가
면제되므로 이후에 연안해송을 이용하는 업체가 증가할 것으로 예상된다.

(2) 연안운송의 필요성

① 운송비의 절감 : 기·종점이 일정지역에 편중되어 있는 화물로서 목적지가 임해지역이거
나 항만에서 근거리에 위치한 화물을 운송할 경우 유리

② 공로의 혼잡도 완화 : 교통난 해소로 대량 화물의 연안운송유도
③ 철도운송의 한계
④ 에너지 절약
⑤ 남북 물자교류 활성화 대비

(3) 연안운송의 장점

① 물류비 절감형 운송수단(각종 운송수단에 비해 1km당 가장 저렴)
② 대량 화물이 국내 수송에 가장 적합한 운송수단
③ 도서지역 생필품의 안정적 공급
④ 국가 안보와의 관계(국가위기 상황에 군사용 선박으로)
⑤ 중요자원재의 안정적 운송수단

(4) 연안운송 관련 문제점

① 선박의 운항경제성 저하 : 규모의 영세성, 중고선 도입제한, 선박확보자금 지원부족, 연안선에 대 한 세제혜택 전무
② 연안선원의 원활한 공급 애로 : 내항해운사의 경영악화, 근로조건 열악
③ 화주에 대한 해상운송전환에 따른 인센티브 부여 미약
④ 항만운영의 경직성 및 비효율성 : 항만 입출항신고 등에 장기간 소요 및 절차가 번잡
⑤ 시설부족 및 기능 마비 : 연안해송 전용부두 시설이 부족하여 물량처리가 곤란

(5) 연안운송의 활성화 방안

① 연안화물선 전용부두 건설
② 유류, 시멘트, 철재, 컨테이너 등의 전용선 투입
③ 영세한 규모의 연안해운업체의 구조조정
④ 연안컨테이너 운송의 활성화
⑤ 연안 유조선의 운영개선
⑥ 연안해운에 대한 진입제한 철폐
⑦ 선복량 관리제도 폐지
⑧ 연안화물선에 대한 면세유 공급
⑨ 연안해운에 대한 규제 개혁

(6) 카페리 운송

① 카페리의 구분
  ㉠ 단거리 : 100km 미만의 거리

ⓛ 중거리 : 100km 이상~300km 미만의 거리

ⓒ 장거리 : 300km 이상의 거리

② 카페리 운송의 경제적 이점

　　㉠ 인건비의 절감

　　ⓛ 운송시간 단축

　　ⓒ 하역의 합리화

　　㉣ 자동차 유지비의 절감

③ 카페리 운송의 장점

　　㉠ 운항중인 카페리 내의 화물자동차에는 운전기사가 1명 또는 없어도 되며, 연료비가 불필요

　　ⓛ RO-RO(Roll On Roll Off)선에서는 자동차를 싣고 부리는데 운전사 외에 다른 것은 불필요

　　ⓒ 육상의 도로혼잡의 완화 및 사고 방지에 기여

　　㉣ 항로에 의해 운송시간의 단축 도모

　　㉤ 관광지나 공업단지와 대도시를 연결함으로써 지역개발 도모

　　㉥ 생선, 식품 등의 산지직송이 원활

④ 카페리 운송의 단점

　　㉠ 운임 코스트가 비싸다.

　　ⓛ 항만, 기타 창고의 영향이 크다.

　　ⓒ 자동차 운송만으로는 채산이 안 맞는다.

⑤ 카페리 운송방식

　　㉠ 방식 1 : 보통트럭에 의해 발송지에서 도착지까지 직송하는 방식으로서 도중에 장거리 카페리를 대체하는 방식으로서 가장 간편하다. 주행에 비해 차량의 운행비와 상각비는 절감되나 인건비는 절감되지 않는다.

　　ⓛ 방식 2 : 인건비절약, 트럭의 머리 부분을 분리할 수 없어 고정비 및 페리의 운송비는 절감되지 않는다.

　　ⓒ 방식 3 : 세미 트레일러에 의해 발송지에서 도착지까지 직송하여 도중에 장거리 카페리에 의해 트레일러 부분만 무인 운송방식이다. 차량의 고정비나 페리운송비를 절감한다.

　　㉣ 방식 4 : 방식 3을 발전시킨 방법으로서 발착양측 기지에다 화물역윤 설치하여 화물역에 세미 트레일러를 중계한다. 트레일러 부문만 페리에 의해 무인 운송하여 도착기지의 화물역에 보통 트럭으로 중계배송한다. 장거리 노선트럭과 같은 기능이다. 우리나라 같이 도로가 만성적인 체 증상태일 때 유용하다.

제5장 적중예상문제

01. 운송일수에 여유가 있는 화물 또는 화물가격에 대하여 고액의 운임을 부과할 수 없는 화물 등에 이용하는 운송수단은?

① 철도운송　　　　　　　　　② 해상운송
③ 복합운송　　　　　　　　　④ 선박과 항공의 복합운송
⑤ 항공운송

> **해설 ▌** 해상화물운송은 대량화물, 운송일수에 여유가 있는 화물, 상품가격에 대하여 고액의 운임을 부담할 수 없는 화물을 운송하는 대표적인 운송 수단이다.
> **정답 ▌** ②

02. 정기해운에 관한 설명으로 옳지 않은 것은?

① 해상의 특정항로에서 정해진 운항계획에 따라 예정된 항구를 규칙적으로 반복 운항하는 운송을 의미한다.
② 불특정다수의 일반화물운송에 이용되며 선적 화물은 개별화물로 구성된다.
③ 정기선운송인을 전용운송인 또는 계약운송인이라고도 한다.
④ 정기선화물은 일반적으로 부정기선화물에 비하여 고가이기 때문에 운임부담이 높다.
⑤ 화물의 종류 수량에 관계없이 표준화된 계약인 선하증권을 사용한다.

> **해설 ▌** 부정기선운송인을 사적계약운송인(Private Contract Carrier), 정기선운송인을 공적일반운송인 (Public Common Carrier)이라 한다.
> **정답 ▌** ③

03. 본선 또는 육상에 설치되어 있는 갠트리 크레인 (Gantry Crane) 등에 의하여 컨테이너를 적·양하 하는 방식의 선박을 무엇이라고 하는가?

① RO-RO선   ② 살물선
③ 다목적선   ④ LO-LO선
⑤ 재래선

> 해설 ▮ Lift On/Lift Off(LO/LO) System은 수직하역방식이라고도 부르며, Cell Structure된 컨테이너선의 하역방식인데 오늘날 세계의 주요 항로에 취항하는 대부분의 컨테이너선은 이 방식을 취하고 있다. 본선의 선적·양하의 어느 경우에든 크레인 또는 Derrick으로 컨테이너를 들어 올리거나 내리는 것만으로 하역작업이 완료된다.
> 정답 ▮ ④

04. 다음 중 부정기선에 이용되는 화물로 알맞은 것은?

① 단기간 보관화물   ② 다품종의 화물
③ 소량의 화물   ④ 저중량의 화물
⑤ 대량의 화물

> 해설 ▮ 부정기선은 운항기일이나 항로가 일정하지 않고 필요할 때마다 운항되며 주로 광석, 곡류, 목재 등의 대량의 화물을 운송할 때 주로 이용된다.
> 정답 ▮ ⑤

제6장 항공운송과 복합운송

01 항공운송의 개요

(1) 항공운송의 개념

항공기의 항복(Planes Space)에 승객 및 화물을 탑재하고 공항에서 다른 공항까지 운송하는 시스템 으로 경제적인 특성에 따라 가장 체계화된 유통시스템과 정보체계를 이용하여 물적유통체제가 완벽 하게 운영되고 있는 운송부문이다.

(2) 항공운송의 특징

① 항공운송은 해상운송에 비해 운송기간이 짧아 신속성과 안정성이 높고 발착의 정시성과 신뢰성이 강하다.
② 항공화물은 여객운송과는 달리 화물의 대부분이 야간에 집중되는 관례가 있다.
③ 항공화물은 고정화주가 많기 때문에 비교적 타 운송수단에 비해 계절적인 수요의 탄력성이 적다.
④ 항공화물은 해상운송과는 달리 왕복항이 적고 대부분이 편도성이다.

(3) 항공운송의 장점

① 물류상의 장점
  ㉠ 수요기간이 짧은 물품의 운송에 적합하다.
  ㉡ 긴급을 요하는 화물 또는 소형화물의 운송에 적합하다.
  ㉢ 운송시간의 단축으로 운송물류비의 절감 및 화물의 손해발생률이 적다.
  ㉣ 포장비가 절감되고 통관이 간단하다.
② 비용상의 장점
  ㉠ 육상운송에 비해 보험료가 매우 저렴하다.
  ㉡ 운송시간이 짧아 투자자본의 비용이 절감된다.
  ㉢ 신속성으로 인해 보관비가 절감되고 포장의 경량화에 따라 운임이 절감된다.
  ㉣ 하역처리빈도가 적어 도난과 파손 등 위험의 발생률이 극히 적고 비상시 손해를 최소화할 수 있다.
  ㉤ 보관기간이 짧아 창고시설의 투자자본, 임차료, 관리비 등의 비용이 절감된다.

③ 서비스상의 장점

㉠ 갑작스런 수요에 대처가 가능하고 고객서비스 향상에 의해 매출이 증대된다.

㉡ 판매기간이 짧은 상품에서 시장경쟁력이 있고 변질성 상품의 시장확대가 가능하다.

㉢ 신속운송으로 인해 투자자본의 효율적 회전 및 재고품의 진부화, 변질화 등에 의한 손실율이 적고 운송중인 상품의 위치 파악이 쉽다.

④ 운송상의 장점

㉠ 문전에서 문전까지 운송이 가능하며 발착의 정시성과 신뢰성이 있다.

㉡ 상대 기업에 대한 경쟁상의 이점이 있다.

㉢ 수요변화에 따른 적응성이 크고 대고객 서비스에서 만족성이 있다.

㉣ 도난방지의 효과가 크다.

〈항공운송과 해상운송의 비교〉

구 분	항공운송	해상운송
신속성	운송기간이 짧다.	운송기간이 길다.
안정성	• 높다. • 화물손해발생률이 적다. • 단기운송으로 인하여 파손·도난·변질 등의 위험성이 낮다.	• 낮다. • 충격에 의해 손상될 수 있고 해수에 의해 부식될 우려가 있다. • 장기운송에 따른 파손·도난·변질의 우려가 있다.
경제성	• 운임의 부담이 크다. • 포장비가 매우 저렴하다. • 보험요율이 낮다. • 운임 외에는 부대비용이 없다.	• 운임의 부담이 적다. • 포장비가 높다. • 보험요율이 높다. • 부피화물의 요금율이 높고 장기운송에 따른 변동비가 추가로 발생된다.

지식 in 항공특수화물

• HEA/BIG(Heavy/Out-Sized Cargo) : 중량·대형화물
• PER(Peribhables Cargo) : 부패성 화물
• VAL(Valuable Cargo) : 귀중화물
• AV(Live Animals) : 생동물
• DGR(Dangerous Goods) : 위험품

<각 운송수단별 비교>

구 분	공로운송	철도운송	해상운송	항공운송	파이프라인
속 도	0~60	0~50	0~20	0~500	0~5
노 선	방 대	약간 제한	제 한	약간 제한	매우 제한
운항빈도	매우 좋음	좋 음	제 한	상당히 좋음	계속적임
톤당비용	중 간	중간보다 낮음	낮 음	높 음	아주 낮음

(4) 항공운송의 이용품목

① **긴급수요품목** : 납기 임박 화물, 계절적 유행상품, 투기상품, 긴급구호물자 등
② **단기운송 필요품목** : 원고, 긴급서류, 생선식료품, 생화(生花) 등
③ **부가가치가 높은 품목** : 전자기기, 컴퓨터 기기, 정밀광학기기 등
④ **여객에 수반되는 품목** : 샘플, 애완동물, 이삿짐 등
⑤ **고가상품** : 미술품, 모피, 귀금속, 통신기기

02 항공운임

(1) 항공운임요율

① **일반화물요율** : 품목분류요율 또는 특정 품목할인요율의 적용을 받지 않는 모든 화물의
운임에 적용되는 요율을 말한다.
  ㉠ **최저운임**: 중량운임이나 부피운임이 최저운임보다 낮은 경우에 적용되며 화물운송
    에 적용되는 운임 중 가장 적은 운임을 말한다.
  ㉡ **기본요율** : 모든 화물요율의 기준이 되는 것으로 화물 1건당 45kg 미만의 화물운송
    에 적용되는 요율이다.
  ㉢ **중량단계별 할인요율** : 일정단계에 따라 요율이 적용되는 화물요율에 있어 중량이
    높아짐에 따라 kg당 요율을 낮게 적용하는 할인요율을 말한다.

② **특정 품목할인요율** : 특정 구간에서 반복 운송되는 동일품목에 대하여 일반품목보다
낮은 요율을 설정한 차별화된 요율로써 품목마다 다르게 설정되어 있다.
  ㉠ 항공운송을 이용할 가능성이 높은 품목에 대하여 낮은 요율을 적용함으로써 항공운
    송의 확대 및 촉진을 위한 요율
  ㉡ 선박이나 육상운송품목에 대하여 항공운송의 이용을 유도하기 위한 요율

③ 품목할인요율
　　㉠ 몇 가지 특정 품목에만 적용되는 할인 및 할증요율로서 품목뿐만 아니라 특정 구간, 특정 지역에 적용되는 경우도 있다.
　　㉡ 특정 품목은 6가지 종류이며, 기본요율에서 할인된 요율이 적용되는 것은 비동반 수화물, 신문, 잡지이고 일반화물요율에서 할증된 요율이 적용되는 것은 귀중화물, 생동물, 시체와 자동차이다.

(2) 항공운임의 종류

① 종가운임
　　㉠ 화물운송에 있어 사고발생시 항공사의 최대배상한도액은 kg당 U$ 20이나 이를 초과하는 금액을 항공사로부터 배상받고자 할 때 운송장상에 그 화물의 가격을 신고하고 종가요금을 지불한 경우에 kg당 U$ 20을 초과하는 실손해액을 배상받을 수 있는 운임이다.
　　㉡ 종가운임의 산출방법 : 운송신고가격 - (총중량 × U$ 20/kg 또는 U$ 9.07/LB) × 0.5%
② 단위탑재용기운임 : 우리나라 미주행 항공화물에 적용되는 운임체계로서, 항공사가 송하인 또는 대리점에서 컨테이너 또는 파렛트 단위로 판매시 적용되는, 국제항공운송협회에서 규정한 단위탑 재용기의 형태에 따라 상이한 운임이 적용된다. 단위탑재용기의 사용은 만 48시간 이내에서 무료로 제공되며 이후에는 하루 U$ 25의 연체료를 부과한다.
③ 입체지불수수료 : 송하인의 요청에 따라 항공사, 수하인 또는 그 대리인이 미리 선불한 비용을 수하인으로부터 징수하는 금액으로 입체지불금액에 일정요율을 곱하여 산출한다.

(3) 항공운임 결정의 일반원칙 (국제항공운송협회의 항공운임산출에 적용되는 일반규칙)

① 요율, 요금 및 그와 관련된 규정의 적용은 운송장 발행 당일에 유효한 것을 적용
② 화물요율의 설정은 공항에서 공항까지이며 부수적인 서비스요금(이적, 통관, 집하, 인도, 창고, 보관료 등)은 별도로 계산
③ 화물의 요율은 출발지의 현지통화로 설정하며, 출발지로부터 목적지까지 한 방향으로만 적용
④ 별도의 규정설정을 제외하고 요율과 요금은 낮은 것을 적용
⑤ 운임은 출발지에서 중량 kg/LB당 요율로 곱하여 산정
⑥ 운임 및 종가요율은 모두 선불이거나 착지불이어야 함
⑦ 화물의 실제운송경로는 운임산출 시 근거가 되었던 경로와 일치할 필요가 없음
⑧ 국제항공운송협회의 운송조정회의의 요율은 해당정부의 승인을 얻어야 유효함
⑨ 화물요율은 kg당 요율로 설정하나 미국 출발 화물요율은 LB당 요율로 설정

(03) 항공운송사업

(1) 항공화물운송대리점

① 개념 : 항공사의 업무를 대리하여 송하인과 수하인에게 영업활동을 전개, 개개의 화물에
대한 항공사의 화물운송장(Master AWB)을 발행하는 등 업무를 수행하고 소정의 수수
료를 받는 사업을 말한다.

② 주요 업무 : 수출입화물의 유치 및 판매, 항공운송준비(항공화물운송장의 작성, 운송서
류의 준비, 포장, 포장별 확인 작업, 포장별 레이블 작업), 수출입통관 수속 대행, 트럭운
송주선, 기타 서비스 활동(수출입의 규정, 항공관련 전문지식 제공 등)

(2) 항공운송주선업(혼재업)

① 개념 : 혼재업자의 명의로서 항공사와 항공기를 이용하여 타인의 화물을 혼재 또는 운송
하는 사업으로 항공사 발행 화물운송장에 의거 자체의 운송약관과 운임률표를 가지고
개개의 송하인과 운송 계약을 체결, 혼재업자용 화물운송장(House AWB)을 발행한다.

② 주요 업무

　㉠ 수출항공화물 : 화물의 혼적, 살화물을 파렛트 또는 컨테이너화하여 단위화물 작업,
화물의 출발·도착 등 화물이동에 대한 추적

　㉡ 수입항공화물 : 통관과 문전서비스, 재수출상품의 제반 서류작성과 운송수단결정
및 운송의뢰, 국내보세운송, 수하인을 위한 수입통관 주선

〈항공화물운송대리점과 항공운송주선업〉

구 분	항공화물운송대리점	항공운송주선업
취급화물	국내 수출입과 관련된 컨테이너 만재화물 취급	국내외 수출입 컨테이너 미만 소화물 취급
운임요율표	항공사 운임률표 사용	자체 운임률표 사용
책 임	항공사 책임	주선업 책임
운송약관	항공사약관 사용	자체약관 사용
수하인	매 건당 수하인이 있음	항공운송주선 업자가 수하인
수수료	IATA의 5% 수수료와 기타	IATA의 5% 수수료 외에 중량절감에 의한 수령운임과 지불운임과의 차액
화물운송장	항공사의 화물운송장 사용	항공사의 화물운송장과 화물운송장에 부착된 혼재업자용 화물운송장을 사용

(3) 상업서류송달대리점

① **개념** : 외국의 상업서류송달업체와 계약을 체결하여 상업서류와 서적, 잡지, 신문 등 정기간행물과 중량 45kg 이하의 물품을 자체 운임과 운송약관에 따라 항공기를 이용하여 신속하게 운송하는 사업이다.

② **상업서류송달업** : 상업서류송달업은 상업서류 이외에도 견본 등의 물품이 문전에서 문전까지 운송되는 서비스를 말한다. → 계약서나 선적서류와 같은 작성자의 서명이 들어가는 서류운송

③ **상업서류송달서비스** : 긴급수송을 요하는 품목을 대상으로 한다. → 각종 서류(계약서, 기술관계서류, 각종 Data, 사양서, 목록, 은행관계서류, 수출화물의 선적서류, 증권류 등)와 도면, 설계도, 자기 테이프, 컴퓨터 테이프, 보도용 원고 등

④ **Small Package Service** : 소량의 일반화물을 대상으로 수송하는 사업이다. → 상품견본, 카탈로그, 인쇄물, 부속부품, 기계의 대체부품, 소량의 장식품 등

(4) 항공화물운송장

① 개념
  ㉠ 항공화물운송장이란 해상운송의 선하증권에 해당하는 항공운송의 기본적인 서류로서 항공회사가 화물을 운송할 때 발행하는 화물수취증을 말한다.
  ㉡ 항공운송장은 항공사가 혼재화물에 대하여 발행하는 운송장(Master AWB)과 항공화물운송주선 업자(혼재업자)가 혼재화물을 구성하는 개개의 화물에 대하여 발행하는 운송장(House AWB)이 있다.

② 항공화물운송장의 기능
  ㉠ 송하인으로부터의 화물수취를 증명하는 화물수취증 또는 화물수령증 기능
  ㉡ 운임, 요금의 청구서 기능 및 수하인에 대한 화물인도증서 기능
  ㉢ 송하인과 항공운송인 간의 운송계약성립을 입증하는 운송계약서의 기능
  ㉣ 통관시 항공운임, 보험료의 증명자료로서 세관신고서 기능
  ㉤ 송하인이 화주보험에 가입한 경우 보험계약증서 기능
  ㉥ 수출신고서, 수입통관자료의 기능
  ㉦ 항공화물의 취급, 중계, 배달 등에 대한 취급지침서 기능
  ㉧ 송하인의 지시서 및 사무정리용 서류 기능

지식 in 항공화물의 수입절차

발송통지서 접수 → 적하목록 세관 제출 → 하기(下機)신고 및 보세구역 물품 반입 → 수화인에게 화물도착 통지 → 수입통관절차 수행 및 물품 반출

③ 항공화물운송장의 표준화

    ㉠ IATA 회원 항공사는 의무적으로 IATA 양식 항공화물운송장을 사용

    ㉡ IATA 비회원사도 연계운송을 하므로 IATA 양식을 사용

    ㉢ 항공화물운송장으로 언어, 법률, 관습, 제도 등이 다른 여러 항공사가 출발지에서 목적지까지 신속하게 수송하도록 규정

    ㉣ 1929년 바르샤바조약과 1955년 헤이그의정서에 따라 항공사의 준수사항을 항공화물운송장의 뒷면에 기술하여 이를 규정화함

〈항공화물운송장과 선하증권의 차이점〉

구분	항공화물운송장(AWB)	선하증권(B/L)
성격	유가증권이 아닌 단순한 화물운송장	유가증권
유통성	비유통성 (비양도성)	유통성(양도성)
발행방법	기명식	지시식(무기명식)
발행시기	창고에서 수취하고 발행(수취식)	본선 선적 후 발행(선적식)
작성자	송하인이 작성	선박회사가 작성

(5) 항공운송과 보험

① 항공운송인의 책임과 책임보험

    ㉠ 책임

      • 항공운송인은 위탁받은 화물에 대하여 운송계약에 정해진 대로 고의나 과실에 의해서 화물이 멸실·훼손되었을 경우 화주·수하인·송하인 또는 기타 배상청구권자에게 책임을 져야 한다.

      • 과실손해의 경우에는 배상한도액은 항공화물운송장에 신고가격이 있으면 신고가격까지, 신 고가격이 없으면 손해를 입는 화물 1kg당 U$20을 배상한다.

    ㉡ 책임보험 : 항공운송인은 위탁받은 화물을 운송약관에 따라 책임을 지기 위하여 책임보험에 부보하며, 이 보험을 화물배상책임보험이라고 한다. 운송인이 부담할 배상책임액은 보험회사가 부담한다.

② 항공화물보험

    ㉠ 항공운송의 경우 사고가 발생하면 이를 담보하기 위하여 런던보험자협회의 협회 항공화물약관 사용한다.

    ㉡ 해상화물의 경우 보험기간의 종료가 본선양하 후 60일로 되어 있는 것에 비하여 항공화물의 경우는 항공기로부터 하역 후 30일로 되어 있는 것이 특징이다.

③ 화주보험 : 스스로 보험을 수배할 능력이 없는 화주를 위하여 존재하는 보험제도이다.

　　㉠ 원칙적으로 모든 화물에 대하여 모든 위험상태를 조건으로 부보되며, 화물의 종류에 관계없이 담보조건이 같다.

　　㉡ 면책 : 지연, 역상품, 동물에 대한 한기, 기압으로 인한 손해, 화물 고유의 성질 또는 하자로 인한 손해, 나포·억류·몰수·선매·징발 또는 국유화로 발생하는 손해 등은 면책된다.

　　㉢ 보험금액 : 화물 현실가격의 110%를 초과할 수 없다.

　　㉣ 화주보험에서는 보험증권이 발행되지 않으며 요청이 있을 경우 보험증명서가 발행된다.

(04) 항공관련 기구와 조약

(1) 국제항공운송협회(IATA)

① 설립 : 1945년 4월 쿠바의 하바나에서 국제선 정기항공회사가 설립한 순수한 민간단체로서 몬트리올및 제네바에 본부를 두고 있다. 우리나라의 대한항공은 1989년 1월부터 회원사로 등록하였다.

② 설립목적 : 항공운송업의 발달과 항공교역의 육성 및 관련 운송상의 문제해결, 국제민간항공운송에 관계되는 항공운송기업 간의 협력수단 제공, 국제민간항공기구 및 기타 국제기구와의 협력을 위해 설립되었다.

③ 활동내용

　　㉠ 표준운송약관, 화물운송장, 항공권, 복수항공기업의 연대운송에 관한 협정, 총대리점 및 판매대 리점과의 표준계약, 운임수불제 등에 관한 각종 표준방식을 결정한다.

　　㉡ 운임, 운송조건, 기타 항공운송업무의 운영에 필요한 중요사항의 결정은 투표회원 전원의 만장 일치로 관계국 전원의 승인을 조건으로 하고 있다.

　　㉢ 편의상 세계를 3개의 지구로 나누고 지구 내 운임설정문제에 관하여 협의한다(제1지구 : 아메 리카 대륙, 제2지구 : 유럽·중동·아프리카, 제3지구 : 동남아시아, 오세아니아).

(2) 국제민간항공기구(ICAO)

① 설립 : 국제항공의 안전성 확보와 항공질서감시를 위한 관리기구로서 1947년 시카고조약에 의거하여 발족된 유엔전문기관으로 현재 본부는 몬트리올에 있다.

② 설립목적

    ㉠ 국제민간항공의 발전 및 평화적 목적의 항공기 설계와 운항기술 장려

    ㉡ 공항 및 항공보안시설의 권장

    ㉢ 안전하고 정확하며 능률적인 경제적 항공운송 촉진

    ㉣ 과다경쟁 방지와 비행의 안전 증진

    ㉤ 국제민간항공의 전 분야에 대한 발전 촉진

(3) 국제운송인협회연맹(FIAEA)

① **설립** : 국가별 대리점협회와 개별대리점으로 구성된 비영리기구로 스위스와 취리히에 본부를 두고 있다.

② **목적 및 특징** : 대리점업의 이익을 보호해 주고 대리점 조직과 관련 업체들과의 협조관계를 유지하는데 목적을 두고 있으며, 회원은 화물대리점에 국한되지 않고 국제운송의 관련업체인 통관업, 선박, 항공기소개업, 창고업, 육상운송업, 혼재업 등도 포함되는 것이 특징이다.

(4) 국제협약

① **바르샤바조약** : 국제항공운송인의 민사책임에 관한 통일법을 제정하여 동일 사건에 대한 각국법의 충돌을 방지하고 국제항공운송인의 책임을 일정 한도로 제한하여 국제 민간항공운송업을 발전하게 하는 데 목적이 있다.

② **헤이그의정서**

    ㉠ 바르샤바조약 체결 후 항공운송은 항공기술의 발달에 따라 비약적인 발전을 거듭하여 바르샤바 조약의 목적 중 하나인 항공산업을 보호하여야 할 필요성이 크게 감소되었다.

    ㉡ 항공운송인의 책임한도액이 비현실적이므로 1955년 국제항공사법회의에서 헤이그의정서를 채택, 바르샤바조약 중 일부 규칙을 개정하게 되었다.

05 복합운송

(1) 복합운송의 개념

① **복합운송의 의의** : 복합운송인이 복합운송계약에 의거 인수한 물품을 어느 한 국가의 지점에서 지정 인도지점까지 항공, 철도, 도로운송 등 2가지 이상의 운송방식을 사용하여 이루어지는 일련의 과정을 말한다.

② 복합운송의 기본적 요건

　　㉠ 국제간의 운송이 복합운송이다.

　　㉡ 복합운송은 복합운송인에 의한 전 구간 운송의 책임을 인수해야 한다.

　　㉢ 복합운송계약의 체결이 이루어져야 한다.

　　㉣ 복합운송은 운송수단의 이종 복합성을 내포하고 있어야 한다.

③ 복합운송의 특성

　　㉠ 운송책임의 단일성

　　　• 단일 · 통일책임체계 : 운송계약의 체결자인 운송인이 전 운송구간에 걸쳐서 전적으로 책임을 부담하는 체계를 말한다.

　　　• 이종책임체계 : 화주에 대해 복합운송인이 전적으로 책임을 부담함에 있어서 그 책임은 각 운송구간의 고유의 원칙, 즉 해상운송구간은 헤이그규칙, 항공운송구간은 바르샤바조약, 도로운송구간은 도로화물운송조약(CMR) 및 각국의 일반화물자동차운송약관, 철도운송구간은 철도화물운송조약(CIM)에 의하여 결정하는 책임체계를 말한다.

　　㉡ 복합운송서류(B/L) : 지정된 인도장소에서 증권의 소지인에게 화물을 인도할 의무를 지는 유가 증권으로 복합운송인이 발행한다.

　　㉢ 단일운임의 설정 : 전 운송구간에 단일화된 운임을 부과한다.

　　㉣ 운송방식의 다양성 : 2가지 이상의 운송방식으로 이루어진다.

　　㉤ 위험부담의 분기점 : 송하인의 물품을 내륙운송인에게 인도하는 시점이 위험부담의 분기점이다.

(2) 복합운송의 효과

① 화주 측의 효과

　　㉠ 안전성

　　㉡ 경제성

　　㉢ 신속성

　　㉣ 투하자본율의 상승효과 등

지식 in 　　**복합운송의 특성**

• 전 운송구간에 단일운임을 적용한다.
• 운송인은 복합운송에 대한 복합운송증권을 발행한다.
• 운송인은 전 운송구간에 걸쳐 화주에게 단일책임을 진다.

- 두 가지 이상의 서로 다른 운송수단이나 방식에 의해 운송된다.
- 복합운송에서 가장 빈번하게 사용되는 운송수단은 화물자동차이다.
- 화물운송에 있어서 두 가지 이상의 수송수단을 이용하는 것을 복합운송이라 한다.
- 이용되는 각 운송수단의 장점을 결합하여 단일운송수단의 한계를 어느 정도 극복한다.
- 운송규제의 완화, 세계무역의 증대, 글로벌 기업환경 변화 등이 복합운송 성장의 요인으로 작용하였다.

② 운송인 측의 효과
  ㉠ 화물단위당 비용절감
  ㉡ 기계화·자동화에 따른 대폭적인 인건비 절감
  ㉢ 대량화물의 신속처리 등

③ 복합운송의 장점
  ㉠ 복합운송의 화물은 재래식에 비해 보다 더 안전한 상태로 화물이 운송된다.
  ㉡ 복합운송의 저렴한 운송비는 세계자원의 최적이용을 촉진시킨다.
  ㉢ 운송에 있어서 에너지 등을 절감시킨다.
  ㉣ 철도운송용 화차, 도로운송 차량, 컨테이너 등을 포함하는 통과서비스는 항구에서 신속한 환적을 가능하게 하여 재래수단에 의한 운송보다 화물할증료가 낮으며, 인건비를 절감시킨다.
  ㉤ 노동비와 자본비의 단계적 인상에도 불구하고 하부구조와 운송수단의 이용을 좋게 한다.
  ㉥ 통과화물기록, 통과운임 및 합동책임규약이 선하증권의 발급으로 간편화된다.
  ㉦ 신속한 통과는 수입자로 하여금 창고저장을 최소화하여 과다한 운영자본비 지출을 막게 한다.
  ㉧ 복합운송의 발달은 국제적인 규칙·조약의 제정을 촉진시킨다.

06 복합운송의 분류와 책임

(1) 복합운송의 형태

① 계약에 따른 분류
  ㉠ 하청운송 : 한 사람의 운송인이 전 운송구간의 운송을 인수하고 다른 운송인에게 그 운송인이 하청 또는 도급을 주는 운송형태이다.

      ⓒ 부분운송 : 각 운송구간마다 송하인과 운송인이 운송계약을 하고 각 운송인이 자기의 운송구간에 대해서만 운송책임을 지는 운송형태이다.

      ⓒ 공동(동일)운송 : 다수의 운송인이 공동으로 전 구간의 운송을 인수하는 운송형태이다.

      ⓔ 연대운송 : 2인 이상의 운송인에 의해서 특정의 화물이 순차적으로 운송되는 운송형태이다.

② 주체에 따른 분류

      ㉠ 운송주선인형 복합운송인 : 항공기 등 운송수단을 자신이 직접 보유하지 않고 다만 계약운송 인으로서 운송책임을 지는 형태이다.

        예 해상운송주선인, 항공운송주선인, 통관인, 컨테이너임대인 등

      ⓒ 운송인형 복합운송인 : 운송수단을 가지고 있는 사람이 복합운송인의 역할을 수행하는 형태로서 실제운송인형 복합운송인을 말한다.

        예 선박회사, 철도회사, 트럭회사, 항공회사 등

(2) 복합운송인의 책임과 책임체계

① 복합운송인의 책임

      ㉠ 절대책임 또는 엄격책임 : 손해의 결과에 대해서 항변의 면책이 인정되지 않고 절대적으로 책임을 지는 것이다.

      ⓒ 과실책임 : 운송인이 주의의무를 다하지 못해 발생한 손해에 대해서는 책임을 지는 것이다. 이때 피해자 측은 운송인이 주의의무를 태만히 했음을 증명해야 한다. 운송인의 과실을 화주가 입증하는 것을 원칙으로 하고 있다.

      ⓒ 무과실책임 : 운송인의 책임발생에 대하여 운송인이나 사용인의 과실을 요건으로 하지 않는 책임이다. 엄격책임 또는 절대책임과는 달리 불가항력 및 기타 약간의 사유가 면책사유로서 인정된다(헤이그규칙, 바르샤바조약).

② 복합운송인의 책임체계

      ㉠ 타이업시스템(Tie-up System) : 각 운송구간의 운송인과 화주가 개별적으로 운송계약을 체결 할 경우 각 운송구간에 적용되는 책임원칙에 따라 운송인이 운송책임을 부담하는 책임체계이다.

      ⓒ 이종책임체계 : 복합운송인이 전 구간에 걸쳐 책임을 지나 손해발생구간에 적용되는 개개의 책임체계에 의하여 결정하는 체계로서 대화주단일책임 또는 책임원칙조합형이라 한다.

      ⓒ 단일책임체계 : 복합운송인이 손해발생구간, 운송수단의 종류를 불문하고 전 구간을 통해 단일 의 책임원칙에 따라 책임을 부담하는 책임체계를 말한다.

07 프레이트 포워더 (Freight Forwarder)

(1) 프레이트 포워더의 개요

① 프레이트 포워더의 의의

ㄱ 직접 운송수단을 보유하지 않은 채 고객을 위하여 화물운송의 주선이나 운송행위를 하는 자로서 운송주선인, 국제운송주선인, 복합운송인, 복합운송주선인 등으로 혼용하여 사용하고 있다.

ㄴ 수입절차는 선적서류 입수 - 도착 통지 - 배정적화목록 작성 - 수입통관 - 화물 양화/입고/운송 - 화물 인출의 순이다.

② 프레이트 포워더의 기능

ㄱ 전문적인 조언, 운송관계서류의 작성, 운송계약의 체결, 선복의 예약, 항구로 반출, 통관수속, 운임 및 기타 비용의 입체, 포장 및 창고 보관, 화물의 관리 및 분배, 혼재 서비스, 시장조사 등의 역할을 한다.

ㄴ 수입통관은 수입지 포워더 자신의 명의 또는 화주의 명의로 수입신고할 수 있다.

(2) 프레이트 포워더의 업무 분류

① 서비스에 의한 구분 : 국내운송업무, 적하보험의 체결업무, 보관업무제, 포장업무, 통관업무, 선적 업무, 하역업무

〈포워딩 서비스 기능〉

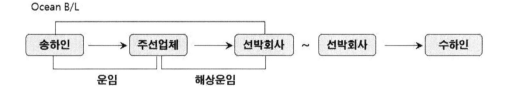

② 기능에 의한 구분

ㄱ 포워딩 서비스 : 화물의 특성과 운송지역에 적절한 운송수단을 선택하여 운송주선인으로서 제공하는 서비스

ㄴ 복합운송인 서비스 : 운송업체를 매체로 하여 독자적인 운송방식과 운임요율표에 의하여 복합 운송인으로서 제공하는 서비스

③ 프레이트 포워더의 유형 : 운송인형 프레이트 포워더, 운송주선인형 프레이트 포워더

프레이트 포워더의 주요업무(기능)

- 운송에 대한 전문적인 조언
- 운송수단의 수배
- 본선과 화물의 인수 또는 인도
- 운송관계서류의 작성 : 선하증권, 선복예약서(S/R), 선적허가서, 부두수령증(D/R), 수출입허가서
- 통관업무의 수행
- 포장 및 창고보관업무
- 보험수배
- 소량화물의 혼재(Consolidation) 및 분배
- 복합운송

(3) 프레이트 포워더의 주요 영업형태

① **혼재운송** : 소량 컨테이너 화물을 집화하여 컨테이너 단위화물로 만들어 운송하는 가장 대표적인 서비스 형태이다.

② **프로젝트 카고 운송서비스** : 특정한 공사계획에 따라 발생하는 운송서비스로 공사의 시공에서부터 완공에 이르기까지 일괄하여 서비스를 제공하는 형태이다.

③ **행잉 가먼트** : 가죽 또는 의류를 운송하기 위한 컨테이너 서비스의 형태로 컨테이너 내부에 화물의 원형을 그대로 보존하기 위한 필요설비를 장착하여 제공하는 서비스이다.

④ **전시화물 취급서비스** : 상업화물의 해외상품 전시나 예술품 등의 해외전시를 목적으로 반출·반입되는 화물을 포장에서부터 해외반출이나 전시 후에 재반출되어 복귀까지의 모든 절차를 일괄적으로 처리하는 서비스를 말한다.

⑤ **하우스 포워딩 서비스** : 상품의 수출입 운송과정의 제반업무를 계약에 의하여 신용 있는 하나의 프레이트 포워더가 전담하여 일괄적으로 처리하는 운송서비스를 말한다.

⑥ **해·공복합운송서비스** : TSR이 전형적인 해륙복합운송형태라면 Sea&Air Service는 대표적인 해·공복합운송형태로서 저렴성과 항공운송의 신속성이라는 장점을 결합한 방식이다.

⑦ **환적화물 취급서비스** : 국내무역업자 또는 해외수출업자를 대신하여 제3국에서 생산, 선적되어 우리나라를 경유하여 다시 다른 제3국으로 선적하는 환적화물을 취급하는 서비스를 말한다.

Consolidation

포워딩(Forwarding) 업무 중 LCL화물을 집화하여 FCL화물로 만드는 업무

제6장 적중예상문제

01. 박스 안의 내용은 항공운송의 특성에 관련한 설명들이다. 옳게 짝지어진 것은?

> ㉠ 대량운송이 가능　　　　　　　　㉡ 고속운송이 가능
> ㉢ 전천후 운송수단　　　　　　　　㉣ 고가이면서 소형상품에 적합
> ㉤ 포장비의 절감

① ㉠, ㉢, ㉤　　　　　　　　　　② ㉡, ㉣, ㉤
③ ㉠, ㉡, ㉤　　　　　　　　　　④ ㉢, ㉣, ㉤
⑤ ㉡, ㉢, ㉣

> **해설 ┃ 항공운송의 특징**
> • 신속성과 안전성이 높고 발착의 정시성과 신뢰성이 강하다.
> • 타 운송수단에 비해 계절적인 수요의 탄력성이 적다.
> • 긴급을 요하는 화물 또는 소형화물의 운송에 적합하다.
> • 포장비가 절감되고 통관이 간단하다.
> • 신속운송으로 인해 투자자본의 효율적 회전 및 재고 품의 진부화, 변질화 등에 의한 손실율이 적고 운송중인 상품의 위치 파악이 쉽다.
>
> **정답 ┃** ②

02. 다음 중 항공화물대리점과 항공운송주선업에 대한 비교 설명으로 가장 거리가 먼 것은?

	구 분	항공화물운송대리점	항공운송주선업
①	운임요율표	항공사 운임률표 사용	자체 운임률표 사용
②	책임	항공차 책임	주선업 책임
③	운송약관	자체약관 사용	항공사약관 사용
④	수하인	매 건당 수하인이 있음	항공운송주선업 자가 수하인
⑤	화물운송장	항공사의 화물운송장 사용	항공사의 화물운송 장과 화물운송장에 부착된 혼재업자용 화물운송장을 사용

03. 항공운송과 해상운송의 특성에 대해 설명한 것이다. 옳지 않은 것은?

① 해상운송에 비해 항공운송은 짧은 운송기간, 정시운항, 발착시간, 운항횟수 등의 정시성을 서비스의 최우선으로 하고 있다.

② 화물의 포장 면에서 항공은 99% 이상이 Caton Box를 사용하나 선박은 Wooden Box를 사용한다.

③ 해상운송과는 달리 항공운송은 짧은 운송기간으로 안전성이 낮은 단점이 있다.

④ 선박에 의한 해상운송은 변질, 침식, 부식성이 높다.

⑤ 항공운송은 해상운송에 비해 포장비, 보험료, 창고료 등의 직접비와 재고품에 대한 투자자본, 관리비 등의 간접비와 신속한 배달시간, 정시성, 신뢰성 등의 종합비의 면에서 경제적이다.

04. 항공운송에 있어서 직접비용면의 이점으로 맞지 않는 것은?

① 확실·안전·신속으로 인하여 보험료가 저렴하다.

② 운송이 빠르기 때문에 투자 자본을 효과적으로 회전시킬 수 있다.

③ 운송기간이 짧아 도난, 파손 등의 발생률이 극히 적다.

④ 투자자본의 이자가 절감된다.

⑤ 포장비(재료비와 인건비)가 대폭적으로 절감된다.

제7장 수배송시스템 설계 및 관리

01. 화물자동차운송시스템 개요

(1) 화물자동차운송시스템의 의의

화물이 일정한 장소에서 화물차량에 상차되어 최종 목적지까지 도착하는 과정을 효율적으로 수행하기 위한 취급방법과 절차(Process)를 말한다. 이러한 효율성이 운송비용과 고객만족 수준을 결정하게 된다.

(2) 화물자동차운송시스템의 중요성

① 물류비 중 화물자동차운송비가 가장 비중이 높다.
② 화물의 Delivery는 판매에 있어서 매우 중요한 경쟁수단이다.
③ 회수물류의 중요성이 증대되고 있다.
④ 관리자의 감독 밖에서 이루어진다.
⑤ 외부환경의 영향을 많이 받는다.
⑥ 다른 모든 물류에 영향을 미친다.

(3) 운송시스템설계를 위한 기본 요건

① 지정된 시간 내에 배송목적지에 배송할 수 있는 화물의 확보
② 수송, 배송 및 배차계획을 조직적으로 실시 가능
③ 적절한 유통재고량 유지를 위한 다이어그램 배송 등의 운송계획화가 필요
④ 운송계획을 효율적으로 실시하기 위한 판매 및 생산의 조정 가능
⑤ 수주에서 출하까지 작업의 표준화 및 효율화추구
⑥ 최저주문단위제 등 주문의 평준화 가능

(4) 운송시스템 설계 포인트

① **운송네트워크의 정비** : 물류센타의 수, 규모를 정비하여 재고관리와 운송비를 최적화
② **최적의 운송수단의 선택** : 운송비 절감과 물류서비스 수준을 감안하여 최적화
③ **운송(운영)효율성 향상** : 운송의 효율을 높이기 위한 다양한 방법 고려(회전율, 적재율, 가동율, 영차율 등)

④ 공동운송의 실시 : 다른 기업의 화물과 공동운송 실시

⑤ 수배송합리화수단 고려 : 수배송의 계획화, 표준화, 시스템화가 가능하도록 함

⑥ 수배송합리화를 위한 협력체계 구축 : 동종, 이종업체간 다양한 협력체계 구축

⑦ 제1차 운송과 2차 운송의 연결 : 소량다빈도 배송을 효율적으로 하기 위한 크로스도킹, Meet Point System 등 대형운송과 소형운송을 효율적으로 연계

(5) 운송시스템의 10가지 원칙

① 운송 · 재고 Trade-off의 원칙 : 재고관리비와 Trade-off 관계를 파악하여 총비용을 최소화할 수 있도록 설계

② 자가용과 영업용 믹스의 원칙 : 근거리 운송, 기본적 물량운송은 자가용차량으로 처리

③ 단일 원거리 운송의 원칙 : 가능하면 중간 환적 없이 한 번에 목적지까지 운송

④ 수배송 일원화의 원칙 : 크로스도킹으로 수송과 배송을 연결하여 처리

⑤ 회전수 향상의 원칙 : 1일당 운행횟수 제고

⑥ 상하차 신속의 원칙

⑦ 배송특성 대응의 원칙 : 배송지역의 특성에 따라 적절한 차량을 배차

⑧ 리드타임 충족의 원칙

⑨ 운송단가 분기점의 원칙 : 영업용 운송단가와 자가처리단가를 비교하여 유리하게 운송

⑩ 횡지관리의 원칙 : 오지배송 가능해야 함

⑩2 수배송시스템의 개요

(1) 수배송의 개념

① 수송 : 공장에서 물류센터, 공장에서 대형고객, 광역물류센터에서 지역물류센터 등으로의 완제품 수송, 부품공장에서부터 조립 공장으로의 반제품 수송, 공급자로부터 공장으로의 원자재 수송 등 일련의 물품이동 활동을 말한다.

② 배송 : 배달이라고도 하는데 상거래가 성립된 상품을 고객 또는 고객이 지정하는 수화인에게 전달하는 것을 말한다.

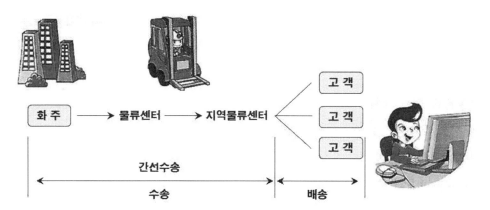

〈수송과 배송의 영역〉

(2) 효율적인 수배송 관리를 위해 합리적으로 설정되어야 할 사항

① 리드타임 (Lead time)
② 차량의 적재율
③ 수배송에 필요한 적절한 차량대수
④ 운송수단의 선택
⑤ 수배송 범위 및 루트
⑥ 수배송의 비율과 적기배송 방문 스케줄 결정

(3) 수배송시스템의 합리적 설계를 위한 기본 조건

① 지정된 시간 내 지정된 목적지에 대한 정확한 운송
② 물류계획의 정확한 실행을 위한 운송, 배송 및 배차계획 등의 조직적이고 체계적인 실시
③ 적정한 재고량 유지를 위한 다이어그램 배송 등 운송의 계획화
④ 생산계획의 효율적 실행을 위한 판매와 생산 간의 조정
⑤ 수주에서 출하까지 제반 작업의 표준화 및 효율화
⑥ 최저주문단위제의 도입 등 주문의 평준화

(4) 수배송시스템의 설계순서

운행하고자 하는 화물의 특성파악 → 수배송시스템의 질적 목표설정 → 출하부문의 특성파악 →
수요처별 특성파악 → 수요치별 운행여건파악 → 투입될 차종판단 → 배차운영계획 → 귀로운행계획

(5) 수배송 경로

① 공장직송방식(선도관리 품목)

② 집중거점방식(무점포 판매)

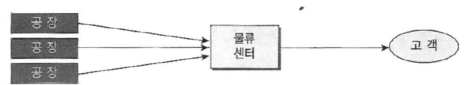

③ 복수거점방식(자동차, 백화점)

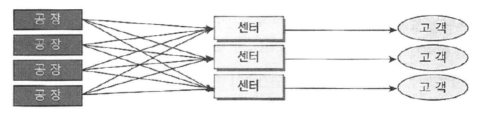

④ 배송거점방식(주류)

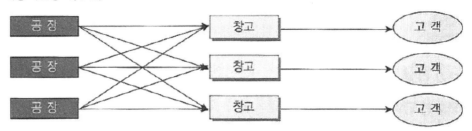

⑤ 혼합거점 방식

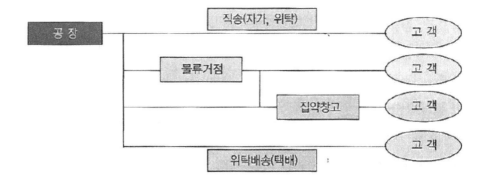

(03) 공동수배송

(1) 공동수배송의 개요

① 개념 : 각각의 화주가 물품을 개별 수송하는 방식에서 화주 또는 트럭사업자가 공동으로 물품을 통합적재 수송방식으로 바꾸어 수송물류비용의 절감, 차량적재 효율의 향상을 도모하는 시스템이다.

② 기능 : 시장범위의 결정, 생산결정, 판매결정, 가격결정, 시설의 입지선정 등의 기능을 수행한다.

(2) 공동수배송시스템의 전제조건

① 필요한 화물을 수배송할 수 있는 차량을 보유하여야 한다.

② 공동수배송을 주도하는 업체가 있어야 한다.

③ 공동수배송에 대한 이해가 일치하여야 한다.

④ 일정구역 내에 유사업체나 배송을 실시하는 복수기업이 존재하여야 한다.

⑤ 물류표준화가 선행되어야 한다.

(3) 공동수배송의 발전단계

① 제1단계 : 공동운송의 단계(콘솔단계)

② 제2단계 : 크로스닥킹 단계

③ 제3단계 : 공동재고보관 단계

　　㉠ 공동집하, 공동보관

　　㉡ 개별납품, 공동보관, 공동배송

　　㉢ 공동집하, 공동보관, 공동배송

　　㉣ 공동수주시스템에 의한 물류의 공동화(질적향상)

(4) 공동수배송 추진의 장애요인

① 자사의 고객서비스 우선

② 배송서비스를 기업의 판매경쟁력으로 삼으려는 전략

③ 상품특성에 따른 특수서비스 제공의 필요성

④ 긴급대처능력 결여

⑤ 상품에 대한 안전성 문제

(5) 공동수배송시스템의 효과

① 화주 측 효과
- ㉠ 차량적재율 향상에 의한 수배송의 비용절감
- ㉡ 인력부족에 대처가능
- ㉢ 수배송업무의 효율화
- ㉣ 차량 및 시설 등에 대한 투자액 감소
- ㉤ 수배송 빈도향상으로 신뢰성 증가 및 판매증대
- ㉥ 영업활동과 수배송업무의 분리를 통한 영업활동의 효율화

② 거래처 측 효과
- ㉠ 거래처 측 입고부문의 교통혼잡 완화
- ㉡ 일괄납품으로 검사 등 일선 업무의 효율화
- ㉢ 납품 빈도의 증가로 품목확보 및 선도향상과 재고비용 감소

③ 사회적 효과
- ㉠ 물류비의 감소
- ㉡ 차량감소에 따른 교통환경 개선

(6) 공동수배송시스템의 적용유형

① 집배송공동형
- ㉠ 특정화주공동형 : 동일업종의 화주가 조합이나 연합회 등을 결성하여 화주 주도로 집하 및 배송의 공동화를 추진하는 유형이다.
- ㉡ 운송사업자공동형 : 복수의 운송사업자가 각 지역을 분담하여 불특정 다수의 화물을 집하 및 배송을 공동으로 하는 유형이다.

② 배송공동형 : 물류센터까지는 각 화주 또는 개개의 운송사업자가 화물을 운반하고 배송만을 공동하는 유형이다.

③ 노선집하공동형 : 개개인의 노선사업자가 집하해 온 노선화물의 집하부분만을 공동으로 하는 유형이다.

④ 납품대행형 : 백화점이나 판매점으로의 납품에 있어서 도매업자 등의 발화주가 개개의 점포별로 납품하는 것이 아니라 수송업자가 다수의 화주상품을 집하해서 발화주를 대신하여 납품하는 형태를 말한다.

- 공동수배송은 참여기업에 대한 서비스 수준을 균등하게 유지할 수 있다.
- 공동수배송은 참여기업의 운임부담을 경감할 수 있다.
- 참여기업에 대한 통합된 수배송 KPI(Key Performance Indicator)를 제공할 수 있다.
- 다양한 거래처에 대한 공동수배송을 실시함으로써 물동량의 계절적 수요변동에 대한 차량운영의 탄력성을 확보할 수 있다.

04 수배송합리화 모형

(1) 수배송시스템의 중요성

① 배송은 기본적으로 운송원가가 높다.
② 인적서비스가 중요한 품질요소이다.
③ JIT배송이 필요하다.
④ 다수의 배송처는 시스템화를 어렵게 한다.
⑤ 운행에 따른 원가보다는 작업 및 부수적인 업무에 의한 시간과 비용이 더 크다.
⑥ 교통환경의 영향을 많이 받는다.
⑦ 리드타임이 짧다.
⑧ 주로 중소형트럭이 이용된다.

(2) 배송계획 수립시의 설정기준

① **시간기준** : 차량의 출발시간 및 주행시간, 리드타임
② **적재량기준** : 최저주문단위제, 적재량의 표준작성
③ **루트기준** : 배송루트, 배송의 범위
④ **작업기준** : 제품에 대한 납품방식의 표준화, 상하차방법
⑤ **차량기준** : 주행표본, 차량구성

배송루트의 설정은 이론적으로 정형화된 루트의 설정이 필요하지만 실무적으로는 매우 어렵다. 배송루트는 구간별 시간대별 교통흐름의 차이와 변화가 심하고, 배송처의

배송요청시간의 변화에 따라 정형화하기가 어렵다. 주문량의 변화는 차의 적재량에 영향을 미치며, 이는 배송루트에도 영향을 미친다. 배송처의 작업장 여건이나 배송처가 매일 변화하는 경우에도 정형화된 루트의 설정이 어렵게 된다.

(3) 공동수배송의 시스템의 종류

① 다이어그램(Diagram)배송

ㄱ 개념 : 정시루트 배송시스템으로 배송의 범위가 비교적 협소하고 배송빈도가 높은 경우에 적용하는 시스템으로, 집배구역 내에서 차량의 효율적 운용을 위해 복수의 배달처를 조합해서 정시루트로 배송하는 시스템이다.

〈다이어그램배송〉

주행경로 ──→ 배송순서 ──→ 시간계획 ──→ 계획배송

ㄴ 목적
- 배송차량의 소요판단
- 효율적인 배송루트 크기 결정
- 운전기사에 대한 배송업무 기준 제시
- 거래처에 대한 차량 도착시간 정보 제공
- 배송업무 효율화 추진(비효율성 점검 및 개선)

ㄷ 종류
- 고정다이어그램배송 : 일정한 지역에 정기적으로 화물을 배송할 때, 과거의 통계치 또는 경험에 의해 주된 배송경로와 시각을 정해 두고 적재효율이 다소 저하되더라도 고객에 대한 적시 배달과 업무의 간편성을 중시하여 배송차량을 고정적으로 운영하는 시스템이다.
- 변동다이어그램배송 : 계획시점에서의 물동량, 가용차량 수, 도로사정 등의 정보를 감안하여 컴퓨터로 가장 경제적인 배송경로를 도출해서 적재 및 운송지시를 내리는 방식을 채용하는 시스템으로서 VSP, SWEEP, TSP 기법 등이 있다.

② 루트배송시스템 : 비교적 광범위한 지역과 소량의 소화물을 구입하는 다수의 고객을 위한 시스템으로, 판매지역에 대하여 배송담당자가 배송트럭에 스스로 화물을 적재하고 하역하는 시스템이다.

③ 혼합수배송시스템 : 적재율을 기준으로 하여 가장 적합한 수배송방식을 결정하는 시스템이다.

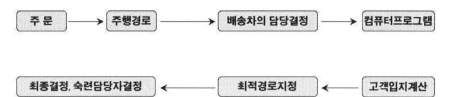

〈혼합배송시스템〉

주 문 → 주행경로 → 배송차의 담당결정 → 컴퓨터프로그램

최종결정, 숙련담당자결정 ← 최적경로지정 ← 고객입지계산

지식 in　수배송 경로 및 일정 수립 원칙

- 배송경로는 상호 교차되지 않도록 한다.
- 픽업은 배송과 함께 이루어지도록 한다.
- 근접한 지역의 화물은 모아서 배송한다.
- 효율적인 배송을 위하여, 이용 가능한 대형차량을 먼저 배차한다.

(4) 변동다이어그램 기법

① VSP(Vehicle Schedule Program)법 : 배송루트를 설계하기 위한 컴퓨터 소프트웨어로 도로 네트 워크상 복수의 배송센터에서 다수의 고객에게 배송하는데 필요한 보유 차량 대수, 소요시간, 도로, 거리, 배송량 등을 입력할 때 차량의 운행효율을 최대로 하는 배송루트와 필요 차량대수를 계산한다.

〈계획배송을 위한 Saving 기법〉

P를 배송센터, A·B를 배달처, A·B 상호간의 거리를 a·b·c로 할 때

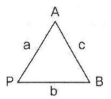

가장 단순한 배송방식은 A·B별로 그 운행에 의한 배송이다.

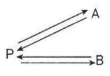

이때 그 거리는 2a + 2b라 할 수 있다. 그러나 옆의 그림과 같은 루트에서 1대의 차로 배송하면 거리는 a + b + c가 된다.

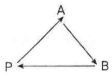

위의 그림처럼 배송방식을 바꿀 경우 배송거리가 (2a + 2b) − (a + b + c) = a + b − c만큼 절약하게 된다. 이 차이를 세이빙(Saving)이라고 한다.

② 스위프(Sweep)법 : 배송센터 P를 원점으로 각 배송처를 1, 2~n으로 좌표 위에 표시한다. n은 P와 i지점과의 직선거리를 나타내고, θ_1는 가로축과의 각도를 나타낸다. θ_1가 작은 것부터 번호를 붙여 배송차의 적재량의 제한범위까지 루트를 설계한다. 가장 적합한 배송루트를 선정한 후 다른 배송루트와 교환하여 더 효율적인 배송루트를 발견할 수 있을지 검토하여 풀이를 개선해 간다.

〈스위프법〉

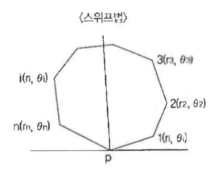

(예제) 그림은 차고지 D와 방문지 위치를 표시하고 있다. 12톤을 적재한 트럭이 각 방문지마다 2톤씩 배달하는 차량경로계획을 수립 하려고 한다. Sweep법의 극좌표 기준점을 차고지 D로하고 12시 방향에서 시작하여 반시계방향으로 첫 번째 차량경로를 결정하려고 한다. 이때 최초의 방문지는 점 10이다. 그렇다면 첫 번째 차량경로의 마지막 방문지(차고지 제외)는 몇 번인가?

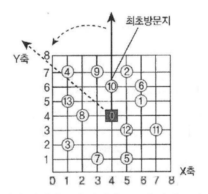

(풀이) Sweep법은 눈물방울 형태의 다이어그램 방식이므로 출발지 D에서 최초 방문지가 10이고 12시 방향에서 반시계방향으로 차량경로를 설정하는 것이다. 따라서 D-10-9-4-13-8-3이 첫 번째 경로가 된다. 첫 번째 경로의 마지막은 3이 된다.

③ TSP(Traveiing Salesman Problem)법

　TSP법은 차량이 지역 배송을 위해 배송센터를 출발하여 되돌아오기까지 소요되는 거리 또는 시간을 최소화하기 위한 기법이다. 이 기법에 대한 이해는 Karl Thompson(1964)이 제시한 휴리스틱 해법의 예를 통하여 쉽게 이루어질 수 있다. TSP는 최단거리법을 이용하여 풀 수 있다.

(예제) [그림 1]은 각 수요처를 각각 1대의 차가 방문하고 [그림 2]는 1대의 차량으로 순회 방문하는 경우이다. 거리행렬이 다음과 같을 때 [그림 2]의 방법은 [그림 1]의 방법에 비해 수송거리가 몇 km 감소되는가?

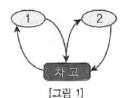
[그림 1]

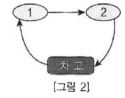
[그림 2]

From \ To	차 고	수요처 1	수요처 2
차 고	0	4	9
수요처 1	4	0	5
수요처 2	9	5	0

(풀이) [그림 1]의 수송거리 : (4 + 4) + (9 + 9) = 26km
　　　[그림2]의 수송거리 : 4 + 5 + 9 = 18km
　　∴ 26km − 18km = 8km
　　　즉, [그림 2]의 방법은 [그림 1]의 방법에 비해 수송거리가 8km 감소된다.

(5) 배송경로와 일정계획 수립의 원칙

① 가장 근접해 있는 지역의 물량을 함께 싣는다.
② 배송날짜가 다른 경우에는 경유지를 엄격하게 구분한다.
③ 운행경로는 차고지에서 먼 지역부터 만들어간다.
④ 출발지 인근지역부터 시작하여 출발지 인근지역에서 끝나도록 한다(좁은 지역 배송).
⑤ 차량경로상의 운행순서는 눈물방울형태로 만들어 간다.
⑥ 가장 효율적인 경로는 이용할 수 있는 가장 큰 차량을 사용하여 만든다.
⑦ 픽업은 배송과 함께 이루어져야 한다.
⑧ 배송루트에서 벗어난 수요지는 별도의 차량을 이용한다.
⑨ 너무 짧은 방문시간대는 피해야 한다.

지식in　　외판원문제(Traveling Salesman Problem)

• 배송합리화를 위한 기법 중 차량이 지역 배송을 위해 배송센터를 출발하여 원위치로 돌아오기까지 소요되는 거리 또는 시간을 최소화하기 위한 기법으로 휴리스틱 해법을 이용하는 것이다.

- 외판원이 주어진 n개의 도시를 한 번씩만 방문하면서 비용(혹은, 거리, 시간)을 최소화 하는 문제이다.
- 차량경로문제 : '외판원문제'라고도 한다. 가장 빨리 배달할 수 있는 차량의 경로를 구 하는 문제이다. 외판원문제의 경우 원점을 제외한 모든 다른 지점을 두 번 이상 지나면 안 된다는 조건이 있다.

(6) 수송시스템의 종류

① 왕복운송시스템

㉠ 화물을 수송함에 있어 편도만 영차로 운행하고 귀로에는 공차로 운행한다면 공치운 행 만큼의 시간과 그에 소요되는 각종 비용은 낭비라고 할 수 있다. 따라서 사업용 차량이나 자가용 차량이나 왕복 영차 수송위한 방안을 구해야 한다.

㉡ 영업용의 경우에는 착지지역의 자기 점포망을 이용하거나 그 지역의 물류터미널 또는 알선업체를 이용하여 귀로의 화물을 알선받거나 착지지역의 화주와 귀로 계약 을 하는 방법 또는 업체와 상호 공동으로 운송하는 협정을 체결할 수 있다.

② 환결운송시스템

㉠ 왕복운송 시스템은 두 지역 간의 공차운행을 줄이는 방법이다. 그러나 착지지역에서 반드시 발지지역으로 운송되는 화물이 확보될 수만은 없다. 따라서 순로(順路)의 복화화물이 아니 더라도 연속적으로 영차운행을 하여 최초의 출발지점까지 돌아오 는 방법을 환결수송시스템이라 한다.

㉡ 이러한 시스템은 운전기사가 귀가하는데 장시간이 소요되기 때문에 기사의 불만요 소가 되므로 주의해서 시행해야 한다.

③ 1차량 2운전원 승무시스템 : 2명의 운전원을 동승시켜 운행하는 제도가 아니라 발지와 착지양단에 운전원을 한 명씩 배치하여 1차 수송이 완료되면 즉시 착지에 대기하고 있던 운전원이 차량을 인 계 받아 귀로 운행을 하는 시스템이다.

④ 릴레이식운송시스템 : 1회의 편도운송거리가 1일 이상 소요되는 운송이나 일정한 도시들 을 순회회하며 집화나 배달을 하는 경우의 운송에서는 일정한 시간의 운행 후에 운전사 를 교대하여 차량을 계속 운행 시킴으로써 차량의 가동시간을 최대화하고 화물의 인도 시간을 신속하게 하는 시스템이다.

⑤ 중간환승운송시스템 : 주요 발지와 착지의 중간지점에 터미널을 설치하고 양단에서 도착 된 차량을 서로 교체 승무하여 귀로하는 운행 시스템이다.

05 수배송 Network 모형

두 개 이상의 운송로가 존재하고 이들 경로상에 운송상의 연결점(네트워크)들이 있고 각 운송구간 별로 단위당 운송비 또는 운송량 등이 제시된 경우의 효율적인 운송방법을 모색하는 방법이다. 최단경로법, 최대운송량법, 네트워크최소화법 등이 있다.

(1) 최단거리법(Shortest Route Problem)

① 최단의 경로 또는 최소비용의 경로를 찾기 위한 방법이다.
② 이 방법은 각 운송구간별로 운송거리 또는 단위운송비용 등이 제시된 출발지와 도착지 간 등 그 운송망 위에 있는 두 교점(Node)사이의 최단거리 또는 최소비용을 도출 할 때 사용하는 방법이다.

(예제 1) 아래 그림과 같이 각 구간별 운송시간이 주어졌을 때, 출발 지에서 도착지까지 의 최단 시간을 구하라.

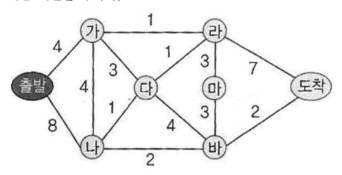

(풀이) 출발 → 가 → 라 → 다 → 나 → 바 → 도착
따라서, 4 + 1 + 1 + 1 + 2 + 2 = 11

(2) 최대수송량계획(Maximal Flow Problem)

각 운송구간의 운송량 제한이 있을 때 전체구간에서의 총 운송량은 가장 운송수용력이 약한 구간의 운송량에 따라 제한된다. 따라서 출발지로부터 목적지로 운송할 수 있는 운송가능량은 총 운송경로 의 수와 이들 경로가 가지는 각각의 운송가능량에 의하여 결정되므로 이를 최대화하고자 하는 것이 최대수송량계획법이다.

(예제 3) 아래의 수배송네트워크에서 Node S에서 Node F까지 보낼 수 있는 최대유량은?
(각 구간의 숫자는 용량을 나타냄)

(풀이) • 운송가능경로별 운송량

      S → A → F : 3

      S → A → B → C → F : 2

      S → C → F:4

• 최대운송량 : 3 + 2 + 4 = 9

(3) 최소비용수송계획

최소비용수송계획법은 각 운송네트워크의 구간별 최대수송가능량과 단위당 수송비용 및 운송방향이 정해진 운송망이 있을 때, 출발지에서 도착지까지 임의의 두 교점 간 운송시에 최소운송비용으로 가능한 최대한의 운송량을 파악하는 방법이다. 최대 수송량계획법을 기본으로 하여 운송네트워크에서 최대운송량계획을 수립하고 그 조건에서 최소의 운송비를 구한다.

06 수송문제의 해법

(1) 북서코너법

① 개념 : 수송표의 왼쪽 상단으로부터 공급량과 수요량에 맞추어 수송량을 배정하는 방법으로 수송표의 각 칸을 채우는 데 있어서 서북쪽에 있는 칸부터 가능한 한 최대의 값을 할당하는 방법이다. 각 행은 공급지를 나타내며 각 열은 수요지를 나타낸다.

② 북서코너법으로 총 운송비구하기

수요지 \ 공급지	서울	전주	광주	대전	공급량
인천	18	2	36	22	100
목포	24	16	20	38	120
평택	4	24	30	40	60
수요량	120	80	40	40	280

초기운송표

운송단가

공급지 \ 수요지	서울	전주	광주	대전	공급량
인천	18 / 100	2 /	36 /	22 /	100
목포	24 / 20	16 / 80	20 / 20	38 /	120
평택	4 /	24 /	30 / 20	40 / 40	60
수요량	120	80	40	40	280

(최종운송표)

총 운송비 $= (100톤 \times 18) + (20톤 \times 24) + (80톤 \times 16) + (20톤 \times 20) + (20톤 \times 30) + (40톤 \times 40) = 6,160$

(2) 보겔추정법(VAM ; Vogel's Approximation Method)

① 개념 : 보겔추정법은 기회비용의 개념을 활용하여 총 운송비용이 최소가 되도록 공급량을 할당하는 기법이다.

② 방법

㉠ 가장 낮은 운송단가와 그 다음으로 낮은 운송단가의 차이를 각 행과 열별로 구한다.
  • 이 차이값을 잘못 선택했을 때 치루어야 할 기회비용으로서 이 기회비용이 큰 행이나 열의 가장 낮은 단가에 최대한의 물량을 배정하는 것이 선택오류의 가능성을 최소화하는 방법이다.

㉡ 단가차이가 가장 큰 행이나 열에 배정 가능한 최대량을 배정하며, 크기의 순서대로 배정해 나간다.

㉢ 하나의 배정이 완료되면 남은 셀의 단가를 이용하여 다시 기회비용을 구하여 이 기회 비용들을 이용하여 다시 가장 기회비용이 큰 셀을 찾아 최대량을 배정한다.

㉣ 모든 운송량의 배정이 끝날 때까지 반복한다.

㉤ 기회비용이 같은 경우에는 임의로 배정한다.

(예제) 3개의 공급지의 공급량과 수요량이 각각 (15, 10, 20)인 수송계획 문제가 있다. 공급지에서 수요지까지의 수송비는 수송표 각 셀의 좌측상단에 제시되어 있다. 보겔추정법으로 초기해를 구한다면 공급지 3에서 수요지 3으로의 수송량은?

공급지 \ 수요지	1	2	3	공급량
1	12	9	5	15
2	6	10	18	10
3	2	25	12	20
수요량	15	12	18	45

(풀이) 먼저 각 행과 열의 기회비용을 구하면 아래 표와 같이 된다.

공급지 \ 수요지	1	2	3	공급량	기회비용
1	12	9	5	15	4
2	6	10	18	10	4
3	2	25	12	20	10
수요량	15	12	18	45	
기회비용	4	1	7		

기회비용이 가장 큰 것은 공급지 3이며, 그 칸에서 단위운송비용이 최소인 곳은 공급지 3, 수요지 1칸이므로 공급지 3의 공급가능량인 20중 15를 할당하고 나머지 5는 그 다음 단위운송 비용이 낮은 공급지 3, 수요지 3칸에 할당한다.

공급지 \ 수요지	1	2	3	공급량	기회비용
1	12	9	5	15	4
2	6	10	18	10	4
3	2 15)	25	12 (5)	20	10
수요량	15	12	18→5	45	
기회비용	4	1	7→8		

따라서 보겔추정법으로 초기해를 구한다면 공급지 3에서 수요지 3으로의 수송량은 5이다.

(3) **최소비용법(Least Cost Method)**

① 개념 : 운송표(수송표)상에서 운송비용(단가)이 낮은 셀에 우선적으로 할당하되 그 행의 공급능력 과 그 열의 수요량을 비교하여 가능한 최대량을 할당하는 방법이다. 가장 낮은 비용 셀의 할당이 끝나면 순차적으로 그 다음 낮은 셀에 할당한다. 만약 같은 운송비용이 2이상일 때는 임의로 한 칸을 선택한다.

② 방법

　㉠ 모든 칸들 중 단위수송비용이 가장 최소인 칸을 찾고 그 칸이 포함된 행의 공급가능량과 열의 수요량을 감안하여 할당이 가능한 최대량을 배정한다.

　㉡ 다음 단계는 남은 칸들 중에서 다시 단위수송비용이 최소인 칸을 찾고 그 칸에 할당이 가능한 최대량을 배정한다.

　㉢ 각 수요지의 수요량이 모두 충족될 때까지 앞의 두 단계를 반복한다.

(예제)

물류거점 공장	부산	대구	광주	서울	공급량
마산	(4)	(7)	(10)	(17)	40
대전	(10)	(5)	(8)	(5)	150
군산	(20)	(15)	(6)	(14)	30
수요량	100	50	30	40	220

(풀이) 비용이 적은 구간부터 우선적으로 할당한다.

- 마산 - 부산 : 40　　　　　• 대전 - 대구 : 50
- 대전 - 서울 : 40　　　　　• 대전 - 부산 : 60
- 군산 - 광주 : 30

따라서, (4×40) + (5×50) + (5×40) + (10×60) + (6×30) = 1,390만원

---

⑦ 소화물 일관운송

(1) 소화물 일관운송의 개념

① 소화물 일관운송은 특송이나 택배, 문전배달제 서비스제도로 도시 내 소화물 운송에 매우 적합한 운송시스템이다.

② 소화물 일관운송은 화주로부터 1건 또는 1개 이상의 소형, 소량의 화물운송 등을 의뢰받아 송하인 문전에서 수하인 문전까지 운송하는 시스템으로 타 운송시스템보다 신속성, 안전성, 경제성이 있는 운송시스템이다.

③ 소화물 일관운송은 화물의 집하, 포장, 운송, 배달에 이르기까지 운송인의 책임하에 화물운송 및 모든 서비스를 신속하고 정확하게 제공하여 주는 편익 위주의 운송시스템이다.

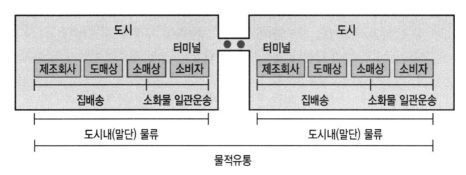

〈소화물 일관운송의 개념〉

(2) 소화물 일관운송의 등장 배경

① 상품의 대량생산시대에서 다품종 소량생산시대로 전환되었다.
② 국민 의식의 편이화 추세로 인한 제반 물류환경의 급속한 변화를 가져왔다.
③ 소비자의 욕구가 다양화와 고급화로 변화하였다.
④ 제조업의 물류비 증가로 인하여 필요성이 요구되었다.
⑤ 새로운 운송체계의 등장을 요구하게 되었다.

(3) 기존 소화물 운송체계와 일관 소화물 운송체계

기존 소화물 운송체계	일관 소화물 운송체계
집하체제의 미비 : 원거리 집하지까지 송하인이 직접 운송	집하체제의 확립 : 취급소의 설치로 송하인이 직접 접수, 전화의뢰에 의한 출장접수, 영업소에 서의 집하
포장체제의 미비 : 송하인이 직접 포장	취급소에서 규격화된 포장서비스 및 계약서비스의 수행
운송수단 간 연계성이 없이 독자운송 : 비효율 운행	영업소와 터미널 간 접하는 운송인의 집하차량과 소형차에 의한 운송
적기운송체제의 미확립	적기운송체제의 확립, 운송인이 대형트럭, 항공기 등으로 대량 간선운송, 원가저렴
운송장 및 운임체제의 미확립 : 공식적인 운송장이 없으며, 공인된 운임체제가 적용되지 않음	공식운송장 및 균일요금체제의 확립
일관책임운송체제의 미확립 : 분실, 파손 등에 대한 손해배상 제도의 미흡	전 운송구간 일관운송책임 부담, 운송약관의 적용
보관서비스의 미비 : 보관미비에 따른 책임보상이 없음	영업소별 분류
문전배달서비스체제의 미비 : 수하인이 개별적으로 인수, 배달서비스의 부가시 별도운임 과중	배송차량 적재: 소형차에 의한 운송, 문전배달 서비스의 제공

(4) 소화물 일관운송제도 도입의 의의

① 고객의 편의성에 주안점을 둔 운송시스템이다.

② 고가 소량화물의 안전하고 신속한 운송이라는 사회적 요구에 부응할 수 있는 제도이다.

③ 국내의 분산된 소화물시장의 재정비와 운송수요의 확대에 따른 기존 운송업체에 발전적인 자극으로 개선을 유도하는 계기가 될 것이다.

(5) 소화물 일관수송업의 경쟁력 강화방안

① 특송서비스의 품질특화

    ㉠ 손쉬운 접근과 이용가능성의 제고

    ㉡ 신속성, 정확성, 안전성, 편리성, 경제성을 갖는 운영의 효율화

    ㉢ 특송서비스의 신뢰성 제고

② 특송서비스의 가격조정

    ㉠ 공동수배송에 의한 수송의 효율화

    ㉡ 규격화에 의한 기계화

    ㉢ 자동화의 도입

    ㉣ 운송물량 확보 등에 의한 규모의 경제 실현으로 적정가격 제공

③ 특송서비스의 판촉 및 업무개척

    ㉠ 산지특산물 특송, 냉장 · 냉동화물의 특송

    ㉡ 레져용품 특송, 지정일자 배달 특송 등의 업무개척

    ㉢ 백화점 배달상품에 대한 특송배달, 운동용품의 특송배달

(6) 국내소화물 일관수송의 문제점

① 특송물류기반의 시설확충 미비 : 전국적인 물류 Network 구축, 운송장비, 자동분류장치, 집배송센터, 거점 터미널 및 이들의 원활화를 위한 전국적인 정보 네트워크 구축 등이 필요하다.

② 각 업체별 적정 소화물의 물동량확보 미흡

    ㉠ 적정 소화물의 물량확보 미흡으로 규모의 경제실현에 미치지 못하고 있다.

    ㉡ 다양한 서비스상품 개발과 판촉활동으로 수요창출에 힘써야 한다.

③ 소화물 일관수송의 제도환경 부족

    ㉠ 표준화 미흡 : 물류정보의 표준화, 물류용어의 표준화, 포장의 표준화, 운반 및 하역의 표준화, 운송장비의 표준화, 창고 등 보관시설의 표준화 등이 필요하다.

ⓛ 유닛로드시스템 미비 : 포장 및 물류 Module의 표준화, 물류기기시스템의 Interface 의 표준화, 물류정보시스템에 있어서 데이터 교환 등의 표준화와 자동화를 고려한 규격의 제정 및 재검토 등을 강구하여야 한다.

> **지식 in** **소화물 일관운송의 특징**
>
> • 신속성과 안전성 및 고도의 편의성이 있다.
> • 소형, 소량의 화물에 적합한 운송시스템이다. → 30kg 이하, 3변의 합이 160cm 이내 단일 운임과 단일 요금체계를 확립하여 경제성 있는 수송서비스를 제공한다.
> • 규격화된 포장서비스를 제공하고 수송서비스에 대한 혁신성을 소유하고 있다.
> • 소화물의 분실과 파손 등에 대한 손해배상제도를 확립한 일관책임운송제도이다.
> • 문전에서 문전까지의 포괄적인 운송체계이다.

⑧ 물류단지와 물류센터

(1) 물류단지

① 물류단지의 정의 : 물류단지시설과 지원시설을 집단적으로 설치·육성하기 위하여 지정·개발하는 일단(一團)의 토지를 말한다. 여기서 물류단지시설이란 화물의 운송·집화·하역·분류·포장·가공·조립·통관·보관·판매·정보처리 등을 위하여 물류단지 안에 설치되는 다음 각 목의 시설을 말한다.

② 물류단지의 기능
　　㉠ 적하기능 : 배송센터 → 제조업, 도매업, 소매업, 운수업
　　㉡ 보관기능 : 영업창고 → 보통창고, 야적창고, 보세창고, 냉동창고, 보관창고 등
　　㉢ 개별결합기능 : 선별시스템 → 자동선별기능 등
　　㉣ 유통가공·조립 기능 : 가공조립공장 등
　　㉤ 기타 기능 : 사무실기능(도매업·창고업, 운송업 등), 도매시장, 전시장, 은행정보처리시설, 의료 시설, 식당, 매점 등

③ 물류단지의 입지 : 대도시 내륙지역, 대도시 임해지역, 지방도시 내륙지역에 물류단지를 건설한다.

(2) 물류센터

① 개념 : 수요자와 공급자가 존재하는 물품의 유통과정에서 이를 계획화하고 효율적인 흐름을 도모하기 위하여 공급자와 수요자의 중간에 설치하여 배송의 효율화를 적극 추진하는 물류시설을 뜻한다.

② 물류센터의 역할
  ㉠ 물품의 장기적·일시적 보관을 통하여 공급과 수요의 완충 및 조정의 역할
  ㉡ 적기에 납품할 수 있도록 집하배송을 위한 배송기지의 역할
  ㉢ 운송비 절감을 도모할 수 있는 중계기지의 역할
  ㉣ 고객의 다양한 요구에 부응하기 위하여 각종 유통가공 기능 또는 조립 업무를 수행하고 물품의 품질이나 수량을 확인하는 검품의 역할
  ㉤ 시장점유율을 높이기 위해 수주시의 재고품절이 발생하지 않도록 제품확보의 역할
  ㉥ 전시점으로서의 성격을 가미하여 판매확대를 위한 전진기지의 역할

③ 물류센터 입지선정시 고려해야 할 요인
  ㉠ 수요조건 : 취급품의 신장유무, 고객의 분포도, 장래고객의 예측, 배송가능지역의 조건
  ㉡ 수배송의 조건 : 영업용 수송업자의 사업장과의 근접 관계, 각종 터미널의 수송거점과 근접성 여부
  ㉢ 수배송의 서비스 조건 : 고객에 대한 도착시간, 배송의 빈도, 리드타임, 고객까지의 거리 여부
  ㉣ 용지조건 : 지가, 토지의 이용문제, 소요자금 내에서 용지 취득의 범위 여부
  ㉤ 법규면의 제조건 : 정부의 용지사용 지정 가능지역의 검토
  ㉥ 관리 및 정보기능 조건 : 본사의 영업부와 중앙시스템실과의 근접관계 여부
  ㉦ 유통기능 조건 : 유통가공시설의 필요성, 상류와 물류의 구분, 작업원의 확보 용이성과 통근 여부
  ㉧ 기타 조건 : 품질유지를 위한 특수시설(보온·냉동·위험물)과 공해방지시설의 설치 여부

④ 물류센터의 배치형태
  ㉠ 집중배치형태 : 배송센터를 집중적으로 배치하여 공동구입과 관리의 일원화 및 계획배송을 실 시하는 거점의 형태
  ㉡ 분산배치형태 : 각 생산회사에서 생산된 물품을 인근 영업창고에 적재한 후, 고객이 주문할 경 우 상호 간 데이터 전송 등의 방법에 따라 정보시스템을 결합하여 이를 배송하는 형태

ⓒ 중앙배치형태 : 중앙에 대형배송센터를 건립하여 보급거점으로서의 역할을 하게하고 소형배송 센터를 주변에 분산하여 설치한 후, 고객의 주문에 따라 활용하는 배치형태

ⓔ 기능별 구분형 : 재고를 ABC로 구분하고 AB품목은 제1선의 물류센터에 보관하고 C품목은 지 역블록 담당의 전략창고에 보관하는 형태로서 다품종 제조업자 등이 주로 활용하는 배치형태

ⓜ 전략창고 : 지역 블록마다 1개소에 배송센터 4~5개를 배치하는 형태

제7장 적중예상문제

01. 공동수배송의 특징을 모두 묶은 것은?

> ㉠ 수배송에 사용되는 차량의 대수가 증가 하고 잦은 수배송으로 인해 규모의 경제 실현
> ㉡ 집하, 분류, 배송의 능률 향상
> ㉢ 포장, 용기, 전표, 정보입력방법 등의 표준화가 불필요
> ㉣ 수 · 발주 서류의 자동화로 업무경감 가능
> ㉤ 기업 간의 의사소통, 이해조정, 기밀유지, 의사결정 지연 등의 어려움

① ㉠, ㉡, ㉢   ② ㉠, ㉣
③ ㉡, ㉣, ㉤   ④ ㉡, ㉢, ㉤
⑤ ㉠, ㉡, ㉣, ㉤

> 해설┃ ㉠ 수배송에 사용되는 차량의 대수가 감소 하여 교통 혼잡을 줄일 수 있다.
> ㉢ 공동수배송 전제조건으로 물류표준화가 선행되어야 한다.
> 정답┃ ③

02. 다음 중 소화물 일관운송이 등장하게 된 배경과 거리가 먼 것은?

① 제조업의 물류비 증가로 필요성 증대
② 상품의 대량생산에서 다품종 소량생산으로의 전환
③ 새로운 운송체계의 등장요구
④ 운송업자의 이익추구
⑤ 소비자 욕구의 다양화

> 해설┃ **소화물 일관운송의 등장배경**
> • 새로운 운송시스템의 요구
> • 제조업의 물류비 증가로 필요성 증대
> • 대량생산에서 다품종 소량생산으로 전환
> • 소비자의 욕구가 다양화, 고급화됨
> • 물류환경의 급속한 변화
> 정답┃ ④

03. 다음은 어떠한 시스템에 관한 설명인가?

> 이것은 물류센터 및 창고 등에서 수령한 제품을 창고에서 재고로 보관하는 것이 아닌 즉시 배송할 준비가 되어 있는 물류시스템이다. 즉, 배달된 제품을 수령하는 즉시 중간 저장 단계가 거의 없거나 또는 전혀 없이 배송지점으로 배송하는 형태이다.

① 납품대행시스템
② 크로스도킹(Cross-Docking)시스템
③ 혼합배송시스템
④ 다이어그램(Diagram) 배송시스템
⑤ 스왑바디(Swap-Body) 시스템

해설 ▌ **크로스 도킹(Cross-Docking) 시스템**
크로스도킹 시스템은 창고 및 물류센터로 입고되는 제품 등을 보관하는 것이 아닌, 입고되는 즉시 소매점포에 배송하는 물류시스템이다. 크로스도킹은 피킹 작업 및 보관 등을 제거함으로써 물류비용의 절감이 가능하다.
정답 ▌ ②

04. 비교적 광범위한 지역과 소화물을 구입하려는 소량 다수의 고객을 위한 시스템으로 판매지역에 대하여 배송담당자가 배송트럭에 스스로 화 물을 적재하고 하역하는 시스템은?

① 경로별 배송방법
② 다이어그램배송방법
③ 혼합배송방법
④ 시간배송방법
⑤ 루트배송방법

해설 ▌ **루트배송방법** : 광범위한 지역과 소화물을 구입하는 다수의 고객을 지역이나 판매량을 기초로 층별화하고 고객층 별로 납품시간을 조정하여 효율적인 배송경로에 따라 서비스하는 방법
정답 ▌ ⑤

국제물류론

제1장 국제물류관리

01 국제물류의 개념

(1) 국제물류의 정의

① 미국 물류관리협의회의 정의 : 국제물류란 완성된 제품을 생산 완료에서부터 시작하여 외국에 있는 소비자에게 가장 효과적으로 이전시키기 위하여 직·간접적으로 관련되는 제 활동이다.

② 일본의 산업구조심의회의 정의 : 국제물류란 재화가 공급자에게서 외국의 소비자에게까지 도달하는 물리적인 흐름으로, 중요한 요인은 운송, 보관, 하역, 포장, 유통, 가공 등의 물자유통활동과 물류에 관계되는 정보활동이다.

③ 종합적 정의 : 국제물류란 생산과 소비가 2개국 이상에 걸쳐 이루어지는 경우 그 생산과 소비의 시간적·공간적 차이를 극복하기 위한 유·무형의 재화에 대한 물리적인 국제경제활동이다.

(2) 국제물류 환경

① 국제물류환경

㉠ 국제시장은 국내시장과는 경제적·사회적 요인 등이 다른 특수한 여건을 가지고 있다. 물류의 각 구성요소의 상대적 중요성도 각국의 시장마다 다르다. 따라서 효율적인 국제물류 운용을 위해서는 각 시장마다의 특성, 관련 정부규정 등 국제물류환경 변화에 관한 정보를 잘 분석·적용하여야 한다.

㉡ 국제물류환경에 있어서 통제불가 요인의 존재는 물류담당자에게 불확실성을 의미한다. 이러한 불확실성 속에서 트레이드오프(Trade-off), 가격책정, 소비자에 대한 서비스 수준 책정 등의 결정을 내려야 한다.

지식 in 국제물류

- 생산과 소비가 2개국 이상에 걸쳐 이루어지는 경우 그 생산과 소비의 시간적·공간적 차이를 극복하기 위한 유무형의 재화에 대한 물리적인 국제경제활동
- 복합일관운송시스템이 국제물류의 주도적 역할 수행

〈국제물류 환경의 통제불가 요인의 존재〉

통제불가 요인	통제가능 요인
• 사회적 · 문화적 요인 • 정치적 · 법적 요인 • 경제적 요인 • 상품경쟁 • 기술 • 지리적 요인 등	• 창고이용과 저장 · 수송 • 포장 • 재고관리 • 소비자 서비스

② 기업들의 국제화 이유

　㉠ 국내시장에서는 상품주기가 말기에 다다르고 있으나 외국에서는 성장기에 있는 경우

　㉡ 외국시장에서의 경쟁이 국내보다 덜 치열한 경우

　㉢ 기업의 생산용량이 충분하여 저렴한 한계생산비용으로 외국시장을 대상으로 생산할 수 있는 경우

　㉣ 생산시설의 지리적 다양화가 생산제품의 다양화보다 시장확대 측면에서 유리하다고 판단될 때

　㉤ 시장 진출국이 갖는 성장 잠재력

③ 국제물류의 새로운 문제

구분	국제물류의 중요한 문제	국제물류의 새로운 문제
지리적 특성	• 운송과 시간조정의 중요성 • 주문과 조달시간이 증가 • 의사소통 및 출장이 어려워짐 • 정보와 의사소통의 중요성	• 언어와 문화의 차이 • 환율, 관세, 보조금, 쿼터
시장 특성	• 복잡한 공급 네트워크 • 제품 디자인의 공통성 추구 • 다양한 시장에서의 경쟁	• 제품수명주기의 단축 • 상이한 언어, 기호, 규제 • 환율, 정부정책, 거시경제 • 글로벌 마케팅 및 시장조사
생산입지 특성	• 복잡한 공급 네트워크	• 글로벌 소싱 • 전세계 24시간 업무처리 • 환율 • 글로벌 생산을 통한 위험분산

글로벌소싱(Global Sourcing)

- 기업의 구매활동 범위를 범세계적으로 확대하여, 외부조달 비용의 절감을 시도하는 구매전략을 말한다.
- 다국적 기업을 중심으로 이루어지는 글로벌 소싱을 하는 이유는 핵심역량에 집중하고, 비용절감, 인건비 감소, 시설투입비용 감소, 기타 비부가가치 활동을 제거하기 위해서이다.

(3) 국제물류의 특징과 중요성

① 국제물류의 특징

㉠ 국제물류는 국내물류보다 확대된 영역으로 원료조달, 생산, 가공, 제조·판매 활동 등이 국경을 초월하여 이루어지고, 재화의 이동과 관련하여 수출입수속 및 통관절차, 운송방법의 다양화 로 인하여 물류관리가 국내물류보다 훨씬 복잡하다.

㉡ 국제물류는 운송영역이 넓고 대량화물을 운송하여야 하기 때문에 환경적 제약을 많이 받게 된다.

㉢ 국제물류는 물자의 시간적·공간적인 효용의 창조가 중요하므로 각 기능들 중에서 특히 운송부문이 차지하는 비중이 크다.

㉣ 국제물류의 합리화를 위해서는 다양한 물류 기능들을 알맞게 통합하여 각 기능들의 상호작용이 효과적으로 이루어질 수 있는 최적 물류시스템의 구축이 필요하다.

② 국제물류의 중요성

㉠ 국제물류의 원활한 추진으로 국제간의 생산과 소비의 조화가 유지되도록 하여 국민경제의 계속적인 발전에 기여한다.

㉡ 국제물류의 합리화는 생산력을 증대시키고 국제시장의 발전을 조장하는 효과를 나타낸다.

㉢ 수요자인 기업은 국제물류의 합리화를 통해서 유통비 절감과 고객에 대한 서비스 향상에 따른 판매이익을 통해 기업의 발전을 도모할 수 있다.

㉣ 공급자인 국제물류기업은 국제물류의 합리화를 통하여 양질의 국제물류용역을 제공함으로써 기업 기반을 공고히 할 수 있다.

㉤ 국민 경제적 측면에서는 국제물류 합리화를 통해 수출입 재화의 최적 유통과 유통비의 절감이 가능하여 경제발전과 물가안정을 이룩할 수 있게 된다.

㉥ 국제간의 '물(物)의 흐름'의 합리화를 통하여 경제재의 효용을 극대화시키고 궁극적으로는 관련 기업의 번영과 경제의 안정적 발전을 추구할 수 있게 한다.

(4) 국내물류와 국제물류의 차이점

① 관련서류(Documentation)의 복잡성

② 중개자(Intermediary)의 존재

③ 주문절차(Order Processing)의 복잡성

④ 요소별 기능상의 차이

지식 in　**국제물류의 특징**

- 활동의 다양성
- 중개자의 존재
- 장거리의 운송구간
- 주문절차의 복잡
- 서류의 복잡성
- 문화의 중요성

〈국내물류와 국제물류의 물류기능별 차이점〉

구분	국내물류	국제물류
운송	물류거점을 이용한 공로운송(공로운송, 철도 운송, 내륙운송)	항만이나 공항을 이용한 복합일관운송(해상운송, 항공운송, 복합운송)
보관 · 하역	물류센터나 배송센터 중심	항만, 공항, 내륙거점 등의 복합물류터미널 등
포장	경제성, 편리성, 간이성에 중점	운송에 중점(파렛트, 컨테이너 단위)
정보	화주, 운송업체, 주선업체 등의 독자적 정보 확보	특정 터미널을 축으로 국내화주로부터 해외고객에 이르는 과정을 E-mail이나 인터넷을 통해 추적 가능

⑤ 기타

　㉠ 다수의 국가와 연결되는 국제물류는 일반적으로 국내물류보다 물류비용이 더 소요된다.

　㉡ 국제물류는 국내물류보다 화물운송 시간지연, 화물손실 등 위험요소가 더 많다.

(5) 국제물류의 기능

국제물류는 기본적으로 운송기능, 보관기능, 하역 기능, 포장기능, 정보기능의 5가지 기능으로 나누어 볼 수 있다. 그러나 국제물류는 두 나라 이상에 걸쳐 수행되므로 운송기능이 주체가 되고, 나머지 4가지 기능, 즉 보관기능, 하역기능, 포장기능, 정보기능 등은 운송기능을 기능화하는 형태로 수행된다.

① 운송기능 : 국제 물류에서는 항공회사, 선박회사, 트럭운송회사, 운송주선업자 등을 통하여 항공기나 화물선으로 운송을 하고, 또는 최적 운송을 위해 육 · 해 · 공을 복합하는

복합일관운송이 이루어진다. 최근 국제물류에서는 '항구에서 항구까지'의 해상운송과 항공운송의 합리화에서 더 나아가 '문전에서 문전까지'의 복합일관운송 시스템이 주도적 역할을 수행하고 있다.

② 하역기능 : 국내물류의 경우에는 유통 및 배송센터의 자동창고로부터 포크레인을 동원하여 화물차에 상·하차하는 작업정도를 수행하나 국제물류의 경우에는 컨테이너에 적입하는 작업과정에서부터 철도역이나 트럭터미널 등의 내륙거점과 공항이나 항만에서의 하역작업까지 각종하역 차량 및 포크레인이 이용되고 있다. 따라서 국제물류에 있어서는 하역이 국내물류에서보다 그 중요성이 높으며, 하역의 합리화가 종합적인 물류합리화표 좌우하기도 한다.

③ 포장기능 : 국제물류에 있어서의 포장기능은 국내물류와 별 차이가 없으나, 원거리 운송과 해외 시 장에서의 판촉을 위해 상품품질이나 가치를 떨어뜨리지 않고 보호하여야 한다는 관점에서 포장기능이 수행되어야 한다. 그러므로 국제물류에 있어서의 포장은 제품특성에 따라 생산성, 편의성, 경제성을 염두에 두고 판매상의 효율을 제고하는 동시에 판촉을 위하여 미장(美裝)되어야 한다.

④ 보관기능 : 국제물류에서의 창고는 수출지에서 수입지까지 화물운송에 필요한 수출자의 창고 및 공장창고, 내륙거점, 트럭 및 기차터미널, 항구 및 공항 등지의 보관기능이 우선한다. 즉, 국내물류상의 창고는 화물을 집하하여 이를 조립, 포장, 분류하여 배송하는 유통창고로서의 기능을 수행한다. 국제물류상의 창고는 보세구역이나 이외의 지역에서 화물을 일시 보관하여 운송하는 기능이 주가 되는 것이다.

⑤ 정보기능 : 국제물류를 종합적으로 기능화하고, 총체적인 활동을 원활히 추진하기 위해서는 정보기능이 매우 중요하다. 국제물류에서는 정보기능을 원활하게 하기 위하여 전화, 팩시밀리, 컴퓨터 등을 이용한 온라인 시스템과 지역물류를 연계시키는 근거리 정보통신망(LAN ; Local Area Network), 전국이나 전 세계를 연결하는 부가가치통신망(VAN ; Value Added Network) 등을 이용하여 물류정보의 지시 및 통제가 이루어진다.

(6) 국제물류관리

① **국제물류관리의 목표** : 물류관리 또는 물류관리 전략의 궁극적인 목표는 고객서비스의 증대와 물류비용의 절감으로 압축된다.

② **국제물류의 통합적 관리**
　㉠ 총비용접근방식 : 총비용접근방식은 개개 활동들의 비용을 분리해서 보기보다는 물류의 총비용을 고려한 뒤 다양한 대안들의 비용·수익관계를 최적화하려는 것이다.

물류비는 여러 요소를 동시에 고려해야만 최소화할 수 있다.

ⓒ 최소물류비의 산정

최소포장비+최소수송비+최소하역료+최소재고 · 보관료+최소정보료+최소보험료

⑫ 국제물류시스템

(1) 국제물류의 경로

① 국제물류의 경로형태

수출국	수입국
(가) 제조자 → 수출자	수입자 → 판매자
(나) 제조자 → 수출자	수출자의 지점 → 판매자 또는 기타 기관
(다) 제조자 → 수입자	수입자 → 판매자
(라) 제조자 →	수입자 → 판매자
(마) 제조자 →	제조자 지점 → 판매자 또는 대리점
(바)	제조자 → 판매자

㉠ (가)형태 : 제조업자로부터 수출자, 수입자를 거쳐 판매자로 유통하는 전통적인 간접무역형태

㉡ (나)형태 : 수출자가 수입국에 지점 및 기타 기관을 설치, 유통단계를 합리화한 형태

㉢ (다)형태 : 수입자가 수출국에 진출하여 유통거래를 합리화한 형태

㉣ (라)형태 : 제조자가 수입지의 수입자와 직거래하는 직접무역형태

㉤ (마)형태 : 제조자가 수입국에 출장소 또는 대리점을 설치하고 거기에 제품이나 부품을 조립부 품(Knock-Down) 방식 등으로 수출하여 현지에서 조립 능의 유통가공을 행한 후, 판매자에게 유통시키는 형태

㉥ (바)형태 : 제조자가 수입국에 공장을 설치하고 수입국에서 생산으로부터 유통 · 판매까지 일관하여 수행하는 형태

② 국제물류의 과정

일반적으로 국제물류는 크게 원자재, 재가공품, 완제품 등 물품의 흐름과 관리정보의 흐름으로 나누어 볼 수 있다.

㉠ 물품의 흐름 : 국내제조업자 → 내륙운송업자 → 수출항만 · 해상운송업자 → 수입항만 → 현지의 내륙운송업자 → 현지 유통업자 → 외국소비자

ⓛ 정보의 흐름 : 물류활동에 참여하는 물류구성원 사이에 동시교환이 일어나야한다. 즉, 수출기업, 내륙운송업체, 해상운송업체, 국내외항만, 외국내륙운송업체, 외국소비자, 국내외 물류관련기관 상호 간에 물품의 흐름에 대한 정보가 동시에 교환되어 국제물류활동이 효율화되어야 한다.

(2) 물류체계의 변화

① 글로벌기업과 세계화(Globalization)
  ㉠ 원료, 부품, 반제품, 최종제품 등의 생산과 판매를 전세계적으로 통합하고 조정하는 것을 의미 한다.
  ㉡ 각 지역을 거점화하여 그곳에 적합한 상품을 생산하고 그 시장과 인접한 지역에 판매한다.

② 기업의 세계화 환경
  ㉠ 무역장벽의 축소
  ㉡ 효과적인 수송체계의 출현
  ㉢ 정보체계의 편익
  ㉣ 규모의 경제실현기회 도래
  ㉤ 세계적 경쟁기업의 발달
  ㉥ 상품선택의 다양성과 세계적 유사성의 증가

(3) 국제물류의 동향

① 지속적인 재고 절감 노력 : 물류효율성을 가늠하는 주요한 지표는 매출액대비 재고의 비율
② 무선주파수식별시스템(RFID)와 같은 물류 신기술의 등장으로 시간과 비용절감
③ 국제물류 기업 간의 전략적 제휴나 M&A 활발
④ 환경에 부응하기 위한 Green Logistics
⑤ Physical Distribution 이나 Logistics에서 SCM(공급망관리)을 중시하는 경향
⑥ 리버스물류나 부품물류 등 Niche(틈새) 물류에 대한 서비스를 제공하는 기업 성장

(4) 국제물류 발전에 영향을 주는 요인

① 다품종 소량생산 체계
  소비자 욕구의 개성화·다양화, 양에서 질로의 변화와 같은 소비자 의식변화는 상품의 아이템 수 의 급증, 상품의 라이프사이클 단축, 운송비 및 재고유지비의 증가 등으로 물류활동에도 커다란 영향을 미치고 있다.

② 제품 수명주기의 단축

기업들은 제품의 수명주기 단축이 한층 빨라짐에 따라 시장변화에 빠르게 대응하는 것이 필요하며, 전체 리드타임을 줄이기 위한 다각적인 노력이 필요하다. 성공적인 물류운영관리를 위해서는 이 시간관리를 잘해야 한다.

③ 글로벌기업의 증가

각 국가에 있는 현지 공장과의 상품제조 분담, 원재료 · 부품 · 반제품의 조립에서 국제적인 조달망 증가. 공장관리의 현지화 등으로 글로벌화가 점차 진점됨에 따라 물류에서도 글로벌한 관리가 중요하게 되었다.

④ 수송분담율의 변화

일반적으로 화물의 수송수요는 파생 수요이므로 화물수송량은 경제상황, 경제규모, 산업입지 등에 영향을 받는다. 수송량에 영향을 미치는 정도는 수송수단에 따라 다르게 나타나는데, 해운과 항공을 비교해보면 항공화물수송이 해운화물수송보다 영향을 받는 정도가 크다. 이것은 항공이 경제활동에 민감하게 반응하기 때문이다.

(5) 국제물류의 과제

① 성과주기 : 국내물류는 4~10일 주기인데 국제물류는 주간 또는 월간단위이다. 통신지연, 금융조 건, 포장조건, 통관 등이 개입되기 때문이다.

② 운영 : 국제물류는 제품과 서류에 표기되는 언어가 다양하나 표준화된 EDI거래를 이용하면 가능하다. 재고관리가 복잡하고 주문, 운송, 금융, 정부통제 등에 관련된 많은 서류가 필요하다.

③ 시스템통합 : 국가별 시스템통합(특히 정보통합)과 상한 관행과 규정을 극복할 수 있는 제도적 통합도 필요하다.

④ 제휴(Alliance) : 광범위한 지역에 대한 공급사슬을 관리해야 하고 국가별로 다른 많은 환경요인을 해결해야 하므로 해외업체와 제휴필요성이 높아지고 있다. 글로벌 물류에서 제휴는 투입자산의 효율성면에서 상당히 유효한 전략이 될 수 있다. 이러한 국제제휴는 지구적 운영의 리스크를 감소시킬 뿐만 아니라 시장접근과 전문가 활용을 가능하게 한다.

03. 국제물류 전략과 시스템

(1) 국제물류관리 시스템

① **국제환경 분석** : 해외 각 시장 간의 특색이나 공통점을 조사·분석하고 계획이나 물류업무의 추진을 검토한다.

② **전략계획** : 목표시장에서 판매상품, 고객서비스, 물류시스템, 경쟁관계대책, 통화금융, 개선·대체 안의 사정, 물류관리책임자 등에 대해 검토하고 기업의 목적에 따른 전략계획을 수립한다.

③ **물류조직 구축** : 기업의 자금, 기술을 투입해서 기업목적에 부합하는 최적의 물류조직을 구축한다.

지식 in 　　**미국의 물류보안 체계 추진 관련내용**

- C-TPAT(Customs Trade Partnership Against Terrorists) 시행
- TSA(Transportation Security Adminstration) 설립
- 24 Hour Advance Manifest Rule 시행
- Maritime Transportation Security Act of 2002 제정
- 세계관세기구 총회에서 채택된 안전기본구조(SAFE Framework)와 AEO(Authorized Economic Operator ; 종합 인증우수업체) 제도
- ISPS Code - International Code for the Security of Ships and of Port Facilities의 약자로서 IMO에서 채택 한 Code의 하나이다.

---

④ **물류 운영계획** : 주어진 물류조직, 목적 및 시장 환경하에서 효율적으로 실시 가능한 물류운영계획을 수립한다.

⑤ **물류실시 및 상황관리** : 계획의 실시 상황을 파악하여 관리한다.

⑥ **평가 및 개선** : 재고량, 고객서비스의 수준, 물류비용, 물류시설의 가동상황 등의 실적파악에 의한 평가 및 개선을 검토한다.

(2) 국제물류 관리체계의 변화

기업경영환경 변화 및 기업경영의 세계화에 따라 세계화 기업의 물류시스템은 1970년대 수출물류체계, 1980년대의 국별 현지물류체계, 1990년대의 거점 물류체계를 거쳐 90년대 후반 글로벌 네트워크 체계를 구축함으로써 기업경영의 효율화를 도모하고 있다.

〈국제물류관리의 발전단계〉

구 분	특징	생산거점	물류체계
1단계 수출입중심 물류체계	수출 중심의 일련의 물류활동을 관리하는 단계	자 국	수출입체계
2단계 현지국 물류체계	국가별 현지자회사를 중심으로 물류, 생산 활동을 수행하는 단계	현지국	현지국 물류시스템 이용 (자체/현지물류)
3단계 Hub & Spoke 기반거점 물류체계	지역물류, 생산거점을 중심으로 지역경제권 전체를 담당하는 물류체계	지역거점	거점중심 물류체계(물류 전문업자 이용)
4 단계 SCM 기반 글로벌네트워크체계	SCM기반 글로벌 네트워크구축 : 조달, 생산, 물류, 판매 등 전 경영체계의 글로벌화 실현, 전문화된 물류관리체계 수요증대 (3PL&4PL의 대두)	글로벌 네트워크	아시아/미주경제권 및 EU경제의 글로벌 네트 워크 물류체계

(3) 국제물류시스템의 종류

국제기업의 대상기업은 해외에 있으며 거기서 고객서비스가 이루어지고 있으므로, 국제물류시스템 은 제품이나 서비스가 현지고객의 수요에 응하여 그 시장에 적정하게 제공될 수 있도록 수립되어야 한다.

① 고전적 시스템
　　㉠ 해외 자회사는 여러 기능 가운데서도 특히 창고시스템으로 작용한다.
　　㉡ 제품의 송부 및 주문은 자회사 창고를 통해 이루어진다.
　　㉢ 비교적 큰 보관시스템의 성격을 띤다.
　　㉣ 생산국으로부터 자회사로 가장 값싸게 이용할 수 있는 수송수단에 의하여 대량의 제품이 수송된다.
　　㉤ 염가수송, 혼재수송, 서류작성 감소, 관세절감, 완충재고의 장점이 있으며 보관비용이 많이 든다는 단점이 있다.

② 통과시스템
　　㉠ 자회사의 창고는 단지 통과센터로만 기능한다.
　　㉡ 고전적 시스템보다는 한 국가에서 다른 국가로의 출하빈도가 훨씬 높기 때문에 자회사 차원에서의 보관비용이 줄어든다.
　　㉢ 고전적 시스템 같은 서비스와 시장도달수준을 얻으려면 수송비가 높아진다.

③ 직송시스템
　　㉠ 제품이 생산된 국가의 공장으로부터 해외의 최종사용자 또는 자회사의 유통경로안

의 다음 중간상에게로 바로 보내진다.

ⓛ 해외의 자회사는 상거래 유통에는 밀접하게 관련되지만 물류는 직접 관여하지 않는다.

ⓒ 재고 전부를 출하국의 1개 장소에 집중시키기 때문에 보관비가 다른 시스템보다 덜 들게 된다.

ⓔ 자회사 단계에서 하역비, 창고비, 수송비는 발생하지 않으며, 자회사 창고와 고객사 이의 수송비도 발생하지 않는다.

ⓜ 단점
- 고출하 빈도 : 혼재수송의 가능성이 작아진다.
- 고비용 수송 : 항공수송의 이용
- 통관절차와 관세 : 수입통관 절차를 통상 고객 쪽에서 밟아야 하므로 번잡하다.
- 제품의 품질검사, 표찰, 포장 : 본사국에서 이루어져야 하기 때문에 본사가 이것을 위한 비용이 많이 드는 시설에 투자하여야 한다.
- 공급라인의 중단 : 파업이나 예기치 못한 사태로 공급이 중단될 경우 이에 대한 대응이 어렵다.
- 많은 인력과 대형 컴퓨터의 필요 : 공장에서 여러 곳으로 직접 제품을 보내야 하기 때문에 충분한 인력과 대형 컴퓨터가 필요하다.

④ 다국행 창고시스템
ⓐ 제품은 생산공장으로부터 중앙창고로 수송되고 거기에서 각국 자회사 창고 또는 고객에게 배송하는 형태이다.
ⓑ 물류센터의 입지는 일반적으로 지리적 서비스 범위 이외에 수송의 편리성이 강조된다.

지식 in **기업의 국제물류 전략**

- 관리전략(적합한 전문 물류관리자 선택)
- 수송전략(통합물류 운영방식 선호)
- 재고품 전략(연기전략)
- 포장전략(화물취급이 용이하고 손상이 적도록 : 컨테이너)
- 정보시스템 활용전략(각 부문을 연결시켜 통합물류가 가능하도록)

(4) 국제물류시스템을 선정할 때 영향을 미치는 요인

① 경제적 요인
ⓐ 제품의 특성 : 출하되는 제품의 단위당 가치, 제품수명주기 및 부패성 따위의 특성에 의해 시스템 선정은 영향을 받게 된다.

ⓒ 제품라인의 증가 : 제품라인을 증가시켜 매출액을 증가시킬 수 있다.

ⓒ 수요의 성격 : 수요가 많고 출하가 잦은 상품의 경우는 혼재수송의 가능성이 크며, 직송시스템은 일반적으로 채용하기 어렵다.

ⓒ 주문규모와 고객타입 : 주문규모는 고객의 타입과 자회사의 유통경로 정책에 관련되어 있다.

② 환경적 요인

ⓒ 시장에서 요구하는 고객서비스 수준

ⓒ 수송루트의 특수사정

ⓒ 수입국의 법령규칙에 의한 제약

ⓒ 내륙유통비용

③ 관리적 요인

ⓒ 물류시스템 관련사항

ⓒ 자회사의 재고부담 비용

ⓒ 자회사 사이의 수송사정

ⓒ 자회사의 최종 제품검사

(5) 국제통합물류시스템

① 국제물류관리의 방향

ⓒ 생산과정 등 가치를 부가하는 활동을 가능한 지연(재고관리 비용 절감 및 재고진부화 최소화)

ⓒ 재고를 등급화하고 재고를 전략화 함(제품 및 고객의 이익 기여도 및 전략적 중요도)

ⓒ 규모의 경제 효과를 달성하기 위해 통합전략 활용(운송, 보관, 배달, 구매 등)

ⓒ 물류서비스에 대해 전략적 제휴 및 아웃소싱 전략 활용

② 국제운송수단의 선택시 고려사항

ⓒ 운송할 화물의 상태(State)

ⓒ 수량(Mass)

ⓒ 긴급성(Value)

ⓒ 가치 (Value)

ⓜ 시장상황(Market)

③ 국제통합물류시스템의 필요성

ⓒ 사이클타임과 신뢰도 및 유연성 저하

ⓛ 업무처리 및 서류의 표준화 절실

ⓒ 재고유지 부담이 큼

ⓔ 연결 및 통제의 상실

(6) 국제통합물류시스템 구축 전략

① 제품의 가치밀도가 높은 경우 : 물류기능 및 재고를 집중시키고 주문이 들어오면 고급 운송수단을 이용하여 신속하게 배달한다.

② 제품표준화의 수준이 낮은 경우 : 생산과 물류의 기능들을 분산하고 주문 및 수요에 관한 확실한 정보가 들어올 때까지 지리적 및 가치부가적 지연전략을 활용한다.

③ 운송비용이 총비용에서 차지하는 비용이 큰 경우 : 생산시설을 분산시켜 고객과의 거리를 단축시킨다.

④ 경쟁이 주로 가격중심으로 이루어진 경우 : 생산과 물류를 집중시키고 화물통합을 위해 비용을 절감한다.

⑤ 서비스를 위주로 한 경쟁인 경우 : 물류기능을 분산하여 고객의 주문에 신속하게 대응할 수 있도록 한다.

⑥ 제품이 수명주기상 도입기 혹은 성장기에 있는 경우 : 물류기능의 분산 등을 통해 높은 수준의 고객서비스를 제공한다.

⑦ 성숙기 혹은 쇠퇴기에 있는 경우 : 물류기능의 집중 및 화물통합을 통해 비용을 절감하는 전략-활용한다.

(7) 물류전략 이론

기업의 물류전략에 대해 바워삭스와 다우허티는 프로세스 전략, 시장 전략, 채널 전략 등 3가지로 구분하였다.

① 프로세스 전략 : 가치사슬에서 다양한 물류활동관리업무가 포함되는 기업에서 채택하는 전략이다. 물자구매, 생산, 유통과정의 통합을 통해 고도의 효율성을 달성하는 것이 주 목적이며 물류비용을 중요시하고 기업내부프로세스에 초점을 맞추는 데 있다.

② 시장 전략 : 여러 사업부에 대한 물류활동관리업무가 다소 존재하는 기업의 경우이다. 핵심목표는 고도의 고객서비스를 제공하는 것으로 기업의 사업단위 간 물류업무를 조정하는 데 중점을 둔다.

③ 채널 전략 : 광범위한 물류전략을 전개하는 것으로 물류서비스업자, 무역업자, 고객이 공동으로 수행하는 것이다. 기업 전체 활동의 구축 및 조정이 물류를 위해 매우 중요한 기능을 하며 기업에서는 가급적 가치사슬의 앞 단계에서 업무구축이 요구된다.

(04) 제3자 물류의 발전과 e-Logistics

(1) 물류전문업체의 필요성

물류업무의 전문업체 활용은 시장의 지배력이 제조기업으로부터 소매상으로 옮겨지고 있다는 것이 며, 또 다른 요인은 물류관리에서 통합물류가 더욱 강조되고 있다는 것이다. 즉, 수송, 하역, 포장, 보관 또는 생산재 및 부품의 조달 등이 개별적인 결정사항으로 인해 물류 전체를 하나의 체계적인 기능으로 취급하여 외부에 일관 위탁하려는 경향이 증대하고 있다.

① 물류전문업체들이 제공하는 서비스의 성격에 따른 전략
  ㉠ 운영적(Operation) 전략 : 한 종류의 서비스에 집중하여 저렴한 비용으로 양질의 서비스를 제공하는 것을 목표로 한다(㉮ 소화물 특송업체 DHL).
  ㉡ 산업집중(Industry Focussed) 전략 : 특정산업의 매우 특수한 요구에 부응하는 전략이다. 네덜 란드의 Pakhoed사(社)는 화학산업의 필요성에 부응하는 물류서비스 전략을 구사하고 있다.

② 다각화(Diversified) 전략
  서비스의 종류를 다양화한다. Neddlloyd 그룹은 정기선해운을 중심으로 터미널운영, 트럭킹, 창 고, 내륙 수로운행 등으로 서비스를 다양화하여 Carrier로서의 성장을 도모하고 있다.

③ 개별 서비스(Customized) 전략
  특정소비자들의 고도로 세련된 요구에 맞춘다. 비용보다 서비스로 경쟁한다. 예로 Xerox사(社)를 고객으로 하는 Frans Mass사(社)가 있는데 이 회사는 원료와 제품의 수송을 관리할 뿐만 아니라 최종조립의 운영과 창고에서 기계의 검사까지 담당한다.

(2) 물류업체의 경영전략 변화

① 서비스 지역의 광역화 : 세계경제의 블록화에 따른 물류시장의 구조변화 등 경영환경이 크게 변화함에 따라 세계적인 대형 물류기업은 서비스망을 범세계적으로 확대하여 경쟁우위를 확보하는 이른바 글로벌화 전략을 추구하고 있다.

② 전략적 제휴의 확산 : 최근 들어 전략적 제휴가 활발히 추진되고 있는 것은 물류기업들이 세계경제의 블록화에 따른 시장점유율 확대를 위한 독자적인 투자위험을 회피하고 보유자산과 서비스요소의 상호의존에 의해 자산의 활용성을 높임으로써 경영합리화를 기하고 운항기간의 단축,서비스 범위의 확대 등을 통한 서비스의 질을 향상시킬 수 있기

때문이다. 특히 전략적 제휴는 공동마케팅 전략의 차원에서보다는 자산배분의 합리화에 초점을 두고 있으며, 그 구체적인 형태는 주로 유휴 운송수단(선박, 항공기 등)의 상호교환, 기항지의 터미널과 내륙운송시설 그리고 운송장비의 공동 사용 등에 집중되고 있다.

③ E-비지니스 확대 : 항공해운 등의 운송분야에서 통합서비스 체계구축, 부품조달 등을 위해 인터넷을 활용한 경영전략이 확대되고 있으며, 전자상거래의 확산은 기존 물류체제의 변혁을 가져오고 있다. 아무리 정보통신이 발달하더라도 효율적인 물류지원이 없는 전자상거래의 확산은 불가능하기 때문에 물류의 중요성은 과거보다 훨씬 강조될 것으로 전망된다. 특히 항만과 공항은 단순히 상품이 통과하는 공간이 아니라 부가가치 물류서비스가 제공되는 공간으로 탈바꿈하고 있다.

(3) 제3자 물류의 정의

① 제3자 물류는 기업이 고객서비스 향상, 물류비 절감 등 물류활동을 효율화할 수 있도록 공급사슬(Supply Chain)상의 기능 전체 혹은 일부를 대행·수행하는 경영활동이다.
② 제3자 물류는 '화주에게 물류개혁을 제안하고, 포괄하여 물류업무를 수탁 받는 업무'라고 정의 → 제3자 물류는 화주가 제3자인 물류전문 업체에게 물류서비스 레벨의 향상, 물류비 절감, 물류체계의 개선 등을 목적으로, 계약에 근거하여 물류업무를 아웃소싱하는 것이다.
③ 제3자 물류는 기업의 물류체계 발전단계를 기준으로 물류아웃소싱 단계로 정의할 수 있다.
④ 기업의 물류체계는 일반적으로 3단계로 구분된다.
  • 1단계 : 자가물류체계(제1자 물류)
  • 2단계 : 자회사물류(제2자 물류)
  • 3단계 : 물류 아웃소싱 체계(제3자 물류), 제3자 물류는 물류관리서비스 제공자와 전략적 제휴를 통해 물류관리기능을 전문물류 업체에게 아웃소싱하는 경영활동이라 볼 수 있다.
⑤ 물류외주(Logistics Outsourcing)
  화주기업과 서비스기업, 제3자 물류제공업체 간에 장기적 계약 또는 제휴로 정의되거나 보다 간단히 하던 이전에 내부적으로 수행되어 왔던 기증을 외부 공급자에게로 이전하는 것이다.
⑥ 계약물류(Contract Logistics)
  기업이 다양한 목표를 가지고 보다 광범위한 범위에서 맞춤화된 장기적 계약관계를 토대로 외부 전문물류업체를 활용하는 것이다.

(4) 제3자 물류의 발전과정

① 제3자 물류의 출현배경

㉠ 외부환경의 변화 : 1980년대 미국 내에서는 운송산업의 규제완화로 인해 제3자 물류의 경쟁원리를 도입할 수 있게 되었고, 정보시스템 관련 산업의 발전은 제3자 물류의 발전을 도모한다.

㉡ 물류 효율화에 대한 시각변화 : 통합물류관리 (Integrated Logistics Management) → 공급사슬관리(Supply Chain Management)

㉢ 국제화 : 기업외부환경의 변화가 물류활동의 범위를 광역화시켰고 물류경로의 복잡성이 가중되어 물류업무에 대한 전문성이 기업의 경쟁요소로 자리매김하게 되어 제3자 물류에 대한 중요성이 증대되고 있다.

㉣ JIT(Just In Time) : JIT의 확산에 따라 운영상의 복잡성이 가중되어 외부의 전문 물류업체를 활용하는 화주기업이 증가하고 있다.

② 제3자 물류의 발전

㉠ 자사물류(First-Party Logistics ; 1PL) : 기업이 사내에 물류조직을 두고 물류업무를 직접 수행하는 경우

㉡ 자회사물류(Second-Party Logistics ; 2PL) : 기업이 사내에 물류조직을 별도로 분류하여 자회사로 독립시키는 경우

㉢ 제3자 물류(Third-Party Logistics ; 3PL) : 외부의 전문물류업체에게 물류업무를 아웃소싱하는 경우

(5) 제3자 물류의 기대효과

① 물류산업 합리화·고도화에 의한 고물류비 구조혁신
② 고품질 물류 서비스의 제공으로 제조기업의 경쟁력 강화
③ 종합물류서비스의 활성화
④ 공급사슬관리 (SCM) 도입·확산의 촉진
⑤ 물류비용과 자본투자절감 및 위험감소
⑥ 운영 효율화 및 유연성 제고
⑦ 전문기술·정보기술 활용, 물류생산성 제고
⑧ 핵심 역량 집중
⑨ 물류비 관리의 명확성

(6) e-Logistics(4PL)개념 및 의의

① e-Logistics는 IT 기반으로, 특히 인터넷을 기반으로 관련 주체들 간에 모든 물류활동을

온라인상에서 구현함으로써 SCM 개념하에 물류 프로세스 수행을 효율적으로 지원하는 서비스를 의미한다.

② 인터넷을 통한 물류서비스는 과거 대기업중심의 시장접근기회를 중소기업에게도 보다 많이 제공 하여 경쟁력을 향상시키는 한편 다양한 상품과 서비스를 통한 차별화를 기할 수 있다.

③ 시간절약은 물론 탐색비용. 정보분석비용, 협상비용, 계약체결비용 등 각종 거래비용을 절감하게 한다.

④ 공간적 거리 개념의 축소, 거래비용절감 등은 필연적으로 물류서비스의 수요와 공급을 확대하여 '물류시장의 범위를 전 세계적으로 확대하고 물류상품의 범위도 증가시킨다.

⑤ 핵심역량을 갖춘 많은 기업들이 가상공간에서 정보를 교환하고 다양한 형태의 전략적 제휴를 유발하여 경쟁적 네트워크를 형성하게 된다(화주와 직접 온라인거래 가능).

⑥ 기존물류서비스의 기능성을 강화하는 외에도 온라인상에서만 가능한 신종서비스(온라인 물류서비스 가격비교, 화물경매, 중개료 환거래 등)를 제공할 수 있게 한다.

(7) 제3자 물류와 e-Logistics 차이점

3PL과 4PL의 기본적인 차이점은 3PL이 창고나 수송 분야를 기본으로 특화된 서비스를 제공하는 수준인 것에 비하여 4PL은 3PL에 물류컨설팅업체, IT업체의 결합된 형태로서 한 차원 높은 물류서비스를 제공한다.

① 제4자 물류 서비스 제공자는 제3자 물류에서보다 광범위하고, 종합적이고 전문적인 물류서비스를 제공하여 비용절감 뿐만 아니라 서비스 제고에 주안점을 두고 있으므로 보다 확정적으로 경쟁력 제고를 기할 수 있다.

② 제4자 물류 서비스 제공자는 제3자 물류와는 달리 물류전문업체, IT업체 및 물류컨설팅 업체가 일련의 컨소시엄을 구성하여 가상물류 형태로서 서비스를 제공한다.

③ 제4자 물류 서비스는 물류활동의 단순한 수행이 아니라 물류활동 업무프로세스의 혁신을 우선적 으로 기하고, 그 다음 단계로서 물류활동을 수행할 수 있다.

④ E-Business 환경에 적응하여 인터넷 등의 최신정보기술 기반에서 E-SCM, E-CRM, QR, ECR 등의 물류전략과 조화를 이루면서 서비스를 제공할 수 있다.

지식 in ## EC발전에 따른 e-Logistics 영향

- 거래의 신속화
- 정보 및 통신기술의 수요 증대
- 전략적 제휴의 활성화
- 물류서비스의 성장 및 네트워크 확대
- 표준화 및 공동화의 추진
- 구매자 및 판매자 수의 증가
- 기존 공급사슬의 전환
- 새로운 물류서비스의 등장과 성장
- 유통정보 네트워크와 물류시스템 간 연계

🖋 제1장 적중예상문제

01. 단위당 비용(Unit Cost)을 낮추거나 규모의 경 제를 실현하기 위해 취해지고 있는 국제물류의 동향으로 옳지 않은 것은?

① 컨테이너 선박의 대형화 ② 항만 수심의 증심(增深)

③ Post Panamax Crane의 출현 ④ 정기선사간 전략적 제휴 확대

⑤ 기항항만(Calling Ports) 수의 확대

> **해설 ┃** 해상운송에서 규모의 경제를 실현하기 위해서는 대량의 화물을 저비용으로 효율적으로 운송해야 한다. 대형선의 경우, 단위당 수송원가를 절감하고 선박의 회전율을 높여 운항경제성을 확보하기 위해서는 기항항만(Calling Ports) 수를 축소해야 한다.
> **정답 ┃** ⑤

02. 국제기업의 국제물류시스템 선택에 있어서 고려해야 할 내용으로 가장 적절하지 않은 것은?

① 수출국 기업의 재무상태, 마케팅, 경영전략, 생산관리가 수입국의 환경요인보다 우선적으로 고려되어야 한다.

② 최종결정은 그 기업의 기대수입과 비용의 관계 및 총체적인 경영전략에 의하여 이루어져야 한다.

③ 제품의 특성 및 수량, 수요의 성격, 주문규모, 고객의 성향 등 경제적인 요인이 고려되어야 한다.

④ 자회사의 재고부담비용 및 최종제품검사, 자회 사간 수송사정 등 관리적인 요인이 고려되어야 한다.

⑤ 환경적 요인으로는 시장에서 요구하는 고객 서비스의 수준, 수송경로의 특수사정, 수입국의 법령·규칙에 의한 제약, 내륙유통비용 등을 고려해야 한다.

> **해설 ┃** 수출국보다는 수입국의 환경적 요인이 우선적으로 고려되어야 한다.
> **정답 ┃** ①

03. 아웃소싱의 개념을 설명한 것으로 틀린 것은?

① 기업의 특정기능을 외부의 전문사업자로 하여금 수행하게 하고 이 업체와 효과적인 관계를 구축함으로써 조직 간소화, 조직 적응력 및 유연성 강화를 도모하는 혁신기법을 말한다.

② 기업의 핵심역량을 지속적으로 향상시키고 이러한 향상된 역량을 통하여 기업의 경쟁력과 가치를 증대시키는 데 그 목적이 있다.

③ 수동적인 제휴가 아닌 능동적인 파트너십으로 기업자신의 가치에 다른 기업을 참여시킴으로써 독특한 SCM을 형성하는 것이다.

④ 네트워크를 통해 자사의 핵심역량을 공급업체의 핵심역량과 상호연계시켜 기업 전체의 시너지 효과를 극대화하는 전략이다.

⑤ 업무의 설계·기획, 관리, 운영의 아웃소싱은 업무의 일관성을 떨어뜨릴 수 있다

> **해설 |** ⑤ 아웃소싱의 진정한 의미는 해당 기능이나 업무의 설계·기획, 관리, 운영까지 아웃소싱 공급업체가 담당하는 것이다.
> **정답 |** ⑤

04. 다음 중 제3자 물류(3PL)가 수행하는 기능이 아닌 것은?

① 고객을 위한 조달 기능 ② 금융조달기능

③ 고객을 위한 배송 기능 ④ 고객을 위한 재고관리 기능

⑤ 정보관리 기능

> **해설 |** 제3자 물류는 물류의 기본적인 기능인 보관, 하역, 수송, 포장, 정보기능을 대행한다.
> **정답 |** ②

제2장 국제무역개론 및 무역실무

01 무역계약의 기초

(1) 무역의 이해

① 무역은 상이한 국가 간에 물품을 대상으로 이루어지는 국제상거래를 말한다. 즉, 물품이 국경을 넘어서 이동하는 국제 경제거래(International Commerce)를 의미한다.

② 무역계약인 국제물품매매계약은 국적을 달리하는 당사 간의 합의를 기초로 하여 발생되는 매도인과 매수인의 법률상의 권리 및 의무를 규정한 것으로, 매도인이 그 물품의 제공을 약속하고 매수인이 물품수령의 대가를 지불할 것을 약속함으로써 성립하는 국제 간의 물품매매계약을 의미한다.

③ 관점에 따라 국제무역, 세계무역, 외국무역 또는 대외무역, 해외무역이라고도 한다.

(2) 무역의 특성

무역거래는 한 나라의 영역 안에서 이루어지는 국내거래와는 여러 가지 면에서 상이한 국제간의 거래, 즉 국가의 영역을 넘어서 이루어지는 거래로서 다음과 같은 일반적인 특성을 가진다.

① 거래교섭의 복잡 및 위험발생

무역거래는 언어, 제도 및 제반환경이 상이한 당사자 간에 이루어지므로, 당사자 간의 거래교섭이 매우 복잡하고 어려울 뿐만 아니라 위험성도 매우 높다. 즉, 무역거래는 거래교섭과정이 매우 복잡하고 운송위험, 신용위험, 상업위험, 환위험, 비상위험 등이 발생한다.

> **지식 in** 무역의 개념
>
> • 광의의 무역 : 서로 다른 국가 간에 행해지는 물품, 서비스, 자본, 노동, 기술 등의 국제적 이동
> • 협의의 무역 : 물품의 수출입으로서, 물품의 국제적 이동에 수반되는 매매거래형태

② 정형화된 상관습의 적용

무역거래는 상이한 주권국가에 속하는 당사자 간에 일어나는 현상이다. 따라서 당사자들은 자신의 상거래관습을 중시하는 경향이 있으므로 분쟁이 발생되었을 때 준거법의 적용문제가 발생한다.

③ 해상운송이 주종

무역거래는 멀리 떨어진 당사자 간의 거래이므로 국내거래와는 달리 계약내용의 이행에 있어 물품운송이 특히 중요하다. 그런데 무역은 옛날부터 주로 바다에서 재래선 중심의 해상운송을 매개로 하여 발전되어 왔기 때문에 섬나라이든 대륙국가이든 간에 해상의존도가 크게 나타난다.

④ 다수의 복합계약 체결

무역거래의 성립에는 우선 목적물에 대한 품질, 수량, 가격이 중심적인 조건이 되며, 그 다음에 물품인도를 위한 선적, 보험, 대금결제 등이 부수적인 조건이 된다. 계약의 이행에는 수출입업자, 제조업자, 금융업자, 보험업자 등 여러 관련 당사자가 필연적으로 개재함으로, 무역거래는 매매계약을 주 계약으로 하고 운송, 보험, 결제, 환계약 등을 종속계약으로 하여 복합적으로 이행된다.

⑤ 산업연관효과 발생

무역은 국가 간의 단순한 거래에 그치는 것이 아니라 국제 분업의 발달을 촉진시켜 값싸고 좋은 물품의 공급과 유통을 원만히 하며, 국내 산업이 필요로 하는 원료를 여러 국가들로부터 수입·공급하고, 국내생산 상품을 수출하여 외화를 획득하여 수익을 증대하며, 대량생산과 고용수준의 향상을 통해 각 국가의 국민경제를 발전시켜 주는 연관효과를 발생시킨다.

(3) 무역의 대상

협의의 무역거래에서는 물품으로 한정될 수 있지만, 광의의 무역거래에서는 물품이외에 서비스, 자본, 기술 등이 포함된다.

① **물품** : 물품거래는 무역거래의 대부분을 차지하는 것으로 원료, 제조품 및 식료품 등의 거래를 말하며, 유형무역(Visible Trade)이라고도 한다.
② **용역** : 무역거래의 대상인 서비스, 즉 용역이란 상대방에게 유상으로 제공되는 노무 등으로서 운임, 보험료 등을 의미한다. 용역의 제공은 눈에 보이지 않는 무역이기 때문에 이를 무형무역 (Invisible Trade) 또는 무역 외 거래라고도 한다.
③ **기술** : 상대방과의 기술제휴계약에 따라 제공되는 기술이나 노하우뿐만 아니라 저작권 광업권 및 어업권 등의 무형재산권도 무역거래의 대상이 된다.

④ **자본** : 단기자본 또는 장기자본이 국제적으로 이동하는 것으로서 물품의 매매나 서비스의 제공과는 직접적 관계없이 외국에 자본을 대여해주거나 투자를 한 후 이자ㆍ배당금 등의 자본거래도 무역거래의 대상이 된다.

〈대외무역법상의 용역〉

대외무역법(제2조)	
물품	외국환 거래법에서 정하는 지급수단, 증권 및 채권을 화체한 서류외의 동산
용역 (Service)	① 경영상담업, 법무관련 서비스업, 회계 및 세무관련 서비스업, 엔지니어링 서비스업, 디자인, 컴퓨터시스템 설계 및 자문업 등의 사업을 영위하는 자가 제공하는 용역 ② 국내의 법령 또는 대한민국이 당사자인 조약에 의하여 보호되는 특허권ㆍ실용신안권ㆍ의장권ㆍ상표권ㆍ저작권ㆍ저작인접권ㆍ프로그램저작권ㆍ반도체집적회로의 배치 설계권의 양도, 전용실시권의 설정 또는 통상실시권의 허락
전자적 형태의 무체물	① 소프트웨어산업진흥법에 의한 소프트웨어 ② 부호ㆍ문자ㆍ음성ㆍ음향ㆍ이미지 영상 등을 디지털방식으로 제작하거나 처리한 자료 또는 정보 등으로서, • 영상물(영화, 게임, 애니메이션, 만화, 캐릭터 포함) • 음량ㆍ음성물 • 전자서적 • 데이터베이스 등 ③ 위의 ①과 ②의 집합체 기타 이와 유사한 전자적 형태의 무체물로서 지식경제부장관(前 산업자원부 장관)이 정하여 고시하는 것

02 무역계약의 조건

(1) 품질조건

① 품질결정방법

㉠ 견본매매(Sales by Sample) : 거래상품의 품질을 제시된 견본에 의하여 약정하는 방법, 즉 매매의 당사자가 제시한 견본과 같은 품질의 물품을 인도하도록 약정하는 방법을 의미하며 오늘날의 무역거래에서 가장 널리 이용되고 있다. 견본은 원칙적으로 실물견본이어야 하며 설명견본은 인정되지 않는다.

㉡ 명세서매매(Sales by Specification) : 선박, 공작기계 또는 철도차량 등은 견본제시가 불가능하므로 설계도나 청사진 등 규격서 또는 설명서로 물품의 품질을 약정하는 방법이다.

ⓒ 상표매매(Sales by Trademark) : 국제적으로 널리 알려져 있는 유명상표의 경우 견본을 제공할 필요 없이 상표나 통명에 의해 품질의 기준을 삼는다. → 품명매매 (Sales by Brand)

ⓔ 표준품매매(Sales by Standard) : 수확예정인 농수산물이나 광물과 같은 1차산품의 경우에는 공산품과는 달리 일정한 규격이 없기 때문에 특정 연도와 계절의 표준 품을 기준으로 등급 (Grade)을 정하여 거래하게 된다.

ⓜ 규격매매(Sales by Type) : 물품의 규격이 국제적으로 특정되어 있거나 수출국의 공적 규정으로 정해져 있는 경우로서 KS, JIS 등이 여기에 속한다.

ⓗ 점검매매(Sales by Inspection) : 매수인이 현품을 직접 확인한 후 매매계약을 체결하는 경우의 품질약정 방법이다.

② 품질결정방식

　ⓐ 품질결정시점에 따른 구분
　　• 선적품질조건(Shipped Quality Term) : 인도된 물품의 품질이 선적시점에 약정된 품질과 일치하면 그 후의 변질에 대하여는 매도인이 책임지지 않는 조건이다.
　　• 양륙품질조건(Landed Quality Term) : 인도상품의 품질이 양륙시에 계약품질과 일치한다는 것을 입증하는 조건으로 결정하는 방법이다.

　ⓑ 책임한계에 따른 품질결정
　　• RT(Rye Terms) 품질조건 : 품질의 기준이 양륙품질조건이 되며 수송도중의 변질에 대해서는 매도인이 책임을 진다.
　　• TQ(Tale Quale Terms) 품질조건 : 곡물의 선적품질조건이 되며 매도인은 선적시의 품질은 보증하나 양륙시의 품질상태에 대하여는 책임을 지지 않는다.
　　• SD(Sea Damaged Terms) 품질조건 : 선적품질조건이지만 운송 중의 품질위험에 대하여는 해수에 의한 손해만을 매도인이 부담하는 조건이다.

(2) 수량조건

① 수량단위 : 무역거래에서 매매수량은 상품의 종류, 성질 및 관습 등에 따라 중량 (Weight), 용적 (Measurement), 개수(Price), 포장단위(Package), 길이(Length), 면적 (Square) 중 어느 하나에 의해 정해진다.

　ⓐ 총중량조건(Gross Weight) : 속포장과 겉포장을 포함한 조건
　ⓑ 순중량조건(Net Wight) : 총중량조건에서 겉포장을 뺀 순중량 조건
　ⓒ 정미순중량조건(Net, Net Weight) : 속포장과 겉포장을 모두 뺀 내용물만의 중량을 말함.

② 수량의 결정시기

    ㉠ 선적수량조건 : 선적시의 수량에 의한 것으로 매도인에 유리하다. 보통 감량의 우려가 없는 성 질의 상품거래에 이용되며 CIF, FOB 등과 같은 선적지 인도조건인 경우에는 원칙적으로 이 조 건에 한한다.

    ㉡ 양륙수량조건 : 양륙항에서 화물양륙 당시의 수량을 대금계산의 기준으로 하는 것으로서 운송 중에 파손, 누손 등에 의해 감량이 많은 상품에 적용된다. 수입항에서 양륙된 시점에 검량한 수량이 계약수량과 일치하여야 하며, 만약 수송 중 감량이 생긴 경우에는 매도인의 부담이 된다.

③ 수량과부족에 관한 사항

    ㉠ 신용장거래와 과부족 용인조건

        • 물품의 수량에 대하여 '약'이라는 About, Circa, Approximately 등 이와 유사한 표현을 신용장 금액 또는 상품의 수량이나 단가 앞에 사용한 때에는 10%의 과부족을 허용

        • 신용장에 금지문언이 삽입되지 않는 한 신용장 금액의 한도 내에서 5%의 과부족을 허용

    ㉡ 무신용장거래의 과부족 용인조항

    무신용장거래인 D/A 나 D/P와 같은 추심 결제방식에 의한 수출입거래에서는 신용장통일규칙이 적용되지 않으므로 가급적 과부족용인조항(M/L Clause)을 설정하여 계약하도록 하되, 만일 About, Circa 등의 표현을 쓰는 경우에는 과부족을 용인하도록 일반거래조건협정서에 포괄적으로 명시하거나 아니면 개별계약에서 명확한 규정을 하여야 한다.

④ 과부족용인의 선택권

    ㉠ 과부족용인제도는 매도인을 위한 것이므로 일반적으로는 매도인의 선택(Seller s Option), 즉 표시된 수량에서 더 인도하느냐 덜 인도하느냐는 매도인의 임의로 취급되며 일반화물의 개품운송인 정기선에 의한 경우에는 Seller's Option으로 하는 것이 원칙이다.

    ㉡ 대량화물의 용선운송의 경우에는 과부족선택권이 본선에 주어져 용선계약서(C/P)에 'X% more or less at owner s option'으로 표시되기도 한다.

(3) 가격조건

① 거래통화의 선정

    ㉠ 통화의 표시는 수출국의 통화, 수입국의 통화, 제3국의 통화를 계약서상에 명시하여 환위험을 회피하는 데 중요하다.

ⓛ 일반적으로 통화결정은 안정성, 교환성, 유통성 등을 고려하여 결정한다.

② 가격의 선정요소
- ㉠ 포장비
- ㉡ 검사비
- ㉢ 수출국 내에서의 내륙운송비
- ㉣ 부두비용
- ㉤ 행정비
- ㉥ 선적비용
- ㉦ 해상운임
- ㉧ 해상보험료
- ㉨ 목적항에서의 양화비용
- ㉩ 목적항에서의 부두비용
- ㉪ 수입관세
- ㉫ 수입통관비용
- ㉬ 수입국 내에서의 내륙운송비
- ㉭ 각종 수수료, 기타 영업비용과 잡비

③ 가격조건의 정형(INCOTERMS)
- ㉠ 적출지인도가격
  - EXW(EX Works) : 공장도인도가격
  - FCA(Free CArrier) : 운송인인도가격
  - FAS(Free Alongside Ship) : 선측인도가격
  - FOB(Free On Board) : 본선인도가격
  - CFR(Cost and FReight) : 운임포함가격
  - CIF(Cost, Insurance and Freight) : 운임보험료포함 가격
  - CPT(Carriage Paid To) : 운송비지급가격
  - CIP(Carriage and Insurance Paid to) : 운송비보험료지급가격
- ㉡ 양륙지인도가격
  - DAP(Delivered At Place) : 목적지 인도가격
  - DAT(Delivered At Terminal) : 터미널인도가격
  - DDP(Delivered Duty Paid) : 관세필인도가격

(4) 선적조건

① 선적시기의 결정방법
- ㉠ 특정일 선적조건 : 무역에서 가장 많이 사용되고 있는 조건으로 신용장에 지시된 날짜까지 선적하면 된다.
- ㉡ 특정월 선적조건 : 'March Shipment' 또는 'Shipment During March'나 매도인은 3월 1일 부터 31일 사이에 계약상품을 1회 선적한다.
- ㉢ 즉시 선적조건 : 특정 월이나 기일을 명시하지 않고 'Immediate Shipment, Prompt Shipment' 등과 같은 용어로 정하는 방법이다.

② 분할선적 (Partial Shipment) : 할부선적이라고도 하며 거액거래이거나 수입상의 판매계획이나 시 황에 따라 주문된 수량을 수회로 나누어 선적하는 것이다.

③ 환적(Transshipment) : 선적항 또는 수탁지에서 도착항이나 목적항까지 선적이나 다른 운송수단에서 다른 선박이나 운송수단으로 이적이나 재선적을 하는 것이다.

④ 지연선적

　　㉠ 약정된 선적일 내에 선적되지 않은 경우이며, 지연선적이 매도인의 귀책사유로 발생되면 계약 위반이 된다. 이 경우 매수인은 계약을 해제할 수 있다.

　　㉡ 불가항력으로 인한 경우 매도인은 면책(실무적으로 3주 또는 1개월 동안 선적기일이 자동 연장 되는 것이 관례)되며 자동연장은 매도인이 불가항력의 사실을 입증할 책임(상공회의소나 공인기관으로부터 문서로 확인받아 이를 매수인에게 통지)이 있다.

⑤ 선적일의 증명

　　㉠ 선적일의 증명은 선하증권의 발행일읍 기준으로 하며, 선적선하증권(Shipped Bill of Lading)의 경우 그 발행일이 선적일이다.

　　㉡ 수취선하증권(Received Bill of Lading)의 경우 선하증권상의 본선적재일 표시(On Board Notation)가 선적 일이다.

(5) 결제조건

① 결제시기

　　㉠ 선지급조건(Advanced Payment) : 물품이 선적 또는 인도되기 전에 미리 그 대금을 지급하는 선지급조건

　　　• CWO(Cash With Order)방식 : 상품의 구매를 위한 주문과 동시에 현금결제가 이루어짐

　　　• 단순송금방식 : 주문과 함께 T/T(Telegraphic Transfer) 등에 의해 송금

　　　• 선대신용장방식(Red Clause L/C) : 신용장의 수익자인 매도인의 신용장 수취와 함께 대금 지급

　　㉡ CAD(Cash Against Document ; 서류상환대금결제) : 물품인도가 아닌 운송서류를 수입상에게 인도함으로써 대금결제를 받을 수 있는 일종의 직불방식

　　㉢ COD(Cash On Delivery ; 화물인도대금결제) : 물품인도와 동시에 대금이 지불되는 직불방식

　　㉣ 후지급조건(Deferred Payment) : 후지급은 물품이나 운송서류의 인도가 있은 후에 일정한 기간이 경과해야 대금결제가 이루어지는 외상거래인 연불조건이다.

　　　• 단기 연지급 : 물품인도 후 또는 운송서류의 인도 후 1년 이내 결제

- 중장기연지급 : 1년 초과, 10년 내지 20년 기간에 거쳐 결제
ⓜ CWO(Cash With Order ; 현금출급주문) : 주문을 하는 동시에 수입상이 수입대금을 미리 지불 함으로써 수출자의 물품제조를 도모하는 방식
ⓗ Open Account(청산계정방식) : 물품 및 운송서류를 수입상에게 인도한 이후에 대금이 지불되는 후불방식

지식 in

선적시기 관련 용어

- On or About 조건 : 특정일자 앞에 'On or About'이란 표현과 이와 유사한 표현이 사용될 경우에는 지정일자를 지정일 앞뒤로 5일 간의 여유가 있는 것으로 보아 총11일 간의 선적기간을 인정해 준다.
- 즉시 선적조건 : 즉시 선적조건은 특정의 월이나 기일을 명시하지 않고 'Immediate Shipment', 'Prompt Shipment' 등과 같은 용어로 선적시기를 정하는 방법. 이러한 용어에 대한 해석은 국가마다 다르므로 사용하지 않는 것이 좋다.
- 기간 관련용어
  - To, Until, Till : 당해 일자가 포함
  - After : 당해 일자가 제외
  - First Half / Second Half : 지정한 달의 1일부터 15일까지 / 16일부터 말일까지의 기간
  - Beginning / Middle / End : 지정한 달의 1일부터 10일 / 11일부터 20일 / 21일부터 말일까지의 기간

---

② **결제방법**
ⓐ 송금방식 결제 : 전신환(T/T)이나 우편환(M/T)에 의해서 송금함으로써 대금 결제
ⓑ 추심방식 결제
- 무담보어음(Clean Bill of Exchange) : 수출업자가 선적 후 운송서류는 수입업자에게 직접 송부해주고 별도로 어음 하나만 작성하여 거래은행을 통하여 추심하여 결제 받는 방식
- 화환어음(Documentary Bill of Exchange) : 수출업자가 상품선적 후 운송서류와 환어음을 발행하여 거래은행에 매입시키면 거래은행은 이와 상환으로 대금지불을 한다. 수출지의 거래 은행은 환어음과 운송서류를 수입지의 지점이나 거래은행에 송부하고 이 서류를 받은 수입지 은행은 수입업자에게 이 환어음을 제시한다.
  - D/P(Documentary Against Payment ; 선적서류 지급인도조건) : 운송서류와 환어음을 거래은행에 제시함으로써 대금결제가 이루어지는 방식

- D/A(Documentary Against Acceptance ; 선적서류 인수인도조건) : D/A at 90 Days after Sight -일람 후 90일째에 대금결제를 용인하는 외상거래

(6) 포장조건

① 포장의 조건

㉠ 개장(Unitary Packing) : 소매를 위하여 물품의 최소단위를 하나하나 포장하는 것

㉡ 내장(Interior Packing) : 개장된 물품을 수송 또는 취급하기 좋도록 적절한 재료로 싸거나 용기에 수용하는 것을 말하며, 이는 내용물의 수분·온기·광선·진동 등에 의하여 손상되지 않도록 외장의 내부에 판지·솜·플라스틱 등을 채우거나 칸막이를 하는 경우

㉢ 외장(Outer Packing) : 화물을 수송함에 있어 파손·변질·도난·분실 등을 방지하기 위하여 적절한 재료나 용기로 화물을 보호하기 위하여 포장하는 것

② 화인(Shipping Marks, Cargo Marks)

㉠ 주화인(Main Mark) : 보통 외장명에 삼각형·다이아몬드형·정방형·마름모형·타원형 등의 표시를 하고 그 안에 상호의 약자를 써넣음

㉡ 부화인(Counter Mark) : 주화인의 보조로서 타 화물과의 식별을 쉽게 하기 위해 표시하는 것으로 부화인이 내용물의 품질 또는 등급을 표시할 경우에는 품질표시가 됨

㉢ 중량표시(Weight Mark) : 화물의 순중량과 총중량을 표시하고 필요한 경우에는 용적표시도 함

㉣ 목적항 표시(Part Mark) : 목적항 또는 목적지를 표시하는 것으로, 'CHICAGO OVERLAND VIA SEATTLE'과 같이 경유지까지 표시하는 경우도 있음

㉤ 번호(Case Number) : 포장물이 여러 개인 경우에는 매 포장마다 총 개수 중에서 몇 번째 개수에 해당하는지를 일련번호로 표시

㉥ 원산지 표시(Country of Origin Mark) : 'MADE IN KOREA'처럼 당해 화물의 원산지를 표시

㉦ 주의표시(Caution Mark, Care Mark) : 화물의 운송 또는 보관시에 취급상의 주의사항을 표시 하는 것인데, 이는 보통 포장의 측면에 표시되기 때문에 Side Mark라고도 함

(7) 보험조건

① 보험금액의 결정

㉠ 보험금액이란 보험사고 또는 소정의 손해가 발생한 경우 보험자가 지급해야 하는 금액 또는 그 최고한도의 금액으로 보험자와 피보험자 간에 상호협의하여 정한다.

ⓛ 실무적으로는 상업송장 금액에 희망이익을 가산한 금액을 보험금액으로 정하고 있다. 해상적하 보험에서 보험금액은 송장금액의 110%를 부보하는 것이 일반적이며, 아무런 언급이 없으면 신용장통일규칙상 CIF 또는 CIP 가격의 110%를 부보하는 것이 원칙이다.

② 보험조건의 선택

ⓖ 보험회사가 부보 받는 보험조건과 손해보상의 범위에는 ICC(A), (B), (C) 등이 있는데, 이 중 어느 조건의 보험에 부보하며 또 부가위험과 전쟁위험에 대한 추가 부보할 어떻게 해야 할 것인가를 명확히 기재해야 한다.

ⓛ 보험조건에 대해 아무런 언급이 없으면 정형무역거래조건(INCOTERMS) 규정상 ICC(FPA) 또 는 ICC(C)로 부보하면 된다.

(8) 중재조건

① 분쟁을 방지하기 위해 제반계약조건을 상호 명확히 함으로써 분쟁을 최대한 방지해야 하나 만약 분쟁이 발생한 경우 분쟁해결의 타협, 조정, 중재, 소송 등을 어떠한 방법으로 할 것인가를 협정하고 중재를 할 상사중재 기관명도 구체적으로 표시하는 것이 좋다.

② 클레임 협정시 주의사항으로는 클레임 제기기간의 명시, 클레임의 해결방법으로서 중재조항의 삽입, 중재에 소요되는 비용의 부담방법 그리고 불가항력적인 사태에 대한 손해 처리방법 및 소송시를 대비하여 준거법 조항도 삽입해 둘 필요가 있다.

⑬ 무역의 구분과 종류

(1) 특수한 무역거래 형태

① 위탁판매방식수출 : 위탁자가 물품을 무환으로 외국에 있는 거래상대방(수탁자)에게 수출하여 당해 물품이 판매된 범위 안에서 일정의 판매수수료를 지급하고 물품대금을 결제 받는 수출을 말한다.

② 수탁판매방식수출 : 수탁자가 해외의 위탁자로부터 위탁을 받아 그 위탁자의 비용과 위험하에 물품을 무환으로 수입하여 자국 내에서 판매하고, 그 대금을 결제하는 형태로 이 거래방식은 위탁자로부터 일정수수료를 수취하는 것이 목적이다.

③ 위탁가공무역 : 가공임을 지급하는 조건으로 외국에서 가공(제조, 조립, 재생, 개조를 포함)할 원자재의 전부 또는 일부를 거래상대방에게 수출하거나 외국에서 조달하여 이

를 가공한 후 가공물품을 수입하는 수출입을 말한다.

④ **수탁가공무역** : 가득액을 영수하기 위하여 원자재의 전부 또는 일부를 거래상대방의 위탁에 의하여 수입·가공한 후 위탁자 또는 그가 지정하는 제3자에게 가공물품을 수출하는 수출입을 말한다.

⑤ **임대 및 임차방식수출**
  ㉠ 임대방식에 의한 수출 : 임대(사용임대 포함)계약에 의하여 물품을 수출하여 일정기간 후 다시 수입하거나 그 기간이 만료 전 또는 만료 후 당해물품의 소유권을 이전하는 수출을 말한다.
  ㉡ 임차방식에 의한 수입 : 임차(사용임차 포함)계약에 의하여 물품을 수입하여 일정기간 후 다시 수출하거나 그 기간의 만료 전 또는 만료 후 당해물품의 소유권을 이전하는 수입을 말한다.

⑥ **연계무역수출입** : 수출입이 연계된 무역거래로서 물물교환, 구상무역, 대응구매, 제품환매 등의 형태에 의하여 이루어지는 수출입이다. 동일한 거래당사자간에 수출과 수입이 연계된 무역거래로 서 거래당사국간 수출입의 균형을 유지하거나 통상협력의 수단으로 이용될 수 있다.

⑦ **외국인도 및 인수방식수출입**
  ㉠ 외국인도방식에 의한 수출 : 수출대금은 국내에서 영수하지만 국내에서 통관되지 아니한 수출 물품을 외국으로 인도하는 수출을 말한다.

지식 in CAD와 COD

- 서류상환방식(CAD ; Cash Against Documents)
수출자가 상품을 수출하고 선적을 증명할 수 있는 선하증권, 보험증권, 상업송장 등 주요 선적서류를 수출지에 있는 수입자의 대리점이나 거래은행에 제시하여 그 서류와 상환으로 수출대금을 받을 수 있는 거래조건이다.

- 현물상환방식(COD ; Cash On Delivery)
수입자가 물품을 인수·확인 후에 물품대금을 송금하는 결제방법으로 물품대금결제시 신용장이나 환어음을 사용하지 않는다. 주로 귀금속과 같은 고가품을 거래할 때 사용하는 결제방법이다.

  ㉡ 외국인수방식에 의한 수입 : 수입대금은 국내에서 지급되지만 수입물품은 외국에서 인수하는 수입을 말한다.

⑧ 무환 수출입 : 외국환거래가 수반되지 아니하는 물품의 수출입을 말한다.

(2) 대금결제별 무역형태

① 송금방식에 의한 수출입 : 수출입 이전에 수입업자가 수출업자 앞으로 수출대금을 미리 송금하여 수출입이 이루어지는 무역을 말한다.

ⓐ 송금방식에 의한 수출 : 수출상이 수출대금을 외화로 영수하는 조건으로 수출하는 거래형태이다. 사전송금방식에 의한 수출과 물품의 인도와 동시에 또는 물품의 인도 후 수출대금을 외화로 영수하는 조건인 대금교환도조건부수출, COD 및 CAD의 2가지로 구분된다.

ⓑ 송금방식에 의한 수입 : 수입대금 전액을 외화로 지급하는 거래형태이다. 사전송금 방식수입과 사후송금방식수입 (귀금속거래 등에 주로 이용되는 현물상환방식 (COD), 서류상환방식 (CAD), 국제팩토링방식)으로 구분된다.

② 추심결제방식에 의한 수출입 : 추심(Collection)에 의존하는 경우의 무역을 말한다. 오늘날에는 거래방식이 다양해지고 신용장발행에 따른 번잡성과 비용부담으로 인하여, 또한 국제적으로도 상호 신용상태가 향상됨에 따라 점차 추심 결제방식의 비중이 늘어가는 추세이다.

ⓐ 추심결제방식에 의한 수출 : 취소불능 화환신용장 없이 계약에 의하여 화물환어음으로 대금결제를 하는 수출이다. 따라서 이 방식에 의한 수출은 은행의 지급보증거래가 아닌 수출입업자 간의 계약에 의한 거래로서, 은행은 단순히 수출대금의 추심 및 추심의뢰 업무만 수행한다.

ⓑ 추심결제방식에 의한 수입 : 취소불능 화환신용장 없이 당사자 간의 계약에 의하여 화환어음으로 대금결제를 하는 수입이다.

③ 화환신용장 결제방식에 의한 수출입

ⓐ 화환신용장방식의 수출 : 취소불능 화환신용장에 의하여 대금의 전액을 결제하는 조건으로 물품을 수출하는 거래를 말한다.

ⓑ 화환신용장방식의 수입 : 취소불능 화환신용장에 의하여 외화로 대금의 전액을 결제하는 조건으로 물품을 수입하는 거래를 말한다. 여기에는 일람불수입신용장 결제방법에 의한 수입과 기 한부수입신용장 결제방법에 의한 수입, 분할지급 수입신용장 결제방법에 의한 수입 등이 있다.

④ 선대신용장에 의한 수출입 : 선대신용장(Packing Credit, Red Clause L/C)은 수출상에게 선적 전에 일정한 조건으로 수출대금을 선대할 수 있도록 권한을 부여하는 문언을 신용장에 기재하고 그 선대금의 지급을 보증하는 신용장을 말한다.

⑤ 산업설비(플랜트)의 수출 : 기계류에 엔지니어링, 노하우, 건설시공 등이 결부된 기계시스템의 수출이기 때문에 일반상품수출과는 다른 특성을 가지고 있다. 즉 산업시설수출은 거래단위가 대규모로서 거액이고, 수출 이행기간 및 수출대금 회수기간이 장기에 걸치며, 주 대상이 지식집약형 방식의 수출이고, 금융기관으로부터의 연불수출금융이 일반적으로 요구되며, 수입국가에 대한 경제협력의 수단이 된다는 점에서 일반 수출과는 여러 가지 면에서 다른 특성을 지니고 있다.

> ### 지식 in 송장(Invoice)의 역할
>
> • Commercial Invoice(상업송장)
> Buyer와 매매계약 성립 이후 화물의 인도에 있어서 계약에 의거한 상품의 적요 및 세부사항을 표시한 계산서 또는 청구명세서의 역할을 한다.
> • Non-Commercial Invoce(견적송장)
> Profoma Invoice의 다른 표현으로서 매매계약성립 이전에 매도인이 매수인에게 화물의 수입가격을 계산하는 자료를 제공하기 위하여 또는 수입자가 수입허가를 신청하는 데 필요한 첨부서류로서 견적송장을 수출자가 작성하여 수입자에게 보내는 것이다. 이는 가격 산출의 기초로 사용하기 위해 수입상의 요청으로 수출상이 발송하는 송장이다.

(3) 제3자 개입 여부에 따른 분류

직접무역(Direct Trade)은 수출상과 수입상이 직접 매매계약을 체결하여 거래를 이행하는 것으로서 직수출(Direct Export)과 직수입(Direct Import)이 있다. 간접무역(Indirect Trade)은 제3자를 통하여 거래가 이루어지는 경우로서 중개무역, 중계무역, 통과무역, 스위치무역 등이 있다.

① 중개무역(Merchandising Trade)
   ㉠ 수출국과 수입국의 중간에서 제3국의 상인이 중개·알선하여 거래가 이루어지는 경우 제3국의 중개인 입장에서 볼 때의 무역을 말한다.
   ㉡ 중개무역에 있어서 제3국의 중개인은 수출국 또는 수입국 상인으로부터 거래의 알선·중개에 따른 중개수수료(Commission)를 받으며, 커미션의 금액은 일정한 것은 아니지만 통상 송장금액의 3.5%를 지급하는 것이 관례이다.

② 중계무역(Intermediate Trade)
   ㉠ 수출할 것을 목적으로 물품 등을 수입하여 보세구역 및 보세구역 외 장치의 허가를 받은 장소 또는 자유무역지역 이외의 국내에 반입하지 아니하고 수출하는 수출입을 말한다.

자유무역지역

대외무역법, 관세법 등 관계법률에 의한 규제를 완화하여 자유로운 제조, 유통, 무역활동 등이 보장되는 지역으로 외국인투자의 유치, 국제무역의 진흥 및 지역개발 등을 촉진하는 데 그 목적으로 한다.

자유무역지역의 기능

• 생산기능 : 가공, 조립, 제조, 혼합 등
• 물류기능 : 적·양하, 장치, 보관, 분류, 환적, 저장, 분배 등
• 거래 및 물류촉진기능 : 판매, 전시, 무역, 금융, 수·배송, 운송주선 등

  ⓛ 중계무역은 중계상이 물품을 수출할 것을 목적으로 자기책임과 비용부담으로 수입한 후 다시 제3국으로 수출함으로써 매매차익을 얻는 거래이므로 수입계약과 수출계약은 완전히 별개의 것이고 중계상은 수입금액과 수출금액의 차이를 매매차익으로 얻게 된다.

  ⓒ 중개무역은 제3국 상사를 통해서 무역거래가 이루어지는 경우 제3국의 입장에서 볼 때의 무역임에 비해, 중계무역은 원래 화물이 수출국으로부터 수입국으로 직행하지 않고 제3국에 양류되어 원형 그대로 혹은 약간의 가공을 해서 실제 수입국으로 재수출되는 경우를 의미한다.

  ⓓ 수출지에서 선적할 때 실제 수입지가 결정되지 않고 중계항에서 양류된 후에 최종 목적지가 정해질 때도 있으며, 중간 양류항에서 간단한 가공도 이루어질 수 있다.
   cf. 통과무역(Transfer Trade) : 화물이 수출지로부터 수출될 때 실제 수입지가 별도로 정해져 있어 원형 그대로 운송과정으로서의 중간국을 통과하는 것

 ③ 스위치무역(Switch Trade)
  수출상이 직접 매매계약을 체결하여 상품이 수입국에 직송되는데, 대금결제는 제3국 상사에서 하는 경우를 말한다. 즉, 특정 제3국의 통화할 결제통화로 사용하여 다른 통화지역으로부터 수입하는 거래형태로서, 이러한 거래를 알선해 주는 업자를 Switcher라고 하며, 이들은 거래가 성사되는 경우 Switch Commission을 받는다.

(4) 기타 무역거래 형태

 ① **물품의 이동방향에 따른 구분** : 수출무역, 수입무역
 ② **무역의 주체에 따른 구분** : 민간무역, 공무역
 ③ **무역에 대한 국가의 간섭 여부** : 자유무역, 보호무역, 관리무역, 협정무역
 ④ **물품의 형태에 따른 구분** : 유형무역(협의의 무역인 상품거래), 무형무역(광의의 무역인 생산요소, 용역 등의 수출입)

⑤ 수출입의 국가별 균형에 따른 구분

　㉠ 구상무역 : 수출입물품의 대금을 그에 상응하는 수입 또는 수출로 상계하는 수출입이다. 두 나라 사이의 수출입균형을 유지하기 위해 많이 이용되는 거래방식

　㉡ 삼각무역 : 두 나라 사이의 수출 또는 수입이 불균형을 이루어 편무역이 되었을 경우 반대관계나 또는 특수관계에 있는 제3국을 개입시켜 청산계정에 따라 결제함으로써 국제수지균형을 도모하는 무역형태

⑥ 링크제무역

　㉠ 수출입을 수량이나 금액으로 연결시키는 무역거래로서 수출과 수입을 연결시켜 수출입을 규제 하는 무역이다.

　　예 한국에서 자동차를 수출한 회사에게만 일정한 양의 자동차부품수입을 허용하는 것

　㉡ 종류 : 수출입의 연결방식에 따라 수출의무제와 수입권리제, 그리고 지역별 수출입링크와 상품 별 수출입링크로 구분된다.

⑦ 녹다운방식 수출입

　㉠ 완제품을 수출하는 것이 아니라 조립할 수 있는 설비와 능력을 가지고 있는 거래처에 대하여 상품을 부품이나 반제품의 형태로 수출입하고 실수요지에서 제품으로 완성시키도록 하는 현지조립방식의 수출입을 말하며, 현지조립방식의 수출입이라고도 한다.

　㉡ CKD(Complete Knock-Down), SKD(Semi Knock-Down) 수출입 방식

　㉢ 선진국이 고임금이나 공해문제 등을 회피하기 위하여 개발도상국 또는 후진국에 현지법인을 설립하는 형태로 수출할 때 많이 발생한다.

⑧ OEM방식(주문자 상표부착방식)과 ODM방식(제조업자 개발생산) 수출

　㉠ OEM(Original Equipment Manufacturing)방식 수출

　　• 외국의 주문자상표를 부착하여 수출하는 국제하청생산방식에 의한 수출입을 말하며 일명 주 문자상표부착방식의 무역이라고 한다.

　　• OEM방식은 생산자의 상표를 부착하지 않고 주문자의 상표를 부착하여 수출하기 때문에 마 치 주문자가 생산하여 판매하는 것처럼 보인다.

　㉡ ODM(Original Development Manufacturing)방식 수출

　　• 주문자의 요구에 따라 제조업자가 주도적으로 연구개발·설계·디자인 자체 해결에 '공급가 + 개발비'로 부가가치를 높여 제품을 생산·수출하는 방식이다.

　　• ODM방식으로 수출을 하면 공급가에 개발비를 추가할 수 있어 부가가치도 OEM에 비해 높으며, 또 부품가격이 하락해 원가절감효과도 볼 수 있다.

　　• ODM방식 수출이 가능하려면 수출업체가 자체 제품개발능력이 있어야 하고, 바이어에게 믿음을 줄 수 있을 만큼 디자인능력도 뛰어나야 한다.

⑨ 사이버무역

　　㉠ 목적 : 인터넷망을 통하여 서류 없는 상거래형태를 추구함으로써 신속한 처리와 저
　　　가격 정책을 통하여 무역의 활성화 도모

　　㉡ 특징
　　　• 시간과 공간의 제약을 초월하여 거래가 가능하다.
　　　• 도매점, 소매점과 같은 중간 유통채널이 필요하지 않다.
　　　• 판매거점이 필요 없다.
　　　• 고객의 요구 및 문의에 대하여 즉각적인 대응이 가능하다.
　　　• 지속적인 상품의 홍보가 가능하다.

⑭ 무역의 결제방법

(1) 신용장방식

국제무역에서 수출업자의 가장 큰 관심사는 자신은 매매계약에 따라 물품을 인도하려 하나
수입업자가 과연 대금을 지급할 것인지에 관한 것이다. 이에 비해 수입업자의 가장 큰 관심
사는 자신은 매매계약에 따라 물품대금을 지급하려 하나 수출업자가 과연 물품을 인도할
것인지에 관한 것이다. 이와 같이 무역업자의 상충한 이해관계를 송금방식이나 추심방식의
대금결제는 충분히 만족시켜 주지 않는다. 그러나 신용장방식의 대금결제는 개설은행이
수출업자를 위하여 수입업자를 대신하여 대금지급을 확약하고 또한 수입업자를 위하여 수
출업자를 대신하여 신용장 조건에 일치하는 서류를 인도하여 상호 이해관계를 충족시켜
준다.
신용장이란 매수인의 지시와 요청으로 신용장을 개설한 개설은행이 수출업자가 신용장 조
건에 일치 하는 서류를 제시하면 그 금액을 지급하겠다고 확약하는 증서를 말한다(UCP
제2조).

① 일람불신용장(Sight L/C) : 운송서류 및 환어음을 인수은행에 제시하는 즉시 수출대금을
　지급받는 방식으로 은행이 지불보장을 한다.

② 기한부신용장(Usance L/C) : 운송서류 및 환어음을 인수은행에 제시한 이후 일정 기한
　이 지난 후에 대금을 지불하는 일종의 외상거래로 은행이 지불보장을 한다.

(2) 무신용장방식

① 추심결제방식

㉠ D/P(Documentary Against Payment ; 지급인도조건) : 운송서류와 환어음을 거래은행에 제시함으로써 대금결제가 이루어지는 방식이다. 수입상은 이 선적서류가 있어야 물건을 찾을 수가 있게 된다.

㉡ D/A(Documentary Against Acceptance ; 인수인도조건) : 선적서류 인도시 인수의 의사표시인 Acceptance를 서면으로 제출하기만 하면 바로 서류를 받을 수 있고 물품대금은 계약에서 정한 일정한 기간 후에 일어나는 외상거래를 말한다. D/A at 90 Days after Sight - 일람 투 90일째에 대금결제를 용인하는 외상거래를 의미한다.

〈신용장과 추심경제방식의 비교〉

구 분	신용장	D/P, DM(추심결제방식)
환어음 지급인	개설은행	수입상
결제방식	매입(Negotiation)에 의하여 사용한다.	추심(Collection) 의하여 사용한다.
지급확약	개설은행의 지급확약이 있다.	은행의 지급확약이 있다.

② 송금결제방식

수출상이 수입상에게 물품을 찾을 수 있는 서류를 공한 후 별도의 대금청구를 하지 않더라도 수입상이 자진해서 대금을 보내주는 무역거래방식이다. 따라서 수출상이 수입상 앞으로 발행하는 어음의 존재가 필요 없는 무어음거래이다.

㉠ CWO(Cash With Order : 주문시 지급) : 상품의 구매를 위한 주문과 동시에 현금결제가 이루 어지는 방식이다.

㉡ CAD(Cash Against Document ; 서류상환방식) : 수출자가 상품을 수출하고 선적을 증명할 수 있는 선하증권, 보험증권, 상업송장 등 주요 선적서류를 수출지에 있는 수입자의 대리점이나 거래은행에 제시하여 그 서류와 교환으로 수출대금을 받을 수 있는 방식이다.

㉢ COD(Cash On Delivery ; 현물상환방식)

- 수입자가 물품을 인수·확인 후에 물품과 교환하여 대금지급이 이루어지는 결제방법이다.
- 물품대금 결제시 신용장이나 환어음을 사용하지 않는다. 이는 주로 귀금속과 같은 고가품을 거래할 때 사용하는 결제방법으로서 수입자가 물품을 직접 확인하여야만 품질수준을 인정할 수 있는 물품을 주로 항공기를 이용하여 운송하는 경우에 채택한다.

② Open Account(청산계정) : 수출상과 수입상이 단골 거래선인 경우이거나 본 · 지사간의 거래 인 경우 거래시마다 대금결제를 하지 않고 거래내역을 일일이 장부에 기록한 후 일정기간별로 마감하여 차액만을 지불하도록 하는 방식이다.

〈대금결제방법의 비교〉

	수출상의 입장	수입상의 입장
COD	수출대금 영수와 상품회수가 불확실함	안전함
CAD	수출대금 영수의 미보장	선적확인은 가능하나 품질은 불확실
D/P	수출대금 영수가 보장 안됨	선적은 확인되지만 품질확인은 불가능
D/A	대금영수 및 상품회수가 보장 안됨	유리한 거래이지만 만기일에 지급을 않으면 거래은행의 신용을 잃음
L/C	대금영수가 확실함	화물의 인도를 보장받음

③ 팩토링(Factoring)방식 : 팩토링이란 공급업자(Supplier)가 구매자(Debtor)에게 물품이나 서비스를 제공함에 따라 발생하는 외상매출채권(Accounts Receivable)을 팩토링회사(Factor)에게 일괄 양도 하고 팩토링회사로부터 양도채권 금액범위 내에서의 금융지원, 구매업자에 관한 신용조사 및 신용위험인수, 채권의 관리 및 대금회수, 기타 사업처리대행 등의 서비스를 제공받는 금융기법을 말한다.

지식 in **Open Account 방식**

수출상과 수입상이 단골 거래선인 경우이거나 본 · 지사간의 거래인 경우 거래시마다 대금결제를 하지 않고 거래내역을 일일이 장부에 기록한 후 일정기간별로 마감하여 차액만을 지불하도록 하는 방식이다.

㉠ 공급업자(Supplier) : 물품이나 서비스를 수출하는 수출상이다. 물품을 외상으로 수출하는 조건으로 계약물품을 선적하고 송장 및 선적서류를 수출팩터에게 양도하면서 전도금융을 제공받는다.
㉡ 구매자(Debtor) : 수입상을 말하며 수입팩터의 신용을 바탕으로 외상으로 물품을 수입하는 자 이다.
㉢ 수출팩터 : 공급업자와 국제팩토링거래를 체결하는 당사자이며 국제팩토링의 주체이다. 수출팩 터는 수출채권을 양도받은 후 전도금융을 제공하고 구매자(수입상)로부터 대금을 회수한다.

② 수입팩터 : 구매자와 국제팩토링계약을 체결하고 수입상의 외상수입을 위해 신용조
사 및 신용 승인의 위험을 인수한다. 수입상으로부터 수입대금을 회수한 후 수출팩
터에게 대금을 송금하는 역할을 한다.

05 무역계약 체결

(1) 무역계약의 기초

수입업자가 오퍼에 대해 승낙을 하든 수출업자가 오퍼에 대해 승낙을 하든 일단 승낙이
있으면 바로 이것이 주문이 된다. 이때 계약 내용이 복잡하지 않은 소형프로젝트 등의 경우
엔 정식 계약서폼 작성하지 않고, 주문서와 주문계약서만으로 대신하는 경우가 많다. 보통
계약서(주문서, 주문계약서 포함)에는 타이프 조항에 해당하는 상품의 품명, 수량, 선적,
금액, 보험, 지불조건, 화물인, 유효기간 등이 있다.
무역계약은 수출업자와 수입업자 간의 합의한 내용을 문서화하는 것이기 때문에 꼭 의무적
인 것은 아니나, 당사자가 원하는 사항들을 법률적으로 명확히 하여 이행과정에서 생성될
수 있는 문제에 대한 불필요한 분쟁을 미연에 방지할 수 있으며, 문제를 조속하고 합리적으
로 해결할 수 있게 해준다.

① 무역계약의 법률적 특성
  ㉠ 합의 또는 낙성계약(Consensual Contract) : 계약조건의 성립, 계약조건의 청약
     (Offer)에 대한 청약조건의 승낙(Acceptance)에 의해 성립
  ㉡ 쌍무계약(Bilateral Contract) : 쌍방이 채무를 부담하는 채무계약. 매도인 - 물품인도
     의무, 매수인 - 대금지불의무
  ㉢ 유상계약(Remunerative Contract) : 채무의 이행, 매도인의 계약물품 인도에 대하여
     매수인의 대금지급
  ㉣ 불요식 계약(Informal Contract) : 계약형식에 제한이 없는 계약

지식 in | **추심에 의한 수출대금 결제**

> 추심에 의한 수출대금결제 중 D/A(Document Against Acceptance) 방식은 수출상이
> 수입상과의 매매계약에 따라 물품을 선적한 후 구비된 서류에 Usance Bill을 발행·첨부
> 하여 자기 거래은행인 Remitting Bank를 통하여 수입상의 거래은행인 Collecting Bank
> 앞으로 그 어음대금의 추심을 의뢰함으로써 대금을 회수하는 것을 말한다.

(2) 청약(Offer)

① Offer의 의미

㉠ Offer(청약) : Offeror(청약자)가 Offeree(피청약자)와 일정한 조건으로 계약을 체결하고 싶다 는 의사표시로서 청약자가 승낙과 결합하여 특정한 내용을 가지는 계약을 성립시키려는 것을 목적으로 하는 일방적이고 확정적인 의사표시이다.

㉡ 청약은 원칙적으로 별도의 형식을 필요로 하지 않으므로 서면뿐만 아니라 구두로도 행할 수 있는데, 다만 요식계약의 경우에는 청약도 보통 그 형식을 필요로 한다.

㉢ 청약이 확정적인 의사표시라는 점에서 청약의 준비행위에 지나지 않는 청약의 유인(Invitation to Offer)이나 계약체결의 예비교섭의 단계에 있는 표시와는 구별해야 한다.

㉣ 확인조건부 청약(Sub-Con Offer)이란 청약을 위한 예비교섭으로서 상대방이 이를 수락하더라 도 계약이 성립되는 것이 아니다.

② Offer의 종류

Offeror에 따라 매수인인 경우를 Buying Offer, 매도인인 경우를 Selling Offer로 구분한다.

㉠ Firm Offer(확정 청약)
- 청약의 유효기간이 정해져 있는 청약을 말하며, 그 유효기간 내에는 청약자에 대해 구속력 (Binding Force)을 갖는다.
- Firm Offer의 유효기간 내에 상대방이 승낙을 하면 당사자 쌍방을 법률적으로 구속하는 매매계약이 성립한다.
- 일반적으로 청약자는 Firm Offer를 유효기간 내에는 임의로 철회할 수 없다고 해석되고 있으나, 영미법계에서는 Offer가 날인증서(Covenant)에 의해 행해진 경우와 Offer의 철회불가능에 대하여 대가를 지불한 경우 이외에는 철회가 가능하다.
- Offer의 유효기간 : 청약자가 대개 임의로 정하는데, 당해 상품의 거래관습, 시세의 변동 등을 고려해서 적당한 유효기간을 정하여 Offer에 명시할 필요가 있으며, 당사자 간에 시차가 있는 경우에는 유효기간의 기준시를 명백히 해야 한다.

㉡ Free Offer(불확정청약) : Offer의 유효기간이 정해져 있지 않은 Offer로서 보통 Circular Letter와 함께 보내지며, 피청약자가 승낙을 하여도 청약자의 재확인이 필요하다. 또한 청약자의 자유의사에 따라 언제든지 취소가 가능하다.

㉢ Conditional Offer(조건부 청약)
- Offer without Engagement(무확약 청약) : 청약에 제시된 가격이 미확정적이어서 시세변동(Market Fluctuation)에 따라 변경될 수 있다는 조건을 붙인 청약(Offer Subject to Market Fluctuation)

- Offer Subject to Being Unsold(재고잔류 조건부 청약) : 청약에 대한 승낙의 의사가 피청약자로부터 청약자에게 도달했다 하더라도 바로 계약이 성립되는 것이 아니라 그 시점에서 당 해 물품의 재고가 남아 있는 경우에 한하여 계약이 성립되는 Offer로서 선착순매매 조건부 청약(Offer Subject to Prior Sale)이라고도 한다.
- Offer on Approval(점검매매 조건부 청약) : 청약과 함께 물품을 송부하여 피청약자가 물품을 점검해 보고 구매의사가 있으면 그 대금을 지급하고 그렇지 않으면 반품해도 좋다는 조건의 청약
- Offer on Sale or Return(반품허용 조건부 청약) : 청약과 함께 물품을 대량으로 송부하여 피 청약자가 이를 판매하게 하고 팔리지 않은 잔품은 다시 반납하도록 하는 조건의 청약으로 서 잡화류 등의 위탁판매에 주로 사용된다.
- Sub-con Offer(확인조건부 청약) : 청약자가 청약을 할 때 단서로서 계약의 성립에는 청약자의 확인을 필요로 한다는 내용(Offer Subject to Our Final Confirmation)이 명시된 조건 부 청약. 형식적으로는 청약이지만, 상대방에 대한 청약의 유인(Invitation to Offer)에 지나지 않음. 따라서 법적인 입장에서 볼 때 Sub-Con Offer에 대한 Acceptance가 Offer의 성질을 지니며, 청약자의 최종확인이 Acceptance가 된다.
  - ㉣ Counter Offer(반대 청약) : 피청약자가 청약에 대해서 그 조건을 변경하거나 혹은 새로운 조 항을 추가한 청약을 청약자에게 한 것을 말하며, 반대 청약은 원청약의 거절임과 동시에 피청약자가 청약자에게 행하는 새로운 청약으로 보아야 한다. 따라서 반대 청약은 승낙이 아니기 때문에 계약을 성립시킬 수가 없다.

③ 청약의 효력 발생시기와 유효기간
  - ㉠ 청약이 효력을 발생하기 위해서는 청약의 내용이 상대방에 전달되어야만 그 효력이 발생한다. 따라서 청약의 내용이 피청약자에게 도달하기 이전에 철회되면 그 청약은 무효가 된다.
  - ㉡ 청약의 조건으로 승낙기간을 정하고 있는 경우에는 그 기간 내에 승낙이 있어야만 효력이 발생한다. 승낙기간을 정하지 않았을 경우에는 상당한 기간(Reasonable Period of Time) 내에 승낙하면 계약을 성립시킬 수 있다.
  - ㉢ 피청약자가 승낙의 의사표시를 발신하기 전에 청약 내용의 철회 또는 조건변경의 통지가 피청약자에게 도달할 경우에는 철회 또는 조건변경을 인정한다.
  - ㉣ 영미법과 우리 민법은 도달주의 원칙을 따르고 있으므로 청약은 상대방에게 전달되어야 하며, 상대방에게 도달됨으로써 그 효력이 발생한다. 따라서 그 도달 이전에 철회하면 그 청약은 무효가 된다.

〈대금결제방법의 비교〉

구 분		한국법	영미법	독일법	UN협약
청약의 의사표시	대화자간	도달주의	도달주의	도달주의	도달주의
	격지자간	도달주의	도달주의	도달주의	도달주의

④ 청약의 효력상실

　㉠ 승낙 : 청약은 승낙에 의하여 합의가 성립하기 때문에 그 효력을 상실한다.

　㉡ 청약의 거절 또는 반대 청약(Rejection of Offer or Counter Offer)

　　• 피청약자가 청약을 거절하면 청약의 효력은 소멸하며 그 후에는 그 청약을 승낙하여도 계약을 성립시킬 수 없다.

　　• 부분적 승낙(Partial Acceptance) : 청약의 내용에 조건을 붙여 그 일부만을 승낙하는 것으로서 반대 청약이 되어 최초의 청약에 대하여 거절하는 효과를 가지므로 최초의 청약의 효력은 상실된다.

　　• 의뢰부 승낙(Acceptance Accompanied by Request) : 피청약자가 청약자에 대하여 청약의 내용을 바꾸어 주기를 바라거나 문의하는 정도의 것으로서 반대 청약이 아니기 때문에 청약의 효력에 영향을 미치지 않는다.

　㉢ 청약의 철회(Revocation of Offer) : 청약의 철회는 청약의 효력을 소멸시키는 의사표시이다. 이것은 반드시 상대방에게 통지되어야 하고, 그 통지는 상대방이 청약을 승낙하기 전에 상대방에게 도달해야 한다.

　㉣ 당사자의 사망(Death of Parties) : 피청약자나 청약자가 청약이나 반대 청약의 승낙 이전에 어느 일방이 사망했을 경우 청약이나 반대 청약은 그 효력을 상실한다.

　㉤ 시간의 경과(Lapse of Time) : 청약은 그 내용에 승낙기간이 정해져 있을 경우에는 그 기간이 경과하면, 그와 같은 기간이 정해져 있지 않을 경우에는 상당한 기간(Reasonable Time)이 경과하면 효력이 소멸한다.

(3) 승낙(Acceptance)

① 피청약자가 청약자의 Offer를 수락하여 계약을 성립시키고자 하는 의사표시

② 계약을 유효하게 성립시키기 위해서는 승낙은 청약의 유효기간 내에 행해져야 하며, 청약의 모든 내용에 대해 무조건 승낙(Unconditional Acceptance)하는 완전한 승낙(Complete Acceptance) 이어야 하므로 청약내용에 대하여 변경을 요구하거나 일정한 단서를 붙이는 경우에는 승낙이라고 보지 않고 반대 청약(Counter Offer)이라고 한다.

③ 청약에 대한 반대청약이 있을 경우에는 계약은 성립되지 않는다. 즉 부분적 승낙, 조건부 승낙 등은 반대청약에 해당하는 것으로서 계약을 성립시키지 못한다.

④ 승낙의 방법

승낙의 방법이 지정되어 있는 경우에는 지정된 통신수단을 이용하여 승낙하여야 한다. 이때 따른 통신수단을 이용하게 될 때는 청약자의 승인이 없다면 그 계약은 무효가 된다. 이와 달리 지정통신 수단이 없는 경우에는 합리적인 방법으로 승낙하면 된다.

⑤ 승낙의 효력발생 시기

　　㉠ 발신주의(Post-Mail Rule) : 피청약자가 승낙의 의사표시를 발신했을 때 계약이 성립한다고 보는 입법주의

　　㉡ 도달주의(Receipt Rule) : 피청약자의 승낙의 의사표시가 청약자에게 도달한 때에 계약이 성립 한다고 보는 입법주의

　　㉢ 요지주의 : 단순히 물리적으로 승낙의 의사표시가 도달될 뿐만 아니라 현실적으로 청약자가 그 내용을 인지한 때에 계약이 성립한다고 보는 입법주의

　　㉣ 발신주의 : 보통 피청약자에게 유리한 반면, 청약자에게는 불리하므로 무역실무상 Offer를 할 때 다음과 같은 문구를 넣어 발신주의폴 도달주의로 변경하는 것이 일반적이다.

"We are pleased to offer you the undermentioned goods, subject to reply received by us not later than September 20, 1996, Seoul time."

지식 in　　**발신주의 · 도달주의**

- 우리 민법, 일본 및 영미법 : 대면, 전화, 텔렉스, 팩시밀리 및 EDI와 같이 거의 동시상황으로 이루어지는 대화자간에는 도달주의를 채택하고, 우편, 전보와 같이 시차가 있는 통신수단으로 이루어지는 격지자 간에는 발신주의를 채택
- 국제물품 매매계약에 관한 UN협약 : 도달주의 채택

(4) 무역계약의 성립절차

절 차	참고사항
해외시장조사 (Market Research)	① 해외시장조사 상식적인 판단 및 문헌을 통하여 자기회사제품이 팔릴 수 있는 기후, 문화, 시장여건 등을 파악하여 판매지역 선정 관련기관 : 무역투자진흥공사, 무역협회
거래선명단 입수	② 거래선 명단의 입수 무역유관기관에 비치된 거래선명부(Directory)를 조사하여 신뢰가 되는 거래선의 명단 및 주소 입수 관련기관 : 무역협회, 상공회의소, 무역투자 진흥공사
자기소개서 발송 (Circular Letter)	③ 자기소개서의 발송 거래상대방에게 자신을 알리는 편지(Circular Letter) 발송
품목에 관한 문의, 답신 (Inquiry)	④ 품목에 관한 문의 및 답신 자기소개서를 받고 답장을 보낸 거래선을 상대로 거래하고자 하는 품목에 관한 상세한 정보를 전달하여 구매의욕 고취
신용조사 (Credit Inquiry)	⑤ 신용조사 계약으로 연결될 가능성이 있다고 판단되는 거래선의 신용을 신용조사 전문기관에 의뢰하여 조사함 관련기관 : 수출보험공사, 무역투자진흥 공사, 한국신용정보, Dun&Bradstreet Korea, SPC, 신용보증기금
거래제의 (Business Proposal)	⑥ 거래제의 신용조사 결과 거래가능업체로 판정된 상대방에게 구체적인 사항을 제시하여 거래제의
청약 및 주문 (Offer and Order)	⑦ 청약 및 주문 수출상이 수입상에게 판매조건을 서면으로 작성하여 제시(Selling Offer)하거나, 수입상이 수출상에게 구매조건을 서면으로 작성하여 제시(Buying Offer)
반대청약을 통한 합의 (Counter Offer)	⑧ 반대청약을 통한 합의 청약을 받은 자가 청약제의자에게 청약사항을 일부 수정하여 다시 제의하는 것으로, 청약과 반대청약이 여러번 되풀이 되면서 거래조건에 대한 최종합의에 이르게 됨
계약체결 (Contract)	⑨ 계약의 체결 거래조건에 대한 최종합의가 이루어진 당사자 일방이 이를 서면으로 작성하여 당사자가 서명함

(5) 무역계약의 종료

무역계약이 종료된다는 것은 매매당사자 간에 성립되었던 계약이 합당한 사유로 인해 그 효력이 소멸 된다는 것을 의미한다.

① 계약을 종료시키는 경우
  ㉠ 합의에 의한 이행종료
  ㉡ 이행에 의한 이행종료
  ㉢ 계약위반에 의한 이행종료
  ㉣ 계약의 목적달성 불능에 의한 이행종료

② 계약위반에 의한 계약종료 : 매매계약에 있어서 어느 한 당사자가 자신의 의무를 합리적으로 이행하지 않거나 이를 위반한 경우 피당사자는 계약을 소멸시킬 수 있으며 계약위반으로 인해 발생한 손해를 보상받기 위해 손해배상청구의 소(訴)를 제기할 수 있다.

06 정형무역거래조건 (INCOTERMS)

(1) INCOTERMS(International Commercial Terms)의 개념

① 국제 상업회의소가 중심이 된 인코텀즈는 1936년 제정한 무역거래조건의 해석에 관한 국제규칙이다.
② 무역거래계약에 있어 화물거래의 일시 및 장소, 소유권의 이전, 위험의 이전, 운송계약, 운임지급, 보험계약, 통관절차, 관세지급 등 모든 비용에 대한 매도인과 매수인을 구분해 주는 국제통일규칙이다.
③ 인코텀즈

구분	정형거래조건	
복합운송조건 (Rules for Any Mode or Modes of Transport)	• EXW(공장도인도조건) • CPT(운송비지급인도조건) • DAP(목적지인도조건) • DDP(관세지급인도조건)	• FCA(운송인인도조건) • CIP(운송비·보험료지급인도조건) • DPU(도착지양하인도조건)
해상운송조건 (Rules for Sea and Inland Waterway Transport)	• FAS(선측인도조건) • CFR(운임포함조건)	• FOB(본선인도조건) • CIF(운임보험료포함조건)

(2) 인코텀즈 2020의 주요 특징

① 국제무역환경의 변화를 반영하고자 '인코텀즈 2010'을 개정한 것으로 2020년 1월 1일부터 시행되었다.

② 주요 개정사항

　㉠ DAT 조건이 DPU로 변경: DAT(Delivered at Terminal)는 터미널에서 양하·인도해주는 조건이었고,

　㉡ CIF

참고　CIF와 CIP 간 적하보험부보 범위의 차별화

조건	인코텀즈 2010	인코텀즈 2020
CIF	매도인의 최소부보 의무 ICC(C)	• 매도인의 최소부보 의무 ICC(C) • 높은 수준의 담보조건의 부보 합의 가능
CIP	매도인의 최소부보 의무 ICC(C)	• 매도인의 최대부보 의무 ICC(C) • 낮은 수준의 담보조건의 부보 합의 가능

　㉢ FCA 조건 변경: FCA는 해상운송은 물론 항공운송, 복합운송 등에 모두 쓰일 수 있는 조건으로, FCA조건이 해상으로 쓰일 때 선적선하증권(On board B/L)이 요구되는 경우가 많아 이를 첨부할 것을 요구할 수 있다는 내용이 추가되었다.

　㉣ 매도인과 매수인의 비용 조항에 대한 조항의 위치가 변경: 2010년 버전에 비해 인도(A2/B2)와 위험이전 (A3/B3)의 중요성이 부각되고, 비용에 관한 규정을 A9/B9항목에 정리하였다.

　㉤ FCA, DAP, DPU 및 DDP에서 매도인 또는 매수인 자신의 운송수단에 의한 운송을 허용함으로써 실무적인 사항을 반영하였다.

　㉥ 운송·수출통관·비용조항에 보안관련 의무를 삽입하였다.

　㉦ 소개문과 사용자를 위한 설명문을 보강하였다.

참고　Incoterms 2020의 주요 개정사항 정리

> • 본선적재표기가 있는 선하증권과 인코텀즈 FCA 규칙과의 조화
> • 매도인과 매수인의 비용조항에 대한 조항의 위치가 변경됨
> • CIF와 CIP 간 적하보험부보 범위의 차별화
> • FCA, DAP, DPU 및 DDP 규칙에서 매도인 또는 매수인 자신의 운송수단에 의한 운송을 허용함
> • DAT에서 DPU로의 명칭 변경 및 내용 수정(DAT 규칙 폐지)
> • 운송의무 및 비용조항에 보안관련요건 삽입
> • 사용자를 위한 설명문

(3) 인코텀즈 2020의 조건별 해설

① EXW(EX Works, 공장인도조건)

    ㉠ 매도인이 수출통관절차를 이행하지 않고, 수취용 차량에 적재하지 않은 상태로 매도 인의 구내 또는 기타 지정된 장소(예 작업장, 공장, 창고 등)에서 물품을 매수인의 임의처분상태로 놓아두어 인도하는 조건이다.

    ㉡ 공장인도는 매도인에 대한 최소한의 의무를 나타내며, 매수인은 매도인의 영업소로 부터 물품을 인수하는데 수반되는 모든 비용과 위험을 부담한다.

② FCA(Free, Carrier, 운송인인도조건)

    ㉠ 매도인이 수출통과된 상품을 지정된 장소에서 매수인이 지정한 운송인이나 제3자에 게 물품을 인도할 때 매도인의 위험과 비용의 분기점은 종료된다.

    ㉡ 매도인의 구내가 아닌 기타의 장소에서 물품을 인도할 경우 매도인은 하역 책임이 없다.

    ㉢ 본선적재 선하증권 발행 : 의무사항은 아니지만 당사자 간에 합의가 있는 경우 매수 인은 그의 운송인에게 본선적재표기가 있는 선하증권을 매도인에게 발행하도록 지 시해야 한다.

③ CPT(Carriage Paid To, 운송비지급인도조건)

    ㉠ 매도인은 목적지까지 운송비(Cost of Carriage)를 부담하며, 운송비는 해상운임과 구별되는 것으로 매수인이 지정한 내륙의 어느 지점의 도착에 따른 도로운임, 내수 로 운임, 철도운임, 항공운임, 해상운임 등의 복합운송을 의미한다.

    ㉡ 수출자에서 매도인이 지정한 운송인에게 수출 통과된 물품을 인도할 때 위험의 분기 점이 종료되고, 물품의 인도 후 발생되는 멸실·손상에 대한 위험은 매수인에게 이 전된다.

④ CIP(Carriage and Insurance Paid to, 운송비·보험료지급인도조건)

    ㉠ CPT조건에 운송보험의 부보의무가 추가된 조건이다.
           ↳ 운송비지급인도조건   ↳ 보험을 부담해야 하는 의무

    ㉡ CIF 조건과 마찬가지로 매도인이 보험계약 체결 및 목적지까지 발생되는 모든 비용
          ↳ 운임보험료 포함조건
    을 부담한다.

    ㉢ 매도인은 보험을 부보할 당시 협회적하약관 ICC(A) 또는 이와 유사한 담보범위의 조건으로 보험을 부보하여야 한다(단, 당사자 간 합의에 따라 더 낮은 수준의 담보조 건으로 보험에 부보하기로 합의 가능).

⑤ DAP(Delivered At Place, 목적지인도조건)
　㉠ 수입국의 지정 목적지에서 물품이 운송수단에 적재된 상태로 매수인의 처분 하에 물품을 놓아두거나 그렇게 인도된 물품을 조달한 때 위험이 매수인에게 이전된다.
　㉡ 양륙하지 않은 상태에서 매수인의 임의처분상태로 놓여졌을 때 매도인이 인도 완료 하는 것이다.

⑥ DPU(Delivered At Place Unloaded, 도착지양하인도조건)
　㉠ 매도인이 물품이 지정목적지에서 도착운송수단에서 양하된 채 매수인의 처분 하에 놓거나 그렇게 인도된 물품을 조달한 때를 인도시점으로 보는 조건이다.
　㉡ 목적국의 지정 목적지에서 물품이 운송수단에서 양하된 상태로 매수인의 처분 하에 물품을 놓아두거나 그렇게 인도된 물품을 조달한 때 위험이 매수인에게 이전된다.
　㉢ 인코텀즈에서 물품을 양하하도록 규정한 유일한 규칙이다.

⑦ DDP(Delivered Duty Paid, 관세지급인도조건)
　㉠ 매도인이 지정된 목적지에서 수입통관을 이행하고, 도착된 운송수단으로부터 양륙 되지 않은 상태로 매수인에게 물품을 인도하는 조건이다.
　㉡ 매도인은 목적지에 도착할 때까지 모든 운송비용과 위험을 부담하고 수입통관에 대한 의무도 부담한다.
　㉢ DDP는 매도인에 대한 최대 의무를 나타내는 것으로 매도인에게 가장 많은 비용과 위험이 부과된다.

⑧ FAS(Free Alongside Ship, 선측인도조건)
　지정 선적항에서 매수인이 지정한 본선의 선측에 물품이 인도되어 놓여진 때부터 물품 에 대한 비용과 위험은 매수인이 부담한다.

⑨ FOB(Free On Board, 본선인도조건)
　㉠ 실무적으로 CIF조건과 함께 가장 많이 쓰이는 조건으로 현물매매 인도가격으로 볼 수 있다.　↳ 운임보험료 포함조건
　㉡ 지정선적항에서 매수인에 의하여 지정된 본선에 적재하여 인도하거나 이미 그렇게 인도된 물품을 조달하는 경우 인도된 것으로 보는 조건이다.
　㉢ 매도인은 수출 통관하여 물품을 본선적재하고 본선적재비용과 위험을 부담하며, 이 후의 위험과 추가비용은 모두 매수인이 부담한다.

⑩ CFR(Cost and Freight, 운임포함인도조건)
　㉠ FOB조건과 같이 상품이 선적항의 본선상에 인도될 때 매도인의 인도의무는 완료되나
　↳ 본선인도조건

매도인은 목적항 까지의 운임(비용)을 부담(FOB+목적항까지의 운임)한다.

ⓛ 매도인의 인도의무가 완료된 후 상품의 멸실·손상에 대한 비용은 매수인에게 이전된다.

⑪ CIF(Cost, Insurance and Freight, 운임·보험료포함인도조건)

ⓖ 매도인은 ICC 약관 C조건이나 이와 유사한 수준의 보험에 부보하여야 한다(단, 당사자 간 합의에 따라 더 높은 조건의 보험에 부보하도록 협의 가능).

ⓛ 보험계약을 체결할 때는 보험계약자와 피보험자 모두 매도인으로 동일하며, 선적 후에는 보험증권에 배서하여 보험금 청구권리를 매수인에게 양도하므로 최종적인 피보험자는 매수인으로 변경한다.

ⓒ 보험손해가 발생 시 선적 전의 손해는 매도인에게 보상청구권리가 있고 선적 후 발생하는 보험손해의 청구권리를 매수인에게 있다.

07 신용장 (L/C)

(1) 신용장(L/C)의 개념

① 신용장(Letter of Credit ; L/C)이란 무역거래의 대금지불 및 상품 입수를 원활하게 하기 위하여수입상의 거래은행이 수입업자(신용장 개설의뢰인)의 요청으로 수출업자로 하여금 일정기간 및 일정조건하에서 운송서류(Transport Document)를 담보로 하여 수입업자, 신용장 개설은행 또는 개설은행이 지정하는 환거래 취결은행을 지급인으로 하는 화환어음을 발행하도록 하여 이 어음이 제시될 때에 지급 또는 인수할 것을 어음발행인(수출업자) 및 어음수취인(어음매입은행)에 대하여 확약하는 증서 (Document) 이다.

② 신용장이란 특정은행이 수입업자의 지불능력을 특정조건아래 보증하는, 즉 상업신용(Trade Credit, Commercial Credit)을 은행신용(Bank Credit)으로 전환시켜 주는 금융수단이다.

(2) 신용장의 기능

① 국제무역촉진기능

ⓖ 수출입당사자 간에 매매계약이 체결되었다 할지라도 신용장이 개설되어 있지 않는 경우에는 수출상이 계약조건대로 계약기간 내에 선적할 것인지 확신을 가질 수 없다.

      ⓛ 수입상은 상품을 주문한 후 시세하락 등의 이유로 주문을 취소하거나 가격인하를 요구할 수도있다. 이에 대해 신용장은 수출대금결제를 보장하고 상품의 수령을 확실하게 함으로써 국제무역을 촉진시키는 역할을 수행한다.

② 금융수단의 기능
      ㉠ 신용장에 의한 수출대금은 개설은행이 지급을 확약하고 있으므로 수출자는 내도된 신용장을 근거로 수출에 소요되는 자금을 융자받을 수 있다.
      ⓛ 수출을 이행하고 나면 수입자가 대금을 지급하기 전이라도 수출자는 환어음을 발행하여 자기거래은행에 매입 또는 할인을 의뢰함으로써 수출대금을 회수한다.
      ⓒ 수입자는 상품이 도착한 후에 대금을 지급할 수도 있고 기한부 신용장에 의하여 수입상품의 매매대전으로 수입대금을 결제할 수도 있어 금융상의 혜택을 볼 수도 있다.

(3) 신용장의 효능

① 수출업자 측면
      ㉠ 수입자의 신용과 관계없이 개설은행의 신용으로 대금지급이 약속되므로 대금회수가 확실하다.
      ⓛ 체결된 계약의 일방적인 취소 또는 변경 등의 위험은 신용장의 개설과 동시에 불가능하게 되어 거래가 확실하다.
      ⓒ 수입국의 외환사정 악화에 따른 대외지불 중지 등 환결제의 위험을 방지할 수 있다.
      ⓔ 수출대금은 선적 후 수입자 소재지의 은행이 매입 등을 하므로 즉시 회수가 가능하다.
      ⓜ 신용장을 담보로 하여 금융의 혜택을 받아 수출상품 또는 상품제조에 필요한 원료를 확보할 수 있다.

② 수입업자 측면
      ㉠ 수출자는 대금회수를 위해 신용장에서 요구한 운송서류를 정확히 제시해야 하므로 계약상품이 제대로 선적될 것이라는 확신을 가질 수 있다.
      ⓛ 신용장에는 최종 선적일과 유효기일이 명시되어 있어 계약상품이 적기에 도착할 것을 확신할 수 있다.
      ⓒ 운송서류를 인도받으면서 개설은행으로부터 화물대도에 의한 신용을 공여 받아 상품이 판매되는 기간 동안 대금결제를 연기받는 혜택을 받을 수 있다.
      ⓔ 은행의 신용을 이용하여 자기의 신용을 강화할 수 있어 자신에게 유리한 계약을 체결할 수 있다.

(4) 신용장 거래의 당사자

① 개설의뢰인(Applicant)

  ㉠ 거래계약의 당사자인 매수인은 자기 거래은행에 신용장의 개설을 의뢰하게 된다. 개설의뢰인은 원칙적으로 매수인에 해당하는 것이지만, 때로는 매수인의 거래처인 제3자가 되는 경우도 있다. 또한 개설의뢰인은 화물의 수하인인 동시에 환어음의 결제자가 된다.

  ㉡ 개설의뢰인은 보는 각도와 기능에 따라 Importer, Opener, Buyer, Accountee(대금결제인), Drawee(환어음지급인), Consignee(수하인), Accredited Buyer(수신매수인) 등이 된다.

② 개설은행(Issuing Bank, Opening Bank)

  ㉠ 개설의뢰인의 요청과 지시에 따라 수출자 앞으로 신용장을 발행하는 은행으로서 Credit Writing Bank, Grantor라고도 한다.

  ㉡ UCP 500에서는 지급, 인수 또는 매입은행이 있다하더라도, 신용장의 개설은행이나 확인은행 의 원칙적인 지급의무를 특히 강조하고 있다.

③ 수익(Beneficiary)

  ㉠ 신용장의 수취인을 수익자(Beneficiary) 또는 수혜자라고도 하며 수출자가 신용장거래시에 수익자가 된다. 수익자는 그 기능과 보는 각도에 따라 Exporter, Shipper, Drawer, Payee(대금 영수인), Accreditee(신용수령인), Addressee User(수신사용인) 등이 된다.

  ㉡ 양도가능신용장에서는 원신용장의 수혜자를 제1수익자라 하며 양도받은 양수인을 제2수익자라 한다.

④ 통지은행(Advising Bank, Notifying Bank)

  ㉠ 신용장 개설은행은 신용장을 개설하면 그 사실과 내용을 수출자에게 통지해야 한다.

  ㉡ 신용장 통지방법

  • 수익자에게 직접 통지하는 방법

  • 수익자 소재지에 있는 개설은행의 환거래은행을 통해 통지하는 방법 : 개설은행의 요청을 받아 신용장을 통지해 주는 은행을 신용장 통지은행이라 하고, 통지은행은 개설은행의 요청에 의하여 신용장이 개설되었음을 단순히 통지하는데 그치며, 거래에 대하여 어떠한 책임을 지거나 또는 약정을 하는 것은 아니다.

〈신용장거래의 기본당사자〉

구 분	내 용
개설의뢰인 (Applicant)	매수인으로서 수입지에서 신용장의 개설을 의뢰 하는 자
수익자(Beneficiary)	매도인으로서 신용장 조건을 이행하고 대금을 인수 하는 자
개설은행(Issuing Bank)	수입업자의 요청에 따라 신용장을 개설하고 대금 지급을 확약 하는 자
확인은행(Confirming Bank)	개설은행이 신용이 불확실한 경우, 신용장 대금의 지급을 추가로 확약하는 당사자
통지은행(Advising Bank)	신용장의 기본 당사자는 아니지만 인수은행이나 지급은행 또는 확인은행을 겸하기도 함

⑤ 확인은행(Confirming Bank)

신용장 개설은행 이외에 제3은행이 그 신용장에 의해서 발행되는 어음을 지급·인수·매입하겠다는 약속을 추가하거나 개설은행이 그 어음을 지급·인수·매입할 것이라는 보증을 하는 경우가 있는데 이러한 행위를 신용장의 확인이라 하고 이 확인을 행한 은행을 확인은행이라고 한다.

⑥ 매입은행(Negotiating Bank)

수익자는 물품선적을 완료한 후 개설은행 앞으로 환어음을 발행하고 신용장에서 요구하는 운송서류를 첨부하여 자기의 거래은행에 환어음의 매입을 신청하는데, 이때 환어음을 매입하는 은행을 매입은행이라고 한다.

⑦ 지급은행(Paying Bank)

㉠ 신용장에서 매입은행에 의한 수출환어음의 매입을 인정하지 않고 특정은행이 화환어음과 상환하여 수익자에게 지급할 것을 규정하고 있는 신용장을 지급신용장(Straight Credit)이라고 하는데, 이와 같은 지급신용장에 의거하여 지급을 위탁받은 은행을 지급은행이라고 한다.

㉡ 지급은행의 지급행위는 통지은행과 같이 그 지급행위에 대해 아무런 책임을 부담하지 않고 단 순히 대금을 지급해주는 역할만 수행한다.

⑧ 인수은행(Accepting Bank)

신용장에 의해 발행되는 어음이 기한부어음일 것을 조건으로 하는 신용장을 기한부신용장(Usance Credit)이라고 하는데, 이와 같은 기한부신용장에 의거하여 발행된 기한부어음을 인수하는 은행을 인수은행이라고 하며, 인수은행은 어음의 만기일에 비로소 지급은행이 된다.

〈무역거래 관계에 따른 당사자의 명칭〉

구분	Exporter(수출업자)	Importer(수입업자)
신용장관계	Beneficiary(수익자)	Applicant(개설의뢰인)
매매계약 관계	Seller(매도인)	Buyer(매수인)
화물관계	Shipper/Consignor(송하인)	Consignee(수하인)
환어음관계	Drawer(환어음발행인)	Drawee(환어음지급인)
계정관계	Accounter(대금수령인)	Accountee(대금결제인)

⑨ 결제은행(Settling Bank)

신용장의 결제통화가 수입국이나 수출국의 통화가 아닌 제3국의 통화일 경우는 제3국에 있는 개설은행의 예치환거래은행에 결제은행(Settling Bank)이 되며, 어음을 매입한 은행에 대금을 상환해 주는 은행이라고 해서 상환은행 (Reimbursing Bank) 이라고도 한다.

(5) 신용장거래의 과정

신용장거래방식에 의한 국제무역거래에 있어 수입자를 주체로 한 정상적인 경우의 절차는 다음과 같다.

① 국내의 수입자가 외국의 수출자와 매매계약을 체결하고 물품매도확약서를 받는다.
② 수입자는 외국환은행에 수입승인을 신청하여 수입승인서(I/L)를 받는다.
③ 수입자는 거래은행 신용장거래약정을 체결한 후 수입신용장개설을 의뢰한다.
④ 수입신용장(L/C)개설을 의뢰받은 외국환은행은 L/C를 발행하여 수출자가 소재하고 있는 외국의 통지은행에 L/C도착을 통지한다.
⑤ 통지은행은 수출자에게 L/C 도착을 통지한다.
⑥ L/C를 받은 수출자는 상품을 선적한 후 선하증권을 취득한다.
⑦ 보험증권, 상업송장 등 L/C에서 요구하는 서류를 구비하여 매입은행에 회환어음 매입을 의뢰한다.
⑧ 매입은행은 운송서류와 교환하여 수출자에게 환어음대금을 지급한다.
⑨ 매입은행은 수출자에게 지급한 어음대금을 결제받기 위해 L/C개설은행에 어음 및 운송서류를 송부한다.
⑩ 매입은행은 어음대금을 개설은행 또는 상환은행에 상환청구한다.
⑪ 개설은행은 매입은행으로부터 운송서류가 도착하면 수입자에게 운송서류 도착통지를 한다.
⑫ 개설은행은 수입자가 수입대금을 결제하면 운송서류를 인도한다.

⑬ 선박회사는 화물이 도착하면 수입자에게 화물도착 통지를 한다.

⑭ 화물도착 통지를 받은 수입자는 선박회사에 B/L을 제시하고 화물을 인도받는다.

〈신용장(L/C) 당사자들 간의 거래흐름도〉

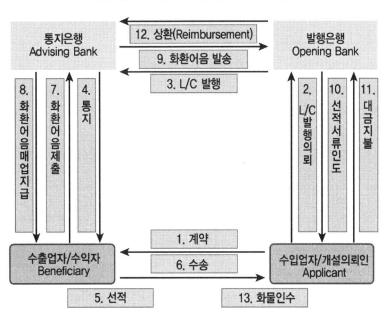

(6) 신용장의 종류

① 상업화환신용장과 무담보신용장

㉠ 상업화환신용장(Commercial Documentary L/C)

- 수출상이 상품대금 회수위하여 발행한 환어음의 매입·인수·지급시 물권증서(Document of Title)로서의 선하증권(B/L), 상업송장 등 신용장에서 요구하는 선적서류(Shipping Documents)를 첨부하여 은행에 제시할 것을 요구하는 신용장

- 개설은행은 매입은행을 통해 도착한 환어음 및 선적서류를 심사하여 매입은행에 대금을 상환하며, 개설의뢰인인 수입상에 대해서는 신용장개설약정에 따라 선적서류를 담보로 하여 환어음을 인수할 것과 대금을 지급할 것을 요구한다.

㉡ 무담보신용장(Clean L/C)

- 은행이 환어음의 매입·인수·지급시 선적서류를 요구하지 않을 것을 조건으로 하는 신용장이며, 무화환신용장이라고도 한다.

- 무역거래의 결제에 사용되는 경우는 적으며 다만 운임, 보험료나 수수료 등의 무역외거래의 결제에 이용되는 경우가 많다.

② 취소불능신용장과 취소가능신용장

    ㉠ 취소불능신용장(Irrevocable Credit)

- UCP 600 제6조는 신용장상에 'Irrevocable'의 명시가 있거나 또는 취소여부에 대한 아무런 명시가 없는 신용장은 모두 취소불능신용장에 속하는 것으로 규정하고 있다.
- 이 신용장이 개설되어 수익자에게 통지된 이상 신용장상의 유효기한 내에는 신용장 관계당사자 전원의 합의 없이는 신용장을 취소하거나 신용장의 조건변경이 불가능한 것을 말한다.

    ㉡ 취소가능신용장(Revocable Credit)

- 신용장상에 'Revocable'의 명시가 있는 신용장
- 신용장을 개설한 은행이 수익자에게 사전통지 없이 일방적으로 신용장 자체를 취소하거나 신용장의 내용을 변경할 수 있으므로 신용장으로서의 가치가 없다고 할 수 있으나, 취소가능신용장도 개설되어 통지은행을 통해서 일단 수익자에게 통지된 후 당해 신용장의 취소나 조건 변경의 통지가 은행에 접수되기 전에 원신용장 조건대로 지급·인수·매입이 이루어진 경우에, 또는 연지급(Deferred Payment)을 목적으로 서류를 인수한 은행에 대하여는 개설은행이 상환의무를 진다.

③ 양도가능신용장과 양도불능신용장

    ㉠ 양도가능신용장(Transferable Credit)

- 신용장의 원수익자(First Beneficiary)가 신용장금액의 전부 또는 일부를 제3자(제2의 수익자)에게 양도할 수 있는 권한을 부여한 신용장
- 양도가능신용장에는 반드시 'Transferable'이라고 특별히 명시한 경우에 한하여 양도할 수 있다. 양도가능신용장은 1회에 한하여 양도가 허용되며, 분할선적이 금지되어 있지 않는 한 최초의 수익자는 다수의 2차 수익자에게 분할양도(Partial Transfer)할 수 있다(단, 제2차 수익자인 양수인은 제34에게 재양도를 금지하고 있어 양도권은 최초의 수익자만이 갖는다).
- 원칙적으로 신용장의 양도는 원신용장에 명시된 조건에 의해서만 가능하다.

    ㉡ 양도불능신용장(Non-Transferable Credit) : 신용장상에 'Transferable'이란 문언이 없는 모든 신용장은 양도가 허용되지 않는 신용장으로, 수익자가 신용장을 제3자에게 양도할 수 없으며 지정된 수익자만이 그 신용장을 사용할 권리를 가진다.

④ 확인신용장과 무확인신용장

    ㉠ 확인신용장(Confirmed Credit)

- 신용장에 개설은행 이외의 제3은행의 확인, 즉 수익자가 발행하는 어음의 인수·지급 또는 매입에 대한 제3은행의 추가적 대금지급확약이 있는 신용장

- 수익자가 이중의 지급확약을 받게 되므로 신용도가 높아지고, 만약의 경우 개설은
  행이 지급 불능상태에 빠지면 확인은행이 개설은행을 대신하여 지급하여야 한다.
  ⓛ 무확인신용장(Unconfirmed Credit) : 수익자가 발행하는 어음의 인수·지급 또는
  매입에 대한 제3의 은행에 의한 추가확인이 없는 신용장

⑤ 일람출급신용장과 기한부신용장
  ㉠ 일람출급신용장(Sight Credit) : 신용장에 의거해서 발행한 환어음이 지급인에게 제
  시되면 즉 시 대금이 지급되는 일람출급환어음(Sight Draft) 발행 조건의 신용장을
  말하나, 일람출급환어 음일지라도 수익자의 환어음 매입요청에 대해 당일 즉시 지급
  되는 경우는 드물다. 이는 매입은 행이 수익자가 제시한 선적서류와 환어음이 신용
  장의 조건과 일치하는지의 여부 확인과 서류의 하자발생시 개설은행에 대금지급여
  부에 대해 확인이 필요하므로 현실적으로 3일에서 5일 정도의 실무처리기간이 필요
  하기 때문이다.
  ㉡ 기한부신용장(Usance L/C)
    - 신용장에 근거해 발행된 환어음의 기간(Tenor)이 기한부인 신용장으로서 개설은
      행이 기한부 환어음과 선적서류의 제시를 받았을 때 수입상이 그 환어음을 인수
      하면 선적서류를 수입상에게 인도하고 신용장조건에 따라 일정기간 후에 만기일
      (Maturity Date)이 내도하면 환어음을 결제하는 신용장을 말한다.
    - Usance어음의 기일 : 일람 후 정기출급(at ×× days after sight), 일부 후 정기출급
      (at ×× days after date), 확정 일 후 정기출급(at ×× days after B/L date) 등

⑥ 상환청구가능신용장과 상환청구불능신용장
  ㉠ 상환청구가능신용장(With Recourse Credit) : 신용장에 의하여 발행된 어음이 개설
  은행의 도산 등에 의하여 인수 또는 지급불능이 되었을 경우, 또는 지급인의 지급불
  능은 아니더라도 그 어음 이 신용장조건과 일치하지 않을 경우에 지급인은 지급을
  거절할 수 있는데, 이 경우에 어음의 소지인인 매입은행이 어음발행인에게 매입대금
  의 상환청구, 즉 소구할 수 있는 신용장을 말한다.
  ㉡ 상환청구불능신용장(Wi比tout Recourse Credit) : 개설은행의 도산, 지급불능 또는
  어음의 신 용장조건과의 불일치로 인해 지급인이 지급을 거절할 경우라 할지라도
  매입은행이 어음발행인에게 이미 지급한 매입대금 상환을 청구할 수 없는 신용장을
  말한다.

⑦ 회전신용장(Revolving Credit, Self Continuing Credit)
  ㉠ 일정한 기간 동안 일정한 금액의 범위 내에서 신용장금액이 자동적으로 갱신되도록
  되어 있는 신용장

ⓛ 회전신용장은 하나의 신용장으로 신용장의 유효기한 동안 반복적으로 사용할 수 있다.

ⓒ 동일한 거래처에 동일한 물품을 계속적으로 거래할 경우 거래할 때마다 매번 신용장을 개설하려면 개설의뢰인의 많은 시간과 노력 및 발행수수료가 들게 되는데 이러한 불편과 경비 등을 제거하기 위하여 회전신용장을 사용한다.

⑧ 보증신용장(Stand-by L/C)

ⓖ 금융 또는 채권보증 등을 목적으로 발행되는 신용장

ⓛ 일반적으로 국내상사의 해외지사 운영자금 또는 국제입찰의 참가에 수반되는 입찰보증(Bid Bond), 계약이행보증(Performance Bond), 선수금상환보증(Advance Payment Bond)에 필요한 자금 등을 현지은행에서 공급받는 경우 동채권을 보증할 목적으로 국내 외국환은행이 해외은행 앞으로 발행하는 신용장이다.

ⓒ 만일 우리나라 상사의 해외지점이 채무를 불이행하는 경우에는 현자 금융기관은 이 신용장에 의하여 개설은행 앞으로 일람불어음(Sight Bill)을 발행하여 대금지불을 청구하게 된다.

(08) 수출대금의 회수

(1) 수출대금 회수의 의의

① 수출상은 매매계약에 따라 물품을 선적 후 선박회사로부터 선하증권을 발급 받으면 제반 선적서류를 첨부한 화환어음을 발행하여 거래은행인 외국환은행에 매입 또는 추심을 의뢰하여 수출대금을 회수할 수 있다.

② 수출상은 승인된 대금결제방식에 의하여 당해 물품의 대금전액을 회수하여야 하며, 수출대금은 수출승인 유효기간 내에 회수되어야 한다. 다만, 수출대금을 분할하여 영수하도록 된 경우에는 분할 금액별 영수일자까지 회수하면 된다.

(2) 수출대금회수의 방법

① 화환어음에 의한 결제방법

ⓖ 수출환어음(Export Bill)을 발행하고 거기에다 선적상품을 담보로 하는 운송서류를 첨부한 화 환어음(Documentary Bill)을 외환은행에 매도함으로써 그 대금을 지급받는 방법으로 가장 널리 이용되고 있다.

ⓛ 수출지의 외환은행은 매도인으로부터 매입한 수출환어음과 운송서류를 수입지에 있는 지점이나 거래은행 앞으로 보내게 되고 운송서류를 접수한 지점이나 거래은행은 그 서류들 매수인에게 전하고 매입금액을 지급받게 된다.

ⓒ 신용장이 있는 경우
  • 매도인이 약정품을 선적한 다음, 수출환어음을 발행하고 거기에 운송서류와 매수인 측에서 보내온 신용장을 첨부하여 수출지의 거래은행이나 그 신용장이 지정된 외환은행에 매입을 의뢰한다.
  • 매도인이 신용장과 운송서류를 첨부한 수출환어음을 제시하면 매입은행은 그것과 상환으로 수출환어음 금액을 전액 지급하게 되고 매도인은 선적상품의 대금을 회수하게 된다.

ⓔ 신용장이 없는 경우 : 외환은행은 신용장이 없으므로 선적상품 금액의 70~80%만을 지급하고 잔액 20~30%는 일반적으로 외환은행측이 매수인으로부터 선적상품 금액을 전액 받았을 때 지급하게 된다.

② 추심환어음에 의한 결제방법
  ㉠ 매수인의 신용상태가 불량하거나 수입국의 금융상태가 좋지 않을 경우에는 수출상품의 대금회 수를 위하여 매도인은 화환어음을 이용하지 않고 추심환어음(Collection Bill)을 발행하게 된다.
  ㉡ 추심환어음을 운송서류와 함께 외국환은행에 매입을 의뢰하여 수출상품의 대금을 회수한다.
  ㉢ 매도인은 매수인을 지급인, 수입지의 매수인의 거래은행을 수취인으로 하는 추심환어음을 발행하고, 여기에 운송서류를 첨부하여 추심의뢰서와 함께 자기 거래 은행에 제출한다.
  ㉣ 거래은행은 운송서류를 수입지의 은행에 보내고, 그 은행으로 하여금 운송서류와 상환으로 선적상품의 대금을 회수한다.

(3) 수출대금의 회수절차

① 화환어음거래약정의 체결 : 외국환은행은 화환어음을 수출상으로부터 매입하기 전에 매입의뢰자 (수출업자)와 화환어음거래약정을 체결하는데 이는 매입행위가 일종의 여신행위이므로 환어음의 매입에 관해 담보·책임 등의 한계를 명확히 하기 위해서이다.
② 환어음의 발행 : 수출상은 환어음을 발행할 때 우송 중의 분실 또는 지연에 대비하여 2통을 1조로 발행한다. 제1권(First Bill of Exchange)에는 선적서류의 원본을 각 1통씩 첨부하고, 제2권(Second Bill of Exchange)에는 부본을 첨부하여 각기 다른 항공편으로 수입국의 개설은행 앞으로 보낸다.

〈환어음〉

BILL OF EXCHANGE

No. ① 환어음 번호   ② 환어음 발행일

FOR ③ 어음금액

AT ④ 지급기일 SIGHT OF THIS FIRST BILL OF EXCHANGE (SECOND OF THE SAME

TENOR AND DATE BEING UNPAID) PAY TO ⑤ 수취인의 표시 OR ORDER THE SUM OF

⑥ 어음금액으로 ③에서 명시한 금액을 문자(영문)로 표기

VALUE RECEIVED AND CHARGE THE SAME TO ACCOUNT OF ⑦ 해당어음 최종지급자인

수입업체

DRAWN UNDER ⑧ 개설은행

L/C NO. ⑨ 신용장 번호 DATE ⑩ 신용장이 개설된 날짜

TO ⑪ 신용장상 지불인(대개 발행은행)

⑫ 수출자의 서명

③ 환어음 매입신청서의 작성 : 수출환어음매입신청서의 제출은 반드시 외국환은행장과의 수출화환어음약정이 선행되어야 하며, 이 약정에 의하여 외국환은행은 동 신청서를 접수하고 운송서류를 매입한다. 수출환어음매입신청서를 외국환은행에 제출할 때에는 신용장원본과 신용장이 요구하는 제반 운송서류를 함께 첨부해야 한다.

④ 환어음의 매입의뢰 : 수출상은 환어음과 운송서류를 작성 · 검토한 후 외국환은행에 이를 매입의뢰하여야 한다. 외국환은행은 제출된 운송서류가 신용장 조건에 일치하는지의 여부를 심사하고 또 수출물품이 세관에 수출신고된 것인지의 여부를 확인하기 위해 수출면장을 징수한 후 신용장의 뒷면에 매입일자, 금액 및 매입은행명을 기재하고 수출상에게 대금을 지급한다. 이때 매입수수료, 수출금융액 등을 공제하고 지급한다. 매입은행은 신용장 발행은행에 운송서류를 송부하고 수출대금을 보상청구하게 된다.

㉠ D/A, D/P어음의 매입 : D/A 또는 D/P어음의 경우는 신용장 베이스와는 달리 외국환 은행의 환어음 매입에 대한 확약이 없으므로 외국환은행은 환어음을 매입하는 대신 이를 추심하게 된다. 즉, 환어음의 지급인으로부터 대금이 회수될 때까지 환어음의 대금을 지급하지 않거나 또는 지급인의 지급통지가 있을 때까지 어음금액의 일부를 Margin Money로서 유보하게 된다.

㉡ 환어음의 매입수수료

• 환가료 : 매입은행이 화환어음을 매입하는 경우에 환율은 표준추심일수인 9~20일의 이자를 차감한 일람출급 환어음 매입물을 적용한다.

• 대체료 : 은행이 봉사하는 수수료로 매입대금을 원화로 지급하는 경우에는 징수하지 않고, 외화로 지급하는 경우에만 징수한다(대금 전액의 0.1%).

- 지연이자 : 외국의 발행은행으로부터 매입대금이 12일 이내에 입금되지 않고 지연될 경우에 매입은행이 징수하는 이자로 지연이자율은 환가료를 징수하는 당일의 요율에 장부가격을 곱 하여 원화로 징수한다.

⑤ 환어음과 운송서류의 은행심사
  ㉠ 신용장 내용의 확인 : 매입은행은 먼저 신용장의 내용을 확인하고 신용장 조건과 제시된 서류가 일치하는지를 심사하여야 한다.
  ㉡ 운송서류의 심사 : 매입은행은 신용장의 내용을 확인한 후 수익자가 제시한 운송서류와 환어음이 신용장 조건과 일치하는지를 면밀히 심사하여야 한다.
  ㉢ 환어음의 심사 : 매입은행은 수익자(수출상)가 발행한 환어음이 신용장 조건과 일치하는지를 심사한 후에 매입을 결정하게 된다. 신용장에는 환어음의 발행요건에 관한 지시가 있으므로 이에 따라 발행된 환어음은 신용장의 유효기 일과 서류제시 기한 내에 매입은행에 제시되어야 한다.

지식 in 　**환어음의 당사자**

- 환어음을 발행하고 서명하는 '발행인(Drawer)'
- 금전상의 일정금액을 지급하도록 지시된 '지급인(Drawee)'
- 금액을 지급받도록 발행인에 의하여 지시된 '수취인(Payee)'
- 환어음을 점유하고 있는 '소지인(Holder)'

⑥ 발송통지서(Covering Letter)의 작성
  수출국의 매입은행은 수익자가 제시한 제반 서류가 신용장 조건과 일치하여 운송서류와 환어음의 매입이 끝났다면 신용장의 이면에 매입일자와 금액을 기입한 후 매입한 환어음의 이면에 'pay to order of ××× Bank'라고 배서 및 서명한 후 발송통지서를 작성하고 여기에 운송서류와 환어음을 첨부하여 발행은행에 송부한다. 발송통지서의 기재사항은 다음과 같다.
  ㉠ 매입은행이 신용장 조건에 일치하게 매입하였다는 사실
  ㉡ 첨부된 운송서류의 종류
  ㉢ 신용장 조건대로 보상은행에 대금의 보상청구를 하였다는 사실

⑼ 수입금액의 결제와 운송서류의 인도

(1) 개요

① 외국의 물품공급업자는 상품을 선적한 후 신용장에서 요구하고 있는 운송서류와 함께 환어음을 발행하여 매입은행에 매각한 후 수출대금을 회수하면, 매입은행은 매입한 환어음 및 운송서류를 개설은행 앞으로 송달(추심)하게 된다.

② 매입은행으로부터 운송서류를 접수한 개설은행은 자기가 개설한 신용장 조건대로 운송서류가 내도 되었는지를 심사하여 수입대금 결제여부를 확인한 후 개설의뢰인에게 운송서류를 인도하고 수입대금을 결제받는다.

(2) 발행은행의 서류심사

① 발행은행 서류심사의 의의

㉠ 신용장의 발행은행은 상당한 주의를 기울여 서류를 검토해야 하며, 그 문면의 내용이 신용장 조건과 일치한다면 이를 수리하고 지급, 인수 또는 매입은행에게 대금을 보상하여야 한다.

㉡ 신용장통일규칙에 따르면 발행은행이 타 은행에게 지급·인수 또는 매입하도록 수권한 경우, 발행은행과 확인은행(확인신용장의 경우)은 모두 이러한 지급·인수 또는 는 매입은행에게 대금을 보상하고 서류를 수리하여야 할 의무를 진다.

② 서류심사의 절차

Duplication Document 중에서 먼저 도착한 것으로 내용을 심사하여야 한다. 즉, 발행은행은 매입은행이 발송한 Covering Letter 또는 Collection Letter 상에 기입된 서류 종류와 실제로 도착한 서류가 일치하는지를 확인한 다음 신용장 발행 파일을 찾아 해당된 신용장의 조건과 도착된 서류와 그 기재문언이 일치는지를 확인한다.

㉠ 신용장 철을 꺼내 내도된 서류와 대조 확인한다.

㉡ 수입업자에게 운송서류의 도착통지서를 발송한다.

㉢ 상당한 주의를 기울여 서류를 심사한다.

㉣ 서류심사결과 이상이 없으면 B/L원본에 배서하여 수입업자에게 인도할 준비를 한다.

㉤ 수입업자에게 신용장 대금을 징수하고 운송서류들 넘겨준다.

㉥ 신용장에 정해진 방법에 따라 매입은행의 구좌에 입금이 되도록 조치를 취하면 당해 신용장과 관련된 제반 절차가 모두 종결된다.

(3) 운송서류의 인도

신용장의 발행은행은 매입은행으로부터 도착된 운송서류를 발행 의뢰인에게 넘겨주어야 하는데 이를 운송서류의 인도라 한다. 신용장의 발행의뢰인은 운송서류가 있어야 운송인으로부터 운송화물을 청구할 수 있다. 따라서 화물을 대표하는 권리를 상징하는 운송서류를 수령하려면 이와 상환으로 대금을 지급하여야 한다.

① 운송서류의 원본이 정시에 도착하여 발행은행이 담보권의 행사 없이 서류를 발행의뢰인에게 인도 하는 경우
② 운송서류의 원본이 아직 도착하지 않았을 경우에 수입상의 요청에 따라 수입화물선취보증장(L/G ; Letter of Guarantee)을 활용하여 수입화물을 먼저 인수하도록 하고 서류원본은 나중에 인도하는 방법
③ 신용장의 발행의뢰인이 수입대금의 일시지급이 어려울 경우에는 발행은행이 수입화물에 대하여 담보권을 확보하고 운송서류를 미리 인도해주어 물품을 인수할 수 있도록 하는 수입화물대도(T/R ; Trust Receipt)에 의한 방법

(4) 환어음의 결제

개설은행은 매입은행에서 송달된 환어음 및 운송서류의 점검 후 신용장 조건과의 일치가 확인되면 개설 의뢰인에게 운송서류의 내도를 통지한다. 개설은행은 개설의뢰인에게 운송서류를 인도하기 위하여 환어음의 제시 및 지급 인수의 청구를 하게 되며, 개설의뢰인은 이에 따라 수입대금을 결제하여야 한다.

① 신용장 조건에 따라 환어음의 지급인이 개설의뢰인 앞으로 되어 있는 경우는 개설의뢰인에게, 운송서류의 내도통지와 함께 일람출급어음인 경우는 어음지급을 청구하고 기한부어음인 경우는 어음의 인수를 청구한다.
② 신용조건에 따라 환어음이 개설은행 앞으로 발행되어 왔을 때에는 개설은행은 일람출급어음의 경우라면 당행이 지급하고 나서 개설의뢰인에게 대금지급을 청구하게 된다. 또한 일람출급지급 신용장의 조건에 따라 개설은행의 환거래은행이 지급인으로 되어 있어 환어음이 송부되어 오지 않고 개설은행명의 예치금 계정의 차기통지서(DEHT ADVICE)만 송부되어 오는 경우에도 개설의뢰인에게 환어음을 제시하지 않고 운송서류의 내도통지만으로 수입대금의 결제를 청구하게 된다.
③ 개설은행으로부터 환어음의 지급을 청구받은 개설의뢰인은 수입대금을 자기자금이나 무역금융으로 신용장개설 외국환은행(영업점 기준)의 선적 서류인수일로부터 7일 이내에 결제하여야 하며, 동기일 내에 결제하지 못하면 8일째에 외국환은행이 대지급처리하고 있다. 이 경우 수입대금의 결제를 위하여 이미 적립한 수입보증금을 처분하게 된다. 한편 환율은 수입 어음결제율(전신환매도율 + 10/360 × 연환가료율)을 적용한다.

(5) 수입화물선취보증서(UG ; Letter of Guarantee)

① 수입화물선취보증서의 의의 : 수입화물을 선박회사로부터 수령하기 위해서는 선하증권 원본을 제시하여야 하는데, 우편의 지연 또는 선적서류 작성 및 은행이 매입하는 과정에서 시간이 걸리기 때문에 화물은 도착되었으나 선적서류가 도착하지 않는 경우에는 운송서류가 도착되기 이전에 수입상과 신용장 개설은행이 연대하여 보증한 서류를 선박회사에 선하증권 대신 제출하여 수입화물을 인도받을 수 있도록 하는 서류가 수입화물선취보증서이다.

② 수입화물선취보증서의 내용
   ㉠ 선하증권이 도착하면 이를 지체 없이 선박회사에 제시할 것을 명시
   ㉡ L/G에 의하여 인도된 화물에 대하여 발생되는 모든 손해는 화주 및 보증은행이 책임진다는 내용
   ㉢ 양륙지에서 지급되는 추가운임 및 기타 비용과 선적지에 있어서의 미납선임 및 비용 일체를 부담할 것 등을 신용장 발행은행이 보증하는 내용

③ 수입화물선취보증서의 발급신청
   ㉠ 인수도조건(D/A ; Documents against Acceptance)의 추심방식 : 수입화물선취보증서의 발급은 원칙적으로 수출국의 추심의뢰은행으로부터 운송서류를 송달했다거나 송달하겠다는 확약을 추심은행이 확인한 경우에 한하여 발급한다.
   ㉡ 화환신용장방식 (Documents Credit Basis) : 신용장 발행의뢰인인 수입상이 이미 충분한 발행 담보를 설정하고 발행은행과 거래를 하고 있다는 것을 전제로 할 때 수입상은 발행은행의 양식에 다음 서류를 구비하여 L/G의 발급신청을 하면 쉽게 발급받을 수 있다.
      • 수입화물선취보증장(L/G)발급신청서
      • 선박회사의 화물도착통지서
      • 수입상의 각서
      • 운송서류 등의 사본 등

④ 수입화물선취보증서의 효과
   ㉠ 수입화물선취보증장이 발급되면 차후에 도착한 운송서류에 하자가 있더라도 신용장의 발행 행은 이를 이유로 지급 또는 인수를 거절할 수 없다.
   ㉡ 일람 후 정기출급 환어음인 경우에는 선취보증장의 발급일로부터 환어음의 만기일이 확정된다. 수입화물선취보증장은 원칙적으로 선하증권의 건수만큼 발급되지만 필요한 경우에는 단일 선하증권하에도 분할발급이 가능하다.

⑤ 항공화물의 수입화물선취보증서 : 항공화물의 경우에는 항공화물운송장(AWB)상의 배서만으로 화물을 수취하며 외국에서는 이 대신 인도지시서(D/O)가 이용되기도 한다.

(6) 수입화물대도(T/R ; Trust Receipt)

① 수입화물대도의 의의

ⓐ 수입화물대도 : 일람출급신용장거래, 추심결제방식의 D/P거래에서 수입상이 지불능력이 없을 경우 수입화물대도만 제공하고 선적서류를 인도받은 후 물품을 처분하는 즉시 대금을 은행에 지불하도록 편의를 제공하는 제도이다.

ⓑ 대금결제기간이 일람출급방식인 경우에도 불구하고 수입상은 개설은행에 수입물품에 대도하여 줄 것을 요청하고 대도신청을 받은 개설은행은 자기 소유권하에 있는 수입물품을 수입상에게 대도하여 적기에 물품을 처분할 수 있도록 한 후 처분대금으로 수입대금을 결제할 수 있도록 양 해하는 신탁계약(Trust Contract)이다.

② 수입화물대도의 신청서류와 발급 : 수입상이 수입업 자금이 부족하여 은행에 수입화물대도를 신청할 때에는 다음 서류를 준비해야 한다.

ⓐ 수입화물대도신청서

ⓑ 수입담보화물보관 및 처분약정서

ⓒ 선하증권, 상업송장 및 포장명세서의 사본

ⓓ 수입신용장 및 수입승인신청서 등

③ 수입화물대도신청시 유의사항

ⓐ 대도은행은 수탁자의 신용을 잘 점검하여야 한다.

ⓑ 수입상은 위탁자의 담보물을 다른 대출의 담보로 사용하지 말아야 한다.

ⓒ 수탁자인 수입상은 담보물의 판매대금을 대금지급에만 충당하여야 한다.

④ 수입화물대도의 종류

ⓐ 수출용 원자재 거래시 발생하는 수입화물대도 : 수출용 원자재를 수입하기 위하여 일람출급화 환신용장을 개설하여 도 선적서류 대도시 일반자기자금과 무역금융으로 수입대금을 결제하게 되므로 수입화물대도가 발생한다.

ⓑ 인수금융에 따른 수입화물대도 : 인수금융에는 무역인수ㆍ해외은행인수ㆍ국내은행인수가 있다. 무역인수는 수출상이 기한부 기간 동안 수입상에게 신용을 공여하는 것으로 만기에 개설은행이 대금지급을 보증하므로 선적서류 인도시 개설은행이 보증채무를 부담하게 된다. 해외은행인수는 해외은행이 수출상에게 대금을 지급하고 개설은행은 수입상에게 신용을 공여하게 된다. 국내은행인수는 국내의 개설은행이 신용을 공여하는 것을 말한다.

   © 할부지급수입에 따른 수입화물대도 : 수입상의 수입대금을 선적서류 인수 후 일정기간 내에 분할 상환하는 신용공여를 말한다.

   ② 외화대출 및 차관자금에 의한 수입화물대도 : 수입대금이 외화대출 또는 차관자금에 의하여 결제되는 경우 발생하는 신용공여를 말한다.

   ⑩ T/R Loan에 의한 수입화물대도 : 인수금융에 의한 수입을 하려면 상품이 외국환관리규정상 연 지급 수입품목에 해당되어야 한다. 여기에 해당되지 않는 품목은 인수금융의 혜택을 받을 수 없다. 그러나 수입상이 기한의 혜택을 받고자 원할 경우 개설은행이 신용을 공여하면 된다.

10. UCP 600 주요 개정내용

(1) UCP정의에 대한 기준제시

① 기존 UCP 500까지는 'Uniform Customs and Practice for Documentary Credit(UCP)'라고 하여 '화환신용장에 관한 통일규칙 및 관례' 라고 번역되어 신용장통일규칙으로 사용되어 왔으나 Practice란 관습을 뜻하는 용어로서 규칙이란 의미는 없다. 이를 UCP 600에서는 UCP가 Rule(규칙)이라고 정확히 명시하였다.

② 신용장통일규칙의 적용범위(제1조)

제6차 개정 신용장통일규칙(2007년 개정, 국제상업회의소 간행물 제600호, '신용장통일규칙')은 신용장의 문면에 위 규칙이 적용된다는 것을 명시적으로 표시한 경우 모든 화환신용장[위 규칙이 적용 가능한 범위 내에서는 보증신용장(Standby Letter of Credit)을 포함한다]에 적용된다. 이 규칙은 신용장에서 명시적으로 수정되거나 그 적용이 배제되지 않는 한 모든 당사자를 구속한다.

③ '정의(Definitions)'에 대한 조항을 새로 삽입(제2조)

   ㉠ 통지은행(Advising Bank)

   ㉡ 개설의뢰인(Applicant)

   ㉢ 은행일(Banking Day)

   ㉣ 수익자(Beneficiary)

   ㉤ 일치하는 제시(Complying Presentation)

   ㉥ 확인(Confirmation)

   ㉦ 확인은행(Confirming Bank)

   ㉧ 신용장(Credit)

ⓩ 결제(Honor)

ⓒ 개설은행(Issuing Bank)

ⓚ 매입(Negotiation)

(2) 서류 검토 기준

개설은행과 지정은행의 서류심사 기일 단축

① UCP 600 제14조는 서류 검토에 대한 기준을 제시 : 여기서 가장 중요한 변화는 서류 검토 기간이 7 은행 영업일에서 5 은행 영업일로 단축

② 수하인과 착화통지처상의 개설의뢰인의 주소 : 수익자와 개설의뢰인의 신용장상의 주소와 실제 선적서류 내의 주소가 국가만 동일하면 하자로 보지 않는다는 조항이 추가되었다. 단, 선하증권상의 수하인 그리고 연락처의 주소는 신용장 상에 있는 것과 일치하도록 하고 있다(UCP 600 제14조).

③ 운송서류의 발행인에 대해서는 누가 발행해야 한다는 것보다는 일정한 형식을 갖추면 수리 가능하다고 명시하고 있다

(3) 하자 서류, 승인, 및 통지

① UCP 600 제16조는 신용장 조건과 불일치하는 선적 서류를 처리하는 방법을 명시하고 있다.

② 일단 제시된 선적서류가 불일치로 인하여 지급거절되면 개설은행은 일방적으로 동 선적 서류를 매입은행으로 반송할 수 있는 권리가 있다는 것을 명시하고 있다.

③ 주어진 하자 통보기간 내에 지급 거절을 하지 못하면 개설은행은 대금 지급을 해야 한다.

(4) 신용장의 매입수권과 용어의 정의에 대한 명확성

① 신용장의 가장 기본적인 조건은 동 신용장하의 매입수권이다.

② Honor의 의미와 매입 그리고 연지급 신용장하의 할인에 대하여 명시하고 있다.

　→ UCP 600에서 처음으로 사용되는 Honor 라는 용어는 결제를 의미하는 것으로 신용장하의 여러 가지 결제 방식에 대하여 반복해서 열거하는 것을 지양하기 위하여 한 단어 'Honor'라는 말 로 축약한 것이다.

③ 매입수권을 받기 위해서는 개설은행으로부터 지정(Nomination)을 받아야 한다. 이러한 지정을 받게 되면 동 은행은 매입수권을 받은 것으로 간주된다.

④ 제3조에 '해석(Interpretations)'란을 두어 기존 각 조에 분산되었던 해석과 관련된 내용을 모았다.

(5) 기간계산에 대한 기준제시

① 선적기간을 정하기 위하여 'to', 'until', 'till', 'from', 그리고 'between'이라는 단어가 사용된 경우 이는 (기간에) 명시된 일자 또는 일자들을 포함하고, 'before'와 'after'라는 단어는 명시된 일자를 제외한다.

② 만기(滿期)를 정하기 위하여 'from'과 'after'라는 단어가 사용된 경우에는 명시된 일자를 제외한다.

③ 환어음의 만기일을 계산 시에 'from'은 해당일을 제외한다는 것을 유념해야 한다.

(6) 연지급신용장 할인 허용에 대한 규정 신설

① 연지급신용장의 경우 환어음이 발행되지 않고 연지급확약서가 발행되는 바 이는 유가증권이 아니므로 할인이 허용되지 않았다. 그러나 UCP 600에서는 환어음과 환어음이 발행되지 않는 연지급 신용장에 따라 수익자가 제시한 서류를 지정받은 은행(Nominated Bank)이 할인해 신용장 대금을 지급할 수 있다는 규정이 신설됨으로써, 연지급신용장도 할인을 허용하였다.

② 연지급신용장의 경우에도 만기 일전에 선지급 또는 구매할 수 있도록 허용하였다(UCP 600 제 12조).

(7) 제2 통지은행의 개념 신설

UCP 500에서는 제2 통지은행의 조항은 없었으나, UCP 600에서는 관행적으로 이용되던 제2 통지은행의 개념을 새로이 도입하였다.

① 통지은행은 수익자에게 신용장 및 그 조건변경을 통지하기 위하여 다른 은행('제2 통지은행'이라 한다)을 이용할 수 있다. 제2 통지은행은 신용장 또는 그 조건변경을 통지함으로써 신용장 또는 그 조건변경에 대한 외견상의 진정성이 충족된다는 점과 그 통지가 송부받은 신용장 또는 그 조건 변경의 조건들을 정확하게 반영하고 있다는 점을 표명한다.

② 신용장을 통지하기 위하여 통지은행 또는 제2 통지은행을 이용하는 은행은 그 신용장의 조건변경을 통지하기 위하여 동일한 은행을 이용하여야만 한다.

(8) 지정은행의 서류발송 의무 신설

지정은행은 제시가 일치한다고 판단하고 결제(Honor) 또는 매입할 경우 그 서류들을 확인은행 또는 개설은행에 송부하여야 한다(UCP 600, 제15조, 일치하는 제시).

(9) 불일치서류의 거절통지횟수 추가

① UCP 500에서 거절의 통지를 행하는 대상을 '은행 또는 수익자' 라고 규정하였는데, UCP

600에서는 이를 '제시안'으로 변경하였으며, 거절통지의 횟수를 1회로 제한한다고 규정하였다.

② 지정에 따라 행동하는 지정은행, 확인은행이 있는 경우의 확인은행 또는 개설은행이 결제(Honor) 또는 매입을 거절하기로 결정하는 때에는, 제시자에게 그러한 취지로 한 번에 통지하여야 한다.

(10) 보관중인 불일치서류의 반송신설

발행은행, 지정은행, 또는 확인은행은 불일치서류를 보관하고 있다는 사실을 통지한 후에 언제든지 제시인에게 서류를 반송할 수 있도록 반송조항을 신설하였다.

(11) 운송서류상의 선적지 또는 목적지 용어의 변경

UCP500에서 사용되던 '적재항, 적재공항, 적재지'를 '발송, 수탁, 선적지'로 '양륙항, 양륙공항, 양륙지'를 '최종목적지'로 변경하였다.

(12) 운송서류상의 '무고장' 표시의 비의무 조항 신설

① ISBP(국제표준은행관습)상의 조항(ISBP 제91항)을 반영, 신용장에서 '무고장운송서류(Clean on Board)'의 요건을 갖춘 운송서류를 요구하는 경우에도, 그 운송서류상에 '무고장(Clean)'이라는 단어가 표시될 필요가 없다는 취지를 신설하였다.

② 은행은 단지 무고장 운송서류만을 수리한다.

③ 무고장 운송서류는 물품 또는 포장의 하자상태(Defective Conditions)를 명시적으로 선언하는 조 항 또는 부기가 없는 운송서류를 말한다.

④'무고장'이라는 단어는 비록 신용장이 운송서류가 '무고장 본선적재'일 것이라는 요건을 vh함하더라도 운송서류상에 나타날 필요가 없다.

과부족용인약관(More or Less Clause)

지식 in

A tolerance not to exceed 5% more or 5% less than the quantity of the goods is allowed, provided the credit does not state the quantity in terms of a stipulated number of packing units or individulatitems and the totlatamount of the drawings does not exceed the amount of the credit.

(13) Transport Document Covering at Least Two Different Modes of Transport로 통합 (UCP 600 제 19조)

UCP 500에서 Article 26-Multimodal Transport Document(제26조 복합운송서류)와 Article 30-Transport Documents issued by Freight Forwarders(제30조 운송주선인 발행 -운송 서류)가 통합

(14) 선하증권(UCP 600 제20조)

① 선하증권이 어떤 방식으로 수리되는가를 명시하고 있다.
② 선하증권의 발행자가 누구인가를 중요시하기보다는 일정한 형식을 갖추면 수리 가능한 것으로 명시하고 있다.
③ 선하증권의 경우에도 선적부기가 있는 경우 발행일자보다 선적부기 일자를 선적일로 간주한다고 명시하고 있다.
④ Marine/Ocean이라는 용어의 삭제

(15) 항공 운송 서류(UCP 600 제23조)

① 항공 운송서류가 어떤 방식으로 수리 가능한가를 명시하고 있다.
② 항공 운송 서류가 누가 발행하는가를 중요시하기보다는 일정한 형식을 갖추면 수리 가능하다고 명시하고 있다.
③ 항공 운송 서류상에 나타나는 운항번호 또는 일자는 은행의 검토에서 제외하도록 하고 있다.

(16) 보험 서류(UCP 600 제28조)

① 보험서류가 어떠한 형태로 수리 가능한가를 명시하고 있다.
② 신용장에서 명시하고 있는 부보비율은 최소한의 부보금액으로 간주한다고 되어 있다.
③ 신용장에서 'All Risks' 부보를 요구하면 보험 서류에 다른 위험이 제외된다는 문구가 있다 하여도 'All Risks'라는 것이 명시되어 있는 한 수리 가능한 것으로 하고 있다.

지식 in **보험서류 및 담보**

> UCP 600 제28조(보험서류 및 담보)에 의하면 신용장에 특별히 부보 금액에 대한 명시가 없을 경우 적어도 물품의 CIF, CIP가격이 서류로부터 결정할 수 없는 경우에는 보험 담보금액은 지급이행 또는 매입이 요청되는 금액 또는 송장에 표시된 물품 종가액 중에서 보다 큰 금액을 기초로 하여 산정되어야 한다.

⑪ 무역 클레임

(1) 무역클레임의 개념

무역거래를 하다보면 예기치 못한 클레임이 발생하는 경우가 있다. 클레임이란 당사자 간의 거래계약에 따라 이행하면서 그 계약의 일부 또는 전부의 불이행으로 말미암아 발생되는 손해를 상대방에게 청구할 수 있는 권리를 말한다.

(2) 무역클레임의 원인

① 간접적 원인

　㉠ 무역통신의 특유한 용어들은 오랜 실무상의 경험과 숙달이 필요하므로 당사자 간에 의견의 차이가 발생할 수 있다.

　㉡ 계약당사자가 각기 사용하는 언어의 상이, 각국의 법과 관습의 상이, 신용조사의 불비, 운송중 의 위험, 가격덤핑, 나라에 따라 서로 다르게 사용되고 있는 도량형, 상대국의 식품위생법이나 독과점법, 공업소유권 등

② 직접적 원인

　㉠ 무역계약의 체결과정에서 과실, 오해, 착오, 부주의 등에 의하여 무역클레임이 발생할 수 있으므로 계약체결 시는 전문가(변호사 등)의 자문을 얻어서 체결함이 분쟁을 예방하는데 좋다.

　㉡ 계약은 거래당사자를 직접 구속하므로 반드시 계약서에는 당사자명과 품명, 품목, 품종, 규격, 수량, 단가, 금액, 포장조건, 선적시기, 결제조건, 신용장조건(개설일자) 등, 보험조건, 면책조항, 클레임통지기한 등을 명확히 약정하여야 하며, 장래에 발생될지 모르는 분쟁의 해결을 위하여 중재조항 등을 삽입하고, 당사자가 기명 날인하여 거래해야 한다.

　㉢ 이행과정에서 품질불량, 수량의 부족, 고장불량, 선적불이행, 불완전 보험계약체결, 대금의 지불지연이나 지불거절, 신용장의 불개설 혹은 지연, 거래알선에 따른 수수료 미지급 등 많은 요인이 클레임의 직접적 요인으로 작용하고 있다.

(3) 무역클레임의 내용

① 금전의 청구를 내용으로 하는 클레임

　㉠ 손해배상청구 : 저질품 인도시, 선적불이행시, 부당한 계약해지시, 신용장개설 지연이나 불개설 시, 선박지정지연 또는 지정치 않을 시, 선B/L 발급시, 대금결제지연, 화물의 부당한 인수거절, 계약물품의 상이 등과 같은 사유로 발생한 손해를 금전으로 계산하여 청구하는 것을 손해배상 청구라 한다.

ⓛ 대금지급거절 : D/A거래 등에서 추심기간이 긴 경우 물품이 서류보다 먼저 도착하므로 도착물품이 계약물품과 상이할 때, 혹은 신용장조건과 서류가 불일치함 때 대금지급을 거절할 수 있다.

ⓒ 대금감액요청 : 도착된 물품의 품질이나 포장불량, 화인이나 상표불량 등 계약내용과 일치되지 않는 상품이 도착했을 때, 상품가액을 감액하여 인수코자 할 때, 대금감액 요청을 할 수 있다.

② 금전이외의 청구를 내용으로 하는 무역클레임

ⓖ 화물의 인수거절 : 화물이 도착한 후 매수인이 그 상품의 품질상의 흠, 손상 등을 발견하였을 때 그 화물의 일부 또는 전부를 인수 거절할 수 있다. 이 경우 매매계약에 인수거절에 대한 특별약정이 있는 경우와 없는 경우로 나눌 수 있다. 전자의 경우 그 약정에 위배될 때에는 매수인은 물품인수를 거절할 수 있다. 그러나 후자의 경우에는 계약에 현저하게 위반한 때 예를 들면 1등급이라 약정하고 2등급을 공급할 때, 면책비율 이상의 잡물이 혼합된 때, 치수나 상표가 상이할 때, 포장상태가 상이할 때, 상품이 많이 파손된 때, 매수인은 물건의 인수를 거절할 수가 있다.

ⓛ 계약이행청구 : 매도인이 매수인에게 하는 계약이행 청구는 신용장 개설요청, 매매약정 물량의 이행요청 등이 있고 매수인이 매도인에게는 화물의 선적이행 등을 요청하나 만약 상호간에 원만히 해결되지 않으면 그 계약의 불이행에 따라 손해배상을 청구할 수밖에 없다.

ⓒ 잔여계약분의 해제요청 : 1차 도착한 상품의 품질이 불량하다든가 규격이 상위하여 판매가 곤란할 때 나머지 계약분의 계약을 해제 요청하는 클레임 등이다.

(4) 무역클레임의 제기

① **물품의 검사와 통지의무** : 수입물품을 인도받은 매수인은 이를 수령함에 있어 최우선적으로 그 물품이 계약목적에 합치되는지를 외견상으로 검사하여 만약 하자를 발견하였거나 수량이 부족하면 지체없이 매도인에게 통지하여야 한다. 이러한 검사와 통지는 매수인의 필수적인 권리이며 의무이다. 이를 해태하면 법률적 청구권을 상실한다.

② **무역클레임의 제기기간** : 클레임의 제기기간에 관한 약정은 클레임의 포기조항을 수반하고 있으므로 일종의 면책조항이라고 할 수 있다. 클레임 제기기간의 설정은 그 물품의 성질상 합리적으로 요구되는 하자발견 및 통지기간보다 너무 짧게 규정되어 있으면 그 효력을 부인당하는 경우도 있으므로 그 기간을 설정하는데도 주의하여야 한다.

③ **클레임의 제기** : 무역클레임을 제기하고자 하는 자는 반드시 다음의 구비서류를 작성하여 상대방에게 제출하여야 한다.

㉠ 클레임 사실진술서 : 법적 문서로서 간단하고 명료하게 구체적으로 기술하여야 하며 '언제, 어디서, 누가, 무엇을, 왜, 어떻게'의 육하원칙으로 기재

　　㉡ 청구액에 대한손해명세서 : 손해액과 제비용(운송료, 관세, 창고료, 은행이자, 검사료 등)

　　㉢ 검사보고서(Survey Report) : 품질불량, 색상상이, 성능미달, 수량부족 등일 때 반드시 첨부(국 제공인검정기관의 보고서)

　　㉣ 기타 : 거래사실을 입증할 수 있는 계약서, B/L, L/C 등

(5) 무역클레임의 해결방법

① 당사자 간의 해결

　　㉠ 당사자 간에 직접 교섭하여 우의적으로 해결하는 방법

　　㉡ 무역클레임은 당사자 간에 해결함이 가장 바람직하다. 무역클레임 내용을 잘 알고 발생원인과 상황을 누구보다 잘 알며 또한 당사자 간의 해결에 있어서는 상대방과의 장래의 거래관계를 충분히 고려하기 때문에 비록 양당사자가 각각 자기의 입장에서 충분한 이유가 있다고 생각하더라도 서로 타협하거나 또한 장래 거래를 위하여 양보로써 해결할 수가 있다.

　　㉢ 청구권의 포기(Waiver of Claim) : 피해자가 상대방에게 청구권을 행사하지 않는 경우로서, 이 는 대체적으로 상대방이 사전 또는 즉각적으로 손해배상 제의를 통해 해결될 경우에 이루어진 다. 청구권의 포기는 분쟁해결을 위한 가장 바람직한 방법으로 향후 양당사자 간에 지속적이고 안정적인 거래를 보장받을 수 있다.

　　㉣ 화해 (Amicable Settlement)

　　　• 당사자 간의 자주적인 교섭과 양보로 분쟁을 해결하는 방법으로서, 당사자가 직접적인 협의를 통하여 상호평등의 원칙하에 납득할 수 있는 타협점을 찾는 것이다. 이 경우 대체적으로 화해계약을 체결한다.

　　　• 화해는 당사자가 서로 양보할 것, 분쟁을 종결할 것, 그 뜻을 약정할 것 등 3가지 요건을 필요로 한다(민법 제731조).

② 제3자의 개입에 의한 해결 : 당사자 간에 원만하게 해결할 수 없을 때 즉, 쌍방의 주장이 대립될 때, 쌍방 혹은 일방의 감정이 악화되어 제3자의 냉정한 판단이 필요할 때, 상대방의 무성의로 타협이나 양보가 힘들 때, 학식이나 경험이 많은 제3자를 개입하여 분쟁을 해결하는 방법이다.

　　㉠ 알선 (Intercession, Recommendation)

　　　• 공정한 제3자(예 상사중재원)가 당사자의 일방 또는 쌍방의 요청에 의하여 사건에 개입, 원만한 타협이 이루어지도록 협조하는 방법

　　　• 장점 : 당사자 간에 비밀이 보장되고 거래관계가 지속을 유지할 수 있다.

- 단점 : 쌍방의 협력이 없으면 실패로 돌아간다.
- 강제력은 없으나, 알선수임기관의 역량에 따라 그 실효성이 나타나 대한상사중재원에 의뢰된 건 중 90% 이상이 알선단계에서 처리되고 있다.

ⓛ 조정 (Conciliation, Mediation)
- 양당사자가 공정한 제3자를 조정인으로 선임하고 조정인이 제시하는 해결안(조정안)에 양당 사자가 합의함으로써 분쟁을 해결하는 방법
- 조정은 우리나라 중재규칙상 중재신청 투 당사자 쌍방의 요정이 있을 때 중재원 사무국이 조정인을 선정, 조정을 시도할 수 있고, 조정이 성립되면 화해에 의한 판정방식으로 처리한다.
- 중재판정과 동일한 효력이 있으나, 이에 실패하면 30일 내에 조정절차는 폐기되며 중재규칙에 의한 중재인을 선정, 중재절차가 진행된다. 그러나 당사자의 약정에 의하여 기간을 연장함 수 있다.

ⓒ 중재 (Arbitration)
- 당사자 간의 합의(중재합의)로 사법상의 법률관계를 법원의 소송절차에 의하지 아니하고 제3 자인 중재인(Arbitrator)을 선임하여 그 분쟁을 중재인에게 맡겨 중재인의 판단에 양당사자 가 절대 복종함으로써 최종적으로 해결하는 방법
- 조정은 당사자 일방의 요청이 있을 때에도 가능한데 반하여, 중재는 당사자 간 중재합의가 있어야 한다. 조정은 양당사자의 자유의사에 따른 해결이나, 중재는 중재인의 판정에 절대 복종하여야 하며 그 결과는 강제성을 가질 뿐만 아니라 그 효력도 당사자 간에는 법원의 확정판결과 동일하다. 또한 중재에 관한 뉴욕협약에 가입한 외국에서도 집행을 보장해주고 승인해 주므로 소송보다도 더 큰 효력이 있다.

ⓓ 소송 (Litigation)
- 국가공권력(사법재판)에 의한 분쟁해결 방법
- 외국과의 사법협정이 체결되어 있지 않기 때문에 그 판결은 외국에서 승인 및 집행이 보장되지 않으므로 소송에 의하여 클레임을 해결하려는 경우에는 피제기자가 거주하는 국가에서 현지 변호사를 법정대리인으로 선임하여 소송절차를 진행하여야 한다.

(6) 중재제도

① 중재

계약당사자 간에 자발적 중재합의에 의하여 당사자 간에 현존하는 분쟁 또는 장차 발생 기능한 분쟁을 법원의 소송절차에 의하지 않고 민간인인 제3자를 중재인으로 하여 그에게 분쟁의 공정한 해결을 부탁하기로 하는 합의가 있는 경우에만 중재인에게 제한적인

관할권을 줌으로써 그 위임된 분쟁에 한하여 중재인은 당사자들의 주장과 증거에 입각하여 최종적인 결정을 내리면서 당사자는 이에 구속을 받는 자주적 분쟁 해결방안이다.

② 중재합의(중재계약)의 형식
   - 사전에 계약서에 중재조항(Arbitration Clause)을 삽입하는 방식
   - 실제로 분쟁이 발생한 후에 당사자 간에 분쟁의 해결을 중재에 부탁한다고 합의하여 부탁계약(Submission to Arbitration)을 체 결하는 방식
   ※ 대부분의 경우 분쟁이 발생된 후에는 불리하다고 판단하는 쪽에서 중재부탁 계약의 체결에 동의하지 않거나, 동의 하는데 장기간을 지체하는 것이 보통이므로 당초의 계약 체결시 중재조항에 의하여 합의하여 두는 것이 좋다.

③ 중재합의는 특정 분쟁에 대한 법원의 재판관할권을 배제하고 중재인에게 제한적인 관할권을 줌으로써 중재인이 당사자들의 주장과 증거에 입각하여 최종적인 결정을 내리는 자주적 분쟁해결방식이므로 중재합의가 있는 경우에는 일반적으로 그 분쟁에 대하여는 법원에의 직소가 금지된다.

④ 소송과 중재의 비교
   소송은 당사자 간에 합의가 없더라도 당사자가 능력만 있으면 절차의 진행이 가능하나 중재는 반드시 성문화된 합의(계약)가 있는 경우에만 절차가 유효하게 법적 보호를 받을 수 있다, 따라서 기본적인 분쟁의 해결방식은 소송이며, 중재는 이를 대체한 새로운 해결수단이라 할 수 있다. 그러나 중재는 소송에 비하여 다음과 같은 유리한 장점을 지니고 있다.
   ㉠ 분쟁의 신속해결 : 소송은 인간의 모든 사항에 대한 분쟁을 결정하므로 때로는 신체의 생사여부에 관한 형사적 문제도 심리판단하게 된다. 때문에 소송에 매우 신중한 절차를 요하게 되어 3심제를 운영하고 있다. 그러나 중재는 몇 나라의 예외를 제외하고는 단심제로 운영되고 있어서 법원에 비하여 매우 짧은 단계를 거쳐 최종판정에 도달하게 된다. 우리나라의 중재는 단심제이다. 당사자들은 그들 자신의 합의로써 판정기간을 정할 수 있기 때문에 당사자들의 긴급성에 따라 서 그 기간을 명시하여 단축시킬 수 있다.
   우리나라의 경우에는 이러한 기간은 당사자들이 정하기 않은 때에는 중재가 개시된 날로부터 3개월 이내에 중재판정을 하도록 되어 있다(중재법 제11조 5항). 이 법의 취지를 받들어 대한상사중재원 상사중재규칙은 당사자 간의 중재시 고의로 지연작전을 쓰지 못하게 하는 예방조치로서 여러 가지 규정을 두고 있다.
   ㉡ 비용의 경감 : 신속한 분쟁의 해결은 그만큼 비용을 절약할 수 있다. 법원의 소송에 의할 경우 변호사의 보수를 비롯하여 매심급마다 인지대가 배가되기 때문에 중재보

다 비용이 많이 들게 된다. 또한 상사에 관한 전문적인 지식과 경험을 지닌 중재인에 의한 심문은 새로운 설명이나 지식의 보완이 필요치 않음으로써 분쟁해결을 위한 중인심문들의 진술서 작성 등 시간이나 경비가 저렴하게 된다.

ⓒ 적합한 중재인의 선정 : 국제무역에서 발생되는 분쟁의 경우에는 매매조건, 상품의 시장성, 가격의 변동, 무역관습 등 거래상의 전문화, 기술화, 분업화, 세분화, 산업화의 전문지식을 요하기 때문에 중재인을 선정하는 데는 그 분야에 맞는 중재인을 선정하여야 한다. 이러한 목적을 위하여 대한상사중재원은 중재인단 명부를 매년 1회 정비유지하고 있는데, 이는 법조계, 실업계, 각 종 업종별 단체의 대표자, 학계 공공단체 조사기관대표, 개업중인 공인회계사, 변리사, 주한외국인 등을 엄선하여 구성되어 있다.

ⓔ 절차의 비공개 : 법원의 소송절차는 공개주의에 입각하여 진행되므로 자체회사의 조업방식, 운영비용, 손익에 관한 것 등 거래비밀이 자연히 대외적으로 알려지게 마련이며, 이러한 것들이 대외적으로 알려질 경우에는 회사의 신용하락은 물론 국제경쟁력이 악화되어 예측할 수 없는 손실이 발생할게 된다. 특히 거래과정에서 클레임이 발생된 사실 자체가 알려지면 회사의 명예에 악영향을 끼칠 우려가 크기 때문에 더욱 비밀을 요하는 사항이 아닐 수 없다. 중재는 바로 이러한 점을 감안하여 절차를 공개하지 않기 때문에 모든 사업상의 비밀이나 회사의 명성을 그대로 유지할 수 있게 한다. 우리나라의 경우에도 상사중재규칙 제35조에 절차의 비공개주의를 택하고 있다.

ⓜ 판정의 효력 : 재판권은 국가주권의 일부이며 국가가 행한 재판은 다른 국가에 효력이 미치지 않는다. 그러나 중재는 당사자 간의 합의에 의한 것이므로 사법상의 유효한 계약으로 보기 때문에 외국에서도 그 이행에 주권침해와 같은 문제가 발생치 않는다. 중재판정의 국내적 효력은 당사자 간에는 법원 확정판결의 효력과 동일하며 (중재법 제12조) 국제적 효력으로 뉴욕에서 채택된 외국중재판정의 승인 및 집행에 관한 국제연합협약에 우리나라가 1973년도 가입함으로써 외국에서도 그 집행을 보장받을 수 있어 소송보다도 더 큰 효력이 있다.

〈소송과 중재의 비교〉

소 송	중 재
상대편의 합의 없이 일방적으로 제소 가능	계약당사자의 중재에 관한 합의가 필요
2심 · 3심에 항소 · 상고가 가능	단심제
분쟁해결에 많은 비용과 시간소요	분쟁이 신속, 경제적으로 해결가능
공권력에 의한 해결	공정한 제3자(중재인)에 의한 사적 분쟁해결
원칙적으로 공개리에 진행되어 비밀 유지가 불가능	원칙적으로 비공개이므로 비밀 유지가 가능

제2장 적중예상문제

01. 매도인의 물품인도의무에 대하여 매수인이 대금지급의무를 부담한다는 것은 다음 무역계약의 법적 성격 중 어느 것에 해당하는가?

① 쌍무계약　　　　　　　　　　② 낙성계약

③ 유상계약　　　　　　　　　　④ 불요식계약

⑤ 합의계약

> 해설 Ι **쌍무계약** : 매매당사자들 사이에 계약이 성립되면 양 당사자들이 서로 상대방에 대해서 일정한 의무를 부담하는 것을 말한다. 즉, 매도인의 상품인수와 매수인의 대금지급의무를 의미한다.
> 정답 Ι ①

02. 다음 괄호 안에 가장 적합한 말은 각각 무엇인가?

> 매도인이나 매수인이 상대방에게 계약을 체결하고 싶다는 의사표시를 (　　)(이)라고 하고, 이에 대해 (　　)(를)을 한 경우 계약이 성립된다.

① 조회-주문　　　　　　　　　　② 청약-승낙

③ 청약-조회　　　　　　　　　　④ 조회-승낙

⑤ 승낙-청약

> 해설 Ι 청약은 계약을 체결하고자 하는 의사표시로 매수인이 하여야 한다.
> 정답 Ι ②

03. D/P와 D/A에 의한 환어음 결제방식은 어느 것에 해당하는가?

① 추심결제방식   ② 사후송금방식

③ 기탁계정방식   ④ 청산결제방식

⑤ 사전송금방식

> **해설ㅣ** D/P(지급도조건)와 D/A(인수도조건)는 추심결제방식이다.
> **정답ㅣ** ①

04. T/R은 누가 누구 앞으로 발행하는가?

① 송하인 → 선박회사   ② 선박회사 → 송하인

③ 선박회사 → 은행   ④ 수입상 → 거래은행

⑤ 수출상 → 거래은행

> **해설ㅣ** **T/R(Trust Receipt, 수입화물대도) :** 수입화물대도 (T/R ; Trust Receipt) 란 일람출급신용장거래,
> 추심결제방식의 D/P거래에서 수입상이 지불능력이 없을 경우 수입화물대도만 제공하고 선적서류를 인
> 도받은 후 물품을 처분하는 즉시 대금을 은행에 지불하도록 편의를 제공하는 제도이다.
> **정답ㅣ** ④

제3장 국제해상운송

01. 해상운송

(1) 해상운송의 개념

① 해운(Shipping, Ocean Transportation)
  ㉠ 해상에서 선박을 이용하여 사람이나 재화를 운송하고 그 대가로서 운임을 받는 상행위
  ㉡ 운송로인 해양과 운송수단인 선박이 해운의 개념을 구성하는 중요한 요소
  ㉢ 해운은 육상으로 연결되어 복합운송과 종합물류서비스로 그 개념이 확장되고 있다.
  ㉣ 일반적으로 하천, 호수, 운하지역만을 운행하는 비교적 소규모의 내륙수상운송은 해운의 개념에서 제외되며, 상선이 아닌 어선, 준설선, 시추선 등의 선박은 해운의 개념에 포함되지 않는다.
  ㉤ 해운은 원양운송이 중심이나 연안 해운도 일부국가에서는 중요하다. 지리적 여건상 우리나라도 연안 해운이 중요하다. 우리나라는 아직 연안 해운이 활성화되지 않고 있으나 지리적 여건상으로 보아 남북교류가 활성화되면 크게 발전할 것으로 기대된다.
  ㉥ 해운은 근본적으로 운송기능의 일환으로서 장소적 효용을 창출하는 점에서 다른 운송활동과 같다.

② 해상운송(Carriage by Sea)
  ㉠ 해상에서 선박을 수단으로 하여 상업적 목적하에 화물 및 여객을 운송하는 것
  ㉡ 원래 해상운송은 무역거래에 있어서 가장 오래전부터 이용되어 왔으며 또한 오늘날 세계 전체운송물량의 약 90%에 달하는 물동량이 해상운송에 의존하고 있다.
  ㉢ 해상운송은 다른 운송에 비해 대량운송성, 운송비의 저렴성, 운송로의 자유성, 국제성 등의 특성을 갖고있어 국제운송부문을 주도하고 있다.

(2) 해상운송의 환경변화

해상운송은 육상운송, 항공운송과 비교하여 신속성, 안전성, 정확성 등에서 뒤떨어지지만 일시에 대 량으로 장거리를 운송할 수 있는 경제성으로 인하여 현재 우리나라 수입화물의 대부분이 해상운송을 통하여 이루어지고 있다.

① 컨테이너 선박의 대형화와 고속화

② 항만수심의 증심(增深)

③ Post Panamax Crane의 증대

④ 소수의 대형 기항항만(Calling Port)

⑤ 부정기선의 전용화(Specialized Ship)

⑥ 정기선사 간 전략적 제휴 확대

(3) 해상운송의 역할

① 무역의 촉진

② 자원의 효율적인 배분

③ 국제수지의 개선

④ 관련 산업의 육성

⑤ 국방력 강화

(4) 해상운송의 장점

① 대량운송 : 해상운송의 우위적 특성은 대량운송이 가능하다는 것이다. 모든 운송수단 중에서 선박만큼 단위운송력이 큰 것은 없다. 물론 철도운송에서도 화차의 수를 증가시키고 연속하여 발차시킴으로써 단위운송량을 증가시킬 수는 있지만 한계가 있기 때문에 대량운송에는 해상운송이 가장 적합한 수단으로 이용되고 있다.

② 원거리운송 : 무역은 기본적으로 국경을 달리하는 원격지자 간의 거래이다. 해상운송은 거리에 따른 운송비용을 비교해 볼 때 원거리운송에 따른 단위비용은 타운송수단에 비해 매우 저렴하기 때문에 국제무역거래에 가장 많이 이용되고 있다.

지식 in **Panamax(Panamax ships are largest ships that can pass through panama canal)**

- 통상 5,000~7,000TEU 급의 선박을 Post Panamax Container Ship이라고 부른다.
- 1노트(Knot) : 선박이 한 시간에 1해리(1,853m)를 달리는 속도를 말한다.
- TEU(Twenty-foot Equivalent Units) : 일반적으로 많이 볼 수 있는 길이 20ft의 컨테이너 박스 1개를 나타내는 단위이며, 컨테이너 전용선의 적재용량은 주로 TEU단위로 나타낸다.

---

③ 운송비의 저렴 : 화물단위당 해상운송비는 다른 운송수단과 비교가 되지 않을 정도로 저렴하다. 해상운송의 운송루트는 지형상의 장애를 적게 받기 때문에 자유롭게 이용할 수 있다. 해양자유의 원칙(Freedom of Sea)에 따라 공해에 있어서 자유로운 항해가

보장되며, 항로개발에 따른 사회간접 자본비용의 투자가 적게 든다. 이것은 해상운송의 발달에 가장 유리한 조건 중 하나가 되었다.

④ **국제성** : 대부분의 해상운송은 세계를 무대로 하므로 운송산업 중 가장 국제성이 높은 산업이다. 그리고 이와 같은 해상운송은 대부분 원거리운송이고, 이용되는 선박 또한 대형선이 이용된다. 공해라고 하는 자유로운 시장에서 세계해운시장은 세계 각국의 상선대가 경쟁하는 국세성을 가지고 있다.

⑤ **자유로운 운송로** : 교통로는 천연자원의 통로이어서 자유롭게 사용될 수 있다. 철도의 경우는 통행료가 전부 독점되어 자유롭게 신설되거나 사용될 수 없다. 자동차는 철도에 비해 자유롭지만 상당한 제한이 따르며 공중 역시 자유롭지만 타국의 영공비행에 제한 된다. 하지만, 해운의 경우 세계의 해양은 대부분 공해여서 자유롭게 항해할 수 있다.

(5) 해상운송의 단점

① 해상운송의 속력은 일반적으로 다른 운송수단에 비해 느린 편이다. 세계 주요 정기선의 속력은 18~30knot이며, 부정기선은 12~18knot로 항해한다. 이러한 선박의 속력은 유가 와 밀접한 관련이 있으며, 시장수요와 선박규모 등에 따른 경제성을 고려하여 시간당 속력은 상이하게 조정된다.

② 대량, 장거리이므로 1일, 1주일, 1개월당 운행횟수가 적다.

③ 날씨에 따라 운행계획이 변경되므로 계획운송이 곤란하다.

④ 대규모 항만시설을 필요로 하기 때문에 거액의 투자비가 필요하다.

⑤ 다른 운송수단에 비해 화물손상사고의 책임범위가 복잡하다.

(6) 최근 해상운송 추세

① 정기선 중 컨테이너 전용선의 독주

② 부정기선의 전용선, 겸용선화

③ 선박의 고속화·대형화

④ 편의치적선의 증가세 둔화

⑤ Super Conference의 등장, 전통적 해운동맹의 기능약화

⑥ 정기선운송사업자의 운송영역 확대 및 경영방법 변화

　㉠ 중소규모 선사들 간의 공동운항(Joint Service)

　㉡ 대형 컨테이너 선사들 간 제휴체제(Alliance)의 등장 : Alliance는 특정항로로 제한돼 있지 않다는 점에서 Joint Service와 구분된다.

　㉢ 컨테이너선사의 국제복합운송기업화, 종합물류기업화

⑦ 아시아 지역 국가(중국, 대만, 싱가포르, 일본, 한국 등)의 해운세력 급성장

⑧ 통신기술(IT)의 발달에 기인하는 전자식 선하증권에 대한 관심 증대

⑨ 해상운송에 관련된 국제조약이나 규칙 등에 화주 측의 요구가 반영되는 폭이 점차 커지고 있다.

(7) 편의치적(便宜置籍, FOC ; Flag Convenience) 제도

① 편의치적 제도 : 선주가 선박운항에 관한 자국의 엄격한 규제, 세금 등과 같은 의무를 회피할 목적으로 선적을 파나마, 리베리아, 온두라스, 코스타리카, 레바논, 소말리아, 오만 등과 같은 조세도피지 국가에 적을 둔 선박을 편의치적선이라 한다. 세계 상선대의 약 30%가 편의치적을 하고 있다.

② 제2치적제도 : 편의치적제도 확산으로 자국선대의 해외치적을 방지할 목적으로 자국선주가 소유한 선박을 자국의 특정 자치령, 또는 속령에 치적할 경우 기존 편의치적선에 제공되고 있는 수준의 선원고용상의 융통성과 세제상의 유통성을 부여하는 제도로 일종의 자국 내 편의치적 제도이다. 우리나라는 1997년 7월 국제선박등록법을 제정하여 제2치적제도를 도입하고 있다.

③ 편의치적을 선호하는 이유
　㉠ 재무상태, 거래내역을 보고하지 않아도 되고 기항지도 제약을 받지 않는다.
　㉡ 고임의 자국선원을 승선시키지 않아도 된다. 이것은 선진해운국의 선주들이 편의치적을 선호하는 가장 중요한 이유 중의 하나이다.
　㉢ 편의치적국은 등록 시의 등록세와 매년 징수하는 소액의 톤세 외에 선주의 소득에 대해 일체의 조세를 징수하지 않는다.
　㉣ 금융기관이 선박에 대한 유치권 행사를 용이하게 할 수 있어 선박의 건조 또는 구입 자금을 국제 금융시장에서 쉽게 조달할 수 있다.
　㉤ 편의치적국은 선박의 운항 및 안전기준 등에 대해 규제하지 않기 때문에 이러한 부문에서 비용의 절감을 기할 수 있다.

④ 편의치적제도의 장단점
　㉠ 선원비 및 기타 경비의 절감(외국선원의 고용 가능)
　㉡ 정부의 간섭이나 통제 회피
　㉢ 소득세나 영업세 등의 면제 효과
　㉣ 승선원에 대한 국제수준 이하의 대우가 국제운수노련(ITF)이나 국제노동기구(ILO)의 성토대상이 되고 있어 이에 따른 항만에서의 차별대우 등 불이익을 당할 가능성이 높다.

편의치적 선호이유

① 고임금의 자국선원을 승선시키는 것에 비해 인건비 절감
② 선원공급의 선택폭 확대
③ 선박의 등록세, 톤세 이외의 세제에 대한 이점
④ 국제금융시장의 이용 용이
⑤ 운항에 따른 융통성 증가
⑥ 운항 및 안전기준의 이행 회피
⑦ 선박의 운항수입에 대한 부가세, 법인세 등이 낮음

02 선박의 개념과 종류

(1) 선박의 개념과 기능

① 선박의 개념
  ㉠ 상법, 선박안전법, 해상충돌예방법 등 각 법의 적용목적에 따라 그 정의를 달리하고 있지만 넓은 의미에서의 선박이란 '수상에서 사람 또는 물건을 싣고, 이것들을 운반하는 데 쓰이는 구조물'을 말한다.
  ㉡ 수상에 뜬다는 부양성, 여객 또는 화물을 실을 수 있는 적재성, 그리고 적재된 것을 원하는 위치로 운반할 수 있는 이동성의 3요소를 동시에 갖춘 구조물이라 할 수 있다.
  ㉢ 한자로 '船舶(선박)'은 통념상 대형선을 의미하며, '舟艇(주정)'은 소형선을 뜻한다.
  ㉣ 법률상으로는 선박이라는 용어가 사용되며, 그 용도나 재질, 톤수, 적재능력, 항행구역 등과 무관하게 쓰이는 개념이다.
  ㉤ 영어로는 'Ship', 'Boat' 및 'Vessel'이란 단어가 쓰이고 있으나 이를 엄밀히 구분한다면 'Ship'은 대형선을, 'Boat'는 소형선을 각각 의미하며 'Vessel'은 대·소형을 모두 포함한 뜻을 갖는다.
  ㉥ 해운의 관점에서 보는 선박은 상행위, 기타 영리를 목적으로 화물 및 여객의 운송에 사용되는 부양성, 적재성, 이동성을 갖춘 구조물이다.

② 선박의 기본기능
  ㉠ 부양기능(Floatation Capability) : 선박은 무거운 짐을 싣고 물에 뜨는 기능을 가지고 있어야 한다.

ⓛ 추진기능(Self Propulsion Performance) : 선박은 물에 떠서 갈 수 있어야 한다.

ⓒ 구조기능(Vessel Structural Strength) : 선박은 튼튼한 그릇으로서의 역할을 해야 한다.

ⓔ 화물적재와 안정성 및 부원력 (Cargo Loading and Statical Stability) : 선박은 짐을 싣고도 안전하여야 한다. 즉, 기울거나 쓰러지지 말아야 한다.

ⓜ 운동성능(Ship Motion Characteristics) : 선박은 좁은 항만이나 해협에서 안전하게 조종할 수 있어야 한다.

ⓗ 조종성능(Maneuverability) : 선박은 방향타와 조타기를 장착하여 희망 진행방향을 향하도록 한다.

(2) 선박의 종류

① 일반화선(General Cargo Ship)

ⓣ 컨테이너선과 대형산물선이 등장하기 전까지는 일반화물선이 전형적인 화물선으로 과거 40~50년간의 해상운송은 일반화물선이 주도해 왔다고 할 수 있다.

ⓛ 설계상의 특징은 원활한 잡화선적을 위해 다중갑판(Multiple Deck)으로 되어 있으며, 하역에 소요되는 시간 때문에 대형화하지 못하고, 통상 10,000~15,000 총톤(G/T ; Gross Ton)정도에 머무르고 있다.

ⓒ 조선기술의 향상과 함께 일반화물선도 많이 개선되어 왔으며, 특히 본선 크레인의 성능이 크게 향상되었고, 선창덮개(Hatch Cover)의 자동화, 환기장치의 개선 등이 이루어졌다.

② 컨테이너선(Container Carrier)

ⓣ 컨테이너 시스템은 1956년 4월 미국의 멜콤 맥린(Malcom P. Mclean)이 처음 해상에 실용화 시킨 혁신적인 운송방식으로, 흔히 컨테이너 혁명이라 불리울 만큼 해상운송에 획기적인 전기를 가져왔다. 처음에는 중고선을 개조하여 컨테이너를 갑판적으로 수송했으나, 점차 컨테이너 전용선이 건조되었고, 최근에 이르러 세계 주요항로의 잡화수송은 거의 컨테이너선에 의존하고 있는 실정이다.

ⓛ 종래의 정기선은 잡다한 화물을 뭉치화(Parcel Lot)하여 운송함으로써 하역에 시간과 비용이 많이 들었다. 하역시간을 단축하고 하역비용을 절감하기 위해, 화물을 컨테이너라는 용기에 넣어 운송하는 것을 컨테이너화라 하고, 그 컨테이너를 효율적으로 수송하기 위해 건조된 선박이 바로 컨테이너선이다.

ⓒ 컨테이너선의 장점
- 전천후 하역이 가능
- 하역능률이 높아 정박일수가 단축됨으로써 선박의 가동률이 제고됨.

- 정박시간 단축으로 선형의 대형화가 가능
- 하역률 향상과 정박시간 단축으로 인한 수송원가가 절감
- 컨테이너의 육상연계수송으로 문전서비스(Door-to-Door)가 가능
- 컨테이너선은 재래선과 비교할 때 수송거리가 짧고 그 횟수가 많으며, 육상과의 연계운송을 필요로 하는 항로일수록 더 유리하다는 등의 이점으로 재래선은 쇠퇴하고, 컨테이너선의 시대가 도래
- 대부분의 컨테이너는 잡화운송에 이용되지만, 냉동·냉장화물을 위한 냉동·냉장 컨테이너 및 액상화물 또는 화공품을 위한 탱크 컨테이너, 기계류 등을 위한 특수 컨테이너가 있어 컨테이너선이 운송할 수 있는 화물의 종류가 크게 확대되었음

지식 in **무개 컨테이너선(Open-Hatch Container Ship)**

최근에 작업의 편리를 위해 컨테이너선에 선창덮개가 없는 무개 컨테이너선이 건조되고 있다. 본 선형의 경우 선창 덮개가 없어 비나 눈에 노출이 되므로 선창 내의 배수설비를 강화하고 본선의 흘수(Draft) 및 건현(Freeboard)이 일반 컨테이너선보다 깊고 높게 설계되어 있다.

③ 탱커(Tankers) : 원유, 정제유(Oil Products), 화공품, 액화가스 등 액상화물을 선창 내에 직접 산적(Drum 등의 용기에 넣지 않고)하여 운송하는 선박이다.
  ㉠ 원유운반선 (Crude Oil Tanker)
    - 원유는 대량저장이 가능하고 통상 해상(Off-Shore)의 적양구(Head)까지 파이프로 연결되어 흘수 등의 제약을 받지 않고 해상하역이 가능하므로, 선박을 대형화하여 대량수송한다.
    - 탱커는 점차 거대화하여 맘모스 탱커가 출현하였음 - VLCC(Very Large Crude Carrier), ULCC(Ultra Large Crude Carrier)
    - 탱커는 선체의 중앙 또는 후미에 설치된 강력한 펌프의 힘으로 각 탱크에 연결된 파이프를 통해 선적 및 양륙한다.
    - 탱커는 적양속도가 빨라 수만톤급 선박이라도 24시간 이내에 적양가능하기 때문에 정박시간이 짧고, 공선으로 선적지로 향한 후 만재하여 양륙지로 귀항하는 이른바 피스톤 항해를 반복하는 것이 특징이다.
  ㉡ 정제유운반선 (Product Tanker)
    - 휘발유, 석유, 경유, 기타 정제유를 운송하는 선박
    - 최대 15만DWT 크기(원유운반선보다 작음)
    - 여러 종류의 정제유를 운송할 수 있게 하기 위해 여러 개의 탱크로 분할되어 있어 배관(Piping)시스템이 복잡하며, 일부 선박은 화공품도 운반할 수 있다.

- 정제유운반선을 일명 Clean Tanker라 한다(원유운반선 : Dirty Tanker).

지식 in **해상오염방지조약(MARPOL ; Treaty on Maritime Pollution)**

- 바다의 생명체 및 인간의 건강에 유해한 물질을 유독성 화물(Noxious Liquids)로 규정
- 유독성 액체화물을 A, B, C, D로 분류하여 규제(요는 독성이 강하고 D는 독성이 약함)
- A, B, C : Chemical Tanker 이용
- D : Product Tanker 이용해야 하고 일반선박의 Deep Tank를 이용할 수 있음

ⓒ 화공품운반선 (Chemical Tanker)
- 부식성, 인화성, 유독성 등을 지닌 액상화공품을 적재하는 전용선
- 근년에 이르러 화공품의 탱커수송이 크게 늘고 있다.
ⓔ 가스운반선(Gas Tanker)
- 각종 가스를 액화하여 운반하는 특수전용선
- 액화가스를 운송할 수 있는 선박은 유지해야 할 압력 및 온도에 따라 세 가지로 분류된다.
  - 유압상온형은 온도와 관계없이 압력만으로 액화할 수 있는 가스로 가압설비를 요한다.
  - 유압냉각형은 압력 및 냉각을 요하는 가스로 고압냉각 탱크를 갖춰야 충전이 가능하다.
  - 무압냉각형은 대기압하에서 냉각을 요하는 가스로 냉각설비를 요한다.

④ 건산물선(Dry Bulk Carrier)
  ㉠ 철광석, 석탄, 곡물, 시멘트, 인광석, 보크사이트, 석회석, 원당 등 주로 대형 산화물 운송에 적합한 선형
  ㉡ 탱커와 함께 부정기선의 주종을 이루고 있다.
  ㉢ 석탄과 같은 화물을 벌크상태로 운송하는 방법은 옛날부터 있어 왔지만, 오늘날과 같이 산화물을 그대로 자동화된 하역기기로 신속하고 간편하게 적양하며, 산화물의 운송효율을 높이기 위해 단일갑판(Single Deck)의 산물선이 처음으로 건조된 것은 1957년이었다.

⑤ 광석전용선(Ore Carrier)
  ㉠ 철광석, 보크사이트, 석회석 등을 운반하는 선박
  ㉡ 선저수조(Ballast Tank) : 광석전용선은 보통 편도화물을 운송하기 때문에 공선귀항 시를 대비 하여 적당한 양의 물을 적재하기에 충분한 선저수조를 갖고 있다.

ⓒ 하역 : 선적지와 양륙지가 한정되어 있어서 육상에 광석 적양에 적합한 하역장치를 설치 이용하기 때문에, 통상 광석전용선에는 일반화물선에서 볼 수 있는 적양기(Derrick or Crane) 등의 하역설비가 없다.

⑥ 겸용선(Combination Carrier)
　ⓐ 탱커나 산물선은 대부분의 경우 편도수송이며 왕복화물을 구할 수 없다는 문제점이 있는데 이러한 문제점을 해결하기 위해 유류와 건화물을 선택적으로 수송할 수 있는 겸용선이 1960년대 중반부터 개발되었다.
　ⓑ 종류
　　• O/O선(OrE/Oil Carrier) : 철광석과 원유를 수송
　　• O/B/O선(Ore/Bulk/Oil Carrier) : 광석, 산화물, 원유를 수송
　　• C/B선 (Car/Bulk Carrier) : 자동차와 산화물을 수송
　　• Container/Bulker : 왕항(往航, Outbound)은 컨테이너, 복항(復航, Inbound)은 산화물을 운송

⑦ 로로선(Roll On/Roll Off)
　ⓐ 1928년 미국의 Seatrain사가 미국 동부 및 걸프와 쿠바 간에 차량수송을 개시하면서 소개되었으나 이후 오랫동안 원양항로에는 공간손실이 많아 비경제적이라는 이유로 관심을 끌지 못하다가, 1969년에 Scan Austral사가 처음 원양항로에 투입하였다.
　ⓑ 지게차(Fork Lift)에 실을 수 있는 화물(Pallet, Bale, Preslung, Container, Packaged Timber 등)과 바퀴달린 화물(Car, Loaded Truck or Trailer 등)의 수송에 적합하다.
　ⓒ 장점 : 데릭, 크레인 등의 적양기(Lifting Gear)의 도움 없이, 자력으로 램프(Ramp Link Span)를 이용해 Drive On/Drive Off를 할 수 있어서 하역시간이 짧아 본선의 회전율(Turn-Round)을 제고시키고, 화물의 손상을 최소화하며 일관운송(Through Transit)에 아주 편리하다.

⑧ 냉동선(Refrigerated Carrier)
　ⓐ 육류나 어류 등의 냉동화물을 운송하기 위해 전선창을 냉장화하여 냉동물 운반에 전용되는 특수선이다.
　ⓑ 주로 어류, 과일, 야채 등을 운반한다.
　ⓒ 냉동선은 각 선창을 적당한 크기의 구획으로 나누어, 각 구획마다 방열구조를 갖추고 강력한 냉각장치를 설비하여, 냉동물 운송 중 각 화물별로 저장에 필요한 온도를 장기간 유지할 수 있도록 설계되어 있는 선박이다.

⑨ 중량물운반선(Heavy Cargo Carrier) : 일반화물선에서는 변압기, 객차, 기관차, 선박엔진, 발전기, 기계설비, 쟈켓, 겐트리 크레인 등 초중량물(통상 분리불능의 50톤 이상의

화물) 또는 거대화물을 자력으로 적양할 수 없기 때문에, 이러한 특수화물의 운송을 위한 선체구조 및 설비를 갖춘 선박이다.

⑩ 바지 운반선(Barge Carrying Ship)

  ㉠ 본선의 크레인 또는 엘리베이터로 400~1,000톤 정도의 바지를 적양할 수 있는 특수선이다.

  ㉡ 최초의 바지운반선은 1969년에 건조되었고 1974년까지 총 28척이 건조되었으며, 항구에서의 정박기간을 최소화하고 선박의 가동률을 높이기 위해 고안된 것이다.

  ㉢ 예인선(Tug Boat)이 수출화물을 적재한 바지를 예인하여 외항(Outer Harbour)에서 대기하고 있다가, 본선이 도착하면 그 바지를 본선에 인도하고 수입화물이 적재된 바지를 인수한다.

  ㉣ 바지는 본선이 입항불가능한 항내의 깊숙한 좁은 안벽에 접안하여 적입·인출이 가능하기 때문에, 내수로를 이용 최종목적지까지 계속 예인하거나, 내항으로 예인하여 한적한 곳에서 화물을 인출하여 수하인에게 인도한다.

> **지식 in**
>
> **LASH(Light Aboard Ship, 래쉬선)**
>
> - 컨테이너선의 변형으로 컨테이너 대신 규격화된 전용선박을 운송단위로 사용하며 부선에 화물을 적재한 채로 본선에 적입 또는 운송하는 선박이다.
> - 화물이 적재된 부선(靜船)을 운송하는 선박으로 항구에 기항하지 않고도 적양하 작업을 수행할 수 있는 특별한 하역시스템을 갖추고 있다.

⑪ 고속컨테이너선(Fast Ships)

  ㉠ 선박의 고속화는 강력한 소형엔진의 개발 또는 선박 자체의 소형화를 통해 가능하므로 미래의 선박은 대형화의 지속과 함께 소형화에 의한 고속화의 추진도 병행될 것으로 예상된다.

  ㉡ 고속선은 고성능의 엔진을 부착해야 하므로 건조비 및 운영비가 높은 데다 적재능력이 적어 대부분 여객선으로 사용되고 화물선은 드물다.

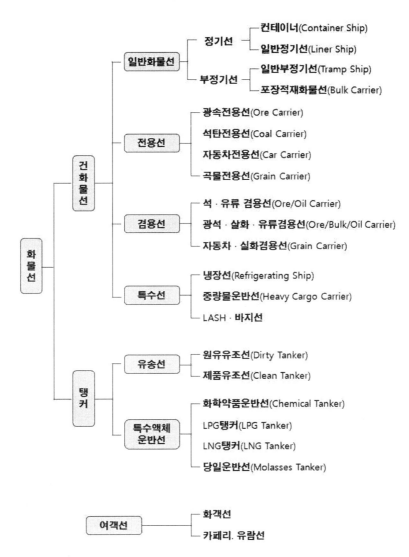

〈화물선의 종류〉

화물선
├─ 건화물선
│ ├─ 일반화물선
│ │ ├─ 정기선
│ │ │ ├─ 컨테이너(Container Ship)
│ │ │ └─ 일반정기선(Liner Ship)
│ │ └─ 부정기선
│ │   ├─ 일반부정기선(Tramp Ship)
│ │   └─ 포장적재화물선(Bulk Carrier)
│ ├─ 전용선
│ │ ├─ 광속전용선(Ore Carrier)
│ │ ├─ 석탄전용선(Coal Carrier)
│ │ ├─ 자동차전용선(Car Carrier)
│ │ └─ 곡물전용선(Grain Carrier)
│ ├─ 겸용선
│ │ ├─ 석·유류 겸용선(Ore/Oil Carrier)
│ │ ├─ 광석·살화·유류겸용선(Ore/Bulk/Oil Carrier)
│ │ └─ 자동차·실화겸용선(Grain Carrier)
│ └─ 특수선
│   ├─ 냉장선(Refrigerating Ship)
│   ├─ 중량물운반선(Heavy Cargo Carrier)
│   └─ LASH · 바지선
└─ 탱커
   ├─ 유송선
   │ ├─ 원유유조선(Dirty Tanker)
   │ └─ 제품유조선(Clean Tanker)
   └─ 특수액체운반선
      ├─ 화학약품운반선(Chemical Tanker)
      ├─ LPG탱커(LPG Tanker)
      ├─ LNG탱커(LNG Tanker)
      └─ 당일운반선(Molasses Tanker)

여객선
├─ 화객선
└─ 카페리. 유람선

(3) 선박의 크기에 따른 분류

① 건화물선

㉠ Handymax

- 전 세계의 어느 항구에라도 입항이 가능하도록 한다는 것을 기본적인 개념으로 하는 선박
- 전 세계 항구를 대상으로 선박을 운용하기 위해 비교적 낮은 수심에서도 항행이 가능하여야 하고, 항만설비가 부실한 곳에서도 하역을 가능토록 하기위해 Bulk Carrier의 경우 본선에 하역장치(크레인)을 장착하는 것이 일반적이다.
- 분류
  - Handysize : 10,000~35,000DWT 혹은 25,000~43,000DWT의 Bulk Carrier, 20,000~35,000DWT의 Tanker선
  - Handymax : 35,000~55,000DWT 혹은 43,000~55,000DWT의 Bulk Carrier, 35,000~50,000DWT 정도의 Tanker선

㉡ Panamax

- 파나마 운하의 통행이 가능한 최대 크기의 선박(운하 통행 가능선 : 최대폭 32.31m, 최대흘수 12.04m 까지)
- 건조시 선폭을 32.2m, 계획 만재흘수를 12m 내외로 계획하게 되며 통상적으로 60,000~75,000DWT 정도의 선박이 이에 해당된다.
- Container선은 약 4,000~4,500TEU 정도의 선박이 Panamax급이고 그 이하의 크기로만 건조되어 왔으나 1980년대 후반부터 Panamax 보다 큰 크기의 선박이 건조되기 시작하여 현재에는 5,000~7,000TEU급의 선박들도 다수 운항되고 있으며 이들은 Post-Panamax Container Ship 이라고 부른다.
- Container선이 대형화 되어가는 추세는 향후 14,000TEU까지 커질 것이라는 예측도 있으며, Panama 운하 측에서도 이러한 추세에 맞추어 통행선박의 폭을 결정하는 Lock의 크기를 늘리는 것을 검토하고 있다.

㉢ Capesize

- 파나마 운하와 수에즈 운하를 통과하기에는 너무 커서 대양 간의 이동시 남아메리카 남단의 Cape Horn과 아프리카 남단의 Cape of Good Hope를 돌아서 운항해야 하는 크기의 Bulk Carrier를 지칭한다.
- 원광석과 석탄을 운송하는 광탄선에 이러한 대형의 선박들이 많이 사용되며, 경제성을 고려하여 120,000~160,000DWT 전후의 크기가 일반적이다. 이러한 배들이 접안할 수 있는 항만은 화물을 하역하는 설비를 갖추고 있으므로 선박에는 하역장비들 설치하지 않는 경우가 대부분이다.

- Bulk Carrier의 크기를 구분하는데 Handymax 보다 큰 것을 Panamax, Panamax 보다 큰 것을 Capesize로 분류하여 80,000DWT 이상의 Bulk Carrier를 총칭하는 뜻으로 사용되기도 한 다(크기가 커서 수에즈 운하를 통과할수 없는 Bulk선을 총칭하는 것으로 분류하는 곳도 있음).

지식 in **VLCC(Very Large Crude Oil Carrier)**

1869년 수에즈 운하가 개통된 이래 주변국의 정치적인 상황 때문에 몇 차례 폐쇄된 시기가 있었고 근래에는 3차 중동전쟁으로 인해 1967년 6월 폐쇄되었다가 1975년 6월에 통행이 재개되었다. 이 폐쇄 기간 중에 중동지역의 원유를 수송하는 유조선들은 유럽이나 북미지역으로 가기 위해 아프리카 대륙을 우회하여 운항을 해야 했으며 이러한 상황에서 선사들은 운송의 효율성을 높이기 위해 대형선박을 건조하여 투입하였고 그 결과로 VLCC(Very Large Crude Oil Carrier)가 탄생하였다.

② 유조선
   ㉠ Aframax
   - 영국 런던의 Worldscale Association에서 작성하는 탱커선의 운임지수(AFRA ; Average Freight Rate Assessment)에서 유래되어 79,999DWT의 탱커선을 지칭하였지만 현재는 분류하기에 따라서 75,000~115,000, 80,000~105,000 혹은 80,000~120,000DWT 정도의 탱커선을 표현하는 명칭으로 쓰인다(Aframax는 탱커선에 대하여만 사용된다).
   - Panamax 보다는 크고 Suezmax 보다는 작은 탱커선
   ㉡ Suezmax
   - 수에즈 운하를 통행할 수 있는 최대 크기의 선박
   - 통상적으로 만재한 상태에서 운하를 통행할 수 있는 120,000~160,000DWT 정도의 탱커선을 표현하는 명칭으로 쓰이고, 분류하기에 따라서 Aframax 보다 크고 VLCC 보다 작은 120,000~200,000DWT의 탱커선을 총칭하기도 한다.
   - 수에즈 운하(길이 193km)는 파나마 운하와는 달리 운하 양측(지중해와 수에즈만)의 수위가 거의 같기 때문에 수위차를 극복하기 위한 수문의 설치가 필요 없으며, 운하의 대부분은 일방통행의 수로이고 몇 군데의 교차지점과 호수지역에서 양방향 통행이 가능하다.

(4) 선박의 선명과 국적

① **선명(船名)** : 선박의 명칭은 국문이나 외래어로 작명하며 선박법에 따라 관할 해운관청에 등록하여야 한다.

② **선박의 국적** : 선박의 국적은 1851년 영국에서 선포된 항해조례에서 유래하며, 최초 선박국적 취득은 선박제조주의, 소유자주의, 승무원주의 등 3가지 사항이 전제되었으나 현재는 소유자주의를 중심으로 승무원주의가 적용되고 있다.

③ **선박법상 한국국적 선박**

　㉠ 국유 또는 공유에 속하는 선박

　㉡ 대한민국 국민이 소유하는 선박

　㉢ 대한민국법률에 의하여 설립된 상사법인이 소유하는 선박

　㉣ 대한민국에 주사무소를 두고 ㉢ 이외의 법인으로서 그 대표자(공동대표인 경우에는 그 전원)가 대한민국국민인 경우에 그 법인이 소유하는 선박

⑩③ 선박의 제원

(1) 선박의 구성

① **앵커(Anchor, Anchorage)** : 선박의 정박을 위한 필수장비이며 닻이라고 하며, 통상 Windlass라 불리는 Winch에 의해 조작되며 대형선의 경우 Capstan으로 조작된다.

② **Ballast** : 화물을 선적하지 않고 운항할 때 선박에 일정한 배의 흘수(Draft)나 트림(Trim)을 조정하기 위하여 중량을 적재함으로써 선박의 감항성을 유지한다.

③ **Bilges** : 각 칸막이 방마다에 만들어진 폐수, 기름 등 폐기물로서 펌프로 이를 퍼낼 수 있도록 되어 있다. 선미의 중지탱크(Double Bottom Tanks)를 이용하는 경우도 많다. 각 선박은 화물선적 전에 특히 식량선적 전에는 엄격한 검사를 받아야 한다.

④ **Derricks 혹은 Cranes** : 일반화물선의 적·양하용 장비이다. 이들의 용량은 통상 5~10톤의 양력을 가지나 경우에 따라서는 중량물 취급에 용이한 데릭크(Derrick)를 갖는다.

⑤ **창구(Hatch Way)** : 창구는 선박의 갑판에 있는 개구를 말하며, 이곳을 통하여 선창에 화물을 적재 하거나 양하한다.

⑥ **Dunnage** : 나무 조각, 고무주머니 등으로 화물 사이에 끼워 화물손상을 방지하기 위한 재료를 말한다.

(2) 선체의 주요치수

① 전장(全長, LOA ; Length Over All)

㉠ 선체에 고정적으로 붙어 있는 모든 돌출물을 포함한 배의 앞부분부터 맨 뒷부분까지의 수평거리

㉡ 조선·수리 등을 위한 입거시, 접안 및 파나마운항 통과시 반드시 이 길이가 고려됨

② 수선간 길이(垂線間, LBP ; Length Between Perpendicular)

㉠ 화물을 만재했을 때 선박과 수면이 접촉한 직선길이

㉡ 만재흘수선상의 선수(船有) 수선으로부터 타주의 중심을 지나는 선미(船尾) 수선까지의 수평거리

㉢ 전장(LOA)보다 짧고 선박의 길이는 일반적으로 이것을 사용

③ 전폭(全幅, Extreme Breadth)

㉠ 선체의 제일 넓은 부분에서 측정한 외판의 외면에서 반대편 외판까지의 수평거리

㉡ 조선·수리 등을 위한 입거시, 파나마 운하 통과 시는 반드시 이 넓이가 고려됨

④ 형폭(型幅, Moulded Breadth)

㉠ 선체의 제일 넓은 부분에서 측정한 Frame의 외면에서 외면까지 수평거리

㉡ 선박법상 배의 폭에 이용되며, 전폭에서 양쪽 외벽판의 두께를 제외한 길이에 해당함

⑤ 선심

㉠ 선체중앙에 있어 상갑판 가로들보 상단에서 용골의 상단까지의 수직거리

㉡ 선박법상 배의 깊이에 해당되며 형심으로 불리기도 함

㉢ 선박법 및 국제만재흘수선조약 등에서 선박의 깊이를 나타낼 때 사용됨

⑥ 건현(乾舷, Freeboard)

㉠ 배의 중앙에서 측정한 만재흘수선에서 상갑판 위까지의 수직거리

㉡ 배의 깊이에서 흘수 부분을 뺀 길이

㉢ 건현이 크면 예비부력이 커져 배의 안정성이 커짐

(3) 선박의 흘수(吃水, Load Draft)

흘수는 선박의 물속에 잠긴 부분을 수직으로 젠 길이로 운하, 강 등에 대한 선박의 통행가능 여부와 항구 등에 대한 출입가능여부 등을 결정하는 주요기준이 되며, 선박자체 부력과 밀접한 연관성이 있으므로 선박의 안전과도 직결되는 중요한 제원이다. 모든 선박은 선수와 선미에 20cm의 간격을 두고 흘수눈금과 아라비아숫자로 된 해당흘수를 표시하고 있다.

① 전흘수(全吃水, Keel Draft)

　ⓐ 수면에서 선체 제일 밑부분까지의 수직길이로서 용골과 외벽판의 두께를 포함한다.

　ⓑ 통상적으로 그냥 흘수라고 할 경우에는 전흘수를 의미한다.

② 형흘수(型吃水, Moulded Draft) : 수면에서 용골상단까지의 수직길이로서 전흘수에서 용골과 외벽판의 두께를 제외한 길이이다.

③ 선수흘수(船首吃水, Fore Draft) : 선수부분의 흘수로서 선박의 앞부분이 물속에 잠긴 정도를 의미한다.

④ 선미흘수(船尾吃水, Aft Draft) : 선미부분의 흘수로서 선박의 뒷부분이 물속에 잠긴 정도를 의미한다.

⑤ 최대만재흘수(最大滿載吃水, Load Draft Extreme) : 안전항해를 저해하지 않는 선에서 허용된 최 대 흘수로서 선측에 표시된 만재흘수선에서 선체 제일 밑부분까지의 수직길이이며 흔히 '만재흘 수'로 불리기도 한다.

(4) 만재흘수선표(滿載吃水線標, Load Line Mark)

① 해당 선박의 계절별·해역별 최대만재흘수선과 그것을 지정한 선급협회 등을 나타낸 표지로 선체 오른쪽의 중앙부에 표시되면 건현표로 불리기도 한다.

　※ 건현 : 선측부분 중 수중에 잠기지 않고 대기 중에 노출된 부분을 의미하며 흘수와 대비되는 개념

② 국제항해에 취항하는 선박, 길이 24m 이상의 선박 및 여객선, 길이 12m 이상 24m 미만으로 여객 13인 이상을 운송할 수 있는 여객선 등은 의무적으로 만재흘수선을 표시하여야 한다.

③ 마크는 영구적인 방법으로 부착해야 하며, 밝은 바탕에는 검은색, 어두운 바탕에는 흰색이나 노란색으로 페인트칠한다. 모든 선의 두께는 25mm이고, 원모양 양측에 표시된 LR 혹은 AB(ABS) 등은 건현을 지정한 기관의 약자이다.

④ 만재흘수선의 기본적인 개념은 배가 물에 잠기는 정도가 떠있는 물의 비중에 따라 다르고, 물의 비중은 해수와 담수 간에 차이가 있으며 온도에 따라 변하기 때문에 그 상태를 몇 가지로 분류하여 기준을 정한 것이다. 따라서 물의 비중 상태와 관계없이 항상 동일한 적재중량을 유지케 하기 위함이라고 할 수 있다.

〈Load Line Mark(만재흘수선 표시)〉

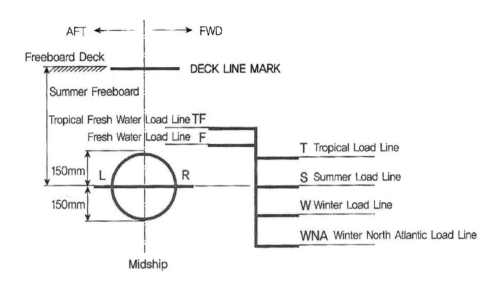

〈건현과 만재흘수선〉

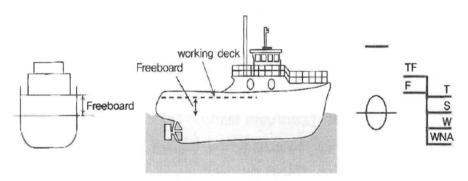

(5) 선박의 톤수

선박의 크기는 선박 자체의 중량이나 용적으로 표시하지만, 화물선의 경우는 선박에 적재할 수 있는 화물의 양이나 용적으로 표시한다. 선박의 크기를 나타내는 대표적인 기준인 선박의 톤수(Tonnage)는 용적을 기준으로 측정한 용적톤과 중량을 기준으로 측정한 중량톤으로 크게 구분할 수 있다.

① 용적톤 : 선박의 용적을 톤으로 환산시 100ft를 1톤(화물의 용적을 톤으로 환산시 40ft를 1톤)으로 한다.

㉠ 총톤수 (G/T)
- 선박 내부의 총용적
- 갑판 아래의 적량과 갑판 위의 밀폐된 장소의 적량을 합한 것으로 선박의 안전과 위생에 사용되는 부분의 적량을 제외한 것을 말한다.
- 상선이나 어선의 크기를 표시하고 각국 해운력 비교의 자료, 각종 통계 및 관세, 등록세, 도선료, 계선료 및 각종검사료 등의 과세와 수수료 산출기준이 된다.

지식 in 톤(ton)

- 우리가 흔히 사용하는 톤(ton)이라는 용어는 1000kg의 무게를 의미한다. 그러나 선박의 용량을 표현하는 톤수(tonnage, tonne, ton)는 이와는 다른 여러 가지 의미를 가지고 있다.
- Tonnage
  - 무게의 단위 : 영국단위(Imperial System) 혹은 국제단위(SI System)로 측정된 것
  - 선박의 크기 : cubic feet, cubic meter, ton 등으로 측정된 것
  - 선박 화물의 무게 : ton으로 측정된 것
  - 선박 화물에 매겨진 세금 : 화물 ton당 세금
  - 선단의 크기 : 해운회사의 수송능력 혹은 국가의 해군력을 표현하는 전체 보유선박의 운송 가능량이나 선박의 무게로 표시
- 톤의 단위
  - 국제단위(SI System)로 측정된 무게 : 1000k = Metric Ton
  - 영국단위로 측정된 무게 : 2240lb = 1016kg = Long Ton
  - 미국단위로 측정된 무게 : 2000lb = 907kg = Short Ton
  - 국제단위로 측정된 선박의 배수량 : Displacement Ton(1ton = 1000kg)
  - 선박의 등록시 사용되는 선박 내부 용적 : Register Ton(1ton = 100cbft = 2.83cbm)

㉡ 순톤수 (N/T)
- 순수하게 여객이나 화물의 수송에 사용되는 장소의 용적
- 총톤수에서 선박의 운항에 직접 이용되는 기관실, 선원실, 해도실 등 적량을 공제한 톤수로 환산한 것
- 선주나 용선자의 상행위와 관련된 용적이기 때문에 항만세, 톤세, 운하통과료, 등대사용료, 항만시설사용료 등의 모든 세금과 수수료의 산출기준이 된다.
㉢ 재화용적톤수(M/T)
  선박의 각 선창의 용적과 특수화물창고 등 선박의 화물적재능력을 용적톤으로 표시한 것으로 Long Ton(L/T)을 주로 사용한다.

② **중량톤**(Weight Tonnage) : 등록톤수가 용적톤인데 반해 배수톤수와 여기에서 파생되는 경하중량, 재화중량은 중량톤이다.

〈중량톤수 간의 상호관계〉

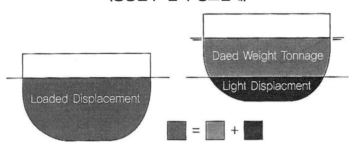

ⓐ 배수톤수(DT ; Displacement Tonnage)
- 선박이 밀어낸 물의 무게를 배수량이라고 하고 이는 선박이 받고 있는 부력의 양과 같으며 따라서 선박의 무게가 된다.
- 선박이 밀어낸 물의 부피(선박의 물속에 잠긴 부분의 부피)에 그 물의 비중을 곱하여 구한다.
- 선체의 부피는 선도(Lines Drawing)에서 구할 수 있으며, 선체가 잠긴 깊이는 선체 선수미부에 표시된 흘수표시를 읽음으로 알 수 있다.
- 화물의 적재상태에 따라 배수량이 변하기 때문에 상선에서는 사용치 않으며, 화물 적재의 용도가 없고 세금과도 무관한 군함의 크기를 나타내는 용도로 주로 사용된다.

지식 in

적하계수(Stowage Factor)

화물 1M/T(1,000kg)을 선창(船艙)에 적재할 때 화물과 화물, 화물과 선체와의 틈 및 화물자체가 차지하는 전(全) 공간을 ㎥로 표시

ⓑ 경하중량톤수(LWT ; Light Weight Tonnage)
- 선박이 화물을 싣지 않았을 때의 배수량을 말하며, 경하 배수량(Light Displacement)이라고도 한다. 재화중량을 구하는데 사용된다.
- 경하중량은 선체, 기관, 항해기구, 하역용구, 비품 등의 총 중량을 의미하나 연료, 저장품, 탱크 속의 물 등은 포함되지 않는다.
ⓒ 재화중량톤수(DWT ; Dead Weight Tonnage)
- 만재 배수량(Loaded Displacement)과 경하 배수량의 차이, 즉 적재할 수 있는 화물의 중량을 뜻한다.

- 재화중량에는 연료, 식량, 용수, 음료, 창고품, 승선인원 및 그 소지품 등이 포함되어 있으므로, 실제 수송할 수 있는 화물 톤수는 재화중량에서 이들의 중량을 차감한 것이다.
- 화물선의 최대 적재능력을 표시하는 기준으로 영업상 가장 중요시되는 톤수이며 국제관습상 Long Ton이 사용된다.

(6) 선급제도(Ship's Classification)

선박이 목적항구까지 소정의 화물을 싣고 항해를 무사히 종료할 수 있는 상태하에 있는 선박의 종합적인 능력을 객관적으로 판단하기 위한 제도이다. 이러한 선급제도를 통해서 선박이 정상적인 항해를 할 수 있는 안전한 상태인 감항성을 판단하게 된다.

① 선급협회(Classification of Societies) : 해상 보험 업자나 화주(荷主)의 편의를 도모하기 위하여 일정한 기준에 따른 검사를 하여 배에 선급을 매기며, 기타 배의 손상 따위를 심사하여 결정하는 비영리 특수 법인을 말한다.

② 선급협회의 주요업무
    ㉠ 선박의 검사와 선급의 등록
    ㉡ 냉방장치 및 소방시설의 검사 및 등록
    ㉢ 만재흘수선의 지정 및 검사
    ㉣ 선용기관, 의장품, 선용품 등의 검사
    ㉤ 선체, 기관, 의장품, 선용품 등 구조재료의 검사시험
    ㉥ 국제조약에 기준한 선박의 검사 및 조약증서의 발행
    ㉦ 선급등록선명 등의 간행 및 선박에 대한 정부의 대행검사
    ㉧ 양화장치의 제한중량 등의 지정검사

지식 in   **감항성(내항성)**

- 선박의 정상적인 항해가능 여부를 감항성 또는 내항성이라는 말로 표현한다.
- 선체 및 기관에 이상이 없고 선장 이하 선원에 결원이 없으며 연료, 청수 등 항해준비를 갖춘 상태를 감항성이 있다고 한다.
- 선박의 감항성 유무는 선주, 화주, 보험회사 등 모든 이해당사자에게 주요 관심사항이지만 감항성의 기준이 객관적으로 명백하지 못해 항상 분쟁의 소지가 있기 때문에 감항성의 객관적·전문적 판단을 위해 선급제도와 선급협회(Classification of Societies)가 생겼다.

③ 선박의 검사 : 선박의 감항성이 있고 없고는 선주, 화주, 보험회사 등 이해당사자들에게 주요한 관심사항이 되므로 선급을 계속유지하기 위해서는 정기적인 검사를 받을 필요가 있다.

    ㉠ 정기검사

    ㉡ 중간검사

    ㉢ 임시검사

    ㉣ 임시항행(航;行)검사

    ㉤ 특별검사

(7) 해운운임지수

① Korea Maritime Index(KMI)

    ㉠ KMI지수는 MRI나 BDI지수들이 북미나 유럽에서 개발 이용되어 대서양수역을 중심으로 작성되기 때문에 우리나라를 비롯한 극동지역의 시황이 충분히 반영되지 못함에 따라 한국해양수산 개발원(KMI)이 태평양 및 극동지역을 중심으로 한 시황지표로 개발한 것이다.

    ㉡ 핸디 선박을 많이 이용하는 아시아지역의 특성을 감안하여 12개 핸디항로를 포함시켰으며 케이프사이즈, 파나막스사이즈 및 핸디항로 전체 30개 항로의 운임에 대한 가중치를 적용한다.

    ㉢ 1995년 1월 첫째 주(1995.1.7 = 1,000)를 기준으로 산정된다.

② Maritime Research Index(MRI)

    ㉠ 미국의 Maritime Research Inc.가 세계 해운시장에서 체결되는 용선계약을 토대로 매주 산정·발표하는 해상운임지수이다.

    ㉡ 구성 : 종합운임 지수, 곡물운임 지수, 정기용선료지수, 주간성약건수 등

    ㉢ 1972년을 기준(1972=100)으로 산정된다.

③ Baltic Dry Index(BDI)

    ㉠ 석탄, 철광석, 곡물 등을 포장 없이 통째로 운반하는 화물선의 운임을 지수로 만든 것이다.

    ㉡ 발틱해운거래소가 종전 건화물시황 운임지수로 사용해 온 Baltic Freight Index(BFI)를 대체 한 종합운임 지수이다.

    ㉢ 1999년 11월 1일부터 발표하고 있다.

    ㉣ 선형 별로 대표항로를 선정하고 각 항로별 톤마일 비중에 따라 가중치를 적용하여 1985년 1월 4일을 기준 (1985.1.4.=1,000)으로 산정된다.

ⓜ 선형에 따라 Baltic Capesize Index(BCI), Baltic Panamax Index(BPI), Baltic Handy Index(BHI) 등 별도의 선형별 지수로 구성된다.

지식 in **웨이버(Waiver)제도**

화주가 해상화물을 수송하고자 하는 경우에 외국선사를 사용하고자 할 경우 해당 지역으로 취항하는 국적선이 없음을 확인하는 것으로 국적선 불취항 증명을 뜻한다.

---

④ Baltic Panamax Index(BPI)

　　㉠ BPI는 BDI를 구성하는 운임지수의 하나로 항해용선항로 3개와 정기용선항로 4개 총 7개 항로로 구성되어 있다.

　　㉡ 항해용선항로는 기존 BFI의 항로와 동일하나 US걸프-일본 및 US 북태평양-일본 항로의 선형이 종전 5만 2천톤 기준에서 5만 4천톤으로 변경되었다.

　　㉢ 정기용선항로는 대서양항로(Trans-Atlantic Round), 유럽-US걸프-극동 항로, 극동-북태평양로, 극동-US북태평양-유럽 항로로 구성되어 있다.

⑤ World Scale rate(WS)

　　㉠ 유조선의 운임단위로 사용되고 있는 m는 각종 유조선 운임률의 세계적 통일을 기하기 위해 1969년 World Scale Association이 제정한 것으로 매년 1회 산정기준이 발표되고 있다.

　　㉡ WS산정기준 : 기준선형 75,000DWT, 속도 14.5노트, 항해시 연료소비량 55톤/일(정박 중 5톤/일), 연료종류 380CST, 1일 선비 12,000 달러의 선비를 필요로 하는 표준선형을 기준으로 적·양하지 간 가장 경제적인 항로운항시 운임률을 WS 100으로 한 것이다.

⑥ HR 컨테이너선 종합용선지수 : 영국의 해운컨설팅 및 브로커 업체인 'Howe Robinson C. I' 社가 1997년 1월 15일을 기준으로(HR 1,000) 발표하는 컨테이너선 용선료 지수이며, 510TEU에서 3,500TEU까지 세계 컨테이너선 용선시장에서 주로 거래되는 12개 선형별 지수 및 종합지수가 발표된다.

04 항만(Horbor)

(1) 항만시설

항만이란 해륙수송의 중계지로서 육상으로 운송된 화물의 선적과 해상으로 수송된 화물을 원활하게 양륙할 수 있는 시설을 갖추고 있는 장소를 말한다.

① 수역시설
　ㄱ 내항항로 : 내항의 부두, 계류지 및 묘박지와 외항을 연결하는 선박의 통행로로서 선박이 항행 할 수 있는 충분한 수심을 갖추어야 하며, 선박에 대한 조류의 영향을 최소화할 수 있도록 조류의 방향과 작은 각도를 이루도록 해야 한다.
　ㄴ 묘박지(錯泊地, Anchorage) : 접안을 앞둔 선박이 일시적으로 닻을 내리고 대기하는 수역으로 수면이 잔잔하고 닻을 내리기 좋은 지반이라야 한다.
　ㄷ 선회장(船抑場) : 선박이 방향을 전환할 수 있는 장소로서 예선의 유무, 바람, 조위의 영향 등을 고려 안전한 수면을 확보하여야 한다. 따라서 대개 자선의 경우 대상선박 길이의 3배를 직경으로 하는 원이며, 예선이 있을 경우에는 대상선박 길이의 2배를 직경으로 하는 원으로 한다.
② 외곽(外廓) : 방파제, 방사제, 도류제, 제방, 호안, 수문 및 갑문 등을 들 수 있다.
③ 계류(繫留) : 안벽, 물양장, 잔교, 돌핀, 부잔교, 계선부표 등의 시설을 말한다.
④ 임항철도(臨港鐵道) : 선박과 철도에 의한 연계수송을 위해 간선철로에서 항만까지 연결된 철도인 입선을 의미한다.

(2) 협의의 항만시설

① 부두(Wharf) : 항만 내에서 화물의 하역과 여객의 승하선을 위한 여러 가지 구조물을 총칭하는 것으로 광의로는 부두광장, 임해철도, 창고 및 장치장, 각종의 하역설비 등이 상설된 부수지역 전부를 총칭한다. 항구의 환경, 구조, 설비 여하에 따라 Quay, Pier, Dock 등의 명칭이 있다.
② 안벽(Quay) : 화물의 하역, 여객의 승하선이 직접 이루어지는 구조물로서 선박이 접안할 수 있도록 육상높이와 같이 해저에서 수직으로 구축된 일종의 벽과 그 부속물을 총칭한다.
　ㄱ 펜더(Fender) : 선박과 안벽과의 충돌시 그 충격을 덜어주기 위하여 안벽의 외측에 부착시켜 두는 목재 또는 고무재를 말한다.
　ㄴ 계선주(Bitt, Mooring Post, Bollard) : 선박의 계선술을 계류하기 위하여 안벽에 견고하게 설치된 짧은 기둥을 말한다.
　ㄷ 캡스탄(Capstan) : 선거의 갑문 또는 안벽에 설치되어 선박의 입·출항시 선박의 계선줄을 기계로 감아올리는 장치를 말한다.

③ 잔교(Pier) : 해안선과 직각의 형태로 돌출된 교량형 간이구조물로서 선박의 접안과 화물의 적·양하 작업, 선원 및 여객의 승하선에 이용되며 목재, 철재, 석재로 된 기둥을 해저에 박은 뒤 기둥의 윗부분을 콘크리트로 굳힌 후 이 위에 교량형 구조물을 설치하여 육지와 연결한 형태이다.

④ 상옥(Transit Shed) : 중간창고라고도 하며 안벽, 잔교, 양륙장 등에 있어서 운송작업과 보관작업 사이에 중간작업을 하는 장소이다.

⑤ 사일로 창고(Silo Warehouse) : 곡물과 같은 살화물(撒貨物)을 장치할 목적으로 만들어진 특수창고이다.

⑥ 해분(Basin) : 조수의 간만이 심한 항만에서 항구의 한쪽에 갑문을 설치하여 바닷물저장과 수심의 평균을 유지하게 함으로써 선박의 정박과 작업을 용이하게 하는 수역을 말하는 것으로 선거(船渠, Dock)로 통칭하기도 한다.

⑦ 항만하역시설 : 하역시설은 선박의 기동능력에 커다란 영향을 미치는 동시에 항만의 경제적 가치를 결정하는 요소로 부선(Lighter, Barge), 해상기중기(Floating), 고정식 혹은 이동식 육상기중 기(Crane) 등의 모든 운반기기와 벨트 컨베이어(Belt Conveyor) 등의 여러 가지가 있다.

⑧ 컨테이너처리장 : 컨테이너 처리장소에는 CFS, CY 등이 있다.

(3) 해상운송합리화를 위한 주요 제도

① 부두운영회사(TOC ; Terminal Operation Company)제도 : 종래 국가가 운영하던 부두(선석, 야적장, 창고, 하역시설 등 포함)를 항만의 생산성을 향상할 목적으로 선박회사, 하역회사 등의 민간 기업이 일정기간동안 임대받아 전담 운영하는 제도이다.

② 부두직통관제도
  ㉠ 수출입컨테이너화물의 유통체계를 단순화하기 위해 도입된 제도로서 수출입 컨테이너 화물을 부두밖 장치장(ODCY)을 경유하지 않고 부두에서 직접 수출입통관을 하거나 보세운송신고를 수리하는 제도이다.
  ㉡ 부두직통관제도를 채택한 경우 수입된 컨테이너화물(FCL화물)은 부두에 하역되기 전에 수입신고 또는 보세운송신고를 할 수 있도록 하여 하역 즉시 부두 내에서 세관검사, 세금납부 등 관련 절차를 완료할 수 있게 된다.
  ㉢ 수입컨테이너 화물은 본선에서 양하된 후 48시간 이내에 통관 반출되거나 제조공장으로 보세 운송할 수 있으며, 수출 컨테이너화물은 수출면허를 받은 후 바로 선박에 적재할 수 있어 수출 물품이 적기에 선적될 수 있다.

③ 항만공사제도(PA ; Port Authority)
  ㉠ 국영체제의 항만관리에서 한국컨테이너부두공단 설립을 계기로 컨테이너부두의 민

영화체제를 도입하였고 부두운영회사(TOC)제도를 도입하여 일반부두의 운영권도 민간에 부여하고 있으나 지방 자치단체에서 항만관리권 이양을 주장하여 항만공사 제도의 도입이 본격적으로 추진되고 있다.

  ⓒ 항만공사제도를 도입했을 때의 기대효과
- 항만관리운영상의 효율성제고
- 적극적인 항만투자 실현
- 항만정책의 민주성과 투명성의 강화
- 균형적 항만개발이 가능

부두운영회사제도와 부두 직통관제도

지식 in

부두운영회사제도의 시행상 효과
- 부두혼잡의 해소
- 하역시간의 단축
- 하역 및 야적장의 화물처리 능력 향상
- 하역장비의 가동률 향상
- 선박의 가동률 향상

부두직통관제도의 장점
- 화물운송상의 효율성제고
- 도로파손·소음공해 등 사회적 비용절감
- 물류비용의 절감
- 통관소요시간 단축 등

05 해상운송 방식

(1) 정기선운송

정기선(Liner)은 동일항로에 정기적으로 운항하는 선박을 말하며, 이러한 운송을 정기선운 송이라 한다.

① 운항일정(Sailing Schedule) 및 운임요율표(Tariffs)가 공시되고 화물의 다소에 관계없이 고정된 항로(Route)로 규칙적으로 운항하며 주로 일반화물, 즉 다수 화주의 소량화물 및 컨테이너화물, 객, 우편물을 운송대상으로 한다.

② 정기선운송은 선박 자체도 부정기선에 비해 고가이고 화물도 완제품 내지 반제품인 2차 상품이 주종을 이루기 때문에 운임이 높고 해운동맹(Shipping Conference)이 결성 되어 있는 것이 일반적이다.

③ 정기선운송은 많은 선박이 필요하고 대규모 경영조직이 필요하기 때문에 막대한 자본을 요하는 위험도가 높은 사업이라고 함 수 있다. 정기선운송은 일반운송인(Common Carrier) 또는 공중운송 인(Public Carrier)에 의해 수행되는 것이 일반적이다.

(2) 부정기선(Tramper)운송

부정기선이란 운송수요자의 요구에 따라 수시로 어느 곳에나 운항하는 선박을 말하며, 일정한 항로를 운항하는 정기선과는 달리 항로나 화물 또는 항해에 관한 아무런 제한을 받지 않고 집화가 가능한 곳을 찾아 어느 곳이거나 회항하기도 한다.

① 부정기선운송은 운송수요가 급증하는 화물과 운임부담력이 약한 철광석, 곡물, 원당, 원면, 원목, 비료 등의 대량의 살물(Bulk Cargo)을 주로 운송한다.
② 운임은 그 당시의 수요와 공급에 의하여 결정되고 일반적으로 용선계약(Charter Party)에 의하여 운송계약이 체결된다.
③ 정기선과는 달리 부정기선은 고정된 기항항구가 없고, 운임도 낮은 요율을 적용하며 운임 변동폭이 심하다.
④ 소자본으로 운영이 가능한 부정기선운송은 정기선운송이 그 운용면에서 한계성이 있으므로 싱-호 보완적이면서 특징적인 활동분야를 갖고 있다.

〈정기선운송과 부정기선운송의 비교〉

	정기선운송	부정기선운송
화물유형	• 이종화물 • 완제품, 반제품이 주대상화물 • 고가품 화물이 주종	• 동종화물 • 대량의 벌크화물이 주대상 • 저가품 화물이 주종
이용화주	• 불특정다수	• 대기업 및 종합상사
운송계약 형태	• 개품운송계약 체결 • 선하증권 (B/L)	• 용선계약 체결 • 용선계약서(Charter Party)
선박구조	• 선박구조 복잡	• 선박구조 단순
운항항로	• 사전에 정해진 기항항들 규칙적 운항	• 항로를 자유롭게 선택
운송인	• 대형조직 • 일반운송인(Common Carrier) 또는 공중 운송인(Public Carrier)	• 소형조직 • 일반운송인(Common Carrier) 또는 개인운송인 (Private Common Carrier)
해운동맹 가입여부	• 해운동맹(Shipping Conference) 주도 • 자율적 경쟁제한	• 비동맹 (Non-conference) • 완전경쟁에 접근
해상운임	• 운임률표(Tariff) 보유 • 부정기선에 비해 높은 운임	• 별도의 운임률표 없음 • 선박의 수요와 공급에 의해 상당히 탄력적 결정 • 비교적 운임 저렴
운임조건	• Berth Term	• FIO, FI, FO

(3) 전용선

① 부정기선의 일종이다.

② 특정한 화물을 운송하기 위해 특수시설을 갖추고 있는 선박이다.

③ 냉동선, 유조선, LNG선, 자동차 전용선, 목재 전용선 등이 있다.

(4) 컨테이너 운송

① 현재 국제 복합운송을 주도한다.

② 신속한 이적을 위해 각종 하역기 기류 및 전용장소를 갖추었다.

③ 운송 전 구간에 일관운송을 지향하는 방식으로 하역시 보관비, 포장비의 물류비 절감 효과가 매우 크다.

06 정기선운송

(1) 정기선 운송의 특징

① 반복되는 항해 ② 공공서비스의 제공

③ 부정기선에 비해 고가의 운임 ④ 표준화된 계약

⑤ 운임율표(Tariff) ⑥ 대형조직

⑦ 위험도가 높은 사업

(2) 정기선 화물운송의 종류

① **일반화물** : 일반적으로 정기선운송에 적합하고 적량으로 포장되어 하역작업이 비교적 쉽고 다른 화물과 함께 적재할 수 있는 화물로 특별한 취급이나 적부를 필요로 하지 않는 화물을 말한다. 일반화물은 일반적으로 정량화물, 조잡화물, 액체화물, 살화물, 단위화물 등으로 나누어진다.

〈일반화물의 분류〉

	개념	화물의 종류
정량화물 (Clean Cargo)	다른 화물과 혼적해도 적부, 보관에 특별한 주의가 필요없는 화물	도자기, 면포, 양모, 백미, 차, 종이, 칠기, 통조림류
조악화물(Dirty Cargo) 조잡화물(Rough Cargo)	먼지, 냄새, 악취 등으로 다른 화물에 손해를 입힐 가능성이 있는 화물	피혁, 비료, 시멘트, 생선
액체화물(Liquid Cargo)	액체나 반액체화물을 캔이나 병, 탱크에 싣는 화물	유류_ 주류, 약액류
살화물(Bulk Cargo)	단위화되지 않고 재래방식으로 하역이 이루어지는 화물	곡류, 광석, 석유, 당밀
단위화물 (Container Cargo	포장용기 또는 컨테이너용기에 포장되어 있는 화물	단위화된 유류, 주류, 약액류 등

② **특수화물** : 화물의 성질, 중량, 가격이 특수한 화물로서 당연히 그 적부에도 특수한 조치를 필요로 하는 화물이다. 여기에는 위험화물, 부패성 화물, 냉장·냉동화물, 고가화물, 동물, 중량화물, Bulky Cargo 및 장척화물 등이 있다.

　㉠ 위험화물(Dangerous Cargo) : 발화성, 폭발성, 부식성, 방사성을 가지고 인명, 선체, 적합화물에 위험을 미칠 우려가 있는 화물로서 다시 다음과 같이 분류된다.

　　• 발화성 화물(Inflammable Cargo) : 가연성가스를 발생시켜 인화 연소하는 휘발유, 알코올과 같은 것과 자연발화의 우려가 있는 성냥 등이다.

　　• 폭발성 화물(Explosive Cargo) : 강하고 약한 정도의 차이는 있어도 폭발성을 가지는 화물로 서 화약류, 탄약 등이다.

　　• 압축·액화가스(Compressed or Liquid Gas) : 아세틸린가스, 탄산가스, 일산화탄소 등을 압축 또는 액화하여 통에 담은 것으로서 누출가스의 발화, 폭발의 위험을 내포하고 있고 또는 독성을 가지는 것도 있다.

　　• 유독성 화물(Poisonous Cargo) : 접촉하면 사람의 피부가 상하고 호흡하면 내장이 상할 우려가 있는 것으로서 초산, 유산, 암모니아가스 등이다.

　　• 부식성 화물(Corrosive Cargo) : 그 화물 자체가 부식성을 가지는 것과 부식성가스를 발하는 초산, 유산 등의 산류 등이다.

　　• 방사성 화물(Radio-Active Substances) : 방사성이 있는 화물로서 우라늄광 등이다.

　㉡ 부패성 화물(Perishable Cargo) : 부패나 변질하기 쉬운 화물로 과일, 채소, 생어, 육류 등의 식료품이다.

M/R & M/F

M/R(Mate s Receipt ; 본선수취증)

본선이 M/R에 기재된 상태로 화물을 수취하였음을 인정하는 영수증이다. 선적완료 후 검수집계표(Outturn Report)에 근거하여 일등항해사(Chief Mate)가 선적화물과 선적지시서(S/O)를 대조, 송하인(Shipper)에게 교부한다.

M/R은 본선과 송하인 간에 화물의 수도가 이루어진 사실을 증명하는 것이며, 본선이 화물의 점유를 나타내는 추정적 증거(Prima Facie Evidence)이다. 그러나, M/R은 권리증권(Document of Title)이 아니기 때문에 M/R로는 화물에 대한 권리 행사가 제약을 받는다.

M/R은 선적화물에 대하여 본선의 책임이 개시됨을 나타낸다. 따라서, 일등항해사는 선적시 화물의 상태와 S/O의 기재 사항을 면밀히 대조, 이상이 없으면 M/R에 '외관상 양호한 상태로 선적되었음(Shipped in apparent good order and condition)'으로 기재하고, 만일 이상이 있으면 M/R의 비고(Remark)란에 그 사실을 기재한다.

M/F(Manifest ; 적하목록)

선박 또는 항공기에 적재된 화물의 총괄목록이다. M/F는 선사 또는 대리점이 선적완료 후 작성하는 선적화물에 대한 명세서이며 양륙지에서 하역상 필요한 서류이고, 수입화물에 대해서 양륙지의 세관에 제출하는 중요서류이다. 적하운임 명세목록 및 선하증권의 사본을 기초로 Mater B/L일 경우 선사나 항공사가 작성하며, House B/L일 경우 포워더(화물운송주선업자)가 작성한다.

© 냉장·냉동화물(Refrigerating or Chilled Cargo) : 부패방지, 신선도 유지위한 냉온 또는 냉동으로 수송해야 되는 화물로서 청과, 생육, 버터, 치즈, 어류 등이다.

@ 고가화물(Valuable Cargo) : 고가의 화물로 귀금속, 금은괴, 미술품, 화폐, 유가증권, 보석류 등 이 이에 속한다.

◎ 동식물(Live Stock, Plant) : 양, 소, 염소, 개, 조류, 어류, 묘목 등 사망이나 고사의 우려가 있기 때문에 운송 중에 특별한 관리나 보관을 필요로 하는 화물이다.

ꂀ 중량화물(Heavy Cargo or Heavy Lift) : 기관차, 발전기, 보일러 등 1개의 양이 특별히 큰 화물이다. 중량화물의 수송에는 특수장비가 요구되고 할증료가 부과된다.

ꊛ Bulky Cargo 및 장척화물(Lengthy Cargo)
  • 1개의 용적이 특별히 크고 해운동맹의 표준운임률에도 포함시킬 수 없고 취급하기 어려운 화물로, 대형기계, 교량과 같은 구조물, 건축용재 등이 속한다.
  • 하역에 특별한 준비가 필요하므로 할증운임 (Bulky Cargo Surcharge)이 부과된다. 이는 곡 물, 광석, 유류 등처럼 포장하지 않고 그대로 선창에 싣는 화물인

Bulk Cargo과는 달리 원칙으로 선내에서의 적부가 필요 없으므로 벨트컨베이어, 파이프 등으로 단시일에 적재되고 양하할 수 있다.

(3) 정기선항로의 취항선박

무역이 다양화됨에 따라 정기항로에 취항하는 선박도 다양화되고 있는데, 컨테이너화 된 정기선 항로에는 컨테이너선이 취항하고 있다. 컨테이너화가 중간단계에 있는 항로에는 세미 컨테이너선, 컨테이너화 되지 않은 항로에는 일반화물선, 즉 재래선이 취항하고 있다.

① **재래화물선(Conventional Ship)** : 컨테이너선과 대비되는 일반화물선(General Cargo Ship)으로서 컨테이너를 운송할 수 있는 구조를 갖지 않은 선박으로 주로 일반잡화를 주 대상으로 설계한 선박이다.

② **컨테이너선(Container Ship)**
  ㉠ 컨테이너화물의 운송에 적합하도록 설계된 구조를 갖춘 대형의 고속화물선을 말하며, 현재 세 계 주요 정기항로에는 거의 컨테이너선에 의한 수송서비스가 제공되고 있다.

> **지식 in** **수입화물선취보증서 (L/G ; Letter of Guarantee)**
>
> 해상운송에서 화물이 선적서류보다 먼저 도착했을 때, 수입업자가 화물을 먼저 받기 위해 은행의 보증을 받아 선박회사에 제출하는 서류이다. 무역 상대국이 가까운 거리에 위치할 때 자주 발생되는 것으로, 수입업자는 선하증권 원본이 도착하면 선박회사에 제출할 것을 서약한 뒤 이 서류를 제시하고 화물을 인도받을 수 있다. 선박회사의 입장에서는 이러한 방식의 거래를 화물의 보증도(保證渡)라고 한다.

  ㉡ 컨테이너선에는 선박 전체가 컨테이너의 저부에 적합한 구조를 갖고 있는 Full Container선과 선박의 일부만이 그러한 구조로 되어 있는 Semi-Container선이 있다.
  ㉢ 컨테이너선은 선적지나 양륙지에 모두 Gantry Crane을 설치한 LO/LO방식의 컨테이너선 전용 안벽에 착안하므로 일반화물선과는 달리 선박상의 하역장치가 필요 없고 하역시간도 단축된다.

③ **세미컨테이너선(Semi-Container Ship)**
  ㉠ 일반화물과 컨테이너를 동시에 실을 수 있는 선박
  ㉡ 재래식 선창에 Cell Guide를 설치하거나 갑판 위에 설비를 장치하여 컨테이너를 적재할 수 있도록 한 분리적재형 컨테이너선을 말한다.

ⓒ 세미컨테이너선에는 컨테이너 적재를 위한 선상 Crane이 설치되어 있다.

④ 다목적선(Multi-Purpose Ship)
   ㉠ 잡화나 철물화물 등 여러 종류의 화물을 적재할 수 있도록 설계된 선박
   ㉡ 일반화물선과 벌크선의 기능을 함께 구비한 선형이다.
   ㉢ 정기선뿐만 아니라 부정기선으로도 사용하도록 설계되어 있다.

⑤ RO/RO선(RORO Vessel ; Roll On/Roll Off Vessel)
   ㉠ 하역방식에 의한 컨테이너선의 분류의 하나로서, 본선의 선미나 수미를 통하여 트랙터나 포크리프트(Forklift) 등에 의해 컨테이너의 적하 및 양하가 이루어지도록 건조된 선박
   ㉡ RO/RO선은 경우에 따라 선내에 경사로(Ramp)를 마련하여 2층 이상의 갑판에 RO/RO방식 하역을 할 수 있도록 건조
   ㉢ 화물을 적재한 트럭이나 트레일러가 벽안에서 그 화물을 부리지 않고 선측과 벽안 사이에 설치해 놓은 Ramp를 건너 선측이나 선미에 설치된 현문을 통해 선내에 들어가 소정의 위치에 정지하여 짐을 부리며 트럭, 트레일러를 그대로 운송하는 방식이다.

⑥ LO/LO선(LO/LO Vessel ; Lift On/Lift Off Vessel)
   ㉠ 하역방식에 의한 컨테이너선의 분류 중의 하나로서, 컨테이너를 크레인 등을 사용하여 하역하고 화물창구(Hatch Opening)를 통하여 상하로 올리고 내리게 하는 방식의 선박
   ㉡ 2단 이상 선적이 가능한 화물의 경우에는 RO/RO방식보다 하역능률이 높다.

지식 in CLP(Container Load Plan, 컨테이너적입도)

컨테이너에 적입된 화물의 명세서를 말한다. 화물이 화주, 검수인 또는 CFS Operator에 의해 Container에 적입되어, 이들에 의해 CLP가 작성되면 CY Operator에 전해진다. 이는 유일하게 매 Container마다 화물의 명세를 밝힌 중요한 서류이다.

(4) 수출시 운송절차

① 선박회사, 지점, 대리점에서 선복신청서와 국적선불 취항증명서를 제출하고 운송계약을 체결한다.
② 집계된 선복신청서를 토대로 선박회사는 적하예약목록(Booking List)을 작성하여 송하인과 본선에 통지한다.
③ 검량회사에 화물의 용적, 중량증명서 발행을 의뢰한다.

④ 송하인은 세관에 수출신고서를 제출하고 수출허가를 획득한다.

⑤ 해상보험계약 체결과 해상보험증권을 획득한다.

⑥ 송하인에 대한 선박회사의 선적지시서(S/O)를 교부한다.

⑦ 적화화물 창고 인수시 창고인수증을 교부한다.

⑧ 선적완료 후 송하인에게 본선수취증 M/R을 교부한다.

⑨ 선박회사는 본선수취증(M/R)과 교환으로 선하증권(B/L)을 발행한다.

⑩ 본선은 선적 완료후 H/L, S/P(적부도), S/R(Space Report : 선복보고서), 적하감정보고서 등을 작성하여 선박회사에 인도한다.

⑪ 선박회사 및 대리점에서 작성한 M/F(Manifest : 적하목록)을 본선과 대리점에 송부한다.

⑫ 선박회사 및 대리점에서 작성한 운임표를 양륙지에 송부한다.

⑬ 선박회사 및 대리점을 본선 수취증을 근거로 E/L(Exception List : 선적사고 화물목록)을 작성하여 양륙지에 송부한다.

(5) 수입시 운송절차

① 수하인은 선박회사, 대리점에 선하증권이나 화물선취보증장(L/G ; Letter of Guarantee)을 제출 하고 화물인도지시시 D/O를 획득한다.

② 수하인은 본선, 창고에 화물인도 지시서를 제출하고 화물을 인수한다.

③ 화물 인도지시서에 의해 본선으로부터 화물을 양륙하면 화물인수증을 작성하여 제출한다.

④ 보세구역에 양륙된 화물을 세관에 수입신고서를 제출하며 심사를 받고 관세납부 후 수입허가서를 취득한다.

⑤ 양하 종료 후 본선취득에서는 필요한 Hatch 검사보고서, 손해화물검사보고서 등의 서류를 인수한다.

⑥ 본선은 필요시 해난보고서, 양화보고서 등을 작성하고 선박회사, 대리점에 검사 보고서와 함께 송부한다.

⑦ 선박회사, 대리점은 과부족화물 발견시 화물과부족 조사서를 작성하여 양륙시에 송부조사를 의뢰 한다.

⑧ 조사 의뢰된 양륙지에는 양륙재조사 보고서를 선박회사, 대리점에 송부한다.

07 부정기선 운송

(1) 부정기선 운송의 특징

① 이용항로의 자유성
② 완전경쟁운임의 적용
③ 해운동맹의 결성 곤란
④ 운송대상은 살화물로서 운임부담력이 낮은 연료화물
⑤ 원료화물, 곡물 등이 주종
⑥ 비교적 낮은 운임수준
⑦ 용선계약서의 이용
⑧ 이용화주는 특정 소수로 구성되며 운송화물은 소종다량품
⑨ 선복의 공급이 매우 비탄력적이므로 수요와 공급 간의 불균형
⑩ 선복수배 및 집화시 중개인 이용

(2) 해상운송 계약

① 개품운송계약(Contract of Affreightment)
　　㉠ 운송회사가 다수의 수출상으로부터 물품을 인수하여 이를 목적항 및 물품의 특성에
　　　 따라 분류 한 뒤 선박에 적재하여 운송하기로 하는 계약이다.
　　㉡ 개품운송은 일반적으로 정기선(Liner)을 이용하고 있다.
　　㉢ 개품운송의 경우 약정기일에 운송계약에 따라 수출상이 계약물품을 선박회사에 인
　　　 도하면 선박 회사나 선적브로커 또는 운송인의 대리인들은 선하증권(B/L)에 서명하
　　　 고, 이를 수출상에게 발행한다.
　　㉣ 수출상이 선적을 목적으로 운송인에게 물품을 인도해 주었으나, 아직 선적되지 아니
　　　 하였을 경 우 수취선하증권(Received B/L)이 발행되며, 물품이 실제로 선박에 적재
　　　 되었을 경우에는 선적 선하증권(Shipped B/L)이 발행된다.

② 용선운송계약(C/P ; Charter Party)
　　㉠ 특정 항해구간 또는 특정기간 동안에 대하여 선복의 전부 또는 일부를 일정조건하에
　　　 서 임대차 하는 운송계약이다.
　　㉡ 용선운송계약 경우의 송하인은 용선계약자가 되며, 또 송하인과 용선주와의 관계는
　　　 용선계약에 의해 구속받는다.
　　㉢ 용선운송계약에는 주로 부정기선이 이용된다. 부정기선은 정기선에 비하여 상대적
　　　 으로 중형 또는 소형선박인 경우가 많으며, 일반화물선 외에도 특수화물을 위한 전
　　　 용선이 구비되어 있다.

② 용선계약은 송하인이 선박회사로부터 선복(Shipping Space)의 전부 또는 일부를 임차하여 화물을 운송하는 경우에 체결하는 계약을 말하며, 용선계약 체결시에는 용선주(Charterer)와 용선자(Charteree)사이에 용선계약서(Charter Party)를 작성한다.

〈개품운송과 용선운송의 비교〉

구분	개품운송	용선운송
형태	여러 화주로부터 개별적으로 선적요청을 받은 개개화물을 운송	특정화주의 특정화물을 싣기 위해 선박(복)을 빌려주는 형태로 운송
선박	정기선	부정기선
화물	주로 컨테이너화물 및 Unit화물	철광석, 석탄, 곡물 등의 대량화물
계약서	B/L	C/P
운임	공표된 운임	수급상황에 따라 변동
하역조건	Berth Term(Liner Term)	FIO, FI, FO

(3) 용선운송 계약형태

용선계약은 전체용선계약(Whole Charter)과 일부용선계약(Partial Charter)이 있으며, 전체용선계약은 다시 항해용선(Voyage Charter), 정기용선계약(Time Charter), 나용선(Bare Charter)으로 구분한다.

① 항해용선계약(Voyage Charter)
  ㉠ 어느 항구에서 어느 항구까지의 일항차 또는 수개항차에 걸쳐 용선자(Charterer)인 화주와 선 박회사 사이에 체결되는 운송계약을 말한다.
  ㉡ 용선자는 용선주에게 운임을 지급하고 용선주는 선박운항에 따른 비용을 부담한다.
  ㉢ 용선자는 선복만을 이용하고, 일정한 항해를 기초로 용선료를 부담한다는 점에서 기간용선계약이나 나용선계약과 다르다.
  ㉣ 화주가 용선주에게 지급하는 용선료는 항차단위로 화물운송량에 따라 톤당 금액을 기준으로 한다.
  ㉤ 종류
    • 선복용선계약(Lumpsum Charter) : 한 선박의 선복 전부를 한 선적으로 간주하고 운임총액을 얼마라고 하여 정하여 실제 적재수량과 관계없이 정하는 방식
    • 일대용선계약(Daily Charter) : 기간을 하루에 얼마로 용선요율을 정하여 선복을 임대하는 계약방식

② 정기용선계약(Time Charter)

ㄱ 일정 용선기간에 따라 용선자가 용선주에게 용선료를 용선 개시 전에 미리 선지급하는 계약형태를 말한다.

ㄴ 용선주는 선박과 그에 따른 설비 및 용구를 갖추고 선원을 승선시킨 상태에서 일정 기간에 걸쳐 용선자에게 빌려주며, 계약기간 중 용선주는 선원비 및 보험료와 같은 통상적 선비를 부담하고 용선자는 연료비, 항세 및 용선료를 부담한다. 용선자는 다른 화주로부터 받은 운임과 용선료의 차액을 이윤으로 얻는다.

③ 나용선계약(Bare Boat Charter) : 용선자가 선박 이외의 선장, 선원, 장비 및 소모품에 대하여 모든 책임을 진다. 우리나라는 우수한 선원은 있지만 선박이 부족하므로 외국선박을 나용선하여 선원과 장비를 갖추어 다시 다른 나라에 재용선(Sub Charter)을 하여 외화를 벌어들이고 있다.

〈각 용선계약의 비교〉

구 분	항해용선계약	정기용선계약	나용선계약
계약의 본질	운송행위의 제공	운송능력의 제공	운송수단의 제공
운송주체 및 감독, 항해지휘권자	선박소유자	선박소유자	선박임차인, 나용선자
선장, 선원교체 청구권자	선박소유자가 판단처리	용선자의 요청시 선박 소유자는 필요시 교체(불만약관)	선박소유자의 승낙을 필요로 하며 선박소유자의 요청시 용선자는 즉시교체
운송물의 종류, 수량의 결정	항해용선자	정기용선자	관련약관 없음
용선기간	선적항에서 선적준비 완료 되어 양륙지에서 양륙 완료될 때까지	약정기일의 용선개시일부터 반선 때까지	약정기간의 용선 인도시부터 반선 때까지
용선료	운송행위의 보수선적량 또는 총액운임	운송행위능력에 관한 보수 기간 운임	운송수단인 선박의임차료
용선자의 부담항목	없음	운항비	직접선비, 운항비나 용선계약의 경우 선박보험료
감항능력 유지시기	선적항 출항시	용선계약 개시 및 용선 기간중	선박인도시
선하증권의 발행	선박소유자, 선장, 그 대리인인 용선인의 지시에 따라 서명한 경우 보상약관의 적용을 받음	선박소유자, 선장, 그 대리인 인 용선인의 지시에 따라 서명한 경우 보상약관의 적용을 받음	임차인, 용선인, 선장, 대리인

선박정비	선박소유자	선박소유자	임차인, 보험수선에 관해서는 선박소유자의 승낙 필요
선장고용책임	선주가 선장임명 및 지휘감독	선주가 선장임명 및 지휘감독	임차인이 선장임명 및 지휘감독
책임한계	용선자는 선복을 이용, 선주는 운송행위	용선자는 선복을 이용, 선주는 운송행위	임차인이 선박을 일정기간 사용 및 운송행위
운임결정기준	선복으로 결정	기간에 의하여 결정	임차료는 기간을 기초로 결정
감항담보	용선자는 재용선자에 대하여 감항담보책임이 없음	용선자는 재용선자에 대하여 감항담보책임이 없음	임차인은 화주 또는 용선자에 대하여 감항담보 책임이 있음
선주의 비용부담	선원급료, 식대, 윤활유, 유지비 및 수선료, 보험료, 감가상각비, 항비, 하역비, 예선비, 도선료 등	선원급료, 식대, 윤활유, 유지비 및 수선료, 보험료, 감가상각비	감가상각비, 보험료
용선자의 비용부담	부담비용 없음	연료, 항비, 하역비, 예선비, 도선료	항해용선비 중 감가상각비 이외의 비용

(4) 용선계약의 체결과정

① **선박조회** : 화주가 화물의 종류, 수량, 선적지, 선적시기, 운임률 등을 제시하여 용선중개업자에게 수배를 의뢰하면, 중개인은 화주의 조건과 일치하는 선박을 선사에 조회(Inquiry)한다.

② **확정청약** : 조회를 받은 선사는 화주가 요구하는 조건을 검토 후 용선계약에 필요한 여러 조건과 유효기간 등을 명시하여 화주에게 용선계약체결을 요청함으로써 확정청약(Firm Offer)을 한다.

③ **반대청약** : 운송업자가 제시한 확정청약의 조건에 대하여 화주가 청약내용의 일부를 변경하거나 추가 제의를 하는 것으로 이는 원래의 청약에 대한 거절이면서 새로운 청약으로서 반대청약(Counter Offer)이 된다. 용선계약이 성립되기까지는 일반적으로 수 차에 걸친 청약과 반대청약의 과정을 거친다.

④ **선복확정서 송부** : 선사가 제시한 유효기간 내에 확정청약을 화주가 승낙하면 용선계약이 성립하는 것으로서 이의 증빙으로 선복확정서(Fixture Note)를 작성하여 용선주, 화주 및 중개인이 각각 1부씩 보관한다.

⑤ **용선계약서 작성** : 선복확정서에 의거 정식 용선계약서(Charter Party)를 작성한다. 용선계약의 내용은 우송형태 및 화물, 항로, 사용서식에 따라 계약서의 내용이 상이하며, 당사자 간 합의에 따라 추가 및 삭제가 가능하다.

(5) 용선운임의 종류

① 선복운임(Lumpsum Freight) : 운송계약에 있어서 운임은 운송품의 개수, 중량 또는 용적을 기준 으로 계산되는 경우와 선복이나 항해를 단위로 하여 포괄적으로 지급되는 경우가 있다. 후자를 선복계약이라고 하고 이 경우에 지급되는 운임을 선복운임(Lump Sum Freight)이라 한다.

② 비례운임(Pro Rata Freight) : 선박이 항해 중 불가항력, 기타 원인에 의하여 항해의 계속이 불가능하게 되어 운송계약의 일부만을 이행하고 화물을 인도한 경우에 그때까지 행한 운송비율에 따라 선주가 취득하는 운임으로, 항로상당액운임(Distance Freight)이라고도 한다.

③ 부적운임(공적운임, Dead Freight) : 부적운임 또는 공적운임은 용선할 때 일정량의 운송화물을 계약하였는데 화주가 그 계약수량을 선적하지 못하였을 때 선적하지 않은 화물량에 대해 지급하는 운임으로 일종의 위약배상금이다.

④ 연속항해운임(Consecutive Voyage Freight) : 어느 특정의 항로를 반복 연속하여 항해하는 경우에 약정한 연속 항해의 전부에 대하여 적용하는 운임률이다.

⑤ 장기운송계약운임(Long Term Contract Freight) : 장기간에 걸쳐 되풀이되는 항해에 의하여 화물운송을 계약하는 경우의 운임인 연속항해운임과 유사하나 연속항해운임의 경우는 통상 특정선 박으로 연속하여 항해를 되풀이하므로 항해수에 의하여 기간이 약정되나 장기운송계약운임은 몇 년간에 몇 항해, 몇 년간에 걸쳐 연간 몇 만톤과 같이 약정되는 것이 일반적이다.

⑥ 반송운임(Back Freight) : 목적항에 화물이 도착하였으나 화물인수를 거절한 경우 반송에 부과되는 운임, 또는 원래의 목적지가 아닌 변경된 목적지로 운송해야 할 때 지불하는 추가운임이다.

(6) 항해용선 계약(Voyage Charter)

① 어느 항구에서 어느 항구까지의 일항차 또는 수개항차에 걸쳐 용선자(Charterer)인 화주와 선박 회사 사이에 체결되는 운송계약을 말한다.

② 용선자는 용선주에게 운임을 지급하고 용선주는 선박운항에 따른 비용을 부담한다. 용선자는 선복만을 이용하고, 일정한 항해를 기초로 용선료를 부담한다는 점에서 기간용선계약이나 나용선계약과 다르다.

③ 화주가 용선주에게 지급하는 용선료는 항차단위로 화물운송량에 따라 톤당 금액을 기준으로 한다.

〈개품운송과 용선운송의 비교〉

구 분	내 용
Liner or Berth Term Charter	적양하 모두 선주가 부담하는 조건(정기선의 하역비 부담조건)
FIO(Free In Out) Charter	적양하 모두 화주가 부담하는 조건
FI Charter	적하시는 화주가 부담하고 양하시는 선주가 부담
FO Charter	적하시는 선주가 부담하고 양하시는 화주가 부담
Gross Term Charter	항비, 하역비, 검수비 모두를 선주가 부담하는 조건
Net Term Charter	항비, 하역비, 검수비 모두를 화주가 부담하는 조건

(08) 항해용선 계약서 주요조항

용선자는 'Charterer'로 선주는 'Owner'로 표시하며, 선박경영자(Operator)가 다른 선주로부터 용선한 선박을 운용할 경우에는 'Chartered Owner'라고 명시한다.

(1) 선박의 표시

① 선박의 국적 : 항해용선계약은 특정 선복의 이용을 목적으로 하는 경우가 많기 때문에 보통 특정 선박의 명칭이나 국적을 기재한다. 운항선이 많을 때는 Operator는 융통성 있게 A호 또는 이의대선이라든가, A호, B호, C호 중 1선으로 기재하든가, 화물을 대량 으로 운송할 때는 선명미정 (Vessel to be Nominated Later)으로 기재한 다음 선명이 확정되면 화주(용선자)에게 통고한다.

② 톤수 : 톤수는 선박의 등록총톤수(Registered Gross Tonnage) 또는 등록순톤수(Registered Net Tonnage), 재화 중량톤수(Deadweight Tonnage) 등을 기재한다.

③ 선급 : 선박의 건조, 보수 및 유지에 관한 통일된 표준치를 설정, 이를 준수하게 함으로 써 선박의 신뢰도 확보를 목적으로 만든 제도로서 이의 표시는 부호로 나타낸다. 선급은 선박의 매매·용선·선체 및 용선에 대한 해상보험요율 등을 정하는 기준이 되고 있다.

(2) 선박의 동정과 적입준비완료 예정일

① 선박동정 : 계약체결 당시의 본선 위치 또는 선적지로 항해하는 순로를 기록하는 것이며 운항 중인 때는 Now Trading으로 표시할 수도 있다.

② 적하준비 완료예정일 : 본선이 적지에 도착하여 화물선적 준비를 완료하는 선적개시 가능 예정일을 말하는 것이며 화주는 이 예정일에 따라 선적되도록 출하수배를 하게 된다.

③ Not Before 조항 : 선박운항에 있어서는 흔히 도착예정일보다 지연되거나 조착하는 경우를 많이 볼 수 있다. 이때는 부선료나 하역대기료 등 화주에게 손실이 발생하게 되며 또 이러한 손실 때문에 하역수배 등 지장을 받을 염려가 있을 때 본선이 선적준비완료예정일 이전에 도착하여도 하역을 하지 않는다는 내용으로 다음과 같이 표시한다.

> • Not earlier than March 1st, 1998
> • Time for loading if required by charterers, not to commerce before the 1st day of March 1998

(3) 화물의 표시와 수량

① 화물의 수량과 종류는 운임률의 기준이 되며, 품목에 따라서는 선적이 불가능한 것이 있으므로 반드시 명시할 필요가 있다. 화물종류의 표시는 보통 "Iron ore in bulk", "Rice in bag", "Heavy grain in bulk" 등으로 기재한다.

② 화물 수량은 본선의 재화중량톤이나 용적톤수로 산출하여 기재하는 것이 보통이나 화물의 실제 선 적톤수와 정확하게 일치시키기는 매우 어렵기 때문에 다음과 같이 표시한다.

> • A full and complete cargo If iron ore in bulk 10,000 long tons 10% more or less at owner's option
> • Maximum-tons, minimum-tons
> • Not exceeding-tons bᄂt not less than-tons

③ 이 항에 기재된 수량은 선사에 대한 화주의 절대책임으로서, 만약 계약수량을 선적하지 못하였을 때에는 선적하지 못한 부족량에 대하여도 부적운임(공적운임)을 선사에 지불하여야 한다. 기타 2종류 이상의 화물과 함께 선적할 때 그 화물의 분리 또는 Dunnage 등의 비용은 통상 화주 부담임을 이 항에 기재하게 된다.

(4) 선적항과 양하항(Loading and Discharging Port)

① 선적과 양륙지에 대하여 간단히 항구명만 기재하는 경우에 선적과 양륙장소는 그 항의 관습에 따라 정해진다. 그러나 선적과 양륙항은 화물적재선이 항해상으로 볼 때나 치안상으로 볼 때 전항(Safe Port)이어야 하며, 본선의 홀수의 관계상 지정된 정박 장소에서 행해져야 한다.

② 보통 조항에서는 "… or so near thereto as she may safely get and lie always afloat(A항 또 는 그 부근에 안전하게 도착하며 항시 부양하여 정박할 수 있는 장소)"라고 규정하고 있다.

③ 선적과 양륙항에서는 "one safe port of Bangkok" 등 확실한 1항 또는 2항을 지시하기도 하며, "one or two safe ports of Osaka / Yokohama in charterer s option(오사카와 요코하마항 간 1항 또는 2항, 단 화주선택)"이라고 구체적인 항명을 미정으로 두어 기재하는 경우도 있다. 또는 화주선택에 따라 양지가 2항 이상일 때 기항의 순서를 부기하는 데 별도의 지시가 없는 한 지 리상의 순서로 한다.

(5) 운임계산방법과 지불조건

① 운임 : 운임은 통상 적하량을 기준으로 톤당 몇 달러라고 표시하게 된다. 운임계산의 기초가 되는 것은 보통 톤을 사용하고 있으나, 그 종류가 다양하고 관습에 따라 독특한 단위를 사용하는 경우도 있다.
　　㉠ 용적을 단위로 하는 화물운임
　　㉡ 중량을 단위로 하는 화물운임
　　㉢ 기타 화물이 고가인 경우에는 종가운임제

> **지식 in**　　**GENCON C/P(항해용선)**
>
> 어느 항구(1항 또는 수항)에서 다른 항구(1항 또는 수항)로 화물을 수송하기 위해 체결된 선사(Owner, Operator)와 화 주(Charter, 용선자)간의 운송계약, 항해용선계약에는 주요항로, 화물(철광석, 석탄, 곡물 등)에 대해 과거의 해상운송 경험과 해운관습을 반영해 표준화한 여러 가지 표준서식이 제정되었는데 가장 널리 쓰이는 것은 BIMCO가 제정한 Uniform General Charter(GENCON)이다.

② 운임산출기준 : 운송계약은 일종의 청부계약이므로 보통 양하량에 의하여 운임을 산출하나 석탄과 같이 적하량에 따르는 화물도 있으므로 Gencon Charter Party에서는 'Freight Delivered (Intaken) Quantity'로 하여 당사자 간에 선택할 수 있도록 히고 있다.

③ 운임지불 시기 : 운임지불 시기는 운임이 운송행위에 대한 보수라는 개념에서 보면 후불이 원칙이나 관습상 선불도 많이 이루어지고 있다. 이 경우 Charter Party와 선하증권상에 선불한다는 요 지를 기재할 필요가 있다.

④ 선불운임과 보험 : 운송인(선주)의 면책사유로 선불한 운임을 반환받지 못할 경우를 대비하여 통상 화주는 보험에 가입하는 것으로 대응하게 된다. 따라서 Gencon Charter Party에서는 다음과 같은 항목을 넣고 있다.

> Subject to two percent, to cover insurance and other expenses

⑤ 비례운임(Pro Rate Freight) : 선박이 항해 중 불가항력적인 사유로 더 이상 항해를 계속할 수 없는 경우, 그때까지 실제로 운송된 거리에 따라 받는 운임을 pro Rata운임이라 한다.

⑥ 운임의 지불장소와 지불수단 : 운임지불장소는 양하지가 보통이지만 반드시 그렇지는 않으며 제3의 장소에서 지불할 수도 있다. 지불수단 역시 현금만이 아니라 어음지불도 가능하며, 다만 현금인가 어음인가 하는 구분과 통화종류를 명시할 필요가 있다.

⑦ 적양하시의 비용부담조건 : 여기서는 Gross Term과 Net Term 그리고 FIO 조건에 따른다.

> **지식 in**
>
> ### WWD(Weather Working Days ; 호천작업일조건)
>
> 기상조건이 하역 가능한 상태의 날만 정박기일에 산입하는 것으로 현재 가장 많이 택하고 있는 조건이다. 다만 어떠한 기상이 하역 가능한 상태인가 하는 것은 화물의 종류에 따라 많은 차이가 있으므로 이러한 문제를 해결하는 방법으로 선장과 화주가 그 때마다 합의 결정하는 것이 현명한 방법이다.
>
> **WWD의 일요일과 공휴일 처리방법**
> - 공휴일은 원래 근로일이 아니므로 하역을 하더라도 보통 정박일수에 산입하지 않는다. 이것을 "Sunday and Holidays EXcepted"의 첫글자를 따라 SHEX라고 한다.
> - 공휴일에 하역을 했을 때 이를 정박일수에 산입한다는 조건도 있다. 이 때는 "Sunday and holiday excepted unless used"라고 표시하여 처리한다.
> - "Unless used"에 있어서도 만일 1시간이라도 하역을 하면 하루로 가산할 것인가 하는 문제가 발생하므로 실제 작업 시간만 삽입코자 할 때에는 "Unless used, but only time actually used to count"라고 명시해 두어야 한다.

(6) 정박기간의 표시

① 정박기간이란 화주가 계약화물을 용선한 선박에 적재 또는 양륙하기 위하여 그 선박을 선적항 또는 양륙항에 있게 할 수 있는 기간을 말하며, 용선계약서에 기재된다.

② 만일 화주가 약정한 기일 내에 하역을 끝내지 못하면 초과된 정박기간에 대하여 체선료를 지급해야 한다.

③ 정박기간을 약정하는 방법에는 정박기간을 한정하지 않는 CQD(관습적 조속하역조건)과 이를 한정하는 경우인 Running Laydays 및 Weather Working Days로 나눌 수 있다.

(7) 해약기일

① 본선의 선적지 회항이 예정일보다 심하게 지연될 경우에는 화주는 선적준비상 손해를

입게 된다. 따라서 해약기일(Cancelling Date)을 약정하여 해약기일이 넘으면 화주는 해약권을 발동할 수 있다.

② 해약기일은 C/P면에 기재되며, 대체로 본선 사정상 예정일로부터 대개 10~20일 정도 여유를 두는 것이 보통이다. 해약기일이 도래하더라도 선박의 운항이 일기나 고장수리 등으로 방해를 받는 수가 많기 때문에 Gencon Form에서는 입항하기 48시간 전에 화주에게 통고하도록 되어 있다.

③ Gencon Form의 해약조항 : 본선이 지정된 월일에 선적준비를 정돈하지 못하면 용선자에게 본 계약을 해제할 수 있는 선택권을 주고 있다. 선택권은 요청이 있을 때 본선 선적예정일의 최소 48시간 이전에 통고해야 한다. 본선이 해손으로 지연되는 경우는 가급적 신속히 용선자에게 통고하되 적재준비정돈예정일을 10일 이상 초과할 때는 용선자는 계약의 해제선택권을 갖게 되며 이의 적용은 해약기일을 약정할 때에 한한다.

(8) 정박기간의 개시와 종료

Gencon Form의 용선계약서에서는 하역준비완료통지서(N/R ; Notice of Readiness)가 통지된 후 일정기간이 경과되면 정박기간이 개시된다. 즉, 오전에 통지되었다면 오후 1시부터 또한 만일 오후의 화주 영업시간 내 통지되면 다음날 오전 6시부터 기산한다. 하역기간의 종기는 일반적으로 하역이 완료되는 때이다. 하역이 종료되면 정박일수를 기재한 정박일계산서(Laydays Statement)를 작성하여 선장 및 화주가 서명한다.

CQD(Customary Quick Despatch ; 관습적 조속하역)

지식 in

항구(Port)의 관습적 하역방법 및 하역능력에 따라 될 수 있는 대로 빨리 적양하역(積揚荷役)을 한다는 것을 의미하며 일정한 정박기간(Laydays)을 정하지는 않는다. 개품운송에서 일반적으로 사용되는 하역조건으로 용선계약시에는 많이 사용되고 있지는 않다.

관습적 하역능력은 화물의 종류 및 적재방법에 따라 또는 선박의 구조 및 하역설비 여하에 따라 달라지게 되므로 불가항력에 의한 하역불능일은 정박기간에서 공제하나 일요일과 공휴일은 하역일로 계산하느냐 또는 야간작업의 경우에는 어떻게 산정할 것인가, 1일 하역능력의 기준수량 등의 문제에 대해 분쟁(체선료 문제 발생)을 미연에 방지하기 위해서 특약으로 명문화할 필요가 있다. 특약이 없으면 그 항구의 관습에 따르는 것이 보통이다.

(9) 체선료

① 체선료란 초과정박일에 대한 용선자 또는 화주가 선주에게 지급하는 보수로 두 가지 방법이 있다.

  ㉠ 운송계약시 정박기간을 기초로 체선료 및 조출료를 약정하고 동시에 일정기간의 허용체박일수(Demurrage days or days on demurrage)를 정해 두고 이를 초과하면 지연손해금(Damages for detention)을 물게 하는 방법이 있다. 그러나 실무상으로는 초과 체박기간에 대해 지연손해금을 물게 하는 운송계약은 드물고 통상 초과 체박기간에 대해 약정된 체선료를 물게 하고 있을 뿐이다.

  ㉡ 하나는 운송계약시 체선료율을 정하지 않고 현실적으로 발생한 실손액을 계산하여 청구하는 방법이며 이것이 곧 지연손해금이 된다. 그러나, 객관적인 실손액은 계산하기 어려우므로 실무에서는 전혀 채택되고 있지 않다.

② 체선료는 확정손해 (Liquidated Damage)이며, 지연손해금(Damages for Detention)은 불확정손해 (Unliquidated Damage)로서 만약 당사자 사이에 분쟁이 생겨 중재에 회부되거나 소송이 제기되면 각각 중재인 및 법원이 그 손해액을 결정한다.

③ 체선료는 1일 24시간을 기준하여 계산하지만, WWD(Weather Working Day)의 경우엔 주간하역, 즉 1일 12시간으로 계산하기도 한다. 그리고 체선료는 선적 및 양류을 분리하여 따로 계산 (Laydays Not Reversible)하는 것을 원칙으로 하나, 용선자의 선택 하에 선적 및 양륙기간을 합산하여 계산(Laydays Reversible)하는 경우도 적지 않다.

(10) 조출료(Dispatch Money)

① 조출료는 용선계약상 허용된 정박기간 종료 전에 하역이 완료되었을 때 그 절약된 기간에 대하여 선주가 용선자에게 지급하는 일종의 상여금으로 보통 체선료의 반액이지만 때에 따라서는 1/3로도 한다.

② 조출료의 계산방법의 예시

> Layday가 8일간이며 Sunday, Holiday Excepted 조건일 때 Layday의 개시일이 1일(월요일)이면 최종일은 9일이다. 그런데, 5일(금요일)에 하역이 완료되었다면 조출료는?

  ㉠ 절약한 정박기간 방법(All Laytime Saved) : 6일, 8일, 9일의 3일간이다(7일의 일요일은 원래부터 Layday계산에서 제외하고, 실제 하역을 했더라도 계산에서 제외된다).

  ㉡ 절약한 전기간 방법(All Time Saved) : 본선의 출항을 단축할 수 있는 기간으로서 6, 7, 8, 9일의 4일간이며 일요일도 포함된다.

(11) B/L의 발행

용선계약서의 조건에 따라 화물의 선적이 완료되면 화주의 요청에 따라 발행되는 B/L은 개품운송에서 사용되는 B/L과 구별하기 위하여 Charter Party B/L이라고 한다. 용선운송에 있어서는 용선계약서가 B/L 보다 우선한다.

(12) 대리점(Agency)

선적 및 양륙지에서의 입출항수속과 하역수배 등은 운항자대리점에서 수행하거나 또는 화주의 대리점인 용선자대리점(Charterer s Agent)에서 수행한다.

(09) 정기용선 계약 등

(1) 정기용선계약

용선료는 적재화물의 종류나 양에 관계없이 본선의 적재중량톤수(DWT)에 대해 매월 지급한다. 이 경우 정기용선자는 용선료를 선주에게 지급하고, 선주는 선원비, 수선비, 감가상각비, 보험료 및 금리 등을 부담한다. 정기용선계약의 주요 내용은 다음과 같다.

① 용선기간 : 정기용선계약에서 용선기간은 용선료계산의 기준이 되므로 중요한 계약조항이 된다. 용선기간은 통상 3개월, 6개월 또는 9개월 등 월수를 기초로 하고 역월을 기준으로 한다.
② 본선의 인도와 반선 : 선박을 선주가 용선자에게 인도함으로써 개시하고 선주에게 반환함으로써 종료된다. 반환의 경우 용선자는 반환예정일 및 반환항구를 최소한 10일 이전에 통지하여야 하며, 인수당시와 동일하게 양호한 상태로 영업시간 중에 반환하여야 한다.

> **지식 in** 체선료와 조출료
>
> 정박기간의 기산점은 본선 선장의 하역준비완료통지서(N/R ; Notice of Readiness) 제출 후 일정시간(12시간) 후로 하는데 통상 12시간을 적용한다. 하역이 개시되어 계약에 허용된 정박기간을 초과할 때 화주가 용선주에게 그 초과시간에 대하여 체선료(Demurrage)를 지불하고, 반대로 정박기간보다 빠르게 하역이 끝나면 화주는 조출료(Despatch Money)를 받게 되는데 조출료는 보통 체선료의 1/2이다.

예제 : 선적항에서 3일 조출, 양륙항에서 5일 체선이 발생한 경우, 적양항별산(積揚港別算) 조건으로 계산시 발생되는 조출료와 체선료는 얼마인가?(단, 조출료 US$ 2,000/1일, 체선료 US$ 4,000/1일)

답 : 조출료 US$ 6,000, 체선료 US$ 20,000

③ 항행구역(Trade Limit) : 항행구역은 당사자 약정에 따라 용선기간 중 용선자가 본선을 운항할 수 있는 구역을 말한다. 용선자는 약정된 구역 외로 항행하려고 하거나 항행구역 범위 내라 하더라도 보험구역과 일치하지 않을 때에는 선주의 승인을 얻어야 하며, 이에 따른 위험과 할증보험료를 부담하여야 한다.

④ 경비의 분담 : 선주와 용선자간 경비의 분담은 일반적으로 본선관련 비용으로서 선장·선원의 급식비와 기타 제비용, 선박보험료, 본선의 수리비와 제세공과금, 갑판부와 기관부에 속하는 선용품비 등은 선주가 부담하고, 운송에 관한 운항비로서 연료·보일러물 비용, 적하에 관련된 제비용, 화물 적재·하역에 관한 제비용, 출입항의 항비·도선료·운하통행료 등은 용선자가 부담한다.

⑤ 선주의 책임과 면책 : 정기용선계약에서 선박의 사용은 용선자에게 있으나 항해에 관한 책임은 선주에 있으므로 운송품의 선적·적부·양륙 등에서 별도의 특약이 없는 한 선주에게 책임이 있다. 선주의 책임은 선장에게 법적 대리권이 부여되어 항해를 계속하면서 신속하게 수행해야 하지만 선주는 용선자의 조력을 얻기 위해 항해 중의 사항을 용선자에게 통보하여야 한다. 한편, 선주는 내항담보에 관한 상당한 주의의 결여 또는 선주 자신의 과실에 의한 경우 이외 사항에 대해서는 일반적으로 면책이 되고 있다.

⑥ 용선료 : 용선료는 1역월에 중량단위로 결정하는 것이 일반적이며 지급방법은 1개월분 또는 6개월분씩 선불하는 것이 보통이지만 당사자 약정에 따라 후불로 하는 경우도 있다. 용선료의 지불이 약정대로 이행되지 않으면 선주는 법원의 개입이나 기타 소송수속 없이 용선자로부터 선박을 회수할 권리를 갖는다.

⑦ 용선료 지급중단 : 용선기간 중 용선자의 책임에 귀속되지 않은 사유로 사고가 발생한 경우, 용선료의 지불의무자의 지급의무를 중단하는 것이 용선료 지급중단(Off-Hire) 조항이다. 본선이 24시간 이상 사용이 불가능한 경우, 사용이 불가능한 상실기간에 대해서는 용선료를 지불할 의무가 없으며 선불한 용선료는 이에 따라 정산하여야 한다.

⑧ 적하종류의 제한 : 정기용선계약의 성질상 적법화물(Lawful Merchandise)인 이상, 종류를 제한하지 않는다. 그러나 위험화물을 적재할 경우에는 사전에 선주의 승인을 얻어야 하며, 갑판에 적재할 경우에는 선장의 지시에 따라야 한다.

⑨ 항행에 관한 제한 : 계약에 따라 본선의 항해구역이 제한되며, 항해구역이라 하더라도 위험해역에 대해서는 미리 선주의 승낙을 얻어야 한다.

⑩ **재용선** : 용선자는 계약상 별도의 금지조항이 없는 한, 용선계약이 허용하는 범위 내에서 다른 사람에게 재용선할 수 있다. 용선자는 재용선계약을 한 경우 선주에게 통지하여야 하며, 선주는 어떠한 경우에도 최초 용선계약상의 선주의 의무를 초과한 범위에 대하여는 책임이 없다.

(2) 나용선계약

용선자가 선박만을 임대하여 장비 및 선원 등 인적·물적요소 전체를 부담하고 운항에 필요한 모든 비용을 부담하는 계약으로 용선자가 용선기간 동안 선박 이용의 권리와 의무를 가진다.

(3) 탱커용선계약

탱커는 구획자체가 독립된 구획탱커로 구성되어 있으며 하역은 본선의 고정송유관을 Berth 또는 안 벽에 비치된 송유관과 연결하여 적양되며, 적재시는 육상펌프로, 양하시는 본선에 비치된 펌프로 수행된다. 원유, 가솔린, LPG/LNG 등의 운송은 탱커용선 계약에 따라 이루어진다.

(4) 항해용선계약의 표준서식

항해용선계약서식은 표준서식과 사적서식으로 구분할 수 있으며, 용선운송계약에 사용되는 양식은 화물 또는 항로에 따라 표준서식이 다르고 이 중 유명한 서식만도 여러 가지가 있다.

① 일반용 표준서식
  ㉠ Gencon(1976) : 발틱국제해사위원회(Baltic and International Maritime Conference)가 제정
  ㉡ Warshipvoy : 미국의 전시해운관리국이 제정

② 석탄수송용 표준서식
  ㉠ Balcon : 1921년에 발틱백해동맹(Baltic and White Sea Conference)이 제정하고 영국석탄수출연합 및 Scandinavia 석탄수입협회가 승인한 표준서식
  ㉡ Coastcon Medcon : 영국연안 석탄수송용의 영국해운거래소의 공인서식
  ㉢ Americanized Welsh Coal Charter : 뉴욕선박중개인협회(Association of Ship Brokers & Agents)가 1953년에 승인한 서식으로서 북미에서 유럽, 일본 등에의 석탄 수송에 사용된다.

③ 목재수송용 표준서식

　　㉠ Benacon : 발틱백해동맹이 채택하고 1914년에 영국해운거래소가 공인한 서식이며 영국령 북 미대서양연안으로부터 영국으로 향하는 목재수송에 사용된다.

　　㉡ Baltwood : 1926년에 제정된 영국해운거래소서식으로 발틱 및 노르웨이에서 선적되어 영국본토 또는 아일랜드로 향하는 목재의 운송에 사용된다.

　　㉢ Genlumform Intercoastal Lumber Party : 미국태평양연안항로의 목재수송용서식

④ 곡물수송용 표준서식

　　㉠ Baltimore Berth Charter Party-steamer(Form C, 1913) : 북미 및 캐나다 대서양연안으로부터 세계각지로 향하는 만선곡물수송용에 사용되는 서식

　　㉡ Australian Grain Charter(1956) : 호주 · 영국 및 유럽, 특히 Antwerp · Hamburg 사이의 소맥, 곡물의 용선에 사용된다.

⑩ 해상운송 운임

(1) 해상운임(Freight)의 의의

① 해상운임은 선박에 의한 화물의 운송에 대하여 지불되는 보수로서 자유경쟁하에서의 재화와 마찬가지로 선복(Ship's Space)에 대한 수요와 공급에 의해서 결정된다.

② 정기선의 경우는 보통 운송회사 간 해운동맹의 결성으로 불완전경쟁 내지 독점경쟁이 행해지며, 그 운임도 동맹에 의해 품목별로 표준운임률을 적용한다.

③ 해상운임의 수준은 시장경제의 원칙인 수요와 공급의 원리에 의해 결정되어지는 것이지만 정기항로에는 일종의 카르텔(Cartel)인 해운동맹이 있어 시장경쟁이 크게 제약받고 있다.

④ 정기선운송에 있어서는 항로별로 해운동맹이 결성되어 있어 운임률(Tariff Rate)을 책정하고 있으나 해운동맹에 가입하지 않은 맹외선사와의 경쟁으로 인해 실제로 선사가 징수하는 해운시장에서의 시장운임은 운임률표보다 훨씬 낮은 경우가 대부분이며 시황에 따라 변동폭도 크다. 이는 운송서비스의 성격이 해운동맹 등 선사단체에 의해서 결정되고 선복공급이 비탄력적인데 기인한다.

(2) 해상운임의 결정 원칙

① 해상운임 : 해운서비스에 대하여 이용자가 지불하는 가격

② 모든 가격이 수요와 공급이 균형을 이루는 점에서 결정되며 운임수준을 결정하는 요인들은 해운서비스의 생산에 소요된 해운원가, 화물의 수량과 가격, 하역, 적재조건 등을 들 수 있다.

③ 운임부담능력원칙 : 운임율이 화주의 각 화물이 갖는 운임부담능력에 따라 결정되는 방법이다.

④ 원가보상의 원칙 : 해운서비스를 생산하는데 지출된 원가에 생산자의 적정이윤을 더하여 운임을 결정하는 방법이다.

> **지식 in** **계선점(繫船點, Lay-up Point)**
>
> • 정의 : 운임의 하한을 뜻한다. 해상운송에 따른 대가인 화물운임이 운송원비의 선까지 하락함으로써 선박의 운항을 계속할 경우에 생기는 손실과, 그 선박을 운항하지 않고 어느 한 곳에 계선(Lay-up)함에 따라 필요한 비용(간접선비+직접선비 일부)이 같아질 때 그 운임은 계선점에 도달하였다고 한다.
> • 계선 : 계선점에 도달하면 선주는 선박의 운항을 계속할 것인지 아닌지에 대하여 결정해야 하고 선박을 운항시키는 것보다 계선하여 두는 편이 경비나 채산면에서 이익이라고 판단되어 시황이 회복될 때까지 항만 내 안전장소에 선박을 계류시키는 것이다.
> • 계선을 할 경우에는 필요한 최소 보안담당요원(보험회사의 규정에 의하면 항해사 1명·기관부원 1명 이상으로 되어 있다)을 상시배치하고 관할 항만당국에 계선수속을 하도록 되어있다.

(3) 해상운임의 형태

① 정기선 운임

  ㉠ 자유운임(Open Rate) : 해운동맹에서 제정·공포하는 표정운임표에는 거의 대부분의 화물이 포함되어 있기는 하나 모든 화물을 포함시킬 수 없으므로 때로는 비동맹선과의 경쟁을 고려 표정운임표에서 제외시키는 수도 있는데 이 경우의 화물을 자유화물, 그리고 이 화물에 부과되는 운임을 자유운임이라고 한다.

  ㉡ 할증운임
    • 화물의 성질, 형상, 운송방법 등에 따라 기준운임만으로 불충분 할 경우에 적용된다.
    • 종류 : 중량할증, 장척(長尺)할증, 고척품(高尺品)할증

  ㉢ 정책운임 : 특정화물에 예외적으로 정해지는 저렴한 운임이다.

  ㉣ 컨테이너운임 : 컨테이너운임은 협정요금이며, 항로에 따라 각 해운회사가 설정한 운임을 적용 하는 경우도 있다.

  ㉤ 위험물 및 할증 기타 : 폭발, 발화, 유독성 등 위험이 있는 화물운송에 부과된다.

② 정기선운임의 특징

　㉠ 해운동맹에 의해 협정이 되고 있어 독점가격으로서의 성격을 가진다.

　㉡ 해운시황의 변동에 영향을 받지 않아 비교적 안정적이다(부정기선운임은 자유계약).

　㉢ 정액운임표(Tariff) : 각 품목의 운임부담력이나 용적, 중량 등의 비율 등을 고려하여 결정되며 화주에 대하여 균등한 운임을 부과한다.

　㉣ 중량이 유리하면 중량운임이며, 용적이 유리하면 용적운임이다.

　㉤ 하역비 부담조건(Berth Term 또는 Liner Term)

　㉥ 일정한 운항 예정표(Schedule)에 따라 운항한다.

③ 부정기선운임 : 부정기선으로 운송되는 광석, 곡물, 석탄, 목재, Sugar 등 대량화물을 대상으로 당시의 해운시황에 따라 선사와 화주사이의 자유계약에 의해 결정되는 자유운임이 원칙이다. 운송수요와 선복의 공급과 관련하여 크게 변동하는 것이 특징이다.

　㉠ Spot운임 : 계약직후 아주 짧은 기간 내에 선적이 개시될 수 있는 상태에서 선박에 대하여 지불되는 운임이다.

　㉡ 선물운임 : 계약으로부터 실제 적재시까지 오랜 기간이 있는 조건의 경우의 운임이고 투기적요소가 약간 개입된다.

　㉢ 연속항해운임 : 어떤 특정항로를 반복으로 연속하여 항해하는 경우에 약정된 연속항해의 전부에 대하여 적용하는 운임율이다.

　㉣ 장기계약운임 : 장기간에 걸쳐 되풀이되는 항해에 의하여 화물운송을 계약하는 경우의 운임인 연속항해운임과 유사하나 연속항해운임의 경우는 통상 특정선박으로 연속하여 항해를 되풀이하므로 항해수에 의하여 기간이 약정되나 장기운송계약운임은 몇 년간에 몇 항해, 몇 년간에 걸쳐 연간 몇 만톤과 같이 약정되는 것이 일반적이다.

(4) 해상운임의 산정기준

① 화물의 중량기준(Weight Basis)

　㉠ 용적(부피)은 작지만 중량이 높은 화물(예 철강제품, 화학제품 등)은 중량을 기준으로 하여 운임이 책정된다.

　㉡ 1 Long Ton = 2,240lbs(l,016kg), 1 Short Ton = 2,000lbs(907kg), 1 Metric Ton = 2,204lbs(1,000kg) 등 세 가지 톤 중에서 어느 것을 사용하느냐 하는 것은 선적지역이나 화물종류에 따라 각각 다르지만 실무상 Metric Ton이 보편화되어 있다.

　㉢ 화물의 중량은 포장이 포함된 총중량(Gross Weight)으로 계산된다.

② 화물의 용적기준(Measurement Basis)

　㉠ 용적이 큰 화물은 용적이 운임산정의 기준이 된다.

ⓛ Cubic Meter(CBM) : 용적(부피)을 재는 단위는 Feet(cft)가 있는데 이 중에서 CBM이 실무상 보편화되어 있으며, 컨테이너화물 운송업무에서 기초가 되는 단위이다.

ⓒ 화물의 포장명세서(Packing List), 선적요청서(Shipping Request) 등에 W/M이라고 표기되어 있는 것은 Weight/Measurement를 뜻하며, 중량과 용적의 두 가지 중 어느 쪽이든 높은 (큰)쪽의 톤수가 운임산정의 기준이 된다. 이때 운임산정의 기준이 된 톤수를 운임톤(R/T ; Freight Ton or Revenue Ton)이라고 한다.

③ 종가기준(Ad Valorem)

㉠ 종가 : 가격에 따른다(According to The Price)는 뜻

ⓛ 종가운임 : 보석이나 예술품, 회귀품 등에 대해서는 보통 상품가격의 2.5% 정도의 일정비율을 할증 추가하여 운임으로 결정하는 경우를 종가운임이라고 하며, 정기선 운임에서만 통용되는 계산기준이다.

ⓒ 종가단위가 적용되는 종가화물은 운송에 특별한 주의를 기울여야 하며, 운송사고가 발생하였을 때 운송인의 배상책임도 일반화물에 비해 훨씬 무겁다.

ⓔ 헤이그 규칙(Hague Rules, 1924년 제정) : 오늘날 세계 각국의 선박회사는 헤이그 규칙에 의해서 포장(Packing)당 화물의 손해배상 청구액(Claim)을 100파운드(£)로 확정하고 있으므로, 이 금액을 초과하는 고가품은 종가운임률을 적용하는 경우에 한해서 그 화물가격에 상응하는 손해배상을 해준다.

지식 in   **Hire Base**

• 선박을 운항할 수 있는 상태로 유지하기 위해 소요되는 비용을 1DWT-1Month 기준으로 계산하는 방식이다.
• 운항 선비는 선박을 운항 상태로 둘 때에 소요되는 일반 관리비를 포함한 선비를 말한다. 이를 필요에 따라 1개월 1중량톤당 얼마로 계산하는 방식을 의미한다.

④ 개수기준 : 화물의 관습상 포장방법이 일정하고 내용물의 용적 또는 중량이 일정한 화물, 예컨대 석유, 방적용 실 등은 1상자(Case, Box), lbale 등의 단위를 기준으로 하여 운임액을 정한다.

⑤ 적하량기준 : 해상운임을 산출하는 데 기준이 되는 적하량을 선적지의 적하량으로 하는 경우를 "Intaken Quantity Basis"라고 하고, 양복지의 적하량으로 하는 것을 "Outturn Quantity Basis"라고 한다. 운송 도중에 화물의 과부족이 일어나기 쉬운 쌀, 밀, 철광석, 석탄 등의 제1차 상품의 거래에는 특히 주의해야 한다.

⑥ **통운임** : 1개 이상의 운송기관에 의해 운송되는 화물에 대해 일괄적으로 적용되는 운임을 말한다.

⑦ **무차별운임** : 화물의 종류나 내용과는 관계없이 중량과 용적에 따라 동일하게 부과하는 운임으로 FAK Rate이라고 한다.

⑧ **박스 레이트(Box Rate)** : 산업이 고도로 발달하면서 화물의 종류가 다양해지고 있기 때문에 운송인은 화물의 종류에 따라 각기 다른 운임을 일일이 모두 설정할 수가 없다. 특히, 컨테이너 운송의 발전으로 운임체계를 단순화시키는 것은 필연적인 과제가 되고 있다. 그 결과 컨테이너 내부에 넣는 화물의 양(부피)에 상관없이 무조건 컨테이너 하나당 얼마라고 하는 식으로 운임을 책정하여 실무에서 사용하게 된 것이다. 이는 상품종류에 상관없이 적용하는 품목별 무차별운임(FAK), 상품을 크게 몇 가지의 등급으로 분류하여 적용하는 Class별 Box Rate, 상품을 몇 가지 품목으로 분류하여 적용하는 품목별 박스 레이트(Commodity Box Rate) 등이 있다.

(5) 해상운임의 종류

① **기본운임** : 중량 또는 용적단위로 책정되며, 둘 중 높은 쪽이 실제 운임부가의 기준이 된다. 이때 실제운임을 부과하는 기준 톤을 운임톤(R/T ; Revenue Ton)이라 한다.

② **지급시기에 따른 운임**
　　㉠ 선불운임 (Freight Prepaid)
　　　• 선적과 동시에 송하인이 지급하는 것이다.
　　　• 실무상 대부분의 선하증권이나 용선계약서에는 "운임은 선적 시에 지급해야 하며 운송 중 화물이 상실되어도 전액 받을 수 있는 것으로 간주한다"고 기재되어 있기 때문에 선불이 원칙이다.
　　　• CIF나 CFR계약에서는 일반적으로 선불운임이고, 이 경우에는 선적지에서 선하증권(B/L) 발급일, 즉 운임지급일의 환율을 적용한다.
　　㉡ 후불운임 (Freight Collect)
　　　• 양륙지에서 매수인이 화물을 수령할 때 지급하는 것이다.
　　　• FOB계약에서는 후불운임이 지급되고 양륙지에서 화물인도지시서(D/O ; Delivery Order) 발급일, 즉 운임지급일의 환율을 적용한다.
　　㉢ 정기선의 경우에는 운임표(Freight Tariff)에 반드시 적용통화를 표시하고 있고, 부정기선인 경우에는 당사자 간의 약정에 의하여 용선계약서(C/P)상에 화폐단위를 명기하는 것이 관례이다.

③ 할증운임(할증료)

특정한 항로구간에 있어서 취항선이 정기적으로 반복 운항하는 항구에는 해운동맹운임표가 적용되어 이것이 통상 기본운임(Base Rate)의 역할을 하고 있다. 그러나 경우에 따라서는 다음과 같이 기본운임 외에 일종의 할증운임(Additional Rate)을 설정하는 경우도 있다.

㉠ 중량할증운임 (Heavy Cargo Surcharge)
- 화물 한 개의 중량이 일정한도 이상(예 4톤 이상)이 되는 것은 본선 양하능력에도 관계가 있고 취급상 보통 이상의 시간 및 비용이 소요되므로 이러한 경우에 부과되는 운임이다.
- 할증의 가산방법에는 여러 가지가 있지만, 보통 초과 중량을 여러 단계로 나누어 누진적인 할증운임을 기본운임에 가산하는 것이 일반적이다.

㉡ 용적 및 장척할증료(Bulky/Lengthy Surcharge)
- 화물의 부피가 너무 크거나 길이가 너무 긴 화물에 대해 부과되는 할증료이다.
- 용적물과 장척물(Bulky or Lengthy Cargo)이 일정한도 이상(예 길이 35척 이상)인 것에 대해서는 중량화물과 마찬가지로, 하역작업상 특별한 불편을 준다는 등의 이유로 일정율의 할증을 부과하는 경우의 운임이다.

㉢ 체선할증료(Port Congestion Surcharge) : 도착항의 항만사정이 혼잡할 때 받는 할증료이다.

㉣ 통화할증료(CAF ; Currency Adjustment Factor) : 통화의 변동에 따른 환차손을 화주에게 부담시키는 할증료이다.

㉤ 유류할증료(BAF ; Bunker Adjustment Factor) : 유류가격의 인상으로 발생하는 손실을 보전하기 위한 할증료이다.

㉥ 인플레할증료(IAF ; Inflation Adjustment Factor) : 통상 인플레가 있으면 운임인상이 이루어지고, 또 한편으로는 각국의 물가상승률 차이가 환율에 반영되지만, 특정 지역의 인플레가 심한데도 일괄운임인상이 이례적으로 늦어져, 운항원가의 상승으로 선사의 적정이윤이 유지되지 못할 때 부과한다. 매우 드물게 적용된다.

지식 in **운임 후불(Freight Collect)**

- 운임이 수하인에 지급되는 것이 아니고, 운송 후에 송화인에 의하여 지급됨을 표시하는 용어이다. FOB나 FAS가격의 경우에 운임이후 지급된다.
- 용어 : Freight Collect, Freight Payable At Destination(FPAD)

ⓐ 양륙항 선택화물할증료(Optional Cargo) ; 화물 선적시에 양륙항이 지정되지 않고 출항 후에 화주가 가장 편리한 양륙지를 선택하여 그 항구에서 양륙하여 화물을 인도하는 경우도 있다.

ⓞ 통화물(Through Cargo)에 의한 Arbitrary : 통운송계약이란 화물의 운송 도중에 있어서 한 배에서 다른 배로, 또는 해상과 육상이 접속하는 등 두 개 이상의 운송기관에 의해서 목적지까지 운송하는 계약을 말한다. 통운송계약에 의한 통화물(Through Cargo)의 선적에 있어서는 한 통의 통선하증권(Through B/L)이 발행된다.

ⓩ 우회기항화물에 대한 부가율 : 예정 기항지 이외에 적하 혹은 양하를 위해서 기항을 하는 화물에 대해서는 특별한 운임부가율이 설정되어 있다.

ⓩ 전쟁위험할증료(War Risk Premium) : 전쟁위험지역이나 전쟁지역에서 적·양하되는 화물에 부과되는 할증료이다.

④ 특수운임
ⓐ 특별운임(Special Rate) : 해운동맹이 비동맹과 화물유치경쟁을 할 때 일정한 화물에 대해 일정조건을 갖춘 경우 정상요율을 인하하여 특별 요율로 화물을 인수하는 수단으로 사용되는 운임이다.

ⓒ 경쟁운임(Open Rate) : 정기선 요율에 있어서 자동차, 시멘트, 비료, 광산물과 같은 선적단위가 큰 대량화물에 있어서는 해운동맹이 비동맹보다 경쟁력이 약하다. 이러한 경우 해운동맹은 이들 대량화물에 대해서는 요율을 별도로 정하지 않고, 동맹가입선사(Member)가 임의로 적용하여 경쟁력을 높이고 있는데, 이들 품목을 Open Rate Cargo라고 하며, 이때 적용되는 운임을 경쟁운임이라 한다.

ⓒ 접속운임 (OCP Rate) : 북미내륙의 육상운송의 종착역에 해당하는 OCP(Overland Common Point)지역으로 운송하는 경우 해상운송업자가 육상·항공운송까지 화주들 대신하여 계약을 체결하는 경우에 화주가 지급하게 되는 총괄운임을 말한다. 즉, 북미주 태평양 서안에서 내륙운송을 하게 될 경우 항공기, 철도, 트럭 등에 연결접속되어 수송하는데, 해상운송업자는 화주로부터 해상·육상 전 운송구간의 운임을 받고, 육상운송도 화주를 대리하여 계약을 맺고 운임도 지급한다.

ⓒ 최저운임(Minimum Rate) : 최저운임은 용적 또는 중량이 운임산출 톤에 미달되는 화물에 대해 B/L이 발행되는 경우에, 화물의 종류에 관계없이 B/L 한 건당을 단위로 하여 특정하게 운임을 설정하는 방법이다.

ⓜ 지역운임 (Local Freight)
• 태평양운임동맹(TPFC)의 요율에는 태평양 연안 여러 항구까지의 양륙화물에 대한 운임과, 북미 내륙지역을 도착지로 하는 화물에 대해 적용하는 미내륙항 접속운임률등의 두 가지가 있다.

- 미국 록키산맥의 동부 지역은 Local Area라고 부르며 Main Port에서 내륙지역까지의 운송료를 Port Local Freight라고 한다.

ⓗ 소포운임(Parcel Freight) : 소포(Parcel)로서 적재되는 것은 보통 한 개의 용량이 너무 작아 최저운임으로 부가할 수 없는 것이 있는데, 이 소포에 대한 운임을 Parcel Freight라고 한다. 소포에 대해서는 B/L대신에 소포화물수취증이 발행된다.

⑤ 부대비용의 종류

ⓐ Wharfage : 부두사용료를 말하는 것으로 해운항만청 고시에 의하여 부과한다.

ⓑ 터미널화물처리비(THC ; Terminal Handling Charge) : 화물이 컨테이너터미널에 입고된 순간부터 본선의 선측까지, 반대로 본선 선측에서 CY의 게이트를 통과하기까지 화물의 이동에 따르는 비용을 말한다. 종전에는 선사가 해상운임에 포함하여 부과하였으나 1990년에 구주운임 동맹(FEFC)이 분리하여 징수하면서 다른 항로에 확산되었다.

ⓒ CFS Charge : 컨테이너 하나의 분량이 되지 않는 소량화물(LCL ; Less than Container Load)을 운송하는 경우, 선적지 및 도착지의 CFS(Container Freight Station)에서 화물의 혼재(적입) 또는 분류작업을 하게 되는데 이 때 발생하는 비용이다.

ⓓ 컨테이너세(Container Tax) : 1992년부터 항만배후도로를 이용하는 컨테이너차량에 대해 징수하는 지방세로서 일종의 교통유발금이다.

ⓔ 서류발급비(Documentaion Fee) : 선사가 선하증권(B/L)과 화물인도지시서(DA3) 발급시 소요되는 비용을 보전하기 위한 비용이다.

ⓕ 도착지화물인도비용(DDC ; Destination Delivery Charge) : 북미수출의 경우 도착항에서의 하역 및 터미널 작업비용을 해상운임과는 별도로 징수하는 것이다.

ⓖ 지체료(Detention) : 화주가 허용된 시간(Free Time) 이내에 반출해 간 컨테이너를 지정된 선사의 CY로 반환하지 않을 경우 지불하는 비용이다.

ⓗ 보관료(Storage Charge) : CFS 또는 CY로부터 화물 또는 컨테이너를 무료기간(Free Time) 내에 반출해 가지 않으면 보관료를 징수한다. 또한 무료기간 종료 후 일정기간이 지나도 인수해 가지 않으면 선사는 공매처리할 권리를 가지며, 창고료 및 부대비용 일체를 화주로부터 징수한다.

⑥ 미국 신해운법상의 운임 : 미국의 신해운법에 규정된 운임제도에는 독자운임결정권과 우대운송계약 및 기간별 물량별 운임률 세 가지가 있다.

ⓐ 독자운임결정권(I/A ; Independent Action) : 미국항로에 취항하는 선사들에게 Tariff에 신고된 운임률이나 기타 조건에 관계없이 독자적인 운임률을 설정할 수 있도록 허용한 것으로서, 선사는 효력발생 10일전까지만 FMC(미연방해사위원회)에 신고하게 되면 IA를 행사할 수 있게 된다.

ⓛ 우대운송계약(S/C ; Service Contract)
- 화주 또는 화주단체가 일정기간에 대하여 일정량의 화물선적을 보증하고 이에 대해 선박회사 또는 해운동맹이 일정한 운임 및 선복 등을 보증하는 제도이다.
- 신해운법에서 이중운임제도를 폐지하고 그 대신 운임 할인제를 완벽하게 법제화한 제도이다.
- 대량화주에게 대폭적인 할인운임을 부과하는 공식적인 할인가격이다.
- S/C계약의 구성 : 계약기간, 선적항, 도착항(도착지), 해당품목, 최저물량, 계약운임, 기타 특별조건, 계약한 물량을 충당하지 못하였을 때의 Dead Freight, 계약불이행시에 화주가 지급하는 penalty 방법 등이 포함
ⓒ 기간별 물량별 운임 (TVR ; Time Volume Rate)
- 선박회사 또는 해운동맹이 일정기간 동안 일정하게 정해진 품목을 선적한다는 조건부로 화주에게 할인혜택을 주는 운임이다.
- TVR은 대량화물을 선적하려는 화주들이 운임을 선박회사로부터 할인받을 수 있는 좋은 제도이므로 신해운법이 적용되는 북미관계항로를 통하여 화물을 운송하려는 대량화주는 이 제도를 이용하는 것이 유리하다.

⑪ 선하증권

(1) 선하증권의 개요

① 선하증권(B/L ; Bill of Lading)의 개념
ⓐ 송하인과 수하인이 물품의 인도 · 인수를 위하여 물품운송의 임무를 맡은 선박회사가 송하인의 청구에 의하여 발행하는 운송서류이다.
ⓑ 선하증권을 일정한 운송계약하에 송하인으로부터 물품을 수취하여 이것을 계약지정의 양륙지에서 수하인에게 본 증권과 상환으로 물품을 인도할 것을 약속한 유가증권이다.
ⓒ 선박회사가 화물을 수취한 것을 확인한 다음 양륙항에서 그 선하증권의 소지인에게 이것과 교환하여 화물을 인도할 것을 약속한 수취증이며, 선박회사와 화주간의 운송계약서이다.

② **선하증권의 법적 성질** : 선하증권은 증권면에 기재된 물품의 소유권을 표창하고 있어, 선하증권을 유상으로 취득한 자 또는 선의의 소지인(Bona Fide Holder) 등은 동 물품에 대한 지배권을 갖는다. 따라서 일단 선하증권이 발행되면 그에 명시된 물품의 처분은

전적으로 이 증권에 의해서 행하여지며, 또한 이 증권의 인도는 물품의 인도와 동일한
효력을 갖는 것이다.

㉠ 권리증권 : 선하증권은 유통성 선하증권으로서의 일정요건을 갖추게 되면 권리증권
  (Document of Titie)으로서의 자격을 지니게 된다. 따라서 선하증권은 선의의 소지
  인에 대하여 그것과 상환으로 선적화물을 인도할 것을 확약한 권리증권으로서 이
  증권과 상환이 아니면 선적화물의 인도를 할 수 없으며 물론 인도청구도 할 수 없다.

㉡ 선적화물수취증 : 선하증권은 운송계약의 성립을 전제로 하여 선박회사가 발행한
  선적화물의 수취증이다. 선적화물에 대하여 본선으로부터 교부된 본선수취증(M/R
  ; Mate's Receipt) 그 자체가 선박회사의 화물수취에 대한 충분한 증거가 되며, 선하
  증권은 이와 상환으로 발행되므로 선박회사가 화물을 본선상에서 수취하였음을 입
  증하는 증권이다.

㉢ 요인증권 : 선하증권은 운송계약에 의해 화물의 선적을 전제로 하여 발행되는 것이
  므로 법률상 요인증권이 된다.

㉣ 채권증권 : 선하증권은 운송화물을 대표하는 증권으로서, 선하증권의 소지인은 화물
  의 인도를 청구할 수 있기 때문에 채권효력을 갖는 채권증권이며, 운송화물의 처분
  에는 반드시 선하증권을 사용하여야 하므로 처분증권의 성질도 갖게 된다.

㉤ 요식증권 : 선하증권은 상법에 규정된 법정기재사항의 기재를 필요로 하는 요식증권
  이다.

㉥ 문언증권 : 해상운송계약에 따른 선박회사와 화주의 의무이행이나 권리주장은 이
  증권상에 기재된 문언에 따르게 되는 문언증권이다.

㉦ 유통증권 : 선하증권은 화물을 표창하는 유가증권으로서 배서 또는 양도에 의해 소
  유권이 이전되는 유통증권이다.

㉧ 지시증권 : 선하증권은 선하증권발행인이 배서금지의 뜻을 기재하지 않는 한 배서에
  의해 양도 될 수 있으므로 지시증권의 성질도 가진다.

〈선하증권과 해상화물운송장의 비교〉

구분	선하증권	해상화물운송장
기능	운송물품에 대한 권리증권	물품 적재사실 통지서
운송계약증거	가 능	가 능
물품영수증	가 능	가 능
유가증권성	유가증권이며 권리증권임	유가증권이 아니며 권리 증권도 아님
권리행사자	적법한 소지인	수하인
유통성	유통 가능함	유통 불가능
수하인	변경 가능	변경 불가능
결제담보	매입은행의 결제의 물적담보	물적 담보 불가하므로 은행은 무담보 어음 매입
사용용도	일반적 거래	소량, 견본거래, 본, 지사 간 거래
UCP400	허 용	Incoterms 1990 수용 및 운송업계 요청
UCP500	허 용	–
신설동기	해당없음	–

(2) 선하증권의 종류

① 선적선하증권과 수취선하증권

  ㉠ 선적선하증권 (Shipped B/L)

   • 화물이 실제로 본선에 적입이 된 후에 발행되는 것으로서 가장 많이 이용되고 있다.

   • 증권면에 "Shipped…", "Shipped on board…", 또는 "Received on board…"와 같이 기입함으로써 선적 선하증권임을 표시하고 있다.

  ㉡ 수취선하증권 (Received B/L)

   • 선적 전이라도 화물이 선박회사의 창고에 반입되면 화주의 요청에 따라 선박회사는 선하증권을 발행할 수 있는데, 이때에 발행되는 선하증권은 형식적으로는 증권면에 "Received for Shipment…" 또는 "Received to Be Transported by Steamer" 등으로 기입되므로, 이를 수취선하증권(Received B/L)이라 한다.

   • 수취선하증권이 발행되어도 화물이 선적되었다는 사실과 선적일을 기입하고 운송인이나 그의 대리인이 서명하면 선적선하증권과 동일하게 취급한다.

② 무사고 선하증권과 사고부 선하증권

  ㉠ 무사고 선하증권(Clean B/L)

   • 선적화물의 상태가 양호하여 약정수량의 전부가 그대로 선적되면 선박회사는 선하증권면의 적요란(Remarks)에 사고문언이 없는 선하증권을 발행한다.

- 선하증권면에는 "Shipped on board in apparent good order and condition"이라고 기재되어 있다.
  - ⓒ 사고부 선하증권(Foul B/L, Dirty B/L) : 선적된 화물이 포장이나 수량 또는 기타 화물의 외견상 불완전한 상태라면 선박회사는 선하증권의 적요란에 사고문언을 기재하여 선하증권을 발행하는데, 이와 같이 B/L의 적요란에 사고문언이 기재되어 있는 선하증권이다.

③ 기명식 선하증권과 지시식 선하증권
  - ⊙ 기명식 선하증권(Straight B/L)
    - 수하인란에 수하인(Consignee)의 성명이 명백히 기입된 선화증권이다.
    - 수하인으로 기명된 수입상만이 물품인도를 청구할 수 있을 뿐, 수출상은 아무런 권리가 없으므로 화환어음에 의한 결제가 아니고 송금결제방식이나 청산결제방식의 거래에 한하여 이용되고 있다.
  - ⓒ 지시식 선하증권(Order B/L)
    - 선하증권의 수하인으로 "Order", "Order of Shipper", "Order of…(Buyer)", "Order of… Negotiation Bank"로 표시하여 발행되는 선하증권이다.
    - 지시식 선하증권은 Shipper, Buyer, Negotiation bank 등이 이서하면 유통시킬 수 있는 선하증권이다.

지식 in **해상화물 운송장**

- 정의 : 선사가 화주에게 발행하는 것으로서, 화물의 수령증(受領證)과 운송 계약의 증빙으로 쓰이는 서류이다.
- 일반 선하증권과의 차이점
  - 화물을 인도받기 위해서는 수하인(受貨人)의 신분을 증명할 수 있는 수하인(受貨人)의 이름이 명기(明記)되어 있다.
  - 해상화물 운송장은 은행에서 수령(Negotiation)되지 않는다.
- 목적 : 해상화물 운송장이 발행되는 것은 선하증권의 도착이 지연되어 화물의 인도가 지연되는 것을 방지하기 위함이다.

④ **통선하증권(Through B/L)** : 화물의 운송이 해운과 육운의 양경로를 통과하는 경우에 최초의 운송인과 화주 간에 체결되는 운송계약에 의거하여 발행되는 선하증권인 동시에 철도의 화물수취증(영국 : Way Bill, 미국 : Railroad Bill of Lading)을 적용한 것으로서 주요 운송경로가 해운이므로 선하증권에 속한다.

⑤ 환적선하증권(Transhipment B/L) : 통선하증권(Through B/L)에서는 최초의 운송인만이 서명하여 그가 수하인 또는 B/l소지인에 대하여 운송상의 모든 책임을 지나 이 환적선하증권은 목적지까지 운송도중 중간항에서 화물을 다른 선박에 환적하여 최종목적지까지 운송하는 경우 발행되는 선하증권이다.

> Transhipment means unloading from one means of conveyance(whether or not in different modes of transport) during the carriage from the place of dispatch, taking in charge or shipment to the place of final destination stated in the credit.

> 환적(Transhipment)이란 운송품이 도착항에 도착되기 전에 당초에 선적되었던 운송기관에서 다른 운송기관으로 이전 및 재적재되는 행위를 가리키며, 환적을 증명하는 선하증권을 환적선하증권이라고 한다.

⑥ 제3자 선하증권(Third Party B/L)

운송계약의 주체인 Shipper와 L/C상의 Beneficiary가 다른 선하증권을 제3자 선하증권이라고 한다.

예 미국에서 중국으로 수출을 하려는 업체가 수출물품을 미국이 아닌 일본에서 조달하여 수출할 경우를 가정해 보면, 계약당사자, 즉 L/C상의 Beneficiary는 미국의 수출상이지만, 실제 수출물품은 일본에서 선적되어 선하증권상의 Shipper는 일본에 있는 제3의 업체가 된다. 이런 경우 오해나 분쟁을 방지하기 위해서는 신용장이나 매매계약서에 "Third party bills of lading are acceptable"이라는 문구를 기재하는 것이 바람직하다.

지식 in **파손화물보상장(L/I ; Letter of Indemnity)**

선사는 화주가 하자가 있는 화물을 선적할 경우 Foul B/L을 발행하게 되는데, 은행은 Foul B/L을 수리하지 않기 때문에 화주는 이러한 하자로 인하여 생기는 화물의 손상에 대해서는 화주가 책임을 지며 도착항에서 선박회사가 수하인으로부터 손해의 배상을 요구받아도 선박회사는 면책된다는 뜻을 기재한 보상장을 제시하고 무사고 선하증권(Clean B/L)의 교부를 받는 수가 있다. 즉, 화주(수출업자)가 실제로는 고장부 선하증권(Foul B/L)임에도 불구하고 무사고 선하증권(Clean B/L)으로 바꾸어 받을 경우, 선박회사에게 제시하는 보상장을 파손화물보상장(L/l ; Letter of Indemnity)이라 한다.

⑦ 운송주선인협회 선하증권
  ㉠ 운송주선인이 운송계약 주체가 되어 발행하는 선하증권이다.
  ㉡ 국제운송주선인협회연맹(FIATA)이 제정한 증권(FIATAB/L)이며, 이 연맹에 가입한 회원만이 본 증권을 발행할 수 있다. 이 증권은 통상 복합운송에 이용되고 있다.

⑧ Stale B/L
  ㉠ 선적 후 상당일수가 경과된 선하증권이다.
  ㉡ 신용장통일규칙 제43조 a항에 의하면, 운송서류를 요구하는 모든 신용장은 운송서류 발행일자 이후에 지급·인수 또는 매입을 위하여 서류를 제시하여야 할 특정기간을 명시하여야 하며, 만 일 그러한 기간이 약정되어 있지 않은 경우 은행은 운송서류의 발행일자 이후 21일 경과한 후 제시된 서류는 거절하도록 규정되어 있어 은행은 특별히 신용장면에 'Stale B/L Acceptable'이란 조항이 없이는 이를 수리하지 않는다.

⑨ Long Form B/L과 Short Form B/L
  ㉠ 선하증권은 이면약관의 기재 여부에 따라 이면약관이 전부 인쇄되어 있는 Long Form B/L과 그렇지 않은 약식선하증권(Short Form B/L)으로 나눌 수 있다.
  ㉡ 약식선하증권은 최근 미국계 선박회사를 중심으로 사용하고 있는 선하증권의 일종이며, 보통 사용되는 Long Form B/L상의 선박회사와 화주의 권리와 의무에 따르도록 다음과 같은 문언을 규정하고 있다.

> "All the term of the carrier's regular long form of Bill of :ading are incorporated herein with like force and effect as if they were written at length herein. A copy of such Bill of Lading may be obtained from the carrier, its agent, or the master."

FIATA B/L(국제운송주선인협회 선하증권)

지식 in

- 혼재선하증권(House or Forwarder's B/L)의 일종이다.
- 국제운송주선인협회가 발행하고, 국제상업회의소(ICC)가 인정한 서류이다.
- 단일 또는 다수의 운송수단을 사용하는 경우 적용될 수 있다.
- 화물에 대한 권리를 표창하며, 배서에 의하여 소지인은 증권면에 표시된 화물을 수령 또는 양도할 권리를 갖는다.
- UCP 600에서는 운송인 또는 그 대리인의 자격을 갖추지 않은 운송주선인이 발행한 운송서류는 국제운송주선인협회 가 발행한 운송서류라 하더라도 수리 거절 되도록 규정하고 있다.

⑩ Red B/L

    ㉠ B/L은 보통의 선하증권과 보험증권을 결합한 것으로서 이 증권에 기재된 화물이 항해 중에 사고가 발생하면 이 사고에 대하여 선박회사가 보상해주는 선하증권이다.

    ㉡ 이 경우 선박회사는 모든 Red B/L 발행 화물을 일괄부보하게 되므로 궁극적으로 손해부담은 보험회사가 진다. 그러나 운임에 보험료가 포함되므로 결과적으로 보험료는 운송계약자의 부담 이 된다.

⑪ Port B/L : 선적될 물건이 선박회사의 보관 하에 있고, 지정된 선박에는 적재되지 않는 경우 발행되는 선하증권이다.

⑫ Switch B/L : 주로 중계무역에 사용되며, 중개무역업자가 실공급자와 실수요자를 모르게 하기 위 하여 사용한다.

⑬ Surrender B/L : 서류의 지연으로 인해 화물 인수 지연이나 추가비용이 발생하는 수입자의 불편함을 덜어주기 위해 발행한다.

⑭ Groupage B/L : 여러 가지 소량의 화물을 모아 하나의 그룹으로 만들어 선적할 때 발행하는 선하증권으로, Master B/L이라고도 한다.

<선하증권의 종류>

분류기준	종류
인수시점	선적선하증권 (Shipped B/L), 수취 선하증권 (Received B/L)
화물상태	사고부 선하증권(Dirty/Foul B/L), 무사고부 선하증권(Clean B/L)
수하인 지명방식	기명식 선하증권(Straight B/L), 지시식 선하증권(Order B/L)
이면약관 기재여부	Long Form B/L, Short Form B/L(약식선하증권

(3) 선하증권의 역할

① 선박회사 : 화물수취증(인수화물의 수량, 외관상태의 명시)으로서 역할 외에 운송조건 및 운송약관(면책약관을 포함) 등을 명시한 서류이다.

② 수출업자

    ㉠ 화환어음의 매도(Negotiation)를 위한 선적서류(Shipping Documents)의 하나로서 이용된다.

    ㉡ 선적 서류로서의 역할

        • 계약이행을 증명하는 역할을 한다.

- 선적통지(Shipping Notice ; Shipping Advice) : 수출업자는 통상 계약이나 약정 이 없더라도 화환어음에 첨부된 서류와는 별도로 매수인 또는 수하인(Consignee) 에게 선적서류의 사본을 직접 송부한다. 상업송장(Commercial Invoice)이나 포장 명세서 (Packing List) 등은 원본이 송부되는 경우가 많지만 선하증권은 통상 사본 이 송부되어 은행 경유의 선적서류보다 빨리 매수인 등에게 도착되어 매수인 등 이 양하준비, 수입통관준비, 보관이나 국내수송준비 등의 사전준비를 쉽게 할 수 있게 한다. 이들은 우송되기 때문에 Telex나 Fax 등으로 품목, 수량, 선적일, 선박 명 등을 사전에 알려주어야 한다.

③ 수입업자 : 화물인도를 청구할 때 사용하는 서류이다. 운송계약에서 발생한 보상금이나 손해배상 등의 청구에도 사용된다. 수입업자도 선하증권 원본 등을 사용하여 내용변경 을 할 수 있다.

④ 은행 : 대금회수를 위한 담보로서 이용하는 서류이다.

⑤ 보험회사 : 대위구상권의 증거서류이다.

(4) 선하증권의 법정 기재사항

선하증권면의 내용은 우리나라 상법상 반드시 기재되어야 할 법정(필수) 기재사항과 계약 당사자간에 임의로 정하여 기재할 수 있는 임의기재사항이 있다.

〈선하증권상의 법정기재사항〉

관련사항	기재사항
선적화물	① 운송품명(Description of Commodity) ② 중량(Weight) ③ 용적(Measurement) ④ 개수(Number of Packages) ⑤ 화물의 기호(Marks & Nationality)
계약당사자	⑥ 송하인(Name of The Shipper) ⑦ 수하인(Name of The Consignee)
수출품 선적	⑧ 선적항(Port of Shipment) ⑨ 양륙항(Port of Destination) ⑩ 선박명과 국적(Name of The Ship & Nationality) ⑪ 선장명(Name of The Master of Vessel) ⑫ 운송비(Freight Amount)
선하증권 발행	⑬ 선하증권의 작성 통수(Number of B/L Issued) ⑭ 선하증권 작성지 및 작성년월일(Place And Date of B/L Issued)

① 운송품의 종류(Description)
　　㉠ 선하증권은 선적한 특정 화물을 목적항에서 인도하는 목적으로 작성되는 한, 그 화물을 식별하는 데 충분한 명세가 선하증권상에 기재되어야 한다.
　　㉡ 신용장 거래에 있어서는 신용장상의 물건과 모순되지 않는 일반적인 용어로 기술할 수 있다.
　　㉢ 송하인이 운송인에게 허위의 신고를 한 경우 또는 포장상에 표시한 기호가 항해 종료 때까지 판독할 수 없는 경우 등으로 발생한 손해에 대해서는 운송인은 책임을 지지 아니한다.

② 중량 및 용적(Weight or Measurement)
　　㉠ 개품운송계약의 운임산정기준은 중량톤 또는 용적톤 중 큰 쪽을 선택하도록 되어 있기 때문에 선하증권에 중량과 용적을 함께 기재하고 있다.
　　㉡ 운송물의 중량과 용적은 포장물을 포함한 총중량(Gross Weight)과 총용적(Gross Measurement)을 기재한다.
　　㉢ 선하증권상의 중량은 운송인의 손해배상 책임의 기준이 된다.

③ 포장의 종류 및 개수(Package and Number)
　　㉠ 송하인의 운송물이 손상·멸실되거나 과부족 등이 발생할 때에 운송인에게 손해배상을 청구하는데 선하증권에 기재된 운송물의 개수가 산정기준이 된다. 따라서 운송인은 송하인으로부터 인수한 화물의 개수를 필수적으로 선하증권에 기재하여야 한다.
　　㉡ 화물의 개수가 손실 또는 멸실하였을 때 운송인의 책임한도는 국제조약에 따라 다르다.

④ 운송품의 기호(Marks) : 운송물의 기호란 특정화물의 식별을 쉽게 하기 위하여 각 운송물에 고유의 화인을 기입하는 것을 말한다. 기호는 국제조약에서 'Marks' 또는 'Marks & Number'라고하고 선하증권에 기재하고 있다.

⑤ 외관상 운송품의 상태
　　㉠ 운송인의 책임은 선적선하증권(On Board B/L)의 경우에는 선적에서 양륙항까지이며, 수취선하증권(Received B/L)의 경우에는 통상 수취에서 인도까지이고 이 이전의 화물의 사고발생에 대해서 운송인은 책임을 지지 아니한다.
　　㉡ 운송인이 선적 또는 수취할 때 외관상으로 점검하여 이상이 없으면 그 책임을 지지 않는다.
　　㉢ 일반적으로 선하증권에는 표면본문 약관 첫머리에 "Shipping(or Received) in apparent good order and condition"이라고 표시되어 있다.

⑥ 송하인의 성명 또는 상호

　　㉠ 송하인(Shipper)은 운송인과 운송계약을 체결하는 당사자이므로 선하증권에 송하인의 성명 또는 상호를 기재하는 것은 당연하며, 신용장의 수익자(Beneficiary)와 다른 경우도 있다.

　　㉡ 운송계약자돌 송하인으로 하거나, 실제의 화주를 송하인으로 해도 유효하다.

　　㉢ 오해나 분쟁을 방지하기 위하여 신용장이나 매매계약서에 "Third Party Bills of Lading are acceptable" 또는 "Neutral Party Bills of Lading are acceptable" 등을 기재하는 것이 바람직하다.

⑦ 수하인의 성명 또는 상호

　　㉠ 선하증권상의 수하인은 목적지에서 선하증권을 제시하고 운송인에게 증권상에 기재된 화물의 인도를 청구할 수 있는 채권자이다.

　　㉡ Hamburg Rules는 수하인(Consignee)을 목적지에서 자기명의로 운송물을 인도받을 권리를 가진 자라고 규정하고 있다. 수하인은 운송계약의 당사자는 아니지만 운송물의 수령권을 가진 자이므로 선하증권의 법정 기재사항이다. 우리나라 상법 및 Hamburg Rules도 선하증권의 법정 기재사항으로 규정하고 있다.

⑧ 운송인의 성명 또는 상호

　　㉠ 선하증권은 원래 운송인, 선장 또는 운송인의 대리인이 서명·발행하는 것이므로 운송인명이 기재된다. 모든 선하증권에는 운송인명이나 그 상호가 미리 인쇄되어 있다.

　　㉡ 운송계약의 당사자인 운송인이 발행하는 선하증권상에 자신의 성명 또는 상호를 표시하지 않거나 운송책임의 부담자인 운송인이 불분명한 선하증권은 존재하지 않는다. 선하증권에는 반드시 발행자가 서명하여야 한다. 서명자가 비록 대리인이라도 결국 서명에 의하여 운송책임자의 존재는 명백하게 된다.

⑨ 선박의 명칭 및 국적

　　㉠ 우리나라 상법은 선박의 명칭을 법정 기재사항으로 규정하고 있는데 수취선하증권(Received B/L)인 경우와 선적선하증권(On Board B/L)의 경우로 구분하고 있다.

　　㉡ 수취선하증권은 운송인이 운송물을 수취하고 선적하기 전에 발행된다. 따라서 실무에서는 수취선하증권상의 선박명란에 선적 예정인 선박명을 기재하고 그 선박명과 함께 "or subsequent vessel"이라고 기재하여 발행하고 수취선하증권을 허용하는 경우, 선박의 명칭을 "intended vessel name"으로 기재해도 수리한다고 규정하고 있다.

　　㉢ 선적선하증권도 통상 선적완료의 부기(On Board Notation)에 의하여 선박명이 추가된다.

⑩ 운송품의 수취지(Place of Receipt) : 운송품 수취지는 해상운송의 운송수단인 선박에 선적하기 위하여 운송인이 송하인으로부터 화물을 수취한 장소를 말한다. 운송인이 수취지에서 화물을 수취한 후 선하증권을 발행하여 하는 경우, 수취선하증권(Received B/L)을 발행해야 하고 이 증권에는 수취지가 기재되어야 한다.

⑪ 선적항(Port of Shipment) 및 선적의 연월일 : 선적선하증권의 경우는 현실적으로 화물을 선적한 항구명, 선적 연월일을 기입하여야 한다. 선적선하증권의 선적 연월일은 일반적으로 선하증권 작성일과 동일한 것으로 해석한다.

⑫ 양륙항(Port of Discharge) : 양륙항의 기재는 선하증권이 갖고 있는 상환증권성 및 화물 인도청구권 때문에 불가결한 법정 기재사항이다. 양륙항과 인도지가 다를 때에는 양쪽을 기재할 필요가 있다.

⑬ 운송인에 의한 운송물 인도지(Place of Delivery by Carrier)
   ㉠ 운송인에 의하여 운송물이 인도되는 최종장소이다.
   ㉡ 선하증권의 경우 운송물 인도지로 기재되는 장소는 특정 지명이 붙은 CFS, CY, RY, RFS 또는 Terminal이다.
   ㉢ Ocean B/L인 경우에는 양륙항과 운송물 인도지가 동일하며 Combined Transport B/L의 경우에는 양륙항과 운송물 인도지가 동일한 경우도 있고 다른 경우도 있다.

⑭ 운임(Freight and charges)
   ㉠ 운임에는 기본운임(Basic Ocean Freight) 및 추가할증료(Surcharge), 기타 요금(Charges)이 포함된다.
   ㉡ 선하증권의 운임 난에는 운임 합계액만을 기재하지 아니하고 아래 사항이 기재된다.
     • 운임 계산의 기초가 되는 숫자(용적, 중량, 신고가격)
     • 운임률(Freight Rate ; Tariff Rate)
     • 운임계산단위
     • 운임액 (Freight Amount)
     • 할증료 (Surcharge)
     • 환산액(외화표시의 경우)
     • 운임지급지 등

⑮ 선하증권의 발행통수
   ㉠ 우리나라 상법에서 운송인은 송하인의 청구에 의하여 운송물을 수취 후 또는 선적 후 1통 또는 수통의 선하증권을 송하인에게 교부하도록 규정하고 있고 그 발행 통수를 선하증권에 기재하도록 규정하고 있다. 따라서 운송인은 선하증권의 발행통수 난에 그 발행통수를 기재하여야 한다.

ⓛ 현재 실무상 3통의 선하증권을 서명하여 교부하고 있다. 선히증권의 발행통수는 도난, 연착, 분실 등을 고려하여 수통을 한 벌(One Set)로 하여 발행되는 것이 일반적이다.

ⓒ 동일 선적화물에 대하여 선하증권 2통 이상이 서명·발행되는 경우에는 전통이 원본(Original)이고 그 중 1통에 의하여 화물이 인도되는 경우 함께 발행된 다른 증권은 무효가 된다.

ⓔ 실무상으로 3통이 발행되는 경우가 많으나 몇 통이 발행되느냐 하는 것은 운송인이 결정하는 것이 아니고 송하인이 결정하여 청구한다.

ⓜ 운송인(선박회사)은 제3자가 다른 2통 또는 1통을 제시하여도 이미 정당한 선하증권 원본에 대하여 화물을 인도한 것을 증명(이미 회수된 선하증권을 제시)하면 그 사람에 대하여 화물의 인도를 거절할 수 있다.

⑯ 선하증권의 작성지 및 작성 연월일
⑰ 선하증권의 기명날인

(5) 선하증권의 임의기재사항

① 통지처(Notify Party)
② 본선의 항차 번호(Voyage No.)
③ 운임의 지불지 및 환율
④ 선하증권번호(B/L No.)
⑤ 일반약관(General Clause) 또는 면책약관(Exceptions)
⑥ 스탬프약관(Stamp Clause)
⑦ 비고 (Remark)

(6) 해상운송에 관한 국제조약

① 헤이그규칙(Hague Rules)

㉠ 선주와 화주의 이해관계를 조정하고 해상운송에 관해 국제적인 통일을 기하기 위해서 국제법협회(ILA ; International Law Association), 국제해사위원회(IMC ; International Maritime Committee)등이 중심이 되어 국제통일법의 제정을 촉구할 것을 결의했다.

㉡ 1921년 런던에서 개최된 국제상업회의소(International Chamber of Commerce)에 영국의 해사법위원회가 독자적으로 제출한 초안을 중심으로 ICC는 이를 수정·보완하여 1921년 당시 네덜란드의 수도 Hague에서 만장일치로 통과시켜 각국이 자발적으로 이 초안 내용을 선하증권의 이면약관에 삽입하도록 권장하였다.

ⓒ 그러나 선주측의 비판에 부딪혀 국제해사단체인 국제해양법협회(International Maritime Law Association)에 의해서 수정되어 1924년 8월 25일 벨기에의 수도 Brussels에서 개최된 제5차 해상법에 관한 국제회의 (International Conference on Maritime Law)에서 각국 대표에 의해서 '선하증권에 관한 통일규칙을 위한 국제조약 (International Convention for the Unification of Certain Rules of Law Relating to Bills of Lading)'이 채택되었다.

ⓓ 이 조약은 각 참가국들 정부의 동의를 얻어 비준(Ratification)을 벨기에 정부에 통고하기로 되었는데, 1931년 6월 2일부터 이를 비준한 국가 간에는 이 통일조약이 유효하게 되었다. 이 조약은 Hague규칙을 모체로 하였다고 하여 오늘날 헤이그규칙으로 불리고 있다.

ⓜ Carrier includes the owner or the charterer who enters into a contract of carriage with a shipper(운반인은 선주 또는 화주와 운반 계약을 맺은 용선 계약자를 포함한다).

ⓗ 내용 : 해상운송인의 책임을 상업상 과실과 항해상 과실 두 가지로 나누었으며 상업상 과실의 경우 해상운송인이 엄격한 책임을 지지만, 항해상 과실의 경우 책임을 면하게 된다.

지식 in **헤이그규칙의 주요 내용**

- 면책의 한도에 관하여 선주에게 면책을 인정하는 사항과 금지하는 사항으로 구분
- 운송인의 과실책임주의 채용
- 선하증권의 문언성을 부정하고 단순히 일단의 증거력을 인정하는 등 선주와 화주 간의 이해관계 대립의 조정 등

② 헤이그-비스비규칙(Hague-Visby Rules)

ⓐ Hague Rules이 제정된 후 40여년이 지나는 동안 해상운송의 여건이 많이 변하여서 새로운 규정의 제정이 절실히 요구되어 오던 중, 1963년 Stockholm에서 개최된 국제해사법회의 (Committee Maritime International Conference)에서 1924년 선하증권통일조약 개정안에 대한 토의를 거쳐 1968년 2월 23일에 이 개정내용이 Brussels에서 '선하증권통일조약 개정의 정서(Protocol to amend the international convention for the unification of certain rules of law relating to bills of lading)'인 소위 Visby Rules이 채택되었다.

ⓑ 영국의 경우는 Hague-Visby Rules를 국내법으로 수용한 1971년의 '해상물품운송법 (COGSA ; Carriage of Goods by Sea Act 1971)'을 제정하였는데, 여기서는 계약자유의 원칙을 제한하고 있으며, 특히 선주에게는 동 법에서 인정된 운송인의 책임규

칙에 면책조항을 확대하는 것을 허용하지 않고 있다.

ⓒ 1924년 헤이그규칙, 즉 선하증권통일조약은 선하증권이 발행되었을 경우 그 법률관계에 관한 규정의 통일을 목적으로 하는 것으로서 용선계약에는 원칙적으로 적용되지 않지만, 용선계약하에서도 선하증권이 발행된 경우에는 운송인과 선하증권의 소지인과의 관계를 규정하는데 적용된다.

ⓔ 이 조약의 주 내용은 운송인의 책임에 관하여 선장, 선원, 수로안내인, 기타 운송인 및 그 고용인의 항해(Navigation) 또는 선박의 관리(Management of The Ship)에 관한 행위, 태만 또는 과실, 즉 항해과실에 대하여는 운송인의 면책을 규정하고 있는 반면 운송품의 선적·수급·적부·운송·보관·관리·양륙 등에 관한 과실, 즉 상업과실에 대하여는 면책특약을 무효로 하고 있다. 운송인의 대리인 또는 사용인의 고의 또는 과실에 기인하지 않는 모든 사유는 면책으로 하고 있으나 면책의 이익을 주장함에 있어 운송인은 멸실 또는 손상이 고의 또는 과실에 기인하지 않았다는 것을 입증하여야 한다. 운송구간에 대하여 Hague규칙에서는 운송품이 적재로부터 양륙까지(From Loading to Discharging)를 책임구간으로 하고 있다.

ⓜ 운송인의 화물에 대한 배상책임한도에 관하여 선하증권통일조약은 화물의 '포장물 또는 단위 (Package or Unit)'당 100Sterling Pound 또는 이와 동등한 금액으로 정하고 있다. 그러나 1968년의 Hague-Visby Rules에서는 운송인의 책임을 포장물 또는 단위당 10,000 포앙카레 프랑(Poincae Francs)과 총중량 1kg당 30포앙카레 프랑 중 큰 금액으로 한다. 이러한 운송인의 배상책임제한은 물품의 파손이 운송인의 의도적인 작위 또는 부작위에 의하여 발생한 경우에는 적용되지 아니한다. 또한 운송인이 물품의 파손을 예측하고 있는 경우에도 마찬가지이다.

③ 함부르그 규칙(Hamburg Rules)

ㄱ 국제무대에서 발언권이 강해진 많은 개발도상국들이 종래의 통일조약은 너무 선주 위주로 되어 있어 화주들의 권익이 제대로 반영되지 있지 않다는 주장을 UN 무역개발회의(UNCTAD)에서 주장하여 1969년에 국제해운입법작업부회가 설치되어 새로운 선하증권조약안을 작성, 1976년 4월 New York에서 개최된 UN 국제무역법위원회(UNCITRAL) 제9회기에서 이 안이 심의되어 1976년 UN 총회에 상정되었다. 그 후 1978년 3월 독일의 Hamburg에서 개최된 전권회의(Plenipotentiary Conference)에서 이 개정조약안이 통과되어 "Hamburg Rules"이라 불리우는 "UN해상물품운송조약(United Nations Convention on the Carriage of Goods by Sea, 1978)"이 채택되었다.

ㄴ Hamburg Rules의 특징 : 해상운송에서 약자의 위치에 있는 선박을 소유 내지 운영하고 있지 아니하는 개도국의 화주의 입장을 강화함으로써 운송인의 책임을 무겁게

하고 있는 것이다.
ⓒ Hague Rules과의 차이점
- 운송인 책임구간 : 운송인의 책임구간을 운송품의 수취로부터 인도까지 확대
- 화물의 멸실 : 인도지연에 대한 운송인의 책임을 명기(인도기간이 경과한 후 60일 이내 인도 되지 않으면 화물이 멸실된 것으로 취급한다)
- 운송인의 책임한도를 인상(총운임의 범위 내에서 해당화물운임의 2.5배로 제한)
- Claim의 통지기간을 연장
- 출소기간을 2년으로 개정
- 운송인의 항해과실면책, 선박취급상의 과실면책, 선박에 있어서 화재의 면책조항 등을 폐지

〈해상운송관련 주요 협약내용〉

구분	헤이그규칙	헤이그-비스비규칙	함부르크규칙
정식 명칭	Hague Protocol	Protocol to Amend the Int'l Convention for the Unification of Certain Rules Relating to B/L	United nations Convention on the carriage of Goods by Sea
제정일	1921. 6.	1968. 2.	1978. 3.
제안자	(영)해사법위원회	ICC 선하증권위원회	UNCTAD 해사위원회 국제무역법위원회
제정 이유	국제적으로 통용될 수 있는 해상운송관련 통일조약의 필요	헤이그규칙 제정 후 40년이 지나는 동안 해상운송의 많은 변화로 인해 새로운 규정제정의 필요성 대두	종래의 B/L통일조약이 선주위주로 되어 있어 화주들의 권익을 반영할 수 있는 법규 필요

④ Bolero시스템에 의한 전자식 선하증권
　㉠ Bolero(Bill of Lading Electronic Registry Organization)
　㉡ 선하증권을 비롯한 선적서류를 전자화하여 이를 상업적으로 운영하는 시스템
　㉢ 1994년 미국 영국 등의 선박회사, 은행 등이 참여하여 컨소시움 형태로 시작되었는데, 무역거래에 필요한 종이서류를 전자메시지로 전환하여 안전하게 교환할 수 있는 기반을 제공하는 것을 목표로 하고 있다.
　㉣ 볼레로시스템은 선하증권 외에 무역서류 전반을 전자화하여 무역거래의 효율성을 높이고 있다.중앙등록기관은 정보의 안전성을 보장하기 위해 디지털 서명을 메시지 전송에 채택하고 있다. 사용자는 반드시 공개키와 개인키 한 쌍을 작성하여 공개키를 등록기관에 사용자등록을 하고,　등록기관은 상호 키를 대조 사용자의 신원을 확인한다.

ⓗ 선하증권의 권리이전과정
- 전자식 선하증권은 당사자 간의 약정에 의해 유통되므로 송하인과 운송인 간에는 권리 이전에 관하여 송하인의 지시에 따른다는 조항을 포함한 운송계약을 체결한다.
- 송하인의 화물에 대한 권리를 수하인에게 이전하고자 하는 경우 운송인에게 차후로는 수하인의 지시를 받도록 지시하면 된다. 운송인은 이를 확인한 후 수하인에게 화물을 점유하고 있는 사실과 함께 수하인의 인도지시만 받는다는 것을 통지한다.
- 만약 수하인이 그러한 권리를 타인에게 이전할 의사가 있으면 이를 반복하면 된다.
- 권리이전과정에서는 단순히 물품의 청구권뿐만 아니라 운송계약상의 권리 의무가 모두 이전되어 송하인과 운송인과의 계약조항이 수하인과 운송인 간에도 동일하게 적용된다.

⑤ 트레이드카드시스템(TradeCard System)
ⓐ TradeCard : 글로벌 전자상거래에서 기업 간 무역대금결제를 인터넷상에서 서류의 일치성을 자동으로 점검하고 대금지급을 이행할 수 있는 기반으로 지난 1994년 워버그핀커스, 미쓰이앤컴퍼니, 미쓰비시, 소프트뱅크파이낸스, 세계무역센터 협회 등이 개발한 전자무역 결제카드시스템으로서 일종의 무역결제용 온라인 카드 솔루션이다.
ⓑ TradeCard는 신용장 및 Open Account방식 등과 다른 새로운 E-Commerce 지급결제시스템을 제공하여 수입업체와 수출업체, 금융기관, 보험회사 및 화물운송업체를 연결, 수출입 계약에서부터 선적 관련서류의 전자전송은 물론 무역금융 및 보험, 대금결제, 물류 등 수출입 전과정을 포괄하는 자동화시스템이자 전자무역 거래 및 금융서비스이다.

지식 in **전자식 선하증권(Electronic Bill of Lading)**

- 기존의 선하증권을 EDI(Electronic Data Interchange ; 전자자료교환)시스템으로 전환한 것이다. 즉, 선사가 선하증권을 발행하는 대신 그 내용을 컴퓨터에 입력시켜 보존하고, 송하인 또는 수하인에게 도이로 통신하여 화물에 대한 권리의 이전 및 화물을 인도하는 방법이다.
- 국제해법회(CMI)는 1980년 6월에 전자식 선하증권에 관한 CMI 규칙(CMI Rules for Electronic Bill of Lading)을 채택하였다.

⑫ 해운동맹과 국제해상운송 관련기구

(1) 해운동맹의 의의

① 해운동맹의 개요

ㄱ) 해운동맹 (Shipping Conference ; Freight Conference)은 특정 정기항로에 배선을 하고 있는 선박회사들이 상호 간의 과당경쟁을 방지할 목적으로 국제카르텔(Cartel)을 형성하여 운송에 관한 여러 가지 협정, 즉 운임 및 영업조건(기항지, 취항항로, 적하량 등)의 협정을 맺고 있는 것을 말하며, 운임동맹(Freight Conference) 또는 항로동맹(Navigation Conference) 이라고 부른다.

ㄴ) 장점 : 선주 상호 간의 경쟁이 조절되고 항로의 질서가 유지되며, 장기간에 걸친 운임의 안정 및 정기적 서비스의 제공으로 선주뿐만 아니라 화주인 무역업자들이 정상적인 무역거래를 하는데 기여하고 있다.

ㄷ) 단점 : 선주는 해운동맹의 조직으로 얻은 독점적 지위를 이용하여 또는 부당한 높은 운임으로 화주의 이익을 해치거나 또는 배타적 수단으로 부당하게 비동맹 선주를 압박하는 등의 폐해를 가져온 결과 무역의 발전과 해운의 진흥을 저해한다.

ㄹ) 해운동맹에 가입한 선박이나 선주를 동맹선(주)(Member Liner 또는 Conference Member Liner)라고 부르며, 동맹에 가입하지 않는 선박은 비동맹선(주)(Outsider 또는 Non-Conferee Liner) 라고 부른다.

② 해운동맹의 효과

ㄱ) 긍정적 효과

- 운항서비스를 개선할 수 있다.
- 정기선 배선을 합리화함으로써 비용절감의 효과를 볼 수 있다.
- 모든 화주에게 협정운임을 적용함으로써 계획적인 수출입과 선물계약이 가능하다.
- 해운동맹선사들은 해운동맹을 통하여 투자자본의 안전성을 유지할 수 있다.
- 화주들은 해운동맹선사들이 정기선 배선에 따른 운항의 규칙성을 유지함으로써 국제거래를 원활하게 할 수 있다.
- 정기선 항로에 적격선을 배치함으로써 신속한 안전운항으로 위험발생을 낮추어 보험료의 절감효과를 가질 수 있다.

ㄴ) 부정적 효과

- 화주들은 해운동맹의 독점으로 인해 불합리한 운임책정에 아무런 대항을 할 수 없다.
- 운임이 낮은 경쟁선사가 등장해도 해운동맹의 운영수단으로 인해 이를 이용할 수 없다.

- 해운동맹의 기항지 축소와 같은 일방적 운영에도 대항할 수 없다.
- 폐쇄형 해운동맹의 경우에는 새로운 해운선사들이 해운동맹선의 항로에 취항할 수 없다.

〈해운동맹의 장단점〉

장점	단점
• 발착일이 정확, 자주, 규칙적이며 운송기간이 확정되어 있어 무역거래에 편리하다. • 안정적 자본투자로 서비스의 개선을 촉진한다. • 운임의 안정을 통해 생산 및 판매계획의 수립이 용이하다. • 합리적 배선으로 경쟁에 의한 낭비를 방지하고 원가를 절감한다. • 운임이 운임부담력에 근거하여 모든 화주에게 공평하게 적용된다. • 동맹의 가입을 통해 영세선사도 생존 가능하다.	• 독점성으로 인해 과대이윤, 서비스의 저하, 클레임의 회피, 보복적 차별우대 등이 있을 수 있다. • 운임률이 원가보다 동맹의 정책에 좌우되어 불합리하게 책정된다. • 기항수를 가급적 줄이려는 경향이 강해 화주들에게 불편을 준다. • 운임환불제, 계약운임제 등이 모두 선사의 일방적 통제 하에 이루어진다.

③ 해운동맹의 유형

ㄱ 개방식 동맹(Open Conference) : 미국의 선사가 중심이 된 태평양동맹 (Trans Pacific Freight Conference), 뉴욕동맹(Atlantic and Gulf Freight Conference)과 같이 가입을 희망하는 선박회사는 무조건 가맹시키는 해운동맹

ㄴ 폐쇄식 동맹(Closed Conference) : 영국이나 구주제국의 선사가 주도권을 갖고 있는 구주극동동맹(Far East Freight Conference)과 같이 신규가입에 회원 전체의 동의를 요구하는 해운동맹

(2) 해운동맹의 구속수단

해운동맹의 구속수단은 동맹내부에 있어서 회원(Member) 상호 간의 구속수단과 동맹외부, 즉 화주에 대한 구속수단으로 분류된다.

① **동맹의 내부규제** : 해운동맹의 내부규제에는 다음 세 가지가 있는데, 이들 규제는 단독으로 적용되는 경우와 병용되는 경우가 있다.

ㄱ 운임협정(Rate Agreement)

- 해운업에 있어서의 경쟁은 결국 운임에 관한 경쟁이므로 이것을 규제하는 운임협정은 모든 해운동맹에 공통되는 기본적인 협정이다.
- 동맹회원은 운임률표에 정해진 품목별 운임률을 충실하게 준수하는 의무를 지고

이를 변경하는 경우는 다른 회원의 동의가 필요하다. 다만 항로사정에 따라서는 특정화물의 운임을 Tariff로부터 제외하고 자유운임(Open Rate)으로서 그 운임을 각 회원이 자유로이 결정하게 하고 있다.

ⓛ 배선협정 (Sailing Agreement)
- 특정의 항로에 있어서 배선 선복량을 조절·제한하고 선복과잉에 의한 과당경쟁을 방지하려 는 것으로서, 생산업자 간의 수량 카르텔에 해당된다.
- 일정한 항로에 있어서 항해수, 기항지, 운항 Schedule 등을 규제하고 각 항로 사정에 따라 이 중 하나 또는 둘 이상을 조합하여 실시하고 있다.

ⓒ 공동계산협정 (Pooling Agreement)
- 각 동맹선사들이 일정기간 벌어들인 운임을 사전에 정한 배분율에 따라 배분하는 방법이다.
- 일정기간 내에 얻은 운임수입에서 소정의 비용을 공제한 금액의 전부 또는 일부를 공동계산으로 하여 이것을 각 동맹선사의 경력, 실적 등에 근거하여 일정한 비율 (Pooling Point)에 의해 각사에 나누어주는 형식이다.
- 공동계산협정은 내부경쟁의 제한 수단으로서 가장 강력한 것이다.

② 동맹의 외부규제(대화주 구속수단)
ⓐ 계약운임제(Contract Rate System)
- 계약운임제는 2중운임제(Dual Rate System)라고도 부르며, 동맹의 표준운임률에 계약운임률 (Contract Rate)과 비계약운임률(Non-Contract Rate)을 설정하여 화주가 동맹선에만 선적할 것을 계약하면 운임률을 낮게 적용하고 그렇지 않으면 고율의 운임을 적용하는 방식이다.
- 만일 동맹선에만 선적하기로 계약한 화주가 계약을 위반하여 맹외선을 이용한 경우 일정한 위약금을 물도록 하거나 이후의 계약을 거부하는 등 조치를 취한다.
- 계약운임제의 대상에서 제외된 화물을 비동맹화물(Non-Conference Cargo, Exception Cargo) 또는 Open Cargo라고 한다.

ⓑ 운임할려제(Fidelity Rebate System)
- 일정기간 동안 자기 화물을 모두 동맹선에만 선적한 화주에 대해 운임이 선불이든 후불이든 관계없이 그 기간 내에 선박회사가 받은 운임의 일정 비율을 기간 경과 후에 환불하는 제도이다.
- 운임연환불제와는 달리 유보기간은 없이 일정기간 경과 후에 그 환불금을 전액 한 번에 지급한다. 이것은 계약운임제처럼 화주와의 계약에 의거하여 실시되는 것이 아니고 동맹측의 일방적인 선언에 의하여 실시되는 것이므로 비록 화주가 맹외선을 사용한 경우에도 환불금의 청구권은 상실하지만 위약금은 지급하지 않는다.

지식 in **화주구속수단**

- 계약운임제(Contract Rate System)
- 운임할려제(Fidelity Rebate System)
- 운임연환불제(Deferred Rebate System)

ⓒ 운임연환불제(Deferred Rebate System)
- 일정기간(통상 6개월) 동안 동맹선에만 선적한 화주에 대해서 그 지급한 운임의 일부를 환불하는데, 환불에 있어서 그 기간에 이어 계속해서 일정기간 동맹선에만 선적할 것을 조건으로 하여 그 계속되는 일정기간이 경과된 후 환불되는 제도이다.
- 선적화물에 대한 환불금을 전액 받기 위해서는 영구히 동맹선에만 선적해야 되므로 화주 구속방법으로는 가장 교묘하고도 가혹한 것이다.
- 운임연환불제는 19세기 후반 해운동맹이 성장하던 시기에 동맹 강화수단으로 생긴 제도이나 현재는 일부지역을 제외하고는 공정거래를 해친다는 이유로 금지되고 있다.

② 경쟁억압선 (Fighting Ship)
- 특정의 선박을 맹외선의 운항일정(Schedule)에 맞춰 배선하고 맹외선의 운임보다도 훨씬 싼 운임으로 수송함으로써 적극적으로 그 집하를 방해하는 방법이다.
- 경쟁억압선에 의하여 발생하는 손해는 동맹회원이 공동으로 부담하는 것이 통례이나, 맹외자를 압박하는 힘이 너무나 강하기 때문에 각국 해상운송법에서는 이를 금지하고 있다.

(3) 국제해상운송 관련기구

① 국제해사기구(IMO ; International Maritime Organization)
ⓐ IMO는 해운과 조선에 관한 국제적인 문제들을 다루기 위해 설립된 국제기구로, 국제연합의 산하기관이다. 각국의 정부만이 회원 자격이 있는 정부 간 기구이다.
ⓑ 1948년 설립 당시의 명칭은 정부 간 해사자문기구(IMCO, Inter-Governmental Maritime Consultative Organization)였으나, 1982년에 현재의 명칭으로 바꾸었다.
ⓒ 영국 런던에 본부를 두고 있으며, 169개 국가가 정회원으로, 3개 국가가 준회원으로 가입되어 있다.

② 국제해사법위원회(CMI ; Committee Maritime International)
ⓐ 해상법(海商法)·해사관련 관습·관행 및 해상실무의 통일화에 기여하기 위하여

1897년 벨기에 앤트워프에서 창설된 민간 국제기구이다.

ⓛ 해상법의 연구를 통하여 국제협약 및 각국의 입법에 영향을 주고 있으며, 특히 국제 해사기구 (IMO)에서 채택되는 각종 협약 가운데 해상운송과 선박소유자의 책임관계·선박소유권 이전관계·선박채권 등과 관련된 협약은 대부분 해법회가 마련한 초안을 바탕으로 제정되고 있는 것이 특징이며 우리나라의 경우 1981년 한국해법회에 가입하였다.

③ 국제연합무역개발회의(UNCTAD ; United Nations Conference on Trade and Development)
1964년 UN총회의 결의에 의거하여 개발도상국의 경제발전을 촉진할 목적으로 설립된 UN산하의 전문기구로 1974년 정기선동맹의 행동규범에 관한 협약, 1978년 유엔해상화물운송조약(Hamburg Rule), 1980년 유엔국제복합운송조약 등이 있다.

④ 아시아·태평양 경제이사회(ESCAP ; UN Economic & Social Commission for Asia & Pacific)
1947년 극동지역국가들의 경제부흥을 목적으로 설치된 UN경제사회이사회 산하의 4개 지역 경제위원회 중 하나이다.

⑤ 국제해운회의소(ICS ; International Chamber of Shipping)
각국의 선주협회들이 선주들의 권익옹호 및 상호협조를 목적으로 1921년 런던에서 설립된 국제민간기구로 우리나라 선주협회는 1979년에 정회원으로 가입하였다.

⑥ 국제해운연맹(ISF ; International Shipping Federation)
㉠ 선원문제에 관한 선주의 권익보호와 자문을 위해 1909년 창설된 민간기구로 런던에 그 본부를 두고 있다.
㉡ ISF는 당초 유럽 선진해운국의 선주협회를 중심으로 구성되었으나 1919년 국제노동기구(ILO)의 창설 이후 고용문제 및 노사문제가 국제적으로 대두되었고 특히 국제운수노동자연맹(ITF)의 활동에 효율적으로 대처하기 위해 그 기능과 조직을 대폭 개편하게 되었다.
㉢ 선원의 모집, 자격규정, 사고방지, 노동조건 등 여러 가지 선원문제에 대하여 각국 선주의 의견을 집약하고 있다.

⑦ 발틱 국제해사협의회(BIMCO ; The Baltic and International Maritime Conference)
㉠ 1905년에 발틱해와 백해지역의 선주들의 이익을 위하여 창설되어 1927년에 현재의 명칭으로 변경되었다.
㉡ BIMCO는 순수한 민간단체로 정치성의 개입 없이 정보를 교환하며 많은 간행물을 발간하여 국제해운의 경제적·상업개입협조에 주력하고 있다.

ⓒ 1906년 정기(기간)용선계약서의 양식인 Baltime Form을 제정하였다.

⑧ 국제표준화기구(ISO ; International Organization)

물자와 서비스의 원활한 교류와 과학기술 및 경제발전을 위한 세계 각국의 상호협력을 전제로, 상품 및 용역의 국제 간 교환촉진과 지적·학문적·기술적·경제적 활동분야의 협력증진 및 세계 표준화와 규격화, 관련활동의 촉진 등을 목적으로 1947년 영국 런던에 설립된 비정부간 기구로, 이에는 국제품질인증규격(ISO 9000), 국제환경 인증규격(ISO 14000), 국제환경 표준화제도(ISO 18000)등이 있다.

⑨ 국제운수노동자연맹(ITF ; International Transport worker's Federation)

편의치적선에 승선하는 선원의 보호와 임금과 노동조건에 관한 국제협약을 체결하고 공정한 실행 여부에 관한 검사활동 및 국제협약의 준수상황을 점검하는 역할을 수행하고 있다.

01. 다음 중 운송화물이 선박에 적재되었음을 증명하며, 적재된 화물을 목적지에서 수하인에게 인도 (Delivery)할 것을 약정하여 선박회사가 발행하는 유가증권으로 옳은 것은?

① 해상화물운송장(Sea Waybill)
② 선하증권(Bill of Lading)
③ 신용장(Letter of Credit)
④ 수입화물선취보증장(Letter of Guarantee)
⑤ 상업송장(Commercial Invoice)

> 해설┃ ① 해상화물수취증이라고도 하며, 선하증권처럼 운송계약의 증거가 되나 유가증권이 아닌 비유통증권이다.
> ③ 무역거래의 대금지불 및 상품 입수의 원활을 기하기 위하여 수입상의 거래은행이 수입업자(신용장 개설의뢰 인)의 요청으로 수출업자로 하여금 일정기간 및 일정조건하에서 운송서류(Transport Document)를 담보로 하여 수입업자, 신용장 개설은행 또는 개설은행이 지정하는 환거래 취결은행을 지급인으로 하는 화환어음 을 발행하도록 하여 이 어음이 제시될 때에 지급 또는 인수할 것을 어음발행인(수출업자) 및 어음수취인(어 음매입은행)에 대하여 확약하는 증서(Document)이다.
> ④ 수입물품은 이미 도착하였으나 운송서류가 도착하지 않았을 경우 운송서류 내도 이전에 수입상과 개설은행 이 연대 보증한 보증서를 선박회사에 선하증권의 원본 대신 제출하고 수입화물을 인도받는 보증서이다.
> ⑤ 거래상품의 주요 사항을 상세히 명기한 것으로 수출자에게는 대금청구서로서의 역할을 하고, 수입자에게는 매입명세서로서의 역할을 하여 수입신고시 과세가격의 증명자료가 된다.
> 정답┃ ②

02. 선하증권의 작성시 해당란의 기재요령에 대한 설명으로 옳지 않은 것은?

① Shipper - 송하인의 성명 또는 상호를 기재하며, 혼동이 예상될 때는 주소를 명기하여 명확히 하는 것이 좋다.
② Voyage No - 선박의 운송횟수로 선박회사가 임의로 정한 일련번호가 기재되는데 1항차 는 출발항에서 목적항을 거쳐 출발항에 회항하는 것을 원칙으로 한다.
③ B/L No. - 선사가 임의로 규정한 표시번호를 기재하며, 통상 선적항과 양화항의 알파벳 두 문자를 이용하고 번호는 일련번호를 쓴다.
④ Rate - 중량톤당 운임단가 및 CFS Charge, Wharfage, BAF, CAF 등이 기재된다.
⑤ No. of Original B/L - Original B/L의 발행 통수를 기재하며, 통상 3통을 한 세트로 발행하 는데 그 숫자에는 제한이 없다.

> 해설┃ ④ Rate : Revenue ton당의 운임단가 및 CFS Charge, Whartage, BAF, CAF의 Percent 등이 표시된다.
> 정답┃ ④

03. 볼레로(BOLERO)에 대한 다음의 설명 중 그 내용이 올바르지 않은 것은?

① 은행 간의 세계적 금융전산망인 SWIFT와 국제 복합운송업계의 TT클럽에 의해 주도되고 있다.

② BOLERO가 추구하는 목표는 선하증권을 포함한 무역거래에 필요한 종이 형식의 제반 서류e들을 전자적 메시지로 전환하여 안전하게 교환할 수 있는 기반을 제공하는 것이다.

③ BOLERO는 전자식 선하증권에서 출발하여 SURF라는 결제방식으로 기능 확대를 추진하고 있다.

④ BOLERO시스템은 각 국가의 법적 공백에 대비하기 위해 당사자 간의 교환약정(Interchange Agreement)과 규정집(Rule Book)을 통해 전자적 방법에 의한 무역거래상의 권리와 의무관계를 명확히 하고 있다.

⑤ BOLERO시스템에서는 해상운송인이 선하증권에 대한 등록기관의 역할을 수행한다.

> **해설 ▌** 볼레로(BOLERO ; Bill of Lading for Europe)
> • 유럽에서 선하증권의 위기를 해결하기 위하여 수행된 프로젝트에서 유래된 것으로, 선하증권 전자등록기구를 의미하기도 한다(UNCTAD, 2000).
> • '전자선하증권에 관한 CMI 통일규칙'은 유통성 선하증권의 EDI화에 관한 최초의 국제규칙이지만, 이 규칙에 기초를 두고 유통성 선하증권의 도이화의 실험을 시도한 것이 볼레로 프로젝트이다.
> • 볼레로 프로젝트는 선하증권과 수출입 관련서류의 등록·보관·이전의 관리를 거래에 관련되는 운송인이 아니라 이해관계를 가지고 있지 않는 중립기관인 중앙등록기관(Central Registry)에게 위탁한다는 점에서 CMI 통일규칙과 다르다.
> • 볼레로 프로젝트는 선하증권의 정보를 전자방식으로 전송 할 뿐만 아니라, 시스템에 의해서 전자선하증권의 도입을 목표로 하고 있다.
> **정답 ▌** ⑤

04. "International Convention for The Unification of Certain Rules of Law Relating to Bills of Lading"(일명 선하증권통일조약)으로서 1924년 8월에 체결된 국제조약은?

① 하터법(Harter Act) ② 헤이그규칙(Hague Rules)
③ 헤이그-비스비규칙(Hague-Visby Rules) ④ 함부르크규칙(Hamburg Rules)
⑤ 바르샤바조약(Warsaw Convention)

> **해설 ▌** 헤이그규칙(Hague Rules)
> • 초안은 1924년 8월, 26개국의 서명에 의하여 '선하증권에 관한 법규의 통일을 위한 국제협약(International Convention for The Unification of Certain Rules of Law Relating to Bill of Lading)'으로 성립되고 1931년부터 발효되었다.
> • 헤이그규칙은 운송인 및 그 사용인의 상업상의 과실에 대한 면책과 책임제한의 약관을 선하증권상에 삽입하는 것을 금지하고, 선장, 해운 및 도선사의 항해상의 과실에 대하여는 운송인은 면책된다는 것을 그 내용으로 하고 있다.
> **정답 ▌** ②

국제해상보험

01. 해상보험의 개요

(1) 해상보험의 정의

① 해상보험 : 보험자가 해상위험에 의하여 피보험목적물에 발생하는 손해를 피보험자에게 보상할 것을 목적으로 하는 손해보험이다. 즉, 해상운송 도중에 발생하는 사고에 대하여 보험자가 손해를 보상하여 줄 것을 약속하고 피보험자는 그 대가로서 보험료를 지급할 것을 약속하는 보험을 말한다.

② 영국해상보험법(MIA ; Marine Insurance Act, 1906) : '해상보험 계약은 보험자가 피보험자에 대하여 그 계약에 의해 합의된 방법과 범위 내에서 해상손해, 즉 해상사업에 수반하는 손해를 보상할 것을 약속하는 계약이라고 정의하고 있다.

(2) 해상보험의 역사

① 해상보험제도는 기원전 4세기경 그리스에서 행하여졌던 모험대차에서 유래되었다. 모험대차는 금전소비대차의 일종으로 해상사업을 하는 자가 선박이나 적하를 담보로 금융업자로부터 일정한 금액을 융자받아 항해를 한 후 무사히 귀항하면 원금에 고율의 이자를 붙여서 변제하고, 해난으로 전손을 당하면 이자와 원금의 변제를 면제받았다.

② 모험대차는 14세기 이탈리아의 여러 도시에서 생긴 해상보험제도로 발달하였으며, 지중해연안을 거쳐 Lombard인에 의하여 유럽대륙을 따라 북쪽으로 전파되어 영국에 건너와서 꽃을 피우게 되었다.

③ Lombard인은 15세기 말까지 영국의 상권을 장악하면서 롬바드가를 중심으로 해상보험업을 하였으며, 로이즈의 출현으로 해상보험이 본격화되기 시작하였다.

④ 1775년 로이즈의 대부라 불리는 아우거스타인산(J. J. Augerstein)의 노력으로 보험거래소로서의 로이즈가 생겨나게 되었다. 그 당시 보험증권 양식인 1779년의 Lloyd's S. G. Policy는 영국 해상보험법에서도 해상보험증권의 기본양식으로 규정되어 오늘날 해상보험증권의 모체가 되고 있다.

(3) 해상보험의 범위와 효력

① 해상보험의 범위 : 오늘날의 해상보험은 비단 해상구간 뿐만 아니라 육상운송 심지어 항공운송에서 발생하는 손해까지도 보상하고 있다.

② 해상보험의 효력 : 해상보험은 무역에서 발생할 수 있는 운송상의 위험을 제거하기 위해 만들어진 제도로서 해상보험계약을 체결해야지만 그 효력이 발생한다. 해상보험계약을 이행하기 위하여 보험자는 피보험자에게 손해보상을 약속하고, 보험계약자는 이에 대한 반대급부로서 보험료를 제공하므로 보험계약의 효력이 발생한다.

(4) 해상보험의 기능

① 해난사고의 예방기능
② 국제수지기능
③ 자금의 공급기능
④ 물품가격의 안정적 기능
⑤ 국제물류의 촉진과 신용증대기능

(5) 해상보험의 목적물

① 화물(Goods) : 해상보험에서 의미하는 화물은 상품의 성질을 가지는 모든 화물을 뜻하지만 개인 소지품, 선내에서 사용하기 위한 식료품과 용품은 화물의 범위에 포함되지 않는다.

② 선박(Ship) : 통념상 선박이라고 인정되는 모든 선박은 해상보험의 목적물이 된다. 상거래에서 사용되는 선박 이외에 특수한 목적을 가진 선박도 해상보험의 대상이 될 수 있다. 해상보험에서 의미하는 선박에는 선체(Hull), 의장용구(Outfits), 고급선원 및 보통선원의 용품과 식료품 등이 포함되고 있다.

③ 운임(Freight) : 운임은 제3자에 의하여 지불되는 운임 이외에 선주가 자기의 선박을 사용하여 자신의 화물을 운송할 때 얻는 운임까지도 포함한다.

　㉠ 일반운임 : 선주가 화물을 운송하고 화주로부터 받는 운임을 말한다. 운임의 기준은 용적 또는 중량을 채택하고 있으며, 정기선 운임률에는 용적톤과 중량톤 중 높은 운임톤을 적용한다.

　㉡ 용선운임 : 선박을 임대한 용선자가 선수에게 지불하는 용선료를 말한다. 용선료는 운송되는 화물의 양 또는 선박의 임대기간에 따라서 계산되기도 하며, 또 1회 항해에 얼마라고 하는 포괄운임으로 계산되기도 한다.

(6) 보험기간

① 위험의 개시

　㉠ 화물이 보험증권에 기재된 지역의 창고 또는 보관장소에서 운송개시를 위해 떠날

때 해상보험의 효력이 발생하기 시작한다. 여기서 보관장소라 함은 창고뿐만 아니라 공장, 점포사무소, 야적화물의 노천야적장 등을 포함하는 것으로 해석된다.

ⓛ 보험증권상의 출발지를 떠났다 하더라도 그 목적이 운송이 아니고 포장을 위한 것이면 보험기간은 개시되지 않지만 컨테이너에 적입하기 위한 경우는 보험증권의 효력이 개시된다.

② 위험의 종기

㉠ 화물이 보험증권에 기재된 목적지에 위치한 화주의 창고, 또는 기타의 최종 창고, 혹은 보관장소에 인도될 때 해상보험의 보험기간은 종료한다.

ⓛ 보험증권에 명시된 목적지 여부를 불문하고 통상의 운송과정이 아닌 보관을 하거나 할당 또는 분배를 위한 장소에 인도하게 될 경우는 그 장소에 인도와 동시에 위험이 종료되는 것으로 간주한다.

ⓒ 본선으로부터 하역을 종료한 후 60일을 초과하면 담보하지 않는다. 화물이 수송약관상 규정해 놓은 각종 창고 혹은 장소에 입고나 인도되기 이전, 즉 운송과정 중에 있는 경우라도 하역종료 후로부터 60일이 경과하면 보험기간은 종료한다.

③ 목적지변경시 위험의 종기 : 보험증권상 명시한 목적항에 화물이 하역되어 수하주의 최종창고에 입고되기 이전 그리고 운송약관 (C)항의 60일이 경과되기 이전에 동화물의 도착지를 변경시킬 경우 변경된 목적지로 출발하게 되는 시점에서 보험기간이 종료된다.

④ 이로 등 종기 확장담보 : 운송약관의 최종 문언에서 피보험자가 지배할 수 없는 사정으로 인하여 이로(Deviation), 강제하역(Forced Discharge), 재선적(Reshipment) 혹은 환적되거나 해상화물 운송 계약상 운송인의 자유재량권의 행사로 인해 위험의 변경사유가 발생했을 때는 보험자의 위험부담에 관한 책임이 계속된다고 규정하고 있다.

(7) 해상보험의 종류

① 적하보험(Cargo Insurance)

㉠ 화물을 대상으로 하는 보험이며, 적하보험계약이 체결될 수 있는 보험목적물은 화물이다.

ⓛ 화물을 보험목적물로 하는 보험으로서 운송 중 화물이 멸실 또는 훼손되거나 화물을 보존하기 위하여 경비를 지출함으로써 화물의 소유자가 입은 손해를 보험조건에 따라 보상하여 주는 보험이다.

ⓒ 해상적하보험증권은 선하증권, 상업송장과 함께 환어음에 첨부되어 국제무역거래계약의 이행 수단으로 이용된다.

② **선박보험(Hull Insurance)** : 선박을 보험목적물로 하는 보험으로서 선박의 관리 및 운항 중에 멸실이나 훼손 또는 선박을 보존하기 위하여 지출된 경비 및 선박으로부터 발생한 책임손해가 있는 경우 이러한 손해를 보험조건에 따라 보상하여 주는 보험이다.

③ **운임보험(Freight Insurance)**
- ㉠ 운임을 대상으로 하는 보험으로서 선하증권이나 운송계약서에 화물을 목적지에서 화주에게 인도하지 못한 경우와 운송인 등이 운임을 청구할 수 없도록 약정하고 있는 경우에 그로 인하여 운송인 등이 입은 손해를 보상하여 주는 보험이다.
- ㉡ 운임보험은 운임을 대상으로 하는 보험으로서 운임을 취득하는 자가 운임보험 계약을 체결하는 데 운임이 선불인 경우는 화주가 운임보험을 체결하고, 운임이 도착지에서 지불될 경우에는 선주가 체결한다.

④ **보험기간에 따른 분류**
- ㉠ 기간보험(Time Insurance) : 일정한 기간을 표준으로 하는 보험으로 이때 기간보험 증권(Time Policy)을 발급한다. 선박보험은 통상 1년을 보험기간으로 하는 기간보험이다.
- ㉡ 항해보험 (Voyage Insurance) : 항해보험 또는 구간보험은 보험목적물을 부산항에서 뉴욕항까지 부보하는 것처럼 어느 지점에서 다른 지점까지 보험에 가입하는 경우이다.
- ㉢ 혼합보험(Mixed Insurance) : 혼합보험은 일정항해 및 일정기간을 동시에 보험기간으로 정하는 보험이다.

(8) 해상보험의 원리

① **고지의무** : 해상보험에서 보험자는 보험계약체결시 피보험목적물에 대하여 조사하지 않고 보험계약자가 고지 또는 표시하는 사실만을 토대로 보험을 인수한다. 이때 보험계약자는 사실을 진실하게 고지 또는 표시해야 한다. 이를 최대선의의 원칙(Utmost Good Faith)이라고 한다.
- ㉠ 고지내용
  - 고지사항은 보험자가 보험을 인수할 때 인수여부를 결정하거나 보험료를 확정하는 데 영향을 줄 수 있는 모든 사항이다.
  - 위험감소요인, 보험자가 알 수 있는 것으로 간주되는 사항, 보험자에 의하여 면제된 사항 및 명시 또는 묵시담보로 고지할 필요가 없는 사항은 알리지 않아도 된다.
- ㉡ 고지의무 위반
  - 불고지와 부실고지 : 피보험자가 중요한 사항을 고의(은폐)로든 실수(불고지)로든 알리지 않은 것을 불고지라 한다. 고지의무는 진실되게 표시되어야 하는데 그렇

지 못한 경우를 부실표시 또는 허위진술이라 한다.
- 불고지와 부실고지의 효력 : 보험당사자가 최대선의의 원칙(Utmost Good Faith)을 위반하면 상대방은 보험계약을 취소할 수 있다. 보험계약을 취소하기 위해서는 불고지 사항 또는 부실고지 사항이 반드시 중요한 사항에 속해야 하며, 이에 대한 입증책임은 1차적으로 고지의 무위반을 주장하는 보험자측에 있다.

② 담보의 원리 : 담보는 피보험자가 지켜야 할 약속이다.
  ㉠ 담보의 위반 : 담보는 반드시 충족되어야 하며, 만약 피보험자가 담보를 위반하면 보험자는 보험계약을 해지할 수 있다.
  ㉡ 담보위반의 허용
    - 사정의 변경으로 담보가 계약에 적합하지 않을 경우
    - 담보를 충족하는 것이 그 후의 법률에 의하여 위법이 될 경우
    - 담보위반이 보험자에 의하여 묵인될 경우
  ㉢ 담보위반의 효과 : 담보는 중요성 불문의 원칙에 따라 위험에 대하여 중요하든 중요하지 않든 간에 정확하게 충족되어야 하며, 이것이 정확하게 충족되지 않으면 보험증권에 별도의 규정이 없는 한 보험자는 담보위반의 시점으로부터 책임이 면제된다.
  ㉣ 담보의 종류 : 명시담보와 묵시담보가 있다.
    - 명시담보 : 담보의 내용이 보험증권에 기재되거나 첨부되는 담보로 협회담보, 안전담보, 중립담보, 선원 수에 관한 담보, 보험목적물의 부보상한선에 관한 담보 등이 있다.
    - 묵시담보 : 담보의 내용이 보험증권에 명시되어 있지 않으나 피보험자가 묵시적으로 제약을 받는 담보로 대표적인 것은 내항성담보(Warranty of Seawor Thiness)가 있다.

③ 인과관계
  ㉠ 의의 : 해상보험에서 손해의 원인인 위험과 그 결과인 손해와의 사이에 필연적 관계를 인과관계라고 한다. 이것은 손해발생시 보험자의 책임유무를 결정하는 중요한 기준이 된다.
  ㉡ 근인설 : 해상보험에서 보험자가 보상해 주는 손해는 보험증권에서 담보된 위험이나 그것에 근인한 손해이어야 하는데 이를 근인설이라고 한다. 여러 가지 원인이 경합하여 손해를 일으킨 경우 어느 것을 근인으로 보느냐에 관하여 통설은 지배력과 효과면에서 비중이 가장 큰 것을 근인으로 보는 견해이다. 즉, 시간적인 근인이 아닌 효과적인 근인(Proximate Causenin Effect)으로 보는 것이다.

(9) 해상보험의 용어

① 보험증권(Insurance Policy)과 약관(Clauses)

ㄱ 보험증권 : 보험계약의 성립과 그 내용을 증명하기 위하여 계약의 내용을 기재하고 보험자가 기명날인하여 보험계약자에게 교부하는 증권이다. 보험증권은 계약 성립의 요건도 아니며, 또 보험자가 기명날인하는 것만이 계약서도 아니다.

ㄴ 보험약관: 보험자가 미리 작성한 보험계약의 내용을 이루는 조항으로 그 중 일반적이고 표준적인 것을 보통약관이라고 하고, 별도로 특정 사항을 약정한 약관을 특별보험약관이라고 한다.

② 피보험목적물(Subject Matter Insured)과 피보험이익(Insurable Interest)

ㄱ 피보험목적물 : 위험발생의 객체로서, 해상보험에서는 화물(Cargo) 또는 선박(Hull)을 의미한다.

ㄴ 피보험이익 : 피보험목적물과 특정인, 즉 피보험자와의 이해관계로 이것은 보험보호의 대상이 된다.

③ 보험금액(Insured Amount)과 보험금(Claim Amount)

ㄱ 보험금액 : 실제로 부보된 금액이며, 보험자가 손해발생시 부담하는 최고금액을 말한다.

ㄴ 보험금 : 실질적인 보상금액이다. 해상보험에서 보험계약자가 전부보험(Full Insurance)으로 부보하고 화물이 전손을 당하면 보험금은 보험금액과 같게 된다.

④ 보험료(Insurance Premium) : 보험자가 위험을 담보하는 대가로 보험계약자가 지급하는 보수이다.

⑤ 보험기간(Duration of Risk) : 보험기간은 보험자의 위험부담책임의 존속기간이다. 보험자는 보험 기간 내에 발생한 담보위험에 의하여 야기된 손해를 보상한다. 보험기간은 보험자가 피보험목적물에 대하여 자신의 위험부담책임이 존속되는 시간적·공간적 한계이다.

⑥ 위험(Risk)과 손해(Loss or Damage)

ㄱ 위험 : 피보험목적물에 손해를 초래할 가능성이 있는 요소를 말하며, Perils는 포괄적이고 추상적인 개념인 반면 Risk는 구체적인 개념이다.

ㄴ 손해 : 위험의 결과로 피보험목적물의 전부 또는 일부가 소멸되거나 손상을 입는 것을 말한다.

02 해상보험 계약

(1) 해상보험계약의 의의

① 우리나라 상법상의 의의 : 해상보험계약은 해상사업과 관련되는 사고로 인한 선박이나 적하의 손해를 담보하기 위하여 보험계약자가 보험료를 지급하고 보험자는 해상사업과 관련되는 우연한 사고로 인하여 보험의 목적에 입은 피보험자의 재산상의 손해를 보상할 것을 목적으로 하는 손해보험계약이다.

② 영국해상보험법(MIA)의 정의 : 해상보험계약은 그 계약에 의해 합의한 방법과 범위 내에서 해상손해, 즉 해상사업과 수반하는 손해를 보험자가 피보험자에게 보상할 것을 인수하는 계약이다.

　　㉠ 해상사업에 관한 사고가 존재해야 한다.

　　㉡ 사고의 발생대상인 보험의 목적에 피보험자가 이해관계(해상피보험이익)를 가져야 한다.

　　㉢ 피보험자가 그 피보험이익에 대하여 손해(해상손해)를 입어야 한다.

(2) 해상보험계약의 성립

① 청약(Offer)과 승낙(Acceptance) : 보험계약을 체결하는 데 있어서 청약은 보험 청약자(Proposer)가 일정한 보험계약을 맺을 것을 목적으로 보험자에게 행하는 의사표시이고, 승낙은 특정한 보험 계약의 청약에 응하여 보험자가 보험계약의 성립을 목적으로 행하는 의사표시이다. 보험청약자는 보험계약을 맺을 것을 보험자에게 청약하고 보험자가 이를 승낙해야만 보험계약이 합법적으로 성립한다.

② 대가지불 : 해상보험계약이 성립되고 그 효력이 발생하는 데에는 반드시 합법적인 대가지불 또는 약인(Consideration)이 있어야 한다.

③ 합법성 : 보험계약은 반드시 법에 저촉되지 않는 합법적인 목적을 가진 계약이어야 하며, 공익과 사회의 건전성을 해치는 보험계약은 무효이다. 해상보험계약을 체결하는 목적도 합법적이어야 한다. 보험계약의 합법성을 지니기 위해서는 계약당사자들이 모두 법적으로 유자격자(Legal Competency)이어야 한다.

(3) 해상보험계약의 당사자

① 보험자(Insurer, Assurer, Underwriter) : 보험계약을 인수하는 자로서 손해발생시 이를 보상, 즉 보험금을 지급할 의무가 있는 자로 보험회사나 개입보험회사가 있다.

② 보험계약자(Policy Holder) : 보험계약의 체결자로서 보험료를 지급하기로 약속한 자를 말한다. 따라서 보험계약자는 보험료의 지급의무 및 중요사항의 고지의무가 있다. 일반

적으로 FOB조건에서는 매수인이 보험계약자가 되고 CIF조건에서는 매도인이 보험계약자가 된다.

③ **피보험자(Insured, Assured)** : 손해발생시 보상을 받을 권리가 있는 자, 즉 피보험이익을 갖는 자를 말한다. 피보험자는 이익의 주체가 되므로 보험사고가 발생한 경우 보험자로부터 손해의 보상을 받는 자이다. 해상적하보험에서 보험계약자와 피보험자의 관계는 동일인이 될 수도 있고 아닐 수도 있다. 만일 FOB조건으로 매매계약이 체결되었다면 동일인이고, CIF조건으로 체결되었다면 매도인은 보험계약자, 매수인은 피보험자이다.

④ **보험대리점(Insurance Agent)** : 일정한 보험자를 위하여 항시 그 영업부류에 속하는 보험계약의 체결을 대리하거나 중개하는 것을 영업으로 하는 독립된 상인(상법 제87조)이다.

⑤ **보험모집인(Insurance Salesman)** : 특정 보험자를 위하여 보험계약의 체결을 중개하는 자로서 보험외무원이라고 한다. 보험업법(제2조 3항)에서는 보험모집인을 보험사업자를 위하여 보험계약의 체결을 중개하는 자로서 일정한 자격요건을 갖추고 보험감독원에 등록을 하도록 규정하고 있다. 보험모집인은 보험자에게 종속되어 보험을 모집한다는 독립된 지위에서 보험모집을 하는 보험대리점하고는 다르다.

⑥ **보험중개인(Insurance Broker)** : 보험자와 보험계약자 간에 보험계약을 중개하는 것을 업으로 하는 독립된 상인이다. 즉, 독립적으로 보험계약의 체결을 중개하는 것을 영업으로 하는 자이다. 보험중개인은 보험가입을 원하는 사람을 위해 보험자와 접촉해서 자신의 고객인 보험가입희망자에 게 필요한 보험을 알선한다.

(4) 해상보험의 법적 성질

① **낙성계약** : 낙성계약은 당사자 간의 합의만으로 성립하는 계약이다. 해상보험계약은 당사자 쌍방의 의사표시 합치만으로 성립하고, 계약성립을 위하여 당사자 간에 아무런 급여를 요하지 않는 낙성계약이다.

② **불요식 계약** : 보험계약은 청약과 승낙에 특별한 요식행위를 요하지 않고 구두, 서면, 일부 서면, 일부 구두로도 가능하다. 따라서 반드시 문서를 요구하는 것이 아니고 명시 혹은 묵시로도 가능하다. 보험계약은 그 성립을 위하여 당사자 간의 합의 외에는 다른 특별한 방식을 필요로 하지 않는 불요식 계약이다.

③ **유상 · 쌍무계약**

  ㉠ 보험계약은 보험계약자가 보험료를 부담하고 이에 대해 보험자는 보험사고가 발생할 경우 보상금(보험금)을 지급할 의무가 있기 때문에 유상계약이다.

  ㉡ 보험계약은 보험계약자가 보험료를 지불하는 데 대하여 보험자의 위험부담이 계약 성립과 동시에 채무로서 발생하기 때문에 양 당사자의 채무는 서로 구속관계에 있는 쌍무계약이다.

④ 사행계약(Aleatory Contract) : 보험계약, 도박 등과 같이 당사자에게 발생하는 손실 또는 이익이 불확실한 사건의 발생과 관련되는 계약이다. 즉, 우연성을 가지는 계약이다. 보험자는 우연적으로 발생하는 보험사고에 대해서만 그 손실을 보상하기 때문에 보험자의 보험금 지급은 우연성에 좌우되고 이에 따라 보험계약은 사행계약이 된다.

⑤ 최대선의 계약(Utmost Good Faith) : 보험계약은 당사자들의 신의성실의 원칙에 입각하여 체결되는 최대선의(Utmost Good Faith)의 계약이다(영국해상보험법 제17조).

⑥ 부합계약(Contract of Adhesion) : 부합계약은 계약내용이 당사자 일방에 의해 정해지고 상대방은 그 내용을 포괄적으로 승인함으로써 효력이 발생하는 계약이다.

⑦ 상행위 : 영리를 목적으로 하는 영리보험은 기본적으로 상행위의 일종이다. 보험회사나 개인보험 업자들도 이윤을 추구하기 위하여 보험을 인수하고 보험계약을 체결하기 때문에 보험을 인수하는 행위는 상행위가 된다.

⑧ 계속계약 : 보험자와 보험계약자의 관계는 보험기간 동안 지속된다. 매매거래는 1회의 급여로서 계약관계가 종료하지만 보험계약은 보험기간 동안 계속해서 존재하는 계속적 계약의 성질을 갖는다.

(5) 해상보험료

① 보험료(Premium)의 개념 : 보험료(Premium)는 보험자의 위험부담의 대가로서 보험계약자가 보험자에게 지급하는 금전을 말한다. 보험료는 보통 보험계약체결시 확정되지만, 경우에 따라서 계약체결 후에 협정되기도 한다.

   ㉠ 보험료의 법률적 정의 : 보험계약을 체결할 때 피보험자는 보험자에게 보험료(Premium)를 지급하고, 피보험자는 보험자로부터 손해보상의 약속을 받는 대가로 보험료를 부담한다.

   ㉡ 보험료와 보험요율 : 보험료는 보험금액(Insured Amount)에 보험요율(Premium Rate)을 곱한 금액을 의미하기 때문에 보험금액에 대한 백분비(%)로 표시한다.

② 보험료의 구성 : 보험료는 순보험료(Net Premium, Pure Premium)와 부가보험료(Loading, Chargement)로 구성되며, 이 양자를 합한 것을 영업보험료(Office Premium) 또는 총보험료(Gross Premium)라고 한다.

   ㉠ 영업보험료 : 보험회사가 보험가입자에게 지불할 것을 요구하는 보험료

   ㉡ 순보험료 : 보험료 중에서 보험자가 손해를 보상하기 위한 기금에 해당되는 것으로 흔히 정미보험료라 한다.

   ㉢ 부가보험료: 보험사업을 운영하기 위해 필요한 경비로 경상경비, 보험자의 적정이윤, 안전적립금(Safety Money)에 상당하는 보험료이다.

③ 보험료의 지급
　　㉠ 보험료의 지급당사자 : 해상보험계약에서 보험료를 지급할 의무가 있는 당사자는 보험계약자, 피보험자, 보험중개인 등이다.
　　㉡ 보험료의 지급시기 : 일반적으로 보험료는 보험계약이 체결될 때 확정하고 지불되어야 한다. 보험계약은 법률적으로 낙성계약이기 때문에 보험자와 피보험자 간의 의사합치만으로도 계약이 성립되지만, 보험자의 책임은 보험료 또는 최초의 보험료가 지급된 후 개시된다. 따라서 피보험자가 보험계약을 청약할 때 보통 1회의 보험료 납부를 청약의 의사표시로서 간주하며, 또한 보험청약서에서도 1회의 보험료 납부를 보험자의 책임개시시점으로 명시한다.

④ 보험요율의 산정
　　㉠ 보험요율의 산정원칙
　　　• 적정성(Adequacy) : 보험요율은 보험자가 손해보상을 할 수 있고, 보험사업을 운영할 수 있을 만큼 충분해야 하나 지나치게 과도해서는 안 된다.
　　　• 공평성(Equity) : 보험요율은 동일한 위험에 대해서는 공평하게 산정되어야 한다.
　　　• 안정성(Stability) : 보험요율은 부단하게 변동되어서는 안 되며, 일정기간 동안 안정되어 있어야 한다.
　　　• 신축성(Flexibility) : 보험요율은 안정적이어야 하지만 필요할 때는 변경될 수 있는 신축성을 지녀야 한다. 즉, 보험요율은 정당한 사유가 발생하면 변경될 수 있어야 한다.
　　　• 사고방지의 장려성(Inducement of Loss-Prevention Activities) : 보험요율은 사고방지를 유도할 수 있도록 산정되어야 한다.
　　㉡ 보험요율 산정원리
　　　• 대수의 법칙(Law of Large Numbers) : 보험은 대수의 법칙이라고 하는 특수한 통계적 기술을 이용해서 실현된 경제제도이다.
　　　• 수지균등의 원칙 : 각 보험가입자로부터 납부되는 보험료 총액이 사고의 피해자에 대해서 지불되는 보험금의 총액과 서로 같아야 된다는 법칙이다.
　　　• 급부·반대급부의 원칙 : 개개의 보험계약에서 각 가입자가 지불해야 될 순보험료액은 보험금액의 수학적 기대치와 같아야 된다는 중요한 원칙을 표시한 것으로 급부·반대급부균등의 원칙은 위험도가 높은 경우는 보험료를 많이 징수하고, 위험도가 낮은 경우는 보험료를 적게 징수해야 한다는 원칙이다.
　　㉢ 보험요율의 산정방식
　　　• 개별산정법 (Individual Rating System) : 개별산정 법은 보험목적 별로 보험료를 산정하는 방법이며, 보험목적별 손해의 예측은 보험자의 판단에 의하게 된다. 이

방법에 의한 요율산정은 개별적인 사정을 고려해서 보험요율을 조정할 수 있기 때문에 매우 탄력적으로 운용될 수 있다.

- 구분별 산정법(Classification Rating Method) : 구분별 산정법은 주로 주택화재보험, 자동차보험과 같은 가계보험에서 사용되는 방법이다. 동종의 위험에 처해 있는 같은 질의 집단에서는 대수의 법칙에 의해서 손해발생확률을 예측할 수가 있다.
- 계약자별 산정법(Merit Rating Method) : 계약자별 산정법은 구분별 산정법에 의해서 동일 구분에 속한 보험목적물에 대해서 보험계약자별 과거의 보험금 지급실적에 의해서 할인하거나 할증하는 방법이다.

② 자유요율제도와 협정요율제도

- 자유요율제도 : 보험자가 자기의 경험이나 육감을 토대로 보험요율을 산정하고 이를 독자적으로 사용하는 제도이다. 이 제도하에서는 보험요율이 보험자의 재량에 따라서 산정되므로 같은 조건이라 하더라도 보험자 간에 차이가 있다.
- 협정요율제도 : 협정요율은 법령에 규정된 방식에 따라 산정하여 보험자가 공동으로 적용하는 공적 협정요율과 보험자 상호간에 보험요율을 협정하여 공동으로 적용하는 사적 협정요율 두 가지가 있다.

⑤ 해상보험요율 산정 요소

㉠ 적하보험 : 적하보험은 보험조건, 화물의 종류, 운송선박, 운송항로 등을 근거로 산정한다.

- 보험조건 : 보험자의 담보위험과 보상범위를 한정하는 보험조건에 따라 보험요율이 달라진다.
- 화물의 종류, 성질, 포장상태, 적부방법 : 적하보험의 대상이 되는 화물은 다양하기 때문에 특정한 손해가 발생하는 위험이 일률적으로 예측되지 않고 화물의 종류, 성질에 따라 달라진다.
- 운송용구(선박) : 화주의 귀중한 화물을 운송하는 선박의 상태는 요율산정에 있어 가장 중요한 요소가 된다. 또한 선박의 사고는 화물의 사고와 직결되기 때문에 선박의 상태는 적하보험요율의 산정에 중요한 요소이다.
- 운송구간ㆍ계절 : 운송구간, 계절, 출항일도 위험측정의 요소가 된다.
- 기타 : 그 밖에 출항항 및 도착항의 항만상태, 환적의 회수 및 방법, 도착지의 사정 등이 보험 요율의 산정에 영향을 미친다.

㉡ 선박보험 : 선박보험요율은 보험조건, 선박의 상태, 운항구역 등 여러 가지 요인에 따라 산정된다.

- 피보험자(Assured) : 선박사고의 대부분은 선박자체의 결함보다는 이를 운용하는 인적인 문제에 기인하는 경우가 많다. 이런 이유로 선박보험에서는 누가 그 선박을 운용하는가가 가장 중요한 요율산정 요소가 된다.

- 보험조건 : 선박보험조건에 따라 선박보험요율이 달라진다.
- 선박의 상태 : 선명, 건조연월일, 선종, 선령, 톤수, 재질, 국적, 선급 등 선박에 관한 일체의 사항은 보험요율에 절대적으로 영향을 미친다.
- 운항구역(Trading Limit) : 선박의 사고는 대개 항해 중에 발생하므로 해난의 위험 도가 높은 지역으로 항해하는가의 여부에 따라 요율의 차이가 있으며, 특수위험 수역을 항해하는 하는 경우에는 추가보험료를 납부한다.
- 보험가액(Insurable Value) : 보험목적물인 선박의 가치를 뜻하며, 대개 선박의 시장가격을 기준으로 한다.
- 보험금액(Insured Amount) : 실제로 보험에 .가입된 금액으로서 사고발생시 보험 자가 보상 해주는 최고금액이다. 선박보험은 보험가액을 사전에 결정하는 기평가 보험으로 보험금액은 보험가액과 일치하도록 해야 한다.

03. 해상적하보험의 체결

(1) 적하보험계약의 성립

① 보험계약자가 보험을 신청하여 보험자가 이를 승낙하면 보험계약은 성립한다.
② 보험회사가 보험을 맡게 되면 보험계약의 성립을 증명하여 계약내용이 기재된 보험증권 을 발행하여 보험계약자에게 교부한다.
③ 보험계약은 낙성계약이므로 보험증권의 발행은 계약성립의 조건이 아니다. 따라서 보험 증권을 발행할 필요는 없으나 보험구상시에 필요하다.

(2) 보험계약의 변경

보험자는 보험계약자의 청약내용, 즉 화물의 종류, 포장, 적재, 선박, 항로, 보험조건 등에 기인된 위험도를 측정해서 보험인수의 여부 및 보험요율을 결정한다. 따라서 보험계약의 성립 후 이들의 청약내용 중 일부가 변경이 생겼을 때 보험계약자는 보험자에게 신속히 그 취지를 통지해야 한다. 만일 통지가 늦어지면 보험계약이 무효가 되는 경우가 있기 때문 이다. 보험계약의 내용에 변경이 있을 경우에는 이미 발행된 보험증권을 정정할 필요가 있는데 그 방법은 다음과 같다.
① 이미 발행된 보험증권을 회수한 후 보험증권을 재발행하는 방법
② Endorsement 또는 Rider로 불리는 배서에 의한 방법

(3) 적하보험계약의 종류

① 개별보험계약

ㄱ 개별보험계약은 보험자가 매선적시마다 선적화물에 대한 위험을 인수할 것인지 않을 것인지를 결정하는 보험 계약이다.

ㄴ 개개의 선적마다 체결되어도 상관없지만, 여러 번에 분할해서 선적되는 매매계약에 대해서는 그 여러 선적을 하나의 개별보험계약으로 체결할 수도 있다.

ㄷ 개별보험의 청약이 있으면 보험자는 개별예정보험증권(Provisional Policy 또는 Cover Note)을 발행한다.

ㄹ 개별예정보험청약계약을 체결했을 경우에는 그 후 미상사항이 확정되면 반드시 확정통지를 하여 보험자의 배서를 받아야 한다.

② 포괄(예정)보험계약

ㄱ 보험자에게 통보된 모든 선적화물의 인수를 보장하는 보험계약이다.

ㄴ 포괄예정보험계약에는 미리 물품의 종류, 운송구간, 운송용구, 보험가액 및 보험가입금액의 산정기준, 보험조건, 보험요율, 그 밖의 사항을 포괄적으로 결정해 놓고 계약자는 그 결정범위에 속하는 모든 선적에 빠짐없이 보험계약을 체결할 것을 약속하고 매선적시 물품의 명세 등 필요한 사항을 통지한다.

ㄷ 포괄예정보험계약이 체결되어 있는 경우에는 청약누락이나 청약의 지연이 있어도 그것이 계약자의 고의 또는 중대한 과실에 의하지 않은 것이 입증되면 보험자는 손해보상의 책임을 진다. 반대로 청약누락이 되어 물품이 안전하게 도착했을 경우라도 계약자는 반드시 확정통지를 하고 그 만큼의 보험료를 지불할 의무가 있다.

(4) 보험기간

해상적하보험은 송하인창고에서 수하인창고까지 창고간(Warehouse to Warehouse) 담보를 원칙으로 하며, 운송조항의 보험기간은 다음과 같다.

① 화물의 운송개시를 위하여 보험증권에 기재된 장소의 창고 또는 보관장소를 떠날 때에 개시된다.

② 통상의 운송과정 중에 계속된다.

③ 다음 중 어느 것이고 먼저 발생한 때 종료한다.

ㄱ 최초목적지의 수하인창고에 인도될 때

ㄴ 통상의 운송과정이 아닌 보관, 할당, 또는 분배를 위해 피보험자가 택한 창고에 인도될 때

ㄷ 최초양륙항의 외항본선으로부터 하역완료 후 60일이 경과한 때

ㄹ 최종양륙항의 외항본선으로부터 하역 후 부보된 목적지 이외의 타목적지로 운송이 개시될 때

(5) 보험요율

① 표시방법 : 보험(가입)금액에 대하여 백분율(%)로 표시

② 보험요율의 종류
- ㉠ 강제성 유무에 따라
  - 협정요율 : 보험회사 간의 협정
  - 보험회사 간의 자유재량
  - 수입화물에 대해서는 현재 협정요율을 적용
  - 수출화물에 대해선 '해상적하요율산정지침'에 의해 자유요율을 적용하고 계약자별로 과거 3년간의 실적(손해율)에 따라 할인·할증료를 조정
- ㉡ 요율서상의 구분에 따라
  - 기본요율 : 신·구 적하약관 및 특별약관을 적용하는 요율
  - 통상요율 : 해당 할인·할증률을 적용하기 전의 화물별 부담조건 요율
  - 부가위험요율
  - 확장부담조건요율
  - 할인·할증요율 등

③ 요율의 결정요인
- ㉠ 선박의 상태(선형, 선령, 톤수, 국적) : 선령이 16년 이상 되는 Tanker 및 모든 선박은 Penalty를 추가로 부과하며 총톤수 1,000톤 미만인 소형선은 소형선할증료를 부과한다(단, 정기선의 경우는 25년 이하).
- ㉡ 항로 및 지역 : 화물별, 각 보험조건별 보험요율은 지역과 항로에 따라 요율이 다르게 책정된다.
- ㉢ 화물의 종류(특이 포장상태)
- ㉣ 보험조건과 부가위험조건
- ㉤ 특수보험조건 : IWC, ISC

④ **보험료의 산출** : 해상적하보험의 보험료는 보험금액 (CLP Value 110%)에 보험요율 (Premium Rate)을 곱해서 산출한다.

(6) 보험금의 청구

피보험화물이 보험사고로 인하여 손해를 입었을 경우에는 보험증권에 계약된 내용대로 보

험자에게 보험금을 청구한다. 보험금청구자는 항상 보험증권의 정당한 소지자가 되어야 하며 대개 매수인, 즉 수입업자가 된다. 보험금 청구시 피보험자는 통상의 서류를 구비하여 제출하여야 하며, 보험자는 구비서류를 받아 보험금 청구가 타당하다고 인정될시 보험금 영수증과 대위권 양도서블 교환하여 보험금을 지불한다. 통지해야 할 내용은 다음과 같다.

① 보험조건의 내용(증권번호, 화물의 명세, 선명, 보험가입금액, 보험조건 등)

② 손상화물의 상태(수량 및 외관에서 본 손상 상태)

③ 화물의 보관장소 및 그 후의 예정(보험회사는 이 통지에 의해 어느 시점에서 입회조사를 실시할 것인지 또 전문사정기관의 입회조사가 필요한지 아닌지 등을 결정하게 됨)

(7) 보험금 청구서류

① 공동해손의 경우

    ㉠ 공동해손구상장(Claim Letter on G.A.)

    ㉡ 보험증권(Insurance Policy) 원본 또는 부본(Duplicate)

    ㉢ 선하증권 사본

    ㉣ 상업송장 사본

    ㉤ 공동해손통지서(Notice of General Average) 사본

    ㉥ 공동해손보증장(General Average Guarantee)

    ㉦ 기타서류 : 공동해손맹약서(General Average Bond), 화물가액신고서(Valuation Form), 해손보증장(General Average Guarantee) 또는 공동해손공탁금(General Average Deposit)

② 전손 및 단독해손의 경우

    ㉠ 보험금 청구서 (Claim Letter)

    ㉡ 보험증권의 원본(전손시) 또는 사본

    ㉢ 상업송장

    ㉣ 선하증권 사본, 단 전손인 경우는 원본 Full Set

    ㉤ 검정보고서(Survey Report) 및 기타 사고입증서류(Cargo Boat Note, Tally Sheet Warehouse Convention 등)

    ㉥ 선박회사에 대한 Claim 청구서 및 이에 대한 회신

    ㉦ 제비용을 증명하는 서류

    ㉧ 해난보고서(Marine Protest)

    ㉨ 화물매각계산서(Account Sales)

    ㉩ 위부서(Letter of Abandonment)

    ㉪ 대위권양도서(Receipt and Letter of Subrogation)

⑭ 해상위험

(1) 해상위험의 정의

① 해상위험(Marine Perils, Marine Risk) : 항해에 기인하고 항해에 부수하여 발생하는 사고를 말한다.

② 영국해상보험법(MIA ; Marine Insurance Act) : 해상위험에 대하여 "해상위험이란 항해에 기인 또는 부수하는 위험, 즉 해상고유의 위험, 화재, 전쟁위험, 해적, 표도, 포획, 나포, 및 국민의 억지 또는 억압, 투하, 선원의 악행, 그리고 상기의 여러 위험과 동종의 위험, 또는 보험증권에 기재되는 기타의 모든 위험을 말한다"고 정의하고 있다.

(2) 해상위험의 종류

① 해상고유의 위험(Perils of the Sea) : 해상고유의 위험이란 바다에서의 우발적인 사고 또는 재난을 뜻한다. 주로 악천후와 같은 자연현상에 의하여 생기는 사고로서 침몰, 파선, 좌초, 충돌, 침수 등은 물론이고, 이에 기인하는 간접작용도 해상고유의 위험에 속한다.

    ㉠ 침몰(Sinking) : 선박이 부력 및 항해능력을 상실하고 선체의 대부분이 수면 이하에 잠기는 것을 말한다. 깊은 바다에서의 구조불능의 침몰을 심몰(Foundering) 이라고 하고, 얕은 바다에서의 침몰을 천몰(Submersing)이라고 한다.

    ㉡ 좌초(Stranding) : 선박이 암초 또는 그 밖의 물체위에 걸려서 용이하게 떨어지지 않는 것을 말한다. 이와 반대로 선박이 진흙이나 모래밭에 걸린 경우를 좌주라 한다.

    ㉢ 충돌(Collision) : 선박 상호 간의 접촉을 말한다. 충돌은 그 책임소재에 따라 무과실충돌, 일방과실충돌 및 쌍방과실충돌 등으로 구분한다.

    ㉣ 풍파의 이례적인 활동 : 폭풍우 등의 악천후를 만나 파선, 선박의 이상경사, 침수, 갑판적화물의 유실, 선창의 통풍차단으로 인한 한온손(Ship's Sweat)등을 말한다.

    ㉤ 행방불명(Missing) : 해상보험에서의 행방불명은 선박과 적하 등이 함께 원인 모르게 없어져 버리는 것을 말한다.

② 항해에 부수적으로 발생하는 해상위험(Perils on the Sea)

    ㉠ 화재(Fire, Burning) : 화재는 해상고유의 위험은 아니지만 해상위험 중의 일반적인 위험의 하나로서 보험자가 부담하는 위험이다. 화재는 단지 연소나 소실만을 의미하지 않고 소화작용으로 인한 파손도 화재손해에 포함된다.

    ㉡ 투하(Jettison) : 화물 또는 선박저장품, 의장품의 일부를 선외로 배출·투기하는 것을 말한다. 선박이 악천후로 인하여 침몰위기에 있다든지 좌초시 선박의 부상을 위한 투하를 하게 된다. 투하는 흔히 공동해손행위로 취급되나 적하의 내재적인 위험

으로 행하여지는 수도 있으므로 공동해손만으로 한정되지 않는다.

ⓒ 선장 및 선원의 악행 (Barratry of Master and Mariners) : 선주 또는 용선자에게 손해를 끼칠 고의적 범죄나 부정행위를 의미한다. 선원의 악행으로는 밀수를 목적으로 하는 선박의 사용, 선박의 유기, 방화, 고의에 의한 침몰 등이 있다.

ⓔ 강도(Thieves) : 폭력 또는 위협으로 강탈함을 뜻하며, 단순한 도난(Theft of Pilferage)은 포함되지 않는다.

ⓜ 해적행위 및 표도(Pirates and Rovers) : 해상재산을 자기의 사리사용을 위하여 무차별하게 습격, 약탈, 파괴, 방화하는 것을 해적행위라 하고 표도는 해적행위의 일종으로 약탈물을 구하려고 해상을 배회하는 것을 지칭한다.

③ **전쟁위험** : 전쟁위험에는 군함(Men-of War), 외적(Enemies), 습격 및 해상탈취(Surprisals and Taking at Sea), 군왕·군주·인민의 강류 및 억지, 억류(Arrest, Restraints and Detainment of King Princes and People) 등

(3) 담보위험과 면책위험

① 담보위험(Perils Insured Against)
　ⓖ 담보위험은 보험자가 보상해 주는 위험을 말한다.
　ⓝ 해상보험계약은 구체적으로 담보위험을 대상으로 하며 그로 인하여 발생하는 손실만을 보상해주는 계약이다.
　ⓒ 담보위험의 범위는 보험조건에 따라 달라지며 그 범위가 넓을수록 보험자의 책임이 많아지기 때문에 보험요율은 증가한다.
　ⓔ 현행 적하보험에서 사용되고 있는 B 약관(ICC, 3Clause)과 C 약관(ICC, Cclause)에서는 담보위험이 구체적으로 보험증권상에 열거되어 있는 열거책임주의 원칙을 택하고 있다.

② 면책위험(Excepted Perils)
　ⓖ 면책위험은 손해가 발생하더라도 보험자가 책임지지 않는 위험을 말한다.
　ⓝ 담보위험이 아닌 위험은 자동적으로 면책위험이 된다.
　ⓒ 면책위험은 법에 의해 규정될 경우도 있고, 보험약관에 의해 정해질 경우도 있는데 법정면책위험은 대부분 보험약관에 수용된다.
　ⓔ 열거 책임주의하에서는 담보위험이 보험증권상에 명시되지만, 포괄책임주의하에서는 면책위험이 명시된다.
　ⓜ 보험사고가 발생할 경우, 사고를 야기시킨 직접적인 원인이 면책위험에 속하지 않으면 모두 보상되지만 사고의 원인이 면책위험에 속한다는 사실을 보험자가 입증하면 보험자의 면책이 인정된다.

(4) 해상위험의 변경

① 위험변경의 의의

　⊙ 보험계약을 체결하던 당시의 위험이 계약체결 후에 변동할 수 있는데, 이러한 경우를 위험의 변경(Change of Risk)이라 한다.

　ⓛ 위험이 변경되면 보험계약을 체결하던 당시보다 위험이 감소할 수도 있고 증가할 수도 있다. 위험이 감소하면 보험자의 입장에서는 바람직하지만 피보험지는 필요 이상의 보험료를 지불한 결과이기 때문에 만약 위험이 현격하게 변동하면 피보험자는 이러한 사실을 보험자에게 고지하고 보험료의 감액을 청구할 수 있다.

② 이로

　⊙ 이로의 정의 : 선박이 정당한 사유 없이 항로를 벗어나 항해하는 경우를 이로(Deviation)라 한다. 영국해상보험법(제46조 제2항)에서는 항로가 보험증권상에 특별히 지정되어 있는 경우에는 그 항로를 이탈 한 경우, 그리고 항로가 보험증권상에 특별히 지정되어 있지 않은 경우에는 통상적으로 관습적인 항로를 벗어날 경우를 이로로 규정하고 있다.

　ⓛ 이로의 효과 : 선박이 항로를 벗어나 항해를 하게 되면 보험계약을 체결할 당시에 예상하지 못했던 위험이 등장할 수 있기 때문에 보험자는 보상책임에서 해제된다. 즉, 선박이 적법(Lawful)한 사유 없이 보험증권에 정해진 항로에서 벗어날 경우 보험자는 이로 시점부터 보상책임에서 해제된다. 선박이 이로 하였다가 손해발생 전에 본래의 항로로 복귀했다하더라도 보험자의 책임은 해제된다(MIA 제46조 제1항).

③ 항해의 지연

　⊙ 항해 지연의 효과 : 항해보험에 가입한 선박이 적당한 기간 내에 항해를 개시하지 않으면 보험자는 계약을 취소할 수 있다.

　ⓛ 항해지연의 허용(MIA 제49조)
　　• 보험증권상의 특약에 의하여 인정되는 경우
　　• 선장 및 그의 고용주의 힘이 미치지 못하는 사정으로 인하여 일어나는 경우
　　• 명시 또는 묵시담보를 충족하기 위하여 합리적으로 필요한 경우
　　• 선박 또는 보험목적물의 안전을 위하여 합리적으로 필요한 경우
　　• 인명을 구조하기 위하여 또는 인명이 위험에 빠질 염려가 있는 조난선을 구조하기 위한 경우
　　• 선상에 있는 자에게 내과 또는 외과치료를 하기 위하여 합리적으로 필요한 경우
　　• 선장 또는 선원의 악행이 담보위험의 하나일 때 이러한 악행에 의하여 일어나는 경우

④ 항해의 변경

    ㉠ 항해변경의 효과 : 항해의 변경은 보험증권상에 명시된 목적항이 변경되는 경우를 말한다. 항해가 변경되면 그 순간부터 보험자의 책임은 없어진다. 즉, 보험증권상에 별도의 합의가 없는 한 항해의 변경이 있을 경우에는 항해를 변경할 의도가 명백해졌을 때부터 보험자는 보상책임에서 해제된다.

    ㉡ 항해변경의 허용

      • ICC의 제10조 항해변경약관에서는 보험이 개시된 후 목적지가 피보험자에 의하여 변경된 경우에는 보험자에게 지체 없이 통지할 것을 조건으로 추후에 협정되는 보험료 및 보험조건에 의하여 담보가 계속될 수 있음을 규정하고 있다.

      • 협회기간약관(ITC-Hulls)의 제3조 담보위반약관에서도 항해의 변경을 포함한 기타 담보를 위반한 경우에는 즉각적으로 보험자에게 통지하고, 보험조건의 변경과 추가보험료에 대한 합의가 이루어지면 담보가 계속될 수 있음을 규정하고 있다.

⑤ 선박의 변경

    ㉠ 의의 : 선박의 변경은 화물이 보험계약에서 약정된 선박에 적재되지 않고 다른 선박에 적재되는 경우를 뜻한다. 적하보험에서 운송선박은 보험료의 확정과 보험계약의 체결여부에 영향을 미치는 중요한 사항에 속하기 때문에 선박의 변경은 위험의 변경에 해당한다.

    ㉡ 효과 : MIA에서는 선박의 변경에 관하여 보험증권에 지정된 선박은 위험개시 후 강제력이나 보험자의 동의 없이 변경되어서는 안 된다. 만약 보험자에게 고지한 선박과 실제로 항해한 선박이 다르면 부실고지에 해당되어 보험자는 보험계약을 취소할 수 있다.

    ㉢ 허용 : ICC의 제8조 운송약관에서는 피보험자로서는 어쩔 수 없는 사정에 의하여 발생하는 강제양륙, 재선적 또는 환적 등에 대하여 보험자의 위험부담이 계속됨을 규정하여 피보험자인 화주를 보호하고 있다.

05 해상손해

(1) 해상손해의 개념

① 정의 : 해상보험에서 손해라 함은 보험의 목적인 적하, 선박 또는 운임 등에 해상위험이 발생함으로서 보험의 목적이 멸실, 손상되거나 점유를 상실함으로써 생기는 피보험자의 재산상의 불이익을 말한다.

② 해상손해의 종류

　　㉠ 담보위험과 손해의 인과관계에 따라: 직접손해와 간접손해

　　㉡ 손해의 정도에 따라: 전손과 분손

　　㉢ 손해의 성격에 따라: 공동해손과 단독해손

　　㉣ 피보험이익의 종류에 따라: 물적 손해, 비용손해, 책임손해

〈해상손해의 종류〉

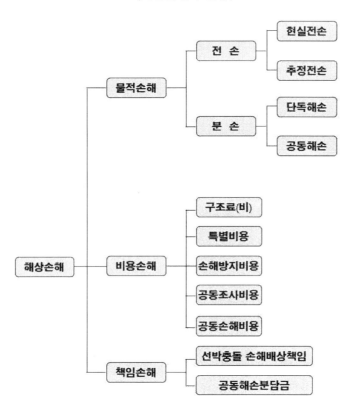

(2) 전손

피보험이익이 전부 멸실된 경우를 전손(Total Loss)이라고 한다. 이 전손은 현실전손과 추정전손으로 구별된다.

① 현실전손(Actual Total Loss)

　　해상보험의 목적물이 현실적으로 전멸되거나 그 손해의 정도가 상품가치를 완전히 상실하여 이를 회복할 수 없을 때 또는 선박 등이 상당한 기간 동안 행방불명이 되어 보험목적물의 점유권이 상실된 경우이다.

㉠ 화물의 현실전손
　　　• 선박의 현실전손으로 인한 화물의 전손　• 화물의 투하
　　　• 화물의 매각　　　　　　　　　　　　• 화물인도의 과실
　　㉡ 선박의 현실전손
　　　• 선박의 침몰　　　　　　　　　　　　• 선박의 좌초
　　　• 선박의 화재　　　　　　　　　　　　• 선박의 행방불명
　　㉢ 운임의 현실전손
　　　• 화물의 전손　　　　　　　　　　　　• 선박의 전손 및 항해불능

② 추정전손(Constructive Loss) : 보험목적물이 현실적으로 전멸되지 않더라도 그 손해정
　도가 본래의 가치를 상실하거나 구조되어도 그 수선 또는 수리비용이 물품의 가액을
　초과함으로써 현실전손으로 추정하는 것을 말한다.
　　㉠ 화물의 추정전손
　　　• 화물의 소유권 박탈　　　　　　　　• 화물의 손상
　　㉡ 선박의 추정전손
　　　• 선박의 소유권 박탈　　　　　　　　• 선박의 손상

(3) 분손

분손이란 피보험이익의 일부에만 손해가 발생하였을 때를 말하며, 이를 해손이라고도 한
다. 분손은 손해부담자의 범위에 따라 단독해손과 공동해손으로 구분된다.

① 단독해손(Particular Average) : 보험목적물이 일부 멸실되거나 손상되어 그 손해를 피보
　험자가 단독으로 부담하는 손해를 말한다.
　　㉠ 적하품 단독해손
　　　• 악천후에 의한 선박에 해수의 유입
　　　• 선박의 장애물과 접촉
　　　• 화재에 의한 화물의 분손
　　　• 악천후에 의한 화물의 파손과 누손에 의한 손해
　　㉡ 선박의 단독해손
　　　• 악천후에 의한 해수의 유입으로 갑판이 유실되어 선체에 입힌 손해
　　　• 선내 화재로 인한 선박장비의 멸실과 선체에 미친 손해

② 공동해손 : 선박 및 적하 등이 공동의 위험에 처하여 이를 벗어나기 위해 취하여진 공동
　해손행위로 인해 발생한 손해 또는 공동해손행위의 직접적인 결과로 발생하는 비용 등
　을 이해관계자가 공동으로 부담하는 손해이다.

(4) 비용손해

비용손해란 해상위험이 발생한 결과, 비용의 지출이 불가피하게 되거나 또는 타인에 대한 손해배상의 책임을 지는 경우의 손해를 말한다.

① 손해방지비용(Sue and Labour Charge)

　　㉠ 손해방지비용의 개념 : 손해방지비용은 위험의 발생가능성이 있는 경우에 이로 인하여 보험목적물에 손해를 방지 또는 경감하기 위하여 피보험자 또는 그 사용인 및 대리인이 지출한 비용을 말한다. 손해방지 비용은 손해방지 의무에 의하여 지출되는 비용이므로 특약이 없어도 당연히 보험자가 부담하는 것이 원칙이다.

　　㉡ 손해방지비용의 성립요건

　　　• 피보험자의 손해방지행위 : 피보험자가 지출한 비용을 손해방지비용으로 보상받으려면 먼저 손해방지행위의 주체자가 반드시 피보험자 자신이거나 그의 대리인이어야 한다.

　　　• 합리적인 비용 : 손해방지약관은 보험계약을 보충하는 것이기 때문에 적절하고 합리적으로 발생된 것이라면 한도액에 상관없이 보상된다.

　　　• 위험의 실제 : 손해방지비용으로 인정되기 위해서는 위험이 실제로 발생해야 한다. 보험목적물이 실질적으로 위험에 처해 있을 때 임박한 손실을 방지하기 위하여 피보험자가 지출한 비용은 손해방지 비용으로 보상된다.

　　　• 담보위험의 발생 : 보험자는 근인주의에 입각하여 반드시 담보위험에 근인하여 발생하는 손해만 보상한다. 따라서 담보위험으로 인하여 발생하는 손해를 방지하기 위하여 지출된 비용만 손해방지 비용으로 인정한다.

　　㉢ 손해방지의무 : 손해보험에서는 피보험자들로 하여금 보험목적물의 손해방지를 위하여 최선의 노력을 기울이도록 의무화하고 있는데, 이를 피보험자의 손해방지 및 경감의무라 한다.

② 구조비 (Salvage)

　　㉠ 구조비의 정의 : 구조비라 함은 구조자가 구조계약과는 상관없이 해상법상으로 회수할 수 있는 비용을 말한다. 구조비는 해난에 직면한 선박이나 제3자(보험목적물의 소유자, 대리인, 사용인, 양수인을 제외한 자)가 구조계약을 체결하지 않고 구조했을 경우 해상법상으로 제3자에게 지불 해야할 보상금을 말한다.

　　㉡ 구조비의 성립요건 : 구조비가 성립될 수 있는 조건은 보험목적물이 위험한 상태에 있어야 하고 구조자는 임의적으로 구조행위에 임해야 하며, 구조물의 전부 또는 일부를 취득해야 한다.

　　㉢ 구조행위의 대상 : 구조자는 선박, 의장용구, 화물, 난파물, 운임 등을 구조한 경우

구조비를 청구할 수 있다. 화물에는 표류화물(Aortism), 투하화물(Jetsam), 부표를 달아 투하한 화물(Lagan)등이 포함된다.

② 구조비의 보상

- 구조비의 청구 : 순수구조인 경우 구조자는 해상법상 구조비를 청구할 수 있다. 해상운송 도중 발생한 구조행위에 대해서는 즉각 구조비가 지급될 수 없기 때문에 구조자는 구조한 재산에 대해 유치권을 가진다.
- 구조비의 산정 : 구조비는 구조행위에 따른 여러 가지 요인을 고려하여 결정한다.
- 구조비의 보상요건과 한도 : 구조자가 구조한 재산에 대하여 선주나 화주에게 구조비를 청구할 경우 선박보험자나 적하보험자가 이를 지급한다. 구조비가 발생할 경우 무조건 보험자가 대신 지급해 주는 것이 아니라 담보위험으로 인한 손해를 방지하기 위하여 발생된 구조비만 보험자가 보상해준다.
- 인명의 구조 : 선박이나 선원은 해상에서 위험에 처한 사람을 발견했을 때는 비록 전쟁 중에 있는 적국의 사람이라 할지라도 구조해 주어야 하며, 그렇지 않을 경우에는 경범죄(Misdemeanor)의 처벌을 받게 된다.

(5) 특별비용(Particular Charge)

보험목적물의 안전 또는 보존을 위하여 피보험자에 의하여, 또는 피보험자를 위하여 소요되는 비용으로서 공동해손비용과 구조료 이외의 비용을 말한다. 이를 단독비용이라고도 한다.

① 구조료(Salvage Charge) : 해난에 봉착한 재산에 발생할 가능성이 있는 손해를 방지하기 위하여 계약에 기하지 아니하고 구조한 자에게 해상법에 의하여 지불하는 보수를 말한다. 구조료는 지출된 사정에 따라 구조료 또는 공동해손비용이라는 항목으로 보험보상을 받는다.

② 손해조사비용(Survey Fee) : 손해가 발생하였을 경우 손해사정인에 의하여 손해의 원인 및 정도를 조사하는 데 소요되는 비용을 손해조사비용이라고 한다. 손해조사비용은 보험금 청구의 이유 및 손해금액을 증명하기 위한 비용이기 때문에 피보험자가 부담해야 할 비용이지만 각국의 법률 및 보험약관 등에 의하여 보험자가 부담하는 경우가 많다.

③ 책임손해 : 항해단체의 공동위험을 면하기 위하여 다른 화주의 화물이나 선체 및 선용품을 희생하도록 하거나 비용을 지출함으로써 피보험자의 화물이 안전하게 목적지에 도달할 수 있었던 경우 그 공동해손희생이나 비용손해에 대한 분담책임을 피보험자가 지는데 이러한 책임손해를 공동해 손분담금이라 하며, 이 분담금은 적하보험자가 보상하는 책임손해이다.

(6) 공동해손(General Average)

① **공동해손의 개념** : 공동해손이라 함은 항해단체(선박, 화물 및 운임 중 둘 이상)에 공동위험이 발생한 경우 그러한 위험을 피하거나 경감하기 위하여 선체나 그 장비 및 화물의 일부를 희생(공동해손희생손해 ; General Average Sacrifice)시키거나 혹은 필요한 경비(공동해손비용손해 ; General Average Expenditure)를 지출하였을 때 이러한 손해와 경비를 항해단체를 구성하는 이해관계자들이 공동으로 분담(공동해손분담금)하여야 하는데, 이와 같은 손해를 공동해손이라고 한다.

② **공동해손의 성립요건**
  ㉠ 공동해손의 이례성 : 공동해손행위로 발생하는 선체, 장비, 화물 등의 희생손실이나 비용손실은 이례적이어야 한다.
  ㉡ 공동해손행위의 임의성 : 공동해손행위는 어떠한 목적을 가지고 자발적으로 이루어져야 하며, 특정한 결과를 예상하고 고의적으로 취한 행동은 공동해손행위로 인정된다. 우연히 일어나는 행위는 공동해손행위로 인정하지 않는다.
  ㉢ 합리성 : 공동해손행위와 그에 따라 발생하는 손해와 비용은 모두 합리적이어야 한다.
  ㉣ 위험의 현실성 : 위험이 앞으로 발생할 수 있는 것이라는 막연한 우려가 아니라 현재 절박하게 닥쳐오는 위험이나 이미 발생한 위험이 있어야 한다.
  ㉤ 위험의 공동성 : 현실적인 위험은 해상사업에 관련되는 모든 단체에 위협적이어야 한다. 선박과 화물 중에서 어느 한 당사자에게 발생한 위험은 공동해손으로 인정되지 않고 단독해손으로 처리된다.

③ **공동해손의 적격범위**
  ㉠ 공동해손희생손해(General Average Sacrifice) : 선체, 장비, 화물 등의 전부 또는 일부를 희생시킴으로써 발생한 손실을 뜻한다. 공동의 안전을 위하여 희생된 보험목적물 자체의 손실을 공동해손희생손해라 한다.
  - 적하의 투하
  - 선박의 소화 작업
  - 임의 좌초
  - 운임의 희생손해
  - 투하로 인한 손상
  - 기계 및 기관손해
  - 하역작업 중 발생하는 손해
  ㉡ 공동해손비용손해
  - 구조비(Salvage Remuneration)
  - 피난항 비용(Expenses at Port of Refuge)
  - 임시수리비(Temporary Repairs)
  - 자금조달비용

공동해손

There is a (general average) act when, and only when, any extraordinary sacrifice or expenditure is intentionally and reasonably made or incurred for the common safety for the purpose of preserving from the peril the property involved in a common maritime adventure.

(공동해손)행위는 공동의 항해사업에 관련된 재산을 위험으로부터 보존할 목적으로 공동의 안전을 위하여 고의적이고 합리적으로 이례적인 희생 또는 비용을 행하거나 지출한 경우에 한하여 성립한다.

(7) 충돌손해배상책임

① 충돌손해배상책임의 개념

ㄱ. 손해배상책임(Liability Loss) : 자신의 과실, 과오, 부주의 등으로 인하여 제3자가 입은 손해에 대해서 법적으로 배상해 줄 책임을 말한다. 해상보험에서는 대표적으로 선박의 충돌에 따른 배상책임과 공동해손이 발생할 경우 각 당사자들이 분담하는 배상책임이 있다.

ㄴ. 선박충돌의 유형

• 무과실충돌(Neither to Blame Collision) : 선박의 충돌이 불가항력으로 발생하거나 충돌의 원인이 명백하지 않는 경우를 말한다. 무과실충돌의 경우에는 어느 누구의 과실도 없기 때문에 피해 선주는 충돌로 인한 손해배상을 청구하지 못한다.

• 일방과실충돌(One to Blame Collision) : 어느 일방의 과실로 인하여 충돌이 일어날 경우를 말한다. 대체로 정박 중인 선박과 충돌하게 되면 일방과실이 성립되고 가해 선주는 피해 선주에 대해서 손해배상책임을 져야 한다.

• 쌍방과실충돌(Both to Blame Collision) : 쌍방의 과실로 선박이 충돌하는 경우를 말하는데, 손해를 동률로 부담하게 되는 동률과실과 과실비율이 상이할 때 해당 비율만큼 책임지는 차등과실이 있다.

② 충돌손해배상에 대한 책임제한 : 선주는 자신의 채무에 대하여 무한책임을 부담해야하므로 선박의 충돌사고로 인한 법적 배상책임도 원칙적으로 무한책임이다. 국제무역 거래에서 공공의 운송인으로서 그 역할이 크기 때문에 선주의 고의적인 과실이 없는 한 선주의 책임을 법적으로 제한하고 있다.

③ 충돌손해배상책임약관 : 현재 선박보험에서는 충돌손해배상책임 약관에 근거하여 부보 선박이 선원의 과실이나 부주의로 인하여 다른 선박과 충돌함으로써 상대방 선주에게

입힌 선박·화물운임 등의 손실을 피보험자(선주)를 대신하여 보험자가 보상하고 있다.

④ 충돌손해배상금의 산정

　　㉠ 단일책임주의(Single Liability) : 선박의 충돌로 양쪽이 모두 손해를 입었을 경우 손해를 덜 입은 선주가 상대방 선주에게 단독으로 손해를 배상하는 방식을 말한다. 따라서 각 선주는 자신들의 책임액이 결정되면 서로 지급할 금액을 공제하고 남은 차액만 지급한다.

　　㉡ 교차책임주의(Cross Liability) : 상호손실률만큼 상대방 선주에게 각각 배상하는 방식이다.

⑥ 해상보험증권과 해상적하보험약관

(1) 해상보험증권의 개념

① 해상보험증권의 의의

　　㉠ 보험증권(Insurance Policy) : 보험계약의 성립 및 보험계약의 내용을 명확하게 하기 위해 보험자가 작성하여 보험계약자에게 교부하는 증서이다.

　　㉡ 보험증권은 보험사고가 발생한 경우에 문제를 해결하기 위한 기준으로서 중요한 역할을 한다. 따라서 보험계약자는 보험계약을 체결할 때 보험계약 당사자 간에 합의된 사항이 보험증권에 정확히 기술되어 있는지 검토해야 한다.

② 해상보험증권의 양식

　　㉠ 현재 각국이 사용하고 있는 보험증권은 1779년 영국의 로이즈에서 공식적으로 사용했던 S. G.Form의 보험증권을 그대로 사용하거나 일부를 수정 또는 첨가하여 사용하고 있다.

　　㉡ 그 후 S. G. Form의 보험증권 대신 '런던보험자협회 (I. L. U. ; Institute of London Underwriter)'가 개발한 'Companies Combined Policy'를 사용하여 왔다. 1982년 신해상보험증권 양식에는 반드시 협회적하약관 (A), (B) 또는 (C)를 첨부하여 사용하여야 한다.

(2) 해상보험약관

① 해상보험약관의 원칙

　　㉠ 계약당사자의 의사존중의 원칙 : 계약당사자의 진의를 탐구하는 것이 가장 기본이다.

ⓛ 증권상의 문언위주의 원칙 : 보험증권만이 해석의 재료가 되며 증권문언 이외의 증거의 이용은 인정되지 않는다.

ⓒ 수기문언 우선 원칙 : 나중에 삽입된 약관은 기존에 있던 약관에 우선한다. 선후의 차가 없는 것은 정형화의 정도가 약한 것이 보다 우선한다.

ⓔ 작성자 불이익의 원칙 : 문언의 뜻이 모호해서 여러 가지 해석이 가능할 경우 작성자, 즉 보험자에게 불리하도록 해석하여야 한다.

② 구약관
ⓖ S. G. Policy
- 본문약관(20개 조항)
- 이태리서체 약관(3개 조항)
- 난외약관(1개 조항)

ⓛ ICC약관 : 14개 조항으로 구성되어 있으며, 그 중 5조(위험약관)만 제외하고 나머지 13개 조항은 그 내용이 서로 동일하다.
- 단독해손부담보조건(FPA ; Free From Particular Average)
- 분손담보조건(WA ; With Average)
- 전위험담보조건(A/R ; All Risks)

③ 신약관 : 신 ICC는 19개 조항으로 구성되어 있는데, 그 조항들은 구약관의 S. G. Policy 또는 ICC 약관에서 채택된 약관 및 신설약관 등으로 되어 있다.
ⓖ 본문약관 (4개 조항)
ⓛ 난외(중요)약관 (3개 조항)
ⓒ ICC약관(19개 조항)으로 구성
ⓔ 이 중 ICC약관의 담보위험과 면책위험조항에 따라 A, B 및 C조건으로 구분된다.

(3) 구 협회적하약관

구약관은 S. G. Policy와 ICC약관이 합쳐져서 하나의 보험증권을 구성한다. 따라서 구약관에서의 보험자 담보위험은 S. G. Policy상의 담보위험과 협회적하보험약관의 제5조인 담보위험약관에 따라 결정되며, 이 5조의 약정사항에 따라 분손부담보약관, 분손담보약관, 전위험담보약관으로 분류된다.

① 분손부담보조건(F. R. A. Clause) : 단독해손부담보조건이므로 S. G. Policy상의 담보위험으로 야기된 손해 중 현실전손, 추정전손, 공동해손 및 비용손해를 보상하나 단독해손은 원칙적으로 보상하지 않는다. 그러나 본 약관에서 특별히 규정하고 있는 특정사고에 의하여 발생된 단독해손은 예외적으로 보상한다.

　　㉠ 침몰, 좌초, 대화재, 충돌(접촉) 및 폭발로 발생된 단독해손

　　㉡ 선적, 환적, 양하 중의 추락으로 인한 포장당 전손

　　㉢ 피난항에서 양하로 인한 단독해손 등

② 분손담보조건(W. A. Clause) : 보험자가 보통의 항해에 있어서 입는 보통 해상손해의 전부를 담보하는 보험조건이다. 이 조건으로 보험을 부보하면 그 부보화물에 관한 전손, 공동해손, 분손(단독해손)도 법률이나 보험약관에서 제외된 것 외에는 모두 보상받을 수 있다. WA약관의 모든 조항과 내용은 제5조만 제외하고는 분손담보약관(FPA)과 동일하다.

③ 전위험담보조건(A/R Clause) : 구 협회적하약관(All Risks)의 제5조 전위험담보약관에는 All Risks를 담보하지만 All Loss 내지 Damage를 담보하는 것은 아니다. 즉, All Risks 담보조건이라도 '외부적 사고(External Accident)' 및 '우발적 사고(Fortuitous Accident)'가 가져오는 위험에 의한 손해(화물의 멸실·손상 또는 비용)에 해당하지 않는 손해는 담보하지 않는다. 다시 말해 FPA, WA조건의 경우에도 마찬가지이지만 비록 All Risks 담보라도 다음의 손해는 보상하지 않는다.

　　㉠ 화물고유의 결함, 성질에 기인하는 멸실 손상 또는 비용

　　㉡ 자연의 소모

　　㉢ 지연에 의한 손해

〈1963년 ICC(FPA, WA, A/R)의 담보위험 및 면책사항〉

A/R 조건	W/A 조건	FPA 조건	
			1. 부보화물의 전손(현실전손 및 추정전손)
			2. 본선 또는 부선의 좌초, 침몰, 대화재를 당했을 경우의 단독해손(인과관계 유무 불문)
			3. 공동해손, 희생손해 또는 비용손해
			4. 적재, 환적, 하역작업 중의 매 포장단위당의 전손
			5. 화재, 폭발, 충돌, 섭촉
			6. 조난항에서 양하작업에 기인된 손해
			7. 중간의 기항항 또는 피난항에서의 양하, 입고 및 계반을 위한 특별비용(단, 그것은 WA조건하에서 보험자 부보책임인 경우에 한함)
			8. 상기 손해 이외의 풍랑으로 인해 발생한 단독해손
			9. 하기 면책사항 이외의 모든 외부의 유발원인에 의한 손해

〈면책사항〉

• 피보험자의 고의적인 불법행위로 인한 일체의 손해

• 부보화물의 고유의 결함, 성질, 지연으로 인한 손해

• 위험의 요건을 구비치 않은 사유에 의한 손해, 즉 통상의 손해

• 전쟁, 폭동, 파업 등에 기인한 손해

〈1963년 ICC(FPA, WA, A/R)의 보상범위〉

사고의 종류 / 조건	A/R	WA	FPA
1. 화재, 폭발	○	○	○
2. 운송용구의 침몰	○	○	○
3. 운송용구의 좌초	○	○	○
4. 운송용구의 타물체와의 충돌	○	○	○
5. 운송용구의 탈선, 전복	○	○	○
6. 운송용구의 추락	○	○	○
7. 파손, 곡손, 요손	○	●	●
8. 누설, 증발, 혼합	○	●	●
9. 도난, 분실, 불착	○	●	●
10. 비, 눈, 한손	○	●	●
11. 벌레, 쥐로 인한 손해	○	●	●
12. 갈고리손, 또는 칠손	○	●	●
13. 해수손, 오손(손해형태가 7-12 이외의 손해)	○	○	△
14. 전쟁, 촉뢰, 습격, 나포 등	●	●	●
15. 동맹파업, 폭동, 소요	●	●	●
16. 원자력	※	※	※
17. 육상에 있는 동안의 지진, 분화	●	●	●
18. 검역 또는 관의 처분	※	※	※
19. 보험계약자, 피보험자 등의 고의, 중과실	×	×	×
20. 화물의 자연소모, 고유의 하자 또는 성질	×	×	×
21. 포장 불완전	×	×	×
22. 운송의 지연	×	×	×

(주) ○ : 전손, 분손 공히 보상됨　　※ : 보통약관상은 담보가 가능하나 현재는 인수되지 아니함
　　△ : 분손은 보상하지 않음　　● : 특약이 있는 경우에는 담보가 가능
　　× : 어떠한 경우에도 면책

(4) 신 협회적하약관

신 협회적하약관은 S. G. Form의 본문약관, 영국 해상보험법 및 구 협회적하약관을 참조하여 ICC(A), (B), (C)의 세 종류를 제정하여 1983년 신해상적하보험증권에 첨부하여 사용하고 있다. 담보 위험은 제1조에 규정하고, 면책위험은 제4, 5, 6, 7조에 열거하므로써 담보 및 면책위험의 범위가 명료해졌다. ICC(A), (B), (C)는 각각 19개의 약관으로 되어 있다.

〈신 협회적하약관〉

구 분	조항	약관명
담보위험	1	위험약관(Risks Clause)
	2	공동해손약관(General Average Clause)
	3	쌍방과실 충돌 약관(Both to Blame Clause)
면책위험	4	일반면책약관(General Exclusion Clause)
	5	내항부적합면 책약관(Unseaworthiness and Unfitness and Exclusion Clause)
	6	전쟁면책약관(War Exclusion Clause)
	7	동맹파업 면책약관(Strike Exclusion Clause)
보험기간	8	운송약관(Transit Clause)
	9	운송 계약종료약관(Termination of Contract of Carriage Clause)
	10	항해변경약관(Change of Voyage Clause)
보험금청구	11	피보험이익약관(Insurable Interest clause)
	12	계반비용약관(Forwarding Charge Clause)
	13	추정전손약관(Constructive Total Loss Clause)
	14	증액약관(Increase Clause)
보험이익	15	보험이익불공여약관(Not to Inure Clause)
손해경감	16	피보험자 의무약관 (Duty of Assured Clause)
	17	포기약관(Waiver Clause)
지연방지	18	긴급조치약관(Reasonable Despatch Clause)
법률관습	19	영국 법 및 관습(English Law and Practice)

① ICC(A) : 포괄담보방식을 취하고 있으며, 이 조건에서 보험자는 제4조, 5조, 6조 및 제7조의 면책 위험을 제외하고 피보험목적물에 발생한 멸실, 손상 또는 비용 일체를 담보한다. 면책되는 위험은 제4조의 일반면책위험, 제5조의 불내항 및 부적합면책위험, 제6조의 전쟁위험 및 제7조의 동맹파업위험 등이다.

　㉠ 일반면책위험(제4조)
　　• 피보험자의 고의적인 비행에 기인한 멸실·손상 또는 비용
　　• 보험목적의 통상의 누손, 중량 또는 용적상의 통상의 손실 및 통상의 자연소모

- 보험목적의 포장 또는 준비의 불완전 또는 부적합으로 인하여 발생한 멸실·손상 또는 비용
- 보험목적의 고유의 하자 또는 성질로 인하여 발생한 멸실·손상 또는 비용
- 지연의 피보험이익으로 인하여 발생된 경우일지라도 지연을 근인으로 하여 발생한 멸실·손상 또는 비용
- 본선의 소유자, 관리자, 용선자 또는 운항자의 지불 불능 또는 재정상의 채무불이행으로부터 생긴 멸실·손상 또는 비용
- 원자력 또는 핵의 분열 및 융합, 또는 이와 유사한 반응, 방사능이나 방사성물질을 응용한 무기의 사용으로 인하여 발생한 멸실·손상 또는 비용

 ⓒ 불내항 및 부적합면책위험(제5조)
- 본선 또는 부선의 불내항 또는 피보험목적물의 안전운송에 부적당한 물품
- 합법적이지 못한 물품

 ⓒ 전쟁면책위험(제6조)
- 전쟁, 내란, 혁명, 반역, 반란 등으로 인한 국내전투 또는 교전국에 의한 적대행위
- 포획, 나포, 억지 또는 억류와 이러한 행위 결과
- 유기된 기뢰, 어뢰, 폭탄, 기타 전쟁무기에 의한 발생

 ⓔ 동맹파업면책위험(제7조)
- 동맹파업, 직장폐쇄, 노동쟁의, 폭동 또는 소요에 가담한 자에 의한 발생
- 동맹파업, 직장폐쇄, 노동쟁의, 폭동 또는 소요의 결과
- 테러리스트 또는 정치적 동기에 의해 행동하는 자에 의한 손해

② ICC(B) : 열거담보방식을 택하고 있으며, 이 약관은 제4, 5, 6 및 7조에 규정된 면책위험을 제외하고, 제1조에 열거된 위험에 의한 손해는 면책비율에 관계없이 담보된다.

 ㉠ 화재 또는 폭발
 ㉡ 선박 또는 부선의 좌초, 침몰, 교사(Grounding) 또는 전복
 ㉢ 육상운송용구의 전복 또는 탈선
 ㉣ 선박, 부선 또는 운송용구와 물 이외의 다른 물질과의 충돌 또는 접촉
 ㉤ 피난항에서의 화물의 하역
 ㉥ 지진, 낙뢰, 화산의 분화
 ㉦ 공동해손희생손해
 ㉧ 투하 또는 파도에 의한 갑판상의 유실
 ㉨ 선박, 부선, 선창, 운송용구, 컨테이너, 지게차 또는 보관 장소에 해수 또는 호수, 강물의 유입
 ㉩ 선적 또는 하역작업중의 해수면으로 낙하하여 멸실되거나 추락하여 발생된 포장 1개당 전손

③ ICC(C) : 열거담보방식을 취하고 있으며, 제4, 5, 6조 및 저17조에 규정된 면책위험을 제외하고, 제1조에 열거된 위험에 의한 손해는 면책비율에 관계없이 담보된다. ICC(C)는 ICC(B)에서 열거된 위험 가운데 지진, 화산의 분화, 낙뢰·갑판유실, 선박, 부선, 선창, 운송용구, 컨테이너, 지게차 또는 보관장소에 해수 또는 호수, 강물의 유입, 추락손 등은 담보되지 않는다.

〈협회적하약관 A, B, C 담보위험 및 면책사항 비교〉

구분	내용	(A)	(B)	(C)
담보위험	1. 화재, 폭발	○	○	○
	2. 선박의 좌초, 교사, 침몰, 전복	○	○	○
	3. 육상운송도구의 전복, 탈선	○	○	○
	4. 선박과 물이외 타물체와의 충돌, 접촉	○	○	○
	5. 피난항에서의 화물의 양하	○	○	○
	6. 지진, 분화, 낙뢰	○	○	×
	7. 공동해손희생	○	○	○
	8. 투 하	○	○	○
	9. 갑판유실	○	○	×
	10. 선박 및 보관장소에서 해수, 하천수 유입	○	○	×
	11. 선적, 하역작업 중 바다에 떨어지거나 갑판에 추락한 포장당 전손	○	○	×
	12. 상기 이외의 보험목적에 멸실 또는 손상을 발생시키는 일체의 위험	○	×	×
	13. 공동해손, 구조료(면책사항에 관련된 것은 제외)	○	○	○
	14. 쌍방과실충돌	○	○	○
면책사항	1. 피보험자의 고의적인 위법행위	○	○	○
	2. 통상의 누손, 중량, 용적의 통상의 감소, 자연소모	×	×	×
	3. 포장, 준비의 불완전	×	×	×
	4. 보험목적의 고유의 하자, 성질	×	×	×
	5. 선박, 부선의 불내항, 선박, 부선, 운송용구, 컨테이너, 리프트밴의 부적합	×	×	×
	6. 지연	×	×	×
	7. 선주, 관리자, 용선자, 운항자의 파산, 재정상의 채무불이행	×	×	×
	8. 모든 또는 개개인의 악의가 있는 행위로 인하여 전체 또는 일부의 의도적인 손상, 파괴	○	×	×
	9. 원자핵분열 또는 원자핵융합 또는 동종의 반응 또는 방사능 또는 방사능 물질을 이용한 병기의 사용에 의하여 발생한 멸실·손상 또는 비용	×	×	×

(5) 기타 부가 및 특별약관

① 부가약관

    ㉠ 도난발하불착위험 (T. P. N. D. ; Theft, Pilferage & Non-Delivery) ; Theft는 도난을, Pilferage는 발하(좀도둑에 의한 손해)를 뜻하며, Non—Delivery는 분실을 원인으로 한 포장 전체의 불착을 의미한다.

    ㉡ 우담수손(R. F. W. D. ; Rain and/or Fresh Water Damage) : 빗물·담수로 인한 손해 (WA 조건하에서 Sea Water Damage는 보상이 되나 Rain and Fresh Water Damage는 보상되지 않음)를 담보하는 조건

    ㉢ 타화물과의 접촉위험 (C. O. O. C. ; Contact with Oil and/or Other Cargo) : 기름, 니토, 산 등의 주로 선내의 청소 불충분으로 인한 오손 및 타화물과의 접촉으로 인한 손해 담보

    ㉣ 파손(Breakage) : 파손으로 발생한 손해를 담보하는 조건(F. P. A., W. A., ICC(B), ICC(C)조건에서도 해상위험으로 인한 파손은 담보됨)

    ㉤ 누손·중량부족위험(Leakage and/or Shortage) : 보험가입 화물의 누손, 화물의 수량, 중량 부족으로 인한 손해를 담보하는 조건으로 벌크화물에 주로 많이 발생한다.

    ㉥ 한습손, 열손위험(Sweat and/or Heating) : 선창, 컨테이너 내벽에 응결한 수분에 접촉함으로써 일어난 손해(Ship's Sweat), 직접 화물의 표면에 응결한 수분에 의한 손해(Cargo Sweat) 및 이상온도의 상승에 의하여 화물이 입은 손해(Heat Damage)를 담보하는 조건

    ㉦ 갈고리에 의한 손해(Hook and Hole ; H/H) : 하역작업 중 갈고리에 의한 손해를 담보하는 조건으로 섬유품, 잡화 등에 추가로 담보

    ㉧ 곡손위험(Denting and/or Bending) : 접촉이나 충격이 심해서 화물의 표면이나 내부가 구부러지는 손해를 말한다. 파손과 더불어 해상고유의 위험에 의해서 생길 수도 있으나 화물취급상 의 부주의로 생기는 수도 많다. 전자의 경우는 담보위험약관에 의해서 담보가 되나 후자의 경우는 특약이 없으면 보상을 받지 못한다.

    ㉨ 오염위험(Contamination) : 잡물 및 타화물과의 혼합이나 타화물과의 접촉으로 발생하는 외견상의 더러움, 흠 및 악취의 흡착으로 인한 손해를 담보하는 조건

    ㉩ 서식·충식위험(Rate and/or Vermin) : 곡물, 소맥분, 죽제품 등의 화물이 운송 도중 쥐나 곤충에 의해서 해를 입는 경우가 있으며 이러한 손해를 담보하는 조건

    ㉪ 곰팡이손위험(Mildew and Mould) : 습도의 증가로 곰팡이 및 기타 미생물에 의한 손해를 담보하는 조건

    ㉫ 녹손위험(Rust) : 기계류, 철물 등의 화물이 습도의 증가로 녹이 스는 경우가 있고, 또 해수, 담수, 빗물 등으로 녹이 스는 수도 있는데 이러한 손해를 담보하는 조건

② 기타 특별약관

ㄱ 원산지 손해 약관(Country Damage Clause) : 수입 면화의 원산지 손해(Country Damage)를 담보하는 약관

ㄴ 기계류수선 특별약관(Special Replacement Clause) : 기계를 보험의 목적으로 하는 모든 계약에 첨부되어 있는 약관

ㄷ 냉동기관약관(Refrigerating Machinery Clause) : 주로 육류 및 생선 등 냉장보관·운송이 필요한 화물에 첨부하는 약관으로 선박의 냉동실에 보관되어 운송되는 동안에 냉동기의 고장 및 파열에 연유해서 생기는 모든 멸실이나 손상을 담보

ㄹ 생동물약관(Livestock Clause) : 생동물의 사망을 담보하는 약관으로, 검역소에서 30일 한도로 담보되며, 최종목적지의 수하주에게 인도될 때까지 그리고 도착 후 7일 동안에 발생된 사망 위험까지 담보

ㅁ 상표약관(Label Clause) : 캔, 통조림, 병통조림, 술 등 라벨이 붙은 화물에는 원칙적으로 이 약관이 첨부

ㅂ 갑판적약관(On Deck Clause) : W. A.나 B보다 담보 범위가 넓은 조건으로 인수한 계약에 적용

③ 확장담보조건

ㄱ 내륙운송 확장담보조건(I. T. E. ; Inland Transit Extension) : 육상운송 중의 위험을 적하보험증권에서 추가로 담보하는 조건이다.

ㄴ 내륙보관 확장담보조건(I. S. E. ; Inland Storage Extension) : 통상적인 운송과정에서 중간 창고나 보세창고 보관 중의 위험을 적하보험증권에 명시된 기간(수출은 하역 후 60일, 수입은 하역 후 30일) 이상으로 연장할 경우 담보하는 조건이다.

제4장 적중예상문제

01. 해상에서 우연히 발생하는 사고나 재해를 의미하는 해상고유의 위험(Perils of the Sea)이 아닌 것은?

① 침몰(Sinking) ② 좌초(Stranding)
③ 악천후(Heavy Weather) ④ 투하(Jettison)
⑤ 충돌(Collision)

> 해설┃ ④ 선박이 조난을 당하여 침몰의 위험이 있을 때 선박을 가볍게 하기 위하여 적하 또는 선박의 일부,
> 선박의 속구, 의장품, 저장품을 선외로 투기하는 것
> 정답┃ ④

02. 다음 중 해상적화보험에서 현실전손으로 보기 힘든 경우는?

① 화물이 물리적으로 완전히 멸실된 경우
② 화물의 수리비가 수리 후의 화물가액을 초과하는 경우
③ 화물이 행방불명되어 상당한 기간이 경과한 경우
④ 보험의 목적이 점유를 박탈당해 회복이 불능한 경우
⑤ 화물이 본래의 성질을 상실하여 원래의 목적대로 사용할 수 없는 경우

> 해설┃ ②는 추정전손에 해당한다.
> 정답┃ ②

03. 보험의 대상 물품이 모두 멸실됨으로써 발생한 손해를 의미하는 것은?

① 공동해손　　　　　　　　② 단독해손
③ 부분해손　　　　　　　　④ 전손
⑤ 비용손해

> **해설┃** 피보험이익이 전부 멸실된 경우를 전손(Total Loss)이라고 한다. 이 전손은 현실전손과 추정전손으로 구별된다.
> **정답┃** ④

04. All Risks(A/R)조건이나 ICC(A)조건에서 일반 면책 약관에 포함되지 않는 손해는?

① 포장불량에 따른 손해
② 화물의 고유하자나 성질에 기인한 손해
③ 물품의 고유하자로 인한 손해
④ 선박의 화재 및 폭발로 입은 손해
⑤ 자연소모로 인한 손해

> **해설┃** ④ 선박의 화재 및 폭발로 입은 손해는 보상된다.
> **정답┃** ④

국제항공운송

01. 항공화물운송 개요

(1) 항공화물운송

① 항공화물(Air Cargo) : 항공기에 의하여 수송되는 화물로서 일반적으로 항공화물운송장(Air Waybill)에 의해 수송되는 화물만을 지칭하며 승객의 수화물(Passenger's Baggages)과 우편물(Mail)은 제외한다.

② 항공화물운송(Air Transportation)

㉠ 항공기의 항복(Plane's Space)에 승객, 우편물 및 화물을 탑재하고 국내외 공항(Air Port)에서 공로(Air Route)로 다른 공항까지 운송하는 운송시스템을 의미한다. 항공운송은 오늘날 국제무역에 있어서 중요한 수송수단의 역할을 담당하고 있으며 상업적인 수송수단으로서의 위치를 차지하고 있다.

㉡ 국제화물운송은 해상이나 육상운송이 주류를 이루고 있지만 항공산업의 발전과 화물전세기가 등장하여 세계를 일일생활권으로 하는 신속한 운송요구에 따라 항공운송의 비중이 점차 증가되고 있다.

㉢ 경제의 질적인 발전과 함께 반도체, 전자제품, 시계 등 고부가가치의 소형경량 화물에 대해서는 비싼 운임을 지급하여도 채산성이 있는 데다 신속한 운송의 장점 등으로 항공운송을 선호하게 되었다.

③ 항공화물운송의 의의

㉠ 항공운송이란 항공기에 의하여 화물 또는 사람을 운반하는 것을 말하는데, 항공운송은 야행성, 비계절성 및 편도성 등이 해상운송이나 육상운송과는 차이가 있다.

㉡ 항공운송의 가장 큰 이점은 신속성이므로 기회비용이 중요시되는 계절유행상품이나 납기가 촉박한 상품의 긴급수송에 적합하다.

㉢ 손실·분실 또는 훼손 등의 위험이 있는 물품이면서 신속을 요하는 물품에 적합하다. 즉, 생선, 식료품, 생화, 방사선물질, 신문, 잡지, 뉴스 필름, 원고나 선적서류 등 운송 중 분실이나 손상의 위험이 큰 상품의 수송에 적절하다.

㉣ 항공화물은 항공기의 고속성에 의해 장거리의 광범위한 지역에 단시간 내에 수송시킬 수 있으므로 재고량을 줄일 수 있게 하고, 상품의 디자인 변화 등 시장변화에

즉각 대처할 수 있으며 도난이나 분실사고가 적다.

(2) 항공화물운송의 특성

일반적으로 운송에 대한 화주의 요구사항은 빠르고 적절한 시간에 저렴한 운임으로 가장 간편한 절차에 의해 서비스되는 것인데 이 중 항공운송은 경제성을 제외한 모든 요구를 충족시켜 주고 있다. 항공운송의 특성은 신속성과 야행성으로 대표되고 적시성, 비계절성, 서비스의 완벽성으로 요약될 수 있다.

① 적시성
  ㉠ 적시성은 항공운송이 가지는 최대의 장점인 신속성을 바탕으로 정시서비스(On-Time Operation Service)가 가능하고 야간의 운행으로 화물인도(Over Night Delivery)가 가능하다는 것이다.
  ㉡ 화물을 저녁때까지 집하하여 탑재한 다음, 다음날 아침에 수하인에게 인도할 수가 있어 긴급화물이나 부패성화물의 운송에 가장 적합한 운송수단이 된다.

② 비계절성 : 항공화물은 여객에 비해 계절적인 영향을 적게 받는다는 것이다. 물론 꽃, 패션제품, 크리스마스 상품 등 계절적 유행상품은 예외이다.

③ 서비스의 완벽성 : 서비스의 완벽성이란 화주는 집하(Pick-up), 인도(Delivery), 화물추적(Tracing)의 용이성, 특수취급을 요하는 위험물품과 귀중품 등의 안전성, 기타 보험이나 클레임 업무의 편리성 등을 요구하고 있는데 이에 대한 서비스가 타 운송보다 월등히 우수하다는 것이다.

(3) 항공화물운송의 장점

항공화물운송의 가장 큰 특성은 운송시간이 상대적으로 짧다는 것이며, 시간가치라는 개념에서 볼 때 극히 중요한 의미를 가지고 있다. 항공운송의 상섬은 다음과 같다.

① 직접원가면에서의 장점
  ㉠ 항공화물은 최소의 포장만을 함으로써 포장비(재료비, 인건비)가 절감된다.
  ㉡ 포장을 경량화함으로써 운임도 그만큼 절약된다.
  ㉢ 신속, 안전, 확실하므로 보험료가 싸다.
  ㉣ 운송중인 상품에 대한 자본비용(투입자본의 이자)이 절감된다.
  ㉤ 수요에 응해 적시에, 적량을 신속, 빈번하게 발송할 수 있어 발착지 및 중계지 등에서 보관비가 절감된다.
  ㉥ 운송기간이 짧아 화물취급(Handling)이 줄어 도난, 훼손 등이 적다.

항공화물운송의 성장요인

- 대체 수요상품의 증가
- 화주의 인식변화
- 수요개발 노력 및 대리점의 역할 증대
- 항공기의 대형화
- 운송서비스의 질적 향상
- 운임의 저렴화
- 국제적분업화 및 재고정책의 변화

② 간접원가면에서의 장점

　㉠ 신속운송으로 효율적인 자본회전을 도모할 수 있다.

　㉡ 재고품의 진부화, 변질 등에 의한 손실을 줄일 수 있다.

　㉢ 발착지에서의 보관기간이 짧아 보관시설에 대한 투자, 임차료, 관리비 등이 절감된다.

③ 기타의 장점

　㉠ 선도를 생명으로 하는 상품의 시장을 확대할 수 있다.

　㉡ 원격지 시장에 대한 유행품, 계절품의 판매경쟁력이 높아진다.

　㉢ 급격한 수요변화에 대응할 수 있어 상기를 잃지 않는다.

　㉣ 생산설비의 부품을 신속히 조달, 가동률을 높인다.

　㉤ 정시발착에 화물의 소재파악이 용이하며 신뢰도가 높다.

〈해상운송과 항공운송의 장단점 비교〉

구분	항공운송	해상운송
운임	운임은 해상운임의 20배이며 비탄력적임	장거리 수송 중에는 가장 저렴하며 비교적 탄력적임
중량	중량제한을 완전히 받음	중량제한을 완전히 받지 않음
안정성	안전도가 비교적 높음	안전도가 비교적 높지 않음 • 충격에 의한 손상 • 장기운송에 따른 파손, 도난, 원형변질 • 해수에 의한 부식
신속성	해상운송보다 몇 십배 빠름 (북미 · 유럽 : 2일)	수송시간이 상당히 긴편임 (북미 : 12~15일, 유럽 : 4~5주 소요)
경제성	포장비 저렴, 보험료 낮음, 운임 외 부대비용 낮음	포장비 높음, 보험요율 높음, 장기운송에 따른 기타 변동비가 추가발생
수송화물	중 · 소량, 고부가가치 화물	대 · 중량화물

(4) 항공화물의 주요품목

① 긴급수요가 발생한 것 : 선박, 항공기, 공장 등 기계의 공장부품 대체품, 혈청 등 의학상 급송을 요하는 것, 상용견품, 납기지연 상품, 계절유행상품, 투기상품, 재해지에 대한 긴급구호 물자 등

② 물품의 성질상 단기간의 운송을 필요로 하는 것 : 생선식료품(선어, 활어), 생동물, 생화, 방사성 물질 등

③ 판매시기를 놓치면 상품가치가 없어지는 것 : 뉴스필름, 신문, 잡지, 정기간행물 등

④ 여객의 별송품 등 급송을 요하는 것 : 이삿짐, Sample 등

⑤ 중량에 비해 고액이고, 중요한 품목으로서 운임 부담력이 있는 것 : 귀금속, 미술품, 시계, 전자제품, 광학제품, 약품, 각종 부품, IC관련기기, 컴퓨터, 통신기기 등

⑥ 항공운송수단이 다른 운송수단보다 싸거나 동일한 정도인 것 : 항공운송의 발달과 합리화 및 육상 운송의 쇠퇴에 따라, 품목에 따라, 중량에 따라, 동일구간에서도 항공운송에 의하는 쪽이 다른 운송수단에 의하는 것보다 오히려 직접 경비가 싸거나 또는 동일한 정도의 경우가 있다. 이러한 경우 당연히 화물은 항공에 의해 운송된다.

⑦ 물류관리나 마케팅전략의 요청에 의한 것 : 현지 판매업자에 의한 과잉재고로부터 오는 가격하락의 방지 또는 경쟁상품보다 신속하게 공급하여 고객에 대한 서비스체제를 강화하고 자사제품의 시장경쟁력을 높일 목적으로 항공운송을 이용한다. 또한 최근에는 물적유통관리의 실천에 의한 상품 Stock Point의 집중화나 재고투자의 절감에 의한 물적유통체제 합리화의 요청에 응하기 위하여 항공화물의 대상이 되는 상품 종류가 확대되어 가고 있다.

02 항공화물 운송사업

(1) 항공운송사업(Air Carrier)

① 항공운송사업이란 타인의 수요에 응하여 항공기를 사용하여 유상으로 여객 또는 화물을 운송하는 사업을 말한다.

② 항공운송사업은 정기항공운송사업과 부정기항공운송사업 두 가지로 나뉜다.

　㉠ 정기항공운송사업 : 한 지점과 다른 지점사이에 노선을 정하고 정기적으로 항공기를 운항하는 항공운송사업

　㉡ 부정기항공운송사업 : 정기항공운송사업 외의 항공운송사업

지식 in 　항공운송에서 위험화물(Dangerous Goods)

- 위험화물은 항공운송 중 발생하는 기압, 온도, 진동 등의 변화에 따라 항공기, 인명, 화물 등에게 피해를 줄 수 있는 화물을 뜻한다.
- IATA의 위험화물규정(Dangerous Goods Regulations)에는 위험화물의 수송여부 및 제한사항이 포함되어 있다.
- IATA의 위험화물규정(Dangerous Goods Regulations)상 위험품목은 폭발성 물질, 가스, 인화성 액체 등 9개로 분류되어 있다.
- 화주는 위험화물규정(Dangerous Goods Regulations)에 따라 포장, 표기, 표찰 등을 해야 한다.
- IATA의 위험화물규정(Dangerous Goods Regulations)은 매년 1월 1일부로 신판(NEW Edition)이 발간된다.

(2) 항공화물 운송대리점

항공화물 운송대리점(Air Cargo Agent)은 항공사 또는 총대리점을 대리하여 항공회사의 운송약관 및 Tariff에 따라 항공화물을 수집하는 것은 물론 항공화물운송장(Air Waybill)의 발행 및 이에 부수되는 업무를 수행하고 항공회사로부터 그 대가로서의 항공운임의 5%를 받고 있다.

① 수출입화물의 판매 및 유치(Selling Transportation) : 항공화물 운송대리점의 주요 역할은 항공사를 대신하여 세계 각국으로 수출입되는 화물의 운송수요를 개발하고 유치하고 체결하는 것이다.
② 운송을 위한 준비(Ready for Carriage)
　　㉠ 항공화물의 중량, 크기, 품목 등을 사전에 미리 확인하고 항공화물운송장을 작성한다.
　　㉡ 운송서류의 준비
　　　• 화주의 지시서(Shippe's Letter of Instruction)
　　　　- 화물운송에 있어서 송하인이 발행하는 화물취급 지시서를 말하며, 이 양식에 따라 화물서류 준비 및 Forwarding을 하게 된다.
　　　　- 통상 인쇄된 양식으로 송하인(화주)에게 제공되며 운송할 화물에 대한 아래의 모든 세부사항이 송하인에 의하여 기록되어 화물 운송대리점에 인도된다.
　　　• 상업송장(Commercial Invoice)
　　　　- 출발지, 도착지 세관이 요구하는 각종 통관서류, 화물의 성질에 따라 작성하는 서류이다.

- 운송될 화물의 위험물, 생동물 등 특별한 취급을 요하는 화물의 경우에는 IATA Regulation에 의한 Shipper's Declaration for Dangerous Goods, Shipper s Certification for Live Animals와 같은 서류가 송하인에 의하여 준비되고 서명되어 항공회사에 인도된다.

③ Marking of Package : 항공화물운송장의 화주성명, 주소와 일치되게 각 package 단위로 정확히 Marking되어야 한다.

④ 포장(Packing) : 화물의 내용에 적합하게 정상적인 항공운송이 가능하도록 포장되어야 하고 특히, 위험물, 생동물은 관련규정에 따라 포장되어야 한다.

⑤ 수출입 통관절차 대행 : 송하인의 요청에 의해 수출화물에 대한 통관절차를 대행하고 또한 수하인의 요청에 따라 수입화물의 통관절차도 대행한다.

⑥ Trucking : 화물의 항공운송 이전, 이후의 Pick-up 및 Delivery를 위해서 대리점은 지상 Trucking을 주선한다.

⑦ 기타 서비스 활동

  ㉠ Consultant : 고객들에게 수출입 규정, 항공화물 관련 전문지식을 제공한다.

  ㉡ Insurance : 고객에게 항공화물보험의 부보서비스를 제공한다.

  ㉢ Tracing : 항공화물이 정해진 Route에 따라 움직이고 있는가를 점검한다.

> **지식 in** **항공화물대리점**
>
> 항공화물 대리점은 업종에 따라 일반대리점(항공화물 운송대리점, Air Cargo Agent), 혼재업자(Consolidator) 및 상업 서류송달업(Courier)으로 분류된다.

(3) 혼재업자(Air Freight Forwarder)

항공운송주선인(Air Freight Forwarder)이라고 부르며, 항공화물운송주선업(혼재업자)이란 타인의 수요에 응하여 유상으로 자기의 명의로 항공사의 항공기를 이용하여 화물을 혼재(Consolidate)하여 운송하여 주는 사업이다.

① 혼재업자의 역할

  ㉠ 항공화물 혼재업자는 개개의 송하인과 운송계약을 체결하고 운송책임을 부담하지만 항공기를 스스로 운항하지 않고 수탁한 화물을 하나의 화물(One Lot)로 모아서 스스로 송하인이 되어 항공회사에 운송을 위탁한다.

  ㉡ 혼재업자운송장(House Air Waybill)

    • 혼재업자는 항공기를 갖고 있지는 않지만 자체 설정 화물요율 및 자체운송약관을 적용하고 자체운송장인 House Air Waybill을 발행한다.

- 혼재 업자는 송하인과 운송계약을 체결하기 위하여 House Air Waybill을 발행한다.
- House Air Waybill은 출발지와 도착지에서 수출입통관에 사용될 수 있으며 혼재 업자의 운송계약서로서의 역할을 한다.
- 혼재화물을 항공회사에 위탁하기 위하여 혼재업자가 송하인으로 기재된 Air Waybill을 Master Air Waybill이라 한다.

ⓒ 혼재업자가 혼재화물을 항공회사에 인도하면 항공회사는 혼재업자와의 운송계약의 증거로서 Master Air Waybill을 발행하여 혼재화물을 운송하고 House Air Waybill은 화물과 함께 목적지로 발송되며 House Air Waybill은 송하인이나 수하인에게 교부된다. 목적지에서 혼재화물을 분류해야 되는 경우, 혼재회사가 스스로 목적지에서 분류할 수 없으므로 목적지에 있는 자기의 현지법인 또는 현지에서 Forwarder에게 이것을 위탁한다.

② 혼재업자의 주요 서비스
ⓐ 수출항공화물 : 화물을 혼재하여 항공회사와 운송계약을 체결하고 화물의 출발, 환적(Transit), 도착 등 일련의 화물이동을 Following-up한다. 산적화물(Break Bulk Cargo)을 비컨테이너 단위화물(UCD)이라 한다.
ⓑ 수입항공화물 : 수입통관 및 Door to Door Delivery를 위한 조치를 취한다. 수하인(수입업자)을 위한 수입관세 지급을 주선한다. 재수출업자품을 Re-Documention화한다. 수입항공화물의 보세운송을 주선한다.

③ 혼재화물 인수대리점(Break Bulk Agent)
ⓐ 혼재업자가 각 목적지에 지정한 대리점으로서 혼재화물을 수하인 단위로 분류(해체)한다.
ⓑ Break Bulk Agent의 업무는 혼재업자들이 취급하는 가장 중요한 업무이며, 각 지역의 Break Bulk Agent들이 서로 업무제휴관계를 맺고 혼재화물이 목적지에 도착하면 항공회사로부터 항공화물운송장을 받아 House Air Waybill별, 즉 수하인별로 화물을 분류하여 수하인에게 항공화물의 도착을 통고하고 통관절차를 대행(주선)해 준다.

〈항공화물운송대리점과 항공운송주선업자의 차이〉

구 분	항공화물운송 대리점 (Agent)	항공운송주선업 (Consolidator)
활동영역	국내수출입과 관련 컨테이너 만재화물 취급	국내외 수출입 컨테이너 미만 소화물 취급
운임	항공사 운임률표(Tariff) 사용	자체 운임률표(Tariff) 사용
운송약관	항공사 약관에 준함	자체약관 사용
수하인	매 건당 수하인이 있음	혼재화물 인수대리점이 수하인임
수입	IATA(국제항공운송협회)의 5% Commission을 받거나 기타수수료 받음	IATA의 5% 이외에 중량절감에 의해 화주로부터 영수한 금액과 항공지불 운임과의 차액을 수입으로 함
항공운송장	항공사의 Master AWB사용, One AWB 사용	고객단위로 자체 House AWB사용, Two AWB 사용
화주에 대한 책임	항공사 책임	주선업자 책임

(4) 상업서류송달업(Courier)

① 정의

ⓐ 외국의 상업서류송달업체인 DHL, UPS 등과 상업송달 서비스의 계약을 체결하여 상업서류, 견본품, 서적, 잡지 등을 자체운임과 운송약관에 따라 Door to Door Service로 신속하게 운송하는 서비스를 말하고, 이것을 International Courier라고 한다.

ⓑ Courier의 원뜻은 급사인데, 현실적인 Courier Service는 상업서류 이외에 견본 능의 물품을 Door to Door로 운송한다.

② 대상품목 : 서류(계약서, 기술관계서류, 각종 Data, 사양서, 목록, 은행관계서류, 증권류 등), 도면, 설계도, 자기 Tape, Computer Tape, 팜플렛, 사진, 보도용 원고 등으로 급송을 요하는 것

③ Small Package(SP) Service : 소량·소형·경량의 일반화물을 대상으로 급송하는 사업으로 대상품목에는 상품견본, 시험견본, 제작용 견본, 선물, Catalogue, 인쇄물, 부속물품, 대체품(기계의 대체부품), 소량의 장식품 등이 있다.

03 항공기와 항공운송장비

(1) 화물실의 구조와 명칭

① Deck : 항공기의 바닥이 2개 이상인 경우 Deck에 의해 내부공간이 Upper Deck, Main Deck, Lower Deck으로 구분, 특히 승객이 탑승하는 Main Deck을 Cabin이라 한다.

② Hold : 천정과 바닥 및 격벽으로 구성되어 여객과 화물을 수송할 수 있는 내부공간으로써 여러 개의 Compartment로 구성된다.

③ Compartment : Hold내에 Station별로 지정된 공간을 말한다.

④ Section : Compartment 중 ULD를 탑재할 수 없는 공간의 세부적 구분을 의미한다.

⑤ Bay : Compartment 중 ULD를 탑재할 수 있는 공간의 세부적 구분이다.

(2) 단위탑재수송용기(ULD ; Unit Load Device)

① 정의 : 항공운송에만 사용되는 항공화물용 컨테이너와 파렛트 및 이글루를 의미한다. 즉 ULD란 종래의 Bulk화물을 항공기의 탑재에 적합하도록 설계한 일종의 화물운송용 용기로서 이는 단위탑재용기인 컨테이너나 파렛트를 말한다.

② 특징 : ULD는 Piston엔진과 Turbo-Propeller 항공기가 제작되면서 사용되었고, 이 ULD는 항공기 구조물의 일부로 간주되며 항공기의 Hold나 Desk의 Floor는 탑재 및 하기를 용이하게 하기 위해 Roller Tray와 Restraint System이 장착되어 있다.

> **지식 in** **Free House Delivery Service**
>
> 화물이 목적지 공항에 도착한 후 수하인에게 인도될 때까지의 제비용을 송하인이 부담할 경우 정확한 현지 비용을 산출하기 어렵다. 이때 항공사는 지정통관업자로 하여금 관세, 보관료 등 제비용을 선지급하게 한 후 송하인에게는 사후 정산하도록 하는 편의를 제공해 주기도 한다.

② 종류 : IATA가 인정하는 것과 항공회사에서 소유하고 있는 두 가지 종류가 있다. 특히, IATA의 허가 아래 각종 비행기의 화물칸에 맞도록 만들어 낸 것을 Aircraft ULD라고 하며 컨테이너, 파렛트, 이글루는 대부분 여기에 속한다. 또 화물의 종류에 맞추어 화물칸의 탑재상태와는 상관없이 만든 비(非)항공용 Box를 모두 Non-Aircraft ULD라고 부른다.

　㉠ Pallet

　㉡ Certified Aircraft Containers : 파렛트가 항공기에 고정되는 장치와 동일한 방법으로 컨테이너의 밑바닥이 항공기에 고정되도록 제작되어 별도의 보조장비가 불필요한 ULD이다.

ⓒ Igloo(이글루) : 밑바닥이 없는 형태로 알루미늄과 Fiberglass로 만들어진 항공화물을 넣는 특수한 덮개이다. 항공용 컨테이너, 항공기의 상부적재실 단면에 알맞도록 상부가 돔형태로 되어 있다. 에스키모인의 주거를 닮은 점에서 이 호칭이 붙여졌다.

ⓓ 특수 ULD

- GOH(Garment On Hanger) : 의류를 Hanger에 걸어서 적재하는 컨테이너
- Car Transporter : 자동차 수송용(2단적재) ULD
- Horse Stall : 말 수송용 ULD
- Cattle Pen : 가축 수송용 ULD

04 항공화물운송장

(1) 항공화물운송장의 의의

해상운송의 선하증권에 해당하는 항공운송의 기본서류가 항공화물운송장 (AWB ; Air Waybill) 또는 항공화물수탁서(Air Consignment Note)이다. Air Waybill과 유사한 것으로 Air Bill이 있는데 후자는 혼재업자가 반행하는 것이다. Air Waybill과 Air Bill을 구분하기 위하여 전자& Master Air Waybill이라고 부르며, Air Bill은 House Waybill이라고 부른다. 이들 운송장은 송하인과 운송인 사이에 운송계약이 체결되었다는 증거서류이며 동시에 송하인에게서 화물을 수령하였다는 증빙서류가 된다.

지식 in 지상 조업 설비

- Transporter : 적재작업이 완료된 항공화물의 단위탑재용기를 터미널에서 항공기까지 수평이동에 사용된다.
- Dolly : Transporter와 동일한 작업을 하지만 자체의 기동성이 없고 견인차와 연결되어 사용된다.
- High Loader : 단위탑재용기를 대형기에 탑재하거나 하역할 때 사용된다.

항공화물 탑재방식
- Bulk Loading : 가장 원시적인 방법으로 개별화물을 인력으로 직접 적재하는 방식
- Pallet Loading : 항공화물 취급의 기본적인 방식
- Container Loading : 화물전용기 이외의 여객용 항공기에는 객실 밑에 있는 하부화물실에 수화물, 우편물 등을 탑재

(2) 항공화물운송장의 기능과 성격

① **운송계약서** : AWB는 송하인과 항공운송인간의 항공화물운송계약의 성립을 입증하는 운송계약서이다. 그러나 운송장은 12매(3매의 원본과 9매의 부본)로 구성되어 있어 그 전부가 모두 운송계약서는 아니며 송하인용 원본 No.1이 이에 해당한다.

② **화물수취증** : 항공화물운송장은 항공운송인이 송하인으로부터 화물을 수취한 것을 증명하는 화물 수령증의 성격을 가-지고 있다. Air Waybill에서는 그 원본 No.3이 이에 해당된다.

③ **송장** : 여기에서 말하는 송장은 운송계약서가 아니고 화물과 함께 목적지에 보내져 수하인이 도착화물 및 운임, 요금을 대조하고 검증하는데 사용되는 송하인으로부터의 통지장의 성격을 가지고 있다. Air Waybill에서는 그 원본 No.2가 이에 해당된다.

④ **보험계약증서** : 송하인이 Air Waybill에 보험금액 및 보험료를 기재한 화주보험(Air Waybill 보험을 부보한 경우에는 Air Waybill 원본 No.3가 보험계약증서가 된다.

⑤ **청구서** : 선불의 운임 요금의 송하인에 대한 청구서자료(Air Waybill의 원본 No.3) 및 후불의 운임 요금의 수하인에 대한 청구서 자료(Air Waybill의 원본 No.2)로서 사용된다.

⑥ **수출입신고서 및 수입통관자료** : Air Waybill에 의한 수출신고가 가능한 화물에 대하여는 수출신고서로서 사용될 수 있다. 또한 수입신고서로서도 Air Waybill을 사용할 수 있다. 과세가격이 되는 CIF가격 중의 항공운임, 보험료의 증명자료로서 Air Waybill를 수입신고서에 첨부할 수 있다.

⑦ **운송인에 대한 송하인의 지시서** : Air Waybill에 송하인이 화물의 운송, 취급, 인도에 관한 지시를 기재할 수 있다. 이러한 경우 Air Waybill은 화물과 함께 보내져 화물의 출발지, 경유지, 목적지 등의 각 지점에서 화물이 적절 원활하게 취급, 인도, 정산되도록 필요한 모든 사항이 기재되어 있다.

⑧ **사무정리용 서류** : Air Waybill의 발행회사(First Carrier), 제2운송회사(Second Carrier) 이후의 각 후속운송인, 항공화물대리점에서의 운임의 정산, 회계용 자료 등 사무정리용 서류로서 사용된다. Air Waybill의 부본 No.5, No.6, No.7, No.8 등이 이에 해당되고 No.9는 대리점용 정리자료이다.

⑨ **수하인에의 화물인도증서** : 도착지에서 화물이 수하인에게 인도되었을 때의 증명자료가 된다. 수하인의 화물수령서명 또는 날인을 받는다. Air Waybill의 부본 No.4가 이에 해당한다.

(3) 항공화물운송장의 법적 성질

① **유통성**

ㄱ 항공화물운송장은 선하증권과 달리 양도성이나 유통성을 갖고 있지 않다.

ⓛ 항공화물운송장에는 'Non Negotiable' 라고 표시되어 있으며 유통이 금지된 '비유통 증권'으로 발행된다.

ⓒ 운송장의 원본 1은 항공사용으로서 항공사가 운송계약의 증거로 보관하는 것일 뿐, 유통을 목적으로 하는 유가증권이 아니다. 운송장의 원본 2는 수하인용으로서 화물과 함께 도착지에 보내져서 항공사가 수하인에게 교부하는 것으로서 역시 유통을 목적으로 하는 것이 아니다. 운송장의 원본 3은 송하인용으로서 도착지에서 수하인이 항공사에게 화물의 인도를 청구할 때 원본의 제시를 필요로 하지 않는다. 항공사는 도착지에서 운송장에 기재된 수하인에게 화물과 함께 수하인용 원본 2를 인도하면 되고, 수하인이 출발지에서 송하인에게 교부된 송하인용 원본 3을 소지하고 있는지의 여부는 묻지 않는다. 다만, 송하인이 소지하는 운송장 원본 3은 송하인의 화물 처분권에만 효력이 미친다.

ⓔ 항공화물운송장에 유가증권으로서 자격을 부여하지 않는 이유는 항공화물이 신속하게 운송되어 수하인에게 전달되기 때문이며, 해상화물은 수송에 장시간이 소요되기 때문에 상품의 매매거래를 신속하게 하기 위하여 증권 자체를 매매의 대상으로 인정해 준 것이다.

② 지시증권 및 처분권
　ⓖ 지시증권의 정의 : 여기서 말하는 지시증권이란 어음 · 수표법에서 말하는 증권에 기재되어 있는 특정인 또는 그가 지시하는 자에게 일정액의 지급을 지시하는 Order Paper의 의미가 아니 고, 송하인이 운송인에게 운송계약의 이행에 필요한 세부사항을 항공화물운송장을 통하여 지시한다는 뜻이다.
　ⓛ 지시의 내용 : 수하인 지정, 부보여부, 통지처 지정 등을 말한다. 운송인은 그 지시의 내용을 좇아 충실히 운송을 이행해야 하며, 타당한 이유 없이 송하인의 지시를 따르지 않아 화주에게 손해를 입힌 경우에는 무한책임을 져야 한다.
　ⓒ 처분권(Right of Disposition)
　　• 송하인의 처분권
　　　육상 및 해상운송은 수하인의 발전적 지위에 따라 화물이 목적지에 도착, 수하인이 화물에 대한 우선적 권리를 취득하기 전까지, 즉 수하인이 목적지에서 화물의 인도를 청구하기 전까지는 송하인에게 그 화물에 대한 처분권이 있게 된다. 그리고 화물이 목적지에 도착하면 수하인도 송하인과 병존적 권리를 갖기 때문에 운송인에게 화물의 인도를 청구하고, 기타 화물의 처분에 관한 지시를 할 수 있다. 그러나 항공화물운송장은 비유통증권이므로 수하인에게 완전한 처분권이 인정되지 않는다. 즉, 송하인에게는 처분권이 인정되나 수하인에게는 극히 제한된 처분권만이 인정되므로 항공화물운송장은 완전한 처분증권이 못된다.

- 수하인의 처분권

  수하인은 화물이 도착하면 항공사에 대해 항공화물운송장의 교부 및 화물의 인도 청구권을 갖는다. 그런데, 송하인은 처분권을 행사함에 있어 반드시 운송장을 제시해야 하나, 수하인은 반드시 증권의 제시를 요하지 않는다. 즉, 수하인의 권리는 운송계약상의 청구권이지 증권상의 청구권이 아니라는 뜻이다. 따라서 수하인은 자신의 지위를 입증할 수 있으면 운송장 원본이 없이도 화물인도가 가능하다. 결국 항공운송에 있어서 수하인의 처분권이라는 것은 증권상의 처분권이 아니라, 계약상의 청구권일 뿐이다.

  항공화물운송장은 송하인만이 처분권을 갖기 때문에 선하증권 등 유가증권이 갖는 완전한 처분권이 아닌 불완전 처분증권이라 할 수 있다.

지식 in 송하인의 화물처분권

- 출발지 공항 또는 도착지 공항에서 화물을 회수할 경우
- 운송 도중의 공항에서 화물을 유치할 경우
- 운송장에 기재된 수하인 이외의 자에게 화물을 인도할 경우
- 출발지 공항으로 화물의 반송을 요구하는 등의 경우

다만, 그 권리의 행사에 의해 운송인 또는 타인의 이익을 해하여서는 아니 되며 또 그 행사로 인해 생긴 비용을 부담해야 한다.

③ 증거증권

   ㉠ 항공화물운송장은 재산권을 대표하지 않고 유통성도 없으므로 유가증권이 아니며 단순한 증거증권 내지는 화물수령증에 지나지 않는다. 따라서 항공화물운송장 외의 다른 문서로써 운송계약의 내용을 입증할 수 있음은 물론이다.

   ㉡ 증거증권의 의미
   - 항공운송계약이 존재한다는 사실
   - 운송인이 운송을 위해 화물을 인수하였다는 사실
   - 화물운송조건에 관한 증거가 된다는 뜻

   ㉢ 운송장이 화물을 수령하였다는 증거가 되기 때문에 일단 운송장에 서명이 된 후에는 화물을 수령하지 않았음에 대한 거증책임은 운송인에게 있게 된다.

④ 면책증권

   항공화물운송장은 또한 면책증권이다. 따라서 항공사는 정당한 증권소지자에게 화물을 인도하면 그 책임을 면한다. 송하인이 화물을 처분함에 있어서 증권의 제시를 요한다고 규정하고 있는 것을 반대해석하면, 즉 증권을 제시하는 자의 처분에 따르면 비록 그

증권을 제시한 자가 진정한 권리자가 아니더라도 운송인은 면책이 된다는 해석이 된다. 이러한 논리는 수하인에 대해서도 같다. 즉, 화물을 직접 인도하는 세관이나 운송인은 수하인용 운송장을 제시하는 자에게 화물을 인도하면 면책이 된다.

⑤ 요식증권

원래 운송계약은 불요식의 낙성계약이므로 운송장의 작성이 항공화물 운송계약의 성립 요건은 아니다. 따라서 항공화물운송장에 기재해야 할 사항이 조약에 규정되어 있기는 하지만, 그 기재에 결함이 있더라도 운송장 자체가 무효가 되는 것이 아니라. 오직 기재의 책임있는 당사자가 그에 따른 불이익을 받는 것에 그칠 뿐이다.

실무적으로는 대부분의 항공사가 IATA 표준항공화물운송장을 이용하고 있지만, 반드시 표준운송장을 사용해야 하는 것도 아니며, 표준운송장에 수정, 변경을 가하여 사용하더라도 항공화물운송장의 법적 성질은 변하지 않는다.

(4) 항공화물운송장과 선하증권의 차이점

항공화물운송장은 해상운송에 있어서 선하증권과 같은 기능을 가지고 있지만, 그 법적 성질은 크게 다르다. AWB는 B/L과 달리 유가증권이 아니다. 또한 수취식이고 원칙적으로 기명식이며 비유통성 이다. B/L과 AWB를 비교하면 다음과 같다.

〈항공화물운송장과 선하증권의 비교〉

항공화물운송장(AWB, Air Waybill)	선하증권(B/L, Bill of Lading)
유가증권이 아닌 단순한 화물운송장	유가증권
비유통성(Non-Negotiable)	유통성(Negotiable)
기명식	지시식(무기명식)
수취식(항공화물을 창고에서 수취하고 AWB발행)	선적식(화물을 본선에 선적한 후 B/L 발행)
상환증권이 아님	상환증권(수려증권)
송하인이 작성	선박회사(운송인)가 작성

(5) 항공화물운송장의 양식과 구성

① 항공화물운송장의 양식

국제항공화물운송은 세계의 항공사가 서로 관련하는 것이므로 Air Waybill은 공통의 디자인과 형식을 취하지 않으면 효과적인 연계운송이 될 수 없다. 따라서 IATA(국제항공운송협회, International Air Transport Association)에서는 통일된 양식 및 발행양식을 제정하고 있는데, 비IATA항공회사도 IATA항공회사와 연계운송을 해야 하므로Air Waybill의 양식(Form)은 IATA의 것과 같은 디자인의 Air Waybill을 사용하고 있다.

※ IATA회원(Member) 항공회사 상호 간에는 연대운송계약(Interline Traffic Agreement) 이 체결되어 있어 IATA를 통하지 않고 개별적으로 체결되는 경우도 있다.

② 항공화물운송장의 구성

　ⓐ Warsaw Convention에 의거하면 항공화물운송장은 송하인이 원본 3통을 작성하여 화물과 함께 교부하여야 한다고 규정하고 또한 제1의 원본에는 '운송인용'이라고 기재하고 송하인이 서명한다.

　ⓑ 제2의 원본에는 '수하인용'이라고 기재하고 송하인 및 운송인이 서명하고 이 원본을 화물과 함께 송부한다.

　ⓒ 제3의 원본에는 운송인이 서명하고 이 원본은 운송인이 화물을 인수한 후에 송하인에게 교부하도록 규정되어 있다. 그러나 실제로는 송하인이 작성하여 교부하는 경우는 드물고 항공화물대리점이 항공사로부터 Air Waybill의 용지를 받아 거기에 필요사항을 기입하고 화물의 인도를 받은 후 항공회사의 대리인으로서 송하인용 원본에 서명하거나 항공회사가 거기에 서명하여 송하인에게 교부한다.

　ⓓ 한벌의 항공화물운송장은 원본(Original) 3통 및 부본(Copy) 6통 이상으로 구성되어 있고 각 원본 및 부본에는 그 용도가 정해져 있으며 식별을 쉽게 하기 위해서 색용지를 사용하고 있다.

〈IATA가 정한 표준양식의 국제항공화물운송장의 구성〉

구분	용도	색구분	기능
Original 1	For issuing Carrier (발행 항공회사용)	녹 색	운송인(발행항공회사)용으로 운임이나 요금 등의 회계처리를 위하여 사용되고 송하인과 운송인과의 운송계약체결의 증거이다.
Original 2	For Consignee (수하인용)	적 색	수하인용으로 출발지에서 목적지에 보내 당해 화물운송장에 기재된 수하인에게 화물과 함께 인도된다.
Original 3	For Shipper (송하인용)	청 색	송하인용으로 출발지에서 항공회사(운송인)가 송하인으로부터 화물을 수취하였다는 것을 증명하는 수취증이고 또한 송하인과 운송인과의 운 송계약체결의 증거서류이다. 그러나, '수하인용'원본에 기재된 수하인에게 화물을 인도하는 경우에 수하인이 '송하인용' 원본을 소지하고 있는 가를 물어보지 않으므로 이 원본은 송하인이 운송품 처분권을 제한하는 효력을 가지고 있을 뿐이다. 그러나 환어음 결제에서는 이 원본으로 결제하고 있으므로 외국환은행은 취급하는데 주의하여야 한다.

Original 4	Delivery Receipt (인도항공회사 화물인도용)	황 색	운송인(인도항공회사비치용)이 도착지에서 수하인과 화물을 상환할 때 수하인이 이 부분에 서명하고 인도항공회사에 돌려주는 것으로서 화물 인도증명서 및 운송계약 이행의 증거서류가 된다.
Original 5	For Third Carrier (도착지 공항용)	백 색	화물과 함께 도착지 공항에 보내져 세관통관용 기타업무에 사용된다.
Original 6	For Third Carrier (도착지 공항용)	백 색	운송에 참가한 항공회사가 운임청산에 사용한다.
Original 7	For Second Carrier (제2항공회사용)	백 색	운송에 참가한 항공회사가 운임청산에 사용한다.
Original 8	For First Carrier (제1항공회사용)	백 색	운송에 참가한 항공회사가 운임청산에 사용한다.
Original 9	For(발행대리점용)	백 색	발행대리점의 보관용으로 사용한다.
Original 10 Original 11	Extra Copy (예비용)	백 색	필요에 따라 사용한다.

05. 항공운임

(1) 운임결정의 일반원칙

우리 나라는 국제항공운송협회 (LATA)의 The Air Cargo Tariff I & II 및 Tariff Coordinating Conference Regulation에 따라 항공화물의 운임을 산출하는데 그 산출의 기초가 되는 일반규칙은 다음과 같다. 그리고 요율, 요금 및 그와 관련된 규정의 적용은 운송장의 발행당일에 유효한 것을 적용한다.

① 항공화물의 요율은 공항에서 공항까지의 운송만을 위하여 설정된 것이며 부수적으로 발생되는 이적, 통관, 집화, 인도, 창고, 보관 혹은 그와 유사한 서비스에 대한 요금은 별도로 계산한다.
② 항공화물의 요율은 출발지국의 현지통화로 설정하며, 출발지로부터 목적지까지 한 방향으로만 적용한다.
③ 별도로 규정이 설정되어 있는 경우를 제외하고는 요율과 요금은 가장 낮은 것으로 적용한다.
④ 운임은 출발지에서의 중량(Chargeable Weight)에 kg/lb당 적용요율을 곱하여 산출한다.

⑤ 모든 화물요율은 kg당 요율로 설정하고 있으나 미국 출발화물의 요율은 lb(파운드)당 및 kg당 요율로 설정하고 있다. 단, 단위탑재용기요금(BUC ; Bulk Unitization Charge BUC)의 경우 미국 출발화물도 kg당 요율로 설정하고 있다.

⑥ 운임 및 종가요금(Valuation Charge)은 두 가지가 함께 선불이거나 도착지 지불이어야 한다.

⑦ 화물의 실제 운송경로는 운임산출시 근거로 한 경로와 반드시 일치할 필요는 없다.

⑧ IATA Tariff Co-Ordinating Conference에서 결의하는 각 구간별 요율은 해당 정부의 승인을 얻은 후에야 유효한 것으로 이용할 수 있다.

(2) 항공운송 운임요율

항공화물운임은 IATA가 제정한 운임표를 국제적으로 사용하고 있으며 우리나라도 동 운임 료율에 의거 정부의 승인을 받아 사용하고 있다. 항공화물운임은 중량을 중시하는 점과 중량할인이 있다는 점의 두 가지 특징을 지니고 있으며, 이러한 국제항공화물의 운임에는 다음의 종류가 있다.

① **일반화물요율** : 일반화물요율(GCR ; General Commodity Rate)은 모든 항공화물 운송요 금의 산정시 기본이 되며 다음에 설명하는 SCR 및 Class Rate의 적용을 받지 않는 모든 화물운송에 적용하는 요율이다.

　㉠ 최저운임(Minimum Rate) : 한 건의 화물운송에 적용할 수 있는 가장 적은 운임을 의미한다. 즉 화물의 중량운임이나 용적운임이 최저운임보다 낮은 경우에 적용되는 운임을 말하며, 요율표에 'M'이라고 표시되어 있다.

　㉡ 기본요율(Normal Rate) : 모든 화물의 요금에 기준이 되는 요율로 45kg 미만에 적용 이 된다.

　㉢ 중량단계별 할인 요율(Chargeable Weight) : 45kg 이상의 경우 무게(Weight Break) 에 따라 다른 요율이 적용이 되며, 중량이 많아짐에 따라 낮은 요율이 적용 된다. 운항구역 또는 구역 간에 대하여 45kg 미만, 100kg, 200, 300kg, 500kg 이상의 각종 중량단계별로 운임을 설정하고 있으며, 일반적으로 중량단계가 높아짐에 따라 운임 률이 절감된다.

② **특정품목 할인요율(SCR ; Specific Commodity Rate)** : 특정의 대형화물에 대해서 운송 구간 및 최저중량을 지정하여 적용하는 할인운임이다. 화물운송의 유형상, 특정구간에 서의 동종품목의 반복적 운송에 대하여 수요 제고를 목적으로 특정품목에 GCR보다 낮은 요율을 설정한 요율로서 CORATE라고도 부른다.

③ 품목별 분류 운임률(CCR ; Commodity Classification Rate) : 특정 품목에 대하여 적용하는 할인 또는 할증운임률인데, 할인운임(R)은 신문·잡지·정기간행물·서류·카탈로그 등에 적용하고, 할증운임(S)은 금·보석·화폐·증권 등윤 들 수 있다. 몇 가지 특정 품목에만 적용하며 특정지역간 또는 특정지역 내에서만 적용되는 경우도 있다.

운임계산 = 운임적용중량(C / W) Class Rate(%).

④ 종가운임(Valuation Charge) : 화물의 가격을 기준으로 일정률을 운임으로 부과하는 방식을 말한다. 항공운송장(AWB)에 화물의 실제가격을 신고하면 화물운송시 사고가 발생하였을 경우 손해배상을 받을 수 있는데 이때 화물가액의 일정비율로부터 종가요금이 가산되어 결국 종가운임은 손해배상과 직접적인 관련을 가진 요금방식이다.

$$종가요금 = \left[운임신고가격 - \frac{총중량 \times USD20/kg}{총중량 \times USD9.07/lb}\right] \times 0.5$$

⑤ 단위탑재용기요금(BUK ; Bulk Unitization Charge)
　㉠ 팔렛, 컨테이너 등 단위탑재용기(ULD)별로 중량을 기준으로 요금을 미리 정해놓고 부과하는 방식을 말한다.
　㉡ ULD 타입별로 한계중량(Pivot Weight)을 설정해 놓고 그에 따른 요금을 책정하여 이를 사용하는 대리점이 화물을 채우든지 못채우든지 상관없이 그만큼의 금액을 지불하게 하는 것이다.
　㉢ 단위탑재용기의 단위운임은 기본운임(Pivot Charge)과 초과중량요율(Over Pivot Rate)로 구성되고 각 형태마다 기본운임으로 운송할 수 있는 경우에는 기본운임이 적용되고 이를 초과시에는 화물의 중량과 한계중량의 차액에 1kg당 요율로 표시되어 있는 초과중량요율을 곱한 운임을 기본운임에 가산하여 전체운임으로 하게 된다.

⑥ 항공운송 기타 요금
　㉠ 입체지불수수료 : 송하인의 요구에 따라 항공사, 송하인 또는 그 대리인이 선불한 비용을 수하인으로부터 징수하는 금액을 입체지불금이라 한다. 항공사는 이러한 서비스에 대한 대가로서 입체지불금에 일정한 요율을 곱하여 산출된 금액을 입체지불수수료(Disbursement Fee)로 징수하고 있다. 이는 운임과 종가요금 이외에 기타 요금에 대하여도 착지불로 운송되는 것을 억제하기 위한 것이다.
　㉡ 착지불수수료 : 항공운송장상에 운임과 종가요금을 수하인이 납부하도록 기재된 화물용 착지불화물이라 하는데 이러한 화물에 대하여 운임과 종가요금을 합한 금액에 일정률에 해당하는 금액을 착지불수수료(Dharges Collect Fee)로 징수하고 있다.

ⓒ 기타 부대비용 : 화물취급수수료(Handling Charge), Pick-up Service Charge, AWB Fee 등이 있으며 위험품인 경우에는 위험품 취급수수료가 있다.

(3) 운임산출중량방법의 종류

① 실제중량에 의한 방법 : 화물중량의 측정은 미국출발을 제외하고 kg으로 측정(미국은 lb로 측정) 0.5kg 미만의 실중량은 0.5kg으로 절상하고 0.6 이상 1kg 미만의 실중량은 1kg으로 절상하여 운송장의 운임산출량에 기입한다.

② 용적(부피)중량에 의한 방법 : 용적계산은 (가로×세로×높이)의 방식으로 계산한다. 하지만 직육면체 또는 정육면체가 아닌 경우에는 최대가로×최대세로×최대높이로 계산하면 된다.

　ⓐ 부피를 운임부과중량으로 환산하는 기준
- $1kg = 6,000$ ㎤
- $1\,CBM = 1\,\text{m}^3 = (100 \times 100 \times 100cm) = 166.66kg(약\,167kg)$

　ⓑ 예제

> 우석상사는 휴대폰의 핵심부품을 항공편으로 일본에 수출할 예정이다. 다음의 조건을 고려할 때 항공운임은 얼마인가?
> ㉮ 휴대폰 부품 상자의 무게는 30kg이다.
> ㉯ 부품 상자의 용적은 가로 90cm, 세로70cm, 높이 80cm인 직육면체이다.
> ㉰ 최저운임은 US$ 400이며,
> 　50kg 미만은　　　　　 US$ 20/kg　　　 50kg 이상~60kg 미만은　US$ 15/kg
> 　60kg 이상 ~ 80kg 미만은 US$ 13/kg　　 80kg 이상~100kg 미만은 US$ 11/kg
>
> 〈풀이〉
> 용적(부피)중량에 의한 운임산출방법
> 1kg = 6,000㎤(가로×세로×높이)
> 따라서 90×70×80/6,000=84kg
> 80kg 이상 ~ 100kg 미만은 US$ 11/kg이므로 항공운임 = 84kg×US$ 11/kg = US$ 924

③ 고중량 저운임 적용방법 : 높은 중량단계의 낮은 요율을 적용하여 운임이 낮아질 경우 그대로 이 운임을 적용하는 방법이다.

06. 항공화물 운송절차

(1) 항공운송계약

① **화물의 예약** : 수출상은 항공화물대리점이나 운송주선인을 통하여 항공사에 화물운송을 의뢰하게 된다. 통상 선적신청서를 받아 기재한 후 상업송장, 포장명세서, 수출승인서를 첨부하여 제출한다.

② **화물의 인수** : 운송대리인은 해당화물을 송하인으로부터 인수하여 항공기 적재공항의 Air Cargo Terminal로 수송하여 보세창고에 반입한다.

③ **화물의 검사 및 통관** : 보세구역에 반입된 물품은 지정된 검량업체의 검량을 받은 후 수출통관절차를 밟아 항공기에 적재된다. 이때 위험물과 동물의 취급은 관계당국의 관계법과 ICAO/IATA가 제정한 규정에 따르도록 되어 있다.

④ **항공화물운송장의 발급** : 항공화물운송장은 화주가 작성하여 항공회사 또는 대리점에 제출하는 것이 원칙이나 일반적으로 화주가 제출한 운송지시서와 상업송장에 의거하여 항공화물대리점이 운송장을 작성하여 화물을 인수한 후 발행하고 있는 실정이다.

⑤ **화물의 운송 및 인수** : 운송서류를 화물과 함께 송부하면 목적지에 있는 대리점이 인수하여 수하인에게 화물도착통지를 하고, 수하인은 도착된 서류를 가지고 수입통관절차를 밟아 화물을 인수하게 된다.

(2) 항공운송 수출화물의 취급절차

① **장치장 반입** : 공장에서 생산된 완제품은 트럭에 의한 육로수송으로 물류터미널에 도착하게 되고 물류터미널의 장치장으로 반입된다. 장치장 반입시 항공운송사는 화물검사를 실시한 후 수출화물 반입계를 발급한다. 보세구역인 보세장치장에 수출화물을 반입하기 위해서는 세관 보세과에 수출화물 반입계를 제출하고 장치 지정 및 승인을 받아야 한다.

② **수출신고** : 보세구역내에 수출화물 반입 후, 자가통관의 허가를 받지 않은 수출업자는 반드시 관세사, 관세사법인, 통관법인 등 통관업자를 통해서 수출신고를 해야 하며, 이때 필요한 서류는 상업송장, 포장명세서, 검사증 등이다.

③ **수출심사** : 세관 심사과에서는 제출된 수출신고서를 1차심사한 후 이상이 없을 경우 감정과로 서류를 이송한다. 이때 심사하는 사항은 정상결제 여부, 수출금지품목 여부, 신고서 기재사항의 정확성, 화물의 기호, 품종, 수량, 계약조건, 목적지 심사 등이다.

④ **화물검사** : 감정과에서는 서류와 화물을 대조하면서 수량, 규격, 품질 등을 검사하며 심사과에서는 지정한 검사수량에 대해 전부 또는 일부를 개봉하여 검사한다.

⑤ **수출허가** : 화물검사 결과 이상이 없는 경우 서류는 세관 심사과로 회송되어 2차심사 후 수출신고필증을 발급해 준다. 일단 수출신고필증이 발급되면 해당 화물은 관세법상 외국화물이 되며 수출상은 수출신고수리 일로부터 30일 이내에 수출을 이행해야 한다.

⑥ **항공화물운송장 및 화물의 인계** : 통관절차가 완료된 화물의 항공운송장은 항공화물운송 대리점에서 화물인도증명서(Cargo Delivery Receipt)와 함께 해당 항공사에 접수시킨 다. 항공화물운송장에는 상업송장, 포장명세서, 원산지증명서, 검사증 등 수입지에서의 통관에 필요한 서류가 첨부된다. 항공사는 화물인도증명서에 접수확인을 기재한 후 검 수원에게 전달하여 화물을 인수토록 한다. 화물인수시 화물의 포장상태, 파손 여부, Marking과 Label의 정확성, 개수 및 수량의 일치 여부할 확인한다.

⑦ **적재작업** : 항공사는 해당 항공편의 항공기 특성을 고려하여 사용 단위탑재용기(ULD ; Unit Load Device) 및 적재작업 방법 등의 작업지시를 담당검수원에게 하달하고 검수원 은 작업지시에 의거 적재작업을 실시한다.

⑧ **탑재작업** : 적재작업이 완료된 화물은 중량배분을 위해 계량한 후 탑재 담당자에게 인계 되어 항공기로 셔틀운송된다. 항공사는 항공기의 안전운항 및 화물의 안전수송을 고려 한 탑재작업 지시를 탑재 담당자에게 전달하고 작업결과를 통보받는다.

⑨ **항공기 출발** : 화물기의 경우 적화목록이 완성되면 General Declaration 및 기용품 목록 과 함께 세관에 제출하여 출항허가를 얻은 후 탑재된 화물의 항공화물운송장 및 출항허 가서, 적화목록을 운항승무원에게 인계함으로써 항공기는 수입지를 향해 출발한다.

(3) 항공운송 수입화물의 취급절차

① **전문접수** : 출발지로부터 항공기 출발 후 해당편 탑재화물관련 전문을 접수하면 화물을 완벽한 상태로 신속히 인도하기 위해 항공기 도착 이전에 조업사에 통보하여 필요한 장비 및 시설을 확보토록 한다. 또한 부패성화물, 외교행낭, 긴급화물, 사람의 유해, 생동물 등의 특수화물에 대해서는 수하인에게 사전에 도착시간 및 운송장 번호, 개수, 중량 등을 통보하여 수하인으로 하여금 신속히 인도할 수 있도록 조치를 취한다.

② **항공기 도착** : 항공기가 도착하면 항공사 직원이 기내에 탑승, 운항승무원 또는 객실승무 원으로부터 운송장 및 출발지 출항허가, 적화목록 등을 인계받은 다음, 세관에 General Declaration, 적화목록, 기용품 목록을 제출하여 입항허가를 득한다. 또한 항공화물은 각 항공사별로 지정된 장치장에 우선 입고된다.

③ **서류분류 및 검토** : 서류가 도착하면 운송장과 적화목록을 대조하여 수입금지화물, 안보 위해물품 여부를 확인하고 보냉 또는 냉동을 요하는 품목은 적절한 조치를 취하도록 조업사에게 작업지시를 한다. 검토완료된 운송장과 적화목록은 통과화물의 경우에는 최종목적지로의 수송을 위해 세관에 이적허가를 신청하고 우리나라 도착화물의 경우에 는 화물이 입고되어 있는 해당 장치장 분류실에서 창고배정을 한다.

④ 창고배정 : 창고배정은 화주가 특정 수입화물에 대해 창고를 임시로 지정하는 긴급분류 대상인 경우 항공사에서 담당하고, 해당 화주 명의로 수입되는 모든 수입화물에 대해 특정한 창고를 지정할 수 있는 상시분류대상은 운송업체 대표로 구성된 민간운영협의회 에서 담당한다.

⑤ 화물분류 및 입고 : 창고배정이 완료되면 배정관리 D/B에 의거 해당 장치장은 화물을 분류하여 배정된 창고에 입고시킨다.

⑥ 도착통지 : 창고배정작업이 완료되면 항공운송장은 통관지역에 따라 물류터미널에 있는 항공사 지점이나 영업소로 보내지며 수하인에게 전화 등을 통해 도착통지를 한다. 혼재 화물일 경우 항공사로부터 항공화물운송장을 인도받은 복합운송주선 업체가 도착통지 를 한다.

⑦ 항공화물운송장 인도 : 해당 화물 수하인이 항공화물운송장을 인계할 때 본인인 경우에 는 주민등록증을 확인하며, 대리인인 경우에는 주민등록증 외에 위임장을 제출해야 한 다. 착지불화물인 경우에는 운송요금 이외에 운송요금의 약 2%에 해당하는 운임착지불 청구비용(Charge Collect Fee)을 지불해야 한다.

⑧ 보세운송 : 외국물품이 통관되지 않은 상태에서 물류터미널 이외의 지역으로 수송될 경우 보세운송허가를 받아야 한다. 항공화물의 보세운송은 간이보세운송과 특별 보세운 송으로 구분한다.

(4) 특수화물의 취급

① 중량 · 대형화물(HEA ; Heavy/Out-Sized Cargo)
  ㉠ 중량화물(Hea ; Heavy Cargo) : 1개의 포장 단위당 무게가 150kg을 초과하는 화물
  ㉡ 대형화물(BIG ; Out-Sized Cargo) : ULD Size를 초과하는 화물

② 부패성화물(PER ; Perishables) : 부패 · 변질되기 쉽거나 운송도중에 가치가 손상되기 쉬운 화물을 가리키며 우유, 버터 등의 냉장식품과 화훼, 백신 등의 화물로 냉동 · 보냉 컨테이너 등에 작업해야 하는 화물도 각각의 포장에 "Perishable"이라는 라벨을 붙인다.

③ 귀중화물(VAL ; Valuable Cargo) : 신고가격이 미화(USD) 1,000$을 초과하는 화물로서 보석, 화폐, 유가증권 등이 있다. AWB건당 신고가격 이 50만불을 초과하거나 항공기당 운송신고가격 총액이 800만불을 초과할 경우 사전승인이 필요하다. 항공운송장의 'Handling Information 란에 'AVL'이라고 기재하여야 한다.

④ 생동물(AVI ; Live Animals) : 생동물은 건강상태가 양호하고 IATA 생동물규정(IATA Live Animals)에 따라 포장이 되어 있고 수송 전구간에 대한 예약이 확인된 후에 수송이 가능하다.

⑤ 위험품(DGR ; Dangerous Goods) : 화물자체의 속성으로 인하여 수송중의 상태변화에 따라 인명, 항공기 및 기타화물에 손상을 줄 수 있는 수송제한품목을 말하며, 일반화물

과는 별도의 특별취급을 요하는 화물이다.

07 항공운송화물 사고처리

(1) 항공운송화물의 사고처리

운송인의 책임기간 중 화물의 파손 및 손상으로 상품의 가치가 일부 또는 전부 상실되거나, 지연운송으로 인도지연 및 분실로 인한 인도불능 상태가 되어 손해를 초래하게 된 것을 화물사고라고 한다.

〈항공운송 사고의 유형〉

사고유형		내 용
화물손상 (Damage)	Mortality	수송 중 동물이 폐사되었거나 식물이 고사된 상태
	Spoiling	내용물이 부패되거나 변질되어 상품의 가치를 잃게 되는 경우
지연 (Delay)	Short-Shipped (SSPD)	적하목록에는 기재되어 있으나 화물이 탑재되지 않은 경우
	Off-Load (OFLD)	출발지나 경유지에서 선복부족으로 인하여 의도적(Planned Offload)이거나, 실수로 하역(Off Load by Error)한 경우
	Over-Carried (OVCD)	예정된 목적지 또는 경유지를 지나서 화물이 수송되었거나 발송준비가 완료되지 않은 상태에서 화물이 실수로 발송된 경우
	Short-Landed (STLD)	적하목록에는 기재되어 있으나 화물이 도착되지 않은 경우
	Cross Labeled	실수로 인해서 라벨이 바뀌거나 운송장번호, 목적지 등을 잘못 기재한 경우
분실(Missing)		탑재 및 하역, 창고보관, 화물인수, 타항공사 인계시에 분실된 경우

(2) 운송인에 대한 손해배상(Claim) 청구

① 클레임제기 기간 : 클레임의 제기나 의사통보는 규정된 기간 내에 서면으로 해야 한다.
  ㉠ 화물파손 및 손상 : 화물을 인수한 날로부터 14일(2주) 이내
  ㉡ 지연 : 도착통지를 받아 물품이 인수권을 가진 사람이 처분 하에 있는 날로부터 21일(3주) 이내
  ㉢ 분실 : 항공운송장 발행일로부터 120일(4개월) 이내
  ※ 제소기한(提訴期限) : 운송화물의 사고에 관한 소송을 제기할 수 있는 기한은 항공기 도착일 또는 항공기의 운송중 지일로부터 2년 이내

② 클레임 제기에 필요한 서류

　㉠ 항공운송장 원본 및 운송인발행 항공운송장

　㉡ 상업송장 및 포장명세서

　㉢ 검정증명서

　㉣ 파손, 지연, 손실계산서와 클레임이 청구된 총계

　㉤ 지연으로 인한 손해비용 명세

(3) 인도불능 선적의 처리방법

① 인도불능 선적의 주요원인

　㉠ 지불방법의 상이로 인한 접수 거절

　㉡ 요율을 잘못 적용

　㉢ 주소의 오기 및 불명

　㉣ 수하인의 도산 및 휴·폐업

② 인도불능시 화물의 처리 절차 : 일차 출발지에서 재확인 후 정확한 주소로 재송부하며,
이 때 7일 간격으로 3차에 걸친 도착통지에 대해 응답이 없는 경우에는 인도불능으로
취급하여 'Notice of Non-Delivery'를 작성하여 출발지점 운송장발행 항공사 또는 취급
대리점에게 송부하게 된다.

(08) 국제항공기구와 국제조약

(1) 국제항공운송협회회(IATA ; International Air Transport Association)

① 세계항공운송에 관한 각종 질차와 규정을 심의하고 제정·결정하는 순수 민간의 국세협
력단체로 캐나다 몬트리올과 스위스 제네바에 본부를 두고 있다.

② **설립목적** : 운임, 운항, 정비, 정산업무 등 상업적, 기술적 활동을 하는 데 있다.

③ **주요활동** : 국제민간항공기구(ICAO ; International Civil Aviation Organisation) 등 관련
기관과 협력하고 주로 국제항공운임을 결정하며 항공기 양식통일, 연대운임 청산, 일정
한 서비스 제공 등의 활동을 한다.

(2) 국제민간항공기구(ICAO ; International Civil Aviation Organization)

① 국제 연합 산하의 전문기구로 국제 항공 운송에 필요한 원칙과 기술 및 안전에 대해
연구하고 있으며 캐나다의 몬트리올에 본부를 두고 있다.

② 제2차 세계 대전 때에 민간 항공기의 발전에 따라서 1944년 국제민간항공조약(통칭 시카고 조약)에 근거해 1947년 4월 4일에 발족했다.

③ **설립목적** : 국제 민간 항공에 관한 원칙과 기술을 개발하고, 제정해 항공분야 발달을 목적으로 한다.

④ **주요활동**

　㉠ 총회, 이사회, 사무국과 보조기관이 되는 복수의 위원회로 구성되며 위원회에서는 국제 민간 항공에서의 항공관제, 불법 간섭의 방지, 월경 방법에 관한 표준과 추천하는 방법을 심의한다.

　㉡ 시카고 조약을 비준하는 각국의 운수 안전 당국의 준거가 되는, 항공기 사고 조사에 관한 조약을 정하고 있다.

(3) 국제운송주선인협회연맹(FIATA ; International Federation of Freight Forwarders Associations)

① 국가별 대리점협회와 개별 대리점으로 구성된 기구로서 1926년 비엔나에서 국제적인 대리업의 확장에 따른 제반 문제점을 다루기 위해 설립되었다.

② **설립목적** : 대리점업의 이익을 국제적으로 보호하여 대리점조직과 연관업체들의 협조관계를 유지하는 데 있다.

(4) 바르샤바협약(Warsaw Convention)

① 제1차 세계대전 이후 급속도로 발달한 항공운송이 국제적으로 운송이 되고, 이에 따라 국제적으로 적용을 할 법규와 여객이나 운송인에게도 최소한의 보장이 요청됨에 따라 1929년 10월 바르샤바(Warsaw)의 제2회 국제항공법회의에서 체결된 협약이다.

② 정식 명칭은 '국제항공운송에 있어서의 일부규칙의 통일에 관한 협약(Convention for The Unification of Rules Relating to Int'1 Carriage by Air : Warsaw Convention)'이다.

③ 국제 항공운송인의 민사책임에 관한 통일법을 제정하여 동사건에 대한 각국법의 충돌을 방지하고 국제항공인의 책임을 일정하게 제한하여 국내민간 항공운송업의 발전에 그 목적을 두었다.

(5) 헤이그의정서(Hague Protocol)

바르샤바 조약의 체결이후 항공산업의 눈부신 발전과 이에 따라 항공기 자체의 안전도도 많이 증대가 되어 조약체결의 목적인 항공산업을 보호해야할 필요성이 크게 줄어들었다. 이에 1955년 9월 헤이그에서 열린 국제항공사협의회에서 1929년 1.월 Warsaw Convention 의 내용을 일부 수정한 의정서이다.

지식 in

바르샤바협약과 헤이그의정서의 이의신청 기간

구분	바르샤바협약	헤이그의정서
화물훼손(Damage)이 있는 경우	7일 이내	14일 이내
화물 연착(Delay)이 있는 경우	14일 이내	21일 이내

(6) 몬트리올협정(Montreal Agreement)

1955년 헤이그 의정서에 대하여 여객의 책임한도에 미국은 불만을 표시하고 탈퇴 후(1965년 11월 15일), 국제민간항공기구인 ICAO는 바르샤바조약과 개정조약에서의 여객에 대한 책임한도에 관한 특별회의를 가졌으며, 이에 따라 국제항공운송협회(IATA)는 미국정부와의 협의로 1966년 5월 04일 몬트리올에서 협정을 갖게 되었다.

(7) 과다라하라(Guadalajara)협약

① 운송인의 종류로는 여객·화주와 운송계약을 체결한 계약운송인(The Contracting Carrier)과 계약운송인을 위하여 또는 대신하여 실제로 운송의 일부 또는 전부를 담당하는 실제 운송인(The Actual Carrier)으로 구분이 된다.

② 실제운송인이 운송을 담당을 하는 경우 누구에게 협약을 적용하는 가에 대하여 법체계에 따라 해석을 달리함에 따라 1961년 맥시코의 과다라하라(Guadalajala)에서 개최된 외교회의에서 '계약담당자가 아닌 운송인이 이행한 국제항공운송과 관련된 일부규칙의 통일을 위항 바르샤바조약을 보충하는 협약으로 채택되었다.

(8) 과테말라의정서(Guatemala Protocol)

1965년 7월 국제민간항공기구(ICAO)총회에서 개정된 바르샤바조약상 운송인의 책임한도액을 다시 개정해야 할 필요성이 제기된 후 ICAO의 법률위원회에서 초안한 내용을 1971년에 과테말라에서 외교회의에서 통과된 의정서이다.

제5장 적중예상문제

01. 항공화물운송장(AWB)에 대한 설명으로서 옳지 않은 것은?

① 화물수취증의 역할을 하며 유가증권에 해당한다.

② 항공운송계약의 성립을 입증하는 항공운송계약서의 성질을 지닌다.

③ 원본1(녹색)은 발행항공사용이며 원본2(적색)는 수하인용이다.

④ 원칙적으로 수하인은 기명식으로서 기재되어야 한다.

⑤ 양도성이 없어 비유통 서류이며 송하인이 작성할 수 있다.

> **해설┃** ① 항공화물운송장(AWB)은 유가증권이 아닌 단순한 화물운송장이다.
> **정답┃** ①

02. 항공화물운송장(AWB)과 선하증권(B/L)을 비교 설명한 것 중 틀린 것은?

① 선하증권은 통상적으로 기명식으로 발행되고. 항공화물운송장은 거래의 신속성을 위해 지시식으로 발행된다.

② 선하증권은 대개 유통성 유가증권이고, 항공화물운송장은 비유통성 증권으로 발행된다.

③ 법률적으로 항공화물운송장은 송하인이 작성하여 항공사에게 교부하는 형식을 취하고 있는데 반하여, 선하증권은 선박회사가 작성하여 송하인에게 교부한다.

④ 항공화물운송장은 선하증권과 같이 송하인과 운송인 사이에 운송계약이 체결되었다는 증거 서류이다.

⑤ 선하증권이 대개 선적식으로 발행되는데 반하여 항공화물운송장은 수취식으로 발행된다.

> **해설┃** • 항공화물운송장 : 기명식
> • 선하증권 : 지시식(무기명식)
> **정답┃** ①

03. 다음 중에서 항공운송의 대상품목으로 가장 부적절한 품목은?

① 납기가 임박한 화물, 계절 유행상품, 투기상품 등 긴급 수요 품목

② 장기간 운송시 가치가 상실될 우려가 있는 품목

③ 부가가치·운임부담력이 낮고 중량대비 가격이 낮은 품목

④ 해상 또는 육상운송 등 다른 운송수단의 이용 불가능으로 인해 운송되는 품목

⑤ 물류관리나 마케팅전략에 의해 경쟁상품보다 신속한 서비스체제 확립을 위한 품목

해설 ┃ ③ 부가가치·운임부담력이 높고 중량대비 가격이 높은 품목
정답 ┃ ③

04. 다음 중 항공운송이 국제화물운송 분야에서 그 역할이 점차 중요시되는 이유가 아닌 것은?

① 운임부담력이 큰 고가제품의 증가 추세

② 생산·운송의 합리화에 의한 시간가치의 상승

③ 중량화물 및 대용적화물의 증가

④ 유행에 민감한 상품의 신속한 운송

⑤ 항공기의 대형화로 인한 운임인하

해설 ┃ ③ 항공수송은 중·소형 고부가가치 화물에 적합하다.
정답 ┃ ③

컨테이너운송

01. 컨테이너 화물운송의 개요

(1) 컨테이너운송의 개념 및 의의

① 컨테이너(Container)는 화물운송의 단위화(Unitarization)를 목적으로 하는 수송도구로서, 1920년대 미국의 철도화물운송에서 처음 등장하였으며, 해상운송에 있어서는 제2차 세계대전 중에 미군이 군수물자의 수송에 처음으로 사용하였다.

② 각종 운송수단에의 적응성과 호환성을 갖춘 컨테이너를 세계 최초로 개발한 곳은 미국의 New York Central 철도회사인데, 이 회사는 1921년에 철도사상 처음으로 컨테이너 서비스를 개시하였으며 1929년에는 영국의 철도에도 컨테이너가 채용되었으나 유럽제국을 비롯한 세계 여러 나라에서 철도컨테이너가 본격적으로 도입된 것은 제2차 세계대전 이후이다.

③ 해상운송에 있어 컨테이너화는 1956년에 미국에서 연안해상 컨테이너운송을 시작한데 이어 1966년에 미국의 Sea-Land사가 북대서양항로에 처음으로 풀컨테이너선을 투입함으로써 재래항로의 컨테이너화가 본격적으로 개시되었다.

④ 컨테이너 수송방식은 운송의 신속성, 안정성, 경제성과 같은 장점을 가지고 있어 물적유통부문의 포장, 수송, 하역 및 보관 등 운송의 전과정에 있어 혁신적인 수송도구로 각광을 받게 되었고 지금은 국제간 화물수송의 주종을 담당하기에 이르렀다. 국제운송의 컨테이너화는 각양각색의 화물을 컨테이너라는 국제적으로 규격화된 용기를 통하여 육해일관수송을 할 수 있도록 만들었다는데 커다란 의의가 있다.

⑤ 컨테이너는 날씨에 관계없이 기계작업으로 이루어지기 때문에 하역시간이 현저하게 단축되어 선박의 운항효율을 비약적으로 증대시킨다.

⑥ 컨테이너운송은 단순히 하역의 합리화에 끝나지 않고 화물을 일정한 규격에 맞도록 일괄운송형태를 가능하게 한다.

(2) 컨테이너운송의 장점

① 문전에서 문전까지(Door to Door) 일괄운송으로 적하시간과 비용을 줄일 수 있다.
② 화물의 중간적입 또는 적출작업이 불필요하며, 화물의 손상과 도난위험이 감소한다.
③ 화물의 단위화로 포장 및 장비사용의 효율성을 높일 수 있다.

④ 노동생산성을 높이며, 창고 및 재고관리비를 절감할 수 있다.

⑤ 특수컨테이너를 이용하여 특수화물의 취급이 가능하다.

⑥ 해상운송을 위한 내륙터미널시설을 이용할 수 있다.

⑦ 필요한 서류를 간소화할 수 있다.

(3) 컨테이너운송의 한계점

① 컨테이너 전용선, 하역장비, 컨테이너용기 등에 대한 대단위 투자가 필요하다.

② 컨테이너선의 운항관리와 경영이 일반 재래선에 비해 복잡하고, 고도의 전문적인 지식 과 기술이 요구된다.

③ 컨테이너에 적입할 수 있는 화물의 종류가 제한적이다.

④ 컨테이너 하역시설이 갖추어진 항구에서만 하역이 가능하다.

(4) 컨테이너운송의 효과

① **경제성** : 컨테이너운송은 운송비, 포장비, 하역비, 보관비, 인건비 등 총비용을 절감할 수 있다. 이러한 비용의 절감은 해상운임을 절감시키는 효과가 있다.

② **신속성** : 컨테이너운송은 작업시간을 단축시킬 수 있다. 즉, 작업시간의 단축은 운송기 간을 단축시킬 수 있기 때문에 선박운항비를 절감시키는 효과가 있다. 따라서 신속하게 물품을 고객에게 전달함으로써 고객의 서비스를 향상시키게 된다.

③ **안전성** : 컨테이너는 용구 자체가 견고하게 만들어졌기 때문에 컨테이너 내부에 적부된 물품이 안전하게 운송될 수 있다.

⑫ 컨테이너 화물형태와 운송형태

(1) 컨테이너 화물의 형태

① FCL(Full Container Load) Cargo

ⓐ 수출상 한 명의 화물만으로 1개의 컨테이너를 채우는 만재화물을 말하며, 운송과정 에서 거래당 사자는 보통 한 명의 송하인(Shlipper)과 한 명의 수하인(Consignee)이 있다.

ⓑ FCL Cargo 수출상은 빈 컨테이너를 Door Order하여 화물을 스스로 적입(Stuffing)한 적재된 화물을 컨테이너 야드(CY ; Container Yard)로 운송한 다음 세관에 수출수속 을 거친 후 세관의 검사 후에 봉인(Sealing)을 채우게 된다.

ⓒ 수출신고를 마친 화물은 컨테이너터미널로 운송한 다음 대기하고 있는 선박에 선적하며, 화물이 수입지에 도착하면 이를 직접 운송회사가 수입상의 점포나 창고까지 일괄운송해 줄 수 있는 장점이 있다.

ⓔ FCL Cargo는 수출상의 공장의 문전에서 수입업자의 창고의 문전까지 화물을 운송해 주는 Door-to-Door Service가 가능하며, 운임률표(Tariff Rate ; Freight Tariff)상의 운임, 항만사용료(WFG), 보세창고사용료, 터미널사용료(THC) 등 운송부대비용이 혼재 화물보다 저렴하다는 장점이 있다.

② LCL(Less Than A Container Load) Cargo

ⓐ 여러 명의 송하인화물로 1개의 컨테이너를 채우는 혼재화물(Consolidated Cargo)ff 말한다.

ⓑ LCL은 여러 화주의 화물을 하나의 컨테이너에 적입해야 하므로 수출화물을 컨테이너화물집하장(CFS ; Container Freight Station)으로 운반하여 화물을 혼적(Consolidation)해야 하는 불편함이 있다.

ⓒ 컨테이너가 수입지에 도착하면 수입상인 화주들은 도착항에 와서 컨테이너에 있는 화물을 꺼내어 각자 자기의 화물을 자신의 창고나 점포로 운송해야 하는 불편함이 있으므로 LCL은 Door-To-Door Service가 불가능하며, 평균운임 및 취급비용도 FCL Cargo보다 비싼 편이다.

ⓓ LCL Cargo는 운송인이 지정한 CFS Operator에 의해서 컨테이너에 적입되거나 컨테이너에서 하역(Devanning)하게 되어 주가로 CFS Handling Charges를 부담해야 한다.

(2) 컨테이너 화물의 종류

컨테이너 수송이 아무리 신속성, 안전성 및 경제성이 있다 하더라도 모든 화물을 전부 컨테이너화(Containerization)할 수 없다. 따라서 컨테이너화의 적합도에 따라 컨테이너 화물의 종류를 다음과 같이 구분하고 있다.

① 최적상품(Prime Containerizable Cargoes) : Container로 가장 효율적으로 운송할 수 있는 상품은 값이 비싸고 또한 해상운임이 비싼 공산품으로 전자제품, 피복류, 시계, 의약품 등이 있다.

② 적합상품(Suitable Containerizable Cargoes) : 최적상품보다는 값과 운임이 싼 상품, 즉 철제류, 피혁제품, 철판 등이다.

③ 한계상품(Marginal Containerizable Cargoes) : 물리적으로 적재할 수 있고 가격과 운임이 싸고 도난의 위험이 없는 상품, 즉 선철, 잉곳 등이다.

④ 부적합상품(Unsuitable Containerizable Cargoes) : 화물을 물리적으로 컨테이너화할 수 없는 것은 극히 드물겠으나 화물의 성질, 용적, 중량 등에 따라 경제적 측면에서 컨테이

너화에 부적합한 것이 있다. 화물의 크기가 컨테이너 내부의 용적이나 문의 치수보다 크거나 또는 중량이 컨테이너의 단위면적당 한계중량을 초과하는 화물은 컨테이너에 적입할 수 없다.

(3) 컨테이너의 종류

① 컨테이너의 크기별 분류

   ㉠ 해상운송에서 일반적으로 사용되고 있는 컨테이너는 20FT(20′×8′×8′6″), 40FT (40′×8′×8′6″), 40FT High Cubic(40′×8′×9′6″) 등이 주로 사용되고 있는데, 국제적으로 유통되고 있는 컨테이너는 국제표준기구(ISO ; International Organization for Standardization)의 표준규격을 사용하도록 권고하고 있다.

   ㉡ 20FT 컨테이너를 TEU(Twenty-foot Equivalent Unit)라 하고, 40FT 컨테이너를 FEU(Forty-foot Equivalent Unit)라 하여 물동량의 산출을 위한 표준적인 단위로 삼고 있으며, 이 단위는 컨테이너 선박의 적재능력의 표시기준이 되기도 한다.

   ㉢ 컨테이너에 적재할 수 있는 화물의 최대중량(Maximum Pay Load)은 화물을 적입한 후 컨테이너의 총중량(Maximum Gross Weight)에서 컨테이너의 자체중량을 뺀 중량이 된다.

   ㉣ ISO기준 컨테이너의 최대적재중량은 20FT 컨테이너가 20.32톤, 40FT가 30.48톤이나 이것은 단지 컨테이너 제작시 내구성을 규정한 것이며, 우리나라에서는 도로법상 과적차량 단속기준으로 20FT는 17.5톤, 40FT는 20.0톤까지 적재할 수 있도록 제한하고 있다.

② 일반용도에 따른 분류

   ㉠ 건화물 컨테이너(Dry Container) ; 온도조절이 필요 없는 일반잡화를 적부하여 운송하는 컨테이너로 밀폐식으로 제작된 것이 대부분이다.

   ㉡ 통풍 컨테이너(Ventilated Container) ; 과일, 채소, 식물 등의 수송시에 호흡작용을 돕기 위해 측면에 통풍구멍을 낸 컨테이너를 말한다.

   ㉢ 서멀 컨테이너 (Thermal Container) ; 냉동 또는 보냉이 필요한 물품의 운송에 활용되는 컨테이너를 말한다.

   • 냉동(Reefer) 컨테이너 : 육류, 어류 등 냉장·냉동식품을 운송하기 위해 이용되는 컨테이너

   • 보냉 컨테이너 : 과일, 채소 등의 수송시 온도상승을 방지하기 위해 제작된 컨테이너

LCL 화물(Less than Container Load)

화물량이 적어서 컨테이너 한 개를 채울 수 없는 소량 화물을 말한다. 그래서 1개 컨테이너에 여러 개 회사의 화물을 혼적(Consolidation)하여 싣게 되는데 이러한 화물을 LCL 화물이라 하며, 이러한 화물은 CFS(Container Freight Station)에 반입되어 목적지별, 화물종류별로 분류되어 하나의 컨테이너에 적재한다.

③ 특수용도에 따른 분류

　　㉠ 산화물 컨테이너(Bulk Container) : 곡물, 사료 등과 같은 산화물의 운반에 사용되는 컨테이너

　　㉡ 탱크 컨테이너(Tank Container) : 액체상태의 화물을 운반하는 탱크로 된 컨테이너로서 유조형태이다.

　　㉢ 오픈 탑 컨테이너(Open Top Container) : 건화물 컨테이너의 지붕과 측면, 상부가 개방되어 있어 상부에서 작업이 가능하도록 제작된 컨테이너로 중량이 큰 물품이나 장착화물을 크레인으로 하역하는 데 편리하다.

　　㉣ 하이드 컨테이너(Hide Container) : 동물의 피혁 등과 같이 악취가 나는 화물을 운송하기 위해 통풍장치를 설치한 컨테이너를 말한다.

④ 재질에 따른 분류

　　㉠ 강철컨테이너(Steel Container) : 강철로 용접하여 제작한 컨테이너로 파손의 위험이 적으나 무겁다는 단점이 있다.

　　㉡ 알루미늄컨테이너(Aluminium Container) : 가볍고 견고한 장점이 있으나, 가격이 비싸다는 단점이 있다.

　　㉢ FRP컨테이너(Fiberglass Reinforced Plastic Container) : 강철 프레임과 합판의 양면에 FRP를 부착하여 제작한 컨테이너이다. FRP컨테이너는 두께가 얇고 부식이 잘 되지 않으며, 열전도율이 낮다는 장점이 있는 반면, 무겁고 재료비가 비싸다는 단점이 있다.

〈컨테이너 내 화물적재 사양〉

구 분		20피트	40피트
내장규격	길이(m)	5.898	12.031
	폭(m)	2.348	2.348
	높이(m)	2.376	2.376
	최대용적(CBM)	33.2	67.11

무게(톤)	자체중량	2.26	3.74
	적재가능 화물중량	21.74	26.74
	총중량	24.0	30.48

(4) 컨테이너운송의 형태

컨테이너화물은 물품의 양이 한 개의 컨테이너에 가득 채워지는 경우(FCL ; Full Container Load)에는 화주의 창고나 공장에서 화주의 책임하에 직접 적입하여 컨테이너야적장(CY ; Container Yard)으로 운송되며 본선에 적재된다. 또한 물품의 양이 한 개의 컨테이너에 미달하는 경우(LCL ; Less Container Load)에는 화주의 창고나 공장으로부터 컨테이너화물 장치장(CFS : Container Freight Station)에 운반되어 거기서 목적지별로 다른 화물과 함께 컨테이너에 혼재되어 CY로 보내면 본선에 적재된다.

① CY/CY(FCL/FCL)
  ㉠ 컨테이너의 장점을 최대한 이용한 운송방법으로서 수출업자의 공장 또는 창고에서 부터 수입업자의 창고까지 컨테이너에 의한 일관수송형태로 수송되며, 운송도중 컨 테이너의 개폐 없이 수송된다.
  ㉡ 운송의 3대 원칙인 신속성, 안전성, 경제성을 최대한으로 충족시켜 컨테이너의 목적 을 완전하게 달성시키는 운송형태로서, 수입업자의 창고까지 상품을 수송하고자 하 는 경우에 이용된다.

② CFS/CFS(LCL/LCL)
  ㉠ 선적항의 CFS에서 목적항의 CFS까지 컨테이너에 의해서 운송되는 가장 기본적인 운송방법이다.
  ㉡ 여러 화주의 소량 컨테이너화물(LCL)을 이성에서 혼재(Consolidation)하여 선적하고 목직지의 cCFS에서 건테이니를 개봉하여 화물을 분류하여 여리 수입업자에게 인도 된다. 이러한 혼재업무 는 프레이트 포워더들이 행하기 때문에 이를 Forwarder's Consolidation이라 한다.
  ㉢ Pier to Pier(부두에서 부두까지)또는 LCL/LCL운송이라고도 부르며 운송인이 여러 화주로부터 컨테이너에 운송하여 목적항의 CFS에서 여러 수하인에게 화물을 인도하 는 방법이다.
  ㉣ CFS/CFS 방식은 송하인과 수하인이 여러 사람으로 구성되며, 운송인은 선적항과 목적항 간의 해당 해상운임만을 징수하고 이에 따른 운송책임도 선적항 CFS에서 목적항 CFS까지이다.

③ CFS/CY(LCL/FCL)

　㉠ 운송인이 지정한 선적항의 CFS로부터 목적지의 CY까지 컨테이너에 의해 운송되는 형태로서 운송인이 여러 송하인(수출업자)들로부터 화물을 CFS에서 집하하여 목적지의 수입업자 창고 또는 공장까지 운송하는 것을 말한다. 이를 Buyer's Consolidation이라고도 한다.

　㉡ CFS/CY 방식은 CFS/CFS에서 발전한 운송방법으로서, 대규모 수입업자가 여러 송하인들로부터 각 LCL 화물들을 인수하여 일시에 자기 지정창고까지 운송하고자 하는 경우에 이용하며 현재 우리나라에서 많이 이용하고 있다.

④ CY/CFS(FCL/LCL)

　㉠ 선적항의 CY에서 목적항의 CFS까지 컨테이너에 의해서 운송되는 방법으로서, 선적지에서 수출업자가 FCL화물로 선적하고 목적지의 CFS에서 컨테이너를 개봉하여 화물을 분류하여 여러 수입업자에게 인도된다.

　㉡ 한 수출업자가 수입국의 여러 수입업자에게 일시에 화물을 운송하고자 할 때 많이 이용된다.

지식 in | **FCL 화물(Full Container Load)**

　컨테이너를 단위로 하여 운송할 수 있는 대량화물을 말하는데, 즉 1개 컨테이너에 1개 회사의 화물이 적재되는 경우를 말하며, 이러한 화물을 FCL 화물이라 한다. 이러한 FCL 화물은 CY(Container Yard)로 입고된다.

03. 컨테이너 화물의 수출입 절차

(1) FCL 수출화물의 육상운송 절차

① 수출상은 선복예약(Booking)시 선적의뢰서(S/R ; Shipping Request)와 포장명세서(Packing List), 상업송장(Commercial Invoice)등의 서류를 선박회사에 제출한다. 특히, 화물 Door작업을 위해 공컨테이너 (Empty Container)를 수출상의 공장 또는 창고로 투입요청 시에는 투입요청시 간과 장소를 정확히 알려주어야 한다.

② 통관(수출신고)은 원칙적으로 장치장소에 장치한 후에 이행된다. 그러나 수출상이 상품 제조 전에 수출신고를 하고자 하는 경우 제조ㆍ가공완료 예정일 기준으로 수출신고가 가능하다.

③ 선박회사는 육상운송회사에게 수출화물을 수령(Pick-up)하여 선적지 컨테이너야적장(CY)까지 내륙운송을 지시한다.

④ 선박회사는 육상운송회사에 연락하여 수출화주가 희망하는 장소에 공컨테이너(Empty Container)투입을 요청한다. 장소가 대전 이북지역인 경우 의왕 ICD, 대전 이남지역인 경우에는 부산 컨테이너터미널 장치장(ODCY ; Off-Dock Container Yard)을 이용한다.

⑤ 수출통관이 완료되고 수출신고필증(Export Permission)이 발급되면 화주는 컨테이너에 화물을 적입하고, 작업이 끝나면 컨테이너 투입시 함께 전달된 봉인(Seal)을 직접 컨테이너에 장착한다.

⑥ 보세운송은 외국으로 반출될 물품을 통관된 상태에서 보세상태로 개항, 보세구역, 타소 장치장 등에 한하여 국제운송이 허용되는 것을 말한다. 수출의 경우 보세운송 허용기간은 30일 이내이며,보세운송시 구비서류는 수출신고서이다.

⑦ 컨테이너 터미널에 직접 인도되거나 ODCY에 반입된다.

⑧ ODCY에 반입한 후 컨테이너야적장(CY) 운영업자로부터 장치확인을 받아 선적지 관할세관에 보세화물도착보고를 한다.

⑨ ODCY에서 컨테이너 터미널의 마샬링 야드까지의 단거리 운송을 셔틀운송(Shuttle Drayage)이라 하며, 보통 본선 입항 3일 전부터 출항 12시간 전까지만 반입이 가능하다.

⑩ 컨테이너 터미널에 반입한 수출화물 컨테이너는 선박이 지정 선석(Berth)에 정박하기 전에 미리 마샬링 야드(M/Y)에 대기하였다가 선박이 정박하면 해당 선박에 적재된다.

⑪ **수출화물** : 선적이 완료되면 선박회사는 선적지 관할세관에 수출화물선적보고를 하여야 한다.

(2) LCL 수출화물의 육상운송절차

화주의 수출화물이 LCL화물인 경우에는 일반적으로 화주가 직접 차량을 수배해서 컨테이너 Door운송과정 없이 Loose Cargo상태로 트럭에 적재하여 CY/CFS까지 수송하며, 운임상의 혜택과 동일지역행 화물의 혼재(Consolidation)를 용이하게 하기 위하여 포워더를 이용하고 있다.

① 선적의뢰서(S/R)와 포장명세서, 상업송장 등의 서류를 선박회사에 제출하여 선복예약을 한다.

② 선박회사는 육상운송에게 연락하여 수출화물을 수령(Pick-up)하여 선적지 CFS까지 내륙운송할 것을 지시한다. 이때 수출상이 자사의 차량이 있는 경우 직접 운송하여 CFS에 인도할 수도 있다.

③ 육상운송회사는 수출상이 지정하는 공장 또는 창고로 차량을 배정한다.

④ 차량에 수출화물을 적재하는 것은 수출상의 의무이며, 수출상은 차량이 도착하는 즉시

신속하고 안전하게 적재해야 한다.

⑤ 육상운송회사의 물품수령인은 수출화물을 선적지 컨테이너화물집화장(CFS)까지 도로로 운송한다.

⑥ 지정된 CFS에 화물을 반입한다.

⑦ LCL화물의 통관은 선적지로 운송 후 세관이 지정하는 CFS에서 통관한다.

⑧ 수출통관이 완료되고 수출신고필증이 발급되면 CFS운영업자는 화물을 목적지별로 선별하여 집화하고, 컨테이너를 배정받아 컨테이너에 화물을 적입한 다음 직접 컨테이너에 봉인을 장착한다.

⑨ LCL화물을 혼재한 컨테이너는 대성에서 반출하여 컨테이너터미널에 직접 인도되거나 ODCY에 반입된다. 이때 컨테이너터미널 또는 CY의 담당자는 선박회사에 화물수령을 증명하는 화물인수도증(FCR)을 발행해 준다.

⑩ 컨테이너 야적장(CY) 운영업자로부터 장치확인을 받아 선적지 관함세관에 보세화물도착보고를 한다.

⑪ ODCY에서 컨테이너터미널의 마샬링 야드(M/Y)까지 셔틀운송한다.

⑫ 컨테이너터미널에 반입한 수출화물 컨테이너는 선박이 지정 선석에 정박하기 전에 미리 마샬링 야드에 대기하였다가 선박이 정박하면 해당 선박에 적재된다.

⑬ 수출화물 선적이 완료되면 선박회사는 선적지 관할세관에 수출화물 선적보고를 해야 한다.

(3) 수입화물의 내륙운송절차

① 수출국으로부터 선적정보 입수 : 수입국 선사는 수출국 선사로부터 컨테이너선적목록(Container Loading List), B/L목록, 선박출항보고서 (Vessel Departure Report) 등을 텔렉스나 팩스 능을 통하여 접수하며, 이 외에도 B/L 사본, 적화목록(Manifest: M/F), 위험화물목록(Dangerous Cargo Manifest), 식물화물목록(Botanical Cargo List), 최종본선적부계획 (Final Stowage Plan), 컨테이너 적부도(Container Load plan), 컨테이너 번호목록(Container Number List) 등을 입수한다.

② 선사의 입수정보 검토 : 선사는 B/L과 적화목록상의 데이터가 서로 부합하는지 여부를 검토하며, 컨테이너선적목록(Container Load List) 또는 본선적부계획(Stowage Plan) 및 B/L상의 컨테이너 번호를 체크한다.

③ 화물도착일정 통지 : 선사는 화주가 도착화물을 신속히 인수할 수 있도록 해당 선박이 도착하기 전에 화주에게 화물의 도착을 알리는 도착통지서(Arrival Notice)를 발송한다. 이는 체선료(Demurrage)의 발생을 방지하고 양하된 컨테이너화물을 내륙지역까지 원활하게 수송하며, 컨테이너와 운송차량을 효율적으로 관리하기 위한 것이다.

④ **보세구역 배정처 지정** : 화물도착통지를 받은 수입상은 화물을 어느 창고에 입고할 것인지를 지정해야 하며, 선사는 수입상이 지정한 배정처를 적화목록에 기재하여 세관에 입항신고를 한다. 만안 수입상이 화물 배정처를 지정하지 않을 경우 선사에서 임의적으로 배정한다.

⑤ **선박입항 및 하선**

㉠ 선박은 일반적으로 외항으로부터 도선사와 예인선의 도움을 받아 입항하는데 선사는 선박입항 24시간 전에 입항보고서, 적화목록 등을 세관에 제출하여야 한다.

㉡ 선사는 하선전에 Master B/L 단위의 적화목록을 기준으로 하선장소를 기재한 하선신고서를 세관에 함께 제출한 후 화물을 양하하는데 중국, 일본 등 근거리에서 입항하는 경우에는 선박입항시까지 세관에 제출하면 된다.

㉢ 컨테이너화물의 하선장소는 부두 내 또는 부두 밖 CY가 되는데, 수입화물을 입항 전에 수입신고하거나 하선 전에 보세운송신고를 하여 부두에서 직반출하는 경우 또는 부두장치 후 직반출 할 경우에는 당해 화물을 적재한 선박이 입항하기 전에 선사 및 대리점에 당해 화물을 부두 내 하선하거나 본선에서 차상반출하도록 세관에 부두하선요청을 하여야 한다.

⑥ **화물의 장치 및 보세운송**

㉠ 적화목록 하선신고서에 따라 하선신고일로부터 7일 이내에 하선장소에 물품을 반입하게 되며,하선장소 보세구역 설영인은 반입 즉시 보세구역 반출입요령에 의해 반입신고를 하여야 한다.

㉡ 하선장소에 반입된 컨테이너 수입물품은 내장된 상태로 10일이 경과되면 물품을 컨테이너로부터 적출하여 수출입화물집화장(CY/CFS) 또는 보세구역에 반입시켜야 한다. 다만, 컨테이너 수입물품이 고철, 원피, 원면, 살물 등과 같이 컨테이너에서 적출하여 수출입화물집화장이나 다른 보세구역에 반입하기 곤란하거나 물품검역 등에 장시간이 소요되는 물품 및 기타 부득이한 사유가 있는 경우에는 20일의 범위 내에서 세관장에게 장치기간 연장신청을 할 수 있다.

지식 in   **화물인도지시서(D/O ; Delivery Order)**

수입상이 선사에 B/L원본을 제출하고 운임을 지불하면 수입상이 보세구역에서 수입화물을 찾을 수 있도록 선사가 수입상에게 발행하는 서류

---

⑦ **수입통관** : 수입통관은 원칙적으로 적화목록이 제출된 이후에 세관이 수입상으로부터 수입신고를 접수받아 수입심사 후 수입신고필증을 교부함으로써 이루어진다. 세관은 수입신고서 및 서류가 접수되면 이를 검토하여 즉시수리, 심사대상, 물품검사대상 여부 등을 결정하게 된다.

⑧ 화물인도지시서 발행 : 수입상이 선하증권 원본을 제출하면 선박회사는 그에 따라 화물인도지시서 (D/O ; Delivery Order)를 발급한다. CY나 보세장치장 등은 선사 또는 포워더가 발행한 원본 선하증권이나 화물인도지시서를 소지하고 있는 화주에게 화물을 인도하며 운임과 창고료 등의 기타 비용을 영수하고 화물인도지시서 장부에 화물인도지시서 수취 및 화물 인출사항을 기록한다.

⑨ 빈컨테이너 반납 : 화주가 인수해 간 컨테이너의 반송은 원칙적으로는 Full Container를 Pick-up했던 ODCY로 반납해야 하나 예외적으로 선사가 지정한 내륙 컨테이너 데포(Depot)나 CY에 반납할 수 있다. 이때 선사가 정한 Free Time을 경과하여 반환하는 경우에는 컨테이너 지체료(Detention Charge) 가 부과된다.

(4) 수입화물 통관절차

구분	내용
수입신고시기	• 원칙 : 선박 또는 항공기 입항 후 • 입항 전 신고 : 신속한 통관이 필요시(출항 후) • 출항 전 신고 : 신속통관이 필요하고 운송기간이 단기간일 때 • 보세구역 장치 후 신고 : 보세구역 반입 후에 수입신고(주로 심사 검사 대상품목) • 보세구역 장치 전 신고: 물품도착 후 장치장 입고 전에 신고
수입신고서류	수입신고서, 수입승인서(I/L), 상업송장(Commercial Invoice), 포장명세서(Packing List), B/L 사본, 기타(원산지증명서 등)
수입신고인	관세사, 관세사법인, 통관법인 또는 화주
통관 심사	수입신고를 접수한 세관은 수입신고 서류의 서면심사 및 현품검사(해당시) 후 적법하면 수입신고 수리함
관세 납부	수입신고 수리 후 15일 이내에 세관에 납부(수리 전에도 납부가능)
수입신고필	수입신고 수리 후 관세를 납부하고 납부서를 세관에 제출하면 수입신고 필증이 교부되며, 이로써 외국물품이 아닌 내국물품이 되어 운송 및 처분이 가능함

04 컨테이너선과 컨테이너 터미널

(1) 컨테이너선의 종류

① 선형에 의한 분류

㉠ 혼재형(Conventional Ship) : 재래선에 일반잡화와 함께 혼재하는 선박이며 컨테이너 전용선이 아니다.

㉡ 분재형(Semi-Container Ship) : 재래선 선창의 중앙 또는 갑판에다 컨테이너 전용장치를 설치한 선박이다.

㉢ 전용형(Full-Container Ship) : 갑판 및 선창이 컨테이너만을 적재하도록 설계된 선박이다. 일반적으로 컨테이너선이라 하면 이 전용형의 컨테이너선을 말하는 것이다.

㉣ 바지운반선(Barge Carrier Ship) : 컨테이너나 일반화물이 적재된 Barge를 부선에서 그대로 본선에 적재 또는 하역할 수 있도록 Barge 하역용 크레인 등이 장비를 갖춘 선박이다. 안벽사용이 필요 없고 하역시간이 단축되며 하천 및 수로를 통하여 오지까지 직접운송이 가능하며 항의 혼잡을 덜고 창고의 작업능률을 향상시킨다는 장점 때문에 유럽에서는 단거리 운송에 많이 이용되고 있다.

② 하역방식에 의한 분류

㉠ Lift On/Lift Off(LO/LO) : 본선 또는 육상에 설치되어 있는 Gantry Crane으로 컨테이너를 수직으로 적양하 하는 방식을 말한다.

㉡ Roll On/Roll Off(RO/RO) : 선미 및 현측에 램프(Ramp)가 설치되어 있어 컨테이너는 이 램프를 통해서 트랙터나 또는 포크리프트(Forklift) 등에 의해서 하역된다.

㉢ Float On/Float Off(LASH) : 부선(Barge)에 컨테이너 또는 일반화물을 적재하고 Barge에 설치되어 있는 크레인(Crane) 또는 엘리베이터(Elevator)에 의해서 적양하된다. 대표적인 예가 LASH 선이다

(2) 컨테이너 터미널 주요 시설

컨테이너 터미널(Container Terminal)은 컨테이너선에의 화물의 적재와 하역을 원활하고 신속하게 하도록 하는 유통작업의 장소 및 설비의 전체를 말한다. 즉, 컨테이너운송에 있어서 해상 및 육상운송의 접점인 부두에 위치하고 본선하역, 화물보관, 육상운송기관에의 컨테이너 및 컨테이너화물의 인수, 인도를 행하는 장소를 말하며, CY 및 CFS가 컨테이너 터미널에 속한다.

① 컨테이너화물집화장(CFS ; Container Freight Station) : 다수의 화물로부터 컨테이너 한 개를 채울 수 없는 소량단위의 LCL화물들을 인수·인도하고 보관하거나 물품을 동

일 목적지별로 분류 (Consolidation)하여 컨테이너에 적입(Stuffing) 또는 하역작업 (Devanning)을 하는 장소이다.

② **컨테이너야적장(CY ; Container Yard)** : 컨테이너를 인수·인도하고 보관하는 장소인데 넓게는 Marshalling Yard, Apron, CFS 등을 포함한 컨테이너터미널의 의미로도 쓰이지만 엄밀히 말하면 CY는 컨테이너 터미널의 일부이다. 부산컨테이너터미널운영공사 (BCTOC)의 컨테이너터미널 안에 있는 저15부두, 제6부두의 CY는 On-Dock CY라고 부르며, 수영이나 감만 등지에 따로 설치된 CY는 부두밖CY(Off-Dock CY ; ODCY)라고 부른다.

③ **선석(Berth)** : 선박이 접안하여 화물의 하역작업이 이루어질 수 있도록 구축된 구조물로서 보통 표준선박 1척을 직접 정박시키는 설비를 지니고 있다. 선석 내에는 계선 중인 선박의 동요를 막기 위해 정박로프를 고정시킬 수 있는 계선주(Bit)가 설치되어 있다.

④ **에이프런(Apron)** : 안벽에 접한 야드 부분에 위치한 하역작업을 위한 공간으로서 부두에서 바다와 가장 가까이 접한 곳이며 폭은 시설에 따라 다르며 30~50m 정도이다. 이곳에는 갠트리 크레인이 설치되어 있고 일정한 폭으로 나란히 레일이 뻗어 있어 컨테이너의 적·양하가 이루어진다.

⑤ **마샬링 야드(M/Y ; Marshalling Yard)** : 선적해야 할 컨테이너를 하역 순서대로 정렬해 두는 넓은 장소로서 에이프런과 이웃하여 있다. 마샬링 야드에는 컨테이너의 크기에 맞추어 바둑판처럼 백색 또는 황색의 구획선이 그어져 있는데 그 한 칸을 슬로트(Slot)라고 한다.

⑥ **게이트(Gate)** : 게이트에서는 컨테이너의 이상 유무, 통관봉인(Seal)의 유무, 컨테이너 중량, 화물의 인수에 필요한 서류 등의 확인이 이루어진다.

　㉠ Terminal Gate : 터미널을 출입하는 화물이나 빈 컨테이너 등이 통과하는 출입구를 말한다.

　㉡ CY Gate : 컨테이너 및 컨테이너 화물을 인수·인도하는 장소로서 해상운송 대리인 및 화주, 수하인, 또는 육상운송인과의 운송확인 또는 관리책임이 변경되는 중요한 기능을 가진다.

〈컨테이너 터미널 구조〉

출처 : 한국무역협회, 컨테이너 운송실무 핸드북

⑦ 통제탑(Control Tower) : Control Center리고도 부르며, Container Yard 전체를 내려다 볼 수 있는 위치에 설치되어 CY 전체의 작업을 총괄하는 지령실이다. 본선하역 작업은 물론 CY 내의 작업계획, 컨테이너배치계획 등을 지시감독을 하는 곳이다.

⑧ 정비소(Maintenance Shop) : CY에 있는 여러 종류의 하역기기나 운송 관련기기를 점검, 수리, 정비하는 곳이다.

(3) 컨테이너 터미널 기기

① Gantry Crane(Wharf Crane) : 컨테이너 터미널에서 컨테이너선에 컨테이너를 선적하거나 양품하기 위한 전용크레인으로 Apron에 부설된 철도 위를 이동하여 컨테이너를 선적 및 양하하는 더 사용하는 대형 기중기이다.

② Straddle Carrier : 컨테이너 야적장에서 컨테이너를 양각 사이에 끼우고 운반하는 차량으로서 기동성이 좋은 대형 하역기기이다.

③ Chassis : 컨테이너 샤시라고 부르고, 컨테이너를 탑재하는 차대를 말하고 Tractor에 연결되어 이동한다. 즉, 육상을 운행하는 밴 트레일러(Van Trailer)에서 컨테이너를 탑재하는 부분을 말한다.

④ Tractor : 컨테이너 야적장에서 Chassis를 끄는 트럭을 Tractor라 한다.

⑤ Winch Crane : 컨테이너를 Chassis 또는 트럭에 적재 또는 양하할 때 사용하는 기중기로서 좌우로 회전도 가능하고 작업장까지 자력으로 이동하는 기중기이다.

⑥ Fork Lifter(Top Handler) : 컨테이너 터미널에서 컨테이너화물을 트럭에 적재하거나 또는 트럭에서 양하할 때 사용하는 기중기로서 대형과 소형 두 가지가 있다. 즉 Fork Lifter는 차체의 뒤에 화물적재용 Fork 또는 하역취급용 Attachment를 갖추고 이것을 승강시키는 유압장치로 화물을 운반하는 대형하역기계이다.

⑦ 스프레더(Spreader) : 컨테이너를 전용으로 하역하기 위한 지게차의 부속장치로 통상 유압으로 작동되며 운전실로부터의 원격조작이 가능하다.

〈컨테이너 터미널 기기〉

갠트리 크레인

스트래들 캐리어

톱 핸들러

(4) 컨테이너 하역시스템

① 샤시방식(Chassis System)

　㉠ 항만 내에서 컨테이너 크레인(C/C)과 도로용 컨테이너 운송차량인 로드트랙터와 로드샤시(R/T+R/C)를 이용하여 화물을 처리하는 방식이다.

　㉡ 주로 화물 취급량이 적은 소규모 항만이나 컨테이너 야드 면적이 넓은 미국의 일부 항만에서 사용한다.

　㉢ 운영방식은 하역시에는 로드트랙터와 로드샤시(R/T+R/C)를 이용하여 안벽의 컨테이너크레인으로부터 컨테이너를 적재하여 컨테이너 야드에 장치·보관 또는 직접 외부로 반출하고 선적시에는 그 역순으로 외부에서 반입한 컨테이너를 적재상태로 야드에 보관하였다가 선박이 입항하면 선적스케줄에 따라 선적이 이루어진다.

    ② 샤시방식은 별도의 야드장비가 필요 없어 비교적 단순하나 컨테이너를 적재상태로
    보관할 많은 수량의 로드 샤시가 필요하고 비어있는 상태의 샤시 보관장소도 별도로
    필요하다.

  ② 스트래들 캐리어방식(Straddle Carrier System)
    ㉠ 스트래들 캐리어를 이용하여 안벽과 컨테이너 야드 간 컨테이너를 직접 운송하거나
    야드에서 외부 반·출입 차량과의 컨테이너 적·하차 작업을 수행한다.
    ㉡ 컨테이너 야드에서는 컨테이너를 길이방향 한 줄로 2~3단 적재보관하고 부두외부
    반출·입시에는 도로 운송용 차량(R/T + R/C)을 이용하는 컨테이너 하역 시스템이다.
  ③ 트랜스테이너 방식(Transtaniner System) : 야드의 샤시에 탑재한 컨테이너를 마샬링
  야드에 이동시켜 트랜스퍼 크레인으로 장치하는 방식이며 좁은 면적의 야드를 가진 터
  미널에 가장 적합한방식이다.
  ④ 혼합방식(Mixed System) : 수입컨테이너를 이동할 때는 스트래들 캐리어방식을 이용하
  고 수출컨테이너를 야드에서 선측까지 운반할 때는 트랜스테이너 방식을 이용하여 작업
  의 효율성을 높이고자 하는 방식이다.

05 컨테이너 화물운송과 국제협약

(1) CCC협약(Customs Convention on Container, 컨테이너 통관 협약)

1956년 유럽경제위원회의 채택으로 생겨난 것으로 컨테이너 자체가 관세선, 즉 국경을 통과할 때 관세 및 통관방법 등을 협약해야 할 필요성 때문에 생겨난 것이다.

(2) TIR협약

① CCC협약이 컨테이너 자체의 수출입에 관한 관세법상의 특례를 설정한 협약인데 반하여 이 TIR통관협약(Customs convention on the international transport of goods under cover to TIR carnets)은 컨테이너 속에 내장된 화물이 특정 국가를 통하여 도로운송차량으로 목적지까지 수송함에 따른 관세법상의 특례를 규정하고 있다.
② TIR 협약의 주요 내용은 체약국은 도로운송차량에 의하여 컨테이너에 적입되고 봉인되어 운송되는 화물에 대해서는 일정한 조건하에 경유지 세관에서의 수입세나 수출세의 납부 또는 공탁의 면제나 경유지에서 원칙적으로 세관검사를 면제하자는 것이다.

(3) 신CCC협약과 신TIR협약

CCC협약과 TIR협약은 1950년대에 만들어진 협약이므로, 1960년대 후반부터 국제운송체제가 비약적으로 발전하여 개정이 불가피하게 되었다. 따라서 기존의 양 협약에다 유럽경제위원회가 새롭게 결의한 내용을 포함하여 각각 1975년과 1978년에 발효되었다. 우리나라는 1981년 10월에 국회의 비준동의를 받았다.

(4) ITI협약(국제통과화물에 관한 통관 협약)

관세협력위원회가 1971년 육·해·공을 포함하는 국제운송에 관련된 통관조약인 'Custom Convention on the International Transit of Goods'를 채택하였다. TIR협약이 컨테이너 도로운송에만 적용되는데 비하여 이 협약은 육·해·공의 모든 수송수단까지를 포함하고 있다.

(5) 컨테이너안전협약(CSC)

UN이 IMO(국제해사기구)와 협동으로 1972년에 채택한 '안전한 컨테이너를 위한 국제협약(International Convention for Safe Containers'이다. 이 협약의 목적은 컨테이너의 취급, 적취 및 수송에 있어서 컨테이너의 구조상의 안전요건을 국제적으로 공통화하는 것을 목적으로 하고 있다.

지식 in **CSI & C-TAPT**

2001년 미국에서 발생한 9.11 테러사건으로 물류부분에서도 안전·보안이 중요시 되었다. 2002년부터 미국 관세청이 국토안보정책의 일환으로 컨테이너 보안협정인 CSI(Container Security Initiative)을 추진해 왔으며, 테러방지를 위한 민관협력프로그램인 C-TPAT(Customs-Trade Partnership Against Terrorism)를 시행하고 있다.

지식 in **10+2rule**

미국으로 향하는 화물에 대해 보안 강화를 위하여 선적지로부터 출항 24시간 전, 미국세관에 수입업자와 운송업자가 신 고해야 할 각각의 사항들을 전자적으로 전송하도록 한 제도

✒️ 제6장 적중예상문제

01. 다음 중 수출서류에 해당하지 않는 것은?

① 선하증권 (B/L)
② 부두수취증(D/R)
③ 수출신고필증(E/L)
④ 원산지증명서(CVO)
⑤ 화물인도지시서(D/O)

> **해설 ▌ 화물인도지시서(D/O) :** 수입대금을 결제한 후 선하증권 원본을 수취한 수입자가 이를 선박회사에 제시
> 하면 선박회사 또는 그 대리인이 수입화주에게 화물을 인도할 것을 지시하기 위하여 본선의 선장 또
> 는 보세창고관리인 앞으로 발행하는 서류이다.
>
> **정답 ▌** ⑤

**02. 화주가 컨테이너 또는 트레일러를 대여 받은 후 규정된 무료기간(Free Time) 내에 반환을
못 할 경우 운송업체에게 지불해야 하는 비용은?**

① THC
② Wharfage
③ Feeder Charge
④ FCL Allowance
⑤ Detention Charge

> **해설 ▌** ⑤ 컨테이너 지체료
> ① Terminal Handling Charge의 약자로, 컨테이너 화물 이동에 드는 비용
> ② 부두이용료(W/F)
> ③ 모선과 본선 사이 운송화물에 발생되는 비용
> ④ 컨테이너에 중량이나 용량면에서 최소 단위의 화물만을 적입하였을 때, FCL 운임률에서 할인해
> 주는 제도
>
> **정답 ▌** ⑤

03. 수출화물의 컨테이너 운송에 관한 설명 중 잘못 된 것은?

① LCL화물은 CFS에서 혼재한 후 CY로 반입한다.

② FCL화물은 수출항뿐만 아니라 수입항에서도 CFS를 경유하지 않고 모두 CY로 직반입된다.

③ FCL화물은 CY로 직반입된다.

④ Door to Door가 이루어지는 화물은 FCL화물이다.

⑤ CFS/CY는 수출항의 CFS에서 혼재된 화물이 수입항에서 단일의 수하인에게 인도되는 방식이다.

> **해설** FCL화물일 경우 수출자는 운송인으로 하여금 컨테이너를 수출자가 지정하는 공장이나 창고까지 인도 (Door)하도록 하여, 수출자가 직접 수출물품을 컨테이너에 적입하는(Stuffing) 작업을 한 후에 컨테이 너를 봉인(Seal)하여 공로, 철도 또는 연안운송과정을 거쳐 선적항의 컨테이너야적장(CY : Container Yard)까지 내륙운송을 한다.
>
> **정답** ②

04. 관세율의 적용에 있어서 가장 우선순위인 관세는?

① 편익관세   ② 국제협력관세

③ 조정관세   ④ 할당관세

⑤ 보복관세

> **해설** **관세율의 적용순서**
> - 덤핑방지관세, 보복관세, 긴급관세, 상계관세, 특별긴급관세
> - 편익관세, 국제협력관세
> - 조정관세, 물가평형관세, 계절관세, 할당관세
> - 잠정세율
> - 기본세율
>
> **정답** ⑤

제7장 국제복합운송과 국제택배

01. 국제복합운송의 이해

(1) 복합운송(Multimodal Transport 또는 Combined Transport)의 의의

① 복합운송의 개념

    ㉠ 복합운송이라는 용어는 1929년 바르샤바 조약(국제항공운송 통일규칙에 관한 조약)에서 출발하여, 1956년 4월 해륙(Sea/Land) 복합운송용 컨테이너가 개발되면서, 실질적인 개념으로 발전되기까지는 통운송(Through Transport)이나 승계운송(Successive Transport)으로 이해되고, 그러한 개념 위에서 운송계약이 체결되어 왔다.

    ㉡ 복합운송은 하나의 계약에 의해 운송의 시작으로부터 종료에 이르기까지 전과정에 걸쳐 운송물이 적어도 두 가지 이상의 서로 다른 운송수단에 의해 운송되는 것을 말한다. 따라서 비록 특정 화물의 운송을 위해 여러 운송수단이 이용되더라도 수 개의 운송계약이 체결되고 또 그에 따라 운송증권이 발행된 경우에는 이를 부분운송 또는 구간별 운송이라 하여 복합운송과는 구별된다.

② 복합운송의 의의

    ㉠ 복합운송이란 물품이 어느 한 국가의 지점에서 수탁하여 다른 국가의 인도지점까지 최소 두 가지 이상의 운송방식에 의하여 이루어지는 운송을 말한다.

    ㉡ 복합운송은 컨테이너를 이용하여 '문전인수로부터 문전인도까지(Door to Door)'의 일관운송이 가능하도록 하였다.

    ㉢ 복합운송과 통운송(Through Transportation)의 차이점은 복수의 운송수단이 개입된다는 점에서 서로 같으나 이질적인 운송수단이 동원된다는 점에서 통운송과 다르다.

(2) 복합운송의 요건

① 하나의 운송계약 : 운송에 대한 전 책임이 복합운송인에게 집중되기 때문에 송하인은 복합운송인을 상대로 계약을 체결하면 되고 복합운송인이 운송의무를 이행하기 위하여 각 구간운송인과 체결하는 하청운송계약은 복합운송계약과는 무관하기 때문에 송하인과는 아무런 관계가 없다.

② **하나의 책임주체** : 복합운송인이 전 책임을 진다는 것은 반드시 복합운송인에 의해 전체 운송이 실행되어야 하는 것은 아니다. 오히려 운송의 어느 한 구간도 복합운송인 자신에 의해 이행되지 않는 경우가 많다. 따라서 누가 운송을 실행하느냐에 관계없이 복합운송인이 전체운송에 대한 책임을 지는 것이 복합운송의 중요한 특징이다.

③ **단일의 운임** : 복합운송은 운송의 대가로 각 구간별로 분할된 운임이 아닌 전운송구간에 대한 단일 운임을 특징으로 한다.

④ **운송수단의 다양성** : 복합운송은 서로 다른 여러 운송수단에 의해 이행되어야 한다. 여기에서는 운송인의 수가 문제가 아니라 운송수단의 종류가 문제가 되며, 이러한 운송수단은 각각 다른 법적인 규제를 받는 것이어야 한다. 따라서 우리 상법과 같이 도로, 철도, 내수운송에 모두 육상운송법이 적용될 경우에는 이들에 의해 이루어지는 복합운송은 사실상 서로 다른 운송수단이 사용되었음에도 복합운송으로 보지 않는다. 그리고 다양한 운송수단의 이용은 반드시 계약상 명시적으로 나타나야 하는 것은 아니고, 운송의 제반여건으로 보아 여러 운송수단이 이용되었으면 복합운송에 해당된다.

⑤ **복합운송증권의 발행** : 복합운송 자체의 필요조건은 아니지만 복합운송계약의 성립요건으로 복합운송증권의 발행이 필수적 인가가 문제된다. 대부분의 학자들은 복합운송인의 운송의무가 증권화 되어야 한다는 견해를 취하고 있고, 그것도 유통성이 있는 증권을 발행해야 한다고 본다.

⑫ 복합운송인과 복합운송체계

(1) 복합운송인의 정의

① 복합운송인은 이종 및 동종 수송수단을 조합하여 수송하는 운송인으로서 TCM조약 안에서는 CTO(Combined Transport Operator), 유엔조약에서는 MTO(Multimodal Transport Operator), 미국에서는 ITO(Intermodal Transport Operator)라고 부른다.

② **TCM조약** : 복합운송인을 ㉠ 복합운송증권을 발행하며, ㉡ 화물의 수령으로부터 인도까지 전구간에 걸쳐 자기의 이름으로 운송을 이행하고, ㉢ 그 운송에 대하여 조약에 규정된 책임을 부담하며, ㉣ 복합운송증권에 기명된 자 또는 정당하게 배서된 증권의 소지인에게 화물의 인도를 확실히 하기 위하여 필요한 모든 조치를 다하는 자로 규정하고 있다.

③ **유엔복합운송조약** : 복합운송인이란 스스로 또는 대리인을 통해서 운송계약을 체결하고 송하인이나 운송인의 대리인이 아닌 주체(하청운송인이 아님)로서 계약의 이행에 대해

책임을 지는 자로 정의하고 있다.

④ 복합운송인은 자기의 명의와 계산으로 화주를 상대로 복합운송계약을 체결한 계약당사자일 뿐만 아니라, 운송전반을 계획하며 운송기간 중 여러 운송구간을 적절히 연결하고 통괄하여 운송이 원활하게 이루어지도록조정하고 감독할 지위에 있는 자이다.

(2) 복합운송인의 유형

복합운송인(MTO ; Multimodal Transport Operator, CTO ; Combined Transport Operator)은 송하인과 복합운송계약을 체결하고 송하인에 대하여 계약주체로서 전운송구간에 대하여 책임을 지는 자이다. 복합운송인은 반드시 운송수단을 보유할 필요가 없다. 송하인에 대하여는 운송계약의 당사자로서 전운송구간에 대하여 책임을 지며, 개별운송구간에 대하여는 실제운송인(Actual Carrier)과 하청계약을 체결할 수 있다.

① 실제운송인형(캐리어) : UNCTAD/ICC 복합운송증권규칙 제2, 3조에서는 실제운송인을 '복합운송인과 동일인이거나 아니거나와 상관없이 실제로 운송의 전부 또는 일부를 이행하거나 또는 그 이행을 인수하는 자'로 규정하고 있다. 직접 운송수단을 보유하고 있는 선박회사, 항공회사, 철도회사 등이 있다.

② 계약운송인(포워더) : 운송수단(선박, 항공기, 화차, 트럭 등)을 보유하지 않으면서도 실제운송인처럼 운송주체자로서의 기능과 책임 즉 운송인에게는 화주입장에서 화주에게는 운송인의 입장에서 책임, 의무 등을 수행한다. NVOCC, International Freight Forwarder, Ocean Freight Forwarder, Aircargo Freight Forwarder, 통관업자 등이 있다.

③ 무선박운송인(NVOCC ; Non-Vessel Operating Common Carrier)형 복합운송인 : 1984년 해운법 제3조 17항은 NVOCC란 '해상운송에 있어서 자기 스스로 선박을 직접 운항하지 않으면서 해상운송인에 대해서는 화주의 입장이 되는 것'이라고 정의하고 있으며, 프레이트포워더형 복합운송인을 법적으로 실체화시킨 개념으로 1963년 미국 FMC General Order이다.

지식 in **복합운송형태**

- Piggy Back 방식 : 화물자동차 + 철도
- Fishy Back 방식 : 화물자동차 + 선박
- Birdy Back 방식 : 화물자동차 + 항공기(비행기)
- 철도-해운(Train-Water) 방식
- 랜브리지형 : 대륙을 횡단하는 철도를 가교(Bridge)로 하여 Sea-Land-Sea방식을 통한 복합운송의 형태

(3) 복합운송인의 책임체계

① 이종책임체계(Network Liability System)

⊙ 정의 : 화주에 대해 운송계약의 체결자인 복합운송인이 전 운송구간에 걸쳐서 책임을 지지만그 책임은 운송구간 고유의 원칙에 따르는 것을 의미한다.
- 해상운송구간 : 헤이그규칙 또는 헤이그-비스비규칙
- 항공운송구간 : 바르샤바조약
- 도로운송구간 : 도로화물운송조약(CMR) 또는 각국의 일반화물자동차 운송약관
- 철도운송구간 : 철도화물운송조약(CIM)

○ 손해발생구간이 확인되지 않은 경우 운송구간이 가장 긴 해상운송구간에서 발생한 것으로 간주하여 헤이그규칙 또는 헤이그-비스비규칙 등의 별도로 정해진 기본책임을 적용한다.

② 단일책임체계(Uniform Liability System) : 화주에 대해 운송계약의 체결자인 복합운송인이 전 운송구간에 걸쳐서 전적으로 동일 내용의 책임을 부담하는 책임체계를 말한다. 즉, 운송품의 손해가 복합운송인이 화물을 인수한 운송구간에서 발생한 경우 운송구간과 운송수단을 불문하고 동일한 운송 원칙에 따라 책임을 부담한다.

③ 변형 통합책임체계(Modified Uniform Liability System) : 단일책임체계와 이종책임체계의 절충 방식이라고 할 수 있다. UN 국제 물품복합운송협약에서는 손해발생 구간의 확인 여부에 관계없이 동일한 책임원칙을 적용하고 있으나, 손해발생구간이 확인되어 그 구간에 적용될 법에 규정된 책임한도액이 UN 협약의 책임한도액보다 높을 경우에는 높은 한도액을 적용한다.

03 복합운송증권

(1) 복합운송증권(CTD ; Combined Transport Document)의 의의

① 복합운송에 의하여 물품이 인수된 사실과 계약상의 조항에 따라 물품을 인도할 것을 약속한 복합운송계약을 증명하는 증권이다.

② 운송물품의 인수(Taking in Charge)에 의해 발행되는 서류로서, 현재 복합운송증권은 선하증권형식으로 발행하고 있다. 제5차 개정 신용장통일규칙에서는 신용장에 별도의 명시가 없는 한 은행은 복합운송서류를 수리하여야 한다고 규정하고 있어 복합운송증권을 중요한 운송서류에 포함하고 있다.

③ 복합운송증권(CTD) 중에서 국제운송주선인협회 연맹 복합운송선하증권(FIATA FBL ; FIATA Combined Transport Bill of Lading)은 복합운송선하증권양식을 이용하고 있다. 이는 유통성을 지닌 유가증권으로 은행이 수리한다. 그러나 FIATA 운송주선인 화물운송증권(FIATA FCT ; FIATA Forwarding Agents Certificate of Transport)과 FIATA 운송주선인화물수령증(FIATA FCR ; FIATA Forwarding Certificate of Receipt)은 비유통성 서류로 신용장에 별도의 허용이 있어야만 수리가 가능하다.

> **지식 in** **운송수단별 국제규칙**
>
> • 항공운송 : 바르샤바조약(Warsaw Convention), Montreal Convention 1999
> • 도로운송 : 국제도로물품운송조약(CMR)
> • 해상운송 : 선하증권통일조약(Hague Rules)
> • 복합운송 : UN복합운송조약(UNCTAD/ICC)
> • 철도운송 : CIM

(2) 복합운송증권의 특징

① 도로·철도·내수로·해상 또는 항공운송이 결합된 복합운송이 상이한 운송인에 의하여 이루어지더라도 복합운송증권은 처음부터 끝까지 전 운송구간을 커버하는 서류이다.
② 복합운송증권은 본선적재 전에 복합운송인이 수탁 또는 수취한 상태에서 발행되는 서류이다.
③ 복합운송증권은 실질적인 운송인(Actual Carrier)에 의해서만 발행되는 선하증권과는 달리 운송인뿐만 아니라 운송주선인(freight Forwarder)에 의해서도 발행된다.
④ 복합운송증권은 화주에게 통운송(Through Transport)의 전체적인 책임을 지고, 어느 구간에서 발생하였든 화물의 멸실이나 손상에 대해 책임을 지는 복합운송이이 발행한다. 그러나 통선하증권 (Through Bill of Lading)의 발행자는 통상 해상운송인이다.

(3) 복합운송증권의 형태

복합운송에 사용되는 운송서류로서의 복합운송증권에는 기존의 선하증권을 약간 변형한 선하증권형식의 복합운송증권과 복합운송에 관한 국제규칙에 따른 복합운송증권이 있다.

① 선하증권 형식의 복합운송증권
　　㉠ 복합운송증권의 대부분은 "Bill of Lading(B/L)"이라는 말이 붙은 선하증권 형식의 'Combined Transport Bill of Lading'이 주로 사용되고 있다.

ⓛ 선하증권형식의 복합운송증권은 'Combined Transport B/L', 'Multimodal Transport B/L', Through B/L' 등의 다양한 명칭을 사용하고 있으며, 이러한 증권은 그 명칭에 복합운송을 의미하는 문언이 기재되어 있는 것이 특징이라 할 수 있다.

ⓒ 특히 Through B/L은 선적지로부터 도착지까지 하나의 운송계약에 여러 운송인이 서로 연결하여 운송하는 형태의 통운송계약에 의하여 발행되는 증권으로서, 최초의 운송인이 모든 운송구간에 대하여 책임을 부담하므로 그 책임이 분명하다.

② Combined Transport Doajment(CTD)
　ⓐ ICC에서 1975년에 제정한 '복합운송증권에 관한 통일규칙(Uniform Rules for A Combined Transport Document)'에서 규정하는 복합운송증권이다.
　ⓑ 모든 복합운송구간을 포괄하기 때문에 각 운송구간에 대한 별도의 운송서류가 필요 없으며, 유통가능한(Negotiable) 형태와 유통불가능한(Non-Negotiable) 형태로도 발행된다.

③ Multimodal Transport Document(MTD)
　ⓐ UN 국제복합운송조약에 준거한 복합운송증권인데 그 조약이 아직까지 발효되지 못하고 있기 때문에 실제 사용되는 경우는 없다.
　ⓑ 조약의 법체계가 화주 중심이기 때문에 MTD는 복합운송인에 대하여 엄격한 책임원칙을 정하고 있는 것이 특징이라 할 수 있다.

〈복합운송증권과 통선하증권의 비교〉

구분	복합운송증권	통선하증권
운송수단의 조합	이종운송수단과의 조합만 가능	동종수단과 또는 이종운송수단과의 조합
운송계약형태	복합운송계약(하청형태)	형태 불문, 최종목적지까지 일괄운송만으로 가능
운송인의 책임형태	전 구간 단일책임	각 운송인 분할책임
1차운송인과 2차운송인의 관계	1차 운송인 : 원청운송인 2차 운송인 : 하청운송인	2차 운송인에 대한 1차 운송인의 지위는 화주의 단순한 운송대리인에 불과
증권의 발행인	발행인의 특별한 제한이 없어 운송주선업자도 가능(FIATA B/L에 한함)	선박회사와 그 대리인
증권의 형식	B/L 이외 형식도 존재	B/L 형식
On Board Notation	Taking in Charge 증명	선적선하증권(Shipped B/L)으로서 특정 선빅에의 적재 증명

(4) 복합운송에 관한 국제규칙

① **복합운송증권통일규칙** : 국제상업회의소(ICC)는 1973년에 '복합운송증권통일규칙(ICC Uniform Rules for A Combined Transport Document, ICC Publication No. 298)'을 채택하였는데, 이 규칙은 1991년 말까지 적용되어 오다가 UNCTAD/ICC 규칙으로 대체되었다.

② **UN 국제물품복합운송조약**

　㉠ UN조약의 내용을 보면, 손해발생구간이 판명된 때에는 국내법, 국제조약 또는 본조약상의 책임 한도액 중 가장 높은 금액으로 하고, 불명손해에 대해서는 해상구간이 포함되면 함부르크규칙(835SDR/Package or 2.5SDR/ha)의 110%를, 해상구간이 포함되지 않으면 8.33SDR/ha(CMR)을 적용하기로 규정하고 있다.

　㉡ UN조약은 복합운송에 있어서 발생한 물품의 손해에 대하여 단일운송계약을 지배하는 국제조약에 비해 매우 엄격한 책임을 운송인에게 부과하고 있는데, 그 손해발생에 대하여 복합운송인이 과실이 없음을 입증하지 못하면 책임을 져야 한다.

　㉢ UN조약은 물품의 멸실·훼손에 대한 복합운송인의 책임제한에 관해 포장물 또는 적재단위당 920SDR과 1kg당 2.75SDR로서 헤이그규칙보다도 10% 증가되어 있는데, 이는 비스비규칙 이후의 계속적인 인플레이션을 반영한 것이다.

③ **UNCTAD/ICC 복합운송증권규칙**

　㉠ UNCTAD/ICC규칙은 UNCTAD/ICC 합동위원회가 헤이그 규칙, 헤이그-비스비규칙, 복합운송증권통일규칙 등을 기초로 1991년 11월 파리의 ICC이사회에서 제정한 '복합운송증권에 관한 통일규칙(UNCTAD/ICC Rules for Multimodal Transport Documents)'을 말하는데, 이 규칙 또한 복합운송계약의 관습적인 일부분만을 다루고 있다.

　㉡ 이 규칙에서 복합운송인은 복합운송증권을 발행하고 전 운송구간에 대해서 책임을 지며, 또한 이종책임체계(Network System)를 채택하여 손해발행구간이 판명된 경우와 판명되지 않은 경우를 구분하여 규제하고 있다.

〈ICC 복합운송통일 규칙과 UNCTAD/ICC 복합운송증권규칙〉

	ICC 복합운송통일규칙	UNCTAD/ICC 복합운송증권규칙
책임체계	Network System	Modified Uniform System
책임원칙	과실책임원칙(다만, 거증책임은 운송인에게 있음)	
책임한도액	해당조항 없음	전손에 대한 책임한도액
적용범위	이 규칙에 의거한 복합운송 증권에 의거하여 체결된 복합운송계약에 적용됨	이 규칙을 복합운송계약에 삽입시키는 경우 이 규칙이 적용되며, 이 경우 단일운송계약 또는 복합운송계약이냐에 관계없이 적용됨
소송제기 기한	물품의 인도 후 9개월 이내, 물품의 전부 멸실은 12개월	물품의 인도일로부터 9개월
책임제한권 상실	멸실·손상 또는 인도지연을 발생시킬 의도를 가지고 또는 무모하게 또는 이것이 발생할 우려가 있다는 것을 인식하면서 행한 운송인의 개인적인 작위 또는 부작위로 이들 손해가 발생되었음이 증명된 경우	멸실·손상 또는 인도지연을 발생시킬 의도를 가지고 또는 무모하게 또는 이것이 발생한 우려가 있다는 것을 인식하면서 행한 운송인의 개인적인 작위 또는 부작위로 이들 손해가 발생되었음이 증명된 경우 ※ 운송인은 사용인의 항해과실 및 본선 관리상의 과실, 고의 또는 과실에 의한 화재가 아닌 경우 면책이고, 감항성 결여시 주의의무를 다 했음을 입증할 경우 면책이다.

④ 프레이트 포워더(복합운송주선인)

(1) 프레이트 포워더의 정의

① 프레이트 포워더는 복합운송 체계의 전문적인 운송지식과 노하우를 바탕으로 화주의 운송업무를 대행하여, 국제간의 교역화물을 송하인의 생산공장에서 수하인의 창고까지 여러 단계의 운송과정과 제반절차를 신속하고 원활하게 접속하여 일관 운송서비스를 제공하는 업무를 담당한다.

② 국제운송에서 화주를 위하여 운송인과의 운송계약 체결을 주선, 대리 또는 중개할 뿐만 아니라 운송서류의 작성, 조달, 화물의 통관, 보관, 포장, 인도 등 운송에 부가된 각종 업무를 처리하고 나아가서 각종 운송수단을 결합하여 자기의 명의로 문 앞 사이(Door to Door)의 일괄운송을 직접 인수하여 스스로 운송인이 되기도 한다.

(2) 프레이트 포워더의 주요업무

① 화주에 대한 전문적 조언자 : 화주의 요청에 따라 해상, 철도, 도로운송의 스케줄과 소요 비용, 서비스 내역, 경제성 등을 고려하여 가장 적절한 운송로를 권해주고, 운송에 필요한 포장 관련사항, 각종 운송규칙을 알려주고, 운송서류를 용이하게 작성할 수 있도록 조언한다.

② 화물 집화 · 분류 · 혼재(Consolidation) : 운송화물이 LCL화물일 경우 국제운송주선업자 소량의 단위화물을 여러 화주로부터 인수받아 이를 동일한 목적지별로 분류하고 혼재하여 FCL화물로 만들어 선박회사에게 전달한다.

③ Co-Loading

  ㉠ 개념 : 포워더 상호 간에 이루어지는 소량화물 공동집화를 말하며, 어느 한 포워더가 단독으로 소량 화물을 FCL로 집화할 수 없는 경우에 다른 포워더와 협조하여 공동으로 FCL화 하는 것을 말한다.

  ㉡ 특징 : Co-Loading을 의뢰한 포워더에게서 Forwarder's B/L을 발급받는데, 이 Forwarders B/L은 은행에서 Negotiation이 가능한 복합운송 선하증권(Combined Transport B/L)과 비슷한 기재사항을 담고 있으며, 선사가 발행하는 Master B/L의 성격을 갖는다.

④ 화물 Pick-up : 화물을 화주로부터 인수하여 항구에 정박하고 있는 선박에 적재를 위해 화물을 항구까지 운송하거나 공항까지 Pick-up 운송한다.

⑤ 선복예약 및 운송계약의 체결 : 국제운송주선업자는 통상적으로 자신의 명의로 운송계약을 체결하지 않으나 때에 따라서는 특정 화주의 운송계약 대리인으로서 운송계약을 체결할 수 있다.

⑥ 운송서류의 작성 및 적재업무 : 운송주선업자는 물품이 항구에 도착시 선박회사나 그의 대리점으로부터 선적허가서 (Shipping Permit)나 부두수취증(D/R ; Dock Receipt), 선하증권(B/L)을 수령하고, 수출허가서(E/L ; Export License)가 필요한 경우에는 수출허가신청서도 작성해야 한다.

⑦ 보험의 수배 : 국제운송주선업자는 화주를 대신해서 보험계약을 체결해주기도 한다. 이 경우 화주는 화물에 가장 적합한 보험형태, 보험금액, 보험조건 등에 대한 사전지식 없이도 보험업무를 손쉽게 이행할 수 있다.

⑧ 운임 및 기타 운송관련 비용의 견적 : 국제운송주선업자는 국내외 여러 선사와 업무협정을 통해 밀접한 관계를 갖고 업무를 수행한다. 따라서 송하인 또는 수하인은 국제운송주선업자를 통해 운송구간의 운임 및 그 밖의 시설을 이용하는데 따른 소요비용에 대한 견적을 요구할 수 있다.

⑨ **포장 및 보관** : 국제운송주선업자는 화물의 성질에 따라 가장 적절한 포장형태에 대해 조언해주 며, 독자적인 포장회사를 운영하는 경우도 있으며, 또한 운송화물의 보관에 필요한 업무를 서비스하기도 한다.

⑩ **통관 및 유통** : 화주의 요청시 국제운송주선업자는 화주를 대신해서 통관에 필요한 업무를 서비스하며, 수입화물에 대해서는 다수의 화주를 대상으로 물품을 직접 유통하기도 한다.

⑪ **해외시장조사** : 국제운송주선업자는 수입지의 제휴 국제운송주선업자를 통하여 고객인 화주에게 해외시장정보를 제공하거나 해외 거래선을 알선하기도 한다.

(3) 프레이트 포워더의 영업형태

① **혼재운송** : 소화물(LCL Cargo)을 집하하여 컨테이너단위화물(FCL Cargo)로 만들어 운송하는 프레이트 포워더업체의 가장 대표적인 서비스형태이다.

ㄱ **수하인 혼재운송** : 하나의 프레이트 포워더업체가 다수의 송하인으로부터 화물을 혼재하여 한 사람의 수하주에게 운송해 주는 형태로서 포워더는 수입자가 지불하는 혼재비용을 주수입원으로 한다.

ㄴ **운송주선인 혼재운송** : 다수의 송하인으로부터 운송의뢰를 받은 LCL화물을 상대국의 자기 파 트너 또는 대리점을 통하여 다수의 수입자에게 운송해 주는 형태로서 포워더의 주수입원은 혼재에서 발생하는 운임차액이다.

ㄷ **송하인 혼재운송** : 단일의 송하주의 화물을 다수의 수하인에게 운송해 주는 형태이다.

> **지식 in** 　**프레이트 포워더의 기능**
>
> • 운송에 대한 전문적인 조언
> • 운송수단의 수배
> • 본선과 화물의 인수 또는 인도
> • 운송관계서류의 작성 : 선하증권, 선복예약서(S/R), 선적허가서, 부두수령증(D/R), 수출입허가서
> • 통관업무의 수행
> • 포장 및 창고보관업무
> • 보험수배
> • 소량화물의 혼재(Consolidation) 및 분배
> • 복합운송

② Co-Loading 업무 : 포워더가 송하인으로부터 운송의뢰 받은 LCL화물이 FCL화물로 혼재하기에 부족한 경우 동일 목적지의 LCL화물을 보유하고 있는 다른 포워더에게 연합혼재(Joint Consolidation)를 의뢰하여 FCL화물로 만들어 운송하는 업무를 말한다.

③ 시베리아대륙횡단 철도서비스 : 시베리아대륙횡단 철도는 해상운송주선 업체가 최초로 무선박운송인 기능을 수행한 운송경로이다.

④ 프로젝트 및 벌크카고(Bulk Cargo) 운송서비스 : 특정한 공사계획에 따라 발생하는 화물의 운송서비스로, 특히 대형건설공사의 경우 건설자재 또는 장비의 운송을 맡아 운송비의 원가계산에서부터 개입하고 원자재 또는 부품을 포장하여 지정된 인도지점까지 적기에 운송하는 방식으로 대부분의 공사의 시공에서부터 완공에 이르기까지 일괄하여 서비스를 제공한다.

⑤ 특수화물 운송서비스
　㉠ 해외이주화물의 운송
　㉡ 미군 화물의 운송

⑥ 행잉 가먼트(Hanging Garment) 서비스 : 컨테이너에 의해 가죽 또는 모피와 같은 의류를 운송하기 위한 서비스의 형태로 컨테이너 내부에 의류의 원형 그대로의 보존상태를 유지하기 위해 필요한 설비를 장착하여 제공하는 서비스이다.

⑦ 전시화물취급 서비스 : 상업화물의 해외상품 박람회의 전시나 예술품 등의 해외전시를 목적으로 반출입되는 경우, 당해 화물의 포장에서부터 해외반출이나 전시 후 반입될 때까지 모든 절차를 일괄하여 처리해 주는 서비스이다.

⑧ 하우스 포워딩(House Forwarding) 서비스 : 불필요한 부대경비 및 인력을 절감하고 전문업체에 의한 신속하고 정확한 화물운송을 위하여 수출입 당사자는 상품 수출입에 관한 고유 업무를 전담 하고, 운송에 대한 제반 업무는 계약에 의하여 신용 있는 1인의 포워더가 전담하여 일괄적으로 처리하는 운송서비스를 말한다.

⑨ 운송관련 각종 대행 서비스 : 포장, 육상운송, 통관, 창고업무 등

(4) 프레이트 포워더의 이용 편익

① 수출업자 측면
　㉠ LCL화물의 약점인 선박회사의 선적 거절과 혼재에 대한 난점이 프레이트 포워더를 이용할 경우 해소
　㉡ 본선의 선적을 기다릴 필요 없이 복합운송증서 또는 화물수령증을 선적 이전에 프레이트 포워더로부터 발급받아 금융의 원활을 기할 수 있음
　㉢ 복잡한 선적, 내륙운송, 하역 및 통관의 제절차를 화주가 직접 수행하지 않아도 되어 인건비와 시간을 절약
　㉣ 화물의 출고나 CFS(Container Freight Station) 입고 이후 책임이 면제

ⓜ 최종 목적지가 본선의 도착항이 아닐 경우 이후의 내륙수송, 통관 및 하역 따위의 여러 절차를 프레이트 포워더가 담당함으로써 도착지 운송에 대한 사전준비 등 불필요한 노력이 절감

② 수입업자 측면
ⓐ 물류전문가인 프레이트 포워더를 이용함으로써 필요 없는 인력과 노력이 절감
ⓑ 프레이트 포워더가 화물 준비상태를 미리 추적하여 선적통지를 해주기 때문에 사전 공급계획을 세울 수 있음
ⓒ 화물수령에 필요한 서류의 작성과 절차에 관해서 조언을 받을 수 있음
ⓓ 화물도착에 대해서 프레이트 포워더로부터 통지를 받을 수 있을 뿐만 아니라 화물을 수하인에게 배송해주기 때문에 본연의 일상 업무에 전념할 수 있음

③ 운송업자 측면
ⓐ 수많은 화주를 직접 상대하여 자기의 운송서비스를 광고하여 집화하지 않아도 되며 소수의 프레이트 포워더와의 접촉으로도 가능
ⓑ 수많은 개별화물을 직접 취급할 경우에는 많은 인원과 공간이 필요한데 프레이트 포워더를 이용하면 인원과 공간을 줄일 수 있으므로 경비를 절감
ⓒ 수많은 개별화물이 통합되어 일괄 수령이 가능하므로 운항 및 서류 작성이 용이
ⓓ 수많은 개별 화주와의 직접적인 접촉으로 말미암은 불필요한 청탁이나 비공식적 작업이 근절
ⓔ 물류 및 운송의 전문가를 상대하게 되므로 자신에 대한 이해와 권유가 용이

(5) 프레이트 포워더의 활용방안

수출입업체는 프레이트 포워더를 활용함으로써 최적 수송 수단과 루트에 관한 최신 정보를 이용할 수 있으며, 악천후와 파업 따위에 의한 수송기관의 수배가 어려울 경우에도 신속히 대처하여 수송루트의 변경 등에 따른 피해를 최소로 줄일 수 있다.
① 최량의 물류시스템의 설계자
② 물류코스트에 바탕을 둔 최적의 판매조건에 대한 전문가
③ 일관수송시스템의 감시자

(05) 국제복합운송경로

(1) 국제복합운송의 형태

① **해륙복합운송** : 해륙복합운송에는 대륙과 해상을 잇는 교량역할을 하는 Land Bridge방식이 이용 되고 있다. 이 Land Bridge Service는 운송경비의 절감과 운송시간의 단축을 위한 것으로 대륙횡단의 육상운송을 이용하여 바다와 바다를 연결하는 운송서 비스라고 할 수 있다.

② **해공복합운송** : 해상운송이 가지는 저운임과 항공운송이 갖는 신속성을 효과적으로 결합한 운송방식으로서, 가장 일반적으로 행해지고 있는 해공복합운송경로는 일본과 북미서해안 간의 태평양해상에서는 해상운송을 이용하고, 미국내륙 및 미국과 유럽 간에는 항공운송을 이용하여 미국 중동부 및 유럽 각지로 수송하고 있다.

(2) 랜드 브릿지(Land Bridge)

① **개념** : 해륙 복합일관수송이 실현됨에 따라 해상-육상-해상으로 이어지는 운송구간 중 중간구간인 육로운송구간을 말하며, Land Bridge의 개발은 대륙을 횡단하는 철도 또는 도로를 가교(Bridge)로 한 복합운송의 형태이다.

② **목적** : 운송비용의 절감과 전체 소요시간의 감소를 위한 것으로서 이러한 비용절감의 가능성은 해상운송업자들로 하여금 내륙운송에 있어서 규모의 경제(Economy of Scale)를 추구하기 위해 주요 내륙운송망에 탁월한 접근성을 가진 소수의 항만에 화물량을 집중시키도록 했다.

③ **특징** : Land Bridge로 인해 모든 여정이 단일운송수단의 통제와 책임하에 놓이게 됐으며, 전체 운송과정을 선사 또는 비선박운항업자(NVOCC ; Non Vessel Operation Common Carrier)가 발행하는 단일 선하증권에 의해 커버할 수 있게 되었다.

(3) ALB(American Land Bridge)

① 1972년에 Seatrain사가 개발한 이 루트는 극동 · 유럽행 루트라기보다는 유럽 · 북미행 화물의 루트로 개발된 것으로서 극동 · 일본에서 유럽행 화물을 운반하기 시작한 것이다.

② 그 후 1978년에 Sea-Land, 1980년에는 APL, 1982년에 Lykes Lines가 참가하고, 더욱이 Sea-Land와 APL은 미국 내에서의 이단적재컨테이너전용열차(DST ; Double Stack Train)에 의한 Intermodal System을 완비하여 서비스를 하고 있다.

⟨American Land Bridge(ALB)⟩

출발지	수송 수단	중계지	수송 수단	중계지	수송 수단	목적지	소요일수
극동 주요항	배	오클랜드	철도	찰스톤	배	앤트워프, 함부르크, 로테르담, 브레멘 등	27~32일
		로스앤젤리스	철도	뉴올리언즈	배	로테르담	

(4) MLB(Mini Land Bridge)

① 1972년, 미국선사 Seatrain이 찰스톤을 경유해 유럽에서 캘리포니아로의 MLB(Mini Land Bridge)수송을 개시했다. 이 수송의 귀항항로를 이용해서 극동에서 미국 동안으로 화물을 운반한 것이 MLB수송의 발단이고 이것에 의해 미국과 극동간의 복합운수송의 막이 열렸다.

② 극동에서 북미 동안(뉴욕)까지의 해상수송거리는 약 9,800마일, 서안을 경유하여 철도로 연결을 통한 횡단수송의 거리는 7,600마일이 된다.

③ 수송시스템을 실현하기 위해서는 낮은 철도운임을 확보하는 것이 필요불가결한 요소로서 Seatrain은 2개의 철도회사와 낮은 운임계약을 맺고 MLB수송을 시작하였다.

④ 1984년 미해운법의 발효와 컨테이너선의 선복과잉에 의한 선사간의 과당경쟁, 부가가치 운송서비스의 요구에 대해 정기선사가 국제종합물류 관리를 목표로 하여 미국내륙까지의 일관수송체제의 구축에 힘을 기울였고 선사의 정요일서비스에 부합되는 Unit Train & Service의 확립과 경제효율이 높은 이단적재열차(DST ; Double Stack Train)의 개발은 선사에 의한 복합운송을 더욱 촉진시켰다.

(5) IPI(Interior Point Intermodal)

① Mini Land Bridge가 Port to Port운송인데 비하여 IPI, 즉 Micro Bridge는 미국내륙지점으로부터(또는 까지) 최소한 2개의 운송수단을 이용한 일관된 복합운송 서비스를 말한다.

② MLB가 미 동안으로의 해상운송 서비스의 대체수단으로서 미 동안, 카리브지역의 항구로 목적지가 한정되어 있는 것에 비하여 IPI는 내륙포인트까지를 목적지로 하는 복합일관운송이다.

③ IPI는 선사 자신이 내륙까지의 B/L을 발급하고 철도에서 트럭으로의 연결, 최종목적지로의 인도까지 모두 선사가 수배한다. 최근에서는 화주 문전(Door)까지 운송을 수배하는 Store Delivery Service도 성행하고 있다.

(6) RIPI(Reversed Interior Point Intermodal)

① 극동 아시아를 출항하여 파나마 운하를 경유해서 미국 동안(東岸) 또는 걸프만 지역의 항까지 해상운송한 후 그 곳에서 미국의 내륙지역(중계지 경유 포함)까지 철도나 트럭으로 복합운송하는 방식이다.

(7) CLB(Canadian Land Bridge)

① 1979년 일본의 포워더에 의해서 개발된 운송루트로 미국대륙 경유 ALB가 선사주도인데 반해 CLB는 포워더 주도형의 서비스이다.
② SLB, ALB와 같이 구주운임동맹의 관할권 외에 있고 태평양, 대서양항로의 해상운임에 대해서도 동맹운임(Tariff)의 적용 외에 있기 때문에 한때는 상당수의 구주운임동맹의 계약화주도 이용했지만 세계적인 선복과잉과 맹외선사의 급격한 진출로 해상운임이 하락한데 반해 대고는 수차례의 환적으로 운송 코스트가 높아지게 됨에 따라 최근에는 이용률이 낮아지고 있다.

(8) SLB(Siberian Land Bridge)

① 시베리아를 육상 가교(Land Bridge)로 하여 한국, 일본, 극동, 동남아, 호주 등과 유럽대륙, 스칸디나비아반도를 복합운송 형태로 연결하는 복합운송 형태를 말한다.
② SLB운송은 1971년부터 본격 개시된 이래, 한국, 대만, 홍콩, 필리핀, 호주, 뉴질랜드까지로 집하지역이 확대되고, 목적지도 서구, 동구, 북구뿐만 아니라 지중해, 중동, 북아프리카, 아프카니스탄, 몽고까지로 확대되어 유럽항로에 의한 해상운송에 대항하는 운송루트로 발전하였다.
③ SLB는 부산~보스토치니(Vostochny)간을 컨테이너선으로 해상수송한 후 시베리아철도의 컨테이너전용열차(Block Train)로 러시아의 유럽국경 역까지 운송한 후 유럽의 철도, 트럭, 선박 등을 이용하여, 컨테이너 화물을 복합일관 운송한다.

(9) 시베리아 대륙횡단철도망(TSR ; Trains Siberian Railway)

극동지역의 주요항구와 러시아의 컨테이너 전용항구인 보스토치니 간의 해상운송경로와 시베리아 대륙철도망 및 유럽 또는 서남아시아의 내륙운송로가 연결된 복합운송경로이다.

(10) 중국대륙횡단철도망(TCR ; Trains China Railway)

극동지역을 기점으로 중국의 연운항까지 해상운송한 후 철도로 중국대륙을 관통하여 러시아를 경유 로테르담까지 연결하는 철도로서 TSR보다 2,000km 이상 거리가 단축되며 수송기간도 약 10일 이상 줄어들 수 있다.

(11) 아시아횡단철도(TAR ; Trains Asian Railway)

아시아 횡단 철도는 유럽과 아시아를 가로지르는 완전한 철도망을 만들기 위한 프로젝트이다. 국제연합 아시아 태평양 경제 사회 위원회(UNESCAJP ; Economic and Social Commission for Asia and the Pacific)의 프로젝트이다.

06. 국제택배(국제소화물일관운송)

(1) 택배운송산업의 개념

① 택배서비스의 의의
  ㉠ 택배서비스는 소형·소량화물을 문전에서 문전까지 운송하는 것으로 소화물의 집하, 포장, 운송, 배송에 이르기까지 포괄적인 일관서비스를 제공한다.
  ㉡ 택배서비스는 운송서비스에 대한 소비자주도형의 사회적 요청에 부응하고 있다. 즉, 택배서비스는 소비자에게 편리성·정확성·신속성에 입각하여 일관서비스를 제공하는 혁신적인 운송체계로서 언제, 어디서든지 전화 한통화로 집하는 물론 배송과 그동안의 화물 흐름을 확인해준다.

② 운송서비스에 대한 고객의 다양화 : 운송서비스에 대한 양보다 질의 중시, 개성화된 생활패턴에 따른 운송수요의 복잡성과 다양성, 만혼 및 독신자의 증대, 여성의 사회진출 등이 그 변화의 요인이다.

③ 택배운송사업의 출현배경 : 고객의 다양한 요구에 부응하고, 교통체증, 다빈도 소량배송, 운송비용의 증가(유류대 인상, 공과금 인상, 통행료 인상 등)와 같은 외부환경 변화에 적응하여 화물운송의 집중화, 운송패턴의 시스템화물 실현할 필요성이 대두하였다.

(2) 택배서비스의 특징

① 운송인의 책임하에 'Desk to Desk'의 포괄적인 서비스 제공 : 'Door to Door' 단계를 지나 'Room to Room','Desk to Desk'단계에 이르기까지 확대되는 포괄적인 일관서비스를 제공한다. 이때 운송 중의 환적, 기타 원인에 의한 손해발생 등 화물운송의 전 과정에 걸쳐 원칙적으로 운송인이 일관적으로 책임을 부담한다.

② 소형·소량화물의 운송을 위한 운송체계 : 일반적으로 30kg 중량제한을 두고 있는데 택배사원이 혼자 힘으로 취급 가능한 정도의 중량을 의미하며 법적 제한은 아니다.

③ 단일운임·요금체계 : 단일운임, 요금체계로 경제성 있는 운송서비스를 제공하고 있으며, 공식적인 운송장을 작성하여 화물의 분실 및 파손에 대한 손해배상제도를 확립하고 있다.

④ 운송서비스의 혁신성 : 택배서비스는 화물을 집하에서 배송, 확인에 이르기까지 어디든
지 전화한 통화로 운송의뢰인의 편의를 제공하므로 편리하며, 화물추적 시스템에 의하
여 소화물의 배송단계와 현재의 화물위치를 확인하여 줌으로써 안정성과 정확성을 실현
하고 있다.

⑤ 복잡한 도시 안에서의 집하와 배송에 적합한 운송체계 : 소형차량을 이용하여 도시 내
권역별로 공동집하 · 배송체제를 유지함으로써 교통혼잡, 환경오염, 교통사고 등의 부작
용을 최소화할 수 있는 운송체계이다.

⑥ 영업망의 전국적인 네트워크 산업 : 택배서비스업은 전국을 일원권으로 하는 네트워크산
업이다.

택배의 간선운송시스템

지식 in

간선운송시스템은 크게는 집하지에서 배달지역을 직접 연결하는 Point-to-Point방
식과 집하화물을 한곳으로 집합시킨 후 배달지역별로 구분하여 운송하는 Hub &
Spokes방식이 있으나 현실적으로 두 방식을 적절하게 절충하여 사용하는 것이 일반적이
며 효율적인 방법이다.

• Point-to-Point System
일정한 집하지역내의 집배시설에서 집하한 화물을 배달될 지역별로 분류한 후 간선차
량을 이용하여 배달할 지역 내에 설치된 집배시설에 도착시키고 이 시설에서 배달처리
하거나 하위 배달조직으로 연계 처리하는 방식으로 각각의 지역에서 집하한 화물을
이와 같은 방식으로 처리하는 화물연계시스템이다.

• Hub & Spokes System
각 지역의 집배센터와 거리 또는 무게중심에 의한 중심지역에 설치한 대단위 허브터미
널을 직접적으로 연계하여 운송하는 시스템, 셔틀운송이 없고 간선운송만으로 운영,
미국 국제택배업체인 Fedex가 효시, 국내에서는 대한통운이 대전에 허브터미널을 두
고 전국에 집배송센터와 직접 연계하는 시스템을 구축하면서 시행되었으며 대부분의
중소업체들은 이 시스템을 이용하고 있다.

(3) 국제택배운송의 의의

① 국제택배운송이란 소형화물을 항공기를 이용하여 화주문전에서 문전으로 배달하는 운
송체계로 항공기에 의한 간선수송과 집배를 위한 자동차수송과의 연계에 의해 행해지는
국제복합운송의 한 형태이다.

② 국제택배운송에는 선적서류, 업무서류, 카탈로그 등을 항공기를 이용해 문전배달을 행하는 Courier Service와 상품의 견본, 선물, 각종 기계류 부품 등의 소형, 경량물품을 취급하는 별송품 서비스로 나눌 수 있다.

③ International Courier Service라고도 한다.

(4) 국제택배운송의 특징

① 취급화물이 중량 30kg 이하의 비교적 소량화물이며 거의 시장가치가 없는 것이 대부분이다.

② 운송사업자가 수취에서 인도까지 전체의 운송에 대하여 책임을 진다.

③ 일정기간 내에 조속한 인도를 목적으로 하는 'Door to Door'운송체계이다.

지식 in

Courier Receipt(커리어서비스영수증)

커리어서비스를 이용해 문전에서 문전까지 수취·배달하여 주는 송배달업자의 수령증을 말한다. 이는 송배달업자가 수취에서 인도까지 총괄하여 책임진다.

(5) 국제상업서류송달업

① 외국의 상업서류송달업체인 DHL, UPS 등과 상업서류송달서비스 계약을 체결하여 상업서류, 견본품, 서적, 잡지 등을 자체운임과 운송약관에 따라 'Door to Door'서비스로 신속하게 운송하는 사업을 말한다.

② Courier Service는 서류(계약서, 기술관계 서류, 각종 데이터, 사양서, 목록, 은행관계 서류, 수출화물의 운송서류, 증권류 등), 도면, 설계도, 자기 Tape, Computer Tape, 팸플릿, 사진, 보도용 원고 등의 급송을 요하는 것을 대상으로 한다.

(6) 택배서비스업의 유형

① 운송수단에 의한 분류

　㉠ 일반택배서비스업 : 개인화물 또는 기업화물의 송하인인 화주로부터 소형·소량화물의 운송을 의뢰받아 화물을 대리점 또는 취급점에서 집하하고, 집하된 화물을 중앙 분류센터로 집결시켜 다시 지역별로 분류, 운송한 다음 각 지역별 대리점 또는 취급점에서 수하인에게 배송 및 확인하는 소화물운송체계를 말한다.

　㉡ 노선화물: 일정한 노선의 경유지인 영업소를 거쳐 장기적으로 운행하게 되어 있거나, 특정 노선별로 설치되어 있는 영업소를 거점으로 순회하는 운송방식을 채택하고 있으며 혼적을 허용하여 여러 화주의 화물을 운송하고 있는 형태이다.

ⓒ 철도소화물 : 소화물은 승객이 아닌 일반인에 의해 탁송의뢰로 보내지는 화물로 소화물 일관운송의 대상이 되며, 철도에 의해 운송이 이루어지기 때문에 철도노선이 있는 역에서만 취급된다.

ⓔ 우편소화물 : 정보통신부에서 취급하는 소포를 말하며, 근거리 소포의 경우는 자체 집배차량이 직접 운송하고 있으나, 지역간 운송의 대부분은 철도차량을 이용하고 있다. 지역구분 없이 전국적으로 배송이 가능하며 화주는 개인과 법인 등으로 다양하게 구성되어 있다.

ⓜ 고속버스소화물 : 긴급한 화물을 지역별 노선 고속버스 편에 운송하는 형태로, 긴급한 화물을 운송할 필요가 있을 때 화주가 직접 고속버스터미널로 가지고 가서 탁송하거나 터미널에 도착한 화물을 찾아오는 형태로 중소업체의 소화물과 서류 등이 대부분이다.

ⓗ 이륜오토바이(퀵 서비스): 교통상황이 복잡한 도시 안에서 긴급한 상품, 서류 등을 오토바이를 이용하여 1~2시간 이내에 배송해 주는 것을 말한다.

ⓢ 국내 상업서류송달업(파우치) : 무역관련 서류, 주로 서울본점과 지방지점 사이의 공문서나 그와 비슷한 것을 신속하게 배송해 주는 서비스로 일반적으로 오후 근무시간 종료직전에 집하하여 다음날 오전 중에 배송해주는 것을 말하며, 주로 소화물 열차나 노선화물편을 이용하고 있다.

ⓞ 메트로 서비스(Metro Service, 도보) : 교통상황이 복잡한 도심지 안에서 긴급한 상품이나 서류 등을 지하철이나 대중교통수단을 이용하여 30분~1시간 이내에 배송해 주는 것을 말하며, 서울 시내를 중심으로 지하철이 연결되는 범위 안에서 이루어지며 배송직원이 직접 방문접수와 배송을 하는 형태이다.

② 기 · 종점구간에 의한 분류

ⓐ 개인 대 개인(C to C ; Customer to Customer) : 소량 · 소형의 화물이 개인으로부터 집하되어 개인에게 배송된다. 서비스 원가가 가장 많이 소요되며 택배서비스 만족을 충족시키기 가장 어렵다.

• 발송인 및 수하인이 대부분 개인이다.
• 대부분 가정화물이므로 집하 · 배송시 소요시간이 많이 걸린다.
• 개별 방문시 부재 중인 경우가 많아 2차 방문이 빈번히 발생한다.
• 집하 및 배송을 고객이 원하는 시간에 맞추기가 어렵다.

ⓑ 기업 대 개인(Business to Customer) : 기업으로부터 대량으로 출하되는 화물을 개인들에게 배송하는 형태로서 무점포판매업(카탈로그, CATV, 인터넷쇼핑, 전자상거래 등)을 한 유통업체가 주로 이러한 형태의 택배서비스를 이용한다. 일반 기업체인 경우에는 고객이나 직원들에 대한 사은품, 기념품의 배송에 주로 이용한다.

ⓒ 기업 대 기업(Business to Business) : 중소기업에서 제작된 화물을 다양한 지역으로부터 집하하여 대기업 또는 조립업체로 배송해주는 형태인 조립형과 대기업에서 제조된 상품을 판매점으로 배송해주는 형태인 판매형 택배서비스로서 집배물량의 규모 및 지역의 분산도에 따라 조달형 운송으로 이루어지거나 개별배송 및 공동배송형의 운송으로 이루어지기도 한다.

③ 화주의 이용형태에 의한 분류
  ⊙ 기업물류에 의한 택배이용
  ⓛ 오피스수요에 의한 택배이용
  ⓒ 여행이나 레저에 의한 택배이용
  ⓔ 통상 가정생활에 의한 택배이용

(7) 택배서비스시장의 환경변화

① 화주측 측면
  ⊙ 다품종 소량생산체제와 소비자 주도형 사회로 전환
  ⓛ 소비패턴의 변화로 소량다빈도 배송
  ⓒ 제3자 물류에 대한 관심 고조로 인한 택배서비스업 탄생계기

② 운송업체측 측면
  ⊙ 차량증가로 심각한 도로정체, 환경 및 교통규제의 강화
  ⓛ 운송업체의 인력난
  ⓒ 택배서비스업에 대한 진입규제 완화로 치열한 경쟁
  ⓔ 화주들의 다양한 서비스 요구

③ 개인고객 측면 : 정보사회와 IT기술의 발전으로 인터넷 쇼핑몰과 통신판매의 급증으로 상품주문고객들은 빠른 시간 안에 상품을 구입하고자 한다.

(8) 택배서비스의 문제점 및 활성화 방안

① 택배서비스의 문제점
  ⊙ 택배서비스터미널은 가급적 이용자와 가까운 지역에 위치하여 신속한 고객대응과 늦은 시간까지 집하영업을 할 수 있어야 하나, 대도시 주변에 부지가격이 높아 터미널을 건설할 수 있는 넓은 부지를 확보한다는 것이 매우 어렵다.
  ⓛ 택배서비스 물동량의 약 80%가 도심지역에 밀집하여 있으나 도심지역 집하 및 배송을 위한 임시 주 · 정차 공간이 부족한 실정이다.

ⓒ 집하화물을 배달지역으로 운송하기 위한 분류와 상하차 작업은 대부분 야간에 실시되고 있는데 이러한 작업의 인력을 확보하기가 어렵다.

ⓔ 택배서비스의 경우 고객 접점이 중요한데, 지입·위탁차량운영으로 고객에 대한 서비스 품질이 낮아지고 정보의 연계성이 떨어져 운영의 어려움이 발생하고 있다.

② 택배서비스의 활성화 방안

ㄱ 택배서비스터미널 등 인프라시설을 확보해야 하나 기업차원에서는 막대한 투자 여력이 없기 때문에 국가 또는 지방자치단체에서 건립하여 택배서비스 기업에 임대하는 방식과 일반물류터미널을 건전화 하는 등의 전략적 검점을 구축하여야 한다.

ㄴ 도심지 내의 택배서비스 차량운행의 향상을 위해서는 일정한 시간대를 선정하여 허가된 차량이 일정한 시간동안 주·정차하여 영업활동을 할 수 있도록 해야 한다.

ㄷ 최종 고객 접점인 영업소를 활성화하여 양질의 택배서비스 품질이 고객에게 전달되도록 효율적 인 영업소관리가 이루어져야 한다.

제7장 적중예상문제

01. 복합운송주선인(Freight Forwarder)의 기능으로 가장 거리가 먼 것은?

① 화주의 요청에 따라 가장 효율적인 운송경로와 비용을 제시해 주고, 목적국의 각종 운송 규칙에 대해 조언한다.

② 특정 화주의 대리인으로서 자기명의로 운송계약을 체결하고 선박의 선복을 예약한다.

③ 화물의 집하·분배·혼재서비스를 제공한다.

④ 선박과 화물의 취급 및 운송업무의 대리, 선박의 배선 등의 역할을 수행한다.

⑤ 화물포장방법에 관해 운송방식이나 목적지에 따라 적절한 방법을 화주에게 조언하거나 수출입화물의 보관서비스를 제공한다.

> **해설 ▎** 복합운송인은 자기의 명의와 계산으로 화주를 상대로 복합운송계약을 체결한 계약당사자로서, 운송전반을 계획하며 운송 기간 중 여러 운송구간을 적절히 연결하고 통괄하여 운송이 원활하게 이루어지도록 조정하고 감독할 지위에 있는 자를 말한다. 복합운송인은 그 형태에 따라 자신이 직접 운송수단을 보유하면서 복합운송인의 역할을 수행하는 실제운송인형 복합운송인과 운송수단을 직접 보유하지 않고 운송 주체자로서 역할과 책임을 다하는 운송인으로서 실제운송인에게는 호주의 입장이 되고, 화주에게는 운송인의 입장이 되는 계약운송인형 복합문송인으로 나눌 수 있다.
>
> **정답 ▎** ④

02. 다음은 무선박운항업자(NVOCC)에 대한 설명이다. 틀린 것은?

① NVOCC는 Non-Vessel Ocean Carrier Company의 약자로서, 선박회사와는 경쟁관계에 있다.

② NVOCC의 출현 배경은 컨테이너에 의한 해륙일관수송에 있다.

③ NVOCC는 혼재(Consolidation)에 의해 소량화물 화주에게도 규모의 경제 효과를 제공할 수 있게 된다.

④ NVOCC는 미국에서 발달된 포워더의 특수한 형태라 할 수 있다.

⑤ NVOCC는 선사에 비해 화주에게 선택의 폭이 넓은 운송서비스를 제공할 수 있다.

> **해설 ▎** 무선박운송인(Non-Vessel Operating Common Carrier) 선박을 갖추지 않은 운송인을 말한다. 1963년 미국의 연방해사위원회(FMC)가 처음으로 규정하고, 1984년 미국 신해운법에서 기존의 포워더형 복합운송인을 법적으로 확립한 해상운송인이다. 직접 선박을 소유하지는 않으나 화주에 대해 일반적인 운송인으로서 운송계약을 맺으며, 선박회사를 하도급인으로 하여 이용운송업을 한다.
>
> **정답 ▎** ①

03. 복합운송방식을 성립시키는 기본요건에 해당되지 않는 것은?

① 단일운임 적용　　　　　　　　　② 단일증권 발행
③ 컨테이너 운송의 보편화　　　　　④ 도로운송과 철도운송 간의 연계운송
⑤ 단일책임 체계

> **해설 ┃ 복합운송의요건**
> • 단일운송계약 : 운송에 대한 전책임이 송하인과 계약을 체결한 복합운송인에게 집중
> • 단일책임주체 : 실제 운송을 실행하는 주체와 관계없이 복합운송인이 전체운송에 대한 책임을 짐
> • 단일운임 : 전 운송구간에 대한 단일운임
> • 운송수단의 다양성 : 각각 다른 법적 규제를 받는 여러 운송수단에 의해 이행됨. 복합운송증권의 발행
> **정답 ┃** ④

04. 다음의 설명에 해당하는 복합운송책임체계는 어느 것인가?

> • 각종 운송모드마다 강행법규에 의한 운송책임 원칙이 적용된다.
> • 화주의 입장에서 내용파악이 용이하다.
> • 화주의 입장에서 불리한 책임조건이 설정될 염려가 없다.
> • 복합운송인과 하청운송인 간의 운송책임 격차를 줄일 수 있다.

① 단일책임시스템　　　　　　　　② 분할책임시스템
③ 변형단일책임체제　　　　　　　④ 이종책임체제
⑤ 동일책임부담방식

> **해설 ┃ 이종책임체계(Network Liability System)**
> • 복합운송인의 책임은 운송물의 멸실 또는 훼손이 생긴 운송 구간을 이는 경우와 이를 알 수 없는 경우로 구분되는데, 운송인의 책임은 운송물의 멸실 또는 훼손이 생긴 운송구간에 적용될 국제협약 또는 강행적인 국내법에 따라서 결정된다.
> • 이 체계에 의하면 화주가 각 운송방식별 운송인과 개별적으로 계약을 체결한 것과 같이 복합운송 내에 각종의 책임제도가 공존하게 되며 복합운송상의 규칙, 기존의 다른 운송 규칙과의 법 충돌을 방지할 수 있다.
> • 복합운송에 관한 ICC의 통일규칙과 FIATA 등에서 공표한 복합운송증권 등이 이종방식에 따르고 있다.
> **정답 ┃** ④

보관하역론

보관 및 창고의 기초

① 보관의 일반적 개념

(1) 보관의 정의와 역할

① 보관(Storage)은 물품의 생산과 소비의 시간적 거리를 조정하여 시간적 효용을 창출하는 것으로, 적시에 원료 및 부품을 공급하여 생산을 원활하게 하고 그 제품을 수요에 적합하게 적시에 출하하여 판매효과를 높이는 기능을 가지고 있다.

② 기업의 보관시설 사용목적은 수송비와 생산비를 줄이고, 공급과 수요의 균형을 이루며, 생산과정을 지원하고, 판매활동을 지원하기 위해서이다.

③ 재화를 물리적으로 저장하고 관리하여 주문에 따라 피킹, 분류, 검품 및 출고, 배송 작업을 수행한다.

(2) 보관의 기능(26회, 27회)

① 제품의 시간적 효용 창출 : 생산과 소비시기의 시간적 거리를 조정하는 기능으로, 물류활동은 이 시간적 거리를 조정함으로써 신속하게 재화의 흐름을 주도하여 시장 경제하에서 모든 생산활동과 소비활동을 적기(適期)에 이루어지게 할 수 있다.

② 수송과 배송의 연계 : 공장에서 수송된 대량 로트를 소량 로트로 나누어 배송하는 중간기지의 역할을 한다.

③ 생산과 판매 간의 물량 조정 또는 완충 : 재고관리 기능을 통해 생산과 판매 사이에서 발생하는 시간적인 갭을 메꿔준다.

④ 유통가공 기능 : 검사, 집산, 분류, 검사 장소 등의 기능도 수행한다.

⑤ 고객서비스의 최전선 기능 : 고객의 주문에 대해 효율적인 재고관리를 하여, 신속·정확하게 주문품을 인도해주며, 고객 수요 니즈에 대응한다.

Plus tip

※ 창고 관련 용어

㉠ Storage : 원재료의 저장에 주로 사용

㉡ Warehouse : 제품의 보관장소로 주로 사용

㉢ Warehousing : 창고계획, 창고관리, 창고시스템 계획 등의 의미를 갖고있어 단순한 창고 의미와는 구별

> ※ **보관과 저장의 차이점**
> ㉠ 보관 : 제품이나 반제품을 비교적 단기간 놓아두는 경우에 주로 사용
> ㉡ 저장 : 원자재나 중간재를 비교적 장기간 놓아두는 경우에 주로 사용
>
> ※ **보관에 대한 인식 변화**
> ㉠ 동태적이고 적극적인 지위로 탈바꿈
> ㉡ 시속 0km의 수송
> ㉢ 저장창고에서 유통창고로

(3) 보관의 원칙(26회, 27회)

① **통로대면보관의 원칙**: 물품의 입·출고를 용이하게 하고 효율적으로 보관하기 위해서는 통로면에 보관하는 것

② **높이쌓기의 원칙** : 물품을 고층으로 적재하는 것으로 평적보다 파렛트 등을 이용하여 용적효율을 향상시키는 것

③ **선입선출의 원칙** : FIFO(First In First Out)이란 먼저 보관한 물품이 먼저 출고하는 원칙이다.(상품형식변경이 잦은 것, 상품수명주기가 짧은 것, 파손·감모가 생기기 쉬운것)

④ **회전대응보관의 원칙** : 보관할 물품의 장소를 회전정도에 따라 정하는 것으로 입·출하 빈도의 정도에 따라 보관장소를 결정하는 것

⑤ **동일성·유사성의 원칙** : 동일품종은 동일장소에 보관하고, 유사품은 근처 가까운 장소에 보관해야 한다는 원칙

⑥ **중량특성의 원칙** : 중량에 따라 보관장소나 높낮이를 결정해야 한다는 원칙

⑦ **형상특성의 원칙** : 형상에 따라 보관방법을 변경하며 형상특성에 부응하여 보관한다는 원칙

⑧ **위치표시의 원칙** : 보관품의 장소와 선반번호 등의 위치를 표시함으로써 업무의 효율화를 증대시킬 수 있다는 원칙

⑨ **명료성의 원칙** : 시각적으로 보관품을 용이하게 식별할 수 있도록 보관하는 원칙

⑩ **네트워크보관의 원칙** : 관련 품목을 한 장소에 모아서 보관하는 원칙

(4) 보관물품의 흐름 방식

① One way방식
입고구와 출고구가 별도로 설치되어 입고되는 물품이 일방통행으로 창고 내를 이동하며 출구에서 반출되는 형식이다.

② U Turn방식
- 입출고구가 동일 또는 동일한 쪽
- 물품이 입고방향과 반대방향으로 출고

〈One Way 방식과 U Turn 방식〉

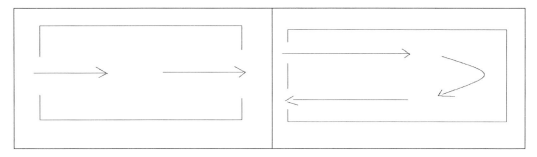

② 보관창고

(1) 창고의 일반적 개념

① 창고의 개념 : 창고의 주된 역할은 보관을 목적으로 하는 보관창고의 성격이 강하였으나, 경제의 발전과 더불어 제품을 생산하기 위한 원재료를 비롯하여 제조과정의 반제품을 일시 저장하거나, 중간제품이나 완성품을 보관하는 창고 등의 성격으로 확장되었다.

② Link와 Node : 물류활동은 Link(연결선)와 Node(마디)를 이어주면서 이루어진다. Link 는 물류경로이고, Node는 물류거점인 것이다. Node에는 화물역, 항만, 트럭터미널과 같이 사회간접자본에 의해서 건립되는 것과 공장창고, 배송센터, 물류센터와 같이 민간 기업에 의해 건립되고 운영되는 것이 있다. 일반적으로 창고는 건축물, 공작물을 말하고 물류센터, 배송센터는 기능적인 물류시설을 말하는 것이다.

③ 물류거점
ㄱ 광의의 개념 : 공장, 물류센터, 영업창고 등 제품을 보관 및 공급하는 곳을 의미한다.
ㄴ 협의 개념 : 물류센타와 창고를 말한다.
물류거점들은 그 역할에 따라 소비자 시장 가까이 위치해서 대 고객서비스를 원활 히 할 목적으로 설치되는 지역 배송센타가 있는가 하면, 지역배송센타의 후방에 위 치해서 지역배송센타에 제품을 보충해 주는 광역물류센타도 있다. 경우에 따라서는 지역 배송센타를 설치하기에는 규모가 작고 지역적으로 외딴 위치에 있는 소비자 시장을 위한 데포(depot)도 있다.

(2) 창고의 기능(27회)

① 보관기능 : 품질 특성이나 영업 전략에 따른 보관 기능, 시간적 효용을 창출
② 재고관리기능 : 불필요한 재고 감축과 품절 방지
③ 수송, 배송과의 연계 : 정보시스템을 바탕으로 한 거점으로서의 기능
④ 유통가공기능 : 포장, 검품 등의 재가공 기능
⑤ 물류비의 관리 기능 : 창고 업무와 관련된 물류비의 절감
⑥ 물류환경변화에 대한 대응 기능
   ㉠ 다품종 소량화, 경박단소((輕薄短小)화에 대한 대응
   ㉡ 소량주문과 다빈도 배송에 대한 대응
   ㉢ 물류의 빠른 유통에 대한 대응

③ 창고의 분류

(1) 보관에 따른 분류

① 보통창고 : 보통화물을 보관

② 냉동 · 냉장창고 : 실내보관온도가 항상 10℃ 이하의 저온상태에서 물품을 보관
   ㉠ F급 : -20℃ 이하
   ㉡ C1급 : -10℃ 이하 -20℃ 미만
   ㉢ C2급 : -2℃ 이하 -10℃ 미만
   ㉣ C3급 : 10℃ 이하 -2℃ 미만

③ 야적창고 : 건물이 없이 보관하며 항구지구 등에서 철제, 동판, 컨테이너 등의 물품 보관

④ 수면창고(水面倉庫) : 수면(水面) 위에 원목 등 물품을 보관

(2) 창고의 구조에 의한 분류

① 보통창고 : 우리나라의 재래식 창고를 말한다. 창고의 내부에 아무런 설비가 없으며 부분적으로만 선반을 설치한 곳이 있다. 각각의 Prat에는 하역기계를 사용하기도 하나 시스템적으로는 연결되어 있지 않은 단계를 말한다. 단층창고와 다층창고가 있다.

② 기계화 창고 : 랙시설을 하고 포크 리프트 트럭 및 크레인 또는 컨베이어 등에 의해서 운영된다.

③ 자동화 창고(AS/RS : Automatic Storage and Retrieval System)
  ㉠ 컴퓨터에 의해 정보의 처리, 하역, 보관, 운반 등의 입·출고작업이 신속·정확하게
    이루어지는 창고이다.
  ㉡ 기계화창고와 자동화창고의 차이점은 그 시스템이 정보처리시스템과 일체화되어
    있는가 아니가 라는 점이다.

(3) 입지 기준에 따른 분류

① **항만창고** : 부두창고, 항두창고, 임항창고, 보세창고 등
② **터미널 창고** : 주로 트럭 터미널과 버스 터미널 등 일시 보관시설
③ **집단화 창고** : 유통업무단지 등의 유통거점에 집중적으로 입지를 정하고 있는 창고로서
  여기에는 공동창고, 집배송단지 내 창고, 복합물류터미널 내 집단창고
④ **도시창고** : 도시형 또는 소비지형 창고로서 소매점의 유통형 창고가 여기에 속하며,
  때로는 항만창고가 도시창고의 기능을 겸하는 경우도 있다.
⑤ **역전창고** : 화차로 출하하기 위해 일시 대기하는 화물의 보관시설
⑥ **해외창고** : 해외 물류거점으로서 유통, 보관 및 가공기능을 겸한 해외창고

(4) 기능에 따른 분류

① **보관창고** : 판매지원형의 창고로 유통경로의 단축, 판매의 확대, 서비스의 향상, 물류비
  의 절감 효과가 있다.
② **유통창고** : 창고의 기능과 운수의 기능을 겸비하여 물품이 유통·보관되는 창고이다.
③ **보세창고** : 관세법에 근거를 두고 세관장의 허가를 얻어 수출입화물을 취급하는 창고를
  말하며 수출입세, 소비세 미납화물을 보관하는 창고이다.

Plus tip

※ **유통창고의 기능 및 역할(22회)**
① 유통창고는 신속한 배송과 대량생산체제에 대응할 수 있다.
② 유통창고는 자가창고에서 시작하여 공동창고나 배송센터로 발전하였다.
③ 유통창고는 수송면에서 정형적 계획수송이 가능하다.
④ 유통창고는 도매업 및 대중 양판점의 창고가 대표적이다.
⑤ 유통창고를 판매 거점화함으로써 제조업체의 직판체제의 확립, 유통경로 단축, 유통비용을 절감
  할 수 있다.
⑥ 상류와 물류기능을 분리함으로써 중복·교차수송을 방지할 수 있다.

4 운영형태에 의한 창고 분류(14회, 15회, 20회, 27회)

(1) 자가창고

자가창고는 직접 소유하고 자기의 물품을 보관하기 위한 창고를 말한다. 이에는 공장창고, 상업창고 등이 있다. 이들 창고들의 효율을 향상시키기 위한 방법모색으로 창고시설 및 재고관리가 발전하여 입체자동창고가 출현하게 되었다.

① 장점
  ⊙ 창고의 이용과 생산, 판매의 시간적 결손이 적다.
  ⓒ 기업의 목적에 맞는 적지에 건립이 가능하다.
  ⓒ 철저한 납기관리를 통한 고객서비스를 할 수 있다.
  ② 상품에 알맞은 설비, 보관, 하역이 가능하다.
  ⑩ 탄력적인 인사관리와 노하우를 쌓을 수 있다.
  ⑪ 합리화와 생력화가 가능하다.

② 단점
  ⊙ 토지구입 및 설비투자에 막대한 자금(높은 고정비용)이 든다.
  ⓒ 규모와 시설의 확장성, 입지변경의 제약을 받는다.
  ⓒ 상품의 수요변동에 탄력적인 대응이 어렵다.
  ② 종업원의 고정적 배치에 의한 인건비, 관리비의 부담이 있다.

(2) 영업창고

① 개념 및 의의
  ⊙ 영업창고란 다른 사람이 기탁한 물품을 보관하고, 그 대가로 보관료를 받는 창고를 말한다. 자가창고와 마찬가지로 화물인도, 보관, 선적, 그리고 보관과 관련된 서비스를 제공한다.
  ⓒ 창고업자는 기탁자의 요구에 따라 창고증권을 발행하며 창고증권은 기탁물을 대표하는 상거래와 금융의 대상으로 취급된다.
  ⓒ 영업창고의 창고료는 보관료와 하역료로 구성되어 있다.

② 장점
  ⊙ 창고 공간을 효율적으로 활용할 수 있다(비수기에는 사용공간 축소).
  ⓒ 전문업자가 운영하므로 관리가 안정적이다.
  ⓒ 보상제도가 확립되어 재고에 의한 손실이 적다.
  ② 상품의 수요변동에 대한 대응이 용이하다.

ⓜ 창고에 대한 고정투자비용을 절감할 수 있다.

ⓗ 창고회사와 수송회사가 한 기업체일 경우 수·배송 능력이 현저하게 증가한다.

③ 단점

    ㉠ 철저한 고객서비스가 어렵다.

    ㉡ 화주의 상품기밀유지가 어렵다.

    ㉢ 작업시간의 탄력성이 적다.

    ㉣ 자사에 맞는 시설변경이 어렵다.

    ㉤ 공간이나 운영을 임대하는 형식으로 자기자산이 되지 않는다.

    ㉥ 성수기에 여유 공간이 적다.

(3) 임대(리스) 창고(26회)

① 개념

    ㉠ 임대창고는 특정 보관시설을 임대하거나 리스(Lease)하여 물품을 보관하는 창고형 태이다.

    ㉡ 영업창고업자 이외의 기업체 또는 개인이 소유하고 있는 창고를 임대료를 받고 다른 기업체 또는 개인에게 물품을 저장, 보관을 목적으로 제공하는 창고를 말한다.

    ㉢ 기업의 보관공간을 리스하여 운영하게 되면 단기적인 측면에서는 영업창고를 이용 하는 것과 같은 효과가 있다. 그리고 장기적인 측면에서의 효과로는 자가창고를 건 설하는 것의 중간적인 선택이 될 수 있다.

② 장점

    ㉠ 낮은 임대요금으로 보관공간을 확보할 수 있다.

    ㉡ 임대기간에 따라 사용자가 보관공간이나 그와 관련된 제반운영을 직접 통제할 수 있다.

③ 단점 : 임대계약을 통해 특정기간 동안 공간 임대료를 지불할 것을 보증하기 때문에 영업창고를 이용할 때 처럼 시장환경의 변화에 따라 보관장소를 탄력적으로 옮기는 것은 거의 불가능하다.

(4) 자동창고의 개요

① 의의 : 생산량 급증 등으로 인한 보관수단의 합리화와 작업능률 향상을 위해 원가절감 효과와 경비 절감으로 기업이윤에 기여한다.

② 목적

　ᄀ 유통비 절감

　ᄂ 신속한 업무처리

　ᄃ 재고관리 기능의 개선을 통한 수익성 개선

③ 필요성

　ᄀ 인건비의 급상승 및 인력확보의 어려움

　ᄂ 물적 유통의 급증

　ᄃ 생산·유통 시스템의 효율화와 생력화

　ᄅ 제조부문의 자동화에 따른 물류부문의 자동화 및 기계화에 대한 요구

　ᄆ 토지사용의 효율성 증대에 대한 필요성 증가

④ 구비요건

　ᄀ 적은 토지면적과 공간에 보다 많은 물품을 저장할 수 있어야 한다.

　ᄂ 상품의 보호가 철저해야 한다.

　ᄃ 입출고관리가 용이해야 한다.

　ᄅ 컴퓨터에 의한 원격제어가 가능해야 한다.

　ᄆ 로케이션(Location)을 편리하게 관리할 수 있어야 한다.

　ᄇ 창고관리 및 운영이 편리해야 한다.

　ᄉ 시설비 및 유지비가 적게 들어야 한다.

　ᄋ 작업환경이 양호해야 한다.

(5) 자가자동화 창고

① 개념 : 자가창고의 기본특성에 컴퓨터에 의한 정보처리 시스템과 입출고 시스템이 짝을 이루어 운영되는 창고이다.

② 제어방식

　ᄀ 반자동식 : 작업자가 컴퓨터에 연결된 리더기를 이용해 제품의 입출고 카드 및 바코드 등을 해독시킨 후 자동화기기에 해당제품을 전달하여 작동되는 방식

　ᄂ 자동식 : 스태커 크레인과 주변기기를 원격 제어하는 방식

　ᄃ 완전자동식 : 본사의 중앙컴퓨터와 연결하여 총괄적인 물류정보 관리 수행

　　* 자동보관·인출시스템(AR/RS : Automated Storage and Retrieval System)

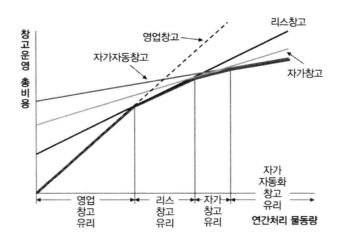

〈운영형태별 창고의 비용곡선〉

5 창고의 기본설계 요소

(1) 창고의 입지조건(26회)

① 창고의 기능이 저장창고에서 유통창고로 변화하는 추세이기 때문에 원칙적으로 항만, 간선도로, 철도 등과 관련하여 화물인수처에 가까운 곳 등 지가가 싼 곳이 바람직하다.

② 구체적으로 창고부지를 결정할 경우 교통의 편의성, 고객의 분포, 시장(고객)과의 관계, 경쟁사의 물류거점 위치, 업종 및 업태와의 관계, 법규상의 제약, 도시계획법, 투자비용, 운영비용 등을 정확히 조사하는 것이 중요하다.

③ 창고(물류센터)의 입지조건

  ㉠ 노동력과 노동환경

  ㉡ 고객(시장)과의 근접성

  ㉢ 원자재의 근접성

  ㉣ 수송의 효율성 및 운송수단의 연계성

  ㉤ 공업용수의 양과 질

  ㉥ 기후조건 및 적합성

  ㉦ 토지가격

(2) 위치결정의 요인분석(14회)

창고의 위치결정은 화물의 흐름을 중심으로 한 공장전체의 합리적 레이아웃을 기준으로 하여 결정되어야 한다. 창고입지 위치 결정은 P(화물: material or product), Q(수량:

quantity), R(경로: route), S(서비스: service), T(시간: time) 이다.

① P-Q분석
  ㉠ 물류유형을 파악하기 위해 X축에는 물품의 종류를, Y축에는 수량을 표시 하는 파레토 그림을 이용하여 창고입지 선정을 분석하는 기법이다.
  ㉡ 화물이 어느 정도의 양으로 흐르고 있는가에 대한 물류유형 분석기법이다. 물의 범위에 속하는 분석요소는 품종, 포장, 단위수량, 단위용적 등이며, 양의 범위에 속하는 분석요소 중량, 개수, 용적, 시간, 건수 등이다.

② R분석
  ㉠ 어떠한 물량이 어떠한 경로로 흐르고 있는가를 과거에서부터 현재까지 경향을 파악함으로써 장래 계획에 대한 의사를 결정하는 분석기법이다.
  ㉡ 연관차트(Relationship Chart)를 이용하여 근접정도와 근접이유 등을 기록하고 장래의 평가기준에 따라 재평가한다.

〈연관차트(Relationship Chart)〉

구분	구역명
1	원자재 창고
2	완제품 창고
3	회의실
4	화장실
5	출고작업장
6	절삭라인
7	조립라인
8	도색라인
9	건조라인

③ S-T 분석
  ㉠ 제조와 판매부분을 효율성 있게 가동시키기 위해서 보조부분(제조)이 어떠한 기능을 갖추어야 하는지를 과거와 현재의 실상을 분석한 후 결정하는 기법이다.
  ㉡ 즉 현재의 창고가 언제, 어떤 형태로 입출에 대응하고 있는가를 명확히 하고 미래에 수·배송관리, 판매관리, 공정관리 등을 위해 어떤 창고기능을 갖추어야 하는지를 분석하여 의사결정에 도움을 준다.

④ 창고의 집중 및 분산배치
  ㉠ 쌍자분산형 : 창고 간 품종구성 동일

장점	단점
– 한 곳에 모든 품목의 집화 가능 – 고객과의 거리가 가까워 서비스에 유리 – 긴급한 출고에 대한 신속대응 가능 – 집중형에 비해 개개의 창고크기가 작기때문에 창고 내 운반거리가 짧다	– 기계화의 생력화가 곤란 – 관리요원이 과다로 효율성 저하 – 재고와 현품과의 대응관계가 나쁘다 – 집중형에 비해 재고량이 많지 않으면 품절 손실이 증가 – 생산공장에서 각 창고까지 운송거리의 합이 증가

  ㉡ 친자분산형: 창고 간 품종구성이 다름

장점	단점
– 창고내의 품종이 적어 관리가 쉬운 동시에 유니트화가 용이 – 설비(운반, 하역, 보관)기능이 단순화로 경제적 – 생산공장에서 창고까지의 운송거리 단축	– 수요발생시 여러 창고에서 집화 – 공정관리가 어려움 – 고객과의 거리가 멀고 납품에 시간이 걸려 서비스 저하

  ㉢ 집중형

장점	단점
– 관리공간이 한 곳에 있기 때문에 정보와 현품의 대응이 용이 – 수요에 대한 품목, 수량을 모두 구비가능 – 배송센터 규모의 출하시설 운영이 가능 – 관리요율이 적어 효율성 제고	– 창고가 대형화로 창고내 운반거리가 증가 – 작업자 개인의 책임추적 곤란 – 거점을 집약하면 서비스 수준은 감소

(3) 창고의 크기

① **창고 내 유효면적률** : 창고 내의 전면적(全面積)과 유효면적과의 비율을 말한다.
  ㉠ 전면적 : 창고 내에서 차지하고 있는 전체 연면적(延面積)을 말한다.
  ㉡ 연면적 : 도면이나 실제 측정값을 기준으로 하며, 창고 내 유효면적은 전면적 중에서 실제로 사용되고 있는 면적과 창고면적도 포함한다.

> 창고 내 유효면적률(%)＝창고 내 유효면적(㎡)/창고 내 전면적(㎡)×100

② **창고 내 충진효율** : 창고 내에서 최소의 공간으로 최대의 저장공간을 확보하기 위한 이용률이다.
  ㉠ 면적충진효율 ＝ 물건점유면적 / 저장가능면적×100

ⓛ 체적충진효율 = 물건체적 / 저장가능체적×100

Plus tip

※ 창고의 충진효율 계산

(주)대한물류의 창고면적은 3,000㎡, 재고면적충진효율은 70%, 평균재고가 630,000,000원 일 때 1㎡당 재고는 얼마인가?

(풀이)

창고 1㎡당 재고금액 = 평균재고액÷창고실재고면적

630,000,000÷(3,000×70/100) = 300,000원

---

(3) 공간(Space) 관리

창고의 레이아웃(Layout)을 고려할 때에는 공간의 활용과 창고작업이 용이한 것을 중심으로 하도록 한다.

① 창고의 활용방안

ㄱ 입체적으로 쌓도록 한다.(상부공간 활용)

ㄴ 창고설비를 최적화하여 공간을 활용한다.(Drive-in Rack, Mobile Rack)

ㄷ 통로면적을 가급적 줄인다.

ㄹ 계획적으로 공간을 활용하여 불필요 공간을 배제한다.

ㅁ 융통성을 발휘하여 공간을 절약한다.(Free Location System)

ㅂ 구분방법을 바꾸어 추진효율을 향상시킨다.

② 통로의 활용방안

ㄱ 통로가 좁으면 작업능률이 떨어진다.

ㄴ 굴곡이 많고 폭의 변화가 심해서는 안 된다.

ㄷ 미끄러워서는 안 된다.

ㄹ 어둡지 않도록 한다.

ㅁ 모든 보관품이 한눈에 들어오도록 한다.

ㅂ 너무 넓으면 스페이스 활용도가 떨어진다.

ㅅ 출고품의 집하거리가 길지 않도록 한다.(물품 이동의 낭비제거)

ㅇ 운반기기가 충분히 작업이 되고 Unit Load가 통과할 수 있는 폭이 안 되면 운반능률이

ㅈ 통로에 기둥 또는 장애물이 있어서는 안 된다.

(4) 창고 내 물류설계

① 물류흐름의 기본적 설계에는 크게 차이가 없지만, 창고 내 물류흐름에 따라 창고는 저장 중심형과 집배중심형으로 구분된다.

② 창고 내에서 물류의 흐름은 일반적으로 입고장➡분배장➡격납장➡분배장➡포장장➡ 출고장의 순서이다.

③ 저장중심형 격납장의 유형은 다음과 같이 분류할 수 있다.

[격납장의 유형](16회)

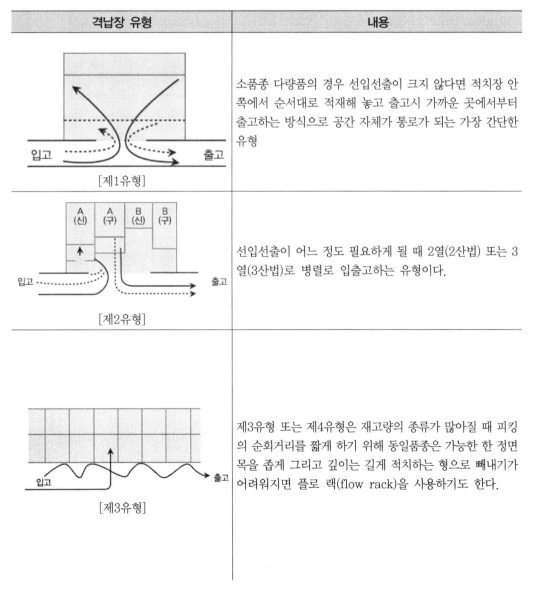

격납장 유형	내용
[제1유형]	소품종 다량품의 경우 선입선출이 크지 않다면 적치장 안쪽에서 순서대로 적재해 놓고 출고시 가까운 곳에서부터 출고하는 방식으로 공간 자체가 통로가 되는 가장 간단한 유형
[제2유형]	선입선출이 어느 정도 필요하게 될 때 2열(2산법) 또는 3열(3산법)로 병렬로 입출고하는 유형이다.
[제3유형]	제3유형 또는 제4유형은 재고량의 종류가 많아질 때 피킹의 순회거리를 짧게 하기 위해 동일품종은 가능한 한 정면 목을 좁게 그리고 깊이는 길게 적치하는 형으로 빼내기가 어려워지면 플로 랙(flow rack)을 사용하기도 한다.

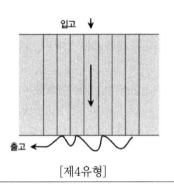

[제4유형]

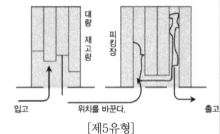

[제5유형]

제3유형 또는 제4유형에서 충진이 떨어지고 물품을 대량으로 쌓아두면 피킹의 순회거리가 길어지므로 피킹장과 대량재고의 격납장을 분리해서 2단으로 하는 유형이다.

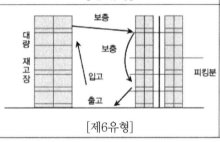

[제6유형]

이 유형은 한걸음 더 나아가 손이 미치지 않는 피킹용 선반 상부에 예비물품을 파렛트에 적재해 두었다가 손이 잘 미치는 선반 하단부가 비게 되면, 채워놓고 다시 상단부에 대량 재고품의 격납장으로부터 새 물품을 보충하는 유형이다.

(5) 창고 레이아웃 기본원리(19회)

① 물품, 통로, 운반기기 및 사람 등의 흐름방향에 있어 항상 직진성에 중점을 두어야 한다.
② 물품, 운반기기 및 사람의 역행교차는 피해야 한다.
③ 물품의 취급횟수를 줄여야 한다.
④ 물의 흐름과정에서 높낮이 차이의 크기와 횟수를 감소시켜야 한다.
⑤ 화차, 운반기기, 랙, 통로입구 및 기둥간격의 모듈화를 시도하고, 여분의 공간을 감소시키기 위해서는 디멘션(Dimension)의 배수관계를 잘 고려해야 한다.

(6) 창고의 배치원칙

① 인간존중을 최우선으로 생각하여 안전하고 외관상 보기가 좋도록 한다.
② 건조물, 공작물, 설비, 기계 등의 방향을 통일하고 유지보수가 용이하도록 한다.

③ 취급물자의 유동을 단순하게 하고, 타 기업, 타 부분 등에 피해를 주지 않도록 한다.

④ 장래발전을 생각하여 확장이 용이하도록 한다.

⑤ 모체기업의 설비와 배치에 동일하게 한다(자가창고).

⑥ 유효 용적 사용율을 생각하여 비유에 대해서 기술한다(자가창고).

⑦ 고객이나 화주의 편리성을 고려한다(영업창고).

⑧ 고복(Capacity of Warehouse)을 불필요하게 만들지 않는다(영업창고).

(7) 창고운영

① 창고를 디자인할 때 고려해야 하는 요소에는 층수, 높이, 화물흐름 등이 포함된다.

② 창고 내에서의 화물의 이동은 한번에 가능한 한 멀리, 가능한 한 적은 빈도로 이루어지는 것이 바람직하다.

③ 일반적으로 창고에서의 화물의 흐름은 입하구역, 보관구역, 선별구역, 포장 및 단위 적재작업, 선적대기구역을 거치면 이루어진다.

④ 창고의 최대 높이는 화물취급장비가 안전하게 격납 및 반출할 수 있는 높이와 스프링클러 시스템과 관련된 안전규정 등에 의해서 제약된다.

(8) 창고 내 통로 및 공간(16회, 17회, 18회)

① 트럭도크 : 물류, 거점시설의 옥외공간 중에서 레이아웃 상 가장 중요한 공간이다.

ㄱ 입·출하 각 전용 : I자형이 화물 동선을 고려했을 때 바람직함

ㄴ 입·출하 병용 : U자형이 바람직함

② 입·출하 도크

ㄱ 입하도크 : 대형트럭(수송트럭)

ㄴ 출하도크 : 소형트럭, 입하도크 쪽보다 상대적으로 긴 대기행렬

Plus tip

① **트럭도크 소요수 구하기**

* 연간 트럭출입대수 : 6,000대   * 안전계수 : 30%
* 1일 대당 작업시간 : 3시간   * 연간 작업시간 : 1,950시간

트럭도크는 몇 개가 필요한가?

(해설) 트럭 도크의 수는 각 트럭의 총 작업시간을 연간 작업시간으로 나누어 계산하고, 여기에 안전계수(트럭의 입출에 따른 시간적 차이 및 서류처리시간 등)를 고려한 값을 더하여 계산하면 된다.

$$\frac{연간 트럭출입대수 \times 1일 대당 작업시간 \times (1+안전계수)}{연간 도크단위당 작업시간}$$

$$=\frac{6,000대 \times 3시간 \times (1+0.3)}{1,950시간}=9.5개$$

② 트럭도크 대수

하루 입고 물동량이 1,500t 이고 한 대당 적재용량은 15t이다. 트럭 한 대의 물량을 하역하는데 30분이 소요되고, 창고의 운영시간은 하루 중 10시간으로 제약될 때 창고의 Dock는 동시에 몇 대의 트럭을 수용할 수 있어야 하는가?

(해설) $\dfrac{목표처리량}{처리능력} = \dfrac{1,500t \div 15t \times 30분}{10시간 \times 60분} = 5대$

6 물류단지 및 기타 물류시설

(1) 물류단지

① 개념 : 물류단지시설과 지원시설을 집단적으로 설치·육성하기 위하여 관련법에 따라 지정·개발하는 일단(一團)의 토지를 물류단지라고 한다.
② 일반물류단지시설이란 화물의 운송·집화·하역·분류·포장·가공·조립·통관·보관·판매·정보처리 등을 위하여 물류단지 안에 설치되는 시설을 말한다.

(2) 물류단지 주요업무 내용

구분	주요업무	업무내용
입고	수주, 발주, 입하, 포장해체, 입고검수	• 수주, 발주 후 도착한 제품 하역 • 입고를 위한 제품 검수
재고	분류, LOCATION 관리, 재고보충, 실재고관리	• 효율적 보관을 위한 제품 분류 • 최적의 제품 및 저장작업
출고	출하 지시, 피킹, 분류, 품질검사, 수·배송, 포장	• 수요에 의한 정확한 제품 출고 • 출고지역별 최적의 수배송 관리
지원	재고실사, 실적관리, 반품관리, 재고통제, 물품추적, 통계관리	• 물류단지의 원활한 운영을 위한 각종 지원 업무 및 통계

(3) 배송센터

① 개념
  ㉠ 관할지역 내의 소매점 및 소비자에 대한 배송기능을 주로 하는 물류거점으로 물류센터보다 소규모이고 기능이 단순하다. 보통 집배송센터 또는 집배센터라고 한다.
  ㉡ 배송센터는 도매업, 대량 소매업, 슈퍼, 편의점 등이 매일 상품의 집배와 배송을 동일장소에 실시한다는 데 착안하여 나온 명칭으로 유사한 용어로는 유통센터 (Commercial Distribution Center)가 있다. 배송센터는 협의로 개별기업의 배송센터를 지칭하기도 하고, 광의로는 복합화물터미널과 같은 대규모 유통업무단지 자체를 지칭한다.

② 배송센터의 일반적 기능
  ㉠ 보관
  ㉡ 타이밍 조정
  ㉢ 분류
  ㉣ 수배송
  ㉤ 정보센터
  ㉥ 판매촉진
  ㉦ 부가가치창출

③ 배송센터 구축의 이점
  ㉠ 수송비절감
  ㉡ 배송서비스율 향상
  ㉢ 상물분리 실시
  ㉣ 교차수송방지
  ㉤ 납품작업 합리화

(3) 공동집배송센터(13회)

① "공동집배송센터"란 여러 유통사업자 또는 제조업자가 공동으로 사용할 수 있도록 집배송시설 및 부대업무시설이 설치되어 있는 지역 및 시설물을 말한다.
② 공동구매에서 오는 대량구매와 계획매입으로 인한 구매력의 향상으로 수익의 증대와 공급조절을 통한 가격의 급등락을 방지하는 기능이 있다.
③ 공동집배송의 필요성
  ㉠ 관련법상의 제약과 높은 지가(地價)로 개별업체의 적정입지 확보가 곤란하다.
  ㉡ 토지효율 및 투자효율의 극대화의 필요성 때문이다.
  ㉢ 일괄매입 및 일괄조성으로 단지조성의 능률화, 도시기능의 순화 등이 필요하다.

④ 공동집배송단지의 도입 효과(27회)

㉠ 물류비절감의 효과 : 공동집배송은 다수업체가 배송센터를 1곳의 대단위 단지에 집결시킴으로써 배송물량의 지역별, 업체별 계획배송 및 혼재배송에 의해 차량 적재율의 증가, 공차율 감소, 횟수의 감소 및 운송거리의 단축을 통하여 물류비를 절감시켜준다.

㉡ 공간효용의 극대화 : 공동집배송은 작업을 공동으로 수행하므로 상품 흐름의 원활화, 인력의 공동활용, 공간효용의 극대화, 보관 공간 및 관리 비용이 감소한다.

㉢ 토지효율 및 투자효율을 높일 수 있다.

(4) 복합물류터미널 (19회, 22회, 26회, 27회)

① 개념 : 우리나라의 복합물류터미널은 물류시설의 개발 및 운영에 관한 법률에 근거하며, 화물의 집하, 하역, 분류, 포장, 보관 또는 통관에 필요한 시설을 갖춘 화물유통의 중심장소로서 2종류 이상 운송수단 간의 연계수송을 할 수 있는 규모와 시설을 갖춘 화물터미널이다.

② 주요 시설 : 복합물류터미널은 물류터미널(화물취급장, 화물자동차 정류장), 창고, 배송센터, 물류정보센터, 수송수단간 연계시설 및 각종 공공 편의시설, ICD시설(CY 및 CFS)이 한 곳에 집적된 종합적 물류거점을 의미한다.

③ 복합물류터미널의 기능 : 터미널 기능, 혼재기능, 유통보관기능, 트랜스폼(Transform)기능, 정보센터기능

* 트랜스폼 : 물류터미널에 있어서 상품의 가공, 포장, 판매단위의 소량다품종 상품을 수요단위에 적합하게 세트상품으로 재포장(유통가공기능과 구별해야 함)

(5) 내륙 ICD(Inland Container Depot) (25회, 26회)

① 개념 : 공장단지와 수출지 항만과의 사이를 연결하여 화물의 유통을 신속·원활히 하기 위한 대규모 물류단지이다.

② 기능 : 내륙통관기지로서의 ICD는 항만 내에서 이루어져야 할 본선작업과 마샬링(Marshalling) 기능을 제외한 장치보관기능, 집하분류기능, 수출 컨테이너화물에 대한 통관기능 등 전통적인 항만의 기능과 서비스 일부를 수행함으로써 신속한 화물유통을 가능하게 하고 있다.

③ 내륙 ICD의 장점

㉠ 시설비 절감 : 항만지역과 비교하여 창고·보관시설용 토지 취득이 쉽고 시설비가 절감되어 창고보관료가 저렴하다.

㉡ 운송비 절감 : 화물의 대단위화에 따른 운송효율의 향상과 교통혼잡 회피로 운송비가 절감된다.

㉢ 노동생산성 향상 : 노동력의 안정적 확보와 기계화로 노동생산성이 향상된다.

ⓔ 포장비 절감 : 통관검사 후 재포장의 용이함으로 포장비가 절감된다.

ⓜ 통관비 절감 : 통관의 신속화로 통관비가 절감된다.

(6) 스톡 포인트 (SP : Stock Point)(27회)

① 보통 재고품의 보관거점으로서 상품의 배송거점인 동시에 예상수요에 대한 보관거점을 의미한다.

② 배송센터와 비교하면 보다 정태적 의미에서 유통창고를 말하며 우리나라나 일본에서는 하치장이라 부른다.

③ 물품보관에 주력하는 보관장소이며 제조업체들이 원료를 쌓아두거나 완성품, 폐기물을 쌓아 두는 경우가 많다.

④ 유통업체인 경우 배송시키기 위한 전단계로 재고품을 비축하거나 다음단계의 배송센터로 상품을 이전시키기 위해 일시 보관하는 곳이다.

(7) 데포 (DP : Depot)

SP(스톡포인트)보다 작은 국내용 2차 창고, 또는 수출상품을 집화, 분류, 수송하기 위한 내륙CFS를 데포라 하며 단말배송소라고도 한다. 화물체류시간은 짧다.

① 수송을 효율적으로 하기위해서 갖추어진 집배중계 및 배송처

② 컨테이너가 CY에 반입되기 전에 야적된 상태에서 컨테이너를 적재시킨 장소

③ 생산지에서 소비지까지 배송할 때 각지의 데포까지는 하나로 통합하여 수송

④ 수송비의 절감과 고객서비스의 향상에 기여

(8) 항만지역의 보관시설

① 보세구역 : 보세구역은 효율적인 화물관리와 관세행정의 필요성에 의하여 세관장이 지정하거나 특허한 장소로서, 사내창고나 물류센터에서 출고된 수출품의 선적을 위해 거치게 되는 곳이다. 보세구역은 크게 지정보세구역과 특허보세구역 및 종합보세구역으로 구분된다.

ⓐ 지정보세구역 : 국가 또는 지방자치단체 등의 공공시설이나 장소 등의 일정구역을 세관장이 지정 물품장치기간은 6개월 범위안에서 관세청장이 정하며 내국화물의 경우 세관장의 허가로 10일 이내 반출할 수 있다. 지정장치장과 세관검사장이 있다.

ⓑ 특허보세구역 : 일반 개인이 신청을 하면 세관장이 특허해 주는 보세구역을 말한다. 여기에는 특허보세창고, 보세공장, 보세건설장, 보세전시장, 보세판매장 등이 있다.

ⓒ 종합보세구역 : 동일장소에서 기존 특허보세구역의 모든 기능 즉 장치, 보관, 제조, 가공, 전시, 판매를 복합적으로 수행 할 수 있다.

② CY/CFS(27회)
　　　㉠ CY(Container Yard) : 보세장치장을 이르는 말로 공컨테이너 또는 풀컨테이너에 이를 넘겨주고 넘겨받아 보관할 수 있는 넓은 장소를 말한다. 넓게는 CFS, Marshalling Yard(부두의 선적 대기장), Apron, 샤시, 트랙터 장치장까지도 포함한다.
　　　㉡ CFS(Container Freight Station) : LCL 화물을 모아서 FCL 화물로 만드는 LCL 화물 정거장을 말한다.

Plus tip

※ LCL 화물과 FCL 화물

① LCL 화물(Less than Container Load)

　LCL 화물이란 화물량이 적어서 컨테이너 한 개를 채울 수 없는 소량 화물을 말합니다. 그래서 1개 컨테이너에 여러 개 회사의 화물을 혼적(Consolidation)하여 싣게 되는데 이러한 화물을 LCL 화물이라 하며 이러한 화물은 CFS (Container Freight Station)에 반입되어 목적지별, 화물종류별로 분류되어 하나의 컨테이너에 적재하게 됩니다.

② FCL 화물(Full Container Load)

　FCL 화물이란 컨테이너를 단위로 하여 운송할 수 있는 대량화물을 말하는데, 즉 1개 컨테이너에 1개 회사의 화물이 적재되는 경우를 말하며, 이러한 화물을 FCL 화물이라 합니다. 이러한 FCL 화물은 CY (Container Yard)로 입고 됩니다.

　　　㉢ CY와 CFS의 차이점
　　　　　ⓐ CY는 선박에 언제든지 실릴 수 있도록 만들어진 FCL 화물만을 쌓아 두는 야외공간을 말한다. 따라서 CY 화물을 FCL 화물이라고도 하는데 하주의 FCL 화물들은 공장에서 CFS를 거치지 않고 CY로 직접 운송한다.
　　　　　ⓑ 하주들의 LCL 화물들은 먼저 CFS로 모여서 혼재(Consolidation)되어 FCL로 형성된 후 CY로 보내진다. LCL 화물은 CFS 화물로 불리기도 하며 모든 LCL 화물은 CFS를 거치지 않고는 컨테이너선에 실려서 운송될 수도 없으며 수입되는 LCL 화물도 반드시 CFS를 거쳐서 각 수하주에게 인도된다.

7 물류시설의 민간투자사업의 추진방식(27회)

(1) BTO(Build-Transfer-Operate) 방식

① BTO 방식은 한국에서 빈번히 활용하는 대표적인 수익형 민간투자사업 추진방식으로, 시설의 준공(신설·증설·개량)과 동시에 해당 시설의 소유권이 국가 또는 지방자치단체에 귀속(Transfer)되며, 사업시행자에게 일정기간의 시설관리운영권을 인정(Operate)하는 방식을 의미한다.

② BTO 사업은 건설기간의 민간사업비 및 운영기간의 운영비를 운영수입으로 회수하는 구조로 총사업비, 총민간사업비, 운영비, 사업수익률 및 운영수입을 종합적으로 고려하는 것이 특징이다.

(2) BTL(Build-Transfer-Lease), 임대형 민간투자사업

민간 사업자가 건설 후, 일정기간 동안 국가 또는 지방자치단체에 임대하여 투자비를 회수하고 임대기간 종료 후에 소유권을 국가 또는 지방자치단체에 양도하는 방식을 의미한다. 통상적으로 교육, 국방, 철도, 환경 관련 시설 건설·운영을 위한 사업유형에 BTL 방식이 적용된다.

[BTO(Build-Transfer-Operate) 방식 & BTL(Build-Transfer-Lease)]

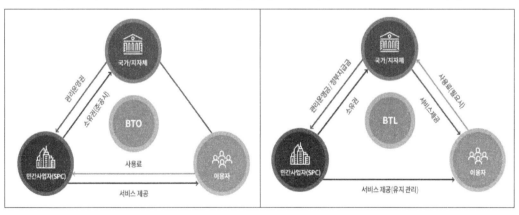

(3) BTO-rs(Build-Transfer-Operate Risk Sharing), 위험투자분담형

① BTO-rs는 BTO에서 파생된 투자위험분담형 수익형 민자사업의 한 유형으로, 정부와 민간이 위험부담이나 손실을 공유하고 지분에 따라 수익을 나누는 구조이다. 정부가 사업시행에 따른 위험을 분담함으로써 민간의 사업 위험을 낮추는 방식이다.

② 기존 BTO 방식에서는 사업에서 발생하는 수익이 모두 민간 사업시행자에 귀속되지만, 적자 상황이나 사업비가 증가하는 등의 위험 역시 사업시행자가 100% 부담해야 한다는

단점이 존재한다. 그러나 BTO-rs에서는 정부가 위험을 분담하여 사업시행자가 지는 위험을 감소시켜주며 동시에 발생하는 초과 수익 역시 정부와 사업시행자가 공유한다.

(4) BTO-a(Build-Transfer-Operate Adjusted), 손익공유형

① BTO-a는 BTO에서 파생된 투자위험분담형 수익형 민자사업의 한 유형으로, 시설의 건설 및 운영에 필요한 최소사업운영비만큼 정부가 보전함으로써 사업 위험을 낮추는 방식이며 초과이익 발생 시 정부와 민간이 공유한다.

② 예를 들어, 실시협약 내에서 최소사업운영비를 총민간투자비의 70%로 설정한 경우, 실제 운영수입이 최소사업운영비인 총민간투자비의 70%에 미달하는 경우 해당 미달분에 대해서는 정부가 모두 보전한다. 만일 실제 운영수입이 투자원금 전체를 상쇄하지는 못하나 최소사업운영비를 초과할 경우 해당 손실분에 대해서는 사업자가 부담한다.

③ 또한, 실제 운영수입이 투자원금 전체를 초과하는 경우 잉여분에 대해서는 사전에 설정한 비율(정부 70%, 민간 30%)대로 공유한다. 도로와 환경사업에 많이 활용되고 있으나, 사업유형이 정해진 것은 아니다.

(5) BOO(Build-Own-Operate) 방식

BOO는 사회기반시설의 준공(신설·증설·개량)과 동시에 사업시행자에게 당해 시설의 소유권이 인정되는 방식이다. 수익형 민간투자사업 구조 중 하나로, 소유형 민자사업이라고도 한다. 국내 사례는 많지 않은 편이다.

(6) BOT(Build-Operate-Transfer) 방식

BOT는 민간사업자가 스스로 자금을 조달하여 시설을 준공(Build)하고 이후 일정기간 동안 사업시행자가 해당 시설의 소유하며 운영(Operate)하고, 그 기간이 만료되면 시설소유권이 국가 또는 지방자치단체에 귀속(Transfer)되는 방식으로, '건설-운영-이양' 절차를 통해 추진된다. BOT 방식을 활용한 국내 사례로는 '창원시 태양광발전 민간투자사업(BOT)' 등이 있으며, 해당 방식은 국내보다는 필리핀 등의 해외 인프라 및 개발 프로젝트에서 빈번하게 활용되고 있다.

Chapter 01. 적중예상문제

01. 물류단지시설에 관한 설명으로 옳지 않은 것은?

① 데포(Depot)는 제조업체가 원료나 완성품을 쌓아두거나 유통업체가 배송 전 단계로 재고 품을 비축 또는 다음 단계의 배송센터로 제품을 이전시키기 전에 일시 보관하는 시설이다.

② 물류터미널은 화물의 집하, 하역 및 이와 관련된 분류, 포장, 보관, 가공, 조립 또는 통관 등에 필요한 기능을 갖춘 시설이다.

③ 복합물류터미널은 두 종류 이상의 운송수단간의 연계운송을 수행할 수 있는 시설이다.

④ 공동집배송센터는 여러 유통사업자 또는 제조업자가 공동으로 사용할 수 있도록 집배송 시설 및 부대업무시설이 설치되어 있는 시설이다.

⑤ 내륙컨테이너기지(ICD)는 주로 항만터미널과 내륙운송수단과의 연계가 편리한 산업지역 에 위치한 컨테이너 장치장으로 컨테이너 화물의 통관기능까지 갖춘 시설이다.

> **정답 |** ①
> **해설 |** 데포는 SP(스톡포인트)보다 작은 국내용 2차 창고, 또는 수출상품을 집화, 분류, 수송하기 위한 내륙 CFS를 데포라 하며 단말배송소라고도 한다. 화물체류시간은 짧다.

02. 복합화물터미널에 관한 설명으로 옳은 것을 모두 고른 것은?

> ㄱ. 창고단지, 유통가공시설, 물류사업자의 업무용 시설 등을 결합하여 종합물류기지 역할을 수행한다.
> ㄴ. 두 종류 이상의 운송수단을 연계하여 운송할 수 있는 규모 및 시설을 갖춘 화물터미널이다.
> ㄷ. 최종 소비자에 대한 배송, 개별 기업의 배송센터 기능도 수행하지만, 정보센터 기능은 수행하지 않는다.
> ㄹ. 환적기능보다는 보관기능 위주로 운영되는 물류시설이다.
> ㅁ. 협의로는 운송수단 간의 연계시설, 화물취급장, 창고시설 및 관련 편의시설 등을 의미한다.

① ㄱ, ㄴ, ㄹ   ② ㄱ, ㄴ, ㅁ

③ ㄱ, ㄷ, ㅁ   ④ ㄴ, ㄷ, ㄹ

⑤ ㄷ, ㄹ, ㅁ

> **정답 |** ②
> **해설 |** ㄷ. 최종 소비자에 대한 배송, 개별 기업의 배송센터 기능과 정보센터 기능을 수행한다.
> ㄹ. 보관기능보다는 환적 위주로 운영되는 물류시설이다.

03. 보관기능과 항목이 옳게 연결된 것은?

보관기능	항목
ㄱ	주문신속대응, 결품방지
ㄴ	시간, 장소, 가격
ㄷ	물류센터, 배송센터

① ㄱ : 고객서비스 기능, ㄴ: 수급조정 기능, ㄷ: 모달쉬프트 기능
② ㄱ : 수급조정 기능, ㄴ: 물류거점적 기능, ㄷ: 모달쉬프트 기능
③ ㄱ : 모달쉬프트 기능, ㄴ: 수급조정 기능, ㄷ: 고객서비스 기능
④ ㄱ : 고객서비스 기능, ㄴ: 모달쉬프트 기능, ㄷ: 모달쉬프트 기능
⑤ ㄱ : 고객서비스 기능, ㄴ: 수급조정 기능, ㄷ: 물류거점적 기능

정답 ▎ ⑤
해설 ▎ ㉠ 주문에 대한 신속대응, 결품 방지는 고객서비스 기능이다.
ㄴ 시간, 장소, 가격의 조정을 통해 수급조정이 이루어진다.
ㄷ 물류센터, 배송센터는 물류거점을 의미한다.

04. 다음에서 설명하는 공공물류시설의 민간투자사업 방식은?

> ㄱ. 민간 사업자가 건설 후, 소유권을 국가 또는 지방자치단체에 양도하고 일정기간 그 시설물을 운영한 수익으로 투자비를 회수하는 방식
> ㄴ. 민간 사업자가 건설 후, 투자비용을 회수할 때까지 관리·운영한 후 계약기간 종료 시 국가에 양도하는 방식
> ㄷ. 민간 사업자가 건설 후, 일정기간 동안 국가 또는 지방자치단체에 임대하여 투자비를 회수하고 임대기간 종료 후에 소유권을 국가 또는 지방자치단체에 양도하는 방식

① ㄱ: BTO(Build Transfer Operate), ㄴ: BOO(Build Own Operate),
   ㄷ: BLT(Build Lease Transfer)
② ㄱ: BTO(Build Transfer Operate), ㄴ: BOT(Build Operate Transfer),
   ㄷ: BLT(Build Lease Transfer)
③ ㄱ: BOT(Build Operate Transfer), ㄴ: BTO(Build Transfer Operate),
   ㄷ: BLT(Build Lease Transfer)
④ ㄱ: BOT(Build Operate Transfer), ㄴ: BOO(Build Own Operate),
   ㄷ: BTO(Build Transfer Operate)
⑤ ㄱ: BOO(Build Own Operate), ㄴ: BOT(Build Operate Transfer),
   ㄷ: BTO(Build Transfer Operate)

정답┃ ②

해설┃ • BTO(Build Transfer Operate) : BTO 방식은 한국에서 빈번히 활용하는 대표적인 수익형 민간투자 사업 추진방식

• BOT(Build Operate Transfer) : BOT는 민간사업자가 스스로 자금을 조달하여 시설을 준공(Build)하고 이후 일정기간 동안 사업시행자가 해당 시설의 소유하며 운영(Operate)하고, 그 기간이 만료되면 시설소유권이 국가 또는 지방자치단체에 귀속(Transfer)되는 방식

• BLT(Build Lease Transfer) : 임대형 민간투자사업. 민간 사업자가 건설 후, 일정기간 동안 국가 또는 지방자치단체에 임대하여 투자비를 회수하고 임대기간 종료 후에 소유권을 국가 또는 지방자치단체에 양도하는 방식

물류센터 설계 및 운영전략

① 물류센터

(1) 물류센터의 개념

① 물류센터는 넓은 의미로는 대규모의 물류단지에 복합터미널과 같이 자동화된 시설을 갖추고 운영되는 거대하고 방대한 단지를 말한다.

② 운영형태에 따라 물류센터, 물류거점(Stock Point)센터, 배송센터, 데포(Depot) 등으로 불리고 있다.

③ 다품종 대량의 물품을 공급받아 분류, 보관, 포장, 유통가공, 정보처리 등을 수행하여 다수의 수요자에게 적기에 배송하기 위한 시설이라고 할 수 있다.

(2) 물류센터의 목적 및 역할

① 물품 수급조절의 완충적인 기능을 수행하는 중심지 역할

② 배송기지로서 운송비의 절감을 위한 교량적인 역할(교차수송방지, 납품 트럭의 혼잡방지 등)

③ 재고집약에 의한 적정재고의 유지와 판매거점의 구입활동을 집약함으로써 거래를 유리하게 함

④ 판매정보의 조기파악 후 조달 및 생산계획의 반영 및 신속, 정확한 배송에 의한 고객서비스 향상

⑤ 상·물 분리에 의한 물류효율화와 보관 및 하역을 포함한 관리 효율의 향상 및 작업의 생력화

(3) 물류센터의 기능(25회)

① 신속한 배송체제 구축에 의한 기업의 판매력 강화

② 수급조정기능

③ 공장과 물류센터간 대량, 정형적인 계획수송이 가능하여 수송비 절감효과

④ 물류센터 정보망을 통해 신속, 정확한 재고파악이 가능하며 과잉재고 및 재고편재를 방지

⑤ 상류기능과 물류기능의 명확한 분리로 중복·교차수송을 방지

⑥ 물류센터를 판매거점화 함으로써 제조업체의 직판체제 확립, 유통경로의 단축, 유통의 간소화 및 비용절감

⑦ 환적, 보관, 분류, 가공, 조립 기능

(4) 물류센터의 장점

① 재고량을 시계열적으로 분석할 수 있으므로 시장동향을 쉽게 파악할 수 있다. 인기상품의 결품이나 사양상품의 재고증가를 방지할 수 있고 납기도 단축시킬 수 있다.

② 창고나 배송센터를 지역별로 설치할 경우 거점간에 상품을 수송하는 빈도가 높아져 수송비가 증가한다. 따라서 물류센터를 한 곳에 집중해 설치할 경우 거점간의 수송업무가 줄어든다.

③ 거점간 수송업무가 줄고 창고관리업무와 관리직원수가 줄어든다.

④ 불필요한 재고가 줄어들고 재고편중현상이 완화되며 창고별 과부족이 줄어든다.

⑤ 결품율이 낮아지고 적시(JIT)배송이 가능하다.

⑥ 물류시설집약화로 인한 물류량증대로 물류업무의 자동화, 생력화, 정보시스템화에 대한 설비투자가 가능해지고 저렴한 비용으로 대고객서비스를 제공할 수 있게 된다.

(5) 물류센터 설치시의 유의점

① 제조부문, 판매부문, 물류부문간의 책임구분이 명확히 이루어지지 않으면 물류비용 전부가 물류부문에서 발생하는 것으로 나타나 총체적인 물류비의 파악이 어려워진다.

② 물류시스템이 적절하게 설계되지 않거나 원활히 가동되지 않고 소비지로부터 멀리 떨어져 있는 경우 물류센터가 본연의 기능을 충분히 발휘하기 어렵고 경쟁에서 불리하게 된다. 물류센터의 위치가 부적절할 경우 수송거리와 수송시간이 늘어날 수도 있다.

③ 창고규모가 커지므로 입·출하, 유통가공, 집품, 분류 등의 업무량이 증가한다.

④ 지가가 싸고 교통이 편리한 도시외곽 고속도로 인터체인지 부근이 상대적으로 적합하다.

⑤ 물류센터는 종래의 창고나 배송센터보다 규모가 크므로 충분한 취급량을 확보하지 못할 경우 채산성이 악화된다.

⑥ POS(Point of Sales)나 부가가치통신망(VAN) 등 정보시스템이 뒷받침되지 않을 경우 수주, 발주, 출하지시 등에 시간이 많이 소요되고, 종전보다 비용이 상승하는 경우도 발생할 수 있다.

⑦ 규모가 크고 취급 상품수도 늘어나므로 피킹의 자동화나 분류시스템의 자동화가 동시에 이루어지지 않으면 처리과정에서 무리가 발생하거나 처리에 많은 시간이 걸리게 된다.

(6) 물류센터내의 업무

① 입하(receiving) 및 격납(putaway) : 도착한 상품이 입하예정 및 납품전표와 틀림없는지

를 점검하고, 상품을 랙(Rack) 설비 등이 있는 보관지역에 적재하여 둔다. 그 결과는 즉시 물류센터 내 해당 부서, 생산공장 또는 공동물류센터 내의 참여기업 등에 통지하여 정보를 공유하여야 한다.

② 보관(storage) : 일반적으로 입출고빈도나 포장형태에 따라 구분 보관할 필요가 있다. 즉 ABC분석 결과 입출고빈도가 높은 상품일수록 출고구 가까운 곳에 보관하는 것이 좋다. 상품별로 보관하는 것보다 포장형태별로 보관하는 것이 입고나 집품작업에 더 효율적이다. 또한 선입선출이 가능하도록 저장해야 하고, 통로폭은 지게차가 충분히 작업할 수 있을 정도가 되어야 하며 통로에 물품을 쌓아 놓아서는 안 된다. 공간을 효율적으로 이용하기 위해 고층선반을 사용하는 것이 바람직하고, 불량재고는 정해진 방법과 순서에 따라 정기적으로 처분하도록 해야 한다.

③ 피킹(Picking) : 주문에 의거해 보관장소에서 상품을 꺼내는 집품작업(Order Picking)을 할 때는 가능한 한 동선을 짧게 하고 아울러 교차되지 않도록 정해진 집품작업 순서를 준수해야 한다. 특히 Layout을 디자인할 경우 유의해야 한다.

④ 유통가공 : 가격표 부착, 바코드 부착, 포장 등 유통가공은 공정관리기법을 사용하여 작업계획을 수립한다. 즉 출하시기를 기준으로 작업계획을 수립하고 시간대별로 작업량이 불규칙하지 않도록 평준화한다.

⑤ 검품·포장 : 출하전의 최종 점검업무인 이 단계에서 실수를 하면 고객에게 나쁜 이미지를 남기게 되며 이를 처리하기 위해 불필요한 비용이 발생한다. 따라서 작업계획을 적절히 수립하는 동시에 정해진 순서에 의해 업무를 수행하는 것이 중요하다. 이 과정에서 검품이 철저하게 이루어지면 납품 받는 쪽에서 별도로 검품 할 필요가 없어진다. 이렇게 되면 고객의 입장에서 매우 편리하며, 다른 물류센터와의 경쟁에서도 유리한 입장에 설 수 있다.

⑥ 방향별 분류 및 출하(Shipping) : 포장을 상품을 배송하는 트럭별로 분류하고, 종래의 판매선별 및 상품별 수송방식을 공동수배송방식으로 변경하여 수송효율을 극대화시키고 배송시간을 단축하도록 한다.

Plus tip

※ 물류센터 내의 작업흐름
입차 및 입하 → 격납 → 보관·보충 → 피킹 → 유통가공 → 검품 → 포장→ 방향별 분류 → 상차 및 출하

(8) 물류센터 설계 특성별 고려사항(21회, 27회)

① 제품특성 : 크기, 무게, 가격 등
② 주문특성 : 주문수, 주문의 크기와 빈도, 처리속도 등
③ 관리특성 : 재고정책, 고객서비스 목표, 투자 및 운영비용 등
④ 환경특성 : 지리적 위치, 입지제약, 환경제약 등
⑤ 설비특성 : 설비종류, 운영방안, 자동화 수준 등
⑥ 운영특성 : 입고방법, 보관방법, 피킹방법, 배송방법

(9) 물류센터 개발 프로세스(25회, 26회)

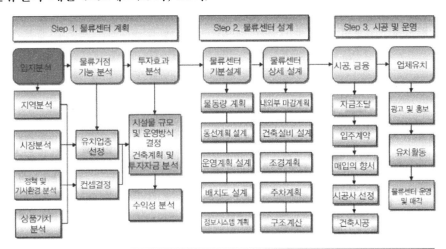

출처 : 물류신문

② 물류거점 계획

(1) 물류거점시설의 구조와 작업동선

물류거점시설을 설계하는데 있어서 제약조건으로는 다음과 같은 것들이 있다.
① 공간의 활용에 영향을 주는 기둥의 수 및 굵기
② 작업단위 공간의 크기
③ 수직공간의 유효고(Clear ceiling height)
④ 출입문과 도크의 위치와 개수
⑤ 부지의 위치와 형태, 건물형태

⑥ 기후 및 지진여부

⑦ 관련 건축법규

(2) 거점계획을 위한 기본조건(17회, 26회)

① 수요조건 : 고객의 분포, 장래고객의 예측, 매출신장 유무, 배송가능지역

② 운송조건 : 각종터미널(트럭, 항만, 공항, 역)의 운송거점과 근접, 영업용 운송업자의 사업장과의 근접도

③ 배송서비스 조건 : 고객에 대한 도착시간, 배송빈도, 리드타임의 계산, 고객까지의 거리

④ 용지조건 : 토지의 이용문제(기존토지와 신규취득), 지가, 소요자금내에서 가능한 용지 취급의 범위

⑤ 법 규제 : 정부의 용지지역 지정 가능지역의 검토

⑥ 관리 및 정보기능조건 : 본사 영업부와 중앙전산실과의 거리

⑦ 유통가능 조건 : 상류와 물류와의 구분, 유통가공시설의 필요성, 작업원의 확보와 통근 가능여부

⑧ 기타 품질유지를 위한 특수시설(냉동물, 보온물, 위험물)과 공해방지시설의 설치여부

(3) 거점계획의 고려요소

① 서비스 레벨 : 리드타임, 주문마감시간, 납품빈도, 납품시간, 주문단위

② 마케팅전략 : 신제품개발, 새로운 유통경로 설계, 판매계획(물동량), 경쟁사 분석

③ 유통구조 : 유통채널, 거점 수, 거점위치, 거점의 역할

④ 거점기능 : 입하 및 검품, 재고(보관)와 무재고(통과), 유통가공, 반품처리

⑤ 재고관리 : 발주점 및 발주량, 적정재고 수준설정, 재고관리방식

⑥ 배송수단 : 소량다빈도 배송, 공동배송, 구역배송, 외주화, 야간배송

⑦ 수송수단 : 대형화, 왕복화, 다이어그램화, 공동화

⑧ 물류 코스트 : 수배송비, 재고 및 보관비, 하역비, 관리비, 정보처리비, 인건비

(4) 거점(창고)의 수와 비용

① 물류거점의 수와 관련된 비용은 크게 재고유지비용, 수배송비용 그리고 관리비용 등을 들 수 있다.

② 거점의 수가 늘어남에 따라 재고유지비용은 증가한다. 거점의 수가 늘어나 분산되게 되면 불확실한 수요와 조달기간에 대응하기 위해 필요한 안전재고를 개별거점이 각각 보유해야 하지만, 거점 수 줄어들어 집약하게 되면 상대적으로 적은 양의 안전재고로 동일한 수준의 서비스를 유지할 수 있기 때문이다. 조달기간이 짧거나 조달기간의 편차 가 작을수록 안전재고의 수준은 낮아진다.

③ 관리비용은 거점의 수가 증가함에 따라 증가하고, 이와는 반대로 배송비용은 거점의 수가 증가함에 따라 감소한다. 이는 거점의 증가에 따라 거점 간 이동에 드는 수송비용의 증가보다 거점과 소비자를 연결하는 배송비용의 감소가 크기 때문이다.

> **Plus tip**
>
> ※ **거점(창고) 증가와 비용관계(빈출)**
> ① 총재고량 증가(안전재고량 증가)
> ② 수송비 증가(수송횟수 증가), 창고비용 증가
> ③ 배송 리드타임 단축, 배송권역 축소, 배송비 감소
> ④ 총운송비 감소

(5) 상품의 특성과 물류거점시설의 수

① **상품의 가격** : 상품의 가격이 높으면 재고비용이 높아지므로 물류거점 수를 줄이게 된다.
② **단위화물의 양** : 단위화물의 양이 많으면 많을수록 운송비가 많이 소요되므로 물류거점 수를 늘리게 된다.
③ **배송빈도** : 배송빈도가 낮을수록 재고회전율이 감소하므로, 물류거점 수와 생산기지 수를 적은 수준으로 유지한다.
④ **배송의 규칙성** : 배송이 불규칙적이거나 긴급할수록 물류거점수를 줄이게 된다.

③ 배송센터

(1) 배송센터 계획시 고려사항

① 대고객의 배송 Timing 수준
② 배송권과 센터 수의 결정
③ 교통사정의 검토
④ 공동시설에 대한 입주 검토
⑤ 물리적 토지특성 검토 : 전면도로일 때 입출고 및 배송이 편리하다.
⑥ 사회적 환경 : 영업창고의 건설 허가 유무와 소음·교통문제로 인해 지역주민과의 마찰 가능성 유무를 검토한다.
⑦ 확장대상과 예비창고의 검토 : 상품량이 증가할 경우 공간여유가 있는지 없는지를 검토하고 재고량이 과다한 경우 계절적 수요증가에 대비하여 예비창고를 검토해야 한다.

⑧ 생산입지형과 소비입지형 : 취급상품의 특성이 생산입지형과 소비입지형 중 어느 쪽이
나를 고려하여 입지를 결정하여야 한다.

예 맥주, 청량음료→생산공장 내의 제품창고가 최대의 배송센터→공장이 최대 소비지
인 도시에 근접·입지되는 경향이 있으며 맥주의 경우는 더욱 그렇다.

(2) 배송센터의 설계(23회)

① 배송센터 시설계획의 조건

㉠ 물류상의 단계와 그 역할

㉡ 대상 배송선의 위치나 수배송센터의 위치와 규모

㉢ 대상 상품과 그 재고수준

㉣ 대상 거래처 및 물류센터 내에서의 작업

㉤ 취급상품의 특성으로서 치수·중량·품종·규격·1건당 입출고량

㉥ 수주시점으로부터 집품하여 배송하기까지의 리드타임, 수주빈도, 물류비용 및 고객
서비스 등

② 배송센터의 기본계획

㉠ 배송센터의 부지, 건물의 형식·규모·구조, 운반과 보관방식 및 작업의 흐름 등을
결정하고 취급품의 특징에 따라 운영방식과 보관방식의 조합 중에서 가장 효율적인
시설과 적합한 기기를 선택하여야 한다.

㉡ 상품의 특성에 따라 차량의 크기와 대수, 주차공간, 부대작업 공간과 이용기기의
선정, 작업과 시설배치의 적합성을 위한 레이아웃 등을 결정한다.

㉢ 구체적인 건설과 설비를 위한 각종 건축법과 소방법 등의 법적 규제와 주변 여건을
조사한 다음 서비스의 레벨, 소요자금, 작업비용 등에 대한 종합적인 평가를 수행하
여 최종적인 결정을 한다.

(3) 크로스도킹(Cross Docking)에 의한 관리(13회, 14회)

① 개념

㉠ 크로스 도킹은 창고나 물류센터로 입고되는 상품을 보관하는 것이 아니라 즉시 배송
할 준비를 하는 물류시스템이다.

㉡ 크로스 도킹은 배달된 상품을 수령하는 즉시 중간저장단계가 거의 없거나 전혀 없이
배송지점으로 배송하는 것을 말한다. 크로스도킹은 제품의 수요가 일정하고 안정적
이며, 재고품절비용이 낮을 경우 효율적으로 운영될 수 있다.

② 크로스도킹의 유형

㉠ 파렛트 크로스도킹(Pallet Cross Docking) : 한 종류의 상품이 적재된 파렛트별로

입고되고 소매점포로 직접 배송되는 형태로 가장 단순한 형태의 크로스 도킹이며, 양이 아주 많은 상품에 적합하다.

ⓛ 케이스 크로스도킹(Case Cross Docking) : 한 종류의 상품이 적재된 파렛트 단위로 소매업체의 물류센터로 입고되고 입고된 상품은 각각의 소매점포별로 주문수량에 따라 피킹되고, 파렛트에 남은 상품은 다음 납품을 위해 잠시 보관하게 된다.

ⓒ 사전 분류된 파렛트 크로스도킹 : 사전에 제조업체가 상품을 피킹 및 분류하여 납품할 각각의 점포별로 파렛트에 적재해 배송하는 형태이다. 제조업체가 각각의 점포별 주문사항에 대한 정보를 사전에 알고 있어야 하므로 제조업체에 추가적인 비용을 발생시킨다.

③ 크로스도킹의 효과
  ⓐ 물류센터의 물리적 공간 감소
  ⓑ 물류센터가 상품의 유통을 위한 경유지로 사용됨
  ⓒ 공급사슬 전체 내의 저장 공간 감소
  ⓓ 물류센터의 회전율 증가
  ⓔ 상품공급의 용이성 증대
  ⓕ 재고수준의 감소

4 입지결정을 위한 기법

(1) 총비용 비교법

각 대안별로 관리비용을 산출하고, 총 비용이 최소가 되는 대안을 선택하여 입지를 결정하는 방법이다. 아래 〈표〉에서 A, B, C, D 지역 중 총비용이 최소가 되는 A지역을 창고위치로 결정한다.

(단위 : 백만원)

비용 ＼ 지역별	A지역	B지역	C지역	D지역
창고건설비	2,500	3,000	3,500	4,000
하역비	500	400	400	500
수송비	700	1,000	800	1,000
재고유지비	100	150	250	150
세금	20	30	50	40
합 계	3,820	4,580	5,000	5,690

(2) 손익분기점 도표법(17회, 22회, 27회)

① 일정한 물동량 즉 입고량 또는 출고량을 전제로 하여 고정비와 변동비의 합을 비교하여 물동량에 따른 총비용이 최소가 되는 대안을 선택하는 방법이다.

② 연간 예상물동량에 대한 최소비용을 발생시킬 것으로 기대되는 대안입지를 손익분기점을 기준으로 선택한다.

대안 입지	연간 고정비	단위 변동비	연간총비용
A	150,000	1,240,000	1390,000
B	300,000	760,000	1,060,000
C	500,000	480,000	980,000
D	600,000	600,000	1,200,000

(3) 무게중심법(24회, 25회, 26, 27회)

① 물류센터를 기준으로 고정된 공급지에서 물류센터까지의 수송비와 물류센터에서 수요지(각 지점)의 수송비를 구하여 그 합이 최소가 되는 지점을 말한다.

② 공급지 및 수요지의 위치가 고정되어 있고 각 공급지로부터 단일의 물류센터로 반입되는 물량과 그 물류센터로부터 각 수요지로 반출되는 물량이 정해져 있을 때, 물류센터로 반입 및 반출되는 각 지점과 물류센터와의 거리에 거리당 운임과 물동량을 곱하면, 각 지점과 물류센터간의 수송비를 산출할 수 있다.

③ 이러한 계산을 모든 지점들에 대해서 적용하여 합산하면 총 수송비가 결정된다. 두지점 간의 물자 이동이 직선거리를 따라 이루어진다면, 단일 물류센터의 최적입지는 입지를 나타내는 좌표에 대한 두 개의 방정식을 통해서 구할 수 있는데, 이것을 최적 무게중심법이라고 한다.

④ 계산 공식

$$X좌표 = \frac{\sum(각\ 구역의\ 개별\ X좌표 \times 해당\ 구역의\ 가중치)}{\sum 각\ 구역의\ 개별가중치}$$

$$Y좌표 = \frac{\sum(각\ 구역의\ 개별\ Y좌표 \times 해당\ 구역의\ 가중치)}{\sum 각\ 구역의\ 개별가중치}$$

⑤ 예제

(문제) 대한물류(주)는 생산공장과 수요지(시장)를 가지고 있는데 신속한 고객주문에의 대응, 효율적 수배송과 재고관리를 위해 새로운 유통센터를 설치하고자 한다. 각 시장의 수요는 수요지 1이 20톤/월, 수요지 2가 20톤/월, 수요지 3이 10톤/월 이다. 무게중심법에 의하여 새로운 유통센터의 입지장소는 어디가 좋겠는가?

(풀이) 공장과 수요지를 연결하는 유통센터의 누적수송량은 시장수요에다 공장에서 유통센
터로 가는 수요를 합하여야 한다. 무게중심법에 의한 최적의 입지장소 좌표는 다음
과 같다.

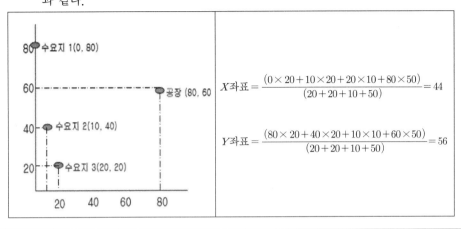

$$X좌표 = \frac{(0 \times 20 + 10 \times 20 + 20 \times 10 + 80 \times 50)}{(20 + 20 + 10 + 50)} = 44$$

$$Y좌표 = \frac{(80 \times 20 + 40 \times 20 + 10 \times 10 + 60 \times 50)}{(20 + 20 + 10 + 50)} = 56$$

(4) 완전 그리드 탐색법

① 다양한 입지대한 중에 총 D · d 점수가 낮은 대안거점을 선정

〈1단계 : 거점 A가 최적이라 가정〉

위치	좌표		수요(D)	직교각 거리(d)	D · d
	X	Y			
A	5	3	4	0+0=0	0
B	7	5	6	2+2=4	24
C	7	3	9	2+0=2	18
총합계				총 D · d	42

〈2단계 : 거점 B가 최적이라 가정〉

위치	좌표		수요(D)	직교각 거리(d)	D · d
	X	Y			
A	5	3	4	2+2=4	16
B	7	5	6	0+0=0	0
C	7	3	9	0+2=2	18
총합계				총 D · d	34

<3단계 : 거점 C가 최적이라 가정>

위치	좌표		수요(D)	직교각 거리(d)	D · d
	X	Y			
A	5	3	4	2+0=2	8
B	7	5	6	0+2=2	12
C	7	3	9	0+0=0	0
총합계				총 D · d	20

② 총 D · d가 20으로 가장 작은 거점 C(7, 3)이 입지로 선택된다.

(5) 양 & 질적 요인 분석법 - Brown-Gibson Model(21회)

입지결정에 있어서 양적 요인과 질적 요인을 함께 고려할 수 있는 복수공장의 입지분석모형이 1972년 브라운과 깁슨에 의해 제시되었다. 요인 평가 기준은 다음과 같다.

① 필수적 기준 (Critical Criteria) : 특정 시스템의 장소적 적합성 판정시의 필수적 기준
(맥주공장 - 수질, 수량 : 연탄공장 - 석탄)
② 객관적 기준 (Objective Criteria) : 화폐가치로 평가될 수 있는 경제적 기준
(인건비, 원재료비, 용수비, 세금 등)
③ 주관적 기준 (Subjective Criteria) : 평가자의 주관에 의해 가름되는 기준
(근로자의 성실성, 지역주민의 민심 등)

(6) 요인평정법(Factor Rating Method)

고려되는 입지 요인별 가중치를 고려한 요인평정 결과(=가중치×평점)를 활용하는 방법으로서 입지요인을 평가자의 주관으로 평점이 가능하다.

요인평정점수 = Σ(각 요인별 평가점수 × 각 요인별 가중치)

입지요인	가중치	광주		인천		대전	
		평점	점수	평점	점수	평점	점수
원자재근접성	0.30	85	22.5	70	21.0	75	22.5
동력 및 에너지	0.24	88	21.1	85	20.4	80	19.2
노동력	0.20	83	16.6	70	14.0	75	15.0
시장근접성	0.15	75	11.3	90	13.5	80	12.0
지역사회	0.05	90	4.5	60	3.0	85	4.3
주거환경	0.06	75	4.5	80	4.8	85	5.1
합계	1.00		80.5		76.7		78.1

5 보관시스템

(1) 보관설비 계획

① 보관계획의 기본요인

　㉠ 보관대상물 : 대상물의 형상과 대상이 되는 상품의 아이템, 가격, 중량, 용적 등의 특성 분석

　㉡ 보관량 : 운반량과 보관량에 대한 분석

　㉢ 경로(Route) : 입고 → 보관 → 출고작업의 공정경로나 가공순서의 분석 및 분류, 선별, 상품구색 등의 조건 분석

　㉣ 보조서비스 : 운반이나 보관목적을 어떻게 보조할 것인가에 대한 분석(보관방식, 수 · 발주시스템, 작업관리방식, 재고관리방식 등)

　㉤ 시간 : 배급시간은 주 1회인지, 긴급배송인지, 1일 중에서의 피크는 언제이며, 타이밍은 어떻게 맞출 것인지, 또는 계절에 따라서 다른 것인지 등에 대한 분석

　㉥ 물류 코스트 : 위 5개의 기본요인을 분석해서 계획에 포함시킨다.

② 보관방법에 영향을 주는 반입 · 반출의 순서

　㉠ 선입 · 선출법 : 먼저 보관한 물품을 먼저 꺼낸다는 원칙으로서 상품의 Life-Cycle이 짧은 경우에 많이 적용된다.

　㉡ 선입 · 랜덤 출하법 : 무작위로 작업을 선정하는 것으로 주로 다른 작업순서 결정 규칙과 일정계획의 효율성을 비교하는데 쓰인다.

　㉢ 후입 · 선출법 : 재고자산의 평가방법으로 물품부터 팔렸다고 보고 남은 상품, 원재료를 평가하는데, 인플레이션 시대에 자산평가 내용을 견실하게 하는 방법이다.

(2) 보관품목의 배치

① ABC 관리방법

　㉠ 물류센터에서 취급하는 상품의 종류는 다종다양하여 재고관리가 매우 복잡하다. 이들 상품들을 일일이 관리하는 것은 거의 불가능하므로 상품의 중요도나 가치를 중심으로 품목을 분류해서 적절한 관리시스템을 적용할 필요가 있다.

　㉡ ABC 분석이란 통계적 방법에 의해 관리해야할 대상을 A 그룹, B 그룹, C 그룹으로 나누고, 먼저 A그룹을 최중점 관리대상으로 선정하여 관리노력을 집중함으로써 관리효과를 높이려는 분석방법이다.

　　ⓐ A그룹 : 정밀한 재고관리 시스템을 적용하여 수시로 재고를 파악하고 보충을 해야 하므로 발주간격이 짧은 정기발주시스템을 이용하는 것이 일반적이다. 중소기업에서와 같이 자금사정이 원활하지 못한 경우에는 필요할 때 필요량만을 보충 발주하는 경우도 있다.

ⓑ B그룹 : A그룹에 비하여 수량 또는 매출액이 비교적 적고, 품종은 다소 많으므로 발주점 방식에 의한 정량발주시스템을 적용하는 것이 일반적이다.

ⓒ C그룹 : 품종이 다양하고 각각의 수량 또는 매출액은 극히 적어서 C그룹 전체의 매출액의 10% 이하인 경우가 많다. 정량발주시스템의 변형인 투빈시스템을 적용하는 경우가 많고, 수량이 더 적은 경우에는 아예 관리를 하지 않거나 재고를 두지 않고 있다가 필요시 필요한 수량만큼 구매하는 JIT(Just In Time) 방식을 적용하기도 한다.

② ABC 분석 절차

㉠ 품목별로 수량 또는 매출액을 산출한다.

㉡ ABC분석표에 수량 또는 금액이 큰 순서대로 기입한다.

㉢ 품목순으로 수량 또는 매출액의 백분율을 기입한다.

㉣ 누계백분율을 기입한다.

㉤ 각 품목을 가로축(X축)에 놓고 수량 또는 매출액의 백분율을 세로축(Y축)에 놓아 막대그래프를 만든다.

㉥ 각 품목별 누계백분율을 세로축에 놓고 각 점을 선으로 잇는다. 이선이 파레토 곡선이다.

㉦ 끝으로 이들을 분류기준에 따라 ABC 3등급으로 분류한다.

③ ABC 분석에 의한 품목 배치

㉠ 입출고가 동일한 장소인 경우

ⓐ 입출고부 근처부터 A품목, B품목, C품목의 순으로 배치한다. 이 방법이 가장 우수한다.

ⓑ 각 통로별로 다음과 같이 배치한다.

〈각 통로별 배치〉

분류	매출액	매출액 기여도
X통로	승강속도가 가장 빠른 크레인을 장비한다.	A
Y통로	두 번째 빠른 크레인을 장비한다.	B
Z통로	가장 속도가 느린 크레인을 장비한다.	C

㉡ 입출고가 다른 경우

ⓐ 입출하의 긴급도 및 우선도가 높은 순서로 배치하되 출하우선으로 배치한다.

ⓑ 출고구에 가까운 쪽에 회전이 높은 그룹을 배치한다. 즉 출고구로부터 A, B, C 순으로 배치한다.

〈보관 물품의 흐름별 ABC 상품군 배치〉

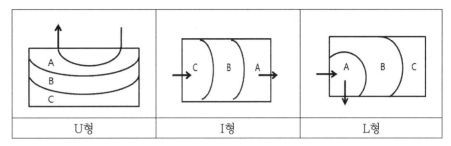

| U형 | I형 | L형 |

(3) 보관용 하역시스템(16회, 21회)

① 보관작업의 각종 요소 : 보관작업의 경우도 입화작업과 같이 화자의 요소, 하역물량 및 회전수 등 각종 요소에 따라 보관시스템이 여러 가지로 변한다. 보관시스템은 보관점수, 보관량, 회전수별로 ABC군으로 분류할 수 있다.

〈보관시스템의 분류〉

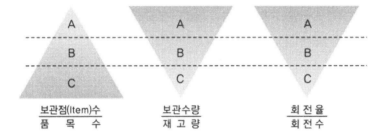

| 보관점(Item)수
품 목 수 | 보관수량
재 고 량 | 회 전 율
회 전 수 |

② 파렛트 보관 형태

    ㉠ A-A-A(맥주, 청량음료, 사탕, 시멘트) : 입·출고가 빠른 물품으로 보관설비는 플로우 랙과 주행대차를 이용한 대차 랙을 많이 이용하며, 단시간에 대량처리가 가능하여 편리하다.

    ㉡ A-A-C : 대량의 재고를 갖고 있으면서 별로 이동하지 않는 불량제품이나 계절변동형 제품이 여기에 해당된다. 고정설비인 유닛형 랙이나 플로우 랙을 이용한다.

    ㉢ A-C-A : 회전수만 높은 제품은 보관기능이 미약하여 자동화·기계화되지 않았지만 주로 임시출고-피킹-재출고에 많이 이용된다.

    ㉣ A-C-C : 보관점수, 보관수량, 회전율이 모두 적어 파렛트를 직접 쌓을 수 있어서 파렛트 랙을 중심으로 한 하역기기는 포크만 부착되어 있으면 가능한 보관 형태이다.

    ㉤ B-B-B : 일반적 형태로 설비가 간단하여 이동도 편리하고 레이아웃의 변경도 용이하다. 포니 스태커 시스템과 제트 랙 시스템을 이용하면 편리하다.

    ⓑ C-A-A : 관리가 매우 복잡한 형태이다. 고층 랙과 모노레일 스태커 크레인의 조합을 통해 리모트 컨트롤과 컴퓨터 컨트롤 방식을 사용한다. I형 배치, U형 배치, L형 배치, I형 변형배치, U형 변형배치가 있다.

    ⓼ C-A-C : 고층 랙에 모노레일 스태커 크레인을 이용하며 선회식 크레인, 파렛트 직접 쌓기 및 트래버스 방식 등도 이용된다.

    ⓞ C-C-A : 보관은 주로 고층 랙을 사용하며, 패키지 단위의 오더 피킹 머신 또는 모노레일 스태커에서 수동 피킹을 할 때도 있다.

    ⓩ C-C-C : 관리가 어려운 방식으로서 파렛트를 직접 쌓는 것이 유리하며, 이동식 랙 시스템을 주로 이용한다.

③ **골판지 케이스 보관 형태**

    ㉠ A-A-A : 플로우 랙과 파렛트 직접 쌓기로 보관한다.

    ㉡ A-A-C : 데크(deck)형 랙을 사용하며, 계절변동형 제품을 보관한다.

    ㉢ A-C-A : 플로우형 랙이나 보관 컨베이어를 이용하여 자동화한다.

    ㉣ A-C-C : 가벼운 랙을 사용하며, 경사 랙에 끈을 달아서 보관한다.

    ㉤ B-B-B : 고정배치를 하여 배치번호를 이용하며, 하역 기기는 포크리프트와 랙을 조합하여 사용한다.

    ㉥ C-A-A, C-A-C : 고층 랙에 모노레일 스태커 크레인을 이용한다.

    ㉦ C-C-A : A-C-A와 동일한 시스템을 사용하고, 투 플로우 시스템(적층랙을 주로 사용)을 이용하며, 평면 공간을 넓게 잡아야 한다.

    ㉧ C-C-C : 경량 랙이나 이동 랙 시스템을 이용하는 것이 적합하다.

7 자동화창고

(1) 자동창고의 정의

① 자동창고(Automated warehouse)는 자동화창고라고도 하며, 입체적인 형태이므로 입체 자동창고라고도 한다. 자동창고는 일반적으로 생산공정이나 물적유통시스템 중에서 일시적으로 부품이나 제품·상품을 보관할 목적으로 화물의 취급단위인 파렛트나 버켓 등의 입고·보관·관리를 자동적으로 행하는 창고이다.

② 자동창고는 입체적으로 배치된 수십에서 수만 개의 랙에 파렛트 등을 스태커크레인에 의해 자동적으로 입출고하는 기능을 가진 창고를 말한다. 자동화창고는 협소한 토지를 효율적으로 활용하고, 다품종 소량생산이나 소량다빈도 배송에 효과적으로 대응하기 위하여 추진되고 있다.

③ 자동화 창고 설계시 사전에 조사해야 할 항목에는 취급 화물의 중량·사이즈·형상, 그리고 창고 내 취급단위(Unit Load), 평균 및 피크 시의 보관량과 입출고량 등이다.

④ 간이자동화창고는 기존건물을 개조하여 적은투자로 랙을 설치하여 제한적인 자동창고의 효과를 볼 수 있다. 유닛 랙이 여기에 해당한다.

(2) 자동화 창고의 구성요소(25회, 27회)

① 랙(Rack) : 보관품을 버켓 또는 파렛트에 담아 저장하는 선반을 고층화시킨 철구조물이다.

② 스태커크레인 : 랙과 랙 사이를 왕복하면서 보관품을 입출고시키는 핵심기기라고 할 수 있다. 랙에 화물을 입출고시키는 크레인의 일종으로 밑에 주행레일이 있고 위에 가이드레일이 있는 통로 안에서 주행장치로 주행하며 승강장치와 포크장치를 이용하여 입출고작업을 한다.

| 스태커크레인 | 무인방송차 |

③ 트래버서(Traverser) : 스태커크레인을 횡으로 이동시키는 장치

④ 무인반송차(AGV : Automatic Guided Vehicle) : 고정경로를 유도방식에 의해 이동하며 무인으로 물품을 운반 및 이동, 적재하는 운반장치

⑤ 파렛트(Pallet) : 화물의 보관, 운반을 효율적으로 행하기 위한 받침대

⑥ 컨베이어(Conveyer) : 보관품을 입하하거나 출고할 때 작업장으로부터 랙까지 연결시켜 주는 반송장치

⑦ DPS(Digital Picking System) : 상품 랙에 부착된 표시기에 피킹수량을 디지털로 표시하여 별도의 리스트 없이 누구나 신속하고 정확하게 피킹할 수 있는 시스템

⑧ RFID와 스캐너, 소터, 버켓, 원격제어기, 창고용 컴퓨터, 기타 주변기기 등이 있다.

※ **RFID(Radio Frequency Identification)**

① RFID 시스템은 보통 판독 및 해독 기능을 하는 판독기(RF Reader), 고유 정보를 내장한 전파식별 태그(RFID Tag) 그리고 데이터 처리장치 및 운용 소프트웨어로 구성된다.

② RFID 시스템은 태그(Tag)와 동력 유무에 따라 능동형(Active) RFID와 수동형(Passive) RFID로 구분되기도 한다.

③ RFID 시스템은 라디오 주파수(Radio Frequency)를 이용하여 송수신하기 때문에 바코드 시스템에 비해 원거리에서도 사용 가능하다는 장점이 있다.

④ RFID 시스템은 바코드 시스템에 비해 다양한 많은 양의 정보를 기록할 수 있다는 장점이 있다.

⑤ RFID 시스템은 정보의 보안성이 없는 것이 단점이며, 개인의 사생활 보호가 어렵다.

(3) 창고의 저장소요공간 계산(21회, 24회, 26회)

① 단일명령(Single Command) 방식 : 1회 운행으로 저장 또는 반출 중 한 가지만 수행하는 방식이다.

② 이중명령(Dual Command) 방식 : 1회 운행으로 저장과 반출을 동시에 수행하는 방식이다.

③ 임의위치저장(Randomized Storage) 방식 : 창고에 도착한 물품의 크기 및 공간 사용 정도를 기준으로 사전에 지정된 위치에 저장하는 방식이다.

④ 지정위치저장(Dedicated Storage) 방식 : 물품의 입출고 빈도를 기준으로 저장위치를 등급(Class)으로 나누고 등급별로 저장위치를 결정하는 방식이다.

⑤ Single Deep & Double Deep

　㉠ Single Deep : 스태커 크레인 좌우에 하나씩 보관한다. 입출하 속도가 상대적으로 빠르지만, 보관효율이 낮다.

　㉡ Double Deep : 스태커 크레인 좌우에 두개씩 보관한다. 입출하 속도가 상대적으로 느리지만, 보관효율이 높다.

〈Single Deep〉　　　　　　　〈Double Deep〉

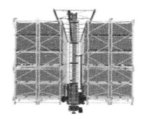

(4) 자동화창고에서 베이(Bay)수 구하기

① 랙의 구역 구분

ㄱ cell : 화물이 저장되는 공간을 의미한다.

ㄴ Bay : 통로의 진입방향으로 전면에서 본 열을 의미한다. bay는 건축용어로 흔히 쓰이는데, 기둥과 기둥 사이의 한 구획을 뜻한다.

② 베이(Bay)수 구하기 예제 : 이중명령을 수행하는 자동창고시스템 (AS/RS : Automated Storage and Retrieval System)에서는 시간당 360건의 주문을 처리한다. 이 때, S/R (Storage and Retrieval)장비의 운행당 평균 주기시간은 1분이며, 자동창고의 저장용량이 9,000단위, 랙의 단(Tier)수가 15층일 때, 저장랙을 구성하는 베이(Bay) 수는?

풀이) 베이(Bay)수 공식 $= \dfrac{\text{총 저장용량}}{(\text{1분당 처리능력} \times \text{랙단수} \times 2)}$

☞ 시간당 360건의 주문을 처리, 1H = 60M ∴ 분당 처리 주문 수 : 6건

☞ 스태커크레인 6대가 동시에 열 작업처리

☞ 저장용량이 9,000단위 이고, 랙의 단수가 15층

☞ 베이 공식 적용 시, $= \dfrac{9,000}{(6 \times 15 \times 2)} = 50 Bay$

☞ 1cell에 파렛트 2단위 적입 가능한 랙의 화물을 분당 6회의 랙을 활동능력으로 처리한다는 의미로 랙은 50열 50개의 베이로 구성되어 있음을 알 수 있다.

(5) 자동창고의 기능

① 보관 효율의 증대

② 선별작업의 자동화

③ 정보의 즉시 파악

④ 피킹 및 반송기기의 자동화와 컴퓨터 제어를 통하여 입출고 기능의 효율화·생력화가 가능하고 인원의 절감 효과가 있다.

⑤ Free Location의 보관방식을 통하여 보관능력의 향상은 물론 시스템의 유연성을 제공한다.

⑥ 생산라인과의 동기성, 적정재고, 작업준비를 위한 부품 공급기능도 갖는다.

(6) 자동화창고의 장점

① 시간 및 인력을 절감

② 화물의 위치관리가 용이

③ 고층화하여 공간을 절약

④ 원하는 화물을 자유롭게 반출

⑤ 하역의 자동화

⑥ 합리적인 재고관리

(7) 자동화 창고 도입시 유의할 점

① 자동화목적의 확인
② 자동보관을 위한 물품의 치수, 포장, 중량을 단위화 할 수 있는 가를 확인
③ 장기적 관점에서 적합성을 검토
④ 시설자금 조달에서의 문제점 점검
⑤ 보관보다는 흐름에 중점을 두고 설계
⑥ 수작업의 최소화
⑦ 다른 자동화창고의 무조건 모방 지양

8 보관 및 출고업무

(1) 위치관리시스템

모든 위치에는 주소가 있으므로 창고요원은 생각할 필요 없이 어떤 주소든지 즉시 조회할 수 있어야 한다.

(2) 키팅(Kitting)시스템

① 익일 생산에 필요한 부품, 예를들어 1일 생산분인 1,000여 가지의 부품을 한데 모아두는 과정을 말한다. 익일 생산용 부품을 저장창고에서 꺼내어 익일 조립라인으로 운반할 파렛트나 카트에 올려놓는다. 조립라인에서 소요될 1일 분의 부품재고를 확보한다는 것은 자재품절을 없앤다는 것을 의미하기 때문에 키팅시스템은 매우 중요하다.

② 만일 창고에서 무언가 부족할 경우 그 문제를 해결하는데 16~24시간이 걸릴 수도 있다. 키팅은 자재와 그 자재를 저장창고에서 생산현장으로 옮기는 물류장비를 보관할 공간을 필요로 한다.

(3) 재고통제시스템

적정수준의 재고를 유지하도록 저장창고를 통제하는 것을 말한다. 저장창고의 크기는 이 재고분을 유지할 수 있어야 하며, 저장창고에 들어오고 나가는 자재의 이동은 재고통제시스템에 보고 및 기록하여야 한다.

(4) 창고관리시스템(WMS : Warehouse Management System)(25회, 27회)

① 개념

ㄱ 제품이 입고되어 적재되는 것으로부터 선택되어 출하되는 모든 작업 과정과 그 과정
상에서 발생되는 물류 데이터를 자동적으로 처리하는 시스템이다. 따라서 WMS는
화물의 입출고관리, 재고관리, 보관위치관리시스템, 출고지시시스템과 피킹시스템
(Digital picking system, Digital picker system, Auto picking system), 택배
interface system 등으로 구성되어 있다.

ㄴ 물류센터를 효과적으로 운영하기 위해 자동화, 정보화, 지능화가 요구되고 있으며,
컴퓨터 통합관리창고의 등장과 정보기술의 발달로 창고관리시스템(WMS)이 등장하
게 되었다.

② 창고관리시스템의 목적

ㄱ 정확한 재고수량관리 및 재고금액의 자동적 계산

ㄴ 재고의 실시간 확인관리(Visivility management)

ㄷ 보관면적의 효율성 극대화

ㄹ 피킹작업의 효율적 수행

ㅁ 선입선출의 정확한 실시

ㅂ 피킹작업의 정확도 향상

ㅅ 포장작업의 정확도 및 효율성 향상

ㅇ 다른 물류시스템과의 효율적인 연계 및 ERP와의 연계

Plus tip

※ **창고관리시스템 구축단계(제12회)**

요구분석 → 사양정의 → 대안평가 → 업체선정 → 개발설치

---

③ 창고관리시스템(WMS: Warehouse Management System)의 주요기능

ㄱ 재고관련기능 - 입고관리, 보관관리, 선입선출관리

ㄴ 주문관련기능 - 피킹(Picking)관리, 자동발주시스템

ㄷ 출고관련기능 - 수·배송관리, 배차 스케줄 운영

ㄹ 관리관련기능 - 인력관리, 물류센터 지표관리

ㅁ 인터페이스(Interface)기능 - 무선통신, 물류센터의 실시간 정보화

④ 자동화 보관/반출 시스템(AS/RS:Automatic Storage/Retrieval System)

ㄱ 물품의 보관과 반출을 빠르고 정확하게 할 수 있도록 자동설비와 보관기기 및 컴퓨
터를 이용하여 통제한다. 보관 랙 설비 내부에서 레일을 통해 고정된 경로를 보관/

반출기기를 사용하여 좁은 통로를 수평과 수직방향으로 동시에 이동하면서 필요한 품목을 보관하거나 반출한다.

ⓛ 회전율이 높아 효율적인 공간 활용과 안정성, 빠르고 정확한 반출이라는 장점이 있지만, 투자비용이 비싸고 높은 인건비와 유지보수 또한 많이 든다는 단점이 있다.

(5) 창고관리시스템의 Sub(하위)시스템

① 입출고관리 및 재고관리시스템

② 보관위치관리시스템 : 창고관리시스템의 가장 기본적인 시스템으로서 상품의 입고와 출고 수량이 재고관리시스템에 실시간으로 Up-date된다. 또한 상품의 가격이 입력이 되면 회계처리기준에 따라 재고의 금액 및 평균단가, 출고상품(재료 및 자재)의 단가 등도 자동으로 제공해 준다.

③ 출고관리시스템(빈출)

ⓛ DPS(Digital Picking System) : 랙이나 보관구역에 light module이라는 신호장치가 설치되어 출고시킬 화물이 보관된 지역을 알려줌과 동시에 출고화물이 몇 개인지를 알려주는 시스템이다. 또한 바코드스캐너와 연결되거나 지정된 수량에 대한 피킹이 완료되면 신호를 꺼서 통제소에 피킹완료 여부를 알려준다.

ⓛ DAS(Digital Assort System) : 출고시킬 상품 전체를 일정한 장소에 피킹해 놓고(포장작업장) 출고처(수하인)별 박스에 다수의 상품을 투입할 때 상품의 종류(품목)과 수량을 정보시스템에 의하여 지시해 주고 정확한 수량이 투입될 수 있도록 도와주는 시스템을 말한다.

> **Plus tip**
>
> ※ **DAS(Digital Assort System)의 유형(27회)**
>
> ① 멀티+릴레이 분배방식 DAS
>
> 냉장 및 신선식품의 통과형 또는 생산형 물류센터의 입고수량을 1차 통로별 중분류와 2차 점포별로 분배하는 방식이다. 짧은 시간 이내에 많은 아이템을 분배하므로 동시에 여러 종류 이상의 아이템을 분배할 수 있도록 하여 단품 분배보다 생산성을 30~40%이상 향상시킬 수 있어 냉장, 신선식품의 통과형 물류단지 또는 도시락, 가공생산하는 물류센터에 적합하다.
>
> ② 멀티 분배방식 DAS
>
> 고객별 상품을 합포장해야 하는 경우에 적합한 분배시스템으로 아이템과 고객 수가 많고 히트율이 매우 낮은 인터넷 서적판매와 카탈로그 등에 적합하다. 통과형의 물류단지와 배송처가 많고 오더 단위당 히트건수가 적은 인터넷, 카탈로그, 홈쇼핑, 방문판매 등의 무점포 물류단지에 적합하다.

③ 멀티 다품종 분배방식 DAS

　의류업에 유용한 시스템으로서 아이템수가 많기 때문에 동시 4가지 이상의 상품을 분배할 수 있도록 하고 남은 잔량을 표시하여 박스수를 줄일 수 있다.

박스명세서를 출력하여 상품리스트로 매장에서 검품하는 데에 도움을 준다.

　　ⓒ Auto picking system : 랙에 보관될 상품을 자동적재장치(일반적으로 스태커라고
　　　함)를 이용하여 자동적으로 보관하거나 출고시키는 시스템으로서 자동창고에 적용
　　　하는 시스템이며 일반적으로 프리 로케이션관리를 한다.

　　ⓔ 전자피킹카트 시스템 : 피킹카트에 컴퓨터가 설치되어 출하처(수하인)별 출하상품의
　　　종류와 상품의 수, 보관위치 등을 작업자에게 알려주어 적정한 피킹순서에 따라 정확한
　　　상품 및 수량을 피킹할 수 있도록 한다. 특히 피킹을 하여 지정된 박스에 투입하면서
　　　바코드 스캐닝을 실시하면 피킹의 정확도를 100% 수준까지 끌어올릴수 있다.

　　ⓜ 운송장 발행시스템 : 피킹 및 포장이 완료되면 운송장이나 거래명세서가 발행되며
　　　배송 및 운송시 배달증빙으로 사용할 수 있도록 한다.

　　ⓗ 택배와의 연계 : 화물이 택배를 이용하여 출고 될 때 택배회사의 정보시스템과 연동
　　　하여 운송장을 발행하고 출고시킴으로서 택배회사의 화물추적정보(배달관련 정보)
　　　를 자사의 정보시스템에서 바로 확인할 수 있다.

　　ⓢ 반품관리시스템 : 출고된 상품에 하자가 발생하거나 판매되지 못하여 반품회수 또는
　　　반 송이 되는 상품을 그 사유와 재판매 가능여부 등에 따라 재고량에 Up-date하거나
　　　폐기처분하는 등의 관리가 이루어지도록 한다.

✎ Chapter 02. 적중예상문제

01. 물류센터의 입지결정을 위한 방법에 관한 설명으로 옳지 않은 것은?

① 총비용 비교법은 대안별로 투자금액과 물류비용, 관리비용을 산출하고 총비용이 최소가 되는 대안을 선택하는 방법이다.

② 브라운깁슨(Brown&Gibson)법은 입지 결정에 있어서 양적 요인과 질적 요인을 함께 고려할 수 있도록 평가기준을 필수적 기준, 객관적 기준, 주관적 기준으로 구분하여 평가하는 방법이다.

③ 무게중심법은 물류센터를 기준으로 고정된 공급지(공장 등)에서 물류센터까지의 수송비와 물류센터에서 수요지(각 지점, 배송처 등)까지의 수송비를 구하여 그 합이 최소가 되는 장소를 입지로 선택하는 방법이다.

④ 요소분석법은 고려하고 있는 입지 요인(접근성, 지역 환경, 노동력, 환경성 등)에 주관적으로 가중치를 설정하여 각 요인의 평가점수를 합산하는 방법이다.

⑤ 톤-킬로법은 일정한 물동량(입고량 또는 출고량)의 고정비와 변동비를 산출하고 그 합을 비교하여 물동량에 따른 총비용이 최소가 되는 대안을 선택하는 방법이다.

> **정답 ▌** ⑤
> **해설 ▌** 톤. kg법 : 각 수요처와 배송센터까지의 거리와 수요처까지의 운송량에 대하여 운송수량에 의해 평가, 그 총계가 가장 적은 곳에 배송센터를 설치하는 방법이다.

02. 물류센터 건립 단계에 관한 설명으로 옳지 않은 것은?

① 입지분석단계: 지역분석, 시장분석, 정책 및 환경 분석, SWOT 분석을 수행한다.

② 기능분석단계: 취급 물품의 특성을 감안하여 물류센터기능을 분석한다.

③ 투자효과분석단계: 시설 규모 및 운영 방식, 경제적 측면의 투자 타당성을 분석 한다.

④ 기본설계단계: 구체적인 레이아웃과 작업방식, 물류비용 정산방법을 설계한다.

⑤ 시공운영단계: 토목과 건축 시공이 이루어지고 테스트와 보완 후 운영한다.

> **정답 ▌** ④
> **해설 ▌** 상세설계단계 : 구체적인 레이아웃과 작업방식, 물류비용 정산방법을 설계한다.
> 기본설계단계 : 물동량계획, 동선계획, 운영계획과 배치도 설계 등을 수행한다.

03. 생산공장과 시장의 위치 및 수요량이 아래 표와 같다고 가정한다. 무게중심법에 따라 유통센터의 입지를 산출한 올바른 위치 좌표(X, Y)는 무엇인가

구 분	위치 좌표	수요량(톤/월)
생산공장	(100, 100)	
시장 1	(0, 100)	100
시장 2	(10, 100)	200
시장 3	(100, 0)	200

① (72, 80) ② (68, 49)
③ (77, 60) ④ (40, 49)
⑤ (52, 64)

정답 | ①

해설 | X좌표 $= \dfrac{(0 \times 100 + 10 \times 200 + 100 \times 200 + 100 \times 500)}{(100 + 200 + 200 + 500)} = 72$

Y좌표 $= \dfrac{(100 \times 100 + 100 \times 200 + 0 \times 200 + 100 \times 500)}{(100 + 200 + 200 + 500)} = 80$

04. 3개의 제품(A~C)을 취급하는 1개의 창고에서 기간별 사용공간이 다음 표와 같다. (ㄱ)임의위치저장(Randomized Storage)방식과 (ㄴ)지정위치저장(Dedicated Storage)방식으로 각각 산정된 창고의 저장소요공간(㎡)은?

기간	제품별 사용공간(㎡)		
	A	B	C
1주	14	17	23
2주	15	23	35
3주	34	25	17
4주	18	19	20
5주	22	17	21
6주	34	21	34

① ㄱ: 51, ㄴ: 51 ② ㄱ: 51, ㄴ: 67
③ ㄱ: 67, ㄴ: 89 ④ ㄱ: 89, ㄴ: 94
⑤ ㄱ: 94, ㄴ: 89

정답 ┃ ④
해설 ┃ ▶ 임의위치저장 방식 : 주별 총 사용공간을 비교하여 가장 큰 값을 이용
▶ 지정위치저장 방식 : 제품별 최대 사용공간을 모두 합한 값을 이용

기간	제품별 사용공간(m²)			
	A	B	C	
1주	14	17	23	54
2주	15	23	35	73
3주	34	25	17	76
4주	18	19	20	57
5주	22	17	21	60
6주	34	21	34	89(임의위치저장)
제품별 최대 사용공간	34	25	35	94(지정위치저장)

구매관리와 재고관리

1 구매관리

(1) 구매관리의 개념

① 구매는 유형이나 무형의 제품을 생산하기 위하여 필요한 재화나 용역을 대가를 지불하고 이용하는 것을 말하며 구매를 계획, 실행, 통제하고 평가하는 일련의 과정을 구매관리하고 할 수 있다.

② 기업측면 관점에서 구매관리란 생산활동의 흐름속에서 생산계획을 달성할 수 있도록 생산에 필요한 자재를 양호한 거래선으로부터 적정한 품질을 확보하여 적절한시기에 필요한 수량만을 최소의 비용으로 입수하기 위한 관리활동을 말한다.

(2) 구매활동

구매활동의 주요 목표들은 서비스, 가격 그리고 납품업자와의 관계 등과 연관 되어 있다. 구매부서는 납품업자의 신뢰도, 보전관리 및 반품정책, 그리고 고객서비스에 대한 다른 면들을 고려하여야 한다.

① 구매청구서의 수령

② 구매청구서의 평가 및 검토

③ 총괄하여 발주함

④ 사후검토 및 신속처리

⑤ 지불권한 부여

⑥ 기록보관

⑦ 구매비 관리

(3) 구매의 방법

① **장기계약구매** : 장기제조계획의 수립에 따라 산출된 소요자재로 그 기간 중의 소요량을 일괄계약 하여 계약시점에서의 가격을 고정하는 계약구매와, 그 기간 중에서의 예정수량을 예정단가를 가지고 계약하고, 실제로 납입된 수량의 확인을 기다려 가격을 결정하는 예정계약구매가 행해진다. 어느 것이나 계약이 장기에 걸치는 것으로 장기계약구매라고 부른다.

② 일괄구매 : 소모품 등에서 사용량은 적지만 여러 종류로 품종이 많은 것들로 개별적으로 발주하는 것을 지양하고 일정한 품종 그룹으로 공급처를 선정하여 일괄구매 하면 편리하다.

③ 투기구매 : 시장상황이 유리한 시점에서 구매를 행하는 것이 투기구매이다. 이 경우에는 제조용의 자재보다도 상품으로서의 구입이 되며 구매담당부문의 직접적인 책임으로 이루어지지 않고 재무부문과의 공동의 발의 하에 최고경영자의 지시로 행동되는 것이 보통이다.

④ 시장구매 : 연간 예측되는 필요수량을 확보하고 생산계획에 따라 구매가 행하여지는데 명백한 시장상황에서 볼 때 유리한 구매가 가능한 경우에는 제조계획의 구체적 수립을 기다리지 않고 행하는 시장구매가 있다. 생산계획을 전제로 생각하는 한 투기구매와는 구별되어야 한다.

⑤ 당용구매 : 보통 단기적으로 필요할 때마다 필요한 양만큼 구매하며, 재고를 발생시키지 않는 것을 원칙으로 하는 구매방식이다.

> **Plus tip**
>
> ※ **계약처의 선정방법 절차**
>
> ① 입찰에 의한 방법 : 공고 → 입찰등록 → 입찰 → 개찰 → 낙찰 → 계약
> ② 지명 경쟁에 의한 방법 : 지명 → 지명통지 → 등록 → 개찰 → 낙찰 → 계약
> ③ 제한 경쟁에 의한 방법 : 공고 → 등록 → 개찰 → 낙찰 → 계약
> ④ 협의에 의한 방법 : 공고 → 제안서 제출 → 제안서 평가 → 협상적격자 선정 → 협상 → 계약체결

(4) 집중구매방식과 분산구매방식(21회, 25회, 26회)

집중구매란 본사에서 자재를 집중적으로 구매하는 것이다. 분산구매란 본사 외의 여러 군데의 사업소(공장, 지점)에서 개별 구매하는 방법이다.

① 집중구매 품목
    ㉠ 금액중요도가 높은 품목
    ㉡ 전사적 공통품목 및 표준품목
    ㉢ 대량으로 사용되는 품목
    ㉣ 수입자재 등 구매절차가 까다로운 품목
    ㉤ 수요량, 수요빈도가 높은 품목
    ㉥ 구매량에 따라 가격차가 있는 품목

② 분산구매 품목
    ㉠ 시장성 품목
    ㉡ 구매지역에 따라 가격의 차이가 없는 품목
    ㉢ 소량·소액품목

② 사무용 소모품 및 수리부속품

〈집중구매와 분산구매의 비교〉

구분	장점	단점
집중 구매	• 대량구매로 가격과 거래조건 유리 • 공통자재의 표준화, 단순화 가능하고 재고 줄임 • 자재수입 등 복잡한 구매에 유리 • 구입절차를 표준화하여 구매비용 절감 • 시장조사나 거래처조사, 구매효과의 측정에 유리	• 각공장내 구매의 자주성이 없고 수속복잡 • 자재의 긴급조달, 각공장의 재고상황파악 힘듬 • 구매절차가 복잡하고 사무처리에 시간 걸림 • 납품업자가 멀리 떨어져 있는 경우 조달기간과 운임이 증가됨
분산 구매	• 자주적구매가 가능하고 사업장특수요구가 반영 • 긴급수요의 경우 유리 • 구매수속의 신속 • 납품업자가 공장과 가까운 거리에 있을 때 유리	• 본사방침과 다른 자재를 구입할 경우가 발생 • 구입경비가 많이 들고, 구입단가가 비싸다 • 구입처와 멀리 떨어진 공장은 적절한 자재를 구입 불가능 • 원가의식이 낮아 질 수 있다

(5) JIT 구매관리(26회)

① 공급업체는 필요한 시간에, 필요한 장소에, 필요한 양만큼 배달해주고, 제조업체의 신제품개발 등에 참여한다.

② 공급업자와 구매자 간의 장기적인 안정성과 유연성을 유지하기 위하여 협조를 강화하고 구매기능이 기업의 전략적 계획에 통합되어야 한다.

③ 공급업체가 제조업체의 필요량을 신속하게 파악할 수 있도록 해야한다.

④ JIT는 무재고 원칙이므로 공급의 안정성을 확보하기 위해 소수의 안정된 공급업체로부터 원자재를 구매해야 한다.

⑤ 공급업자와의 장기계약을 통해 공급업체들이 제조기업의 한 부분 기능인 것처럼 협력할 수 있어야 한다.

〈전통적 구매방식과 JIT 구매방식의 비교〉

	전통적 구매방식	JIT구매방식
공급자/판매자의 역할	종속	공존
거래기간	단기 또는 장기	장기
발주 수량	대량	소량
품질조건	수입검사 실시	무검사
재고개념	자산	감소대상
공급자 수	다수	소수
공급자의 지역별 분포	광범위	가능한 한 집중
창고	대형자동화	소형, 가변화

2 재고관리

(1) 재고의 개요

① 재고의 정의

○ 제품·반제품·재료 등의 형태로 보관하거나 수송하는 중의 자산을 말한다.

○ 경제적 가치를 지닌 유휴상태의 자원 또는 미래에 사용하기 위하여 기업이 준비하여 보관하고 있는 유휴의 재화, 원자재 또는 자산을 말한다.

○ 생산에서 판매까지의 유통단계에 대한 유통재고, 공장에서의 생산재고, 비축을 위한 재고 등이 있다.

② 재고의 필요성

○ 고객서비스향상 : 기업 내부의 생산시스템에 원활한 자재 공급을 통해서 고객이 요구하는 제품이나 서비스를 경제적으로 제공할 수 있도록 하기 위해서 재고의 보유는 필수적이며, 재고를 통해서 제품의 판매를 촉진하기도 한다.

○ 비용절감 : 재고 보유는 보관비 등의 관련비용을 발생시키지만, 운반비 등 다른 부문의 비용을 간접적으로 줄일 수 있다.

③ 재고의 역할

○ 생산량과 수요사이의 완충역할

○ 구매와 수송활동의 경쟁력확보

○ 가격상승에 따른 투자효과 기대

○ 원활한 생산공정의 지원

○ 긴급상황의 대비

④ 재고의 기능

○ 고객의 요구납기에 신속하게 대응 : 예상되는 고객의 수요를 만족시키기 위하여 재고는 유지된다.

○ 대내·대외 여건변동에 따른 충격 흡수 : 가격인상, 물량변동, 납기변경, 기계고장, 불량, 결근등에 대비해서 사전에 재고를 비축한다.

○ 생산계획 신축적 기능 : 완제품에 대한 적절한 재고수준 유지는 생산계획 수립시, 평준화된 생산량을 부하시킴으로써 생산계획을 효율적으로 운영할 수 있고, 경제적인 생산 로트(Lot)로 비용절감이 가능하다.

○ 주문기간 대응기능 : 공급자로부터의 배달지연이 발생할 가능성에 대비하기 위하여 재고를 유지한다. 이러한 경우에 대비하여 안전재고를 둠으로써, 전 생산활동이 마비되는 것을 미연에 방지한다.

⑤ **재고의 형태**

㉠ 수송중 재고 : 원부자재 공급자에서부터 생산자의 자재창고까지의 이동 중인 재고, 생산자의 공장 창고에서 물류거점까지의 이동중인 재고 등이 있다.

㉡ 투기성 재고 : 일부분에 불과하며, 이러한 재고관리는 물류관리보다는 재무관리에 더 집중된다. 비용절감 또는 투기를 목적으로 가격이 낮을 때 매입하는 재고를 말한다.

㉢ 순환재고 : 연속적인 재고보충 시점간의 기간 동안에 평균수요를 충족시키는데 필요한 재고이다. 특히 제품 로트 크기, 경제적 선적량, 저장공간의 한도, 조달기간, 할인조건, 재고 유지비용에 조정된다.

㉣ 안전재고(수요 및 조달기간 대응을 위한 재고) : 평균수요와 평균조달기간을 충족시키기 위해 정기적으로 재고물량을 보충한다. 확률적인 절차로 결정되며, 수요 변동의 범위와 재고 이용 가능성 수준에 달려있다. 정확한 예측은 안전재고 수준을 최소화하는데 필수적이며, 조달 기간과 수요를 100% 정확하게 예측할 수 있다면 안전재고는 필요 없다.

㉤ 불용재고 : 재고기간동안 손상, 분실, 사용 및 판매중지된 재고를 불용재고라고 한다. 고가제품, 냉동ㆍ장 제품, 파손되기 쉬운 제품, 생산 중단 제품과 관련된 원부자재 등이 불요 재고로 처리되며 이 같은 재고를 최소화하기 위하여 특별한 예비책을 강구하여야 한다.

(2) 재고관리의 개념과 목적(25회)

① 재고관리의 개념 : 생산을 용이하게 하거나 또는 고객으로부터의 수요를 만족시키기 위하여 유지하는 원자재, 재공품, 완제품, 부품등 재고를 최적상태로 관리하는 절차를 말한다.

② 재고관리의 목적 : 고객의 서비스수준을 만족시키면서 품절로 인한 손실과 재고유지비용 및 발주비용을 최적화하여 총재고관리비용을 최소로 하는 것

㉠ 재고의 적정화에 의해 재고투자 및 재고관련 비용의 절감

㉡ 재고비의 감소와 과다재고 방지에 의한 운전자금 절감

㉢ 재고관리에 의한 생산 및 판매활동의 안정화 도모

㉣ 과학적이고 혁신적인 재고관리에 의거하여 업무효율화 및 간소화 추진

(3) 재고관리 기능

① 수급적합 기능 : 품절로 인한 판매기회의 상실을 방지하기 위한 기능으로 생산과 판매의 완충이라는 재고 본래의 기능을 수행하는 것을 말한다.

② **생산의 계획·평준화 기능** : 재고를 통해 수요의 변동을 완충하는 것으로, 주문이 불규칙적이고 비정기적인 경우 재고를 통해 계획적인 생산의 실시와 조업도의 평준화를 유지하게 하는 기능으로 제조원가의 안정과 가격인하에도 기여한다.

③ **경제적발주 기능** : 발주정책의 수립시 재고관련 비용을 최소화하는 경제적 발주량 또는 로트량을 구하고, 이것을 발주정책에 이용함으로써 긴급발주 등에 따른 추가의 비용을 방지 및 최소화하는 기능을 말한다.

④ **수송합리화 기능** : 재고의 공간적 배치와 관련된 기능으로 어떠한 재고를 어떠한 보관장소에 보관할 것인가에 따라 수송의 합리화가 결정되며, 이것을 재고의 수송합리화 기능이라고 한다. 물류거점별로 소비자의 요구에 부응하는 형태별 분류와 배송을 가능하게 해주는 기능을 말한다.

⑤ **유통가공 기능** : 다양한 소비자의 요구에 대처하기 위해 제조과정에서 모든 것을 충족시키는 것이 아니고, 유통과정에서 일부의 조립과 포장 등의 기능을 담당하는 것을 말한다.

> **Plus tip**
>
> ※ **재고관리의 기능**
> ① 수급적합 기능　　　　　　　　② 생산의 계획·평준화 기능
> ③ 경제적발주 기능　　　　　　　④ 수송합리화 기능
> ⑤ 유통가공 기능
>
> ※ **지연전략(Postponement)(제14회)**
> delayed differentiation(차별화지연)이라고 하며 이것은 고객의 욕구가 정확히 알려질 때까지는 되도록 생산을 연기하다가 욕구가 확실해졌을 때 생산하는 것으로 제품의 설계부터 고객에 인도되기까지의 총비용을 최소화시키는 것을 목표로 하는 제품생산 지연방식으로 SCM개선 방식의 여러 가지 중 하나이다. 본래 이 개념은 차별화시점, 즉 상품이 독특한 개성을 가지는 단계가 가능한 지연될 수 있게 제품이나 공정을 재설계하는 것이다.

---

(4) 재고조사의 방법

① 정기적으로 월, 분기, 년 단위로 하는 정기적 재고조사

② 일상적으로 하는 상시재고조사

③ 필요시하는 부정기적 재고조사

④ SKU 레벨에서의 재고조사

　㉠ 각 item별로 장부기록을 한다. 수많은 데이터를 처리할 수 있는 속도와 다양성을 제공할 수 있는 기술이 개발됨에 따라 가능하게 되었다.

　㉡ SKU(재고유지단위:Stock Keeping Unit)란 재고관리의 상품단위로 형태, 모습, 기능 등이 동일한 품목으로 정의되고 있는 재고유지단위들의 축적이다.

ⓒ 예를 들어 볼펜이 적, 청, 흑이 있을 때 볼펜 적, 볼펜 청, 볼펜 흑이 각각의 SKU를 의미한다.

(5) 재고비용

재고정책을 결정하는 데 중요한 비용의 일반적인 세가지 분류는 발주비용, 재고유지비용, 재고부족비용이다. 주문량을 결정할 때 이들 관련비용은 트레이드오프(Trade-off)관계를 갖는다.

① 발주비용 : 필요한 자재나 부품을 외부에서 구입할 때 구매 및 조달에 수반되어 발생되는 비용으로 주문발송비, 통신료, 물품수송비, 통관료, 하역비, 검사비, 입고비, 관계자의 임금 등

② 준비비용 : 재고품을 외부로부터 구매하지 않고 회사 자체 내에서 생산할 때 발생하는 제비용으로 준비요원의 노무비, 필요한 자재나 공구의 교체, 원료의 준비의 비용으로 주문비용과 대등하다.

③ 재고유지비용 : 저장비용, 자재취급비용, 정보화비용, 보험료, 세금, 진부화비용, 자본비용 등이 포함된다. 재고유지비용은 재고량에 비례한다.

④ 재고부족비용 : 품절, 즉 재고가 부족하여 발생하는 비용(일종의 기회비용)으로 판매기회의 손실도 크지만 고객에 대한 신용의 저하가 가장 큰 손실이다. 이것을 바로 고객서비스에 해당되는 것으로 고객의 수요를 잘 파악해 대처하여야 한다.

⑤ 총재고비용
- 총재고비용 = 주문비용(준비비용) + 재고유지비용 + 재고부족비용
- 총재고비용이 최소로 되는 수준에서 재고정책을 결정하여야 한다.

③ 재고관리시스템

(1) 재고관리시스템의 구성

① 재고관리시스템의 기본 모형
ⓐ 정량발주법: 발주시기는 일정하지 않지만 발주량은 정해져 있다.
ⓑ 정기발주법: 발주시기는 일정하여 정기적이지만, 발주량은 일정하지 않다.

② 서비스율
ⓐ 서비스율= 출하량(액)/수주량(액) × 100
= 납기내 납품량(액)/수주량(액) × 100

ⓛ 백오더율(Back Order) = (1-서비스율)

③ 재고 회전율
  ⓐ 재고량과 회전율 : 재고량과 회전율은 서로 반비례한다. 즉 회전율이 높으면 품절
    현상을 초래할 위험이 있으며, 회전율이 낮으면 불필요하게 과다한 재고량을 보유함
    으로써 보관비용의 증대를 초래하게 된다.
  ⓑ 수요량과 회전율 : 수요량은 서로 정비례 관계가 성립된다. 수요량이 적을 때에는
    재고보충을 중단시키고, 수요량이 급격하게 증가할 때에는 재고 보충을 증가시켜
    적정재고 회전율에 도달할 수 있도록 회전율 향상에 노력하여야 한다.
  ⓒ 재고 회전율 산정방법

> 재고회전율(R)=총매출액(S)/ 평균재고액(I)

Plus tip

※ 재고회전율 구하기 예제

현재 지게차 1대로 1파렛트를 처리하는데 소요되는 시간은 6분이고, 3대의 지게차로 연간 300일
(1일 10시간 가동)을 운용하고 있다. 이창고의 보관능력이 10,000 파렛트라고 한다면 창고의 연간
재고회전율은 몇 회인가?

풀이)
※ 재고회전율 = (3대× 300일× 10시간) / (10,000 × 0.1(6분)시간) = 9회

  ⓓ 재고 회전기간의 산정방법 : 재고 회전기간(R)은 수요 대상기간(T)을 재고 회전율(R)
    로 나누면 된다. 수요 검토 기간은 일반적으로 1년을 기준으로 하며 일수로 환산할
    때는 360일을 기준으로 한다.

> 재고 회전기간(R) = 수요대상기간(T) /재고회전율(R)

  ⓔ 적정재고 수준 : 수요를 가장 경제적으로 충족시킬 수 있는 재고량이라고 요약 할
    수 있다. 즉, 계속적인 공급과 경제적인 확보라는 이질적인 성격을 지니고 있는 자재
    관리의 궁극적인 목표를 균형있게 유지시키기 위한 재고 수준을 말하는 것이다. 적
    정재고 수준을 산식으로 나타내면 다음과 같다.

> 적정재고 = 운영재고 + 안전재고

④ 안전재고량(제13회)
  ⓐ 수요는 확정적으로 발생하고, 부품공급업자가 부품을 납품하는데 소요되는 기간(조

달기간)이 확률적으로 변할 때, 조달기간의 평균이 길어지더라도 조달기간에 대한 편차가 같다면 부품공급업자와 생산공장 사이의 안전재고량은 변동이 없다.

ⓛ 안전재고량은 안전계수와 수요의 표준편차에 비례한다.

ⓒ 고객의 수요가 확률적으로 변동한다고 할 때, 수요변동의 분산이 작아지면 완제품에 대한 안전재고량은 감소한다.

ⓔ 생산자의 생산수량의 변동폭이 작아지면 부품공급업자와 생산공장 사이의 안전재고량은 감소한다.

ⓜ 부품공급업자가 부품을 납품하는데 소요되는 기간의 분산이 작아지면 부품공급업자와 생산공장 사이의 안전재고량은 감소한다. 분산이 커지면 안전재고량은 증가한다.

Plus tip

※ 재고목표관리 시스템 계산공식(빈출)

① 서비스율 = 납기 내 납품량(=주문량−결품, 불량수량)/수주량(액)×100

　예 연간 총수요가 5,000개이며, 제품의 연간 평균품절개수가 300개이면, 이때 서비스율은 94%이다.

$$\frac{(5,000-300)}{5,000}\times100 = 94\%$$

② Back Orderd(BO)율 = 결품량/요구량×100

③ 재고회전율 = (일정기간의)매출액 또는 소비량/평균재고액 또는 재고량

④ 재고회전기간 = 영업일수/재고회전율

⑤ 재고일수 = 현재 재고수량(금액)/월평균 출하량(금액)×30일

⑥ 평균재고량 = (기초재고+기말재고)/2

---

4 재고모형

(1) 경제적 주문량(EOQ : Economic Order Quantity)(빈출)

① 경제적발주란 자재부문에서 예측된 수요량을 가장 경제적으로 일정기간 중에 필요한 소요량이 예측되어 확정되면 이를 몇 번으로 나누어서 조달하는 것이 재고관리 비용을 최소화하는 발주량 인지를 결정하는 것이다. 이때 1회 발주량을 경제적발주량 즉, EOQ(Economic Order Quantity)라고 한다.

② EOQ 모형의 기본가정

　ⓐ 단일품목에 대해서만 고려한다.

　ⓑ 주문량은 전부 동시에 도착한다.

　ⓒ 연간수요량은 알려져 있다.

     ㄹ 수요는 일정하며 연속적이다.

     ㅁ 주문량이 다량일 경우에도 할인이 인정되지 않는다.

     ㅂ 조달기간이 일정하다.

     ㅅ 재고부족현상이 일어나지 않는다.

     ㅇ 재고유지비는 평균재고량에 비례한다. (단위당 재고유지비용 일정)

② EOQ의 순서와 방법

     ㉠ 연간 소요량의 예측

     ㉡ 발주빈도의 산출

     ㉢ 조달비용의 결정

     ㉣ 보관비용의 산출

     ㉤ 발주량의 증감과 단가변동관계 분석

     ㉥ 발주량과 조달소요시간의 분석

③ EOQ 공식(빈출)

$$EOQ = \sqrt{\frac{2 \times D \times Co}{H}} = Q$$

(Q : 새로 구한 1회 주문량, D : 수요량, Co : 1회 주문비용, H : 재고유지비)

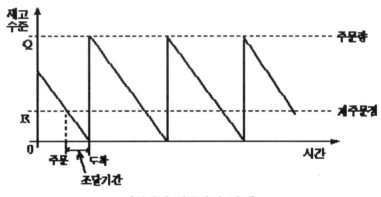

〈경제적 발주량의 결정〉

Plus tip

※ 경제적 주문량 모형 계산 공식

① 재주문점(ROP) = (리드타임×일 평균소요량) + 안전재고(SS)

② 안전재고량 = 안전계수(K)×일평균 수요의 표준편차(S)×$\sqrt{}$조달기간

③ 연간단위당 재고유지비 = 단가×연간 재고유지비율

④ 연간 최적주문횟수 = 연간 수요량 / EOQ

---

⑤ 주문주기일 = 365일/주문횟수

⑥ 연간주문비용 = 연간주문횟수×1회 주문비용 = (D/Q)×S

⑦ 연간총비용 = 연간재고유지비용 +연간주문비용 = (Q/2)×H +(D/Q)× ·S

(2) 경제적 생산량 모형(EPQ : Economic Production Quautity)

① 개념 : 연간 총 생산비용을 최소화하는 1회당 생산량을 의미한다.

② EPQ의 모형의 가정

  ㉠ 준비비는 생산량의 크기와 관계없이 로트마다 일정하다.

  ㉡ 재고유지비는 생산량의 크기에 정비례하여 발생한다.

  ㉢ 생산단가는 생산량의 크기와 관계없이 일정하다.

  ㉣ 수요량과 생산율이 일정한 확정적 모델이다. 단, 생산률(p)은 수요율(d)보다 크다.

  ㉤ 생산품은 생산기간 중에 점진적으로 생산 · 입고된다. 출고(소비)는, 기간에 계속된다.

② EPQ 모형 계산 공식(제16회)

$$EPQ = \sqrt{\frac{2 \times 준비비(S) \times 수요(D)}{재고유지비(H)}} \times \sqrt{\frac{P}{P-d}}$$

여기서, P = 일정기간동의 생산율, d = 일정 기간 동안의 사용율(수요율)

③ 예제

- 1회 준비비=360,000원   • 재고유지비=2,000원   • 연간수요량= 24,500개
- 단위기간의 생산량=120개   • 단위기간의 수요량=70개

풀이)

$$EPQ = \sqrt{\frac{2 \times 24,500 \times 360,000}{2,000}} \times \sqrt{\frac{120}{120-70}} = 2969.85×1.55 = 4,603.21$$

= 약 4,603개

Plus tip

※ 경제적 생산량(EPQ) 모형

① 연간 생산능력 = 일일생산량 × 연간 작업일수

② 연간 관리비용 = 단위당 재고유지비용 × 평균재고량

③ 생산주기 = 경제적 생산량/일 사용량

④ 생산기간 = 경제적 생산량/일 생산량

⑤ 재고관리기법(빈출)

(1) 정량발주법(Fixed Order Quantity System)

① 정량발주법

    ㉠ 발주점법 또는 정량 발주 시스템(fixed order quantity system)은 재고량이 일정한 재고수준, 즉 발주점까지 내려가면 일정량을 주문하여 재고관리하는 경제적 발주량 주문방식이다.

    ㉡ 발주점에 도착한 품목만을 자동적으로 발주하면 되기 때문에 관리하기가 매우 쉽고 초보자도 발주 업무를 수행할 수 있다.

    ㉢ 발주점 발주로트를 고정화시키면 관리가 확실해진다.

    ㉣ 수량관리를 철저히 하고 재고조사 시점에서 차이를 조정하면 주문량이 일정하기 때문에 수입, 검품, 보관, 불출 등이 용이하고 작업 코스트가 싸게 먹힌다.

    ㉤ 경제로트 사이즈를 이용할 수가 있기 때문에 재고비용을 최소화할 수 있다.

    ㉥ 관리가 쉽고, 확실하기 때문에 다품목의 관리가 가능하다.

② 정량발주의 적용

    ㉠ 로트 보충의 경우

    ㉡ 수요예측이 어려운 경우

    ㉢ 품목이 많고 관리하기 어려운 경우

    ㉣ 수요량의 합계로서는 수요가 안정이 되어 있는 경우

    ㉤ 소비 예정량의 계산이 복잡하고 계산의 확실성이 애매한 경우

    ㉥ 현물관리가 나쁘고 재고차이가 심한 경우

    ㉦ 주문과 생산이 그다지 관계가 없는 경우

    ㉧ 주문이 납입자 또는 자사의 생산능력의 일부 밖에는 차지하지 않는 경우

    ㉨ 저가의 상품

③ 재무준점

    ㉠ 수요와 조달기간이 일정한 경우

$$ROP = 일일\ 수요량 \times 조달기간$$

    ㉡ 수요와 조달기간이 다양한 경우

$$ROP = 조달기간동안의\ 평균수요(일수요량 \times 조달기간) + 안전재고$$

(2) 정기발주방법

① 정기발주법
- ㉠ 발주주기를 정해 놓고 발주시점에서의 재고량을 체크하여 장래수요를 예측, 감안하여 발주하는 것으로 발주일에 얼마를 발주하는가 하는 것이 관건이다.
- ㉡ 재고수준을 계속적으로 관찰하는 것이 아닌 정기적으로 재고량을 파악하고 최대재고수준을 결정하여 부족한 부분만큼 주문한다.
- ㉢ 정기주문의 경우에 안전재고수준은 정량주문의 경우보다 더 높다.
- ㉣ 수요가 일정한 재고에 대하여 특히 유용하다.
- ㉤ 많은 안전재고 유지에 따른 재고유지 비용이 높다.

② 정기발주의 적용
- ㉠ 설계변경이 많거나 유행을 타는 것
- ㉡ 처리량이 불규칙하게 변하는 경우, 정확한 구입
- ㉢ 예산을 세울 필요가 있는 품목
- ㉣ 소비량이 큰 주요 원자재 등의 품목에 적용 됨
- ㉤ 운용의 형식이 획일적이고 개개의 품목특성에 의한 재고관리가 쉬움
- ㉥ 고가의 상품

〈정량발주와 정기발주법 비교〉

구분	정량발주	정기발주
소비금액	많을수록 좋다	적을수록 좋다
수요변동	커도 상관없음	적을수록 좋다
수요예측	매우 필요	과거 실적이 수요 기준이 된다
발주시기	일정하지않다	일정
수주량	변경 가능	고정되어야 한다
품목수	적을수록 좋다	많아도 상관없다
조달기간	길어도 상관없음	짧을수록 좋다

(3) Two-Bin시스템

① 가장 오래된 관리기법으로 가격이 저렴하고 사용빈도가 높으며 조달기간이 짧은 자재(資材)에 대해 주로 적용한다.
② 두 개의 Bin을 이용하여 재고를 관리하는데, Bin-1의 재고가 발주점에 도달하면 발주를 한다.

③ Bin-1의 재고를 사용한 후, Bin-2의 재고를 사용하며, Bin-2의 재고가 발주점에 도달하면 다시 발주가 이루어지는 반복과정이다.

④ 보통 Bin이 비워지는 시점이 발주점이 되며, Bin의 양이 경제적 발주량이 된다.

(4) ABC 분석기법

① 관리품목수가 많은 경우 유용하게 사용되는 기법으로, 경제학자 파레토는 인구의 20% 가 총 자산의 80%를 가지고 있음을 발견하였는데, 이를 파레토 법칙이라고 부른다. 이 파레토 법칙을 이용한 재고관리가 ABC 분석기법이다.

② ABC 분석 절차

    ㉠ 모든 제품의 단가와 평균판매량 산정

    ㉡ 모든 상품의 월평균 판매액 산정(단가×월평균 판매량)

    ㉢ 월평균 판매액 순으로 제품을 열거

    ㉣ 월판매액의 총판매액을 계산

③ ABC 분석에 따른 관리

	재고품목수	연간총 사용금액	재고 통제수준	적정재고관리기법
A등급	20% 내외	70~80%	아주 엄격	정기발주법
B등급	30% 내외	20%	중간 정도	정량발주법
C등급	50% 내외	5~10%	느슨	Two-bin법 정기정량혼합

(5) 정량유지방식

① 정량유지방식은 예비품 방식이라고도 하며 출고가 불규칙하고 수요가 불안정하며 불출 빈도가 적은 특수품이나 보전용 예비품 등에 적용된다.

② 발주량 = 기준발주량 + (발주점 - 재고잔량)

01. 연간 수요량이 1,000개인 자재의 1회 주문비용이 20,000원이고 연간 개당 160원의 재고유지비가 발생한다면 연간 발생하는 적정 발주횟수는 몇 번인가?

① 7회　　　　② 5회　　　　③ 4회　　　　④ 3회　　　　⑤ 2회

정답 ┃ ⑤
해설 ┃ 적정 발주횟수 = 연간수요량 / 경제적발주량 = 1,000개 / 500개 = 2회

$$경제적발주량\, EOQ = \sqrt{\frac{2 \times 20,000 \times 1,000}{160}} = 500 \ 개$$

02. 재고(inventory) 및 재고관리(inventory management)에 관한 설명으로 가장 적절한 것은?

① 가능한 완제품의 재고수준을 낮게 유지할수록 고객의 수요에 신속하게 대응하게 되어 고객서비스 능력이 높아진다.

② 예상재고(anticipation inventory)를 감소시키기 위해서는 공급업체의 납품소요시간 혹은 공급량의 불규칙성을 감소시키는 것이 중요하다.

③ 재고회전율(inventory turnover)이 높다는 것은 기업이 평균적으로 높은 수준의 재고를 보유하고 있어 금융자산의 활용도가 낮다는 것을 의미한다.

④ 수요의 분포, 리드타임의 분포, 재고비용 등 재고시스템을 설계하기 위한 모든 환경이 동일하다면 일반적으로 고정기간모형(fixed-time period model)이 고정주문량모형(fixed-order quantity model)에 비해 필요한 안전재고(safety stock)의 양이 증가한다.

⑤ ABC재고관리에서 A품목은 가능한 철저한 통제를 위해 1회 주문당 주문량은 늘리고 주문횟수는 줄이는 것이 일반적이다.

정답 ┃ ④
해설 ┃ ① 가능한 완제품의 재고수준을 높게 유지할수록 고객의 수요에 신속하게 대응하게 되어 고객서비스 능력이 높아진다.
② 안전재고(safety inventory)를 감소시키기 위해서는 공급업체의 납품소요시간 혹은 공급량의 불규칙성을 감소시키는 것이 중요하다.
③ 재고회전율(inventory turnover)이 높다는 것은 기업이 평균적으로 낮은 수준의 재고를 보유하고 있어 금융자산의 활용도가 높다는 것을 의미한다.
⑤ ABC재고관리에서 A품목은 가능한 철저한 통제를 위해 1회 주문당 주문량은 줄이고 주문횟수는 늘리는 것이 일반적이다.

03. A 제품의 연간 수요량이 1,000개이고 제품단가는 1,000원이며, 단위재고유지비용은 제품단가의 10%이다. 연간 수요량이 2,000개로 증가하고, 단위재고유지비용이 제품단가의 80%로 증가하면 증가하기 전과 비교할 때 EOQ는 얼마나 변동되는가?

① 변동없음　　② 50% 증가　　③ 50% 감소　　④ 80% 증가　　⑤ 80% 감소

> **정답 ▮** ③
>
> **해설 ▮** 증가하기 전 $EOQ = \sqrt{\dfrac{1,000}{100}} = 3.2$　▶　증가 후 $EOQ = \sqrt{\dfrac{2,000}{800}} = 1.6$
>
> 따라서, EOQ는 50% 감소

04. 자동차 부품공장에서 하루 100개의 부품을 생산하고 있다. 이를 위한 생산준비비용은 1회당 50,000원이고, 연평균 보관비가 단위당 5,000원이며 연간 수요량은 10,000개이다. 연간 작업일수를 250일 이라 할 때 경제적 생산량(EPQ)은? (단, $\sqrt{2} = 1.414$, $\sqrt{3}=1.732$, $\sqrt{5}=2.236$ 이며, 소수점이하는 올림)

① 477개　　② 522개　　③ 547개　　④ 578개　　⑤ 753개

> **정답 ▮** ④
>
> **해설 ▮** 부품의 일 사용량을 구하면 10,000/250 = 40개
>
> ∴ 경제적 생산량(EPQ) $= \sqrt{\dfrac{2OD}{C} \times \dfrac{p}{(p-d)}} = \sqrt{\dfrac{2 \times 50,000 \times 10,000}{5,000} \times \dfrac{100}{(100-40)}} ≒ 578$개

① 자재관리

(1) 자재관리의 개념과 주요 기능

① **자재관리 개념** : 자재란 원자재, 소모품, 공구, 연료, 부품, 재공품, 반제품, 제품, 상품 등 회계학상의 재고자산을 모두 망라한다. 자재관리란 적정한 자재를 적량을 적절한 가격에 적시에 구입하여 이를 필요로 하는 부서에 조달하는 기능을 말한다.

② **자재관리의 주요기능** : 기업은 원료비 절감의 중요한 기능을 담당하고 있는 자재관리를 합리화함으로써 기업이익을 크게 개선할 수 있는데, 그 기능을 분석하면 다음과 같다.

  ㉠ 구매
  ㉡ 공급체인에 대한 통제
  ㉢ 생산품의 재고통제
  ㉣ 인수
  ㉤ 운반

Plus tip

※ **자재**

① 원재료(raw materials) : 외부의 공급자로부터 생산공정에 투입시키기 위해 입고되는 모든 자재
② 재공품(work-in-process) : 자재가 공장에서 완성되어 가는 단계 중에 있는 공정재고
③ 반제품(semi-finished assemblies) : 원재료를 가공 또는 조립한 중간제품
④ 완제품(finished goods) : 최종사용자에게 인도하기 위해 대기중인 제품으로서 유통센터에서는 유통재고를 의미함

---

(2) 자재관리의 경제적·기능적 효과

① 고품목의 질과 양을 주문서의 사양과 체크함으로써 손실방지
  과잉구매를 방지하며, 재고자산에 대한 투하자본 감소, 생산소요자재의 필요량을 필요한 시기에, 필요한 양을 공급함으로써 공정의 지연발생방지

② 자재의 도난, 파손, 소화 등의 방지에 의한 손실 감소

③ 창고면적의 효율적 이용

(3) 자재관리의 기본적인 역할

기업의 이윤 극대화는 자본이익률 극대화를 의미하는 것이고, 이것은 자본 회전률과 매출이익률의 제고의 의하여 달성된다.

① **자본회전율 제고** : 재고를 최소화하고 매출을 극대화하여 목표를 달성한다.
② **매출이익률 제고** : 양질의 자재를 저가에 구매하여 생산원가를 낮춤으로써 목표를 달성한다.
③ **자본이익률 제고**
   ㉠ 자본이익율 = 자본회전율 × 매출이익율
   ㉡ 자본이익율 = 이익 / 총자본
   ㉢ 자본회전율 = 매출액 / 총자본
   ㉣ 매출이익율 = 이익 / 매출액

(4) 자재관리 영역과 생산절차

① **협의의 자재관리** : 구매요구에서 발주, 입고한 후 생산 전단계까지
② **광의의 자재관리** : 조사, 계획단계에서 폐기에 이르기까지의 모든 단계를 광의의 자재관리로 볼 수 있다.

(5) 자재 로스 구조

① **재고에 의한 로스** : 과잉재고나 진부화로 인한 손실을 나타낸다.
② **수율에 의한 로스** : 협의의 수율 로스와 유형 로스로 나눌 수 있다. 유형 로스는 스크랩과 불량에 의한 로스를 나타낸다.
③ **가치공학(VE)적으로 부족한 설계에 의한 로스** : 좀더 재료가 적게 드는 설계방법이 있는데, 그렇지 않는 방법을 사용함으로 인한 손실을 나타낸다.

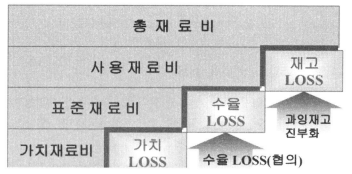

* 총재료비는 실제 투입재료비

[자재 로스 구조]

② 수요예측기법

(1) 정성적 예측기법

정성적 방법은 과거 시장자료가 존재하지 않거나 존재하더라도 이에 대한 수리적 모형화가 불가능한 상황에서, 일반 소비자의 선호도 혹은 전문가의 지식과 의견을 바탕으로 미래의 수요를 예측하는 기법이다.

① 델파이 기법(Delphi method) : 전문가들의 예측치 및 견해를 우편을 통하여 수집·정리하여 다시 배포하고 회수하는 과정 반복으로 일치된 예측치 획득하는 방법. 시간과 비용이 많이 드는 단점이 있으나, 예측에 불확실성이 크거나 과거의 자료가 없는 경우에 많이 활용하며 장기예측이나 기술예측에 적합
② 소비자조사법(구매의도 조사법) : 특정 제품에 대한 소비자의 선호나 구매의사를 직접 조사하여 미래의 수요를 예측하는 방법
③ 판매원의견 통합법 : 자사의 소속된 판매원들로 하여금 각 담당지역의 판매예측을 산출하게 한 다음 이를 모두 합하여 회사 전체의 판매 예측액을 산출하는 방법
④ 주관적 예측법, 전문가의견 통합법 : 예측하고자 하는 특정 제품과 관련된 분야의 전문가(기술 담당자, 마케팅 실무자, 관련기관 전문가 등)의 의견을 수집, 분석, 종합, 정리하여 수요를 예측하는 방법
⑤ 비교 유추법 : 예측하고자 하는 제품의 과거 시장자료가존재하지 않을 경우, 유사 제품의 수요패턴이나 보급 상황, 또는 선진국 사례와의 비교 유추를 통하여 신제품의 미래 수요를 예측하는 방법
⑥ 시장실험법 : 몇몇 지역시장을 선정하여 실제로 제품을 판매하고 그 결과를 토대로 전체 시장에서의 매출액을 추정하는 방법

(2) 정량적 예측기법

정량적 방법은 과거 시장자료에 대한 통계적 분석을 통하여 미래의 수요패턴을 예측하는 것이다.

① 시계열분석법
  ㉠ 과거의 시계열 자료의 구조나 양상이 미래에도 지속될 것으로 보고, 예측기법을 적용하여 과거의 구조나 양상을 발견하고 이를 미래로 연장시켜 예측하는 방법
  ㉡ 이동평균법, 지수평활법, 시계열분해법, 박스젠킨스법(Box-Jenkins model) 등
② 이동평균법
  ㉠ 확률오차의 영향을 제거하여 수요시계열의 평균을 추정하는 방법이다.
  ㉡ 수요의 계절적 변동이나 급속한 증가 또는 감소의 추세가 없고 우연변동만이 크게

작용하는 경우에 유용하다.

ⓒ 예측하고자 하는 기간의 직전 일정기간 동안의 실제수요의 단순평균치를 예측치로
한다.

월(t)	1	2	3	4	5
실제수요(At)	4	3	4	5	?

* 이동평균기간 : 4개월
* 5월의 수요예측치 : F5 = (5+4+3+4)/4 = 4

③ 가중이동평균법(21회)

㉠ 평균 계산시 실적값들이 서로 다른 가중치를 가지고 있으며, 직전 N기간의 자료치에
합이 1이 되는 가중치를 부여한 다음, 가중합계치를 예측치로 한다.

㉡ Ft=Wt-1+Wt-2At-2+・・・+Wt-NAt-N

여기서, Ft = 기간 t의 수요예측치

At = 기간 t의 실제수요

Wt = 기간t에 부여된 가중치

㉢ 예제

월(t)	1	2	3	4	5
실제수요(At)	100	90	105	95	?
가중치	0.1	0.2	0.3	0.4	

* F5 = 0.4(95)+0.3(105)+0.2(90)+0.1(100)=97.5

④ 지수평활법(Exponential Smoothing)(25회, 26회, 27회)

㉠ 지수적으로 감소하는 가중치를 이용하여 최근의 자료일수록 더 큰 비중을, 오래된
자료일수록 더 작은 비중을 두어 미래수요를 예측하는 방법이다.

㉡ 지수평활법에는 단순지수평활법과 추세나 계절적 변동을 보정해 나가는 고차적인
지수평활법이 있다.

㉢ α값이 클수록 예측치는 수요변화에 더 많이 반응하며(급격한 환경변화 등 유연성을
요구할 때), α값이 작을수록 평활(전체적인 가중치의 분배가 고르다)의 효과는 더
커진다.

㉣ 지수평활법 산식 및 예제

```
* 차기예측치 = 당기 판매예측치 + α (당기 판매실적치 - 당기 판매예측치)
* 신예측치 = 구예측치 + α × (예측오차)
* Ft = Ft-1 + α (At-1 - Ft-1)
```

예제) 지난 달의 수요예측치(Ft−1)가 100개, 실제수요(At−1)가 110개, 그리고 평활상수
  가 α =0.3일 때 이번 달의 수요예측치(Ft)는 ?

* Ft = Ft − 1 + α (At − 1 − Ft − 1) = 100 + 0.3(110 − 100) = 103

⑤ 인과형 분석

  ㉠ 변수간의 상호관계를 모형화하여 예측하는 기법이다. 인과모형에서는 수요를 종속
    변수로, 수요에 영향을 미치는 요인들을 독립변수로 놓고 양자의 관계를 여러 가지
    모형으로 파악하여 수요를 예측한다.

  ㉡ 회귀모형(regression model), 계량경제모형(econometrics model), 투입-산출모형
    (input- output model) 등이 있다.

  ㉢ 계량경제모형은 예측하고자 하는 시장수요와 이에 영향을 미칠 것으로 판단되는
    경제 변수들간의 상호 관계를 수식화하여 회귀(regression)하는 방법이다.

⑥ 추세분석법(trend analysis)(21회)

  ㉠ 추세분석법이란 시계열을 잘 관통하는 추세선을 구한 다음 그 추세선상에서 미래수
    요를 예측하는 방법이다.

  ㉡ 기본은 추세식을 구성하고 추가적으로 해당 함수식에 계절지수, 순환성, 불규칙변동
    을 더하거나, 승법(곱하여)으로 함수식을 완성한다.

③ 주요 자재관리 기법

(1) JIT 시스템(21회)

① JIT(Just In Time)의 개념

  ㉠ 요구되는 부품을 요구되는 수량으로 요구되는 시기에 생산함으로써 모든 낭비적인
    요소를 제거하려는 생산관리 시스템이다.

  ㉡ 필요한 상품이 필요한 시기에 즉시 도착하기 때문에 재고의 유지가 필요 없거나
    극소량의 재고를 유지함으로써 재고관리비용을 획기적으로 줄일 수 있는 시스템이다.

  ㉢ 일본(日本) 도요다자동차 회사에서 1970년대 중반 개발되어 사용되었다.

  ㉣ JIT 시스템은 무재고, 동기화 생산, 린(Lean)생산방식, 재고없는 생산, 필요한 만큼의
    자재, 연속적 흐름생산 등 여러 가지 이름으로 알려져 있다.

  ㉤ JIT시스템은 모든 생산과정에서 필요할 때, 필요한 것만을 필요한 만큼만 생산함으
    로 생산시간을 단축하고 재고를 최소하하여 낭비를 없애는 시스템으로 정의된다.
    생산시스템의 낭비요소를 7가지 범주로 분류하고 있는데 과잉생산, 대기, 운반, 불필
    요한 생산과정, 불필요한 재고, 불필요한 행동, 불량품의 생산 등이다.

② JIT 시스템의 특성(26회)

　　㉠ 반복적인 생산에 적합하다.

　　㉡ 작업준비시간과 로트 크기를 최소화한다.

　　㉢ 안정된 일정계획에 따른 작업을 진행한다.

　　㉣ 적시에 무결점의 자재와 제공품을 조달한다.

　　㉤ 필요한 재고의 청구를 위해 간판시스템(청구식 발주시스템)을 이용한다.

　　㉥ 품질, 예방조치, 생산자의 상호 신뢰를 강조한다.

　　㉦ 공급업체와 생산업체의 상호협력이 시스템 운영의 근간이 된다.

　　㉧ 효과적인 Pull 시스템을 구현할 수 있다.

Plus tip

※ 끌어당기기 방식(PULL방식)(제13회)

　JIT 시스템은 풀(PULL)방식의 자재흐름을 사용한다. 풀 방식이란 고객의 주문에 의해 생산이 개시되는 것으로서, 공정의 반복성이 높고 자재흐름이 명확히 결정된 기업이 JIT 시스템을 활용하는 경향이 있다. 이유는 풀방식이 생산량과 재고량 관리를 작업장에서 정밀하게 통제할 수 있게 해주기 때문이다. 반면에 개별작업(Jop shop)과 같이 공정반복성이 낮고, 생산량이 적은 기업들은 MRP(자재소요계획)와 같은 푸쉬방식(생산이 고객의 주문보다 앞서서 시작)을 사용하는 경향이 있다.

---

③ JIT의 목표

　　㉠ 제조준비시간의 단축과 수요변화에 대한 신속한 대응

　　㉡ 재고투자의 극소화와 리드타임의 단축

　　㉢ 자재취급노력의 경감

　　㉣ 불량품의 최소화와 품질의 향상

　　㉤ 생산성과 마케팅의 향상

(2) JIT II

① 개념

　　㉠ JIT의 개념을 납품업체에서 유통업체까지의 전체가치사슬로 확장함으로서 공급사슬 전반에 걸쳐 재고수준을 낮추고 성과를 개선하기 위한 시스템이다.

　　㉡ JIT II는 JIT와 기본적으로 같으나 발주회사의 제품 설계단계부터 납품회사 직원이 설계에 참여하는 것이 두드러진 차이점이다.

② 공장주재대리인(in-plant representative)

　　㉠ 조립업체에 근무하면서 납품업체에 발주

　　㉡ 완제품 설계업무에 관여하여 원가절감, 공정개선에 도움

ⓒ 납품업체, 하청업체의 생산일정 관리

③ JIT Ⅱ의 이득
　ⓐ 구매인력의 절감
　ⓑ 구매업무에 있어서 의사소통의 개선
　ⓒ 자재비용의 절감
　ⓓ 좋은 납품업체의 선정
　ⓔ 판매유통 비용의 절감
　ⓕ 납품업체와 조립업체간의 지속적 관계
　ⓖ 구매관리 업무의 효율화

(3) 간판(看板)방식에 의한 재고삭감

① 간판방식의 정의
　ⓐ 생산방식을 원활히 운영, 유지해가기 위한 수단으로서의 생산관리 시스템이다.
　ⓑ 이 생산방식은 필요한 물건을 필요한 때에 필요한 양만 가지고 최소인원으로 생산하는 방식이다.
　ⓒ 한번에 모두 생산해 버리는 결과로 과잉생산의 낭비(浪費)가 발생하지 않도록 하는 것이다.
　ⓓ 시장 또는 고객이 원하는 만큼 즉 팔리는 만큼 생산하는 것으로 이를 위해 후 보충 간판에 의한 계획 생산 방식이다.

② 간판(看板)방식의 모양
　ⓐ 금일오후, 내일오전에 필요한 것을 가장 짧은 적시(適時)에 생산 하도록 하는 체계이다.
　ⓑ 이를 실현하기위해서 후 공정(後工程)에 필요한 물건을 필요한 때에 필요한 만큼 인수(引受)해가기로 하고 전공정은 최소량의 필요재고로 이에 대응함과 동시에 인수해 간 순서에 따라 생산한다는 원칙을 갖는 간판방식의 도입이 필요하게 되는 것이다.
　ⓒ 즉 후 공정이 간판을 가지고 전공정에 부품을 가지러 가면 그 간판이 그대로 전공정의 생산지시서가 되고 전공정은 간판에 기입되어 있는 생산량만큼 물건을 만드는 시스템이다.

　　이렇게 함으로써 전후의 공정에는 간판을 매체로 하여 하나의 사이클이 생긴다. 이 사이클이 CHAIN화로 이어져서 전공정의 동기화가 실현되는 것이다. 이와 같은 정보의 전달수단으로서의 간판은 몇 회라도 사용할 수 있는 지시서이고 생산지시서, 출고지시서, 운반지시서, 주문서 등의 내용을 표시함으로 다른 계획서, 전표 등의 장표류를 필요로 하지 않기 때문에 사무의 간소화, 자료의 삭감, 간접인원의 삭감으로도 이어진다.

② 간판은 정량발주방식으로 운영된다.

③ 작업장 운용시 필요한 용기수(제14회)

   ⊙ 계산 공식

> *n = 용기의 수   *D = 사용작업장에서의 부품수요율
> *C = 용기의 수량   *T = 한번의 순회시간(작업장의 리드타임)
>
> n=DT/C

   ⊙ 예제 : A 작업장의 후속공정 B의 부품수요가 1분에 2개이고 용기의 수량은 25이며, 용기가 A와 B를 한번 순회하는데는 100분이 소요된다고 할때 필요한 용기의 수는?

      풀이) 필요한 용기 : $\dfrac{2 \times 100}{25}$ = 8

      따라서, 최대재고수준은 모든 용기가 가득 차있을 수준과 같으므로 8×25=200개이다.

Plus tip

※ COPQ(Cost of Poor Quality)

품질 문제로 인해 기업에서 지불하는 비용, 즉, 총원가 중 예상하지 못한 과정으로 인하여 발생되는 비용으로서 모든 프로세스에 결함이 없어진다면 사라지게 될 비용으로 COPQ가 많이 발생하는 프로세스가 6시그마 프로젝트의 대상이 된다. 다시말하면, 고객의 관점에서 부가가치를 창조해내지 못하는 프로세스 및 비용, 기업이 추구하는 목표를 뒷받침 못하는 비용, 재작업·과잉생산·가공·운반·이동·대기의 7대 낭비에 속하는 모든 비용을 발굴해 이를 제거하는 시스템이다.

---

(4) MRP(Material Requirements Planning) 시스템

① MRP의 의의(14회, 17회, 19회)

   ⊙ 제품의 생산수량 및 일정을 토대로 그 제품 생산에 필요한 원자재, 부분품, 공산품, 조립품 등의 소요량 및 소요시기를 역산해서 일종의 자재조달계획을 수립하여 일정관리를 겸하여 효율적인 재고관리를 모색하는 시스템이다.

   ⊙ 제품의 생산수량 및 일정을 토대로 그 제품생산에 필요한 원자재, 부분품, 공정품, 조립품 등의 소요량 및 소요기시를 역산해서 자재조달계획을 수립함으로써 일정관리를 겸하여 효율적인 재고관리를 모색하는 시스템이다. 즉, 이 기법은 시간개념이 재고관리에 반영되도록 생산일정계획, 완성품의 재고관리, 소요자재계획을 관리하는데 있다.

   ⊙ 총괄생산계획하에 자재명세서, 주일정계획, 재고기록의 정보를 받아 제품별로 설정된 안정재고량과 리드타임을 고려하여 주문시기와 주문량을 통제하는 정보시스템이다.

② MRP 시스템의 주요기능

　　㉠ 필요한 물자를 언제, 얼마를 발주할 것인가를 알려준다.

　　㉡ 발주 내지 제조지시를 하기에 앞서 경영자가 계획들을 사전에 검토할 수 있다.

　　㉢ 언제 발주를 독촉하고 늦출 것인지를 알려준다.

　　㉣ 상황변화에 따라서 주문의 변경을 가능하게 한다.

　　㉤ 상황의 완급도에 따라 우선순위를 조절하여 자재조달 및 생산작업을 적절히 진행시
　　　킨다.

　　㉥ 능력계획에 도움을 준다.

③ MRP 시스템의 주요 입력자료

　　㉠ 주 생산일정(MPS: master production schedule) : 최종 품목의 언제, 얼마를 생산할
　　　것인지에 대한 생산계획

　　㉡ 자재명세서(BOM: bill of materials) : 체계적인 부품목록, 최종 품목을 생산하는
　　　데 필요한 원자재, 부품, 중간조립품 등의 조립순서가 나타나 있음

　　㉢ 재고기록철 (inventory records file) : 재고로 유지되고 있는 모든 품목의 상태에
　　　대한 정보를 기록한 것

　　㉣ 품목별, 업체별 Lead-Time 및 생산Lot-Size와 MRP 프로그램

　　㉤ 용량계획(capacity planning)의 목적은 주생산 일정의 타당성을 체크하는 것

④ MRP의 이점

　　㉠ 종속수요품 각각에 대해서 수요예측을 별도로 행할 필요가 없다.

　　㉡ 공정품을 포함한 종속수요품의 평균재고 감소

　　㉢ 부품 및 자재부족현상의 최소화

　　㉣ 상황변화에 따른 생산일정 및 자재계획의 변경용이

　　㉤ 적절한 납기이행

⑤ MRP 계산 요소(27회)

　　㉠ 총 소요량 (Gross Requirements): 특정 기간 동안 필요한 전체 재료 양을 나타낸다.
　　　총 소요량은 생산 계획 또는 주문 수요를 기반으로 결정된다.

　　㉡ 가용 재고 (Scheduled Receipts + On-hand Inventory): 해당 기간 동안 사용 가능한
　　　재고의 양을 나타낸다. 가용 재고에는 예정된 입고량(Scheduled Receipts)과 현재
　　　보유 중인 재고(On-hand Inventory)가 포함된다.

　　㉢ 예정된 입고량 (Scheduled Receipts): 현재 주문된 재료 또는 부품이 언제 도착할
　　　것으로 예상되는 양을 나타낸다.

　　㉣ 현재 보유 중인 재고 (On-hand Inventory): 현재 시점에서의 재고 수량을 말한다.

ⓜ 순소요량(Net Requirements): 기간별 총소요량에서 그 기간의 예상가용량을 뺀 차이를 의미한다.

> 순소요량 = 총소요량 − 현 재고 − 입고예정 재고 + 할당된 재고 + 안전재고

(5) MRP Ⅱ(Manufacturing Resource Planning)

① MRP Ⅱ는 재고관리, 생산현장관리, 자재소요량관리 등의 생산자원계획과 통제과정에 있는 여러 기능들이 하나의 단일시스템에 통합되어 생산관련 자원투입의 최적화를 통한 생산성 향상을 목적으로 하는 시스템이다. MRP Ⅱ는 '제조자원계획'이라고 불린다.

② MRP Ⅱ는 "제조자원이 한정되어 있다는 상황"을 생산계획의 수립에 반영할 수 있도록 된 시스템입니다. 그리고, 원가관리, 회계, 재고관리, 수주관리 등의 기능이 추가되거나 대폭 개선됨으로써 생산, 판매, 물류라는 3부분의 연계를 가능하게 하였다.

③ MRP와의 차이점은 제조활동의 계획관리뿐만 아니라 재무와 마케팅에서의 계획과 관리를 포괄한 시스템으로 기업에서의 모든 자원을 관리하는 전사적 정보시스템으로 확장된다.

④ 생산 · 구매 · 마케팅 · 재무 · 기술 부서의 경영자들이 이용하며, 전반적 사업계획에 의거 판매목표나 생산능력 및 현금흐름 제약을 인식시켜 준다.

④ 생산 내 물류

(1) 생산공정

원료나 재료로부터 제품이 완성되기까지 제조 과정에서 행하여지는 일련의 과정을 의미한다. 흔히 설계 · 기술 교육 따위의 계획 공정과 노동력 · 기계 · 재료 · 제품 완성 따위의 제소 · 작업 공정으로 나뉜다.

① 프로젝트공정(project process) : 완성하는 데 오랜 시간이 소요되고, 대규모의 자본과 자원이 투자되며 고객의 주문에 따라 일정기간 동안에 단일품목만을 생산한다. 이러한 프로젝트 공정의 예로서는 건축, 선박제조, 신제품개발 및 항공기 제조 등을 들 수 있다.

② 배치생산공정(batch process) : 제품을 단속적인 시간간격에 따라 그룹 혹은 묶음(batch)단위로 생산하는 특징, 단속공정 혹은 잡샵공정(job shop process)이라고도 한다. 고객의 주문에 따라 생산되며, 생산량은 고객의 주문량에 따라 소량이며 수요는 변동적이다. 대부분의 작업이 조립보다는 제작, 즉 기계작업으로 이루어진다.

③ 대량생산공정(mass Production process) : 대규모시장을 대상으로 표준화된 제품을 대량으로 생산하는 공정의 형태이다. 제품 혹은 서비스를 생산하기 위해서 사용되는 운영활동이 선형(liner)의 순서를 나타내는 특징을 가지고 있다. 특히 자동차산업과 같은 조립라인과 카인테리어가 이러한 공정에 속한다.

④ 연속생산공정(continuous production process) : 고도로 표준화된 일용품을 대상으로 생산하기 위해서 사용되는 공정형태이다. 시스템은 완전히 자동화로 24시간동안 연속적으로 작업이 이루어진다. 따라서 작업자의 역할을 장비를 감시하는 것이다. 연속생산공정의 예로는 화학, 제지, 맥주, 철강 등을 들 수 있다. 연속생산공정은 매우 효율적이지만, 시스템의 유연성은 매우 떨어진다.

(2) 공정설계와 배치(제13, 14회)

설비의 설계와 배치는 생산되는 제품의 종류와 양 그리고 장비의 자동화 및 전문화의 정도 등과 같은 여러 가지 요인에 따라 좌우된다.

① 공정설계와 설비배치분석이 발생하는 경우
  ㉠ 새로운 설비가 건설되었을 때
  ㉡ 생산이나 유통량에 있어서 상당한 변화가 생겼을 때
  ㉢ 새로운 제품이 도입되었을 때
  ㉣ 종전과 다른 공정과 장비들이 가동되었을 때

② 공정별 배치(Process Layout 혹은 Job-Shop Layout) : 동일한 기능을 수행하는 모든 작업자와 장비를 한 지역에 모두 모아 비슷한 작업을 수행하도록 하는 배치형태로 주로 서비스업(예 병원)에서 사용한다.

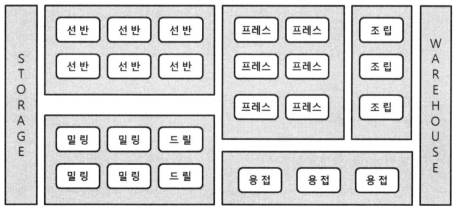

[공정별 배치]

〈표〉 공정별 배치의 장·단점

공정별배치의 장점	• 다양한 공정으로 제품의 형태에 맞게 배치되어 높은 융통성 부여 • 개별생산시스템(job shop)에서 전형적으로 사용되는 것 • 작업의 다양성으로 작업자들에게 직무에 대한 만족감
공정별배치의 단점	• 제품들이 부서간 자주 이동되어야 하기 때문에 로트생산인 경우 운송 및 관리비용이 많이 든다. • 중간재고가 많고 생산과 이동에 관한 계획 및 통제가 어렵다.

③ 제품별 배치(Product Layout)(제13회) : 대량의 제품을 원활하고 빠른 흐름을 달성하기 위한 설비배치로 반복적이고 표준화된 공정작업을 요하는 표준화된 제품을 생산에서 수행되는 공정순서에 따라 계속적인 흐름으로 움직이도록 설비를 배치한다.

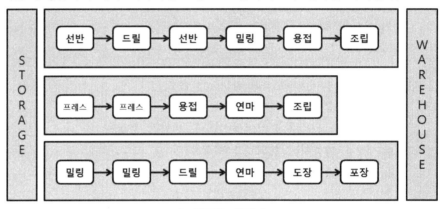

[제품별 배치]

④ 그룹별 배치(Group Layout) : 공정상 비슷한 특징을 가지고 있는 부품군과 이러한 부품군을 가공할 기계군을 배치하는 것이다. 그룹 테크놀러지(GT : group technology) 기법이라고도 한다.

⑤ 고정위치별 배치(Fixed-Position Layout) : 프로젝트 시스템에 적합한 배치방법으로 영종도 신공항, 조선소 등과 같이 대단위 품목들의 건설을 한 장소에서 수행하는 것이다. 대단위 품목을 움직이기 보다는 부품과 도구들을 영종도 신공항 건설현장에 모아서 건설을 도와주게 한다.

(3) 라인밸런싱 및 공정효율

① 개념 : 라인 밸런싱(Line Balancing) 또는 LOB(Line of Balance)은 주로 생산 또는 제조 공정에서 사용되는 관리 기술 중 하나로서, 기술은 작업을 효율적으로 조직하고 생산 라인을 최적화하는 데 도움을 주며, 특히 공정 또는 제조 업계에서 중요한 역할을 한다.

② 목적

　ⓐ 작업 분배 및 작업공정 내의 재공품 감소

　ⓑ 생산 라인 효율화 및 가동률 향상

　ⓒ 리드타임 단축

　ⓓ 애로공정, 제약공정 개선으로 생산성 향상

　ⓔ LOB 산정식

$$\text{공정효율(LOB)} = \frac{\Sigma \, \text{각 공정시간}}{(\text{애로공정 작업시간} \times \text{공정수})} \times 100\%$$

✔️ Chapter 04. 적중예상문제

01. 다음은 L사의 연도별 휴대전화 판매량을 나타낸 것이다. 2021년 휴대전화 수요를 예측한 값으로 옳은 것은? (단, 단순이동평균법의 경우 이동기간(n)은 3년 적용, 가중이동평균법의 경우 가중치는 최근 연도로부터 0.5, 0.3, 0.2 을 적용, 지수평활법의 경우 평활상수(α)는 0.4를 적용, 모든 예측치는 소수점 둘째자리에서 반올림한다.)

연도	판매량(만대)	수요예측치(만대)		
		단순이동평균법	가중이동평균법	지수평활법
2018	36			
2019	34			
2020	37			39
2021		(ㄱ)	(ㄴ)	(ㄷ)

① ㄱ: 32.7, ㄴ: 34.4, ㄷ: 38.2
② ㄱ: 34.9, ㄴ: 34.4, ㄷ: 37.2
③ ㄱ: 35.7, ㄴ: 34.9, ㄷ: 38.2
④ ㄱ: 35.7, ㄴ: 35.9, ㄷ: 36.9
⑤ ㄱ: 35.7, ㄴ: 35.9, ㄷ: 38.2

정답 ┃ ⑤
해설 ┃ (ㄱ) 단순이동평균법 : $\dfrac{36+34+37}{3}=35.7$
　　　(ㄴ) 가중이동평균법 : $(0.2\times36)+(0.3\times34)+(0.5\times37)=35.9$
　　　(ㄷ) 지수평활법 : $39+0.4(37-39)=39-0.8=38.2$

02. 다음 설명하는 내용은 무엇인가?

> 생산하려는 제품의 수량과 일정에 맞춰 그 제품 생산에 필요한 원자재, 부분품, 공정품, 조립품 등의 소요량 및 소요시기 등을 거꾸로 역산하여 일종의 자재조달계획을 수립하고 일정 관리를 겸한 효율적인 재고관리를 모색하는 시스템 혹은 방법. 이 시스템은 자재명세서, 재고 기록철, 기준생산계획의 정보를 이용한다.

① ERP
② JIT
③ MRP
④ SCM
⑤ EOQ

정답 ┃ ③
해설 ┃ MRP(Material Requirements Planning)에 대한 설명이다.

03. 다음 자재소요량계획(MRP: Material Requirement Planning)에서 부품 X, Y의 순 소요량은?

○ 제품 K의 총 소요량 : 80개
○ 제품 K는 2개의 X부품과 3개의 Y부품으로 구성
○ X 부품 예정 입고량 : 40개, 가용재고 : 10개
○ Y 부품 예정 입고량 : 70개, 가용재고 : 없음

① X=50개, Y=50개   ② X=100개, Y=80개
③ X=85개, Y=130개   ④ X=110개, Y=170개
⑤ X=115개, Y=170개

정답┃ ④
해설┃ 순 소요량 = 총 소요량 − 현 재고 − 입고예정 재고
      X = 160 − 40 − 10 = 110개,   Y = 240 − 70 = 170개

04. JIT(Just In Time) 시스템에 관한 설명으로 옳은 것은?

① 한 작업자에게 업무가 할당되는 단일 기능공 양성이 필수적이다.
② 효과적인 Push 시스템을 구현할 수 있다.
③ 비반복적 생산시스템에 적합하다.
④ 불필요한 부품 및 재공품재고를 없애는 것을 목표로 한다.
⑤ 제조 준비 시간이 길어진다.

정답┃ ④
해설┃ ① 다양한 기능공 양성이 필수적이다.
      ② 효과적인 Pull 시스템을 구현할 수 있다.
      ③ 반복적 생산시스템에 적합하다.
      ⑤ 제조 준비 시간이 최소화된다.

일반하역론

① 하역의 개요

(1) 하역의 의의

① 하역의 정의

㉠ 하역(Handling)은 물품의 운송 및 보관과 관련된 운반기구나 설비에 화물을 싣고 내리는 것과 운반하고, 쌓아 넣고, 꺼내고, 나누고, 상품구색을 갖추는 등의 작업 및 이에 부수적인 작업을 총칭한다.

㉡ 하역은 각종 운송기관 즉 자동차, 철도화차, 선박, 항공기 등에서 화물의 상·하차작업, 운송기관 상호간의 중계작업 그리고 창고의 입출고작업 등 그 범위가 매우 넓다.

㉢ 하역의 범위에 있어 협의의 하역은 사내하역만을 의미하나 광의의 의미로서는 수출기업의 수출품 선적을 위한 항만하역까지도 포함한다.

Plus tip

※ **머티어리얼 핸들링(Material Handling)(제12회)**

유통업계에서 널리 쓰이는 용어. 간단히 말해 운반관리에 따른 작업 순서의 총칭. 물류에는 수송, 하역, 포장, 보관 등의 기능이 있는데 수송을 제외한 각 기능을 효과적으로 조작해 비용을 최대한 절약하는 기술관리 방법. 이것은 유통합리화 중에서도 큰 비중을 차지하고 있는데 컨베이어나 지게차·팔레트 등을 교묘히 사용하는 것이 매우 중요해지고 있다.

---

② 하역작업의 6요소(19회, 26회)

㉠ 싣고 내리기 : 적입, 적출

㉡ 운반 : 비교적 단거리 이동

㉢ 적재 : 쌓기

㉣ 반출(Picking) : 물건을 꺼내는 활동

㉤ 분류(Sorting) : 화물을 품종별, 발송처별 고객별로 분류

㉥ 구색화(Assorting) : 출하하는 화물을 운송기기에 바로 실을 준비

③ 하역의 기능(27회)

㉠ 수송과 보관을 연결시켜주는 기능

㉡ 수송·보관 능력의 효율성 향상을 지원

ⓒ 각종 수송기관에서 화물의 상하차 작업 또는 수송기관 상호간의 중계작업
　　　ⓡ 내용물의 보호를 위한 포장물류에 영향

(2) 하역에 관한 용어(25회, 26회)

① 적하 : 물품을 수송기기 등으로 싣고 내리는 것이다.
② 적부 : 창고 등 보관시설의 소정장소에 이동된 물품을 소정의 위치에 여러 가지 형태로 쌓는 작업이다.
③ 반출 : 물품을 보관장소에서 꺼내는 작업이다.
④ 분류 : 물품을 품목별 · 발송지별 · 고객별 등으로 나누는 것이다.
⑤ 운반 : 공장과 창고 내에서 물품을 비교적 짧은 거리로 이동시키는 것을 말한다. 운반은 생산, 유통, 소비 등 어느 경우에도 수반되며 점차 하역과 운반을 합쳐서 운반관리라는 개념이 도입되고 있다. 과거에는 주로 구내 운반에만 사용되는 용어였으나 현재에는 국외와 창고 내의 작업과 포장까지 포함하여 하역의 일부로 해석되고 있다.
⑥ 정리 정돈 : 출하할 물품을 운송기기에 즉시 적입할 수 있도록 정리 정돈하는 작업을 말한다.
⑦ 스태킹(Stacking) : 하역작업 중 물품 또는 포장화물을 규칙적으로 쌓아 올리는 작업이다.
⑧ 더네이지(Dunnage) : 수송기기에 실려진 화물이 손상, 파손되지 않게 마무리하는 작업이다.
⑨ 래싱(Lashing) : 운송기기에 실려진 화물을 움직이지 않도록 줄로 묶는 작업이다.
⑩ 배닝(Vanning) : 컨테이너에 물품을 실어 넣는 작업이다(내리는 것을 Devanning 이라고 한다).
⑪ 피킹(Picking) : 보관장소에서 물품을 꺼내는 작업이다.

(3) 하역의 합리화

① 경제성 : 연결을 위한 시간 · 장소를 고려하여 시간을 단축한다.
② 중력이용 : 고체는 중력의 법칙에 따라 위에서 아래로 이동하는 것이 경제적이다.
③ 기계화 : 노동환경의 개선과 함께 기계화를 고려한다.
④ 일괄작업화 : 하역작업공정의 균형과 시간을 생각하여 정체되지 않게 한다.
⑤ 유니트화 : 취급단위를 크게 하여 작업능률을 향상시킨다.
⑥ 시스템화 : 개개의 활동은 종합적인 관점에서 시너지효과를 창출하여야 한다.
⑦ 정보화 : 화물정보시스템 등과 연결하여 효율성을 제고한다.

(4) 하역합리화의 기본원칙(25회, 26회, 27회)

① **하역의 경제성 원칙(하역 운반의 생략 원칙)** : 하역작업의 횟수감소(0에 근접), 화물의 파손, 오손, 분실의 최소화, 하역작업의 대상인 중량×이동거리(ton/km)의 최소화, 하역 투자의 최소화 등을 목적으로 하는 원칙

② **이동거리(시간) 최소화의 원칙** : 이동량×이동거리(시간)의 값을 최소화하는 원칙

③ **활성화 원칙** : 운반활성화 지수를 최대화로 지향하는 원칙으로서 관련작업과 조합하여 전체적인 활성화를 능률적으로 운용하는 것을 목적으로 하는 원칙

〈활성지수〉

물건을 놓아둔 상태	활성지수
바닥에 낱개의 상태로 놓여 있을 때	0
상자 속에 들어 있을 때	1
파렛트나 Skid위에 놓여 있을 때	2
대차 위에 놓여 있을 때	3
컨베이어 위에 놓여 있을 때	4

④ **단위화 원칙(Unit화 원칙)** : 화물을 유니트화하여 파렛트 및 컨테이너와 조합함으로써 화물의 손상·파손·분실을 없애고 하역작업을 능률화 또는 합리화 하는 원칙

⑤ **기계화 원칙** : 인력작업을 기계화작업으로 대체함으로서 효율성을 높이는 원칙

⑥ **인터페이스(Interface)의 원칙** : 하역작업 공정간의 계면 또는 접점을 원활히 하는 원칙으로, 창고에서 파렛트(Pallet) 단위로 반출시킨 화물을 트럭에 싣는 경우 인력에만 의존하지 않고 자동적재장치(Dock Leveller 등)를 사용하여 트럭에 싣는 것

⑦ **중력이용원칙** : 힘은 중력의 법칙에 따라 위에서 아래로 움직이는 것이 경제적이므로, 경사면을 이용한 플로우 랙(Flow Rack)과 같이 중력의 원리를 이용하는 원칙을 말한다.

⑧ **시스템화 원칙** : 개개의 하역 활동을 유기체적인 활동으로 간주하는 원칙으로, 종합적인 관점에서 보았을 때 시스템 전체의 균형을 고려하여 시너지(Synergy) 효과를 올리는 것이다.

(5) 하역합리화의 보조 원칙

① **유니트로드 원칙** : 취급화물을 한 개씩 취급하지 않고 일정한 중량과 용적의 표준량을 정하여 일정 단위로 모아 한 단위로 하여 수송 도중에 그 형태와 양이 허물어지지 않도록 하역하는 수송방법의 원칙

② **흐름유지의 원칙** : 거액의 자본금을 고정적으로 투자한 기계의 회전이나 운반의 흐름을 중지시키는 것은 가능한 방지하고 항상 회전하고 있는 상태를 유지함으로써 자금이 회

전할 수 있도록 하는 원칙

③ **취급균형의 원칙** : 하역작업의 어느 한 과정에 지나친 작업부하가 걸리거나 병목현상이 생기지 않도록 전 과정에 작업량을 고르게 배분해야 한다는 원칙

④ **흐름의 원칙** : 하역 작업의 흐름과정에서 정체 지점이 발생하면 물류의 중단과 재이동에 따른 불필요한 하역작업이 이루어져 비경제적이므로 연속적인 물류의 흐름을 유지해야 한다는 원칙

⑤ **설비계획의 원칙** : 기계나 설비의 배치와 통로의 이용방법 등 레이아웃을 적절히 설계하여 불필요한 반송설비의 사용을 줄임으로써 하역을 합리화해야 한다는 원칙

⑥ **표준화의 원칙** : 작업방법, 설비, 치수 등을 표준화함으로써 각 부문간이나 공정상호간의 운반설비를 공동으로 이용할 수 있고 작업도 단순화되어 하역의 효율성이 크게 증가될 수 있다는 원칙

⑦ **사중체감의 원칙** : 유임하중(Pay Load)에 대한 사중(Dead Weight)의 비율을 줄여서 운임효율을 높이는 원칙

⑧ **수평직선의 원칙** : 운반의 흐름이 교차, 지그재그, 왕복흐름일 경우 동선의 낭비 및 운반이 혼잡하므로 하역 작업의 흐름을 운반거리가 짧은 직선으로 유지하는 원칙

⑨ **운반속도의 원칙** : 하역물품에 불필요한 중량이나 용적이 발생하지 않도록 쓸모없는 과대포장이나 내용물을 줄여 낭비를 없애도록 하는 원칙

⑩ **탄력성의 원칙** : 하역기기나 설비를 다양한 하역작업에 맞추어 탄력성 있게 이용하도록 하는 원칙

⑪ **공간활용의 원칙** : 하역과 관련된 공간의 활용 측면에서는 평면적인 공간이용뿐만 아니라 입체적인 공간도 활용해야 한다는 원칙

⑫ **최소취급의 원칙** : 하역작업의 필요를 근본적으로 최소화한다는 원칙으로, 물품을 임시로 방치해둠으로 인해 나중에 다시 재이동을 해야 하거나, 로케이션관리를 잘못하여 물품을 재정돈하기 위해 이동하는 등 불필요한 물품의 취급을 최소화하는 원칙

⑬ **안전의 원칙** : 하역작업환경의 안전성을 높임으로써 작업 능률의 향상 및 그에 따른 비용절감의 효과를 올릴 수 있는 원칙

⑭ **예방정비의 원칙** : 운반설비나 기기는 항상 사전에 정비하여 고장을 미리 예방해야 한다는 원칙

⑮ **폐기의 원칙** : 하역기기나 설비는 일정한 내구연수가 있으므로 사용기간이 지나고 나면 폐기해야 한다는 원칙

(6) 하역작업의 개선과 작업순서

① 하역작업 개선을 위한 3S

㉠ 단순화(Simplification) : 작업 종류를 줄이거나 병합하여 핵심활동들로 집약

ⓛ 표준화(Standardization) : 작업을 위한 설비와 장비 및 기법 등을 표준화
ⓒ 전문화(Specialization) : 작업자가 집약된 핵심활동들에만 집중하는 것과 분업화를 달성

② 하역작업 순서 결정방법
㉠ FCFS(First Come First Served) : 먼저 들어온 작업부터 처리
㉡ EDD(Earlist Due Date) : 납기일자가 가장 급한 작업부터 처리
㉢ SPT(Shortest Process Time) : 작업소요시간이 짧은 순으로 처리

2 하역의 기계화

(1) 하역기계화의 필요성

① 중량화물
② 많은 인적 노력이 요구되는 화물
③ 액체 및 분립체 등 인력으로 취급하기 곤란한 화물
④ 인력으로 시간을 맞추기 어려운 화물
⑤ 대량 해상운송화물
⑥ 작업장의 위치가 높고 낮음으로 인하여 상하차작업이 곤란한 화물
⑦ 인적 접근이 곤란하거나 수동화 하기 어려운 화물
⑧ 유해하거나 위험한 화물
⑨ 혹서, 혹한기의 작업장

(2) 하역기기 선정 시 고려사항(19회)

① **화물의 특성** : 포장되지 않은 물품은 입자의 분포·비중·성상 등을, 포장물의 경우에는 형상·크기·중량 등을 감안
② **작업환경의 특성** : 작업창고가 전용인가, 공용인가, 자사용인가와 함께 물건의 흐름, 시설배치 및 건물의 구조 등을 감안
③ **작업의 특성** : 작업량, 계절변동의 유동성, 취급품목의 종류, 운반거리 및 범위, 통로의 크기, 수송기관의 종류 등을 감안
④ **경제성(채산성)** : 한 가지의 안(案)보다는 복수의 대체안을 작성
⑤ **하역기기특성** : 안전성, 신뢰성, 성능, 탄력성, 기동성, 생 에너지성, 소음, 공해

Chapter 05. 적중예상문제

01. 다음이 설명하는 하역합리화의 원칙은?

> ㄱ. 화물의 이동 용이성을 지수로 하여 이 지수의 최대화를 지향하는 원칙으로 관련 작업을 조합하여 화물 하역작업의 효율성을 높이는 것을 목적으로 한다.
>
> ㄴ. 불필요한 하역작업의 생략을 통해 작업능률을 높이고, 화물의 파손 및 분실 등을 최소화하는 것을 목적으로 한다.
>
> ㄷ. 하역작업 시 화물의 이동거리를 최소화하는 것을 목적으로 한다.

① ㄱ: 시스템화의 원칙, ㄴ: 하역 경제성의 원칙, ㄷ: 거리 최소화의 원칙
② ㄱ: 운반 활성화의 원칙, ㄴ: 화물 단위화의 원칙, ㄷ: 인터페이스의 원칙
③ ㄱ: 화물 단위화의 원칙, ㄴ: 거리 최소화의 원칙, ㄷ: 하역 경제성의 원칙
④ ㄱ: 운반 활성화의 원칙, ㄴ: 하역 경제성의 원칙, ㄷ: 거리 최소화의 원칙
⑤ ㄱ: 하역 경제성의 원칙, ㄴ: 운반 활성화의 원칙, ㄷ: 거리 최소화의 원칙

> **정답 ┃** ④
> **해설 ┃** • 운반 활성화의 원칙 : 화물의 이동 용이성 지수
> • 하역 경제성의 원칙 : 과대포장 지양, 최소취급의 원칙, 수평 직선의 원칙
> • 거리 최소화의 원칙 : 이동거리의 최소화

02. 수송기기에 실려진 화물을 고정시키는 작업을 무엇이라 하는가?

① 스태킹(Stacking)
② 배닝(Vanning)
③ 디배닝(Devanning)
④ 래싱(Lashing)
⑤ 피킹(Picking)

> **정답 ┃** ④
> **해설 ┃** • 스태킹 : 물품을 겹쳐 쌓는 일
> • 배닝 : 컨테이너에 화물을 적입하는 일
> • 디배닝 : 컨테이너에서 화물을 적출하는 일
> • 피킹 : 보관 중인 상품을 주문에 따라 꺼내는 일(선택)

03. 하역의 개념 및 정의에 관한 설명으로 옳지 않은 것을 모두 고른 것은?

> ㄱ. 하역은 각종 운반수단에 화물을 싣고 내리는 것과 보관화물을 창고 내에서 운반하고, 쌓아 넣고, 꺼내고, 나누고, 상품 구색을 갖추 는 등의 작업 및 이에 부수적인 작업을 총칭한다.
> ㄴ. 하역은 화물에 대한 시간적 효용과 장소적 효용의 창출을 지원하는 행위이다.
> ㄷ. 하역은 화물 또는 생산품의 이동, 운반, 제조공정 및 검사공정을 말한다.
> ㄹ. 하역은 생산에서 소비에 이르는 전 유통과정에서 행하여진다.
> ㅁ. 하역의 범위에 있어 협의의 하역은 사내하역만을 의미하나, 광의의 의미는 사외하역도 포함한다. 단, 수출기업의 수출품 선적을 위한 항만하역은 포함하지 않는다.

① ㄱ, ㄴ   ② ㄱ, ㄷ   ③ ㄴ, ㄷ   ④ ㄷ, ㅁ   ⑤ ㄱ, ㄷ, ㄹ, ㅁ

> **정답 ▌** ④
> **해설 ▌** ㄷ : 제조공정 및 검사공정은 포함되지 않는다.
>   ㅁ : 항만하역도 하역에 포함된다.

04. 하역합리화를 위한 활성화의 원칙에서 활성지수가 '2'인 화물의 상태는? (단, 활성지수는 0~4이다.)

① 대차에 실어 놓은 상태   ② 파렛트나 Skid 위에 놓인 상태
③ 화물이 바닥에 놓인 상태   ④ 컨베이어 위에 놓인 상태
⑤ 상자 안에 넣은 상태

> **정답 ▌** ②
> **해설 ▌** **활성지수**
>
> | 물건을 놓아둔 상태 | 활성지수 |
> |---|---|
> | 바닥에 낱개의 상태로 놓여 있을 때 | 0 |
> | 상자 속에 들어 있을 때 | 1 |
> | 파렛트나 Skid위에 놓여 있을 때 | 2 |
> | 대차 위에 놓여 있을 때 | 3 |
> | 컨베이어 위에 놓여 있을 때 | 4 |

보관 및 하역기기

1 랙(Rack)

(1) 랙(Rack)의 정의

① 기둥과 선반으로 구성되는 산업용 물품의 보관용구의 총칭이라 정의할 수 있다. KS A 0013(1989)에서는 "물품을 보관하기 위해 사용하는 기둥과 선반으로 구성된 구조물을 말한다."라고 규정하고 있다.

② 랙은 창고 등에서 보관을 효율적으로 하기 위해 기둥과 선반으로 구성된 보관설비라고 정의할 수 있다.

(2) 적재하중 기준 랙의 구분

① 중(重)량급 랙 : 한 선반당 적재하중이 500kg을 초과하는 랙

② 중(中)간급 랙 : 한 선반당 적재하중이 500kg 이하인 랙

③ 경(輕)량급 랙 : 한 선반당 적재하중이 150kg 이하인 랙

중량급 랙	중간급 랙	경량급 랙
500kg 초과	151~500kg	150kg 이하

(3) 랙의 종류와 특성

① 파렛트 랙(Pallet Rack)(19회, 25회)

㉠ 파렛트에 쌓아올린 물품의 보관에 이용되는 랙

㉡ 범용성이 있는 형태이며 화물의 종류가 여러 가지라도 유연하게 보관

㉢ 용적효율이 낮음

　　ⓔ 바닥면적 활용이 비효율적

② **적층 랙(Mezzanine Rack)**
　　㉠ 천정이 높은 단층창고 등의 경우, 현재 사용하고 있는 높이에서 천장까지의 사이를
　　　이용하기 위해 설치한 보관장소
　　㉡ 통로와 선반을 다층식으로 겹쳐 쌓은 랙으로 상면면적효율과 공간활용이 좋음
　　㉢ 입출고 작업과 재고관리가 용이
　　㉣ 최소의 통로로 최대로 높게 쌓을 수 있어 경제적임

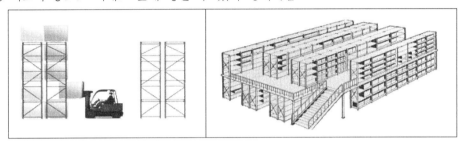

[파렛트 랙]　　　　　　　　　　　　　[적층랙]

③ **유동 랙(Flow-through Rack)(19회, 26회)**
　　㉠ 랙 구조물과 경사진 롤러를 결속시킨 형태의 랙 시스템으로서 플로우 랙이라고 함
　　㉡ 화물의 중력에 의하여 입고측에서 출고측으로 롤러를 타고 스스로 흘러 들어가는
　　　방식으로 입출고가 자유로운 랙
　　㉢ 제품의 선입선출에 매우 용이하며, 입고와 출고가 완전히 분리되어 작업효율 향상
　　㉣ 재고관리가 쉽고 화물의 파손을 방지할 수 있으며, 다품종 소량의 물품보관에 적합
　　　하다.

④ **슬라이딩 랙(Sliding Rack)(27회)**
　　㉠ 선반이 앞 방향 또는 앞 뒤 방향으로 꺼내지는 기구를 가진 랙
　　㉡ 파렛트가 랙에서 미끄러져 움직임
　　㉢ 한쪽에서 입고하고 다른 한쪽에서 출고되는 이상적인 선입선출 방법
　　㉣ 상면 면적효율이나 용적효율도 양호
　　㉤ 다품종 소량에는 부적합하며 랙 설치비용이 많이 듦

[유동랙]　　　　　　　　　　　　[슬라이딩 랙]

⑤ 모빌 랙(Mobile Rack)(21회)
　㉠ 레일 등을 이용하여 직선적으로 수평 이동되는 랙으로서 수동식, 전동식, 수압식,
　　핸들식 등이 있음
　㉡ 통로를 대폭 절약
　㉢ 한정된 공간을 최대로 사용
　㉣ 다품종 소량화물에 적합한 보관형태
　㉤ 상면 면적률, 용적률의 효율이 높음

⑥ 암 랙(Arm Rack)(19회)
　㉠ 외팔지주거리 구조로 된 랙으로 외팔걸이 랙(Cantilever Rack)이라고도 함
　㉡ 기본 프레임에 암(Arm : 외팔걸이)을 결착하여 화물을 보관하는 랙
　㉢ 장척물의 보관에 적합하며 전면에 기둥이 없으므로 공간 낭비 없이 화물을 보관할
　　수 있는 랙

[모빌 랙]　　　　　　　　　　　　[암 랙]

⑦ 회전랙(Carrousel Rack)(25회)
　㉠ 카르셀이란 순환 또는 회전을 의미하며, 회전랙이란 피킹시 피커를 고정하고 랙 자
　　체가 회전하는 형태를 말함

ⓛ 사람은 고정되어 있고 물품이 피커의 장소로 이동하여 피킹하는 형태의 랙

ⓒ 수평 또는 수직으로 순환하여 소정의 입출고 장소로 이동이 가능한 랙

⑧ 하이 스택 랙(High stack Rack)

　ⓐ 좁은 통로에 높게 적재했기 때문에 바닥면의 효과적인 사용과 공간활용이 좋고 입출고도 임의적으로 할 수 있음

　ⓛ 재고 관리도 용이한 편임

　ⓒ 최소의 통로를 최대로 높게 쌓을 수 있어 경제적

　ⓔ 상품을 대량으로 취급하는 경우 건물의 층고에 여유가 있으면 하이스택 랙을 설치하는 것이 바람직함

[회전랙]

[하이스택 랙]

⑨ 드라이브 인 랙(Drive in Rack)(19회)

　ⓐ 랙 내에 포크리프트가 진입하여 통로와 보관 장소를 병행하는 방식으로 인출 작업을 하므로 중량물의 보관 및 하역작업에 합리적이다. 또한 소품종 다량의 화물을 파렛트 단위로 선입선출과 선입후출로 보관되는 물품 보관방법에 적합한 보관시스템이다.

　ⓛ 암(Arm) 형태로 화물을 받치고 있어 지게차 진입이 가능 할 수 있는 구조이며, 랙 사이의 통로가 필요하지 않아 대량의 화물을 보관할 수 있다.

　ⓒ 소품종 다량의 제품, 회전율이 낮은 제품, 계절적인 수요가 있는 화물에 적합하다.

⑩ 드라이브 스루 랙(Drive Through Rack)(19회)

　ⓐ 드라이브 인 랙을 중심으로 앞쪽에는 입하전용 작업장이 뒤쪽은 출하전용 작업장이 별도로 존재하는 형태이다.

　ⓛ 입출하 분리로 작업효율 향상, 화물흐름의 효율화와 선입선출(FIF))을 지원한다.

　ⓒ 별도 작업장의 공간으로 적재효율이 감소한다는 단점이 있다.

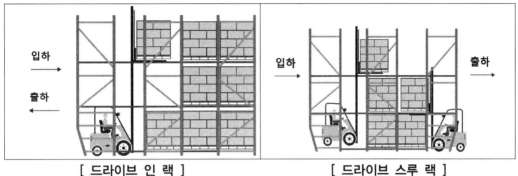

[드라이브 인 랙]   [드라이브 스루 랙]

⑪ 서랍식 랙(stock rack)

　　㉠ 서랍형 랙에 수작업으로 화물이 적입되고 피킹 시에는 해당 랙이 전면에 비치된 컨베이어까지 밀려나와 컨베이어의 공조로 제품을 꺼내는 구조로 된 랙이다.

　　㉡ 서랍식 랙 하단은 개방되어 있고 바닥면에 돌기구멍이 있으며, 컨베이어 위에는 솟아 있는 돌기를 이용하여 컨베이어가 회전하면서 제품을 꺼내갈 수 있도록 구조화된 랙이다.

⑫ 전용랙 & 특수랙

　　화물의 형상에 맞추어 보관할 수 있도록 제작된 랙이다.

(4) 랙(Rack) 관리의 3가지 방법(20회)

① 픽스트 로케이션(Fixed Location)

　　㉠ 고정 선반번호 방식으로, 선반번호마다 그에 대응하는 품목을 정하여 보관하는 방법이다. 수작업 방식으로 관리하는 경우가 많다.

　　㉡ 회전율이 높은 물품에 적합하다.

② 프리 로케이션(Free Location)

　　㉠ 품목과 보관 랙 상호 간에 특별한 연관관계를 정하지 않는 방식이다.

　　㉡ 자동창고시스템에 많이 이용한다.

③ 존드 프리로케이션(Zoned Free Location)

　　㉠ 일정 품목군에 대하여 일정한 보관구역을 설정하지만 그 범위 내에서는 Free Location을 채택하는 방법으로서, 일반적으로 널리 이용되고 있다.

　　㉡ 자동화 창고가 어려운 상태에서 공간과 작업효율을 동시에 감안한 방식이다.

② 파렛트(Pallet)

(1) 파렛트의 정의

① 화물의 깔판 또는 창고 따위 및 지게차용의 화물 깔판으로 정의되어 있고, 국내에서는 화물수송용 하대(荷臺) 또는 지게차로 하역작업에 사용하는 운반용의 대(臺)라고 되어 있다.

② 파렛트는 화물의 하역을 위해 깔판역할을 하는 동시에 낱개의 여러 화물을 하나로 묶어 운송할 수 있게 하는 장비이다. 재질에 따라 목제, 플라스틱, 종이, 스틸 등으로 분류할 수 있다.

(2) 표준파렛트 규격

① 국내 표준파렛트 규격

일관수송용 파렛트	국내용 파렛트
• 1,100mm × 1,100mm (T-11형)	• 800mm × 1,100mm ⋅ 900mm × 1,100mm • 1,100mm × 1,300mm ⋅ 1,100mm × 1,400mm • 1,200mm × 800mm ⋅ 1,200mm × 1,000mm

② 국제 표준파렛트 규격(ISO 6780)(26회)

정사각형(단위, mm)	직사각형(단위, mm)
• 1,140×1,140 : 미국, 캐나다 등 • 1,100×1,100 : 한국, 일본 등 • 1,067×1,067	• 1,200×800 : 영국, 유럽 • 1,200×1,000 : 중국, 한국, 유럽 • 1,219×1,016

(3) 파렛트의 종류

① 형태의 의한 분류

ㄱ 단면사용형 : 적재판이 일면에만 있는 파렛트

ㄴ 양면사용형 : 적재판이 2면 있는 파렛트

ㄷ 2방향차입식 : 차입구의 방향이 2방향

ㄹ 4방향차입식 : 차입구의 방향이 4방향

ㅁ 한쪽날개형/양쪽 날개형 : 날개의 유무에 따라 구분하는데 편면 및 이면의 날개 부착 여부에 따라 구분

② 재질에 따른 분류

ㄱ 목재 파렛트 : 가격이 저렴하고 가벼워서 사용이 편리하지만 파손되기 쉽고 습기에 약하다.

ⓛ 합판제 파렛트 : 처리가공에 따라 난연성, 방부성, 방충성을 부여할 수 있으며, 적재
하역 때 손상을 방지하고 기타 접착방법이 가능하다.

ⓒ 철제 파렛트 : 목제 파렛트와 더불어 최근 수요가 급속히 신장되고 있으며 강도,
내구성, 조형의 자립성 등이 강하여 중량물 하역에 많이 사용되며, 보수가 어렵고
중량이 무거우며, 하역시 미끄러지기 쉽다는 단점이 있다.

ⓔ 알루미늄제 파렛트 : 알루미늄 파렛트는 가볍고 가공성이 좋지만 가격이 비싸다.

ⓜ 지제(종이) 파렛트 : 1회 사용하고 폐기하는 파렛트로 강도가 약하다.

ⓗ 플라스틱 파렛트 : 가볍고 색채도 아름다우며, 적재나 하역시 많이 이용된다.

③ 용도에 의한 분류(19회, 27회)

㉠ 평파렛트(flat pallet) : 상부구조물이 없고 호크 등의 차입구를 가진 파렛트이다.

㉡ 상자형 파렛트(box pallet) : 상부구조물로서 적어도 3면의 수직측판(밀폐, 투시, 망
등)을 갖는 파렛트를 말하며, 구조에는 고정식, 조립식, 접는식이 있고 뚜껑이 달린
것도 있다.

㉢ 사일로 파렛트(silo pallet) : 주로 분말체를 담는데 사용되며, 밀폐상의 측면과 뚜껑
을 가지며 하부에 개폐장치가 있는 상자형 파렛트를 말한다.

㉣ 탱크 파렛트(tank pallet) : 주로 액체를 취급하는데 사용되묘, 밀폐상의 측면과 뚜껑
을 가지고 있고, 상부 또는 하부에 출입구가 있는 상자형 파렛트이다.

㉤ 기둥 파렛트(post pallet) : 기둥을 가진 파렛트로 기둥에는 고정식, 조립식, 접는식이
있으며, 연결테두리를 한 것도 있다.

㉥ 롤 파렛트(roll pallet, wheeled box pallet) : 파렛트 바닥면에 바퀴가 달려 있어
자체적으로 밀어서 움직일 수 있다.

㉦ 시트 파렛트(sheet, ship sheet) : 주로 푸시풀 장치 부착 포크리프트 트럭에 의해
하역되는 시트 모양의 파렛트이다.

㉧ 스키드 파렛트(skid pallet) : 주로 파렛트 트럭에 의해 하역할 수 있도록 만들어진
단면형 파렛트이다.

(5) 파렛트 하역의 장점

① 하역작업의 효율화 : 작업시간의 단축으로 인건비의 절감
② 수송비의 절감 : 하역의 단순화로 인한 수송효율의 향상
③ 제한된 공간을 최대한 이용
④ 수송기구의 회전기간 단축
⑤ 재고 조사의 편의성
⑥ 창고의 환경개선

⑦ 도난과 파손의 감소

⑧ 단위포장으로 포장의 용적감소

⑨ 제 서류의 간소화

⑩ 화물의 적재효율 향상

⑪ 제품에 미치는 습기의 방지

⑫ 하역시간 단축

⑬ 여러 가지 형태의 수송수단에 적응성 큼

③ 컨테이너(Container)

(1) 컨테이너 개요

① 컨테이너의 개념 : 원래 영어로 컨테이너란 물건을 수용하는 모든 용기를 지칭하는 것이다. 광의의 컨테이너란 골판지제의 작은 상자나 원통형 등 여러 가지형의 일반용기의 상품상자, 하송상자 등의 총칭이다. 화물 수송에 주로 쓰는, 쇠로 만들어진 큰 상자로서 짐 꾸리기가 편하고 운반이 쉬우며, 안에 들어 있는 화물을 보호할 수 있는 장점이 있다. 우리나라는 수송용 컨테이너를 가리키는 것이 보통이며 영어로는 Freight Container, Van Container 등으로 불린다.

② 컨테이너의 구비 요건 : 1964년 ISO(국제표준화기구)의 총회에 내놓은 규격 안에 의하면 컨테이너는 화물수송용의 용기이고 다음의 요건을 구비하여야 한다.

  ㉠ 내구성과 반복사용에 적합한 강도일 것

  ㉡ 상품수송을 단일 또는 다수의 수송방식에 의해서 도중에 다시 채우지 않고 용이하게 수 송가능 하도록 특별히 설계되어 있을 것

  ㉢ 하나의 수송방식에서 다른 수송방식으로 환적할 경우 쉽게 하역이 가능한 상치가 붙어있을 것

  ㉣ 넣고 꺼내는 것이 쉽게 설계되어 있을 것

  ㉤ 내용적이 1㎥이상일 것

(2) 컨테이너의 분류(빈출)

① 크기에 따른 분류

  ㉠ 20 ft (20' × 8' 8' 6") : TEU(Twenty-foot Equivalent Unit)라 하여 물동량의 산출을 위한 표준적인 단위. 컨테이너 선박의 적재능력의 표시기준.

  ㉡ 40 ft (40' × 8' × 8' 6") : FEU(Forty-foot Equivalent Unit)라 하여 물동량의 산출을

위한 표준적인 단위

ⓒ 40 ft High Cubic (40' × 8' × 9' 6")

ⓔ 45 ft (45' × 8' × 9' 6")

② 용도에 따른 분류

ㄱ 일반건화물 컨테이너 (Dry Container) : 온도조절이 필요 없는 일반화물 수송을 주목
적으로 한 컨테이너

ㄴ 통기·환기 컨테이너 (Ventilated Container) : 통풍을 필요로 하는 수분성 화물,
생피 등을 수송하는 컨테이너

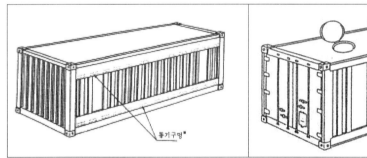

[통기·환기 컨테이너]   [드라이 벌크 컨테이너]

ㄷ 드라이 벌크 컨테이너 (Dry Bulk Container : Solid Bulk Container) : 사료, 곡물
등 분립체 등의 벌크화물을 수송하는 컨테이너로 천장에 적부용 해치가 있고 아랫부
분에 꺼내는 문이 있다.

ㄹ 특정화물 컨테이너 : 가축용 컨테이너 (Pen Container : Live Stock Container), 자동
차용 컨테이너 등이 있다.

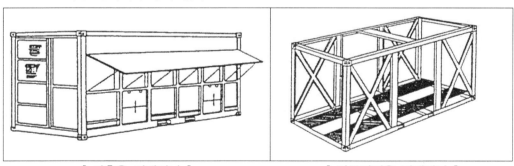

[가축용 컨테이너]   [자동차전용 컨테이너]

ㅁ 서멀 컨테이너 (Thermal Container) : 특수화물, 즉 온도관리를 필요로 하는 화물의
수송을 주목적으로 한 컨테이너(냉동컨테이너, 단열컨테이너, Insulated and
Ventilated Container, 가열컨테이너)

ⓑ 오픈 톱 컨테이너 (Open Top Container) : 파이프와 같이 길이가 긴 장척화물, 중량물, 기계류 등을 수송하기 위한 컨테이너, 화물을 컨테이너 윗부분으로 넣거나 하역할 수 있다

ⓢ 플랫폼 컨테이너 (Platform Container) : 기둥이나 벽이 없고 모서리 쇠와 바닥만으로 구성된 컨테이너로 중량물이나 부피가 큰 화물을 운송하기 위한 컨테이너

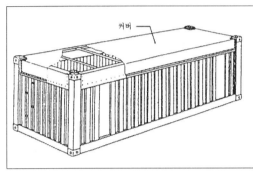

[오픈 톱 컨테이너]

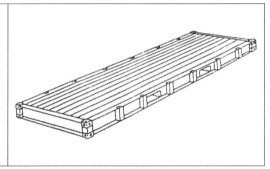

[플랫폼 컨테이너]

ⓞ 플랫 랙 컨테이너 (Flat Rack Container) : 목재, 승용차, 기계류 등과 같은 중량화물을 운송하기 위한 컨테이너로 지붕과 벽을 제거하고 기둥과 버팀대만 두어 전후좌우 및 쌍방에서 하역 할 수 있다

ⓩ 탱크 컨테이너 (Tank Container) : 식용유, 술, 장류 등의 식품 및 유류, 화공약품 등과 같은 액체상태의 화물을 운송하기 위하여 특별히 고안하여 만들어진 컨테이너로 드럼형 탱크를 장착하고 있다.

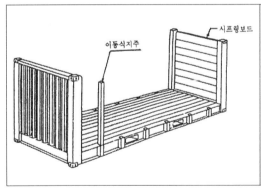

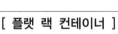

[플랫 랙 컨테이너]

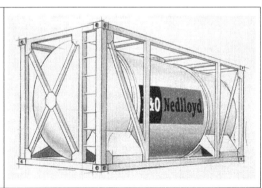

[탱크 컨테이너]

ⓒ 행잉 가먼트 (Hanging Garment : Hanger Container) : 가죽 또는 모피와 같은 의류를 운송하기 위한 컨테이너

ⓚ 사이드 오픈 컨테이너 (Side Open Container) : 옆면이 개방되는 컨테이너

(3) 컨테이너 화물의 종류 4가지

① **최적화물**(Prime Containerizable Cargos) : 전자제품, 피복류, 시계, 의약품, 주류등 대체로 고가이며 해상운임이 비교적 높은 화물

② **적합화물**(Suitable Containerizable Cargos) : 철제류, 피혁제품, 철판 철사, 전선, 포대커피, 포대소맥 등 최적상품보다 저가이고 해상운임율이 저가인 일반상품

③ **한계화물**(Marginal Containerizable Cargos) : 선철, 면화, 원목 등 물리적으로 컨테이너에 적재할 수 있으나 저가의 화물로서 비교적 도난, 손상의 가능성이 없는 것이며 부피, 중량, 포장면에서 컨테이너화의 장점이 별로 없는 화물

④ **부적합화물**(Unsuitable Containerizable Cargos)
  ㉠ 화물의 성질, 용적, 중량 등에 따라 경제적측면에서 컨테이너에 부적합한 석탄, 광석, 골재 등 Bulk Cargos
  ㉡ 대형터빈, 철탑, 교량 등 지나치게 무겁거나 길이가 40'이상으로 물리적으로 컨테이너적재가 불가능한 화물
  ㉢ 원유, 액화가스 등 위험물질 또는 다른 화물을 오손시키거나 강한 악취를 풍기는 화물로서 운송시 전문적인 시설이 필요한 화물

④ 지게차(Forklift Truck)

(1) 지게차

① 파렛트 화물이나 중량의 화물하역에 사용되는 대표적인 산업차량으로 작업 중에 내리고 싣고 꺼내고 집어넣고 운반하는 등 복합적인 작업을 할 수 있는 대표적인 하역기계이다.

② 지게차는 포크 등을 상하로 움직일 수 있는 마스트를 갖추고 하역작업의 6가지 요소작업 중에서 내리고, 싣고, 꺼내고, 집어넣고, 운반하는 등 복합작업을 할 수 있는 편리한 기계이다. 현재는 화물 운반 작업에서 빠질 수 없는 필수장비이다.

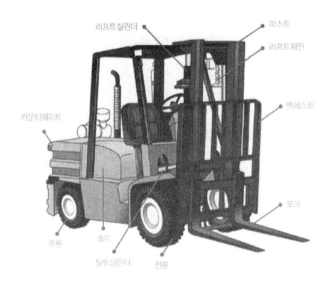

[지게차 구성]

(2) 지게차의 유형

① 카운터 밸런스형(Counter Balance) : 포크 등 승강장치를 차체 앞에 설치한 형상으로 하중능력은 0.5톤~30톤까지 각종의 것이 있으며 동력으로는 내연식과 전동식 두 가지가 있다.

② 스트래들 리치형(Straddle Reach) : 차체전방에 주행차량이 붙은 2개의 아웃리거(Outrigger)를 수평으로 매달아 그 안에 포크가 전후로 움직이는 구조로 랙 포크형 무인 지게차도 이형의 일종으로 본다.

③ 사이드 포크형(Side Fork)(26회) : 포크의 승강장치를 차체의 옆쪽에 설치한 것으로서 하역할 때는 차체측면으로 아웃리거를 대서 차체폭 방향으로 포크 승강장치를 접근시켜 화물을 승강한다.

[카운터 밸런스형]　　　　[스트래들 리치형]　　　　[사이드 포크형]

(3) 포크리프트 종류(18회, 26회)

① **카운터밸런스 포크리프트** : 포크 및 이것을 상하시키는 마스트를 차체전방에 갖추고 차체 후방에 카운터웨이트를 설치한 포크리프트를 말하며 현재 가장 널리 이용되고 있다.

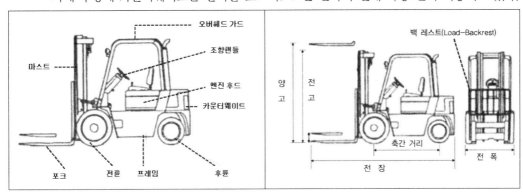

[카운터밸런스 포크리프트]

② **스트래들(Straddle) 포크리프트** : 차체전방으로 뻗어 나온 주행이 가능한 아웃리거에 의하여 차체의 안정을 유지하고 또한 포크가 양쪽의 아웃리거 사이에 내려지는 포크리프트이다.

③ **사이드 포크리프트 트럭** : 좁은 통로를 가지는 창고에서 지게차의 측면에 포크가 설치되어 좁은 통로의 이동과 측면에서의 포크의 승강 및 포크의 전후 이동이 가능한 지게차이다.

④ **3방향 작동형 포크리프트** : 마스트 전방의 포크가 좌우 90°로 회전하며 좌우 이동 후, 수평으로 포크가 이동 가능한 형태이며 승강시 아웃리거로 하중을 지탱한다. 사이드 포크형과 마찬가지로 통로 소요면적을 줄여 저장 공간 증대가 가능하다.

⑤ **리치(Reach) 포크리프트 트럭** : 차체 전방에 포크와 수평하게 차체 전방으로 연결된 2개의 아웃리거의 일종인 Straddle의 장착을 통해 화물 승강으로 인한 전복을 방지하고, 마스트와 포크가 일체화되어 전후방으로 이동한다는 특징을 가진 지게차이다.

⑥ **오더 피킹 트럭** : 하역장치와 함께 움직이는 운전대에서 운전자가 조종하는 포크리프트로 랙창고에 사용되며 포크면의 높이에 운전대를 설치하여 임의의 높이에서 작업자가 작업을 할 수 있다.

⑦ **톱 핸들러** : 카운터밸런스형의 일종으로 컨테이너 모서리쇠를 잡는 스프레더(Spreader) 또는 체결고리가 달린 팔과 마스트를 갖추고 야드 내의 Empty Container를 적치 또는 하역하는 장비로서 대형지게차와 유사하다.

⑧ **리치 스태커** : 대형지게차에 유압식 지브크레인이 설치된 형상이다. 크레인 끝에 스프레더가 장착되어 컨테이너 운반 및 하역에 사용된다.

[톱 핸들러]	[리치 스태커]

⑨ 워키형(Walkie) 포크리프트 : 작업자의 탑승설비가 없으며 작업자가 지게차를 가동시킨 상태에서 걸어다니며 작업을 한다. 주로 소형 작업장에서 볼 수 있다.

[워키형(Walkie) / 보행작동용 포크리프트]

> **Plus tip**
>
> ## ※ 동력원에 의한 분류
>
> ① 디젤엔진 지게차 : 힘과 내구성이 좋고 연료가 경제적이지만 매연과 소음이 큰 편이다.
> ② LPG엔진 지게차 : 출력은 디젤에 비해 10%정도 감소하지만, 연료비가 경제적이고 매연과 소음이 적으며 옥내작업에 적합하다.
> ③ 축전지식 지게차 : 배터리를 에너지원으로 각각의 직류전동기로 주행 및 하역을 진행하는 전동식 형태로 매연과 소음이 없는 무공해 방식이다.

(4) 지게차 부속품(Attachment)

어태치먼트란 포크리프트의 하역장치에 추가 또는 대체하여 통상 이외의 작업에 맞도록 보통 포크와 교환하는 부속장치이다.

① 포크
 ㉠ 파렛트 포크 : 한 장의 평판 모양
 ㉡ 멀티플 포크 : 3개 이상의 포크
 ㉢ 칼집포크 : 포크를 삽입해서 사용
 ㉣ 룰러붙이 칼집포크 : 칼집 포크 위 면에 룰러를 줄지어서 붙인 것

[파렛트 포크]　　　[칼집 포크]　　　[롤러붙이 포크]

② 장치
 ㉠ 램(Ram) : 화물의 구멍에 삽입하여 사용하는 막대모양의 부속장치
 ㉡ 크래인 암(Crane arm) : 크레인 작업을 하기 위한 부속장치

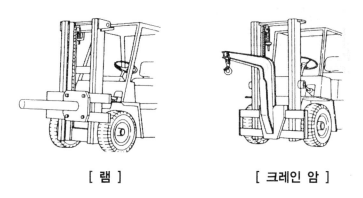

[램]　　　　[크레인 암]

 ㉢ 힌지드 포크(Hinged fork) : 백 레스트와 별도로 포크를 상하방향으로 기울일 수 있는 부속장치
 ㉣ 덤핑 포크(Dumping fork) : 백 레스트와 함께 포크를 상하방향으로 기울일 수 있는 부속장치

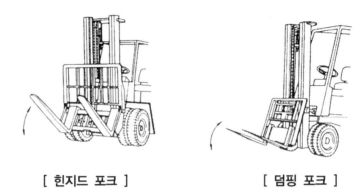

[힌지드 포크]   [덤핑 포크]

㉤ 리치 포크(Reach fork) : 포크가 마스트에 대하여 전후로 이동할 수 있는 부속장치
㉥ 푸셔(Pusher) : 포크 위의 화물을 밀어내기 위한 부속장치

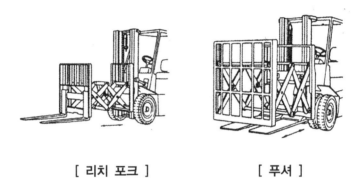

[리치 포크]   [푸셔]

㉦ 클램프(Clamp) : 화물을 사이에 끼워 고정시키는 부속장치(Grab)-원통형 드럼 하역
㉧ 회전 클램프(Rotating clamp) : 수직면 내에서 회전할 수 있는 장치를 가진 클램프

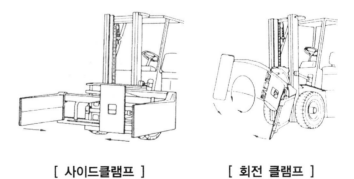

[사이드클램프]   [회전 클램프]

㉨ 로드 스테빌라이저(Load stabilizer) : 지면이 고르지 못한 곳에서 파렛트 위의 플라
스틱 컨테이너들이 이동 중 붕괴되는 것을 막기 위한 장치

ⓒ 퍼니스 차저(Frunace charger) : 화기나 유해환경에 원·부자재를 밀어 넣는 부속장치

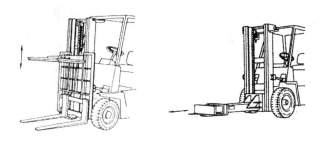

[로드 스태빌라이저]　　　　**[퍼니스 차저]**

ⓚ 혹(Hook) : 포크 또는 램 등에 부착하여 화물을 달아 올리기 위한 부속 장치
ⓣ 사이드 쉬프터(Side shifter) : 핑거 바 등을 가로 방향으로 이동할 수 있는 부속장치
ⓟ 포크 포지셔너(Fork positioner) : 포크의 간격을 조정할 수 있는 부속장치
ⓗ 스프레더(Spreader) : 컨테이너 고정쇠가 장착되어 컨테이너를 하역할 수 있도록 고안된 부속장치

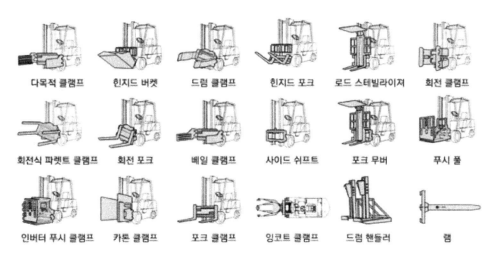

[지게차 부속품]

5 컨베이어(Conveyer)

(1) 컨베이어 개요

① 컨베이어는 화물을 연속적으로 운반하는 기계로서, 화물의 형상, 용도에 따라 각종 컨베이어가 개발되고 있다.

② 컨베이어 작업은 비교적 간단한 하역작업이나 짧은 거리의 이동, 고정된 장소에서 컨베이어 양단에서의 하역의 기계화 및 자동화를 포함할 수 있는 경우에 채용되고 있다.

③ 컨베이어의 장점
  ㉠ 좁은 장소에서 작업이 가능
  ㉡ 노면에 관계없이 설치가 가능
  ㉢ 중력을 이용한 운반가능
  ㉣ 원격조정이나 자동제어가 가능
  ㉤ 포장 안 된 물품도 운반이 가능
  ㉥ 운반거리의 장단이 작업능률에 영향을 주지 않음
  ㉦ 다른 기기와 연계하여 사용이 가능
  ㉧ 자동운반으로 운반인력이 불필요함
  ㉨ 라인 중에서도 검사 및 작업이 가능

④ 컨베이어의 단점
  ㉠ 속도의 한정으로 하역작업시간 소요됨
  ㉡ 양단에 인력이 필요
  ㉢ 화물의 형상이 다른 경우 부적당함
  ㉣ 기동성이 적음
  ㉤ 높이 쌓기에 부적당함
  ㉥ 사용방법에 탄력성이 없음.
  ㉦ 단시간에 대량화물의 운반이 불가능함
  ㉧ 일단 설치시 라인이동이 곤란
  ㉨ 고장시 라인전체가 정지하고 작업의 흐름에 영향을 미침

(2) 컨베이어의 종류

① 벨트(Belt) 컨베이어 : 프레임의 양 끝에 설치한 풀리에 벨트를 엔드리스(Endless)로 갈아 걸고 그 위에 화물을 싣고 운반하는 컨베이어로 댐이나 대형토공에서 시멘트, 골재, 토사의 운반 및 소규모 공사의 정력운반에 사용

② 체인(Chain) 컨베이어 : 엔드리스를 감아 걸은 체인에 의하여 또는 체인에 슬랫(Slat), 버킷(Bucket) 등을 부착하여 화물을 운반하는 컨베이어로 시멘트, 골재, 토사의 운반에 사용

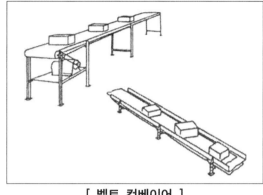

[벨트 컨베이어]

[체인 컨베이어]

③ 플래드 톱 컨베이어(Plat top Conveyor) : 체인에 윗면이 평평한 어태치먼트를 붙인 체인 컨베이어

④ 슬랫 컨베이어(Slat Conveyor) : 체인에 부착된 폭이 좁은 목재 또는 금속 슬랫(Slat:얇은 널빤지)을 연속적으로 부착한 체인 컨베이어로 표면이 거칠어 벨트를 손상시킬 위험이 있는 무거운 물품들을 운반하는데 사용

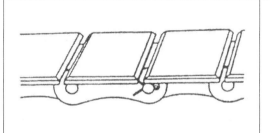

[플래드 톱 컨베이어]

[슬랫 컨베이어]

⑥ 에이프런 컨베이어(Apron Conveyor) : 여러 줄의 체인에 에이프런을 겹쳐서 연속적으로 부착한 체인 컨베이어

⑦ 팬 컨베이어 : 에이프런 컨베이어의 에이프런 대신에 팬을 부착한 체인 컨베이어

⑧ 버켓 컨베이어(Bucket Conveyor) : 체인에 핀으로 지지된 버켓을 연속적으로 부착한 체인 컨베이어

⑨ 플로우 컨베이어(Continuous Stream Conveyor) : 밀폐된 도랑 속을 특수한 모양의 어태치먼트를 부착한 체인에 의하여 가루 입자 사이에 마찰을 이용하여 연속된 흐름으로 하여 운반하는 체인 컨베이어, 통상의 방법으로 운반이 곤란한 물질을 특수 체인 컨베이어

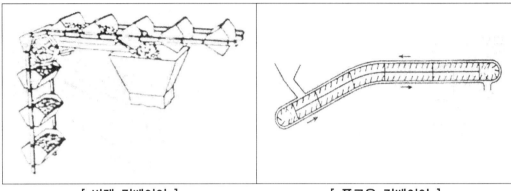

[버켓 컨베이어]　　　　　　[플로우 컨베이어]

⑩ **트롤리 컨베이어(Trolley Conveyor)(제13회)** : 폐쇄형 천장 트랙에 동일 간격으로 매달려 있는 운반기에 화물을 탑재하여 운반하며, 가공, 조립, 포장, 보관작업 등에 사용되는 컨베이어

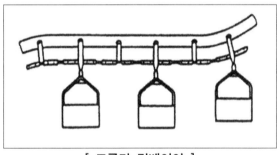

[트롤리 컨베이어]

⑪ **롤러 컨베이어** : 롤러 또는 휠(Wheel)을 많이 배열하여 그것으로 화물을 운반하는 컨베이어로 시멘트의 소이동에 사용

⑫ **스그루 컨베이어** : 관 속의 화물을 스크루에 의하여 운반하는 컨베이어로 시멘트의 운반에 사용

⑬ **유체 컨베이어** : 관 속의 유체를 매체로 하여 화물을 운반하는 컨베이어로 시멘트의 운반에 사용

⑭ **공기 컨베이어** : 공기를 매체로 하는 유체 컨베이어로서 주로 분립체를 운반하는데 이용

⑮ **엘리베이팅 컨베이어** : 급경사 또는 수직으로 화물을 운반하는 컨베이어로 시멘트, 골재의 운반에 사용

Plus tip

※ 체인컨베이어 방식

① 슬랫 컨베이어(Slat Conveyor)

② 토우 컨베이어(Tow Conveyor)

③ 트롤리 컨베이어(Trolley Conveyor)

④ 에이프런 컨베이어(Apron Conveyor)

6 크레인(Crane)

(1) 크레인의 정의

① 크레인(Crane)은 화물을 동력 또는 인력에 의하여 달아 올리고, 상하 전후 및 좌우로 운반하는 기계로서 포크리프트가 도입되기 전에 많이 사용되었던 대표적인 하역기계이다.

② 컨테이너 크레인(Container Crane)을 Quayside Crane, Quayside Gantry Crane 또는 Gantry Crane(GC)이라고 불리어 지고 있으나, 우리나라 KS 규격으로 표시된 이름은 컨테이너크레인(Container Crane: C/C)으로 명기되어 있다.

③ 컨테이너 크레인은 격자구조의 Boom이 있는 Box Girder의 전형적인 A-Frame으로 선박과 부두사이로 컨테이너를 싣고 부리는 가장 핵심적인 하역장비이며, 부두의 모든 운영과 표시를 상징하는 것이다. 또한 컨테이너의 선박 및 하역속도는 선박의 취급속도와 부두 전체 화물의 처리능력의 한계를 결정하기도 한다.

(2) 크레인 작업의 장점

① 위쪽 빈 공간을 이용하여 운반하므로 화물운반을 위한 통로가 불필요

② 화물의 형상에 제약을 받지 않음

③ 화물의 방향전환이 자유로와 장방형의 화물취급에 편리하고 조립작업 등에 적합

④ 노면의 영향을 받지 않고 대용량의 기계사용 가능

⑤ 원격조정이 가능하여 고열이나 위험한 장소에서도 사용 가능

⑥ 고지대에 올리거나 기다란 팔을 이용하여 높은 장소 이적 가능

(3) 크레인 작업의 단점

① 와이어나 체인을 걸 때 일손이 많이 필요

② 천정 크레인이나 다리형 크레인의 경우 주행거리가 멀어 계속적인 작업이 곤란하며, 와이어를 걸 때 대기시간 발생

③ 작업범위의 한정에 따른 장소제한과, 작업범위 밖으로 운반시 별도 하역기기 필요

④ 크레인 설치를 위해 견고한 구조물 필요

⑤ 화물을 달아 옮기는 경우 위험하며, 와이어 로프의 움직임으로 화물이 무너질 가능성 상존

⑥ 설비변경에 대한 탄력성 적음

(4) 크레인의 종류(14회, 27회)

① 천장 크레인(Overhead Traveller Crane) : 고가 주행궤도를 따라 주행하는 거어더에 트롤리를 가진 크레인으로, 호이스트식 천정 크레인, 로우프 트롤리식 천정크레인, 특수 천정 크레인 등이 있다.

② 갠트리 크레인(Gantry Crane) : 레일 위를 주행하는 다리를 가진 거어더에 트롤리 또는 지브붙이 크레인을 가진 크레인이다. 즉 양끝에 주행용 다리를 부착하여 지상의 레일 위를 주행하게 하는 크레인이다. 주로 옥외에서 사용하고 역이나 항만에서 화물을 적·양하 하는데 이용된다. 특히 항만에서는 안벽을 따라 설치된 레일 위를 주행하면서 선박에 컨테이너를 적재하거나 하역하는데 사용되는 대표적인 하역기기이다.

③ 지브 크레인(Jib Crane) : 선회 혹은 부양하는 붐(지브)에 화물을 매달고 하역하는 크레인으로서, 고정식과 주행식이 있다.

④ 케이블 크레인 : 서로 마주보는 탑 사이에 건 로우프를 궤도로 하여 트롤리가 가로 주행하는 크레인이다. 고정크레인과 주행크레인이 있다.

⑤ 언로더(Unloader) : 양륙 전용의 크레인으로써 호퍼, 피더, 컨베이어 등을 가진 것이다. 선박에서 화물을 적재할 때 전용으로 사용하는 크레인이다.

⑥ 데릭(Derrick) : 상단이 지지된 마스트를 가지며 마스트 또는 붐(Boom) 위 끝에서 화물을 달아올리는 지브붙이 크레인이다.

⑦ 교형크레인 : 컨테이너의 정렬 및 적재시 사용되는 크레인으로 궤도(rail)에 설치되거나 타이어가 부착되어 있으며 스팬이 길게 걸쳐있다.

(5) 원격 크레인 운전시스템

① RMQC (Rail Mounted Quayside Crane) : 컨테이너 하역용으로 특별히 설계된 크레인을 말하며 부두의 안벽에 설치되어 에이프런에서 선박과 평행하여 주행한다. 작업시에 빔이 선박 상에 돌출하면 이 빔을 따라서 트롤리가 횡행하여 트롤리의 하부에 있는 스프레더 (Spreader)의 갈쿠리(Hook)를 유압으로 신축하여 컨테이너를 집었다 놓았다하여 선박에 하역한다. 컨테이너화 할 수 없는 대형화물도 취급할 수 있는데 이 경우에는 스프레더

(Spreader) 대신 리프팅 빔(Lifting Beam)을 사용하여 일반화물에 하역하기도 한다.

② RTGC(Rubber-Tired Grantry Crane) : RTTC는 고무바퀴가 장착된 야드 크레인으로 스팬이 6개의 컨테이너열과 1개의 트럭차선에 이르며, 4단 혹은 5단 장치작업 가능하며, 기동성이 뛰어나 적재장소가 산재해 있을 경우 이용하기 적당하며, 물동량 증가에 따라 추가투입 가능하다.

③ RMGC(Rail-Mounted Grantry Crane) : RMTC는 레일 위에 고정되어 있어 컨테이너의 적재블럭을 자유로이 바꿀 수가 없기 때문에 RTGC에 비해 작업의 탄력성은 떨어진다. 그러나 주행 및 정지를 정확하게 할 수 있고, 고속으로 인한 높은 생산성, 다열다단적으로 장치능력을 증대시킬수 있으며, 전력사용으로 친환경적이다.

④ OHBC(Over Head Bridge Crane) : 야드에 교량형식의 구조물에 Crane을 설치하여 컨테이너를 적·양하 하는 장비이다.

⑦ 오더 피킹 시스템과 분류시스템

(1) 오더 피킹 시스템(Order Picking system)

① 오더 피킹(Order Picking)이란 저장 중에 있는 창고의 재고에서 수주받은 물품을 주문별로 골라내어 출하를 하는 과정을 의미한다. 또한 오더피킹은 수주라고 하는 상적 활동의 일환으로서 상적 정보를 토대로 한 주문서, 출하전표, 납품확인서, 송장, 포장지시서 및 불출지시서 등의 정보처리와 불출지시서에 의해 불출된 물품의 흐름을 파악하는 것이다.

② 오더 피킹의 방법(제13, 14회)
  ㉠ 사람이 물품을 가지러 가는 방법
  ㉡ 물품을 사람(피커)의 장소에 갖고 오게 하는 방법
  회전선반이나 컨베이어시스템 등을 이용하여 물품이 사람앞으로 도착하게 하는 방법
  ㉢ 1인1건 방법 : 1인의 피커가 1건의 주문표로 요구되는 물품을 피킹하는 방법
  ㉣ 릴레이 방법 : 여러사람의 피커가 각각 자기가 분담하는 종류나 선반의 작업범위를 정해 두고서 피킹전표 속에서 자기가 맡은 종류의 물품만을 피킹해서 릴레이식으로 다음의 피커에게 넘겨주는 방법
  ㉤ 존 피킹 방법 : 릴레이방법과 똑같이 여러사람의 피커가 각각 자기가 분담하는 종류의 선반의 작업범위를 정해 두고서 피킹전표 속의 자기가 맡은 종류의 물품만을 피킹하는 방법

ⓑ 싱글 오더 피킹 방법 : 1건의 주문마다 물품의 피킹을 집계하는 방법으로 상기 1인1건이 나 릴레이 방법으로도 실시 할 수 있다. 즉 주문처의 한 오더마다 주문상품(Item)을 집품하여 주문품의 품목을 갖추는 방법이다.

ⓢ 일괄 오더 피킹 방법 : 여러 건의 주문전표를 한데 모아 한꺼번에 피킹하므로 주문별로 분류할 필요가 있는 방식이다.

ⓞ 총량 오더 피킹 방법 : 한나절이든지 하루의 주문전표를 한데 모아서 피킹하는 방법, 이것은 일괄 오더피킹방법과 똑같다.

Plus tip

※ 자동분류시스템의 방식

① 씨뿌리기 방식 (파종 방식) : 출하할 물품을 각 종류별로 총량피킹하여 이것을 종류별로 각 출하처별로 필요한 수량만큼 구분하여 분배함으로써 완료하는 방식이다.

② 집어내기 방식 : 피커가 필요한 물품을 각 보관장소를 순회하면서 집품하는 방식으로 주문순으로 빨리 출하하고 싶은 경우나 종류 수가 적은 경우에 유효한 방식이다.

③ 일괄피킹 방식 : 위 두 방식을 절충한 방식으로 모든 건수의 주문을 종합하여 피킹하며, 이를 주문별로 분류하기 때문에 취급 종류가 많고 다양하며 보행거리가 상당히 멀 때 주로 이용한다.

---

(2) 오더 피킹 기기

① 표시장치 : 피킹 하는 물품이 있는 장소에 빨간 램프를 켜서 거기에 물품을 몇 개 피킹할 것인가를 표시하는 장치로서 DPS가 대표적이다. 표시방식의 이점은 피킹전표가 불필요하며 피킹의 순서 및 물품부족여부, 피킹한 물품의 송장, 기타 정보처리를 동시에 행할 수 있다. 또한 피커의 작업배분을 행할 수 있는 커다란 이점이 있다.

② 디지털 피킹 시스템(Digital Picking System)(제13회) : 점포로부터 발주 Data를 센터의 상품 Rack에 부착된 표시기에 피킹수량을 Digital로 표시하여 별도의 리스트 없이 누구나 신속하고 정확하게 피킹할 수 있는 시스템이다.

㉠ 소형품목의 다빈도 피킹에 유용하다.

㉡ 컴퓨터가 정확한 display를 자동으로 알려줌으로써 검색시간이 줄어든다.

㉢ 피킹의 신속성과 정확성을 통하여 작업생산성 향상과 서비스 향상을 도모할 수 있다.

㉣ 기대효과 : 피킹오류의 감소, 피킹 생산성의 향상, 피킹시간의 단축, 피킹 인원의 감소 등

③ 단품단위 자동피킹 : 단품으로 보관해두었다가 단품으로 출하하는 패턴으로 약품, 화장품과 같은 소형상자 단위의 출고나 전기부품의 콘덴서 등의 상당히 작은 물품의 피킹도 포함된다.

ⓐ 스토어매틱 : 독일 아커사에서 개발한 방식이며 단품으로 선반에 보관되어 있는 물품을 소형 스태커크레인으로 피킹하는 일종의 자동판매기 같은 피킹기기

　　ⓑ 아이티매틱 : 선반에 보관되어 있는 물품을 크레인대신 상하로 움직이는 컨베이어에 연결된 피킹기기를 사용하여 피킹하는 기기

　　ⓒ 매스(MAS) : 미국의 FMC사와 에이븐사가 개발한 방식으로 피킹속도가 1초당 3개정도로서 매우 빠르며 A자형으로 마주보게 나열한 매거진에 여러종류의 단품을 쌓아둔 형태

　　ⓓ S형 피킹머신 : 외관이나 구조에 있어서는 MAS와 유사하며 시세이도의 킨키 배송센터에서 사용하고 있다. 피킹속도는 초당1개, 그러나 시스템적으로는 MAS와 다소 다른방식을 취함

　⑤ 스톡랙 : 캐비넷의 서랍에 피킹할 물품을 넣어두고 필요한 물품이 들어 있는 서랍을 캐비넷의 앞에 배치되어 있는 컨베이어까지 끌어내면 컨베이어의 벨트에 붙어있는 고리에서 물품을 캐비넷 밑에서 꺼내는 구조

(3) 분류시스템(Sorting system)

① **정의** : 소팅이란 물류센터 등의 물류거점에서 화물을 목적지별로 분류하는 것을 말하며, 소팅시스템이란 소팅을 자동으로 하기 위해 관련된 반송 및 소팅하기 위한 설비시스템을 말한다.

② **분류(Sorting)시스템의 종류(14회, 15회, 27회)**

　⊙ 팝업 방식 소팅컨베이어(Pop-up type sorting conveyor) : 컨베이어 반송면의 아랫방향에서 벨트 , 로울러, 휘일, 핀 등의 분기장치가 튀어나와 단위화물을 내보내는 방식의 소팅시스템

　ⓛ 틸팅 방식 소팅컨베이어(Tilting type sorting conveyor) : 레일을 주행하는 트레이, 슬라이드의 일부 등을 경사지게 하여 단위화물을 활강시키는 소팅 컨베이어이다. 화물의 형상, 두께 등에 따라 폭넓게 대응하므로 각종 배송센터에서 이용되고 있다. 이 방식이 많이 쓰이는 곳은 신문사, 우체국, 통신판매 등

　ⓒ 밀어내기(Push) 소팅컨베이어 : 외부에 설치된 압출장치에서 단위화물을 컨베이어 외부로 압출하는 소팅컨베이어이다. 이 방식은 미국서 가장 보편화된 기기로 알려져 있으며 시간당 처리능력은 2,000 ~ 3,000개 정도로 낮고 현재는 점차 사양화되고 있는 실정

　ⓡ 다이버터(Diverter)방식 소팅컨베이어 : 외부에 설치된 안내판을 회전시켜 반송 경로상에 가이드벽을 만들어 단위화물을 가이드벽을 따라 이동시키는 소팅컨베이어이다. 극히 얇은 물건 이외에는 화물 형상에 관계없이 분류가 가능하기 때문에 여러

종류의 화물을 처리하는 운송회사에서 주로 사용

ⓜ 경사 벨트식 소팅컨베이어 : 경사진 컨베이어의 측판을 개폐하고 단위화물을 활강시
키는 소팅 컨베이어

ⓗ 크로스벨트방식 소팅컨베이어 : 레일을 주행하는 연속된 캐리어상의 소형벨트컨베
이어를 레일과 교차하는 방향에 구동시켜 단위화물을 내보내는 소팅컨베이어이다.
주로 통신판매, 어패럴, 화장품, 의약품, 서적 등의 자동분류에 이용

ⓢ 슬라이딩 슈 방식 소팅컨베이어 : 반송면에 튀어나온 기구를 넣어 단위화물을 함께
이동시키면서 압출하는 소팅컨베이어이다. 충격이 없어 정밀기기, 깨지기 쉬운 물
건, 자루 포장물, 장척물 등이 분류대상화물임

ⓞ 연속컨베이어방식 소팅컨베이어 : 연속하는 컨베이어의 일부를 각 소팅방향으로 전
환하여 단위화물을 내보내는 방식

ⓩ 오버헤드방식 소팅컨베이어 : 오버헤드 컨베이어에서 단위화물을 분기 또는 낙하시
키는 소팅컨베이어이다. 이 방식은 슈트, 코트와 같은 겉옷 의류를 행거에 걸어서
보관, 배송하고 고객별로 분류하는데 이용

Plus tip

※ 동작에 의한 분류방법

① 밀어내는(Pusher) 방식 : 화물을 컨베이어에 흐르는 방향에 대해서 직각으로 암(Arm)으로 밀어
내는 방식

② 다이버터(Diverter) 방식 : 진행하는 방향에 대해서 컨베이어위에 비스듬히 놓인 암(Arm)으로
물품을 분류

③ 이송(Transfer) 방식 : 구동롤러의 롤러와 롤러사이를 이용해서 컨베이어의 이동방향에 직각으
로 롤러의 면보다 낮게 몇 개의 체인을 회전할 수 있도록 해두고, 물품을 분기하기 직전에 체인을
회전시킴과 동시에 롤러의 면보다 다소 높게 물품과 함께 밀어올림으로써 컨베이어 위의 물품을
직각으로 분류하는 방법

④ 운반(Carrier) 체인방식 : 여러열의 캐리어제인으로 물품을 운반하고 그 체인 사이에서 회전하는
롤러를 노출되게 해서 분류하는 방식으로서 노출된 롤러의 회전을 컨베이어의 진행방향에 대해
직각방향으로 하는 것으로서 분류 가능

⑤ 슬랫(Slat) 컨베이어 : 이동 슬랫으로 밀거나 슬랫을 기울여서 분류하는 방식

⑥ 경사트레이(Tilt Tray) 컨베이어 : 트레이 또는 버켓을 기울이거나 바닥면을 열어서 떨어뜨려
분류 하는 방식

⑧ 무인반송차량, 호이스트, 파렛타이저, 기타 하역기기

(1) 무인반송차량

① 무인반송차량의 종류

⑦ 무인반송차(Automatic Guided Vehicle : AGV) : 무인 반송차는 무궤도 차량에 인력이나 자동으로 짐을 적재해서 지정 장소까지 자동주행하게 하고 인력이나 자동으로 짐을 내리도록 만든 차량이다. 유연한 반송형태를 취할 수 있어서 FA, FMS에서 중요한 역할을 하고 있다. 무인반송차는 Controller에 의해 자체의 구동력으로 지정된 경로를 따라 이동하는 운반 System의 일종이다.

⑥ 무인견인차(Automatic Guided Tractor) : 수동이나 자동으로 화물을 상, 하차하는 대차를 견인하여 지정된 장소까지 자동주행으로 작업을 하는 무궤도 차량을 말한다.

© 무인지게차(Automatic Guided Fork Lift Truck) : 무인 지게차는 화물 전용 포크를 상하작동시키는 마스터를 갖추고 포크 등에 화물을 자동 적재하여 지정된 장소까지 자동 주행을 함으로서 자동 하역작업을 행하는 무궤도 차량을 말한다.

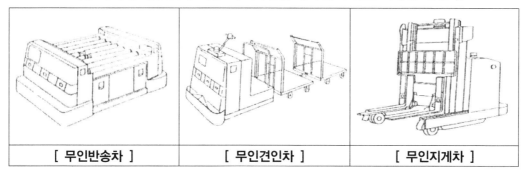

| [무인반송차] | [무인견인차] | [무인지게차] |

Plus tip

※ 스태커 크레인

입체창고의 대표적인 운반기기이다. 랙에 화물을 입출고시키는 크레인의 일종으로 밑에 주행
레일이 있고 위에 가이드레일이 있는 통로안에서 주행장치로 주행하며 승강장치와 포크장치를
이용하여 입출고작업을 한다. 보관제품의 특성에 있어서 종류가 많고 회전수가 높은 경우 주로
사용된다.

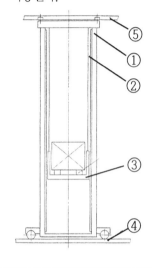

① 몸체틀
② 화물대 가이드 레일
③ 화물대
④ 주행 레일
⑤ 주행 가이드 레일

② 무인반송차량의 특징

    ㉠ 운전기사가 탑승하지 않음

    ㉡ 원격자동제어로 화물의 착오운반 등이 없고 제어실에서 각 차량의 작업내용을 집중
       관리할 수 있음

    ㉢ 별도의 통로를 독립하지 않아도 다른 차량의 통로와 겸용할 수 있으며 레이아웃
       변경도 수월

    ㉣ 운행 중 발생되는 실수는 중앙통제실에서 보고되므로 즉각적인 조치가 가능

    ㉤ 동력원은 배터리 사용으로 수시 충전이 가능하며 24시간 가동이 가능

    ㉥ 인간이 근무하기 어려운 작업조건(악취, 고온, 저온, 소음 등)에서 더욱 진가를 발휘함

③ 무인반송차량의 유도 · 제어방식(23회)

    ㉠ 광학적 인도방식(Optical Guidance Method) : 자동 주행하는 운반기기의 경로를
       제어하는 방식으로 바닥에 테이프나 페인트 선을 그려 페인트와 테이프를 광학 센서
       로 식별하여 진로를 결정하는 방식이다.

    ㉡ 자기 인도방식(Magnetic Guidance Method) : 인도용 동선이 바닥에 매설되어 있어서
       저주파가 흐르는 동선을 따라 2개의 탐지용 코일로 탐지하여 자동 주행하는 방식이다.

무선제어방식(Radio Guidance Method)과 전기 스위치방식(Electronical Switching Method)이 있다.

ⓒ 자기 코딩방식(Magnetic Cording Method) : 트레이에 자기로 코드화한 철판을 붙이고 이를 자기 판독 헤드로 읽게 함으로써 컴퓨터에 정보를 전달하여 제어하는 방식이다.

ⓓ 전자기계 코딩방식(Electro Mechanical Coding Method) : 카드 삽입구에 행동지시용 카드를 먼저 삽입, 컴퓨터에 정보를 제공하여 제어하는 방식이다.

ⓔ 레이저 스캐닝방식(Lazer Scannig Method) : 벽이나 기둥과 같은 위치 변화가 없는 곳에 레이저 리플렉터를 부착하며, AGV는 리플렉터에 레이저빔을 방사하여 주변 환경과 자기 위치를 인지하면서 매핑을 하며 제어하는 방식이다.

(2) 호이스트(Hoist)

① 호이스트의 정의 : 화물의 권상, 권하, 횡방향 끌기, 견인 등을 목적으로 사용하는 장치를 총칭하여 권상기(Hoist)라고 한다.

② 호이스트의 종류

ⓐ 체인블록 : 로드체인이 맞물고 있는 로드 시브를 감속기구와 제어기구를 통해서 핸드체인 기어를 조작함으로써 화물을 권상 및 권하 하는 장치이다.

ⓑ 체인 레버 호이스트 : 레버의 반복조작에 의해 화물의 권상, 권하, 견인 등을 하는 장치로 로드체인으로는 링크체인 또는 롤러체인이 사용된다.

ⓒ 와이어식 레버 호이스트 : 레버의 반복조작에 의해 와이어로프를 사용해서 화물의 권상, 권하, 횡방향 끌기 등을 하는 장치이다. 수동 또는 동력에 의한 것이 있다.

ⓓ 전기 체인블록 : 로드체인이 맞물고 있는 로드시브를 전동기로 감속 회전시켜 권상 및 권하를 하는 장치이다.

ⓔ 전기 호이스트 : 와이어 로프를 감고 있는 드럼을 전동기로 감속회전시켜 화물의 권상 및 권하를 하는 장치이다.

ⓕ 전동 윈치 : 와이어로프를 감고 있는 드럼을 전동기로 감속회전시켜 화물의 권상, 권하, 횡방향끌기 등을 하는 장치이다.

ⓖ 공기체인 호이스트 : 로드체인이 맞물고 있는 로드시브를 에어모터로 감속회전시켜 화물의 권상 및 권하를 하는 장치이다.

(3) 파렛타이저(Palletizer)(15회)

① 파렛타이저는 파렛트에 쌓여진 물품을 내리는 기계를 의미한다. 파렛타이저를 파렛트 위에 상자화물이나 봉지화물 등을 일정한 형태로 적재하는 기기로 통용되고 있다.

② 파렛타이저의 표준화 대상으로는 용어 및 기호, 안전장치, 호환성, 조작방법 등이 있다.

③ 기계 파렛타이저는 캐리지, 클램프 또는 푸셔 등의 적재장치를 사용하여 파렛트에 물품을 자동적으로 적재하는 파렛타이저이다.

④ 고상식 파렛타이저는 높은 위치에 적재장치를 구비하고 일정한 적재위치에서 파렛트를 내리면서 물품을 적재하는 파렛타이저이다.

⑤ 저상식 파렛타이저는 파렛트를 낮은 장소에 놓고 적재장치를 오르내리면서 물품을 적재하는 파렛타이저이다.

⑥ 로봇식 파렛타이저는 산업용 로봇에 머니퓰레이터(Manipulator)를 장착하여 물품을 적재하는 방식의 파렛타이저로 저속 및 고속처리가 가능하고, 파렛트 패턴 변경이 용이하다.

(4) 기타 하역기기(제12회)

① 손수레(Hand Truck) : 흔히 "대차"라 부르며 무동력에 경량의 화물운반시 사용

② 핸드리프트 트럭 : 스키드에 적재된 화물을 스키드와 함께 이송하는 운반기기

③ 핸드리프터(일명 스태커) : 창고 등에서 마스트에 안내되어 승강하는 포크를 통해 하역하고 인력으로 운반하는 기기

④ 리프팅 테이블붙이 핸드트럭 : 유압펌프, 실린더, 링크의 상관기능으로 오르내림이 가능한 테이블을 갖추고 있으며 동시에 이동이 가능한 운반하역기기

⑤ 파렛트 트럭 : 창고 또는 공장, 플랫폼 등에서 파렛트 화물을 운송하거나 홈으로부터 화물을 트럭에 적재하는 운반기기이다. 수평이동만이 가능하며 상하이동 은 할 수 없다. 전동식과 수동식이 있다.

⑥ 테이블 리프터(Table Lifter) : 유압장치로 링크기를 장치하여 하대를 승강시키는 장치

⑦ 파렛트 로더(Pallet Loader) : 트럭 또는 컨테이너 하대위로 파렛타이저드 화물을 이동시키는 기구로 하대에는 로더의 롤러가 주행할 레일이 입구에서 안쪽으로 설치되어 있음

⑧ 입출하 도크

　㉠ 플러쉬 도크 : 가장 평범한 형태의 도크로 트럭이나 기차가 문 출입구로 다가가 트럭이 나 유개화차의 후면이나 측면에서 상하차 하역을 할 수 있다.

　㉡ 드라이브인 도크 : 문이 열릴 때 트럭이나 트레일러가 공장안으로 들어갈 수가 있으며 문을 닫고 하역할 수 있다는 점을 제외하고는 플러쉬 도크와 같다.

　㉢ 드라이브스루 도크 : 공장을 가로질러 마주보는 한쌍의 문으로 트럭이 들어오면 문이 닫히고 상하차가 완료되면 다른 쪽 문이 열리고 트럭이 빠져나간다.

　㉣ 핑거 도크 : 많은 트레일러들을 한꺼번에 처리하기 위한 것으로 이 도크의 양쪽에 트레일러들이 등을 맞대고 상하차 할 수 있다.

⑨ 도크 레벨러(Dock Leveller) : 주로 트럭의 하대높이와 홈의 높이 차이를 조절해서 적재함이나 포크리프트, 파렛트 트럭 등에서 용이하게 하역을 할 수 있도록 한 시설

⑩ 리프트 게이트(Lift Gate)(제13회) : 밧데리를 이용한 전동유압장치로서 차량에 부착되어 용적물, 중량물 및 위험물 등의 화물을 안전하고 간편하게 상하차 시키기 위한 하역장비로서 하역장에 도크가 설치되어 있지 않은 경우에 트럭이 자체적으로 화물을 승강시킬 수 있도록 차체에 부착하여 사용하는 장치

⑪ 도크 보드(Dock Board) : 화물차의 하대와 도크높이에서 차이가 발생할 경우 하역하기 좋도록 연결하는 장치

✏️ Chapter 06. 적중예상문제

01. 파렛트 종류에 관한 설명으로 옳지 않은 것은?

① 기둥 파렛트(Post Pallet): 상부구조물이 없는 파렛트와 달리 상부에 기둥이 있는 파렛트로 기둥은 고정식, 조립식, 접철식, 연결 테두리식이 있다.

② 롤 상자형 파렛트 (Roll Box Pallet): 받침대 밑면에 바퀴가 달린 롤 파렛트 중 상부구조가 박스인 파렛트로 최근에는 배송용으로 많이 사용한다.

③ 사일로 파렛트 (Silo Pallet): 액체를 담는데 사용되며 밀폐된 상측면과 뚜껑을 가지며 하부에 개폐장치가 있는 상자형 파렛트이다.

④ 시트 파렛트 (Sheet Pallet): 1회용 파렛트로 목재나 플라스틱으로 제작되어 가격이 저렴하고 가벼우나 하역을 위하여 Push-Pull 장치를 부착한 포크리프트가 필요하다.

⑤ 스키드 파렛트 (Skid Pallet): 포크리프트나 핸드리프트로 하역할 수 있도록 만들어진 단면형 파렛트이다.

> 정답 ┃ ③
> 해설 ┃ Tank Pallet 에 대한 설명이다.

02. 다음 중 운반하역기기에 대한 설명으로 맞는 것은?

① 독 레벨러(Dock Leveller)는 유압장치로 링크기를 장치하여 하대를 승강시키는 장치를 말한다.

② 독 보드(Dock Board)는 화물차와 창고입구에 하역이 용이하도록 연결하는 하대를 말한다.

③ 파렛타이저는 컨테이너나 상자 등의 자재를 미리 정해진 형태대로 쌓거나, 파렛트 위에 쌓인 자재들을 자동적으로 푸는 장비를 말한다.

④ 테이블 리프트(Table Lift)는 트럭, 컨테이너 하대 위로 파렛타이즈화된 화물을 이동시키는 기구를 말한다.

⑤ 파렛트 로더(Pallet Loader)는 독 보드를 고정하고 유압장치 또는 철판을 이용하여 하대의 높이를 조정하는 장치를 말한다.

> 정답 ┃ ②
> 해설 ┃ ① 테이블 리프트(Table Lift)
> ③ 파렛트 위에 쌓인 자재들을 자동적으로 푸는 장비는 디파렛타이저
> ④ 파렛트 로더(Pallet Loader) ⑤ 독 레벨러(Dock Leveller)

03. 용도에 따른 컨테이너 분류 중 온도관리가 가능한 화물수송용 컨테이너는?

① Thermal Container
② Dry Bulk Container
③ Open Top Container
④ Platform Container
⑤ Flat Rack Container

> **정답 ┃** ①
> **해설 ┃** ① 특수화물, 즉 온도관리를 필요로 하는 화물의 수송을 주목적으로 한 컨테이너(냉동컨테이너, 단열컨테이너, Insulated and Ventilated Container, 가열컨테이너)
> ② 사료, 곡물 등 분립체 등의 벌크화물을 수송하는 컨테이너로 천장에 적부용 해치가 있고 아랫부분에 꺼내는 문이 있다.
> ③ 파이프와 같이 길이가 긴 장척화물, 중량물, 기계류 등을 수송하기 위한 컨테이너. 화물을 컨테이너 윗부분으로 넣거나 하역할 수 있다.
> ④ 기둥이나 벽이 없고 모서리 쇠와 바닥만으로 구성된 컨테이너로 중량물이나 부피가 큰 화물을 운송하기 위한 컨테이너
> ⑤ 목재, 승용차, 기계류 등과 같은 중량화물을 운송하기 위한 컨테이너로 지붕과 벽을 제거하고 기둥과 버팀대만 두어 전후좌우 및 쌍방에서 하역할 수 있다

04. 보관 설비인 랙(Rack)에 관한 설명으로 옳지 않은 것은?

① 캔틸레버 랙(Cantilever Rack): 긴 철재나 목재의 보관에 효율적인 랙이다.
② 드라이브 인 랙(Drive in Rack): 지게차가 한쪽 방향에서 2개 이상의 깊이로 된 랙으로 들어가 화물을 보관 및 반출할 수 있다.
③ 파렛트 랙(Pallet Rack): 파렛트 화물을 한쪽 방향에서 넣으면 중력에 의해 미끄러져 인출할 때는 반대방향에서 화물을 반출할 수 있다.
④ 적층 랙(Mezzanine Rack): 천장이 높은 창고에서 저장 공간을 복층구조로 설치하여 공간 활용도가 높다.
⑤ 캐러셀(Carousel): 랙 자체를 회전시켜 저장 및 반출하는 장치이다.

> **정답 ┃** ③
> **해설 ┃** 파렛트 랙이 아니라 중력식 랙(Gravity Rack)에 대한 설명이다. 중력식 랙은 선반에 장착된 롤러, 롤러컨베이어, 레일, 슬라이딩 선반 등을 이용하여 동력 또는 중력으로 출구 또는 입구 방향을 향해 화물이 이동하는 랙이다.

Chapter 07

물류장소별 하역작업과 유니트 로드 시스템

1 철도역의 컨테이너 하역방식(빈출)

(1) TOFC(Trailer On Flat Car) 방식

화물을 실은 대형 트레일러를 바로 화차에 실어 철도로 수송하는 방법이다. 돼지가 새끼를 업은 모습과 같다고 하여 생긴 이름이다.

① 피기백(Piggy-Back) 방식 : 트레일러나 트럭에 의한 화물운송도중 화물열차의 대차 위에 트레일러나 트럭을 화물과 함께 실어 운송하는 방법으로 화물적재단위가 클 경우 편리하나 하대가 평판으로 되어 있어 세로방향의 홈과 피키 패커(Piggy Packer)등의 하역기계가 필요한 것이 단점이다.

② 캥거루 방식 : 장거리 정기노선에 있어서 운소의 효율성을 높이고 트럭에 의해서 지역간의 집하 및 인도를 신속히 하고자 두 운송업체가 결합한 형태로, 정시인도와 열차배차의 규칙성, 하역기계의 불필요, 연료의 효율성 등의 장점이 있다. 트럭이나 트레일러의 바퀴가 화차 하대 밑으로 낙하되는 형태로 높이에 대한 제한이 있게 될 경우 유리하다. 비교적 화물취급단위가 작은 유럽에서 많이 이용된다.

③ 프레이트 라이너 방식 : 영국 국철이 개발한 정기적 급행 컨테이너 열차로 대형컨테이너를 적재하고 터미널 사이를 고속의 고정편성으로 정기적으로 운행하는 화물 컨테이너운송을 의미한다. 공로운송과 철도를 포함한 일관요율을 적용한다.

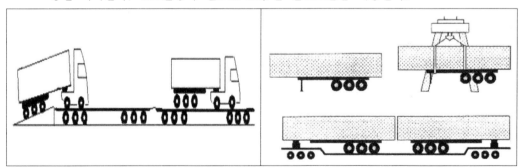

| [피기백 방식] | [캥거루 방식] |

(2) COFC(Container on Flat Car) 방식

이 방식은 컨테이너만을 화차에 싣는 방식으로 대량의 컨테이너를 신속히 취급한다. 국내에서 일반적으로 많이 이용되고 있는 컨테이너 적재방법이다. 철도의 화차대(Flat Car), 즉 컨테이너 전용 화차에 적재하여 수송하는 형태를 말한다.

① 지게차에 의한 방식(가로-세로 이동방식) : 톱 핸들러(Top Handle), 리치스태커, 지게차를 이용하는 방식이다.
② 매달아 싣는 방식 : 트랜스퍼 크레인 또는 일반 크레인을 이용하여 컨테이너를 신속히 처리하는 방식
③ 플랙시 밴(Flexi-Van) : 트럭이 화물열차에 대해 직각으로 후진하여 무개화차에 컨테이너를 바로 싣는다. 화차에는 회전판(Turn Table)이 달려 있어 컨테이너를 90° 회전시켜 고정시키는데 상당한 기동성을 발휘할 수 있다. 영국 국철이 개발한 정기적 급행 컨테이너 열차이다.

② 항만하역

(1) 항만하역 개요

① 정의 : 항만에서 화물을 선박으로부터 양하 인수하거나 선박에 적하 인도하는 작업과 항만에서 화물을 창고 또는 하역장(옥상시설 포함)에 반입, 반출하거나 일정거리를 운송(이송)하는 작업을 수행하는 것을 말한다.
② 범위 : 수출의 경우 선박이 선적항에 입항한 때로부터 선박에 선적이 끝난 시점까지, 수입의 경우에는 선박이 입항하여 선창의 뚜껑(Hatch)을 연 때로부터 양륙된 화물이 보세 구역에 들어갈 때까지의 모든 작업을 말한다.
③ 작업구분 : 장치, 검사, 처리, 운반, 선적, 양륙, 적부

(2) 항만하역 기본작업

① 선내작업
　　㉠ 양하 : 본선 내의 화물을 부선 내 또는 부두 위에 내려놓고 후크(Hook)를 풀기 전까지의 작업
　　㉡ 적하 : 부선 내 부두 위의 후크가 걸어진 화물을 본선 내에 적재하기까지의 작업

② 부선양적작업

ⓐ 부선양륙작업 : 안벽(Quay)에 계류된 부선에 적재되어 있는 화물을 양륙하여 운반구
위에 운송가능한 상태로 적치하기까지의 작업이다.

ⓑ 부선적재작업 : 운반구에 적재되어 있는 화물을 내려서 안벽에 계류되어 있는 부선
에 운송가능한 상태로 적재하기까지의 작업

③ 육상작업

ⓐ 상차 : 선내작업이 완료된 화물을 후크를 푼 다음 운반구 위에 운송가능한 상태로
적재하기까지의 작업

ⓑ 하차 : 운반구 위에 적재되어 있는 화물을 내려서 본선측에 적치, 선내작업이 이루어
질 수 있도록 하기까지의 작업

ⓒ 출고상차 : 창고 또는 야적장에 적치되어 있는 화물을 출고하여 운반구 위에 운송
가능한 상태로 적재하기까지의 작업

ⓓ 하차출고 : 운반구 위에 적재되어 있는 화물을 내려서 창고나 야적장에 보관가능한
상태로 적치하기까지의 작업

(3) 항만하역 작업방식(27회)

① LO/LO 방식(Lift on/Lift off) : 선상이나 육상의 크레인을 이용하여 수직으로 컨테이너를
적재 또는 양하 하는 방식이다.

② RO/RO 방식(Roll on/Roll off) : 본선의 선수, 선측 또는 선미에 설치되어 있는 경사도
(ramp)를 통하여 트랙터 또는 지게차(fork lift)를 이용하여 수평으로 적·양하 할 수
있는 방식으로 자동차나 철도화차를 운송하는 경우 많이 이용한다.

③ FO/FO 방식(Float on/Float off) : 부선(barge)에 화물을 적재하고 크레인으로 바지선을
적재 또는 양하하는 LASH(Light Aboard Ship) 선과 같은 하역방식

(4) 항만하역기기

① 재래선의 하역설비 : 화물을 운반하는 하역용구, 해치 및 마스트와 데릭 등으로 구성되
며, 크레인의 종류로서는 집 크레인과 선상의 갠트리 크레인을 사용하게 된다.

② 육상하역설비 : 육상의 일반 또는 전용선 하역설비로서 그랩, 슈터, 벨트컨베이어 및
칙산 등

③ 컨테이너 하역설비 : 컨테이너 전용부두에는 갠트리 크레인, 트랜스퍼 크레인, 스트래들
캐리어, 야드 트랙터, 윈치 크레인, 포크리프트 등의 설비가 장비되어 있다.

※ **컨테이너 전용터미널에서 사용되는 하역 · 이송장비**

① 갠트리 크레인(Gantry Crane)

② 트랜스퍼 크레인(Transfer Crane)

③ 리치 스태커(Reach Stacker)

④ 톱 핸들러(Top Handler)

(4) 컨테이너 터미널의 하역방식

① 샤시방식(Chassis system)

　㉠ 항만내에서 컨테이너 크레인(C/C)과 도로용 컨테이너 운송차량인 로드트랙터와 로드샤시(R/T+R/C)를 이용하여 화물은 처리하는 방식이다.

　㉡ 주로 화물 취급량이 적은 소규모 항만이나 컨테이너 야드 면적이 넓은 미국의 일부 항만에서 사용한다. 운영방식은 하역시에는 로드트랙터와 로드샤시(R/T+R/C)를 이용하여 안벽의 컨테이너크레인으로부터 컨테이너를 적재하여 컨테이너 야드에 장치 · 보관 또는 직접 외부로 반출하고 선적시에는 그 역순으로 외부에서 반입한 컨테이너를 적재상태로 야드에 보관하였다가 선박이 입항하면 선적스케줄에 따라 선적이 이루어진다.

　㉢ 이 시스템은 별도의 야드장비가 필요 없어 비교적 단순하나 컨테이너를 적재상태로 보관할 많은 수량의 로드 샤시가 필요하고 비어있는 상태의 샤시 보관장소도 별도로 필요하다.

② 스트래들 캐리어방식(Straddle carrier system)(24회, 25회)

　㉠ 안벽과 컨테이너 야드간 컨테이너를 직접 운송하거나 야드에서 외부 반 · 출입 차량과의 컨테이너 적 · 하차 작업을 수행하며 컨테이너 야드에서는 컨테이너를 길이방향 한 줄로 2-3단 적재보관하고 부두외부 반출 · 입시에는 도로 운송용 차량(R/T+R/C)을 이용하는 컨테이너 하역시스템이다.

　㉡ 스트래들 캐리어는 컨테이너 운반기구로 컨테이너를 마셜링 야드로부터 에이프런 또는 컨테이너 야드(CY)에 운반 · 적재하는 데 사용된다. 컨테이너 야적장에서 컨테이너를 양 다리 사이에 끼우고 운반하는 차량으로서 기동성이 좋은 하역장비이다.

③ 트랜스테이너 방식(Transtaniner system)
야드의 샤시에 탑재한 컨테이너를 마셜링야드에 이동시켜 트랜스퍼 크레인으로 장치하는 방식이며 좁은 면적의 야드를 가진 터미널에 가장 적합한 방식이다. 국내에서 주로 사용하는 방식이다.

④ 혼합방식(Mixed system)

수입컨테이너를 이동할 때는 스트래들 캐리어방식을 이용하고 수출컨테이너를 야드에서 선측까지 운반할 때는 트랜스테이너 방식을 이용하여 작업의 효율성을 높이고자 하는 방식이다.

> **Plus tip**
>
> ※ ON-DOCK CY, OFF-DOCK CY
>
> ON-DOCK CY은 선박이 선적, 하역을 하는 장소 안에 있는 CY. 즉 컨테이너 터미널 안에 있는 CY를 의미하며, 반대로 OFF-DOCK CY는 선박이 접안하지 않는 장소의 CY. 즉 터미널 밖에 따로 있는 CY를 의미한다.

(5) 로딩암(Loading Arm)(21회, 27회)

① 본선과 터미널 간 기름이송 작업시 연결되는 육상 터미널 측 이송설비

② 트럭, 화물기차, LPG선으로 운반해온 LPG가스를 저장탱크로 이입할 수 있도록 설치한 설비의 이름을 로딩암(Loading Arm)이라고 함

③ 항공하역

(1) 항공기의 공간 구분(제12회)

① Deck : 항공기의 바닥이 2개 이상인 경우에는 Deck에 의해 항공기 내부공간이 Upper Deck, Main Deck, Lower Deck으로 구분한다. 특히 승객이 탑승하는 Main Deck을 Cabin이라고 한다.

② Hold : 천정 및 바닥 및 격벽으로 구성되어 여객과 화물을 수송할 수 있는 내부공간으로 써 여러 개의 Compartment로 구성된다.

③ Compartment : Hold내에 Station별로 지정된 공간을 말한다.

④ Section : Compartment중 ULD를 탑재할 수 없는 공간의 세부적 구분을 의미한다.

⑤ BAY : Compartment중 ULD를 탑재할 수 있는 공간의 세부적 구분을 의미한다.

(2) 항공화물 ULD(Unit Load Device)

단위탑재수송용기(ULD : Unit Load Device)는 종래의 Bulk화물을 항공기의 탑재에 적합하도록 설계한 일종의 화물운송용 용기로서 이는 단위탑재용기인 컨테이너나 파렛트를 말한다.

① 파렛트류 : 알루미늄 합금으로 만들어진 평판으로 파렛트 위에 화물을 특정 항공기의 내부모양과 일치되도록 적재 작업한 후 네트(Net)나 스트랩(Strap)으로 묶을 수 있도록 고안한 장비로 대부분 IATA가 제정한 표준규격에 의거 제작되고 있다.

② 컨테이너류 : 별도의 보조장비 없이 항공기내의 화물실에 탑재 및 고정이 가능하도록 제작된 것으로 파렛트와 항공기가 고정되는 장치와 동일한 방법으로 컨테이너의 밑바닥이 항공기에 고정되도록 제작되고 있다.

③ 이글루 : 비구조적 이글루(Non-structural Igloo)는 밑바닥이 없이 파이버 글라스 또는 알루미늄 등의 재질로 만들어지며 항공기의 내부형태와 일치시켜 윗면의 모서리 부분이 둥근 형태로 되어 있다. 따라서 파렛트류와 함께 사용되어 공간을 최대한 활용하도록 고안되었다. 반면 구조적 이글루는 상기의 비구조적 이글루를 파렛트에 고정시켜 놓은 것으로서 적재된 화물을 네트 없이 고정시킬 수 있도록 제작되었다.

(3) 항공화물의 하역 방식

① 산화물 적재 방식(Bulk Loading) : 화물을 적재할 때 각각의 개별화물을 릴레이식으로 인력에 의하여 직접 적재하는 방법으로 가장 원시적인 탑재방식이지만 좁은 화물실과 한정된 공간에서 탑재효율을 올리기 쉬운 장점이 있다.

② 파렛트 적재 방식 : 일정한 단위로 적재된 파렛트 화물을 화물입구의 높이까지 들어올리고 파렛트 상태로 항공기에 탑재하는 방식으로 파렛트의 사이즈는 '88×108'와 '88×125'의 표준사이즈이며, 이글루를 이용하여 단위탑재를 한다.

③ 컨테이너 적재 방식 : 대형 여객용 항공기의 객실 밑의 하부 화물실에 컨테이너를 탑재하는 방식이다. 비교적 단거리 구간에 대형기를 사용하는 일부 미국내 항공사에서 하부 화물실의 작업개선에 착안, 하부 화물실에 맞는 컨테이너를 개발하여 사용하고 있는데 이를 벨리 컨테이너라 한다.

(4) 항공화물의 하역 장비(17회, 22회, 27회)

① 파렛트 적재용 장비

　ⓖ Transporter : 터미널에서 항공기까지 수평 이동하는 장비

　ⓛ Dolly : 파렛트가 미끄러지지 않게 Stopper를 부착하고 있는 이동식 받침대

　ⓒ Self-Propelled Conveyor : 낱개 단위로 탑재 하역하는 장비

　ⓔ High Loader : 대형기 화물실 밑바닥높이까지 들어 올려 탑재, 하역하는 장비

　ⓜ Tug Car : Dolly를 연결하여 이동하는 차량으로 Tractor라고도 함

　ⓗ 컨투어 게이지(Contour Gauge) : 파렛트에 적재된 화물의 윤곽을 정리하기 위한
　　스케일(Scale) 같은 것

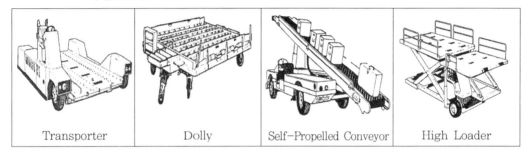

| Transporter | Dolly | Self-Propelled Conveyor | High Loader |

② 터미널 장비

　ⓖ 스태커 : 화물의 입체장치방식으로서 '1.0m×1.5m×1.2m' 크기의 화물보관상자를 수
　　용하는 고층의 거대한 선반 배열과 이 선반 사이를 왕복, 상하로 움직이는 기중기로
　　구성된 장치로 화물의 소재를 관리

　ⓛ 도어 카트(Door Cart) : 비교적 소형의 화물을 터미널 내로 운반하기 위한 운반기기
　　로서 체인이나 전동장치에 의하여 정해진 코스를 왕복 운행

　ⓒ 소터(Sorter) : 비교적 소형의 화물을 선행지별·인도지별로 구분하는 장치로서 벨트
　　컨베이어나 롤러 컨베이어 등과 제어장치를 합쳐서 조립한 기기

　ⓔ 오더 피커(Order Picker) : 소형의 화물을 선반 위에 정리하여 보관하고, 크레인
　　등에 작업원이 타고 화물의 반·출입 작업을 신속하게 하는 시스템

4 유니트 로드 시스템과 하역합리화

(1) 유니트 로드 시스템(Unit Load System)의 의의(18회, 21회, 22회)

① 유니트 로드 시스템이란 물을 일정한 표준의 중량이나 부피로 단위화하여 기계적인
힘으로 일괄하역하거나 수송하는 물류시스템이다. 유니트 로드화란 하역을 기계화하고
수송·보관 등을 일괄하여 합리적인 시스템화하는 것이다.

② 유니트로드 시스템(Unit Load System)의 합리화 대상
  ㉠ 화물의 중량, 용량, 포장, 형태의 통일성 추구
  ㉡ 제품의 종류가 다양하고 단품(單品)을 취급하는 경우
  ㉢ 비교적 1회당의 단위가 소량이고 발송지가 복잡한 경우

③ 유니트 로드 시스템에 필요한 기기
  ㉠ 운송기기 : 육상의 유니트로드 전용기기로서 파렛트로더를 부착하고 있거나 컨테이너로더를 부착하고 있는 경우로서, 철도는 컨테이너 전용화차, 해상은 컨테이너 전용선 및 파렛트 적재장치, 항공운송은 컨테이너탑재 전용기 등
  ㉡ 하역기기 : 파렛트 위에 포장화물을 탑재하는 파렛트로더와 단위적재의 이동을 위한 기기로서 컨베이어, 수평이동과 상하이동을 위한 승강기 등

④ 유니트 로드 시스템 도입의 선결과제(24회, 26회)
  ㉠ 수송장비 적재함의 규격표준화
  ㉡ 포장단위 치수표준화
  ㉢ 파렛트표준화
  ㉣ 운반하역장비의 표준화
  ㉤ 창고보관설비의 표준화
  ㉥ 거래단위의 표준화

⑤ 유니트 로드 시스템의 장·단점(27회)
  ㉠ 장점
    - 파손·분실의 위험 감소
    - 운송수단의 운용효율이 높음
    - 하역의 기계화에 의한 작업능률 향상
    - 시스템화가 용이
  ㉡ 단점
    - 컨테이너와 파렛트의 확보에 경비 소요
    - 하역기기 등 고정시설비 투자의 증가
    - 포크리프트 등을 사용하기 위한 넓은 공간(2m 정도) 필요
    - 파렛트 자체의 공간으로 인한 적재효율의 저하
    - 공파렛트, 공컨테이너 등의 회수, 이동관리, 지역적인 소요량의 조정 등 온라인시스템의 구축 및 관리의 추가에 따른 비용 증가

(2) 유니트 로드 시스템화의 방법

① 파렛트 이용하는 방법

㉠ 파렛트 로드(pallet load) 상태로 일관하여 수송하는 단계가 가능

㉡ 포장 표준화에 따른 포장비 절감 및 화물파손 감소 등

㉢ 파렛트 로더를 사용하여 생산라인에서부터 파렛트에 적재하여, 창고보관 및 출하까지 합리화

㉣ 일관파렛트화로서 발하주 부터 착하주까지 수송, 하역, 보관 등 전 공정을 통하여 파렛트화

② 컨테이너

㉠ 1956년도 미국 Sea Land Service사에서 미국 내 화물의 연안수송에 이용한 것을 시작이었으며, 항공영역까지도 확대되어 국제간 화물수송의 주류를 형성

㉡ 수송이 능률적으로 이루어지며 수송 중 외부의 충격에도 견딜 수 있는 구조

㉢ 컨테이너 사용의 장점은 수송 능률향상과 수송기관과의 연결의 원활성 확보로 일관 수송 가능

㉣ 컨테이너의 운송은 육상운송(대형트럭), 철송(컨테이너 전용화차), 해상운송(세미 컨테이너 또는 풀 컨테이너선), 항공운송(대형화물 전용기) 사용 등 국제 규격화

(3) 유니트 로드 시스템 구축의 효과(17회)

① 보관, 적재, 하역, 수송 등의 작업이 평준화되기 때문에 물류작업을 효율적으로 수행

② 파렛트를 비롯 관련 시설 및 설비의 표준화로 제조비용의 절감

③ 포장비의 간소화, 포장인력의 감축으로 인한 포장비용 절감

④ 관련 업계의 호환성의 확대로 표준화의 확대

⑤ 수송기관도 유니트드로드 구축으로 국가 단위의 낭비 감소

⑥ 전체 물류흐름이 빨라짐

⑦ 입체보관으로 창고 공간 이용율 향상

⑧ 운반의 활성화 : ULS에 의한 운반활성이 향상

⑨ 작업의 표준화로 작업관리 용이하여 기계화 작업가능 -〉 하역의 합리화 가능

(4) 파렛트화

① 파렛트화(Palletization) : 파렛트를 기본용구로 하여 유니트로드 기타 하역의 모든 원칙을 더욱더 과학적, 합리적 방법으로 활용하여 하역을 동적으로 수립한 하역시스템으로서 하역을 기계화하고 수송, 보관, 포장의 각 기능을 합리화하기 위한 수단으로 파렛트를 사용하는 것을 의미한다.

② 일관파렛트화(Through Transit Palletization) : 일관파렛트화(Through Transit Palletization)는 발송지로부터 최종 도착지까지 팔렛에 적재된 화물을 운송, 보관, 하역하는 물류활동 과정 중 이를 환적하지 않고 이동시키는 것을 말한다. 효과적인 파렛트운용을 위해서는 일관파렛트화가 기본적으로 전제되어야한다.

Plus tip

※ **일관 파렛트화의 경제적 효과(24회, 26회)**

① 일관파렛트화의 실현
② 지역간 수급해결
③ 계절적수요에 대응
④ 회수관리시스템 구축
⑤ 설비자금의 절감 · 전용이 가능
⑥ 파렛트 보관관리가 불필요하고 분실율이 저하
⑦ 사회자본을 억제, 물류관련요소의 표준화를 촉진

---

(5) 파렛트 풀 시스템(Pallet Pool System)(13회)

파렛트의 규격을 표준화하여 상호교환성을 확보한 후 이를 서로 풀(Pool)로 연결하여 공동 화함으로써 기업의 물류를 합리화하는 시스템이다.

① 파렛트 풀 시스템의 선결조건
  ㉠ 파렛트 규격 표준화 · 통일화
  ㉡ 표준 파렛트에 대한 포장 모듈화
  ㉢ 화물붕괴방지책
  ㉣ 거래단위의 Unit화

② 파렛트 풀 시스템의 특징(14회)
  ㉠ 일관 수송 후 공파렛트 회수문제를 해결(회송 불필요)
  ㉡ 최소한의 파렛트로 업종 · 업계를 넘어서 일관수송이 가능
  ㉢ 최소한의 파렛트로 물동량 변동에 따른 파렛트의 수요조정이 가능
  ㉣ 공파렛트의 관리가 불필요
  ㉤ 통일된 표준 파렛트로 관리가 불필요
  ㉥ 전국적인 Network로 1매 단위의 회수도 가능
  ㉦ 파렛트의 보수가 불필요
  ㉧ 파렛트 필요시 언제, 어디서나 이용가능
  ㉨ 고품질의 파렛트로 기업 이미지 향상

> **Plus tip**
>
> ※ 파렛트 풀 시스템(PPS) 필요성
> ① 일관파렛트화의 실현
> ② 지역간 수급해결
> ③ 계절적수요에 대응
> ④ 회수관리시스템 구축
> ⑤ 설비자금의 절감 · 전용이 가능
> ⑥ 파렛트 보관관리가 불필요하고 분실율이 저하
> ⑦ 사회자본을 억제, 물류관련요소의 표준화를 촉진

③ 파렛트 풀 시스템 운영방식(25회, 27회)

　　㉠ 즉시교환방식 : 유럽 각국의 국영철도에서 송하주가 국철에 Pallet Load 형태로 운송하면, 국철에서는 이와 동수의 Pallet로 교환하는 방식이다.

　　㉡ 리스 · 렌탈방식 : 파렛트 풀 회사에서 일정규격의 파렛트를 필요에 따라 임대해 주는 방식으로 파렛트의 이용자가 교환을 위한 동일한 수량의 파렛트를 준비해 놓을 필요가 없다.

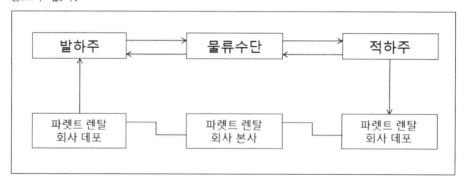

[리스 · 렌탈 방식]

　　㉢ 교환 · 리스병용(영국) : 교환방식과 렌탈방식의 결점을 보완한 방식, 관리 운영상 어려움이 많아 활성화되지 못한다.

　　㉣ 대차결제(스웨덴) : 교환방식의 단점을 개선하여 현장에서 즉시 교환하지 않고 일정 시간 내에 국철역에다 동수로 반환

④ 파렛트 풀 시스템의 운송형태(17회)

　　㉠ 기업단위 파렛트 풀 시스템 : 기업이 자사파렛트를 파렛트 대여전문회사로부터 일괄 대여하여 자사거래처의 유통단계까지 독점적으로 이용하는 시스템이다, 반송파렛트의 유효이용이 어렵고 생산활동에 따라서는 파렛트의 정체 및 유휴감소가 곤란하다.

ⓛ 업계단위 파렛트 풀 시스템(8회) : 각각의 기업이 자사의 파렛트를 소유하되 업계가 일정한 규율하에 공동이용하는 형태로서 파렛트 적재화물은 기업간 공동 유통창고를 통해 소비단계까지 확대하여 이용하는 시스템이다. 파렛트 이용효율면에서는 큰 차이가 없으나 반송면에서 이점이 있다.

ⓒ 개방적 파렛트 풀 시스템(8회) : 가장 이상적인 형태로서 제3자가 소유하는 파렛트를 공동사업소에서 렌탈하여 공동으로 이용하기 때문에 파렛트의 유통범위가 극대화된다. 기업의 수요변동에 따라 일시적인 유휴파렛트르 감소시키며, 공파렛트의 회수율이 증가하여 이용효율이 제고된다.

Chapter 07. 적중예상문제

01. 하역기기에 관한 설명으로 옳은 것은?

① 탑 핸들러(Top Handler): 본선과 터미널 간 액체화물 이송 작업 시 연결되는 육상터미널 측 이송장비

② 로딩 암(Loading Arm): 부두에서 본선으로 석탄, 광석의 벌크화물을 선적하는데 사용하는 장비

③ 돌리(Dolly): 해상 컨테이너를 적재하거나 다른 장소로 이송, 반출하는데 사용하는 장비

④ 호퍼(Hopper): 원료나 연료, 화물을 컨베이어나 기계로 이송하는 깔때기 모양의 장비

⑤ 스트래들 캐리어(Straddle Carrier): 부두의 안벽에 설치되어 선박에 컨테이너를 선적하거나 하역하는데 사용하는 장비

> **정답** ④
> **해설** ① 로딩암 ② 호퍼 ③ 스트래들 캐리어 ④ 갠트리 트레인(Gantry Crane)

02. 파렛트 풀 시스템(PPS : Pallet Pool System)의 운영방식 중 교환방식의 장·단점에 관한 설명으로 옳지 않은 것은?

① 파렛트의 즉시 교환사용이 원칙으로 분실과 회수의 어려움이 없다.

② 관계 당사자는 언제나 교환에 응할 수 있는 파렛트를 준비하여야 한다.

③ 보수가 필요하게 된 파렛트나 품질이 나쁜 파렛트를 교환용으로 내놓을 경우가 있다.

④ 대여회사의 데포(Depot)에서 하주까지의 공(Empty) 파렛트 수송이 필요하다.

⑤ 수송기관의 이용이 복잡하거나 수송기관의 수가 많을 경우에는 원활하게 진행할 수 없다.

> **정답** ④
> **해설** ④는 리스·렌탈 방식의 단점이다.

03. 유닛로드 시스템(Unit Load System)의 선결과제에 해당하는 것을 모두 고른 것은?

> ㄱ. 운송 표준화   ㄴ. 장비 표준화   ㄷ. 생산 자동화
> ㄹ. 하역 기계화   ㅁ. 무인 자동화

① ㄱ, ㄴ, ㄹ   ② ㄱ, ㄴ, ㅁ   ③ ㄱ, ㄷ, ㅁ   ④ ㄴ, ㄷ, ㄹ   ⑤ ㄴ, ㄹ, ㅁ

정답 ▮ ①
해설 ▮ 유니트로드 시스템 도입의 선결과제
- 수송장비 적재함의 규격표준화
- 파렛트표준화
- 창고보관설비의 표준화
- 포장단위 치수표준화
- 운반하역장비의 표준화
- 거래단위의 표준화

04. 컨테이너 터미널에서 사용되는 하역방식은 안벽과 야드 간의 컨테이너 이송에 사용되는 장비에 따라 여러 가지 유형으로 구분되고 있다. 현재 국내에서 주로 사용하는 방식은 무엇인가?

① 샤시 방식(Chassis System)
② 스트래들 캐리어 방식(Straddle Carrier System)
③ 트랜스테이너 방식(Transtainer System)
④ 혼합 방식(Mixed System)
⑤ 무인이송차량 방식(Automated Guided Vehicle System)

정답 ▮ ③
해설 ▮ 트랜스테이너 방식은 좁은 면적의 야드를 가진 터미널에 가장 적합한 방식이며, 일정방향으로만 이동하기 때문에 전산화에 의한 완전 자동화가 가능하다. 또한 트랙터와 트랜스퍼 크레인의 결합에 의해서 안전도가 높고 운행비가 스트래들 캐리어 방식에 비하여 훨씬 적게 드는 장점이 있다. 반면에 작업량이 급증하는 경우에 탄력적으로 대응할 수 없어 대기시간이 늘어나는 단점이 있다.

Chapter 08 포장물류

① 포장 개요

(1) 정의

① 포장 : 물류의 수송, 보관, 거래, 사용 등에 있어서 그 가치 및 상태를 유지하기 위한 적절한 재료, 용기 등을 이용하여 보호하는 기술 및 보호한 상태

② 단위포장(물품 개개의 포장) : 물품의 상품가치를 높이거나 물품 개개를 보호하기 위하여 적절한 재료 및 용기 등으로 물품을 포장하는 방법 및 포장한 상태

③ 내부포장(포장된 화물의 내부포장) : 물품에 가해지는 수분, 습기, 광열 및 충격 등을 방지하기 위하여 적합한 재료 및 용기 등으로 물품을 포장하는 방법 및 포장한 상태

④ 외부포장(화물의 외부포장) : 물품을 상자, 자루, 나무통 및 금속 등의 용기에 넣거나 용기를 사용하지 않고 그대로 묶어서 기호 또는 표식을 나타내는 포장

(2) 포장의 분류(16회, 17회, 19회, 21회)

① 한국공업규격(KS)의 분류 (KS A 1006)
　㉠ 낱포장(item packaging)
　㉡ 속포장(inner packaging)
　㉢ 겉포장(outer packaging)

② 공업포장(수송포장)과 상업포장(판매포장)(27회)
　㉠ 공업포장(Industrial packaging) : 공업포장의 주 기능은 이들 중 보호기능, 수송하역의 편의기능이 된다.
　㉡ 상업포장(Commercial Packaging) : 상업포장의 주 기능은 판매촉진의 기능으로서, 일반적으로 소매를 주도하는 거래에 있어 상품의 일부로서 또는 상품을 한 단위로 취급하기 위해 시행하는 포장을 말한다. 소비자 포장은 최종적으로 소비자 손에 들어가는 포장을 뜻하며 상업포장과 동의어이다.

③ 적정포장과 과잉 · 과대포장 : 적정포장은 합리적이며 공정하고 경제적인 포장을 말한다. 상업포장에서는 과대, 과잉 및 거품포장을 시정함과 동시에 결함포장을 없애기 위한 그 설계상 보호성, 안전성, 단위, 표시, 용적, 포장비, 폐기물처리 등을 배려한 포장을 뜻한다.

〈 포장의 대분류 〉

한국공업규격(KS) 에 의한 분류	낱포장(단위포장)	물품 개개의 포장
	속포장(내부포장)	개별포장 물품을 묶어 단위화하거나 중간용기에 넣는 것
	겉포장(외부포장)	물품을 용기에 넣거나 묶어 외부에 기호 등을 표시한 상태
공업포장과 상업포장	공업포장(수송포장)	• 보호기능이 제1의 목적 • 보호기능을 만족시키는 범위 내에서 적정포장 중요
	상업포장	• 판매촉진기능이 제1의 목적 • 판매를 촉진시킨다면 포장비용의 상승도 무방
포장재료 재질에 따른 분류	강성포장	금속, 유리등의 강성재료를 이용한 포장
	반강성포장	플라스틱병 등 반강성 용기를 이용한 포장
	유연포장	플라스틱 필름, 종이 등 유연성 있는 재료를 이용한 포장
중량에 의한 분류	경포장(經包裝)	내용물의 중량이 50kg 미만의 것
	중포장(中包裝)	내용물의 중량이 50~200kg의 것
	중포장(重包裝)	내용물의 중량이 200kg을 초과하는 것
포장 방법별 분류	방수 포장	물이 스며들지 못하게 한다.
	방습 포장	습기가 차지 않도록 한다.
	방청 포장	녹 발생 방지
	완충 포장	충격으로 인한 물품의 파손을 방지
	진공 포장	포장 내부를 진공상태로 한 후 밀봉
	압축 포장	상품을 압축하여 용적을 줄인다.
발송 목적지별 포장	국내 포장	상업포장(소비자포장)이 중요시된다.
	수출 포장	공업포장이 중요시된다.
내용 상태별 분류	액체 포장, 분체 포장, 입체 포장 등 포장된 물품의 상태에 의한 분류방법	
내용품별 분류	식품 포장, 의약품 포장, 위험물 포장 등 내용품에 따른 분류방법	

Plus tip

※ 방청포장절차

청정 → 건조 → 방청제 사용 → 위싸기, 겉싸기 → 내포장 → 외포장

---

(3) 포장의 기능 및 적정요건(12회, 23회)

① 보호성 : 상품 본래의 품질보존과 외력으로부터의 품질보호의 의미

② 정량성(하역성) : 물품을 일정한 단위로 정리하는 기능

③ **표시성** : 화물취급 및 분류에 필요한 사항을 포장에 인쇄·라벨 등으로 표시함으로써 하역활동을 용이하게 하는 것을 의미

④ **작업성(효율성)** : 포장작업의 기계화, 시스템화, 자동화

⑤ **편리성** : 물품의 이용·진열을 용이하게 하고, 수송·하역·보관작업이 용이하도록 해야 함

⑥ **수송성** : 하역작업이 원활하고 능률적으로 이루어질 수 있도록 포장되어야 하며, 수송포장을 보다 큰 단위로 종합한 유니트로드 형태로 이루어지는 것이 바람직

⑦ **사회성** : 포장재료·용기의 내용물에 대한 안전성 점검

⑧ **판매촉진성** : 상업포장적 기능

⑨ **경제성** : 체적의 최소화, 중량의 감소화, 수량의 축소화, 대량화물의 일관화

② 포장 기법

(1) 포장 기법의 기본요건

① **내용품 유출방지** : 포장공정에서부터 소비되는 시점까지 그 안의 내용물을 안전하게 보관하고 있어야 한다.

② **보호 및 보관** : 기계적 혹은 환경적(기후) 손상에 대하여 제품을 보호하는 것이다.

③ **커뮤니케이션** : 모든 소매용 포장제품은 각 제품에 해당하는 정보를 제공(포장의 개봉, 조립 방법 등 취급 보관상의 주의사항)해야 한다.

④ **기계 적성** : 대부분의 소매용 포장제품과 수송용 포장들은 기계에 의해 직접 충전, 밀봉, 교합되므로 다량의 제품포장은 거의 중단 없이 이루어져야 재료의 낭비를 줄일 수 있다.

⑤ **편의성 및 사용** : 소매용 포장에 있어서 편의성이라 함은 개봉이 쉽고 사용, 재활용이 용이함을 일긷는다.

(2) 집합포장 기법의 요건

집합포장이란 물류에 있어 하역, 수송, 보관 등의 각 단계에서는 복수의 물품 또는 수송포장을 한데 모은 집합체를 취급하며, 이들 집합체가 충분히 보호될 수 있도록 하는 것이다.

① **보호 기능을 지닐 것** : 물류기능인 하역, 수송 및 보관의 각 단계에 있어서 집합체가 무너지지 않을 정도의 충분한 보호성, 다시 말하면 적재된 화물의 붕괴방지의 수단과 방법이 포장측면에서 이루어져야 한다.

② **기계·기기로의 취급이 용이할 것** : 수송 기간이나 보관 설비에의 하역 작업과 취급이 용이할 수 있도록 지게차나 크레인 등 하역 기계·기구의 사용에 적합하여야 한다.

③ 설계 단계에서부터 물류를 고려할 것 : 복수의 물품이나 수송포장을 팔레트 등의 위에
적재한다는 사고방식이 아니라 포장을 설계 시부터 집합체로서 포장한다는 방법을 채용
한다.

(3) 집합포장 방법(20회, 26회)

① **밴드결속방법** : 종이, 플라스틱, 나일론, 금속밴드 등을 사용한다.
② **테이핑(Taping)** : 용기의 견고성을 유지하기 위해서 접착테이프를 사용한다.
③ **슬리브(Sleeve)** : 종이나 필름천을 이용하여 수직으로 네 표면에 감거나 싸는 방법이다.
④ **꺽쇠 · 물림쇠** : 주로 칸막이 상자 등에 채용하는 방법이다.
⑤ **틀** : 주로 수평이동을 위 · 아래의 틀로 고정하는 방법이다.
⑥ **대형 골판지 상자** : 작은 부품 등을 꾸러미로 묶지 않고 담을 때 사용한다.
⑦ **슈링크(Shrink) 포장** : 열수축성 플라스틱 필름을 파렛트 화물에 씌우고 슈링크 터널을
통과시킬 때 가열하여 필름을 수축시켜서 파렛트와 밀착시키는 방법이다.
⑧ **스트레치 포장** : 스트레치 포장기를 사용하여 플라스틱 필름을 화물에 감아서 움직이지
않게 하는 방법으로, 슈링크 방식과는 달리 열처리를 행하지 않고 통기성은 없다.
⑨ **접착** : 접착제로서는 풀(도포와 점적방법)이나 접착테이프를 이용한다.
⑩ **스키드 베이스(Skid Base) 포장** : 파렛트 위에 포장화물을 적재하고 철띠 또는 PP밴드
등으로 고정하는 것과 비슷하나 제품의 특성 및 중량에 다라 베이스(base) 제작 구조가
차이가 있다.
⑪ **Crate 포장** : 물품운송용 대형 맞춤 나무상자(개장용구가 반드시 필요)

(4) 집합포장에서 파렛트화물 적재 패턴(18회, 19회, 25회, 27회)

① **블록형 적재** : 물건을 홀수단과 짝수단 모두 같은 방향으로 적재하는 패턴으로 봉적재라
고도 한다. 이 방법은 각각의 종1열이 독립한 「봉」이 되어 나열한 것과 같은 것으로
상단의 붕괴가 쉽게 나타난다. 이를 방지하기 위해서 밴드를 걸고 스트레치 포장을 실시
하는 경우가 많다.
② **교호열 적재** : 한단에는 블록형 적재와 같이 모양 같은 방향으로 물건을 나열하고, 다음
단에는 90°방향을 바꾸어 홀수단과 짝수단을 교차적으로 적재하는 것이다.
③ **벽돌형 적재** : 한단을 화물의 종방향과 횡방향으로 조합하여 적재하고, 다음 단은 그
방향을 180°바꾸어 홀수단과 짝수단을 교차적으로 적재한다. 정방향 팔레트에 적재할
수 있는 패턴으로 주로 포대형태의 적재패턴이 많이 이용된다.
④ **핀휠 적재** : 팔레트 중앙부에 공간을 만드는 형태로 이 공간을 감싸듯 풍차형으로 화물
을 적재하는 패턴이다. 홀수단과 짝수단의 방향을 바꾸어 적재한다.

⑤ 스플릿 적재 : 벽돌 적재를 하는 경우에 화물과 팔레트의 치수가 일치하지 않는 경우 물건 사이에 부분적으로 공간을 만드는 패턴이다.

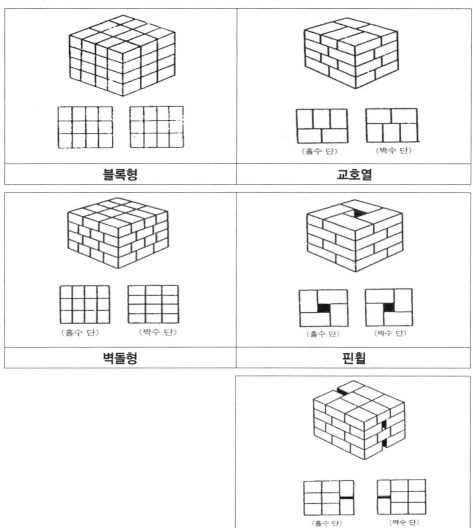

③ **화인(Case Mark)**

(1) **화인의 개념**

① 포장화물의 표면에 기입하는 특정한 기호, 번호, 목적지, 취급상의 문구 등을 총칭하는 것이다.

② 화인을 하는 목적은 운송관계자나 수입업자가 쉽게 식별할 수 있도록 다른 물건과의 구분, 매수인의 사용편의 및 선적서류와 물품과의 대조에 편의를 주는데 있다.

③ 국제무역에 있어서 화인이 부정확하면 다른 화물과 혼동을 가져와 화물의 인도착오, 하역착오, 통관상의 문제가 발생하는 등 시간과 비용상의 큰 손실을 줄 수 있다.

(2) 화인표시의 종류(25회, 27회)

① **품질표시** : 내용품의 품질이나 등급 등을 표시하여 송하인과 수하인 당사자만이 알 수 있도록 하기 위하여 사용하는 마크로서 주마크의 위쪽이나 밑에 기재하게 된다.

② **수량표시** : 두 개 이상의 많은 수량인 경우 한 개 한 개씩 순서에 따라 포장에 번호를 붙여야 한다.

③ **목적지표시** : 내용품이 최종 도착하게 되는 목적지를 표시하는 것으로 선박운송이 되는 경우 항구명을 기재하게 된다.

④ **주표시(Main Mark)** : 화인 중 가장 중요한 표시로서 타상품과 식별을 용이하게 하는 기호이다. 이것은 송하인이나 수하인을 표시하는 특정한 기호(회사의 상호 등)에 대표 문자를 넣어 만드는 것이 통례이다.

⑤ **부표시(Counter Mark)** : 주하인이 다른 화물과 같은 것에 대비하여 주하인의 보조로서 타화물과 식별이 용이하게 하기 위한 것으로 이는 주로 생산자 또는 공급업자의 약호를 쓴다.

⑥ **취급주의 표시(Care Mark)**는 내용물품의 취급, 운송, 적재요령을 나타내는 기호이다.

⑦ **원산지표시** : 정상적인 절차에 의해 선적되는 모든 수출품은 관세법규의 규정에 따라 원산지명을 표시하도록 되어 있다. 즉, 대미 수출품인 경우에는 미국 관세법규에 따라 원산국(Country of Origin)을 식별하기 쉬운 장소에 영어로 표시함을 의무화하고 있다.

(3) 화인표시 방법(빈출)

① **스티커(Sticker)** : 못으로 박거나 혹은 특정 방법에 의하여 고착시키는 것을 말한다.

② **스탬핑(또는 프린트)** : 화인할 장소에 고무인이나 프레스기 등을 사용하여 찍는 것을 말한다(종이상자 및 자루, Iron Sheet, 골판지상자에 적용).

③ **태그(tag)** : 종이나 직포 또는 양철, 알루미늄, 플라스틱판 등에 일정한 표시내용을 기재한 다음 다시 철사나 기타 다른 적절한 방법으로 상품에 매는 방법이다(기계, 베일, 각종 소형잡화 등에 적용).

④ **라벨링(Labelling)** : 견고한 종이나 직포에 필요한 표시를 미리 인쇄해 두었다가 일정한 장소에 붙이는 것을 말한다(통조림병, 유리병 등에 적용).

⑤ **스텐실(Stencil)** : 기름기가 많은 두꺼운 종이나 셀룰로이드판, 플라스틱판, 알루미늄판 등의 시트(Sheet)에 글자를 파두었다가 잉크나 페인트 등을 붓이나 스프레이를 사용하

여 칠하는 방법을 말한다(나무상자, 드럼 등에 적용).

⑥ 카빙(또는 엠보싱) : 직접 내용상품에 쇠로 된 인각을 찍거나 주물의 경우 주물을 주입할 때 미리 하인을 해두어 제품완성시 하인이 나타나도록 하는 방법이다(Hot Stamping, 기계류 등 금속제품에 적용).

4 포장합리화

(1) 포장합리화 방안

① 포장의 표준화 · 규격화 도모
② 포장라인의 자동화
③ 포장설계의 전산화 추진
④ 포장의 사회성 인식
⑤ 신제품 개발과 제품의 다양화
⑥ 파렛트 풀 시스템의 활용

> **Plus tip**
>
> ※ **포장표준화 5대 요소**(12회, 14회, 25회, 27회)
> ① 치수(규격)의 표준화　　　　　② 강도의 표준화
> ③ 기법의 표준화　　　　　　　　④ 재질의 표준화
> ⑤ 포장관리의 표준화
>
> 포장치수가 다르면 포장강도도 달라지기 때문에 포장강도의 표준화는 포장치수 표준화 이후에 이루어지는 것이 좋다.

---

(2) 포장합리화의 원칙(25회)

① 대량화 및 대형화의 원칙 : 포장의 크기를 대형화할 수 있는지 여부를 검토하고, 다수의 업체와 거래하고 있는 경우에는 대량화를 통하여 비용을 절감할 수 있도록 하는 원칙
② 집중화 및 집약화의 원칙 : 집중화와 집약화를 통하여 관리수준을 향상시킴과 동시에 대량화의 추진이 가능하도록 하는 원칙
③ 규격화 및 표준화의 원칙
　㉠ 규격화 및 통일화의 실현으로 1회당 발주단위가 커지며 이를 통해 규모의 이익을 얻을 수 있다.

  © 표준화는 국내외에서 생산 유통되는 각종 포장용기의 규격을 검토 · 분석하여 표준
   화함으로써 유통의 합리화를 도모하는 데 그 목적이 있다.

  © 규격화 및 통일화가 포장비에 미치는 효과는 포장설계의 간소화와 과잉포장의 배제
   로 인한 포장비의 절감, 포장재료비의 절감, 용기제작비의 절감, 포장작업비의 절감,
   포장재료의 보관장소 및 재고의 감소 등이 있다.

④ **사양변경의 원칙** : 포장의 보호성에서 벗어나지 않는 범위 내에서 시방의 변경을 통한
 비용절감이 이루어질 수 있도록 하는 원칙

⑤ **재질변경의 원칙** : 재질의 변경을 통하여 비용절감이 가능하므로 재질을 한 등급 낮출
 수 있도록 하는 원칙

⑥ **시스템화 및 단위화의 원칙**

  〖 파렛트화나 컨테이너화를 효과적으로 실시하기 위해서는 그 기본요소인 파렛트와
   컨테이너의 규격, 구조, 품질 등을 공동으로 사용할 수 있도록 표준화하고, 운송,
   배송, 보관, 하역 등 물류의 제 활동이 유기적으로 연결되도록 시스템화하여야 한다.

  © 단위화의 형태는 파렛트류, 컨테이너류 등의 기재를 사용하지 않고 포장화물 자체를
   결속자재 등을 사용하여 단위화하는 집합포장, 파렛트류를 사용하는 파렛트화물,
   컨테이너류를 사용하는 컨테이너화물의 3가지 형태로 분류할 수 있다.

Chapter 08. 적중예상문제

01. 포장기법에 관한 설명으로 옳지 않은 것은?

① 방수방습 포장은 각종 제품을 유통과정의 습도로부터 지키는 포장기법이다.

② 방청 포장은 금속표면의 녹이나 부식을 방지하기 위한 포장기법이며 일반적으로 방청제 도포나 가연성 플라스틱 도포가 사용된다.

③ 가스치환 포장에는 주로 질소, 탄산가스 등의 가스가 사용되며 어태치먼트(Attachment) 가 대표적인 주입장치이다.

④ 중량물 포장은 주로 나무를 사용한 상자를 이용하며, 상자 포장설계기법을 KS규격으로 정비하여 보급한 결과 일정한 품질의 출하용기가 제작되고 있다.

⑤ 위험물 포장은 고도의 안정성을 확보하기 위해 국제기준을 적용한 위험물의 표시와 표찰 이 사용되고 있다.

> **정답 ┃** ③
> **해설 ┃** 어태치먼트는 지게차 포크와 교환하는 부속장치 명칭이다. 가스치환 포장은 식품의 변질을 예방하기 위한 가스충전방식이다.

02. 다음이 설명하는 파렛트 적재방식은?

> (ㄱ): 각 단의 쌓아 올리는 모양과 방향이 모두 같은 일렬 적재방식
> (ㄴ): 동일한 단내에서는 동일한 방향으로 물품을 나란히 쌓지만, 단별로는 방향을 직각(90 도)으로 바꾸거나 교대로 겹쳐쌓는 적재방식

① ㄱ: 블록적재방식,   ㄴ: 교대배열적재방식

② ㄱ: 블록적재방식,   ㄴ: 벽돌적재방식

③ ㄱ: 교대배열적재방식,   ㄴ: 스플릿적재방식

④ ㄱ: 스플릿적재방식,   ㄴ: 벽돌적재방식

⑤ ㄱ: 스플릿적재방식,   ㄴ: 교대배열적재방식

> **정답 ┃** ①
> **해설 ┃** • 벽돌적재방식 : 한단을 화물의 종방향과 횡방향으로 조합하여 적재하고, 다음 단은 그 방향을 180° 바 꾸어 홀수단과 짝수단을 교차적으로 적재한다.
> • 스플릿적재방식 : 벽돌 적재를 하는 경우에 화물과 팔레트의 치수가 일치하지 않는 경우 물건 사이에 부분적 으로 공간을 만드는 패턴이다.

03. 화인(Shipping Mark)의 표시방법에 관한 설명으로 옳은 것을 모두 고른 것은?

> ㄱ. 스티커(Sticker)는 주물을 주입할 때 미리 화인을 해두는 방법으로 금속 제품, 기계류 등에 사용된다.
> ㄴ. 스텐실(Stencil)은 화인할 부분을 고무인이나 프레스기 등을 사용하여 찍는 방법이다.
> ㄷ. 태그(Tag)는 종이나 플라스틱판 등에 일정한 표시 내용을 기재한 다음 철사나 끈으로 매는 방법으로 의류, 잡화류 등에 사용된다.
> ㄹ. 라벨링(Labeling)은 종이나 직포에 미리 인쇄해 두었다가 일정한 위치에 붙이는 방법이다.

① ㄱ, ㄴ
② ㄱ, ㄷ
③ ㄴ, ㄷ
④ ㄴ, ㄹ
⑤ ㄷ, ㄹ

정답 | ⑤
해설 | ㄱ. 스티커(Sticker) : 못으로 박거나 혹은 특정 방법에 의하여 고착시키는 것을 말한다.
　　　ㄴ. 스텐실(Stencil) : 기름기가 많은 두꺼운 종이나 셀룰로이드판, 플라스틱판, 알루미늄판 등의 시트 (Sheet)에 글자를 파두었다가 잉크나 페인트 등을 붓이나 스프레이를 사용하여 칠하는 방법을 말한다(나무상자, 드럼 등에 적용).

04. 포장의 원칙이 아닌 것은?

① 표준화의 원칙
② 네트워크의 원칙
③ 재질 변경의 원칙
④ 단위화의 원칙
⑤ 집중화의 원칙

정답 | ②
해설 | 네트워크의 원칙은 관련 품목을 한 장소에 모아서 보관하는 것으로, 보관의 원칙에 해당한다.

물류관리사

물류관련법규

물류정책기본법

Chapter 01

제1장 총칙

1. 목적

이 법은 물류체계의 효율화, 물류산업의 경쟁력 강화 및 물류의 선진화·국제화를 위하여 국내외 물류정책·계획의 수립·시행 및 지원에 관한 기본적인 사항을 정함으로써 국민경제의 발전에 이바지함을 목적으로 한다(제1조).

2. 정의

이 법에서 사용하는 용어의 정의는 다음과 같다(제2조).

(1) 물류(物流)

재화가 공급자로부터 조달·생산되어 수요자에게 전달되거나 소비자로부터 회수되어 폐기될 때까지 이루어지는 운송·보관·하역(荷役) 등과 이에 부가되어 가치를 창출하는 가공·조립·분류·수리·포장·상표부착·판매·정보통신 등을 말한다.

(2) 물류사업(★)

화주(貨主)의 수요에 따라 유상(有償)으로 물류활동을 영위하는 것을 업(業)으로 하는 것으로 다음의 사업을 말한다.
① 자동차·철도차량·선박·항공기 또는 파이프라인 등의 운송수단을 통하여 화물을 운송하는 화물운송업
② 물류터미널이나 창고 등의 물류시설을 운영하는 물류시설운영업
③ 화물운송의 주선(周旋), 물류장비의 임대, 물류정보의 처리 또는 물류컨설팅 등의 업무를 하는 물류서비스업
④ ①부터 ③까지의 물류사업을 종합적·복합적으로 영위하는 종합물류서비스업

☑ **물류사업의 구체적인 범위(영 제3조)**

대분류	세분류	세세분류
화물 운송업	육상화물운송업	화물자동차운송사업, 화물자동차운송가맹사업, 철도사업
	해상화물운송업	외항정기화물운송사업, 외항부정기화물운송사업, 내항화물운송사업
	항공화물운송업	정기항공운송사업, 부정기항공운송사업, 상업서류송달업
	파이프라인운송업	파이프라인운송업
물류시설 운영업	창고업 (공동집배송센터운영업 포함)	일반창고업, 냉장 및 냉동 창고업, 농·수산물 창고업, 위험물품보관업, 그 밖의 창고업
	물류터미널운영업	복합물류터미널, 일반물류터미널, 해상터미널, 공항화물터미널, 화물차전용터미널, 컨테이너화물조작장(CFS), 컨테이너장치장(CY), 물류단지, 집배송단지 등 물류시설의 운영업
물류 서비스업	화물취급업(하역업 포함)	화물의 하역, 포장, 가공, 조립, 상표부착, 프로그램 설치, 품질검사 등 부가적인 물류업
	화물주선업	국제물류주선업, 화물자동차운송주선사업
	물류장비임대업	운송장비임대업, 산업용 기계·장비 임대업, 운반용기 임대업, 화물자동차임대업, 화물선박임대업, 화물항공기임대업, 운반·적치·하역장비 임대업, 컨테이너·파렛트 등 포장용기 임대업, 선박대여업
	물류정보처리업	물류정보 데이터베이스 구축, 물류지원 소프트웨어 개발·운영, 물류 관련 전자문서 처리업
	물류컨설팅업	물류 관련 업무프로세스 개선 관련 컨설팅, 자동창고, 물류자동화 설비 등 도입 관련 컨설팅, 물류 관련 정보시스템 도입 관련 컨설팅
	해운부대사업	해운대리점업, 해운중개업, 선박관리업
	항만운송관련업	항만용역업, 선용품공급업, 선박연료공급업, 선박수리업, 컨테이너 수리업, 예선업
	항만운송사업	항만하역사업, 검수사업, 감정사업, 검량사업
종합물류 서비스업	종합물류서비스업	종합물류서비스업

(3) 물류체계

효율적인 물류활동을 위하여 시설·장비·정보·조직 및 인력 등이 서로 유기적으로 기능을 발휘할 수 있도록 연계된 집합체를 말한다.

(4) 물류시설

물류에 필요한 다음의 시설을 말한다.

① 화물의 운송·보관·하역을 위한 시설

② 화물의 운송·보관·하역 등에 부가되는 가공·조립·분류·수리·포장·상표부착·판매·정보통신 등을 위한 시설

③ 물류의 공동화·자동화 및 정보화를 위한 시설

④ ①부터 ③까지의 시설이 모여 있는 물류터미널 및 물류단지

(5) 물류공동화

물류기업이나 화주기업(貨主企業)들이 물류활동의 효율성을 높이기 위하여 물류에 필요한 시설·장비·인력·조직·정보망 등을 공동으로 이용하는 것을 말한다. 다만, 「독점규제 및 공정거래에 관한 법률」 제40조 제1항 각 호 및 같은 법 제51조 제1항 각 호에 해당하는 경우(같은 법 제40조 제2항에 따라 공정거래위원회의 인가를 받은 경우를 제외한다)를 제외한다.

(6) 물류표준

「산업표준화법」에 따른 한국산업표준 중 물류활동과 관련된 것을 말한다.

(7) 물류표준화

원활한 물류를 위하여 다음의 사항을 물류표준으로 통일하고 단순화하는 것을 말한다.

① 시설 및 장비의 종류·형상·치수 및 구조

② 포장의 종류·형상·치수·구조 및 방법

③ 물류용어, 물류회계 및 물류 관련 전자문서 등 물류체계의 효율화에 필요한 사항

(8) 단위물류정보망

기능별 또는 지역별로 관련 행정기관, 물류기업 및 그 거래처를 연결하는 일련의 물류정보체계를 말한다.

(9) 제3자물류

화주가 그와 대통령령으로 정하는 특수관계에 있지 아니한 물류기업에 물류활동의 일부 또는 전부를 위탁하는 것을 말한다.

(10) 국제물류주선업

타인의 수요에 따라 자기의 명의와 계산으로 타인의 물류시설·장비 등을 이용하여 수출입화물의 물류를 주선하는 사업을 말한다.

(11) 물류관리사

물류관리에 관한 전문지식을 가진 자로서 제51조에 따른 자격을 취득한 자를 말한다.

(12) 물류보안

공항·항만과 물류시설에 폭발물, 무기류 등 위해물품을 은닉·반입하는 행위와 물류에 필요한 시설·장비·인력·조직·정보망 및 화물 등에 위해를 가할 목적으로 행하여지는 불법행위를 사전에 방지하기 위한 조치를 말한다.

(13) 국가물류정보화사업

국가, 지방자치단체 및 제22조에 따른 물류관련기관이 정보통신기술과 정보가공기술을 이용하여 물류관련 정보를 생산·수집·가공·축적·연계·활용하는 물류정보화사업을 말한다.

3. 기본이념

이 법에 따른 물류정책은 물류가 국가 경제활동의 중요한 원동력임을 인식하고, 신속·정확하면서도 편리하고 안전한 물류활동을 촉진하며, 정부의 물류 관련 정책이 서로 조화롭게 연계되도록 하여 물류산업이 체계적으로 발전하게 하는 것을 기본이념으로 한다(제3조).

4. 국가 및 지방자치단체의 책무

① 국가는 물류활동을 원활히 하고 물류체계의 효율성을 높이기 위하여 국가 전체의 물류와 관련된 정책 및 계획을 수립하고 시행하여야 한다(제4조).
② 국가는 물류산업이 건전하고 고르게 발전할 수 있도록 육성하여야 한다.
③ 지방자치단체는 국가의 물류정책 및 계획과 조화를 이루면서 지역적 특성을 고려하여 지역물류에 관한 정책 및 계획을 수립하고 시행하여야 한다.

5. 물류기업 및 화주의 책무

물류기업 및 화주는 물류사업을 원활히 하고 물류체계의 효율성을 증진시키기 위하여 노력하고, 국가 또는 지방자치단체의 물류정책 및 계획의 수립·시행에 적극 협력하여야 한다(제5조).

6. 다른 법률과의 관계

① 물류에 관한 다른 법률을 제정하거나 개정하는 경우에는 이 법의 목적과 물류정책의 기본이념에 맞도록 하여야 한다(제6조).

② 이 법에 규정된 것 외의 물류시설의 개발 및 운영, 물류사업의 관리와 육성 등에 관하여는 따로 법률로 정한다.

제2장 물류정책의 종합·조정

제1절 물류현황조사

1. 물류현황조사(★)

(1) 의의

① 국토교통부장관 또는 해양수산부장관은 물류에 관한 정책 또는 계획의 수립·변경을 위하여 필요하다고 판단될 때에는 관계 행정기관의 장과 미리 협의한 후 물동량의 발생현황과 이동경로, 물류시설·장비의 현황과 이용실태, 물류인력과 물류체계의 현황, 물류비, 물류산업과 국제물류의 현황 등에 관하여 조사할 수 있다(제7조).

② 이 경우 「국가통합교통체계효율화법」에 따른 국가교통조사와 중복되지 아니하도록 하여야 한다.

(2) 자료제출 요구 등

국토교통부장관 또는 해양수산부장관은 다음의 자에게 물류현황조사에 필요한 자료의 제출을 요청하거나 그 일부에 대하여 직접 조사하도록 요청할 수 있다. 이 경우 협조를 요청받은 자는 특별한 사정이 없으면 요청에 따라야 한다.

① 관계 중앙행정기관의 장

② 특별시장·광역시장·특별자치시장·도지사 및 특별자치도지사(이하 "시·도지사"라 한다)

③ 물류기업 및 이 법에 따라 지원을 받는 기업·단체 등

(3) 전문기관

국토교통부장관 또는 해양수산부장관은 물류현황조사를 효율적으로 수행하기 위하여 필요한 경우에는 물류현황조사의 전부 또는 일부를 전문기관으로 하여금 수행하게 할 수 있다.

(4) 결과의 활용

국토교통부장관 또는 해양수산부장관은 물류현황조사의 결과에 따라 물류비 등 물류지표를 설정하여 물류정책의 수립 및 평가에 활용할 수 있다.

2. 물류현황조사지침(★)

(1) 조사지침의 통보

국토교통부장관은 물류현황조사를 요청하는 경우에는 효율적인 물류현황조사를 위하여 조사의 시기, 종류 및 방법 등에 관하여 대통령령으로 정하는 바에 따라 조사지침을 작성하여 통보할 수 있다(제8조).

☑ 물류현황조사지침의 내용(영 제4조)

물류현황조사를 위한 조사지침에는 다음의 사항이 포함되어야 한다.
1. 조사의 종류 및 항목
2. 조사의 대상·방법 및 절차
3. 조사의 체계
4. 조사의 시기 및 지역
5. 조사결과의 집계·분석 및 관리
6. 그 밖에 효율적인 물류현황조사를 위하여 필요한 사항

(2) 협의

국토교통부장관은 지침을 작성하려는 경우에는 미리 관계 중앙행정기관의 장과 협의하여야 한다.

3. 지역물류현황조사 등(★)

(1) 시·도지사의 조사

시·도지사는 지역물류에 관한 정책 또는 계획의 수립·변경을 위하여 필요한 경우에는 해당 행정구역의 물동량 현황과 이동경로, 물류시설·장비의 현황과 이용실태, 물류산업의 현황 등에 관하여 조사할 수 있다. 이 경우 「국가통합교통체계효율화법」에 따른 국가교통조사와 중복되지 아니하도록 하여야 한다(제9조).

(2) 자료제출의 요구 등

시·도지사는 관할 시·군 및 구(지방자치단체인 시·군 및 자치구를 말한다)의 시장·군수 및 구청장, 물류기업 및 이 법에 따라 지원을 받는 기업·단체 등에게 지역물류현황조사에 필요한 자료를 제출하도록 요청하거나 그 일부에 대하여 직접 조사하도록 요청할 수 있다. 이 경우 협조를 요청받은 자는 특별한 사정이 없는 한 이에 따라야 한다.

(3) 조사지침의 통보

시·도지사는 지역물류현황조사를 요청하는 경우에는 효율적인 지역물류현황조사를 위하여 조사의 시기, 종류 및 방법 등에 관하여 해당 특별시·광역시·특별자치시·도 및 특별자치도(이하 "시·도"라 한다)의 조례로 정하는 바에 따라 조사지침을 작성하여 통보할 수 있다.

(4) 전문기관

시·도지사는 지역물류현황조사의 효율적인 수행을 위하여 필요한 경우에는 지역물류현황조사의 전부 또는 일부를 전문기관으로 하여금 수행하게 할 수 있다.

4. 물류개선조치의 요청

(1) 개선조치의 요청

국토교통부장관 또는 해양수산부장관은 물류현황조사 등을 통하여 물류수요가 특정 물류시설이나 특정 운송수단에 치우쳐 효율적인 물류체계 운용을 해치거나 관계 중앙행정기관의 장 또는 시·도지사의 물류 관련 정책 또는 계획이 국가물류기본계획에 위배된다고 판단될 때에는 해당 중앙행정기관의 장이나 시·도지사에게 이를 개선하기 위한 조치를 하도록 요청할 수 있다.

(2) 협의

개선조치를 요청하려는 경우 국토교통부장관 또는 해양수산부장관은 미리 해당 중앙행정기관의 장 또는 시·도지사와 개선조치에 대하여 협의하여야 한다(제10조).

(3) 조치의 강구

개선조치를 요청받은 관계 중앙행정기관의 장이나 해당 시·도지사는 특별한 사유가 없는 한 이를 개선하기 위한 조치를 강구하여야 한다.

(4) 조정요청

관계 중앙행정기관의 장이나 시·도지사는 개선조치의 요청에 이의가 있는 경우에는 국가물류정책위원회에 조정을 요청할 수 있다.

제2절 물류계획의 수립·시행

1. 국가물류기본계획의 수립(★)

(1) 의의

국토교통부장관 및 해양수산부장관은 국가물류정책의 기본방향을 설정하는 10년 단위의 국가물류기본계획을 5년마다 공동으로 수립하여야 한다(제11조).

(2) 계획의 내용

국가물류기본계획에는 다음의 사항이 포함되어야 한다.

① 국내외 물류환경의 변화와 전망
② 국가물류정책의 목표와 전략 및 단계별 추진계획
③ 국가물류정보화사업에 관한 사항
④ 운송·보관·하역·포장 등 물류기능별 물류정책 및 도로·철도·해운·항공 등 운송수단별 물류정책의 종합·조정에 관한 사항
⑤ 물류시설·장비의 수급·배치 및 투자 우선순위에 관한 사항
⑥ 연계물류체계의 구축과 개선에 관한 사항
⑦ 물류 표준화·공동화 등 물류체계의 효율화에 관한 사항
⑧ 물류보안에 관한 사항
⑨ 물류산업의 경쟁력 강화에 관한 사항

⑩ 물류인력의 양성 및 물류기술의 개발에 관한 사항
⑪ 국제물류의 촉진·지원에 관한 사항
⑫ 환경친화적 물류활동의 촉진·지원에 관한 사항
⑬ 그 밖에 물류체계의 개선을 위하여 필요한 사항

(3) 기초자료의 제출요청

국토교통부장관 및 해양수산부장관은 다음의 자에 대하여 국가물류기본계획의 수립·변경을 위한 관련 기초 자료의 제출을 요청할 수 있다. 이 경우 협조를 요청받은 자는 특별한 사정이 없는 한 이에 따라야 한다.

① 관계 중앙행정기관의 장
② 시·도지사
③ 물류기업 및 이 법에 따라 지원을 받는 기업·단체 등

(4) 수립절차[협의 ⇨ 심의 ⇨ 고시·통보]

① 협의 후 심의 : 국토교통부장관 및 해양수산부장관은 국가물류기본계획을 수립하거나 대통령령으로 정하는 중요한 사항을 변경하려는 경우에는 관계 중앙행정기관의 장 및 시·도지사와 협의한 후 국가물류정책위원회의 심의를 거쳐야 한다.

☑ 대통령령으로 정하는 중요한 사항

다음의 어느 하나에 해당하는 사항을 말한다. 다만, ②부터 ④까지의 사항이 「국토기본법」에 따른 국토종합계획, 「국가통합교통체계효율화법」에 따른 국가기간교통망계획이나 「물류시설의 개발 및 운영에 관한 법률」에 따른 물류시설개발종합계획 등 국가물류기본계획과 관련된 다른 계획의 변경으로 인한 사항을 반영하는 내용일 경우는 제외한다.

① 국가물류정책의 목표와 주요 추진전략에 관한 사항
② 물류시설·장비의 투자 우선 순위에 관한 사항
③ 국제물류의 촉진·지원에 관한 기본적인 사항
④ 그 밖에 국가물류정책위원회의 심의가 필요하다고 인정하는 사항

② 고시·통보 : 국토교통부장관은 국가물류기본계획을 수립하거나 변경한 때에는 이를 관보에 고시하고, 관계 중앙행정기관의 장 및 시·도지사에게 통보하여야 한다.

2. 다른 계획과의 관계

(1) 다른 계획과의 조화

국가물류기본계획은 「국토기본법」에 따라 수립된 국토종합계획 및 「국가통합교통체계효율화법」에 따라 수립된 국가기간교통망계획과 조화를 이루어야 한다(제12조).

(2) 우선적 지위

국가물류기본계획은 다른 법령에 따라 수립되는 물류에 관한 계획에 우선하며 그 계획의 기본이 된다.

3. 연도별시행계획의 수립

(1) 의의

국토교통부장관 및 해양수산부장관은 국가물류기본계획을 시행하기 위하여 연도별 시행계획을 매년 공동으로 수립하여야 한다(제13조).

(2) 자료제출의 요청

연도별시행계획의 수립 · 변경을 위한 자료제출의 요청 등에 관하여는 제11조제3항을 준용한다.

국토교통부장관 및 해양수산부장관은 다음의 자에 대하여 연도별시행계획의 수립 · 변경을 위한 관련 자료의 제출을 요청할 수 있다. 이 경우 협조를 요청받은 자는 특별한 사정이 없는 한 이에 따라야 한다.

① 관계 중앙행정기관의 장
② 시 · 도지사
③ 물류기업 및 이 법에 따라 지원을 받는 기업 · 단체 등

4. 지역물류기본계획의 수립(★)

(1) 필요적 수립

특별시장 및 광역시장은 지역물류정책의 기본방향을 설정하는 10년 단위의 지역물류기본계획을 5년마다 수립하여야 한다(제14조).

(2) 임의적 수립

특별자치시장·도지사 및 특별자치도지사는 지역물류체계의 효율화를 위하여 필요한 경우에는 기본방향을 설정하는 10년 단위의 지역물류기본계획을 5년마다 수립할 수 있다.

(3) 계획의 내용

지역물류기본계획은 국가물류기본계획에 배치되지 아니하여야 하며, 다음의 사항이 포함되어야 한다.

① 지역물류환경의 변화와 전망
② 지역물류정책의 목표·전략 및 단계별 추진계획
③ 운송·보관·하역·포장 등 물류기능별 지역물류정책 및 도로·철도·해운·항공 등 운송수단별 지역물류정책에 관한 사항
④ 지역의 물류시설·장비의 수급·배치 및 투자 우선순위에 관한 사항
⑤ 지역의 연계물류체계의 구축 및 개선에 관한 사항
⑥ 지역의 물류 공동화 및 정보화 등 물류체계의 효율화에 관한 사항
⑦ 지역 물류산업의 경쟁력 강화에 관한 사항
⑧ 지역 물류인력의 양성 및 물류기술의 개발·보급에 관한 사항
⑨ 지역차원의 국제물류의 촉진·지원에 관한 사항
⑩ 지역의 환경친화적 물류활동의 촉진·지원에 관한 사항
⑪ 그 밖에 지역물류체계의 개선을 위하여 필요한 사항

(4) 계획의 수립지침

① **공동작성** : 국토교통부장관 및 해양수산부장관은 지역물류기본계획의 수립방법 및 기준 등에 관한 지침을 공동으로 작성하여야 한다.
② **지침의 통보** : 국토교통부장관은 지침을 작성한 경우 특별시장 및 광역시장(지역물류기본계획을 수립하는 특별자치시장·도지사 및 특별자치도지사를 포함한다)에게 통보하여야 한다.

5. 지역물류기본계획의 수립절차(★)

☑ 기초자료제출요청 ⇨ 협의 ⇨ 심의 ⇨ 수립 / 변경 ⇨ 공고·통보 : 장관 / 인접 사·도지사 / 관할 시장·군수·구청장 / 지원받는 기업·단체

(1) 기초자료의 제출요청

특별시장 및 광역시장은 다음의 자에 대하여 지역물류기본계획의 수립·변경을 위한 관련

기초 자료의 제출을 요청할 수 있다. 이 경우 협조를 요청받은 자는 특별한 사정이 없는 한 이에 따라야 한다(제15조).

① 인접한 시·도의 시·도지사
② 관할 시·군·구의 시장·군수·구청장
③ 이 법에 따라 해당 시·도의 지원을 받는 기업·단체 등

(2) 협의 후 심의

특별시장 및 광역시장이 지역물류기본계획을 수립하거나 대통령령이 정하는 중요한 사항을 변경하려는 경우에는 미리 해당 시·도에 인접한 시·도의 시·도지사와 협의한 후 지역물류정책위원회의 심의를 거쳐야 한다.

(3) 공고·통보

① 특별시장 및 광역시장은 수립하거나 변경한 지역물류기본계획을 국토교통부장관 및 해양수산부장관에게 통보하여야 한다.
② 특별시장 및 광역시장은 지역물류기본계획을 수립하거나 변경한 때에는 이를 공고하고, 인접한 시·도의 시·도지사, 관할 시·군·구의 시장·군수·구청장 및 이 법에 따라 해당 시·도의 지원을 받는 기업 및 단체 등에 이를 통보하여야 한다.

(4) 변경의 요구

국토교통부장관 또는 해양수산부장관은 통보받은 지역물류기본계획에 대하여 필요한 경우 관계 중앙행정기관의 장과 협의한 후 물류정책분과위원회의 심의를 거쳐 변경을 요구할 수 있다.

6. 지역물류기본계획의 연도별 시행계획의 수립

지역물류기본계획을 수립한 특별시장 및 광역시장은 그 계획을 시행하기 위하여 연도별 시행계획(이하 "지역물류시행계획"이라 한다)을 매년 수립하여야 한다(제16조).

제3절 물류정책위원회

1. 국가물류정책위원회의 설치 및 기능(★)

(1) 설치

국가물류정책에 관한 주요 사항을 심의하기 위하여 국토교통부장관 소속으로 국가물류정책위원회를 둔다(제17조).

(2) 기능

국가물류정책위원회는 다음의 사항을 심의·조정한다.

---

① 국가물류체계의 효율화에 관한 중요 정책 사항
② 물류시설의 종합적인 개발계획의 수립에 관한 사항
③ 물류산업의 육성·발전에 관한 중요 정책 사항
④ 물류보안에 관한 중요 정책 사항
⑤ 국제물류의 촉진·지원에 관한 중요 정책 사항
⑥ 이 법 또는 다른 법률에서 국가물류정책위원회의 심의를 거치도록 한 사항
⑦ 그 밖에 국가물류체계 및 물류산업에 관한 중요한 사항으로서 위원장이 회의에 부치는 사항

---

2. 국가물류정책위원회의 구성 등(★)

(1) 구성

국가물류정책위원회는 위원장을 포함한 23명 이내의 위원으로 구성한다(제18조).

(2) 위원

① 위촉 등

㉠ 국가물류정책위원회의 위원장은 국토교통부장관이 되고, 위원은 다음의 자가 된다.

ⓐ 기획재정부, 교육부, 과학기술정보통신부, 외교부, 농림축산식품부, 산업통상자원부, 고용노동부, 국토교통부, 해양수산부, 중소벤처기업부, 국가정보원 및 관세청의 고위공무원단에 속하는 공무원 또는 이에 상당하는 공무원 중에서 해당 기관의 장이 지명하는 자 각 1명
ⓑ 물류 관련 분야에 관한 전문지식 및 경험이 풍부한 자 중에서 위원장이 위촉하는 10명 이내의 자

ⓛ 국가물류정책위원회의 사무를 처리하기 위하여 간사 1명을 두되, 간사는 국토교통부
소속 공무원 중에서 위원장이 지명하는 자가 된다.
ⓒ 공무원이 아닌 위원의 임기는 2년으로 하되, 연임할 수 있다.
② 해촉 등
위원을 지명한 자는 위원이 다음의 어느 하나에 해당하는 경우에는 그 지명을 철회할
수 있으며, 위원장이 위촉한 위원이 어느 하나에 해당하는 경우에는 해당 위원을 해촉
(解囑)할 수 있다(영 제10조).

> ㉠ 심신장애로 인하여 직무를 수행할 수 없게 된 경우
> ㉡ 직무와 관련된 비위사실이 있는 경우
> ㉢ 직무태만, 품위손상이나 그 밖의 사유로 인하여 위원으로 적합하지 아니하다고 인정되는 경우
> ㉣ 위원 스스로 직무를 수행하는 것이 곤란하다고 의사를 밝히는 경우

(3) 국가물류정책위원회의 전문위원

① **설치** : 물류정책에 관한 중요 사항을 조사 · 연구하기 위하여 국가물류정책위원회에는
5명 이내의 비상근 전문위원을 둘 수 있다(영 제9조).
② 위촉 등
㉠ 전문위원은 다음에 해당하는 자 중에서 국토교통부장관이 위촉한다.

> ⓐ 법 제18조 제2항 제1호에 해당하는 중앙행정기관의 장이 추천하는 자
> ⓑ 물류 관련 분야에 관한 전문지식 및 경험이 풍부한 자

㉡ 전문위원의 임기는 3년 이내로 하되, 연임할 수 있다. 이 경우 보궐위원의 임기는
전임자의 잔임기간으로 한다.
㉢ 전문위원은 위원회와 분과위원회에 출석하여 발언할 수 있다.

3. 분과위원회(★)

(1) 설치

국가물류정책위원회의 업무를 효율적으로 추진하기 위하여 다음의 분과위원회를 둘 수 있
다(제19조).

> ① 물류정책분과위원회
> ② 물류시설분과위원회
> ③ 국제물류분과위원회

(2) 기능

1) 심의 · 조정

① 각 분과위원회는 그 소관에 따라 다음의 사항을 심의 · 조정한다.

> ㉠ 국가물류정책위원회에서 심의 · 조정할 안건으로서 사전 검토가 필요한 사항
> ㉡ 국가물류정책위원회에서 위임한 사항
> ㉢ 이 법 또는 다른 법률에서 분과위원회의 심의 · 조정을 거치도록 한 사항

② 분과위원회가 위 ㉡(국가물류정책위원회에서 위임한 사항) 및 ㉢(이 법 또는 다른 법률에서 분과위원회의 심의 · 조정을 거치도록 한 사항)을 심의 · 조정한 때에는 분과위원회의 심의 · 조정을 국가물류정책위원회의 심의 · 조정으로 본다.

2) 소관별 심의 · 조정사항 : 각 분과위원회는 다음의 사항을 심의 · 조정한다(영 제13조).

① 물류정책분과위원회 : 중장기 물류정책의 수립 · 조정, 물류산업 및 물류기업의 육성 · 지원, 물류인력의 양성에 관한 사항과 물류시설분과위원회 및 국제물류분과위원회의 소관에 속하지 아니하는 사항

② 물류시설분과위원회 : 물류의 공동화 · 표준화 · 정보화 및 자동화, 물류시설 · 장비 및 프로그램의 개발에 관한 사항

③ 국제물류분과위원회 : 국제물류협력체계 구축, 국내물류기업의 해외진출, 해외물류기업의 유치 및 환적화물의 유치, 해외물류시설 투자 등 국제물류의 촉진 및 지원에 관한 사항

(3) 위원 등

1) 위원장 : 각 분과위원회의 위원장은 중앙행정기관 중 해당 분과위원회에서 심의 · 조정할 사항에 관련되는 기관의 고위공무원단에 속하는 일반직공무원인 위원 중에서 국토교통부장관(물류정책분과위원회 및 물류시설분과위원회의 경우로 한정한다) 또는 해양수산부장관(국제물류분과위원회의 경우로 한정한다)이 지명하는 사람으로 한다.

2) 위원 : 분과위원회의 위원은 다음의 사람이 된다.

① 법 제18조 제2항 제1호의 중앙행정기관 중 해당 분과위원회에서 심의 · 조정할 사항에 관련되는 기관의 고위공무원단에 속하는 일반직공무원

② 각 분과위원회의 소관 사항에 관한 전문지식 및 경험이 풍부한 사람 중에서 성별을 고려하여 국토교통부장관이 해양수산부장관과 협의하여 위촉하는 5명 이상 10명 이내의 사람. 다만, 제1항 제3호의 국제물류분과위원회의 경우에는 해양수산부장관이 국토교통부장관과 협의하여 위촉하는 5명 이상 10명 이내의 사람으로 한다.

3) 임기 : 분과위원회의 위원 중 공무원이 아닌 위원의 임기는 2년으로 하되, 연임할 수 있다.

4. 지역물류정책위원회

지역물류정책에 관한 주요 사항을 심의하기 위하여 시·도지사 소속으로 지역물류정책위원회를 둔다(제20조).

제3장 물류체계의 효율화

제1절 물류시설·장비의 확충 등

1. 물류시설·장비의 확충(★)

(1) 권고 : 국토교통부장관·해양수산부장관 또는 산업통상자원부장관은 효율적인 물류활동을 위하여 필요한 물류시설 및 장비를 확충할 것을 물류기업에 권고할 수 있으며, 이에 필요한 행정적·재정적 지원을 할 수 있다(제21조).

(2) 요청 : 국토교통부장관·해양수산부장관 또는 산업통상자원부장관은 물류시설 및 장비를 원활하게 확충하기 위하여 필요하다고 인정되는 경우 관계 행정기관의 장에게 필요한 지원을 요청할 수 있다.

2. 물류시설 간의 연계와 조화

국가, 지방자치단체, 공공기관, 지방공기업 중 물류와 관련된 기관, 물류와 관련된 비영리법인 및 물류기업 등이 새로운 물류시설을 건설하거나 기존 물류시설을 정비할 때에는 다음의 사항을 고려하여야 한다(제22조).

① 주요 물류거점시설 및 운송수단과의 연계성
② 주변 물류시설과의 기능중복 여부
③ 공항 중 화물의 운송을 위한 시설을 갖춘 공항, 항만 중 화물의 운송을 위한 시설을 갖춘 항만, 국가산업단지의 경우 적정한 규모 및 기능을 가진 배후 물류시설 부지의 확보 여부

3. 물류 공동화·자동화 촉진(★)

(1) 물류공동화 추진의 지원

국토교통부장관·해양수산부장관·산업통상자원부장관 또는 시·도지사는 물류공동화를 추진하는 물류기업이나 화주기업 또는 물류 관련 단체에 대하여 예산의 범위에서 필요한 자금을 지원할 수 있다(제23조).

(2) 물류공동화 추진의 우선적 지원

① 국토교통부장관·해양수산부장관·산업통상자원부장관 또는 시·도지사는 화주기업이 물류공동화를 추진하는 경우에는 물류기업이나 물류 관련 단체와 공동으로 추진하도록 권고할 수 있으며, 권고를 이행하는 경우에 우선적으로 예산의 범위에서 필요한 자금을 지원할 수 있다.

② 국토교통부장관·해양수산부장관·산업통상자원부장관 또는 시·도지사는 물류기업이 다음의 어느 하나에 해당하는 경우 우선적으로 예산의 범위에서 필요한 자금을 지원할 수 있다.

> ㉠ 「클라우드컴퓨팅 발전 및 이용자 보호에 관한 법률」에 따른 클라우드컴퓨팅 등 정보통신기술을 활용하여 물류공동화를 추진하는 경우
>
> ㉡ 다음의 어느 하나에 해당하는 품목을 그에 적합한 온도를 유지하여 운송[이하 "정온(定溫)물류"라 한다]하기 위하여 물류공동화를 추진하는 경우
>
>   가. 「농업·농촌 및 식품산업 기본법」에 따른 농수산물 및 식품
>
>   나. 「약사법」에 따른 의약품
>
>   다. 그 밖에 첨단전자 부품 등 다음의 품목
>
>   ⓐ 반도체 및 이차전지
>
>   ⓑ ⓐ에 따른 품목 제조에 사용되는 원재료 또는 중간생산물
>
>   ⓒ ⓑ에 따른 원재료 또는 중간생산물을 생산하거나 해당 원재료 또는 중간생산물을 사용하여 ⓐ에 따른 품목을 생산하는 장치 또는 설비
>
>   ⓓ 「축산법」 제2조 제3호에 따른 축산물
>
>   ⓔ 그 밖에 국토교통부장관·해양수산부장관 또는 산업통상자원부장관이 각각 적합한 온도를 유지하여 운송할 필요가 있다고 인정하여 고시하는 품목

(3) 시범지역의 지정 등

① 국토교통부장관·해양수산부장관·산업통상자원부장관 또는 시·도지사는 물류공동화를 확산하기 위하여 필요한 경우에는 시범지역을 지정하거나 시범사업을 선정하여 운영할 수 있다.

② 국토교통부장관·해양수산부장관 또는 산업통상자원부장관은 물류기업이 물류자동화를 위하여 물류시설 및 장비를 확충하거나 교체하려는 경우에는 필요한 자금을 지원할 수 있다.

(4) 지원 등 조치의 중복방지

① 국토교통부장관·해양수산부장관 또는 산업통상자원부장관은 지원 등의 조치를 하려는 경우에는 중복을 방지하기 위하여 미리 협의하여야 한다.

② 시·도지사는 지원 등의 조치를 하려는 경우에는 중복을 방지하기 위하여 미리 해당 조치와 관련하여 국토교통부장관·해양수산부장관 또는 산업통상자원부장관과 협의하고, 그 내용을 지역물류기본계획과 지역물류시행계획에 반영하여야 한다.

제2절 물류표준화

1. 물류표준의 보급촉진 등

(1) 물류표준

국토교통부장관 또는 해양수산부장관은 물류표준화에 관한 업무를 효과적으로 추진하기 위하여 필요하다고 인정하는 경우에는 산업통상자원부장관에게 「산업표준화법」에 따른 한국산업표준의 제정·개정 또는 폐지를 요청할 수 있다(제24조).

(2) 물류표준장비 등

국토교통부장관·해양수산부장관 또는 산업통상자원부장관은 물류표준의 보급을 촉진하기 위하여 필요한 경우에는 관계 행정기관, 「공공기관의 운영에 관한 법률」에 따른 공공기관(이하 "공공기관"이라 한다), 물류기업, 물류에 관련된 장비의 사용자 및 제조업자에게 물류표준에 맞는 장비(이하 "물류표준장비"라 한다)를 제조·사용하게 하거나 물류표준에 맞는 규격으로 포장을 하도록 요청하거나 권고할 수 있다.

2. 물류표준장비의 사용자 등에 대한 우대조치

(1) 우대조치의 요청 · 권고

국토교통부장관 · 해양수산부장관 또는 산업통상자원부장관은 관계 행정기관, 공공기관 및 물류기업 등에게 물류표준장비의 사용자 또는 물류표준에 맞는 규격으로 재화를 포장하는 자에 대하여 운임 · 하역료 · 보관료의 할인 및 우선구매 등의 우대조치를 할 것을 요청하거나 권고할 수 있다(제25조).

(2) 재정지원

국토교통부장관 · 해양수산부장관 또는 산업통상자원부장관은 물류표준장비의 보급 확대를 위하여 물류기업, 물류표준장비의 사용자 또는 물류표준에 맞는 규격으로 재화를 포장하는 자 등에 대하여 소요자금의 융자 등 필요한 재정지원을 할 수 있다.

3. 물류회계의 표준화(★)

(1) 기업물류비 산정지침

① 국토교통부장관은 해양수산부장관 및 산업통상자원부장관과 협의하여 물류기업 및 화주기업의 물류비 산정기준 및 방법 등을 표준화하기 위하여 대통령령으로 정하는 기준에 따라 기업물류비 산정지침을 작성하여 고시하여야 한다(제26조).

☑ 기업물류비 산정지침

> 기업물류비 산정지침에는 다음의 사항이 포함되어야 한다(영 제18조).
> 1. 물류비 관련 용어 및 개념에 대한 정의
> 2. 영역별 · 기능별 및 자가 · 위탁별 물류비의 분류
> 3. 물류비의 계산 기준 및 계산 방법
> 4. 물류비 계산서의 표준 서식

② 국토교통부장관은 물류기업 및 화주기업이 기업물류비 산정지침에 따라 물류비를 관리하도록 권고할 수 있다.

(2) 행정적 · 재정적 지원

국토교통부장관은 해양수산부장관 및 산업통상자원부장관과 협의하여 기업물류비 산정지침에 따라 물류비를 계산 · 관리하는 물류기업 및 화주기업에 대하여는 필요한 행정적 · 재정적 지원을 할 수 있다.

제3절 물류정보화

1. 물류정보화의 촉진(★)

(1) 의의

국토교통부장관·해양수산부장관·산업통상자원부장관 또는 관세청장은 물류정보화를 통한 물류체계의 효율화를 위하여 필요한 시책을 강구하여야 한다(제27조).

☑ **물류정보화 시책(영 제19조)**

> 국토교통부장관·해양수산부장관·산업통상자원부장관 또는 관세청장은 물류정보화를 통한 물류체계의 효율화 시책을 강구할 때에는 다음의 사항이 포함되도록 하여야 한다.
> ① 물류정보의 표준에 관한 사항
> ② 물류분야 정보통신기술의 도입 및 확산에 관한 사항
> ③ 물류정보의 연계 및 공동활용에 관한 사항
> ④ 물류정보의 보안에 관한 사항
> ⑤ 그 밖에 물류효율의 향상을 위하여 필요한 사항

(2) 비용의 지원

국토교통부장관·해양수산부장관·산업통상자원부장관 또는 관세청장은 물류정보화를 촉진하기 위하여 필요한 경우에는 예산의 범위에서 물류기업 또는 물류 관련 단체에 대하여 물류정보화에 관련된 설비 또는 프로그램의 개발·운용비용의 일부를 지원할 수 있다.

2. 단위물류정보망의 구축·운영(★)

(1) 의의

① 관계 행정기관 및 물류관련기관은 소관 물류정보의 수집·분석·가공 및 유통 등을 촉진하기 위하여 필요한 때에는 단위물류정보망을 구축·운영할 수 있다. 이 경우 관계 행정기관은 전담기관을 지정하여 단위물류정보망을 구축·운영할 수 있다(제28조).
② 관계 행정기관이 전담기관을 지정하여 단위물류정보망을 구축·운영하는 경우에는 소요비용의 전부 또는 일부를 예산의 범위에서 지원할 수 있다.

(2) 단위물류정보망의 구축·운영

① 단위물류정보망을 구축하는 행정기관 및 물류관련기관은 소관 단위물류정보망과 국가물류통합정보센터 또는 다른 단위물류정보망 간의 연계체계를 구축하여야 한다.

② 단위물류정보망을 운영하고 있는 관계 행정기관 및 물류관련기관은 국가물류통합정보
센터 및 다른 단위물류정보망을 운영하고 있는 행정기관 또는 물류관련기관이 연계를
요청하는 경우에는 상호 협의를 거쳐 특별한 사정이 없으면 이에 협조하여야 한다.

③ 단위물류정보망을 구축 · 운영하는 관계 행정기관의 장은 국가물류통합정보센터 또는
단위물류정보망 간의 연계체계를 구축하기 위하여 필요한 때에는 국토교통부장관과 협
의를 거쳐 물류시설분과위원회에 국가물류통합정보센터와의 연계 또는 단위물류정보망
간의 연계체계의 조정을 요청할 수 있다.

(3) 단위물류정보망 전담기관의 지정 등

① 관계 행정기관은 대통령령으로 정하는 공공기관 또는 물류정보의 수집 · 분석 · 가공 ·
유통과 관련한 적절한 시설장비와 인력을 갖춘 자 중에서 단위물류정보망 전담기관을
지정한다.

☑ 대통령령으로 정하는 공공기관(영 제20조)

1. 「인천국제공항공사법」에 따른 인천국제공항공사
2. 「한국공항공사법」에 따른 한국공항공사
3. 「한국도로공사법」에 따른 한국도로공사
4. 「한국철도공사법」에 따른 한국철도공사
5. 「한국토지주택공사법」에 따른 한국토지주택공사
6. 「항만공사법」에 따른 항만공사
7. 제1호부터 제6호까지에서 규정한 기관 외에 국토교통부장관이 지정하여 고시하는 공공기관

② 시설장비와 인력 등의 기준(영 제20조)

1. 다음의 시설장비를 갖출 것
   ① 물류정보 및 이와 관련된 전자문서의 송신 · 수신 · 중계 및 보관 시설장비
   ② 단위물류정보망을 안전하게 운영하기 위한 보호 시설장비
   ③ 단위물류정보망의 정보시스템 관리 및 복제 · 저장 시설장비
   ④ 단위물류정보망에 보관된 물류정보와 전자문서의 송신 · 수신의 일자 · 시각 및 자
      취 등을 기록 · 관리하는 시설장비
   ⑤ 다른 단위물류정보망 및 국가물류통합정보센터와의 정보연계에 필요한 시설장비
2. 다음의 인력을 보유할 것
   ① 「국가기술자격법」에 따른 정보통신기사 · 정보처리기사 또는 전자계산기조직응용
      기사 이상의 국가기술자격이나 이와 동등한 자격이 있다고 국토교통부장관이 정하
      여 고시하는 사람 2명 이상

② 「국가기술자격법」에 따른 정보통신분야(기술 · 기능 분야)에서 3년 이상 근무한 경력이 있는 사람 1명 이상
3. 자본금이 2억원 이상인 「상법」에 따른 주식회사일 것

③ 전담기관을 지정하여 단위물류정보망을 구축 · 운영하는 관계 행정기관은 단위물류정보망 전담기관이 다음의 어느 하나에 해당하는 경우에는 그 지정을 취소할 수 있다. 다만, ㉠에 해당하는 경우에는 지정을 취소하여야 한다.

㉠ 거짓이나 그 밖의 부정한 방법으로 지정을 받은 경우
㉡ 지정기준에 미달하게 된 경우

3. 위험물질운송안전관리센터의 설치 · 운영(★)

(1) 의의

국토교통부장관은 다음에 따른 물질(이하 "위험물질"이라 한다)의 안전한 도로운송을 위하여 위험물질을 운송하는 차량을 통합적으로 관리하는 센터(이하 "위험물질운송안전관리센터"라 한다)를 설치 · 운영한다. 이 경우 국토교통부장관은 대통령령으로 정하는 바에 따라 한국교통안전공단에 위험물질운송안전관리센터의 설치 · 운영을 대행하게 할 수 있다(제29조).

☑ **위험물질의 범위**

1. 「위험물안전관리법」에 따른 위험물
2. 「화학물질관리법」에 따른 유해화학물질
3. 「고압가스 안전관리법」에 따른 고압가스
4. 「원자력안전법」에 따른 방사성폐기물
5. 「폐기물관리법」에 따른 지정폐기물
6. 「농약관리법」에 따른 농약과 원제(原劑)
7. 그 밖에 대통령령으로 정하는 물질

(2) 위험물질운송안전관리센터의 업무

위험물질운송안전관리센터는 다음의 업무를 수행한다.

① 위험물질 운송차량의 소유자 및 운전자 정보, 운행정보, 사고발생 시 대응 정보 등 위험물질운송안전관리센터 운영에 필요한 정보의 수집 및 관리

② 단말장치의 장착·운용 및 운송계획정보의 입력 등에 관한 교육

③ 위험물질운송안전관리센터의 업무 수행을 지원하기 위한 위험물질운송안전관리시스템의 구축·운영

④ 위험물질 운송차량의 사고 관련 상황 감시 및 사고발생 시 사고 정보 전파

⑤ 「도로교통법」에 따라 각 시·도경찰청장이 공고하는 통행 금지 및 제한 구간, 「물환경보전법」에 따른 상수원보호구역 등 통행제한 구간, 그 밖에 국토교통부령으로 정하는 통행제한 구간(이하 "통행제한구간"이라 한다)에 진입한 위험물질 운송차량에 대한 통행금지 알림 및 관계 기관 등에 해당 위험물질 운송차량의 통행제한구간 진입 사실 전파

⑥ 관계 행정기관과의 위험물질운송안전관리시스템 공동 활용 체계 구축

⑦ 그 밖에 위험물질 운송차량의 사고예방 및 사고발생 시 신속한 방재 지원에 필요한 사항

(3) 지원 등

① 국토교통부장관은 예산의 범위에서 위험물질운송안전관리센터의 설치 및 운영을 대행하는 데 필요한 예산을 지원할 수 있다.

② 위험물질운송안전관리센터의 운영에 필요한 정보를 수집·관리 및 활용하는 자(한국교통안전공단의 임직원과 정보를 공동으로 활용하는 관계 행정기관의 소속 직원을 포함한다)는 취득한 정보를 목적 외의 용도로 사용하여서는 아니 된다.

③ 관계 행정기관의 장은 위험물질운송안전관리시스템을 통하여 위험물질운송안전관리센터가 수집·관리하는 정보를 공동으로 활용할 수 있다.

④ 국토교통부장관은 위험물질운송안전관리센터의 운영을 위하여 필요한 경우에는 관계 행정기관 및 공공기관·법인 등(이하 "관계 행정기관 등"이라 한다)의 장에게 소속 공무원 또는 임직원의 파견과 자료 및 정보의 제공 등 업무 수행에 필요한 협조를 요청할 수 있다. 이 경우 요청을 받은 관계 행정기관 등의 장은 특별한 사유가 없으면 그 요청에 따라야 한다.

4. 위험물질 운송차량의 소유자 등의 의무 등

(1) 이동통신단말장치의 장착

도로운송 시 위험물질운송안전관리센터의 감시가 필요한 위험물질을 운송하는 위험물질 운송차량 중 최대 적재량이 일정 기준 이상인 차량의 소유자(「자동차관리법」에 따른 자동

차등록원부에 기재된 자동차 소유자를 말한다)는 위험물질운송안전관리시스템과 무선통신이 가능하고 위험물질 운송차량의 위치정보의 수집 등이 가능한 이동통신단말장치를 차량에 장착하여야 한다. 이 경우 도로운송 시 위험물질운송안전관리센터의 감시가 필요한 위험물질의 종류 및 위험물질 운송차량의 최대 적재량 기준 등은 관계 중앙행정기관의 장과 협의를 거쳐 국토교통부령으로 정한다(제29조의2).

☑ **위험물질운송안전관리센터의 감시가 필요한 위험물질의 종류 등(칙 제2조의2)**

위험물질의 종류	위험물질 운송차량의 최대 적재량 기준
「위험물안전관리법」 제2조제1항제1호에 따른 위험물	10,000 리터 이상
「폐기물관리법」 제2조제4호에 따른 지정폐기물(액상 폐기물 및 같은 법 시행령 제7조제1항제12호에 따라 환경부장관이 정하여 고시한 폐기물 중 금속성 분진·분말로 한정한다). 다만, 같은 법 시행령 별표 1 제10호에 따른 의료폐기물은 제외한다.	10,000 킬로그램 이상
「화학물질관리법」 제2조제7호에 따른 유해화학물질	5,000 킬로그램 이상
「고압가스 안전관리법 시행규칙」 제2조제1항제1호에 따른 가연성가스	6,000 킬로그램 이상
「고압가스 안전관리법 시행규칙」 제2조제1항 제2호에 따른 독성가스	2,000 킬로그램 이상

(2) 단말장치 장착 · 운용

① 단말장치를 장착한 위험물질 운송차량(이하 "단말장치 장착차량"이라 한다)의 소유자는 단말장치의 정상적인 작동 여부를 점검·관리하여야 하며, 단말장치 장착차량의 운전자는 위험물질을 운송하는 동안 단말장치의 작동을 유지하여야 한다.
② 국토교통부장관은 위험물질 운송차량의 소유자가 단말장치를 장착·운용하는 데 필요한 비용의 전부 또는 일부를 지원할 수 있다.
③ 단말장치의 장착·기술 기준 및 점검·관리 방법 등 단말장치의 장착·운용에 필요한 사항은 국토교통부령으로 정한다.

(3) 운송계획정보의 입력 등

① 단말장치 장착차량의 소유자는 위험물질을 운송하려는 경우 사전에 국토교통부령으로 정하는 바에 따라 해당 차량의 운전자 정보, 운송하는 위험물질의 종류, 출발지 및 목적지 등 운송계획에 관한 정보(이하 "운송계획정보"라 한다)를 위험물질운송안전관리시스템에 입력하여야 한다.
② 국토교통부장관은 단말장치의 장착·기술 기준 및 운송계획정보를 입력하기 위하여 필요한 사항을 정할 때에는 사전에 관계 중앙행정기관의 장과 협의하여야 한다.

③ 국토교통부장관은 단말장치의 장착·운용 및 운송계획정보의 입력에 대한 위반 여부를 확인하기 위하여 관계 공무원 또는 위험물질운송단속원(한국교통안전공단의 임직원 중에서 위험물질 운송안전 관리 업무를 담당하는 사람을 말한다)으로 하여금 위험물질 운송차량을 조사하게 하거나 위험물질 운송차량의 사업장에 출입하여 관련 서류 등을 조사하게 할 수 있다.

④ 위험물질 운송차량의 소유자, 운전자 또는 관련 사업장의 관계인은 정당한 사유 없이 출입·조사를 거부·방해 또는 기피하여서는 아니 된다.

⑤ 출입·조사를 하는 공무원 또는 위험물질운송단속원은 그 권한을 표시하는 증표를 지니고 이를 관계인에게 보여주어야 한다.

(4) 단말장치의 장착 및 운행중지 명령

① 국토교통부장관은 단말장치를 장착하지 아니하거나 단말장치의 장착·기술 기준을 준수하지 아니한 자에게 국토교통부령으로 정하는 바에 따라 기간을 정하여 단말장치를 장착하거나 개선할 것을 명할 수 있다(제29조의3).

② 국토교통부장관은 조치명령을 받은 자가 그 명령을 이행하지 아니한 경우 그 위험물질 운송차량의 운행중지를 명할 수 있다.

5. 국가물류통합데이터베이스의 구축 등

(1) 의의

① 국토교통부장관은 해양수산부장관·산업통상자원부장관 및 관세청장과 협의하여 관계 행정기관, 물류관련기관 또는 물류기업 등이 구축한 단위물류정보망으로부터 필요한 정보를 제공받거나 물류현황조사에 따라 수집된 정보를 가공·분석하여 물류 관련 자료를 총괄하는 국가물류통합데이터베이스를 구축할 수 있다(제30조).

② 국토교통부장관은 국가물류통합데이터베이스의 구축을 위하여 필요한 경우 관계 행정기관, 지방자치단체, 물류관련기관 또는 물류기업 등에 대하여 자료의 제공을 요청할 수 있다.

(2) 국가물류통합정보센터의 설치·운영

① 국토교통부장관은 국가물류통합데이터베이스를 구축하고 물류정보를 가공·축적·제공하기 위한 통합정보체계를 갖추기 위하여 국가물류통합정보센터를 설치·운영할 수 있다(제30조의2).

② 국토교통부장관은 다음의 어느 하나에 해당하는 자를 국가물류통합정보센터의 운영자로 지정할 수 있다.

> ○ 중앙행정기관
> ○ 대통령령으로 정하는 공공기관
> ○ 「정부출연연구기관 등의 설립·운영 및 육성에 관한 법률」 또는 「과학기술분야 정부출연연구기관 등의 설립·운영 및 육성에 관한 법률」에 따른 정부출연연구기관
> ○ 물류관련협회
> ○ 그 밖에 자본금 2억원 이상, 업무능력 등 대통령령으로 정하는 기준과 자격을 갖춘 「상법」상의 주식회사

③ 국토교통부장관은 해양수산부장관·산업통상자원부장관 및 관세청장과 협의하여 국가물류통합정보센터의 효율적인 운영을 위하여 국가물류통합정보센터운영자에게 필요한 지원을 할 수 있다.

④ 국가물류통합정보센터운영자의 지정에 필요한 절차 및 지정기준 등은 대통령령으로 정한다.

(3) 지정의 취소 등

국토교통부장관은 국가물류통합정보센터운영자가 다음의 어느 하나에 해당하는 경우에는 그 지정을 취소할 수 있다. 다만 ①에 해당하는 경우에는 지정을 취소하여야 한다(제31조).

> ① 거짓이나 그 밖의 부정한 방법으로 지정을 받은 경우
> ② 지정기준에 미달하게 된 경우
> ③ 국가물류통합정보센터운영자가 국가물류통합데이터베이스의 물류정보를 영리를 목적으로 사용한 경우

6. 전자문서 등(★)

(1) 전자문서의 이용·개발

① 물류기업, 물류관련기관 및 물류 관련 단체가 대통령령으로 정하는 물류에 관한 업무를 전자문서(「전자문서 및 전자거래 기본법」의 전자문서를 말한다.)로 처리하려는 경우에는 국토교통부령으로 정하는 전자문서를 이용하여야 한다(제32조).

② 국토교통부장관은 해양수산부장관 및 산업통상자원부장관과 협의하여 표준전자문서의 개발·보급계획을 수립하여야 한다.

(2) 전자문서 및 물류정보의 보안

① 누구든지 단위물류정보망 또는 전자문서를 위작(僞作) 또는 변작(變作)하거나 위작 또는 변작된 전자문서를 행사하여서는 아니 된다(제33조).

② 누구든지 국가물류통합정보센터 또는 단위물류정보망에서 처리·보관 또는 전송되는 물류정보를 훼손하거나 그 비밀을 침해·도용(盜用) 또는 누설하여서는 아니 된다.

③ 국가물류통합정보센터운영자 또는 단위물류정보망 전담기관은 전자문서 및 정보처리장치의 파일에 기록되어 있는 물류정보를 2년 동안 보관하여야 한다.

④ 국가물류통합정보센터운영자 또는 단위물류정보망 전담기관은 전자문서 및 물류정보의 보안에 필요한 보호조치를 강구하여야 한다.

⑤ 누구든지 불법 또는 부당한 방법으로 보호조치를 침해하거나 훼손하여서는 아니 된다.

(3) 전자문서 및 물류정보의 공개

① 국가물류통합정보센터운영자 또는 단위물류정보망 전담기관은 대통령령으로 정하는 경우를 제외하고는 전자문서 또는 물류정보를 공개하여서는 아니 된다(제34조).

② 국가물류통합정보센터운영자 또는 단위물류정보망 전담기관이 전자문서 또는 물류정보를 공개하려는 때에는 미리 대통령령으로 정하는 이해관계인의 동의를 받아야 한다.

☑ 공개사유 및 절차(영 제26조)

> 1. 공개사유 : 대통령령으로 정하는 경우란 국가의 안전보장에 위해가 없고 기업의 영업비밀을 침해하지 아니하는 경우로서 다음의 어느 하나에 해당하는 경우를 말한다.
> ① 관계 중앙행정기관 또는 지방자치단체가 행정목적상의 필요에 따라 신청하는 경우
> ② 수사기관이 수사목적상의 필요에 따라 신청하는 경우
> ③ 법원의 제출명령에 따른 경우
> ④ 다른 법률에 따라 공개하도록 되어 있는 경우
> ⑤ 그 밖에 국가물류통합정보센터운영자 또는 단위물류정보망 전담기관의 요청에 따라 국토교통부장관이 공개할 필요가 있다고 인정하는 경우
> 2. 공개절차
> ① 국가물류통합정보센터운영자 또는 단위물류정보망 전담기관은 전자문서 또는 물류정보를 공개하려는 때에는 위 1의 사유에 따른 신청 등이 있은 날부터 60일 이내에 서면(전자문서를 포함한다)으로 이해관계인의 동의를 받아야 한다.
> ② 이해관계인이란 공개하려는 전자문서 또는 물류정보에 대하여 직접적인 이해관계를 가진 자를 말한다.

(4) 전자문서 이용의 촉진

① 국토교통부장관은 해양수산부장관 및 산업통상자원부장관과 협의하여 물류기업, 물류
관련기관 및 물류 관련 단체에 대통령령으로 정하는 물류시설의 이용 등 관련 업무를
전자문서로 처리할 것을 요청할 수 있다(제35조).

② 국토교통부장관은 해양수산부장관 및 산업통상자원부장관과 협의하여 전자문서로 업무
를 처리하는 물류기업에 대하여 물류관련기관으로 하여금 해당 화물의 우선처리·요금
할인 등 우대조치를 할 것을 요청할 수 있다.

7. 국가 물류보안 시책의 수립 및 지원(★)

(1) 시책의 수립 · 시행

국토교통부장관은 관계 중앙행정기관의 장과 협의하여 국가 물류보안 수준을 향상시키기
위하여 물류보안 관련 제도 및 물류보안 기술의 표준을 마련하는 등 국가 물류보안 시책을
수립·시행하여야 한다(제35조의2).

(2) 행정적 · 재정적 지원

국토교통부장관은 관계 중앙행정기관의 장과 협의하여 물류기업 또는 화주기업이 다음의
어느 하나에 해당하는 활동을 하는 경우에는 행정적·재정적 지원을 할 수 있다.

> ① 물류보안 관련 시설·장비의 개발·도입
> ② 물류보안 관련 제도·표준 등 국가 물류보안 시책의 준수
> ③ 물류보안 관련 교육 및 프로그램의 운영
> ④ 물류보안 관련 시설·장비의 유지·관리
> ⑤ 물류보안 사고 발생에 따른 사후복구조치
> ⑥ 그 밖에 국토교통부장관이 정하여 고시하는 활동

(3) 물류보안 관련 국제협력 증진

① 국토교통부장관은 관계 중앙행정기관의 장과 협의하여 물류보안 관련 국제협력의 증진
을 위한 시책을 수립·시행하여야 한다(제35조의3) .

② 물류보안 관련 국제협력을 위한 외국 및 국제기구와의 물류보안 관련 공동연구, 전문인
력의 상호파견, 물류보안 기술개발 정보의 공유 등 물류보안 관련 국제협력을 위하여
필요한 사항은 대통령령으로 정한다.

제4장 물류산업의 경쟁력 강화

제1절 물류산업의 육성

1. 물류산업의 육성 등

(1) 시책의 강구 등

국토교통부장관 및 해양수산부장관은 화주기업에 대하여 운송·보관·하역 등의 물류서비스를 일관되고 통합된 형태로 제공하는 물류기업을 우선적으로 육성하는 등 물류산업의 경쟁력을 강화하는 시책을 강구하여야 한다(제36조).

(2) 조치

국토교통부장관·해양수산부장관 또는 산업통상자원부장관은 물류기업의 육성을 위하여 다음의 조치를 할 수 있다.
① 이 법 또는 대통령령으로 정하는 물류 관련 법률에 따라 국가 또는 지방자치단체의 지원을 받는 물류시설에의 우선 입주를 위한 지원
② 물류시설·장비의 확충, 물류 표준화·정보화 등 물류효율화에 필요한 자금의 원활한 조달을 위하여 필요한 지원

2. 제3자물류의 촉진

(1) 시책의 수립·시행

국토교통부장관은 해양수산부장관 및 산업통상자원부장관과 협의하여 화주기업과 물류기업의 제3자물류 촉진을 위한 시책을 수립·시행하고 지원하여야 한다(제37조).

(2) 행정적·재정적 지원

국토교통부장관은 해양수산부장관 및 산업통상자원부장관과 협의하여 화주기업 또는 물류기업이 다음의 어느 하나에 해당하는 활동을 하는 때에는 행정적·재정적 지원을 할 수 있다.

① 제3자물류를 활용하기 위한 목적으로 화주기업이 물류시설을 매각·처분하거나 물류기업이 물류시설을 인수·확충하려는 경우
② 제3자물류를 활용하기 위한 목적으로 물류컨설팅을 받으려는 경우
③ 그 밖에 제3자물류 촉진을 위하여 필요하다고 인정하는 경우

(3) 홍보

국토교통부장관은 해양수산부장관 및 산업통상자원부장관과 협의하여 제3자물류 활용을 촉진하기 위하여 제3자물류 활용의 우수사례를 발굴하고 홍보할 수 있다.

3. 물류신고센터의 설치 등(★)

(1) 설치·운영

국토교통부장관 또는 해양수산부장관은 물류시장의 건전한 거래질서를 조성하기 위하여 물류신고센터를 설치·운영할 수 있다(제37조의2).

☑ 물류신고센터의 업무

물류신고센터는 다음의 업무를 수행한다.
1. 분쟁신고의 접수, 신고 내용에 대한 사실관계 확인 및 조사
2. 조정의 권고
3. 자료의 제출 또는 보고의 요구
4. 그 밖에 신고업무 처리에 필요한 사항

(2) 분쟁의 신고대상

누구든지 물류시장의 건전한 거래질서를 해치는 다음의 행위로 분쟁이 발생하는 경우 그 사실을 물류신고센터에 신고할 수 있다.

① 화물의 운송·보관·하역 등에 관하여 체결된 계약을 정당한 사유 없이 이행하지 아니하거나 일방적으로 계약을 변경하는 행위
② 화물의 운송·보관·하역 등의 단가를 인하하기 위하여 고의적으로 재입찰하거나 계약단가 정보를 노출하는 행위
③ 화물의 운송·보관·하역 등에 관하여 체결된 계약의 범위를 벗어나 과적·금전 등을 제공하도록 강요하는 행위
④ 화물의 운송·보관·하역 등에 관하여 유류비의 급격한 상승 등 비용 증가분을 계약 단가에 반영하는 것을 지속적으로 회피하는 행위

(3) 물류분쟁의 신고 등

① 분쟁 사실을 신고하려는 자는 신고서(전자문서로 된 신고서를 포함한다)를 물류신고센 터(이하 "물류신고센터"라 한다)에 제출해야 한다(칙 제4조의2).

② 신고서를 받은 물류신고센터는 다음의 사항을 확인할 수 있다.

> ⊙ 분쟁신고대상의 어느 하나에 해당하는지에 대한 사실관계의 확인
> ⊙ 신고자 및 피신고자의 인적사항
> ⊙ 신고 내용을 증명할 수 있는 참고인 또는 증거자료의 확보 여부
> ⊙ 신고 내용의 확인 시 물류신고센터 및 관계 공무원 외의 자에게 신고자의 신분
>   을 밝히거나 암시하는 것에 대한 동의 여부

③ 물류신고센터는 확인 결과 보완이 필요하다고 인정하는 때에는 신고자로 하여금 15일
   이내의 기간을 정하여 그 내용을 보완하게 할 수 있다. 다만, 15일 이내에 자료를 보완
   하기 곤란한 사유가 있다고 인정되는 경우에는 신고자와 협의하여 보완기간을 따로 정
   할 수 있다.
④ 물류신고센터는 접수된 신고 내용을 접수대장에 기록·관리해야 한다. 이 경우 전자적
   방법으로 기록·관리할 수 있다.

(4) 물류분쟁 신고의 종결처리

물류신고센터는 다음의 어느 하나에 해당하는 경우 접수된 신고를 종결할 수 있다. 이 경우
종결 사실과 그 사유를 신고자에게 서면 등의 방법으로 통보해야 한다(칙 제4조의3).

> ① 신고 내용이 명백히 거짓인 경우
> ② 신고자가 보완요구를 받고도 보완기간에 보완을 하지 않는 경우
> ③ 신고에 대한 처리결과를 통보받은 사항에 대하여 정당한 사유 없이 다시 신고한 경우로서
>   새로운 증거자료 또는 참고인이 없는 경우
> ④ 신고 내용이 재판에 계류 중이거나 법원의 판결에 의해 확정된 경우
> ⑤ 신고 내용이 이미 수사나 감사 중에 있는 경우
> ⑥ 그 밖에 신고 내용을 확인할 수 없는 등 분쟁 처리가 불가능하다고 물류신고센터의 장이
>   인정하는 경우

(5) 물류분쟁 신고의 처리

① 물류신고센터는 신고서를 받은 날부터 60일 이내에 신고를 처리하고 그 결과를 신고자
   에게 통지해야 한다. 이 경우 보완기간은 제외한다(칙 제4조의4).
② 물류신고센터는 신고서를 받은 날부터 60일 이내에 처리가 곤란한 경우에는 30일 이내
   의 범위에서 그 기간을 연장할 수 있다. 이 경우 그 사유와 연장기간을 신고자에게 미리
   통지해야 한다.

4. 보고 및 조사 등

(1) 조정의 권고

① 국토교통부장관 또는 해양수산부장관은 신고의 내용이 타인이나 국가 또는 지역 경제에 피해를 발생시키거나 발생시킬 우려가 있다고 인정하는 때에는 해당 화주기업 또는 물류기업 등 이해관계인에게 조정을 권고할 수 있다(제37조의3).

② 물류신고센터가 조정을 권고하는 경우에는 다음의 사항을 명시하여 서면으로 통지해야 한다(칙 제4조의5).

> ㉠ 신고의 주요내용
> ㉡ 조정권고 내용
> ㉢ 조정권고에 대한 수락 여부 통보기한
> ㉣ 향후 신고 처리에 관한 사항

(2) 관계부처에 통보

국토교통부장관 또는 해양수산부장관은 신고의 내용이 「독점규제 및 공정거래에 관한 법률」, 「하도급거래 공정화에 관한 법률」, 「대리점거래의 공정화에 관한 법률」 등 다른 법률을 위반하였다고 판단되는 때에는 관계부처에 신고의 내용을 통보하여야 한다.

(3) 자료제출 및 보고

① 국토교통부장관 또는 해양수산부장관은 조정의 권고를 위하여 필요한 경우 해당 화주기업 또는 물류기업 등 이해관계인에게 다음의 자료를 제출하게 하거나 보고하게 할 수 있다(칙 제4조의6).

> 1. 계약서, 거래내역 등 분쟁과 관련된 자료
> 2. 신고 내용을 확인하거나 증명하는 데 필요한 자료
> 3. 그 밖에 조정의 권고를 위하여 필요하다고 인정하는 자료

② 국토교통부장관 또는 해양수산부장관은 조정의 권고를 위하여 필요한 경우 관계 공무원으로 하여금 해당 화주기업 또는 물류기업 등 이해관계인의 사업장 또는 그 밖의 장소에 출입하여 장부나 서류, 그 밖의 물건을 조사하게 할 수 있다. 이 경우 조사를 하는 공무원은 그 권한을 표시하는 증표를 지니고 이를 관계인에게 내보여야 한다.

제2절 우수물류기업의 인증

1. 우수물류기업의 인증 등(★)

(1) 인증제도

국토교통부장관 및 해양수산부장관은 물류기업의 육성과 물류산업 발전을 위하여 소관 물류기업을 각각 우수물류기업으로 인증할 수 있다(제38조).

(2) 물류사업별 우수물류기업 인증의 주체와 대상

우수물류기업의 인증은 물류사업별로 운영할 수 있으며, 각 사업별 인증의 주체와 대상 등에 필요한 사항은 대통령령으로 정한다.

☑ 사업별 우수물류기업 인증의 주체와 대상

물류사업	인증 대상 물류기업	인증 주체
1. 화물운송업	화물자동차운송기업	국토교통부장관
2. 물류시설운영업	물류창고기업	국토교통부장관 또는 해양수산부장관(「항만법」에 따른 항만구역에 있는 창고를 운영하는 기업의 경우만 해당한다)
3. 물류서비스업	가. 국제물류주선기업	국토교통부장관
	나. 화물정보망기업	국토교통부장관
4. 종합물류서비스업	종합물류서비스기업	국토교통부장관 · 해양수산부장관 공동

(3) 인증우수물류기업에 대한 점검

국토교통부장관 또는 해양수산부장관은 인증을 받은 자(이하 "인증우수물류기업"이라 한다)가 요건을 유지하는지의 여부를 3년마다 점검하여야 한다.

(4) 인증우수물류기업 인증의 취소 등

① 국토교통부장관 또는 해양수산부장관은 소관 인증우수물류기업이 다음의 어느 하나에 해당하는 경우에는 그 인증을 취소할 수 있다. 다만, ㉠에 해당하는 때에는 인증을 취소하여야 한다(제39조).

> ㉠ 거짓이나 그 밖의 부정한 방법으로 인증을 받은 경우
> ㉡ 물류사업으로 인하여 공정거래위원회로부터 시정조치 또는 과징금 부과 처분을 받은 경우
> ㉢ 점검을 정당한 사유 없이 3회 이상 거부한 경우

> ② 인증기준에 맞지 아니하게 된 경우
> ⑩ 다른 사람에게 자기의 성명 또는 상호를 사용하여 영업을 하게 하거나 인증서를 대여한 때

② 인증우수물류기업은 우수물류기업의 인증이 취소된 경우에는 인증서를 반납하고, 인증 마크의 사용을 중지하여야 한다.

2. 인증심사대행기관

(1) 인증심사대행기관의 업무

국토교통부장관 및 해양수산부장관은 우수물류기업의 인증과 관련하여 우수물류기업 인증 심사 대행기관을 공동으로 지정하여 다음의 업무를 하게 할 수 있다(제40조).

> ① 인증신청의 접수
> ② 인증요건에 맞는지에 대한 심사
> ③ 인증우수물류기업에 대한 점검의 대행
> ④ 인증의 심사방법, 심사절차 등 인증업무에 대한 세부규정 마련
> ⑤ 인증심사 계획 및 점검 계획의 수립 및 결과 보고
> ⑥ 인증심사위원의 관리
> ⑦ 인증제도 및 인증우수물류기업에 대한 홍보
> ⑧ 인증제도에 대한 연구

(2) 심사대행기관의 지정 등

① 심사대행기관은 대통령령으로 정하는 바에 따라 다음의 어느 하나에 해당하는 기관 중에서 지정한다.

> ㉠ 공공기관
> ㉡ 정부출연연구기관

② 심사대행기관의 장은 업무를 수행할 때 필요한 경우에는 관계 행정기관 또는 관련 있는 기관에 협조를 요청할 수 있다.
③ 심사대행기관의 조직 및 운영 등에 필요한 사항은 공동부령으로 정한다.
④ 국토교통부장관 및 해양수산부장관은 심사대행기관을 지도·감독하고, 그 운영비의 일부를 지원할 수 있다.

(3) 심사대행기관의 지정취소

국토교통부장관 및 해양수산부장관은 심사대행기관이 다음의 어느 하나에 해당하는 경우에는 공동으로 그 지정을 취소할 수 있다. 다만, ①에 해당하는 경우에는 지정을 취소하여야 한다(제40조의2).

> ① 거짓 또는 부정한 방법으로 지정을 받은 경우
> ② 고의 또는 중대한 과실로 인증 기준 및 절차를 위반한 경우
> ③ 정당한 사유 없이 인증업무를 거부한 경우

3. 인증서와 인증마크

(1) 인증서의 교부 등

국토교통부장관 또는 해양수산부장관은 소관 인증우수물류기업에 대하여 인증서를 교부하고, 인증을 나타내는 표시(이하 "인증마크"라 한다)를 제정하여 인증우수물류기업이 사용하게 할 수 있다(제41조).

(2) 인증마크

① 인증마크의 도안 및 표시방법 등에 대하여는 공동부령으로 정하는 바에 따라 국토교통부장관 및 해양수산부장관이 공동으로 정하여 고시한다.
② 인증우수물류기업이 아닌 자는 거짓의 인증마크를 제작·사용하거나 그 밖의 방법으로 인증우수물류기업임을 사칭하여서는 아니 된다.

4. 인증우수물류기업 및 우수녹색물류실천기업에 대한 지원

국가·지방자치단체 또는 공공기관은 인증우수물류기업 또는 우수녹색물류실천기업에 대하여 대통령령으로 정하는 바에 따라 행정적·재정적 지원을 할 수 있다(제42조).

제3절 국제물류주선업

1. 국제물류주선업의 등록(★)

(1) 시 · 도지사에게 등록

국제물류주선업을 경영하려는 자는 국토교통부령으로 정하는 바에 따라 시 · 도지사에게 등록하여야 한다(제43조).

(2) 변경등록

국제물류주선업을 등록한 자(이하 "국제물류주선업자"라 한다)가 등록한 사항 중 국토교통부령으로 정하는 중요한 사항을 변경하려는 경우에는 국토교통부령으로 정하는 바에 따라 변경등록을 하여야 한다.

(3) 등록기준

등록을 하려는 자는 3억원 이상의 자본금(법인이 아닌 경우에는 6억원 이상의 자산평가액을 말한다)을 보유하고 그 밖에 대통령령으로 정하는 기준을 충족하여야 한다. 국제물류주선업자는 등록기준에 관한 사항을 3년이 경과할 때마다 국토교통부령으로 정하는 바에 따라 신고하여야 한다.

"대통령령으로 정하는 기준"이란 다음의 어느 하나에 해당하는 경우를 제외하고는 1억원 이상의 보증보험에 가입하여야 하는 것을 말한다.
① 자본금 또는 자산평가액이 10억원 이상인 경우
② 컨테이너장치장을 소유하고 있는 경우
③ 「은행법」에 따른 은행으로부터 1억원 이상의 지급보증을 받은 경우
④ 1억원 이상의 화물배상책임보험에 가입한 경우

---

(4) 등록의 결격사유

다음의 어느 하나에 해당하는 자는 국제물류주선업의 등록을 할 수 없으며, 외국인 또는 외국의 법령에 따라 설립된 법인의 경우에는 해당 국가의 법령에 따라 다음의 어느 하나에 해당하는 경우에도 또한 같다(제44조).

---

① 피성년후견인 또는 피한정후견인
② 이 법, 「화물자동차 운수사업법」, 「항공사업법」, 「항공안전법」, 「공항시설법」 또는 「해운법」을 위반하여 금고 이상의 실형을 선고받고 그 집행이 종료(집행이 종료된 것으로 보는 경우를 포함한다)되거나 집행이 면제된 날부터 2년이 지나지 아니한 자

---

③ 이 법, 「화물자동차 운수사업법」, 「항공사업법」, 「항공안전법」, 「공항시설법」 또는 「해운법」을 위반하여 금고 이상의 형의 집행유예를 선고받고 그 유예기간 중에 있는 자

④ 이 법, 「화물자동차 운수사업법」, 「항공사업법」, 「항공안전법」, 「공항시설법」 또는 「해운법」을 위반하여 벌금형을 선고받고 2년이 지나지 아니한 자

⑤ 등록이 취소(위 ①에 해당하여 등록이 취소된 경우는 제외한다)된 후 2년이 지나지 아니한 자

⑥ 법인으로서 대표자가 ①부터 ⑤까지의 어느 하나에 해당하는 경우

⑦ 법인으로서 대표자가 아닌 임원 중에 ②부터 ⑤까지의 어느 하나에 해당하는 사람이 있는 경우

2. 사업의 승계(★)

(1) 양도 · 사망 · 합병

국제물류주선업자가 그 사업을 양도하거나 사망한 때 또는 법인이 합병한 때에는 그 양수인 · 상속인 또는 합병 후 존속하는 법인이나 합병으로 설립되는 법인은 국제물류주선업의 등록에 따른 권리 · 의무를 승계한다(제45조).

(2) 시 · 도지사에게 신고

① 국제물류주선업의 등록에 따른 권리 · 의무를 승계한 자는 국토교통부령으로 정하는 바에 따라 시 · 도지사에게 신고하여야 한다.

② 승계받은 자의 결격사유에 관하여는 제44조를 준용한다.

3. 사업의 휴업 · 폐업 관련 정보의 제공 요청(★)

시 · 도지사는 국제물류주선업자의 휴업 · 폐업 사실을 확인하기 위하여 필요한 경우에는 관할 세무관서의 장에게 대통령령으로 정하는 바에 따라 휴업 · 폐업에 관한 과세정보의 제공을 요청할 수 있다. 이 경우 요청을 받은 세무관서의 장은 정당한 사유가 없으면 그 요청에 따라야 한다(제46조).

4. 등록의 취소 등(★)

시·도지사는 국제물류주선업자가 다음의 어느 하나에 해당하는 경우에는 등록을 취소하거나 6개월 이내의 기간을 정하여 사업의 전부 또는 일부의 정지를 명할 수 있다. 다만, ①·④·⑤에 해당하는 경우에는 등록을 취소하여야 한다(제47조).

① 거짓이나 그 밖의 부정한 방법으로 등록을 한 경우
② 등록기준에 못 미치게 된 경우
③ 사업승계의 신고를 하지 아니하거나 거짓으로 신고한 경우
④ 결격사유의 어느 하나에 해당하게 된 경우. 다만, 그 지위를 승계받은 상속인이 결격사유 제1호부터 제5호까지의 어느 하나에 해당하는 경우에 상속일부터 3개월 이내에 그 사업을 다른 사람에게 양도한 경우와 법인(합병 후 존속하는 법인 또는 합병으로 설립되는 법인을 포함한다)이 결격사유 제6호 또는 제7호에 해당하는 경우에 그 사유가 발생한 날(법인이 합병하는 경우에는 합병일을 말한다)부터 3개월 이내에 해당 임원을 개임한 경우에는 그러하지 아니하다.
⑤ 다른 사람에게 자기의 성명 또는 상호를 사용하여 영업을 하게 하거나 등록증을 대여한 경우

5. 자금의 지원

국가는 국제물류주선업의 육성을 위하여 필요하다고 인정하는 경우에는 국제물류주선업자에게 그 사업에 필요한 소요자금의 융자 등 필요한 지원을 할 수 있다(제49조).

제4절 물류인력의 양성

1. 물류인력의 양성(★)

(1) 물류인력의 양성사업

국토교통부장관·해양수산부장관 또는 시·도지사는 대통령령으로 정하는 물류분야의 기능인력 및 전문인력을 양성하기 위하여 다음의 사업을 할 수 있다(제50조).

① 화주기업 및 물류기업에 종사하는 물류인력의 역량강화를 위한 교육·연수
② 물류체계 효율화 및 국제물류 활성화를 위한 선진기법, 교육프로그램 및 교육교재의 개발·보급

③ 외국 물류대학의 국내유치활동 지원 및 국내대학과 외국대학 간의 물류교육 프로그램의 공동 개발활동 지원
④ 물류시설의 운영과 물류장비의 조작을 담당하는 기능인력의 양성·교육
⑤ 그 밖에 신규 물류인력 양성, 물류관리사 재교육 또는 외국인 물류인력 교육을 위하여 필요한 사업

(2) 경비의 지원

국토교통부장관·해양수산부장관 또는 시·도지사는 다음의 어느 하나에 해당하는 자가 물류인력의 양성사업을 하는 경우에는 예산의 범위에서 사업수행에 필요한 경비의 전부나 일부를 지원할 수 있다.

① 정부출연연구기관
② 「고등교육법」 또는 「경제자유구역 및 제주국제자유도시의 외국교육기관 설립·운영에 관한 특별법」에 따라 설립된 대학이나 대학원
③ 그 밖에 국토교통부령 또는 해양수산부령으로 정하는 물류연수기관
   ㉠ 물류관련협회 또는 물류관련협회가 설립한 교육·훈련기관
   ㉡ 물류지원센터
   ㉢ 「화물자동차 운수사업법」 및 화물자동차운수사업자가 설립한 협회 또는 연합회와 화물자동차운수사업자가 설립한 협회 또는 연합회가 설립한 교육·훈련기관
   ㉣ 대한무역투자진흥공사
   ㉤ 「민법」에 따라 설립된 물류와 관련된 비영리법인
   ㉥ 그 밖에 국토교통부장관 및 해양수산부장관이 지정·고시하는 기관
   ㉦ 한국해양수산연수원
   ㉧ 「항만운송사업법」에 따라 해양수산부장관의 설립인가를 받아 설립된 교육훈련기관

(3) 전문교육기관에 위탁

국토교통부장관·해양수산부장관 또는 시·도지사는 필요한 경우 화주기업 및 물류기업에 종사하는 물류인력의 역량강화를 위한 교육·연수 및 물류시설의 운영과 물류장비의 조작을 담당하는 기능인력의 양성·교육의 사업을 전문교육기관에 위탁하여 실시할 수 있다.

(4) 중복방지

시·도지사는 사업 등을 하려는 경우에는 중복을 방지하기 위하여 미리 국토교통부장관
및 해양수산부장관과 협의하고, 그 내용을 지역물류기본계획과 지역물류시행계획에 반영
하여야 한다.

2. 물류관리사

(1) 물류관리사 자격시험

① 물류관리사가 되려는 자는 국토교통부장관이 실시하는 시험에 합격하여야 한다(제51조).
② 시험에 응시하여 부정행위를 한 자에 대하여는 그 시험을 무효로 한다.
③ 시험의 무효 처분을 받은 자와 자격이 취소된 자는 그 처분을 받은 날 또는 자격이
취소된 날부터 3년간 시험에 응시할 수 없다.

(2) 물류관리사의 직무(★)

물류관리사는 물류활동과 관련하여 전문지식이 필요한 사항에 대하여 계획·조사·연구·
진단 및 평가 또는 이에 관한 상담·자문, 그 밖에 물류관리에 필요한 직무를 수행한다(제
52조).

(3) 물류관리사 자격의 취소(★)

국토교통부장관은 물류관리사가 다음의 어느 하나에 해당하는 때에는 그 자격을 취소하여
야 한다(제53조).

① 자격을 부정한 방법으로 취득한 때
② 다른 사람에게 자기의 성명을 사용하여 영업을 하게 하거나 자격증을 대여한 때
③ 물류관리사의 성명의 사용이나 물류관리사 자격증 대여를 알선한 때

(4) 물류관리사 고용사업자에 대한 우선지원(★)

① 국토교통부장관 또는 시·도지사는 물류관리사를 고용한 물류관련 사업자에 대하여 다
른 사업자보다 우선하여 행정적·재정적 지원을 할 수 있다(제54조).
② 시·도지사는 지원을 하려는 경우에는 중복을 방지하기 위하여 미리 국토교통부장관과
협의하여야 한다.

제5절 물류 관련 단체의 육성

1. 물류관련협회 등(★)

(1) 협회의 설립

물류기업, 화주기업, 그 밖에 물류활동과 관련된 자는 물류체계를 효율화하고 업계의 건전한 발전 및 공동이익을 도모하기 위하여 필요할 경우 대통령령으로 정하는 바에 따라 협회(이하 "물류관련협회"라 한다)를 설립할 수 있다. 다만, 다른 법률에서 달리 정하고 있는 경우는 제외한다(제55조).

(2) 설립절차 등

① 물류관련협회를 설립하려는 경우에는 해당 협회의 회원이 될 자격이 있는 기업 100개 이상이 발기인으로 정관을 작성하여 해당 협회의 회원이 될 자격이 있는 기업 200개 이상이 참여한 창립총회의 의결을 거친 후 소관에 따라 국토교통부장관 또는 해양수산부장관의 설립인가를 받아야 한다.

② 물류관련협회는 설립인가를 받아 설립등기를 함으로써 성립한다.

③ 물류관련협회는 법인으로 한다.

④ 물류관련협회에 관하여 이 법에 규정한 것 외에는 「민법」 중 사단법인에 관한 규정을 준용한다.

⑤ 국토교통부장관 및 해양수산부장관은 물류관련협회의 발전을 위하여 필요한 경우에는 물류관련협회를 행정적·재정적으로 지원할 수 있다.

2. 민·관 합동 물류지원센터

(1) 물류지원센터의 설치·운영

국토교통부장관·해양수산부장관·산업통상자원부장관 및 대통령령으로 정하는 물류관련 협회 및 물류관련 전문기관·단체는 공동으로 물류체계 효율화를 통한 국가경쟁력을 강화하고 국제물류사업을 효과적으로 추진하기 위하여 물류지원센터를 설치·운영할 수 있다(제56조).

(2) 업무

물류지원센터는 다음의 업무를 수행한다.

① 국내물류기업의 해외진출 및 해외물류기업의 국내투자유치 지원

> ② 물류산업의 육성·발전을 위한 조사·연구
> ③ 그 밖에 물류 공동화 및 정보화 지원 등 물류체계 효율화를 위하여 필요한 업무

(3) 지원

국토교통부장관·해양수산부장관 또는 산업통상자원부장관은 물류지원센터를 효율적으로 운영하기 위하여 필요한 경우 행정적·재정적인 지원을 할 수 있다.

제5장 물류의 선진화 및 국제화

제1절 물류 관련 연구개발

1. 물류 관련 신기술·기법의 연구개발 및 보급 촉진 등

(1) 물류신기술 등의 연구개발

국토교통부장관·해양수산부장관 또는 시·도지사는 첨단화물운송체계·클라우드컴퓨팅·무선주파수인식 및 정온(定溫)물류 등 물류 관련 신기술·기법(이하 "물류신기술"이라 한다)의 연구개발 및 이를 통한 첨단 물류시설·장비·운송수단(이하 "첨단물류시설등"이라 한다)의 보급·촉진을 위한 시책을 마련하여야 한다.

(2) 행정적·재정적 지원

① 국토교통부장관·해양수산부장관 또는 시·도지사는 물류기업이 다음의 활동을 하는 경우에는 이에 필요한 행정적·재정적 지원을 할 수 있다.

> ㉠ 물류신기술을 연구개발하는 경우
> ㉡ 기존 물류시설·장비·운송수단을 첨단물류시설등으로 전환하거나 첨단물류시설등을 새롭게 도입하는 경우
> ㉢ 그 밖에 물류신기술 및 첨단물류시설등의 개발·보급을 위하여 대통령령으로 정하는 사항

② 국토교통부장관 또는 해양수산부장관은 물류신기술·첨단물류시설등 중 성능 또는 품질이 우수하다고 인정되는 경우 우수한 물류신기술·첨단물류시설등으로 지정하여 이의 보급·활용에 필요한 행정적·재정적 지원을 할 수 있다.

③ 시·도지사는 행정적·재정적 지원조치를 하려는 경우에는 중복을 방지하기 위하여 미리 국토교통부장관 및 해양수산부장관과 협의하고, 그 내용을 지역물류기본계획과 지역물류시행계획에 반영하여야 한다.

2. 물류 관련 연구기관 및 단체의 육성 등

(1) 물류 관련 연구기관 및 단체의 지도·육성

국토교통부장관·해양수산부장관 또는 시·도지사는 물류 관련 기술의 진흥 및 물류신기술의 연구개발을 위하여 관련 연구기관 및 단체를 지도·육성하여야 한다(제58조).

(2) 그 밖의 조치

① 국토교통부장관·해양수산부장관 또는 시·도지사는 물류 관련 기술의 진흥 및 물류신기술의 연구개발을 위하여 필요하다고 인정하는 경우에는 공공기관 등으로 하여금 물류기술의 연구·개발에 투자하게 하거나 연구기관 및 단체에 출연하도록 권고할 수 있다.
② 국토교통부장관·해양수산부장관 또는 시·도지사는 물류분야의 연구나 물류기술의 진흥 등에 현저한 기여를 했다고 인정되는 공공기관·물류기업 또는 개인 등에게 포상할 수 있다.

제2절 환경친화적 물류의 촉진

1. 환경친화적 물류의 촉진(★)

(1) 의의

국토교통부장관·해양수산부장관 또는 시·도지사는 물류활동이 환경친화적으로 추진될 수 있도록 관련 시책을 마련하여야 한다(제59조).

(2) 행정적·재정적 지원

국토교통부장관·해양수산부장관 또는 시·도지사는 물류기업, 화주기업 또는 「화물자동차 운수사업법」에 따른 개인 운송사업자가 환경친화적 물류활동을 위하여 다음의 활동을 하는 경우에는 행정적·재정적 지원을 할 수 있다. 시·도지사는 행정적·재정적 지원조치를 하려는 경우에는 중복을 방지하기 위하여 미리 국토교통부장관 및 해양수산부장관과 협의하고, 그 내용을 지역물류기본계획과 지역물류시행계획에 반영하여야 한다.

① 환경친화적인 운송수단 또는 포장재료의 사용
② 기존 물류시설·장비·운송수단을 환경친화적인 물류시설·장비·운송수단으로 변경
③ 환경친화적인 물류시스템의 도입 및 개발
④ 물류활동에 따른 폐기물 감량
⑤ 그 밖에 물류자원을 절약하고 재활용하는 활동으로서 국토교통부장관 및 해양수산
부장관이 정하여 고시하는 사항

2. 환경친화적 운송수단으로의 전환촉진(★)

(1) 의의

국토교통부장관·해양수산부장관 또는 시·도지사는 물류기업 및 화주기업에 대하여 환경
친화적인 운송수단으로의 전환을 권고하고 지원할 수 있다(제60조). 시·도지사는 지원조
치를 하려는 경우에는 중복을 방지하기 위하여 미리 국토교통부장관 및 해양수산부장관과
협의하고, 그 내용을 지역물류기본계획과 지역물류시행계획에 반영하여야 한다.

(2) 환경친화적 운송수단으로의 전환 지원

① 지원대상 : 지원대상은 다음과 같다(영 제48조).

⊙ 화물자동차·철도차량·선박·항공기 등의 배출가스를 저감하거나 배출가스를
저감할 수 있는 운송수단으로 전환하는 경우 및 이를 위한 시설·장비투자를
하는 경우
ⓒ 환경친화적인 연료를 사용하는 운송수단으로 전환하는 경우 및 이를 위한 시
설·장비투자를 하는 경우

② 지원내용 : 지원내용은 다음과 같다.

⊙ 환경친화적 운송수단으로의 전환에 필요한 자금의 보조·융자 및 융자 알선
ⓒ 환경친화적 운송수단으로의 전환에 필요한 교육, 컨설팅 및 정보의 제공
ⓒ 그 밖에 환경친화적 운송수단으로의 전환을 지원하기 위하여 국토교통부장관이
해양수산부장관 및 관계 행정기관의 장과 협의하여 고시하는 사항

3. 녹색물류협의기구의 설치 등(★)

(1) 의의

국토교통부, 관계 행정기관, 물류관련협회, 물류관련 전문기관·단체, 물류기업 및 화주기업 등은 환경친화적 물류활동을 촉진하기 위하여 협의기구(이하 "녹색물류협의기구"라 한다)를 설치·운영할 수 있다(제60조의2).

(2) 업무

녹색물류협의기구는 다음의 업무를 수행한다. 국토교통부장관은 녹색물류협의기구가 해당 업무를 수행하는 데 필요한 행정적·재정적 지원을 할 수 있다.

> ① 환경친화적 물류활동 촉진을 위한 정책 개발·제안 및 심의·조정
> ② 물류기업과 화주기업의 환경친화적 협력체계 구축을 위한 정책과 사업의 개발 및 제안
> ③ 환경친화적 물류활동 지원을 위한 사업의 심사 및 선정
> ④ 환경친화적 물류활동 촉진을 위한 연구·개발, 홍보 및 교육 등

(3) 녹색물류협의기구의 구성 및 운영 등

① 녹색물류협의기구는 위원장을 포함한 15명 이상 30명 이하의 위원으로 구성한다(영 제48조의2).

② 녹색물류협의기구의 위원장은 위원 중에서 호선(互選)한다.

③ 녹색물류협의기구의 위원은 다음의 어느 하나에 해당하는 사람 중에서 국토교통부장관이 임명 또는 위촉한다.

> ㉠ 산업통상자원부, 국토교통부 및 해양수산부의 물류 또는 에너지 분야 소속 공무원 중 해당 기관의 장이 지명하는 사람 각 1명
> ㉡ 물류 또는 에너지 분야 협회·전문기관·단체, 물류기업 및 화주기업에서 추천하는 사람
> ㉢ 「고등교육법」에 따른 학교에서 물류 또는 에너지 분야를 가르치는 조교수 이상인 사람

④ 국토교통부장관은 위원이 다음의 어느 하나에 해당하는 경우에는 해당 위원을 해임 또는 해촉할 수 있다(영 제48조의3).

> ㉠ 심신장애로 인하여 직무를 수행할 수 없게 된 경우
> ㉡ 직무와 관련된 비위사실이 있는 경우

ⓒ 직무태만, 품위손상이나 그 밖의 사유로 인하여 위원으로 적합하지 아니하다고
인정되는 경우

ⓔ 위원 스스로 직무를 수행하는 것이 곤란하다고 의사를 밝히는 경우

⑤ 녹색물류협의기구의 위원 중 공무원이 아닌 위원의 임기는 2년으로 한다. 다만, 보궐위
원의 임기는 전임자 임기의 남은 기간으로 한다.

⑥ 녹색물류협의기구의 위원장은 녹색물류협의기구의 회의를 소집하고, 그 의장이 된다.

⑦ 녹색물류협의기구의 위원장이 사고가 있거나 그 밖의 다른 사유로 인하여 회의에 참석
하지 못하는 경우에는 위원장이 미리 지명한 위원이 그 직무를 대행한다.

⑧ 녹색물류협의기구의 회의는 위원 과반수의 출석으로 개의하고, 출석위원 과반수의 찬성
으로 의결한다.

⑨ 녹색물류협의기구의 사무를 처리하기 위하여 간사 1명을 두며, 간사는 국토교통부장관
이 국토교통부 소속 공무원 중에서 지명하는 사람이 된다.

4. 우수녹색물류실천기업

(1) 환경친화적 물류활동 우수기업 지정

① 국토교통부장관은 환경친화적 물류활동을 모범적으로 하는 물류기업과 화주기업을 우
수기업으로 지정할 수 있다(제60조의3).

② 우수기업으로 지정받으려는 자는 해당하는 환경친화적 물류활동의 실적 등 국토교통부
령으로 정하는 지정기준을 충족하여야 한다.

③ 국토교통부장관은 지정을 받은 자(이하 "우수녹색물류실천기업"이라 한다)가 요건을 유
지하는지에 대하여 국토교통부령으로 정하는 바에 따라 점검을 할 수 있다.

(2) 우수녹색물류실천기업 지정증과 지정표시

① 국토교통부장관은 우수녹색물류실천기업에 지정증을 발급하고, 지정을 나타내는 표시
(이하 "지정표시"라 한다)를 정하여 우수녹색물류실천기업이 사용하게 할 수 있다(제60
조의4).

② 지정표시의 도안 및 표시 방법 등에 대해서는 국토교통부장관이 정하여 고시한다.

③ 우수녹색물류실천기업이 아닌 자는 지정표시나 이와 유사한 표시를 하여서는 아니 된다.

(3) 우수녹색물류실천기업의 지정취소 등

① 거짓이나 그 밖의 부정한 방법으로 지정을 받은 경우

② 요건을 충족하지 아니하게 된 경우

③ 점검을 정당한 사유 없이 3회 이상 거부한 경우

(4) 우수녹색물류실천기업 지정심사대행기관

① 국토교통부장관은 우수녹색물류실천기업 지정과 관련하여 우수녹색물류실천기업 지정 심사 대행기관(이하 "지정심사대행기관"이라 한다)을 지정하여 다음의 업무를 하게 할 수 있다(제60조의7).

> ㉠ 우수녹색물류실천기업 지정신청의 접수
> ㉡ 우수녹색물류실천기업의 지정기준에 충족하는지에 대한 심사
> ㉢ 우수녹색물류실천기업에 대한 점검
> ㉣ 그 밖에 지정업무를 원활히 수행하기 위하여 대통령령으로 정하는 지원업무

② 지정심사대행기관은 대통령령으로 정하는 바에 따라 다음의 어느 하나에 해당하는 기관 중에서 지정한다.

> ㉠ 공공기관
> ㉡ 정부출연연구기관

(5) 지정심사대행기관의 지정취소

국토교통부장관은 지정심사대행기관이 다음의 어느 하나에 해당하는 경우에는 그 지정을 취소할 수 있다. 다만, ①에 해당하는 경우에는 지정을 취소하여야 한다(제60조의8).

> ① 거짓 또는 부정한 방법으로 지정을 받은 경우
> ② 고의 또는 중대한 과실로 지정 기준 및 절차를 위반한 경우
> ③ 정당한 사유 없이 지정업무를 거부한 경우

제3절 국제물류의 촉진 및 지원

1. 국제물류사업의 촉진 및 지원(★)

(1) 의의

국토교통부장관·해양수산부장관 또는 시·도지사는 국제물류협력체계 구축, 국내 물류기업의 해외진출, 해외 물류기업의 유치 및 환적(換積)화물의 유치 등 국제물류 촉진을 위한 시책을 마련하여야 한다(제61조).

(2) 지원

국토교통부장관·해양수산부장관 또는 시·도지사는 대통령령으로 정하는 물류기업 또는 관련 전문기관·단체가 추진하는 다음의 국제물류사업에 대하여 행정적인 지원을 하거나 예산의 범위에서 필요한 경비의 전부나 일부를 지원할 수 있다.

> ① 물류 관련 정보·기술·인력의 국제교류
> ② 물류 관련 국제 표준화, 공동 조사, 연구 및 기술협력
> ③ 물류 관련 국제학술대회, 국제박람회 등의 개최
> ④ 해외 물류시장의 조사·분석 및 수집정보의 체계적인 배분
> ⑤ 국가 간 물류활동을 촉진하기 위한 지원기구의 설립
> ⑥ 외국 물류기업의 유치
> ⑦ 국내 물류기업의 해외 물류기업 인수 및 해외 물류 인프라 구축
> ⑧ 그 밖에 국제물류사업의 촉진 및 지원을 위하여 필요하다고 인정되는 사항

(3) 국가물류정책위원회의 심의

국토교통부장관 및 해양수산부장관은 범정부차원의 지원이 필요한 국가간 물류협력체의 구성 또는 정부간 협정의 체결 등에 관하여는 미리 국가물류정책위원회의 심의를 거쳐야 한다.

(4) 그 밖의 관련 규정

① 국토교통부장관·해양수산부장관 또는 시·도지사는 물류기업 및 국제물류 관련 기관·단체의 국제물류활동을 촉진하기 위하여 필요한 행정적·재정적 지원을 할 수 있다.
② 시·도지사는 지원의 조치를 하려는 경우에는 중복을 방지하기 위하여 미리 국토교통부장관 및 해양수산부장관과 협의하고, 그 내용을 지역물류기본계획과 지역물류시행계획에 반영하여야 한다.

2. 공동투자유치 활동 및 투자유치활동 평가

(1) 공동투자유치 활동

① 국토교통부장관·해양수산부장관 또는 시·도지사는 물류시설에 외국인투자기업 및 환적 화물을 효과적으로 유치하기 위하여 필요한 경우에는 해당 물류시설관리자(공항·항만 등 물류시설의 소유권 또는 개별 법령에 따른 관리·운영권을 인정받은 자를 말한다) 또는 국제물류 관련 기관·단체와 공동으로 투자유치 활동을 수행할 수 있다(제62조).
② 물류시설관리자와 국제물류 관련 기관·단체는 공동투자 유치활동에 대하여 특별한 사 유가 없는 한 적극 협조하여야 한다.
③ 국토교통부장관·해양수산부장관 또는 시·도지사는 효율적인 투자유치를 위하여 필요 하다고 인정되는 경우에는 재외공관 등 관계 행정기관 및 대한무역투자진흥공사 등 관 련 기관·단체에 협조를 요청할 수 있다.
④ 시·도지사는 공동투자유치의 조치를 하려는 경우에는 중복을 방지하기 위하여 미리 국토교통부장관 및 해양수산부장관과 협의하여야 한다.

(2) 투자유치활동 평가

국토교통부장관 및 해양수산부장관은 물류시설관리자의 외국인투자기업 및 환적화물에 대 한 적극적인 유치활동을 촉진하기 위하여 필요한 경우에는 해당 물류시설관리자의 투자유 치활동에 대한 평가를 할 수 있다(제63조).

제6장 보칙

1. 업무소관의 조정(★)

이 법에 따른 국토교통부장관·해양수산부장관 및 산업통상자원부장관의 업무소관이 중복되 는 경우에는 서로 협의하여 업무소관을 조정한다(제64조).

2. 권한의 위임 및 사무의 위탁

(1) 소속 기관의 장 또는 시·도지사에게 위임

이 법에 따른 국토교통부장관·해양수산부장관 및 산업통상자원부장관의 권한은 그 일부 를 대통령령으로 정하는 바에 따라 소속 기관의 장 또는 시·도지사에게 위임할 수 있다(제 65조).

(2) 관계 기관·단체 또는 법인에 위탁

이 법에 따른 국토교통부장관·해양수산부장관·산업통상자원부장관 또는 시·도지사의 업무는 대통령령으로 정하는 바에 따라 그 일부를 관계 기관·단체 또는 법인에 위탁할 수 있다.

3. 등록증 대여 등의 금지(★)

인증우수물류기업·국제물류주선업자 및 우수녹색물류실천기업은 다른 사람에게 자기의 성명 또는 상호를 사용하여 사업을 하게 하거나 그 인증서·등록증 또는 지정증을 대여하여서는 아니된다(제66조).

4. 물류관리사 자격증 대여 금지 등(★)

(1) 대여금지

물류관리사는 다른 사람에게 자기의 성명을 사용하여 사업을 하게 하거나 물류관리사 자격증을 대여하여서는 아니 된다(제66조의2).

(2) 알선 등 금지

누구든지 물류관리사로부터 그 성명을 빌려 사업을 하거나 물류관리사 자격증을 대여받아서는 아니 되며, 이를 알선하여서도 아니 된다.

5. 과징금(★)

(1) 부과대상

시·도지사는 국제물류주선업자에게 사업의 정지를 명하여야 하는 경우로서 그 사업의 정지가 해당 사업의 이용자 등에게 심한 불편을 주는 경우에는 그 사업정지 처분을 갈음하여 1천만원 이하의 과징금을 부과할 수 있다(제67조).

(2) 강제징수

과징금을 기한 내에 납부하지 아니한 때에는 시·도지사는 「지방행정제재·부과금의 징수 등에 관한 법률」에 따라 징수한다.

6. 청문(★)

국토교통부장관, 해양수산부장관, 시·도지사 및 행정기관은 다음의 어느 하나에 해당하는 취소를 하려면 청문을 하여야 한다(제68조).

① 단위물류정보망 전담기관에 대한 지정의 취소
② 국가물류통합정보센터운영자에 대한 지정의 취소
③ 인증우수물류기업에 대한 인증의 취소
④ 심사대행기관 지정의 취소
⑤ 국제물류주선업자에 대한 등록의 취소
⑥ 물류관리사 자격의 취소
⑦ 우수녹색물류실천기업의 지정취소
⑧ 지정심사대행기관의 지정취소

7. 벌칙 적용에서의 공무원 의제(★)

제29조 제1항 후단에 따라 업무를 대행하는 한국교통안전공단의 임직원, 제29조의2 제7항에 따라 업무를 수행하는 위험물질운송단속원, 제40조에 따라 업무를 행하는 심사대행기관의 임직원, 제60조의7에 따라 업무를 행하는 지정심사대행기관의 임직원은 「형법」 제129조부터 제132조까지의 규정에 따른 벌칙의 적용에서는 공무원으로 본다(제70조).

제7장 벌칙

1. 10년 이하의 징역 또는 1억원 이하의 벌금(★)

제33조 제1항을 위반하여 전자문서를 위작 또는 변작하거나 그 사정을 알면서 위작 또는 변작된 전자문서를 행사한 자는 10년 이하의 징역 또는 1억원 이하의 벌금에 처한다. 이 경우 미수범은 본죄에 준하여 처벌한다.

2. 5년 이하의 징역 또는 5천만원 이하의 벌금(★)

제33조 제2항을 위반하여 국가물류통합정보센터 또는 단위물류정보망에 의하여 처리·보관 또는 전송되는 물류정보를 훼손하거나 그 비밀을 침해·도용 또는 누설한 자는 5년 이하의 징역 또는 5천만원 이하의 벌금에 처한다.

3. 3년 이하의 징역 또는 3천만원 이하의 벌금(★)

제33조 제5항을 위반하여 국가물류통합정보센터 또는 단위물류정보망의 보호조치를 침해하거나 훼손한 자는 3년 이하의 징역 또는 3천만원 이하의 벌금에 처한다.

4. 1년 이하의 징역 또는 1천만원 이하의 벌금(★)

다음의 어느 하나에 해당하는 자는 1년 이하의 징역 또는 1천만원 이하의 벌금에 처한다.
① 제29조 제4항을 위반하여 취득한 정보를 목적 외의 용도로 사용한 자
② 제33조 제3항을 위반하여 전자문서 또는 물류정보를 대통령령으로 정하는 기간 동안 보관하지 아니한 자
③ 제43조 제1항에 따른 국제물류주선업의 등록을 하지 아니하고 국제물류주선업을 경영한 자
④ 제66조의2 제1항을 위반하여 자신의 성명을 사용하여 사업을 하게 하거나 물류관리사 자격증을 대여한 자
⑤ 제66조의2 제2항을 위반하여 물류관리사로부터 그 성명을 빌려 사업을 하거나 물류관리사 자격증을 대여받은 자 또는 이를 알선한 자

5. 3천만원 이하의 벌금(★)

다음의 어느 하나에 해당하는 자는 3천만원 이하의 벌금에 처한다.

① 제34조 제1항을 위반하여 전자문서 또는 물류정보를 공개한 자
② 제41조 제3항을 위반하여 거짓의 인증마크를 제작·사용하거나 그 밖의 방법으로 인증받은 기업임을 사칭한 자

6. 1천만원 이하의 벌금(★)

다음의 어느 하나에 해당하는 자는 1천만원 이하의 벌금에 처한다.

① 제29조의3 제2항에 따른 위험물질 운송차량의 운행중지 명령에 따르지 아니한 자
② 제37조의3 제3항에 따른 자료 제출 및 보고를 하지 아니하거나 거짓으로 한 자
③ 제37조의3 제4항에 따른 조사를 거부·방해 또는 기피한 자
④ 제60조의4 제3항을 위반하여 지정을 받지 아니하고 지정표시 또는 이와 유사한 표시를 사용한 자

⑤ 제66조를 위반하여 성명 또는 상호를 다른 사람에게 사용하게 하거나 인증서ㆍ등록증 또는 지정증을 대여한 자

7. 200만원 이하의 과태료

다음의 어느 하나에 해당하는 자에게는 200만원 이하의 과태료를 부과한다(제73조).

① 제7조 제2항, 제11조 제3항(제13조 제2항에서 준용하는 경우를 포함한다) 또는 제15조 제1항(제16조 제2항에서 준용하는 경우를 포함한다)에 따른 자료를 제출하지 아니하거나 거짓의 자료를 제출한 자(제7조 제2항 제3호, 제11조 제3항 제3호 및 제15조 제1항 제3호에 해당하는 자에 한정한다)

② 제43조 제2항에 따른 변경등록을 하지 아니한 자

③ 제45조에 따른 신고를 하지 아니한 자

④ 제39조 제2항을 위반하여 인증마크를 계속 사용한 자

⑤ 제60조의6 제2항을 위반하여 지정표시를 계속 사용한 자

⑥ 제29조의2 제1항을 위반하여 단말장치를 장착하지 아니한 자

⑦ 제29조의2 제2항을 위반하여 단말장치를 점검ㆍ관리하지 아니하거나 단말장치의 작동을 유지하지 아니한 자

⑧ 제29조의2 제5항을 위반하여 운송계획정보를 입력하지 아니하거나 거짓으로 입력한 자

⑨ 제29조의2 제8항을 위반하여 정당한 사유 없이 출입ㆍ조사를 거부ㆍ방해 또는 기피한 자

Chapter 01. 적중예상문제

01. 물류정책기본법상 물류현황조사에 관한 설명으로 옳지 않은 것은?

① 국토교통부장관은 물류에 관한 정책의 수립을 위하여 필요하다고 판단될 때에는 관계 행정기관의 장과 미리 협의한 후 물동량의 발생현황과 이동경로 등에 관하여 조사할 수 있다.

② 국토교통부장관은 물류현황조사를 위한 조사지침을 작성하려는 경우에는 미리 시·도지사와 협의하여야 한다.

③ 도지사는 지역물류에 관한 정책의 수립을 위하여 필요한 경우에는 해당 행정구역의 물동량 현황과 이동경로, 물류시설·장비의 현황과 이용실태 등에 관하여 조사할 수 있다.

④ 해양수산부장관은 물류현황조사를 효율적으로 수행하기 위하여 필요한 경우에는 물류현황조사의 전부 또는 일부를 전문기관으로 하여금 수행하게 할 수 있다.

⑤ 도지사는 관할 군의 군수에게 지역물류현황조사를 요청하는 경우에는 효율적인 지역물류현황조사를 위하여 조사의 시기, 종류 및 방법 등에 관하여 해당 도의 조례로 정하는 바에 따라 조사지침을 작성하여 통보할 수 있다.

> **정답 ▎** ②
> **해설 ▎** ② 국토교통부장관은 지침을 작성하려는 경우에는 미리 관계 중앙행정기관의 장과 협의하여야 한다.

02. 물류정책기본법상 물류계획의 수립에 관한 설명으로 옳지 않은 것은?

① 국토교통부장관 및 해양수산부장관은 국가물류정책의 기본방향을 설정하는 10년 단위의 국가물류기본계획을 5년마다 공동으로 수립하여야 한다.

② 국가물류기본계획에는 국가물류정보화사업에 관한 사항이 포함되어야 한다.

③ 국토교통부장관은 국가물류기본계획을 수립하거나 변경한 때에는 이를 관보에 고시하고, 관계 중앙행정기관의 장 및 시·도지사에게 통보하여야 한다.

④ 특별시장 및 광역시장은 지역물류정책의 기본방향을 설정하는 5년 단위의 지역물류기본계획을 3년마다 수립하여야 한다.

⑤ 지역물류기본계획은 국가물류기본계획에 배치되지 아니하여야 한다.

> **정답 ▎** ④
> **해설 ▎** ④ 특별시장 및 광역시장은 지역물류정책의 기본방향을 설정하는 10년 단위의 지역물류기본계획을 5년마다 수립하여야 한다

03. 물류정책기본법령상 물류회계의 표준화를 위한 기업물류비 산정지침에 포함되어야 하는 사항으로 명시되지 않은 것은?

① 물류비 관련 용어 및 개념에 대한 정의
② 우수물류기업 선정을 위한 프로그램 개발비의 상한
③ 영역별·기능별 및 자가·위탁별 물류비의 분류
④ 물류비의 계산 기준 및 계산 방법
⑤ 물류비 계산서의 표준 서식

> **정답 |** ②
> **해설 |** ①, ③, ④, ⑤는 물류회계의 표준화를 위한 기업물류비 산정지침에 포함되어야 하는 사항이다.

04. 물류정책기본법령상 도로운송 시 위험물질운송안전관리센터의 감시가 필요한 위험물질을 운송하는 차량의 최대 적재량 기준에 관한 설명이다. ( )에 들어갈 내용은?

> ○ 「위험물안전관리법」제2조 제1항 제1호에 따른 위험물을 운송하는 차량 : (ㄱ)리터 이상
> ○ 「화학물질관리법」제2조 제7호에 따른 유해화학물질을 운송하는 차량 : (ㄴ)킬로그램 이상

① ㄱ: 5,000, ㄴ: 5,000
② ㄱ: 5,000, ㄴ: 10,000
③ ㄱ: 10,000, ㄴ: 5,000
④ ㄱ: 10,000, ㄴ: 10,000
⑤ ㄱ: 10,000, ㄴ: 20,000

> **정답 |** ③
> **해설 |** ③ 칙 제2조의2(위험물질운송안전관리센터의 감시가 필요한 위험물질의 종류 등)
> ① 「물류정책기본법」(이하 "법"이라 한다) 제29조의2제1항 후단에 따른 위험물질운송안전관리센터의 감시가 필요한 위험물질의 종류는 다음 각 호와 같다. 〈개정 2019. 3. 19.〉
>   1. 「위험물안전관리법」제2조제1항제1호에 따른 위험물
>   2. 「폐기물관리법」제2조제4호에 따른 지정폐기물(액상 폐기물 및 같은 법 시행령 제7조제1항제12호에 따라 환경부장관이 정하여 고시한 폐기물 중 금속성 분진·분말로 한정한다). 다만, 같은 법 시행령 별표 1 제10호에 따른 의료폐기물은 제외한다.
>   3. 「화학물질관리법」제2조제7호에 따른 유해화학물질
>   4. 「고압가스 안전관리법 시행규칙」제2조제1항제1호 및 제2호에 따른 가연성가스와 독성가스
> ② 법 제29조의2제1항 후단에 따른 위험물질 운송차량의 최대 적재량 기준은 다음 각 호와 같다.
>   1. 제1항제1호의 물질을 운송하는 차량: 10,000리터 이상
>   2. 제1항제2호의 물질을 운송하는 차량: 10,000킬로그램 이상
>   3. 제1항제3호의 물질을 운송하는 차량: 5,000킬로그램 이상
>   4. 제1항제4호의 물질 중 가연성가스를 운송하는 차량: 6,000킬로그램 이상
>   5. 제1항제4호의 물질 중 독성가스를 운송하는 차량: 2,000킬로그램 이상

05. 물류정책기본법상 물류공동화 및 자동화 촉진에 관한 설명으로 옳은 것을 모두 고른 것은?

> ㄱ. 해양수산부장관은 물류공동화를 추진하는 물류기업에 대하여 예산의 범위에서 필요한 자금을 지원할 수 있다.
> ㄴ. 국토교통부장관은 화주기업이 물류공동화를 추진하는 경우에는 물류기업이나 물류 관련 단체와 공동으로 추진하도록 권고할 수 있다.
> ㄷ. 자치구 구청장은 물류공동화를 확산하기 위하여 필요한 경우에는 시범지역을 지정하거나 시범사업을 선정하여 운영할 수 있다.
> ㄹ. 산업통상자원부장관은 물류기업이 물류자동화를 위하여 물류시설 및 장비를 확충하거나 교체하려는 경우에는 필요한 자금을 지원할 수 있다.

① ㄱ, ㄷ   ② ㄱ, ㄹ
③ ㄴ, ㄷ   ④ ㄱ, ㄴ, ㄹ
⑤ ㄴ, ㄷ, ㄹ

정답 ┃ ④
해설 ┃ ㄷ. 국토교통부장관·해양수산부장관·산업통상자원부장관 또는 시·도지사는 물류공동화를 확산하기 위하여 필요한 경우에는 시범지역을 지정하거나 시범사업을 선정하여 운영할 수 있다.

06. 물류정책기본법령상 단위물류정보망 전담기관으로 지정될 수 없는 것은? (단, 고시는 고려하지 않음)

① 「한국자산관리공사 설립 등에 관한 법률」에 따른 한국자산관리공사
② 「인천국제공항공사법」에 따른 인천국제공항공사
③ 「한국공항공사법」에 따른 한국공항공사
④ 「한국도로공사법」에 따른 한국도로공사
⑤ 「항만공사법」에 따른 항만공사

정답 ┃ ①
해설 ┃ ① 「한국자산관리공사 설립 등에 관한 법률」에 따른 한국자산관리공사는 단위물류정보망 전담기관으로 지정될 수 없다.

물류시설의 개발 및 운영에 관한 법률

제1장 총칙

1. 목적

이 법은 물류시설을 합리적으로 배치·운영하고 물류시설 용지를 원활히 공급하여 물류산업의 발전을 촉진함으로써 국가경쟁력을 강화하고 국토의 균형 있는 발전과 국민경제의 발전에 이바지함을 목적으로 한다(제1조).

2. 정의(★)

이 법에서 사용하는 용어의 정의는 다음과 같다(제2조).

(1) 물류시설

다음의 시설을 말한다.

> ① 화물의 운송·보관·하역을 위한 시설
> ② 화물의 운송·보관·하역과 관련된 가공·조립·분류·수리·포장·상표부착·판매·정보통신 등의 활동을 위한 시설
> ③ 물류의 공동화·자동화 및 정보화를 위한 시설
> ④ ①부터 ③까지의 시설이 모여 있는 물류터미널 및 물류단지

(2) 물류터미널

화물의 집화(集貨)·하역(荷役) 및 이와 관련된 분류·포장·보관·가공·조립 또는 통관 등에 필요한 기능을 갖춘 시설물을 말한다. 다만, 가공·조립 시설은 가공·조립 시설의 전체 바닥면적 합계가 물류터미널의 전체 바닥면적 합계의 4분의 1 이하의 것이어야 한다.

(3) 물류터미널사업

1) **정의** : 물류터미널을 경영하는 사업으로서 복합물류터미널사업과 일반물류터미널사업을 말한다.
2) **제외 사업** : 다만, 다음의 시설물을 경영하는 사업은 물류터미널사업에서 제외한다.

> ① 「항만법」의 항만시설 중 항만구역 안에 있는 화물하역시설 및 화물보관·처리 시설
> ② 「공항시설법」의 공항시설 중 공항구역 안에 있는 화물운송을 위한 시설과 그 부대시설 및 지원시설
> ③ 「철도사업법」에 따른 철도사업자가 그 사업에 사용하는 화물운송·하역 및 보관 시설
> ④ 「유통산업발전법」의 집배송시설 및 공동집배송센터

    3) 복합물류터미널사업 : 두 종류 이상의 운송수단 간의 연계운송을 할 수 있는 규모 및 시설을 갖춘 물류터미널사업을 말한다.

    4) 일반물류터미널사업 : 물류터미널사업 중 복합물류터미널사업을 제외한 것을 말한다.

(4) 물류창고

화물의 저장·관리, 집화·배송 및 수급조정 등을 위한 보관시설(주문 수요를 예측하여 소형·경량 위주의 화물을 미리 보관하고 소비자의 주문에 대응하여 즉시 배송하기 위한 주문배송시설을 포함한다)·보관장소 또는 이와 관련된 하역·분류·포장·상표부착 등에 필요한 기능을 갖춘 시설을 말한다.

(5) 물류창고업

    1) 정의 : 화주(貨主)의 수요에 따라 유상으로 물류창고에 화물을 보관하거나 이와 관련된 하역·분류·포장·상표부착 등을 하는 사업을 말한다.

    2) 제외되는 것 : 다만, 다음의 어느 하나에 해당하는 것은 제외한다.

> ① 「주차장법」에 따른 주차장에서 자동차의 보관, 「자전거 이용 활성화에 관한 법률」에 따른 자전거 주차장에서 자전거의 보관
> ② 「철도사업법」에 따른 철도사업자가 여객의 수하물 또는 소화물을 보관하는 것
> ③ 그 밖에 「위험물안전관리법」에 따른 위험물저장소에 보관하는 것 등 국토교통부와 해양수산부의 공동부령으로 정하는 것

(6) 스마트물류센터

첨단물류시설 및 설비, 운영시스템 등을 도입하여 저비용·고효율·안전성·친환경성 등에서 우수한 성능을 발휘할 수 있는 물류창고로서 국토교통부장관의 인증을 받은 물류창고를 말한다.

(7) 물류단지

    1) 정의 : 물류단지시설과 지원시설을 집단적으로 설치·육성하기 위하여 제22조 또는 제

22조의2에 따라 지정·개발하는 일단(一團)의 토지 및 시설로서 도시첨단물류단지와 일반물류단지를 말한다.

2) **도시첨단물류단지** : 도시 내 물류를 지원하고 물류·유통산업 및 물류·유통과 관련된 산업의 육성과 개발을 촉진하려는 목적으로 도시첨단물류단지시설과 지원시설을 집단적으로 설치하기 위하여 「국토의 계획 및 이용에 관한 법률」에 따른 도시지역에 제22조의2에 따라 지정·개발하는 일단의 토지 및 시설을 말한다.

3) **일반물류단지** : 물류단지 중 도시첨단물류단지를 제외한 것을 말한다.

(8) 물류단지시설

1) **정의** : 일반물류단지시설과 도시첨단물류단지시설을 말한다.

2) **일반물류단지시설** : 화물의 운송·집화·하역·분류·포장·가공·조립·통관·보관·판매·정보처리 등을 위하여 일반물류단지 안에 설치되는 다음의 시설을 말한다.

> ① 물류터미널 및 창고
> ② 「유통산업발전법」의 대규모점포·전문상가단지·공동집배송센터 및 중소유통공동도매물류센터
> ③ 「농수산물유통 및 가격안정에 관한 법률」의 농수산물도매시장·농수산물공판장 및 농수산물종합유통센터
> ④ 「궤도운송법」에 따른 궤도사업을 경영하는 자가 그 사업에 사용하는 화물의 운송·하역 및 보관 시설
> ⑤ 「축산물위생관리법」의 작업장(도축장, 집유장, 축산물가공장, 식용란선별포장장, 식육포장처리장 또는 축산물보관장을 말한다)
> ⑥ 「농업협동조합법」·「수산업협동조합법」·「산림조합법」·「중소기업협동조합법」 또는 「협동조합 기본법」에 따른 조합 또는 그 중앙회(연합회를 포함한다)가 설치하는 구매사업 또는 판매사업 관련 시설
> ⑦ 「화물자동차 운수사업법」의 화물자동차운수사업에 이용되는 차고, 화물취급소, 그 밖에 화물의 처리를 위한 시설
> ⑧ 「약사법」의 의약품 도매상의 창고 및 영업소시설
> ⑨ 그 밖에 물류기능을 가진 시설로서 대통령령으로 정하는 시설
>
> > ㉠ 「관세법」에 따른 보세창고
> > ㉡ 「수산식품산업의 육성 및 지원에 관한 법률」에 따른 수산물가공업시설(냉동·냉장업 시설만 해당한다)
> > ㉢ 「항만법」의 항만시설 중 항만구역에 있는 화물하역시설 및 화물보관·처리 시설

> ㉣ 「공항시설법」의 공항시설 중 공항구역에 있는 화물운송을 위한 시설과 그 부대시설 및 지원시설
> ㉤ 「철도사업법」에 따른 철도사업자가 그 사업에 사용하는 화물운송·하역 및 보관 시설
> ㉥ 그 밖에 물류기능을 가진 시설로서 국토교통부령으로 정하는 시설

> ⑩ ①부터 ⑨까지의 시설에 딸린 시설[아래 (10) 지원시설 중에서 ① 대통령령으로 정하는 가공·제조 시설 또는 ② 정보처리시설로서 위의 ①부터 ⑨까지의 시설과 동일한 건축물에 설치되는 시설을 포함한다)

3) **도시첨단물류단지시설** : 도시 내 물류를 지원하고 물류·유통산업 및 물류·유통과 관련된 산업의 육성과 개발을 목적으로 도시첨단물류단지 안에 설치되는 다음의 시설을 말한다.

> ① 위 2)의 일반물류단지시설의 ①부터 ⑨까지의 시설 중에서 도시 내 물류·유통기능 증진을 위한 시설
> ② 「산업입지 및 개발에 관한 법률」에 따른 공장, 지식산업 관련 시설, 정보통신산업 관련 시설, 교육·연구시설 중 첨단산업과 관련된 시설로서 국토교통부령으로 정하는 물류·유통 관련 시설
> ③ 그 밖에 도시 내 물류·유통기능 증진을 위한 시설로서 대통령령으로 정하는 시설
> ④ 위 ①부터 ③까지의 시설에 딸린 시설

(9) 복합용지

도시첨단물류단지시설, 지원시설, 도로·철도·궤도·항만 또는 공항 시설 등, 전기·가스·용수 등의 공급시설과 전기통신설비, 하수도, 폐기물처리시설, 그 밖의 환경오염방지시설 등의 시설을 하나의 용지에 전부 또는 일부 설치하기 위한 용지를 말한다.

(10) 지원시설

1) **정의** : 물류단지시설의 운영을 효율적으로 지원하기 위하여 물류단지 안에 설치되는 다음의 시설을 말한다.

> ① 대통령령으로 정하는 가공·제조 시설

> ㉠「농수산물유통 및 가격안정에 관한 법률」에 따른 농수산물산지유통센터
> (축산물의 도축·가공·보관 등을 하는 축산물 종합처리시설을 포함한다)
> ㉡「산업집적활성화 및 공장설립에 관한 법률」에 따른 공장
> ㉢「수산식품산업의 육성 및 지원에 관한 법률」에 따른 수산가공품 생산공장
> 및 수산물가공업시설(냉동·냉장업 시설 및 선상가공업시설은 제외한다)
> ㉣ 그 밖에 국토교통부령으로 정하는 제조·가공시설

② 정보처리시설

③ 금융·보험·의료·교육·연구·업무 시설

④ 물류단지의 종사자 및 이용자의 생활과 편의를 위한 시설

⑤ 그 밖에 물류단지의 기능 증진을 위한 시설로서 대통령령으로 정하는 시설

> ㉠「건축법 시행령」에 따른 문화 및 집회시설
> ㉡ 입주기업체 및 지원기관에서 발생하는 폐기물의 처리를 위한 시설(재활용
> 시설을 포함한다)
> ㉢ 물류단지의 종사자 및 이용자의 주거를 위한 단독주택, 공동주택 등의 시설
> ㉣ 그 밖에 물류단지의 기능 증진을 위한 시설로서 국토교통부령으로 정하는
> 시설

2) 제외되는 시설 : 다만, 대통령령으로 정하는 가공·제조 시설 또는 정보처리시설로서
위 2) 일반물류단지시설의 ①부터 ⑨까지의 시설과 동일한 건축물에 설치되는 시설은
제외한다.

(11) 물류단지개발사업

1) 정의 : 물류단지를 조성하기 위하여 시행하는 다음의 사업으로서 도시첨단물류단지개발
사업과 일반물류단지개발사업을 말한다.

> ① 물류단지시설 및 지원시설의 용지조성사업과 건축사업
> ② 도로·철도·궤도·항만 또는 공항 시설 등의 건설사업
> ③ 전기·가스·용수 등의 공급시설과 전기통신설비의 건설사업
> ④ 하수도, 폐기물처리시설, 그 밖의 환경오염방지시설 등의 건설사업
> ⑤ 그 밖에 ①부터 ④까지의 사업에 딸린 사업

2) 도시첨단물류단지개발사업 : 물류단지개발사업 중 도시첨단물류단지를 조성하기 위하여
시행하는 사업을 말한다.

3) 일반물류단지개발사업 : 물류단지개발사업 중 도시첨단물류단지사업을 제외한 것을 말한다.

☑ 관련 법조문

> **제3조(다른 법률과의 관계)**
> ① 삭제 〈2010. 2. 4.〉
> ② 다른 법률에서 물류터미널 및 물류단지 외의 물류시설의 개발·관리 및 운영 등에 관하여 규정하고 있는 경우에는 그 법률로 정하는 바에 따른다.
> ③ 물류 교통·환경 정비사업과 관련된 사항에 대하여는 다른 법률에 우선하여 이 법을 적용한다.

제2장 물류시설개발종합계획의 수립

1. 물류시설개발종합계획의 수립(★)

(1) 수립단위

국토교통부장관은 물류시설의 합리적 개발·배치 및 물류체계의 효율화 등을 위하여 물류시설의 개발에 관한 종합계획(물류시설개발종합계획)을 5년 단위로 수립하여야 한다(제4조).

(2) 물류시설의 기능별 분류

물류시설개발종합계획은 물류시설을 다음의 기능별 분류에 따라 체계적으로 수립한다. 이 경우 다음의 물류시설의 기능이 서로 관련되어 있는 때에는 이를 고려하여 수립하여야 한다.

단위물류시설	창고 및 집배송센터 등 물류활동을 개별적으로 수행하는 최소 단위의 물류시설
집적[클러스터(cluster)]물류시설	물류터미널 및 물류단지 등 둘 이상의 단위물류시설 등이 함께 설치된 물류시설
연계물류시설	물류시설 상호 간의 화물운송이 원활히 이루어지도록 제공되는 도로 및 철도 등 교통시설

(3) 계획의 내용

물류시설개발종합계획에는 다음의 사항이 포함되어야 한다.

> ① 물류시설의 장래수요에 관한 사항
> ② 물류시설의 공급정책 등에 관한 사항
> ③ 물류시설의 지정·개발에 관한 사항

④ 물류시설의 지역별 · 규모별 · 연도별 배치 및 우선순위에 관한 사항

⑤ 물류시설의 기능개선 및 효율화에 관한 사항

⑥ 물류시설의 공동화 · 집단화에 관한 사항

⑦ 물류시설의 국내 및 국제 연계수송망 구축에 관한 사항

⑧ 물류시설의 환경보전 · 관리에 관한 사항

⑨ 도심지에 위치한 물류시설의 정비와 교외이전(郊外移轉)에 관한 사항

⑩ 용수 · 에너지 · 통신시설 등 기반시설에 관한 사항

2. 물류시설개발종합계획의 수립절차(★)

☑ **수립절차 개요**

① 관계 행정기관장[소관별 계획 제출] ⇨ ② 국토교통부장관[물류시설개발종합계획안 작성] ⇨ ③ 시 · 도지사[의견청취] ⇨ ④ 관계 중앙행정기관장[협의] ⇨ ⑤ 물류시설분과위[심의] ⇨ ⑥ 관보[고시]

(1) 수립절차

국토교통부장관은 물류시설개발종합계획을 수립하는 때에는 관계 행정기관의 장으로부터 소관별 계획을 제출받아 이를 기초로 물류시설개발종합계획안을 작성하여 특별시장 · 광역시장 · 특별자치시장 · 도지사 또는 특별자치도지사(이하 "시 · 도지사"라 한다)의 의견을 듣고 관계 중앙행정기관의 장과 협의한 후 「물류정책기본법」의 물류시설분과위원회의 심의를 거쳐야 한다(제5조).

(2) 계획의 변경

① 물류시설개발종합계획 중 물류시설별 물류시설용지면적의 100분의 10 이상으로 물류시설의 수요 · 공급계획을 변경하려는 때에도 수립절차를 따른다.

② 관계 중앙행정기관의 장은 필요한 경우 국토교통부장관에게 물류시설개발종합계획을 변경하도록 요청할 수 있다. 관계 중앙행정기관의 장은 물류시설개발종합계획의 변경을 요청할 때에는 국토교통부장관에게 물류시설의 현황, 자금조달계획 및 투자계획, 그 밖에 국토교통부령으로 정하는 사항에 관한 서류를 제출하여야 한다.

(3) 관보에 고시

국토교통부장관은 물류시설개발종합계획을 수립하거나 변경한 때에는 이를 관보에 고시하여야 한다.

(4) 자료제출의 요구 등

① 국토교통부장관은 대통령령으로 정하는 바에 따라 관계 기관에 물류시설개발종합계획을 수립하거나 변경하는 데에 필요한 자료의 제출을 요구하거나 협조를 요청할 수 있으며, 그 요구나 요청을 받은 관계 기관은 정당한 사유가 없으면 이에 따라야 한다.

② 국토교통부장관은 물류시설개발종합계획의 수립 또는 변경에 필요한 자료의 요구나 협조를 요청할 때에는 그 자료 또는 협조의 내용과 제출기간을 명확히 하여야 한다.

(5) 물류시설의 조사

국토교통부장관은 물류시설개발종합계획을 효율적으로 수립하기 위하여 필요하다고 인정하는 때에는 물류시설에 대하여 조사할 수 있다. 이 경우 물류시설의 조사에 관하여는 「물류정책기본법」 제7조를 준용한다.

☑ 관련 법조문

> **제6조(물류시설개발종합계획과 다른 계획과의 관계)**
> ① 물류시설개발종합계획은 「물류정책기본법」 제11조의 국가물류기본계획과 조화를 이루어야 한다.
> ② 국토교통부장관, 관계 중앙행정기관의 장 또는 시·도지사는 물류시설을 지정·개발하거나 인·허가를 할 때 이 법에 따라 수립된 물류시설개발종합계획과 상충되거나 중복되지 아니하도록 하여야 한다.
> ③ 국토교통부장관, 관계 중앙행정기관의 장 또는 시·도지사는 다음 각 호의 어느 하나에 해당하는 경우에는 그 계획을 변경하도록 요청할 수 있다. 이 경우 조정이 필요하면 「물류정책기본법」 제19조제1항제2호의 물류시설분과위원회에 조정을 요청할 수 있다.
> 1. 다른 행정기관이 직접 지정·개발하려는 물류시설 개발계획이 물류시설개발종합계획과 상충되거나 중복된다고 인정하는 경우
> 2. 다른 행정기관이 인·허가를 하려는 물류시설 개발계획이 물류시설개발종합계획과 상충되거나 중복된다고 인정하는 경우

제3장 물류터미널사업

1. 복합물류터미널사업의 등록(★)

(1) 의의

복합물류터미널사업을 경영하려는 자는 국토교통부령으로 정하는 바에 따라 국토교통부장관에게 등록하여야 한다(제7조).

(2) 등록을 할 수 있는 자

등록을 할 수 있는 자는 다음의 어느 하나에 해당하는 자로 한다.
① 국가 또는 지방자치단체
②「공공기관의 운영에 관한 법률」에 따른 공공기관 중 대통령령으로 정하는 공공기관

☑ **대통령령으로 정하는 공공기관**

> 한국철도공사, 한국토지주택공사, 한국도로공사, 한국수자원공사, 한국농어촌공사, 항만공사

③「지방공기업법」에 따른 지방공사
④ 특별법에 따라 설립된 법인
⑤「민법」또는「상법」에 따라 설립된 법인

(3) 변경등록

복합물류터미널사업의 등록을 한 자(이하 "복합물류터미널사업자"라 한다)가 그 등록한 사항 중 대통령령으로 정하는 사항을 변경하려는 경우에는 대통령령으로 정하는 바에 따라 변경등록을 하여야 한다.

☑ **대통령령으로 정하는 사항**

다음 각 호 외의 사항을 말한다(※ 다음 사항의 변경에 해당하는 경우에는 변경등록을 하지 않는다).
① 복합물류터미널의 부지 면적의 변경(변경 횟수에 불구하고 통산하여 부지 면적의 10분의 1 미만의 변경만 해당한다)
② 복합물류터미널의 구조 또는 설비의 변경
③ 영업소의 명칭 또는 위치의 변경

(4) 등록기준

등록을 하려는 자가 갖추어야 할 등록기준은 다음과 같다.
① 복합물류터미널이 해당 지역 운송망의 중심지에 위치하여 다른 교통수단과 쉽게 연계될 것
② 부지 면적이 3만 3천제곱미터 이상일 것
③ 다음의 시설을 갖출 것
　㉠ 주차장
　㉡ 화물취급장
　㉢ 창고 또는 배송센터

④ 물류시설개발종합계획 및 「물류정책기본법」의 국가물류기본계획상의 물류터미널의 개발 및 정비계획 등에 배치되지 아니할 것

(5) 등록처분

국토교통부장관은 등록을 할 수 있는 자가 등록신청을 하는 경우에는 다음의 어느 하나에 해당하는 경우를 제외하고는 등록을 해주어야 한다.

① 등록신청자가 등록기준을 갖추지 못한 경우
② 결격사유에 해당하는 경우

(6) 등록의 결격사유

다음의 어느 하나에 해당하는 자는 복합물류터미널사업의 등록을 할 수 없다(제8조).

① 이 법을 위반하여 벌금형 이상을 선고받은 후 2년이 지나지 아니한 자
② 복합물류터미널사업 등록이 취소(③ ㉠에 해당하여 등록이 취소된 경우는 제외한다)된 후 2년이 지나지 아니한 자
③ 법인으로서 그 임원 중에 ① 또는 다음의 어느 하나에 해당하는 자가 있는 경우
　㉠ 피성년후견인 또는 파산선고를 받고 복권되지 아니한 자
　㉡ 이 법을 위반하여 금고 이상의 실형을 선고받고 그 집행이 종료(집행이 종료된 것으로 보는 경우를 포함한다)되거나 집행이 면제된 날부터 2년이 지나지 아니한 자
　㉢ 이 법을 위반하여 금고 이상의 형의 집행유예를 선고받고 그 유예기간 중에 있는 자

2. 공사시행의 인가(★)

(1) 국토교통부장관의 인가

복합물류터미널사업자는 건설하려는 물류터미널의 구조 및 설비 등에 관한 공사계획을 수립하여 국토교통부장관의 공사시행인가를 받아야 한다(제9조).

(2) 시·도지사의 인가

일반물류터미널사업을 경영하려는 자는 물류터미널 건설에 관하여 필요한 경우 시·도지사의 공사시행인가를 받을 수 있다.

(3) 변경인가

① 인가받은 공사계획 중 대통령령으로 정하는 사항을 변경하는 경우에는 해당 인가권자의 변경인가를 받아야 한다.

공사계획의 변경에 관한 인가를 받아야 하는 경우는 다음과 같다.
㉠ 공사의 기간을 변경하는 경우
㉡ 물류터미널의 부지 면적을 변경하는 경우(부지 면적의 10분의 1 이상을 변경하는 경우만 해당한다)
㉢ 물류터미널 안의 건축물의 연면적(하나의 건축물의 각 층의 바닥면적의 합계를 말한다)을 변경하는 경우(연면적의 10분의 1 이상을 변경하는 경우만 해당한다)
㉣ 물류터미널 안의 공공시설 중 도로·철도·광장·녹지나 그 밖에 국토교통부령(주차장, 상수도, 하수도, 유수지, 운하, 부두, 오·폐수시설 및 공동구)으로 정하는 시설을 변경하는 경우

② 복합물류터미널사업자가 「산업집적활성화 및 공장설립에 관한 법률」에 따른 제조시설 및 그 부대시설과 「유통산업발전법」에 따른 대규모점포 및 준대규모점포의 매장과 그 매장에 포함되는 용역의 제공장소(이하 "점포등"이라 한다)를 설치하는 경우에는 해당 인가권자의 변경인가를 받아야 한다.

(4) 의견청취 및 협의

① 국토교통부장관 또는 시·도지사는 공사시행인가 또는 변경인가를 하려는 때에는 관할 특별자치시장·특별자치도지사·시장·군수 또는 구청장(자치구의 구청장을 말한다. 이하 "시장·군수·구청장"이라 한다)의 의견을 듣고, 관계 법령에 적합한지를 미리 소관 행정기관의 장과 협의하여야 한다.
② 협의를 요청받은 소관 행정기관의 장은 협의 요청받은 날부터 20일 이내에 의견을 제출하여야 하며, 그 기간 내에 의견을 제출하지 아니하면 의견이 없는 것으로 본다.

(5) 인가 및 고시

① 국토교통부장관 또는 시·도지사는 공사계획이 국토교통부령으로 정하는 구조 및 설비 기준에 적합한 경우에는 인가를 하여야 한다.
② 국토교통부장관 또는 시·도지사는 공사시행인가 또는 변경인가를 한 때에는 국토교통부령으로 정하는 바에 따라 고시하여야 한다.

3. 토지등의 수용·사용

(1) 수용·사용

공사시행인가를 받은 물류터미널사업자가 물류터미널(「국토의 계획 및 이용에 관한 법률」

에 따른 도시 · 군계획시설에 해당하는 물류터미널에 한정한다)을 건설하는 경우에는 이에 필요한 토지 · 건축물 또는 토지에 정착한 물건과 이에 관한 소유권 외의 권리, 광업권 · 어업권 · 양식업권 및 물의 사용에 관한 권리(이하 "토지등"이라 한다)를 수용하거나 사용할 수 있다(제10조).

(2) 소유 및 동의요건

다만, 다음에 해당하지 아니하는 자가 토지등을 수용하거나 사용하려면 사업대상 토지(국유지 · 공유지는 제외한다)면적의 3분의 2 이상에 해당하는 토지를 소유하고, 토지소유자 총수의 2분의 1 이상에 해당하는 자의 동의를 받아야 한다. ⇐ 물류터미널사업자가「민법」 또는 「상법」에 따라 설립된 법인인 경우에만 적용

> ① 국가 또는 지방자치단체
> ② 한국철도공사, 한국토지주택공사, 한국도로공사, 한국수자원공사, 한국농어촌공사, 항만공사
> ③ 「지방공기업법」에 따른 지방공사, 특별법에 따라 설립된 법인

(3) 공익사업법에 대한 특례 등

① 토지등을 수용하거나 사용할 때 공사시행인가의 고시가 있는 때에는 「공익사업을 위한 토지 등의 취득 및 보상에 관한 법률」에 따른 사업인정 및 사업인정의 고시를 한 것으로 보며, 재결(裁決)의 신청은 같은 법의 규정에도 불구하고 공사시행인가에서 정한 사업의 시행기간 내에 할 수 있다.

② 토지등의 수용 · 사용에 관하여는 이 법에 특별한 규정이 있는 경우 외에는 「공익사업을 위한 토지 등의 취득 및 보상에 관한 법률」을 준용한다.

☑ 관련 법조문

> 제11조(토지매수업무 등의 위탁)
> 물류터미널사업자는 물류터미널의 건설을 위한 토지매수업무 · 손실보상업무 및 이주대책에 관한 업무를 「공익사업을 위한 토지 등의 취득 및 보상에 관한 법률」 제81조제1항 각 호의 기관에 위탁하여 시행할 수 있다. 이 경우 위탁수수료 등에 관하여는 같은 법 제81조제2항을 준용한다.
>
> 제12조(토지 출입 등)
> ① 물류터미널사업자는 물류터미널의 건설을 위하여 필요한 때에는 다른 사람의 토지에 출입하거나 이를 일시 사용할 수 있으며, 나무, 토석, 그 밖의 장애물을 변경하거나 제거할 수 있다.
> ② 제1항에 따른 다른 사람의 토지 출입 등에 관하여는 「국토의 계획 및 이용에 관한 법률」 제130조 및 제131조를 준용한다.

4. 국·공유지의 처분제한(★)

(1) 매각·양도의 금지

물류터미널을 건설하기 위한 부지 안에 있는 국가 또는 지방자치단체 소유의 토지로서 물류터미널 건설사업에 필요한 토지는 해당 물류터미널 건설사업 목적이 아닌 다른 목적으로 매각하거나 양도할 수 없다(제13조).

(2) 수의계약 등

① 물류터미널을 건설하기 위한 부지 안에 있는 국가 또는 지방자치단체 소유의 재산은 「국유재산법」, 「공유재산 및 물품 관리법」, 그 밖의 다른 법령에도 불구하고 물류터미널사업자에게 수의계약으로 매각할 수 있다. 이 경우 그 재산의 용도폐지(행정재산인 경우에 한정한다) 및 매각에 관하여는 국토교통부장관 또는 시·도지사가 미리 관계 행정기관의 장과 협의하여야 한다.

② 협의요청이 있은 때에는 관계 행정기관의 장은 그 요청을 받은 날부터 30일 이내에 용도폐지 및 매각, 그 밖에 필요한 조치를 하여야 한다.

③ 물류터미널사업자에게 매각하려는 재산 중 관리청이 불분명한 재산은 다른 법령에도 불구하고 기획재정부장관이 이를 관리하거나 처분한다.

5. 복합물류터미널사업의 승계

(1) 권리·의무의 승계

복합물류터미널사업자가 그 사업을 양도하거나 법인이 합병한 때에는 그 양수인 또는 합병 후 존속하는 법인이나 합병에 의하여 설립되는 법인은 복합물류터미널사업의 등록에 따른 권리·의무를 승계한다(제14조).

(2) 사후신고

① 복합물류터미널사업의 등록에 따른 권리·의무를 승계한 자는 국토교통부령으로 정하는 바에 따라 국토교통부장관에게 신고하여야 한다.

② 국토교통부장관은 신고를 받은 날부터 10일 이내에 신고수리 여부를 신고인에게 통지하여야 한다.

③ 국토교통부장관이 10일 내에 신고수리 여부 또는 민원 처리 관련 법령에 따른 처리기간의 연장을 신고인에게 통지하지 아니하면 그 기간(민원 처리 관련 법령에 따라 처리기간이 연장 또는 재연장된 경우에는 해당 처리기간을 말한다)이 끝난 날의 다음 날에 신고를 수리한 것으로 본다.

④ 사업을 승계한 자의 결격사유에 관하여는 결격사유(제8조)를 준용한다.

6. 복합물류터미널사업의 휴업 · 폐업

(1) 사전신고

복합물류터미널사업자는 복합물류터미널사업의 전부 또는 일부를 휴업하거나 폐업하려는 때에는 미리 국토교통부장관에게 신고하여야 한다(제15조).

(2) 해산신고

복합물류터미널사업자인 법인이 합병 외의 사유로 해산한 경우에는 그 청산인(파산에 따라 해산한 경우에는 파산관재인을 말한다)은 지체 없이 그 사실을 국토교통부장관에게 신고하여야 한다.

☑ **휴업 · 폐업 · 해산신고서의 제출**

① 복합물류터미널사업의 휴업 · 폐업신고 또는 복합물류터미널사업자인 법인의 합병 외의 사유에 따른 해산신고를 하려는 자는 휴업 · 폐업 또는 해산신고서를 휴업 · 폐업 또는 해산한 날부터 7일 이내에 국토교통부장관에게 제출하여야 한다.
② 폐업 또는 해산신고서에는 다음의 서류를 첨부하여야 한다.
　㉠ 사업을 폐업하려는 자가 법인인 경우에는 사업폐지에 관한 법인의 의사결정을 증명하는 서류
　㉡ 법인이 합병 외의 사유에 따라 해산한 경우에는 법인의 해산을 증명하는 서류

(3) 휴업기간

휴업기간은 6개월을 초과할 수 없다.

(4) 게시

복합물류터미널사업자가 사업의 전부 또는 일부를 휴업하거나 폐업하려는 때에는 미리 그 취지를 영업소나 그 밖에 일반 공중(公衆)이 보기 쉬운 곳에 게시하여야 한다.

☑ **관련 법조문**

제16조(등록증대여 등의 금지)
복합물류터미널사업자는 다른 사람에게 자기의 성명 또는 상호를 사용하여 사업을 하게 하거나 그 등록증을 대여하여서는 아니 된다.

7. 복합물류터미널사업자에 대한 등록의 취소 등(★)

국토교통부장관은 복합물류터미널사업자가 다음의 어느 하나에 해당하는 때에는 그 등록을 취소하거나 6개월 이내의 기간을 정하여 사업의 정지를 명할 수 있다. 다만, ① · ④ · ⑦ 또는 ⑧에 해당하는 때에는 등록을 취소하여야 한다(제17조). 처분의 기준 및 절차 등에 관한 사항은 국토교통부령으로 정한다.

① 거짓이나 그 밖의 부정한 방법으로 제7조제1항에 따른 등록을 한 때

② 제7조제3항에 따른 변경등록을 하지 아니하고 등록사항을 변경한 때

③ 제7조제4항의 등록기준에 맞지 아니하게 된 때. 다만, 3개월 이내에 그 기준을 충족시킨 때에는 그러하지 아니하다.

④ 제8조 각 호의 어느 하나에 해당하게 된 때. 다만, 같은 조 제3호에 해당하는 경우로서 그 사유가 발생한 날부터 3개월 이내에 해당 임원을 개임(改任)한 경우에는 그러하지 아니하다.

⑤ 제9조제1항에 따른 인가 또는 변경인가를 받지 아니하고 공사를 시행하거나 변경한 때

⑥ 사업의 전부 또는 일부를 휴업한 후 정당한 사유 없이 제15조제1항에 따라 신고한 휴업기간이 지난 후에도 사업을 재개(再開)하지 아니한 때

⑦ 제16조를 위반하여 다른 사람에게 자기의 성명 또는 상호를 사용하여 사업을 하게 하거나 등록증을 대여한 때

⑧ 사업정지명령을 위반하여 그 사업정지기간 중에 영업을 한 때

☑ 관련 법조문

제18조(과징금)
① 국토교통부장관은 복합물류터미널사업자가 제17조제1항 각 호(제1호 · 제4호 · 제7호 및 제8호는 제외한다)의 어느 하나에 해당하여 사업의 정지를 명하여야 하는 경우로서 그 사업의 정지가 그 사업의 이용자 등에게 심한 불편을 주는 경우에는 그 사업정지처분을 갈음하여 5천만원 이하의 과징금을 부과할 수 있다.
② 제1항에 따라 과징금을 부과하는 위반행위의 종류와 그 정도에 따른 과징금의 금액, 그 밖에 필요한 사항은 대통령령으로 정한다.
③ 국토교통부장관은 제1항에 따라 과징금을 내야 할 자가 납부기한까지 과징금을 내지 아니하면 대통령령으로 정하는 바에 따라 국세강제징수의 예에 따라 징수한다.

8. 물류터미널사업협회

(1) 설립

복합물류터미널사업자 및 일반물류터미널을 경영하는 자는 물류터미널사업의 건전한 발전과 사업자의 공동이익을 도모하기 위하여 대통령령으로 정하는 바에 따라 사업자협회(이하 "물류터미널사업협회"라 한다)를 설립할 수 있다(제19조).

(2) 설립인가 · 성립 등

① 물류터미널사업협회를 설립하려는 경우에는 해당 협회의 회원의 자격이 있는 자 중 5분의 1 이상의 발기인이 정관을 작성하여 해당 협회의 회원 자격이 있는 자의 3분의 1 이상이 출석한 창립총회의 의결을 거친 후 국토교통부장관의 설립인가를 받아야 한다.
② 물류터미널사업협회는 설립인가를 받아 설립등기를 함으로써 성립한다.
③ 물류터미널사업협회는 법인으로 한다.
④ 물류터미널사업협회에 관하여 이 법에서 규정한 것 외에는「민법」중 사단법인에 관한 규정을 준용한다.
⑤ 물류터미널사업협회의 업무 및 정관 등에 필요한 사항은 대통령령으로 정한다.

9. 물류터미널 개발의 지원(★)

(1) 지원사업

국가 또는 지방자치단체는 물류터미널사업자가 다음의 어느 하나에 해당하는 사업을 수행하는 경우에는 소요자금의 일부를 융자하거나 부지의 확보를 위한 지원을 할 수 있다(제20조).
① 물류터미널의 건설
② 물류터미널 위치의 변경
③ 물류터미널의 규모 · 구조 및 설비의 확충 또는 개선

(2) 기반시설 등의 지원

국가 또는 지방자치단체는 물류터미널사업자가 설치한 물류터미널의 원활한 운영에 필요한 도로 · 철도 · 수도시설 · 수질오염방지시설 등 기반시설의 설치 또는 개량에 필요한 예산을 지원할 수 있다.

(3) 협조요청

국토교통부장관은 지원사업 또는 기반시설의 운영을 위하여 필요하다고 인정하는 경우에는 시 · 도지사에게 부지의 확보 및 도시 · 군계획시설의 설치 등에 관한 협조를 요청할

수 있다.

☑ **관련 법조문**

제20조의2(물류터미널의 활성화 지원)

① 국토교통부장관 또는 시·도지사는 건설·운영 중인 물류터미널의 활성화를 위하여 필요한 경우 제2조제2호에도 불구하고 물류터미널에 「산업집적활성화 및 공장설립에 관한 법률」 제2조에 따른 제조시설 및 그 부대시설과 「유통산업발전법」 제2조에 따른 점포등의 설치를 포함하여 제9조에 따른 공사시행 변경인가를 할 수 있다. 다만, 일반물류터미널은 화물자동차 운행에 필요한 품목의 제조 또는 판매를 위한 시설의 설치에 한정한다

1. 삭제 〈2015. 6. 22.〉
2. 삭제 〈2015. 6. 22.〉
3. 삭제 〈2015. 6. 22.〉

② 제1항에 따라 국토교통부장관 또는 시·도지사가 공사시행 변경인가를 하는 경우 다음 각 호의 사항을 준수하여야 한다.

1. 제조시설 및 그 부대시설과 점포등의 설치 면적 전체의 합계가 물류터미널 전체 부지면적의 4분의 1 이하일 것
2. 주변의 상권 및 산업단지 수요와의 상호관계를 고려하기 위하여 제9조에 따른 공사시행인가 또는 변경인가를 하는 경우 복합물류터미널사업에 대하여 국토교통부장관은 관계 중앙행정기관의 장과 해당 물류터미널이 소재하는 시·도지사(특별자치시장을 포함한다)와 협의하고, 일반물류터미널사업에 대하여 시·도지사는 해당 물류터미널이 소재하는 시장·군수·구청장과 협의할 것
3. 복합물류터미널사업은 「국토의 계획 및 이용에 관한 법률」 제106조에 따른 중앙도시계획위원회, 일반물류터미널사업은 같은 법 제113조에 따른 지방도시계획위원회의 심의를 받을 것

제21조(인·허가등의 의제)

① 국토교통부장관 또는 시·도지사가 제9조에 따른 공사시행인가 또는 변경인가를 하는 경우에 다음 각 호의 인가·허가·승인 또는 결정 등(이하 "인·허가등"이라 한다)에 관하여 같은 조 제2항에 따라 관계 행정기관의 장과 협의한 사항은 해당 인·허가등을 받은 것으로 보며, 같은 조 제5항에 따라 공사시행인가 또는 변경인가를 고시한 때에는 다음 각 호의 법률에 따른 해당 인·허가등의 고시 또는 공고를 한 것으로 본다.

1. 「건축법」 제11조에 따른 건축허가, 같은 법 제14조에 따른 건축신고, 같은 법 제16조에 따른 건축허가·신고사항의 변경, 같은 법 제20조에 따른 가설건축물의 건축의 허가·신고 및 같은 법 제29조에 따른 건축협의
2. 「공유수면 관리 및 매립에 관한 법률」 제8조에 따른 공유수면의 점용·사용허가 및 같은 법 제17조에 따른 점용·사용 실시계획의 승인 또는 신고, 같은 법 제28조에 따른 공유수면의 매립면허 및 같은 법 제38조에 따른 공유수면매립실시계획의 승인 등 그 밖의 사항은 생략

② 물류터미널사업자가 제9조에 따른 물류터미널의 공사를 완료하고 「건축법」 제22조에 따른 사용승인을 받은 경우에는 다음 각 호의 사항에 관하여 소관 행정기관의 허가를 받거나 소관 행정기관

에 등록 또는 신고한 것으로 본다. 다만, 제1호는 복합물류터미널의 경우에만 적용한다.
1. 「물류정책기본법」 제43조에 따른 국제물류주선업의 등록
2. 「석유 및 석유대체연료 사업법」 제10조에 따른 석유판매업 중 주유소의 등록 또는 신고
3. 「식품위생법」 제37조에 따른 식품접객업(단란주점영업 및 유흥주점영업은 제외한다)의 허가
4. 「자동차관리법」 제53조에 따른 자동차관리사업 중 자동차매매업 및 자동차정비업의 등록
5. 「화물자동차 운수사업법」 제24조제1항에 따른 화물자동차운송주선사업의 허가
③ 제1항 및 제2항 각 호의 어느 하나에 해당하는 사항의 관계 법령을 관장하는 중앙행정기관의 장은 그 처리기준을 국토교통부장관에게 통보하여야 한다. 이를 변경한 때에도 또한 같다.
④ 국토교통부장관은 제3항에 따라 처리기준을 통보받으면 이를 통합하여 고시하여야 한다.

제4장 물류창고업

1. 물류창고업의 등록

(1) 등록의 대상

다음의 어느 하나에 해당하는 물류창고를 소유 또는 임차하여 물류창고업을 경영하려는 자는 국토교통부와 해양수산부의 공동부령으로 정하는 바에 따라 국토교통부장관(「항만법」에 따른 항만구역은 제외한다) 또는 해양수산부장관(「항만법」에 따른 항만구역만 해당한다)에게 등록하여야 한다(제21조의2).
① 전체 바닥면적의 합계가 1천제곱미터 이상인 보관시설(하나의 필지를 기준으로 해당 물류창고업을 등록하고자 하는 자가 직접 사용하는 바닥면적만을 산정하되, 필지가 서로 연접한 경우에는 연접한 필지를 합산하여 산정한다). 다만, 제2조제5호의2에 따른 주문배송시설로서 「건축법」 제2조제2항제4호에 따른 제2종 근린생활시설을 설치하는 경우에는 본문의 바닥면적 기준을 적용하지 아니한다.
② 선체면적의 합계가 4천 500세곱미터 이상인 보관장소(보관시설이 차지하는 토지면적을 포함하고 하나의 필지를 기준으로 물류창고업을 등록하고자 하는 자가 직접 사용하는 면적만을 산정하되, 필지가 서로 연접한 경우에는 연접한 필지를 합산하여 산정한다)

(2) 변경등록

물류창고업의 등록을 한 자(물류창고업자)가 그 등록한 사항 중 다음의 어느 하나에 해당하는 사항을 변경하려는 경우에는 국토교통부와 해양수산부의 공동부령으로 정하는 바에 따라 변경등록의 사유가 발생한 날부터 30일 이내에 변경등록을 하여야 한다.
① 물류창고업의 등록을 한 자(물류창고업자)의 성명(법인인 경우에는 그 대표자의 성명) 및 상호

② 물류창고의 소재지

③ 물류창고 면적의 100분의 10 이상의 증감

(3) 등록기준

물류창고의 구조 또는 설비 등 물류창고업의 등록 기준에 필요한 사항은 국토교통부와 해양수산부의 공동부령으로 정한다.

(4) 물류창고업의 등록의제

등록의 대상에 해당하는 물류창고를 갖추고 그 전부를 다음의 어느 하나의 용도로만 사용하며 해당 법률에 따라 해당 영업의 허가·변경허가를 받거나 등록·변경등록 또는 신고·변경신고를 한 때에는 물류창고업의 등록 또는 변경등록을 한 것으로 본다. 해당하는 영업의 현황을 관리하는 행정기관은 그 보관업의 허가·변경허가, 등록·변경등록 등으로 그 현황이 변경될 경우에는 국토교통부장관 또는 해양수산부장관에게 통보하여야 한다.

① 「관세법」에 따른 보세창고의 설치·운영

② 「화학물질관리법」에 따른 유해화학물질 보관·저장업

③ 「식품위생법」에 따른 식품보존업 중 식품냉동·냉장업, 「축산물 위생관리법」에 따른 축산물보관업 및 「식품산업진흥법」에 따른 수산물가공업 중 냉동·냉장업

☑ **관련 법조문**

> 제21조의3(물류창고 내 시설에 대한 내진설계 기준)
> 국토교통부장관은 화물을 쌓아놓기 위한 선반 등 물류창고 내 시설에 대하여 내진설계(耐震設計) 기준을 정하는 등 지진에 따른 피해를 최소화하기 위하여 필요한 시책을 강구하여야 한다.

2. 스마트물류센터의 인증 등

(1) 인증제도

국토교통부장관은 스마트물류센터의 보급을 촉진하기 위하여 스마트물류센터를 인증할 수 있다. 이 경우 인증의 유효기간은 인증을 받은 날부터 3년으로 한다(제21조의4).

(2) 스마트물류센터 인증기준 등

1) 인증기준 : 스마트물류센터의 인증기준은 다음과 같다(칙 제13조의2).

　① 입고·보관·분류 등 물류처리 기능영역의 첨단화·자동화 수준이 우수할 것

② 시설의 구조적 성능, 창고관리 시스템 등 기반영역의 효율성·안전성·친환경성 수
   준이 우수할 것

2) **인증의 등급** : 스마트물류센터 인증의 등급은 5등급으로 구분한다.

(3) 인증기관의 지정

① 국토교통부장관은 스마트물류센터의 인증 및 점검업무를 수행하기 위하여 인증기관을
   지정할 수 있다.

② 스마트물류센터의 인증을 받으려는 자는 인증기관에 신청하여야 한다.

(4) 예비인증의 신청 등

① 스마트물류센터를 소유하려는 자 또는 임차하여 운영하려는 자가 재정지원을 받기 위하
   여 필요하면 인증(이하 "본인증"이라 한다)에 앞서 건축물 설계에 반영된 내용을 대상으
   로 스마트물류센터 예비인증을 받을 수 있다(칙 제13조의5).

② 스마트물류센터의 예비인증을 받으려는 자는 스마트물류센터 예비인증 신청서에 서류
   와 해당 서류가 저장된 이동식 저장장치 등을 첨부하여 인증기관의 장에게 제출해야
   한다.

③ 인증기관의 장은 신청을 받으면 절차를 거쳐 인증기준에 맞으면 스마트물류센터 예비인
   증서를 신청인에게 발급하고 이를 국토교통부장관에게 보고해야 한다. 다만, 현장실사
   는 필요한 경우 실시할 수 있다.

④ 예비인증은 본인증을 받기 전까지 효력을 유지한다. 다만, 인증을 신청할 수 있게 된
   후 1년 이내에 인증을 신청하지 않는 경우 예비인증의 효력은 상실한다.

⑤ 예비인증을 받은 자의 예비인증마크의 사용 등에 관하여는 제13조의4를 준용한다. 이
   경우 예비인증을 받은 자는 예비인증을 받은 사실을 광고 등의 목적으로 사용하려면
   본인증을 받을 경우 그 내용이 달라질 수 있음을 알려야 한다.

⑥ 예비인증 받은 자는 재정지원을 받은 경우에는 예비인증의 유효기간 안에 예비인증에
   맞게 본인증을 받아야 한다.

(5) 인증마크의 사용

① 국토교통부장관은 스마트물류센터의 인증을 신청한 자가 그 인증을 받은 경우 국토교통
   부령으로 정하는 바에 따라 인증서를 교부하고, 인증을 나타내는 표시(이하 "인증마크"
   라 한다)를 사용하게 할 수 있다.

② 인증을 받지 않은 자는 거짓의 인증마크를 제작·사용하거나 스마트물류센터임을 사칭
   해서는 아니 된다. 이를 위반하여 거짓의 인증마크를 제작·사용하거나 스마트물류센터
   임을 사칭한 자는 3천만원 이하의 벌금에 처한다.

(6) 점검 등

① 국토교통부장관은 인증을 받은 자가 기준을 유지하는지 여부를 국토교통부령으로 정하는 바에 따라 점검할 수 있다.

② 국토교통부장관은 인증기관을 지도·감독하고, 인증 및 점검업무에 소요되는 비용의 일부를 지원할 수 있다.

☑ 관련 법조문

제21조의5(인증의 취소)

① 국토교통부장관은 제21조의4제1항에 따라 인증을 받은 자가 다음 각 호의 어느 하나에 해당하는 경우에는 대통령령으로 정하는 바에 따라 그 인증을 취소할 수 있다. 다만, 제1호에 해당하는 경우 그 인증을 취소하여야 한다.
1. 거짓이나 그 밖의 부정한 방법으로 인증을 받은 경우
2. 인증의 전제나 근거가 되는 중대한 사실이 변경된 경우
3. 제21조의4제6항에 따른 점검을 정당한 사유 없이 3회 이상 거부한 경우
4. 제21조의4제8항에 따른 인증 기준에 맞지 아니하게 된 경우
5. 인증받은 자가 인증서를 반납하는 경우

② 스마트물류센터의 소유자 또는 대표자는 제1항에 따라 인증이 취소된 경우 제21조의4제4항에 따른 인증서를 반납하고, 인증마크의 사용을 중지하여야 한다.

제21조의6(인증기관의 지정 취소)

국토교통부장관은 제21조의4제2항에 따라 지정된 인증기관이 다음 각 호의 어느 하나에 해당하면 인증기관의 지정을 취소하거나 1년 이내의 기간을 정하여 업무의 전부 또는 일부를 정지하도록 명할 수 있다. 다만, 제1호에 해당하는 경우에는 그 지정을 취소하여야 한다.
1. 거짓이나 부정한 방법으로 지정을 받은 경우
2. 제21조의4제8항에 따른 지정 기준에 적합하지 아니하게 된 경우
3. 고의 또는 중대한 과실로 인증 기준 및 절차를 위반한 경우
4. 정당한 사유 없이 인증 및 점검업무를 거부한 경우
5. 정당한 사유 없이 지정받은 날부터 2년 이상 계속하여 인증 및 점검업무를 수행하지 아니한 경우
6. 그 밖에 인증기관으로서 업무를 수행할 수 없게 된 경우

3. 재정지원 등

(1) 지원대상사업

국가 또는 지방자치단체는 물류창고업자 또는 그 사업자단체가 다음의 어느 하나에 해당하는 사업을 수행하는 경우로서 재정적 지원이 필요하다고 인정하면 자금의 일부를 보조

또는 융자할 수 있다(제21조의7).

① 물류창고의 건설

② 물류창고의 보수·개조 또는 개량

③ 물류장비의 투자

④ 물류창고 관련 기술의 개발

⑤ 그 밖에 물류창고업의 경영합리화를 위한 사항으로서 국토교통부령으로 정하는 사항

(2) 스마트물류센터에 대한 지원

국가·지방자치단체 또는 공공기관은 스마트물류센터에 대하여 공공기관 등이 운영하는 기금·자금의 우대 조치 등 대통령령으로 정하는 바에 따라 행정적·재정적으로 우선 지원할 수 있다.

① 국가 또는 지방자치단체는 다음의 지원을 할 수 있다(영 제12조의5).

> ㉠ 스마트물류센터 구축에 드는 비용의 일부 보조 또는 융자
>
> ㉡ 스마트물류센터 인증을 받은 자가 스마트물류센터의 구축 및 운영에 필요한 자금을 마련하기 위해 국내 금융기관에서 대출을 받은 경우 그 금리와 국토교통부장관이 관계 중앙행정기관의 장과 협의하여 정하는 금리와의 차이에 따른 차액의 전부 또는 일부 보전
>
> ㉢ 스마트물류센터 신축 또는 증·개축 시 「국토의 계획 및 이용에 관한 법률」에 따라 특별시·광역시·특별자치시·특별자치도·시 또는 군의 조례로 정하는 용적률 및 높이의 상한 적용

② 「신용보증기금법」에 따라 설립된 신용보증기금 및 「기술보증기금법」에 따라 설립된 기술보증기금은 스마트물류센터의 구축 및 운영에 필요한 자금의 대출 등으로 인한 금전채무의 보증한도, 보증료 등 보증조건을 우대할 수 있다.

☑ 관련 법조문

제21조의8(보조금 등의 사용 등)

① 제21조의7에 따른 보조금 또는 융자금 등은 보조 또는 융자받은 목적 외의 용도로 사용하여서는 아니 된다.

② 국토교통부장관·해양수산부장관 또는 지방자치단체의 장은 제21조의7에 따라 보조 또는 융자 등을 받은 자가 그 자금을 적정하게 사용하도록 지도·감독하여야 한다.

③ 국토교통부장관·해양수산부장관 또는 지방자치단체의 장은 다음 각 호의 어느 하나에 해당하는 경우 물류창고업자 또는 그 사업자단체에 보조금이나 융자금의 반환을 명하여야 하며 이에 따르지 아니하면 국세 강제징수의 예 또는 지방행정제재·부과금의 징수 등에 관한 법률에 따라 회수

할 수 있다.

1. 거짓이나 부정한 방법으로 보조금 또는 융자금을 교부받은 경우
2. 제1항을 위반하여 보조금 또는 융자금을 목적 외의 용도로 사용한 경우

제21조의9(과징금)

① 국토교통부장관 또는 해양수산부장관은 물류창고업자가 제21조의10에 따라 준용하는 제17조제1항 각 호(제1호·제4호·제7호 및 제8호는 제외한다)의 어느 하나에 해당하여 사업의 정지를 명하여야 하는 경우로서 그 사업의 정지가 그 사업의 이용자 등에게 심한 불편을 주는 경우에는 그 사업정지처분을 갈음하여 1천만원 이하의 과징금을 부과할 수 있다.

② 제1항에 따라 과징금을 부과하는 위반행위의 종류와 위반 정도에 따른 과징금의 금액 등에 필요한 사항은 대통령령으로 정한다.

③ 국토교통부장관 또는 해양수산부장관은 제1항에 따라 과징금을 내야 할 자가 납부기한까지 과징금을 내지 아니하면 대통령령으로 정하는 바에 따라 국세강제징수의 예에 따라 징수한다.

제5장 물류단지의 개발 및 운영

1. 일반물류단지의 지정(★)

(1) 지정권자

일반물류단지는 다음의 구분에 따른 자가 지정한다(제22조).

① **국토교통부장관** : 국가정책사업으로 물류단지를 개발하거나 물류단지 개발사업의 대상지역이 2개 이상의 특별시·광역시·특별자치시·도 또는 특별자치도(이하 "시·도"라 한다)에 걸쳐 있는 경우
② **시·도지사** : ① 외의 경우

(2) 국토교통부장관이 지정하는 경우

국토교통부장관은 일반물류단지를 지정하려는 때에는 일반물류단지개발계획을 수립하여 관할 시·도지사 및 시장·군수·구청장의 의견을 듣고 관계 중앙행정기관의 장과 협의한 후 「물류정책기본법」의 물류시설분과위원회의 심의를 거쳐야 한다. 일반물류단지개발계획 중 대통령령으로 정하는 중요 사항을 변경하려는 때에도 또한 같다.

(3) 시·도지사가 지정하는 경우

시·도지사는 일반물류단지를 지정하려는 때에는 일반물류단지개발계획을 수립하여 관계 행정기관의 장과 협의한 후 「물류정책기본법」의 지역물류정책위원회의 심의를 거쳐야

한다. 일반물류단지개발계획 중 대통령령으로 정하는 중요 사항을 변경하려는 때에도 또한 같다.

☑ **대통령령으로 정하는 중요 사항을 변경**

"대통령령으로 정하는 중요 사항을 변경하려는 때"란 각각 다음의 어느 하나에 해당하는 변경을 하려는 때를 말한다(영제13조).
1. 일반물류단지지정 면적의 변경(10분의 1 이상의 면적을 변경하는 경우만 해당한다)
2. 일반물류단지시설용지 면적의 변경(10분의 1 이상의 면적을 변경하는 경우만 해당한다) 또는 일반물류단지시설용지의 용도변경
3. 기반시설(구거를 포함한다)의 부지 면적의 변경(10분의 1 이상의 면적을 변경하는 경우만 해당한다) 또는 그 시설의 위치 변경
4. 일반물류단지개발사업 시행자의 변경

(4) 일반물류단지의 지정요청

관계 행정기관의 장과 물류단지개발사업의 시행자로 지정받을 수 있는 대통령령으로 정하는 공공기관, 「지방공기업법」에 따른 지방공사, 특별법에 따라 설립된 법인, 민법」 또는 「상법」에 따라 설립된 법인, 물류단지 예정지역의 토지소유자 또는 그 토지소유자가 물류단지개발을 위하여 설립한 조합은 일반물류단지의 지정이 필요하다고 인정하는 때에는 대상지역을 정하여 국토교통부장관 또는 시·도지사에게 일반물류단지의 지정을 요청할 수 있다. 이 경우 중앙행정기관의 장 이외의 자는 일반물류단지개발계획안을 작성하여 제출하여야 한다.

(5) 일반물류단지개발계획의 내용

일반물류단지개발계획에는 다음의 사항이 포함되어야 한다. 다만, 일반물류단지개발계획을 수립할 때까지 ③ 일반물류단지개발사업의 시행자가 확정되지 아니하였거나 ⑧ 수용하거나 사용할 토지, 건축물, 그 밖의 물건이나 권리가 있는 경우에는 그 세부목록의 작성이 곤란한 경우에는 일반물류단지의 지정 후에 이를 일반물류단지개발계획에 포함시킬 수 있다.
① 일반물류단지의 명칭·위치 및 면적
② 일반물류단지의 지정목적
③ 일반물류단지개발사업의 시행자
④ 일반물류단지개발사업의 시행기간 및 시행방법
⑤ 토지이용계획 및 주요 기반시설계획
⑥ 주요 유치시설 및 그 설치기준에 관한 사항
⑦ 재원조달계획

⑧ 수용하거나 사용할 토지, 건축물, 그 밖의 물건이나 권리가 있는 경우에는 그 세부목록

⑨ 일반물류단지의 개발을 위한 주요시설의 지원계획

⑩ 환지의 필요성이 있는 경우 그 환지계획

2. 도시첨단물류단지의 지정 등(★)

(1) 지정의 대상지역

도시첨단물류단지는 국토교통부장관 또는 시·도지사가 다음의 어느 하나에 해당하는 지역에 지정하며, 시·도지사(특별자치도지사는 제외한다)가 지정하는 경우에는 시장·군수·구청장의 신청을 받아 지정할 수 있다(제22조의2).

① 노후화된 일반물류터미널 부지 및 인근 지역

② 노후화된 유통업무설비 부지 및 인근 지역

③ 그 밖에 국토교통부장관이 필요하다고 인정하는 지역

(2) 시장·군수·구청장의 지정신청

시장·군수·구청장은 시·도지사에게 도시첨단물류단지의 지정을 신청하려는 경우에는 도시첨단물류단지개발계획안을 작성하여 제출하여야 한다.

(3) 지정 절차 및 개발계획

도시첨단물류단지의 지정 절차 및 개발계획에 관하여는 일반물류단지의 국토교통부장관이 지정하는 경우(제22조제2항), 시·도지사가 지정하는 경우 지정에 관한 규정(제22조제3항), 일반물류단지개발계획의 내용(제22조제5항)의 규정을 준용한다. 다만, 도시첨단물류단지개발계획에는 층별·시설별 용도, 바닥면적 등 건축계획 및 복합용지이용계획(복합용지를 계획하는 경우에 한정한다)이 포함되어야 한다.

(4) 시설·운영비용의 일부 제공

도시첨단물류단지개발사업의 시행자는 대통령령으로 정하는 바에 따라 대상 부지 토지가액의 100분의 40의 범위에서 다음의 어느 하나에 해당하는 시설 또는 그 운영비용의 일부를 국가나 지방자치단체에 제공하여야 한다. 다만, 「개발이익 환수에 관한 법률」에 따라 개발부담금이 부과·징수되는 경우에는 대상 부지의 토지가액에서 개발부담금에 상당하는 금액은 제외한다.

① 물류산업 창업보육센터 등 해당 도시첨단물류단지를 활용한 일자리 창출을 위한 시설

② 해당 도시첨단물류단지에서 공동으로 사용하는 물류시설

③ 해당 도시첨단물류단지의 물류산업 활성화를 위한 연구시설

④ 그 밖에 ①부터 ③까지의 시설에 준하는 시설로서 대통령령으로 정하는 공익시설

(5) 토지소유자 등의 동의

국토교통부장관 또는 시·도지사는 도시첨단물류단지를 지정하려면 도시첨단물류단지 예정지역 토지면적의 2분의 1 이상에 해당하는 토지소유자의 동의와 토지소유자 총수(그 지상권자를 포함하며, 1필지의 토지를 여러 명이 공유하는 경우 그 여러 명은 1인으로 본다) 및 건축물 소유자 총수(집합건물의 경우 각 구분소유자 각자를 1인의 소유자로 본다) 각 2분의 1 이상의 동의를 받아야 한다(제22조의3).

(6) 지원단지의 조성 등의 특례

① 도시첨단물류단지개발사업의 시행자는 도시첨단물류단지 내 또는 도시첨단물류단지 인근지역에 입주기업 종사자 등을 위하여 주거·문화·복지·교육 시설 등을 포함한 지원단지를 조성할 수 있다(제22조의4).

② 지원단지의 조성은 도시첨단물류단지개발사업으로 할 수 있다.

③ 입주기업 종사자 등의 주거마련을 위하여 필요한 경우 조성되는 지원단지에서 건설·공급되는 주택에 대하여 「주택법」도 불구하고 대통령령으로 정하는 바에 따라 입주자 모집요건 등 주택공급의 기준을 따로 정할 수 있다.

(7) 다른 지구와의 입체개발

① 국토교통부장관 또는 시·도지사는 「공공주택 특별법」의 공공주택지구 등 대통령령으로 정하는 지구의 지정권자와 협의하여 도시첨단물류단지와 동일한 부지에 해당 지구를 함께 지정하여 도시첨단물류단지개발사업으로 할 수 있다(제22조의5).

② 시행자는 공공주택지구 등의 지구 내 사업에 따른 시설과 도시첨단물류단지개발사업에 따른 시설을 일단의 건물로 조성할 수 있다.

3. 물류단지개발지침(★)

(1) 작성·고시

국토교통부장관은 물류단지의 개발에 관한 기본지침(물류단지개발지침)을 작성하여 관보에 고시하여야 한다(제22조의6).

(2) 작성절차

국토교통부장관은 물류단지개발지침을 작성할 때에는 미리 시·도지사의 의견을 듣고 관계 중앙행정기관의 장과 협의한 후 「물류정책기본법」에 따른 물류시설분과위원회의 심의를 거쳐야 한다. 물류단지개발지침을 변경할 때(토지가격의 안정을 위하여 필요한 사항을 변경할 때는 제외한다)에도 또한 같다.

(3) 물류단지개발지침의 내용 등

물류단지개발지침에는 다음의 사항이 포함되어야 한다(영 제15조). 물류단지개발지침은 지역 간의 균형 있는 발전을 위하여 물류단지시설용지의 배분이 적정하게 이루어지도록 작성되어야 한다.
① 물류단지의 계획적·체계적 개발에 관한 사항
② 물류단지의 지정·개발·지원에 관한 사항
③ 「환경영향평가법」에 따른 전략환경영향평가, 소규모 환경영향평가 및 환경영향평가 등 환경보전에 관한 사항
④ 지역 간의 균형발전을 위하여 고려할 사항
⑤ 문화재의 보존을 위하여 고려할 사항
⑥ 토지가격의 안정을 위하여 필요한 사항
⑦ 분양가격의 결정에 관한 사항
⑧ 토지·시설 등의 공급에 관한 사항

4. 물류단지 실수요 검증

(1) 실수요 검증

물류단지를 지정하는 국토교통부장관 또는 시·도지사(이하 "물류단지지정권자"라 한다)는 무분별한 물류단지 개발을 방지하고 국토의 효율적 이용을 위하여 물류단지 지정 전에 물류단지 실수요 검증을 실시하여야 한다. 이 경우 물류단지지정권자는 실수요 검증 대상 사업에 대하여 관계 행정기관과 협의하여야 한다(제22조의7).

(2) 실수요검증위원회

① 물류단지지정권자는 실수요 검증을 실시하기 위하여 필요한 경우 실수요검증위원회를 구성·운영할 수 있다.〈시행일: 2024. 7. 10〉
② 도시첨단물류단지개발사업의 경우에는 실수요 검증을 실수요검증위원회의 자문으로 갈음할 수 있다.

③ 물류단지지정권자는 실수요검증위원회의 구성 목적을 달성하였다고 인정하는 경우에는 실수요검증위원회를 해산할 수 있다.〈시행 2024. 7. 10.〉

(3) 물류단지 실수요 검증 절차 등

① 국토교통부장관 또는 시·도지사는 실수요 검증을 실시하기 위하여 필요하다고 인정하는 경우에는 일반물류단지의 지정을 요청하는 자, 도시첨단물류단지의 지정을 신청하는 자 및 물류단지개발사업의 시행자로 지정을 받으려는 자(이하 "지정요청자등"이라 한다)에게 관련 서류의 제출을 요구할 수 있다(칙 제16조의2).

② 국토교통부장관 또는 시·도지사는 실수요 검증을 실시하는 경우에는 실수요검증위원회의 심의·의결을 거쳐야 한다.

③ 국토교통부장관 또는 시·도지사는 심의·의결을 마친 날부터 14일 이내에 그 심의결과를 물류단지 지정요청자등에게 서면으로 알려야 한다. 다만, 심의결과 별표 2의3제2호 다목에 따라 물류단지 실수요가 없다고 인정되는 경우에는 그 사유와 평가항목별 평균 점수를 알려야 한다.

④ 실수요검증위원회의 위원장 및 부위원장은 공무원이 아닌 위원 중에서 각각 호선(互選)한다.

⑤ 실수요검증위원회의 회의는 분기별로 1회 이상 개최 하되, 국토교통부장관 또는 위원장이 필요하다고 인정되는 경우에는 국토교통부장관 또는 위원장이 수시로 소집할 수 있다. 이 경우 위원장은 그 의장이 된다.

☑ 관련 법조문

제23조(물류단지지정의 고시 등)
① 물류단지지정권자가 물류단지를 지정하거나 지정내용을 변경한 때에는 대통령령으로 정하는 사항을 관보 또는 시·도의 공보에 고시하고, 관계 서류의 사본을 관할 시장·군수·구청장에게 보내야 한다.
② 물류단지로 지정되는 지역에 수용하거나 사용할 토지, 건축물, 그 밖의 물건이나 권리가 있는 경우에는 제1항에 따른 고시내용에 그 토지 등의 세부목록을 포함시켜야 한다.
③ 제1항에 따라 관계 서류를 받은 시장·군수·구청장은 이를 14일 이상 일반인이 열람할 수 있도록 하여야 한다.

5. 주민 등의 의견청취

(1) 의의

물류단지지정권자는 물류단지를 지정하려는 때에는 주민 및 관계 전문가의 의견을 들어야 하고 타당하다고 인정하는 때에는 그 의견을 반영하여야 한다. 다만, 국방상 기밀(機密)사항이거나 대통령령으로 정하는 경미한 사항인 경우에는 의견 청취를 생략할 수 있다(제24조).

☑ **대통령령으로 정하는 경미한 사항**

> 대통령령으로 정하는 경미한 사항이란 다음의 사항을 말한다.
> ① 물류단지지정 면적의 변경(10분의 1 미만의 면적을 변경하는 경우만 해당한다)
> ② 물류단지시설용지 면적의 변경(10분의 1 미만의 면적을 변경하는 경우만 해당한다) 또는 물류단지시설용지의 용도변경
> ③ 기반시설(구거를 포함한다)의 부지 면적의 변경(10분의 1 미만의 면적을 변경하는 경우만 해당한다) 또는 그 시설의 위치 변경

(2) 의견청취의 절차

① 물류단지지정권자는 물류단지의 지정에 관하여 주민 및 관계 전문가의 의견을 들으려는 경우에는 물류단지개발계획안의 내용을 해당 물류단지의 소재지를 관할하는 특별자치시장·특별자치도지사·시장·군수 또는 구청장에게 보내야 하며, 이를 받은 시장·군수·구청장은 그 주요 내용을 해당 지방에서 발간되는 일간신문, 공보, 인터넷 홈페이지 또는 방송 등을 통하여 공고하고 14일 이상 일반에게 열람하게 해야 한다(영 제17조).
② 공고된 물류단지개발계획안의 내용에 대하여 의견이 있는 자는 그 열람기간 내에 해당 시장·군수·구청장에게 의견서를 제출할 수 있다.
③ 시장·군수·구청장은 제출된 의견에 대한 검토의견을 물류단지지정권자에게 제출하여야 한다.
④ 물류단지지정권자는 주민 및 관계 전문가의 의견청취를 생략하려는 경우에는 미리 관계 행정기관의 장과 협의하여야 한다.

☑ **관련 법조문**

> 제25조(행위제한 등)
> ① 물류단지 안에서 건축물의 건축, 공작물의 설치, 토지의 형질변경, 토석의 채취, 토지분할, 물건을 쌓아놓는 행위 등 대통령령으로 정하는 행위를 하려는 자는 시장·군수·구청장의 허가를 받아야 한다. 허가받은 사항을 변경하려는 때에도 또한 같다.
> ② 다음 각 호의 어느 하나에 해당하는 행위는 제1항에도 불구하고 허가를 받지 아니하고 할 수 있다.
>   1. 재해복구 또는 재난수습에 필요한 응급조치를 위하여 하는 행위
>   2. 그 밖에 대통령령으로 정하는 행위
> ③ 제1항에 따라 허가를 받아야 하는 행위로서 물류단지의 지정 및 고시 당시 이미 관계 법령에 따라 행위허가를 받았거나 허가를 받을 필요가 없는 행위에 관하여 그 공사 또는 사업에 착수한 자는

대통령령으로 정하는 바에 따라 시장·군수·구청장에게 신고한 후 이를 계속 시행할 수 있다.

④ 시장·군수·구청장은 제1항을 위반한 자에게 원상회복을 명할 수 있다. 이 경우 명령을 받은 자가 그 의무를 이행하지 아니하면 시장·군수·구청장은 「행정대집행법」에 따라 대집행할 수 있다.

⑤ 제1항에 따른 허가에 관하여 이 법에서 규정한 것 외에는 「국토의 계획 및 이용에 관한 법률」 제57조부터 제60조까지 및 제62조를 준용한다.

⑥ 제1항에 따라 허가를 받은 경우에는 「국토의 계획 및 이용에 관한 법률」 제56조에 따라 허가를 받은 것으로 본다.

제26조(물류단지지정의 해제)

① 물류단지로 지정·고시된 날부터 대통령령으로 정하는 기간 이내에 그 물류단지의 전부 또는 일부에 대하여 제28조에 따른 물류단지개발실시계획의 승인을 신청하지 아니하면 그 기간이 지난 다음 날 해당 지역에 대한 물류단지의 지정이 해제된 것으로 본다.

② 물류단지지정권자는 다음 각 호의 어느 하나에 해당하는 경우에는 대통령령으로 정하는 바에 따라 해당 지역에 대한 물류단지 지정의 전부 또는 일부를 해제할 수 있다.
  1. 물류단지의 전부 또는 일부에 대한 개발 전망이 없게 된 경우
  2. 개발이 완료된 물류단지가 준공(부분 준공을 포함한다)된 지 20년 이상 된 것으로서 주변상황과 물류산업여건이 변화되어 제52조의2에 따른 물류단지재정비사업을 하더라도 물류단지 기능수행이 어려울 것으로 판단되는 경우

③ 제1항 또는 제2항에 따라 물류단지의 지정이 해제된 것으로 보거나 해제된 경우 해당 물류단지지정권자는 그 사실을 관계 중앙행정기관의 장 및 시·도지사에게 통보하고 고시하여야 하며, 통보를 받은 시·도지사는 지체 없이 시장·군수·구청장으로 하여금 이를 14일 이상 일반인이 열람할 수 있도록 하여야 한다.

④ 물류단지의 지정으로 「국토의 계획 및 이용에 관한 법률」에 따른 용도지역이 변경·결정된 후 제1항 또는 제2항에 따라 해당 물류단지의 지정이 해제된 경우에는 같은 법의 규정에도 불구하고 해당 물류단지에 대한 용도지역은 변경·결정되기 전의 용도지역으로 환원된 것으로 본다. 다만, 물류단지의 개발이 완료되어 물류단지의 지정이 해제된 경우에는 변경·결정되기 전의 용도지역으로 환원되지 아니한다.

⑤ 시장·군수·구청장은 제4항에 따라 용도지역이 환원된 경우에는 즉시 그 사실을 고시하여야 한다.

제27조(물류단지개발사업의 시행자)

① 물류단지개발사업을 시행하려는 자는 대통령령으로 정하는 바에 따라 물류단지지정권자로부터 시행자 지정을 받아야 한다.

② 제1항에 따라 물류단지개발사업의 시행자로 지정받을 수 있는 자는 다음 각 호의 자로 한다.
  1. 국가 또는 지방자치단체
  2. 대통령령으로 정하는 공공기관
  3. 「지방공기업법」에 따른 지방공사
  4. 특별법에 따라 설립된 법인
  5. 「민법」 또는 「상법」에 따라 설립된 법인

6. 물류단지 예정지역의 토지소유자 또는 그 토지소유자가 물류단지개발을 위하여 설립한 조합

③ 제1항에 따라 물류단지개발사업의 시행자로 지정받으려는 자는 대통령령으로 정하는 바에 따라 물류단지지정권자에게 시행자 지정을 신청하여야 한다.

④ 물류단지지정권자는 제1항에 따라 물류단지개발사업을 시행하는 자로 지정받은 자(이하 "시행자" 라 한다) 중 제2항제5호 또는 제6호에 해당하는 자가 제28조에 따라 승인을 받은 물류단지개발실 시계획에서 정하여진 기간 내에 물류단지개발사업을 완료하지 아니하면 제2항의 각 호의 자 중에 서 다른 시행자를 지정하여 그 시행자에게 해당 물류단지개발사업을 시행하게 할 수 있다.

⑤ 제2항제1호부터 제4호까지의 시행자는 물류단지개발사업을 효율적으로 시행하기 위하여 필요하 다고 인정하는 경우에는 대통령령으로 정하는 바에 따라 해당 물류단지에 입주하거나 입주하려는 물류시설의 운영자(이하 "입주기업체"라 한다) 및 지원시설의 운영자(이하 "지원기관"이라 한다) 에게 물류단지개발사업의 일부를 대행하게 할 수 있다.

제27조의2(조합설립의 인가 등)

제27조제2항제6호에 따른 조합의 설립, 조합원의 자격, 조합원의 경비 부담 등에 관하여는 「도시개 발법」 제13조부터 제16조까지의 규정을 준용한다. 이 경우 "도시개발구역"은 "물류단지 예정지역" 으로, "지정권자"는 "물류단지지정권자"로 본다.

제28조(물류단지개발실시계획의 승인)

① 시행자는 대통령령으로 정하는 바에 따라 물류단지개발실시계획(이하 "실시계획"이라 한다)을 수립하여 물류단지지정권자의 승인을 받아야 한다. 승인을 받은 사항 중 대통령령으로 정하는 중요 사항을 변경하려는 경우에도 또한 같다.

② 실시계획에는 개발한 토지ㆍ시설 등의 처분에 관한 사항이 포함되어야 한다.

③ 물류단지지정권자가 제1항에 따라 실시계획을 승인하거나 승인한 사항을 변경승인할 때에는 제 30조제1항 각 호의 관계 법률에 적합한지를 미리 소관 행정기관의 장과 협의하여야 한다.

제29조(실시계획승인의 고시)

① 물류단지지정권자는 제28조에 따라 실시계획을 승인하거나 승인한 사항을 변경승인한 때에는 대통령령으로 정하는 사항을 관보 또는 시ㆍ도의 공보에 고시하고, 관계 서류의 사본을 관할 시장ㆍ군수ㆍ구청장에게 보내야 한다.

② 제1항에 따라 관계 서류의 사본을 받은 시장ㆍ군수ㆍ구청장은 이를 14일 이상 일반인이 열람할 수 있도록 하여야 한다.

③ 제1항에 따라 관계 서류의 사본을 받은 시장ㆍ군수ㆍ구청장은 실시계획에 도시ㆍ군관리계획 결 정사항이 포함되어 있으면 「국토의 계획 및 이용에 관한 법률」 제32조에 따라 지형도면의 고시 등에 필요한 절차를 취하여야 한다. 이 경우 시행자는 도시ㆍ군관리계획에 관한 지형도면의 고시 등에 필요한 서류를 작성하여 시장ㆍ군수ㆍ구청장에게 제출하여야 한다.

제30조(인ㆍ허가등의 의제)

① 물류단지지정권자가 실시계획을 승인 또는 변경승인하는 경우에 다음 각 호의 인ㆍ허가등에 관하 여 제28조제3항에 따라 관계 행정기관의 장과 협의한 사항은 해당 인ㆍ허가등을 받은 것으로

보며, 실시계획승인 또는 변경승인을 고시한 때에는 다음 각 호의 법률에 따른 해당 인·허가등의 고시 또는 공고를 한 것으로 본다.

1. 「가축분뇨의 관리 및 이용에 관한 법률」 제11조에 따른 배출시설에 대한 설치허가 또는 신고
2. 「건축법」 제11조에 따른 건축허가, 같은 법 제14조에 따른 건축신고, 같은 법 제16조에 따른 건축허가·신고사항의 변경, 같은 법 제20조에 따른 가설건축물의 건축의 허가·신고 및 같은 법 제29조에 따른 건축협의 등 그 밖의 사항은 생략

② 제1항에 따라 다른 법률에 따른 인·허가등을 받은 것으로 보는 경우에는 관계 법률 또는 시·도의 조례에 따라 부과되는 그 인·허가등에 따른 수수료·사용료 등을 면제한다.

③ 제1항에 따른 인·허가등의 의제와 관련된 처리기준에 관하여는 제21조제3항 및 제4항을 준용한다.

제31조(물류단지개발사업의 위탁시행 등)

① 시행자는 물류단지개발사업 중 항만, 용수시설, 그 밖에 대통령령으로 정하는 공공시설의 건설과 공유수면의 매립에 관한 사항을 대통령령으로 정하는 바에 따라 국가·지방자치단체 또는 대통령령으로 정하는 공공기관에 위탁하여 시행할 수 있다.

② 물류단지개발사업을 위한 토지매수업무 등의 위탁에 관하여는 제11조를 준용한다. 이 경우 "물류터미널사업자"는 "시행자"로, "물류터미널"은 "물류단지"로 본다.

③ 제27조제2항제4호부터 제6호까지의 시행자는 물류단지지정권자의 승인을 받아 「자본시장과 금융투자업에 관한 법률」에 따라 설립된 부동산신탁업자와 대통령령으로 정하는 바에 따라 물류단지 개발을 목적으로 하는 신탁계약을 체결하여 물류단지개발사업을 시행할 수 있다.

④ 제3항에 따라 신탁계약을 체결한 부동산신탁업자는 종전의 시행자의 권리·의무를 포괄적으로 승계한다.

6. 토지등의 수용·사용

(1) 수용·사용

시행자(물류단지 예정지역의 토지소유자 또는 그 토지소유자가 물류단지개발을 위하여 설립한 조합인 시행자는 제외한다)는 물류단지개발사업에 필요한 토지등을 수용하거나 사용할 수 있다. 다만, 「민법」 또는 「상법」에 따라 설립된 법인의 시행자인 경우에는 사업대상 토지면적의 3분의 2 이상을 매입하여야 토지등을 수용하거나 사용할 수 있다(제32조).

(2) 공익사업법의 특례 규정

① 사업인정 및 고시의제 : 토지등을 수용하거나 사용하는 경우에 물류단지 지정 고시를 한 때(시행자 및 수용하거나 사용할 토지등의 세부목록을 물류단지의 지정 후에 물류단지개발계획에 포함시키는 경우에는 그 고시한 때를 말한다)에는 「공익사업을 위한 토지등의 취득 및 보상에 관한 법률」에 따른 사업인정 및 그 고시를 한 것으로 본다.

② 재결신청 : 국토교통부장관이 지정하는 물류단지 안의 토지등에 대한 재결은 중앙토지
수용위원회가 관장하고, 시·도지사가 지정하는 물류단지 안의 토지등에 대한 재결은
관할 지방토지수용위원회가 관장한다. 이 경우 재결의 신청은 「공익사업을 위한 토지
등의 취득 및 보상에 관한 법률」에도 불구하고 물류단지개발계획에서 정하는 사업시행
기간 내에 할 수 있다.

☑ **관련 법조문**

제33조(「공유수면 관리 및 매립에 관한 법률」 등의 적용특례)
① 제22조, 제22조의2 및 제23조에 따라 물류단지가 지정·고시된 경우에는 그 범위에서 「공유수
면 관리 및 매립에 관한 법률」 제22조 및 제27조에 따른 매립기본계획, 「국토의 계획 및 이용에
관한 법률」 제30조에 따른 도시·군관리계획 및 「하천법」 제25조 및 제27조에 따른 하천기본계
획 및 하천공사시행계획이 수립·변경된 것으로 본다.
② 제28조에 따라 실시계획의 승인을 받은 시행자가 해당 물류단지 안의 토지에 관하여 체결하는
토지거래계약에 대하여는 「부동산 거래신고 등에 관한 법률」 제11조를 적용하지 아니한다.
③ 지원시설에 대하여는 「국토의 계획 및 이용에 관한 법률」 제76조에 따른 지역·지구 안에서의
건축금지 및 제한에 관한 규정을 적용하지 아니한다.

제34조(토지소유자에 대한 환지)
① 시행자는 물류단지 안의 토지를 소유하고 있는 자가 물류단지개발계획에서 정한 물류단지시설
또는 대통령령으로 정하는 지원시설을 운영하려는 경우에는 그 토지를 포함하여 물류단지개발사
업을 시행할 수 있으며, 해당 사업이 완료된 후 대통령령으로 정하는 바에 따라 해당 토지소유자
에게 환지(換地)하여 줄 수 있다.
② 제1항에서 정한 사항 외에 토지소유자에 대한 환지에 관하여는 「도시개발법」 제28조부터 제32조
까지, 제32조의2, 제32조의3, 제33조부터 제36조까지, 제36조의2 및 제37조부터 제49조까지
의 규정을 준용한다. 다만, 시행자가 「도시개발법」 제28조제1항에 따른 환지 계획을 포함하여
다음 각 호의 어느 하나에 해당하는 승인을 받은 경우에는 같은 법 제29조에 따른 환지 계획의
인가를 받은 것으로 본다.
1. 실시계획의 승인
2. 제59조의2에 따라 준용되는 「산업단지 인·허가 절차 간소화를 위한 특례법」에 따른 물류단지
계획의 승인

제35조(토지 출입 등)
물류단지개발사업 시행을 위한 토지 출입 등에 관하여는 제12조를 준용한다. 이 경우 "물류터미널사
업자"는 "시행자"로, "물류터미널"은 "물류단지"로 본다.

7. 공공시설 및 토지 등의 귀속(★)

(1) 공공시행자인 경우

국가 또는 지방자치단체, 대통령령으로 정하는 공공기관, 「지방공기업법」에 따른 지방공사, 특별법에 따라 설립된 법인인 시행자(공공시행자)가 물류단지개발사업의 시행으로 새로 공공시설을 설치하거나 기존의 공공시설에 대체되는 공공시설을 설치한 경우에는 「국유재산법」 및 「공유재산 및 물품 관리법」에도 불구하고 종래의 공공시설은 시행자에게 무상으로 귀속되고 새로 설치된 공공시설은 그 시설을 관리할 국가 또는 지방자치단체에 무상으로 귀속된다(제36조).

☑ 공공시설의 범위

법 제36조에 따른 공공시설은 「국토의 계획 및 이용에 관한 법률」 제2조 제13호에 따른 공공시설 중 다음의 시설을 말한다(영 제26조).
도로, 공원, 광장, 주차장(국가 또는 지방자치단체가 설치한 것만 해당한다), 철도, 하천, 녹지, 운동장(국가 또는 지방자치단체가 설치한 것만 해당한다), 공공공지, 수도(한국수자원공사가 설치하는 수도의 경우에는 관로만 해당한다), 하수도, 공동구, 유수지시설, 구거

(2) 민간시행자인 경우

「민법」 또는 「상법」에 따라 설립된 법인, 물류단지 예정지역의 토지소유자 또는 그 토지소유자가 물류단지개발을 위하여 설립한 조합인 시행자(민간시행자)가 물류단지개발사업의 시행으로 새로 설치한 공공시설은 그 시설을 관리할 국가 또는 지방자치단체에 무상으로 귀속되고, 물류단지개발사업의 시행으로 인하여 용도가 폐지되는 국가 또는 지방자치단체 소유의 재산은 「국유재산법」 및 「공유재산 및 물품 관리법」에도 불구하고 새로 설치한 공공시설의 설치비용에 상당하는 범위에서 그 시행자에게 무상으로 양도할 수 있다.

(3) 관리청의 의견청취

물류단지지정권자는 공공시설의 귀속 및 양도에 관한 사항이 포함된 실시계획을 승인하려는 때에는 미리 그 공공시설을 관리하는 기관(이하 "관리청"이라 한다)의 의견을 들어야 한다. 실시계획을 변경하려는 때에도 또한 같다.

(4) 귀속시기

① 시행자는 국가 또는 지방자치단체에 귀속될 공공시설과 시행자에게 귀속되거나 양도될 재산의 종류와 토지의 세부목록을 그 물류단지개발사업의 준공 전에 관리청에 통지하여야 하며, 해당 공공시설과 재산은 그 사업이 준공되어 시행자에게 준공인가통지를 한

때에 국가 또는 지방자치단체에 귀속되거나 시행자에게 귀속 또는 양도된 것으로 본다.

② 공공시설과 재산의 등기에 관하여는 물류단지개발사업의 실시계획승인서와 준공인가서로써 「부동산등기법」에 따른 등기원인을 증명하는 서면을 갈음할 수 있다.

☑ **관련 법조문**

> **제37조(국·공유지의 처분제한)**
> 물류단지개발사업에 필요한 국·공유지의 처분제한 등에 관하여는 제13조를 준용한다. 이 경우 "물류터미널을 건설하기 위한 부지"는 "물류단지"로, "물류터미널 건설사업"은 "물류단지개발사업"으로, "국토교통부장관 또는 시·도지사"는 "물류단지지정권자"로, "물류터미널사업자"는 "시행자·입주기업체 또는 지원기관"으로 본다.
>
> **제38조(물류단지개발사업의 비용)**
> ① 물류단지개발사업에 필요한 비용은 시행자가 부담한다.
> ② 물류단지에 필요한 전기시설·전기통신설비·가스공급시설 또는 지역난방시설은 대통령령으로 정하는 범위에서 해당 지역에 전기·전기통신·가스 또는 난방을 공급하는 자가 비용을 부담하여 설치하여야 한다. 다만, 물류단지개발사업의 시행자·입주기업·지방자치단체 등의 요청에 따라 전기간선시설(電氣幹線施設)을 땅 속에 설치하는 경우에는 전기를 공급하는 자와 땅 속에 설치할 것을 요청하는 자가 각각 100분의 50의 비율로 그 설치비용을 부담한다.
> ③ 제2항에 따른 각 시설의 설치시기, 그 밖에 필요한 사항은 대통령령으로 정한다.

8. 물류단지개발사업의 지원(★)

(1) 비용의 보조 또는 융자

① 물류단지의 간선도로의 건설비
② 물류단지의 녹지의 건설비
③ 이주대책사업비
④ 물류단지시설용지와 지원시설용지의 조성비 및 매입비
⑤ 용수공급시설·하수도 및 공공폐수처리시설의 건설비
⑥ 문화재 조사비

(2) 기반시설의 설치

국가 또는 지방자치단체는 물류단지의 원활한 개발을 위하여 필요한 도로·철도·항만·용수시설 등 다음의 기반시설의 설치를 우선적으로 지원하여야 한다.

① 도로·철도 및 항만시설
② 용수공급시설 및 통신시설

③ 하수도시설 및 폐기물처리시설

④ 물류단지 안의 공동구

⑤ 집단에너지공급시설

9. 물류단지개발특별회계의 설치(★)

(1) 설치

시ㆍ도지사 또는 시장ㆍ군수는 물류단지개발사업을 촉진하기 위하여 지방자치단체에 물류단지개발특별회계(이하 "특별회계"라 한다)를 설치할 수 있다(제40조).

(2) 재원

특별회계는 다음의 재원으로 조성된다.

① 해당 지방자치단체의 일반회계로부터의 전입금

② 정부의 보조금

③ 제67조에 따라 부과ㆍ징수된 과태료

④ 「개발이익환수에 관한 법률」 제4조제1항에 따라 지방자치단체에 귀속되는 개발부담금 중 해당 지방자치단체의 조례로 정하는 비율의 금액

⑤ 「국토의 계획 및 이용에 관한 법률」 제65조제8항에 따른 수익금

⑥ 「지방세법」 제112조제1항(같은 항 제1호는 제외한다) 및 같은 조 제2항에 따라 부과ㆍ징수되는 재산세의 징수액 중 대통령령으로 정하는 비율(10%)의 금액

⑦ 차입금

⑧ 해당 특별회계자금의 융자회수금ㆍ이자수입금 및 그 밖의 수익금

☑ **관련 법조문**

제41조(특별회계의 운용)

① 특별회계는 다음 각 호의 용도로 사용한다.

1. 물류단지개발사업의 시행자에 대한 공사비의 보조 또는 융자
2. 물류단지개발사업에 따른 도시ㆍ군계획시설사업에 관한 보조 또는 융자
3. 지방자치단체가 시행하는 물류단지개발사업에 따른 도시ㆍ군계획시설의 설치사업비
4. 물류단지지정, 물류시설의 개발계획수립 및 제도발전을 위한 조사ㆍ연구비
5. 차입금의 원리금 상환
6. 특별회계의 조성ㆍ운용 및 관리를 위한 경비
7. 그 밖에 대통령령으로 정하는 사항(지방자치단체가 시행하는 물류단지개발사업의 사업비)

② 국토교통부장관은 필요한 경우에는 지방자치단체의 장에게 특별회계의 운용상황을 보고하게 할 수 있다.
③ 특별회계의 설치 및 운용·관리에 필요한 사항은 대통령령으로 정하는 기준에 따라 해당 지방자치단체의 조례로 정한다.

10. 시설의 존치

시행자는 물류단지 안에 있는 기존의 시설이나 그 밖의 공작물을 이전하거나 철거하지 아니하여도 물류단지개발사업에 지장이 없다고 인정하는 때에는 이를 남겨두게 할 수 있다(제42조).

11. 선수금

시행자는 그가 조성하는 용지를 분양·임대받거나 시설을 이용하려는 자로부터 대통령령으로 정하는 바에 따라 대금의 전부 또는 일부를 미리 받을 수 있다(제43조).

12. 시설부담금

(1) 공공시설의 설치

물류단지지정권자는 시행자에게 도로, 공원, 녹지, 그 밖에 대통령령으로 정하는 공공시설을 설치하게 하거나 기존의 공원 및 녹지를 보존하게 할 수 있다(제44조).

☑ 공공시설의 범위

① 법 제44조제1항에서 "대통령령으로 정하는 공공시설"이란 다음의 시설을 말한다(영 34조).
  1. 물류단지의 진입도로 및 간선도로
  2. 물류단지의 공원 및 녹지(도시·군계획시설로 결정된 공원 및 녹지를 말한다)
  3. 용수공급시설·하수도시설·전기통신시설 및 폐기물처리시설
  4. 법 제36조에 따라 국가나 지방자치단체에 무상으로 귀속되는 공공시설
② 제1항에 따른 공공시설의 설치비용은 제39조 제3항의 기준에 따라 산정한 용지비, 용지부담금, 조성비, 기반시설 설치비, 직접인건비, 이주대책비, 판매비, 일반관리비, 자본비용 및 그 밖의 비용을 합산한 금액으로 한다.
③ 법 제44조 제1항을 적용할 때에 시행자가 2명 이상인 경우 해당 물류단지에 설치하는 공공시설의 설치비용은 해당 물류단지의 총 가용면적(기존시설 등의 총 부지 면적을 포함한다)에 대한 시행자가 분양받는 개별 가용면적의 비율에 따라 각 시행자가 이를 나누어 부담한다.

④ 제3항에도 불구하고 공공시설이 특정한 시행자만 사용하기 위한 용도로 설치되는 경우에는 공공
시설의 위치, 설치목적, 이용 상황, 지역 여건 등을 종합적으로 고려하여 공공시설을 사용할 해당
시행자에게 그 설치비용의 전부 또는 일부를 부담하게 할 수 있다.

(2) 존치시설부담금의 산정기준 등

① 시행자는 공공시설의 설치나 기존의 공원 및 녹지의 보존에 필요한 비용에 충당하기
위하여 그 비용의 범위에서 제42조에 따른 존치시설의 소유자에게 시설부담금을 납부
하게 할 수 있다.

② 시행자가 존치시설의 소유자에게 내게 할 수 있는 시설부담금(존치시설부담금)은 별표
1의2에 따른 존치시설부담금 단가에 존치하는 부지면적을 곱하여 산정한다.

③ 시행자는 국토교통부령으로 정하는 바에 따라 산정된 시설물별 존치시설부담금을 감면
할 수 있다.

13. 이주대책 등

(1) 이주대책 등의 수립·시행

시행자는 「공익사업을 위한 토지 등의 취득 및 보상에 관한 법률」로 정하는 바에 따라
물류단지개발사업으로 인하여 생활의 근거를 상실하게 되는 자(이하 "이주자"라 한다)에
대한 이주대책 등을 수립·시행하여야 한다(제45조).

(2) 우선적 고용

입주기업체 및 지원기관은 특별한 사유가 없으면 이주자 또는 인근지역의 주민을 우선적으
로 고용하여야 한다.

☑ 관련 법조문

제46조(물류단지개발사업의 준공인가)
① 시행자는 물류단지개발사업의 전부 또는 일부를 완료하면 대통령령으로 정하는 바에 따라 물류단
지지정권자의 준공인가를 받아야 한다.
② 시행자가 제1항에 따른 준공인가를 신청한 경우에 물류단지지정권자는 관계 중앙행정기관, 지방
자치단체 또는 대통령령으로 정하는 공공기관, 연구기관, 그 밖의 전문기관의 장에게 준공인가에
필요한 검사를 의뢰할 수 있다. 이 경우 공공시설에 대한 검사는 원칙적으로 그 시설을 관리할
국가 또는 지방자치단체에 의뢰하여야 한다.

③ 물류단지지정권자는 제2항에 따른 준공검사를 한 결과 실시계획대로 완료된 경우에는 준공인가를 하고 대통령령으로 정하는 바에 따라 이를 공고한 후 시행자 및 관리청에 통지하여야 하며, 실시계획대로 완료되지 아니한 경우에는 지체 없이 보완시공 등 필요한 조치를 명하여야 한다.

④ 시행자가 제1항에 따른 준공인가를 받은 때에는 제30조제1항에 따라 실시계획승인으로 의제되는 인·허가등에 따른 해당 사업의 준공에 관한 검사·인가·신고·확인 등을 받은 것으로 본다.

⑤ 제1항에 따른 준공인가 전에는 물류단지개발사업으로 개발된 토지나 설치된 시설을 사용할 수 없다. 다만, 대통령령으로 정하는 바에 따라 물류단지지정권자의 사용허가를 받은 경우에는 그러하지 아니하다.

⑥ 물류단지지정권자는 제5항 단서에 따른 사용허가의 신청을 받은 날부터 15일 이내에 허가 여부를 신청인에게 통지하여야 한다.

제47조(관계 서류 등의 열람)

① 시행자는 물류단지개발사업을 시행할 때 필요하면 국가 또는 지방자치단체에 서류의 열람 또는 등사를 하거나 그 등본 또는 초본의 교부를 청구할 수 있다.

② 국가 또는 지방자치단체는 제1항에 따라 발급하는 서류에 대하여는 수수료를 부과하지 아니한다.

제48조 삭제 〈2010. 2. 4.〉

제49조(물류단지개발 관련 사업에 대한 준용)

물류단지의 인근지역에서 물류단지개발과 관련되는 사업으로서 다음 각 호의 어느 하나에 해당하는 사업을 시행하는 경우 해당 사업에 대하여는 제25조, 제28조부터 제37조까지, 제39조, 제45조부터 제47조까지, 제52조 및 제61조를 준용한다. 이 경우 "물류단지"는 "물류단지개발과 관련되는 사업에 대한 실시계획승인이 고시된 지역"으로, "물류단지개발실시계획"은 "물류단지개발과 관련되는 사업에 대한 실시계획"으로, "물류단지 지정의 고시"는 "물류단지개발과 관련되는 사업에 대한 실시계획 승인의 고시"로, "물류단지개발계획"은 "물류단지개발과 관련되는 사업에 대한 실시계획"으로 본다.

  1. 항만·도로·하천·철도·용수공급시설·하수도·공공폐수처리시설·폐기물처리시설·전기시설 또는 통신시설사업
  2. 가스 또는 유류의 공급시설사업
  3. 물류단지의 조성을 위하여 그 물류단지에 연접한 취토장(取土場) 또는 돌산을 개발하는 사업
  4. 물류단지를 조성하기 위한 준설사업

제50조(개발한 토지·시설 등의 처분)

① 시행자는 물류단지개발사업에 따라 개발한 토지·시설 등(도시첨단물류단지개발사업의 경우에는 시설의 설치가 완료되지 아니한 토지는 제외한다)을 분양 또는 임대할 수 있다.

② 제1항에 따른 토지·시설 등의 처분방법·절차·가격기준 등에 관하여 필요한 사항은 대통령령으로 정한다.

제50조의2(물류단지시설 등의 건설공사 착수 등)

① 입주기업체 또는 지원기관은 시행자와 분양계약을 체결한 날(물류단지개발사업의 준공 전에 분양

계약을 체결한 경우에는 준공일을 말하고, 물류단지개발사업의 준공인가 전 사용허가를 받은 경우에는 사용허가일을 말한다)부터 국토교통부령으로 정하는 기간 안에 그 물류단지시설 또는 지원시설의 건설공사에 착수하거나 토지·시설 등을 처분하여야 한다. 다만, 국토교통부령으로 정하는 정당한 사유가 있는 경우에는 그러하지 아니하다.

② 제1항에 따른 토지·시설 등의 처분에 관하여는 제51조를 준용한다.

제50조의3(이행강제금)

① 물류단지지정권자는 제50조의2에 따른 의무를 이행하지 아니한 자에 대하여 국토교통부령으로 정하는 기한까지 그 의무를 이행할 것을 명하여야 하며, 그 기한까지 의무를 이행하지 아니하면 해당 토지·시설 등 재산가액(「감정평가 및 감정평가사에 관한 법률」에 따른 감정평가법인등의 감정평가액을 말한다)의 100분의 20에 해당하는 금액의 이행강제금을 부과할 수 있다.

② 물류단지지정권자는 제1항에 따른 이행강제금을 부과하기 전에 제1항에 따른 이행강제금을 부과하고 징수한다는 뜻을 미리 문서로 알려야 한다.

③ 물류단지지정권자는 제1항에 따른 이행강제금을 부과하려는 경우에는 이행강제금의 금액, 부과사유, 납부기한, 수납기관, 이의제기방법 및 이의제기기관 등을 명시한 문서로써 하여야 한다.

④ 물류단지지정권자는 제50조의2제1항에 정한 기간이 만료한 다음 날을 기준으로 하여 매년 1회 그 의무가 이행될 때까지 반복하여 제1항에 따른 이행강제금을 부과하고 징수할 수 있다.

⑤ 물류단지지정권자는 제50조의2에 따른 의무가 있는 자가 그 의무를 이행한 경우에는 새로운 이행강제금의 부과를 중지하되, 이미 부과된 이행강제금은 징수하여야 한다.

⑥ 제1항부터 제5항까지에서 규정한 사항 외에 이행강제금의 부과 및 징수 절차는 국토교통부령으로 정한다.

제51조(개발한 토지·시설 등의 처분제한)

① 입주기업체 또는 지원기관은 물류단지시설 또는 지원시설의 설치를 완료하기 전에 분양받은 토지·시설 등을 처분하려는 때에는 시행자 또는 제53조에 따른 관리기관에 양도하여야 한다. 다만, 시행자나 관리기관이 매수할 수 없는 때에는 대통령령으로 정하는 바에 따라 시행자나 관리기관이 매수신청을 받아 선정한 다른 입주기업체, 지원기관 또는 다음 각 호의 자에게 양도하여야 한다.

1. 한국토지주택공사
2. 「은행법」 제8조에 따라 은행업의 인가를 받은 은행
3. 그 밖에 대통령령으로 정하는 자

② 제1항에 따른 토지의 양도가격은 취득가격에 대통령령으로 정하는 이자 및 비용을 더한 금액으로 하고, 시설 등의 양도가격은 「감정평가 및 감정평가사에 관한 법률」에 따른 감정평가법인등의 감정평가액을 고려하여 결정할 수 있다. 다만, 입주기업체 또는 지원기관의 요청이 있는 경우 토지의 양도가격은 취득가격에 대통령령으로 정하는 이자 및 비용을 더한 금액 이하로 할 수 있다.

③ 제1항 각 호의 자가 매수한 토지·시설 등의 매각가격·매각절차 등에 필요한 사항은 대통령령으로 정한다.

제52조(물류단지시설 등의 건축허가 및 사용승인)

① 물류단지 안에서 물류단지시설 또는 지원시설을 건축하려는 자가 「건축법」 제11조에 따른 건축허가를 받은 때(제28조제1항의 실시계획의 승인에 따라 건축허가가 의제된 시설의 경우에는 「건축법」 제22조에 따른 사용승인을 받은 때를 말한다)에는 다음 각 호의 인·허가등을 받은 것으로 본다.

  1. 「가축분뇨의 관리 및 이용에 관한 법률」 제11조에 따른 배출시설에 대한 설치허가 또는 신고 및 같은 법 제15조에 따른 준공검사

  2. 「건축법」 제20조제1항·제3항에 따른 가설건축물의 건축허가 또는 신고 및 같은 법 제83조에 따른 공작물축조의 신고 등 그 밖의 사항은 생략

② 제1항 각 호의 어느 하나에 해당하는 사항이 해당 특별시장·광역시장 또는 시장·군수·구청장 외의 다른 행정기관의 권한에 속하는 경우에는 해당 특별시장·광역시장 또는 시장·군수·구청장은 미리 그 다른 행정기관의 장과 협의를 하여야 한다.

③ 제1항에 따른 인·허가등의 의제와 관련된 처리기준에 관하여는 제21조제3항 및 제4항을 준용한다.

14. 물류단지의 재정비

(1) 물류단지재정비사업

① 물류단지지정권자는 준공(부분 준공을 포함한다)된 날부터 20년이 지나서 물류산업구조의 변화 및 물류시설의 노후화 등으로 물류단지를 재정비할 필요가 있는 경우에는 직접 또는 관계 중앙행정기관의 장이나 시장·군수·구청장의 요청에 따라 물류단지를 재정비하는 사업(이하 "물류단지재정비사업"이라 한다)을 할 수 있다. 다만, 준공된 날부터 20년이 지나지 아니한 물류단지에 대하여도 업종의 재배치 등이 필요한 경우에는 물류단지재정비사업을 할 수 있다(제52조의2).

② 물류단지재정비사업은 대통령령으로 정하는 바에 따라 물류단지의 전부 또는 부분 재정비사업으로 구분하여 할 수 있다.

☑ 물류단지재정비사업의 구분

1. 물류단지의 전부 재정비사업 : 토지이용계획 및 주요 기반시설계획의 변경을 수반하는 경우(건축계획 및 복합용지이용계획의 변경을 수반하는 경우를 포함한다)로서 지정된 물류단지 면적의 100분의 50 이상을 재정비(단계적 재정비를 포함한다)하는 사업을 말한다.
2. 물류단지의 부분 재정비사업 : 위 1 이외의 물류단지재정비사업을 말한다.

(2) 재정비계획

1) 수립·고시 : 물류단지지정권자는 물류단지재정비사업을 하려는 경우에는 입주업체와

관계 지방자치단체의 장의 의견을 듣고 관계 행정기관의 장과 협의하여 물류단지재정비계획(이하 "재정비계획"이라 한다)을 수립·고시하되, 부분 재정비사업인 경우에는 재정비계획 고시를 생략할 수 있다. 재정비계획을 변경할 때(대통령령으로 정하는 경미한 사항을 변경할 때는 제외한다)에도 또한 같다.

2) **재정비계획의 내용** : 재정비계획에는 다음의 사항이 포함되어야 한다.

① 물류단지의 명칭·위치 및 면적
② 물류단지재정비사업의 목적
③ 물류단지재정비사업의 시행자
④ 물류단지재정비사업의 시행방법
⑤ 주요 유치시설 및 그 설치기준에 관한 사항
⑥ 당초 토지이용계획 및 주요 기반시설의 변경 계획
⑦ 재원조달방안
⑧ 물류단지재정비사업의 시행기간
⑨ 지원시설의 확충 계획
⑩ 입주수요에 대한 조사자료
⑪ 물류단지재정비계획에 포함된 토지의 세목과 소유자 및 「공익사업을 위한 토지 등의 취득 및 보상에 관한 법률」 제2조제5호에 따른 관계인의 성명 및 주소

(3) 정비시행계획의 승인

① 물류단지재정비사업의 시행자로 지정받은 자는 물류단지재정비시행계획(이하 "재정비시행계획"이라 한다)을 수립하여 물류단지지정권자의 승인을 받아야 한다. 승인을 받은 사항을 변경할 때(대통령령으로 정하는 경미한 사항을 변경할 때는 제외한다)에도 또한 같다.

② 물류단지지정권자는 재정비시행계획을 승인하려면 미리 입주업체 및 관계 지방자치단체의 장의 의견을 듣고 관계 행정기관의 장과 협의하여야 한다.

(4) 물류단지재정비사업의 실시요청

① 관계 중앙행정기관의 장 또는 시장·군수·구청장이 물류단지지정권자에게 물류단지재정비사업의 실시를 요청할 때에는 국토교통부장관이 정하는 바에 따라 물류단지재정비사업의 기본방향 및 재원조달방안 등을 제출하여야 한다.

② 물류단지 지정을 요청할 수 있는 자는 물류단지지정권자에게 물류단지재정비사업의 실시를 요청할 수 있다. 이 경우 물류단지 전부에 대한 재정비사업의 실시를 요청하려면 재정비계획을 작성하여 제출하여야 한다.

☑ 관련 법조문

제52조의3(지정 · 승인 · 인가의 취소 등)

① 국토교통부장관 또는 시 · 도지사는 시행자(제49조에서 준용하는 물류단지개발 관련 사업을 하는 자 및 제52조의2제9항에서 준용하는 물류단지재정비사업의 시행자를 포함한다)가 다음 각 호의 어느 하나에 해당하는 경우에는 이 법에 따른 지정 · 승인 또는 인가를 취소하거나 공사의 중지, 공작물의 개축, 이전, 그 밖에 필요한 조치를 할 수 있다. 다만, 제1호부터 제5호까지의 경우에는 그 지정 · 승인 또는 인가를 취소하여야 한다.
  1. 거짓이나 그 밖의 부정한 방법으로 제22조제1항 또는 제22조의2제1항(제52조의2제9항에서 준용하는 경우를 포함한다)에 따른 물류단지의 지정을 받은 경우
  2. 거짓이나 그 밖의 부정한 방법으로 제27조제1항(제52조의2제9항에서 준용하는 경우를 포함한다)에 따른 시행자의 지정을 받은 경우
  3. 거짓이나 그 밖의 부정한 방법으로 제28조제1항(제49조에서 준용하는 경우를 포함한다)에 따른 실시계획의 승인을 받은 경우
  4. 거짓이나 그 밖의 부정한 방법으로 제46조제1항(제49조 및 제52조의2제9항에서 준용하는 경우를 포함한다)에 따른 준공인가를 받은 경우
  5. 거짓이나 그 밖의 부정한 방법으로 제52조의2제5항에 따른 재정비시행계획의 승인을 받은 경우
  6. 사정이 변경되어 물류단지개발사업을 계속 시행하는 것이 불가능하게 된 경우
② 국토교통부장관 또는 시 · 도지사는 제1항에 따른 처분을 한 때에는 대통령령으로 정하는 바에 따라 그 사실을 고시하여야 한다.

제53조(물류단지의 관리기관)

① 물류단지지정권자는 효율적인 관리를 위하여 대통령령으로 정하는 관리기구 또는 입주기업체가 자율적으로 구성한 협의회(이하 "입주기업체협의회"라 한다)에 물류단지를 관리하도록 하여야 한다.
② 제1항에 따른 관리기구 및 입주기업체협의회의 구성과 운영에 필요한 사항은 대통령령으로 정한다.

영 제43조의2(입주기업체협의회의 구성과 운영)

① 법 제53조제1항에 따른 입주기업체협의회(이하 "입주기업체협의회"라 한다)는 그 구성 당시에 해당 물류단지 입주기업체의 75퍼센트 이상이 회원으로 가입되어 있어야 한다.
② 입주기업체협의회는 일반회원과 특별회원으로 구성한다.
③ 입주기업체협의회의 일반회원은 입주기업체의 대표자로 하고, 특별회원은 일반회원 외의 자 중에서 정하되 회원자격은 입주기업체협의회의 정관으로 정하는 바에 따른다.
④ 입주기업체협의회는 매 사업연도 개시일부터 2개월 이내에 정기총회를 개최하여야 하며, 필요한 경우에는 임시총회를 개최할 수 있다.
⑤ 입주기업체협의회의 회의는 정관에 다른 규정이 있는 경우를 제외하고는 회원 과반수의 출석과 출석회원 과반수의 찬성으로 의결한다.

제54조(물류단지의 관리지침)

① 국토교통부장관은 물류단지의 관리에 관한 지침(이하 "물류단지관리지침"이라 한다)을 작성하여 관보에 고시하여야 한다.

② 국토교통부장관은 물류단지관리지침을 작성하려는 때에는 시·도지사의 의견을 듣고 관계 중앙행정기관의 장과 협의한 후 「물류정책기본법」 제19조제1항제2호의 물류시설분과위원회의 심의를 거쳐야 한다. 물류단지관리지침 중 대통령령으로 정하는 사항을 변경하려는 때에도 또한 같다.

③ 물류단지관리지침의 내용 및 작성 등에 필요한 사항은 대통령령으로 정한다.

제55조(물류단지관리계획)

① 제53조에 따른 관리기관은 물류단지관리계획을 수립하여 물류단지지정권자에게 제출하여야 한다.

② 제1항에 따른 물류단지관리계획에는 다음 각 호의 사항이 포함되어야 한다.

　1. 관리할 물류단지의 면적 및 범위에 관한 사항

　2. 물류단지시설과 지원시설의 설치·운영에 관한 사항

　3. 그 밖에 물류단지의 관리에 필요한 사항

③ 제1항에 따른 물류단지관리계획의 작성에 필요한 사항은 대통령령으로 정한다.

제56조(공동부담금)

① 삭제 〈2010. 2. 4.〉

② 제53조에 따른 관리기관은 물류단지 안의 폐기물처리장, 가로등, 그 밖에 대통령령으로 정하는 공동시설의 설치·유지 및 보수를 위하여 필요하면 입주기업체 및 지원기관으로부터 공동부담금을 받을 수 있다.

③ 제2항에 따른 공동부담금에 관한 기준 및 방법 등에 필요한 사항은 대통령령으로 정한다.

제57조(권고)

물류단지지정권자는 물류단지의 기능이 원활히 수행되도록 하기 위하여 관리기관·입주기업체 및 지원기관에 그 관리 및 운영방법, 그 밖에 대통령령으로 정하는 사항에 관하여 필요한 조치를 권고할 수 있다. 이 경우 필요하다고 인정할 때에는 그 권고를 받은 자에게 그 권고에 따라 강구한 조치에 대하여 보고를 하게 할 수 있다.

제58조(조세 등의 감면)

국가 또는 지방자치단체는 물류단지의 원활한 개발 및 입주기업체의 유치를 위하여 「지방세특례제한법」·지방세감면조례·「농업·농촌기본법」·「농지법」·「산지관리법」·「개발이익환수에 관한 법률」·「수도권정비계획법」 등으로 정하는 바에 따라 지방세·농지보전부담금·대체산림자원조성비·개발부담금 또는 과밀부담금 등을 감면할 수 있다.

제59조(자금지원)

국가 또는 지방자치단체는 물류단지의 원활한 개발 및 입주기업체의 유치를 위하여 자금지원에 대한 필요한 조치를 할 수 있다.

제59조의2(「산업단지 인·허가 절차 간소화를 위한 특례법」의 준용)

① 물류단지 지정 및 개발절차에 관하여 「산업단지 인·허가 절차 간소화를 위한 특례법」을 준용한다. 다만, 같은 법 제17조 및 제18조는 준용하지 아니한다.

② 제1항에 따라 「산업단지 인·허가 절차 간소화를 위한 특례법」을 준용하는 경우 "산업단지"는 "제2조제6호에 따른 물류단지"로, "국가산업단지"는 "제22조제1항제1호 또는 제22조의2에 따라 국토교통부장관이 지정한 물류단지"로, "산업단지개발지원센터"는 "물류단지개발지원센터"로, "산업단지계획심의위원회"는 "물류단지계획심의위원회"로, "중앙산업단지계획심의위원회"는 "중앙물류단지계획심의위원회"로, "지방산업단지계획심의위원회"는 "지방물류단지계획심의위원회"로, "산업단지계획"은 "물류단지계획"으로, "민간기업등"은 "제22조 또는 제22조의2에 따라 물류단지를 지정하는 자 외의 자"로, "산업입지정책심의위원회"는 「물류정책기본법」 제19조제1항제2호에 따른 물류시설분과위원회 또는 같은 법 제20조에 따른 지역물류정책위원회"로, "산업단지계획 통합기준"은 "물류단지계획 통합기준"으로 본다.

③ 국토교통부장관은 물류단지 지정 및 개발을 원활히 수행하기 위하여 물류단지지정권자에게 사업추진현황 등에 관한 자료를 요청할 수 있으며, 관계 기관 협의 등을 위하여 필요한 경우 국무총리에게 조정을 요청할 수 있다.

제59조의3(물류단지 안의 조경의무 면제)

입주기업체에 대해서는 「건축법」 제42조에도 불구하고 해당 입주기업체 부지 안의 조경(造景) 의무를 면제한다.

☑ 관련 법조문

제4장의 2 물류 교통·환경 정비사업

제59조의4(물류 교통·환경 정비지구의 지정 신청)

① 시장·군수·구청장은 물류시설의 밀집으로 도로 등 기반시설의 정비와 소음·진동·미세먼지 저감 등 생활환경의 개선이 필요한 경우로서 대통령령으로 정하는 요건에 해당하는 경우 시·도지사에게 물류 교통·환경 정비지구(이하 "정비지구"라 한다)의 지정을 신청할 수 있다. 정비지구를 변경하려는 경우에도 또한 같다.

② 제1항에 따라 정비지구의 지정 또는 변경을 신청하려는 시장·군수·구청장은 다음 각 호의 사항을 포함한 물류 교통·환경 정비계획(이하 "정비계획"이라 한다)을 수립하여 시·도지사에게 제출하여야 한다. 이 경우 정비지구가 둘 이상의 시·군·구의 관할지역에 걸쳐있는 경우에는 관할 시장·군수·구청장이 공동으로 이를 수립·제출한다.

  1. 위치·면적·정비기간 등 정비계획의 개요
  2. 정비지구의 현황(인구수, 물류시설의 수와 면적·교통량·물동량 등)
  3. 도로의 신설·확장·개량 및 보수 등 교통정비계획
  4. 소음·진동 방지, 대기오염 저감 등 환경정비계획
  5. 물류 교통·환경 정비사업의 비용분담계획
  6. 그 밖에 대통령령으로 정하는 사항

③ 시장·군수·구청장은 제1항에 따른 정비지구의 지정 또는 변경을 신청하려는 경우에는 주민설명회를 열고, 그 내용을 14일 이상 주민에게 공람하여 의견을 들어야 하며, 지방의회의 의견을 들은 후(이 경우 지방의회는 시장·군수·구청장이 정비지구의 지정 또는 변경 신청서를 통지한 날부터 60일 이내에 의견을 제시하여야 하며, 의견제시 없이 60일이 지난 때에는 이의가 없는 것으로 본다) 그 의견을 첨부하여 신청하여야 한다. 다만, 대통령령으로 정하는 경미한 사항의 변경을 신청하려는 경우에는 주민설명회, 주민 공람, 주민의 의견청취 및 지방의회의 의견청취 절차를 거치지 아니할 수 있다.

④ 제3항에 따른 주민설명회, 주민 공람 및 주민의 의견청취 방법 등에 관하여 필요한 사항은 대통령령으로 정한다.

제59조의5(물류 교통·환경 정비지구의 지정)

① 시·도지사는 제59조의4에 따라 정비지구의 지정을 신청받은 경우에는 관계 행정기관의 장과 협의하고 대통령령으로 정하는 바에 따라 제59조의2에 따른 물류단지계획심의위원회와 「국토의 계획 및 이용에 관한 법률」 제113조에 따른 지방도시계획위원회가 공동으로 하는 심의를 거쳐 정비지구를 지정한다. 정비지구의 지정을 변경하려는 경우에도 또한 같다.

② 제1항에 따라 협의를 요청받은 관계 행정기관의 장은 특별한 사유가 없으면 그 요청을 받은 날부터 30일 이내에 의견을 제시하여야 한다.

③ 시·도지사는 제1항에 따라 정비지구를 지정하거나 변경할 때에는 대통령령으로 정하는 바에 따라 그 내용을 지체 없이 해당 지방자치단체의 공보에 고시하여야 한다.

④ 제1항에 따라 시·도지사가 정비지구를 지정하거나 변경하였을 때에는 국토교통부령으로 정하는 바에 따라 국토교통부장관에게 보고하여야 한다.

제59조의6(물류 교통·환경 정비지구 지정의 해제)

① 시·도지사는 물류 교통·환경 정비사업의 추진 상황으로 보아 정비지구의 지정 목적을 달성하였거나 달성할 수 없다고 인정하는 경우에는 대통령령으로 정하는 바에 따라 제59조의2에 따른 물류단지계획심의위원회와 「국토의 계획 및 이용에 관한 법률」 제113조에 따른 지방도시계획위원회가 공동으로 하는 심의를 거쳐 정비지구의 지정을 해제할 수 있다.

② 제1항에 따라 정비지구의 지정을 해제하려는 시·도지사는 제59조의2에 따른 물류단지계획심의위원회와 「국토의 계획 및 이용에 관한 법률」 제113조에 따른 지방도시계획위원회가 공동으로 하는 심의 전에 주민설명회를 열고, 그 내용을 14일 이상 주민에게 공람하여 의견을 들어야 하며, 지방의회의 의견을 들어야 한다. 이 경우 지방의회는 의견을 요청받은 날부터 60일 이내에 의견을 제시하여야 하며, 의견제시 없이 60일이 지난 때에는 이의가 없는 것으로 본다.

③ 시·도지사는 제1항에 따라 정비지구의 지정을 해제할 때에는 대통령령으로 정하는 바에 따라 그 내용을 지체 없이 해당 지방자치단체의 공보에 고시하여야 한다.

④ 제1항에 따라 시·도지사가 정비지구의 지정을 해제하였을 때에는 국토교통부령으로 정하는 바에 따라 국토교통부장관에게 보고하여야 한다.

⑤ 제2항에 따른 주민설명회, 주민 공람 및 주민의 의견청취 방법 등에 관하여 필요한 사항은 대통령령으로 정한다.

제59조의7(물류 교통 · 환경 정비사업의 지원) (★)
국가 또는 시 · 도지사는 제59조의5에 따라 지정된 정비지구에서 시장 · 군수 · 구청장에게 다음 각
호의 사업에 대한 행정적 · 재정적 지원을 할 수 있다.
1. 도로 등 기반시설의 신설 · 확장 · 개량 및 보수
2. 「화물자동차 운수사업법」에 따른 공영차고지 및 화물자동차 휴게소의 설치
3. 「소음 · 진동관리법」에 따른 방음 · 방진시설의 설치
4. 「환경친화적 자동차의 개발 및 보급 촉진에 관한 법률」에 따른 전기자동차의 충전시설 및 수소
연료공급시설을 설치 · 정비 또는 개량하는 사업을 말한다.

제5장 보칙
제60조 삭제 〈2011. 8. 4.〉
제61조(보고 등)
① 국토교통부장관은 복합물류터미널사업자에게 복합물류터미널의 건설에 관하여 필요한 보고를
하게 하거나 자료의 제출을 명할 수 있으며 소속 공무원에게 복합물류터미널의 건설에 관한 업무
를 검사하게 할 수 있다.
② 국토교통부장관 또는 해양수산부장관은 물류창고업자에게 물류창고의 운영에 관하여 보고를 하
게 하거나 자료의 제출을 명할 수 있으며 소속 공무원에게 물류창고의 운영에 관한 업무를 검사하
게 할 수 있다. 다만, 제21조의2제4항 각 호의 어느 하나에 해당하는 물류창고업을 경영하는
자는 제외한다.
③ 국토교통부장관 또는 시 · 도지사는 시행자에게 물류단지의 개발에 관하여 필요한 보고를 하게
하거나 자료의 제출을 명할 수 있으며 소속 공무원에게 물류단지의 개발에 관한 업무를 검사하게
할 수 있다.
④ 국토교통부장관 또는 시 · 도지사는 제53조에 따른 관리기관 · 입주기업체 및 지원기관에 물류단
지의 관리에 관하여 필요한 보고를 하게 하거나 자료의 제출을 명할 수 있으며, 소속 공무원에게
물류단지의 관리에 관한 업무를 검사하게 할 수 있다.
⑤ 제1항부터 제4항까지의 규정에 따라 검사를 하는 공무원은 그 권한을 나타내는 증표를 지니고
이를 관계인에게 내보여야 한다.
⑥ 제5항에 따른 증표에 필요한 사항은 국토교통부령으로 정한다.

제62조(청문)
국토교통부장관 · 해양수산부장관 또는 시 · 도지사는 다음 각 호의 어느 하나에 해당하는 경우에는
청문을 실시하여야 한다.
1. 제17조제1항(제21조의10에서 준용하는 경우를 포함한다)에 따른 복합물류터미널사업 등록의
취소 또는 물류창고업 등록의 취소
1의2. 제21조의5제1항에 따른 인증의 취소 또는 제21조의6에 따른 지정의 취소
2. 제52조의3제1항에 따른 지정 · 승인 또는 인가의 취소

제63조(수수료)
다음 각 호의 어느 하나에 해당하는 신청을 하려는 자는 국토교통부령으로 정하는 바에 따라 수수료

를 내야 한다.

1. 제7조제1항 및 제3항에 따른 복합물류터미널사업의 등록신청 및 변경등록의 신청
2. 제9조에 따른 물류터미널의 구조 및 설비 등에 관한 공사시행인가와 변경인가의 신청
3. 제21조의2제1항 및 제2항에 따른 물류창고업의 등록 및 변경등록
4. 제21조의4에 따른 스마트물류센터 인증의 신청

제64조(권한의 위임)

① 이 법에 따른 국토교통부장관 또는 해양수산부장관의 권한 중 다음 각 호의 권한을 대통령령으로
   정하는 바에 따라 시ㆍ도지사에게 위임할 수 있다. 다만, 「항만법」 제3조제1항제1호 및 제2항제
   1호에 따른 무역항 중 국가관리무역항 구역에서 물류창고업을 경영하는 경우는 제외한다.

1. 제21조의2제1항 및 제2항에 따른 물류창고업의 등록 및 변경등록
1의2. 삭제 〈2022. 1. 18.〉
2. 제21조의9에 따른 물류창고업자에 대한 과징금의 부과 및 징수
3. 제21조의10에서 준용하는 제14조제2항 및 제3항에 따른 물류창고업자에 대한 사업승계의 신
   고수리 및 신고수리 여부 통지
4. 제21조의10에서 준용하는 제15조제1항 및 제2항에 따른 물류창고업의 휴업ㆍ폐업 신고의
   접수 및 법인해산 신고의 접수
5. 제21조의10에서 준용하는 제17조제1항에 따른 물류창고업자에 대한 등록취소 및 사업정지
6. 제28조제1항(제49조에서 준용하는 경우를 포함한다)에 따른 실시계획의 승인ㆍ변경승인 및
   같은 조 제3항(제49조에서 준용하는 경우를 포함한다)에 따른 소관 행정기관의 장과의 협의
7. 제29조제1항(제49조에서 준용하는 경우를 포함한다)에 따른 실시계획승인ㆍ변경승인의 고시
   및 관할 시장ㆍ군수ㆍ구청장에 대한 관계 서류 사본의 송부
8. 제37조에서 준용하는 제13조제2항에 따른 물류단지개발사업을 위한 국ㆍ공유재산의 용도폐지
   및 매각에 관한 관계 행정기관의 장과의 협의
9. 제46조제1항(제49조 및 제52조의2제9항에서 준용하는 경우를 포함한다)에 따른 물류단지개
   발사업의 준공인가, 같은 조 제3항(제49조 및 제52조의2제9항에서 준용하는 경우를 포함한다)
   에 따른 공고와 시행자 및 관리청에의 통지 및 같은 조 제5항 단서(제49조 및 제52조의2제9항
   에서 준용하는 경우를 포함한다)에 따른 사용허가
10. 제50조의3(제52조의2제9항에서 준용하는 경우를 포함한다)에 따른 이행강제금의 부과ㆍ징수
10의2. 삭제 〈2022. 1. 18.〉
11. 제55조제1항에 따른 물류단지관리계획의 접수
12. 제57조에 따른 관리기관 등에 대한 권고
13. 제61조제2항에 따른 물류창고업자에 대한 보고ㆍ자료 제출의 명령 및 업무의 검사
14. 제62조제1호에 따른 물류창고업의 등록 취소에 관한 청문
15. 제67조에 따른 물류창고업자에 대한 과태료의 부과 및 징수
16. 그 밖에 대통령령으로 정하는 업무

② 이 법에 따른 국토교통부장관의 권한 중 다음 각 호의 권한을 대통령령으로 정하는 바에 따라
   소속기관의 장에게 위임할 수 있다.

1. 제7조제1항 및 제3항에 따른 복합물류터미널사업의 등록 및 변경등록
2. 제9조제1항에 따른 공사시행인가·변경인가, 같은 조 제2항에 따른 소관 행정기관의 장과의 협의 및 같은 조 제5항에 따른 공사시행인가의 고시
3. 제13조제2항에 따른 복합물류터미널 건설을 위한 국·공유재산의 용도폐지 및 매각에 관한 관계 행정기관의 장과의 협의
4. 제14조제2항 및 제3항에 따른 복합물류터미널사업자에 대한 사업승계의 신고수리 및 신고수리 여부 통지
5. 제15조제1항 및 제2항에 따른 복합물류터미널사업의 휴업·폐업 신고의 접수 및 법인해산 신고의 접수
6. 제17조제1항에 따른 복합물류터미널사업자에 대한 등록취소 및 사업정지
7. 제18조에 따른 복합물류터미널사업자에 대한 과징금의 부과 및 징수
8. 제20조제3항에 따른 부지의 확보 및 도시·군계획시설의 설치 등에 관한 협조 요청
9. 제20조의2에 따른 공사시행 변경인가
10. 제61조제1항에 따른 복합물류터미널사업자에 대한 보고 명령, 자료 제출의 명령 및 업무의 검사
11. 제62조제1호에 따른 복합물류터미널사업의 등록 취소에 관한 청문
12. 제67조에 따른 복합물류터미널사업자에 대한 과태료의 부과 및 징수
13. 그 밖에 대통령령으로 정하는 업무

③ 이 법에 따른 해양수산부장관의 권한 중 다음 각 호의 권한을 대통령령으로 정하는 바에 따라 지방해양수산청장에게 위임할 수 있다. 다만, 「항만법」제3조제1항제1호 및 제2항제1호에 따른 무역항 중 국가관리무역항 구역 안의 물류창고를 경영하는 경우만 해당한다.
1. 제21조의2제1항 및 제2항에 따른 물류창고업의 등록 및 변경등록
2. 제21조의9에 따른 물류창고업자에 대한 과징금의 부과 및 징수
3. 제21조의10에서 준용하는 제14조제2항 및 제3항에 따른 물류창고업자에 대한 사업승계의 신고수리 및 신고수리 여부통지
4. 제21조의10에서 준용하는 제15조제1항에 따른 사업의 휴업·폐업의 신고수리 및 제21조의10에서 준용하는 제15조제2항에 따른 법인해산의 신고수리
5. 제21조의10에서 준용하는 제17조제1항에 따른 물류창고업자에 대한 등록취소 및 사업정지
6. 제61조제2항에 따른 물류창고업자에 대한 보고·자료 제출의 명령 및 업무의 검사
7. 제62조제1호에 따른 물류창고업의 등록 취소에 관한 청문
8. 제67조에 따른 물류창고업자에 대한 과태료의 부과 및 징수
9. 그 밖에 대통령령으로 정하는 업무

④ 시·도지사는 제1항에 따라 국토교통부장관 또는 해양수산부장관으로부터 위임받은 권한의 일부를 국토교통부장관 또는 해양수산부장관의 승인을 받아 시장·군수·구청장(특별자치도지사는 제외한다)에게 재위임할 수 있다.

⑤ 시·도지사는 이 법에 따른 권한의 일부를 시·도의 조례로 정하는 바에 따라 시장·군수·구청장(특별자치도지사는 제외한다)에게 위임할 수 있다.

⑥ 제1항제2호에 따라 과징금의 부과·징수권한이 시·도지사에게 위임된 경우에 제21조의9제1항

에 따른 과징금을 기한까지 내지 아니하는 자에 대하여는 시·도지사가 해당 지방자치단체의 조례로 정하는 바에 따라 지방행정제재·부과금에 징수 등에 관한 법률에 따라 징수한다.

제6장 벌칙

제65조(벌칙)

① 다음 각 호의 어느 하나에 해당하는 자는 1년 이하의 징역 또는 1천만원 이하의 벌금에 처한다. 다만, 제7호에 해당하는 자로서 그 처분행위로 얻은 이익이 3천만원 이상인 경우에는 1년 이하의 징역 또는 그 이익에 상당하는 금액 이하의 벌금에 처한다.

1. 제7조제1항을 위반하여 등록을 하지 아니하고 복합물류터미널사업을 경영한 자
2. 삭제〈2014. 1. 28.〉
3. 제9조제1항을 위반하여 공사시행인가 또는 변경인가를 받지 아니하고 공사를 시행한 자
4. 제16조(제21조의10에서 준용하는 경우를 포함한다)를 위반하여 성명 또는 상호를 다른 사람에게 사용하게 하거나 등록증을 대여한 자
4의2. 제21조의2제1항을 위반하여 등록을 하지 아니하고 물류창고업을 경영한 자. 다만, 제21조의2제4항 각 호의 어느 하나에 해당하는 물류창고업을 경영한 자는 제외한다.
4의3. 삭제〈2022. 1. 18.〉
5. 제25조제1항(제49조 및 제52조의2제9항에서 준용하는 경우를 포함한다)을 위반하여 건축물의 건축 등을 한 자
6. 거짓이나 그 밖의 부정한 방법으로 제27조제1항(제52조의2제9항에서 준용하는 경우를 포함한다) 또는 제28조제1항(제49조에서 준용하는 경우를 포함한다)에 따른 지정 또는 승인을 받은 자
7. 제51조제1항(제52조의2제9항에서 준용하는 경우를 포함한다)을 위반하여 토지 또는 시설을 처분한 자

② 제21조의4제5항을 위반하여 거짓의 인증마크를 제작·사용하거나 스마트물류센터임을 사칭한 자는 3천만원 이하의 벌금에 처한다.

제66조(양벌규정)

법인의 대표자나 법인 또는 개인의 대리인, 사용인, 그 밖의 종업원이 그 법인 또는 개인의 업무에 관하여 제65조의 위반행위를 하면 그 행위자를 벌하는 외에 그 법인 또는 개인에게도 해당 조문의 벌금형을 과(科)한다. 다만, 법인 또는 개인이 그 위반행위를 방지하기 위하여 해당 업무에 관하여 상당한 주의와 감독을 게을리하지 아니한 경우에는 그러하지 아니하다.

제67조(과태료)

① 제61조제1항부터 제4항까지의 규정(제49조에서 준용하는 경우를 포함한다)에 따른 보고 또는 자료제출을 하지 아니하거나 거짓 보고 또는 거짓 자료를 제출한 자 또는 검사를 방해·거부한 자에게는 300만원 이하의 과태료를 부과한다.

② 다음 각 호의 어느 하나에 해당하는 자에게는 200만원 이하의 과태료를 부과한다.

1. 제14조제2항(제21조의10에서 준용하는 경우를 포함한다)에 따른 승계의 신고를 하지 아니한 자
2. 제21조의5제2항을 위반하여 인증마크를 계속 사용한 자
3. 삭제〈2011. 8. 4.〉

4. 삭제 〈2015. 6. 22.〉

5. 삭제 〈2015. 6. 22.〉

③ 제1항 및 제2항에 따른 과태료는 대통령령으로 정하는 바에 따라 국토교통부장관·해양수산부장관 또는 시·도지사가 부과·징수한다.

제68조 삭제 〈2010. 2. 4.〉

Chapter 02. 적중예상문제

01. 물류시설의 개발 및 운영에 관한 법령상 복합물류터미널사업에 관한 설명으로 옳지 않은 것은?

① 복합물류터미널사업자가 그 사업을 양도한 때에는 그 양수인은 복합물류터미널사업의 등록에 따른 권리·의무를 승계한다.

② 국토교통부장관은 복합물류터미널사업의 등록에 따른 권리·의무의 승계신고를 받은 날부터 10일 이내에 신고수리 여부를 신고인에게 통지하여야 한다.

③ 복합물류터미널사업자의 휴업기간은 3개월을 초과할 수 없다.

④ 복합물류터미널사업자인 법인의 합병 외의 사유에 따른 해산신고를 하려는 자는 해산신고서를 해산한 날부터 7일 이내에 국토교통부장관에게 제출하여야 한다.

⑤ 복합물류터미널사업자는 복합물류터미널사업의 전부 또는 일부를 휴업하거나 폐업하려는 때에는 미리 국토교통부장관에게 신고하여야 한다.

> **정답 ▎** ③
> **해설 ▎** ③ 휴업기간은 6개월을 초과할 수 없다.

02. 물류시설의 개발 및 운영에 관한 법령상 물류단지 실수요 검증에 관한 설명으로 옳지 않은 것은?

① 물류단지지정권자는 실수요 검증을 실시하기 위하여 필요한 경우 실수요검증위원회를 구성·운영할 수 있다.

② 도시첨단물류단지개발사업의 경우에는 실수요 검증을 실수요검증위원회의 자문으로 갈음할 수 있다.

③ 실수요검증위원회의 위원장 및 부위원장은 공무원이 아닌 위원 중에서 각각 호선(互選)한다.

④ 실수요검증위원회의 심의결과는 심의·의결을 마친 날부터 14일 이내에 물류단지 지정요청자등에게 서면으로 알려야 한다.

⑤ 실수요검증위원회의 회의는 분기별로 2회 이상 개최 하여야 한다.

> **정답 ▎** ⑤
> **해설 ▎** ⑤ 실수요검증위원회의 회의는 분기별로 1회 이상 개최하여야 한다.

03. 물류시설의 개발 및 운영에 관한 법령상 물류단지개발특별회계 조성의 재원을 모두 고른 것은? (단, 조례는 고려하지 않음)

> ㄱ. 차입금
> ㄴ. 정부의 보조금
> ㄷ. 해당 지방자치단체의 일반회계로부터의 전입금
> ㄹ. 「지방세법」에 따라 부과·징수되는 재산세의 징수액 중 15퍼센트의 금액

① ㄱ, ㄴ ② ㄴ, ㄹ
③ ㄷ, ㄹ ④ ㄱ, ㄴ, ㄷ
⑤ ㄱ, ㄴ, ㄷ, ㄹ

정답 ┃ ④
해설 ┃ ㄹ. 「지방세법」에 따라 부과·징수되는 재산세의 징수액 중 10퍼센트의 금액

04. 물류시설의 개발 및 운영에 관한 법령상 일반물류단지시설에 해당할 수 없는 것은?

① 물류터미널 및 창고
② 「수산식품산업의 육성 및 지원에 관한 법률」에 따른 수산물가공업시설(냉동·냉장업 시설은 제외한다)
③ 「유통산업발전법」에 따른 전문상가단지
④ 「농수산물유통 및 가격안정에 관한 법률」에 따른 농수산물도매시장
⑤ 「자동차관리법」에 따른 자동차경매장

정답 ┃ ②
해설 ┃ ② 「수산식품산업의 육성 및 지원에 관한 법률」 제16조에 따른 수산물가공업시설 중 냉동·냉장업 시설만 해당한다.

05. 물류시설의 개발 및 운영에 관한 법령상 물류창고업의 등록에 관한 설명이다. ( )에 들어갈 내용은?

> 물류창고업의 등록을 한 자가 물류창고 면적의 (ㄱ) 이상을 증감하려는 경우에는 국토교통부와 해양수산부의 공동부령으로 정하는 바에 따라 변경등록의 사유가 발생한 날부터 (ㄴ)일 이내에 변경등록을 하여야 한다.

① ㄱ: 100분의 5, ㄴ: 10
② ㄱ: 100분의 5, ㄴ: 30
③ ㄱ: 100분의 10, ㄴ: 10
④ ㄱ: 100분의 10, ㄴ: 30
⑤ ㄱ: 100분의 10, ㄴ: 60

정답 ┃ ④
해설 ┃ ④ 물류창고업의 등록을 한 자가 물류창고 면적의 100분의 10 이상을 증감하려는 경우에는 국토교통부와 해양수산부의 공동부령으로 정하는 바에 따라 변경등록의 사유가 발생한 날부터 30일 이내에 변경등록을 하여야 한다.

06. 물류시설의 개발 및 운영에 관한 법령상 복합물류터미널사업의 등록에 관한 설명으로 옳지 않은 것은?

① 「지방공기업법」에 따른 지방공사는 복합물류터미널사업의 등록을 할 수 있다.
② 복합물류터미널사업의 등록을 위해 갖추어야 할 부지 면적의 기준은 3만 3천제곱미터 이상이다.
③ 복합물류터미널사업 등록이 취소된 후 1년이 지나면 등록결격사유가 소멸한다.
④ 이 법을 위반하여 벌금형 이상을 선고받은 후 2년이 지나지 아니한 자는 복합물류터미널사업의 등록을 할 수 없다.
⑤ 복합물류터미널의 부지 및 설비의 배치를 표시한 축척 500분의 1 이상의 평면도는 복합물류터미널사업의 등록신청서에 첨부하여 국토교통부장관에게 제출하여야 할 서류이다.

정답 ┃ ③
해설 ┃ ③ 복합물류터미널사업 등록이 취소된 후 2년이 지나면 등록결격사유가 소멸한다.

화물자동차 운수사업법

제1장 총칙

1. 법의 제정목적

이 법은 화물자동차 운수사업을 효율적으로 관리하고 건전하게 육성하여 화물의 원활한 운송을 도모함으로써 공공복리의 증진에 기여함을 목적으로 한다(제1조).

2. 용어의 정의

이 법에서 사용하는 용어의 뜻은 다음과 같다(제2조).

(1) 화물자동차

「자동차관리법」 제3조에 따른 화물자동차 및 특수자동차로서 국토교통부령으로 정하는 자동차를 말한다.

☑ 국토교통부령으로 정하는 자동차

제3조(화물자동차)
「자동차관리법 시행규칙」 별표 1에 따른 일반형·덤프형·밴형 및 특수용도형 화물자동차와 견인형·구난형 및 특수용도형 특수자동차(「여객자동차 운수사업법」 제30조에 따라 자동차대여사업에 사용할 수 있는 자동차로서 「자동차관리법 시행규칙」 별표 1에 따른 경형 또는 소형 특수용도형 특수자동차 중 같은 규칙 제30조의2에 따른 캠핑용자동차는 제외한다)를 말한다. 이 경우 밴형 화물자동차는 다음 각 호의 요건을 모두 충족하는 구조이어야 한다.
1. 물품적재장치의 바닥면적이 승차장치의 바닥면적보다 넓을 것
2. 승차 정원이 3명 이하일 것. 다만, 다음 각 목의 어느 하나에 해당하는 경우는 예외로 한다.
  가. 「경비업법」 제4조제1항에 따라 같은 법 제2조제1호나목의 호송경비업무 허가를 받은 경비업자의 호송용 차량
  나. 2001년 11월 30일 전에 화물자동차 운송사업 등록을 한 6인승 밴형 화물자동차

(2) 화물자동차 운수사업

화물자동차 운송사업, 화물자동차 운송주선사업 및 화물자동차 운송가맹사업을 말한다.

(3) 화물자동차 운송사업(★)

다른 사람의 요구에 응하여 화물자동차를 사용하여 화물을 유상으로 운송하는 사업을 말한다. 이 경우 화주(貨主)가 화물자동차에 함께 탈 때의 화물은 중량, 용적, 형상 등이 여객자동차 운송사업용 자동차에 싣기 부적합한 것으로서 그 기준과 대상차량 등은 국토교통부령으로 정한다.

☑ 화물의 기준 및 대상차량

> 제3조의2(화물의 기준 및 대상차량)
> ① 법 제2조제3호 후단에 따른 화물의 기준은 다음 각 호의 어느 하나에 해당하는 것으로 한다.
> 1. 화주(貨主) 1명당 화물의 중량이 20킬로그램 이상일 것
> 2. 화주 1명당 화물의 용적이 4만 세제곱센티미터 이상일 것
> 3. 화물이 다음 각 목의 어느 하나에 해당하는 물품일 것
>   가. 불결하거나 악취가 나는 농산물 · 수산물 또는 축산물
>   나. 혐오감을 주는 동물 또는 식물
>   다. 기계 · 기구류 등 공산품
>   라. 합판 · 각목 등 건축기자재
>   마. 폭발성 · 인화성 또는 부식성 물품
> ② 법 제2조제3호 후단에 따른 대상차량은 밴형 화물자동차로 한다.

(4) 화물자동차 운송주선사업

다른 사람의 요구에 응하여 유상으로 화물운송계약을 중개 · 대리하거나 화물자동차 운송사업 또는 화물자동차 운송가맹사업을 경영하는 자의 화물 운송수단을 이용하여 자기 명의와 계산으로 화물을 운송하는 사업(화물이 이사화물인 경우에는 포장 및 보관 등 부대서비스를 함께 제공하는 사업을 포함한다)을 말한다.

(5) 화물자동차 운송가맹사업

다른 사람의 요구에 응하여 자기 화물자동차를 사용하여 유상으로 화물을 운송하거나 화물정보망(인터넷 홈페이지 및 이동통신단말장치에서 사용되는 응용프로그램을 포함한다)을 통하여 소속 화물자동차 운송가맹점(운송사업자 및 화물자동차 운송사업의 경영의 일부를 위탁받은 사람인 운송가맹점만을 말한다)에 의뢰하여 화물을 운송하게 하는 사업을 말한다.

(6) 화물자동차 운송가맹사업자

법 제29조제1항에 따라 화물자동차 운송가맹사업의 허가를 받은 자를 말한다.

(7) 화물자동차 운송가맹점

화물자동차 운송가맹사업자(이하 "운송가맹사업자"라 한다)의 운송가맹점으로 가입한 자로서 다음의 어느 하나에 해당하는 자를 말한다.

① 운송가맹사업자의 화물정보망을 이용하여 운송 화물을 배정받아 화물을 운송하는 운송사업자

② 운송가맹사업자의 화물운송계약을 중개·대리하는 운송주선사업자

③ 운송가맹사업자의 화물정보망을 이용하여 운송 화물을 배정받아 화물을 운송하는 자로서 화물자동차 운송사업의 경영의 일부를 위탁받은 사람. 다만, 경영의 일부를 위탁한 운송사업자가 화물자동차 운송가맹점으로 가입한 경우는 제외한다.

(8) 영업소

주사무소 외의 장소에서 다음의 어느 하나에 해당하는 사업을 영위하는 곳을 말한다.

① 화물자동차 운송사업의 허가를 받은 자 또는 화물자동차 운송가맹사업자가 화물자동차를 배치하여 그 지역의 화물을 운송하는 사업

② 화물자동차 운송주선사업의 허가를 받은 자가 화물 운송을 주선하는 사업

(9) 운수종사자

화물자동차의 운전자, 화물의 운송 또는 운송주선에 관한 사무를 취급하는 사무원 및 이를 보조하는 보조원, 그 밖에 화물자동차 운수사업에 종사하는 자를 말한다.

(10) 공영차고지(★)

화물자동차 운수사업에 제공되는 차고지로서 다음의 어느 하나에 해당하는 자가 설치한 것을 말한다.

① 특별시장·광역시장·특별자치시장·도지사·특별자치도지사(이하 "시·도지사"라 한다)

② 시장·군수·구청장(자치구의 구청장을 말한다)

③ 「공공기관의 운영에 관한 법률」에 따른 공공기관 중 대통령령으로 정하는 공공기관

☑ 공영차고지 설치 대상 공공기관

「인천국제공항공사법」에 따른 인천국제공항공사, 「한국공항공사법」에 따른 한국공항공사, 「한국도로공사법」에 따른 한국도로공사, 「한국철도공사법」에 따른 한국철도공사, 「한국토지주택공사법」에 따른 한국토지주택공사, 「항만공사법」에 따른 항만공사

④ 「지방공기업법」에 따른 지방공사

(11) 화물자동차 휴게소

화물자동차의 운전자가 화물의 운송 중 휴식을 취하거나 화물의 하역(荷役)을 위하여 대기할 수 있도록 「도로법」에 따른 도로 등 화물의 운송경로나 「물류시설의 개발 및 운영에 관한 법률」에 따른 물류시설 등 물류거점에 휴게시설과 차량의 주차·정비·주유(注油) 등 화물운송에 필요한 기능을 제공하기 위하여 건설하는 시설물을 말한다.

(12) 화물차주

화물을 직접 운송하는 자로서 다음의 어느 하나에 해당하는 자를 말한다.
① 개인화물자동차 운송사업의 허가를 받은 자(이하 "개인 운송사업자"라 한다)
② 경영의 일부를 위탁받은 사람(이하 "위·수탁차주"라 한다)

(13) 화물자동차 안전운송원가

화물차주에 대한 적정한 운임의 보장을 통하여 과로, 과속, 과적 운행을 방지하는 등 교통안전을 확보하기 위하여 화주, 운송사업자, 운송주선사업자 등이 화물운송의 운임을 산정할 때에 참고할 수 있는 운송원가로서 화물자동차 안전운임위원회의 심의·의결을 거쳐 국토교통부장관이 공표한 원가를 말한다.

(14) 화물자동차 안전운임

화물차주에 대한 적정한 운임의 보장을 통하여 과로, 과속, 과적 운행을 방지하는 등 교통안전을 확보하기 위하여 필요한 최소한의 운임으로서 화물자동차 안전운송원가에 적정 이윤을 더하여 화물자동차 안전운임위원회의 심의·의결을 거쳐 국토교통부장관이 공표한 운임을 말하며 다음으로 구분한다.
① 화물자동차 안전운송운임 : 화주가 운송사업자, 운송주선사업자 및 운송가맹사업자(이하 "운수사업자"라 한다) 또는 화물차주에게 지급하여야 하는 최소한의 운임
② 화물자동차 안전위탁운임 : 운수사업자가 화물차주에게 지급하여야 하는 최소한의 운임

제2장 화물자동차 운송사업

1. 화물자동차 운송사업의 허가 등(★)

(1) 운송사업의 허가대상

화물자동차 운송사업을 경영하려는 자는 다음의 구분에 따라 국토교통부장관의 허가를 받아야 한다. 다만, 화물자동차 운송가맹사업의 허가를 받은 자는 허가를 받지 아니한다(제3조).

① 일반화물자동차 운송사업 : 20대 이상의 화물자동차를 사용하여 화물을 운송하는 사업
② 개인화물자동차 운송사업 : 화물자동차 1대를 사용하여 화물을 운송하는 사업으로서 대통령령으로 정하는 사업

(2) 허가사항의 변경

① 허가 : 화물자동차 운송사업의 허가를 받은 자(이하 "운송사업자"라 한다)가 허가사항을 변경하려면 국토교통부령으로 정하는 바에 따라 국토교통부장관의 변경허가를 받아야 한다.

② 신고 : 다만, 대통령령으로 정하는 경미한 사항을 변경하려면 국토교통부령으로 정하는 바에 따라 국토교통부장관에게 신고하여야 한다. 변경신고를 받은 날부터 3일 이내에 신고수리 여부를 신고인에게 통지하여야 한다. 국토교통부장관이 3일 내에 신고수리 여부 또는 민원 처리 관련 법령에 따른 처리기간의 연장 여부를 신고인에게 통지하지 아니하면 그 기간이 끝난 날의 다음 날에 신고를 수리한 것으로 본다.

☑ 대통령령으로 정하는 경미한 사항

다음의 어느 하나에 해당하는 사항을 말한다.
1. 상호의 변경
2. 대표자의 변경(법인인 경우만 해당한다)
3. 화물취급소의 설치 또는 폐지
4. 화물자동차의 대폐차(代廢車)
5. 주사무소 · 영업소 및 화물취급소의 이전. 다만, 주사무소의 경우 관할 관청의 행정구역 내에서의 이전만 해당한다.

(3) 허가절차

① 예비허가증의 발급 : 관할관청은 화물자동차 운송사업의 허가신청을 받았을 때에는 서류가 구비되었는지와 공급기준에 맞는지를 심사한 후 화물자동차 운송사업 예비허가증을 발급하여야 한다.

② 허가증의 발급 : 관할관청은 화물자동차 운송사업 예비허가증을 발급하였을 때에는 신청일부터 20일 이내에 다음의 사항을 확인한 후 화물자동차 운송사업 허가증을 발급하여야 한다.
　㉠ 법 제4조 각 호의 결격사유의 유무
　㉡ 화물자동차의 등록 여부
　㉢ 차고지 설치 여부 등 제13조에 따른 허가기준에 맞는지 여부
　㉣ 법 제35조에 따른 적재물배상 책임보험 또는 공제(이하 "적재물배상보험등"이라 한

다)의 가입 여부

㉫ 화물자동차 운전업무에 종사하는 자의 화물운송 종사자격 보유 여부

③ 허가대장의 기록 · 관리

㉠ 관할관청은 화물자동차 운송사업 허가증을 발급하였을 때에는 그 사실을 협회에 통지(전자문서에 의한 통지를 포함한다)하고 화물자동차 운송사업 허가대장에 기록 하여 관리하여야 한다.

㉡ 화물자동차 운송사업 허가대장은 전자적 처리가 불가능한 특별한 사유가 없으면 전자적 처리가 가능한 방법으로 기록하여 관리하여야 한다.

(4) 허가의 기준

화물자동차 운송사업의 허가 또는 증차(增車)를 수반하는 변경허가의 기준은 다음과 같다.

① 국토교통부장관이 화물의 운송 수요를 고려하여 업종별로 고시하는 공급기준에 맞을 것. 다만, 다음의 어느 하나에 해당하는 경우는 제외한다.

㉠ 운송사업자의 허가취소 또는 감차 조치(위 · 수탁차주의 화물자동차가 감차 조치의 대상이 된 경우에만 해당한다)에 따라 해지된 위 · 수탁계약의 위 · 수탁차주였던 자 가 허가취소 또는 감차 조치가 있는 날부터 3개월 내에 허가를 신청하는 경우에 6개월 이내로 기간을 한정하여 허가를 하는 경우

㉡ 임시허가를 받은 자가 허가 기간 내에 다른 운송사업자와 위 · 수탁계약을 체결하지 못하고 임시허가 기간이 만료된 경우 3개월 내에 허가를 신청하는 경우

㉢ 「환경친화적 자동차의 개발 및 보급 촉진에 관한 법률」 제2조에 따른 전기자동차 또는 수소전기자동차로서 최대 적재량이 1.5톤 미만인 「자동차관리법」 제3조에 따 른 화물자동차에 대하여 해당 차량과 그 경영을 다른 사람에게 위탁하지 아니하는 것을 조건으로 변경허가를 신청하는 경우

② 화물자동차의 대수, 차고지 등 운송시설(이하 "운송시설"이라 한다), 그 밖에 국토교통부 령으로 정하는 기준에 맞을 것

(5) 증차를 수반하는 허가변경의 금지

운송사업자는 다음의 어느 하나에 해당하면 증차를 수반하는 허가사항을 변경할 수 없다.

① 제13조에 따른 개선명령을 받고 이를 이행하지 아니한 경우

② 제19조제1항에 따른 감차(減車) 조치 명령을 받은 후 1년이 지나지 아니한 경우

(6) 허가기준사항의 신고

① 운송사업자는 허가받은 날부터 5년마다 국토교통부령으로 정하는 바에 따라 허가기준 에 관한 사항을 국토교통부장관에게 신고하여야 한다.

② ①에 따른 신고가 신고서의 기재사항 및 첨부서류에 흠이 없고, 법령 등에 규정된 형식 상의 요건을 충족하는 경우에는 신고서가 접수기관에 도달된 때에 신고 의무가 이행된 것으로 본다.

(7) 영업소설치의 허가

운송사업자는 주사무소 외의 장소에서 상주(常住)하여 영업하려면 국토교통부령으로 정하는 바에 따라 국토교통부장관의 허가를 받아 영업소를 설치하여야 한다. 다만, 개인 운송사업자의 경우에는 그러하지 아니하다.

(8) 임시허가

① 국토교통부장관은 운송사업자의 허가취소 또는 감차 조치(위·수탁차주의 화물자동차가 감차 조치의 대상이 된 경우에만 해당한다)에 따라 해지된 위·수탁계약의 위·수탁차주였던 자가 허가취소 또는 감차 조치가 있는 날부터 3개월 내에 운송사업의 허가를 신청하는 경우 6개월 이내로 기간을 한정하여 허가(이하 "임시허가"라 한다)를 할 수 있다. 다만, 운송사업자의 허가취소 또는 감차 조치의 사유와 직접 관련이 있는 화물자동차의 위·수탁차주였던 자는 제외한다.
② 임시허가를 받은 자가 허가 기간 내에 다른 운송사업자와 위·수탁계약을 체결하지 못하고 임시허가 기간이 만료된 경우 3개월 내에 운송사업의 허가를 신청할 수 있다.

(9) 조건부·기한부 허가

국토교통부장관은 화물자동차 운수사업의 질서를 확립하기 위하여 화물자동차 운송사업의 허가 또는 증차를 수반하는 변경허가에 조건 또는 기한을 붙일 수 있다.

(10) 주사무소의 이전변경제한

국토교통부장관은 운송사업자가 사업정지처분을 받은 경우에는 주사무소를 이전하는 변경 허가를 하여서는 아니 된다.

2. 운송사업허가의 결격사유(★)

다음의 어느 하나에 해당하는 자는 화물자동차 운송사업의 허가를 받을 수 없다. 법인의 경우 그 임원 중 다음의 어느 하나에 해당하는 자가 있는 경우에도 또한 같다.
① 피성년후견인 또는 피한정후견인
② 파산선고를 받고 복권되지 아니한 자

③ 이 법을 위반하여 징역 이상의 실형(實刑)을 선고받고 그 집행이 끝나거나(집행이 끝난 것으로 보는 경우를 포함한다) 집행이 면제된 날부터 2년이 지나지 아니한 자

④ 이 법을 위반하여 징역 이상의 형(刑)의 집행유예를 선고받고 그 유예기간 중에 있는 자

⑤ 운송사업의 허가가 취소된 후 2년이 지나지 아니한 자

다만, 다음의 사유에 해당하여 허가가 취소된 경우에는 2년이 경과해야 한다는 것을 적용하지 않는다(㉠에 해당하여 허가취소된 경우에는 정신적 능력이 회복되어 법원으로부터 종결심판이 확정되어야 허가를 신청할 수 있으며, ㉡에 해당하여 허가취소된 경우에는 법원으로부터 복권결정이 있어야 허가를 신청할 수 있다).

㉠ 피성년후견인 또는 피한정후견인

㉡ 파산선고를 받고 복권되지 아니한 자

⑥ 다음에 해당하여 허가가 취소된 후 5년이 지나지 아니한 자

㉠ 부정한 방법으로 허가를 받은 경우

㉡ 부정한 방법으로 변경허가를 받거나, 변경허가를 받지 아니하고 허가사항을 변경한 경우

3. 운임 및 요금 등(★)

(1) 사전신고

① 운송사업자는 운임과 요금을 정하여 미리 국토교통부장관에게 신고하여야 한다. 이를 변경하려는 때에도 또한 같다(제5조).

② 국토교통부장관은 신고 또는 변경신고를 받은 날부터 14일 이내에 신고수리 여부를 신고인에게 통지하여야 한다.

③ 국토교통부장관이 14일 이내에 신고수리 여부 또는 민원 처리 관련 법령에 따른 처리기간의 연장 여부를 신고인에게 통지하지 아니하면 그 기간이 끝난 날의 다음 날에 신고를 수리한 것으로 본다.

(2) 신고해야 하는 운송사업자의 범위

운임 및 요금을 신고하여야 하는 화물자동차 운송사업자는 다음의 어느 하나에 해당하는 운송사업자를 말한다.

① 구난형(救難型) 특수자동차를 사용하여 고장차량·사고차량 등을 운송하는 운송사업자

② 밴형 화물자동차를 사용하여 화주와 화물을 함께 운송하는 운송사업자

(3) 신고절차 등

① 운송사업 운임 및 요금신고서에는 다음의 서류를 첨부하여야 한다.

> ㉠ 원가계산서(행정기관에 등록한 원가계산기관 또는 공인회계사가 작성한 것을 말한다)
> ㉡ 운임·요금표[구난형(救難型) 특수자동차를 사용하여 고장차량·사고차량 등을 운송하는 운송사업의 경우에는 구난 작업에 사용하는 장비 등의 사용료를 포함한다]
> ㉢ 운임 및 요금의 신·구대비표(변경신고인 경우만 해당한다)

② 운임 및 요금의 신고 또는 변경신고는 연합회로 하여금 대리하게 할 수 있다.

☑ 관련 법조문

제5조의2(화물자동차 안전운임위원회의 설치 등)
① 다음 각 호의 사항을 심의·의결하기 위하여 국토교통부장관 소속으로 화물자동차 안전운임위원회(이하 "위원회"라 한다)를 둔다.
   1. 화물자동차 안전운송원가 및 화물자동차 안전운임의 결정 및 조정에 관한 사항
   2. 화물자동차 안전운송원가 및 화물자동차 안전운임이 적용되는 운송품목 및 차량의 종류 등에 관한 사항
   3. 화물자동차 안전운임제도의 발전을 위한 연구 및 건의에 관한 사항
   4. 그 밖에 화물자동차 안전운임에 관한 중요 사항으로서 국토교통부장관이 회의에 부치는 사항
② 위원회는 위원장을 포함하여 15명 이내의 범위에서 다음 각 호의 위원으로 구성하며, 위원장은 공익을 대표하는 위원 중에서 위원회가 선출한다.
   1. 화물차주를 대표하는 위원
   2. 운수사업자를 대표하는 위원
   3. 화주를 대표하는 위원
   4. 공익을 대표하는 위원
③ 위원회에는 제2항 각 호의 위원 외에 관계 행정기관의 공무원으로 구성된 3명 이내의 특별위원을 둘 수 있고, 특별위원은 위원회의 회의에 출석하여 발언할 수 있다.
④ 화물자동차 안전운송원가 산정 등 위원회 업무에 관한 자문이나 위원회 심의·의결사항에 관한 사전검토 등을 위하여 위원회에 해당 분야 전문가로 구성된 전문위원회를 둔다. 이 경우 위원회는 전문위원회에 위원회 사무 중 일부를 위임할 수 있다.
⑤ 제1항부터 제4항까지에서 규정한 사항 외에 위원회의 구성 및 운영, 특별위원의 자격 및 위촉, 전문위원회의 구성 및 운영 등에 필요한 사항은 대통령령으로 정한다.

▣ 위원의 임기
위원의 임기는 1년으로 하되, 연임할 수 있다. 다만, 위원의 사임 등으로 새로 위촉된 위원의 임기는 전임 위원의 잔여임기로 한다.

■ **특별위원의 자격 및 위촉**

특별위원은 다음의 관계 행정기관의 3급 또는 4급 공무원이나 고위공무원단에 속하는 공무원 중에서 국토교통부장관이 위촉하거나 임명한다.

1. 산업통상자원부
2. 국토교통부
3. 해양수산부

제5조의3(화물자동차 안전운송원가 및 화물자동차 안전운임의 심의기준)

① 위원회는 다음 각 호의 사항을 고려하여 화물자동차 안전운송원가를 심의·의결한다.

  1. 인건비, 감가상각비 등 고정비용
  2. 유류비, 부품비 등 변동비용
  3. 그 밖에 상·하차 대기료, 운송사업자의 운송서비스 수준 등 평균적인 영업조건을 고려하여 대통령령으로 정하는 사항

② 위원회는 화물자동차 안전운송원가에 적정 이윤을 더하여 화물자동차 안전운임을 심의·의결한다. 이 경우 적정 이윤의 산정에 필요한 사항은 대통령령으로 정한다.

제5조의4(화물자동차 안전운송원가 및 화물자동차 안전운임의 공표)

① 국토교통부장관은 매년 10월 31일까지 위원회의 심의·의결을 거쳐 대통령령으로 정하는 운송품목에 대하여 다음 연도에 적용할 화물자동차 안전운송원가를 공표하여야 한다.

② 국토교통부장관은 매년 10월 31일까지 위원회의 심의·의결을 거쳐 다음 각 호의 운송품목에 대하여 다음 연도에 적용할 화물자동차 안전운임을 공표하여야 한다.

  1. 「자동차관리법」 제3조에 따른 특수자동차로 운송되는 수출입 컨테이너
  2. 「자동차관리법」 제3조에 따른 특수자동차로 운송되는 시멘트

③ 화물자동차 안전운송원가 및 화물자동차 안전운임의 공표 방법 및 절차 등에 필요한 사항은 대통령령으로 정한다.

제5조의5(화물자동차 안전운임의 효력)

① 화주는 운수사업자 또는 화물차주에게 화물자동차 안전운송운임 이상의 운임을 지급하여야 한다.

② 운수사업자는 화물차주에게 화물자동차 안전위탁운임 이상의 운임을 지급하여야 한다.

③ 화물운송계약 중 화물자동차 안전운임에 미치지 못하는 금액을 운임으로 정한 부분은 무효로 하며, 해당 부분은 화물자동차 안전운임과 동일한 운임을 지급하기로 한 것으로 본다.

④ 화주와 운수사업자·화물차주는 제1항에 따른 운임 지급과 관련하여 서로 부정한 금품을 주고받아서는 아니 된다.

제5조의6(화물자동차 안전운임의 주지 의무)

화물자동차 안전운임의 적용을 받는 화주와 운수사업자는 대통령령으로 정하는 바에 따라 해당 화물자동차 안전운임을 게시하거나 그 밖에 적당한 방법으로 운수사업자와 화물차주에게 알려야 한다.

제5조의7(화물자동차 안전운임신고센터)
① 국토교통부장관은 화물자동차 안전운임에 미치지 못하는 운임의 지급에 대한 신고를 위하여 화물
자동차 안전운임신고센터를 설치·운영하여야 한다.
② 화물자동차 안전운임신고센터의 설치 및 운영에 필요한 사항은 대통령령으로 정한다.

제5조의8(운송비용 등 조사)
① 국토교통부장관은 화물자동차 안전운송원가 및 화물자동차 안전운임의 효율적인 심의를 위하여
화물운송에 소요되는 비용 등을 주기적으로 조사하여야 한다.
② 제1항의 조사 방법 및 주기 등은 국토교통부령으로 정한다.

4. 운송약관(★)

(1) 신고

① 운송사업자는 운송약관을 정하여 국토교통부장관에게 신고하여야 한다. 이를 변경하려
는 때에도 또한 같다(제6조).
② 국토교통부장관은 신고 또는 변경신고를 받은 날부터 3일 이내에 신고수리 여부를 신고
인에게 통지하여야 한다.
③ 국토교통부장관이 3일 이내에 신고수리 여부 또는 민원 처리 관련 법령에 따른 처리기
간의 연장 여부를 신고인에게 통지하지 아니하면 그 기간이 끝난 날의 다음 날에 신고를
수리한 것으로 본다.

(2) 신고절차

① 운송약관 신고서에는 다음의 서류를 첨부하여야 한다.
  ㉠ 운송약관
  ㉡ 운송약관의 신·구대비표(변경신고인 경우만 해당한다)
② 운송약관에는 다음의 사항을 적어야 한다.
  ㉠ 사업의 종류
  ㉡ 운임 및 요금의 수수 또는 환급에 관한 사항
  ㉢ 화물의 인도·인수·보관 및 취급에 관한 사항
  ㉣ 운송책임이 시작되는 시기 및 끝나는 시기
  ㉤ 손해배상 및 면책에 관한 사항
  ㉥ 그 밖에 화물자동차 운송사업을 경영하는 데에 필요한 사항
③ 운송약관의 신고 또는 변경신고는 협회로 하여금 대리하게 할 수 있다.

(3) 표준약관의 사용권장

① 국토교통부장관은 협회 또는 연합회가 작성한 것으로서 「약관의 규제에 관한 법률」에 따라 공정거래위원회의 심사를 거친 화물운송에 관한 표준이 되는 약관(이하 "표준약관"이라 한다)이 있으면 운송사업자에게 그 사용을 권장할 수 있다.

② 운송사업자가 화물자동차 운송사업의 허가(변경허가를 포함한다)를 받는 때에 표준약관의 사용에 동의하면 운송약관을 신고한 것으로 본다.

5. 운송사업자의 책임

(1) 적재물사고

① 화물의 멸실(滅失)·훼손(毀損) 또는 인도(引渡)의 지연(이하 "적재물사고"라 한다)으로 발생한 운송사업자의 손해배상 책임에 관하여는 「상법」 제135조를 준용한다(제7조).

② 손해배상 책임을 적용할 때 화물이 인도기한이 지난 후 3개월 이내에 인도되지 아니하면 그 화물은 멸실된 것으로 본다.

(2) 분쟁의 조정

① 국토교통부장관은 손해배상에 관하여 화주가 요청하면 국토교통부령으로 정하는 바에 따라 이에 관한 분쟁을 조정(調停)할 수 있다.

② 국토교통부장관은 화주가 분쟁조정을 요청하면 지체 없이 그 사실을 확인하고 손해내용을 조사한 후 조정안을 작성하여야 한다.

③ 당사자 쌍방이 조정안을 수락하면 당사자 간에 조정안과 동일한 합의가 성립된 것으로 본다.

④ 국토교통부장관은 분쟁조정 업무를 「소비자기본법」에 따른 한국소비자원 또는 등록한 소비자단체에 위탁할 수 있다.

6. 화물자동차 운수사업의 운전업무 종사자격 등

(1) 운전업무 종사자격

화물자동차 운수사업의 운전업무에 종사하려는 자는 ① 및 ②의 요건을 갖춘 후 ③ 또는 ④의 요건을 갖추어야 한다(제8조).

① 국토교통부령으로 정하는 연령·운전경력 등 운전업무에 필요한 요건을 갖출 것

☑ 화물자동차 운전자의 연령·운전경력 등의 요건

> ㉠ 화물자동차를 운전하기에 적합한 「도로교통법」 제80조에 따른 운전면허를 가지고 있을 것
> ㉡ 20세 이상일 것
> ㉢ 운전경력이 2년 이상일 것. 다만, 여객자동차 운수사업용 자동차 또는 화물자동차 운수사업용 자동차를 운전한 경력이 있는 경우에는 그 운전경력이 1년 이상이어야 한다.

② 국토교통부령으로 정하는 운전적성에 대한 정밀검사기준에 맞을 것. 이 경우 운전적성에 대한 정밀검사는 국토교통부장관이 시행한다.

③ 화물자동차 운수사업법령, 화물취급요령 등에 관하여 국토교통부장관이 시행하는 시험에 합격하고 정하여진 교육을 받을 것

④ 「교통안전법」에 따른 교통안전체험에 관한 연구·교육시설에서 교통안전체험, 화물취급요령 및 화물자동차 운수사업법령 등에 관하여 국토교통부장관이 실시하는 이론 및 실기 교육을 이수할 것

(2) 자격증의 교부 등

① 국토교통부장관은 위 (1)의 요건을 갖춘 자에게 화물자동차 운수사업의 운전업무에 종사할 수 있음을 표시하는 자격증(이하 "화물운송 종사자격증"이라 한다)을 내주어야 한다.

② 화물운송 종사자격증을 받은 사람은 다른 사람에게 그 자격증을 빌려주어서는 아니 된다.

③ 누구든지 다른 사람의 화물운송 종사자격증을 빌려서는 아니 된다.

④ 누구든지 자격증을 빌려주거나 빌려는 행위를 알선하여서는 아니 된다.

(3) 화물운송 종사자격의 결격사유

다음의 어느 하나에 해당하는 자는 화물운송 종사자격을 취득할 수 없다(제9조).

① 이 법을 위반하여 징역 이상의 실형(實刑)을 선고받고 그 집행이 끝나거나(집행이 끝난 것으로 보는 경우를 포함한다) 집행이 면제된 날부터 2년이 지나지 아니한 자

② 이 법을 위반하여 징역 이상의 형(刑)의 집행유예를 선고받고 그 유예기간 중에 있는 자

③ 화물운송 종사자격의 취소사유에 해당하여 화물운송 종사자격이 취소된 날부터 2년이 지나지 아니한 자

☑ 제외되는 경우

> ㉠ 화물자동차를 운전할 수 있는 「도로교통법」에 따른 운전면허가 취소된 경우는 제외한다.
> ㉡ 화물운송 종사자격을 취득한 자가 이 법을 위반하여 징역 이상의 실형(實刑)을 선고받고 그 집행

이 끝나거나(집행이 끝난 것으로 보는 경우를 포함한다) 집행이 면제된 날부터 2년이 지나지 아니한 자에 해당하여 자격이 취소된 경우는 제외한다.

④ 국토교통부장관이 시행하는 시험일 전 또는 국토교통부장관이 실시하는 교육일 전 5년 간 다음의 어느 하나에 해당하는 사람

    ㉠ 「도로교통법」 제93조 제1항 제1호부터 제4호까지에 해당하여 운전면허가 취소된 사람(음주운전 등에 의한 운전면허가 취소된 사람)

    ㉡ 「도로교통법」 제43조를 위반하여 운전면허를 받지 아니하거나 운전면허의 효력이 정지된 상태로 같은 법 제2조 제21호에 따른 자동차등을 운전하여 벌금형 이상의 형을 선고받거나 같은 법 제93조 제1항 제19호에 따라 운전면허가 취소된 사람(무면허운전 등의 금지를 위반한 자)

    ㉢ 운전 중 고의 또는 과실로 3명 이상이 사망(사고발생일부터 30일 이내에 사망한 경우를 포함한다)하거나 20명 이상의 사상자가 발생한 교통사고를 일으켜 「도로교통법」 제93조 제1항 제10호에 따라 운전면허가 취소된 사람

    ㉣ 국토교통부장관이 시행하는 시험일 전 또는 국토교통부장관이 실시하는 교육일 전 3년간 「도로교통법」 제93조 제1항 제5호(공동 위험행위의 금지) 및 제5호의2(난폭운전 금지)에 해당하여 운전면허가 취소된 사람

☑ 관련 법 조문

제9조의2(화물자동차 운수사업의 운전업무 종사의 제한)
① 다음 각 호의 어느 하나에 해당하는 사람은 화물운송 종사자격의 취득에도 불구하고 「생활물류서비스산업발전법」 제2조 제3호 가목에 따른 택배서비스사업의 운전업무에는 종사할 수 없다.
1. 다음 각 목의 어느 하나에 해당하는 죄를 범하여 금고(禁錮) 이상의 실형을 선고받고 그 집행이 끝나거나(집행이 끝난 것으로 보는 경우를 포함한다) 면제된 날부터 최대 20년의 범위에서 범죄의 종류, 죄질, 형기의 장단 및 재범위험성 등을 고려하어 대통령령으로 징하는 기간이 지나지 아니한 사람
  가. 「특정강력범죄의 처벌에 관한 특례법」 제2조제1항 각 호에 따른 죄
  나. 「특정범죄 가중처벌 등에 관한 법률」 제5조의2, 제5조의4, 제5조의5, 제5조의9 및 제11조에 따른 죄
  다. 「마약류 관리에 관한 법률」에 따른 죄
  라. 「성폭력범죄의 처벌 등에 관한 특례법」 제2조제1항제2호부터 제4호까지, 제3조부터 제9조까지 및 제15조(제14조의 미수범은 제외한다)에 따른 죄
  마. 「아동 · 청소년의 성보호에 관한 법률」 제2조제2호에 따른 죄
2. 제1호에 따른 죄를 범하여 금고 이상의 형의 집행유예를 선고받고 그 유예기간 중에 있는 사람

② 국토교통부장관 또는 시 · 도지사는 제1항에 따른 범죄경력을 확인하기 위하여 필요한 정보에 한정하여 경찰청장에게 범죄경력자료의 조회를 요청할 수 있다.

제10조(화물자동차 운전자 채용 기록의 관리)
① 운송사업자는 화물자동차의 운전자를 채용할 때에는 근무기간 등 운전경력증명서의 발급을 위하여 필요한 사항을 기록 · 관리하여야 한다.
② 제48조 및 제50조에 따라 설립된 협회 및 연합회(이하 "사업자단체"라 한다)는 제1항에 따른 근무기간 등을 기록 · 관리하는 일 등에 필요한 업무를 국토교통부령으로 정하는 바에 따라 행할 수 있다.

제10조의2(화물자동차 운전자의 교통안전 기록 · 관리)
① 국토교통부장관은 화물자동차의 안전운전을 확보하기 위하여 화물자동차 운전자의 교통사고, 교통법규 위반사항 및 제9조의2제1항에 따른 범죄경력을 기록 · 관리하여야 한다. 이 경우 국토교통부장관은 경찰청장에게 필요한 자료의 제공 등 협조를 요청할 수 있다.
② 제1항에 따라 협조요청을 받은 경찰청장은 특별한 사정이 없으면 그 요청에 따라야 한다.
③ 국토교통부장관은 국토교통부령으로 정하는 화물자동차 운전자의 인명사상사고 및 교통법규 위반사항에 대하여는 해당 시 · 도지사 및 사업자단체에 그 내용을 제공하여야 한다. 다만, 제9조의2 제1항에 따른 범죄경력에 대하여는 필요한 경우에 한정하여 시 · 도지사에게 그 내용을 제공할 수 있다.
④ 국토교통부장관은 제1항에 따른 기록 · 관리를 위하여 사업자단체 또는 운송사업자에게 제10조에 따라 기록 · 관리하는 자료를 요청할 수 있다. 이 경우 사업자단체 또는 운송사업자는 특별한 사유가 없으면 지체 없이 자료를 제공하여야 한다.

7. 운송사업자의 준수사항(★)

(1) 법률에 따른 운송사업자의 준수사항
① 운송사업자는 허가받은 사항의 범위에서 사업을 성실하게 수행하여야 하며, 부당한 운송조건을 제시하거나 정당한 사유 없이 운송계약의 인수를 거부하거나 그 밖에 화물운송 질서를 현저하게 해치는 행위를 하여서는 아니 된다(제11조).
② 운송사업자는 화물자동차 운전자의 과로를 방지하고 안전운행을 확보하기 위하여 운전자를 과도하게 승차근무하게 하여서는 아니 된다.
③ 운송사업자는 제2조 제3호 후단에 따른 화물의 기준에 맞지 아니하는 화물을 운송하여서는 아니 된다.
④ 운송사업자는 고장 및 사고차량 등 화물의 운송과 관련하여 「자동차관리법」에 따른 자동차관리사업자와 부정한 금품을 주고받아서는 아니 된다.

⑤ 운송사업자는 해당 화물자동차 운송사업에 종사하는 운수종사자가 제12조에 따른 준수사항을 성실히 이행하도록 지도·감독하여야 한다.

⑥ 운송사업자는 화물운송의 대가로 받은 운임 및 요금의 전부 또는 일부에 해당하는 금액을 부당하게 화주, 다른 운송사업자 또는 화물자동차 운송주선사업을 경영하는 자에게 되돌려주는 행위를 하여서는 아니 된다.

⑦ 운송사업자는 택시(「여객자동차 운수사업법」에 따른 구역 여객자동차운송사업에 사용되는 승용자동차를 말한다) 요금미터기의 장착 등 국토교통부령으로 정하는 택시 유사 표시행위를 하여서는 아니 된다.

⑧ 운송사업자는 운임 및 요금과 운송약관을 영업소 또는 화물자동차에 갖추어 두고 이용자가 요구하면 이를 내보여야 한다.

⑨ 위·수탁차주나 개인 운송사업자에게 화물운송을 위탁한 운송사업자는 해당 위·수탁차주나 개인 운송사업자가 요구하면 화물적재요청자와 화물의 종류·중량 및 운임 등 국토교통부령으로 정하는 사항을 적은 화물위탁증을 내주어야 한다. 다만, 운송사업자가 최대 적재량 1.5톤 이상의 「자동차관리법」에 따른 화물자동차를 소유한 위·수탁차주나 개인 운송사업자에게 화물운송을 위탁하는 경우 국토교통부령으로 정하는 화물을 제외하고는 화물위탁증을 발급하여야 하며, 위·수탁차주나 개인 운송사업자는 화물위탁증을 수령하여야 한다.

⑩ 운송사업자는 제16조 제1항에 따라 화물자동차 운송사업을 양도·양수하는 경우에는 양도·양수에 소요되는 비용을 위·수탁차주에게 부담시켜서는 아니 된다.

⑪ 운송사업자는 위·수탁차주가 현물출자한 차량을 위·수탁차주의 동의 없이 타인에게 매도하거나 저당권을 설정하여서는 아니 된다. 다만, 보험료 납부, 차량 할부금 상환 등 위·수탁차주가 이행하여야 하는 차량관리 의무의 해태로 인하여 운송사업자의 채무가 발생하였을 경우에는 위·수탁차주에게 저당권을 설정한다는 사실을 사전에 통지하고 그 채무액을 넘지 아니하는 범위에서 저당권을 설정할 수 있다.

⑫ 운송사업자는 제40조 제3항에 따른 위·수탁계약으로 차량을 현물줄자 받은 경우에는 위·수탁차주를 「자동차관리법」에 따른 자동차등록원부에 현물출자자로 기재하여야 한다.

⑬ 운송사업자는 위·수탁차주가 다른 운송사업자와 동시에 1년 이상의 운송계약을 체결하는 것을 제한하거나 이를 이유로 불이익을 주어서는 아니 된다.

⑭ 운송사업자는 제11조의2에 따라 화물운송을 위탁하는 경우 「도로법」 제77조 또는 「도로교통법」 제39조에 따른 기준을 위반하는 화물의 운송을 위탁하여서는 아니 된다.

⑮ 운송사업자는 제11조의2 제5항에 따라 운송가맹사업자의 화물정보망이나 「물류정책기본법」 제38조에 따라 인증 받은 화물정보망을 통하여 위탁 받은 물량을 재위탁하는 등 화물운송질서를 문란하게 하는 행위를 하여서는 아니 된다.

⑯ 운송사업자는 적재된 화물이 떨어지지 아니하도록 국토교통부령으로 정하는 기준 및 방법에 따라 덮개·포장·고정장치 등 필요한 조치를 하여야 한다.

⑰ 제3조 제7항 제1호 다목에 따라 같은 조 제1항의 허가 또는 같은 조 제3항의 변경허가를 받은 운송사업자는 허가 또는 변경허가의 조건을 위반하여 다른 사람에게 차량이나 그 경영을 위탁하여서는 아니 된다.

⑱ 운송사업자는 제59조 제1항에 따라 화물자동차의 운전업무에 종사하는 운수종사자가 교육을 받는 데 필요한 조치를 하여야 하며, 그 교육을 받지 아니한 화물자동차의 운전업무에 종사하는 운수종사자를 화물자동차 운수사업에 종사하게 하여서는 아니 된다.

⑲ 운송사업자는 「자동차관리법」 제35조를 위반하여 전기·전자장치(최고속도제한장치에 한정한다)를 무단으로 해체하거나 조작해서는 아니 된다.

(2) 국토교통부령에 따른 운송사업자의 준수사항

법 제11조제1항 및 제24항에 따른 화물운송 질서 확립, 화물자동차 운송사업의 차고지 이용 및 운송시설에 관한 사항과 그 밖에 수송의 안전 및 화주의 편의를 위하여 운송사업자가 준수해야 할 사항은 다음과 같다(칙 제21조).

① 개인화물자동차 운송사업자의 경우 주사무소가 있는 특별시·광역시·특별자치시 또는 도와 이와 맞닿은 특별시·광역시·특별자치시 또는 도 외의 지역에 상주하여 화물자동차 운송사업을 경영하지 아니할 것

② 밤샘주차(0시부터 4시까지 사이에 하는 1시간 이상의 주차를 말한다)하는 경우에는 다음의 어느 하나에 해당하는 시설 및 장소에서만 할 것

　㉠ 해당 운송사업자의 차고지

　㉡ 다른 운송사업자의 차고지

　㉢ 공영차고지

　㉣ 화물자동차 휴게소

　㉤ 화물터미널

　㉥ 그 밖에 지방자치단체의 조례로 정하는 시설 또는 장소

③ 최대적재량 1.5톤 이하의 화물자동차의 경우에는 주차장, 차고지 또는 지방자치단체의 조례로 정하는 시설 및 장소에서만 밤샘주차할 것

④ 신고한 운임 및 요금 또는 화주와 합의된 운임 및 요금이 아닌 부당한 운임 및 요금을 받지 아니할 것

⑤ 화주로부터 부당한 운임 및 요금의 환급을 요구받았을 때에는 환급할 것

⑥ 신고한 운송약관을 준수할 것

⑦ 사업용 화물자동차의 바깥쪽에 일반인이 알아보기 쉽도록 해당 운송사업자의 명칭(개인

화물자동차 운송사업자인 경우에는 그 화물자동차 운송사업의 종류를 말한다)을 표시할 것. 이 경우 「자동차관리법 시행규칙」 별표 1에 따른 밴형 화물자동차를 사용해서 화주와 화물을 함께 운송하는 사업자는 "화물"이라는 표기를 한국어 및 외국어(영어, 중국어 및 일본어)로 표시할 것

⑧ 화물자동차 운전자의 취업 현황 및 퇴직 현황을 보고하지 아니하거나 거짓으로 보고하지 아니할 것

⑨ 교통사고로 인한 손해배상을 위한 대인보험이나 공제사업에 가입하지 아니한 상태로 화물자동차를 운행하거나 그 가입이 실효된 상태로 화물자동차를 운행하지 아니할 것

⑩ 적재물배상보험등에 가입하지 아니한 상태로 화물자동차를 운행하거나 그 가입이 실효된 상태로 화물자동차를 운행하지 아니할 것

⑪ 화물자동차(영 제5조의2에 따른 차령 이상의 화물자동차는 제외한다)를 「자동차관리법」 제43조 제1항 제2호에 따른 정기검사 또는 같은 법 제43조의2에 따른 자동차종합검사를 받지 않은 상태로 운행하거나 운행하게 하지 않을 것

⑫ 화물자동차 운전자에게 차 안에 화물운송 종사자격증명을 게시하고 운행하도록 할 것

⑬ 화물자동차 운전자에게 「자동차 및 자동차부품의 성능과 기준에 관한 규칙」 제56조에 따른 운행기록장치가 설치된 운송사업용 화물자동차를 그 장치 또는 기기가 정상적으로 작동되는 상태에서 운행하도록 할 것

⑭ 개인화물자동차 운송사업자는 자기 명의로 운송계약을 체결한 화물에 대하여 다른 운송사업자에게 수수료나 그 밖의 대가를 받고 그 운송을 위탁하거나 대행하게 하는 등 화물운송 질서를 문란하게 하는 행위를 하지 말 것

⑮ 제6조 제3항에 따라 허가를 받은 자는 집화등 외의 운송을 하지 말 것

⑯ 「자동차관리법 시행규칙」 별표 1에 따른 구난형 특수자동차를 사용하여 고장·사고차량을 운송하는 운송사업자의 경우 고장·사고차량 소유자 또는 운전자의 의사에 반하여 구난을 지시하거나 구난하지 아니할 것. 다만, 다음의 어느 하나에 해당하는 경우는 제외한다.

　㉠ 고장·사고차량 소유자 또는 운전자가 사망·중상 등으로 의사를 표현할 수 없는 경우

　㉡ 교통의 원활한 흐름 또는 안전 등을 위하여 경찰공무원이 차량의 이동을 명한 경우

⑰ 「자동차관리법 시행규칙」 별표 1에 따른 구난형 특수자동차를 사용하여 고장·사고차량을 운송하는 운송사업자는 차량의 소유자 또는 운전자로부터 최종 목적지까지의 총 운임·요금에 대하여 별지 제15호서식에 따른 구난동의를 받은 후 운송을 시작하고, 운수종사자로 하여금 운송하게 하는 경우에는 구난동의를 받은 후 운송을 시작하도록 지시할 것. 다만, 다음에 따른 특별한 사정이 있는 경우에는 다음에서 정하는 기준에 따른다.

　㉠ 고장·사고차량이 주·정차 금지구역에 있는 경우 : 다음의 순서에 따른 통지 및

구난동의를 받을 것

ⓐ 운송을 시작하기 전에 주·정차 가능 구역까지의 운임·요금에 대해 차량의 소유자 또는 운전자에게 구두 또는 서면으로 통지할 것

ⓑ 주·정차 가능 구역에서 1)에 따른 운임·요금을 포함한 최종 목적지까지의 총 운임·요금에 대하여 별지 제15호서식에 따른 구난동의를 받을 것

ⓛ 고장·사고차량의 소유자 또는 운전자의 사망·중상 등 부득이한 사유가 있는 경우 : 구난동의 및 통지 생략 가능

⑱ 「자동차관리법 시행규칙」 별표 1에 따른 밴형 화물자동차를 사용하여 화주와 화물을 함께 운송하는 운송사업자는 운송을 시작하기 전에 화주에게 구두 또는 서면으로 총 운임·요금을 통지하거나 소속 운수종사자로 하여금 통지하도록 지시할 것

⑲ 휴게시간 없이 2시간 연속운전한 운수종사자에게 15분 이상의 휴게시간을 보장할 것. 다만, 다음의 어느 하나에 해당하는 경우에는 1시간까지 연장운행을 하게 할 수 있으며 운행 후 30분 이상의 휴게시간을 보장해야 한다.

ⓛ 운송사업자 소유의 다른 화물자동차가 교통사고, 차량고장 등의 사유로 운행이 불가능하여 이를 일시적으로 대체하기 위하여 수송력 공급이 긴급히 필요한 경우

ⓛ 천재지변이나 이에 준하는 비상사태로 인하여 수송력 공급을 긴급히 증가할 필요가 있는 경우

ⓛ 교통사고, 차량고장 또는 교통정체 등 불가피한 사유로 2시간 연속운전 후 휴게시간 확보가 불가능한 경우

⑳ 화물자동차 운전자가 「도로교통법」 제46조의3을 위반해서 난폭운전을 하지 않도록 운행관리를 할 것

㉑ 「자동차관리법 시행규칙」 별표 1에 따른 밴형 화물자동차를 사용해 화주와 화물을 함께 운송하는 사업자는 법 제12조 제1항 제5호의 행위를 하거나 소속 운수종사자로 하여금 같은 호의 행위를 하도록 지시하지 말 것

㉒ 위·수탁계약서에 명시된 금전 외의 금전을 위·수탁차주에게 요구하지 않을 것

☑ **관련 법조문**

제11조의2(운송사업자의 직접운송 의무 등)
① 국토교통부령으로 정하는 운송사업자는 화주와 운송계약을 체결한 화물에 대하여 국토교통부령으로 정하는 비율 이상을 해당 운송사업자에게 소속된 차량으로 직접 운송하여야 한다. 다만, 국토교통부령으로 정하는 차량으로 운송하는 경우에는 이를 직접 운송한 것으로 본다.

ⓛ 일반화물자동차 운송사업자는 연간 운송계약 화물의 100분의 50 이상을 직접 운송하여야 한다. 다만, 사업기간이 1년 미만인 경우에는 신규허가를 받은 날 또는 휴업 후 사업개시일부터 그 해의 12월 31일까지의 운송계약 화물을 기준으로 한다.

ⓛ 운송사업자가 운송주선사업을 동시에 영위하는 경우에는 연간 운송계약 및 운송주선계약 화물의 100분의 30 이상을 직접 운송하여야 한다. 다만, 사업기간이 1년 미만인 경우는 ㉠의단서를 준용한다.

② 운송사업자는 제1항에 따라 직접 운송하는 화물 이외의 화물에 대하여 다음 각 호의 자 외의 자에게 운송을 위탁하여서는 아니 된다.

1. 다른 운송사업자
2. 다른 운송사업자에게 소속된 위 · 수탁차주

③ 다른 운송사업자나 운송주선사업자로부터 화물운송을 위탁받은 운송사업자와 운송가맹사업자로부터 화물운송을 위탁받은 운송사업자(운송가맹점인 운송사업자만 해당한다)는 해당 운송사업자에게 소속된 차량으로 직접 화물을 운송하여야 한다. 다만, 다른 운송사업자나 운송주선사업자로부터 화물운송을 위탁받은 운송사업자가 제1항 단서에 따른 국토교통부령으로 정하는 차량으로 운송하는 경우에는 이를 직접 운송한 것으로 본다.

④ 운송사업자가 운송주선사업을 동시에 영위하는 경우에도 제1항 본문에 따른 직접운송 규정을 적용한다.

⑤ 운송사업자(제3항에 따른 다른 운송사업자나 운송주선사업자로부터 화물운송을 위탁받은 운송사업자를 포함한다)가 국토교통부령으로 정하는 바에 따라 운송가맹사업자의 화물정보망이나 「물류정책기본법」 제38조에 따라 인증 받은 화물정보망을 이용하여 운송을 위탁하면 직접 운송한 것으로 본다.

8. 운수종사자의 준수사항

화물자동차 운송사업에 종사하는 운수종사자는 다음의 어느 하나에 해당하는 행위를 하여서는 아니 된다(제12조).

① 정당한 사유 없이 화물을 중도에서 내리게 하는 행위
② 정당한 사유 없이 화물의 운송을 거부하는 행위
③ 부당한 운임 또는 요금을 요구하거나 받는 행위
④ 고장 및 사고차량 등 화물의 운송과 관련하여 자동차관리사업자와 부정한 금품을 주고받는 행위
⑤ 일정한 장소에 오랜 시간 정차하여 화주를 호객(呼客)하는 행위
⑥ 문을 완전히 닫지 아니한 상태에서 자동차를 출발시키거나 운행하는 행위
⑦ 택시 요금미터기의 장착 등 국토교통부령으로 정하는 택시 유사표시행위
⑧ 운송사업자는 적재된 화물이 떨어지지 아니하도록 덮개 · 포장 · 고정장치 등 필요한 조치를 하지 아니하고 화물자동차를 운행하는 행위
⑨ 「자동차관리법」 제35조를 위반하여 전기 · 전자장치(최고속도제한장치에 한정한다)를 무단으로 해체하거나 조작하는 행위

☑ **관련 법조문**

제12조의2(운행 중인 화물자동차에 대한 조사 등)

① 국토교통부장관은 공공의 안전 유지 및 교통사고의 예방을 위하여 필요하다고 인정되는 경우에는 다음 각 호의 사항을 확인하기 위하여 관계 공무원, 「자동차관리법」 제73조의2제1항에 따른 자동차안전단속원 또는 「도로법」 제77조제4항에 따른 운행제한단속원(이하 이 조에서 "관계공무원 등"이라 한다)에게 운행 중인 화물자동차를 조사하게 할 수 있다.

   1. 제11조제20항 또는 제12조제1항제8호를 위반하여 덮개·포장·고정장치 등 필요한 조치를 하지 아니하였는지 여부

   2. 제11조제23항 또는 제12조제1항제9호를 위반하여 전기·전자장치(최고속도제한장치에 한정한다)를 무단으로 해체하거나 조작하였는지 여부

② 운행 중인 화물자동차를 소유한 운송사업자 또는 해당 차량을 운전하는 운수종사자는 정당한 사유 없이 제1항에 따른 조사를 거부·방해 또는 기피하여서는 아니 된다.

③ 제1항에 따라 조사를 하는 관계공무원등은 그 권한을 표시하는 증표를 지니고 이를 운행 중인 화물자동차를 소유한 운송사업자 또는 해당 차량을 운전하는 운수종사자에게 보여주어야 한다.

④ 그 밖에 제1항에 따른 조사에 필요한 사항은 국토교통부령으로 정한다.

제13조(개선명령)

국토교통부장관은 안전운행을 확보하고, 운송 질서를 확립하며, 화주의 편의를 도모하기 위하여 필요하다고 인정되면 운송사업자에게 다음 각 호의 사항을 명할 수 있다.

   1. 운송약관의 변경

   2. 화물자동차의 구조변경 및 운송시설의 개선

   3. 화물의 안전운송을 위한 조치

   4. 제35조에 따른 적재물배상보험등의 가입과 「자동차손해배상 보장법」에 따라 운송사업자가 의무적으로 가입하여야 하는 보험·공제에 가입

   5. 제40조제3항에 따른 위·수탁계약에 따라 운송사업자 명의로 등록된 차량의 자동차등록번호판이 훼손 또는 분실된 경우 위·수탁차주의 요청을 받은 즉시 「자동차관리법」 제10조제3항에 따른 등록번호판의 부착 및 봉인을 신청하는 등 운행이 가능하도록 조치

   6. 제40조제3항에 따른 위·수탁계약에 따라 운송사업자 명의로 등록된 차량의 노후, 교통사고 등으로 대폐차가 필요한 경우 위·수탁차주의 요청을 받은 즉시 운송사업자가 대폐차 신고 등 절차를 진행하도록 조치

   7. 제40조제3항에 따른 위·수탁계약에 따라 운송사업자 명의로 등록된 차량의 사용본거지를 다른 시·도로 변경하는 경우 즉시 자동차등록번호판의 교체 및 봉인을 신청하는 등 운행이 가능하도록 조치

   8. 그 밖에 화물자동차 운송사업의 개선을 위하여 필요한 사항으로 대통령령으로 정하는 사항

제14조(업무개시 명령)

① 국토교통부장관은 운송사업자나 운수종사자가 정당한 사유 없이 집단으로 화물운송을 거부하여 화물운송에 커다란 지장을 주어 국가경제에 매우 심각한 위기를 초래하거나 초래할 우려가 있다

고 인정할 만한 상당한 이유가 있으면 그 운송사업자 또는 운수종사자에게 업무개시를 명할 수 있다.
② 국토교통부장관은 제1항에 따라 운송사업자 또는 운수종사자에게 업무개시를 명하려면 국무회의의 심의를 거쳐야 한다.
③ 국토교통부장관은 제1항에 따라 업무개시를 명한 때에는 구체적 이유 및 향후 대책을 국회 소관 상임위원회에 보고하여야 한다.
④ 운송사업자 또는 운수종사자는 정당한 사유 없이 제1항에 따른 명령을 거부할 수 없다.

9. 화물자동차 운송사업의 양도와 양수 등

(1) 운송사업의 양도 · 양수

화물자동차 운송사업을 양도 · 양수하려는 경우에는 국토교통부령으로 정하는 바에 따라 양수인은 국토교통부장관에게 신고하여야 한다(제16조).

(2) 법인의 합병

운송사업자인 법인이 서로 합병하려는 경우(운송사업자인 법인이 운송사업자가 아닌 법인을 흡수 합병하는 경우는 제외한다)에는 국토교통부령으로 정하는 바에 따라 합병으로 존속하거나 신설되는 법인은 국토교통부장관에게 신고하여야 한다.

(3) 신고수리

① 국토교통부장관은 운송사업의 양도 · 양수 또는 법인의 합병에 따른 신고를 받은 날부터 5일 이내에 신고수리 여부를 신고인에게 통지하여야 한다.
② 국토교통부장관이 5일 이내에 신고수리 여부 또는 민원 처리 관련 법령에 따른 처리기간의 연장 여부를 신고인에게 통지하지 아니하면 그 기간이 끝난 날의 다음 날에 신고를 수리한 것으로 본다.

(4) 양도 · 양수 또는 합병의 제한

국토교통부장관은 화물자동차의 지역 간 수급균형과 화물운송시장의 안정과 질서유지를 위하여 국토교통부령으로 정하는 바에 따라 화물자동차 운송사업의 양도 · 양수와 합병을 제한할 수 있다.

(5) 양도·양수 또는 합병의 효과

① 운송사업의 양도·양수 또는 법인의 합병에 따른 신고가 있으면 화물자동차 운송사업을 양수한 자는 화물자동차 운송사업을 양도한 자의 운송사업자로서의 지위를 승계(承繼)하며, 합병으로 설립되거나 존속되는 법인은 합병으로 소멸되는 법인의 운송사업자로서의 지위를 승계한다.

② 양수인, 합병으로 존속하거나 신설되는 법인의 결격사유에 관하여는 제4조를 준용한다.

③ 운송사업의 양도·양수 또는 법인의 합병에 따른 신고가 있으면 화물자동차 운송사업을 양도한 자와 위·수탁계약을 체결한 위·수탁차주는 그 동일한 내용의 위·수탁계약을 화물자동차 운송사업을 양수한 자와 체결한 것으로 보며, 합병으로 소멸되는 법인과 위·수탁계약을 체결한 위·수탁차주는 그 동일한 내용의 위·수탁계약을 합병으로 존속하거나 신설되는 법인과 체결한 것으로 본다.

(6) 운송사업의 양도제한

다음의 어느 하나에 해당하는 운송사업자는 그 사업을 양도할 수 없다.

① 임시허가를 받은 자가 허가 기간 내에 다른 운송사업자와 위·수탁계약을 체결하지 못하고 임시허가 기간이 만료된 경우 3개월 내에 허가를 신청하여 허가를 받은 운송사업자

②「환경친화적 자동차의 개발 및 보급 촉진에 관한 법률」에 따른 전기자동차 또는 수소전기자동차로서 국토교통부령으로 정하는 최대 적재량 이하인 화물자동차에 대하여 해당 차량과 그 경영을 다른 사람에게 위탁하지 아니하는 것을 조건으로 허가 또는 변경허가를 받은 운송사업자

10. 화물자동차 운송사업의 상속

(1) 신고

① 운송사업자가 사망한 경우 상속인이 그 화물자동차 운송사업을 계속하려면 피상속인이 사망한 후 90일 이내에 국토교통부장관에게 신고하여야 한다(제17조).

② 국토교통부장관은 신고를 받은 날부터 5일 이내에 신고수리 여부를 신고인에게 통지하여야 한다.

③ 국토교통부장관이 5일 이내에 신고수리 여부 또는 민원 처리 관련 법령에 따른 처리기간의 연장 여부를 신고인에게 통지하지 아니하면 그 기간이 끝난 날의 다음 날에 신고를 수리한 것으로 본다.

(2) 상속의 효과

① 상속인이 신고를 하면 피상속인이 사망한 날부터 신고한 날까지 피상속인에 대한 화물자동차 운송사업의 허가는 상속인에 대한 허가로 본다.

② 신고한 상속인은 피상속인의 운송사업자로서의 지위를 승계한다.

③ 상속인의 결격사유에 관하여는 제4조를 준용한다. 다만, 상속인이 피상속인의 사망일부터 3개월 이내에 그 화물자동차 운송사업을 다른 사람에게 양도하면 피상속인의 사망일부터 양도일까지 피상속인에 대한 화물자동차 운송사업의 허가는 상속인에 대한 허가로 본다.

11. 화물자동차 운송사업의 휴업 및 폐업 신고(★)

(1) 사전 신고

운송사업자가 화물자동차 운송사업의 전부 또는 일부를 휴업하거나 화물자동차 운송사업의 전부를 폐업하려면 국토교통부령으로 정하는 바에 따라 미리 국토교통부장관에게 신고하여야 한다(제18조).

(2) 신고의무의 이행의제

신고가 신고서의 기재사항 및 첨부서류에 흠이 없고, 법령 등에 규정된 형식상의 요건을 충족하는 경우에는 신고서가 접수기관에 도달된 때에 신고 의무가 이행된 것으로 본다.

(3) 휴업 또는 폐업취지의 게시

운송사업자가 화물자동차 운송사업의 전부 또는 일부를 휴업하거나 화물자동차 운송사업의 전부를 폐업하려면 미리 그 취지를 영업소나 그 밖에 일반 공중(公衆)이 보기 쉬운 곳에 게시하여야 한다.

(4) 휴업·폐업의 신고절차

① 화물자동차 운송사업의 휴업 또는 폐업 신고를 하려는 자는 사업 휴업 또는 폐업 신고서를 관할관청에 제출하여야 한다(칙 제26조, 제 18조의10).

② 사업 휴업 또는 폐업 신고서에는 다음의 서류를 첨부하여야 한다.

㉠ 사업을 폐업하려는 자가 법인인 경우에는 사업 폐업에 관한 그 법인의 의사결정을 증명하는 서류

㉡ 화물자동차 운송사업의 일부를 위탁받은 자의 동의서(화물자동차 운송사업의 일부를 휴업하거나 폐업하는 경우만 해당한다)

③ 관할관청은 화물자동차 운송사업의 휴업 또는 폐업 신고를 받은 경우 그 사실을 관할 협회에 통지하여야 한다.

④ 운송사업자는 화물자동차 운송사업의 휴업 또는 폐업 신고를 하는 경우에는 협회에 화물운송 종사자격증명을 반납하여야 한다.

12. 화물자동차 운송사업의 허가취소 등

국토교통부장관은 운송사업자가 다음의 어느 하나에 해당하면 그 허가를 취소하거나 6개월 이내의 기간을 정하여 그 사업의 전부 또는 일부의 정지를 명령하거나 감차 조치를 명할 수 있다. 다만, ① · ⑧ 또는 ㉑의 경우에는 그 허가를 취소하여야 한다(제19조).

① **부정한 방법으로 제3조 제1항에 따른 허가를 받은 경우**

② 허가를 받은 후 6개월간의 운송실적이 국토교통부령으로 정하는 기준에 미달한 경우

③ 부정한 방법으로 제3조 제3항에 따른 변경허가를 받거나, 변경허가를 받지 아니하고 허가사항을 변경한 경우

④ 제3조 제7항에 따른 기준을 충족하지 못하게 된 경우

⑤ 제3조 제9항에 따른 신고를 하지 아니하였거나 거짓으로 신고한 경우

⑥ 화물자동차 소유 대수가 2대 이상인 운송사업자가 제3조 제11항에 따른 영업소 설치 허가를 받지 아니하고 주사무소 외의 장소에서 상주하여 영업한 경우

⑦ 제3조 제14항에 따른 조건 또는 기한을 위반한 경우

⑧ **제4조 각 호의 어느 하나에 해당하게 된 경우. 다만, 법인의 임원 중 제4조 각 호의 어느 하나에 해당하는 자가 있는 경우에 3개월 이내에 그 임원을 개임(改任)하면 허가를 취소하지 아니한다.**

⑨ 화물운송 종사자격이 없는 자에게 화물을 운송하게 한 경우

⑩ 제11조에 따른 준수사항을 위반한 경우

⑪ 제11조의2에 따른 직접운송 의무 등을 위반한 경우

⑫ 1대의 화물자동차를 본인이 직접 운전하는 운송사업자, 운송사업자가 채용한 운수종사자 또는 위 · 수탁차주가 제12조 제1항 제5호를 위반하여 제70조에 따른 과태료 처분을 1년 동안 3회 이상 받은 경우

⑬ 정당한 사유 없이 제13조에 따른 개선명령을 이행하지 아니한 경우

⑭ 정당한 사유 없이 제14조에 따른 업무개시 명령을 이행하지 아니한 경우

⑮ 제16조 제9항을 위반하여 사업을 양도한 경우

⑯ 이 조에 따른 사업정지처분 또는 감차 조치 명령을 위반한 경우

⑰ 중대한 교통사고 또는 빈번한 교통사고로 1명 이상의 사상자를 발생하게 한 경우

⑱ 제44조의2 제1항에 따라 보조금의 지급이 정지된 자가 그 날부터 5년 이내에 다시 같은

항 각 호의 어느 하나에 해당하게 된 경우

⑲ 제47조의2 제1항에 따른 신고를 하지 아니하였거나 거짓으로 신고한 경우

⑳ 제47조의2 제2항에 따른 기준을 충족하지 못하게 된 경우

㉑ **화물자동차 교통사고와 관련하여 거짓이나 그 밖의 부정한 방법으로 보험금을 청구하여 금고 이상의 형을 선고받고 그 형이 확정된 경우**

㉒ 대통령령으로 정하는 연한 이상의 화물자동차를 「자동차관리법」 제43조 제1항 제2호에 따른 정기검사 또는 같은 법 제43조의2에 따른 자동차종합검사를 받지 아니한 상태로 운행하거나 운행하게 한 경우

13. 자동차 사용의 정지(★)

(1) 자동차등록증 등의 반납

운송사업자는 다음의 어느 하나에 해당하면 해당 화물자동차의 자동차등록증과 자동차등록번호판을 국토교통부장관에게 반납하여야 한다(제20조).

① 제18조 제1항에 따라 화물자동차 운송사업의 휴업·폐업신고를 한 경우

② 제19조 제1항에 따라 허가취소 또는 사업정지처분을 받은 경우

③ 감차를 목적으로 허가사항을 변경한 경우(제19조 제1항에 따른 감차 조치 명령에 따른 경우를 포함한다)

④ 제3조 제12항에 따른 임시허가 기간이 만료된 경우

(2) 자동차등록증 등의 반환

국토교통부장관은 다음의 어느 하나에 해당하면 반납받은 자동차등록증과 자동차등록번호판을 해당 운송사업자에게 되돌려 주어야 한다.

① 제18조 제1항에 따라 신고한 휴업기간이 끝난 때

② 제19조 제1항에 따른 사업정지기간이 끝난 때

(3) 봉인

자동차등록번호판을 되돌려 받은 운송사업자는 이를 해당 화물자동차에 달고 시·도지사의 봉인(封印)을 받아야 한다.

14. 과징금의 부과

(1) 의의

국토교통부장관은 운송사업자가 제19조 제1항 각 호의 어느 하나에 해당하여 사업정지처분을 하여야 하는 경우로서 그 사업정지처분이 해당 화물자동차 운송사업의 이용자에게 심한 불편을 주거나 그 밖에 공익을 해칠 우려가 있으면 대통령령으로 정하는 바에 따라 사업정지처분을 갈음하여 2천만원 이하의 과징금을 부과ㆍ징수할 수 있다(제21조).

(2) 미납부시 조치

국토교통부장관은 과징금 부과처분을 받은 자가 과징금을 정한 기한에 내지 아니하면 국세 체납처분의 예에 따라 징수한다.

(3) 과징금의 사용용도

징수한 과징금은 다음 외의 용도로는 사용(보조 또는 융자를 포함한다)할 수 없다. 국토교통부장관은 국토교통부령으로 정하는 바에 따라 과징금으로 징수한 금액의 운용계획을 수립ㆍ시행하여야 한다.
① 화물 터미널의 건설과 확충
② 공동차고지(사업자단체, 운송사업자 또는 운송가맹사업자가 운송사업자 또는 운송가맹사업자에게 공동으로 제공하기 위하여 설치하거나 임차한 차고지를 말한다)의 건설과 확충
③ 경영개선이나 그 밖에 화물에 대한 정보 제공사업 등 화물자동차 운수사업의 발전을 위하여 필요한 사업
④ 제60조의2 제1항에 따른 신고포상금의 지급

15. 청문

국토교통부장관은 다음의 어느 하나에 해당하는 처분을 하려면 청문을 하여야 한다(제22조).
① 제19조제 1항에 따른 화물자동차 운송사업의 허가 취소
② 제23조 제1항(같은 항 제7호의 사유에 따른 취소는 제외한다)에 따른 화물운송 종사자격의 취소
③ 제27조에 따른 화물자동차 운송주선사업의 허가 취소
④ 제32조에 따른 화물자동차 운송가맹사업의 허가 취소

16. 화물운송 종사자격의 취소

국토교통부장관은 화물운송 종사자격을 취득한 자가 다음의 어느 하나에 해당하면 그 자격을 취소하거나 6개월 이내의 기간을 정하여 그 자격의 효력을 정지시킬 수 있다. 다만, ①·②·⑤·⑥·⑦·⑩ 및 ⑪의 경우에는 그 자격을 취소하여야 한다(제23조).

① 제9조 제1호에서 준용하는 제4조 각 호의 어느 하나에 해당하게 된 경우
② 거짓이나 그 밖의 부정한 방법으로 화물운송 종사자격을 취득한 경우
③ 제14조 제4항을 위반한 경우
④ 화물운송 중에 고의나 과실로 교통사고를 일으켜 사람을 사망하게 하거나 다치게 한 경우
⑤ 제8조 제3항을 위반하여 화물운송 종사자격증을 다른 사람에게 빌려준 경우
⑥ 화물운송 종사자격 정지기간 중에 화물자동차 운수사업의 운전 업무에 종사한 경우
⑦ 화물자동차를 운전할 수 있는 「도로교통법」에 따른 운전면허가 취소된 경우
⑧ 「도로교통법」 제46조의3을 위반하여 같은 법 제93조제1항제5호의2에 따라 화물자동차를 운전할 수 있는 운전면허가 정지된 경우
⑨ 제12조 제1항 제3호·제7호 및 제9호를 위반한 경우
⑩ 화물자동차 교통사고와 관련하여 거짓이나 그 밖의 부정한 방법으로 보험금을 청구하여 금고 이상의 형을 선고받고 그 형이 확정된 경우
⑪ 제9조의2 제1항을 위반한 경우

제3장 화물자동차 운송주선사업

1. 화물자동차 운송주선사업의 허가 등(★)

(1) 운송주선사업의 허가

화물자동차 운송주선사업을 경영하려는 자는 국토교통부령으로 정하는 바에 따라 국토교통부장관의 허가를 받아야 한다. 다만, 제29조제1항에 따라 화물자동차 운송가맹사업의 허가를 받은 자는 허가를 받지 아니한다(제24조).

(2) 허가기준

① 화물자동차 운송주선사업의 허가기준은 다음과 같다.
　㉠ 국토교통부장관이 화물의 운송주선 수요를 고려하여 고시하는 공급기준에 맞을 것
　㉡ 사무실의 면적 등 국토교통부령으로 정하는 기준에 맞을 것

② 운송주선업자는 허가받은 날부터 5년마다 국토교통부령으로 정하는 바에 따라 허가기준에 관한 사항을 국토교통부장관에게 신고하여야 한다.

(3) 변경신고

① 화물자동차 운송주선사업의 허가를 받은 자(이하 "운송주선사업자"라 한다)가 허가사항을 변경하려면 국토교통부령으로 정하는 바에 따라 국토교통부장관에게 신고하여야 한다.

② 국토교통부장관은 변경신고를 받은 날부터 5일 이내에 신고수리 여부를 신고인에게 통지하여야 한다.

③ 국토교통부장관이 5일 이내에 신고수리 여부 또는 민원 처리 관련 법령에 따른 처리기간의 연장 여부를 신고인에게 통지하지 아니하면 그 기간이 끝난 날의 다음 날에 신고를 수리한 것으로 본다.

(4) 영업소의 설치

① 운송주선사업자는 주사무소 외의 장소에서 상주하여 영업하려면 국토교통부령으로 정하는 바에 따라 국토교통부장관의 허가를 받아 영업소를 설치하여야 한다.

② 운송주선사업자는 영업소를 설치하려면 화물자동차 운송주선사업 영업소 허가신청서에 사무실 확보를 증명하는 서류를 첨부하여 관할관청에 제출하여야 한다.

③ 관할관청은 영업소 허가신청을 받았을 때에는 공급기준에 맞는지를 심사한 후 신청일부터 20일 이내에 화물자동차 운송주선사업 영업소 허가증을 발급하여야 한다.

④ 관할관청은 화물자동차 운송주선사업 영업소 허가증을 발급하였을 때에는 그 사실을 주사무소 소재지의 관할관청과 협회에 통지하고, 화물자동차 운송주선사업 허가대장에 기록하여 관리하여야 한다.

(5) 운송주선사업자의 명의이용 금지

운송주선사업자는 자기 명의로 다른 사람에게 화물자동차 운송주선사업을 경영하게 할 수 없다(제25조).

2. 운송주선사업자의 준수사항(★)

(1) 재계약 등의 금지

① 운송주선사업자는 자기의 명의로 운송계약을 체결한 화물에 대하여 그 계약금액 중 일부를 제외한 나머지 금액으로 다른 운송주선사업자와 재계약하여 이를 운송하도록 하여서는 아니 된다. 다만, 화물운송을 효율적으로 수행할 수 있도록 위·수탁차주나

개인 운송사업자에게 화물운송을 직접 위탁하기 위하여 다른 운송주선사업자에게 중개 또는 대리를 의뢰하는 때에는 그러하지 아니하다(제26조).

② 운송주선사업자는 화주로부터 중개 또는 대리를 의뢰받은 화물에 대하여 다른 운송주선사업자에게 수수료나 그 밖의 대가를 받고 중개 또는 대리를 의뢰하여서는 아니 된다.

③ 운송주선사업자는 운송사업자에게 화물의 종류 · 무게 및 부피 등을 거짓으로 통보하거나 「도로법」 제77조(차량의 운행 제한 및 운행 허가) 또는 「도로교통법」 제39조(승차 또는 적재의 방법과 제한)에 따른 기준을 위반하는 화물의 운송을 주선하여서는 아니 된다.

(2) 운송가맹사업자에게 화물의 운송을 주선하는 행위

운송주선사업자가 운송가맹사업자에게 화물의 운송을 주선하는 행위는 위 (1)의 ① 및 ②에 따른 재계약 · 중개 또는 대리로 보지 아니한다.

(3) 국토교통부령으로 정하는 준수사항

화물운송질서의 확립 및 화주의 편의를 위하여 운송주선사업자가 지켜야 할 사항은 국토교통부령으로 정한다.

1. 신고한 운송주선약관을 준수할 것
2. 적재물배상보험 등에 가입한 상태에서 운송주선사업을 영위할 것
3. 자가용 화물자동차의 소유자 또는 사용자에게 화물운송을 주선하지 아니할 것
4. 허가증에 기재된 상호만 사용할 것
5. 운송주선사업자가 이사화물운송을 주선하는 경우 화물운송을 시작하기 전에 다음 각 목의 사항이 포함된 견적서 또는 계약서(전자문서를 포함한다. 이하 이 호에서 같다)를 화주에게 발급할 것. 다만, 화주가 견적서 또는 계약서의 발급을 원하지 아니하는 경우는 제외한다.
   가. 운송주선사업자의 성명 및 연락처
   나. 화주익 성명 및 연락처
   다. 화물의 인수 및 인도 일시, 출발지 및 도착지
   라. 화물의 종류, 수량
   마. 운송 화물자동차의 종류 및 대수, 작업인원, 포장 및 정리 여부, 장비사용 내역
   바. 운임 및 그 세부내역(포장 및 보관 등 부대서비스 이용 시 해당 부대서비스의 내용 및 가격을 포함한다)
6. 운송주선사업자가 이사화물 운송을 주선하는 경우에 포장 및 운송 등 이사 과정에서 화물의 멸실, 훼손 또는 연착에 대한 사고확인서를 발급할 것(화물의 멸실, 훼손 또는 연착에 대하여 사업자가 고의 또는 과실이 없음을 증명하지 못한 경우로 한정한다)

(4) 국제물류주선업자에 대한 운송주선사업자의 준수사항 등 적용

「물류정책기본법」에 따라 국제물류주선업을 등록한 자가 수출입화물의 국내 운송을 위하여 화물자동차 운송을 주선하는 때에는 운송주선사업자의 준수사항에 관하여 제26조를 적용한다(제26조의2).

3. 화물자동차 운송주선사업의 허가취소 등

(1) 허가취소 등의 사유

국토교통부장관은 운송주선사업자가 다음 각 호의 어느 하나에 해당하면 그 허가를 취소하거나 6개월 이내의 기간을 정하여 그 사업의 정지를 명할 수 있다. 다만, ①·② 및 ⑪의 경우에는 그 허가를 취소하여야 한다(제27조).

① 제28조에서 준용하는 제4조(결격사유) 각 호의 어느 하나에 해당하게 된 경우. 다만, 법인의 임원 중 제4조 각 호의 어느 하나에 해당하는 자가 있는 경우 3개월 이내에 그 임원을 개임한 경우에는 취소하지 아니한다.

② 거짓이나 그 밖의 부정한 방법으로 제24조제1항에 따른 허가를 받은 경우

③ 제24조 제6항에 따른 허가기준을 충족하지 못하게 된 경우

④ 제24조 제7항에 따른 신고를 하지 아니하거나 거짓으로 신고한 경우

⑤ 제24조 제8항에 따른 영업소 설치 허가를 받지 아니하고 주사무소 외의 장소에서 상주하여 영업한 경우

⑥ 제25조를 위반한 경우

⑦ 제26조에 따른 준수사항을 위반한 경우

⑧ 제28조에서 준용하는 제11조(같은 조 제3항·제4항·제7항·제14항부터 제18항까지 및 제20항부터 제24항까지는 제외한다)에 따른 준수사항을 위반한 경우

⑨ 제28조에서 준용하는 제13조(같은 조 제2호 및 제5호부터 제7호까지는 제외한다)에 따른 개선명령을 이행하지 아니한 경우

⑩ 제47조의2 제1항에 따른 신고를 하지 아니하였거나 거짓으로 신고한 경우

⑪ 이 조에 따른 사업정지명령을 위반하여 그 사업정지기간 중에 사업을 한 경우

(2) 허가취소 등의 방법 및 절차

① 관할관청은 위반행위를 적발하였을 때에는 특별한 사유가 없으면 적발한 날부터 30일 이내에 처분을 하여야 한다(칙 제39조의2).

② 관할관청은 허가취소 또는 사업 정지처분을 하였을 때에는 그 사실을 연합회에 통지해야 하며, 화물자동차 운송주선사업 허가대장에 기록하여 5년간 보존해야 한다.

③ 연합회는 관할관청으로부터 처분 결과를 통지받았을 때에는 운송주선사업자별로 처분 내용을 기록하여 관리하여야 하며, 관할관청이 법 제4조 제5호에 해당하는지를 조회하는 경우에는 지체 없이 응하여야 한다.

4. 준용 규정

화물자동차 운송주선사업에 관하여는 제4조, 제6조, 제7조, 제11조(같은 조 제3항·제4항·제7항·제10항·제14항부터 제18항까지 및 제20항부터 제24항까지는 제외한다), 제12조(같은 조 제1항 제4호는 제외한다), 제13조(같은 조 제2호 및 제5호부터 제7호까지는 제외한다), 제16조부터 제18조까지 및 제21조를 준용한다. 이 경우 "운송약관"은 "운송주선약관"으로, "운송사업자"는 "운송주선사업자"로 본다(제28조).

제4장 화물자동차 운송가맹사업 및 화물정보망

1. 화물자동차 운송가맹사업의 허가 등(★)

(1) 허가

화물자동차 운송가맹사업을 경영하려는 자는 국토교통부령으로 정하는 바에 따라 국토교통부장관에게 허가를 받아야 한다(제29조).

(2) 허가절차

① 국토교통부장관은 화물자동차 운송가맹사업의 허가를 신청받았을 때에는 서류를 갖추었는지와 공급기준에 맞는지를 심사한 후 화물자동차 운송가맹사업 예비허가증을 발급하여야 한다(칙 제41조의3).

② 국토교통부장관은 화물자동차 운송가맹사업 예비허가증을 발급했을 때에는 신청일부터 20일 이내에 다음의 사항을 확인한 후 화물자동차 운송가맹사업 허가증을 발급해야 한다.

ㄱ 법 제4조 각 호의 결격사유의 유무
ㄴ 화물자동차의 등록 여부
ㄷ 차고지 설치 여부, 화물정보망의 설치 여부 등 허가기준에 맞는지 여부
ㄹ 적재물배상보험등의 가입 여부

③ 국토교통부장관은 화물자동차 운송가맹사업 허가증을 발급하였을 때에는 그 사실을 협

회에 통지하고 화물자동차 운송가맹사업 허가대장에 기록하여 관리하여야 한다.

④ 화물자동차 운송가맹사업 허가대장은 전자적 처리가 불가능한 특별한 사유가 없으면 전자적 처리가 가능한 방법으로 작성하여 관리하여야 한다.

(3) 허가사항의 변경

① 허가 : 허가를 받은 운송가맹사업자는 허가사항을 변경하려면 국토교통부령으로 정하는 바에 따라 국토교통부장관의 변경허가를 받아야 한다.

② 운송가맹사업자의 허가사항 변경신고의 대상

다만, 대통령령으로 정하는 다음의 경미한 사항을 변경하려면 국토교통부령으로 정하는 바에 따라 국토교통부장관에게 신고하여야 한다(영 제9조의2).

㉠ 대표자의 변경(법인인 경우만 해당한다)

㉡ 화물취급소의 설치 및 폐지

㉢ 화물자동차의 대폐차(화물자동차를 직접 소유한 운송가맹사업자만 해당한다)

㉣ 주사무소 · 영업소 및 화물취급소의 이전

㉤ 화물자동차 운송가맹계약의 체결 또는 해제 · 해지

(4) 허가 또는 변경허가의 기준

화물자동차 운송가맹사업의 허가 또는 증차를 수반하는 변경허가의 기준은 다음과 같다.

① 국토교통부장관이 화물의 운송수요를 고려하여 고시하는 공급기준에 맞을 것

② 화물자동차의 대수(운송가맹점이 보유하는 화물자동차의 대수를 포함한다), 운송시설, 그 밖에 국토교통부령으로 정하는 기준에 맞을 것

(5) 허가기준에 관한 사항의 신고

운송가맹사업자는 허가받은 날부터 5년마다 국토교통부령으로 정하는 바에 따라 허가기준에 관한 사항을 국토교통부장관에게 신고하여야 한다.

(6) 영업소의 설치

운송가맹사업자는 주사무소 외의 장소에서 상주하여 영업하려면 국토교통부령으로 정하는 바에 따라 국토교통부장관의 허가를 받아 영업소를 설치하여야 한다.

(7) 수리여부의 통지

① 국토교통부장관은 허가 · 변경허가의 신청을 받거나 변경신고를 받은 날부터 20일 이내에 허가 또는 신고수리 여부를 신청인에게 통지하여야 한다.

② 국토교통부장관이 20일 이내에 허가 또는 신고수리 여부나 민원 처리 관련 법령에 따른 처리기간의 연장 여부를 신청인에게 통지하지 아니하면 그 기간이 끝난 날의 다음 날에 허가 또는 신고수리를 한 것으로 본다.

2. 운송가맹사업자 및 운송가맹점의 역할 등

(1) 운송가맹사업자의 역할

운송가맹사업자는 화물자동차 운송가맹사업의 원활한 수행을 위하여 다음의 사항을 성실히 이행하여야 한다(제30조).
① 운송가맹사업자의 직접운송물량과 운송가맹점의 운송물량의 공정한 배정
② 효율적인 운송기법의 개발과 보급
③ 화물의 원활한 운송을 위한 화물정보망의 설치·운영

(2) 운송가맹점의 역할

운송가맹점은 화물자동차 운송가맹사업의 원활한 수행을 위하여 다음의 사항을 성실히 이행하여야 한다.
① 운송가맹사업자가 정한 기준에 맞는 운송서비스의 제공(운송사업자 및 위·수탁차주인 운송가맹점만 해당된다)
② 화물의 원활한 운송을 위한 차량 위치의 통지(운송사업자 및 위·수탁차주인 운송가맹점만 해당된다)
③ 운송가맹사업자에 대한 운송화물의 확보·공급(운송주선사업자인 운송가맹점만 해당된다)

3. 개선명령(★)

국토교통부장관은 안전운행의 확보, 운송질서의 확립 및 화주의 편의를 도모하기 위하여 필요하다고 인정하면 운송가맹사업자에게 다음 각 호의 사항을 명할 수 있다(제31조).

① 운송약관의 변경
② 화물자동차의 구조변경 및 운송시설의 개선
③ 화물의 안전운송을 위한 조치
④ 제34조에서 준용하는 「가맹사업거래의 공정화에 관한 법률」 제7조·제10조·제11조 및 제13조에 따른 정보공개서의 제공의무 등, 가맹금의 반환, 가맹계약서의 기재사항 등, 가맹계약의 갱신 등의 통지

⑤ 제35조에 따른 적재물배상보험등과 「자동차손해배상 보장법」에 따라 운송가맹사업자가 의무적으로 가입하여야 하는 보험·공제의 가입

⑥ 그 밖에 화물자동차 운송가맹사업의 개선을 위하여 필요한 사항으로서 대통령령으로 정하는 사항

4. 화물정보망 등의 이용(★)

(1) 운송사업자의 이용

운송사업자가 다른 운송사업자나 다른 운송사업자에게 소속된 위·수탁차주에게 화물운송을 위탁하는 경우에는 운송가맹사업자의 화물정보망이나 「물류정책기본법」 제38조에 따라 인증 받은 화물정보망을 이용할 수 있다(제34조의4).

(2) 운송주선사업자의 이용

운송주선사업자가 운송사업자나 위·수탁차주에게 화물운송을 위탁하는 경우에는 운송가맹사업자의 화물정보망이나 「물류정책기본법」 제38조에 따라 인증 받은 화물정보망을 이용할 수 있다.

☑ **관련 법조문**

제32조(화물자동차 운송가맹사업의 허가취소 등)

① 국토교통부장관은 운송가맹사업자가 다음 각 호의 어느 하나에 해당하면 그 허가를 취소하거나 6개월 이내의 기간을 정하여 그 사업의 전부 또는 일부의 정지를 명하거나 감차 조치를 명할 수 있다. 다만, 제1호 및 제4호의 경우에는 그 허가를 취소하여야 한다.

1. 제33조에서 준용하는 제4조 각 호의 어느 하나에 해당하게 된 경우. 다만, 법인의 임원 중 제4조 각 호의 어느 하나에 해당하는 자가 있는 경우 3개월 이내에 그 임원을 개임하면 취소하지 아니한다.

2. 화물운송 종사자격이 없는 자에게 화물을 운송하게 한 경우

3. 제33조에서 준용하는 제14조에 따른 업무개시 명령을 정당한 사유 없이 이행하지 아니한 경우

4. 거짓이나 그 밖의 부정한 방법으로 제29조제1항에 따른 허가를 받은 경우

5. 거짓이나 그 밖의 부정한 방법으로 제29조제2항에 따른 변경허가를 받은 경우

6. 제29조제3항에 따른 허가 또는 변경허가의 기준을 충족하지 못하게 된 경우

7. 제29조제4항에 따른 신고를 하지 아니하였거나 거짓으로 신고한 경우

7의2. 제29조제5항에 따른 영업소 설치 허가를 받지 아니하고 주사무소 외의 장소에서 상주하여 영업한 경우

8. 정당한 사유 없이 제31조에 따른 개선명령을 이행하지 아니한 경우

9. 제33조에서 준용하는 제11조 및 제25조(소속 운송가맹점에 자기의 영업표지를 사용하게 하는

　　경우는 제외한다)를 위반한 경우

9의2. 삭제 〈2017. 3. 21.〉

10. 제34조에서 준용하는 「가맹사업거래의 공정화에 관한 법률」 제7조, 제9조부터 제11조까지, 제13조 및 제14조를 위반한 경우(제31조에 따라 개선명령을 받은 경우는 제외한다)

11. 이 조에 따른 사업정지명령 또는 감차 조치 명령을 위반한 경우

12. 중대한 교통사고 또는 빈번한 교통사고로 1명 이상의 사상자를 발생하게 한 경우

13. 제44조의2제1항에 따라 보조금의 지급이 정지된 자가 그 날부터 5년 이내에 다시 같은 항 각 호의 어느 하나에 해당하게 된 경우

13의2. 제47조의2제1항에 따른 신고를 하지 아니하였거나 거짓으로 신고한 경우

14. 대통령령으로 정하는 연한 이상의 화물자동차를 「자동차관리법」 제43조제1항제2호에 따른 정기검사 또는 같은 법 제43조의2에 따른 자동차종합검사를 받지 아니한 상태로 운행하거나 운행하게 한 경우

② 제1항제12호에 따른 중대한 교통사고와 빈번한 교통사고의 범위는 대통령령으로 정한다.

③ 제1항에 따른 허가취소·사업정지 처분 또는 감차 조치 명령의 기준·절차, 그 밖에 필요한 사항은 대통령령으로 정한다.

제33조(준용 규정) 화물자동차 운송가맹사업에 관하여는 제4조, 제5조, 제6조, 제7조, 제10조, 제10조의2, 제11조, 제11조의2, 제12조, 제12조의2, 제13조, 제14조, 제16조부터 제18조까지, 제20조, 제21조 및 제25조(소속 운송가맹점에 자기의 영업표지를 사용하게 하는 경우는 제외한다)를 준용한다. 이 경우 "운송약관"은 "운송가맹약관"으로, "운송사업자"는 "운송가맹사업자"로 본다.

제34조(「가맹사업거래의 공정화에 관한 법률」의 준용)

운송가맹사업자와 운송가맹점 간의 정보의 제공, 가맹금의 반환, 가맹계약 등에 관해서는 「가맹사업거래의 공정화에 관한 법률」 제7조, 제9조부터 제11조까지, 제13조 및 제14조를 준용한다. 이 경우 "가맹희망자"를 "운송가맹점으로 가입하려는 자"로, "가맹점사업자"를 "운송가맹점"으로 보고, "가맹본부", 같은 법 제7조제1항의 "가맹본부(가맹지역본부 또는 가맹중개인이 가맹점사업자를 모집하는 경우도 포함한다. 이하 같다)" 및 같은 법 제7조제3항의 "가맹본부 또는 가맹본부로 구성된 사업자단체"를 각각 "운송가맹사업자"로 보며, 같은 법 제10조제1항에 따른 "제2조제6호가목 및 나목의 가맹금"을 "명칭이나 지급형태를 가리지 않고 운송가맹점으로 가입할 때 영업표지 사용허가의 대가로 운송가맹사업자에게 지급한 금전"으로 본다.

제5장 적재물배상보험등의 가입 등

1. 적재물배상보험등의 의무 가입(★)

(1) 적재물배상보험등의 가입 대상차량 등

다음의 어느 하나에 해당하는 자는 손해배상 책임을 이행하기 위하여 대통령령으로 정하는 바에 따라 적재물배상 책임보험 또는 공제(이하 "적재물배상보험등"이라 한다)에 가입하여야 한다(법 제35조, 칙 제41조의13).

① 최대 적재량이 5톤 이상이거나 총 중량이 10톤 이상인 화물자동차 중 국토교통부령으로 정하는 화물자동차를 소유하고 있는 운송사업자

☑ 국토교통부령으로 정하는 화물자동차

화물자동차 중 일반형·밴형 및 특수용도형 화물자동차와 견인형 특수자동차를 말한다. 다만, 다음의 어느 하나에 해당하는 화물자동차는 제외한다.

㉠ 건축폐기물·쓰레기 등 경제적 가치가 없는 화물을 운송하는 차량으로서 국토교통부장관이 정하여 고시하는 화물자동차

㉡「대기환경보전법」에 따른 배출가스저감장치를 차체에 부착함에 따라 총중량이 10톤 이상이 된 화물자동차 중 최대 적재량이 5톤 미만인 화물자동차

㉢ 특수용도형 화물자동차 중「자동차관리법」에 따른 피견인자동차

② 이사화물을 취급하는 운송주선사업자
③ 운송가맹사업자

(2) 적재물배상 책임보험 등의 가입 범위

적재물배상 책임보험 또는 공제(이하 "적재물배상보험등"이라 한다)에 가입하려는 자는 다음의 구분에 따라 사고 건당 2천만원(운송주선사업자가 이사화물운송만을 주선하는 경우에는 500만원) 이상의 금액을 지급할 책임을 지는 적재물배상보험등에 가입하여야 한다(영 제9조의7).

① 운송사업자 : 각 화물자동차별로 가입
② 운송주선사업자 : 각 사업자별로 가입
③ 운송가맹사업자 : 화물자동차를 직접 소유한 자는 각 화물자동차별 및 각 사업자별로, 그 외의 자는 각 사업자별로 가입

2. 적재물배상보험등 계약의 체결 의무

(1) 적재물배상보험등 계약의 체결

「보험업법」에 따른 보험회사(적재물배상책임 공제사업을 하는 자를 포함한다. 이하 "보험회사등"이라 한다)는 적재물배상보험등에 가입하여야 하는 자(이하 "보험등 의무가입자"라 한다)가 적재물배상보험등에 가입하려고 하면 대통령령으로 정하는 사유가 있는 경우 외에는 적재물배상보험등의 계약(이하 "책임보험계약등"이라 한다)의 체결을 거부할 수 없다(제36조).

(2) 책임보험계약등을 공동으로 체결할 수 있는 경우

보험등 의무가입자가 적재물사고를 일으킬 개연성이 높은 경우 등 다음의 사유에 해당하면 다수의 보험회사등이 공동으로 책임보험계약등을 체결할 수 있다(칙 제41조의14).

① 운송사업자의 화물자동차 운전자가 그 운송사업자의 사업용 화물자동차를 운전하여 과거 2년 동안 다음의 어느 하나에 해당하는 사항을 2회 이상 위반한 경력이 있는 경우

> ㉠ 「도로교통법」 제43조에 따른 무면허운전 등의 금지
> ㉡ 「도로교통법」 제44조 제1항에 따른 술에 취한 상태에서의 운전금지
> ㉢ 「도로교통법」 제54조 제1항에 따른 사고발생 시 조치의무

② 보험회사가 「보험업법」에 따라 허가를 받거나 신고한 적재물배상보험요율과 책임준비금 산출기준에 따라 손해배상책임을 담보하는 것이 현저히 곤란하다고 판단한 경우

3. 책임보험계약등의 해제(★)

보험등 의무가입자 및 보험회사등은 다음의 어느 하나에 해당하는 경우 외에는 책임보험계약등의 전부 또는 일부를 해제하거나 해지하여서는 아니 된다(제37조).

① 화물자동차 운송사업의 허가사항이 변경(감차만을 말한다)된 경우
② 화물자동차 운송사업, 운송주선사업 또는 운송가맹사업을 휴업하거나 폐업한 경우
③ 화물자동차 운송사업의 허가가 취소되거나 감차 조치 명령을 받은 경우
④ 화물자동차 운송주선사업의 허가가 취소된 경우
⑤ 화물자동차 운송가맹사업의 허가사항이 변경(감차만을 말한다)된 경우
⑥ 화물자동차 운송가맹사업의 허가가 취소되거나 감차 조치 명령을 받은 경우
⑦ 적재물배상보험등에 이중으로 가입되어 하나의 책임보험계약등을 해제하거나 해지하려는 경우

⑧ 보험회사등이 파산 등의 사유로 영업을 계속할 수 없는 경우
⑨ 그 밖에 「상법」 제650조(보험료의 지급과 지체의 효과) 제1항·제2항, 제651조(고지의 무위반으로 인한 계약해지) 또는 제652조(위험변경증가의 통지와 계약해지) 제1항에 따른 계약해제 또는 계약해지의 사유가 발생한 경우

4. 책임보험계약등의 계약 종료일 통지 등

(1) 계약 종료일 사전통지

보험회사등은 자기와 책임보험계약등을 체결하고 있는 보험등 의무가입자에게 그 계약종료일 30일 전까지 그 계약이 끝난다는 사실을 알려야 한다(제38조).

(2) 신계약 미결체결시의 조치

보험회사등은 자기와 책임보험계약등을 체결한 보험등 의무가입자가 그 계약이 끝난 후 새로운 계약을 체결하지 아니하면 그 사실을 지체 없이 국토교통부장관에게 알려야 한다.

제6장 경영의 합리화

1. 경영의 위탁(★)

(1) 의의

① 운송사업자는 화물자동차 운송사업의 효율적인 수행을 위하여 필요하면 다른 사람(운송사업자를 제외한 개인을 말한다)에게 차량과 그 경영의 일부를 위탁하거나 차량을 현물출자한 사람에게 그 경영의 일부를 위탁할 수 있다(제40조).
② 국토교통부장관은 화물운송시장의 질서유지 및 운송사업자의 운송서비스 향상을 유도하기 위하여 필요한 경우 경영의 위탁을 제한할 수 있다.

(2) 위·수탁계약

① 운송사업자와 위·수탁차주는 대등한 입장에서 합의에 따라 공정하게 위·수탁계약을 체결하고, 신의에 따라 성실하게 계약을 이행하여야 한다.
② 계약의 당사자는 그 계약을 체결하는 경우 차량소유자·계약기간, 그 밖에 국토교통부령으로 정하는 사항을 계약서에 명시하여야 하며, 서명날인한 계약서를 서로 교부하여 보관하여야 한다. 이 경우 국토교통부장관은 건전한 거래질서의 확립과 공정한 계약의

정착을 위하여 표준 위·수탁계약서를 고시하여야 하고, 이를 우선적으로 사용하도록 권고할 수 있다.

③ 위·수탁계약의 기간은 2년 이상으로 하여야 한다.

④ 시·도지사는 위·수탁계약의 체결·이행으로 발생하는 분쟁의 해결을 지원하기 위하여 대통령령으로 정하는 바에 따라 화물운송사업분쟁조정협의회를 설치·운영할 수 있다.

(3) 위·수탁계약의 내용이 불공정한 경우

위·수탁계약의 내용이 당사자 일방에게 현저하게 불공정한 경우로서 다음의 어느 하나에 해당하는 경우에는 그 부분에 한정하여 무효로 한다.

① 운송계약의 형태·내용 등 관련된 모든 사정에 비추어 계약체결 당시 예상하기 어려운 내용에 대하여 상대방에게 책임을 떠넘기는 경우

② 계약내용에 대하여 구체적인 정함이 없거나 당사자 간 이견이 있는 경우 계약내용을 일방의 의사에 따라 정함으로써 상대방의 정당한 이익을 침해한 경우

③ 계약불이행에 따른 당사자의 손해배상책임을 과도하게 경감하거나 가중하여 정함으로써 상대방의 정당한 이익을 침해한 경우

④ 「민법」 및 이 법 등 관계 법령에서 인정하고 있는 상대방의 권리를 상당한 이유 없이 배제하거나 제한하는 경우

⑤ 그 밖에 위·수탁계약의 내용 중 일부가 당사자 일방에게 현저하게 불공정하여 해당 부분을 무효로 할 필요가 있는 경우로서 대통령령으로 정하는 경우

2. 위·수탁계약의 갱신 등(★)

(1) 갱신거절사유

운송사업자는 위·수탁차주가 위·수탁계약기간 만료 전 150일부터 60일까지 사이에 위·수탁계약의 갱신을 요구하는 때에는 다음의 어느 하나에 해당하는 경우를 제외하고는 이를 거절할 수 없다(제40조의2).

① 위·수탁계약기간이 6년 이하인 경우 : 최초 위·수탁계약기간을 포함한 전체 위·수탁계약기간이 6년 이하인 경우로서 다음의 어느 하나에 해당하는 경우

　㉠ 위·수탁차주가 거짓이나 그 밖의 부정한 방법으로 위·수탁계약을 체결한 경우

　㉡ 그 밖에 운송사업자가 위·수탁계약을 갱신하기 어려운 중대한 사유로서 대통령령으로 정하는 사유에 해당하는 경우

☑ "대통령령으로 정하는 사유에 해당하는 경우"란 다음 각 호의 어느 하나에 해당하는 경우를 말한다.
1. 삭제 〈2019. 6. 25.〉
2. 위·수탁차주가 계약기간 동안 법 제12조에 따른 운수종사자의 준수사항을 위반하여 법 제67조에 따른 처벌 또는 법 제70조에 따른 과태료 처분을 받은 경우
3. 위·수탁차주가 계약기간 동안 법 제23조에 따른 처분을 받은 경우
4. 다음 각 목의 어느 하나에 해당하는 운송사업자의 요청 또는 지도·감독을 위·수탁차주가 정당한 사유 없이 따르지 아니한 경우
   가. 법 제3조제9항에 따른 신고에 필요한 자료의 제출 요청
   나. 법 제11조제5항에 따른 지도·감독

② 위·수탁계약기간이 6년을 초과하는 경우 : 최초 위·수탁계약기간을 포함한 전체 위·수탁계약기간이 6년을 초과하는 경우로서 다음의 어느 하나에 해당하는 경우
   ㉠ 위 ①의 어느 하나에 해당하는 경우
   ㉡ 위·수탁차주가 운송사업자에게 지급하기로 한 위·수탁계약상의 월지급액(월 2회 이상 지급하는 것으로 계약한 경우에는 해당 월에 지급하기로 한 금액의 합을 말한다)을 6회 이상 지급하지 아니한 경우(위·수탁계약상의 월지급액이 같은 업종의 통상적인 월지급액보다 뚜렷하게 높은 경우는 제외한다)
   ㉢ 표준 위·수탁계약서에 기재된 계약 조건을 위·수탁차주가 준수하지 아니한 경우
   ㉣ 그 밖에 운송사업자가 운송사업의 경영을 정상적으로 유지하기 어려운 사유로서 운송사업자가 운송사업의 전부를 폐업하는 경우

(2) 갱신거절의 서면통지

운송사업자가 갱신 요구를 거절하는 경우에는 그 요구를 받은 날부터 15일 이내에 위·수탁차주에게 거절 사유를 적어 서면으로 통지하여야 한다.

(3) 묵시의 갱신

운송사업자가 거절 통지를 하지 아니하거나 위·수탁계약기간 만료 전 150일부터 60일까지 사이에 위·수탁차주에게 계약 조건의 변경에 대한 통지나 위·수탁계약을 갱신하지 아니한다는 사실의 통지를 서면으로 하지 아니한 경우에는 계약 만료 전의 위·수탁계약과 같은 조건으로 다시 위·수탁계약을 체결한 것으로 본다. 다만, 위·수탁차주가 계약이 만료되는 날부터 30일 전까지 이의를 제기하거나 운송사업자나 위·수탁차주에게 천재지변이나 그 밖에 대통령령으로 정하는 부득이한 사유가 있는 경우(운송사업자가 사고·질병 등 일신상의 사유로 위·수탁계약의 갱신에 관한 의사표시를 할 수 없는 경우, 위·수탁차주의 소재 불명이나 국외 이주 등으로 운송사업자가 위·수탁차주에게 위·수탁계약의 갱

신에 관한 의사표시를 할 수 없는 경우)에는 그러하지 아니하다.

3. 위·수탁계약의 해지 등(★)

(1) 해지 절차

① 원칙 : 운송사업자는 위·수탁계약을 해지하려는 경우에는 위·수탁차주에게 2개월 이상의 유예기간을 두고 계약의 위반 사실을 구체적으로 밝히고 이를 시정하지 아니하면 그 계약을 해지한다는 사실을 서면으로 2회 이상 통지하여야 한다(제40조의3)..

② 해지 절차의 예외 : 다만, 다음의 어느 하나에 해당하는 경우로서 위·수탁계약을 지속하기 어려운 중대한 사유가 있는 경우에는 위의 규정을 적용하지 않는다.

    ㉠ 위·수탁차주가 화물운송 종사자격을 갖추지 아니한 경우

    ㉡ 위·수탁차주가 계약기간 동안 운수종사자의 준수사항을 위반하여 법 제67조에 따른 처벌 또는 법 제70조에 따른 과태료 처분을 받은 경우

    ㉢ 위·수탁차주가 계약기간 동안 화물운송 종사자격의 취소처분을 받은 경우

    ㉣ 위·수탁차주가 사고·질병 또는 국외 이주 등 일신상의 사유로 더 이상 위탁받은 운송사업을 경영할 수 없게 된 경우

(2) 해지절차를 거치지 않은 해지의 효력

위 (1)의 절차를 거치지 아니한 위·수탁계약의 해지는 그 효력이 없다.

(3) 위·수탁계약의 해지의제

운송사업자가 다음의 어느 하나에 해당하는 사유로 운송사업의 허가취소 또는 감차 조치(위·수탁차주의 화물자동차가 감차 조치의 대상이 된 경우에만 해당한다)를 받은 경우 해딩 운송사업자와 위·수탁차주의 위·수탁계약은 해지된 것으로 본다.

① 제19조 제1항 제1호(부정한 방법으로 허가를 받은 경우)·제2호(부정한 방법으로 변경 허가를 받거나, 변경허가를 받지 아니하고 허가사항을 변경한 경우)·제3호(허가기준을 충족하지 못하게 된 경우) 또는 제5호(결격사유의 어느 하나에 해당하게 된 경우. 다만, 법인의 임원에 대하여 예외 적용)

② 그 밖에 운송사업자의 귀책사유(위·수탁차주의 고의에 의하여 허가취소 또는 감차 조치될 수 있는 경우는 제외한다)로 허가취소 또는 감차 조치되는 경우로서 대통령령으로 정하는 경우

(4) 위·수탁차주에 대한 지원

국토교통부장관 또는 연합회는 해지된 위·수탁계약의 위·수탁차주였던 자가 다른 운송사업자와 위·수탁계약을 체결할 수 있도록 지원하여야 한다. 이 경우 해당 위·수탁차주였던 자와 위·수탁계약을 체결한 운송사업자는 위·수탁계약의 체결을 명목으로 부당한 금전지급을 요구하여서는 아니 된다.

4. 공영차고지의 설치

(1) 공영차고지

공영차고지란 화물자동차 운수사업에 제공되는 차고지로서 다음의 어느 하나에 해당하는 자가 설치한 것을 말한다.

① 특별시장·광역시장·특별자치시장·도지사·특별자치도지사(이하 "시·도지사"라 한다)
② 시장·군수·구청장(자치구의 구청장을 말한다)
③ 「공공기관의 운영에 관한 법률」에 따른 공공기관 중 대통령령으로 정하는 공공기관

☑ 공영차고지 설치 대상 공공기관

「인천국제공항공사법」에 따른 인천국제공항공사, 「한국공항공사법」에 따른 한국공항공사, 「한국도로공사법」에 따른 한국도로공사, 「한국철도공사법」에 따른 한국철도공사, 「한국토지주택공사법」에 따른 한국토지주택공사, 「항만공사법」에 따른 항만공사

④ 「지방공기업법」에 따른 지방공사

(2) 공영차고지의 운영

공영차고지를 설치한 자(이하 "차고지설치자"라 한다)는 공영차고지(公營車庫地)를 설치하여 직접 운영하거나 다음의 어느 하나에 해당하는 자에게 임대(운영의 위탁을 포함한다)할 수 있다(제45조).
① 사업자단체
② 운송사업자
③ 운송가맹사업자
④ 운송사업자로 구성된 「협동조합 기본법」에 따른 협동조합

(3) 공영차고지의 설치·운영에 관한 계획(설치·운영계획)

① 차고지설치자는 공영차고지를 설치하려면 공영차고지의 설치·운영에 관한 계획(이하

"설치 · 운영계획"이라 한다)을 수립하여야 한다.

② 시 · 도지사를 제외한 차고지설치자가 설치 · 운영계획을 수립하는 경우에는 미리 시 · 도지사의 인가를 받아야 한다. 인가받은 계획을 변경하려는 경우에도 또한 같다.

③ 차고지설치자는 설치 · 운영계획을 수립 · 변경하거나 인가 · 변경인가를 받은 때에는 이를 공보에 고시하거나 일간신문 등에 게재하여야 한다.

④ 시 · 도지사가 설치 · 운영계획을 수립하거나 시 · 도지사를 제외한 차고지설치자의 설치 · 운영계획을 인가하는 경우에 그에 관련된 각종 인가 · 허가 등에 관하여는 인 · 허가등의 의제를 준용한다.

⑤ 차고지설치자가 설치 · 운영계획을 수립 · 변경하는 경우 공영차고지의 설치 · 변경이 학생의 통학안전에 미치는 영향에 대하여 특별시 · 광역시 · 특별자치시 · 도 · 특별자치도 (이하 "시 · 도"라 한다)의 교육감과 협의하여야 한다.

5. 화물자동차 휴게소(★)

(1) 화물자동차 휴게소의 확충

① 국토교통부장관은 화물자동차 운전자의 근로 여건을 개선하고 화물의 원활한 운송을 도모하기 위하여 운송경로 및 주요 물류거점에 화물자동차 휴게소를 확충하기 위한 종합계획(이하 "휴게소 종합계획"이라 한다)을 5년 단위로 수립하여야 한다(제46조의2).

② 휴게소 종합계획에는 다음의 사항이 포함되어야 한다.

> ㉠ 화물자동차 휴게소의 현황 및 장래수요에 관한 사항
> ㉡ 화물자동차 휴게소의 계획적 공급에 관한 사항
> ㉢ 화물자동차 휴게소의 연도별 · 지역별 배치에 관한 사항
> ㉣ 화물자동차 휴게소의 기능 개선 및 효율화에 관한 사항
> ㉤ 그 밖에 화물자동차 휴게소 확충과 관련된 사항으로서 국토교통부령으로 정하는 사항

③ 국토교통부장관은 휴게소 종합계획을 수립하거나 국토교통부령으로 정하는 사항을 변경하려는 경우 미리 시 · 도지사의 의견을 듣고 관계 중앙행정기관의 장과 협의하여야 한다.

④ 국토교통부장관은 휴게소 종합계획을 수립하거나 변경한 때에는 이를 관보에 고시하여야 한다.

⑤ 휴게소의 건설사업시행자는 필요한 경우 국토교통부장관에게 휴게소 종합계획을 변경하도록 요청할 수 있다.

⑥ 국토교통부장관 또는 시 · 도지사는 휴게소건설계획의 승인 또는 변경승인을 할 때에는 휴게소 종합계획과 상충하거나 중복되지 아니하도록 하여야 한다.

(2) 화물자동차 휴게소의 건설사업 시행자

화물자동차 휴게소 건설사업을 할 수 있는 자는 다음의 어느 하나에 해당하는 자로 한다(제46조의3).

① 국가 또는 지방자치단체

② 「공공기관의 운영에 관한 법률」에 따른 공공기관 중 대통령령으로 정하는 공공기관

> 한국철도공사, 한국토지주택공사, 한국도로공사, 한국수자원공사, 한국농어촌공사, 항만공사, 인천국제공항공사, 한국공항공사, 한국교통안전공단, 국가철도공단

③ 「지방공기업법」에 따른 지방공사

④ 대통령령으로 정하는 바에 따라 ①부터 ③까지의 자로부터 지정을 받은 법인

(3) 화물자동차 휴게소의 건설 대상지역 등

화물자동차 휴게소의 건설 대상지역은 다음의 어느 하나에 해당하는 지역을 말한다(칙 제43조의3).

① 「항만법」에 따른 항만 또는 「산업입지 및 개발에 관한 법률」에 따른 산업단지 등이 위치한 지역으로서 화물자동차의 일일 평균 왕복 교통량이 1만5천대 이상인 지역

② 「항만법」에 따른 국가관리항이 위치한 지역

③ 「물류시설의 개발 및 운영에 관한 법률」에 따른 물류단지 중 면적이 50만 제곱미터 이상인 물류단지가 위치한 지역

④ 「도로법」에 따른 고속국도, 일반국도, 지방도 또는 국가지원지방도에 인접한 지역으로서 화물자동차의 일일 평균 편도 교통량이 3천5백대 이상인 지역

(4) 건설계획의 수립 등

① 화물자동차 휴게소 건설사업을 시행하려는 자(이하 "사업시행자"라 한다)는 사업의 명칭·목적, 사업을 시행하려는 위치와 면적 등 대통령령으로 정하는 사항이 포함된 화물자동차 휴게소 건설에 관한 계획(이하 "건설계획"이라 한다)을 수립하여야 한다.

② 사업시행자는 건설계획을 수립한 때에는 대통령령으로 정하는 바에 따라 이를 공고하고, 관계 서류의 사본을 20일 이상 일반인이 열람할 수 있도록 하여야 한다.

③ 화물자동차 휴게소 건설사업의 이해관계인은 열람기간에 사업시행자에게 건설계획에 대한 의견서를 제출할 수 있으며, 사업시행자는 제출된 의견이 타당하다고 인정하는 경우에는 이를 건설계획에 반영하여야 한다.

④ 사업시행자는 공고 및 열람을 마친 후 그 건설계획에 대하여 시·도지사의 승인을 받아야 한다. 다만, 국가, 공공기관인 사업시행자 및 국가 또는 공공기관의 사업시행자로부터 지정을 받은 자는 국토교통부장관의 승인을 받아야 한다.

⑤ 승인을 받은 사업시행자는 승인받은 건설계획 중 사업을 시행하려는 위치와 면적 등 대통령령으로 정하는 사항을 변경하려면 해당 승인권자의 변경승인을 받아야 한다.

⑥ 국토교통부장관 또는 시·도지사는 건설계획의 승인 또는 변경승인의 신청을 받은 경우에는 특별한 사유가 없으면 승인 또는 변경승인 신청을 받은 날부터 60일 이내에 승인 또는 변경승인 여부를 결정하여야 하며, 건설계획의 승인 또는 변경승인을 한 경우에는 이를 고시하여야 한다.

⑦ 국토교통부장관 또는 시·도지사가 건설계획의 승인 또는 변경승인 신청을 받은 날부터 60일 이내에 승인 또는 변경승인 여부를 결정하지 아니하였을 때에는 승인 또는 변경승인을 한 것으로 본다.

(5) 건설계획의 승인취소 등

국토교통부장관 또는 시·도지사는 사업시행자가 다음의 어느 하나에 해당하는 경우에는 건설계획의 승인을 취소 또는 변경하거나 그 밖에 필요한 조치를 명할 수 있다. 다만, ①에 해당하는 경우에는 건설계획의 승인을 취소하여야 한다.
① 거짓 또는 그 밖의 부정한 방법으로 건설계획의 승인을 받은 경우
② 변경승인을 받지 아니하고 건설계획을 변경하여 사업을 진행한 경우

☑ 관련 법조문

제39조(경영합리화 등의 노력)
운수사업자는 화물운송 질서의 확립, 경영관리의 건전화, 화물운송 기법의 개발 등 경영합리화와 수송서비스 향상을 위하여 노력하여야 한다.

제40조의4(위·수탁계약의 양도·양수)
① 위·수탁차주는 운송사업자의 동의를 받아 제40조제3항에 따른 위·수탁계약상의 지위를 타인에게 양도할 수 있다. 다만, 다음 각 호의 어느 하나의 해당하는 사유가 발생하는 경우에는 운송사업자는 양수인이 제8조에 따른 화물운송 종사자격을 갖추지 못한 경우 등 대통령령으로 정하는 경우를 제외하고는 위·수탁계약의 양도에 대한 동의를 거절할 수 없다.
  1. 업무상 부상 또는 질병의 발생 등으로 자신이 위탁받은 경영의 일부를 수행할 수 없는 경우
  2. 그 밖에 위·수탁차주에게 부득이한 사유가 발생하는 경우로서 대통령령으로 정하는 경우
② 제1항에 따라 위·수탁계약상의 지위를 양수한 자는 양도인의 위·수탁계약상 권리와 의무를 승계한다.
③ 제1항 단서에 따라 위·수탁계약상의 지위를 양도하는 경우 위·수탁차주는 운송사업자에게 양도 사실을 서면으로 통지하여야 한다.
④ 제3항의 통지가 있은 날부터 1개월 이내에 운송사업자가 양도에 대한 동의를 거절하지 아니하는 경우에는 운송사업자가 양도에 동의한 것으로 본다.

제40조의5(위·수탁계약의 실태조사 등)

① 국토교통부장관 또는 시·도지사는 정기적으로 제40조제3항에 따른 위·수탁계약서의 작성 여부에 대한 실태조사를 할 수 있다.

② 국토교통부장관 또는 시·도지사는 제40조제3항에 따른 위·수탁계약의 당사자에게 계약과 관련된 자료를 요청할 수 있다. 이 경우 자료를 요청받은 계약의 당사자는 특별한 사정이 없으면 요청에 따라야 한다.

③ 제1항에 따른 실태조사의 시기·범위 및 방법 등에 필요한 사항은 대통령령으로 정한다.

제41조(경영 지도)

① 국토교통부장관 또는 시·도지사는 화물자동차 운수사업의 경영개선 또는 운송서비스의 향상을 위하여 다음 각 호의 어느 하나에 해당하는 경우 운수사업자를 지도할 수 있다.

1. 제11조(제33조에서 준용하는 경우를 포함한다), 제26조 등에 따른 운수사업자의 준수사항에 대한 지도가 필요한 경우
2. 과로, 과속, 과적 운행의 예방 등 안전한 수송을 위한 지도가 필요한 경우
3. 그 밖에 화물자동차의 운송에 따른 안전 확보 및 운송서비스 향상에 필요한 경우

② 국토교통부장관 또는 시·도지사는 재무관리 및 사업관리 등 경영실태가 부실하다고 인정되는 운수사업자에게는 경영개선에 관한 권고를 할 수 있으며, 필요하면 경영개선에 관한 중·장기 또는 연차별 계획 등을 제출하게 할 수 있다.

③ 국토교통부장관 또는 시·도지사는 제2항에 따라 운수사업자가 제출한 경영개선에 관한 계획 등이 불합리하다고 인정되면 변경할 것을 권고할 수 있다.

제42조(경영자 연수교육)

시·도지사는 운수사업자의 경영능력 향상을 위하여 필요하다고 인정하면 경영을 담당하는 임원(개인인 경우에는 운수사업자를 말한다)에게 경영자 연수교육을 실시할 수 있다.

제43조(재정지원)

① 국가는 지방자치단체, 「공공기관의 운영에 관한 법률」에 따른 공공기관 중 대통령령으로 정하는 공공기관, 「지방공기업법」에 따른 지방공사, 사업자단체 또는 운수사업자가 다음 각 호의 어느 하나에 해당하는 사업을 수행하는 경우로서 재정적 지원이 필요하다고 인정되면 대통령령으로 정하는 바에 따라 소요자금의 일부를 보조하거나 융자할 수 있다.

1. 공동차고지 및 공영차고지 건설
2. 화물자동차 운수사업의 정보화
3. 낡은 차량의 대체
4. 연료비가 절감되거나 환경친화적인 화물자동차 등으로의 전환 및 이를 위한 시설·장비의 투자
5. 화물자동차 휴게소의 건설
6. 화물자동차 운수사업의 서비스 향상을 위한 시설·장비의 확충과 개선
7. 그 밖에 화물자동차 운수사업의 경영합리화를 위한 사항으로서 국토교통부령으로 정하는 사항

② 특별시장·광역시장·특별자치시장·특별자치도지사·시장 또는 군수(광역시의 군수를 포함한다. 이하 이 조, 제44조, 제44조의2 및 제60조의2에서 같다)는 운송사업자, 운송가맹사업자 및

제40조제1항에 따라 화물자동차 운송사업을 위탁받은 자(이하 이 조, 제44조 및 제44조의2에서 "운송사업자등"이라 한다)에게 유류(油類)에 부과되는 다음 각 호의 세액 등의 인상액에 상당하는 금액의 전부 또는 일부를 대통령령으로 정하는 바에 따라 보조할 수 있다.

1. 「교육세법」 제5조제1항, 「교통·에너지·환경세법」 제2조제1항제2호, 「지방세법」 제136조 제1항에 따라 경유에 각각 부과되는 교육세, 교통·에너지·환경세, 자동차세
2. 「개별소비세법」 제1조제2항제4호바목, 「교육세법」 제5조제1항, 「석유 및 석유대체연료 사업법」 제18조제2항제1호에 따라 석유가스 중 부탄에 각각 부과되는 개별소비세·교육세·부과금

③ 특별시장·광역시장·특별자치시장·특별자치도지사·시장 또는 군수는 운송사업자등이 「환경 친화적 자동차의 개발 및 보급 촉진에 관한 법률」 제2조제6호에 따른 수소전기자동차를 운행하기 위하여 수소를 구매하는 경우 그 비용의 전부 또는 일부를 대통령령으로 정하는 바에 따라 보조할 수 있다.

제44조(보조금의 사용 등)

① 제43조제1항에 따라 보조 또는 융자받은 자는 그 자금을 보조 또는 융자받은 목적 외의 용도로 사용하여서는 아니 된다.
② 국토교통부장관·특별시장·광역시장·특별자치시장·특별자치도지사·시장 또는 군수는 제43조제1항에 따라 보조 또는 융자를 받은 자가 그 자금을 적정하게 사용하도록 지도·감독하여야 한다.
③ 국토교통부장관·특별시장·광역시장·특별자치시장·특별자치도지사·시장 또는 군수는 거짓이나 부정한 방법으로 제43조제1항부터 제3항까지의 규정에 따라 보조금이나 융자금을 교부받은 사업자단체 또는 운송사업자등에게 보조금이나 융자금의 반환을 명하여야 하며, 이에 따르지 아니하면 국세 또는 지방세 체납처분의 예에 따라 회수할 수 있다.

제44조의2(보조금의 지급 정지 등)

① 특별시장·광역시장·특별자치시장·특별자치도지사·시장 또는 군수는 운송사업자등이 다음 각 호의 어느 하나에 해당하면 대통령령으로 정하는 바에 따라 5년의 범위에서 제43조제2항 또는 제3항에 따른 보조금의 지급을 정지하여야 한다.

1. 「석유 및 석유대체연료 사업법」 제2조제9호에 따른 석유판매업자, 「액화석유가스의 안전관리 및 사업법」 제2조제5호에 따른 액화석유가스 충전사업자 또는 「수소경제 육성 및 수소 안전관리에 관한 법률」 제50조제1항에 따른 수소판매사업자(이하 "주유업자등"이라 한다)로부터 「부가가치세법」 제32조에 따른 세금계산서를 거짓으로 발급받아 보조금을 지급받은 경우
2. 주유업자등으로부터 유류 또는 수소의 구매를 가장하거나 실제 구매금액을 초과하여 「여신전문금융업법」 제2조에 따른 신용카드, 직불카드, 선불카드 등으로서 보조금의 신청에 사용되는 카드(이하 "유류구매카드"라 한다)로 거래를 하거나 이를 대행하게 하여 보조금을 지급받은 경우
3. 화물자동차 운수사업이 아닌 다른 목적에 사용한 유류분 또는 수소 구매분에 대하여 보조금을 지급받은 경우
4. 다른 운송사업자등이 구입한 유류 또는 수소 사용량을 자기가 사용한 것으로 위장하여 보조금을 지급받은 경우

5. 그 밖에 제43조제2항 또는 제3항에 따라 대통령령으로 정하는 사항을 위반하여 거짓이나 부정한 방법으로 보조금을 지급받은 경우

6. 제3항에 따른 소명서 및 증거자료의 제출요구에 따르지 아니하거나, 같은 항에 따른 검사나 조사를 거부 · 기피 또는 방해한 경우

② 특별시장 · 광역시장 · 특별자치시장 · 특별자치도지사 · 시장 또는 군수는 주유업자등이 제1항 각 호의 어느 하나에 해당하는 행위에 가담하였거나 이를 공모한 경우 대통령령으로 정하는 바에 따라 5년의 범위에서 해당 사업소에 대한 유류구매카드의 거래기능을 정지하여야 한다. 다만, 주유업자등이 유류구매카드의 거래기능이 정지된 날부터 5년 이내에 다시 제1항 각 호의 어느 하나에 해당하는 행위에 가담하였거나 이를 공모한 경우에는 유류구매카드의 거래기능을 영구적으로 정지하여야 한다.

③ 특별시장 · 광역시장 · 특별자치시장 · 특별자치도지사 · 시장 또는 군수는 다음 각 호의 어느 하나에 해당하는 사항을 확인하기 위하여 운송사업자등으로 하여금 소명서 또는 거래내역을 입증할 수 있는 증거자료를 제출하게 할 수 있으며, 필요하면 소속 공무원이 운송사업자등의 사업장에 출입하여 장부 · 서류, 그 밖의 물건을 검사하게 하거나 관계인에게 질문하게 할 수 있다.

1. 운송사업자등이 제1항제1호부터 제5호까지의 어느 하나에 해당하는 행위를 하였는지 여부

2. 주유업자등이 제1항제1호부터 제5호까지의 어느 하나에 해당하는 행위에 가담하였거나 이를 공모하였는지 여부

④ 제3항에 따른 조사나 검사를 하려면 조사 또는 검사 7일 전에 조사 또는 검사할 내용, 일시, 이유 등에 대한 계획서를 운송사업자등에게 알려야 한다. 다만, 긴급한 경우 또는 사전통지를 하면 증거인멸 등으로 조사목적을 달성할 수 없다고 인정하는 경우에는 그러하지 아니하다.

⑤ 제3항에 따라 조사나 검사를 하는 공무원은 그 권한을 표시하는 증표를 지니고 이를 관계인에게 내보여야 하며, 출입할 때에는 출입자의 성명, 출입시간, 출입목적 등이 표시된 문서를 관계인에게 내주어야 한다.

제46조의4(인 · 허가등의 의제)

① 국토교통부장관 또는 시 · 도지사는 제46조의3제6항 또는 제7항에 따라 건설계획의 승인 또는 변경승인을 하는 경우에 그 건설계획에 대한 다음 각 호의 인가 · 허가 · 승인 또는 결정 등(이하 "인 · 허가등"이라 한다)에 관하여 제2항에 따라 관계 행정기관의 장과 협의한 사항에 대하여는 해당 사업시행자가 해당 인 · 허가등을 받은 것으로 보며, 제46조의3제8항에 따라 고시된 때에는 다음 각 호의 법률에 따른 해당 인 · 허가등이 고시 또는 공고된 것으로 본다.

1. 「건축법」 제11조에 따른 건축허가, 같은 법 제14조에 따른 건축신고, 같은 법 제16조에 따른 건축허가 · 신고 사항의 변경, 같은 법 제20조에 따른 가설건축물의 건축허가 · 신고 및 같은 법 제29조에 따른 건축협의

2. 「골재채취법」 제22조에 따른 골재채취의 허가 등 이하 생략

② 국토교통부장관 또는 시 · 도지사는 제46조의3제6항 또는 제7항에 따라 건설계획의 승인 또는 변경승인을 할 때 그 건설계획에 제1항 각 호의 사항이 포함되어 있는 경우에는 관계 행정기관의 장과 미리 협의하여야 한다. 이 경우 관계 행정기관의 장은 협의요청을 받은 날부터 20일 이내에 의견을 제출하여야 한다.

③ 제1항에 따른 인·허가등의 의제를 받으려는 사업시행자는 건설계획의 승인 또는 변경승인을 신청할 때에 해당 법률에서 정하는 관련 서류를 함께 제출하여야 한다.

제46조의5(수용 및 사용)

① 다음 각 호의 어느 하나에 해당하는 사업을 시행하는 자는 필요한 경우 「공익사업을 위한 토지 등의 취득 및 보상에 관한 법률」 제2조제1호에 따른 토지등(이하 "토지등"이라 한다)을 수용 또는 사용할 수 있다.
　1. 제45조에 따른 공영차고지의 설치
　2. 제46조의3에 따른 화물자동차 휴게소 건설사업

② 다음 각 호의 어느 하나에 해당하는 인·허가 및 고시 등이 있는 경우에는 각각 「공익사업을 위한 토지 등의 취득 및 보상에 관한 법률」 제20조제1항에 따른 사업인정 및 같은 법 제22조에 따른 사업인정의 고시가 있는 것으로 본다.
　1. 설치·운영계획의 수립·인가 및 제45조제4항에 따른 고시 또는 게재
　2. 건설계획의 승인 및 제46조의3제8항에 따른 고시

③ 제1항에 따른 토지등의 수용 또는 사용에 관한 재결의 신청은 「공익사업을 위한 토지 등의 취득 및 보상에 관한 법률」 제23조제1항 및 제28조제1항에도 불구하고 설치·운영계획 또는 건설계획에서 정한 사업의 시행기간 내에 할 수 있다.

④ 제1항에 따른 수용 또는 사용에 관하여는 이 법에 특별한 규정이 있는 경우를 제외하고는 「공익사업을 위한 토지 등의 취득 및 보상에 관한 법률」을 준용한다.

제46조의6(화물자동차 휴게소 운영의 위탁)

① 사업시행자는 화물자동차 휴게소의 운영을 사업자단체 등 대통령령으로 정하는 자에게 위탁할 수 있다.

② 제1항에 따른 화물자동차 휴게소 운영의 위탁 기간 및 위탁 방법 등에 필요한 사항은 국토교통부령으로 정한다.

제47조의2(실적 신고 및 관리 등)

① 운송사업자(개인 운송사업자는 제외한다), 운송주선사업자 및 운송가맹사업자는 국토교통부령으로 정하는 바에 따라 운송 또는 주선 실적을 관리하고 이를 국토교통부장관에게 신고하여야 한다.

> ☑ 운수사업자는 국토교통부장관이 정하여 고시하는 기준과 절차에 따라 다음의 형태에 따른 실적을 관리하고 이를 화물운송실적관리시스템을 통해 국토교통부장관에게 신고하여야 한다.
> 　1. 운수사업자가 화주와 계약한 실적
> 　2. 운수사업자가 다른 운수사업자와 계약한 실적
> 　3. 운수사업자가 다른 운송사업자 소속의 위·수탁차주와 계약한 실적
> 　4. 운송가맹사업자가 소속 운송가맹점과 계약한 실적
> 　5. 운수사업자가 직접 운송한 실적(법 제11조의2제1항 단서에 따른 차량으로 운송한 실적 및 법 제11조의2제5항에 따른 정보망을 이용한 위탁운송실적을 포함한다)

② 제11조의2제1항에 따른 직접운송 의무가 있는 운송사업자는 국토교통부령으로 정하는 기준 이상
　으로 화물을 운송하여야 한다. 이 경우 기준내역에 관하여는 국토교통부령으로 정한다.
③ 국토교통부장관은 제1항의 운송 또는 주선 실적 등 화물운송정보를 체계적으로 관리하기 위한
　화물운송실적관리시스템(이하 "화물운송실적관리시스템"이라 한다)을 구축·운영할 수 있다.
④ 국토교통부장관은 화물운송실적관리시스템의 운영을 국토교통부령으로 정하는 자에게 위탁할
　수 있으며, 필요한 비용을 지원할 수 있다.
⑤ 화물운송실적관리시스템의 운영방식 및 활용방법 등에 필요한 사항은 국토교통부령으로 정한다.

제47조의4(화물운송실적관리시스템의 보안대책)

화물운송실적관리시스템의 관리자는 화물운송실적관리시스템에 대한 제3자의 불법적인 접근, 입력
된 정보의 변경, 훼손, 파괴, 해킹, 유출 등에 대비한 기술적·물리적·관리적 보안대책을 세워야
한다.

제47조의5(화물운송실적관리자료의 비밀유지)

다음 각 호의 어느 하나에 해당하거나 해당하였던 자는 그 직무와 관련하여 알게 된 화물운송실적관
리자료를 다른 사람에게 제공 또는 누설하거나 그 목적 외의 용도로 사용하여서는 아니 된다.
　1. 국토교통부 소속 공무원
　2. 지방자치단체 소속 공무원
　3. 제64조에 따라 화물운송실적관리와 관련한 업무를 위탁받은 자

제47조의6(화물운송서비스평가 등)

① 국토교통부장관은 화물운송서비스 증진과 이용자의 권익보호를 위하여 운수사업자가 제공하는
　화물운송서비스에 대한 평가를 할 수 있다.
② 제1항에 따른 화물운송서비스에 대한 평가의 기준은 다음 각 호와 같다.
　1. 화물운송서비스의 이용자 만족도
　2. 화물운송서비스의 신속성 및 정확성
　3. 화물운송서비스의 안전성
　4. 그 밖에 제1호부터 제3호까지에 준하는 사항으로서 국토교통부령으로 정하는 사항
③ 제1항에 따른 화물운송서비스에 대한 평가는 이용자에 대한 설문조사를 포함하여야 하며, 세부
　평가방법 및 절차 등에 필요한 사항은 국토교통부령으로 정한다.
④ 국토교통부장관은 제1항에 따른 화물운송서비스의 평가를 한 후 평가 항목별 평가 결과, 서비스
　품질 등 세부사항을 대통령령으로 정하는 바에 따라 공표하여야 한다.
⑤ 국토교통부장관은 화물운송서비스의 평가를 할 경우 운수사업자에게 관련 자료 및 의견 제출
　등을 요구하거나 서비스에 대한 실지조사를 할 수 있다.
⑥ 제5항에 따른 자료 또는 의견 제출 등을 요구받은 운수사업자는 특별한 사유가 없으면 이에 따라
　야 한다.

제7장 사업자단체

1. 협회의 설립

(1) 의의

운수사업자는 화물자동차 운수사업의 건전한 발전과 운수사업자의 공동이익을 도모하기 위하여 국토교통부장관의 인가를 받아 화물자동차 운송사업, 화물자동차 운송주선사업 및 화물자동차 운송가맹사업의 종류별 또는 시·도별로 협회를 설립할 수 있다(제48조).

(2) 협회의 법적 성격

① 협회는 법인으로 한다.
② 협회는 주된 사무소의 소재지에서 설립등기를 함으로써 성립한다.

(3) 협회의 설립절차

협회를 설립하려면 해당 협회의 회원 자격이 있는 자의 5분의 1 이상이 발기하고, 회원 자격이 있는 자의 3분의 1 이상의 동의를 받아 창립총회에서 정관을 작성한 후 국토교통부 장관에게 인가를 신청하여야 한다.

(4) 그 밖의 사항

① 운수사업자는 정관으로 정하는 바에 따라 협회에 가입할 수 있다.
② 회원의 자격, 임원의 정수(定數) 및 선출방법, 그 밖에 협회의 운영에 필요한 사항은 정관으로 정한다.
③ 정관을 변경하려면 국토교통부장관의 인가를 받아야 한다.
④ 협회의 정관의 기재사항과 감독에 필요한 사항은 국토교통부령으로 정한다.
⑤ 협회에 관하여는 이 법에 규정된 사항 외에는 「민법」 중 사단법인에 관한 규정을 준용한다.

2. 연합회

운송사업자로 구성된 협회, 운송주선사업자로 구성된 협회 및 운송가맹사업자로 구성된 협회는 그 공동목적을 달성하기 위하여 국토교통부령으로 정하는 바에 따라 각각 연합회를 설립할 수 있다. 이 경우 운송사업자로 구성된 협회, 운송주선사업자로 구성된 협회 및 운송가맹사업자로 구성된 협회는 각각 그 연합회의 회원이 된다(제50조).

3. 공제사업

(1) 의의

① 운수사업자가 설립한 협회의 연합회는 대통령령으로 정하는 바에 따라 국토교통부장관의 허가를 받아 운수사업자의 자동차 사고로 인한 손해배상 책임의 보장사업 및 적재물배상 공제사업 등을 할 수 있다(제51조).

② 공제사업의 분담금, 운영위원회, 공제사업의 범위, 공제규정(共濟規程), 보고·검사, 개선명령, 공제사업을 관리·운영하는 연합회의 임직원에 대한 제재, 재무건전성의 유지 등에 관하여는 제51조의2 제5항, 제51조의4부터 제51조의10까지의 규정을 준용한다.

(2) 공제조합의 설립 등

① 운수사업자는 상호간의 협동조직을 통하여 조합원이 자주적인 경제 활동을 영위할 수 있도록 지원하고 조합원의 자동차 사고로 인한 손해배상책임의 보장사업 및 적재물배상 공제사업을 하기 위하여 대통령령으로 정하는 바에 따라 국토교통부장관의 인가를 받아 공제조합(이하 "공제조합"이라 한다)을 설립할 수 있다(제51조의2).

② 공제조합은 법인으로 한다.

③ 공제조합은 주된 사무소의 소재지에 설립등기를 함으로써 성립된다.

④ 운수사업자는 정관으로 정하는 바에 따라 공제조합에 가입할 수 있다.

⑤ 공제조합의 조합원은 공제사업에 필요한 분담금을 부담하여야 한다.

⑥ 조합원의 자격과 임원에 관한 사항, 그 밖에 공제조합의 운영에 필요한 사항은 정관으로 정한다.

⑦ 정관의 기재 사항, 그 밖에 공제조합의 감독에 필요한 사항은 대통령령으로 정한다.

(3) 공제조합의 설립인가 절차 등(★)

① 공제조합을 설립하려면 공제조합의 조합원 자격이 있는 자의 10분의 1 이상이 발기하고, 조합원 자격이 있는 자 200인 이상의 동의를 받아 창립총회에서 정관을 작성한 후 국토교통부장관에게 인가를 신청하여야 한다(제51조의3).

② 국토교통부장관은 인가를 한 경우 이를 공고하여야 한다

(4) 공제조합의 운영위원회

① 공제조합은 공제사업에 관한 사항을 심의·의결하고 그 업무집행을 감독하기 위하여 운영위원회를 둔다(제51조의4).

② 운영위원회 위원은 조합원, 운수사업·금융·보험·회계·법률 분야 전문가, 관계 공무원 및 그 밖에 화물자동차 운수사업 관련 이해관계자로 구성하되, 그 수는 25명 이내로

한다. 다만, 연합회가 공제사업을 하는 경우의 운영위원회 위원은 시·도별 협회의 대표 전원을 포함하여 37명 이내로 한다.

③ 이 법에서 규정한 사항 외에 운영위원회의 구성과 운영에 필요한 사항은 대통령령으로 정한다.

(5) 운영위원회 위원의 결격 사유

① 다음 각 호의 어느 하나에 해당하는 사람은 운영위원회의 위원이 될 수 없다(제51조의5).

㉠ 미성년자, 피성년후견인 또는 피한정후견인

㉡ 파산선고를 받고 복권되지 아니한 사람

㉢ 이 법 또는 「보험업법」 등 대통령령으로 정하는 금융 관련 법률을 위반하여 금고 이상의 형의 집행유예를 선고받고 그 유예기간 중에 있는 사람

㉣ 이 법 또는 「보험업법」 등 대통령령으로 정하는 금융 관련 법률을 위반하여 벌금 이상의 형을 선고받고 그 집행이 끝나거나(집행이 끝난 것으로 보는 경우를 포함한다) 집행이 면제된 날부터 5년이 지나지 아니한 사람

㉤ 이 법에 따른 공제조합의 업무와 관련하여 벌금 이상의 형을 선고받고 그 집행이 끝나거나(집행이 끝난 것으로 보는 경우를 포함한다) 집행이 면제된 날부터 5년이 지나지 아니한 사람

㉥ 제51조의9에 따른 징계·해임의 요구 중에 있거나 징계·해임의 처분을 받은 후 3년이 지나지 아니한 사람

② 운영위원회의 위원이 위 ①의 어느 하나에 해당하게 된 때에는 그 날로 위원자격을 잃는다.

③ 국토교통부장관은 위 ①의 ㉢부터 ㉤까지의 범죄경력자료의 조회를 경찰청장에게 요청하여 공제조합에 제공할 수 있다.

(6) 공제조합사업

① 공제조합은 다음 각 호의 사업을 한다(제51조의6).

㉠ 조합원의 사업용 자동차의 사고로 생긴 배상 책임 및 적재물배상에 대한 공제

㉡ 조합원이 사업용 자동차를 소유·사용·관리하는 동안 발생한 사고로 그 자동차에 생긴 손해에 대한 공제

㉢ 운수종사자가 조합원의 사업용 자동차를 소유·사용·관리하는 동안에 발생한 사고로 입은 자기 신체의 손해에 대한 공제

㉣ 공제조합에 고용된 자의 업무상 재해로 인한 손실을 보상하기 위한 공제

㉤ 공동이용시설의 설치·운영 및 관리, 그 밖에 조합원의 편의 및 복지 증진을 위한 사업

ⓑ 화물자동차 운수사업의 경영 개선을 위한 조사 · 연구 사업

ⓢ ㉠부터 ⓑ까지의 사업에 딸린 사업으로서 정관으로 정하는 사업

② 공제조합은 위 ①의 ㉠부터 ㉣까지의 규정에 따른 공제사업을 하려면 공제규정을 정하여 국토교통부장관의 인가를 받아야 한다. 인가받은 사항을 변경하려는 경우에도 또한 같다.

③ 공제규정에는 공제사업의 범위, 공제계약의 내용과 분담금, 공제금, 공제금에 충당하기 위한 책임준비금, 지급준비금의 계상 및 적립 등 공제사업의 운영에 필요한 사항이 포함되어야 한다.

④ 공제조합은 결산기(決算期)마다 그 사업의 종류에 따라 위 ③의 책임준비금 및 지급준비금을 계상하고 이를 적립하여야 한다.

⑤ 위 ①의 ㉠부터 ㉣까지의 규정에 따른 공제사업에는 「보험업법」(「보험업법」 제193조는 제외한다)을 적용하지 아니한다.

☑ **관련 법조문**

제49조(협회의 사업)

협회는 다음 각 호의 사업을 한다.

1. 화물자동차 운수사업의 건전한 발전과 운수사업자의 공동이익을 도모하는 사업
2. 화물자동차 운수사업의 진흥 및 발전에 필요한 통계의 작성 및 관리, 외국 자료의 수집 · 조사 및 연구사업
3. 경영자와 운수종사자의 교육훈련
4. 화물자동차 운수사업의 경영개선을 위한 지도
5. 이 법에서 협회의 업무로 정한 사항
6. 국가나 지방자치단체로부터 위탁받은 업무
7. 제1호부터 제5호까지의 사업에 따르는 업무

제51조의7(보고서의 제출 명령 등)

① 국토교통부장관은 필요하다고 인정하면 공제조합에 대하여 다음 각 호의 조치를 할 수 있다.

1. 교통사고 피해자에 대한 피해보상에 관한 보고서의 제출 명령
2. 공제자금의 운용이나 그 밖에 공제사업과 관련된 사항에 관한 보고서의 제출 명령
3. 소속 공무원에게 공제조합의 업무 또는 회계의 상황을 조사하게 하는 조치
4. 소속 공무원에게 공제조합의 장부나 그 밖의 서류를 검사하게 하는 조치

② 제1항에 따른 조사나 검사를 하려면 조사 또는 검사 7일 전에 조사 또는 검사할 내용, 일시, 이유 등에 대한 계획서를 공제조합에 알려야 한다. 다만, 긴급한 경우 또는 사전통지를 하면 증거인멸 등으로 조사목적을 달성할 수 없다고 인정하는 경우에는 그러하지 아니하다.

③ 제1항에 따라 조사나 검사를 하는 공무원은 그 권한을 표시하는 증표를 지니고 이를 관계인에게 내보여야 하며, 출입할 때에는 출입자의 성명, 출입시간, 출입목적 등이 표시된 문서를 관계인에

게 내주어야 한다.

제51조의8(공제조합업무의 개선명령)

국토교통부장관은 공제조합의 업무 운영이 적정하지 아니하거나 자산상황이 불량하여 교통사고 피해자 및 공제 가입자 등의 권익을 해칠 우려가 있다고 인정하면 다음 각 호의 조치를 명할 수 있다.

1. 업무집행방법의 변경
2. 자산예탁기관의 변경
3. 자산의 장부가격의 변경
4. 불건전한 자산에 대한 적립금의 보유
5. 가치가 없다고 인정되는 자산의 손실 처리

제51조의9(공제조합 임직원에 대한 제재 등)

국토교통부장관은 공제조합의 임직원이 다음 각 호의 어느 하나에 해당하여 공제사업을 건전하게 운영하지 못할 우려가 있다고 인정하면 임직원에 대한 징계ㆍ해임을 요구하거나 해당 위반행위를 시정하도록 명할 수 있다.

1. 제51조의6제2항에 따른 공제규정을 위반하여 업무를 처리한 경우
2. 제51조의8에 따른 개선명령을 이행하지 아니한 경우
3. 제51조의10에 따른 재무건전성 기준을 지키지 아니한 경우

제51조의10(재무건전성의 유지)

① 공제조합은 공제금 지급능력과 경영의 건전성을 확보하기 위하여 다음 각 호의 사항에 관하여 대통령령으로 정하는 재무건전성 기준을 지켜야 한다.
1. 자본의 적정성에 관한 사항
2. 자산의 건전성에 관한 사항
3. 유동성의 확보에 관한 사항
② 국토교통부장관은 공제조합이 제1항의 기준을 지키지 아니하여 경영의 건전성을 해칠 우려가 있다고 인정하면 대통령령으로 정하는 바에 따라 자본금의 증액을 명하거나 주식 등 위험자산의 소유를 제한하는 조치를 취할 수 있다.

제51조의11(감독 기준)

국토교통부장관은 제51조의6제1항제1호부터 제4호까지의 규정에 따른 공제사업의 건전한 육성과 공제 가입자의 보호를 위하여 금융위원회 위원장과 협의하여 감독에 필요한 기준을 정하고 이를 고시하여야 한다.

제51조의12(다른 법률과의 관계)

공제조합에 관하여 이 법에 규정된 사항 외에는 「민법」 중 사단법인에 관한 규정과 「상법」 제3편제4장제7절을 준용한다.

제52조(분쟁조정의 신청)

제54조(감독)
① 국토교통부장관은 협회 및 연합회를 지도·감독한다.
② 국토교통부장관은 다음 각 호의 어느 하나에 해당하는 경우 협회 및 연합회에 대하여 업무(제49조 및 제50조에 따른 협회 및 연합회의 업무만 해당한다. 이하 이 조에서 같다)에 관한 보고서의 제출이나 그 밖에 필요한 조치를 명하거나 소속 공무원에게 업무상황이나 회계상황을 조사하게 하거나 장부를 비롯한 서류를 검사하게 할 수 있다.
  1. 이 법의 위반 여부에 대한 확인이 필요하거나 민원 등이 발생한 경우
  2. 이 법에 따른 허가·신고·인가 또는 승인 등의 업무를 적정하게 수행하기 위하여 필요한 경우
  3. 그 밖에 화물자동차 운수사업과 관련된 정책수립을 위하여 필요한 경우
③ 제2항에 따라 조사 또는 검사를 하는 공무원은 그 권한을 표시하는 증표를 지니고 이를 관계인에게 내보여야 한다.

제8장 자가용 화물자동차의 사용

1. 자가용 화물자동차 사용신고(★)

(1) 시·도지사에게 신고

화물자동차 운송사업과 화물자동차 운송가맹사업에 이용되지 아니하고 자가용으로 사용되는 화물자동차(이하 "자가용 화물자동차"라 한다)로서 대통령령으로 정하는 화물자동차로 사용하려는 자는 국토교통부령으로 정하는 사항을 시·도지사에게 신고하여야 한다. 신고한 사항을 변경하려는 때에도 또한 같다(제55조).

(2) 수리여부의 통지

① 시·도지사는 신고 또는 변경신고를 받은 날부터 10일 이내에 신고수리 여부를 신고인에게 통지하여야 한다.
② 시·도지사가 10일 이내에 신고수리 여부 또는 민원 처리 관련 법령에 따른 처리기간의 연장 여부를 신고인에게 통지하지 아니하면 그 기간이 끝난 날의 다음 날에 신고를 수리한 것으로 본다.

2. 유상운송의 금지(★)

자가용 화물자동차의 소유자 또는 사용자는 자가용 화물자동차를 유상(그 자동차의 운행에 필요한 경비를 포함한다)으로 화물운송용으로 제공하거나 임대하여서는 아니 된다. 다만, 다음의 어느 하나에 해당되는 경우로서 시·도지사의 허가를 받으면 화물운송용으로 제공하거나 임대할 수 있다(제56조).
① 천재지변이나 이에 준하는 비상사태로 인하여 수송력 공급을 긴급히 증가시킬 필요가 있는 경우
② 사업용 화물자동차·철도 등 화물운송수단의 운행이 불가능하여 이를 일시적으로 대체하기 위한 수송력 공급이 긴급히 필요한 경우
③ 「농어업경영체 육성 및 지원에 관한 법률」에 따라 설립된 영농조합법인(이하 "영농조합법인"이라 한다)이 그 사업을 위하여 화물자동차를 직접 소유·운영하는 경우

☑ 영농조합법인에 대한 유상운송 허가조건 등(칙 제51조)
① 시·도지사는 영농조합법인에 대하여 자가용 화물자동차의 유상운송을 허가하려는 경우에는 다음의 조건을 붙여야 한다.
 1. 자동차의 운행으로 사람이 사망하거나 부상한 경우의 손해배상책임을 보장하는 보험에 계속 가입할 것

    2. 차량안전점검과 정비를 철저히 하고 각종 교통 관련 법규를 성실히 준수할 것
② 영농조합법인이 소유하는 자가용 화물자동차에 대한 유상운송 허가기간은 3년 이내로 하여야 한다.
③ 시·도지사는 영농조합법인의 신청에 의하여 유상운송 허가기간의 연장을 허가할 수 있다. 이 경우 영농조합법인은 허가기간 만료일 30일 전까지 시·도지사에게 유상운송 허가기간의 연장을 신청하여야 한다.

3. 자가용 화물자동차 사용의 제한 또는 금지(★)

(1) 사용의 제한 등 사유

시·도지사는 자가용 화물자동차의 소유자 또는 사용자가 다음의 어느 하나에 해당하면 6개월 이내의 기간을 정하여 그 자동차의 사용을 제한하거나 금지할 수 있다(제56조의2).
① 자가용 화물자동차를 사용하여 화물자동차 운송사업을 경영한 경우
② 시·도지사의 허가를 받지 아니하고 자가용 화물자동차를 유상으로 운송에 제공하거나 임대한 경우

(2) 자동차 사용의 정지

시·도지사가 자가용 화물자동차의 사용을 금지한 경우에는 제20조(자동차 사용의 정지)를 준용한다.

4. 차량충당조건

(1) 차량충당 연한

화물자동차 운송사업 및 화물자동차 운송가맹사업의 신규등록, 증차 또는 대폐차(代廢車: 차령이 만료된 차량 등을 다른 차량으로 대체하는 것을 말한다)에 충당되는 화물자동차는 차령이 3년의 범위에서 대통령령으로 정하는 연한 이내여야 한다. 다만, 국토교통부령으로 정하는 차량은 차량충당조건을 달리 할 수 있다(제57조).

☑ 영 제13조
① 화물자동차 운송사업 및 화물자동차 운송가맹사업에 충당되는 화물자동차는 차령 3년 이내의 차량으로 한다.
② 제1항에 따른 차령의 기산일은 다음의 구분에 의한다.
  1. 제작연도에 등록된 자동차 : 최초의 신규등록일
  2. 제작연도에 등록되지 아니한 자동차 : 제작연도의 말일

(2) 대폐차의 대상 및 절차 등

대폐차의 대상·기한·절차·범위 및 주기는 다음의 구분에 따른다(칙 제52조의3).

① 대상 : 동일한 용도의 화물자동차(공급이 허용되는 경우만 해당한다)로 할 것. 이 경우 해당 화물자동차의 세부유형 및 최대적재량 등에 관하여는 국토교통부장관이 정하여 고시한다.

② 기한 : 대폐차 변경신고를 한 날부터 15일 이내에 대폐차할 것. 다만, 국토교통부장관이 정하여 고시하는 부득이한 사유가 있는 경우에는 6개월 이내에 대폐차할 수 있다.

③ 절차 : 대폐차를 완료한 경우에는 협회에 통지할 것

④ 범위 : 개인화물자동차 운송사업의 대폐차의 범위는 「자동차관리법」에 따른 화물자동차로서 다음의 구분에 따를 것. 이 경우 대폐차 범위의 세부기준에 관하여는 국토교통부장관이 정하여 고시한다.

　㉠ 개인 소형 : 최대 적재량 1.5톤 이하인 차량. 다만, 제6조제3항에 따라 허가를 받은 자로서 국토교통부장관이 고시로 정하는 자가 대폐차하려는 경우에는 최대 적재량 2.5톤 이하인 차량을 말한다.

　㉡ 개인 중형 : 최대 적재량 1.5톤 초과 16톤 이하인 차량(㉠의 단서에 따라 개인 소형에 포함되는 최대 적재량 1.5톤 초과 2.5톤 이하인 차량은 제외한다)

　㉢ 개인 대형 : 최대 적재량 16톤 초과인 차량

　㉣ 「환경친화적 자동차의 개발 및 보급 촉진에 관한 법률」에 따른 전기자동차 또는 수소전기자동차인 화물자동차(전기자동차 또는 수소전기자동차로 대폐차하려는 화물자동차를 포함한다) : 제한 없음

⑤ 주기 : 최대적재량 또는 총중량을 늘리는 대폐차는 직전에 최대적재량 또는 총중량을 늘리는 대폐차를 한 날로부터 국토교통부장관이 정하여 고시하는 기간이 지난 후에 할 것

제9장 보칙 등

1. 신고포상금 지급 등

(1) 신고포상금 지급사유

시·도지사(⑥의 경우에는 특별시장·광역시장·특별자치시장·특별자치도지사·시장 또는 군수를 말한다)는 다음의 어느 하나에 해당하는 자를 시·도지사나 수사기관에 신고 또는 고발한 자에 대하여 대통령령으로 정하는 바에 따라 포상금을 지급할 수 있다(제60조의2).

① 제56조를 위반하여 자가용 화물자동차를 유상으로 화물운송용으로 제공하거나 임대한 자
② 제11조 제4항 또는 제12조 제1항 제4호를 위반하여 고장 및 사고차량의 운송과 관련하여 자동차관리사업자와 부정한 금품을 주고 받은 운송사업자 또는 운수종사자
③ 제11조 제20항(제33조에서 준용하는 경우를 포함한다)을 위반하여 덮개·포장·고정장치 등 필요한 조치를 하지 아니한 운송사업자
④ 제11조의2 제3항, 제26조 제1항 본문 또는 제2항을 위반한 자
⑤ 제12조 제1항 제8호(제33조에서 준용하는 경우를 포함한다)를 위반하여 제11조 제20항에 따른 조치를 하지 아니하고 화물자동차를 운행한 운수종사자
⑥ 거짓이나 부정한 방법으로 제43조 제2항 또는 제3항에 따른 보조금을 지급받은 자
⑦ 제3조 제1항 또는 제3항에 따른 허가 또는 변경허가를 받지 아니하거나 거짓이나 그 밖의 부정한 방법으로 허가 또는 변경허가를 받고 화물자동차 운송사업을 경영한 자

(2) 재원

포상금의 지급에 소요되는 비용은 시·도 또는 시·군·구의 재원으로 충당한다.

2. 권한의 위임

(1) 위임

① 국토교통부장관은 이 법에 따른 권한의 일부를 대통령령으로 정하는 바에 따라 시·도지사에게 위임할 수 있다(제63조).

> **영 제14조(권한의 위임)**
> 국토교통부장관은 법 제63조제1항에 따라 다음의 사항에 관한 권한을 시·도지사에게 위임한다.
> 1. 화물자동차 운송사업의 허가
> 2. 화물자동차 운송사업의 허가사항 변경허가
> 3. 허가기준에 관한 사항의 신고
> 3의2. 화물자동차 운송사업의 임시허가
> 3의3. 화물자동차 운송사업 영업소의 허가
> 4. 운송약관의 신고 및 변경신고
> 4의2. 관계 공무원(국토교통부장관 소속의 공무원은 제외한다) 및 운행제한단속원(국토교통부장관, 한국도로공사 또는 민자도로 관리자가 고용하거나 위탁한 업체의 직원은 제외한다)에 대한 다음의 도로에서 운행 중인 화물자동차에 대한 조사 명령
> 가. 「도로법」 제10조에 따른 특별시도, 광역시도, 지방도, 시도, 군도 및 구도
> 나. 「도로법」 제23조제2항에 따른 일반국도
> 5. 삭제 〈2019. 6. 25.〉

6. 개선명령

7. 양도 · 양수 또는 합병의 신고

8. 상속의 신고

9. 사업의 휴업 및 폐업 신고

10. 화물자동차 운송사업의 허가취소, 사업정지처분 및 감차 조치 명령

11. 화물자동차의 자동차등록증과 자동차등록번호판의 반납 및 반환

12. 과징금의 부과 · 징수 및 과징금 운용계획의 수립 · 시행

13. 청문

14. 화물운송 종사자격의 취소 및 효력의 정지

15. 법 제23조제3항에 따른 청문

16. 화물자동차 운송주선사업의 허가

17. 화물자동차 운송주선사업의 허가취소 및 사업정지처분

17의2. 화물자동차 운송가맹사업의 허가

17의3. 화물자동차 운송가맹사업의 변경허가 및 변경신고

17의4. 법 제31조에 따른 개선명령

17의5. 법화물자동차 운송가맹사업의 허가취소, 사업정지처분 및 감차 조치 명령

18. 통지의 수령

19. 삭제 〈2015. 12. 30.〉

20. 협회(이하 "협회"라 한다)의 설립인가

21. 협회사업의 지도 · 감독

22. 자료 제공 요청(법 제23조제1항에 따른 화물운송 종사자격의 취소나 효력의 정지에 필요한 자료 만 해당한다)

23. 과태료의 부과 및 징수

(2) 재위임 등

① 시 · 도지사는 위 ①에 따라 국토교통부장관으로부터 위임받은 권한의 일부를 국토교통 부장관의 승인을 받아 시장 · 군수 또는 구청장에게 재위임할 수 있다.

② 시 · 도지사는 이 법에 따른 권한의 일부를 시 · 도의 조례로 정하는 바에 따라 시장 · 군 수 또는 구청장에게 위임할 수 있다.

3. 2년 이하의 징역 또는 2천만원 이하의 벌금(★)

다음의 어느 하나에 해당하는 자는 2년 이하의 징역 또는 2천만원 이하의 벌금에 처한다(제67조).

① 제3조 제1항 또는 제3항에 따른 허가를 받지 아니하거나 거짓이나 그 밖의 부정한 방법 으로 허가를 받고 화물자동차 운송사업을 경영한 자

② 제5조의5 제4항을 위반하여 서로 부정한 금품을 주고받은 자

③ 제11조 제4항(화물자동차 운송가맹사업에 관하여 준용하는 경우를 포함한다)을 위반하여 자동차관리사업자와 부정한 금품을 주고 받은 운송사업자

④ 제12조 제1항 제4호(화물자동차 운송가맹사업에 관하여 준용하는 경우를 포함한다)를 위반하여 자동차관리사업자와 부정한 금품을 주고 받은 운수종사자

⑤ 제13조 제5호 및 제7호에 따른 개선명령을 이행하지 아니한 자

⑥ 제16조 제9항을 위반하여 사업을 양도한 자

⑦ 제24조 제1항에 따른 허가를 받지 아니하거나 거짓이나 그 밖의 부정한 방법으로 허가를 받고 화물자동차 운송주선사업을 경영한 자

⑧ 제25조(화물자동차 운송가맹사업에 관하여 준용하는 경우를 포함한다)에 따른 명의이용 금지 의무를 위반한 자

⑨ 제29조 제1항 또는 제2항에 따른 허가를 받지 아니하거나 거짓이나 그 밖의 부정한 방법으로 허가를 받고 화물자동차 운송가맹사업을 경영한 자

⑩ 제47조의4에 따른 화물운송실적관리시스템의 정보를 변경, 삭제하거나 그 밖의 방법으로 이용할 수 없게 한 자 또는 권한 없이 정보를 검색, 복제하거나 그 밖의 방법으로 이용한 자

⑪ 제47조의5를 위반하여 직무와 관련하여 알게 된 화물운송실적관리자료를 다른 사람에게 제공 또는 누설하거나 그 목적 외의 용도로 사용한 자

⑫ 제56조를 위반하여 자가용 화물자동차를 유상으로 화물운송용으로 제공하거나 임대한 자

☑ 관련 법조문

제58조(압류금지)
제40조제3항에 따른 계약으로 운송사업자에게 현물출자된 차량 및 제43조제2항 또는 제3항에 따라 지급된 금품과 이를 받을 권리는 압류하지 못한다. 다만, 현물출자된 차량에 대한 세금 또는 벌금ㆍ과태료 미납 및 저당권의 설정(운송사업자가 설정한 저당권은 제11조제15항 단서에 따라 설정된 것에 한정한다)으로 인하여 해당 차량을 압류하는 경우에는 그러하지 아니하다.

제59조(운수종사자의 교육 등)
① 화물자동차의 운전업무에 종사하는 운수종사자는 국토교통부령으로 정하는 바에 따라 시ㆍ도지사가 실시하는 다음 각 호의 사항에 관한 교육을 매년 1회 이상 받아야 한다.
  1. 화물자동차 운수사업 관계 법령 및 도로교통 관계 법령
  2. 교통안전에 관한 사항
  3. 화물운수와 관련한 업무수행에 필요한 사항
  4. 그 밖에 화물운수 서비스 증진 등을 위하여 필요한 사항
② 시ㆍ도지사는 제1항에 따른 교육을 효율적으로 실시하기 위하여 필요하면 그 시ㆍ도의 조례로 정하는 바에 따라 운수종사자 연수기관을 직접 설립ㆍ운영하거나 이를 지정할 수 있으며, 운수종사

자 연수기관의 운영에 필요한 비용을 지원할 수 있다.

③ 제2항에 따른 운수종사자 연수기관은 제1항에 따른 교육을 받은 운수종사자의 현황을 시 · 도지사에게 제출하여야 하고, 시 · 도지사는 이를 취합하여 매년 국토교통부장관에게 제출하여야 한다.

④ 제3항에 따른 교육현황의 제출 시기 · 방법에 관하여 필요한 사항은 국토교통부령으로 정한다.

제60조(화물자동차 운수사업의 지도 · 감독)

국토교통부장관은 화물자동차 운수사업의 합리적인 발전을 도모하기 위하여 이 법에서 시 · 도지사의 권한으로 정한 사무를 지도 · 감독한다.

제61조(보고와 검사)

① 국토교통부장관 또는 시 · 도지사는 다음 각 호의 어느 하나에 해당하는 경우에는 운수사업자나 화물자동차의 소유자 또는 사용자에 대하여 그 사업 및 운임에 관한 사항이나 그 화물자동차의 소유 또는 사용에 관하여 보고하게 하거나 서류를 제출하게 할 수 있으며, 필요하면 소속 공무원에게 운수사업자의 사업장에 출입하여 장부 · 서류, 그 밖의 물건을 검사하거나 관계인에게 질문을 하게 할 수 있다.

  1. 제3조제7항, 제24조제6항 또는 제29조제3항에 따른 허가기준에 맞는지를 확인하기 위하여 필요한 경우

  2. 화물운송질서 등의 문란행위를 파악하기 위하여 필요한 경우

  3. 운수사업자의 위법행위 확인 및 운수사업자에 대한 허가취소 등 행정 처분을 위하여 필요한 경우

② 제1항에 따라 출입하거나 검사하는 공무원은 그 권한을 나타내는 증표를 지니고 이를 관계인에게 내보여야 하며, 국토교통부령으로 정하는 바에 따라 자신의 성명, 소속 기관, 출입의 목적 및 일시 등을 적은 서류를 상대방에게 내주거나 관계 장부에 적어야 한다.

제62조(자료 제공 요청)

① 국토교통부장관은 화물운송 종사자격에 관한 관리를 효율적으로 하기 위하여 경찰청장에게 제8조제1항제3호에 따른 자격시험 응시자와 같은 항 제4호에 따른 이론 및 실기 교육 참가자의 자격 확인과 제23조에 따른 화물운송 종사자격의 취소나 정지 등에 필요한 자료를 제공하여 줄 것을 요청할 수 있다.

② 국토교통부장관 및 특별시장 · 광역시장 · 특별자치시장 · 특별자치도지사 · 시장 또는 군수(광역시의 군수를 포함한다)는 제43조제2항 및 제3항에 따른 보조금 지급업무의 효율적 운영을 위하여 국가기관, 지방자치단체, 「공공기관의 운영에 관한 법률」에 따른 공공기관, 이 법에 따른 공제조합, 「보험업법」에 따른 보험회사 및 보험요율 산출기관, 그 밖의 관계 기관 등에 대통령령으로 정하는 자료를 제공하여 줄 것을 요청할 수 있다.

③ 제1항 및 제2항에 따라 자료의 제공을 요청받은 자는 정당한 사유가 없으면 요청받은 자료를 제공하여야 한다.

제62조의2(화물차주 등의 협조의무 등)

① 위원회는 화물자동차 안전운송원가 산정과 관련하여 필요한 경우에는 화물차주, 운수사업자 및 화주에 대하여 자료의 제출이나 의견의 진술 등을 요청할 수 있다. 이 경우 요청을 받은 화물차주

등은 특별한 사정이 없으면 이에 따라야 한다.

② 제1항에 따라 제출된 자료 등을 열람 · 검토한 자는 업무상 알게 된 비밀을 누설하여서는 아니 된다.

제64조(권한의 위탁 등)

① 국토교통부장관 또는 시 · 도지사는 이 법에 따른 권한의 일부를 대통령령 또는 시 · 도의 조례로 정하는 바에 따라 협회 · 연합회, 「한국교통안전공단법」에 따른 한국교통안전공단, 「자동차손해 배상 보장법」에 따른 자동차손해배상진흥원 또는 대통령령으로 정하는 전문기관에 위탁할 수 있다. 이 경우 시 · 도지사가 업무를 위탁하는 경우에는 미리 국토교통부장관의 승인을 받아야 한다.

② 제1항에 따라 위탁받은 업무에 종사하는 협회 · 연합회, 「한국교통안전공단법」에 따른 한국교통 안전공단, 「자동차손해배상 보장법」에 따른 자동차손해배상진흥원 또는 전문기관의 임원과 직원 은 「형법」 제129조부터 제132조까지의 규정에 따른 벌칙을 적용할 때에는 공무원으로 본다.

제65조(수수료)

① 이 법에 따라 허가 · 인가 등을 신청하거나 신고하려는 자는 국토교통부령 및 해당 지방자치단체 의 조례로 정하는 수수료를 내야 한다. 다만, 제64조제1항에 따라 권한이 위탁된 경우에는 해당 수탁기관이 정하는 수수료를 그 수탁기관에 내야 한다.

② 제1항 단서에 따른 수수료는 위탁업무의 종류별로 국토교통부령으로 정하는 기준에 따라 수탁기 관이 자율적으로 정한다.

제65조의2(규제의 재검토)

국토교통부장관은 다음 각 호의 사항에 대하여 2014년 1월 1일을 기준으로 3년마다(매 3년이 되는 해의 기준일과 같은 날 전까지를 말한다) 그 타당성을 검토하여 개선 등의 조치를 하여야 한다.

1. 제3조제1항 · 제3항 및 제7항에 따른 화물자동차 운송사업의 허가 · 변경허가 및 기준
2. 제8조에 따른 화물자동차 운수사업의 운전업무 종사자격
3. 제9조의2제1항에 따른 화물자동차 운수사업의 운전업무 종사의 제한
4. 제13조에 따른 운송사업자에 대한 개선명령(제28조에 따라 운송주선사업자에 대하여 준용하 는 경우를 포함한다)
5. 제24조제1항 및 제6항에 따른 화물자동차 운송주선사업의 허가 및 허가기준
6. 제29조제1항부터 제3항까지에 따른 화물자동차 운송가맹사업의 허가 · 변경허가 및 기준
7. 제31조에 따른 운송가맹사업자에 대한 개선명령
8. 제57조에 따른 차량충당조건

영 제15조의3(규제의 재검토)

국토교통부장관은 다음 각 호의 사항에 대하여 2022년 1월 1일을 기준으로 3년마다(매 3년이 되는 해의 기준일과 같은 날 전까지를 말한다) 그 타당성을 검토하여 개선 등의 조치를 해야 한다.

1. 제4조에 따른 운임 및 요금의 신고 대상
2. 제4조의10에 따른 화물자동차 운수사업의 운전업무 종사의 제한 기간

3. 제5조 및 별표 1에 따른 화물자동차 운송사업의 허가취소, 사업정지처분 또는 감차 조치 명령
  의 기준

제65조의3(벌칙 적용에서 공무원 의제)
제12조의2에 따라 조사를 수행하는 「자동차관리법」 제73조의2제1항에 따른 자동차안전단속원 및
「도로법」 제77조제4항에 따른 운행제한단속원은 「형법」 제129조부터 제132조까지의 규정을 적용
할 때에는 공무원으로 본다.

제66조(벌칙)
다음 각 호의 어느 하나에 해당하는 자는 5년 이하의 징역 또는 2천만원 이하의 벌금에 처한다.
  1. 제11조제20항(제33조에서 준용하는 경우를 포함한다)에 따른 필요한 조치를 하지 아니하여
   사람을 상해(傷害) 또는 사망에 이르게 한 운송사업자
  2. 제12조제1항제8호(제33조에서 준용하는 경우를 포함한다)를 위반하여 제11조제20항에 따른
   조치를 하지 아니하고 화물자동차를 운행하여 사람을 상해(傷害) 또는 사망에 이르게 한 운수
   종사자

제66조의2(벌칙)
다음 각 호의 어느 하나에 해당하는 자는 3년 이하의 징역 또는 3천만원 이하의 벌금에 처한다.
  1. 제14조제4항(제33조에서 준용하는 경우를 포함한다)을 위반한 자
  2. 거짓이나 부정한 방법으로 제43조제2항 또는 제3항에 따른 보조금을 교부받은 자
  3. 제44조의2제1항제1호부터 제5호까지의 어느 하나에 해당하는 행위에 가담하였거나 이를 공모
   한 주유업자등

제68조(벌칙)
다음 각 호의 어느 하나에 해당하는 자는 1년 이하의 징역 또는 1천만원 이하의 벌금에 처한다.
  1. 제8조제3항을 위반하여 다른 사람에게 자신의 화물운송 종사자격증을 빌려 준 사람
  2. 제8조제4항을 위반하여 다른 사람의 화물운송 종사자격증을 빌린 사람
  3. 제8조제5항을 위반하여 같은 조 제3항 또는 제4항에서 금지하는 행위를 알선한 사람
  4. 삭제 〈2021. 7. 27.〉

제69조(양벌규정)
① 법인의 대표자, 대리인, 사용인, 그 밖의 종업원이 그 법인의 업무에 관하여 제67조의 위반행위를
  하면 그 행위자를 벌할 뿐만 아니라 그 법인에도 해당 조문의 벌금형을 과(科)한다. 다만, 법인이
  그 위반행위를 방지하기 위하여 해당 업무에 관하여 상당한 주의와 감독을 게을리하지 아니한
  때에는 그러하지 아니하다.
② 개인의 대리인, 사용인, 그 밖의 종업원이 그 개인의 업무에 관하여 제67조의 위반행위를 하면
  그 행위자를 벌할 뿐만 아니라 그 개인에게도 해당 조문의 벌금형을 과한다. 다만, 개인이 그
  위반행위를 방지하기 위하여 해당 업무에 관하여 상당한 주의와 감독을 게을리하지 아니한 때에
  는 그러하지 아니하다.

제70조(과태료)

① 다음 각 호의 어느 하나에 해당하는 자에게는 1천만원 이하의 과태료를 부과한다.

1. 제5조의5제1항 또는 제2항을 위반하여 국토교통부장관이 공표한 화물자동차 안전운임보다 적은 운임을 지급한 자

2. 제51조의8(제51조제2항에서 준용하는 경우를 포함한다)에 따른 개선명령을 따르지 아니한 자

3. 제51조의9(제51조제2항에서 준용하는 경우를 포함한다)에 따른 임직원에 대한 징계·해임의 요구에 따르지 아니하거나 시정명령을 따르지 아니한 자

② 다음 각 호의 어느 하나에 해당하는 자에게는 500만원 이하의 과태료를 부과한다.

1. 제3조제3항 단서에 따른 허가사항 변경신고를 하지 아니한 자

2. 제5조제1항(제33조에서 준용하는 경우를 포함한다)에 따른 운임 및 요금에 관한 신고를 하지 아니한 자

3. 제6조(제28조 및 제33조에서 준용하는 경우를 포함한다)에 따른 약관의 신고를 하지 아니한 자

3의2. 화물운송 종사자격증을 받지 아니하고 화물자동차 운수사업의 운전 업무에 종사한 자

3의3. 거짓이나 그 밖의 부정한 방법으로 화물운송 종사자격을 취득한 자

4. 제10조를 위반한 자

4의2. 제10조의2제4항을 위반하여 자료를 제공하지 아니하거나 거짓으로 제공한 자

5. 제11조(같은 조 제3항 및 제4항은 제외하며, 제28조 및 제33조에서 준용하는 경우를 포함한다)에 따른 준수사항을 위반한 운송사업자(제66조제1호에 따라 형벌을 받은 자는 제외한다)

6. 제12조(같은 조 제1항제4호는 제외하며, 제28조 및 제33조에서 준용하는 경우를 포함한다)에 따른 준수사항을 위반한 운수종사자(제66조제2호에 따라 형벌을 받은 자는 제외한다)

6의2. 제12조의2제2항을 위반하여 조사를 거부·방해 또는 기피한 자

7. 제13조에 따른 개선명령(같은 조 제5호 및 제7호에 따른 개선명령은 제외한다)을 이행하지 아니한 자(제28조에서 준용하는 경우를 포함한다)

7의2. 삭제 〈2015. 6. 22.〉

7의3. 삭제 〈2015. 6. 22.〉

8. 제16조제1항·제2항 또는 제17조제1항(제28조 및 제33조에서 준용하는 경우를 포함한다)에 따른 양도·양수, 합병 또는 상속의 신고를 하지 아니한 자

9. 제18조제1항(제28조 및 제33조에서 준용하는 경우를 포함한다)에 따른 휴업·폐업신고를 하지 아니한 자

10. 제20조제1항(제33조에서 준용하는 경우를 포함한다)을 위반하여 자동차등록증 또는 자동차등록번호판을 반납하지 아니한 자

11. 제24조제2항에 따른 허가사항 변경신고를 하지 아니한 자

12. 제26조제1항, 제2항, 제4항 및 제6항의 준수사항을 위반한 운송주선사업자

12의2. 제26조의2에서 적용하는 운송주선사업자의 준수사항을 위반한 국제물류주선업자

13. 제29조제2항 단서에 따른 허가사항 변경신고를 하지 아니한 자

14. 제31조에 따른 개선명령을 이행하지 아니한 자

15. 제35조에 따른 적재물배상보험등에 가입하지 아니한 자

16. 제36조를 위반하여 책임보험계약등의 체결을 거부한 보험회사등

17. 제37조를 위반하여 책임보험계약등을 해제하거나 해지한 보험등 의무가입자 또는 보험회사등

18. 제38조제1항 및 제2항을 위반하여 해당 사항을 알리지 아니한 보험회사등

18의2. 제40조제4항에 따라 서명날인한 계약서를 위·수탁차주에게 교부하지 아니한 운송사업자

18의3. 제40조의3제4항을 위반하여 위·수탁계약의 체결을 명목으로 부당한 금전지급을 요구한 운송사업자

19. 제44조제1항을 위반하여 보조금 또는 융자금을 보조받거나 융자받은 목적 외의 용도로 사용한 자

20. 삭제 〈2015. 6. 22.〉

21. 삭제 〈2015. 6. 22.〉

21의2. 제47조의6에 따른 화물운송서비스평가를 위한 자료제출 등의 요구 또는 실지조사를 거부하거나 거짓으로 자료제출 등을 한 자

22. 제54조제2항에 따른 조치명령을 이행하지 아니하거나 조사 또는 검사를 거부·방해 또는 기피한 자

23. 제55조에 따른 자가용 화물자동차의 사용을 신고하지 아니한 자

23의2. 제56조의2에 따른 자가용 화물자동차의 사용 제한 또는 금지에 관한 명령을 위반한 자

23의3. 제59조제1항에 따른 교육을 받지 아니한 자

24. 제61조제1항에 따른 보고를 하지 아니하거나 거짓으로 보고한 자

25. 제61조제1항에 따른 서류를 제출하지 아니하거나 거짓 서류를 제출한 자

26. 제61조제1항에 따른 검사를 거부·방해 또는 기피한 자

27. 제62조의2에 따른 화물자동차 안전운송원가의 산정을 위한 자료 제출 또는 의견 진술의 요구를 거부하거나 거짓으로 자료 제출 또는 의견을 진술한 자

제71조(과태료 규정 적용에 관한 특례)

제70조의 과태료에 관한 규정을 적용할 경우 제19조제1항, 제23조제1항, 제27조제1항 또는 제32조제1항에 따라 허가 또는 종사자격을 취소하거나 사업 또는 종사자격의 정지, 감차 조치를 명하는 행위 및 제21조제1항(제28조 및 제33조에서 준용하는 경우를 포함한다)에 따라 과징금을 부과한 행위에 대하여는 과태료를 부과할 수 없다.

01. 화물자동차 운수사업법령상 운송사업자의 직접운송의무에 관한 설명이다. ( )에 들어갈 내용은? (단, 사업기간은 1년 이상임)

> ○ 일반화물자동차 운송사업자는 연간 운송계약 화물의 (ㄱ) 이상을 직접 운송하여야 한다.
> ○ 운송사업자가 운송주선사업을 동시에 영위하는 경우에는 연간 운송계약 및 운송주선계약 화물의 (ㄴ) 이상을 직접 운송하여야 한다.

① ㄱ: 3분의 2, ㄴ: 3분의 1
② ㄱ: 100분의 30, ㄴ: 100분의 20
③ ㄱ: 100분의 30, ㄴ: 100분의 30
④ ㄱ: 100분의 50, ㄴ: 100분의 20
⑤ ㄱ: 100분의 50, ㄴ: 100분의 30

정답┃ ⑤
해설┃ ○ 일반화물자동차 운송사업자는 연간 운송계약 화물의 100분의 50 이상을 직접 운송하여야 한다.
○ 운송사업자가 운송주선사업을 동시에 영위하는 경우에는 연간 운송계약 및 운송주선계약 화물의 100분의 30 이상을 직접 운송하여야 한다.

02. 화물자동차 운수사업법령상 경영의 위탁 및 위·수탁계약에 관한 설명으로 옳지 않은 것은?

① 운송사업자는 화물자동차 운송사업의 효율적인 수행을 위하여 필요하면 다른 운송사업자에게 차량과 그 경영의 일부를 위탁할 수 있다.
② 국토교통부장관이 경영의 위탁을 제한하려는 경우 화물자동차 운송사업의 허가에 조건을 붙이는 방식으로 할 수 있다.
③ 위·수탁계약의 기간은 2년 이상으로 하여야 한다.
④ 위·수탁계약을 체결하는 경우 계약의 당사자는 양도·양수에 관한 사항을 계약서에 명시하여야 한다.
⑤ 위·수탁차주가 계약기간 동안 화물운송 종사자격의 효력 정지 처분을 받았다면 운송사업자는 위·수탁차주의 위·수탁계약 갱신 요구를 거절할 수 있다.

정답┃ ①
해설┃ ① 운송사업자는 화물자동차 운송사업의 효율적인 수행을 위하여 필요하면 다른 사람(운송사업자를 제외한 개인을 말한다)에게 차량과 그 경영의 일부를 위탁하거나 차량을 현물출자한 사람에게 그 경영의 일부를 위탁할 수 있다.

03. 화물자동차 운수사업법상 화물자동차 운송가맹사업에 관한 설명으로 옳지 않은 것은?

① 다른 사람의 요구에 응하여 자기 화물자동차를 사용하여 유상으로 화물을 운송하는 사업은 화물자동차 운송가맹사업에 해당하지 않는다.

② 화물자동차 운송가맹사업의 허가를 받은 자는 화물자동차 운송주선사업의 허가를 받지 아니한다.

③ 화물자동차 운송가맹사업의 허가를 받은 자는 화물자동차 운송사업의 허가를 받지 아니한다.

④ 운송가맹사업자는 적재물배상 책임보험 또는 공제에 가입하여야 한다.

⑤ 운송가맹사업자의 화물정보망은 운송사업자가 다른 운송사업자나 다른 운송사업자에게 소속된 위·수탁차주에게 화물운송을 위탁하는 경우에도 이용될 수 있다.

> **정답 |** ①
> **해설 |** ① 화물자동차 운송가맹사업이란 다른 사람의 요구에 응하여 자기 화물자동차를 사용하여 유상으로 화물을 운송하거나 화물정보망(인터넷 홈페이지 및 이동통신단말장치에서 사용되는 응용프로그램을 포함한다)을 통하여 소속 화물자동차 운송가맹점(제3조제3항에 따른 운송사업자 및 제40조제1항에 따라 화물자동차 운송사업의 경영의 일부를 위탁받은 사람인 운송가맹점만을 말한다)에 의뢰하여 화물을 운송하게 하는 사업을 말한다.

04. 화물자동차 운수사업법령상 운수사업자(개인 운송사업자는 제외)가 관리하고 신고하여야 하는 사항을 모두 고른 것은?

> ㄱ. 운수사업자가 직접 운송한 실적
> ㄴ. 운수사업자가 화주와 계약한 실적
> ㄷ. 운수사업자가 다른 운수사업자와 계약한 실적
> ㄹ. 운송가맹사업자가 소속 운송가맹점과 계약한 실적

① ㄱ, ㄴ
② ㄷ, ㄹ
③ ㄱ, ㄴ, ㄷ
④ ㄱ, ㄴ, ㄹ
⑤ ㄱ, ㄴ, ㄷ, ㄹ

> **정답 |** ⑤
> **해설 |** 운수사업자는 국토교통부장관이 정하여 고시하는 기준과 절차에 따라 다음 각 호의 형태에 따른 실적을 관리하고 이를 화물운송실적관리시스템을 통해 국토교통부장관에게 신고하여야 한다(칙 제44조의2).
> 1. 운수사업자가 화주와 계약한 실적
> 2. 운수사업자가 다른 운수사업자와 계약한 실적
> 3. 운수사업자가 다른 운송사업자 소속의 위·수탁차주와 계약한 실적
> 4. 운송가맹사업자가 소속 운송가맹점과 계약한 실적

05. 화물자동차 운수사업법령상 공영차고지를 설치하여 직접 운영할 수 있는 자가 아닌 것은?

① 도지사
② 자치구의 구청장
③ 「지방공기업법」에 따른 지방공사
④ 「한국토지주택공사법」에 따른 한국토지주택공사
⑤ 「한국농수산식품유통공사법」에 따른 한국농수산식품유통공사

정답 | ⑤
해설 | ⑤ 「한국농수산식품유통공사법」에 따른 한국농수산식품유통공사는 공영차고지를 설치하여 직접 운영할
수 있는 자가 아니다.

06. 화물자동차 운수사업법령상 사업자단체에 관한 설명으로 옳지 않은 것은? (단, 협회는 화물자동차 운수사업법 제48조의 협회로 함)

① 운수사업자의 협회 설립은 화물자동차 운송사업, 화물자동차 운송주선사업 및 화물자동차 운송가맹사업의 종류별 또는 시 · 도별로 할 수 있다.
② 협회는 개인화물자동차 운송사업자의 화물자동차를 운전하는 사람에 대한 경력증명서 발급에 필요한 사항을 기록 · 관리하고, 운송사업자로부터 경력증명서 발급을 요청받은 경우 경력증명서를 발급해야 한다.
③ 협회의 사업에는 국가나 지방자치단체로부터 위탁받은 업무가 포함된다.
④ 협회는 국토교통부장관의 허가를 받아 적재물배상 공제사업 등을 할 수 있다.
⑤ 화물자동차 휴게소 사업시행자는 화물자동차 휴게소의 운영을 협회에게 위탁할 수 있다.

정답 | ④
해설 | ④ 운수사업자가 설립한 협회의 연합회는 대통령령으로 정하는 바에 따라 국토교통부장관의 허가를
받아 운수사업자의 자동차 사고로 인한 손해배상 책임의 보장사업 및 적재물배상 공제사업 등을
할 수 있다.

Chapter 04 유통산업발전법

제1장 총칙

1. 목적

이 법은 유통산업의 효율적인 진흥과 균형 있는 발전을 꾀하고, 건전한 상거래질서를 세움으로써 소비자를 보호하고 국민경제의 발전에 이바지함을 목적으로 한다(제1조).

2. 정의(★)

이 법에서 사용하는 용어의 뜻은 다음과 같다(제2조).

(1) 유통산업

농산물·임산물·축산물·수산물(가공물 및 조리물을 포함한다) 및 공산품의 도매·소매 및 이를 경영하기 위한 보관·배송·포장과 이와 관련된 정보·용역의 제공 등을 목적으로 하는 산업을 말한다.

(2) 매장

상품의 판매와 이를 지원하는 용역의 제공에 직접 사용되는 장소를 말한다. 이 경우 매장에 포함되는 용역의 제공 장소의 범위는 대통령령으로 정한다.

> ☑ 영 제2조(용역제공장소의 범위) 매장에 포함되는 용역의 제공장소는 다음의 어느 하나에 해당하는 시설이 설치되는 장소로 한다.
> 제1종 근린생활시설, 제2종 근린생활시설, 문화 및 집회시설, 운동시설, 일반업무시설(오피스텔은 제외한다)

(3) 대규모점포

다음의 요건을 모두 갖춘 매장을 보유한 점포의 집단으로서 별표에 규정된 것을 말한다.
① 하나 또는 대통령령으로 정하는 둘 이상의 연접되어 있는 건물(건물간의 가장 가까운 거리가 50미터 이내이고 소비자가 통행할 수 있는 지하도 또는 지상통로가 설치되어 있어 하나의 대규모점포로 기능할 수 있는 것) 안에 하나 또는 여러 개로 나누어 설치되

는 매장일 것

② 상시 운영되는 매장일 것

③ 매장면적의 합계가 3천제곱미터 이상일 것

☑ **대규모점포의 종류(제2조 제3호 관련)**

1. 대형마트

대통령령으로 정하는 용역의 제공장소를 제외한 매장면적의 합계가 3천제곱미터 이상인 점포의 집단으로서 식품·가전 및 생활용품을 중심으로 점원의 도움 없이 소비자에게 소매하는 점포의 집단

2. 전문점

용역의 제공장소를 제외한 매장면적의 합계가 3천제곱미터 이상인 점포의 집단으로서 의류·가전 또는 가정용품 등 특정 품목에 특화한 점포의 집단

3. 백화점

용역의 제공장소를 제외한 매장면적의 합계가 3천제곱미터 이상인 점포의 집단으로서 다양한 상품을 구매할 수 있도록 현대적 판매시설과 소비자 편익시설이 설치된 점포로서 직영의 비율이 30퍼센트 이상인 점포의 집단

4. 쇼핑센터

용역의 제공장소를 제외한 매장면적의 합계가 3천제곱미터 이상인 점포의 집단으로서 다수의 대규모점포 또는 소매점포와 각종 편의시설이 일체적으로 설치된 점포로서 직영 또는 임대의 형태로 운영되는 점포의 집단

5. 복합쇼핑몰

용역의 제공장소를 제외한 매장면적의 합계가 3천제곱미터 이상인 점포의 집단으로서 쇼핑, 오락 및 업무 기능 등이 한 곳에 집적되고, 문화·관광 시설로서의 역할을 하며, 1개의 업체가 개발·관리 및 운영하는 점포의 집단

6. 그 밖의 대규모점포

제1호부터 제5호까지의 규정에 해당하지 아니하는 점포의 집단으로서 다음의 어느 하나에 해당하는 것

가. 용역의 제공장소를 제외한 매장면적의 합계가 3천제곱미터 이상인 점포의 집단

나. 용역의 제공장소를 포함하여 매장면적의 합계가 3천제곱미터 이상인 점포의 집단으로서 용역의 제공장소를 제외한 매장면적의 합계가 전체 매장면적의 100분의 50 이상을 차지하는 점포의 집단. 다만, 시장·군수 또는 구청장이 지역경제의 활성화를 위하여 필요하다고 인정하는 경우에는 매장면적의 100분의 10의 범위에서 용역의 제공장소를 제외한 매장의 면적 비율을 조정할 수 있다.

---

(4) 준대규모점포

다음의 어느 하나에 해당하는 점포로서 대통령령(한국표준산업분류상의 슈퍼마켓과 기타음·식료품 위주 종합소매업을 영위하는 점포)으로 정하는 것을 말한다.

① 대규모점포를 경영하는 회사 또는 그 계열회사(「독점규제 및 공정거래에 관한 법률」에 따른 계열회사를 말한다)가 직영하는 점포

② 「독점규제 및 공정거래에 관한 법률」에 따른 상호출자제한기업집단의 계열회사가 직영하는 점포

③ ① 및 ②의 회사 또는 계열회사가 직영점형 체인사업 및 프랜차이즈형 체인사업의 형태로 운영하는 점포

[법률 제13510호(2015. 11. 20.) 제2조 제4호의 개정규정은 같은 법 제48조의2의 규정에 의하여 2025년 11월 23일까지 유효함]

(5) 임시시장

다수(多數)의 수요자와 공급자가 일정한 기간 동안 상품을 매매하거나 용역을 제공하는 일정한 장소를 말한다.

(6) 체인사업

같은 업종의 여러 소매점포를 직영(자기가 소유하거나 임차한 매장에서 자기의 책임과 계산하에 직접 매장을 운영하는 것을 말한다)하거나 같은 업종의 여러 소매점포에 대하여 계속적으로 경영을 지도하고 상품·원재료 또는 용역을 공급하는 다음의 어느 하나에 해당하는 사업을 말한다.

① **직영점형 체인사업** : 체인본부가 주로 소매점포를 직영하되, 가맹계약을 체결한 일부 소매점포(이하 "가맹점"이라 한다)에 대하여 상품의 공급 및 경영지도를 계속하는 형태의 체인사업

② **프랜차이즈형 체인사업** : 독자적인 상품 또는 판매·경영 기법을 개발한 체인본부가 상호·판매방법·매장운영 및 광고방법 등을 결정하고, 가맹점으로 하여금 그 결정과 지도에 따라 운영하도록 하는 형태의 체인사업

③ **임의가맹점형 체인사업** : 체인본부의 계속적인 경영지도 및 체인본부와 가맹점 간의 협업에 의하여 가맹점의 취급품목·영업방식 등의 표준화사업과 공동구매·공동판매·공동시설활용 등 공동사업을 수행하는 형태의 체인사업

④ **조합형 체인사업** : 같은 업종의 소매점들이 「중소기업협동조합법」에 따른 중소기업협동조합, 「협동조합 기본법」에 따른 협동조합, 협동조합연합회, 사회적협동조합 또는 사회적협동조합연합회를 설립하여 공동구매·공동판매·공동시설활용 등 사업을 수행하는 형태의 체인사업

(7) 상점가

일정 범위의 가로(街路) 또는 지하도에 대통령령으로 정하는 수 이상의 도매점포·소매점

포 또는 용역점포가 밀집하여 있는 지구를 말한다.

영 제5조(상점가의 범위)

"일정 범위의 가로(街路) 또는 지하도에 대통령령으로 정하는 수 이상의 도매점포·소매점포 또는 용역점포가 밀집하여 있는 지구"란 다음의 어느 하나에 해당하는 지구를 말한다.

1. 2천제곱미터 이내의 가로 또는 지하도에 30개 이상의 도매점포·소매점포 또는 용역점포가 밀집하여 있는 지구
2. 상품 또는 영업활동의 특성상 전시·판매 등을 위하여 넓은 면적이 필요한 동일 업종의 도매점포 또는 소매점포(이하 "특성업종도소매점포"라 한다)를 포함한 점포가 밀집하여 있다고 특별자치시장·시장·군수·구청장이 인정하는 지구로서 다음 각 목의 요건을 모두 충족하는 지구
   가. 가로 또는 지하도의 면적이 특성업종도소매점포의 평균면적에 도매점포 또는 소매점포의 수를 합한 수를 곱한 면적과 용역점포의 면적을 합한 면적 이내일 것
   나. 도매점포·소매점포 또는 용역점포가 30개 이상 밀집하여 있을 것
   다. 특성업종도소매점포의 수가 나목에 따른 점포 수의 100분의 50 이상일 것

---

(8) 전문상가단지

같은 업종을 경영하는 여러 도매업자 또는 소매업자가 일정 지역에 점포 및 부대시설 등을 집단으로 설치하여 만든 상가단지를 말한다.

(9) 무점포판매

상시 운영되는 매장을 가진 점포를 두지 아니하고 상품을 판매하는 것으로서 산업통상자원부령으로 정하는 것을 말한다.

칙 제2조(무점포판매의 유형)

다음 각 호의 어느 하나에 해당하는 것을 말한다.

1. 방문판매 및 가정내 진열판매
2. 다단계판매
3. 전화권유판매
4. 카탈로그판매
5. 텔레비전홈쇼핑
5의2. 인터넷 멀티미디어 방송(IPTV)을 통한 상거래
6. 인터넷쇼핑몰 또는 사이버몰 등 전자상거래
6의2. 온라인 오픈마켓 등 전자상거래중개
7. 이동통신기기를 이용한 판매
8. 자동판매기를 통한 판매

---

(10) 유통표준코드

상품·상품포장·포장용기 또는 운반용기의 표면에 표준화된 체계에 따라 표기된 숫자와 바코드 등으로서 산업통상자원부령으로 정하는 것을 말한다.

> 칙 제3조(유통표준코드)
> 1. 공통상품코드용 바코드심벌(KS X 6703)
> 2. 유통상품코드용 바코드심벌(KS X 6704)
> 3. 물류정보시스템용 응용식별자와 UCC/EAN−128바코드심벌(KS X 6705)

(11) 유통표준전자문서

「전자문서 및 전자거래 기본법」에 따른 전자문서 중 유통부문에 관하여 표준화되어 있는 것으로서 산업통상자원부령으로 정하는 것을 말한다.

(12) 판매시점 정보관리시스템

상품을 판매할 때 활용하는 시스템으로서 광학적 자동판독방식에 따라 상품의 판매·매입 또는 배송 등에 관한 정보가 수록된 것을 말한다.

(13) 물류설비

화물의 수송·포장·하역·운반과 이를 관리하는 물류정보처리활동에 사용되는 물품·기계·장치 등의 설비를 말한다.

(14) 도매배송서비스

집배송시설을 이용하여 자기의 계산으로 매입한 상품을 도매하거나 위탁받은 상품을 「화물자동차 운수사업법」에 따른 운송사업의 허가 및 운송가맹사업의 허가를 받은 자가 수수료를 받고 도매점포 또는 소매점포에 공급하는 것을 말한다.

(15) 집배송시설

상품의 주문처리·재고관리·수송·보관·하역·포장·가공 등 집하(集荷) 및 배송에 관한 활동과 이를 유기적으로 조정하거나 지원하는 정보처리활동에 사용되는 기계·장치 등의 일련의 시설을 말한다.

(16) 공동집배송센터

여러 유통사업자 또는 제조업자가 공동으로 사용할 수 있도록 집배송시설 및 부대업무시설이 설치되어 있는 지역 및 시설물을 말한다.

3. 적용 배제

다음의 시장·사업장 및 매장에 대하여는 이 법을 적용하지 아니한다(제4조).
- ① 「농수산물 유통 및 가격안정에 관한 법률」에 따른 농수산물도매시장·농수산물공판장·민영농수산물도매시장 및 농수산물종합유통센터
- ② 「축산법」에 따른 가축시장

☑ **관련 법조문**

> 제3조(유통산업시책의 기본방향)
> 정부는 제1조의 목적을 달성하기 위하여 다음 각 호의 시책을 마련하여야 한다.
> 1. 유통구조의 선진화 및 유통기능의 효율화 촉진
> 2. 유통산업에서의 소비자 편익의 증진
> 3. 유통산업의 지역별 균형발전의 도모
> 4. 유통산업의 종류별 균형발전의 도모
> 5. 중소유통기업(유통산업을 경영하는 자로서 「중소기업기본법」 제2조에 따른 중소기업자에 해당하는 자를 말한다. 이하 같다)의 구조개선 및 경쟁력 강화
> 6. 유통산업의 국제경쟁력 제고
> 7. 유통산업에서의 건전한 상거래질서의 확립 및 공정한 경쟁여건의 조성
> 8. 그 밖에 유통산업의 발전을 촉진하기 위하여 필요한 사항

제2장 유통산업발전계획 등

1. 기본계획의 수립·시행 등

(1) 수립권자

산업통상자원부장관은 유통산업의 발전을 위하여 5년마다 유통산업발전기본계획(이하 "기본계획"이라 한다)을 관계 중앙행정기관의 장과 협의를 거쳐 세우고 시행하여야 한다(제5조).

(2) 기본계획의 내용

기본계획에는 다음의 사항이 포함되어야 한다.

> ① 유통산업 발전의 기본방향
> ② 유통산업의 국내외 여건 변화 전망
> ③ 유통산업의 현황 및 평가
> ④ 유통산업의 지역별·종류별 발전 방안
> ⑤ 산업별·지역별 유통기능의 효율화·고도화 방안

⑥ 유통전문인력·부지 및 시설 등의 수급(需給) 변화에 대한 전망
⑦ 중소유통기업의 구조개선 및 경쟁력 강화 방안
⑧ 대규모점포와 중소유통기업 및 중소제조업체 사이의 건전한 상거래질서의 유지 방안
⑨ 그 밖에 유통산업의 규제완화 및 제도개선 등 유통산업의 발전을 촉진하기 위하여 필요한 사항

(3) 수립 등의 절차

① 산업통상자원부장관은 기본계획을 세우기 위하여 필요하다고 인정하는 경우에는 관계 중앙행정기관의 장에게 필요한 자료를 요청할 수 있다. 이 경우 자료를 요청받은 관계 중앙행정기관의 장은 특별한 사정이 없으면 요청에 따라야 한다.
② 산업통상자원부장관은 기본계획을 특별시장·광역시장·특별자치시장·도지사·특별 자치도지사(이하 "시·도지사"라 한다)에게 알려야 한다.

2. 시행계획의 수립·시행 등

(1) 수립권자

산업통상자원부장관은 기본계획에 따라 매년 유통산업발전시행계획(이하 "시행계획"이라 한다)을 관계 중앙행정기관의 장과 협의를 거쳐 세워야 한다(제6조).

(2) 시행 등

① 산업통상자원부장관은 시행계획을 세우기 위하여 필요하다고 인정하는 경우에는 관계 중앙행정기관의 장에게 필요한 자료를 요청할 수 있다. 이 경우 자료를 요청받은 관계 중앙행정기관의 장은 특별한 사정이 없으면 요청에 따라야 한다.
② 산업통상자원부장관 및 관계 중앙행정기관의 장은 시행계획 중 소관 사항을 시행하고 이에 필요한 재원을 확보하기 위하여 노력하여야 한다.
③ 산업통상자원부장관은 시행계획을 시·도지사에게 알려야 한다.

3. 지방자치단체의 사업시행 등

(1) 지역별 시행계획

시·도지사는 기본계획 및 시행계획에 따라 다음의 사항을 포함하는 지역별 시행계획을 세우고 시행하여야 한다. 이 경우 시·도지사(특별자치시장은 제외한다)는 미리 시장(「제 주특별자치도 설치 및 국제자유도시 조성을 위한 특별법」에 따른 행정시장을 포함한다.

이하 같다)·군수·구청장(자치구의 구청장을 말한다)의 의견을 들어야 한다(제7조).

① 지역유통산업 발전의 기본방향
② 지역유통산업의 여건 변화 전망
③ 지역유통산업의 현황 및 평가
④ 지역유통산업의 종류별 발전 방안
⑤ 지역유통기능의 효율화·고도화 방안
⑥ 유통전문인력·부지 및 시설 등의 수급 방안
⑦ 지역중소유통기업의 구조개선 및 경쟁력 강화 방안
⑧ 그 밖에 지역유통산업의 규제완화 및 제도개선 등 지역유통산업의 발전을 촉진하기 위하여 필요한 사항

(2) 조치의 요청

관계 중앙행정기관의 장은 유통산업의 발전을 위하여 필요하다고 인정하는 경우에는 시·도지사 또는 시장·군수·구청장에게 시행계획의 시행에 필요한 조치를 할 것을 요청할 수 있다.

4. 유통업상생발전협의회(★)

(1) 설치

대규모점포 및 준대규모점포(이하 "대규모점포등"이라 한다)와 지역중소유통기업의 균형발전을 협의하기 위하여 특별자치시장·시장·군수·구청장 소속으로 유통업상생발전협의회(이하 "협의회"라 한다)를 둔다(제7조의5).

(2) 유통업상생발전협의회의 구성

① 협의회는 성별 및 분야별 대표성 등을 고려하여 회장 1명을 포함한 11명 이내의 위원으로 구성한다(칙 제4조의2).
② 회장은 부시장(특별자치시의 경우 행정부시장을 말한다)·부군수·부구청장이 되고, 위원은 특별자치시장·시장(「제주특별자치도 설치 및 국제자유도시 조성을 위한 특별법」에 따른 행정시장을 포함한다)·군수·구청장(자치구의 구청장을 말한다)이 임명하거나 위촉하는 다음의 자가 된다.

○ 해당 지역에 대규모점포 등을 개설하였거나 개설하려는 대형유통기업의 대표 3명

　　ⓛ 해당 지역의 전통시장, 슈퍼마켓, 상가 등 중소유통기업의 대표 3명

　　ⓒ 해당 지역의 소비자단체의 대표 또는 주민단체의 대표

　　ⓔ 해당 지역의 유통산업분야에 관한 학식과 경험이 풍부한 자

　　ⓜ 그 밖에 대·중소유통 협력업체·납품업체·농어업인 등 이해관계자

　　ⓗ 해당 특별자치시·시·군·구의 유통업무를 담당하는 과장급 공무원

③ 위원의 임기는 2년으로 한다.

④ 특별자치시장·시장·군수·구청장은 위 ②의 ㉠·ⓛ·ⓒ·ⓔ 및 ⓜ의 위원이 다음의 어느 하나에 해당하는 경우에는 해당 위원을 해촉(解嘱)할 수 있다.

　　㉠ 금고 이상의 형을 선고받은 경우

　　ⓛ 직무와 관련된 비위사실이 있는 경우

　　ⓒ 위원이 6개월 이상 장기 출타 또는 심신장애로 인하여 직무를 수행하기 어려운 경우

　　ⓔ 직무태만, 품위 손상 또는 그 밖의 사유로 인하여 위원으로 적합하지 아니하다고 인정되는 경우

(3) 협의회의 운영 등

① 협의회의 회의는 재적위원 3분의 2 이상의 출석으로 개의하고, 출석위원 3분의 2 이상의 찬성으로 의결한다(칙 제4조의3).

② 회장은 회의를 소집하려는 경우에는 회의 개최일 5일 전까지 회의의 날짜·시간·장소 및 심의 안건을 각 위원에게 통지하여야 한다. 다만, 긴급한 경우나 부득이한 사유가 있는 경우에는 그러하지 아니하다.

③ 협의회의 사무를 처리하기 위하여 간사 1명을 두되, 간사는 유통업무를 담당하는 공무원으로 한다.

④ 협의회는 분기별로 1회 이상 개최하는 것을 원칙으로 하되, 회장은 필요에 따라 그 개최 주기를 달리할 수 있다.

⑤ 협의회는 대형유통기업과 지역중소유통기업의 균형발전을 촉진하기 위하여 다음의 사항에 대해 특별자치시장·시장·군수·구청장에게 의견을 제시할 수 있다.

　　㉠ 대형유통기업과 지역중소유통기업 간의 상생협력촉진을 위한 지역별 시책의 수립에 관한 사항

　　ⓛ 법 제8조제7항에 따른 상권영향평가서 및 지역협력계획서 검토에 관한 사항

　　ⓒ 법 제12조의2에 따른 대규모점포등에 대한 영업시간의 제한 등에 관한 사항

  ⓔ 법 제13조의3에 따른 전통상업보존구역의 지정 등에 관한 사항

  ⓜ 그 밖에 대·중소유통기업 간의 상생협력촉진, 공동조사연구, 지역유통산업발
   전, 전통시장 또는 전통상점가 보존을 위한 협력 및 지원에 관한 사항

☑ **관련 법조문**

제7조의4(유통산업의 실태조사)
① 산업통상자원부장관은 기본계획 및 시행계획 등을 효율적으로 수립·추진하기 위하여 유통산업
 에 대한 실태조사를 할 수 있다.
② 산업통상자원부장관은 유통산업의 실태조사를 위하여 필요하다고 인정하는 경우에는 관계 중앙
 행정기관의 장, 지방자치단체의 장, 공공기관의 장, 유통사업자 및 관련 단체 등에 필요한 자료를
 요청할 수 있다. 이 경우 자료를 요청받은 관계 중앙행정기관의 장 등은 특별한 사정이 없으면
 요청에 따라야 한다.
③ 유통산업의 실태조사를 위한 범위 등 필요한 사항은 대통령령으로 정한다.

제3장 대규모점포 등

1. 대규모점포등의 개설등록 및 변경등록(★)

(1) 등록

 1) **의의** : 대규모점포를 개설하거나 전통상업보존구역에 준대규모점포를 개설하려는 자는
  영업을 시작하기 전에 산업통상자원부령으로 정하는 바에 따라 상권영향평가서 및 지역
  협력계획서를 첨부하여 특별자치시장·시장·군수·구청장에게 등록하여야 한다. 등록
  한 내용을 변경하려는 경우에도 또한 같다(제8조).

 2) **첨부서류** : 대규모점포 및 준대규모점(이하 "대규모점포등"이라 한다)의 개설등록을
  하려는 자는 대규모점포등개설등록신청서에 다음의 서류를 첨부하여 특별자치시장·시
  장·군수 또는 구청장에게 제출하여야 한다(칙 제5조).

  ① 사업계획서[사업의 개요(개설자·사업추진일정 및 영업개시예정일 등에 관한 사항
   을 포함), 건축물의 위치도 및 구조, 사업의 규모(대지면적·건축물면적·매장면
   적·점포수 및 종사자수 등에 관한 사항을 포함), 시설의 명세 및 점포의 배치도(분
   양·직영 및 임대계획에 관한 사항을 포함), 업종의 구성, 운영·관리계획(기구 및
   인력에 관한 사항을 포함), 재무구조]

  ② 상권영향평가서(요약문, 사업의 개요, 상권영향분석의 범위, 상권의 특성, 기존 사업
   자 현황 분석, 상권영향기술서)

③ 지역협력계획서(지역 상권 및 경제를 활성화하거나 전통시장 및 중소상인과 상생협력을 강화하는 등의 지역협력을 위한 사업계획서를 말한다)

④ 대지 또는 건축물의 소유권 또는 그 사용에 관한 권리를 증명하는 서류(토지 등기사항증명서 및 건물 등기사항증명서 외의 서류를 말한다)

3) 보완요청 등

① 특별자치시장·시장·군수·구청장은 제출받은 상권영향평가서 및 지역협력계획서가 미진하다고 판단하는 경우에는 제출받은 날부터 30일 이내에 그 사유를 명시하여 보완을 요청할 수 있다.

② 특별자치시장·시장·군수·구청장은 제출받은 상권영향평가서 및 지역협력계획서를 검토하는 경우 협의회의 의견을 청취하여야 하며, 필요한 때에는 대통령령으로 정하는 전문기관에 이에 대한 조사를 하게 할 수 있다.

(2) 등록제한 등

특별자치시장·시장·군수·구청장은 개설등록 또는 변경등록[점포의 소재지를 변경하거나 매장면적이 개설등록(매장면적을 변경등록한 경우에는 변경등록) 당시의 매장면적보다 10분의 1이상 증가하는 경우로 한정한다]을 하려는 대규모점포등의 위치가 전통상업보존구역에 있을 때에는 등록을 제한하거나 조건을 붙일 수 있다.

(3) 변경등록

변경등록을 하여야 하는 사항은 다음의 어느 하나의 사항을 말한다.

① 법인의 명칭, 개인 또는 법인 대표자의 성명, 개인 또는 법인의 주소

② 개설등록(매장면적을 변경등록한 경우에는 변경등록) 당시 매장면적의 10분의 1 이상의 변경

③ 업태 변경(대규모점포만 해당한다)

④ 점포의 소재지·상호

(4) 등록 또는 변경등록의 절차

① 특별자치시장·시장·군수 또는 구청장은 대규모점포등의 개설등록 또는 개설변경등록을 한 때에는 그 신청인에게 대규모점포등개설등록증(대규모점포등의 개설변경등록을 한 때에는 뒤쪽에 그 사실을 기재한 대규모점포등개설등록증)을 교부하여야 하며, 대규모점포등개설(변경)등록관리대장을 갖추어 두고 개설(변경)등록에 관한 사항을 기록·관리하되, 대규모점포 안에 위치하는 준대규모점포의 개설등록을 하거나 개설변경등록을 하는 경우에는 해당 대규모점포의 대규모점포등개설(변경)등록관리대장에도 그 사실을 덧붙여 적어야 한다.

② 대규모점포등개설등록신청서를 제출받은 특별자치시장·시장·군수 또는 구청장은 「전자정부법」에 따른 행정정보의 공동이용을 통하여 다음의 서류를 확인하여야 한다. 다만, ⓛ의 경우 신청인이 확인에 동의하지 않는 경우에는 이를 첨부하도록 하여야 한다.

> ㉠ 법인 등기사항증명서(신청인이 법인인 경우만 해당한다)
> ㉡ 주민등록표 초본(신청인이 개인인 경우만 해당하며, 신청인의 신분을 확인할 수 있는 신분증명서의 확인으로 이에 갈음할 수 있다)
> ㉢ 토지 등기사항증명서
> ㉣ 건물 등기사항증명서
> ㉤ 건축물의 건축 또는 용도변경 등에 관한 허가서 또는 신고필증

③ 대규모점포등개설자 또는 대규모점포등관리자가 변경등록을 하려는 경우에는 대규모점포등개설변경등록신청서에 변경내용을 증명하는 서류 및 대규모점포등개설등록증을 첨부하여 특별자치시장·시장·군수 또는 구청장에게 제출하되, 다음의 어느 하나에 해당하는 변경등록의 경우에는 상권영향평가서와 지역협력계획서를 함께 첨부하여야 한다.

> ㉠ 점포의 소재지 변경
> ㉡ 매장면적이 개설등록(매장면적을 변경등록한 경우에는 변경등록) 당시의 매장면적보다 10분의 1 이상 증가하는 변경
> ㉢ 업태 변경(대규모점포만 해당한다)

(5) 인접지역 시장 등에게 통보

① 특별자치시장·시장·군수·구청장은 개설등록 또는 변경등록하려는 점포의 소재지로부터 다음의 어느 하나에 해당하는 거리 이내의 범위 일부가 인접 특별자치시·시·군·구(자치구를 말한다)에 속하여 있는 경우 인접지역의 특별자치시장·시장·군수·구청장에게 개설등록 또는 변경등록을 신청 받은 사실을 통보하여야 한다.

> ㉠ 대규모점포의 경우 점포의 경계로부터 반경 3킬로미터
> ㉡ 매장면적 330제곱미터 이상인 준대규모점포의 경우 점포의 경계로부터 반경 500미터
> ㉢ 매장면적 330제곱미터 미만인 준대규모점포의 경우 점포의 경계로부터 반경 300미터

② 신청 사실을 통보받은 인접지역의 특별자치시장·시장·군수·구청장은 신청 사실을 통보받은 날로부터 20일 이내에 개설등록 또는 변경등록에 대한 의견을 제시할 수 있다.

[법률 제13510호(2015. 11. 20.) 제8조제1항, 제8조제2항 중 준대규모점포와 관련된 부분, 제8조제3항, 제8조제4항의 개정규정은 같은 법 제48조의2의 규정에 의하여 2025년 11월 23일까지 유효함]

☑ **관련 법조문**

제8조의2(지역협력계획서의 내용 및 이행실적 평가·점검)
① 제8조에 따른 지역협력계획서에는 지역 중소유통기업과의 상생협력, 지역 고용 활성화 등의 사항을 포함할 수 있다.
② 특별자치시장·시장·군수·구청장은 지역협력계획서의 이행실적을 점검하고, 이행실적이 미흡하다고 판단되는 경우에는 개선을 권고할 수 있다.

제8조의3(대규모점포등의 개설계획 예고)
대규모점포를 개설하려는 자는 영업을 개시하기 60일 전까지, 준대규모점포를 개설하려는 자는 영업을 시작하기 30일 전까지 산업통상자원부령으로 정하는 바에 따라 개설 지역 및 시기 등을 포함한 개설계획을 예고하여야 한다.

제9조(허가등의 의제 등)
① 제8조에 따라 대규모점포등을 등록하는 경우 다음 각 호의 신고·지정·등록 또는 허가(이하 이 조에서 "허가등"이라 한다)에 관하여 특별자치시장·시장·군수·구청장이 제3항에 따라 다른 행정기관의 장과 협의를 한 사항에 대하여는 해당 허가등을 받은 것으로 본다.
  1. 「영화 및 비디오물의 진흥에 관한 법률」에 따른 비디오물제작업·비디오물배급업, 「게임산업 진흥에 관한 법률」에 따른 게임제작업·게임배급업·게임제공업 또는 「음악산업진흥에 관한 법률」에 따른 음반·음악영상물제작업 및 음반·음악영상물배급업의 신고 또는 등록
  2. 「담배사업법」 제16조제1항에 따른 소매인의 지정
  3. 「식품위생법」 제37조제1항 또는 제4항에 따른 식품의 제조업·가공업·판매업 또는 식품접객업의 허가 또는 신고로서 대통령령으로 정하는 것 등. 그 밖의 사항은 생략
② 허가등의 의제(擬制)를 받으려는 자는 대규모점포등의 개설등록 신청 시에 허가등에 필요한 서류를 함께 제출하여야 한다.
③ 특별자치시장·시장·군수·구청장은 대규모점포등의 등록신청 서류와 제2항에 따른 서류를 받은 경우에 제1항 각 호의 어느 하나에 해당하는 사항이 다른 행정기관의 권한에 속하는 경우에는 미리 그 다른 행정기관의 장과 협의하여야 한다.

2. 등록의 결격사유

다음의 어느 하나에 해당하는 자는 대규모점포등의 등록을 할 수 없다(제10조).
  ① 피성년후견인 또는 미성년자
  ② 파산선고를 받고 복권되지 아니한 자

③ 이 법을 위반하여 징역의 실형을 선고받고 그 집행이 끝나거나(집행이 끝난 것으로 보는 경우를 포함한다) 집행이 면제된 날부터 1년이 지나지 아니한 사람

④ 이 법을 위반하여 징역형의 집행유예선고를 받고 그 유예기간 중에 있는 사람

⑤ 제11조 제1항에 따라 등록이 취소(이 조 제1호 또는 제2호에 해당하여 등록이 취소된 경우는 제외한다)된 후 1년이 지나지 아니한 자

⑥ 대표자가 ①부터 ⑤까지의 어느 하나에 해당하는 법인

3. 등록의 취소 등

(1) 등록취소

특별자치시장·시장·군수·구청장은 대규모점포등개설자가 다음의 어느 하나에 해당하는 경우에는 그 등록을 취소하여야 한다(제11조). 이 경우 특별자치시장·시장·군수·구청장은 허가등의 의제사항의 어느 하나에 해당하는 사항과 관련되는 행정기관의 장에게 등록의 취소에 관한 사항을 지체 없이 알려야 한다.

① 대규모점포등개설자가 정당한 사유 없이 1년 이내에 영업을 시작하지 아니한 경우. 이 경우 대규모점포등의 건축에 정상적으로 소요되는 기간은 산입(算入)하지 아니한다.

② 대규모점포등의 영업을 정당한 사유 없이 1년 이상 계속하여 휴업한 경우

③ 제10조(등록의 결격사유) 각 호의 어느 하나에 해당하게 된 경우

④ 제8조 제3항에 따른 조건을 이행하지 아니한 경우

(2) 예외

다음의 어느 하나에 해당하는 경우에는 법인의 대표자가 등록의 결격사유의 어느 하나에 해당하게 된 날 또는 상속을 개시한 날부터 6개월이 지난 날까지는 위의 (1)을 적용하지 아니한다.

① 법인이 대표자가 등록의 결격사유의 어느 하나에 해당하게 된 경우

② 대규모점포등개설자의 지위를 승계한 상속인이 등록의 결격사유의 어느 하나에 해당하는 경우

4. 대규모점포등개설자의 업무 등

(1) 대규모점포등개설자의 업무

대규모점포등개설자는 다음의 업무를 수행한다(제12조).

① 상거래질서의 확립

② 소비자의 안전유지와 소비자 및 인근 지역주민의 피해·불만의 신속한 처리

③ 그 밖에 대규모점포등을 유지·관리하기 위하여 필요한 업무

(2) 대규모점포등관리자

① 매장이 분양된 대규모점포 및 등록 준대규모점포에서는 다음의 어느 하나에 해당하는 자(이하 "대규모점포등관리자"라 한다)가 위 (1)의 대규모점포등개설자의 업무를 수행한다.

> ㉠ 매장면적의 2분의 1 이상을 직영하는 자가 있는 경우에는 그 직영하는 자
> ㉡ 매장면적의 2분의 1 이상을 직영하는 자가 없는 경우에는 다음의 어느 하나에 해당하는 자
> 　ⓐ 해당 대규모점포 또는 등록 준대규모점포에 입점(入店)하여 영업을 하는 상인(이하 "입점상인"이라 한다) 3분의 2 이상이 동의(동의를 얻은 입점상인이 운영하는 매장면적의 합은 전체 매장면적의 2분의 1 이상이어야 한다)하여 설립한 「민법」 또는 「상법」에 따른 법인
> 　ⓑ 입점상인 3분의 2 이상이 동의하여 설립한 「중소기업협동조합법」에 따른 협동조합 또는 사업협동조합
> 　ⓒ 입점상인 3분의 2 이상이 동의하여 조직한 자치관리단체. 이 경우 6개월 이내에 ⓐ 또는 ⓑ에 따른 법인·협동조합 또는 사업조합의 자격을 갖추어야 한다.
> 　ⓓ ⓐ부터 ⓒ까지의 어느 하나에 해당하는 자가 없는 경우에는 입점상인 2분의 1 이상이 동의하여 지정하는 자. 이 경우 6개월 이내에 ⓐ 또는 ⓑ에 따른 법인·협동조합 또는 사업조합을 설립하여야 한다.

② 대규모점포등관리자는 산업통상자원부령으로 정하는 바에 따라 특별자치시장·시장·군수·구청장에게 신고를 하여야 한다. 신고한 사항을 변경하려는 경우에도 또한 같다.

(3) 구분소유와 관련된 사항

매장이 분양된 대규모점포 및 등록 준대규모점포에서는 대규모점포등개설자의 업무 중 구분소유(區分所有)와 관련된 사항에 대하여는 「집합건물의 소유 및 관리에 관한 법률」에 따른다.

5. 대규모점포등에 대한 영업시간의 제한 등

(1) 원칙

특별자치시장·시장·군수·구청장은 건전한 유통질서 확립, 근로자의 건강권 및 대규모점포등과 중소유통업의 상생발전(相生發展)을 위하여 필요하다고 인정하는 경우 대형마트(대규모점포에 개설된 점포로서 대형마트의 요건을 갖춘 점포를 포함한다)와 준대규모점포에 대하여 다음의 영업시간 제한을 명하거나 의무휴업일을 지정하여 의무휴업을 명할 수 있다(제12조의2).
① 영업시간 제한
② 의무휴업일 지정

(2) 예외

다만, 연간 총매출액 중 「농수산물 유통 및 가격안정에 관한 법률」에 따른 농수산물의 매출액 비중이 55퍼센트 이상인 대규모점포등으로서 해당 지방자치단체의 조례로 정하는 대규모점포등에 대하여는 그러하지 아니하다.

(3) 영업시간의 제한

특별자치시장·시장·군수·구청장은 오전 0시부터 오전 10시까지의 범위에서 영업시간을 제한할 수 있다.

(4) 의무휴업일 지정

특별자치시장·시장·군수·구청장은 매월 이틀을 의무휴업일로 지정하여야 한다. 이 경우 의무휴업일은 공휴일 중에서 지정하되, 이해당사자와 합의를 거쳐 공휴일이 아닌 날을 의무휴업일로 지정할 수 있다.

6. 대규모점포등의 관리

(1) 대규모점포등의 관리비 등

① 대규모점포등관리자는 대규모점포등을 유지·관리하기 위한 관리비를 입점상인에게 청구·수령하고 그 금원을 관리할 수 있다(제12조의3).
② 관리비의 내용 등에 필요한 사항은 대통령령으로 정한다.
③ 대규모점포등관리자는 입점상인이 납부하는 대통령령으로 정하는 사용료 등을 입점상인을 대행하여 그 사용료 등을 받을 자에게 납부할 수 있다.

④ 대규모점포등관리자는 다음의 내역(항목별 산출내역을 말하며, 매장별 부과내역은 제외한다)을 대통령령으로 정하는 바에 따라 해당 대규모점포등의 인터넷 홈페이지(인터넷 홈페이지가 없는 경우에는 해당 대규모점포등의 관리사무소나 게시판 등을 말한다)에 공개하여야 한다.

> ㉠ 관리비
> ㉡ 사용료 등
> ㉢ 그 밖에 대통령령으로 정하는 사항

⑤ 대규모점포등관리자가 대규모점포등의 유지 · 관리를 위하여 위탁관리, 공사 또는 용역 등을 위한 계약을 체결하는 경우 계약의 성질 및 규모 등을 고려하여 대통령령으로 정하는 경우를 제외하고는 대통령령으로 정하는 입찰방식으로 계약을 체결하여야 한다.

⑥ 대규모점포등관리자가 위 ⑤의 계약을 체결하는 경우에 계약체결일부터 1개월 이내에 그 계약서를 해당 대규모점포등의 인터넷 홈페이지에 공개하여야 한다. 이 경우 개인의 사생활의 비밀 또는 자유를 침해할 우려가 있는 정보를 제외하고 공개하여야 한다.

(2) 회계서류의 작성 · 보관

① 대규모점포등관리자는 관리비, 사용료등의 금전을 입점상인에게 청구 · 수령하거나 그 금원을 관리하는 행위 등 모든 거래행위에 관하여 장부를 월별로 작성하여 그 증빙서류 와 함께 해당 회계연도 종료일부터 5년간 보관하여야 한다(제12조의4).

② 대규모점포등관리자가 매장면적의 2분의 1 이상을 직영하는 경우에는 대규모점포등관 리자의 고유재산과 분리하여 회계처리를 하여야 한다.

③ 대규모점포등관리자는 입점상인이 장부나 증빙서류, 그 밖에 대통령령으로 정하는 정보 의 열람을 요구하거나 자기의 비용으로 복사를 요구하는 때에는 다음의 정보는 제외하 고 이에 응하여야 한다. 이 경우 관리규정에서 열람과 복사를 위한 방법 등 필요한 사항 을 정할 수 있다.

> ㉠ 「개인정보 보호법」에 따른 고유식별정보 등 개인의 사생활의 비밀 또는 자유를 침해할 우려가 있는 정보
> ㉡ 의사결정과정 또는 내부검토과정에 있는 사항 등으로서 공개될 경우 업무의 공 정한 수행에 현저한 지장을 초래할 우려가 있는 정보

(3) 대규모점포등관리자의 회계감사

① 대규모점포등관리자는 대통령령으로 정하는 바에 따라 「주식회사의 외부감사에 관한 법률」에 따른 감사인의 회계감사를 매년 1회 이상 받아야 한다. 다만 입점상인의 3분의

2 이상이 서면으로 회계감사를 받지 아니하는 데 동의한 연도에는 회계감사를 받지
아니할 수 있다(제12조의5).

② 대규모점포등관리자는 회계감사결과를 제출받은 날부터 1개월 이내에 대규모점포등의
인터넷 홈페이지에 그 결과를 공개하여야 한다.

③ 대규모점포등관리자는 특별자치시장·시장·군수·구청장 또는 「공인회계사법」에 따
른 한국공인회계사회에 감사인의 추천을 의뢰할 수 있다.

④ 회계감사를 받는 대규모점포등관리자는 다음의 어느 하나에 해당하는 행위를 하여서는
아니 된다.

> ⊙ 정당한 사유 없이 감사인의 자료 열람·등사·제출 요구 또는 조사를 거부·방
> 해·기피하는 행위
> ⊙ 감사인에게 거짓 자료를 제출하는 등 부정한 방법으로 회계감사를 방해하는 행위

(4) 관리규정(★)

① 대규모점포등관리자는 대규모점포등의 관리 또는 사용에 관하여 입점상인의 3분의 2
이상의 동의를 얻어 관리규정을 제정하여야 하며 관리규정에 따라 대규모점포등을 관리
하여야 한다(제12조의6).

② 관리규정을 제정하려는 대규모점포등관리자는 특별자치시장·시장·군수·구청장에게
신고를 한 날부터 3개월 이내에 표준관리규정을 참조하여 관리규정을 제정하여야 한다
(영 제7조의7).

③ 대규모점포등관리자는 관리규정을 개정하려는 경우 제안내용에 다음의 사항을 적어 입
점상인의 3분의 2 이상의 동의를 얻어야 한다.

> ⊙ 개정안
> ⊙ 개정 목적
> ⊙ 현행의 관리규정과 달라진 내용
> ⊙ 표준관리규정과 다른 내용

④ 대규모점포등관리자는 관리규정을 제정하거나 개정하려는 경우 해당 대규모점포등 인
터넷 홈페이지에 제안내용을 공고하고 입점상인들에게 개별적으로 통지하여야 한다.

⑤ 대규모점포등관리자는 입점상인이 관리규정의 열람이나 복사를 요구하는 때에는 이에
응하여야 한다.

⑥ 시·도지사는 이 법을 적용받는 대규모점포등의 효율적이고 공정한 관리를 위하여 대통
령령으로 정하는 바에 따라 표준관리규정을 마련하여 보급하여야 한다.

☑ 관련 법조문

제13조(대규모점포등개설자의 지위승계)

① 다음 각 호의 어느 하나에 해당하는 자는 종전의 대규모점포등개설자의 지위를 승계한다.

1. 대규모점포등개설자가 사망한 경우 그 상속인

2. 대규모점포등개설자가 대규모점포등을 양도한 경우 그 양수인

3. 법인인 대규모점포등개설자가 다른 법인과 합병한 경우 합병 후 존속하는 법인이나 합병으로 설립되는 법인

② 제1항에 따라 지위를 승계한 자에 대하여는 제10조를 준용한다.

제13조의2(대규모점포등의 휴업·폐업 신고)

대규모점포등개설자(제12조제3항에 따라 신고한 자를 포함한다)가 대규모점포등을 휴업하거나 폐업하려는 경우에는 산업통상자원부령으로 정하는 바에 따라 특별자치시장·시장·군수·구청장에게 신고를 하여야 한다.

제13조의3(전통상업보존구역의 지정)

① 특별자치시장·시장·군수·구청장은 지역 유통산업의 전통과 역사를 보존하기 위하여 「전통시장 및 상점가 육성을 위한 특별법」에 따른 전통시장이나 중소벤처기업부장관이 정하는 전통상점가(이하 "전통시장등"이라 한다)의 경계로부터 1킬로미터 이내의 범위에서 해당 지방자치단체의 조례로 정하는 지역을 전통상업보존구역으로 지정할 수 있다.

② 제1항에 따라 전통상업보존구역을 지정하려는 특별자치시장·시장·군수·구청장은 관할구역 전통시장등의 경계로부터 1킬로미터 이내의 범위 일부가 인접 특별자치시·시·군·구에 속해 있는 경우에는 인접지역의 특별자치시장·시장·군수·구청장에게 해당 지역을 전통상업보존구역으로 지정할 것을 요청할 수 있다.

③ 제2항에 따라 요청을 받은 인접지역의 특별자치시장·시장·군수·구청장은 요청한 특별자치시장·시장·군수·구청장과 협의하여 해당 지역을 전통상업보존구역으로 지정하여야 한다.

④ 제1항부터 제3항까지에 따른 전통상업보존구역의 범위, 지정 절차 및 지정 취소 등에 관하여 필요한 사항은 해당 지방자치단체의 조례로 정한다.

[법률 제13510호(2015. 11. 20.) 제13조의3의 개정규정은 같은 법 제48조의2의 규정에 의하여 2025년 11월 23일까지 유효함]

제13조의4(영업정지)

특별자치시장·시장·군수·구청장은 다음 각 호의 어느 하나에 해당하는 경우에는 1개월 이내의 기간을 정하여 영업의 정지를 명할 수 있다.

1. 제12조의2제1항제1호에 따른 명령을 1년 이내에 3회 이상 위반하여 영업제한시간에 영업을 한 자 또는 같은 항 제2호에 따른 명령을 1년 이내에 3회 이상 위반하여 의무휴업일에 영업을 한 자. 이 경우 제12조의2제1항제1호에 따른 명령 위반과 같은 항 제2호에 따른 명령 위반의 횟수는 합산한다.

2. 이 조에 따른 영업정지 명령을 위반하여 영업정지기간 중 영업을 한 자

제4장 유통산업의 경쟁력 강화

1. 중소유통공동도매물류센터에 대한 지원(★)

(1) 행정적·재정적 지원

산업통상자원부장관, 중소벤처기업부장관 또는 지방자치단체의 장은 「중소기업기본법」에 따른 중소기업자 중 대통령령으로 정하는 소매업자 50인 또는 도매업자 10인 이상의 자(이하 "중소유통기업자단체"라 한다)가 공동으로 중소유통기업의 경쟁력 향상을 위하여 다음의 사업을 하는 중소유통공동도매물류센터를 건립하거나 운영하는 경우에는 필요한 행정적·재정적 지원을 할 수 있다(제17조의2).
① 상품의 보관·배송·포장 등 공동물류사업
② 상품의 전시
③ 유통·물류정보시스템을 이용한 정보의 수집·가공·제공
④ 중소유통공동도매물류센터를 이용하는 중소유통기업의 서비스능력 향상을 위한 교육 및 연수
⑤ 그 밖에 중소유통공동도매물류센터 운영의 고도화를 위하여 산업통상자원부장관이 필요하다고 인정하여 공정거래위원회와 협의를 거친 사업

(2) 운영의 위탁

① 지방자치단체의 장은 중소유통공동도매물류센터를 건립하여 다음의 단체 또는 법인에 그 운영을 위탁할 수 있다.

> ㉠ 중소유통기업자단체
> ㉡ 중소유통공동도매물류센터를 운영하기 위하여 지방자치단체와 중소유통기업자단체가 출자하여 설립한 법인

② 지방자치단체가 중소유통공동도매물류센터를 건립하여 운영을 위탁하는 경우에는 운영주체와 협의하여 해당 중소유통공동도매물류센터의 매출액의 1천분의 5 이내에서 시설

및 장비의 이용료를 징수하여 시설물 및 장비의 유지·관리 등에 드는 비용에 충당할 수 있다.

(3) 건립 등에 필요한 사항의 고시

중소유통공동도매물류센터의 건립, 운영 및 관리 등에 필요한 사항은 중소벤처기업부장관이 정하여 고시한다.

2. 상점가진흥조합(★)

(1) 조합의 결성

상점가에서 도매업·소매업·용역업이나 그 밖의 영업을 하는 자는 해당 상점가의 진흥을 위하여 상점가진흥조합을 결성할 수 있다(제18조).

(2) 조합원의 자격

상점가진흥조합의 조합원이 될 수 있는 자는 상점가에서 도매업·소매업·용역업이나 그 밖의 영업을 하는 자로서 「중소기업기본법」에 따른 중소기업자에 해당하는 자로 한다.

(3) 조합결성의 동의요건

상점가진흥조합은 조합원의 자격이 있는 자의 3분의 2 이상의 동의를 받아 결성한다. 다만, 조합원의 자격이 있는 자 중 같은 업종을 경영하는 자가 2분의 1 이상인 경우에는 그 같은 업종을 경영하는 자의 5분의 3 이상의 동의를 받아 결성할 수 있다.

(4) 조합의 형태

상점가진흥조합은 협동조합 또는 사업조합으로 설립한다.

(5) 조합의 구역 제한

상점가진흥조합의 구역은 다른 상점가진흥조합의 구역과 중복되어서는 아니 된다.

☑ 관련 법조문

제15조(분야별 발전시책)
① 산업통상자원부장관은 유통산업의 경쟁력을 강화하기 위하여 다음 각 호의 시책을 수립·시행할 수 있다.

1. 체인사업의 발전시책
2. 무점포판매업의 발전시책
3. 그 밖에 유통산업의 분야별 경쟁력 강화를 위하여 필요한 시책
② 제1항 각 호의 시책에는 다음 각 호의 사항이 포함되어야 한다.
1. 국내외 사업현황
2. 산업별·유형별 발전전략에 관한 사항
3. 유통산업에 대한 인식의 제고에 관한 사항
4. 전문인력의 양성에 관한 사항
5. 관련 정보의 원활한 유통에 관한 사항
6. 그 밖에 유통산업의 분야별 발전 또는 경쟁력 강화를 위하여 필요한 사항
③ 정부는 재래시장의 활성화에 필요한 시책을 수립·시행하여야 하고, 정부 또는 지방자치단체의 장은 이에 필요한 행정적·재정적 지원을 할 수 있다.
④ 정부 또는 지방자치단체의 장은 다음 각 호의 사항이 포함된 중소유통기업의 구조개선 및 경쟁력 강화에 필요한 시책을 수립·시행할 수 있고, 이에 필요한 행정적·재정적 지원을 할 수 있다.
1. 중소유통기업의 창업을 지원하기 위한 사항
2. 중소유통기업에 대한 자금·경영·정보·기술·인력의 지원에 관한 사항
3. 선진유통기법의 도입·보급 등을 위한 중소유통기업자의 교육·연수의 지원에 관한 사항
4. 제17조의2제1항에 따른 중소유통공동도매물류센터의 설립·운영 등 중소유통기업의 공동협력사업 지원에 관한 사항
5. 그 밖에 중소유통기업의 구조개선을 촉진하기 위하여 필요하다고 인정되는 사항으로서 대통령령으로 정하는 사항

제16조(체인사업자의 경영개선사항 등)
① 체인사업자는 직영하거나 체인에 가입되어 있는 점포(이하 "체인점포"라 한다)의 경영을 개선하기 위하여 다음 각 호의 사항을 추진하여야 한다.
1. 체인점포의 시설 현대화
2. 체인점포에 대한 원재료·상품 또는 용역 등의 원활한 공급
3. 체인점포에 대한 점포관리·품질관리·판매촉진 등 경영활동 및 영업활동에 관한 지도
4. 체인점포 종사자에 대한 유통교육·훈련의 실시
5. 체인사업자와 체인점포 간의 유통정보시스템의 구축
6. 집배송시설의 설치 및 공동물류사업의 추진
7. 공동브랜드 또는 자기부착상표의 개발·보급
8. 유통관리사의 고용 촉진
9. 그 밖에 중소벤처기업부장관이 체인사업의 경영개선을 위하여 필요하다고 인정하는 사항
② 산업통상자원부장관·중소벤처기업부장관 또는 지방자치단체의 장은 체인사업자 또는 체인사업자단체가 제1항 각 호의 사업을 추진하는 경우에는 예산의 범위에서 필요한 자금 등을 지원할 수 있다.

제19조(상점가진흥조합에 대한 지원)
지방자치단체의 장은 상점가진흥조합이 다음 각 호의 사업을 하는 경우에는 예산의 범위에서 필요한 자금을 지원할 수 있다.
  1. 점포시설의 표준화 및 현대화
  2. 상품의 매매·보관·수송·검사 등을 위한 공동시설의 설치
  3. 주차장·휴게소 등 공공시설의 설치
  4. 조합원의 판매촉진을 위한 공동사업
  5. 가격표시 등 상거래질서의 확립
  6. 조합원과 그 종사자의 자질향상을 위한 연수사업 및 정보제공
  7. 그 밖에 지방자치단체의 장이 상점가 진흥을 위하여 필요하다고 인정하는 사업

제20조(전문상가단지 건립의 지원 등)
① 산업통상자원부장관, 관계 중앙행정기관의 장 또는 지방자치단체의 장은 다음 각 호의 어느 하나에 해당하는 자가 전문상가단지를 세우려는 경우에는 필요한 행정적·재정적 지원을 할 수 있다.
  1. 도매업자 또는 소매업자로 구성되는 「중소기업협동조합법」 제3조제1항제1호부터 제4호까지에 규정된 협동조합·사업협동조합·협동조합연합회 또는 중소기업중앙회로서 산업통상자원부령으로 정하는 기준에 해당하는 자
  2. 제1호에 해당하는 자와 신탁계약을 체결한 「자본시장과 금융투자업에 관한 법률」에 따른 신탁업자로서 자본금 또는 연간 매출액이 산업통상자원부령으로 정하는 금액 이상인 자
② 제1항에 따른 지원을 받으려는 자는 전문상가단지 조성사업계획을 작성하여 산업통상자원부장관, 관계 중앙행정기관의 장 또는 지방자치단체의 장에게 제출하여야 한다.

제21조(유통정보화시책 등)
① 산업통상자원부장관은 유통정보화의 촉진 및 유통부문의 전자거래기반을 넓히기 위하여 다음 각 호의 사항이 포함된 유통정보화시책을 세우고 시행하여야 한다.
  1. 유통표준코드의 보급
  2. 유통표준전자문서의 보급
  3. 판매시점 정보관리시스템의 보급
  4. 점포관리의 효율화를 위한 재고관리시스템·매장관리시스템 등의 보급
  5. 상품의 전자적 거래를 위한 전자장터 등의 시스템의 구축 및 보급
  6. 다수의 유통·물류기업 간 기업정보시스템의 연동을 위한 시스템의 구축 및 보급
  7. 유통·물류의 효율적 관리를 위한 무선주파수 인식시스템의 적용 및 실용화 촉진
  8. 유통정보 또는 유통정보시스템의 표준화 촉진
  9. 그 밖에 유통정보화를 촉진하기 위하여 필요하다고 인정되는 사항
② 산업통상자원부장관은 유통정보화에 관한 시책을 세우기 위하여 필요하다고 인정하는 경우에는 과학기술정보통신부장관에게 유통정보화서비스를 제공하는 전기통신사업자에 관한 자료를 요청할 수 있다.
③ 산업통상자원부장관은 유통사업자·제조업자 또는 유통 관련 단체가 제1항 각 호의 사업을 추진하는 경우에는 예산의 범위에서 필요한 자금을 지원할 수 있다.

제22조(유통표준전자문서 및 유통정보의 보안 등)

① 누구든지 유통표준전자문서를 위작 또는 변작하거나 위작 또는 변작된 전자문서를 사용하거나 유통시켜서는 아니 된다.

② 유통정보화서비스를 제공하는 자는 유통표준전자문서 또는 컴퓨터 등 정보처리조직의 파일에 기록된 유통정보를 공개하여서는 아니 된다. 다만, 국가의 안전보장에 위해(危害)가 없고 타인의 비밀을 침해할 우려가 없는 정보로서 대통령령으로 정하는 것은 그러하지 아니하다.

③ 유통정보화서비스를 제공하는 자는 유통표준전자문서를 대통령령으로 정하는 기간 동안 보관하여야 한다.

제23조(유통전문인력의 양성)

① 산업통상자원부장관 또는 중소벤처기업부장관은 유통전문인력을 양성하기 위하여 다음 각 호의 사업을 할 수 있다.

 1. 유통산업에 종사하는 사람의 자질 향상을 위한 교육 · 연수
 2. 유통산업에 종사하려는 사람의 취업 · 재취업 또는 창업의 촉진을 위한 교육 · 연수
 3. 선진유통기법의 개발 · 보급
 4. 그 밖에 유통전문인력을 양성하기 위하여 필요하다고 인정되는 사업

② 산업통상자원부장관 또는 중소벤처기업부장관은 다음 각 호의 기관이 제1항 각 호의 사업을 하는 경우에는 예산의 범위에서 그 사업에 필요한 경비의 전부 또는 일부를 지원할 수 있다.

 1. 「정부출연연구기관 등의 설립 · 운영 및 육성에 관한 법률」 또는 「과학기술분야 정부출연연구기관 등의 설립 · 운영 및 육성에 관한 법률」에 따른 정부출연연구기관
 2. 「고등교육법」 제2조제1호에 따른 대학 또는 같은 법 제29조에 따른 대학원
 3. 유통연수기관

③ 제2항제3호의 "유통연수기관"이란 다음 각 호의 어느 하나에 해당하는 기관을 말한다.

 1. 「상공회의소법」 제34조에 따른 대한상공회의소(이하 "대한상공회의소"라 한다)
 2. 「산업발전법」 제32조에 따른 한국생산성본부
 3. 유통인력 양성을 위한 대통령령으로 정하는 시설 · 인력 및 연수 실적의 기준에 적합한 법인으로서 산업통상자원부장관이 지정하는 기관

④ 제3항제3호에 따른 유통연수기관(이하 "지정유통연수기관"이라 한다)의 지정절차 등에 관하여 필요한 사항은 산업통상자원부령으로 정한다.

⑤ 산업통상자원부장관은 지정유통연수기관이 제1호에 해당하는 경우에는 그 지정을 취소하여야 하고, 제2호에 해당하는 경우에는 그 지정을 취소하거나 3개월 이내의 기간을 정하여 지정의 효력을 정지할 수 있다.

 1. 거짓이나 그 밖의 부정한 방법으로 지정받은 경우
 2. 제3항제3호에 따른 지정기준에 적합하지 아니한 경우

⑥ 지정유통연수기관이 해산되는 경우 해당 기관의 장은 산업통상자원부령으로 정하는 바에 따라 산업통상자원부장관에게 통보하여야 한다.

제24조(유통관리사)

① 유통관리사는 다음 각 호의 직무를 수행한다.

1. 유통경영 · 관리 기법의 향상
2. 유통경영 · 관리와 관련한 계획 · 조사 · 연구
3. 유통경영 · 관리와 관련한 진단 · 평가
4. 유통경영 · 관리와 관련한 상담 · 자문
5. 그 밖에 유통경영 · 관리에 필요한 사항

② 유통관리사가 되려는 사람은 산업통상자원부장관이 실시하는 유통관리사 자격시험에 합격하여야 한다.

③ 유통관리사의 등급, 유통관리사 자격시험의 실시방법 · 응시자격 · 시험과목 및 시험과목의 면제나 시험점수의 가산, 자격증의 발급 등에 필요한 사항은 대통령령으로 정한다.

④ 산업통상자원부장관 또는 지방자치단체의 장은 유통관리사를 고용한 유통사업자 및 유통사업자단체에 대하여 다른 유통사업자 및 사업자단체에 우선하여 자금 등을 지원할 수 있다.

⑤ 산업통상자원부장관은 거짓이나 그 밖의 부정한 방법으로 유통관리사의 자격을 취득한 사람에 대하여 그 자격을 취소하여야 한다.

⑥ 산업통상자원부장관은 다른 사람에게 유통관리사의 명의를 사용하게 하거나 자격증을 빌려준 사람에 대하여 대통령령으로 정하는 바에 따라 6개월 이내의 기간을 정하여 자격을 정지할 수 있다.

⑦ 제5항에 따라 유통관리사의 자격이 취소된 사람은 취소일부터 3년간 유통관리사 자격시험에 응시할 수 없다.

제25조(유통산업의 국제화 촉진)
산업통상자원부장관은 유통사업자 또는 유통사업자단체가 다음 각 호의 사업을 추진하는 경우에는 예산의 범위에서 필요한 경비의 전부 또는 일부를 지원할 수 있다. 〈개정 2013. 3. 23.〉
1. 유통 관련 정보 · 기술 · 인력의 국제교류
2. 유통 관련 국제 표준화 · 공동조사 · 연구 · 기술 협력
3. 유통 관련 국제학술대회 · 국제박람회 등의 개최
4. 해외유통시장의 조사 · 분석 및 수집정보의 체계적인 유통
5. 해외유통시장에 공동으로 진출하기 위한 공동구매 · 공동판매망의 구축 등 공동협력사업
6. 그 밖에 유통산업의 국제화를 위하여 필요하다고 인정되는 사업

제26조(유통기능 효율화 시책)
① 산업통상자원부장관은 유통기능을 효율화하기 위하여 다음 각 호의 사항에 관한 시책을 마련하여야 한다.
1. 물류표준화의 촉진
2. 물류정보화 기반의 확충
3. 물류공동화의 촉진
4. 물류기능의 외부 위탁 촉진
5. 물류기술 · 기법의 고도화 및 선진화
6. 집배송시설 및 공동집배송센터의 확충 및 효율적 배치
7. 그 밖에 유통기능의 효율화를 촉진하기 위하여 필요하다고 인정되는 사항

② 산업통상자원부장관은 제1항제5호에 따른 물류기술·기법의 고도화 및 선진화를 위하여 다음 각 호의 사업을 할 수 있다.
    1. 국내외 물류기술 수준의 조사
    2. 물류기술·기법의 연구개발 및 개발된 물류기술·기법의 활용
    3. 물류에 관한 기술협력·기술지도 및 기술이전
    4. 그 밖에 물류기술·기법의 개발 및 그 수준의 향상을 위하여 필요하다고 인정되는 사업
③ 산업통상자원부장관은 유통사업자·제조업자·물류사업자 또는 관련 단체가 제1항 및 제2항 각 호의 사업을 하는 경우에는 산업통상자원부령으로 정하는 바에 따라 예산의 범위에서 필요한 자금을 지원할 수 있다.

제5장 유통기능의 효율화

1. 공동집배송센터의 지정 등(★)

(1) 공동집배송센터의 지정

산업통상자원부장관은 물류공동화를 촉진하기 위하여 필요한 경우에는 시·도지사의 추천을 받아 부지 면적, 시설 면적 및 유통시설로의 접근성 등 산업통상자원부령으로 정하는 요건에 해당하는 지역 및 시설물을 공동집배송센터로 지정할 수 있다(제29조).

(2) 공동집배송센터의 지정요건

공동집배송센터의 지정요건은 다음과 같다(칙 제19조).
① 부지면적이 3만제곱미터 이상(「국토의 계획 및 이용에 관한 법률」에 따른 상업지역 또는 공업지역의 경우에는 2만제곱미터 이상)이고, 집배송시설면적이 1만제곱미터 이상일 것
② 도시내 유통시설로의 접근성이 우수하여 집배송기능이 효율적으로 이루어질 수 있는 지역 및 시설물

(3) 지정추천의 신청

① 공동집배송센터의 지정을 받으려는 자는 산업통상자원부령으로 정하는 바에 따라 공동집배송센터의 조성·운영에 관한 사업계획을 첨부하여 시·도지사에게 공동집배송센터 지정 추천을 신청하여야 한다.
② 추천 신청을 받은 시·도지사는 그 사업의 타당성 등을 검토한 결과 해당 지역 집배송체계의 효율화를 위하여 필요하다고 인정하는 경우에는 추천 사유서와 산업통상자원부령

으로 정하는 서류를 산업통상자원부장관에게 제출하여야 한다.

(4) 변경지정

지정받은 공동집배송센터를 조성·운영하려는 자(이하 "공동집배송센터사업자"라 한다)는 지정받은 사항 중 산업통상자원부령으로 정하는 중요 사항을 변경하려면 산업통상자원부장관의 변경지정을 받아야 한다.

(5) 협의

산업통상자원부장관은 공동집배송센터를 지정하거나 변경지정하려면 미리 관계 중앙행정기관의 장과 협의하여야 한다.

(6) 고시

산업통상자원부장관은 공동집배송센터를 지정하였을 때에는 산업통상자원부령으로 정하는 바에 따라 고시하여야 한다.

(7) 시설기준

공동집배송센터사업자는 산업통상자원부령으로 정하는 시설기준 및 운영기준에 따라 공동집배송센터를 설치하고 운영하여야 한다.

☑ **공동집배송센터의 시설기준(칙 제23조)**

1. **주요시설** : 다음 각 목에 해당하는 집배송시설을 갖추어야 하며, 그 연면적이 공동집배송센터 전체 연면적의 100분의 50 이상이 되도록 하여야 한다.
가. 보관·하역시설
 (1) 「건축법 시행령」에 따른 창고·하역장 또는 이와 유사한 것
 (2) 화물적치용 건조물 또는 이와 유사한 것
 (3) 보관·하역 관련 물류자동화설비
나. 분류·포장 및 가공시설
 (1) 「건축법 시행령」에 따른 공장(제조에 사용되는 시설을 제외한다) 또는 이와 유사한 것
 (2) 분류·포장 관련 물류자동화설비
다. 수송·배송시설
 (1) 상품의 입하·출하시설 또는 이와 유사한 시설
 (2) 수송·배송 관련 물류자동화설비
라. 정보 및 주문처리시설 : 전자주문시스템(EOS), 전자문서교환(EDI), 판매시점관리시스템(POS) 등 집배송시설 이용 상품의 흐름 및 거래업체간 상품의 주문, 수주·발주 활동을 자동적으로

파악·처리할 수 있는 정보화 시설

2. 부대시설 : 집배송시설의 기능을 원활히 하기 위한 다음 각 목에 해당하는 시설이 우선적으로 설치·운영되도록 노력하여야 한다.
가. 「건축법 시행령」에 따른 소매점 및 휴게음식점
나. 「건축법 시행령」에 따른 일반음식점, 휴게음식점, 금융업소, 사무소, 부동산중개업소, 결혼상담소 등 소개업소, 출판사, 제조업소, 수리점, 세탁소 또는 이와 유사한 것
다. 「건축법 시행령」에 따른 전시장
라. 「건축법 시행령」에 따른 도매시장, 소매시장, 상점
마. 「건축법 시행령」에 따른 일반업무시설
바. 그 밖의 후생복리시설

2. 공동집배송센터의 신탁개발(★)

(1) 신탁개발

공동집배송센터사업자는 「자본시장과 금융투자업에 관한 법률」에 따른 신탁업자와 신탁계약을 체결하여 공동집배송센터를 신탁개발할 수 있다(제32조).

(2) 지위의 승계

신탁계약을 체결한 신탁업자는 공동집배송센터사업자의 지위를 승계한다. 이 경우 공동집배송센터사업자는 계약체결일부터 14일 이내에 신탁계약서 사본을 산업통상자원부장관에게 제출하여야 한다.

3. 시정명령 및 지정취소(★)

(1) 시정명령

산업통상자원부장관은 공동집배송센터의 지정요건 및 시설·운영 기준에 미달하는 경우에는 산업통상자원부령으로 정하는 바에 따라 공동집배송센터사업자에 대하여 시정명령을 할 수 있다(제33조).

(2) 지정취소

산업통상자원부장관은 다음의 어느 하나에 해당하는 경우에는 공동집배송센터의 지정을 취소할 수 있다. 다만, ①에 해당하는 경우에는 그 지정을 취소하여야 한다.

① 거짓이나 그 밖의 부정한 방법으로 공동집배송센터의 지정을 받은 경우

② 공동집배송센터의 지정을 받은 날부터 정당한 사유 없이 3년 이내에 시공을 하지 아니하는 경우

③ 시정명령을 이행하지 아니하는 경우

④ 공동집배송센터사업자의 파산 등 대통령령으로 정하는 사유로 정상적인 사업추진이 곤란하다고 인정되는 경우

4. 공동집배송센터 개발촉진지구의 지정 등(★)

(1) 지정의 요청

시·도지사는 집배송시설의 집단적 설치를 촉진하고 집배송시설의 효율적 배치를 위하여 공동집배송센터 개발촉진지구(이하 "촉진지구"라 한다)의 지정을 산업통상자원부장관에게 요청할 수 있다(제34조).

(2) 지정요건

지정요건은 다음과 같다.

① 부지의 면적이 10만제곱미터 이상일 것

② 다음의 어느 하나에 해당하는 지역일 것

> ㉠ 「외국인투자촉진법」에 따른 외국인투자지역
> ㉡ 「자유무역지역의 지정 및 운영에 관한 법률」에 따른 자유무역지역
> ㉢ 「경제자유구역의 지정 및 운영에 관한 특별법」에 따른 경제자유구역
> ㉣ 「물류시설의 개발 및 운영에 관한 법률」에 따른 물류단지
> ㉤ 「산업입지 및 개발에 관한 법률」에 따른 국가산업단지, 일반산업단지 및 도시첨단산업단지
> ㉥ 「항공법」에 따른 공항 및 배후지
> ㉦ 「항만법」에 따른 항만 및 배후지

③ 집배송시설 또는 공동집배송센터가 2 이상 설치되어 있을 것

(3) 지정 등의 절차

① 산업통상자원부장관은 시·도지사가 요청한 지역이 산업통상자원부령으로 정하는 요건에 적합하다고 판단하는 경우에는 촉진지구로 지정하고, 그 내용을 산업통상자원부령으로 정하는 바에 따라 고시하여야 한다.

② 산업통상자원부장관은 촉진지구를 지정하려면 미리 관계 중앙행정기관의 장과 협의하여야 한다.

(4) 촉진지구에 대한 지원

① 산업통상자원부장관 또는 시·도지사는 촉진지구의 개발을 활성화하기 위하여 촉진지구에 설치되거나 촉진지구로 이전하는 집배송시설에 대하여 자금이나 그 밖에 필요한 사항을 지원할 수 있다(제35조).
② 산업통상자원부장관은 촉진지구의 집배송시설에 대하여는 시·도지사의 추천이 없더라도 공동집배송센터로 지정할 수 있다.

☑ 관련 법조문

제30조(인·허가등의 의제)
① 제29조제1항에 따라 공동집배송센터를 지정하는 경우 다음 각 호의 허가·신고·승인·인가·협의·해제·지정 및 심사(이하 이 조에서 "인·허가등"이라 한다)에 관하여 산업통상자원부장관이 제2항에 따라 다른 행정기관의 장과 협의한 결과 동의를 받은 사항에 대하여는 해당 인·허가등을 받은 것으로 본다.
 1. 「농지법」 제34조제1항에 따른 농지의 전용허가
 2. 「산지관리법」 제14조·제15조에 따른 산지전용허가 및 산지전용신고, 같은 법 제15조의2에 따른 산지일시사용 허가·신고, 「산림자원의 조성 및 관리에 관한 법률」 제36조제1항·제5항에 따른 입목벌채등의 허가·신고 및 「산림보호법」 제9조제2항제1호·제2호에 따른 입목·죽의 벌채, 임산물의 굴취·채취, 가축의 방목, 그 밖에 토지의 형질을 변경하는 행위의 허가·신고 등. 그 밖의 사항은 생략
② 산업통상자원부장관은 제29조에 따라 공동집배송센터를 지정하려는 경우 그 지정 내용에 제1항 각 호의 어느 하나에 해당하는 사항이 포함되어 있을 때에는 관계 행정기관의 장과 협의하여야 한다. 이 경우 관계 행정기관의 장은 산업통상자원부장관의 협의 요청을 받은 날부터 대통령령으로 정하는 기간 이내에 의견을 제출하여야 한다.

제31조(공동집배송센터의 지원)
① 산업통상자원부장관은 제29조제1항에 따라 지정받은 공동집배송센터의 조성에 필요한 자금 등을 지원할 수 있다.
② 삭제 〈2015. 11. 20.〉
③ 산업통상자원부장관은 공동집배송센터의 조성을 위하여 필요하다고 인정하는 경우에는 부지의 확보, 도시·군계획의 변경 또는 도시·군계획시설의 설치 등에 관하여 시·도지사에게 협조를 요청할 수 있다.

제35조의2(국유재산·공유재산의 매각 등)
① 국가 또는 지방자치단체는 제8조에 따른 대규모점포의 개설과 중소유통공동도매물류센터의 건립

을 위하여 필요한 경우로서 대통령령으로 정하는 경우에는 「국유재산법」 또는 「공유재산 및 물품 관리법」에도 불구하고 국유재산·공유재산을 수의계약으로 매각할 수 있다. 이 경우 국유재산·공유재산의 매각의 내용 및 조건에 관하여는 「국유재산법」 또는 「공유재산 및 물품 관리법」에서 정하는 바에 따른다.

② 대규모점포를 개설하려는 자 또는 중소유통공동도매물류센터를 건립하려는 자는 도로의 개설에 관한 업무를 대통령령으로 정하는 바에 따라 국가기관 또는 지방자치단체에 위탁하여 시행할 수 있다.

③ 대규모점포를 개설하려는 자 또는 중소유통공동도매물류센터를 건립하려는 자가 제2항에 따라 도로의 개설에 관한 업무를 국가기관 또는 지방자치단체에 위탁하여 시행하는 경우에는 산업통상자원부령으로 정하는 요율의 위탁수수료를 지급하여야 한다.

제6장 상거래질서의 확립

1. 유통분쟁조정위원회

(1) 분쟁조정의 대상

유통에 관한 다음의 분쟁을 조정하기 위하여 특별시·광역시·특별자치시·도·특별자치도(이하 "시·도"라 한다) 및 시(「제주특별자치도 설치 및 국제자유도시 조성을 위한 특별법」에 따른 행정시를 포함한다)·군·구에 각각 유통분쟁조정위원회(이하 "위원회"라 한다)를 둘 수 있다(제36조).

① 등록된 대규모점포등과 인근 지역의 도매업자·소매업자 사이의 영업활동에 관한 분쟁. 다만, 「독점규제 및 공정거래에 관한 법률」을 적용받는 사항은 제외한다.

② 등록된 대규모점포등과 중소제조업체 사이의 영업활동에 관한 사항. 다만, 「독점규제 및 공정거래에 관한 법률」을 적용받는 사항은 제외한다.

③ 등록된 대규모점포등과 인근 지역의 주민 사이의 생활환경에 관한 분쟁

④ 대규모점포등개설자의 업무 수행과 관련한 분쟁

(2) 위원회의 구성

① 위원회는 위원장 1명을 포함하여 11명 이상 15명 이하의 위원으로 구성한다.

② 위원회의 위원장은 위원 중에서 호선(互選)한다.

③ 위원회의 위원은 다음 각 호의 사람이 된다.

> ㉠ 다음의 어느 하나에 해당하는 사람으로서 해당 지방자치단체의 장이 위촉하는

사람

　　　　ⓐ 판사 · 검사 또는 변호사의 자격이 있는 사람
　　　　ⓑ 대한상공회의소의 임원 또는 직원
　　　　ⓒ 소비자단체의 대표
　　　　ⓓ 유통산업 분야에 관한 학식과 경험이 풍부한 사람
　　　　ⓔ 해당 지방자치단체에 거주하는 소비자
　　ⓛ 해당 지방자치단체의 도매업 · 소매업에 관한 업무를 담당하는 공무원으로서 그
　　　　지방자치단체의 장이 지명하는 사람

④ 공무원이 아닌 위원의 임기는 2년으로 한다.
⑤ 대규모점포등, 영업활동 및 생활환경의 범위에 대하여는 대통령령으로 정한다.

2. 분쟁의 조정

(1) 조정의 신청

① 대규모점포등과 관련된 분쟁의 조정을 원하는 자는 특별자치시 · 시 · 군 · 구의 위원회
에 분쟁의 조정을 신청할 수 있다(제37조).
② 유통분쟁조정위원회는 유통분쟁조정신청을 받은 경우 신청일부터 3일 이내에 신청인
외의 관련 당사자에게 분쟁의 조정신청에 관한 사실과 그 내용을 통보하여야 한다(영
제16조).

(2) 조정신청의 통합

유통분쟁조정위원회는 동일한 시기에 동일한 사안에 대하여 다수의 분쟁조정이 신청된 경
우에는 그 다수의 분쟁조정신청을 통합하여 조정할 수 있다(영 제16조의3).

(3) 자료 요청 등

① 위원회는 분쟁조정을 위하여 필요한 자료를 제공하여 줄 것을 당사자 또는 참고인에게
요청할 수 있다. 이 경우 해당 당사자는 정당한 사유가 없으면 요청에 따라야 한다(제38조).
② 위원회는 필요하다고 인정하는 경우에는 당사자 또는 참고인으로 하여금 위원회에 출석
하게 하여 그 의견을 들을 수 있다.

(4) 조정안의 작성 및 불복

① 분쟁의 조정신청을 받은 위원회는 신청을 받은 날부터 60일 이내에 이를 심사하여 조정

안을 작성하여야 한다. 다만, 부득이한 사정이 있는 경우에는 위원회의 의결로 그 기간을 연장할 수 있다.

② 시(특별자치시는 제외한다)·군·구의 위원회의 조정안에 불복하는 자는 조정안을 제시받은 날부터 15일 이내에 시·도의 위원회에 조정을 신청할 수 있다.

③ 위의 ②에 따라 조정신청을 받은 시·도의 위원회는 그 신청 내용을 시·군·구의 위원회 및 신청인 외의 당사자에게 통지하고, 조정신청을 받은 날부터 30일 이내에 이를 심사하여 조정안을 작성하여야 한다. 다만, 부득이한 사정이 있는 경우에는 위원회의 의결로 그 기간을 연장할 수 있다.

④ 위원회는 기간을 연장하는 경우에는 기간을 연장하게 된 사유 등을 당사자에게 통보하여야 한다.

3. 조정의 효력

(1) 조정안의 제시

① 위원회는 조정안을 작성하였을 때에는 지체 없이 조정안을 각 당사자에게 제시하여야 한다(제39조).

② 조정안을 제시받은 당사자는 그 제시를 받은 날부터 15일 이내에 그 수락 여부를 위원회에 통보하여야 한다.

(2) 조정서의 작성

① 당사자가 조정안을 수락하였을 때에는 위원회는 즉시 조정서를 작성하여야 하며, 위원장 및 각 당사자는 조정서에 기명날인하거나 서명하여야 한다.

② 당사자가 조정안을 수락하고 조정서에 기명날인하거나 서명하였을 때에는 당사자 간에 조정서와 동일한 내용의 합의가 성립된 것으로 본다.

4. 조정의 거부 및 중지

(1) 조정의 거부

위원회는 분쟁의 성질상 위원회에서 조정함이 적합하지 아니하다고 인정하거나 부정한 목적으로 신청되었다고 인정하는 경우에는 조정을 거부할 수 있다. 이 경우 조정거부의 사유 등을 당사자에게 통보하여야 한다(제40조).

(2) 조정의 중지

위원회는 신청된 조정사건에 대한 처리절차의 진행 중에 한쪽 당사자가 소(訴)를 제기한 때에는 그 조정의 처리를 중지하고 그 사실을 당사자에게 통보하여야 한다.

5. 위원회의 통보

유통분쟁조정위원회는 조정이 성립되거나 조정의 거부 또는 중지가 있는 경우에는 그 내용을 지체없이 당사자 및 시장(「제주특별자치도 설치 및 국제자유도시 조성을 위한 특별법」에 따른 행정시장을 포함한다)·군수 또는 구청장(자치구의 구청장을 말한다)에게 통보하여야 한다(영 제16조).

6. 그 밖의 사항

(1) 조정절차 등

제36조부터 제40조까지에서 규정한 사항 외에 분쟁의 조정방법, 조정절차, 조정업무의 처리 및 조정비용의 분담 등에 필요한 사항은 대통령령으로 정한다.

(2) 비영리법인에 대한 권고

① 지방자치단체의 장은 「민법」이나 그 밖의 법률에 따라 설립된 비영리법인이 판매사업을 할 때 그 법인의 목적사업의 범위를 벗어남으로써 인근 지역의 도매업자 또는 소매업자의 이익을 현저히 해치고 있다고 인정하는 경우에는 해당 법인에 대하여 목적사업의 범위를 벗어난 판매사업을 중단하도록 권고할 수 있다(제42조).

② 지방자치단체의 장은 위의 ①에 해당하는 비영리법인에 대하여 판매사업에 관한 현황 등의 자료를 제공하여 줄 것을 요청할 수 있다.

7. 벌칙

(1) 10년 이하의 징역 또는 1억원 이하의 벌금

제22조 제1항을 위반하여 유통표준전자문서를 위작 또는 변작하거나 위작 또는 변작된 전자문서를 사용하거나 유통시킨 자는 10년 이하의 징역 또는 1억원 이하의 벌금에 처한다(제49조). 해당 죄의 미수범은 처벌한다.

(2) 1년 이하의 징역 또는 3천만원 이하의 벌금

다음의 어느 하나에 해당하는 자는 1년 이하의 징역 또는 3천만원 이하의 벌금에 처한다.
① 제8조 제1항 전단을 위반하여 등록을 하지 아니하고 대규모점포등을 개설하거나 거짓이
나 그 밖의 부정한 방법으로 대규모점포등의 개설등록을 한 자
② 제12조 제3항을 위반하여 신고를 하지 아니하고 대규모점포등개설자의 업무를 수행하
거나 거짓이나 그 밖의 부정한 방법으로 대규모점포등개설자의 업무수행신고를 한 자

(3) 1년 이하의 징역 또는 1천만원 이하의 벌금

제22조 제3항을 위반하여 유통표준전자문서를 보관하지 아니한 자는 1년 이하의 징역 또는
1천만원 이하의 벌금에 처한다.

8. 과태료

과태료는 대통령령으로 정하는 바에 따라 산업통상자원부장관, 중소벤처기업부장관 또는 지
방자치단체의 장이 부과·징수한다.

(1) 1억원 이하의 과태료

다음의 어느 하나에 해당하는 자에게는 1억원 이하의 과태료를 부과한다(제52조).
① 제12조의2 제1항 제1호에 따른 명령을 위반하여 영업제한시간에 영업을 한 자
② 제12조의2 제1항 제2호에 따른 의무휴업 명령을 위반한 자

(2) 1천만원 이하의 과태료

다음의 어느 하나에 해당하는 자에게는 1천만원 이하의 과태료를 부과한다.
① 제12소의5 제1항을 위반하여 회계감사를 받시 아니하거나 부정한 방법으로 받은 사
② 제12조의5 제4항을 위반하여 회계감사를 방해하는 등 같은 항 각 호의 어느 하나에
해당하는 행위를 한 자

(3) 500만원 이하의 과태료

다음의 어느 하나에 해당하는 자에게는 500만원 이하의 과태료를 부과한다.
① 제8조 제1항 후단을 위반하여 대규모점포등의 변경등록을 하지 아니하거나 거짓이나
그 밖의 부정한 방법으로 변경등록을 한 자
② 제12조 제1항 및 제2항에 따른 대규모점포등개설자의 업무를 수행하지 아니한 자
③ 제12조의3 제4항을 위반하여 관리비 등의 내역을 공개하지 아니하거나 거짓으로 공개한 자

④ 제12조의3 제5항을 위반하여 계약을 체결한 자

⑤ 제12조의3 제6항을 위반하여 계약서를 공개하지 아니하거나 거짓으로 공개한 자

⑥ 제12조의4 제1항을 위반하여 장부 및 증빙서류를 작성 또는 보관하지 아니하거나 거짓으로 작성한 자

⑦ 제12조의4 제2항을 위반하여 회계처리를 한 자

⑧ 제12조의4 제3항을 위반하여 장부나 증빙서류 등의 정보에 대한 열람, 복사의 요구에 응하지 아니하거나 거짓으로 응한 자

⑨ 제12조의5 제2항을 위반하여 회계감사의 결과를 공개하지 아니하거나 거짓으로 공개한 자

⑩ 제12조의6 제3항을 위반하여 관리규정에 대한 열람이나 복사의 요구에 응하지 아니하거나 거짓으로 응한 자

⑪ 제14조 제1항을 위반하여 임시시장을 개설한 자

⑫ 제29조 제4항을 위반하여 변경지정을 받지 아니한 자

⑬ 제33조 제1항에 따른 시정명령을 이행하지 아니한 공동집배송센터사업자

⑭ 제45조 제2항에 따른 보고를 거짓으로 한 자

☑ 관련 법조문

제44조(청문)
산업통상자원부장관, 중소벤처기업부장관 또는 특별자치시장 · 시장 · 군수 · 구청장은 다음 각 호의 어느 하나에 해당하는 처분을 하려면 청문을 하여야 한다.
  1. 제11조제1항에 따른 대규모점포등 개설등록의 취소
  2. 삭제 〈2015. 11. 20.〉
  3. 제23조제5항에 따른 지정유통연수기관의 취소
  4. 제24조제5항에 따른 유통관리사 자격의 취소
  5. 삭제 〈2015. 11. 20.〉
  6. 삭제 〈2015. 11. 20.〉
  7. 제33조제2항에 따른 공동집배송센터 지정의 취소

제44조의2(대규모점포등의 관리현황 점검 · 감독 등)
① 산업통상자원부장관 또는 특별자치시장 · 시장 · 군수 · 구청장은 대규모점포등관리자의 업무집행 및 비용의 징수 · 관리 등에 관하여 확인이 필요하다고 인정될 때에는 대규모점포등관리자에 대하여 그 업무에 관한 사항을 보고하게 하거나 자료를 제출하게 할 수 있으며, 관계 공무원에게 사업장 등을 출입하여 관계 서류 등을 검사하게 할 수 있다.
② 제1항에 따른 검사를 하려는 공무원은 검사 3일 전까지 그 일시 · 목적 및 내용을 검사대상자에게 통지하여야 한다. 다만, 긴급히 검사하여야 하거나 사전에 알리면 증거인멸 등으로 검사목적을 달성할 수 없다고 인정하는 경우에는 그러하지 아니하다.
③ 제1항에 따라 출입 · 검사를 하는 공무원은 그 권한을 표시하는 증표를 지니고 이를 관계인에게

보여 주어야 한다.

④ 산업통상자원부장관은 특별자치시장·시장·군수·구청장으로 하여금 대규모점포등관리자의 현황, 업무의 집행 및 비용의 징수·관리 등에 관한 사항을 보고하게 할 수 있다.

제45조(보고)

① 시·도지사 또는 시장·군수·구청장은 산업통상자원부령으로 정하는 바에 따라 다음 각 호의 사항을 산업통상자원부장관에게 보고하여야 한다.

 1. 제7조에 따른 지역별 시행계획 및 추진 실적

 2. 제8조·제11조 및 제12조에 따른 대규모점포등 개설등록·취소 및 대규모점포등개설자의 업무를 수행하는 자의 신고현황

 3. 제37조에 따른 분쟁의 조정 실적

 4. 제42조에 따른 비영리법인에 대한 권고 실적

② 산업통상자원부장관, 중소벤처기업부장관 또는 지방자치단체의 장은 이 법에 따른 자금 등의 지원을 위하여 특히 필요하다고 인정하는 경우에는 다음 각 호에 해당하는 자에 대하여 사업실적 등 산업통상자원부령으로 정하는 사항을 보고하게 할 수 있다.

 1. 중소유통공동도매물류센터운영자 또는 공동집배송센터사업시행자

 2. 유통사업자단체

 3. 제23조제3항 각 호의 유통연수기관

제46조(권한 또는 업무의 위임·위탁)

① 이 법에 따른 산업통상자원부장관의 권한은 대통령령으로 정하는 바에 따라 그 일부를 국가기술표준원장에게 위임할 수 있다.

② 이 법에 따른 산업통상자원부장관 또는 중소벤처기업부장관의 권한은 대통령령으로 정하는 바에 따라 그 일부를 시·도지사에게 위임할 수 있다.

③ 이 법에 따른 산업통상자원부장관의 권한은 대통령령으로 정하는 바에 따라 그 일부를 중소벤처기업부장관에게 위탁할 수 있다.

④ 산업통상자원부장관은 제24조에 따른 유통관리사 자격시험의 실시에 관한 업무를 대통령령으로 정하는 바에 따라 대한상공회의소에 위탁할 수 있다

⑤ 산업통상자원부장관은 제7조의4에 따른 유통산업의 실태조사에 관한 업무를 「통계법」 제15조에 따른 통계작성지정기관에 위탁할 수 있다.

제47조(벌칙 적용 시의 공무원 의제)

제46조제4항에 따라 위탁한 업무에 종사하는 대한상공회의소의 임원 및 직원은 「형법」 제129조부터 제132조까지의 규정을 적용할 때에는 공무원으로 본다.

제48조(수수료)

① 제8조에 따라 대규모점포등의 개설등록을 하려는 자는 산업통상자원부령으로 정하는 범위에서 특별자치시·시·군·구의 조례로 정하는 바에 따라 수수료를 내야 한다.

② 삭제 〈2015. 11. 20.〉

　[전문개정 2013. 1. 23.]

　제48조의2(규제의 존속기한) 제2조제4호, 제8조제1항·제2항 중 준대규모점포와 관련된 부분, 제8조제3항·제4항 및 제13조의3은 2025년 11월 23일까지 그 효력을 가진다. 〈개정 2020. 10. 20.〉

제50조(벌칙)

제22조제2항을 위반하여 유통표준전자문서 또는 컴퓨터 등 정보처리조직의 파일에 기록된 유통정보를 공개한 자는 1천만원 이하의 벌금에 처한다.

제51조(양벌규정)

법인의 대표자나 법인 또는 개인의 대리인, 사용인, 그 밖의 종업원이 그 법인 또는 개인의 업무에 관하여 제49조 또는 제50조의 위반행위를 하면 그 행위자를 벌하는 외에 그 법인 또는 개인에게도 해당 조문의 벌금형을 과(科)한다. 다만, 법인 또는 개인이 그 위반행위를 방지하기 위하여 해당 업무에 관하여 상당한 주의와 감독을 게을리하지 아니한 경우에는 그러하지 아니하다.

Chapter 04. 적중예상문제

01. 유통산업발전법상 용어의 정의에 관한 설명으로 옳지 않은 것은?

① "임시시장"이란 다수의 수요자와 공급자가 일정한 기간 동안 상품을 매매하거나 용역을 제공하는 일정한 장소를 말한다.

② "상점가"란 같은 업종을 경영하는 여러 도매업자 또는 소매업자가 일정 지역에 점포 및 부대시설 등을 집단으로 설치하여 만든 상가단지를 말한다.

③ "무점포판매"란 상시 운영되는 매장을 가진 점포를 두지 아니하고 상품을 판매하는 것으로서 산업통상자원부령으로 정하는 것을 말한다.

④ "물류설비"란 화물의 수송·포장·하역·운반과 이를 관리하는 물류정보처리활동에 사용되는 물품·기계·장치 등의 설비를 말한다.

⑤ "공동집배송센터"란 여러 유통사업자 또는 제조업자가 공동으로 사용할 수 있도록 집배송시설 및 부대업무시설이 설치되어 있는 지역 및 시설물을 말한다.

> **정답 |** ②
> **해설 |** ② "상점가"란 일정 범위의 가로(街路) 또는 지하도에 대통령령으로 정하는 수 이상의 도매점포·소매점포 또는 용역점포가 밀집하여 있는 지구를 말한다. "전문상가단지"란 같은 업종을 경영하는 여러 도매업자 또는 소매업자가 일정 지역에 점포 및 부대시설 등을 집단으로 설치하여 만든 상가단지를 말한다.

02. 유통산업발전법의 적용이 배제되는 시장·사업장 및 매장을 모두 고른 것은?

> ㄱ. 「농수산물 유통 및 가격안정에 관한 법률」에 따른 농수산물공판장
> ㄴ. 「농수산물 유통 및 가격안정에 관한 법률」에 따른 민영농수산물도매시장
> ㄷ. 「농수산물 유통 및 가격안정에 관한 법률」에 따른 농수산물종합유통센터
> ㄹ. 「축산법」에 따른 가축시장

① ㄹ

② ㄱ, ㄷ

③ ㄴ, ㄹ

④ ㄱ, ㄴ, ㄷ

⑤ ㄱ, ㄴ, ㄷ, ㄹ

> **정답 |** ⑤
> **해설 |** ⑤ ㄱ, ㄴ, ㄷ, ㄹ은 유통산업발전법의 적용이 배제되는 시장·사업장 및 매장이다.

03. 유통산업발전법상 대규모점포등에 관한 설명으로 옳은 것은?

① 대규모점포를 개설하려는 자는 영업을 개시하기 30일 전까지 개설 지역 및 시기 등을 포함한 개설계획을 예고하여야 한다.

② 유통산업발전법을 위반하여 징역의 실형을 선고받고 그 집행이 면제된 날부터 6월이 지난 사람은 대규모점포등의 등록을 할 수 있다.

③ 대형마트의 영업시간을 제한하는 경우 조례로 달리 정하지 않는 한 오전 0시부터 오전 11시까지의 범위에서 영업시간을 제한할 수 있다.

④ 대규모점포등관리자는 대규모점포등의 관리 또는 사용에 관하여 입점상인의 3분의 2 이상의 동의를 얻어 관리규정을 제정하여야 한다.

⑤ 대규모점포등개설자가 대규모점포등을 폐업하려는 경우에는 특별자치시장·시장·군수·구청장의 허가를 받아야 한다.

정답 | ④
해설 | ① 대규모점포를 개설하려는 자는 영업을 개시하기 60일 전까지 개설 지역 및 시기 등을 포함한 개설계획을 예고하여야 한다. ② 유통산업발전법을 위반하여 징역의 실형을 선고받고 그 집행이 면제된 날부터 1년이 지난 사람은 대규모점포등의 등록을 할 수 있다. ③ 오전 0시부터 오전 10시까지의 범위에서 영업시간을 제한할 수 있다. ⑤ 특별자치시장·시장·군수·구청장에게 신고를 하여야 한다.

04. 유통산업발전법상 유통산업의 경쟁력 강화에 관한 설명으로 옳은 것은?

① 체인사업자는 체인점포의 경영을 개선하기 위하여 유통관리사의 고용 촉진을 추진하여야 한다.

② 지방자치단체의 장은 자신이 건립한 중소유통공동도매물류센터의 운영을 중소유통기업자단체에 위탁할 수 없다.

③ 상점가진흥조합은 협동조합으로 설립하여야 하고 사업조합의 형식으로는 설립할 수 없다.

④ 지방자치단체의 장은 상점가진흥조합이 조합원의 판매촉진을 위한 공동사업을 하는 경우에는 필요한 자금을 지원할 수 없다.

⑤ 상점가진흥조합의 구역은 다른 상점가진흥조합 구역의 5분의 1 이하의 범위에서 그 다른 상점가진흥조합의 구역과 중복되어 지정할 수 있다.

정답 | ①
해설 | ② 위탁할 수 있다. ③ 상점가진흥조합은 협동조합 또는 사업조합으로 설립한다. ④ 예산의 범위에서 필요한 자금을 지원할 수 있다. ⑤ 상점가진흥조합의 구역은 다른 상점가진흥조합의 구역과 중복되어서는 아니 된다.

Chapter 05 항만운송사업법

제1장 총칙

1. 목적

이 법은 항만운송에 관한 질서를 확립하고, 항만운송사업의 건전한 발전을 도모하여 공공의 복리를 증진함을 목적으로 한다(제1조).

2. 정의(★)

(1) 항만운송

이 법에서 "항만운송"이란 타인의 수요에 응하여 하는 행위로서 다음의 어느 하나에 해당하는 것을 말한다(제2조).

1) 항만하역
① 선박을 이용하여 운송된 화물을 화물주(貨物主) 또는 선박운항업자의 위탁을 받아 항만에서 선박으로부터 인수하거나 화물주에게 인도하는 행위
② 선박을 이용하여 운송될 화물을 화물주 또는 선박운항업자의 위탁을 받아 항만에서 화물주로부터 인수하거나 선박에 인도하는 행위
③ ① 또는 ②의 행위에 선행하거나 후속하여 ④부터 ⑬까지의 행위를 하나로 연결하여 하는 행위
④ 항만에서 화물을 선박에 싣거나 선박으로부터 내리는 일
⑤ 항만에서 선박 또는 부선(艀船)을 이용하여 화물을 운송하는 행위, 해양수산부령으로 정하는 항만과 항만 외의 장소와의 사이(이하 "지정구간"이라 한다)에서 부선 또는 범선을 이용하여 화물을 운송하는 행위와 항만 또는 지정구간에서 부선 또는 뗏목을 예인선(曳引船)으로 끌고 항해하는 행위. 다만, 다음의 어느 하나에 해당하는 운송은 제외한다.

> ㉠ 「해운법」에 따른 해상화물운송사업자가 하는 운송
> ㉡ 「해운법」에 따른 해상여객운송사업자가 여객선을 이용하여 하는 여객운송에 수반되는 화물 운송
> ㉢ 선박에서 사용하는 물품을 공급하기 위한 운송

ⓔ 선박에서 발생하는 분뇨 및 폐기물의 운송

ⓜ 탱커선 또는 어획물운반선[어업장에서부터 양륙지(揚陸地)까지 어획물 또는 그
제품을 운반하는 선박을 말한다]에 의한 운송

⑥ 항만에서 선박 또는 부선을 이용하여 운송된 화물을 창고 또는 하역장[수면(水面) 목재
저장소는 제외한다]에 들여놓는 행위

⑦ 항만에서 선박 또는 부선을 이용하여 운송될 화물을 하역장에서 내가는 행위

⑧ 항만에서 ⑥ 또는 ⑦에 따른 화물을 하역장에서 싣거나 내리거나 보관하는 행위

⑨ 항만에서 ⑥ 또는 ⑦에 따른 화물을 부선에 싣거나 부선으로부터 내리는 행위

⑩ 항만이나 지정구간에서 목재를 뗏목으로 편성하여 운송하는 행위

⑪ 항만에서 뗏목으로 편성하여 운송된 목재를 수면 목재저장소에 들여놓는 행위나, 선박
또는 부선을 이용하여 운송된 목재를 수면 목재저장소에 들여놓는 행위

⑫ 항만에서 뗏목으로 편성하여 운송될 목재를 수면 목재저장소로부터 내가는 행위나, 선
박 또는 부선을 이용하여 운송될 목재를 수면 목재저장소로부터 내가는 행위

⑬ 항만에서 ⑪ 또는 ⑫에 따른 목재를 수면 목재저장소에서 싣거나 내리거나 보관하는
행위

2) 검수(檢數) : 선적화물(船積貨物)을 싣거나 내릴 때 그 화물의 개수를 계산하거나 그
화물의 인도·인수를 증명하는 일[이하 "검수(檢數)"라 한다]

3) 감정(鑑定) : 선적화물 및 선박(부선을 포함한다)에 관련된 증명·조사·감정을 하는
일[이하 "감정(鑑定)"이라 한다]

4) 검량(檢量) : 선적화물을 싣거나 내릴 때 그 화물의 용적 또는 중량을 계산하거나 증명하
는 일[이하 "검량(檢量)"이라 한다]

(2) 항만운송사업

이 법에서 항만운송사업이란 영리를 목적으로 하는지 여부에 관계없이 항만운송을 하는
사업을 말한다.

(3) 항만

이 법에서 항만이란 다음의 어느 하나에 해당하는 것을 말한다.

① 「항만법」에 따른 항만 중 해양수산부령으로 지정하는 항만(항만시설을 포함한다)

② 「항만법」에 따른 항만 외의 항만으로서 해양수산부령으로 수역(水域)을 정하여 지정하
는 항만(항만시설을 포함한다)

③ 「항만법」에 따라 해양수산부장관이 지정·고시한 항만시설

(4) 항만운송관련사업

이 법에서 항만운송관련사업이란 항만에서 선박에 물품이나 역무(役務)를 제공하는 항만용
역업·선용품공급업·선박연료공급업·선박수리업 및 컨테이너수리업을 말하며, 업종별
사업의 내용은 대통령령으로 정한다. 이 경우 선용품공급업은 건조 중인 선박 또는 해상구
조물 등에 선용품을 공급하는 경우를 포함한다.

☑ 업종별 사업의 내용(영 제2조)

① 항만용역업 : 다음 각 목의 행위를 하는 사업
  ㉠ 통선(通船)으로 본선(本船)과 육지 사이에서 사람이나 문서 등을 운송하는 행위
  ㉡ 본선을 경비(警備)하는 행위나 본선의 이안(離岸) 및 접안(接岸)을 보조하기 위하여 줄잡이
    역무(役務)를 제공하는 행위
  ㉢ 선박의 청소[유창(油艙) 청소는 제외한다], 오물 제거, 소독, 폐기물의 수집·운반, 화물 고정,
    칠 등을 하는 행위
  ㉣ 선박에서 사용하는 맑은 물을 공급하는 행위
② 선용품공급업 : 선박(건조 중인 선박 및 해양구조물 등을 포함한다)에 음료, 식품, 소모품, 밧줄,
  수리용 예비부분품 및 부속품, 집기, 그 밖에 이와 유사한 선용품을 공급하는 사업
③ 선박연료공급업 : 선박용 연료를 공급하는 사업
④ 선박수리업 : 선체, 기관 등 선박시설 및 설비를 수리, 교체 또는 도색하는 사업
⑤ 컨테이너수리업 : 컨테이너를 수리하는 사업

(5) 검수사, 감정사, 검량사

① 검수사 : 직업으로서 검수에 종사하는 자를 말한다.
② 감정사 : 직업으로서 감정에 종사하는 자를 말한다.
③ 검량사 : 직업으로서 검량에 종사하는 자를 말한다.

(6) 부두운영회사

부두운영회사란 항만하역사업 및 그 부대사업을 수행하기 위하여 「항만법」에 따른 항만시
설운영자 또는 「항만공사법」에 따른 항만공사(이하 "항만시설운영자등"이라 한다)와 부두
운영계약을 체결하고, 「항만법」에 따른 항만시설 및 그 항만시설의 운영에 필요한 장비·
부대시설 등을 일괄적으로 임차하여 사용하는 자를 말한다. 다만, 다음의 어느 하나에 해당
하는 자는 제외한다.
① 「항만공사법」에 따른 항만공사와 임대차계약을 체결하고, 해양수산부장관이 컨테이너
  부두로 정하여 고시한 항만시설을 임차하여 사용하는 자
② 그 밖에 특정 화물에 대하여 전용 사용되는 등 해양수산부장관이 부두운영회사가 운영

하기에 적합하지 아니하다고 인정하여 고시한 항만시설을 임차하여 사용하는 자

(7) 관리청

관리청이란 항만운송사업·항만운송관련사업 및 항만종합서비스업의 등록, 신고 및 관리 등에 관한 행정업무를 수행하는 다음의 구분에 따른 행정관청을 말한다.
① 「항만법」에 따른 국가관리무역항 및 국가관리연안항 : 해양수산부장관
② 「항만법」에 따른 지방관리무역항 및 지방관리연안항 : 특별시장·광역시장·도지사 또는 특별자치도지사(이하 "시·도지사"라 한다)

(8) 항만종합서비스업

항만종합서비스업이란 항만용역업[이안(離岸) 및 접안(接岸)을 보조하기 위하여 줄잡이 역무를 제공하는 행위 및 화물 고정 행위가 포함되어야 한다]과 검수사업·감정사업 및 검량사업 중 1개 이상의 사업을 포함하는 내용의 사업을 말한다.

3. 항만운송사업의 종류(★)

항만운송사업의 종류는 다음과 같다(제3조).
① 항만하역사업(제2조 제1항 제1호부터 제13호까지의 행위를 하는 사업)
② 검수사업(제2조 제1항 제14호의 행위를 하는 사업)
③ 감정사업(제2조 제1항 제15호의 행위를 하는 사업)
④ 검량사업(제2조 제1항 제16호의 행위를 하는 사업)

제2장 항만운송사업

1. 항만운송사업의 등록(★)

(1) 사업의 등록

① 항만운송사업을 하려는 자는 사업의 종류별로 관리청에 등록하여야 한다(제4조).
② 항만하역사업과 검수사업은 항만별로 등록한다.
③ 항만하역사업의 등록은 이용자별·취급화물별 또는 「항만법」의 항만시설별로 등록하는 한정하역사업과 그 외의 일반하역사업으로 구분하여 행한다.

(2) 등록의 신청

① 항만운송사업의 등록을 신청하려는 자는 해양수산부령으로 정하는 바에 따라 사업계획을 첨부한 등록신청서를 관리청에 제출하여야 한다(제5조).

② 항만운송사업의 등록을 신청하려는 자는 항만운송사업 등록신청서(전자문서로 된 신청서를 포함한다)에 사업계획서와 다음의 구분에 따른 서류를 첨부하여 해양수산부장관, 지방해양수산청장 또는 시·도지사에게 제출하여야 한다(칙 제4조).

> ㉠ 신청인이 법인인 경우 : 정관, 직전 사업연도의 재무제표(기존의 법인만 제출한다)
> ㉡ 신청인이 개인인 경우 : 재산 상태를 기재한 서류

③ 관리청은 등록신청을 받으면 사업계획과 등록기준을 검토한 후 등록요건을 모두 갖추었다고 인정하는 경우에는 해양수산부령으로 정하는 바에 따라 등록증을 발급하여야 한다.

(3) 등록기준

등록에 필요한 시설·자본금·노동력 등에 관한 기준은 대통령령으로 정한다. 다만, 관리청은 한정하역사업에 대하여는 이용자·취급화물 또는 항만시설의 특성을 고려하여 그 등록기준을 완화할 수 있다(제6조).

2. 검수사등

(1) 검수사등의 자격 및 등록

① 검수사·감정사 또는 검량사(이하 "검수사등"이라 한다)가 되려는 자는 해양수산부장관이 실시하는 자격시험에 합격한 후 해양수산부령으로 정하는 바에 따라 해양수산부장관에게 등록하여야 한다(제7조).

② 검수사등 자격시험의 시행일을 기준으로 결격사유에 해당하는 사람은 검수사등 자격시험에 응시할 수 없다.

(2) 부정행위자에 대한 제재

① 해양수산부장관은 검수사등의 자격시험에서 부정행위를 한 응시자에 대하여 그 시험을 정지 또는 무효로 하고, 그 시험을 정지하거나 무효로 한 날부터 3년간 같은 종류의 자격시험 응시자격을 정지한다(제7조의2).

② 해양수산부장관은 ①에 따른 처분을 하려는 경우에는 미리 그 처분 내용과 사유를 부정행위를 한 응시자에게 통지하여 소명할 기회를 주어야 한다.

(3) 결격사유(★)

다음의 어느 하나에 해당하는 사람은 검수사등의 자격을 취득할 수 없다(제8조).
① 미성년자
② 피성년후견인 또는 피한정후견인
③ 이 법 또는 「관세법」에 따른 죄를 범하여 금고 이상의 형의 선고를 받고 그 집행이 끝나거나(집행이 끝난 것으로 보는 경우를 포함한다) 집행이 면제된 날부터 3년이 지나지 아니한 사람
④ 이 법 또는 「관세법」에 따른 죄를 범하여 금고 이상의 형의 집행유예를 선고받고 그 유예기간 중에 있는 사람
⑤ 검수사등의 자격이 취소된 날부터 2년이 지나지 아니한 사람

(4) 자격증 대여 등의 금지

① 검수사등은 다른 사람에게 자기의 성명을 사용하여 검수사등의 업무를 하게 하거나 자기의 검수사등의 자격증을 양도 또는 대여하여서는 아니 된다(제8조의2).
② 누구든지 다른 사람의 검수사등의 자격증을 양수하거나 대여받아 사용하여서는 아니 된다.
③ 누구든지 다른 사람의 검수사등의 자격증의 양도·양수 또는 대여를 알선해서는 아니 된다.

(5) 자격의 취소 등

해양수산부장관은 다음의 어느 하나에 해당하는 경우에는 검수사등의 자격을 취소하여야 한다(제8조의3).
① 거짓이나 그 밖의 부정한 방법으로 검수사등의 자격을 취득한 경우
② 다른 사람에게 자기의 성명을 사용하여 검수사등의 업무를 하게 하거나 검수사등의 자격증을 다른 사람에게 양도 또는 대여한 경우

(6) 등록의 말소

해양수산부장관은 검수사등이 다음의 어느 하나에 해당하면 그 등록을 말소하여야 한다(제9조).
① 업무를 폐지한 경우
② 사망한 경우

3. 운임 및 요금(★)

(1) 인가

① 항만하역사업의 등록을 한 자는 해양수산부령으로 정하는 바에 따라 운임과 요금을 정하여 관리청의 인가를 받아야 한다. 이를 변경할 때에도 또한 같다(제10조).

② 관리청은 인가에 필요한 경우 표준운임 산출 및 표준요금의 산정을 위하여 선박운항업자, 부두운영회사 등 이해관계자들이 참여하는 협의체를 구성·운영할 수 있다.

(2) 신고(하역하는 화물의 운임과 요금)

① 해양수산부령으로 정하는 항만시설에서 하역하는 화물 또는 해양수산부령으로 정하는 품목에 해당하는 화물에 대하여는 해양수산부령으로 정하는 바에 따라 그 운임과 요금을 정하여 관리청에 신고하여야 한다. 이를 변경할 때에도 또한 같다.

② 관리청은 신고를 받은 경우 신고를 받은 날부터 30일 이내에 신고수리 여부를 신고인에게 통지하여야 한다.

③ 관리청이 30일 이내에 신고수리 여부 또는 민원 처리 관련 법령에 따른 처리기간의 연장을 신고인에게 통지하지 아니하면 그 기간(민원 처리 관련 법령에 따라 처리기간이 연장 또는 재연장된 경우에는 해당 처리기간을 말한다)이 끝난 날의 다음 날에 신고를 수리한 것으로 본다.

④ 관리청은 신고된 운임 및 요금에 대하여 항만운송사업의 건전한 발전과 공공복리의 증진을 위하여 필요하다고 인정할 때에는 이 운임 및 요금의 변경 또는 조정에 필요한 조치를 명할 수 있다.

(3) 검수사업등의 요금 설정신고

① 검수사업·감정사업 또는 검량사업(이하 "검수사업등"이라 한다)의 등록을 한 자는 해양수산부령으로 정하는 바에 따라 요금을 정하여 관리청에 미리 신고하여야 한다. 이를 변경할 때에도 또한 같다.

② 검수사업·감정사업 또는 검량사업의 등록을 한 자는 요금의 설정신고 또는 변경신고를 할 때에는 다음의 사항을 기재한 서류(전자문서를 포함한다)를 해양수산부장관, 지방해양수산청장 또는 시·도지사에게 제출하여야 한다(칙 제15조).

> ㉠ 상호
> ㉡ 성명 및 주소
> ㉢ 사업의 종류
> ㉣ 취급화물의 종류

　　　　ⓜ 항만명(검수사업만 해당한다)

　　　　ⓗ 변경 전후의 요금 비교, 변경 사유와 변경 예정일(요금을 변경하는 경우만 해당한다)

　　　　ⓢ 설정하거나 변경하려는 요금의 적용방법

　③ 관리청은 신고를 받은 경우 신고를 받은 날부터 14일 이내에 신고수리 여부를 신고인에게 통지하여야 한다.

　④ 관리청이 14일 이내에 신고수리 여부 또는 민원 처리 관련 법령에 따른 처리기간의 연장을 신고인에게 통지하지 아니하면 그 기간(민원 처리 관련 법령에 따라 처리기간이 연장 또는 재연장된 경우에는 해당 처리기간을 말한다)이 끝난 날의 다음 날에 신고를 수리한 것으로 본다.

　⑤ 관리청은 신고된 운임 및 요금에 대하여 항만운송사업의 건전한 발전과 공공복리의 증진을 위하여 필요하다고 인정할 때에는 이 운임 및 요금의 변경 또는 조정에 필요한 조치를 명할 수 있다.

4. 권리 · 의무의 승계

(1) 승계사유

다음의 어느 하나에 해당하는 자는 항만운송사업자의 등록에 따른 권리 · 의무를 승계한다(제23조).

① 항만운송사업자가 사망한 경우 그 상속인

② 항만운송사업자가 그 사업을 양도한 경우 그 양수인

③ 법인인 항만운송사업자가 합병한 경우 합병 후 존속하는 법인이나 합병으로 설립되는 법인

(2) 항만운송사업의 시설 · 장비를 인수한 자

다음의 어느 하나에 해당하는 절차에 따라 항만운송사업의 시설 · 장비 전부를 인수한 자는 종전의 항만운송사업자의 권리 · 의무를 승계한다.

① 「민사집행법」에 따른 경매

② 「채무자 회생 및 파산에 관한 법률」에 따른 환가(換價)

③ 「국세징수법」, 「관세법」 또는 「지방세징수법」에 따른 압류재산의 매각

④ 그 밖에 ①부터 ③까지의 규정에 준하는 절차

5. 사업의 정지 및 등록의 취소

관리청은 항만운송사업자가 다음의 어느 하나에 해당하면 그 등록을 취소하거나 6개월 이내의 기간을 정하여 그 항만운송사업의 정지를 명할 수 있다. 다만, ⑤ 또는 ⑥에 해당하는 경우에는 그 등록을 취소하여야 한다(제26조).

① 정당한 사유 없이 운임 및 요금을 인가·신고된 운임 및 요금과 다르게 받은 경우
② 제6조에 따른 등록기준에 미달하게 된 경우
③ 항만운송사업자 또는 그 대표자가 「관세법」 제269조부터 제271조까지에 규정된 죄 중 어느 하나의 죄를 범하여 공소가 제기되거나 통고처분을 받은 경우
④ 사업 수행 실적이 1년 이상 없는 경우
⑤ 부정한 방법으로 사업을 등록한 경우
⑥ 사업정지명령을 위반하여 그 정지기간에 사업을 계속한 경우

6. 항만종합서비스업의 등록 등

(1) 등록

① 항만종합서비스업을 하려는 자는 대통령령으로 정하는 자본금, 노동력 등에 관한 기준을 갖추어 관리청에 등록하여야 한다(제26조의2).
② 항만종합서비스업의 등록을 신청하려는 자는 해양수산부령으로 정하는 바에 따라 사업계획을 첨부한 등록신청서를 관리청에 제출하여야 한다. 이 경우 등록증 발급에 관하여는 제5조 제2항을 준용한다.

(2) 의제

① 항만종합서비스업의 등록을 한 자(이하 "항만종합서비스업자"라 한다)는 항만용역업, 검수사업·감정사업 및 검량사업의 각각의 사업의 등록을 한 자로 본다.
② 항만종합서비스업자의 권리·의무의 승계, 사업의 정지 및 등록의 취소 등에 대하여는 제23조 및 제26조를 준용한다. 이 경우 "항만운송사업자"는 "항만종합서비스업자"로 본다.

제3장 항만운송관련사업

1. 항만운송관련사업의 등록 등(★)

(1) 항만운송관련사업의 등록 신청 및 신고

① 항만운송관련사업을 하려는 자는 항만별·업종별로 해양수산부령으로 정하는 바에 따라 관리청에 등록하여야 한다. 다만, 선용품공급업을 하려는 자는 해양수산부령으로 정하는 바에 따라 해양수산부장관에게 신고하여야 한다(제26조의3).

② 항만운송관련사업의 등록을 하려는 자는 해양수산부령으로 정하는 바에 따라 등록신청서에 사용하려는 장비의 목록이 포함된 사업계획서 등을 첨부하여 관리청에 제출하여야 한다.

③ 항만운송관련사업의 등록을 신청하거나 신고를 하려는 자는 항만운송관련사업(항만용역업·선박연료공급업·선박수리업·컨테이너수리업) 등록신청서(전자문서로 된 신청서를 포함한다) 또는 선용품공급업 신고서(전자문서로 된 신고서를 포함한다)에 사업계획서(물품공급업은 제외한다)와 다음의 서류를 첨부하여 지방해양수산청장 또는 시·도지사에게 제출하여야 한다(칙 제26조).

> ㉠ 정관(법인인 경우에만 제출한다)
> ㉡ 재산 상태를 기재한 서류
> ㉢ 부두시설 등 항만시설을 사용하는 경우에는 해당 항만시설의 사용허가서 사본 (선박수리업 및 컨테이너수리업의 경우에만 제출한다)

④ 관리청은 선용품공급업을 하려는 자의 신고를 받은 경우 신고를 받은 날부터 6일 이내에 신고수리 여부를 신고인에게 통지하여야 하며, 관리청이 6일 이내에 신고수리 여부 또는 민원 처리 관련 법령에 따른 처리기간의 연장을 신고인에게 통지하지 아니하면 그 기간(민원 처리 관련 법령에 따라 처리기간이 연장 또는 재연장된 경우에는 해당 처리기간을 말한다)이 끝난 날의 다음 날에 신고를 수리한 것으로 본다.

(2) 선박연료공급업의 사용장비 추가 등

① 항만운송관련사업 중 선박연료공급업을 등록한 자는 사용하려는 장비를 추가하거나 그 밖에 사업계획 중 해양수산부령으로 정하는 사항을 변경하려는 경우 해양수산부령으로 정하는 바에 따라 관리청에 사업계획 변경신고를 하여야 한다.

② 관리청은 신고를 받은 경우 신고를 받은 날부터 5일 이내에 신고수리 여부를 신고인에게 통지하여야 한다.

③ 관리청이 5일 이내에 신고수리 여부 또는 민원 처리 관련 법령에 따른 처리기간의 연장을 신고인에게 통지하지 아니하면 그 기간(민원 처리 관련 법령에 따라 처리기간이 연장

또는 재연장된 경우에는 해당 처리기간을 말한다)이 끝난 날의 다음 날에 신고를 수리한 것으로 본다.

(3) 영업구역

선박수리업과 선용품공급업의 영업구역은 제2조 제3항 각 호의 항만시설로 하고, 「해운법」에 따라 내항 화물운송사업 등록을 한 선박연료공급선(운항구간의 제한을 받지 아니하는 선박에 한정한다)은 영업구역의 제한을 받지 아니한다.

2. 권리 · 의무의 승계

다음의 어느 하나에 해당하는 자는 항만운송관련사업자의 등록 또는 신고에 따른 권리 · 의무를 승계한다(제26조의4).
① 항만운송관련사업자가 사망한 경우 그 상속인
② 항만운송관련사업자가 그 사업을 양도한 경우 그 양수인
③ 법인인 항만운송관련사업자가 합병한 경우 합병 후 존속하는 법인이나 합병으로 설립되는 법인

3. 등록의 취소 등

관리청은 항만운송관련사업자가 다음의 어느 하나에 해당하면 그 등록을 취소하거나 6개월 이내의 기간을 정하여 그 사업의 전부 또는 일부의 정지를 명할 수 있다. 다만, ④ 또는 ⑥에 해당하는 경우에는 그 등록을 취소하여야 한다(제26조의5).
① 항만운송사업자 또는 그 대표자가 「관세법」 제269조부터 제271조까지에 규정된 죄 중 어느 하나의 죄를 범하여 공소가 제기되거나 통고처분을 받은 경우
② 선박연료공급업을 등록한 자가 변경신고를 하지 아니하고 장비를 추가하거나 그 밖에 사업계획 중 해양수산부령으로 정하는 사항을 변경한 경우
③ 제26조의3 제7항에 따른 등록 또는 신고의 기준에 미달하게 된 경우
④ 부정한 방법으로 사업의 등록 또는 신고를 한 경우
⑤ 사업 수행 실적이 1년 이상 없는 경우
⑥ 사업정지명령을 위반하여 그 정지기간에 사업을 계속한 경우

제4장 보칙

1. 부두운영계약

(1) 부두운영계약의 체결 등

① 항만시설운영자등은 항만 운영의 효율성 및 항만운송사업의 생산성 향상을 위하여 필요한 경우에는 해양수산부령으로 정하는 기준에 적합한 자를 선정하여 부두운영계약을 체결할 수 있다(제26조의6).

② 부두운영계약(이하 "부두운영계약"이라 한다)에는 다음의 사항이 포함되어야 한다.

> ㉠ 부두운영회사가 부두운영계약으로 임차·사용하려는 항만시설 및 그 밖의 장비·부대시설 등(이하 이 장에서 "항만시설등"이라 한다)의 범위
> ㉡ 부두운영회사가 부두운영계약 기간 동안 항만시설등의 임차·사용을 통하여 달성하려는 화물유치·투자 계획과 해당 화물유치·투자 계획을 이행하지 못하는 경우에 부두운영회사가 부담하여야 하는 위약금에 관한 사항
> ㉢ 해양수산부령으로 정하는 기준에 따른 항만시설등의 임대료에 관한 사항
> ㉣ 계약기간
> ㉤ 그 밖에 부두운영회사의 항만시설등의 사용 및 운영 등과 관련하여 해양수산부령으로 정하는 사항

③ 항만시설운영자등이 부두운영계약을 체결하려는 경우에는 부두운영회사 선정계획을 수립하여 항만시설을 개장(開場)하기 6개월 전까지 이를 공고하여야 한다.

④ 항만시설운영자등은 항만시설등의 효율적인 사용 및 운영 등을 위하여 필요하다고 인정하는 경우에는 그 공고기간을 줄이거나 공고 없이 부두운영계약을 체결할 수 있다. 이 경우 항만시설운영자등은 해양수산부장관과 미리 협의할 수 있다.

⑤ 부두운영회사가 계약기간을 연장하려는 경우에는 그 계약기간이 만료되기 6개월 전까지 항만시설운영자등에게 부두운영계약의 갱신을 신청하여야 한다.

⑥ 항만시설운영자등은 검토 결과 부두운영계약을 갱신하려는 경우에는 갱신 계약기간이 시작되기 7일 전까지 해당 부두운영회사와 갱신계약을 체결하여야 한다.

(2) 화물유치 계획 등의 미이행에 따른 위약금 부과

① 항만시설운영자등은 화물유치 또는 투자 계획을 이행하지 못한 부두운영회사에 대하여 위약금을 부과할 수 있다. 다만, 부두운영회사가 화물유치 또는 투자 계획을 이행하지 못하는 데 귀책사유가 없는 경우에는 위약금을 부과하지 아니한다(제26조의7).

② 위약금(이하 "위약금"이라 한다)은 부두운영회사가 부두운영계약 기간 동안의 총 화물유치 또는 투자 계획을 이행하지 못한 경우에 부과한다. 이 경우 위약금은 별표 4에 따라

연도별로 산정하여 합산한다.

(3) 부두운영회사 운영성과의 평가

① 해양수산부장관은 항만 운영의 효율성을 높이기 위하여 매년 부두운영회사의 운영성과에 대하여 평가를 실시할 수 있다(제26조의8).

② 항만시설운영자등은 평가 결과에 따라 부두운영회사에 대하여 항만시설등의 임대료를 감면하거나 그 밖에 필요한 조치를 할 수 있다.

2. 부두운영계약의 해지

(1) 해지사유

항만시설운영자등은 다음의 어느 하나에 해당하는 사유가 있으면 부두운영계약을 해지할수 있다(제26조의9).

① 「항만 재개발 및 주변지역 발전에 관한 법률」에 따른 항만재개발사업의 시행 등 공공의목적을 위하여 항만시설등을 부두운영회사에 계속 임대하기 어려운 경우

② 부두운영회사가 항만시설등의 임대료를 3개월 이상 연체한 경우

③ 항만시설등이 멸실되어 부두운영계약을 계속 유지할 수 없는 경우

④ 부두운영회사가 부두운영계약 기간 동안 자기의 귀책사유로 법 제26조의6 제2항 제2호에 따른 투자 계획을 이행하지 못하여 부두운영계약을 계속 유지할 수 없는 경우

⑤ 부두운영회사가 제29조 제2호에 따른 항만시설등의 분할 운영 금지 등 금지행위를 하여부두운영계약을 계속 유지할 수 없는 경우

⑥ 정당한 사유 없이 부두운영회사가 제29조 제3호에 따른 사항을 이행하지 아니하여 부두운영계약을 계속 유지할 수 없는 경우

(2) 서면통지

항만시설운영자등은 부두운영계약을 해지하려면 서면으로 그 뜻을 부두운영회사에 통지하여야 한다.

3. 부두운영회사의 항만시설 사용

이 법에서 정한 것 외에 부두운영회사의 항만시설 사용에 대해서는 「항만법」 또는 「항만공사법」에 따른다(제26조의10).

4. 항만운송 종사자 등에 대한 교육훈련

(1) 교육훈련의 대상

① 항만운송사업 또는 항만운송관련사업에 종사하는 사람 중 해양수산부령으로 정하는 안전사고가 발생할 우려가 높은 작업에 종사하는 사람은 해양수산부장관이 실시하는 교육훈련을 받아야 한다(제27조의3).

② 해양수산부령으로 정하는 안전사고가 발생할 우려가 높은 작업이란 다음의 작업을 말한다(칙 제30조의2).

> ㉠ 법 제3조 제1호의 항만하역사업
> ㉡ 영 제2조 제1호 나목 중 줄잡이 항만용역업
> ㉢ 영 제2조 제1호 다목 중 화물 고정 항만용역업

③ **교육훈련의 구분** : 안전사고가 발생할 우려가 높은 작업에 종사하는 사람은 교육훈련기관이 실시하는 교육훈련을 다음의 구분에 따라 받아야 한다.

> ㉠ 신규자 교육훈련 : 해당 작업에 채용된 날부터 6개월 이내에 실시하는 교육훈련
> ㉡ 재직자 교육훈련 : 신규자 교육훈련을 받은 연도의 다음 연도 및 그 후 매 2년마다 실시하는 교육훈련

(2) 교육미이수에 따른 종사의 제한

① 해양수산부장관은 교육훈련을 받지 아니한 사람에 대하여 해양수산부령으로 정하는 바에 따라 항만운송사업 또는 항만운송관련사업 중 항만하역사업, 줄잡이 항만용역업, 화물 고정 항만용역업의 작업에 종사하는 것을 제한하여야 한다.

② 다만, 교육훈련 수요의 급격한 증가에 따라 교육훈련기관이 그 수요를 충족하지 못하는 경우 그 밖에 작업에 종사하는 사람의 귀책사유 없이 교육훈련을 받지 못한 경우에는 해당 작업에 종사하는 것을 제한하지 아니 한다.

5. 과징금

(1) 과징금 부과대상

관리청은 항만운송사업자 또는 항만운송관련사업자가 제26조 제1항 또는 제26조의5 제1항 각 호의 어느 하나에 해당하여 사업정지처분을 하여야 하는 경우로서 그 사업의 정지가

그 사업의 이용자 등에게 심한 불편을 주거나 공익을 해칠 우려가 있는 경우에는 사업정지처분을 갈음하여 500만원 이하의 과징금을 부과할 수 있다(제27조의6).

(2) 미납시 조치

관리청은 과징금을 내야 할 자가 납부기한까지 과징금을 내지 아니하면 국세 체납처분의 예 또는 「지방행정제재·부과금의 징수 등에 관한 법률」에 따라 징수한다.

6. 항만운송 분쟁협의회 등(★)

(1) 분쟁협의회의 설치

① 항만운송사업자 단체, 항만운송근로자 단체 및 그 밖에 항만운송사업의 분쟁 관련 업무를 담당하는 공무원 중에서 해당 항만을 관할하는 지방해양수산청장 또는 시·도지사가 지명하는 사람은 항만운송과 관련된 분쟁의 해소 등에 필요한 사항을 협의하기 위하여 항만별로 항만운송 분쟁협의회를 구성·운영할 수 있다(제27조의8).

② 항만운송사업자 단체와 항만운송근로자 단체는 항만운송과 관련된 분쟁이 발생한 경우 항만운송 분쟁협의회를 통하여 분쟁이 원만하게 해결되고, 분쟁기간 동안 항만운송이 원활하게 이루어질 수 있도록 노력하여야 한다.

(2) 분쟁협의회의 구성

① 분쟁협의회는 위원장 1명을 포함하여 7명의 위원으로 구성하되, 분쟁협의회의 위원장은 위원 중에서 호선한다(영 제26조의5).

② 분쟁협의회의 위원은 다음의 사람이 된다.

> ㉠ 해당 항만의 항만운송사업자가 구성한 단체가 추천하는 사람 3명. 다만, 해당 단체가 2개 이상 있는 경우에는 단체 간 상호 협의하여 추천하는 사람이 된다.
> ㉡ 해당 항만의 항만운송사업자에게 고용되거나 역무를 제공하는 자가 구성한 단체가 추천하는 사람 3명. 다만, 해당 단체가 2개 이상 있는 경우에는 단체 간 상호 협의하여 추천하는 사람이 된다.
> ㉢ 항만운송사업의 분쟁 관련 업무를 담당하는 공무원 중에서 해당 항만을 관할하는 지방해양수산청장 또는 시·도지사가 지명하는 사람 1명

(3) 분쟁협의회의 운영

① 분쟁협의회의 위원장은 분쟁협의회를 대표하고, 그 업무를 총괄한다(영 제26조의6).

② 분쟁협의회의 회의는 분쟁협의회의 위원장이 필요하다고 인정하거나 재적위원 과반수의 요청이 있는 경우에 소집한다.

③ 분쟁협의회의 회의는 재적위원 3분의 2 이상의 출석으로 개의하고, 출석위원 3분의 2 이상의 찬성으로 의결한다.

④ 분쟁당사자는 분쟁협의회의 회의에 출석하여 의견을 진술하거나 관계 자료 등을 제출할 수 있다.

(4) 분쟁협의회의 협의사항

분쟁협의회는 다음의 사항을 심의·의결한다(영 제26조의7).

① 항만운송과 관련된 노사 간 분쟁의 해소에 관한 사항

② 그 밖에 분쟁협의회의 위원장이 항만운송과 관련된 분쟁의 예방 등에 필요하다고 인정하여 회의에 부치는 사항

7. 청문

관리청은 다음의 어느 하나에 해당하는 처분을 하려면 청문을 하여야 한다(제29조의3).

① 제8조의3 제1항에 따른 자격의 취소

② 제26조에 따른 등록의 취소

③ 제26조의5 제1항에 따른 등록의 취소

☑ 관련 법조문

제27조의2(미등록 항만에서의 일시적 영업행위)

① 항만운송사업자 또는 항만운송관련사업자는 대통령령으로 정하는 부득이한 사유로 등록을 하지 아니한 항만에서 일시적으로 영업행위를 하려는 경우에는 미리 관리청에 신고하여야 한다.

② 관리청은 제1항에 따른 신고를 받은 날부터 3일 이내에 신고수리 여부를 신고인에게 통지하여야 한다.

③ 관리청이 제2항에서 정한 기간 내에 신고수리 여부 또는 민원 처리 관련 법령에 따른 처리기간의 연장을 신고인에게 통지하지 아니하면 그 기간(민원 처리 관련 법령에 따라 처리기간이 연장 또는 재연장된 경우에는 해당 처리기간을 말한다)이 끝난 날의 다음 날에 신고를 수리한 것으로 본다.

제27조의4(교육훈련기관의 설립 등)

① 항만운송사업자 또는 항만운송관련사업자에게 고용되거나 역무를 제공하는 자에 대하여 항만운송·항만안전 등에 관한 교육훈련을 하기 위하여 대통령령으로 정하는 바에 따라 교육훈련기관을 설립할 수 있다.

② 교육훈련기관은 법인으로 한다.

③ 교육훈련기관은 해양수산부장관의 설립인가를 받아 그 주된 사무소의 소재지에서 설립등기를 함으로써 성립한다.

④ 교육훈련기관의 교육훈련 대상자, 교육훈련 과정, 교육훈련 내용 등에 관하여 필요한 사항은 대통령령으로 정한다.

⑤ 교육훈련기관의 운영에 필요한 경비는 대통령령으로 정하는 바에 따라 항만운송사업자, 항만운송 관련사업자 및 해당 교육훈련을 받는 자가 부담한다.

⑥ 교육훈련기관에 관하여 이 법에 규정된 것을 제외하고는 「민법」 중 사단법인에 관한 규정을 준용 한다.

⑦ 교육훈련기관의 운영, 정관, 감독 등에 관하여 필요한 사항은 대통령령으로 정한다.

제27조의5(표준계약서의 보급 등)

해양수산부장관은 항만운송사업·항만운송관련사업 및 항만종합서비스업의 공정한 거래질서 확립 을 위하여 표준계약서를 작성·보급하고, 그 사용을 권장할 수 있다.

제27조의7(항만인력 수급관리협의회)

① 항만운송사업자 또는 항만운송관련사업자가 구성한 단체(이하 "항만운송사업자 단체"라 한다), 항만운송사업자 또는 항만운송관련사업자에게 고용되거나 역무를 제공하는 자가 구성한 단체(이 하 "항만운송근로자 단체"라 한다) 및 그 밖에 대통령령으로 정하는 자는 항만운송사업 또는 항만 운송관련사업에 필요한 적정한 근로자의 수 산정, 근로자의 채용 및 교육훈련에 관한 사항 등 항만운송사업 또는 항만운송관련사업에 종사하는 인력의 원활한 수급과 투명하고 효율적인 관리 에 필요한 사항을 협의하기 위하여 항만별로 항만인력 수급관리협의회를 구성·운영할 수 있다.

② 제1항에 따른 항만인력 수급관리협의회의 구성·운영 및 협의사항 등에 관하여 필요한 사항은 대통령령으로 정한다.

제27조의9(항만운송사업 등에 대한 지원)

국가 및 지방자치단체는 항만운송사업·항만운송관련사업 및 항만종합서비스업의 육성을 위하여 항만운송사업자·항만운송관련사업자 및 항만종합서비스업자에게 필요한 지원을 할 수 있다

제28소(수수료)

제4조·제7조 또는 제26조의3제1항에 따른 등록신청 또는 신고를 하는 자는 해양수산부령으로 정 하는 바에 따라 수수료를 내야 한다.

제28조의2(보고·검사)

① 관리청은 다음 각 호의 사항과 관련하여 필요하다고 인정하면 항만운송사업자 또는 항만운송관련 사업자에게 필요한 사항을 보고하게 하거나 자료의 제출을 요구할 수 있으며, 소속 공무원으로 하여금 항만운송사업자 또는 항만운송관련사업자의 사업장·사무실, 부선·예선 등의 선박 또는 그 밖의 시설에 출입하여 보유 장비 및 장부·서류 등을 검사하게 하거나 관계인에게 질문하게 할 수 있다.
  1. 제4조제1항에 따라 등록한 사업에 관한 사항

2. 제10조제1항에 따라 인가한 항만하역 운임 및 요금에 관한 사항

3. 제26조의3제1항에 따라 등록·신고한 사업에 관한 사항

② 제1항에 따라 출입·검사 또는 질문하는 공무원은 그 권한을 표시하는 증표를 지니고 이를 관계인에게 내보여야 한다.

제29조(권한 등의 위임·위탁)

① 이 법에 따른 해양수산부장관의 권한은 대통령령으로 정하는 바에 따라 그 일부를 그 소속 기관의 장 또는 시·도지사에게 위임할 수 있다.

② 이 법에 따른 해양수산부장관의 업무는 대통령령으로 정하는 바에 따라 그 일부를 다음 각 호의 어느 하나에 해당하는 단체나 법인에 위탁할 수 있다.

1. 항만운송사업자 단체

2. 검수사업등의 건전한 발전을 목적으로 설립된 법인

3. 자격검정 등을 목적으로 설립된 법인

4. 제27조의4에 따른 교육훈련기관

③ 제2항에 따라 위탁받은 업무를 수행하는 기관은 위탁 업무에 관하여 해양수산부령으로 정하는 바에 따라 해양수산부장관에게 보고하여야 한다.

제29조의2(민원사무의 전산처리 등)

이 법에 따른 민원사무의 전산처리 등에 관하여는 「항만법」 제26조를 준용한다.

제29조의4(벌칙 적용 시의 공무원 의제)

제29조제2항에 따라 위탁받은 업무에 종사하는 항만운송사업자 단체 또는 법인의 임직원은 「형법」 제129조부터 제132조까지의 규정에 따른 벌칙을 적용할 때에는 공무원으로 본다.

제30조(벌칙)

다음 각 호의 어느 하나에 해당하는 자는 1년 이하의 징역 또는 1천만원 이하의 벌금에 처한다.

1. 제4조제1항에 따른 등록을 하지 아니하고 항만운송사업을 한 자

1의2. 제8조의2를 위반하여 다른 사람에게 자기의 성명을 사용하여 검수사등의 업무를 하게 하거나 검수사등의 자격증을 양도·대여한 사람, 다른 사람의 검수사등의 자격증을 양수·대여받은 사람 또는 다른 사람의 검수사등의 자격증의 양도·양수 또는 대여를 알선한 사람

2. 제26조의3제1항에 따른 등록 또는 신고를 하지 아니하고 항만운송관련사업을 한 자

제31조(벌칙)

다음 각 호의 어느 하나에 해당하는 자는 500만원 이하의 벌금에 처한다.

1. 제4조 또는 제26조의3제1항에 따라 등록 또는 신고한 사항을 위반하여 항만운송사업 또는 항만운송관련사업을 한 자

1의2. 제26조의3제3항에 따른 변경신고를 하지 아니하고 장비를 추가하거나 그 밖에 사업계획 중 해양수산부령으로 정하는 사항을 변경하여 선박연료공급업을 한 자

2. 제27조의2에 따른 신고를 하지 아니하고 일시적 영업행위를 한 자

제32조(벌칙)

다음 각 호의 어느 하나에 해당하는 자는 300만원 이하의 벌금에 처한다.

　1. 제7조에 따른 등록을 하지 아니하고 검수 · 감정 또는 검량 업무에 종사한 자

　1의2. 거짓이나 그 밖의 부정한 방법으로 제7조에 따른 검수사등의 자격시험에 합격한 사람

　1의3. 삭제 〈2020. 1. 29.〉

　2. 제10조제1항부터 제3항까지의 규정을 위반하여 인가나 변경인가를 받지 아니한 자 또는 신고
　　나 변경신고를 하지 아니하거나 거짓으로 신고를 한 자

　3. 제26조 또는 제26조의5에 따른 사업정지처분을 위반한 자

제33조(양벌규정)

법인의 대표자나 법인 또는 개인의 대리인, 사용인, 그 밖의 종업원이 그 법인 또는 개인의 업무에 관하여 제30조부터 제32조까지의 어느 하나에 해당하는 위반행위를 하면 그 행위자를 벌하는 외에 그 법인 또는 개인에게도 해당 조문의 벌금형을 과(科)한다. 다만, 법인 또는 개인이 그 위반행위를 방지하기 위하여 해당 업무에 관하여 상당한 주의와 감독을 게을리하지 아니한 경우에는 그러하지 아니하다.

제34조(과태료)

① 다음 각 호의 어느 하나에 해당하는 자에게는 200만원 이하의 과태료를 부과한다.

　1. 제28조의2제1항에 따른 보고 또는 자료제출을 하지 아니하거나 거짓으로 한 자

　2. 제28조의2제1항에 따른 관계 공무원의 출입, 검사 또는 질문을 거부 · 방해하거나 기피한 자

　② 제1항에 따른 과태료는 대통령령으로 정하는 바에 따라 관리청이 부과 · 징수한다.

Chapter 05. 적중예상문제

01. 항만운송사업법령상 항만용역업의 내용에 해당하지 않는 것은?

① 통선(通船)으로 본선(本船)과 육지 사이에서 사람이나 문서 등을 운송하는 행위를 하는 사업

② 본선을 경비(警備)하는 행위나 본선의 이안(離岸) 및 접안(接岸)을 보조하기 위하여 줄잡이 역무(役務)를 제공하는 행위를 하는 사업

③ 선박의 청소[유창(油艙) 청소는 제외한다], 오물 제거, 소독, 폐기물의 수집·운반, 화물 고정, 칠 등을 하는 행위를 하는 사업

④ 선박에 음료, 식품, 소모품, 밧줄, 수리용 예비부분품 및 부속품, 집기, 그 밖에 이와 유사한 선용품을 공급하는 행위를 하는 사업

⑤ 선박에서 사용하는 맑은 물을 공급하는 행위를 하는 사업

> **정답 ❙** ④
> **해설 ❙** ④는 선용품공급업에 해당한다.

02. 항만운송사업법령상 항만운송사업에 관한 설명으로 옳지 않은 것은?

① 항만하역사업의 등록신청서에 첨부하여야 하는 사업계획에는 사업에 제공될 수면목재저장소의 수, 위치 및 면적이 포함되어야 한다.

② 항만운송사업의 등록을 신청하려는 자가 법인인 경우 등록신청서에 정관을 첨부하여야 한다.

③ 검수사의 자격이 취소된 날부터 2년이 지나지 아니한 사람은 검수사의 자격을 취득할 수 없다.

④ 「민사집행법」에 따른 경매에 따라 항만운송사업의 시설·장비 전부를 인수한 자는 종전의 항만운송사업자의 권리·의무를 승계한다.

⑤ 항만하역사업의 등록을 한 자는 컨테이너 전용 부두에서 취급하는 컨테이너 화물에 대하여 그 운임과 요금을 정하여 관리청의 인가를 받아야 한다.

> **정답 ❙** ⑤
> **해설 ❙** ⑤ 항만하역사업의 등록을 한 자는 컨테이너 전용 부두에서 취급하는 컨테이너 화물에 대하여 요금을 정하여 관리청에 미리 신고하여야 한다.

Chapet 05 항만운송사업법   937

03. 항만운송사업법령상 부두운영회사의 운영 등에 관한 설명으로 옳은 것은?

① 항만시설운영자등은 항만시설등의 효율적인 사용 및 운영 등을 위하여 필요하다고 인정하는 경우에는 부두운영회사 선정계획의 공고 없이 부두운영계약을 체결할 수 있다.

② 부두운영회사의 금지행위 위반시 책임에 관한 사항은 부두운영계약에 포함되지 않아도 된다.

③ 부두운영회사가 부두운영 계약기간을 연장하려는 경우에는 그 계약기간이 만료되기 3개월 전까지 부두운영계약의 갱신을 신청하여야 한다.

④ 화물유치 또는 투자 계획을 이행하지 못한 부두운영회사에 대하여 부과하는 위약금은 분기별로 산정하여 합산한다.

⑤ 항만운송사업법에서 정한 것 외에 부두운영회사의 항만시설 사용에 대해서는 「국유재산법」 또는 「지방재정법」에 따른다.

정답 | ①
해설 | ② 부두운영회사의 금지행위 위반시 책임에 관한 사항은 부두운영계약에 포함되어야 한다.
③ 계약기간이 만료되기 6개월 전까지 항만시설운영자등에게 부두운영계약의 갱신을 신청하여야 한다.
④ 위약금은 연도별로 산정하여 합산한다.
⑤ 항만운송사업법에서 정한 것 외에 부두운영회사의 항만시설 사용에 대해서는 「항만법」 또는 「항만공사법」에 따른다.

철도사업법

제1장 총칙

1. 목적

이 법은 철도사업에 관한 질서를 확립하고 효율적인 운영 여건을 조성함으로써 철도사업의 건전한 발전과 철도 이용자의 편의를 도모하여 국민경제의 발전에 이바지함을 목적으로 한다(제1조).

2. 정의

이 법에서 사용하는 용어의 뜻은 다음과 같다(제2조).

(1) 철도

「철도산업발전 기본법」 제3조 제1호에 따른 철도를 말한다.

(2) 철도시설

「철도산업발전 기본법」 제3조 제2호에 따른 철도시설을 말한다.

(3) 철도차량

「철도산업발전 기본법」 제3조 제4호에 따른 철도차량을 말한다.

(4) 사업용철도

철도사업을 목적으로 설치하거나 운영하는 철도를 말한다.

(5) 전용철도

다른 사람의 수요에 따른 영업을 목적으로 하지 아니하고 자신의 수요에 따라 특수 목적을 수행하기 위하여 설치하거나 운영하는 철도를 말한다.

(6) 철도사업

다른 사람의 수요에 응하여 철도차량을 사용하여 유상(有償)으로 여객이나 화물을 운송하는 사업을 말한다.

(7) 철도운수종사자

철도운송과 관련하여 승무(乘務, 동력차 운전과 열차 내 승무를 말한다) 및 역무서비스를 제공하는 직원을 말한다.

(8) 철도사업자

「한국철도공사법」에 따라 설립된 한국철도공사(이하 "철도공사"라 한다) 및 철도사업 면허를 받은 자를 말한다.

(9) 전용철도운영자

전용철도 등록을 한 자를 말한다.

3. 다른 법률과의 관계

철도사업에 관하여 다른 법률에 특별한 규정이 있는 경우를 제외하고는 이 법에서 정하는 바에 따른다(제3조).

4. 조약과의 관계

국제철도(대한민국을 포함한 둘 이상의 국가에 걸쳐 운행되는 철도를 말한다)를 이용한 화물 및 여객 운송에 관하여 대한민국과 외국 간 체결된 조약에 이 법과 다른 규정이 있는 때에는 그 조약의 규정에 따른다(제3조의2).

제2장 철도사업의 관리

1. 사업용철도노선의 고시 등

(1) 지정 · 고시

국토교통부장관은 사업용철도노선의 노선번호, 노선명, 기점(起點), 종점(終點), 중요 경과지(정차역을 포함한다)와 그 밖에 필요한 사항을 국토교통부령으로 정하는 바에 따라 지정 · 고시하여야 한다(제4조).

(2) 사업용철도노선의 구분

국토교통부장관은 사업용철도노선을 지정 · 고시하는 경우 사업용철도노선을 다음의 구분
에 따라 분류할 수 있다.
① 운행지역과 운행거리에 따른 분류 : 간선(幹線)철도, 지선(支線)철도
② 운행속도에 따른 분류 : 고속철도노선, 준고속철도노선, 일반철도노선

(3) 철도차량의 유형 분류

국토교통부장관은 철도 운임 상한의 산정, 철도차량의 효율적인 관리 등을 위하여 철도차
량을 국토교통부령으로 정하는 운행속도에 따라 다음의 구분에 따른 유형으로 분류할 수
있다(제4조의2).
① 고속철도차량
② 준고속철도차량
③ 일반철도차량

2. 면허 등(★)

(1) 면허

① 철도사업을 경영하려는 자는 지정 · 고시된 사업용철도노선을 정하여 국토교통부장관의
면허를 받아야 한다. 이 경우 국토교통부장관은 철도의 공공성과 안전을 강화하고 이용
자 편의를 증진시키기 위하여 국토교통부령으로 정하는 바에 따라 필요한 부담을 붙일
수 있다(제5조).
② 면허를 받으려는 자는 국토교통부령으로 정하는 바에 따라 사업계획서를 첨부한 면허신
청서를 국토교통부장관에게 제출하여야 한다.
③ 철도사업의 면허를 받을 수 있는 자는 법인으로 한다.

(2) 면허의 기준

철도사업의 면허기준은 다음과 같다(제6조).
① 해당 사업의 시작으로 철도교통의 안전에 지장을 줄 염려가 없을 것
② 해당 사업의 운행계획이 그 운행 구간의 철도 수송 수요와 수송력 공급 및 이용자의
편의에 적합할 것
③ 신청자가 해당 사업을 수행할 수 있는 재정적 능력이 있을 것
④ 해당 사업에 사용할 철도차량의 대수(臺數), 사용연한 및 규격이 국토교통부령으로 정하
는 기준에 맞을 것

(3) 결격사유(★)

다음의 어느 하나에 해당하는 법인은 철도사업의 면허를 받을 수 없다(제7조).

① 법인의 임원 중 다음의 어느 하나에 해당하는 사람이 있는 법인

> ㉠ 피성년후견인 또는 피한정후견인
>
> ㉡ 파산선고를 받고 복권되지 아니한 사람
>
> ㉢ 이 법 또는 대통령령으로 정하는 철도 관계 법령을 위반하여 금고 이상의 실형을 선고받고 그 집행이 끝나거나(끝난 것으로 보는 경우를 포함한다) 면제된 날부터 2년이 지나지 아니한 사람
>
> ㉣ 이 법 또는 대통령령으로 정하는 철도 관계 법령(「철도산업발전 기본법」, 「철도안전법」, 「도시철도법」, 「국가철도공단법」, 「한국철도공사법」) 을 위반하여 금고 이상의 형의 집행유예를 선고받고 그 유예 기간 중에 있는 사람

② 철도사업의 면허가 취소된 후 그 취소일부터 2년이 지나지 아니한 법인. 다만, 위 ①의 ㉠ 또는 ㉡에 해당하여 철도사업의 면허가 취소된 경우는 제외한다.

3. 운송 시작의 의무(★)

철도사업자는 국토교통부장관이 지정하는 날 또는 기간에 운송을 시작하여야 한다. 다만, 천재지변이나 그 밖의 불가피한 사유로 철도사업자가 국토교통부장관이 지정하는 날 또는 기간에 운송을 시작할 수 없는 경우에는 국토교통부장관의 승인을 받아 날짜를 연기하거나 기간을 연장할 수 있다(제8조).

4. 여객 운임 · 요금의 신고 등(★)

(1) 신고

① 철도사업자는 여객에 대한 운임(여객운송에 대한 직접적인 대가를 말하며, 여객운송과 관련된 설비 · 용역에 대한 대가는 제외한다) · 요금(이하 "여객 운임 · 요금"이라 한다) 을 국토교통부장관에게 신고하여야 한다. 이를 변경하려는 경우에도 같다(제9조).

② 국토교통부장관은 신고 또는 변경신고를 받은 날부터 3일 이내에 신고수리 여부를 신고인에게 통지하여야 한다.

③ 철도사업자는 신고 또는 변경신고를 한 여객 운임 · 요금을 그 시행 1주일 이전에 인터넷 홈페이지, 관계 역 · 영업소 및 사업소 등 일반인이 잘 볼 수 있는 곳에 게시하여야 한다.

(2) 여객 운임·요금

① 철도사업자는 여객 운임·요금을 정하거나 변경하는 경우에는 원가(原價)와 버스 등 다른 교통수단의 여객 운임·요금과의 형평성 등을 고려하여야 한다. 이 경우 여객에 대한 운임은 사업용철도노선의 분류, 철도차량의 유형 등을 고려하여 국토교통부장관이 지정·고시한 상한을 초과하여서는 아니 된다.

② 국토교통부장관은 여객 운임의 상한을 지정하려면 미리 기획재정부장관과 협의하여야 한다.

(3) 여객 운임·요금의 감면

① 철도사업자는 재해복구를 위한 긴급지원, 여객 유치를 위한 기념행사, 그 밖에 철도사업의 경영상 필요하다고 인정되는 경우에는 일정한 기간과 대상을 정하여 신고한 여객 운임·요금을 감면할 수 있다(제9조의2).

② 철도사업자는 여객 운임·요금을 감면하는 경우에는 그 시행 3일 이전에 감면 사항을 인터넷 홈페이지, 관계 역·영업소 및 사업소 등 일반인이 잘 볼 수 있는 곳에 게시하여야 한다. 다만, 긴급한 경우에는 미리 게시하지 아니할 수 있다.

(4) 부가 운임의 징수

① 철도사업자는 열차를 이용하는 여객이 정당한 운임·요금을 지급하지 아니하고 열차를 이용한 경우에는 승차 구간에 해당하는 운임 외에 그의 30배의 범위에서 부가 운임을 징수할 수 있다(제10조).

② 철도사업자는 송하인(送荷人)이 운송장에 적은 화물의 품명·중량·용적 또는 개수에 따라 계산한 운임이 정당한 사유 없이 정상 운임보다 적은 경우에는 송하인에게 그 부족 운임 외에 그 부족 운임의 5배의 범위에서 부가 운임을 징수할 수 있다.

③ 철도사업자는 부가 운임을 징수하려는 경우에는 사전에 부가 운임의 징수 대상 행위, 열차의 종류 및 운행 구간 등에 따른 부가 운임 산정기준을 정하고 철도사업약관에 포함하여 국토교통부장관에게 신고하여야 한다.

④ 국토교통부장관은 위 ③의 신고를 받은 날부터 3일 이내에 신고수리 여부를 신고인에게 통지하여야 한다.

⑤ 부가 운임의 징수 대상자는 이를 성실하게 납부하여야 한다.

5. 승차권 등 부정판매의 금지

철도사업자 또는 철도사업자로부터 승차권 판매위탁을 받은 자가 아닌 자는 철도사업자가 발행한 승차권 또는 할인권·교환권 등 승차권에 준하는 증서를 상습 또는 영업으로 자신이 구입한 가격을 초과한 금액으로 다른 사람에게 판매하거나 이를 알선하여서는 아니 된다(제10조의2).

6. 철도사업약관(★)

(1) 신고

① 철도사업자는 철도사업약관을 정하여 국토교통부장관에게 신고하여야 한다. 이를 변경하려는 경우에도 같다(제11조).
② 국토교통부장관은 신고 또는 변경신고를 받은 날부터 3일 이내에 신고수리 여부를 신고인에게 통지하여야 한다.

(2) 철도사업약관의 기재 사항

철도사업약관의 기재 사항 등에 필요한 사항은 국토교통부령으로 정한다.

7. 사업계획의 변경(★)

(1) 신고

① 철도사업자는 사업계획을 변경하려는 경우에는 국토교통부장관에게 신고하여야 한다(제12조).
② 국토교통부장관은 신고를 받은 날부터 3일 이내에 신고수리 여부를 신고인에게 통지하여야 한다.

(2) 사업계획의 중요한 사항의 변경 - 인가

① 다만, 대통령령으로 정하는 중요 사항을 변경하려는 경우에는 국토교통부장관의 인가를 받아야 한다.
② 대통령령으로 정하는 중요 사항을 변경하려는 경우란 다음의 어느 하나에 해당하는 경우를 말한다(영 제5조).

> ㉠ 철도이용수요가 적어 수지균형의 확보가 극히 곤란한 벽지 노선으로서 「철도산업발전기본법」에 따라 공익서비스비용의 보상에 관한 계약이 체결된 노선의 철도운송서비스(철도여객운송서비스 또는 철도화물운송서비스를 말한다)의 종류

를 변경하거나 다른 종류의 철도운송서비스를 추가하는 경우

ⓛ 운행구간의 변경(여객열차의 경우에 한한다)

ⓒ 사업용철도노선별로 여객열차의 정차역을 신설 또는 폐지하거나 10분의 2 이상 변경하는 경우

ⓔ 사업용철도노선별로 10분의 1 이상의 운행횟수의 변경(여객열차의 경우에 한한다). 다만, 공휴일·방학기간 등 수송수요와 열차운행계획상의 수송력과 현저한 차이가 있는 경우로서 3월 이내의 기간동안 운행횟수를 변경하는 경우를 제외한다.

③ 국토교통부장관은 사업계획변경인가신청을 받은 때에는 당해 사업계획의 변경내용이 면허기준에 적합한 지의 여부 등을 검토하여 그 인가신청을 받은 날부터 1월 이내에 그 결정내용을 신청인에게 통보하여야 한다(칙 제8조 ②).

(3) 사업계획의 변경절차 등

철도사업자는 사업계획을 변경하려는 때에는 사업계획을 변경하려는 날 1개월 전까지(변경하려는 사항이 인가사항인 경우에는 2개월 전까지) 사업계획변경신고서 또는 사업계획변경인가신청서에 다음의 서류를 첨부하여 국토교통부장관에게 제출하여야 한다(칙 제8조 ①).

① 신·구 사업계획을 대비한 서류 또는 도면

② 철도안전 확보 계획

③ 사업계획 변경 후의 예상 사업수지 계산서

(4) 사업계획의 변경제한

국토교통부장관은 철도사업자가 다음의 어느 하나에 해당하는 경우에는 사업계획의 변경을 제한할 수 있다.

① 국토교통부장관이 지정한 날 또는 기간에 운송을 시작하지 아니한 경우

② 노선 운행중지, 운행제한, 감차(減車) 등을 수반하는 사업계획 변경명령을 받은 후 1년이 지나지 아니한 경우

③ 제21조에 따른 개선명령을 받고 이행하지 아니한 경우

④ 철도사고(「철도안전법」에 따른 철도사고를 말한다)의 규모 또는 발생 빈도가 대통령령으로 정하는 기준 이상인 경우

8. 공동운수협정

(1) 인가

① 철도사업자는 다른 철도사업자와 공동경영에 관한 계약이나 그 밖의 운수에 관한 협정
(이하 "공동운수협정"이라 한다)을 체결하거나 변경하려는 경우에는 국토교통부령으로
정하는 바에 따라 국토교통부장관의 인가를 받아야 한다. 다만, 국토교통부령으로 정하
는 경미한 사항을 변경하려는 경우에는 국토교통부령으로 정하는 바에 따라 국토교통부
장관에게 신고하여야 한다(제13조).

② 국토교통부장관은 경미한 사항의 변경신고를 받은 날부터 3일 이내에 신고수리 여부를
신고인에게 통지하여야 한다.

(2) 공정거래위원회와 협의

국토교통부장관은 공동운수협정을 인가하려면 미리 공정거래위원회와 협의하여야 한다.

9. 사업의 양도·양수 등(★)

(1) 철도사업의 양도·양수

철도사업자는 그 철도사업을 양도·양수하려는 경우에는 국토교통부장관의 인가를 받아야
한다(제14조).

(2) 합병

철도사업자는 다른 철도사업자 또는 철도사업 외의 사업을 경영하는 자와 합병하려는 경우
에는 국토교통부장관의 인가를 받아야 한다.

(3) 지위의 승계

인가를 받은 경우 철도사업을 양수한 자는 철도사업을 양도한 자의 철도사업자로서의 지위
를 승계하며, 합병으로 설립되거나 존속하는 법인은 합병으로 소멸되는 법인의 철도사업자
로서의 지위를 승계한다.

10. 사업의 휴업·폐업(★)

(1) 허가

철도사업자가 그 사업의 전부 또는 일부를 휴업 또는 폐업하려는 경우에는 국토교통부령으
로 정하는 바에 따라 국토교통부장관의 허가를 받아야 한다(제15조).

(2) 신고

① 다만, 선로 또는 교량의 파괴, 철도시설의 개량, 그 밖의 정당한 사유로 휴업하는 경우에는 국토교통부령으로 정하는 바에 따라 국토교통부장관에게 신고하여야 한다.
② 국토교통부장관은 신고를 받은 날부터 60일 이내에 신고수리 여부를 신고인에게 통지하여야 한다.

(3) 휴업기간

휴업기간은 6개월을 넘을 수 없다. 다만, 선로 또는 교량의 파괴, 철도시설의 개량, 그 밖의 정당한 사유로 인한 휴업의 경우에는 예외로 한다.

(4) 사업의 재개

① 허가를 받거나 신고한 휴업기간 중이라도 휴업 사유가 소멸된 경우에는 국토교통부장관에게 신고하고 사업을 재개(再開)할 수 있다.
② 국토교통부장관은 신고를 받은 날부터 60일 이내에 신고수리 여부를 신고인에게 통지하여야 한다.

(5) 게시

철도사업자는 철도사업의 전부 또는 일부를 휴업 또는 폐업하려는 경우에는 대통령령으로 정하는 바에 따라 휴업 또는 폐업하는 사업의 내용과 그 기간 등을 인터넷 홈페이지, 관계 역·영업소 및 사업소 등 일반인이 잘 볼 수 있는 곳에 게시하여야 한다.

11. 면허취소 등(★)

국토교통부장관은 철도사업자가 다음의 어느 하나에 해당하는 경우에는 면허를 취소하거나, 6개월 이내의 기간을 정하여 사업의 전부 또는 일부의 정지를 명하거나, 노선 운행중지·운행제한·감차 등을 수반하는 사업계획의 변경을 명할 수 있다. 다만, ④ 및 ⑦의 경우에는 면허를 취소하여야 한다. 철도사업의 면허를 취소하려면 청문을 하여야 한다(제16조).

① 면허받은 사항을 정당한 사유 없이 시행하지 아니한 경우
② 사업 경영의 불확실 또는 자산상태의 현저한 불량이나 그 밖의 사유로 사업을 계속하는 것이 적합하지 아니할 경우
③ 고의 또는 중대한 과실에 의한 철도사고로 대통령령으로 정하는 다수의 사상자(死傷者)가 발생한 경우
④ 거짓이나 그 밖의 부정한 방법으로 제5조에 따른 철도사업의 면허를 받은 경우

⑤ 제5조 제1항 후단에 따라 면허에 붙인 부담을 위반한 경우

⑥ 제6조에 따른 철도사업의 면허기준에 미달하게 된 경우. 다만, 3개월 이내에 그 기준을 충족시킨 경우에는 예외로 한다.

⑦ **철도사업자의 임원 중 제7조(결격사유) 제1호 각 목의 어느 하나의 결격사유에 해당하게 된 사람이 있는 경우. 다만, 3개월 이내에 그 임원을 바꾸어 임명한 경우에는 예외로 한다.**

⑧ 제8조를 위반하여 국토교통부장관이 지정한 날 또는 기간에 운송을 시작하지 아니한 경우

⑨ 제15조에 따른 휴업 또는 폐업의 허가를 받지 아니하거나 신고를 하지 아니하고 영업을 하지 아니한 경우

⑩ 제20조 제1항에 따른 준수사항을 1년 이내에 3회 이상 위반한 경우

⑪ 제21조에 따른 개선명령을 위반한 경우

⑫ 제23조에 따른 명의 대여 금지를 위반한 경우

칙 제12조(면허취소 등 처분기준과 절차 등)
법 제16조제1항에 따라 부과하는 행정처분의 기준은 별표 2와 같다.???

12. 과징금처분(★)

(1) 의의

국토교통부장관은 철도사업자에게 사업정지처분을 하여야 하는 경우로서 그 사업정지처분이 그 철도사업자가 제공하는 철도서비스의 이용자에게 심한 불편을 주거나 그 밖에 공익을 해칠 우려가 있을 때에는 그 사업정지처분을 갈음하여 1억원 이하의 과징금을 부과·징수할 수 있다(제17조).

(2) 과징금의 부과 및 납부

① 국토교통부장관은 과징금을 부과하고자 하는 때에는 그 위반행위의 종별과 해당 과징금의 금액 등을 명시하여 이를 납부할 것을 서면으로 통지하여야 한다(영 제10조).

② 통지를 받은 자는 20일 이내에 과징금을 국토교통부장관이 지정한 수납기관에 납부하여야 한다.

③ 과징금의 납부를 받은 수납기관은 납부자에게 영수증을 교부하여야 한다.

④ 과징금의 수납기관은 과징금을 수납한 때에는 지체 없이 그 사실을 국토교통부장관에게 통보하여야 한다.

⑤ 국토교통부장관은 과징금 부과처분을 받은 자가 납부기한까지 과징금을 내지 아니하면 국세 체납처분의 예에 따라 징수한다.

(3) 과징금의 사용용도

징수한 과징금은 다음 외의 용도로는 사용할 수 없다.
① 철도사업 종사자의 양성·교육훈련이나 그 밖의 자질향상을 위한 시설 및 철도사업 종사자에 대한 지도업무의 수행을 위한 시설의 건설·운영
② 철도사업의 경영개선이나 그 밖에 철도사업의 발전을 위하여 필요한 사업
③ ① 및 ②의 목적을 위한 보조 또는 융자

(4) 과징금운용계획 수립·시행

① 국토교통부장관은 과징금으로 징수한 금액의 운용계획을 수립하여 시행하여야 한다.
② 국토교통부장관은 매년 10월 31일까지 다음 연도의 과징금 운용계획을 수립하여 시행하여야 한다(칙 제13조).

13. 명의 대여의 금지

철도사업자는 타인에게 자기의 성명 또는 상호를 사용하여 철도사업을 경영하게 하여서는 아니 된다(제23조).

14. 철도화물 운송에 관한 책임

(1) 손해배상책임

철도사업자의 화물의 멸실·훼손 또는 인도(引導)의 지연에 대한 손해배상책임에 관하여는 「상법」 제135조를 준용한다(제24조).

(2) 멸실의제

손해배상책임을 적용할 때에 화물이 인도 기한을 지난 후 3개월 이내에 인도되지 아니한 경우에는 그 화물은 멸실된 것으로 본다.

☑ 관련 법조문

제18조(철도차량 표시)
철도사업자는 철도사업에 사용되는 철도차량에 철도사업자의 명칭과 그 밖에 국토교통부령으로 정하는 사항을 표시하여야 한다.

제19조(우편물 등의 운송)
철도사업자는 여객 또는 화물 운송에 부수(附隨)하여 우편물과 신문 등을 운송할 수 있다.

제20조(철도사업자의 준수사항)
① 철도사업자는 「철도안전법」 제21조에 따른 요건을 갖추지 아니한 사람을 운전업무에 종사하게 하여서는 아니 된다.
② 철도사업자는 사업계획을 성실하게 이행하여야 하며, 부당한 운송 조건을 제시하거나 정당한 사유 없이 운송계약의 체결을 거부하는 등 철도운송 질서를 해치는 행위를 하여서는 아니 된다.
③ 철도사업자는 여객 운임표, 여객 요금표, 감면 사항 및 철도사업약관을 인터넷 홈페이지에 게시하고 관계 역·영업소 및 사업소 등에 갖추어 두어야 하며, 이용자가 요구하는 경우에는 제시하여야 한다.
④ 제1항부터 제3항까지에 따른 준수사항 외에 운송의 안전과 여객 및 화주(貨主)의 편의를 위하여 철도사업자가 준수하여야 할 사항은 국토교통부령으로 정한다.

제21조(사업의 개선명령)
국토교통부장관은 원활한 철도운송, 서비스의 개선 및 운송의 안전과 그 밖에 공공복리의 증진을 위하여 필요하다고 인정하는 경우에는 철도사업자에게 다음 각 호의 사항을 명할 수 있다.
1. 사업계획의 변경
2. 철도차량 및 운송 관련 장비·시설의 개선
3. 운임·요금 징수 방식의 개선
4. 철도사업약관의 변경
5. 공동운수협정의 체결
6. 철도차량 및 철도사고에 관한 손해배상을 위한 보험에의 가입
7. 안전운송의 확보 및 서비스의 향상을 위하여 필요한 조치
8. 철도운수종사자의 양성 및 자질향상을 위한 교육

제22조(철도운수종사자의 준수사항)
철도사업에 종사하는 철도운수종사자는 다음 각 호의 어느 하나에 해당하는 행위를 하여서는 아니 된다.
1. 정당한 사유 없이 여객 또는 화물의 운송을 거부하거나 여객 또는 화물을 중도에서 내리게 하는 행위
2. 부당한 운임 또는 요금을 요구하거나 받는 행위
3. 그 밖에 안전운행과 여객 및 화주의 편의를 위하여 철도운수종사자가 준수하여야 할 사항으로서 국토교통부령으로 정하는 사항을 위반하는 행위

제25조(민자철도의 유지·관리 및 운영에 관한 기준 등)

① 국토교통부장관은 「철도의 건설 및 철도시설 유지관리에 관한 법률」 제2조제2호부터 제4호까지에 따른 고속철도, 광역철도 및 일반철도로서 「사회기반시설에 대한 민간투자법」 제2조제6호에 따른 민간투자사업으로 건설된 철도(이하 "민자철도"라 한다)의 관리운영권을 「사회기반시설에 대한 민간투자법」 제26조제1항에 따라 설정받은 자(이하 "민자철도사업자"라 한다)가 해당 민자철도를 안전하고 효율적으로 유지·관리할 수 있도록 민자철도의 유지·관리 및 운영에 관한 기준을 정하여 고시하여야 한다.

② 민자철도사업자는 민자철도의 안전하고 효율적인 유지·관리와 이용자 편의를 도모하기 위하여 제1항에 따라 고시된 기준을 준수하여야 한다.

③ 국토교통부장관은 제1항에 따른 민자철도의 유지·관리 및 운영에 관한 기준에 따라 매년 소관 민자철도에 대하여 운영평가를 실시하여야 한다.

④ 국토교통부장관은 제3항에 따른 운영평가 결과에 따라 민자철도에 관한 유지·관리 및 체계 개선 등 필요한 조치를 민자철도사업자에게 명할 수 있다.

⑤ 민자철도사업자는 제4항에 따른 명령을 이행하고 그 결과를 국토교통부장관에게 보고하여야 한다.

⑥ 제3항에 따른 운영평가의 절차, 방법 및 그 밖에 필요한 사항은 국토교통부령으로 정한다.

제25조의2(민자철도사업자에 대한 과징금 처분)

① 국토교통부장관은 민자철도사업자가 다음 각 호의 어느 하나에 해당하는 경우에는 1억원 이하의 과징금을 부과·징수할 수 있다.

 1. 제25조제2항을 위반하여 민자철도의 유지·관리 및 운영에 관한 기준을 준수하지 아니한 경우

 2. 제25조제5항을 위반하여 명령을 이행하지 아니하거나 그 결과를 보고하지 아니한 경우

② 제1항에 따라 과징금을 부과하는 위반행위의 종류와 위반 정도 등에 따른 과징금의 금액 및 징수방법 등에 필요한 사항은 대통령령으로 정한다.

③ 국토교통부장관은 제1항에 따라 과징금 부과처분을 받은 자가 납부기한까지 과징금을 내지 아니하면 국세강제징수의 예에 따라 징수한다.

④ 제1항에 따라 징수한 과징금의 용도 등에 관하여는 제17조제4항부터 제6항까지를 준용한다.

제25조의3(사정변경 등에 따른 실시협약의 변경 요구 등)

① 국토교통부장관은 중대한 사정변경 또는 민자철도사업자의 위법한 행위 등 다음 각 호의 어느 하나에 해당하는 사유가 발생한 경우 민자철도사업자에게 그 사유를 소명하거나 해소 대책을 수립할 것을 요구할 수 있다.

 1. 민자철도사업자가 「사회기반시설에 대한 민간투자법」 제2조제7호에 따른 실시협약(이하 "실시협약"이라 한다)에서 정한 자기자본의 비율을 대통령령으로 정하는 기준 미만으로 변경한 경우. 다만, 같은 조 제5호에 따른 주무관청의 승인을 받아 변경한 경우는 제외한다.

 2. 민자철도사업자가 대통령령으로 정하는 기준을 초과한 이자율로 자금을 차입한 경우

 3. 교통여건이 현저히 변화되는 등 실시협약의 기초가 되는 사실 또는 상황에 중대한 변경이 생긴 경우로서 대통령령으로 정하는 경우

② 제1항에 따른 요구를 받은 민자철도사업자는 국토교통부장관이 요구한 날부터 30일 이내에 그 사유를 소명하거나 해소 대책을 수립하여야 한다.

③ 국토교통부장관은 다음 각 호의 어느 하나에 해당하는 경우 제25조의5에 따른 민자철도 관리지원 센터의 자문을 거쳐 실시협약의 변경 등을 요구할 수 있다.

  1. 민자철도사업자가 제2항에 따른 소명을 하지 아니하거나 그 소명이 충분하지 아니한 경우

  2. 민자철도사업자가 제2항에 따른 해소 대책을 수립하지 아니한 경우

  3. 제2항에 따른 해소 대책으로는 제1항에 따른 사유를 해소할 수 없거나 해소하기 곤란하다고 판단되는 경우

④ 국토교통부장관은 민자철도사업자가 제3항에 따른 요구에 따르지 아니하는 경우 정부지급금, 실시협약에 따른 보조금 및 재정지원금의 전부 또는 일부를 지급하지 아니할 수 있다.

제25조의4(민자철도사업자에 대한 지원)

국토교통부장관은 정책의 변경 또는 법령의 개정 등으로 인하여 민자철도사업자가 부담하여야 하는 비용이 추가로 발생하는 경우 그 비용의 전부 또는 일부를 지원할 수 있다.

제25조의5(민자철도 관리지원센터의 지정 등)

① 국토교통부장관은 민자철도에 대한 감독 업무를 효율적으로 수행하기 위하여 다음 각 호의 어느 하나에 해당하는 기관을 민자철도에 대한 전문성을 고려하여 민자철도 관리지원센터(이하 "관리 지원센터"라 한다)로 지정할 수 있다.

  1. 「정부출연연구기관 등의 설립·운영 및 육성에 관한 법률」에 따른 정부출연연구기관

  2. 「공공기관의 운영에 관한 법률」에 따른 공공기관

② 관리지원센터는 다음 각 호의 업무를 수행한다.

  1. 민자철도의 교통수요 예측, 적정 요금 또는 운임 및 운영비 산출과 관련한 자문 및 지원

  2. 제25조제1항에 따른 민자철도의 유지·관리 및 운영에 관한 기준과 관련한 자문 및 지원

  3. 제25조제3항에 따른 운영평가와 관련한 자문 및 지원

  4. 제25조의3제3항에 따른 실시협약 변경 등의 요구와 관련한 자문 및 지원

  5. 제5항에 따라 국토교통부장관이 위탁하는 업무

  6. 그 밖에 이 법에 따른 민자철도에 관한 감독 지원을 위하여 국토교통부령으로 정하는 업무

③ 국토교통부장관은 관리지원센터가 업무를 수행하는 데에 필요한 비용을 예산의 범위에서 지원할 수 있다.

④ 국토교통부장관은 관리지원센터가 다음 각 호의 어느 하나에 해당하는 경우에는 지정을 취소할 수 있다. 다만, 제1호에 해당하는 경우에는 지정을 취소하여야 한다.

  1. 거짓이나 그 밖의 부정한 방법으로 지정을 받은 경우

  2. 지정받은 사항을 위반하여 업무를 수행한 경우

⑤ 국토교통부장관은 민자철도와 관련하여 이 법과 「사회기반시설에 대한 민간투자법」에 따른 업무 로서 국토교통부령으로 정하는 업무를 관리지원센터에 위탁할 수 있다.

제25조의6(국회에 대한 보고 등)

① 국토교통부장관은 「사회기반시설에 대한 민간투자법」 제53조에 따라 국가가 재정을 지원한 민자 철도의 건설 및 유지·관리 현황에 관한 보고서를 작성하여 매년 5월 31일까지 국회 소관 상임위 원회에 제출하여야 한다.

② 국토교통부장관은 제1항에 따른 보고서를 작성하기 위하여 민자철도사업자에게 필요한 자료의 제출을 요구할 수 있다.

제3장 철도서비스 향상 등

1. 우수 철도서비스 인증

(1) 의의

국토교통부장관은 공정거래위원회와 협의하여 철도사업자 간 경쟁을 제한하지 아니하는 범위에서 철도서비스의 질적 향상을 촉진하기 위하여 우수 철도서비스에 대한 인증을 할 수 있다(제28조).

(2) 우수철도서비스 인증절차 등

① 국토교통부장관은 품질평가결과가 우수한 철도서비스에 대하여 직권으로 또는 철도사업자의 신청에 의하여 우수철도서비스인증을 할 수 있다(칙 제20조).
② 철도사업자의 신청에 의하여 우수철도서비스인증을 하는 경우에는 그에 소요되는 비용은 당해 철도사업자가 부담한다.

(3) 우수서비스마크

① 인증을 받은 철도사업자는 그 인증의 내용을 나타내는 표지(이하 "우수서비스마크"라 한다)를 철도차량, 역 시설 또는 철도 용품 등에 붙이거나 인증 사실을 홍보할 수 있다.
② 인증을 받은 자가 아니면 우수서비스마크 또는 이와 유사한 표지를 철도차량, 역 시설 또는 철도 용품 등에 붙이거나 인증 사실을 홍보하여서는 아니 된다.

2. 평가업무 등의 위탁

국토교통부장관은 효율적인 철도 서비스 품질평가 체제를 구축하기 위하여 필요한 경우에는 관계 전문기관 등에 철도서비스 품질에 대한 조사·평가·연구 등의 업무와 우수 철도서비스 인증에 필요한 심사업무를 위탁할 수 있다(제29조).

3. 자료 등의 요청

국토교통부장관이나 평가업무 등을 위탁받은 자는 철도서비스의 평가 등을 할 때 철도사업자에게 관련 자료 또는 의견 제출 등을 요구하거나 철도서비스에 대한 실지조사(實地調査)를 할 수 있다(제30조). 자료 또는 의견 제출 등을 요구받은 관련 철도사업자는 특별한 사유가 없으면 이에 따라야 한다.

4. 회계의 구분

(1) 철도사업 외의 사업을 경영하는 경우

철도사업자는 철도사업 외의 사업을 경영하는 경우에는 철도사업에 관한 회계와 철도사업 외의 사업에 관한 회계를 구분하여 경리하여야 한다(제32조).

(2) 철도사업의 종류별 · 노선별 회계

① 철도사업자는 철도운영의 효율화와 회계처리의 투명성을 제고하기 위하여 국토교통부령으로 정하는 바에 따라 철도사업의 종류별 · 노선별로 회계를 구분하여 경리하여야 한다.
② 철도사업자는 여객 및 화물 등 철도사업별로 관련된 자산, 부채, 자본, 수익 및 비용을 구분 · 경리하여 각 해당 사업에 직접 귀속 · 배분되도록 회계처리해야 한다(칙 제22조의2).
③ 철도사업자는 회계처리를 할 때 「공인회계사법」에 따른 회계법인의 검증을 거친 원가배분 기준에 따라 사업용철도노선별로 관련된 영업수익 및 비용을 산출하여야 한다.
④ 철도사업자는 제2항에 따라 산출된 영업수익 및 비용의 결과를 회계법인의 확인을 거쳐 회계연도 종료 후 4개월 이내에 국토교통부장관에게 제출하여야 한다.

☑ 관련 법조문

제26조(철도서비스의 품질평가 등)
① 국토교통부장관은 공공복리의 증진과 철도서비스 이용자의 권익보호를 위하여 철도사업자가 제공하는 철도서비스에 대하여 적정한 철도서비스 기준을 정하고, 그에 따라 철도사업자가 제공하는 철도서비스의 품질을 평가하여야 한다.
② 제1항에 따른 철도서비스의 기준, 품질평가의 항목 · 절차 등에 필요한 사항은 국토교통부령으로 정한다.

제27조(평가 결과의 공표 및 활용)
① 국토교통부장관은 제26조에 따른 철도서비스의 품질을 평가한 경우에는 그 평가 결과를 대통령령으로 정하는 바에 따라 신문 등 대중매체를 통하여 공표하여야 한다.

② 국토교통부장관은 철도서비스의 품질평가 결과에 따라 제21조에 따른 사업 개선명령 등 필요한 조치를 할 수 있다.

제31조(철도시설의 공동 활용)
공공교통을 목적으로 하는 선로 및 다음 각 호의 공동 사용시설을 관리하는 자는 철도사업자가 그 시설의 공동 활용에 관한 요청을 하는 경우 협정을 체결하여 이용할 수 있게 하여야 한다.
1. 철도역 및 역 시설(물류시설, 환승시설 및 편의시설 등을 포함한다)
2. 철도차량의 정비 · 검사 · 점검 · 보관 등 유지관리를 위한 시설
3. 사고의 복구 및 구조 · 피난을 위한 설비
4. 열차의 조성 또는 분리 등을 위한 시설
5. 철도 운영에 필요한 정보통신 설비

제33조(벌칙 적용 시의 공무원 의제)
제29조에 따라 위탁받은 업무에 종사하는 관계 전문기관 등의 임원 및 직원은 「형법」 제129조부터 제132조까지의 규정을 적용할 때에는 공무원으로 본다.

제4장 전용철도

1. 등록(★)

(1) 의의

전용철도를 운영하려는 자는 국토교통부령으로 정하는 바에 따라 전용철도의 건설 · 운전 · 보안 및 운송에 관한 사항이 포함된 운영계획서를 첨부하여 국토교통부장관에게 등록을 하여야 한다. 등록사항을 변경하려는 경우에도 같다. 다만 대통령령으로 정하는 경미한 변경의 경우에는 예외로 한다(제34조).

☑ 전용철도 등록사항의 경미한 변경 등

"대통령령으로 정하는 경미한 변경의 경우"란 다음 각 호의 어느 하나에 해당하는 경우를 말한다.
1. 운행시간을 연장 또는 단축한 경우
2. 배차간격 또는 운행횟수를 단축 또는 연장한 경우
3. 10분의 1의 범위안에서 철도차량 대수를 변경한 경우
4. 주사무소 · 철도차량기지를 제외한 운송관련 부대시설을 변경한 경우
5. 임원을 변경한 경우(법인에 한한다)
6. 6월의 범위안에서 전용철도 건설기간을 조정한 경우

해당하는 경우에는 등록을 취소하여야 한다.

1. 거짓이나 그 밖의 부정한 방법으로 제34조에 따른 등록을 한 경우
2. 제34조제2항에 따른 등록기준에 미달하거나 같은 조 제3항에 따른 부담을 이행하지 아니한 경우
3. 휴업신고나 폐업신고를 하지 아니하고 3개월 이상 전용철도를 운영하지 아니한 경우

제41조(준용규정)

전용철도에 관하여는 제16조제3항과 제23조를 준용한다. 이 경우 "철도사업의 면허"는 "전용철도의 등록"으로, "철도사업자"는 "전용철도운영자"로, "철도사업"은 "전용철도의 운영"으로 본다.

제5장 국유철도시설의 활용 · 지원 등

1. 점용허가

(1) 의의

국토교통부장관은 국가가 소유 · 관리하는 철도시설에 건물이나 그 밖의 시설물(이하 "시설물"이라 한다)을 설치하려는 자에게 「국유재산법」 제18조에도 불구하고 대통령령으로 정하는 바에 따라 시설물의 종류 및 기간 등을 정하여 점용허가를 할 수 있다(제42조).

(2) 점용허가의 대상자

점용허가는 철도사업자와 철도사업자가 출자 · 보조 또는 출연한 사업을 경영하는 자에게만 하며, 시설물의 종류와 경영하려는 사업이 철도사업에 지장을 주지 아니하여야 한다.

(3) 점용허가기간

국토교통부장관은 국가가 소유 · 관리하는 철도시설에 대한 점용허가를 하고자 하는 때에는 다음의 기간을 초과하여서는 아니된다. 다만, 건물 그 밖의 시설물을 설치하는 경우 그 공사에 소요되는 기간은 이를 산입하지 아니한다(영 제13조).

① 철골조 · 철근콘크리트조 · 석조 또는 이와 유사한 견고한 건물의 축조를 목적으로 하는 경우 : 50년
② ① 외의 건물의 축조를 목적으로 하는 경우 : 15년
③ 건물 외의 공작물의 축조를 목적으로 하는 경우 : 5년

(2) 등록의 제한 등

국토교통부장관은 등록기준을 적용할 때에 환경오염, 주변 여건 등 지역적 특성을 고려할 필요가 있거나 그 밖에 공익상 필요하다고 인정하는 경우에는 등록을 제한하거나 부담을 붙일 수 있다.

(3) 결격사유

다음의 어느 하나에 해당하는 자는 전용철도를 등록할 수 없다. 법인인 경우 그 임원 중에 다음의 어느 하나에 해당하는 자가 있는 경우에도 같다(제35조).
① 제7조(철도사업 면허의 결격사유) 제1호 각 목의 어느 하나에 해당하는 사람
② 이 법에 따라 전용철도의 등록이 취소된 후 그 취소일부터 1년이 지나지 아니한 자

2. 전용철도 운영의 양도 · 양수 등(★)

(1) 운영의 양도 · 양수

① 전용철도의 운영을 양도 · 양수하려는 자는 국토교통부령으로 정하는 바에 따라 국토교통부장관에게 신고하여야 한다(제36조).
② 국토교통부장관은 신고를 받은 날부터 30일 이내에 신고수리 여부를 신고인에게 통지하여야 한다.
③ 신고가 수리된 경우 전용철도의 운영을 양수한 자는 전용철도의 운영을 양도한 자의 전용철도운영자로서의 지위를 승계한다.
④ 신고에 관하여는 제35조(결격사유)를 준용한다.

(2) 법인의 합병

① 전용철도의 등록을 한 법인이 합병하려는 경우에는 국토교통부령으로 정하는 바에 따라 국토교통부장관에게 신고하여야 한다.
② 국토교통부장관은 신고를 받은 날부터 30일 이내에 신고수리 여부를 신고인에게 통지하여야 한다.
③ 합병으로 설립되거나 존속하는 법인은 합병으로 소멸되는 법인의 전용철도운영자로서의 지위를 승계한다.
④ 신고에 관하여는 제35조(결격사유)를 준용한다.

3. 전용철도 운영의 상속(★)

(1) 신고

① 전용철도운영자가 사망한 경우 상속인이 그 전용철도의 운영을 계속하려는 경우에는 피상속인이 사망한 날부터 3개월 이내에 국토교통부장관에게 신고하여야 한다(제37조).

② 국토교통부장관은 신고를 받은 날부터 10일 이내에 신고수리 여부를 신고인에게 통지하여야 한다.

(2) 신고수리의 효력

신고가 수리된 경우 상속인은 피상속인의 전용철도운영자로서의 지위를 승계하며, 피상속인이 사망한 날부터 신고가 수리된 날까지의 기간 동안은 피상속인의 전용철도 등록은 상속인의 등록으로 본다.

(3) 결격사유의 준용

신고에 관하여는 제35조(결격사유)를 준용한다. 다만, 제35조 각 호의 어느 하나에 해당하는 상속인이 피상속인이 사망한 날부터 3개월 이내에 그 전용철도의 운영을 다른 사람에게 양도한 경우 피상속인의 사망일부터 양도일까지의 기간에 있어서 피상속인의 전용철도 등록은 상속인의 등록으로 본다.

4. 전용철도 운영의 휴업 · 폐업(★)

전용철도운영자가 그 운영의 전부 또는 일부를 휴업 또는 폐업한 경우에는 1개월 이내에 국토교통부장관에게 신고하여야 한다(제38조).

☑ **관련 법조문**

제39조(전용철도 운영의 개선명령)
국토교통부장관은 전용철도 운영의 건전한 발전을 위하여 필요하다고 인정하는 경우에는 전용철도운영자에게 다음 각 호의 사항을 명할 수 있다.
1. 사업장의 이전
2. 시설 또는 운영의 개선

제40조(등록의 취소 · 정지)
국토교통부장관은 전용철도운영자가 다음 각 호의 어느 하나에 해당하는 경우에는 그 등록을 취소하거나 1년 이내의 기간을 정하여 그 운영의 전부 또는 일부의 정지를 명할 수 있다. 다만, 제1호에

---

(4) 점용허가의 취소

국토교통부장관은 점용허가를 받은 자가 다음의 어느 하나에 해당하면 그 점용허가를 취소할 수 있다(제42조의2).

① 점용허가 목적과 다른 목적으로 철도시설을 점용한 경우

② 제42조 제2항을 위반하여 시설물의 종류와 경영하는 사업이 철도사업에 지장을 주게된 경우

③ 점용허가를 받은 날부터 1년 이내에 해당 점용허가의 목적이 된 공사에 착수하지 아니한 경우. 다만, 정당한 사유가 있는 경우에는 1년의 범위에서 공사의 착수기간을 연장할수 있다.

④ 제44조에 따른 점용료를 납부하지 아니하는 경우

⑤ 점용허가를 받은 자가 스스로 점용허가의 취소를 신청하는 경우

2. 시설물 설치의 대행

국토교통부장관은 점용허가를 받은 자가 설치하려는 시설물의 전부 또는 일부가 철도시설관리에 관계되는 경우에는 점용허가를 받은 자의 부담으로 그의 위탁을 받아 시설물을 직접설치하거나 「국가철도공단법」에 따라 설립된 국가철도공단으로 하여금 설치하게 할 수 있다(제43조).

3. 점용료(★)

(1) 점용료의 부과

① 국토교통부장관은 대통령령으로 정하는 바에 따라 점용허가를 받은 자에게 점용료를 부과한다(제44조).

② 점용료는 점용허가를 할 철도시설의 가액과 점용허가를 받아 행하는 사업의 매출액을 기준으로 하여 산출하되, 구체적인 점용료 산정기준에 대하여는 국토교통부장관이 정한다(영 제14조).

③ 철도시설의 가액은 「국유재산법 시행령」 제42조를 준용하여 산출하되, 당해 철도시설의 가액은 산출 후 3년 이내에 한하여 적용한다.

④ 점용료는 매년 1월말까지 당해연도 해당분을 선납하여야 한다. 다만, 국토교통부장관은 부득이한 사유로 선납이 곤란하다고 인정하는 경우에는 그 납부기한을 따로 정할 수 있다.

(2) 점용료의 감면

① **점용료의 감면사유** : 점용허가를 받은 자가 다음에 해당하는 경우에는 대통령령으로
정하는 바에 따라 점용료를 감면할 수 있다.

> ㉠ 국가에 무상으로 양도하거나 제공하기 위한 시설물을 설치하기 위하여 점용허
> 가를 받은 경우
> ㉡ 위 ㉠의 시설물을 설치하기 위한 경우로서 공사기간 중에 점용허가를 받거나
> 임시 시설물을 설치하기 위하여 점용허가를 받은 경우
> ㉢ 「공공주택 특별법」에 따른 공공주택을 건설하기 위하여 점용허가를 받은 경우
> ㉣ 재해, 그 밖의 특별한 사정으로 본래의 철도 점용 목적을 달성할 수 없는 경우
> ㉤ 국민경제에 중대한 영향을 미치는 공익사업으로서 대통령령으로 정하는 사업을
> 위하여 점용허가를 받은 경우

② **점용료의 감면부분** : 점용료의 감면은 다음의 구분에 따른다.

> ㉠ 위 ①의 ㉠ 및 ㉡에 해당하는 경우 : 전체 시설물 중 국가에 무상으로 양도하거나 제공하기
> 위한 시설물의 비율에 해당하는 점용료를 감면
> ㉡ 위 ①의 ㉢에 해당하는 경우 : 해당 철도시설의 부지에 대하여 국토교통부령으로 정하
> 는 기준에 따른 점용료를 감면
> ㉢ 위 ①의 ㉣에 해당하는 경우 : 점용허가를 받은 시설을 사용하지 못한 기간에 해당하는
> 점용료를 면제

(3) 징수업무의 위탁

① 국토교통부장관이 「철도산업발전기본법」에 따라 철도시설의 건설 및 관리 등에 관한
업무의 일부를 「국가철도공단법」에 따른 국가철도공단으로 하여금 대행하게 한 경우
점용료 징수에 관한 업무를 위탁할 수 있다.

② 점용료는 매년 1월말까지 당해연도 해당분을 선납하여야 한다. 다만, 국토교통부장관은
부득이한 사유로 선납이 곤란하다고 인정하는 경우에는 그 납부기한을 따로 정할 수
있다.

③ 국토교통부장관은 점용허가를 받은 자가 점용료를 내지 아니하면 국세 체납처분의 예에
따라 징수한다.

4. 변상금의 징수

국토교통부장관은 점용허가를 받지 아니하고 철도시설을 점용한 자에 대하여 점용료의 100분의 120에 해당하는 금액을 변상금으로 징수할 수 있다. 이 경우 변상금의 징수에 관하여는 제44조 제3항을 준용한다(제44조의2).

5. 권리와 의무의 이전

점용허가로 인하여 발생한 권리와 의무를 이전하려는 경우에는 대통령령으로 정하는 바에 따라 국토교통부장관의 인가를 받아야 한다(제45조).

6. 원상회복의무

(1) 원칙

점용허가를 받은 자는 점용허가기간이 만료되거나 점용허가가 취소된 경우에는 점용허가된 철도 재산을 원상(原狀)으로 회복하여야 한다.

(2) 예외

① 다만, 국토교통부장관은 원상으로 회복할 수 없거나 원상회복이 부적당하다고 인정하는 경우에는 원상회복의무를 면제할 수 있다(제46조).
② 국토교통부장관은 원상회복의무를 면제하는 경우에는 해당 철도 재산에 설치된 시설물 등의 무상 국가귀속을 조건으로 할 수 있다.

(3) 행정대집행

국토교통부장관은 점용허가를 받은 자가 원상회복을 하지 아니하는 경우에는 「행정대집행법」에 따라 시설물을 철거하거나 그 밖에 필요한 조치를 할 수 있다.

7. 국가귀속 시설물의 사용허가기간 등에 관한 특례

(1) 사용허가

국가귀속된 시설물을 「국유재산법」에 따라 사용허가하려는 경우 그 허가의 기간은 10년 이내로 한다(제46조의2).

(2) 사용허가의 갱신

허가기간이 끝난 시설물에 대해서는 10년을 초과하지 아니하는 범위에서 1회에 한하여 종전의 사용허가를 갱신할 수 있다.

(3) 다른 사람에게 사용·수익

사용허가를 받은 자는「국유재산법」에도 불구하고 그 사용허가의 용도나 목적에 위배되지 않는 범위에서 국토교통부장관의 승인을 받아 해당 시설물의 일부를 다른 사람에게 사용·수익하게 할 수 있다.

☑ 관련 법조문

제47조(보고·검사 등)
① 국토교통부장관은 필요하다고 인정하면 철도사업자와 전용철도운영자에게 해당 철도사업 또는 전용철도의 운영에 관한 사항이나 철도차량의 소유 또는 사용에 관한 사항에 대하여 보고나 서류 제출을 명할 수 있다.
② 국토교통부장관은 필요하다고 인정하면 소속 공무원으로 하여금 철도사업자 및 전용철도운영자의 장부, 서류, 시설 또는 그 밖의 물건을 검사하게 할 수 있다.
③ 제2항에 따라 검사를 하는 공무원은 그 권한을 표시하는 증표를 지니고 이를 관계인에게 보여 주어야 한다.
④ 제3항에 따른 증표에 관하여 필요한 사항은 국토교통부령으로 정한다.

제48조(수수료)
이 법에 따른 면허·인가를 받으려는 자, 등록·신고를 하려는 자, 면허증·인가서·등록증·인증서 또는 허가서의 재발급을 신청하는 자는 국토교통부령으로 정하는 수수료를 내야 한다.

제48조의2(규제의 재검토)
국토교통부장관은 다음 각 호의 사항에 대하여 2014년 1월 1일을 기준으로 3년마다(매 3년이 되는 해의 기준일과 같은 날 전까지를 말한다) 그 타당성을 검토하여 개선 등의 조치를 하여야 한다.
  1. 제9조에 따른 여객 운임·요금의 신고 등
  2. 제10조제1항 및 제2항에 따른 부가 운임의 상한
  3. 제21조에 따른 사업의 개선명령
  4. 제39조에 따른 전용철도 운영의 개선명령

제49조(벌칙)
① 다음 각 호의 어느 하나에 해당하는 자는 2년 이하의 징역 또는 2천만원 이하의 벌금에 처한다.
  1. 제5조제1항에 따른 면허를 받지 아니하고 철도사업을 경영한 자
  2. 거짓이나 그 밖의 부정한 방법으로 제5조제1항에 따른 철도사업의 면허를 받은 자
  3. 제16조제1항에 따른 사업정지처분기간 중에 철도사업을 경영한 자

4. 제16조제1항에 따른 사업계획의 변경명령을 위반한 자
5. 제23조(제41조에서 준용하는 경우를 포함한다)를 위반하여 타인에게 자기의 성명 또는 상호를 대여하여 철도사업을 경영하게 한 자
6. 제31조를 위반하여 철도사업자의 공동 활용에 관한 요청을 정당한 사유 없이 거부한 자
② 다음 각 호의 어느 하나에 해당하는 자는 1년 이하의 징역 또는 1천만원 이하의 벌금에 처한다.
1. 제34조제1항을 위반하여 등록을 하지 아니하고 전용철도를 운영한 자
2. 거짓이나 그 밖의 부정한 방법으로 제34조제1항에 따른 전용철도의 등록을 한 자
③ 다음 각 호의 어느 하나에 해당하는 자는 1천만원 이하의 벌금에 처한다.
1. 제13조를 위반하여 국토교통부장관의 인가를 받지 아니하고 공동운수협정을 체결하거나 변경한 자
2. 삭제 〈2013. 3. 22.〉
3. 제28조제3항을 위반하여 우수서비스마크 또는 이와 유사한 표지를 철도차량 등에 붙이거나 인증 사실을 홍보한 자

제50조(양벌규정)
법인의 대표자나 법인 또는 개인의 대리인, 사용인, 그 밖의 종업원이 그 법인 또는 개인의 업무에 관하여 제49조의 위반행위를 하면 그 행위자를 벌하는 외에 그 법인 또는 개인에게도 해당 조문의 벌금형을 과(科)한다. 다만, 법인 또는 개인이 그 위반행위를 방지하기 위하여 해당 업무에 관하여 상당한 주의와 감독을 게을리하지 아니한 경우에는 그러하지 아니하다.

제51조(과태료)
① 다음 각 호의 어느 하나에 해당하는 자에게는 1천만원 이하의 과태료를 부과한다.
1. 제9조제1항에 따른 여객 운임 · 요금의 신고를 하지 아니한 자
2. 제11조제1항에 따른 철도사업약관을 신고하지 아니하거나 신고한 철도사업약관을 이행하지 아니한 자
3. 제12조에 따른 인가를 받지 아니하거나 신고를 하지 아니하고 사업계획을 변경한 자
4. 제10조의2를 위반하여 상습 또는 영업으로 승차권 또는 이에 준하는 증서를 자신이 구입한 가격을 초과한 금액으로 다른 사람에게 판매하거나 이를 알선한 자
② 다음 각 호의 어느 하나에 해당하는 자에게는 500만원 이하의 과태료를 부과한다.
1. 제18조에 따른 사업용철도차량의 표시를 하지 아니한 철도사업자
2. 삭제 〈2018. 6. 12.〉
3. 제32조제1항 또는 제2항을 위반하여 회계를 구분하여 경리하지 아니한 자
4. 정당한 사유 없이 제47조제1항에 따른 명령을 이행하지 아니하거나 제47조제2항에 따른 검사를 거부 · 방해 또는 기피한 자
③ 다음 각 호의 어느 하나에 해당하는 자에게는 100만원 이하의 과태료를 부과한다. 〈개정 2011. 5. 24.〉
1. 제20조제2항부터 제4항까지에 따른 준수사항을 위반한 자
2. 삭제 〈2018. 6. 12.〉
④ 제22조를 위반한 철도운수종사자 및 그가 소속된 철도사업자에게는 50만원 이하의 과태료를

부과한다.

⑤ 제1항부터 제4항까지의 규정에 따른 과태료는 대통령령으로 정하는 바에 따라 국토교통부장관이 부과·징수한다.

⑥ 삭제 〈2009. 4. 1.〉

⑦ 삭제 〈2009. 4. 1.〉

Chapter 06. 적중예상문제

01. 철도사업법령상 철도사업의 면허에 관한 설명으로 옳지 않은 것은?

① 철도사업을 경영하려는 자는 지정·고시된 사업용철도노선을 정하여 국토교통부장관의 면허를 받아야 한다.

② 국토교통부장관은 면허를 하는 경우 철도의 공공성과 안전을 강화하고 이용자 편의를 증진시키기 위하여 필요한 부담을 붙일 수 있다.

③ 법인이 아닌 자도 철도사업의 면허를 받을 수 있다.

④ 철도사업의 면허를 받기 위한 사업계획서에는 사용할 철도차량의 대수·형식 및 확보계획이 포함되어야 한다.

⑤ 신청자가 해당 사업을 수행할 수 있는 재정적 능력이 있어야 한다는 것은 면허기준에 포함된다.

> **정답 |** ③
> **해설 |** ③ 철도사업의 면허를 받을 수 있는 자는 법인으로 한다.

02. 철도사업법령상 전용철도 등록사항의 경미한 변경에 해당하지 않는 것은?

① 운행시간을 단축한 경우

② 배차간격을 연장한 경우

③ 철도차량 대수를 10분의 2의 범위안에서 변경한 경우

④ 전용철도를 운영하는 법인의 임원을 변경한 경우

⑤ 전용철도 건설기간을 6월의 범위안에서 조정한 경우

> **정답 |** ③
> **해설 |** ③ 10분의 1의 범위안에서 철도차량 대수를 변경한 경우가 등록사항의 경미한 변경에 해당한다.

03. 철도사업법상 여객 운임에 관한 설명으로 옳지 않은 것은?

① 철도사업자는 재해복구를 위한 긴급지원이 필요하다고 인정되는 경우에는 일정한 기간과 대상을 정하여 여객 운임·요금을 감면할 수 있다.

② 철도사업자는 여객 운임·요금을 감면하는 경우에는 그 시행 3일 이전에 감면사항을 인터넷 홈페이지 등 일반인이 잘 볼 수 있는 곳에 게시하여야 하며, 긴급한 경우에는 미리 게시하지 아니할 수 있다.

③ 철도사업자는 열차를 이용하는 여객이 정당한 운임·요금을 지급하지 아니하고 열차를 이용한 경우에는 승차 구간에 해당하는 운임 외에 그의 50배의 범위에서 부가 운임을 징수할 수 있다.

④ 철도사업자는 송하인(送荷人)이 운송장에 적은 화물의 품명·중량·용적 또는 개수에 따라 계산한 운임이 정당한 사유 없이 정상 운임보다 적은 경우에는 송하인에게 그 부족 운임 외에 그 부족 운임의 5배의 범위에서 부가 운임을 징수할 수 있다.

⑤ 철도사업자는 부가 운임을 징수하려는 경우에는 사전에 부가 운임의 징수 대상행위, 열차의 종류 및 운행 구간 등에 따른 부가 운임 산정기준을 정하고 철도사업약관에 포함하여 국토교통부장관에게 신고하여야 한다.

> **정답 |** ③
> **해설 |** ③ 30배의 범위에서 부가 운임을 징수할 수 있다

04. 철도사업법령상 국유철도시설의 점용허가에 관한 설명으로 옳지 않은 것은?

① 국유철도시설의 점용허가는 철도사업자와 철도사업자가 출자·보조 또는 출연한 사업을 경영하는 자에게만 하여야 한다.

② 국유철도시설의 점용허가를 받은 자는 부득이한 사유가 없는 한 매년 1월 15일 까지 당해연도의 점용료 해당분을 선납하여야 한다.

③ 국유철도시설의 점용허가로 인하여 발생한 권리와 의무를 이전하려는 경우에는 국토교통부장관의 인가를 받아야 한다.

④ 국토교통부장관은 점용허가를 받은 자가 「공공주택 특별법」에 따른 공공주택을 건설하기 위하여 점용허가를 받은 경우 점용료를 감면할 수 있다.

⑤ 국토교통부장관은 점용허가기간이 만료된 철도 재산의 원상회복의무를 면제하는 경우에 해당 철도 재산에 설치된 시설물 등의 무상 국가귀속을 조건으로 할 수 있다.

> **정답 |** ②
> **해설 |** ② 점용료는 매년 1월말까지 당해연도 해당분을 선납하여야 한다.

농수산물 유통 및 가격안정에 관한 법률

제1장 총칙

1. 목적

이 법은 농수산물의 유통을 원활하게 하고 적정한 가격을 유지하게 함으로써 생산자와 소비자의 이익을 보호하고 국민생활의 안정에 이바지함을 목적으로 한다(제1조).

2. 정의

이 법에서 사용하는 용어의 뜻은 다음과 같다(제2조).

(1) 농수산물

농산물·축산물·수산물 및 임산물 중 농림축산식품부령 또는 해양수산부령으로 정하는 것을 말한다.

(2) 농수산물도매시장

특별시·광역시·특별자치시·특별자치도 또는 시가 양곡류·청과류·화훼류·조수육류(鳥獸肉類)·어류·조개류·갑각류·해조류 및 임산물 등 대통령령으로 정하는 품목의 전부 또는 일부를 도매하게 하기 위하여 제17조에 따라 관할구역에 개설하는 시장을 말한다.

(3) 중앙도매시장

특별시·광역시·특별자치시 또는 특별자치도가 개설한 농수산물도매시장 중 해당 관할구역 및 그 인접지역에서 도매의 중심이 되는 농수산물도매시장으로서 농림축산식품부령 또는 해양수산부령으로 정하는 것을 말한다.

(4) 지방도매시장

중앙도매시장 외의 농수산물도매시장을 말한다.

(5) 농수산물공판장

지역농업협동조합, 지역축산업협동조합, 품목별·업종별협동조합, 조합공동사업법인, 품목조합연합회, 산림조합 및 수산업협동조합과 그 중앙회(농협경제지주회사를 포함한다. 이하 "농림수협등"이라 한다), 그 밖에 대통령령으로 정하는 생산자 관련 단체와 공익상 필요하다고 인정되는 법인으로서 대통령령으로 정하는 법인(이하 "공익법인"이라 한다)이 농수산물을 도매하기 위하여 특별시장 · 광역시장 · 특별자치시장 · 도지사 또는 특별자치도지사(이하 "시 · 도지사"라 한다)의 승인을 받아 개설 · 운영하는 사업장을 말한다.

(6) 민영농수산물도매시장

국가, 지방자치단체 및 농수산물공판장을 개설할 수 있는 자 외의 자(이하 "민간인등"이라 한다)가 농수산물을 도매하기 위하여 시 · 도지사의 허가를 받아 특별시 · 광역시 · 특별자치시 · 특별자치도 또는 시 지역에 개설하는 시장을 말한다.

(7) 도매시장법인

농수산물도매시장의 개설자로부터 지정을 받고 농수산물을 위탁받아 상장(上場)하여 도매하거나 이를 매수(買受)하여 도매하는 법인(도매시장법인의 지정을 받은 것으로 보는 공공출자법인을 포함한다)을 말한다.

(8) 시장도매인

농수산물도매시장 또는 민영농수산물도매시장의 개설자로부터 지정을 받고 농수산물을 매수 또는 위탁받아 도매하거나 매매를 중개하는 영업을 하는 법인을 말한다.

(9) 중도매인(仲都賣人)

농수산물도매시장 · 농수산물공판장 또는 민영농수산물도매시장의 개설자의 허가 또는 지정을 받아 다음의 영업을 하는 자를 말한다.
① 농수산물도매시장 · 농수산물공판장 또는 민영농수산물도매시장에 상장된 농수산물을 매수하여 도매하거나 매매를 중개하는 영업
② 농수산물도매시장 · 농수산물공판장 또는 민영농수산물도매시장의 개설자로부터 허가를 받은 비상장(非上場) 농수산물을 매수 또는 위탁받아 도매하거나 매매를 중개하는 영업

(10) 매매참가인

농수산물도매시장 · 농수산물공판장 또는 민영농수산물도매시장의 개설자에게 신고를 하고, 농수산물도매시장 · 농수산물공판장 또는 민영농수산물도매시장에 상장된 농수산물을 직접 매수하는 자로서 중도매인이 아닌 가공업자 · 소매업자 · 수출업자 및 소비자단체 등 농수산물의 수요자를 말한다.

(11) 산지유통인(産地流通人)

농수산물도매시장·농수산물공판장 또는 민영농수산물도매시장의 개설자에게 등록하고, 농수산물을 수집하여 농수산물도매시장·농수산물공판장 또는 민영농수산물도매시장에 출하(出荷)하는 영업을 하는 자(법인을 포함한다)를 말한다.

(12) 농수산물종합유통센터

국가 또는 지방자치단체가 설치하거나 국가 또는 지방자치단체의 지원을 받아 설치된 것으로서 농수산물의 출하 경로를 다원화하고 물류비용을 절감하기 위하여 농수산물의 수집·포장·가공·보관·수송·판매 및 그 정보처리 등 농수산물의 물류활동에 필요한 시설과 이와 관련된 업무시설을 갖춘 사업장을 말한다.

(13) 경매사(競賣士)

도매시장법인의 임명을 받거나 농수산물공판장·민영농수산물도매시장 개설자의 임명을 받아, 상장된 농수산물의 가격 평가 및 경락자 결정 등의 업무를 수행하는 자를 말한다.

(14) 농수산물 전자거래

농수산물의 유통단계를 단축하고 유통비용을 절감하기 위하여 「전자문서 및 전자거래 기본법」 제2조 제5호에 따른 전자거래의 방식으로 농수산물을 거래하는 것을 말한다.

3. 다른 법률의 적용 배제

이 법에 따른 농수산물도매시장(이하 "도매시장"이라 한다), 농수산물공판장(이하 "공판장"이라 한다), 민영농수산물도매시장(이하 "민영도매시장"이라 한다) 및 농수산물종합유통센터(이하 "종합유통센터"라 한다)에 대하여는 「유통산업발전법」의 규정을 적용하지 아니한다(제3조).

제2장 농수산물의 생산조정 및 출하조절

1. 가격 예시

(1) 예시가격

농림축산식품부장관 또는 해양수산부장관은 농림축산식품부령 또는 해양수산부령으로 정하는 주요 농수산물의 수급조절과 가격안정을 위하여 필요하다고 인정할 때에는 해당 농산물의 파종기 또는 수산물의 종자입식 시기 이전에 생산자를 보호하기 위한 하한가격[이하 "예시가격"(豫示價格)이라 한다]을 예시할 수 있다(제8조).

(2) 고려하여야 할 사항

농림축산식품부장관 또는 해양수산부장관은 예시가격을 결정할 때에는 해당 농산물의 농림업관측, 주요 곡물의 국제곡물관측 또는 「수산물 유통의 관리 및 지원에 관한 법률」에 따른 수산업관측(이하 "수산업관측"이라 한다) 결과, 예상 경영비, 지역별 예상 생산량 및 예상 수급상황 등을 고려하여야 한다.

(3) 기획재정부장관과의 협의

농림축산식품부장관 또는 해양수산부장관은 예시가격을 결정할 때에는 미리 기획재정부장관과 협의하여야 한다.

(4) 예시가격의 지지를 위한 시책

농림축산식품부장관 또는 해양수산부장관은 가격을 예시한 경우에는 예시가격을 지지(支持)하기 위하여 다음의 사항 등을 연계하여 적절한 시책을 추진하여야 한다.
① 농림업관측 · 국제곡물관측 또는 수산업관측의 지속적 실시
② 계약생산 또는 계약출하의 장려
③ 제9조 또는 「수산물 유통의 관리 및 지원에 관한 법률」 제40조에 따른 수매 및 처분
④ 제10조에 따른 유통협약 및 유통조절명령
⑤ 제13조 또는 「수산물 유통의 관리 및 지원에 관한 법률」 제41조에 따른 비축사업

2. 과잉생산 시의 생산자 보호

(1) 수매

농림축산식품부장관은 채소류 등 저장성이 없는 농산물의 가격안정을 위하여 필요하다고 인정할 때에는 그 생산자 또는 생산자단체로부터 농산물가격안정기금으로 해당 농산물을 수매할 수 있다. 다만, 가격안정을 위하여 특히 필요하다고 인정할 때에는 도매시장 또는 공판장에서 해당 농산물을 수매할 수 있다(제9조).

(2) 수매한 농산물의 처분

수매한 농산물은 판매 또는 수출하거나 사회복지단체에 기증하거나 그 밖에 필요한 처분을 할 수 있다.

(3) 업무의 위탁

농림축산식품부장관은 수매 및 처분에 관한 업무를 농업협동조합중앙회·산림조합중앙회
(이하 "농림협중앙회"라 한다) 또는 「한국농수산식품유통공사법」에 따른 한국농수산식품
유통공사(이하 "한국농수산식품유통공사"라 한다)에 위탁할 수 있다.

(4) 생산·출하 안정 등 필요한 사업

농림축산식품부장관은 채소류 등의 수급 안정을 위하여 생산·출하 안정 등 필요한 사업을
추진할 수 있다.

3. 몰수농산물등의 이관

(1) 이관

농림축산식품부장관은 국내 농산물 시장의 수급안정 및 거래질서 확립을 위하여 「관세법」
및 「검찰청법」에 따라 몰수되거나 국고에 귀속된 농산물(이하 "몰수농산물등"이라 한다)을
이관받을 수 있다(제9조의2).

(2) 몰수농산물등의 처분

① 농림축산식품부장관은 이관받은 몰수농산물등을 매각·공매·기부 또는 소각하거나 그
　밖의 방법으로 처분할 수 있다.
② 몰수농산물등의 처분으로 발생하는 비용 또는 매각·공매 대금은 농산물가격안정기금
　으로 지출 또는 납입하여야 한다.
③ 농림축산식품부장관은 몰수농산물등의 처분업무를 농업협동조합중앙회 또는 한국농수
　산식품유통공사 중에서 지정하여 대행하게 할 수 있다.

4. 비축사업 등

(1) 의의

농림축산식품부장관은 농산물(쌀과 보리는 제외한다)의 수급조절과 가격안정을 위하여 필
요하다고 인정할 때에는 농산물가격안정기금으로 농산물을 비축하거나 농산물의 출하를
약정하는 생산자에게 그 대금의 일부를 미리 지급하여 출하를 조절할 수 있다(제13조).

(2) 수매·수입

① 비축용 농산물은 생산자 및 생산자단체로부터 수매하여야 한다. 다만, 가격안정을 위하여 특히 필요하다고 인정할 때에는 도매시장 또는 공판장에서 수매하거나 수입할 수 있다.
② 농림축산식품부장관은 비축용 농산물을 수입하는 경우 국제가격의 급격한 변동에 대비하여야 할 필요가 있다고 인정할 때에는 선물거래(先物去來)를 할 수 있다.

(3) 비축사업 등의 위탁

농림축산식품부장관은 비축 또는 출하조절에 따른 사업을 농림협중앙회 또는 한국농수산식품유통공사에 위탁할 수 있다.

5. 과잉생산 시의 생산자 보호 등 사업의 손실처리

농림축산식품부장관은 수매와 비축사업의 시행에 따라 생기는 감모(減耗), 가격 하락, 판매·수출·기증과 그 밖의 처분으로 인한 원가 손실 및 수송·포장·방제(防除) 등 사업실시에 필요한 관리비를 대통령령으로 정하는 바에 따라 그 사업의 비용으로 처리한다(제14조).

6. 농산물의 수입 추천 등

(1) 수입의 추천

① 「세계무역기구 설립을 위한 마라케쉬협정」에 따른 대한민국 양허표(讓許表)상의 시장 접근물량에 적용되는 양허세율(讓許稅率)로 수입하는 농산물 중 다른 법률에서 달리 정하지 아니한 농산물을 수입하려는 자는 농림축산식품부장관의 추천을 받아야 한다(제15조).
② 농림축산식품부장관은 농산물의 수입에 대한 추천업무를 농림축산식품부장관이 지정하는 비영리법인으로 하여금 대행하게 할 수 있다. 이 경우 품목별 추천물량 및 추천기준과 그 밖에 필요한 사항은 농림축산식품부장관이 정한다.
③ 농산물을 수입하려는 자는 사용용도와 그 밖에 농림축산식품부령으로 정하는 사항을 적어 수입 추천신청을 하여야 한다.

(2) 비축용 농산물의 수입

농림축산식품부장관은 필요하다고 인정할 때에는 추천 대상 농산물 중 농림축산식품부령으로 정하는 품목의 농산물을 비축용 농산물로 수입하거나 생산자단체를 지정하여 수입하여 판매하게 할 수 있다.

7. 수입이익금의 징수 등(★)

(1) 수입이익금의 부과·징수

농림축산식품부장관은 추천을 받아 농산물을 수입하는 자 중 농림축산식품부령으로 정하는 품목의 농산물을 수입하는 자에 대하여 농림축산식품부령으로 정하는 바에 따라 국내가격과 수입가격 간의 차액의 범위에서 수입이익금을 부과·징수할 수 있다(제16조).

(2) 납입

① 수입이익금은 농림축산식품부령으로 정하는 바에 따라 농산물가격안정기금에 납입하여야 한다.

② 수입이익금을 정하여진 기한까지 내지 아니하면 국세 체납처분의 예에 따라 징수할 수 있다.

(3) 환급

농림축산식품부장관은 징수한 수입이익금이 과오납되는 등의 사유로 환급이 필요한 경우에는 농림축산식품부령으로 정하는 바에 따라 환급하여야 한다.

☑ **관련 법조문**

제4조(주산지의 지정 및 해제 등)
① 시·도지사는 농수산물의 경쟁력 제고 또는 수급(需給)을 조절하기 위하여 생산 및 출하를 촉진 또는 조절할 필요가 있다고 인정할 때에는 주요 농수산물의 생산지역이나 생산수면(이하 "주산지"라 한다)을 지정하고 그 주산지에서 주요 농수산물을 생산하는 자에 대하여 생산자금의 융자 및 기술지도 등 필요한 지원을 할 수 있다.
② 제1항에 따른 주요 농수산물은 국내 농수산물의 생산에서 차지하는 비중이 크거나 생산·출하의 조절이 필요한 것으로서 농림축산식품부장관 또는 해양수산부장관이 지정하는 품목으로 한다.
③ 주산지는 다음 각 호의 요건을 갖춘 지역 또는 수면(水面) 중에서 구역을 정하여 지정한다.
  1. 주요 농수산물의 재배면적 또는 양식면적이 농림축산식품부장관 또는 해양수산부장관이 고시하는 면적 이상일 것
  2. 주요 농수산물의 출하량이 농림축산식품부장관 또는 해양수산부장관이 고시하는 수량 이상일 것
④ 시·도지사는 제1항에 따라 지정된 주산지가 제3항에 따른 지정요건에 적합하지 아니하게 되었을 때에는 그 지정을 변경하거나 해제할 수 있다.
⑤ 제1항에 따른 주산지의 지정, 제2항에 따른 주요 농수산물 품목의 지정 및 제4항에 따른 주산지의 변경·해제에 필요한 사항은 대통령령으로 정한다.

제4조의2(주산지협의체의 구성 등)
① 제4조제1항에 따라 지정된 주산지의 시·도지사는 주산지의 지정목적 달성 및 주요 농수산물

경영체 육성을 위하여 생산자 등으로 구성된 주산지협의체(이하 "협의체"라 한다)를 설치할 수 있다.

② 협의체는 주산지 간 정보 교환 및 농수산물 수급조절 과정에의 참여 등을 위하여 공동으로 품목별 중앙주산지협의회(이하 "중앙협의회"라 한다)를 구성 · 운영할 수 있다.

③ 협의체의 설치 및 중앙협의회의 구성 · 운영 등에 관하여 필요한 사항은 대통령령으로 정한다.

④ 국가 또는 지방자치단체는 협의체 및 중앙협의회의 원활한 운영을 위하여 필요한 경비의 일부를 지원할 수 있다.

제5조(농림업관측)

① 농림축산식품부장관은 농산물의 수급안정을 위하여 가격의 등락 폭이 큰 주요 농산물에 대하여 매년 기상정보, 생산면적, 작황, 재고물량, 소비동향, 해외시장 정보 등을 조사하여 이를 분석하는 농림업관측을 실시하고 그 결과를 공표하여야 한다.

② 제1항에 따른 농림업관측에도 불구하고 농림축산식품부장관은 주요 곡물의 수급안정을 위하여 농림축산식품부장관이 정하는 주요 곡물에 대한 상시 관측체계의 구축과 국제 곡물수급모형의 개발을 통하여 매년 주요 곡물 생산 및 수출 국가들의 작황 및 수급 상황 등을 조사 · 분석하는 국제곡물관측을 별도로 실시하고 그 결과를 공표하여야 한다.

③ 농림축산식품부장관은 효율적인 농림업관측 또는 국제곡물관측을 위하여 필요하다고 인정하는 경우에는 품목을 지정하여 지역농업협동조합, 지역축산업협동조합, 품목별 · 업종별협동조합, 산림조합, 그 밖에 농림축산식품령으로 정하는 자로 하여금 농림업관측 또는 국제곡물관측을 실시하게 할 수 있다.

④ 농림축산식품부장관은 제1항 또는 제2항에 따른 농림업관측업무 또는 국제곡물관측업무를 효율적으로 실시하기 위하여 농림업 관련 연구기관 또는 단체를 농림업관측 전담기관(국제곡물관측업무를 포함한다)으로 지정하고, 그 운영에 필요한 경비를 충당하기 위하여 예산의 범위에서 출연금(出捐金) 또는 보조금을 지급할 수 있다.

⑤ 제4항에 따른 농림업관측 전담기관의 지정 및 운영에 필요한 사항은 농림축산식품령으로 정한다.

제5조의2(농수산물 유통 관련 통계작성 등)

① 농림축산식품부장관 또는 해양수산부장관은 농수산물의 수급안정을 위하여 가격의 등락 폭이 큰 주요 농수산물의 유통에 관한 통계를 작성 · 관리하고 공표하되, 필요한 경우 통계청장과 협의할 수 있다.

② 농림축산식품부장관 또는 해양수산부장관은 제1항에 따른 통계 작성을 위하여 필요한 경우 관계 중앙행정기관의 장 또는 지방자치단체의 장 등에게 자료의 제공을 요청할 수 있다. 이 경우 자료 제공을 요청받은 관계 중앙행정기관의 장 또는 지방자치단체의 장 등은 특별한 사유가 없으면 자료를 제공하여야 한다.

③ 제1항 및 제2항에서 규정한 사항 외에 농수산물의 유통에 관한 통계 작성 · 관리 및 공표 등에 필요한 사항은 대통령령으로 정한다.

제5조의3(종합정보시스템의 구축 · 운영)

① 농림축산식품부장관 및 해양수산부장관은 농수산물의 원활한 수급과 적정한 가격 유지를 위하여

농수산물유통 종합정보시스템을 구축하여 운영할 수 있다.

② 농림축산식품부장관 및 해양수산부장관은 농수산물유통 종합정보시스템의 구축 · 운영을 대통령
령으로 정하는 전문기관에 위탁할 수 있다.

③ 제1항 및 제2항에서 규정한 사항 외에 농수산물유통 종합정보시스템의 구축 · 운영 등에 필요한
사항은 대통령령으로 정한다.

제6조(계약생산)

① 농림축산식품부장관은 주요 농산물의 원활한 수급과 적정한 가격 유지를 위하여 지역농업협동조
합, 지역축산업협동조합, 품목별 · 업종별협동조합, 조합공동사업법인, 품목조합연합회, 산림조
합과 그 중앙회(농협경제지주회사를 포함한다)나 그 밖에 대통령령으로 정하는 생산자 관련 단체
(이하 "생산자단체"라 한다) 또는 농산물 수요자와 생산자 간에 계약생산 또는 계약출하를 하도록
장려할 수 있다.

② 농림축산식품부장관은 제1항에 따라 생산계약 또는 출하계약을 체결하는 생산자단체 또는 농산
물 수요자에 대하여 제54조에 따른 농산물가격안정기금으로 계약금의 대출 등 필요한 지원을
할 수 있다.

제10조(유통협약 및 유통조절명령)

① 주요 농수산물의 생산자, 산지유통인, 저장업자, 도매업자 · 소매업자 및 소비자 등(이하 "생산자
등"이라 한다)의 대표는 해당 농수산물의 자율적인 수급조절과 품질향상을 위하여 생산조정 또는
출하조절을 위한 협약(이하 "유통협약"이라 한다)을 체결할 수 있다.

② 농림축산식품부장관 또는 해양수산부장관은 부패하거나 변질되기 쉬운 농수산물로서 농림축산식
품부령 또는 해양수산부령으로 정하는 농수산물에 대하여 현저한 수급 불안정을 해소하기 위하여
특히 필요하다고 인정되고 농림축산식품부령 또는 해양수산부령으로 정하는 생산자등 또는 생산
자단체가 요청할 때에는 공정거래위원회와 협의를 거쳐 일정 기간 동안 일정 지역의 해당 농수산
물의 생산자등에게 생산조정 또는 출하조절을 하도록 하는 유통조절명령(이하 "유통명령"이라
한다)을 할 수 있다.

③ 유통명령에는 유통명령을 하는 이유, 대상 품목, 대상자, 유통조절방법 등 대통령령으로 정하는
사항이 포함되어야 한다.

④ 제2항에 따라 생산자등 또는 생산자단체가 유통명령을 요청하려는 경우에는 제3항에 따른 내용
이 포함된 요청서를 작성하여 이해관계인 · 유통전문가의 의견수렴 절차를 거치고 해당 농수산물
의 생산자등의 대표나 해당 생산자단체의 재적회원 3분의 2 이상의 찬성을 받아야 한다.

⑤ 제2항에 따른 유통명령을 하기 위한 기준과 구체적 절차, 유통명령을 요청할 수 있는 생산자등의
조직과 구성 및 운영방법 등에 관하여 필요한 사항은 농림축산식품부령 또는 해양수산부령으로
정한다.

제11조(유통명령의 집행)

① 농림축산식품부장관 또는 해양수산부장관은 유통명령이 이행될 수 있도록 유통명령의 내용에
관한 홍보, 유통명령 위반자에 대한 제재 등 필요한 조치를 하여야 한다.

② 농림축산식품부장관 또는 해양수산부장관은 필요하다고 인정하는 경우에는 지방자치단체의 장,

해당 농수산물의 생산자등의 조직 또는 생산자단체로 하여금 제1항에 따른 유통명령 집행업무의 일부를 수행하게 할 수 있다.

제12조(유통명령 이행자에 대한 지원 등)
① 농림축산식품부장관 또는 해양수산부장관은 유통협약 또는 유통명령을 이행한 생산자등이 그 유통협약이나 유통명령을 이행함에 따라 발생하는 손실에 대하여는 제54조에 따른 농산물가격안 정기금 또는 「수산업·어촌 발전 기본법」 제46조에 따른 수산발전기금으로 그 손실을 보전(補塡)하게 할 수 있다.
② 농림축산식품부장관 또는 해양수산부장관은 제11조제2항에 따라 유통명령 집행업무의 일부를 수행하는 생산자등의 조직이나 생산자단체에 필요한 지원을 할 수 있다.
③ 제1항에 따른 유통명령 이행으로 인한 손실 보전 및 제2항에 따른 유통명령 집행업무의 지원에 필요한 사항은 대통령령으로 정한다.

제3장 농수산물도매시장

1. 도매시장의 개설 등(★)

(1) 의의

도매시장은 대통령령으로 정하는 바에 따라 부류(部類)별로 또는 둘 이상의 부류를 종합하여 중앙도매시장의 경우에는 특별시·광역시·특별자치시 또는 특별자치도가 개설하고, 지방도매시장의 경우에는 특별시·광역시·특별자치시·특별자치도 또는 시가 개설한다(제17조).

(2) 시가 지방도매시장을 개설하는 경우

① 시가 지방도매시장을 개설하려면 도지사의 허가를 받아야 한다
② 시가 지방도매시장의 개설허가를 받으려면 농림축산식품부령 또는 해양수산부령으로 정하는 바에 따라 지방도매시장 개설허가 신청서에 업무규정과 운영관리계획서를 첨부하여 도지사에게 제출하여야 한다.

(3) 특별시·광역시·특별자치시 또는 특별자치도가 도매시장을 개설하는 경우

특별시·광역시·특별자치시 또는 특별자치도가 도매시장을 개설하려면 미리 업무규정과 운영관리계획서를 작성하여야 하며, 중앙도매시장의 업무규정은 농림축산식품부장관 또는 해양수산부장관의 승인을 받아야 한다.

(4) 업무규정의 변경

중앙도매시장의 개설자가 업무규정을 변경하는 때에는 농림축산식품부장관 또는 해양수산
부장관의 승인을 받아야 하며, 지방도매시장의 개설자(시가 개설자인 경우만 해당한다)가
업무규정을 변경하는 때에는 도지사의 승인을 받아야 한다.

(5) 지방도매시장의 폐쇄

시가 지방도매시장을 폐쇄하려면 그 3개월 전에 도지사의 허가를 받아야 한다. 다만, 특별
시·광역시·특별자치시 및 특별자치도가 도매시장을 폐쇄하는 경우에는 그 3개월 전에
이를 공고하여야 한다.

2. 도매시장 개설자의 의무

(1) 이행의무

도매시장 개설자는 거래 관계자의 편익과 소비자 보호를 위하여 다음의 사항을 이행하여야
한다.
① 도매시장 시설의 정비·개선과 합리적인 관리
② 경쟁 촉진과 공정한 거래질서의 확립 및 환경 개선
③ 상품성 향상을 위한 규격화, 포장 개선 및 선도(鮮度) 유지의 촉진

(2) 이행 관련 대책

도매시장 개설자는 위 (1)의 사항을 효과적으로 이행하기 위하여 이에 대한 투자계획 및
거래제도 개선방안 등을 포함한 대책을 수립·시행하여야 한다.

3. 도매시장법인의 지정(★)

(1) 부류별 지정 및 지정의 유효기간

도매시장법인은 도매시장 개설자가 부류별로 지정하되, 중앙도매시장에 두는 도매시장법
인의 경우에는 농림축산식품부장관 또는 해양수산부장관과 협의하여 지정한다. 이 경우
5년 이상 10년 이하의 범위에서 지정 유효기간을 설정할 수 있다(제23조).

(2) 도매시장법인의 주주 및 임직원의 경업 등의 제한

도매시장법인의 주주 및 임직원은 해당 도매시장법인의 업무와 경합되는 도매업 또는 중도

매업(仲都賣業)을 하여서는 아니 된다. 다만, 도매시장법인이 다른 도매시장법인의 주식 또는 지분을 과반수 이상 양수(이하 "인수"라 한다)하고 양수법인의 주주 또는 임직원이 양도법인의 주주 또는 임직원의 지위를 겸하게 된 경우에는 그러하지 아니하다.

(3) 도매시장법인의 지정요건

도매시장법인이 될 수 있는 자는 다음의 요건을 갖춘 법인이어야 한다.
① 해당 부류의 도매업무를 효과적으로 수행할 수 있는 지식과 도매시장 또는 공판장 업무에 2년 이상 종사한 경험이 있는 업무집행 담당 임원이 2명 이상 있을 것
② 임원 중 이 법을 위반하여 금고 이상의 실형을 선고받고 그 형의 집행이 끝나거나(집행이 끝난 것으로 보는 경우를 포함한다) 집행이 면제된 후 2년이 지나지 아니한 사람이 없을 것
③ 임원 중 파산선고를 받고 복권되지 아니한 사람이나 피성년후견인 또는 피한정후견인이 없을 것
④ 임원 중 도매시장법인의 지정취소처분의 원인이 되는 사항에 관련된 사람이 없을 것
⑤ 거래규모, 순자산액 비율 및 거래보증금 등 도매시장 개설자가 업무규정으로 정하는 일정 요건을 갖출 것

(4) 지정요건 미달시

도매시장법인이 지정된 후 위 (3) ①의 요건을 갖추지 아니하게 되었을 때에는 3개월 이내에 해당 요건을 갖추어야 한다.

(5) 도매시장법인의 임원

도매시장법인은 해당 임원이 위 (3) ②부터 ④까지의 어느 하나에 해당하는 요건을 갖추지 아니하게 되었을 때에는 그 임원을 지체 없이 해임하여야 한다.

4. 도매시장법인의 인수·합병

(1) 도매시장 개설자의 승인

도매시장법인이 다른 도매시장법인을 인수하거나 합병하는 경우에는 해당 도매시장 개설자의 승인을 받아야 한다.(제23조의2)

(2) 승인 제외사유

도매시장 개설자는 다음의 어느 하나에 해당하는 경우를 제외하고는 인수 또는 합병을

승인하여야 한다.

① 인수 또는 합병의 당사자인 도매시장법인이 위 3의 (3) 지정요건을 갖추지 못한 경우

② 그 밖에 이 법 또는 다른 법령에 따른 제한에 위반되는 경우

(3) 지위의 승계

합병을 승인하는 경우 합병을 하는 도매시장법인은 합병이 되는 도매시장법인의 지위를 승계한다.

5. 중도매업의 허가

(1) 도매시장 개설자의 허가

중도매인의 업무를 하려는 자는 부류별로 해당 도매시장 개설자의 허가를 받아야 한다(제25조).

(2) 허가제한사유

다음의 어느 하나에 해당하는 자는 중도매업의 허가를 받을 수 없다.

① 파산선고를 받고 복권되지 아니한 사람이나 피성년후견인

② 이 법을 위반하여 금고 이상의 실형을 선고받고 그 형의 집행이 끝나거나(집행이 끝난 것으로 보는 경우를 포함한다) 면제되지 아니한 사람

③ 중도매업의 허가가 취소(제25조 제3항 제1호에 해당하여 취소된 경우는 제외한다)된 날부터 2년이 지나지 아니한 자

④ 도매시장법인의 주주 및 임직원으로서 해당 도매시장법인의 업무와 경합되는 중도매업을 하려는 자

⑤ 임원 중에 ①부터 ④까지의 어느 하나에 해당하는 사람이 있는 법인

⑥ 최저거래금액 및 거래대금의 지급보증을 위한 보증금 등 도매시장 개설자가 업무규정으로 정한 허가조건을 갖추지 못한 자

(3) 법인의 임원

법인인 중도매인은 임원이 위 (2)의 ⑤에 해당하게 되었을 때에는 그 임원을 지체 없이 해임하여야 한다.

(4) 허가 · 갱신허가의 제외사유

① 도매시장 개설자는 다음의 어느 하나에 해당하는 경우를 제외하고는 제1항에 따른 허가

및 제7항에 따른 갱신허가를 하여야 한다.

② 위 (2)의 어느 하나에 해당하는 경우

③ 그 밖에 이 법 또는 다른 법령에 따른 제한에 위반되는 경우

(5) 중도매인의 금지행위

중도매인은 다음의 행위를 하여서는 아니 된다.

① 다른 중도매인 또는 매매참가인의 거래 참가를 방해하는 행위를 하거나 집단적으로 농수산물의 경매 또는 입찰에 불참하는 행위

② 다른 사람에게 자기의 성명이나 상호를 사용하여 중도매업을 하게 하거나 그 허가증을 빌려 주는 행위

(6) 중도매업 허가의 유효기간

① 도매시장 개설자는 제1항에 따라 중도매업의 허가를 하는 경우 5년 이상 10년 이하의 범위에서 허가 유효기간을 설정할 수 있다. 다만, 법인이 아닌 중도매인은 3년 이상 10년 이하의 범위에서 허가 유효기간을 설정할 수 있다.

② 허가 유효기간이 만료된 후 계속하여 중도매업을 하려는 자는 농림축산식품부령 또는 해양수산부령으로 정하는 바에 따라 갱신허가를 받아야 한다.

(7) 중도매인의 업무 범위 등의 특례

허가를 받은 중도매인은 도매시장에 설치된 공판장(이하 "도매시장공판장"이라 한다)에서 도 그 업무를 할 수 있다(제26조).

6. 경매사

(1) 경매사의 임면

① 도매시장법인은 도매시장에서의 공정하고 신속한 거래를 위하여 농림축산식품부령 또는 해양수산부령으로 정하는 바에 따라 일정 수 이상의 경매사를 두어야 한다(제27조).

② 경매사는 경매사 자격시험에 합격한 사람으로서 다음의 어느 하나에 해당하지 아니한 사람 중에서 임명하여야 한다.

> ㉠ 피성년후견인 또는 피한정후견인
>
> ㉡ 이 법 또는 「형법」 제129조부터 제132조까지의 죄 중 어느 하나에 해당하는 죄를 범하여 금고 이상의 실형을 선고받고 그 형의 집행이 끝나거나(집행이 끝 난 것으로 보는 경우를 포함한다) 집행이 면제된 후 2년이 지나지 아니한 사람

    © 이 법 또는 「형법」 제129조부터 제132조까지의 죄 중 어느 하나에 해당하는 죄를 범하여 금고 이상의 형의 집행유예를 선고받거나 선고유예를 받고 그 유예기간 중에 있는 사람

    ② 해당 도매시장의 시장도매인, 중도매인, 산지유통인 또는 그 임직원

    ◎ 제82조 제4항에 따라 면직된 후 2년이 지나지 아니한 사람

    ◉ 제82조 제4항에 따른 업무정지기간 중에 있는 사람

③ 도매시장법인은 경매사가 위 ② ㉡부터 ㉣까지의 어느 하나에 해당하는 경우에는 그 경매사를 면직하여여 한다.

④ 도매시장법인이 경매사를 임면(任免)하였을 때에는 농림축산식품부령 또는 해양수산부령으로 정하는 바에 따라 그 내용을 도매시장 개설자에게 신고하여야 하며, 도매시장 개설자는 농림축산식품부장관 또는 해양수산부장관이 지정하여 고시한 인터넷 홈페이지에 그 내용을 게시하여야 한다.

(2) 경매사의 업무 등

경매사는 다음의 업무를 수행한다(제28조).

① 도매시장법인이 상장한 농수산물에 대한 경매 우선순위의 결정

② 도매시장법인이 상장한 농수산물에 대한 가격평가

③ 도매시장법인이 상장한 농수산물에 대한 경락자의 결정

④ 도매시장법인이 상장한 농수산물의 정가매매·수의매매(隨意賣買)에 대한 협상 및 중재

    [시행일: 2024. 7. 10.]

7. 수탁판매의 원칙

(1) 출하자로부터 위탁

도매시장에서 도매시장법인이 하는 도매는 출하자로부터 위탁을 받아 하여야 한다. 다만, 농림축산식품부령 또는 해양수산부령으로 정하는 특별한 사유가 있는 경우에는 매수하여 도매할 수 있다(제31조).

(2) 중도매인의 거래

1) 원칙 : 중도매인은 도매시장법인이 상장한 농수산물 외의 농수산물은 거래할 수 없다.

2) 예외

① 다만, 농림축산식품부령 또는 해양수산부령으로 정하는 도매시장법인이 상장하기에 적

합하지 아니한 농수산물과 그 밖에 이에 준하는 농수산물로서 그 품목과 기간을 정하여 도매시장 개설자로부터 허가를 받은 농수산물의 경우에는 그러하지 아니하다.

② 위 ①에 따른 중도매인의 거래에 관하여는 제35조 제1항, 제38조, 제39조, 제40조 제2항·제4항, 제41조(제2항 단서는 제외한다), 제42조 제1항 제1호·제3호 및 제81조를 준용한다.

③ 중도매인이 위 ①에 해당하는 물품을 농수산물 전자거래소에서 거래하는 경우에는 그 물품을 도매시장으로 반입하지 아니할 수 있다.

3) 중도매인 간의 거래제한

① 중도매인은 도매시장법인이 상장한 농수산물을 농림축산식품부령 또는 해양수산부령으로 정하는 연간 거래액의 범위에서 해당 도매시장의 다른 중도매인과 거래하는 경우를 제외하고는 다른 중도매인과 농수산물을 거래할 수 없다.

② 중도매인 간 거래액은 최저거래금액 산정 시 포함하지 아니한다.

③ 다른 중도매인과 농수산물을 거래한 중도매인은 농림축산식품부령 또는 해양수산부령으로 정하는 바에 따라 그 거래 내역을 도매시장 개설자에게 통보하여야 한다.

8. 공판장의 개설

(1) 시·도지사의 승인

① 농림수협등, 생산자단체 또는 공익법인이 공판장을 개설하려면 시·도지사의 승인을 받아야 한다(제43조).

② 농림수협등, 생산자단체 또는 공익법인이 공판장의 개설승인을 받으려면 농림축산식품부령 또는 해양수산부령으로 정하는 바에 따라 공판장 개설승인 신청서에 업무규정과 운영관리계획서 등 승인에 필요한 서류를 첨부하여 시·도지사에게 제출하여야 한다.

(2) 승인제외사유

시·도지사는 승인의 신청이 다음의 어느 하나에 해당하는 경우를 제외하고는 승인을 하여야 한다.

① 공판장을 개설하려는 장소가 교통체증을 유발할 수 있는 위치에 있는 경우

② 공판장의 시설이 기준에 적합하지 아니한 경우

③ 운영관리계획서의 내용이 실현 가능하지 아니한 경우

④ 그 밖에 이 법 또는 다른 법령에 따른 제한에 위반되는 경우

관련 법조문

제18조(개설구역)

① 도매시장의 개설구역은 도매시장이 개설되는 특별시 · 광역시 · 특별자치시 · 특별자치도 또는 시의 관할구역으로 한다.

② 농림축산식품부장관 또는 해양수산부장관은 해당 지역에서의 농수산물의 원활한 유통을 위하여 필요하다고 인정할 때에는 도매시장의 개설구역에 인접한 일정 구역을 그 도매시장의 개설구역으로 편입하게 할 수 있다. 다만, 시가 개설하는 지방도매시장의 개설구역에 인접한 구역으로서 그 지방도매시장이 속한 도의 일정 구역에 대하여는 해당 도지사가 그 지방도매시장의 개설구역으로 편입하게 할 수 있다.

제19조(허가기준 등)

① 도지사는 제17조제3항에 따른 허가신청의 내용이 다음 각 호의 요건을 갖춘 경우에는 이를 허가한다.

　1. 도매시장을 개설하려는 장소가 농수산물 거래의 중심지로서 적절한 위치에 있을 것
　2. 제67조제2항에 따른 기준에 적합한 시설을 갖추고 있을 것
　3. 운영관리계획서의 내용이 충실하고 그 실현이 확실하다고 인정되는 것일 것

② 도지사는 제1항제2호에 따라 요구되는 시설이 갖추어지지 아니한 경우에는 일정한 기간 내에 해당 시설을 갖출 것을 조건으로 개설허가를 할 수 있다.

③ 특별시 · 광역시 · 특별자치시 또는 특별자치도가 도매시장을 개설하려면 제1항 각 호의 요건을 모두 갖추어 개설하여야 한다.

제21조(도매시장의 관리)

① 도매시장 개설자는 소속 공무원으로 구성된 도매시장 관리사무소(이하 "관리사무소"라 한다)를 두거나 「지방공기업법」에 따른 지방공사(이하 "관리공사"라 한다), 제24조의 공공출자법인 또는 한국농수산식품유통공사 중에서 시장관리자를 지정할 수 있다.

② 도매시장 개설자는 관리사무소 또는 시장관리자로 하여금 시설물관리, 거래질서 유지, 유통 종사자에 대한 지도 · 감독 등에 관한 업무 범위를 정하여 해당 도매시장 또는 그 개설구역에 있는 도매시장의 관리업무를 수행하게 할 수 있다.

제22조(도매시장의 운영 등)

도매시장 개설자는 도매시장에 그 시설규모 · 거래액 등을 고려하여 적정 수의 도매시장법인 · 시장도매인 또는 중도매인을 두어 이를 운영하게 하여야 한다. 다만, 중앙도매시장의 개설자는 청과부류 또는 수산부류에 대하여는 도매시장법인을 두어야 한다.

제24조(공공출자법인)

① 도매시장 개설자는 도매시장을 효율적으로 관리 · 운영하기 위하여 필요하다고 인정하는 경우에는 제22조에 따른 도매시장법인을 갈음하여 그 업무를 수행하게 할 법인(이하 "공공출자법인"이라 한다)을 설립할 수 있다.

② 공공출자법인에 대한 출자는 다음 각 호의 어느 하나에 해당하는 자로 한정한다. 이 경우 제1호부터

제3호까지에 해당하는 자에 의한 출자액의 합계가 총출자액의 100분의 50을 초과하여야 한다.
1. 지방자치단체
2. 관리공사
3. 농림수협등
4. 해당 도매시장 또는 그 도매시장으로 이전되는 시장에서 농수산물을 거래하는 상인과 그 상인 단체
5. 도매시장법인
6. 그 밖에 도매시장 개설자가 도매시장의 관리·운영을 위하여 특히 필요하다고 인정하는 자
③ 공공출자법인에 관하여 이 법에서 규정한 사항을 제외하고는 「상법」의 주식회사에 관한 규정을 적용한다.
④ 공공출자법인은 「상법」 제317조에 따른 설립등기를 한 날에 제23조에 따른 도매시장법인의 지정을 받은 것으로 본다.

제25조의2(법인인 중도매인의 인수·합병)
법인인 중도매인의 인수·합병에 대하여는 제23조의2를 준용한다. 이 경우 "도매시장법인"은 "법인인 중도매인"으로 본다.

제25조의3(매매참가인의 신고)
매매참가인의 업무를 하려는 자는 농림축산식품부령 또는 해양수산부령으로 정하는 바에 따라 도매시장·공판장 또는 민영도매시장의 개설자에게 매매참가인으로 신고하여야 한다.

제27조의2(경매사 자격시험)
① 경매사 자격시험은 농림축산식품부장관 또는 해양수산부장관이 실시하되, 필기시험과 실기시험으로 구분하여 실시한다.
② 농림축산식품부장관 또는 해양수산부장관은 제1항에 따른 경매사 자격시험에서 부정행위를 한 사람에 대하여 해당 시험의 정지·무효 또는 합격 취소 처분을 한다. 이 경우 처분을 받은 사람에 대해서는 처분이 있은 날부터 3년간 경매사 자격시험의 응시자격을 정지한다.
③ 농림축산식품부장관 또는 해양수산부장관은 제2항 전단에 따른 처분(시험의 정지는 제외한다)을 하려는 때에는 미리 그 처분 내용과 사유를 당사자에게 통지하여 소명할 기회를 주어야 한다.
④ 농림축산식품부장관 또는 해양수산부장관은 제1항에 따른 경매사 자격시험의 관리(제2항에 따른 시험의 정지를 포함한다)에 관한 업무를 대통령령으로 정하는 바에 따라 시험관리 능력이 있다고 인정하는 관계 전문기관에 위탁할 수 있다.
⑤ 제1항에 따른 경매사 자격시험의 응시자격, 시험과목, 시험의 일부 면제, 시험방법, 자격증 발급, 시험 응시 수수료, 자격증 발급 수수료, 그 밖에 시험에 관하여 필요한 사항은 대통령령으로 정한다.

제29조(산지유통인의 등록)
① 농수산물을 수집하여 도매시장에 출하하려는 자는 농림축산식품부령 또는 해양수산부령으로 정하는 바에 따라 부류별로 도매시장 개설자에게 등록하여야 한다. 다만, 다음 각 호의 어느 하나에 해당하는 경우에는 그러하지 아니하다.
1. 생산자단체가 구성원의 생산물을 출하하는 경우

2. 도매시장법인이 제31조제1항 단서에 따라 매수한 농수산물을 상장하는 경우
3. 중도매인이 제31조제2항 단서에 따라 비상장 농수산물을 매매하는 경우
4. 시장도매인이 제37조에 따라 매매하는 경우
5. 그 밖에 농림축산식품부령 또는 해양수산부령으로 정하는 경우

② 도매시장법인, 중도매인 및 이들의 주주 또는 임직원은 해당 도매시장에서 산지유통인의 업무를 하여서는 아니 된다.

③ 도매시장 개설자는 이 법 또는 다른 법령에 따른 제한에 위반되는 경우를 제외하고는 제1항에 따라 등록을 하여주어야 한다. 산물의 출하업무 외의 판매ㆍ매수 또는 중개업무를 하여서는 아니 된다.

⑤ 도매시장 개설자는 제1항에 따라 등록을 하여야 하는 자가 등록을 하지 아니하고 산지유통인의 업무를 하는 경우에는 도매시장에의 출입을 금지ㆍ제한하거나 그 밖에 필요한 조치를 할 수 있다.

⑥ 국가나 지방자치단체는 산지유통인의 공정한 거래를 촉진하기 위하여 필요한 지원을 할 수 있다.

제30조(출하자 신고)

① 도매시장에 농수산물을 출하하려는 생산자 및 생산자단체 등은 농수산물의 거래질서 확립과 수급 안정을 위하여 농림축산식품부령 또는 해양수산부령으로 정하는 바에 따라 해당 도매시장의 개설자에게 신고하여야 한다.

② 도매시장 개설자, 도매시장법인 또는 시장도매인은 제1항에 따라 신고한 출하자가 출하 예약을 하고 농수산물을 출하하는 경우에는 위탁수수료의 인하 및 경매의 우선 실시 등 우대조치를 할 수 있다.

제32조(매매방법)

도매시장법인은 도매시장에서 농수산물을 경매ㆍ입찰ㆍ정가매매 또는 수의매매(隨意賣買)의 방법으로 매매하여야 한다. 다만, 출하자가 매매방법을 지정하여 요청하는 경우 등 농림축산식품부령 또는 해양수산부령으로 매매방법을 정한 경우에는 그에 따라 매매할 수 있다.

제33조(경매 또는 입찰의 방법)

① 도매시장법인은 도매시장에 상장한 농수산물을 수탁된 순위에 따라 경매 또는 입찰의 방법으로 판매하는 경우에는 최고가격 제시자에게 판매하여야 한다. 다만, 출하자가 서면으로 거래 성립 최저가격을 제시한 경우에는 그 가격 미만으로 판매하여서는 아니 된다.

② 도매시장 개설자는 효율적인 유통을 위하여 필요한 경우에는 농림축산식품부령 또는 해양수산부령으로 정하는 바에 따라 대량 입하품, 표준규격품, 예약 출하품 등을 우선적으로 판매하게 할 수 있다.

③ 제1항에 따른 경매 또는 입찰의 방법은 전자식(電子式)을 원칙으로 하되 필요한 경우 농림축산식품부령 또는 해양수산부령으로 정하는 바에 따라 거수수지식(擧手手指式), 기록식, 서면입찰식 등의 방법으로 할 수 있다. 이 경우 공개경매를 실현하기 위하여 필요한 경우 농림축산식품부장관, 해양수산부장관 또는 도매시장 개설자는 품목별ㆍ도매시장별로 경매방식을 제한할 수 있다.

제34조(거래의 특례)

도매시장 개설자는 입하량이 현저히 많아 정상적인 거래가 어려운 경우 등 농림축산식품부령 또는 해양수산부령으로 정하는 특별한 사유가 있는 경우에는 그 사유가 발생한 날에 한정하여 도매시장법인의 경우에는 중도매인·매매참가인 외의 자에게, 시장도매인의 경우에는 도매시장법인·중도매인에게 판매할 수 있도록 할 수 있다.

제35조(도매시장법인의 영업제한)

① 도매시장법인은 도매시장 외의 장소에서 농수산물의 판매업무를 하지 못한다.

② 제1항에도 불구하고 도매시장법인은 다음 각 호의 어느 하나에 해당하는 경우에는 해당 거래물품을 도매시장으로 반입하지 아니할 수 있다.

1. 도매시장 개설자의 사전승인을 받아 「전자문서 및 전자거래 기본법」에 따른 전자거래 방식으로 하는 경우(온라인에서 경매 방식으로 거래하는 경우를 포함한다)
2. 농림축산식품부령 또는 해양수산부령으로 정하는 일정 기준 이상의 시설에 보관·저장 중인 거래 대상 농수산물의 견본을 도매시장에 반입하여 거래하는 것에 대하여 도매시장 개설자가 승인한 경우

③ 제2항에 따른 전자거래 및 견본거래 방식 등에 관하여 필요한 사항은 농림축산식품부령 또는 해양수산부령으로 정한다.

④ 도매시장법인은 농수산물 판매업무 외의 사업을 겸영(兼營)하지 못한다. 다만, 농수산물의 선별·포장·가공·제빙(製氷)·보관·후숙(後熟)·저장·수출입 등의 사업은 농림축산식품부령 또는 해양수산부령으로 정하는 바에 따라 겸영할 수 있다.

⑤ 도매시장 개설자는 산지(産地) 출하자와의 업무 경합 또는 과도한 겸영사업으로 인하여 도매시장법인의 도매업무가 약화될 우려가 있는 경우에는 대통령령으로 정하는 바에 따라 제4항 단서에 따른 겸영사업을 1년 이내의 범위에서 제한할 수 있다.

제35조의2(도매시장법인 등의 공시)

① 도매시장법인 또는 시장도매인은 출하자와 소비자의 권익보호를 위하여 거래물량, 가격정보 및 재무상황 등을 공시(公示)하여야 한다.

② 제1항에 따른 공시내용, 공시방법 및 공시절차 등에 관하여 필요한 사항은 농림축산식품부령 또는 해양수산부령으로 정한다.

제36조(시장도매인의 지정)

① 시장도매인은 도매시장 개설자가 부류별로 지정한다. 이 경우 5년 이상 10년 이하의 범위에서 지정 유효기간을 설정할 수 있다.

② 제1항에 따른 시장도매인이 될 수 있는 자는 다음 각 호의 요건을 갖춘 법인이어야 한다.

1. 임원 중 이 법을 위반하여 금고 이상의 실형을 선고받고 그 형의 집행이 끝나거나(집행이 끝난 것으로 보는 경우를 포함한다) 집행이 면제된 후 2년이 지나지 아니한 사람이 없을 것
2. 임원 중 해당 도매시장에서 시장도매인의 업무와 경합되는 도매업 또는 중도매업을 하는 사람이 없을 것
3. 임원 중 파산선고를 받고 복권되지 아니한 사람이나 피성년후견인 또는 피한정후견인이 없을 것

4. 임원 중 제82조제2항에 따라 시장도매인의 지정취소처분의 원인이 되는 사항에 관련된 사람이 없을 것

5. 거래규모, 순자산액 비율 및 거래보증금 등 도매시장 개설자가 업무규정으로 정하는 일정 요건을 갖출 것

③ 시장도매인은 해당 임원이 제2항제1호부터 제4호까지의 어느 하나에 해당하는 요건을 갖추지 아니하게 되었을 때에는 그 임원을 지체 없이 해임하여야 한다.

④ 시장도매인의 지정절차와 그 밖에 지정에 필요한 사항은 대통령령으로 정한다.

제36조의2(시장도매인의 인수·합병)

시장도매인의 인수·합병에 대하여는 제23조의2를 준용한다. 이 경우 "도매시장법인"은 "시장도매인"으로 본다.

제37조(시장도매인의 영업)

① 시장도매인은 도매시장에서 농수산물을 매수 또는 위탁받아 도매하거나 매매를 중개할 수 있다. 다만, 도매시장 개설자는 거래질서의 유지를 위하여 필요하다고 인정하는 경우 등 농림축산식품부령 또는 해양수산부령으로 정하는 경우에는 품목과 기간을 정하여 시장도매인이 농수산물을 위탁받아 도매하는 것을 제한 또는 금지할 수 있다.

② 시장도매인은 해당 도매시장의 도매시장법인·중도매인에게 농수산물을 판매하지 못한다.

제38조(수탁의 거부금지 등)

도매시장법인 또는 시장도매인은 그 업무를 수행할 때에 다음 각 호의 어느 하나에 해당하는 경우를 제외하고는 입하된 농수산물의 수탁을 거부·기피하거나 위탁받은 농수산물의 판매를 거부·기피하거나, 거래 관계인에게 부당한 차별대우를 하여서는 아니 된다.

1. 제10조제2항에 따른 유통명령을 위반하여 출하하는 경우

2. 제30조에 따른 출하자 신고를 하지 아니하고 출하하는 경우

3. 제38조의2에 따른 안전성 검사 결과 그 기준에 미달되는 경우

4. 도매시장 개설자가 업무규정으로 정하는 최소출하량의 기준에 미달되는 경우

5. 그 밖에 환경 개선 및 규격출하 촉진 등을 위하여 대통령령으로 정하는 경우

제38조의2(출하 농수산물의 안전성 검사)

① 도매시장 개설자는 해당 도매시장에 반입되는 농수산물에 대하여 「농수산물 품질관리법」 제61조에 따른 유해물질의 잔류허용기준 등의 초과 여부에 관한 안전성 검사를 하여야 한다. 이 경우 도매시장 개설자 중 시는 제17조제1항 단서에 따라 해당 도매시장의 개설을 허가한 도지사 소속의 검사기관에 안전성 검사를 의뢰할 수 있다.

② 도매시장 개설자는 제1항에 따른 안전성 검사 결과 그 기준에 못 미치는 농수산물을 출하하는 자에 대하여 1년 이내의 범위에서 해당 농수산물과 같은 품목의 농수산물을 해당 도매시장에 출하하는 것을 제한할 수 있다. 이 경우 다른 도매시장 개설자로부터 안전성 검사 결과 출하 제한을 받은 자에 대해서도 또한 같다.

③ 제1항에 따른 안전성 검사의 실시 기준 및 방법과 제2항에 따른 출하제한의 기준 및 절차 등에

관하여 필요한 사항은 농림축산식품부령 또는 해양수산부령으로 정한다. 〈개정 2013. 3. 23.〉

제39조(매매 농수산물의 인수 등)

① 도매시장법인 또는 시장도매인으로부터 농수산물을 매수한 자는 매매가 성립한 즉시 그 농수산물을 인수하여야 한다.

② 도매시장법인 또는 시장도매인은 제1항에 따른 매수인이 정당한 사유 없이 매수한 농수산물의 인수를 거부하거나 게을리하였을 때에는 그 매수인의 부담으로 해당 농수산물을 일정 기간 보관하거나, 그 이행을 최고(催告)하지 아니하고 그 매매를 해제하여 다시 매매할 수 있다.

③ 제2항의 경우 차손금(差損金)이 생겼을 때에는 당초의 매수인이 부담한다.

제40조(하역업무)

① 도매시장 개설자는 도매시장에서 하는 하역업무의 효율화를 위하여 하역체제의 개선 및 하역의 기계화 촉진에 노력하여야 하며, 하역비의 절감으로 출하자의 이익을 보호하기 위하여 필요한 시책을 수립·시행하여야 한다.

② 도매시장 개설자가 업무규정으로 정하는 규격출하품에 대한 표준하역비(도매시장 안에서 규격출하품을 판매하기 위하여 필수적으로 드는 하역비를 말한다)는 도매시장법인 또는 시장도매인이 부담한다.

③ 농림축산식품부장관 또는 해양수산부장관은 제1항에 따른 하역체제의 개선 및 하역의 기계화와 제2항에 따른 규격출하의 촉진을 위하여 도매시장 개설자에게 필요한 조치를 명할 수 있다.

④ 도매시장법인 또는 시장도매인은 도매시장에서 하는 하역업무에 대하여 하역 전문업체 등과 용역계약을 체결할 수 있다.

제41조(출하자에 대한 대금결제)

① 도매시장법인 또는 시장도매인은 매수하거나 위탁받은 농수산물이 매매되었을 때에는 그 대금의 전부를 출하자에게 즉시 결제하여야 한다. 다만, 대금의 지급방법에 관하여 도매시장법인 또는 시장도매인과 출하자 사이에 특약이 있는 경우에는 그 특약에 따른다.

② 도매시장법인 또는 시장도매인은 제1항에 따라 출하자에게 대금을 결제하는 경우에는 표준송품장(標準送品狀)과 판매원표(販賣元標)를 확인하여 작성한 표준정산서를 출하자와 정산 조직(제41조의2에 따른 대금정산조직 또는 그 밖에 대금정산을 위한 조직 등을 말한다. 이하 이 조에서 같다)에 각각 발급하고, 정산 조직에 대금결제를 의뢰하여 정산 조직에서 출하자에게 대금을 지급하는 방법으로 하여야 한다. 다만, 도매시장 개설자가 농림축산식품부령 또는 해양수산부령으로 정하는 바에 따라 인정하는 도매시장법인의 경우에는 출하자에게 대금을 직접 결제할 수 있다.

③ 제2항에 따른 표준송품장, 판매원표, 표준정산서, 대금결제의 방법 및 절차 등에 관하여 필요한 사항은 농림축산식품부령 또는 해양수산부령으로 정한다.

제41조의2(대금정산조직 설립의 지원)

농림축산식품부장관, 해양수산부장관 및 도매시장 개설자는 도매시장법인·시장도매인·중도매인 등이 다음 각 호의 대금의 정산을 위한 조합, 회사 등(이하 "대금정산조직"이라 한다)을 설립하는 경우 그에 대한 지원을 할 수 있다. 〈개정 2024.1.23. 시행 2024. 7. 24〉

1. 출하대금
2. 도매시장법인과 중도매인 또는 매매참가인 간의 농수산물 거래에 따른 판매대금

제42조(수수료 등의 징수제한)

① 도매시장 개설자, 도매시장법인, 시장도매인, 중도매인 또는 대금정산조직은 해당 업무와 관련하여 징수 대상자에게 다음 각 호의 금액 외에는 어떠한 명목으로도 금전을 징수하여서는 아니된다.
  1. 도매시장 개설자가 도매시장법인 또는 시장도매인으로부터 도매시장의 유지·관리에 필요한 최소한의 비용으로 징수하는 도매시장의 사용료
  2. 도매시장 개설자가 도매시장의 시설 중 농림축산식품부령 또는 해양수산부령으로 정하는 시설에 대하여 사용자로부터 징수하는 시설 사용료
  3. 도매시장법인이나 시장도매인이 농수산물의 판매를 위탁한 출하자로부터 징수하는 거래액의 일정 비율 또는 일정액에 해당하는 위탁수수료
  4. 시장도매인 또는 중도매인이 농수산물의 매매를 중개한 경우에 이를 매매한 자로부터 징수하는 거래액의 일정 비율에 해당하는 중개수수료
  5. 거래대금을 정산하는 경우에 도매시장법인·시장도매인·중도매인·매매참가인 등이 대금정산조직에 납부하는 정산수수료
② 제1항제1호부터 제5호까지의 규정에 따른 사용료 및 수수료의 요율은 농림축산식품부령 또는 해양수산부령으로 정한다.

제42조의2(지방도매시장의 운영 등에 관한 특례)

① 지방도매시장의 개설자는 해당 도매시장의 규모 및 거래물량 등에 비추어 필요하다고 인정하는 경우 제31조제1항 단서 및 제2항 단서에 따라 농림축산식품부령 또는 해양수산부령으로 정하는 사유와 다른 내용의 특례를 업무규정으로 정할 수 있다.

제42조의3(과밀부담금의 면제)

도매시장의 시설현대화 사업으로 건축하는 건축물에 대해서는 「수도권정비계획법」 제12조에도 불구하고 그 과밀부담금을 부과하지 아니한다.

제44조(공판장의 거래 관계자)

① 공판장에는 중도매인, 매매참가인, 산지유통인 및 경매사를 둘 수 있다.
② 공판장의 중도매인은 공판장의 개설자가 지정한다. 이 경우 중도매인의 지정 등에 관하여는 제25조제3항 및 제4항을 준용한다.
③ 농수산물을 수집하여 공판장에 출하하려는 자는 공판장의 개설자에게 산지유통인으로 등록하여야 한다. 이 경우 산지유통인의 등록 등에 관하여는 제29조제1항 단서 및 같은 조 제3항부터 제6항까지의 규정을 준용한다.
④ 공판장의 경매사는 공판장의 개설자가 임면한다. 이 경우 경매사의 자격기준 및 업무 등에 관하여는 제27조제2항부터 제4항까지 및 제28조를 준용한다.

제45조(공판장의 운영 등)

공판장의 운영 및 거래방법 등에 관하여는 제31조부터 제34조까지, 제38조, 제39조, 제40조, 제41조제1항 및 제42조를 준용한다. 다만, 공판장의 규모 · 거래물량 등에 비추어 이를 준용하는 것이 적합하지 아니한 공판장의 경우에는 개설자가 합리적이라고 인정되는 범위에서 업무규정으로 정하는 바에 따라 운영 및 거래방법 등을 달리 정할 수 있다.

제46조(도매시장공판장의 운영 등에 관한 특례)

① 도매시장공판장의 운영 및 거래방법 등에 관하여는 제30조제2항, 제31조제1항, 제32조부터 제34조까지, 제35조제2항부터 제5항까지, 제35조의2, 제38조, 제39조부터 제41조까지, 제41조의2 및 제42조를 준용한다.

② 도매시장공판장의 중도매인에 관하여는 제25조, 제31조제2항부터 제7항까지, 제42조 및 제75조를 준용한다.

③ 도매시장공판장의 산지유통인에 관하여는 제29조를 준용한다.

④ 도매시장공판장의 경매사에 관하여는 제27조 및 제28조를 준용한다.

⑤ 도매시장공판장은 제70조에 따른 농림수협등의 유통자회사(流通子會社)로 하여금 운영하게 할 수 있다.

제47조(민영도매시장의 개설)

① 민간인등이 특별시 · 광역시 · 특별자치시 · 특별자치도 또는 시 지역에 민영도매시장을 개설하려면 시 · 도지사의 허가를 받아야 한다.

② 민간인등이 제1항에 따라 민영도매시장의 개설허가를 받으려면 농림축산식품부령 또는 해양수산부령으로 정하는 바에 따라 민영도매시장 개설허가 신청서에 업무규정과 운영관리계획서를 첨부하여 시 · 도지사에게 제출하여야 한다.

③ 제2항에 따른 업무규정 및 운영관리계획서에 관하여는 제17조제5항 및 제7항을 준용한다.

④ 시 · 도지사는 다음 각 호의 어느 하나에 해당하는 경우를 제외하고는 제1항에 따라 허가하여야 한다.

  1. 민영도매시장을 개설하려는 장소가 교통체증을 유발할 수 있는 위치에 있는 경우
  2. 민영도매시장의 시설이 제67조제2항에 따른 기준에 적합하지 아니한 경우
  3. 운영관리계획서의 내용이 실현 가능하지 아니한 경우
  4. 그 밖에 이 법 또는 다른 법령에 따른 제한에 위반되는 경우

⑤ 시 · 도지사는 제2항에 따른 민영도매시장 개설허가의 신청을 받은 경우 신청서를 받은 날부터 30일 이내(이하 "허가 처리기간"이라 한다)에 허가 여부 또는 허가처리 지연 사유를 신청인에게 통보하여야 한다. 이 경우 허가 처리기간에 허가 여부 또는 허가처리 지연 사유를 통보하지 아니하면 허가 처리기간의 마지막 날의 다음 날에 허가를 한 것으로 본다.

⑥ 시 · 도지사는 제5항에 따라 허가처리 지연 사유를 통보하는 경우에는 허가 처리기간을 10일 범위에서 한 번만 연장할 수 있다.

제48조(민영도매시장의 운영 등)

① 민영도매시장의 개설자는 중도매인, 매매참가인, 산지유통인 및 경매사를 두어 직접 운영하거나

시장도매인을 두어 이를 운영하게 할 수 있다.

② 민영도매시장의 중도매인은 민영도매시장의 개설자가 지정한다. 이 경우 중도매인의 지정 등에 관하여는 제25조제3항 및 제4항을 준용한다.

③ 농수산물을 수집하여 민영도매시장에 출하하려는 자는 민영도매시장의 개설자에게 산지유통인으로 등록하여야 한다. 이 경우 산지유통인의 등록 등에 관하여는 제29조제1항 단서 및 같은 조 제3항부터 제6항까지의 규정을 준용한다.

④ 민영도매시장의 경매사는 민영도매시장의 개설자가 임면한다. 이 경우 경매사의 자격기준 및 업무 등에 관하여는 제27조제2항부터 제4항까지 및 제28조를 준용한다.

⑤ 민영도매시장의 시장도매인은 민영도매시장의 개설자가 지정한다. 이 경우 시장도매인의 지정 및 영업 등에 관하여는 제36조제2항부터 제4항까지, 제37조, 제38조, 제39조, 제41조 및 제42조를 준용한다.

⑥ 민영도매시장의 개설자가 중도매인, 매매참가인, 산지유통인 및 경매사를 두어 직접 운영하는 경우 그 운영 및 거래방법 등에 관하여는 제31조부터 제34조까지, 제38조, 제39조부터 제41조까지 및 제42조를 준용한다. 다만, 민영도매시장의 규모·거래물량 등에 비추어 해당 규정을 준용하는 것이 적합하지 아니한 민영도매시장의 경우에는 그 개설자가 합리적이라고 인정되는 범위에서 업무규정으로 정하는 바에 따라 그 운영 및 거래방법 등을 달리 정할 수 있다.

제49조(산지판매제도의 확립)

① 농림수협등 또는 공익법인은 생산지에서 출하되는 주요 품목의 농수산물에 대하여 산지경매제를 실시하거나 계통출하(系統出荷)를 확대하는 등 생산자 보호를 위한 판매대책 및 선별·포장·저장 시설의 확충 등 산지 유통대책을 수립·시행하여야 한다.

② 농림수협등 또는 공익법인은 제33조에 따른 경매 또는 입찰의 방법으로 창고경매, 포전경매(圃田競賣) 또는 선상경매(船上競賣) 등을 할 수 있다.

제50조(농수산물집하장의 설치·운영)

① 생산자단체 또는 공익법인은 농수산물을 대량 소비지에 직접 출하할 수 있는 유통체제를 확립하기 위하여 필요한 경우에는 농수산물집하장을 설치·운영할 수 있다.

② 국가와 지방자치단체는 농수산물집하장의 효과적인 운영과 생산자의 출하편의를 도모할 수 있도록 그 입지 선정과 도로망의 개설에 협조하여야 한다.

③ 생산자단체 또는 공익법인은 제1항에 따라 운영하고 있는 농수산물집하장 중 제67조제2항에 따른 공판장의 시설기준을 갖춘 집하장을 시·도지사의 승인을 받아 공판장으로 운영할 수 있다.

제51조(농수산물산지유통센터의 설치·운영 등)

① 국가나 지방자치단체는 농수산물의 선별·포장·규격출하·가공·판매 등을 촉진하기 위하여 농수산물산지유통센터를 설치하여 운영하거나 이를 설치하려는 자에게 부지 확보 또는 시설물 설치 등에 필요한 지원을 할 수 있다.

② 국가나 지방자치단체는 농수산물산지유통센터의 운영을 생산자단체 또는 전문유통업체에 위탁할 수 있다.

③ 농수산물산지유통센터의 운영 등에 필요한 사항은 농림축산식품부령 또는 해양수산부령으로 정

한다.

제52조(농수산물 유통시설의 편의제공)

국가나 지방자치단체는 그가 설치한 농수산물 유통시설에 대하여 생산자단체, 농업협동조합중앙회, 산림조합중앙회, 수산업협동조합중앙회 또는 공익법인으로부터 이용 요청을 받으면 해당 시설의 이용, 면적 배정 등에서 우선적으로 편의를 제공하여야 한다.

제53조(포전매매의 계약)

① 농림축산식품부장관이 정하는 채소류 등 저장성이 없는 농산물의 포전매매(생산자가 수확하기 이전의 경작상태에서 면적단위 또는 수량단위로 매매하는 것을 말한다. 이하 이 조에서 같다)의 계약은 서면에 의한 방식으로 하여야 한다.

② 제1항에 따른 농산물의 포전매매의 계약은 특약이 없으면 매수인이 그 농산물을 계약서에 적힌 반출 약정일부터 10일 이내에 반출하지 아니한 경우에는 그 기간이 지난 날에 계약이 해제된 것으로 본다. 다만, 매수인이 반출 약정일이 지나기 전에 반출 지연 사유와 반출 예정일을 서면으로 통지한 경우에는 그러하지 아니하다.

③ 농림축산식품부장관은 제1항에 따른 포전매매의 계약에 필요한 표준계약서를 정하여 보급하고 그 사용을 권장할 수 있으며, 계약당사자는 표준계약서에 준하여 계약하여야 한다.

④ 농림축산식품부장관과 지방자치단체의 장은 생산자 및 소비자의 보호나 농산물의 가격 및 수급의 안정을 위하여 특히 필요하다고 인정할 때에는 대상 품목, 대상 지역 및 신고기간 등을 정하여 계약 당사자에게 포전매매 계약의 내용을 신고하도록 할 수 있다.

제4장 농산물가격안정기금

1. 기금의 설치

(1) 설치

정부는 농산물(축산물 및 임산물을 포함한다)의 원활한 수급과 가격안정을 도모하고 유통 구조의 개선을 촉진하기 위한 재원을 확보하기 위하여 농산물가격안정기금(이하 "기금"이라 한다)을 설치한다(제54조).

(2) 기금계정의 설치

농림축산식품부장관은 기금의 수입과 지출을 명확히 하기 위하여 한국은행에 기금계정을 설치하여야 한다(영 제21조).

2. 기금의 조성

(1) 재원

기금은 다음의 재원으로 조성한다(제55조).
① 정부의 출연금
② 기금 운용에 따른 수익금
③ 제9조의2 제3항, 제16조 제2항 및 다른 법률의 규정에 따라 납입되는 금액
④ 다른 기금으로부터의 출연금

(2) 차입

농림축산식품부장관은 기금의 운영에 필요하다고 인정할 때에는 기금의 부담으로 한국은행 또는 다른 기금으로부터 자금을 차입(借入)할 수 있다.

3. 기금의 운용 · 관리

(1) 국가회계원칙

기금은 국가회계원칙에 따라 농림축산식품부장관이 운용 · 관리한다(제56조).

(2) 업무의 위임 등

① 기금의 운용 · 관리에 관한 농림축산식품부장관의 업무는 대통령령으로 정하는 바에 따라 그 일부를 국립종자원장과 한국농수산식품유통공사의 장에게 위임 또는 위탁할 수 있다.
② 농림축산식품부장관은 기금의 운용 · 관리에 관한 업무 중 다음의 업무를 한국농수산식품유통공사의 장에게 위탁한다.

> ㉠ 종자사업과 관련한 업무를 제외한 기금의 수입 · 지출
> ㉡ 종자사업과 관련한 업무를 제외한 기금재산의 취득 · 운영 · 처분 등
> ㉢ 기금의 여유자금의 운용
> ㉣ 그 밖에 기금의 운용 · 관리에 관한 사항으로서 농림축산식품부장관이 정하는 업무

4. 기금의 용도

(1) 융자 또는 대출

기금은 다음의 사업을 위하여 필요한 경우에 융자 또는 대출할 수 있다(제57조).
① 농산물의 가격조절과 생산·출하의 장려 또는 조절
② 농산물의 수출 촉진
③ 농산물의 보관·관리 및 가공
④ 도매시장, 공판장, 민영도매시장 및 경매식 집하장(제50조에 따른 농수산물집하장 중 제33조에 따른 경매 또는 입찰의 방법으로 농수산물을 판매하는 집하장을 말한다)의 출하촉진·거래대금정산·운영 및 시설설치
⑤ 농산물의 상품성 향상
⑥ 그 밖에 농림축산식품부장관이 농산물의 유통구조 개선, 가격안정 및 종자산업의 진흥을 위하여 필요하다고 인정하는 사업

(2) 지출사업

기금은 다음의 사업을 위하여 지출한다.
① 「농수산자조금의 조성 및 운용에 관한 법률」 제5조에 따른 농수산자조금에 대한 출연 및 지원
② 제9조, 제9조의2, 제13조 및 「종자산업법」 제22조에 따른 사업 및 그 사업의 관리
③ 제12조에 따른 유통명령 이행자에 대한 지원
④ 기금이 관리하는 유통시설의 설치·취득 및 운영
⑤ 도매시장 시설현대화 사업 지원
⑥ 그 밖에 대통령령으로 정하는 농산물의 유통구조 개선 및 가격안정과 종자산업의 진흥을 위하여 필요한 사업

(3) 기금의 융자 또는 대출을 받을 수 있는 자

① 위 (1)에 따른 기금의 융자를 받을 수 있는 자는 농업협동조합중앙회(농협경제지주회사 및 그 자회사를 포함한다), 산림조합중앙회 및 한국농수산식품유통공사로 하고, 대출을 받을 수 있는 자는 농림축산식품부장관이 위 (1)에 따른 사업을 효율적으로 시행할 수 있다고 인정하는 자로 한다.
② 기금의 대출에 관한 농림축산식품부장관의 업무는 ①에 따라 기금의 융자를 받을 수 있는 자에게 위탁할 수 있다.
③ 기금을 융자받거나 대출받은 자는 융자 또는 대출을 할 때에 지정한 목적 외의 목적에 그 융자금 또는 대출금을 사용할 수 없다.

5. 기금의 회계기관

(1) 소속공무원의 임명

농림축산식품부장관은 기금의 수입과 지출에 관한 사무를 수행하게 하기 위하여 소속 공무원 중에서 기금수입징수관·기금재무관·기금지출관 및 기금출납공무원을 임명한다(제58조).

(2) 위임 또는 위탁한 경우

농림축산식품부장관은 기금의 운용·관리에 관한 업무의 일부를 위임 또는 위탁한 경우, 위임 또는 위탁받은 기관의 소속 공무원 또는 임직원 중에서 위임 또는 위탁받은 업무를 수행하기 위한 기금수입징수관 또는 기금수입담당임원, 기금재무관 또는 기금지출원인행위담당임원, 기금지출관 또는 기금지출원 및 기금출납공무원 또는 기금출납원을 임명하여야 한다. 이 경우 기금수입담당임원은 기금수입징수관의 직무를, 기금지출원인행위담당임원은 기금재무관의 직무를, 기금지출원은 기금지출관의 직무를, 기금출납원은 기금출납공무원의 직무를 수행한다.

(3) 임명의 통지

농림축산식품부장관은 기금수입징수관·기금재무관·기금지출관 및 기금출납공무원, 기금수입담당임원·기금지출원인행위담당임원·기금지출원 및 기금출납원을 임명하였을 때에는 감사원, 기획재정부장관 및 한국은행총재에게 그 사실을 통지하여야 한다.

6. 기금의 손비처리

농림축산식품부장관은 다음의 어느 하나에 해당하는 비용이 생기면 이를 기금에서 손비(損費)로 처리하여야 한다(제59조).

① 제9조, 제13조 및 「종자산업법」 제22조에 따른 사업을 실시한 결과 생긴 결손금
② 차입금의 이자 및 기금의 운용에 필요한 경비

7. 기금의 운용계획

(1) 수립

농림축산식품부장관은 회계연도마다 「국가재정법」 제66조에 따라 기금운용계획을 수립하여야 한다(제60조).

(2) 운용계획의 내용

기금운용계획에는 다음의 사항이 포함되어야 한다. ②의 융자기간은 1년 이내로 하여야 한다. 다만, 시설자금의 융자 등 자금의 사용 목적상 1년 이내로 하는 것이 적당하지 아니하다고 인정되는 경우에는 그러하지 아니하다.

① 기금의 수입·지출에 관한 사항
② 융자 또는 대출의 목적, 대상자, 금리 및 기간에 관한 사항
③ 그 밖에 기금의 운용에 필요한 사항

8. 여유자금의 운용

농림축산식품부장관은 기금의 여유자금을 다음의 방법으로 운용할 수 있다(제60조의2).
① 「은행법」에 따른 은행에 예치
② 국채·공채, 그 밖에 「자본시장과 금융투자업에 관한 법률」 제4조에 따른 증권의 매입

9. 결산보고

농림축산식품부장관은 회계연도마다 기금의 결산보고서를 작성하여 다음 연도 2월 말일까지 기획재정부장관에게 제출하여야 한다(제61조).

10. 종합유통센터의 설치

(1) 운영의 위탁

국가나 지방자치단체는 종합유통센터를 설치하여 생산자단체 또는 전문유통업체에 그 운영을 위탁할 수 있다(제69조).

(2) 지원

국가나 지방자치단체는 종합유통센터를 설치하려는 자에게 부지 확보 또는 시설물 설치 등에 필요한 지원을 할 수 있다.

(3) 권고

농림축산식품부장관, 해양수산부장관 또는 지방자치단체의 장은 종합유통센터가 효율적으로 그 기능을 수행할 수 있도록 종합유통센터를 운영하는 자 또는 이를 이용하는 자에게

그 운영방법 및 출하 농어가에 대한 서비스의 개선 또는 이용방법의 준수 등 필요한 권고를 할 수 있다.

(4) 개선 등 조치명령

농림축산식품부장관, 해양수산부장관 또는 지방자치단체의 장은 종합유통센터를 운영하는 자 및 지원을 받아 종합유통센터를 운영하는 자가 권고를 이행하지 아니하는 경우에는 일정한 기간을 정하여 운영방법 및 출하 농어가에 대한 서비스의 개선 등 필요한 조치를 할 것을 명할 수 있다.

(5) 농수산물종합유통센터의 시설기준

농수산물종합유통센터의 시설기준은 다음과 같다.

구 분	기 준
부 지	20,000㎡ 이상
건 물	10,000㎡ 이상
시 설	1. 필수시설 　가. 농수산물 처리를 위한 집하 · 배송시설 　나. 포장 · 가공시설 　다. 저온저장고 　라. 사무실 · 전산실 　마. 농산물품질관리실 　바. 거래처주재원실 및 출하주대기실 　사. 오수 · 폐수시설 　아. 주차시설 2. 편의시설 　가. 직판장 　나. 수출지원실 　다. 휴게실 　라. 식당 　마. 금융회사 등의 점포 　바. 그 밖에 이용자의 편의를 위하여 필요한 시설

비고
1. 편의시설은 지역 여건에 따라 보유하지 않을 수 있다.
2. 부지 및 건물 면적은 취급 물량과 소비 여건을 고려하여 기준면적에서 50퍼센트까지 낮추어 적용할 수 있다.

☑ 관련 법조문

제62조(정비 기본방침 등)
농림축산식품부장관 또는 해양수산부장관은 농수산물의 원활한 수급과 유통질서를 확립하기 위하여 필요한 경우에는 다음 각 호의 사항을 포함한 농수산물 유통기구 정비기본방침(이하 "기본방침"이라 한다)을 수립하여 고시할 수 있다.

  1. 제67조제2항에 따른 시설기준에 미달하거나 거래물량에 비하여 시설이 부족하다고 인정되는 도매시장·공판장 및 민영도매시장의 시설 정비에 관한 사항
  2. 도매시장·공판장 및 민영도매시장 시설의 바꿈 및 이전에 관한 사항
  3. 중도매인 및 경매사의 가격조작 방지에 관한 사항
  4. 생산자와 소비자 보호를 위한 유통기구의 봉사(奉仕) 경쟁체제의 확립과 유통 경로의 단축에 관한 사항
  5. 운영 실적이 부진하거나 휴업 중인 도매시장의 정비 및 도매시장법인이나 시장도매인의 교체에 관한 사항
  6. 소매상의 시설 개선에 관한 사항

제63조(지역별 정비계획)
① 시·도지사는 기본방침이 고시되었을 때에는 그 기본방침에 따라 지역별 정비계획을 수립하고 농림축산식품부장관 또는 해양수산부장관의 승인을 받아 그 계획을 시행하여야 한다.
② 농림축산식품부장관 또는 해양수산부장관은 제1항에 따른 지역별 정비계획의 내용이 기본방침에 부합되지 아니하거나 사정의 변경 등으로 실효성이 없다고 인정하는 경우에는 그 일부를 수정 또는 보완하여 승인할 수 있다.

제64조(유사 도매시장의 정비)
① 시·도지사는 농수산물의 공정거래질서 확립을 위하여 필요한 경우에는 농수산물도매시장과 유사(類似)한 형태의 시장을 정비하기 위하여 유사 도매시장구역을 지정하고, 농림축산식품부령 또는 해양수산부령으로 정하는 바에 따라 그 구역의 농수산물도매업자의 거래방법 개선, 시설 개선, 이전대책 등에 관한 정비계획을 수립·시행할 수 있다.
② 특별시·광역시·특별자치시·특별자치도 또는 시는 제1항에 따른 정비계획에 따라 유사 도매시장구역에 도매시장을 개설하고, 그 구역의 농수산물도매업자를 도매시장법인 또는 시장도매인으로 지정하여 운영하게 할 수 있다.
③ 농림축산식품부장관 또는 해양수산부장관은 시·도지사로 하여금 제1항에 따른 정비계획의 내용을 수정 또는 보완하게 할 수 있으며, 정비계획의 추진에 필요한 지원을 할 수 있다.

제65조(시장의 개설·정비 명령)
① 농림축산식품부장관 또는 해양수산부장관은 기본방침을 효과적으로 수행하기 위하여 필요하다고 인정할 때에는 도매시장·공판장 및 민영도매시장의 개설자에 대하여 대통령령으로 정하는 바에 따라 도매시장·공판장 및 민영도매시장의 통합·이전 또는 폐쇄를 명할 수 있다.
② 농림축산식품부장관 또는 해양수산부장관은 농수산물을 원활하게 수급하기 위하여 특정한 지역에

도매시장이나 공판장을 개설하거나 제한할 필요가 있다고 인정할 때에는 그 지역을 관할하는 특별시·광역시·특별자치시·특별자치도 또는 시나 농림수협등 또는 공익법인에 대하여 도매시장이나 공판장을 개설하거나 제한하도록 권고할 수 있다.

③ 정부는 제1항에 따른 명령으로 인하여 발생한 도매시장·공판장 및 민영도매시장의 개설자 또는 도매시장법인의 손실에 관하여는 대통령령으로 정하는 바에 따라 정당한 보상을 하여야 한다.

제66조(도매시장법인의 대행)

① 도매시장 개설자는 도매시장법인이 판매업무를 할 수 없게 되었다고 인정되는 경우에는 기간을 정하여 그 업무를 대행하거나 관리공사, 다른 도매시장법인 또는 도매시장공판장의 개설자로 하여금 대행하게 할 수 있다.

② 제1항에 따라 도매시장법인의 업무를 대행하는 자에 대한 업무처리기준과 그 밖에 대행에 관하여 필요한 사항은 도매시장 개설자가 정한다.

제67조(유통시설의 개선 등)

① 농림축산식품부장관 또는 해양수산부장관은 농수산물의 원활한 유통을 위하여 도매시장·공판장 및 민영도매시장의 개설자나 도매시장법인에 대하여 농수산물의 판매·수송·보관·저장 시설의 개선 및 정비를 명할 수 있다.

② 도매시장·공판장 및 민영도매시장이 보유하여야 하는 시설의 기준은 부류별로 그 지역의 인구 및 거래물량 등을 고려하여 농림축산식품부령 또는 해양수산부령으로 정한다.

제68조(농수산물 소매유통의 개선)

① 농림축산식품부장관, 해양수산부장관 또는 지방자치단체의 장은 생산자와 소비자를 보호하고 상거래질서를 확립하기 위한 농수산물 소매단계의 합리적 유통 개선에 대한 시책을 수립·시행할 수 있다.

② 농림축산식품부장관 또는 해양수산부장관은 제1항에 따른 시책을 달성하기 위하여 농수산물의 중도매업·소매업, 생산자와 소비자의 직거래사업, 생산자단체 및 대통령령으로 정하는 단체가 운영하는 농수산물직판장, 소매시설의 현대화 등을 농림축산식품부령 또는 해양수산부령으로 정하는 바에 따라 지원·육성한다.

③ 농림축산식품부장관, 해양수산부장관 또는 지방자치단체의 장은 제2항에 따른 농수산물소매업자 등이 농수산물의 유통 개선과 공동이익의 증진 등을 위하여 협동조합을 설립하는 경우에는 도매시장 또는 공판장의 이용편의 등을 지원할 수 있다.

제70조(유통자회사의 설립)

① 농림수협등은 농수산물 유통의 효율화를 도모하기 위하여 필요한 경우에는 종합유통센터·도매시장 공판장을 운영하거나 그 밖의 유통사업을 수행하는 별도의 법인(이하 "유통자회사"라 한다)을 설립·운영할 수 있다.

② 제1항에 따른 유통자회사는 「상법」상의 회사이어야 한다.

③ 국가나 지방자치단체는 유통자회사의 원활한 운영을 위하여 필요한 지원을 할 수 있다.

제70조의2(농수산물 전자거래의 촉진 등)

① 농림축산식품부장관 또는 해양수산부장관은 농수산물 전자거래를 촉진하기 위하여 한국농수산식품유통공사 및 농수산물 거래와 관련된 업무경험 및 전문성을 갖춘 기관으로서 대통령령으로 정하는 기관에 다음 각 호의 업무를 수행하게 할 수 있다.

1. 농수산물 전자거래소(농수산물 전자거래장치와 그에 수반되는 물류센터 등의 부대시설을 포함한다)의 설치 및 운영·관리
2. 농수산물 전자거래 참여 판매자 및 구매자의 등록·심사 및 관리
3. 제70조의3에 따른 농수산물 전자거래 분쟁조정위원회에 대한 운영 지원
4. 대금결제 지원을 위한 정산소(精算所)의 운영·관리
5. 농수산물 전자거래에 관한 유통정보 서비스 제공
6. 그 밖에 농수산물 전자거래에 필요한 업무

② 농림축산식품부장관 또는 해양수산부장관은 농수산물 전자거래를 활성화하기 위하여 예산의 범위에서 필요한 지원을 할 수 있다.

③ 제1항과 제2항에서 규정한 사항 외에 거래품목, 거래수수료 및 결제방법 등 농수산물 전자거래에 필요한 사항은 농림축산식품부령 또는 해양수산부령으로 정한다.

제70조의3(농수산물 전자거래 분쟁조정위원회의 설치)

① 제70조의2제1항에 따른 농수산물 전자거래에 관한 분쟁을 조정하기 위하여 한국농수산식품유통공사와 같은 항 각 호 외의 부분에 따른 기관에 농수산물 전자거래 분쟁조정위원회(이하 이 조에서 "분쟁조정위원회"라 한다)를 둔다.

② 분쟁조정위원회는 위원장 1명을 포함하여 9명 이내의 위원으로 구성하고, 위원은 농림축산식품부장관 또는 해양수산부장관이 임명하거나 위촉하며, 위원장은 위원 중에서 호선(互選)한다.

③ 제1항과 제2항에서 규정한 사항 외에 위원의 자격 및 임기, 위원의 제척(除斥)·기피·회피 등 분쟁조정위원회의 구성·운영에 필요한 사항은 대통령령으로 정한다.

제71조 삭제 〈2007. 1. 3.〉

제72조(유통 정보화의 촉진)

① 농림축산식품부장관 또는 해양수산부장관은 유통 정보의 원활한 수집·처리 및 전파를 통하여 농수산물의 유통효율 향상에 이바지할 수 있도록 농수산물 유통 정보화와 관련한 사업을 지원하여야 한다.

② 농림축산식품부장관 또는 해양수산부장관은 제1항에 따른 정보화사업을 추진하기 위하여 정보기반의 정비, 정보화를 위한 교육 및 홍보사업을 직접 수행하거나 이에 필요한 지원을 할 수 있다.

제73조(재정 지원)

정부는 농수산물 유통구조 개선과 유통기구의 육성을 위하여 도매시장·공판장 및 민영도매시장의 개설자에 대하여 예산의 범위에서 융자하거나 보조금을 지급할 수 있다.

제74조(거래질서의 유지)

① 누구든지 도매시장에서의 정상적인 거래와 도매시장 개설자가 정하여 고시하는 시설물의 사용기준을

위반하거나 적절한 위생·환경의 유지를 저해하여서는 아니 된다. 이 경우 도매시장 개설자는 도매시장에서의 거래질서가 유지되도록 필요한 조치를 하여야 한다.

② 농림축산식품부장관, 해양수산부장관, 도지사 또는 도매시장 개설자는 대통령령으로 정하는 바에 따라 소속 공무원으로 하여금 이 법을 위반하는 자를 단속하게 할 수 있다.

③ 제2항에 따라 단속을 하는 공무원은 그 권한을 표시하는 증표를 관계인에게 보여주어야 한다.

제75조(교육훈련 등)

① 농림축산식품부장관 또는 해양수산부장관은 농수산물의 유통 개선을 촉진하기 위하여 경매사, 중도매인 등 농림축산식품부령 또는 해양수산부령으로 정하는 유통 종사자에 대하여 교육훈련을 실시할 수 있다.

② 도매시장법인 또는 공판장의 개설자가 임명한 경매사는 농림축산식품부장관 또는 해양수산부장관이 실시하는 교육훈련을 이수하여야 한다.

③ 농림축산식품부장관 또는 해양수산부장관은 제1항 및 제2항에 따른 교육훈련을 농림축산식품부령 또는 해양수산부령으로 정하는 기관에 위탁하여 실시할 수 있다.

④ 제1항 및 제2항에 따른 교육훈련의 내용, 절차 및 그 밖의 세부사항은 농림축산식품부령 또는 해양수산부령으로 정한다.

제76조(실태조사 등) 〈시행 2024. 7. 24〉

① 농림축산식품부장관 또는 해양수산부장관은 도매시장을 효율적으로 운영·관리하기 위하여 필요하다고 인정할 때에는 농림축산식품부령 또는 해양수산부령으로 정하는 법인 등으로 하여금 도매시장에 대한 실태조사를 하게 하거나 운영·관리의 지도를 하게 할 수 있다. 〈개정 2013.3.23, 2024.1.23〉

② 도매시장 개설자는 도매시장의 경매에서 낙찰되지 아니하거나 판매원표가 정정되는 현황에 대하여 분기별로 실태조사를 실시하고 농림축산식품부장관 또는 해양수산부장관에게 보고하여야 한다. 〈신설 2024.1.23〉

③ 제2항의 실태조사 운영 및 실태조사 결과에 따른 도매시장법인, 시장도매인, 중도매인 등에 대한 개선사항은 도매시장 개설자가 업무규정으로 정한다. 〈신설 2024.1.23〉

제77조(평가의 실시)

① 농림축산식품부장관 또는 해양수산부장관은 도매시장 개설자의 의견을 수렴하여 도매시장의 거래제도 및 물류체계 개선 등 운영·관리와 도매시장법인·도매시장공판장·시장도매인의 거래 실적, 재무 건전성 등 경영관리에 관한 평가를 실시하여야 한다. 이 경우 도매시장 개설자는 평가에 필요한 자료를 농림축산식품부장관 또는 해양수산부장관에게 제출하여야 한다.

② 도매시장 개설자는 중도매인의 거래 실적, 재무 건전성 등 경영관리에 관한 평가를 실시할 수 있다.

③ 도매시장 개설자는 제1항 및 제2항에 따른 평가 결과와 시설규모, 거래액 등을 고려하여 도매시장법인, 시장도매인, 도매시장공판장의 개설자, 중도매인에 대하여 시설 사용면적의 조정, 차등 지원 등의 조치를 할 수 있다.

④ 농림축산식품부장관 또는 해양수산부장관은 제1항에 따른 평가 결과에 따라 도매시장 개설자에게

다음 각 호의 명령이나 권고를 할 수 있다.
1. 부진한 사항에 대한 시정 명령
2. 부진한 도매시장의 관리를 관리공사 또는 한국농수산식품유통공사에 위탁 권고
3. 도매시장법인, 시장도매인 또는 도매시장공판장에 대한 시설 사용면적의 조정, 차등 지원 등의 조치 명령
⑤ 제1항 및 제2항에 따른 평가 및 자료 제출에 관한 사항은 농림축산식품부령 또는 해양수산부령으로 정한다.

제78조(시장관리운영위원회의 설치)

① 도매시장의 효율적인 운영·관리를 위하여 도매시장 개설자 소속으로 시장관리운영위원회(이하 "위원회"라 한다)를 둔다.
② 삭제 〈2008. 12. 26.〉
③ 위원회는 다음 각 호의 사항을 심의한다.
1. 도매시장의 거래제도 및 거래방법의 선택에 관한 사항
2. 수수료, 시장 사용료, 하역비 등 각종 비용의 결정에 관한 사항
3. 도매시장 출하품의 안전성 향상 및 규격화의 촉진에 관한 사항
4. 도매시장의 거래질서 확립에 관한 사항
5. 정가매매·수의매매 등 거래 농수산물의 매매방법 운용기준에 관한 사항
6. 최소출하량 기준의 결정에 관한 사항
7. 그 밖에 도매시장 개설자가 특히 필요하다고 인정하는 사항
④ 위원회의 구성·운영 등에 필요한 사항은 농림축산식품부령 또는 해양수산부령으로 정한다.

제78조의2(도매시장거래 분쟁조정위원회의 설치 등) 〈시행 2024. 7. 24〉

① 도매시장 내 농수산물의 거래 당사자 간의 분쟁에 관한 사항을 조정하기 위하여 도매시장 개설자 소속으로 도매시장거래 분쟁조정위원회(이하 "조정위원회"라 한다)를 두어야 한다. 〈개정 2018. 12.31, 2024.1.23〉
② 조정위원회는 당사자의 한쪽 또는 양쪽의 신청에 의하여 다음 각 호의 분쟁을 심의·조정한다.
1. 낙찰자 결정에 관한 분쟁
2. 낙찰가격에 관한 분쟁
3. 거래대금의 지급에 관한 분쟁
4. 그 밖에 도매시장 개설자가 특히 필요하다고 인정하는 분쟁
③ 중앙도매시장 개설자 소속 조정위원회 위원 중 3분의 1 이상은 농림축산식품부장관 또는 해양수산부장관이 추천하는 위원이어야 한다. 〈개정 2024.1.23〉
④ 조정위원회는 분쟁에 대한 심의·조정 전 책임 소재의 판단, 손실지원의 수준 권고·제시 등을 위하여 분쟁조정관을 둘 수 있다. 〈신설 2024.1.23〉
⑤ 도매시장 개설자는 조정위원회(분쟁조정관을 포함한다)의 차년도 운영계획, 전년도 개최실적, 전년도 분쟁 조정 사항 등을 농림축산식품부장관 또는 해양수산부장관에게 매년 보고하여야 한다. 〈신설 2024.1.23〉

⑥ 조정위원회의 구성·운영 및 제4항에 따른 분쟁조정관의 임명·위촉자격·운영에 필요한 사항은 대통령령으로 정한다. 〈신설 2024.1.23.〉

제79조(보고)
① 농림축산식품부장관, 해양수산부장관 또는 시·도지사는 도매시장·공판장 및 민영도매시장의 개설자로 하여금 그 재산 및 업무집행 상황을 보고하게 할 수 있으며, 농수산물의 가격 및 수급 안정을 위하여 특히 필요하다고 인정할 때에는 도매시장법인·시장도매인 또는 도매시장공판장의 개설자(이하 "도매시장법인등"이라 한다)로 하여금 그 재산 및 업무집행 상황을 보고하게 할 수 있다.
② 도매시장·공판장 및 민영도매시장의 개설자는 도매시장법인등으로 하여금 기장사항(記帳事項), 거래명세 등을 보고하게 할 수 있으며, 농수산물의 가격 및 수급 안정을 위하여 특히 필요하다고 인정할 때에는 중도매인 또는 산지유통인으로 하여금 업무집행 상황을 보고하게 할 수 있다.

제80조(검사)
① 농림축산식품부장관, 해양수산부장관, 도지사 또는 도매시장 개설자는 농림축산식품부령 또는 해양수산부령으로 정하는 바에 따라 소속 공무원으로 하여금 도매시장·공판장·민영도매시장·도매시장법인·시장도매인 및 중도매인의 업무와 이에 관련된 장부 및 재산상태를 검사하게 할 수 있다.
② 도매시장 개설자는 필요하다고 인정하는 경우에는 시장관리자의 소속 직원으로 하여금 도매시장법인, 시장도매인, 도매시장공판장의 개설자 및 중도매인이 갖추어 두고 있는 장부를 검사하게 할 수 있다.
③ 제1항에 따라 검사를 하는 공무원과 제2항에 따라 검사를 하는 직원에 관하여는 제74조제3항을 준용한다.

제81조(명령)
① 농림축산식품부장관, 해양수산부장관 또는 시·도지사는 도매시장·공판장 및 민영도매시장의 적정한 운영을 위하여 필요하다고 인정할 때에는 도매시장·공판장 및 민영도매시장의 개설자에 대하여 업무규정의 변경, 업무처리의 개선, 그 밖에 필요한 조치를 명할 수 있다.
② 농림축산식품부장관, 해양수산부장관 또는 도매시장 개설자는 도매시장법인·시장도매인 및 도매시장공판장의 개설자에 대하여 업무처리의 개선 및 시장질서 유지를 위하여 필요한 조치를 명할 수 있다.
③ 농림축산식품부장관은 기금에서 융자 또는 대출받은 자에 대하여 감독상 필요한 조치를 명할 수 있다.

제82조(허가 취소 등)
① 시·도지사는 지방도매시장 개설자(시가 개설자인 경우만 해당한다)나 민영도매시장 개설자가 다음 각 호의 어느 하나에 해당하는 경우에는 개설허가를 취소하거나 해당 시설을 폐쇄하거나 그 밖에 필요한 조치를 할 수 있다.
  1. 제17조제1항 단서 및 같은 조 제5항, 제47조제1항 및 제3항에 따른 허가나 승인 없이 지방도매시장

또는 민영도매시장을 개설하였거나 업무규정을 변경한 경우

2. 제17조제3항, 제47조제2항에 따라 제출된 업무규정 및 운영관리계획서와 다르게 지방도매시장 또는 민영도매시장을 운영한 경우 .

3. 제40조제3항 또는 제81조제1항에 따른 명령을 위반한 경우

② 농림축산식품부장관, 해양수산부장관, 시·도지사 또는 도매시장 개설자는 도매시장법인등이 다음 각 호의 어느 하나에 해당하면 6개월 이내의 기간을 정하여 해당 업무의 정지를 명하거나 그 지정 또는 승인을 취소할 수 있다. 다만, 제26호에 해당하는 경우에는 그 지정 또는 승인을 취소하여야 한다.

1. 지정조건 또는 승인조건을 위반하였을 때

2. 「축산법」 제35조제4항을 위반하여 등급판정을 받지 아니한 축산물을 상장하였을 때

2의2. 「농수산물의 원산지 표시 등에 관한 법률」 제6조제1항을 위반하였을 때

3. 제23조제2항을 위반하여 경합되는 도매업 또는 중도매업을 하였을 때

4. 제23조제3항제5호 또는 같은 조 제4항을 위반하여 지정요건을 갖추지 못하거나 같은 조 제5항을 위반하여 해당 임원을 해임하지 아니하였을 때

5. 제27조제1항을 위반하여 일정 수 이상의 경매사를 두지 아니하거나 경매사가 아닌 사람으로 하여금 경매를 하도록 하였을 때

6. 제27조제3항을 위반하여 해당 경매사를 면직하지 아니하였을 때

7. 제29조제2항을 위반하여 산지유통인의 업무를 하였을 때

8. 제31조제1항을 위반하여 매수하여 도매를 하였을 때

9. 삭제 〈2014. 3. 24.〉

10. 제33조제1항을 위반하여 경매 또는 입찰을 하였을 때

11. 제34조를 위반하여 지정된 자 외의 자에게 판매하였을 때

12. 제35조를 위반하여 도매시장 외의 장소에서 판매를 하거나 농수산물 판매업무 외의 사업을 겸영하였을 때

13. 제35조의2를 위반하여 공시하지 아니하거나 거짓된 사실을 공시하였을 때

14. 제36조제2항제5호를 위반하여 지정요건을 갖추지 못하거나 같은 조 제3항을 위반하여 해당 임원을 해임하지 아니하였을 때

15. 제37조제1항 단서에 따라 제한 또는 금지된 행위를 하였을 때

16. 제37조제2항을 위반하여 해당 도매시장의 도매시장법인·중도매인에게 판매를 하였을 때

17. 제38조를 위반하여 수탁 또는 판매를 거부·기피하거나 부당한 차별대우를 하였을 때

18. 제40조제2항에 따른 표준하역비의 부담을 이행하지 아니하였을 때

19. 제41조제1항을 위반하여 대금의 전부를 즉시 결제하지 아니하였을 때

20. 제41조제2항에 따른 대금결제 방법을 위반하였을 때

21. 제42조를 위반하여 수수료 등을 징수하였을 때

22. 제74조제1항을 위반하여 시설물의 사용기준을 위반하거나 개설자가 조치하는 사항을 이행하지 아니하였을 때

23. 정당한 사유 없이 제80조에 따른 검사에 응하지 아니하거나 이를 방해하였을 때

24. 제81조제2항에 따른 도매시장 개설자의 조치명령을 이행하지 아니하였을 때

25. 제4항에 따른 농림축산식품부장관, 해양수산부장관 또는 도매시장 개설자의 명령을 위반하였을 때
26. 제1호부터 제25호까지의 어느 하나에 해당하여 업무의 정지 처분을 받고 그 업무의 정지 기간 중에 업무를 하였을 때

③ 제77조에 따른 평가 결과 운영 실적이 농림축산식품부령 또는 해양수산부령으로 정하는 기준 이하로 부진하여 출하자 보호에 심각한 지장을 초래할 우려가 있는 경우 도매시장 개설자는 도매시장 법인 또는 시장도매인의 지정을 취소할 수 있으며, 시·도지사는 도매시장공판장의 승인을 취소할 수 있다.

④ 농림축산식품부장관·해양수산부장관 또는 도매시장 개설자는 경매사가 다음 각 호의 어느 하나에 해당하는 경우에는 도매시장법인 또는 도매시장공판장의 개설자로 하여금 해당 경매사에 대하여 6개월 이내의 업무정지 또는 면직을 명하게 할 수 있다.
1. 상장한 농수산물에 대한 경매 우선순위를 고의 또는 중대한 과실로 잘못 결정한 경우
2. 상장한 농수산물에 대한 가격평가를 고의 또는 중대한 과실로 잘못한 경우
3. 상장한 농수산물에 대한 경락자를 고의 또는 중대한 과실로 잘못 결정한 경우
4. 정가매매·수의매매의 방법 및 절차 등을 고의 또는 중대한 과실로 위반한 경우

⑤ 도매시장 개설자는 중도매인(제25조 및 제46조에 따른 중도매인만 해당한다. 이하 같다) 또는 산지유통인이 다음 각 호의 어느 하나에 해당하면 6개월 이내의 기간을 정하여 해당 업무의 정지를 명하거나 중도매업의 허가 또는 산지유통인의 등록을 취소할 수 있다. 다만, 제11호에 해당하는 경우에는 그 허가 또는 등록을 취소하여야 한다.
1. 제25조제3항제1호부터 제4호까지 또는 제6호를 위반하여 허가조건을 갖추지 못하거나 같은 조 제4항을 위반하여 해당 임원을 해임하지 아니하였을 때(제46조제2항에 따라 준용되는 경우를 포함한다)
2. 제25조제5항제1호(제46조제2항에 따라 준용되는 경우를 포함한다)를 위반하여 다른 중도매인 또는 매매참가인의 거래 참가를 방해하거나 정당한 사유 없이 집단적으로 경매 또는 입찰에 불참하였을 때
2의2. 제25조제5항제2호(제46조제2항에 따라 준용되는 경우를 포함한다)를 위반하여 다른 사람에게 자기의 성명이나 상호를 사용하여 중도매업을 하게 하거나 그 허가증을 빌려 주었을 때
3. 제29조제2항을 위반하여 해당 도매시장에서 산지유통인의 업무를 하였을 때
4. 제29조제4항을 위반하여 판매·매수 또는 중개 업무를 하였을 때
5. 제31조제2항(제46조제2항에 따라 준용되는 경우를 포함한다)을 위반하여 허가 없이 상장된 농수산물 외의 농수산물을 거래하였을 때
6. 제31조제3항(제46조제2항에 따라 준용되는 경우를 포함한다)을 위반하여 중도매인이 도매시장 외의 장소에서 농수산물을 판매하는 등의 행위를 하였을 때
6의2. 제31조제5항(제46조제2항에 따라 준용되는 경우를 포함한다)을 위반하여 다른 중도매인과 농수산물을 거래하였을 때
7. 제42조(제46조제2항에 따라 준용되는 경우를 포함한다)를 위반하여 수수료 등을 징수하였을 때
8. 제74조제1항을 위반하여 시설물의 사용기준을 위반하거나 개설자가 조치하는 사항을 이행하지 아니하였을 때
9. 제80조에 따른 검사에 정당한 사유 없이 응하지 아니하거나 이를 방해하였을 때

10. 「농수산물의 원산지 표시 등에 관한 법률」 제6조제1항을 위반하였을 때
11. 제1호부터 제10호까지의 어느 하나에 해당하여 업무의 정지 처분을 받고 그 업무의 정지 기간 중에 업무를 하였을 때
⑥ 제1항부터 제5항까지의 규정에 따른 위반행위별 처분기준은 농림축산식품부령 또는 해양수산부령으로 정한다.
⑦ 도매시장 개설자가 제5항에 따라 중도매업의 허가를 취소한 경우에는 농림축산식품부장관 또는 해양수산부장관이 지정하여 고시한 인터넷 홈페이지에 그 내용을 게시하여야 한다.

제83조(과징금)

① 농림축산식품부장관, 해양수산부장관, 시·도지사 또는 도매시장 개설자는 도매시장법인등이 제82조제2항에 해당하거나 중도매인이 제82조제5항에 해당하여 업무정지를 명하려는 경우, 그 업무의 정지가 해당 업무의 이용자 등에게 심한 불편을 주거나 공익을 해칠 우려가 있을 때에는 업무의 정지를 갈음하여 도매시장법인등에는 1억원 이하, 중도매인에게는 1천만원 이하의 과징금을 부과할 수 있다.
② 제1항에 따라 과징금을 부과하는 경우에는 다음 각 호의 사항을 고려하여야 한다.
1. 위반행위의 내용 및 정도
2. 위반행위의 기간 및 횟수
3. 위반행위로 취득한 이익의 규모
③ 제1항에 따른 과징금의 부과기준은 대통령령으로 정한다.
④ 농림축산식품부장관, 해양수산부장관, 시·도지사 또는 도매시장 개설자는 제1항에 따른 과징금을 내야 할 자가 납부기한까지 내지 아니하면 납부기한이 지난 후 15일 이내에 10일 이상 15일 이내의 납부기한을 정하여 독촉장을 발부하여야 한다.
⑤ 농림축산식품부장관, 해양수산부장관, 시·도지사 또는 도매시장 개설자는 제4항에 따른 독촉을 받은 자가 그 납부기한까지 과징금을 내지 아니하면 제1항에 따른 과징금 부과처분을 취소하고 제82조제2항 또는 제5항에 따른 업무정지처분을 하거나 국세 체납처분의 예 또는 「지방행정제재·부과금의 징수 등에 관한 법률」에 따라 과징금을 징수한다.

제84조(청문)

농림축산식품부장관, 해양수산부장관, 시·도지사 또는 도매시장 개설자는 다음 각 호의 어느 하나에 해당하는 처분을 하려면 청문을 하여야 한다.
1. 제82조제2항 및 제3항에 따른 도매시장법인등의 지정취소 또는 승인취소
2. 제82조제5항에 따른 중도매업의 허가취소 또는 산지유통인의 등록취소

제85조(권한의 위임 등)

① 이 법에 따른 농림축산식품부장관 또는 해양수산부장관의 권한은 대통령령으로 정하는 바에 따라 그 일부를 산림청장, 시·도지사 또는 소속 기관의 장에게 위임할 수 있다.
② 다음 각 호에 따른 도매시장 개설자의 권한은 대통령령으로 정하는 바에 따라 시장관리자에게 위탁할 수 있다.
1. 제29조(제46조제3항에 따라 준용되는 경우를 포함한다)에 따른 산지유통인의 등록과 도매시장에

의 출입의 금지·제한 또는 그 밖에 필요한 조치

2. 제79조제2항에 따른 도매시장법인·시장도매인·중도매인 또는 산지유통인에 대한 보고명령

제86조(벌칙)

다음 각 호의 어느 하나에 해당하는 자는 2년 이하의 징역 또는 2천만원 이하의 벌금에 처한다.

1. 제15조제3항에 따라 수입 추천신청을 할 때에 정한 용도 외의 용도로 수입농산물을 사용한 자

1의2. 도매시장의 개설구역이나 공판장 또는 민영도매시장이 개설된 특별시·광역시·특별자치시·특별자치도 또는 시의 관할구역에서 제17조 또는 제47조에 따른 허가를 받지 아니하고 농수산물의 도매를 목적으로 지방도매시장 또는 민영도매시장을 개설한 자

2. 제23조제1항에 따른 지정을 받지 아니하거나 지정 유효기간이 지난 후 도매시장법인의 업무를 한 자

3. 제25조제1항에 따른 허가 또는 같은 조 제7항에 따른 갱신허가(제46조제2항에 따라 준용되는 허가 또는 갱신허가를 포함한다)를 받지 아니하고 중도매인의 업무를 한 자

4. 제29조제1항(제46조제3항에 따라 준용되는 경우를 포함한다)에 따른 등록을 하지 아니하고 산지유통인의 업무를 한 자

5. 제35조제1항을 위반하여 도매시장 외의 장소에서 농수산물의 판매업무를 하거나 같은 조 제4항을 위반하여 농수산물 판매업무 외의 사업을 겸영한 자

6. 제36조제1항에 따른 지정을 받지 아니하거나 지정 유효기간이 지난 후 도매시장 안에서 시장도매인의 업무를 한 자

7. 제43조제1항에 따른 승인을 받지 아니하고 공판장을 개설한 자

8. 제82조제2항 또는 제5항에 따른 업무정지처분을 받고도 그 업(業)을 계속한 자

제87조 삭제 〈2017. 3. 21.〉

제88조(벌칙)

다음 각 호의 어느 하나에 해당하는 자는 1년 이하의 징역 또는 1천만원 이하의 벌금에 처한다.

1. 삭제 〈2012. 2. 22.〉

2. 제23조의2제1항(제25조의2, 제36조의2에 따라 준용되는 경우를 포함한다)을 위반하여 인수·합병을 한 자

3. 제25조제5항제1호(제46조제2항에 따라 준용되는 경우를 포함한다)를 위반하여 다른 중도매인 또는 매매참가인의 거래 참가를 방해하거나 정당한 사유 없이 집단적으로 경매 또는 입찰에 불참한 자

3의2. 제25조제5항제2호(제46조제2항에 따라 준용되는 경우를 포함한다)를 위반하여 다른 사람에게 자기의 성명이나 상호를 사용하여 중도매업을 하게 하거나 그 허가증을 빌려 준 자

4. 제27조제2항 및 제3항을 위반하여 경매사를 임면한 자

5. 제29조제2항(제46조제3항에 따라 준용되는 경우를 포함한다)을 위반하여 산지유통인의 업무를 한 자

6. 제29조제4항(제46조제3항에 따라 준용되는 경우를 포함한다)을 위반하여 출하업무 외의 판매·매수 또는 중개 업무를 한 자

7. 제31조제1항을 위반하여 매수하거나 거짓으로 위탁받은 자 또는 제31조제2항을 위반하여 상장된 농수산물 외의 농수산물을 거래한 자(제46조제1항 또는 제2항에 따라 준용되는 경우를 포함한다)

7의2. 제31조제5항(제46조제2항에 따라 준용되는 경우를 포함한다)을 위반하여 다른 중도매인과 농수산물을 거래한 자

8. 제37조제1항 단서에 따른 제한 또는 금지를 위반하여 농수산물을 위탁받아 거래한 자

9. 제37조제2항을 위반하여 해당 도매시장의 도매시장법인 또는 중도매인에게 농수산물을 판매한 자

9의2. 제40조제2항에 따른 표준하역비의 부담을 이행하지 아니한 자

10. 제42조제1항(제31조제3항, 제45조 본문, 제46조제1항·제2항, 제48조제5항 또는 같은 조 제6항 본문에 따라 준용되는 경우를 포함한다)을 위반하여 수수료 등 비용을 징수한 자

11. 제69조제4항에 따른 조치명령을 위반한 자

제89조(양벌규정)

법인의 대표자나 법인 또는 개인의 대리인, 사용인, 그 밖의 종업원이 그 법인 또는 개인의 업무에 관하여 제86조 및 제88조의 어느 하나에 해당하는 위반행위를 하면 그 행위자를 벌하는 외에 그 법인 또는 개인에게도 해당 조문의 벌금형을 과(科)한다. 다만, 법인 또는 개인이 그 위반행위를 방지하기 위하여 해당 업무에 관하여 상당한 주의와 감독을 게을리하지 아니한 경우에는 그러하지 아니하다.

제90조(과태료)

① 다음 각 호의 어느 하나에 해당하는 자에게는 1천만원 이하의 과태료를 부과한다.

1. 제10조제2항에 따른 유통명령을 위반한 자

2. 제53조제3항의 표준계약서와 다른 계약서를 사용하면서 표준계약서로 거짓 표시하거나 농림축산식품부 또는 그 표식을 사용한 매수인

② 다음 각 호의 어느 하나에 해당하는 자에게는 500만원 이하의 과태료를 부과한다.

1. 제53조제1항을 위반하여 포전매매의 계약을 서면에 의한 방식으로 하지 아니한 매수인

2. 제74조제2항에 따른 단속을 기피한 자

3. 제79조제1항에 따른 보고를 하지 아니하거나 거짓된 보고를 한 자

③ 다음 각 호의 어느 하나에 해당하는 자에게는 100만원 이하의 과태료를 부과한다.

1. 제27조제4항을 위반하여 경매사 임면 신고를 하지 아니한 자

2. 제29조제5항(제46조제3항에 따라 준용되는 경우를 포함한다)에 따른 도매시장 또는 도매시장공판장의 출입제한 등의 조치를 거부하거나 방해한 자

3. 제38조의2제2항에 따른 출하 제한을 위반하여 출하(타인명의로 출하하는 경우를 포함한다)한 자

3의2. 제53조제1항을 위반하여 포전매매의 계약을 서면에 의한 방식으로 하지 아니한 매도인

4. 제74조제1항 전단을 위반하여 도매시장에서의 정상적인 거래와 시설물의 사용기준을 위반하거나 적절한 위생·환경의 유지를 저해한 자(도매시장법인, 시장도매인, 도매시장공판장의 개설자 및 중도매인은 제외한다)

4의2. 제75조제2항을 위반하여 교육훈련을 이수하지 아니한 도매시장법인 또는 공판장의 개설자가 임명한 경매사

5. 제79조제2항에 따른 보고(공판장 및 민영도매시장의 개설자에 대한 보고는 제외한다)를 하지

아니하거나 거짓된 보고를 한 자

6. 제81조제3항에 따른 명령을 위반한 자

④ 제1항부터 제3항까지의 규정에 따른 과태료는 대통령령으로 정하는 바에 따라 농림축산식품부장관, 해양수산부장관, 시·도지사 또는 시장이 부과·징수한다.

제91조 삭제 〈2008. 12. 26.〉

Chapter 07. 적중예상문제

01. 농수산물 유통 및 가격안정에 관한 법률상 민영도매시장에 관한 설명으로 옳은 것은?

① 민간인등이 광역시 지역에 민영도매시장을 개설하려면 농림축산식품부장관의 허가를 받아야 한다.

② 민영도매시장 개설허가 신청에 대하여 시·도지사가 허가처리 지연 사유를 통보하는 경우에는 허가 처리기간을 10일 범위에서 한 번만 연장할 수 있다.

③ 시·도지사가 민영도매시장 개설 허가 처리기간에 허가 여부를 통보하지 아니하면 허가 처리기간의 마지막 날에 허가를 한 것으로 본다.

④ 민영도매시장의 개설자는 시장도매인을 두어 민영도매시장을 운영하게 할 수 없다.

⑤ 민영도매시장의 중도매인은 해당 민영도매시장을 관할하는 시·도지사가 지정한다.

> **정답 ▮** ②
> **해설 ▮** ① 민간인등이 특별시·광역시·특별자치시·특별자치도 또는 시 지역에 민영도매시장을 개설하려면 시·도지사의 허가를 받아야 한다.
> ③ 허가 처리기간에 허가 여부 또는 허가처리 지연 사유를 통보하지 아니하면 허가 처리기간의 마지막 날의 다음 날에 허가를 한 것으로 본다.
> ④ 시장도매인을 두어 이를 운영하게 할 수 있다.
> ⑤ 민영도매시장의 중도매인은 민영도매시장의 개설자가 지정한다

02. 농수산물 유통 및 가격안정에 관한 법령상 도매시장법인에 관한 설명이다. (   )에 들어갈 내용은?

> ○ 도매시장 개설자는 도매시장에 그 시설규모·거래액 등을 고려하여 적정수의 도매시장법인·시장도매인 또는 중도매인을 두어 이를 운영하게 하여야 한다. 다만, 중앙도매시장의 개설자는 (ㄱ)와 수산부류에 대하여는 도매시장법인을 두어야 한다.
> ○ 도매시장법인은 도매시장 개설자가 부류별로 지정하되, 중앙도매시장에 두는 도매시장법인의 경우에는 농림축산식품부장관 또는 해양수산부장관과 협의하여 지정한다. 이 경우 (ㄴ) 이상 10년 이하의 범위에서 지정유효기간을 설정할 수 있다.

① ㄱ: 청과부류, ㄴ: 3년   ② ㄱ: 양곡부류, ㄴ: 3년

③ ㄱ: 청과부류, ㄴ: 5년   ④ ㄱ: 양곡부류, ㄴ: 5년

⑤ ㄱ: 축산부류, ㄴ: 5년

정답 I ③

해설 I ○ 도매시장 개설자는 도매시장에 그 시설규모·거래액 등을 고려하여 적정수의 도매시장법인·시장도매인 또는 중도매인을 두어 이를 운영하게 하여야 한다. 다만, 중앙도매시장의 개설자는 청과부류와 수산부류에 대하여는 도매시장법인을 두어야 한다.

○ 도매시장법인은 도매시장 개설자가 부류별로 지정하되, 중앙도매시장에 두는 도매시장법인의 경우에는 농림축산식품부장관 또는 해양수산부장관과 협의하여 지정한다. 이 경우 5년 이상 10년 이하의 범위에서 지정유효기간을 설정할 수 있다.

물류관리사 한권으로 끝내기

저　　　자 : 송우석, 김대윤, 안병영
제작 유통 : 메인에듀(주)
초판발행 : 2024. 07. 01
초판인쇄 : 2024. 07. 01
마 케 팅 : 메인에듀(주)
주　　　소 : 서울시 강동구 성안로 115(성내동), 3층 304호
전　　　화 : 1544-8513
정　　　가 : 39,000원
I S B N : 979-11-89357-63-4